PHILOLOGUS.

ZEITSCHRIFT

FÜR

DAS KLASSISCHE ALTERTHUM.

HERAUSGEGEBEN

VON

ERNST VON LEUTSCH.

Zweiunddreissigster Band.

GOETTINGEN,

VERLAG DER DIETERICHSCHEN BUCHHANDLUNG.

MDCCCLXXIII.

Inhalt des zweiunddreissigsten bandes.

Verzeichniss der Mitarbeiter.

Bd. XXVIII—XXXII (siehe bd. XXVII p. III).

Herr N. Anke in Moskau 32, 385. 577.

» H. S. Anton in Halberstadt 31, 752.

» Th. Bergk in Bonn 28, 438. 29, 319. 30, 676. 31, 229. 32, 122. 563. 669.

» F. Blass in Magdeburg 32, 140.

» E. Bohren in Bonn 30, 177.

» R. Bouterweck in Ilfeld 32, 354. 691.

» A. Brieger in Posen 29, 193. 417. 32, 478.

» B. ten Brink in Utrecht 29, 605.

» S. Bugge in Christiania 30, 636. 31, 667.

» Campe in Greiffenberg 24, 448. 31, 667.

» W. Christ in München 29, 211.

» W. Clemm in Giessen 30, 137.

» D. Comparetti in Pisa 28, 385. 32, 227.

» C. Curtius in Wesel 29, 691.

» D. Detlefsen in Glückstadt 28, 284. 701. 30, 256. 31, 336. 385. 32, 600.

» W. Dindorf in Leipzig 30, 73.

» B. Dombart in Bayreuth 28, 731.

» O. Drenkhahn in Stendal 30, 436.

» H. Düntzer in Köln 28, 230. 30, 444.

» R. Enger in Posen 28, 177.

» A. Eussner in Würzburg 28, 468. 500. 536. 32, 155. 541.

Herr C. E. Finkh in Heilbronn † 28, 221. 30, 427.

» H. Frohberger in Chemnitz 29, 691.

» E. Friedrichs in Berlin 29, 716.

» Th. Fritzsche in Güstrow 32, 147. 744.

» J. Froitzheim in Bonn 31, 185.

» E. Geibel in Lübeck 28, 371.

» K. E. Georges in Gotha. 31, 489. 510. 543. 666. 697. 32, 91. 251. 269. 317. 353. 477. 489. 530. 540. 599. 690. 697.

» L. Gerlach in Parchim 30, 1. 482. 32, 188. 374.

» E. Glaser in Giessen 32, 743.

» W. Goodwin in Cambridge Mass. 28, 741.

» L. Grasberger in Würtzburg 28, 344. 546.

» B. Graser in Berlin 31, 1.

» Greef in Göttingen 32 573. 711.

» C. L. Grotefend in Hannover 28, 70. 31, 330. 463. 755.

» A. Haag in Berlin 28, 359.

» W. Haag in Berlin 29, 171.

» H. Hagen in Bern 28, 338. 31, 182.

» C. Hartung in Sprottau 31, 755. 32, 369. 572.

» H. Heinze in Marienburg 30, 425.

» H. J. Heller in Berlin 28, 283. 598. 627. 31, 314. 511.

» O. Hense in Wismar 29, 550.

» C. Hentze in Göttingen 28, 501. 29, 120.

» G. Hertzberg in Halle 28, 123.

Herr E. Herzog in Tübingen 28, 557.

» E. Hiller in Bonn 28, 86. 30, 60. 31, 172.

» O. Hirschfeld in Prag 29, 1.

» A. Hug in Zürich 30, 682. 31, 66. 334.

» O. Jahn in Bonn † 28, 1.

» C. v. Jan in Landsberg a. W. 29, 300. 30, 398.

» J. Jessen in Kiel 30, 286.

» G. Kaufmann in Strassburg 31, 473 490.

» F. Kessler in Pritzerow 28, 559.

» Ch. Kirchhoff in Altona 30, 394.

» A. Klügmann in Rom 28, 469. 30, 524.

» E. Klussmann in Rudolstadt 28, 366. 739. 31, 756.

» H. A. Koch in Pforta 28, 364.

» E. Krüger in Göttingen 31, 348.

» G. Lahmeyer in Hildesheim 29, 554.

» P. Langen in Münster 29, 334. 335. 469. 30, 434. 443. 31, 98. 564. 32, 154.

» A. Laves in Posen 28, 181. 543. 31, 544. 32, 361. 571.

» E. v. Leutsch in Göttingen 28, 85. 383. 398. 647. 700. 716. 29, 119. 166. 218. 244. 273. 284. 318. 447. 503. 548. 549. 589. 604. 635. 636. 715. 30, 176. 193. 233. 264. 346. 523. 556. 614. 624. 652. 653. 686. 31, 97. 128. 129. 206. 246. 262. 295. 313. 329. 472. 32, 105. 179. 405. 441. 739.

» C. Liebhold in Stendal 30, 685. 32, 186. 363.

» F. Liebrecht in Lüttich 28, 355. 541. 30, 235.

» A. O. Lorenz in Berlin 28, 183. 357. 561. 30, 430. 578. 32, 270. 407.

» R. Männel in Halle 29, 169.

» F. Matz in Göttingen 31, 585.

» A. Meinecke in Berlin † 28, 577.

» K. Meiser in München 30, 310.

» R. Menge in Weimar 30, 738. 31, 547.

Herr F. Metzger in Augsburg 28, 717.

» A. Müller in Plön 28, 116. 277. 32, 562.

» C. Fr. Müller in Kiel 32, 682.

» K. Müller in Göttingen 32, 106.

» P. R. Müller in Merseburg 29, VI. 30, 233.

» F. W. Münscher in Torgau 31, 753.

» D. Peipers in Göttingen 29, 172. 179. 274. 710.

» R. Peppmüller in Halle 32, 371.

» C. Peter in Pforta 32, 698.

» W. Pierson in Berlin 28, 40. 180. 193. 29, 330.

» R. Rauchenstein in Aarau 32, 178.

» O. Rebling in Kiel 31, 550.

» E. Rohde in Kiel 32, 749.

» G. Röper in Danzig 30, 557. 577.

» J. J. Rospatt in Münster 29, 488. 577.

» J. Rumpel in Insterburg 28, 425. 599.

» H. Sauppe in Göttingen 30, 134. 234.

» A. Schäfer in Bonn 31, 183.

» H. W. Schäfer in Flensburg 28, 187. 31, 698.

» M. Schanz in Würzburg 28, 553. 723.

» K. Schenkl in Graz 28, 69. 115. 229. 424. 31, 563. 32, 710.

» E. Schillbach in Potsdam 31, 481.

» C. Schimmelpfeng in Ilfeld 31, 756.

» M. Schmidt in Jena 31, 193. 465. 577. 32, 739.

» R. Schöne in Berlin 28, 369.

» J. Schubring in Berlin 32, 490.

» W. Schulte in Schweidnitz 30, 397.

» E. Schulze in Gotha 29, 285.

» L. Schwabe in Dorpat 30, 311.

» O. Seyffert in Berlin 29, 385. 30, 433.

» A. Scotland in Memel 29, 184.

» G. R. Sievers 31, 631.

» J. Simon in Schweinfurt 28, 628.

» A. Spengel in München 28,

Tacit. Ann. IV, 34:

Cornelio Cosso Asinio Agrippa consulibus Crematius Cordus postulatur novo ac tunc primum audito crimine, quod editis annalibus laudatoque M. Bruto C. Cassium Romanorum ultimum dixisset. — Grammatisch geben die worte keinen anstoss und noch niemand hat, so viel ich weiss, an ihrer richtigkeit gezweifelt. Ist es aber schon auffallend, dass in der anklage Brutus lob nur nebenbei erwähnt wird, was in den augen der kläger gerade so verbrecherisch war, als die aussage über Cassius selbst, so noch mehr und unglaublich, dass Cordus die geschichte sollte der art verkannt haben. Nicht den Cassius, sondern den Brutus musste er den letzten Römer nennen; Brutus tödtete sich erst, als er den tod des Cassius vernommen hatte. Endlich wie aus Plutarch. Brut. 44 bekannt ist, nicht Cordus, sondern Brutus hat von Cassius jene worte ausgesagt. Diese bedenken lassen an der richtigkeit der überlieferung zweifeln; aber alles ist in ordnung, wenn die partikel *quod* umgestellt wird:

crimine, editis annalibus laudatoque M. Bruto, quod C. Cassium
Romanorum ultimum dixisset,

jetzt ist das *crimen*, dass er geschichtsbücher herausgegeben und darin den Brutus, weil er den Cassius den letzten Römer genannt, gelobt hatte. Einen solchen historisch überlieferten gedanken konnte weder Cremutius Cordus, noch wenn dieser, wie zu erwarten war, das richtige gegeben hatte, dessen ankläger oder Tacitus in das verderben, was die worte in unserem texte jetzt aussagen.

München.   *L. Spengel.*

I. ABHANDLUNGEN.

I.

Die tribunenjahre der römischen kaiser.

„Nulli nisi audituro dicendum est." Seneca.

Die wichtige unterstützung, welche die zählung gewisser abschnitte (jahre) der den römischen kaisern lebenslänglich bei oder
bald nach ihrem regierungsantritt ertheilten *tribunicia potestas* dem
historiker für chronologische bestimmungen gewähren musste, wurde
zeitig erkannt, und je grösser der augenscheinliche gewinn war,
welchen man sich von der ausbeutung dieser gediegenes material
in reicher fülle bergenden fundgrube versprechen durfte, um so ei-
friger und angestrengter war das bemühen die ebenso augenschein-
lichen schwierigkeiten, ungereimtheiten und widersprüche, welche
die verwendung so mancher sonst unverdächtigen zeugnisse zur unmöglichkeit machten, zu heben, zu erklären, zu lösen. Dass die
zahl der tribunenjahre — so will ich der kürze halber jene ge-
zählten abschnitte der *tribunicia potestas* nennen — sehr oft weder der zahl der wirklichen regierungsjahre noch der in dem gleichen zeitraum verlaufenden ganzen kalenderjahre und ihrer bruchtheile entspricht, war und ist nicht wegzuleugnen und es wird
meines erachtens keiner interpretation gelingen eine übereinstimmung
auf dieser grundlage nachzuweisen. Wie lebhaft nun aber auch
anfangs die frage nach dem termin des beginnes und wechsels der
trib. potestas die chronologen beschäftigte und von Onuphrius Pan-
vinius bis auf Eckhel hinab eine reihe eingehender untersuchungen

veranlasste, so ist doch seitdem der gegenstand nicht mehr einer
umfassenden erörterung unterzogen worden. Das unhaltbare und
unzulängliche in allen früheren systemen hat Eckhel in seiner abhandlung *de tribunicia potestate* (Doctr. vet. num. 8, p. 391—449)
so allseitig beleuchtet und so überzeugend dargelegt, dass in der
that, wie Marquardt (Hdbch. II, 3, p. 297) bemerkt, jene älteren
arbeiten durch Eckhels auslassungen darüber entbehrlich geworden
sind. Und das von ihm an die stelle gesetzte system enthält des
besseren so unendlich viel, ihm fügt sich die weitaus grösste anzahl
der bekannten und beglaubigten thatsachen in so leichter, ungezwungener weise, dass wohl in dieser, so zu sagen, blendenden erscheinung der grund zu suchen ist, warum es sich einer so allgemeinen anerkennung zu erfreuen gehabt hat und mit dem ergebniss
der Eckhelschen forschung die sache als abgeschlossen betrachtet
worden zu sein scheint. Ab und zu liess sich in neuerer zeit bei
gelegenheit neuer inschriften- oder münzfunde, wenn zu den
schon von dem urheber selbst registrierten ausnahmefällen ein paar
weitere beispiele gefügt werden musten, ein leises bedenken hören,
die richtigkeit des princips hat niemand angefochten, nur ist jüngst
der versuch gemacht durch eine unwesentliche modification den
rahmen jenes systems für einige neuentdeckte thatsachen zu erweitern.

Eckhel stellte bekanntlich (D. N. 8, 398) den satz auf, dass
der ursprüngliche brauch die erneuerung der *trib. potestas* vom
jahrestage des regierungsantritts zu datieren, nur bis in die mitte
des zweiten jahrhunderts bestand gehabt habe, seit Antoninus Pius
aber, vermuthlich seit dem j. 154, sämmtliche kaiser ihr zweites
tribunenjahr vom 1. januar gezählt hätten, so dass dieses und die
folgenden den bürgerlichen jahren parallel verliefen. — Es ist dann
weiter von Borghesi (brief an Henzen, mitgetheilt in den anmerkungen zu Or.-Henzen 5459) der anfang der neuen datierungsweise
in die regierungszeit Hadrians zurück verlegt worden; und neuerdings hat Th. Mommsen (Hermes III, 1, p. 129) die vermuthung
ausgesprochen, auch schon Trajan müsse die tribunengewalt am
1. januar erneuert haben. — Gegen diese berichtigungen von Eckhels satz ist als solche gewiss nichts einzuwenden; sie scheinen
die richtigkeit des gesetzes, indem sie den zeitraum seiner geltung
erweitern, nur zu bestätigen.

sucht worden sind, während sich die zahl der unfügsamen daten
bis auf wenige verringert.

Die darlegung, begründung und anwendung dieser neuen theorie für die erneuerung der *tribunicia potestas* wird hiernach den
hauptgegenstand der folgenden abhandlung bilden, für deren mangelhafte form ich jedenfalls nachsichtiger entschuldigung bedarf,
mag auch zum theil die weitschichtigkeit und zerfahrenheit des
stoffes, welche viele fäden anzuspinnen, loszulassen und wiederauf-
zunehmen nöthigt, so wie das streben wiederholungen nach möglichkeit zu vermeiden die ungleichartige behandlung in den einzelnen abschnitten zu einem minder schweren vorwurfe machen. In
betreff des inhaltes gebe ich mich keinen illusionen hin; ich hoffe
die besprechung einer seit lange schlummernden frage geweckt,
nicht das letzte wort gesprochen zu haben; jede beurtheilung von
competenter seite, auch eine motivierte verurtheilung, namentlich
wenn sie besseres an die stelle setzt, wird mir willkommen und erwünscht sein; ich hielt es aber für geboten: das, was mir wie ein
glücklicher fund aussieht, einem grösseren kreise zur prüfung vorzulegen.

I. Eckhels sieben regeln (D. N. 8, p. 398—404).

Selbstverständlich ergreife ich für meinen bau von dem grund
und boden besitz, wie ihn Eckhels untersuchung bereitet hat, aufge-
räumt und gesäubert von allen irrthümern und widersprüchen, welche des grossen numismatikers an durchsichtigkeit, klarheit, sicherheit unübertreffliche forschung den früheren bearbeitern des gegenstandes für alle zeit überzeugend nachgewiesen hat. Ich nehme ferner den ersten theil seines satzes — nur mit änderung der zeit-
grenze „*Nervam*" statt „*Antoninum Pium*" — als vollständig durch
ihn erwiesen an. Meine bedenken richten sich nur gegen den zweiten theil und, da ich diese nicht in einem besonderen abschnitte,
sondern im anschluss an die anwendung meiner theorie bei den einzelnen fällen abzuhandeln gedenke, so scheint es zweckmässig zuvor die „sieben regeln", welche Eckhel als das princip seines systems aufgestellt hat, einer prüfung zu unterziehen und in den bemerkungen dazu die grundsätze zu entwickeln, welche für mich bei
der methode der untersuchung massgebend und leitend gewesen sind.

> Regula I: In explorando tribuniciae potestatis modo certissimi arbitri sunt nummi.
>
> Reg. II: Non admittendi ad hoc arbitrium nummi, nisi sinceri et agnitae probitatis.
>
> Reg. III: Marmorum iudicium in causa tribuniciae potestatis incertum.

Die möglichkeit eines irrthums beim lesen und aufzeichnen (8, 400 f.) ist wohl bei münzen und inschriften gleich gross; freilich ist die verbesserung durch erneute vergleichung bei münzen leichter. Die kritische sichtung der inschriften hat seit Eckhel bedeutendes geleistet und es existieren hinreichend beglaubigte lesungen, um auf dieselben schlüsse zu bauen. — Ich gebe zu, dass die glaubwürdige münze vor der glaubwürdigen inschrift im zweifelhaften falle die vermuthung der grösseren zuverlässigkeit für sich hat (vergl. Nero j. 60); aber — und das hat Eckhel hauptsächlich versäumt — **die inschriften treten als ergänzung gleichberechtigt da ein, wo die münzen fehlen, und das nichtvorkommen gewisser aufschriften auf münzen verdächtigt nicht ohne weiteres die glaubwürdigkeit derselben auf inschriften;** z. b.

> *Severus tr. p.* VIIII *cos* III: Eckh. 8, 422 — Rénier J. Alg. 3734.
>
> *Caracalla tr. p.* XV. *cos* IIII: Eckh. 8, 424. — Rénier 1428. 1429 und auch wohl C. I. L. II, 1671, wo die überlieferte, jetzt nicht mehr lesbare zahl IIII ohne noth von Hübner corrigiert ist.
>
> *Gordianus tr. p. cos* Eckhel 8, 438. — Orelli 968. I. R. N. 1355 (Mommsens einwendung wegen Pius Felix ist nicht beweisend).
>
> Reg. IV: Doctrinam certis ac copiosis monumentis firmatam non possunt evertere adversantia quaedam monumenta etsi certae antiquitatis et certa auctoritate nixae.

Ich stimme dem bei, wo es sich um nachweisbare irrthümer des stempelschneiders handelt, z. b. *Caracalla tr. p.* XVI. *cos* III. (Eckh. 8, 425), *Alexander tr. p.* II *cos* II (Eckh. 8, 403: vergl. 7, 270), um benutzung eines früheren reverses für den kopf des neuen kaisers oder das umgekehrte und ähnliche fälle, z. b. Eckhel 8, 437: reversstempel des Elagabal mit Alexanders bildniss; aber nicht in rällen, wie sie Eckhel 8, 402 f. mit *Commodus tr. p.* XVIII, *Macrinus tr. p.* II. *cos*; 8, 438 mit *Gordianos tr. p.* III *cos.* belegt. — Ich kann mich mit der ganzen auseinandersetzung Eckhels in bezug auf die behandlung dieser zeugnisse nicht befreunden, weder an dieser stelle 8, 402. 403, noch am schlusse der abhandlung 8, 448; denn beglaubigte thatsachen einfach auf die seite schieben oder die kaiserliche titulatur von privater willkür gemodelt denken (vergl. p. 437 zu *Alexander tr. p.* VII. *cos* III und p. 438 zu *Gordian tr. p.* III cos II.), heisst doch eben die unzulänglichkeit der theorie eingestehen.

      Reg. V: Utrum imperatores aliquo intra eundem annum Iulianum die post Kal. Ianuarias iteraverint tribuniciam potestatem, certissime docent tribunatus cum consulatibus compositi.

      Reg. VI: Si imperatores intra annum Iulianum renovaverunt tribuniciam potestatem, dubium non est, eam renovatam eo ipso die, quo accepta est.

— insofern nämlich der *dies imperii* und die *comitia tribuniciae potestatis* faktisch oder durch fiction zusammenfallen, worüber weiter unten zu sprechen sein wird.

      Reg. VII: In quorum imperatorum nummis tribunicia potestas intra unum eundemque annum Iulianum numquam variat, ab his c e r t u m est eam Kal. Ianuariis fuisse renovatam.

Diese regel erläutert Eckhel mit den worten: *haec doctrina ex regula V sponte profluit. Nam si ex eo, quod intra eundem annum Iulianum geminus occurrat tribunatus, suapte sequitur, tribuniciam potestatem ab eo imperatore, cuius sunt ii nummi, intra annum fuisse iteratam, n e c e s s a r i o s e q u e t u r e t i a m, si in cuiuspiam imperatoris nummis intra eundem annum Iulianum numquam duo varii tribunatus occurrant, sed semper unus idemque, ab eo imperatore tribuniciam potestatem Kal. Ian. iterari solitam.* — Die nothwendigkeit dieser folgerung und die gewissheit des daraus gezogenen resultates muss ich in bezug auf die vorliegende frage entschieden in abrede stellen. Die fünfte regel ist natürlich unangreifbar; und d'as nicht v o r h a n d en sein der darin gestellten bedingung würde allerdings die wahrheit des gegentheils richtig und sicher folgern lassen. Aber dies nicht v o r h a n d e n sein ist hier nur ein nicht b e k a n n t sein und so würde die siebente regel, wenn zu der bedin-

gung nicht ein anderweitiges direktes oder indirektes zeugniss tritt,
höchstens grosse wahrscheinlichkeit, aber nimmermehr absolute gewissheit beanspruchen dürfen.

Wo es sich um relativ kurze zeiträume handelt, legt Eckhel
offenbar ein zu grosses gewicht darauf, wenn sich keine münzen
aus demselben nachweisen lassen. So, wo er den beweis für die
erneuerung am 1. januar für M. Aurel und L. Verus (8, 416), für
Commodus (8, 419) und namentlich für Caracalla (8, 424) führt.
Hier erwähnt er, es müsse, da Caracalla vor 1. april die *tribunicia*
potestas erneuert habe, wenn dies n i c h t zu anfang des jahres geschehen sei, auffallen, dass es (A) keine münze mit *tr. p.* VII *cos*
II im j. 205, (B) keine mit *tr. p.* X *cos* III im j. 208, (C) keine
mit *tr. p.* XV *cos* IIII im j. 213 [2]), (D) keine mit *p. m. tr. p.*
XIII *p. p.* im j. 211 gebe, dagegen sich *tr. p.* XIIII *pontif.* finde.
Die letzte wahrnehmung beweist nur, dass die erneuerung im j.
211 schon vor dem 4. februar, Severus todestag, stattgefunden haben müsse, und das gilt denn auch für C; gegen die beweiskraft
von A und C für den 1. januar aber fallen theils die münzen mit
tr. p. IIII *cos* vom j. 202 und die p. 425 von Eckhel angeführte,
aber nach seiner vierten regel als unerklärlich bei seite geschobene
münze ins gewicht, theils ein paar inschriften, so dass nur B: *tr.*
p. X *cos* III unbelegt bleibt, aber deshalb noch immer nicht als unmöglich verworfen werden kann. — W i r d ü r f e n n i c h t v e r-
g e s s e n, d a s s w i r j a b e i w e i t e m k e i n e v o l l s t ä n d i g e
m ü n z e n r e i h e v o r u n s h a b e n. Ganz ähnliche lücken in der
reihe erhaltener münzaufschriften, wie sie so eben bei Caracalla erwähnt sind, finden sich bei allen kaisern vor [3]), — selbst bei
der in dieser beziehung reichhaltigsten reihe der münzen Domitians
vermisst man münzen mit der titulatur der ersten monate der *tr. p.*
IV (sept. bis decbr. 84), und eben die ungleichheit in der vollständigkeit (vergl. Eckhel 8, 428 zu Macrinus münzen), deren ursachen gewiss nicht allein in dem blossen zufalle der erhaltung oder

---

2) Vergl. aber 8, 425, wo doch eine solche genannt wird.
3) Für Tiberius z. b. beginnt die reihe sicherer münzen nach Eckhel mit dem j. 10 *tr. p.* XII.   Es fehlen bis zu seinem tode im j. 37
die münzen aus fünf jahren mit *tr. p.* XIII. XIV. XIX. XXVII. XXIX
gänzlich; für Claudius fehlen münzen mit *tr. p.* V. VIII. XII. XIII.
XIV gänzlich, von *tr. p.* VI und X die beiden letzten halbjahre; für
Nero findet sich *tr. p.* XI. XII. XIV nicht.

entdeckung zu suchen sind, lässt es höchst bedenklich erscheinen, aus dem nichtbekanntsein gewisser münzaufschriften beweismittel für die unmöglichkeit der prägung entnehmen zu wollen; denn warum sollte nicht hin und wieder für einige wochen in diesem und jenem jahre die prägung geruht haben oder für einzelne nur auf kurze zeit giltige titulaturen kein besonderer stempel geschnitten sein, zumal nur vollständigkeit des eigentlichen kaisernamens (z. b. *imp. Anton. Augustus*) als erforderniss für die münzumschrift betrachtet worden zu sein scheint, unter den übrigen namen und titeln aber nach massgabe der veranlassung dem münzberechtigten wohl die auswahl zustand.

Dies sind diejenigen modificationen, welche ich in Eckhels grundsätzen in bezug auf bedeutung, werth und verwendbarkeit der beiden haupthülfsmittel für die vorliegende untersuchung als nothwendig erachte. Es bleibt mir nun noch übrig, nachdem Eckhel das princip der erneuerung der *tribunicia potestas*, wonach dieselbe an dem jahrestage des regierungsantritts erfolgte, als im zweiten jahrhundert nicht mehr zutreffend erwiesen hat und ich das seinige als eine nur auf empirischem wege gewonnene, durch die thatsachen nicht genügend unterstützte hypothese verworfen habe, ein in dem wesen der institutionen des kaiserlichen Rom im allgemeinen und der *tribunicia potestas* insbesondere beruhendes princip ihrer erneuerung nachzuweisen, um dann mit hülfe der thatsachen den faktischen anfangstermin der tribunenjahre so weit als möglich ermitteln zu können.

Hiebei handelt es sich vornehmlich um die beantwortung der frage, was für eine bewandniss es denn so recht eigentlich mit der „erneuerung" der *tribunicia potestas* und mit den „iterationsziffern" bei derselben, welchen grund und zweck die zählung der tribunenjahre gehabt habe. Obwohl es doch als eine eigenthümliche erscheinung bemerkt sein muss, dass gerade bei der — lebenslänglich ertheilten — *tribunicia potestas* iterationsziffern üblich sind, während solche bei dem *pontificatus maximus* nie, bei der *proconsularitas* nur sehr vereinzelt und noch gänzlich unerklärt vorkommen, ist jene frage, so viel mir bekannt, kaum aufgeworfen, viel weniger eingehend beleuchtet worden. Das faktum, dass die tribunenjahre gezählt wurden, steht fest; dass danach vielfach und oft die jahre der regierung berechnet worden sind, ist an und für

sich einleuchtend und wird ausdrücklich von Dio (53, 17: δι' αὐ-
τῆς καὶ ἡ ἐξαρίθμησις τῶν ἐτῶν τῆς ἀρχῆς αὐτῶν, ὡς καὶ κατ'
ἔτος αὐτὴν μετὰ τῶν ἀεὶ δημαρχούντων λαμβανόντων, προβαίνει)
bezeugt; ob jene zählung aber, wie aus Dio's worten allgemein gefolgert ist, wirklich zum zwecke dieser berechnung beliebt wurde,
und gar, ob der grund dazu, wie man bei Zumpt (Stud. Rom. p.
262) lesen kann, in der befriedigung, welche Augustus über die
popularität dieses privilegiums empfand, zu suchen sei, will ich für
jetzt dahingestellt sein lassen. Jedenfalls erscheint mir ein versuch
über die bedeutung der zählung und damit über das wesen der erneuerung der *tribunicia potestas* ins klare zu kommen, einer besonderen rechtfertigung nicht zu bedürfen.

II.   Wesen und gestaltung der römischen kaisergewalt.

Um einer möglichen missdeutung meiner worte im folgenden
zuvorzukommen, bemerke ich ausdrücklich, dass ich — wie auch
Marquardt Hdb. II, 3 p. 292 thut — die römische kaisergewalt
nicht von Cäsar, sondern von Augustus datiere, obwohl jener schon
sie begründet und ihr den vollen umfang und inhalt gegeben hatte.
Was die triumvirn in der schlacht bei Philippi erkämpften, war
nichts weniger und nichts mehr, als was Cäsar am schlusse seiner
laufbahn besessen hatte, und der sieg bei Actium entledigte Octa-
vian des letzten nebenbuhlers, mit dem er bis dahin die herrscher-
gewalt hatte theilen müssen; er stand nun da als der alleinige erbe
des usurpators Cäsar. Er brauchte diese gewalt in ihrem bestande
nicht mehr zu schaffen, sie war ganz und voll da und war in seiner hand; seine aufgabe und sein werk war es nun dieser gewalt
den charakter der usurpation zu nehmen und ihr dafür den stempel der legalität aufzudrücken. Er hat ihr die äussere gestaltung
gegeben.

So ist das römische kaiserthum (*principatus*) bis auf Constantin den Grossen etwas durchaus eigenartiges, eine machtstellung,
wie sie ein zweites mal weder im alterthum noch in der neuzeit
sich gebildet hat und nicht hat bilden können: in wesen und that
der reine absolutismus, in gestaltung und äusserer erscheinung ein
conglomerat der verschiedenartigsten (amts)gewalten, befugnisse und
ehren, welche der überwiegenden mehrzahl nach der zu grabe ge-
tragenen republik entlehnt und in deren staatskleider und prunkge-

wänder gehüllt waren. Mit der theilung des reiches unter Constantinus söhne beginnt dieser charakter sich wesentlich zu verändern; es vollzieht sich allmählich aber stetig fortschreitend der übergang des abendländischen absolutismus (des autokratischen regimen-
tes) zum orientalischen despotismus; aus dem römischen kaiserthum
entwickelt sich das byzantinische, in dessen äusserer erscheinung
fast nur noch der althergebrachte nationalname an seinen römischen
ursprung erinnert.

Das kaiserthum der drei ersten jahrhunderte mag immerhin in
seinem wesen als eine faktische wiederaufrichtung des alten römischen königthums aufgefasst werden (Mommsen, Röm. Gesch. III⁴
p. 466 ff. 552), die formale handhabung der gewalt und ihre con-
centration in der persönlichen regierung des imperators knüpfte zunächst an die republikanische dictatur an, namentlich an die sulla-
nische, welche durch die lebenslänglichkeit thatsächlich der verant-
wortung enthoben war. Aber die dictatur der republik schloss die
wirksamkeit der anderen gewalten in sich, weil dieselben gesetzlich
während ihrer dauer ruheten, die dictatorische gewalt der impera-
toren, ihrem ursprung nach militärisch, vereinigte sie auch äusserlich mit sich und zwar, soweit dieselben noch wirkliche gewalten
waren, auf lebenszeit. Es dünkt mich eine vergebliche mühe, in
diesem oder jenem titel die bezeichnung des eigentlichen kernes der
kaiserlichen gewalt nachweisen zu wollen; dieser dürfte weder in
dem *imperator* noch in der *tribunicia potestas* noch in der *proconsularitas* noch in dem *Caesar Augustus* oder was es sei zu finden
sein; jedes einzelne weist nur einen theil, eine besondere seite nach,
füs das ganze hatten auch die Römer wohl keinen ausdruck als
„*princeps*“, ein wort, dessen begriff als „kaiser“ aber eben erst
durch das kaiserthum sich erfüllte und amtlich in dieser bedeutung
erst spät in gebrauch gewesen sein dürfte.

Erscheint uns nun die kaiserliche gewalt ihrer gestaltung nach,
wie oben gesagt, als ein conglomerat einzelner — an und für sich
verschiedenartiger und historisch nachweisbar zu verschiedenen zeiten übertragener — gewalten, befugnisse und ehren, so findet diese
erscheinung ihren ausdruck in der offiziellen titulatur. Ein
blick auf dieselbe genügt, um eine verschiedenartigkeit ihrer einzelnen theile zu erkennen, und es wird gestattet sein aus etwaigen
eigenthümlichkeiten der titulatur folgerungen in betreff des wesens

und der bedeutung der damit bezeichneten theile der kaiserlichen
gewalt herzuleiten. — In der titulatur scheiden sich sofort neben
dem eigentlichen namen, welchem sich die ahnenreihe anschliesst, die siegesnamen und ehrentitel aus z. b. *Germanicus, Britannicus, Parthicus, Arabicus; (Caesar) Augustus, optimus
princeps, pius, felix, invictus, pater patriae,* die *salutatio imperato-
ria,* von welchen einige in wirkliche, auch erbliche beinamen übergegangen sind. Die übrigen titel beziehen sich auf **gewalt und
rang** — „*imperator*", insofern es den inhaber des *imperium* [4]) bezeichnet, von Cäsar und Augustus geradezu an stelle des *praenomen* gebraucht, seit dem erlöschen des julisch-claudischen hauses in
verbindung mit „*Caesar*" als rangbezeichnung dem namen vorangestellt —, auf **ämter, würden und befugnisse** (*dignitates* und
potestates). Dies sind: *consul, censor (perpetuus), pontifex maximus,
proconsul, tribuniciae potestatis.* Unter diesen aber — und sie
kommen hier lediglich in betracht — unterscheiden sich diejenigen
qualitäten, mit welchen, noch ehe sie zu den kaiserlichen gehörten,
das *imperium* verbunden war, und diejenigen, welche es nicht hatten. Die censur war nie mit dem *imperium* verbunden, daher nur
munus censorium, censoria potestas; ähnlich war der *pontificatus
maximus* eine lebenslängliche *dignitas,* sie schloss eine *potestas* ohne
imperium ein; ein gleiches gilt von den volkstribunen, denen ihr
amt eine *potestas* gewährte, die aber niemals das *imperium* besassen. Dagegen erscheint das *imperium* in der republik als ein un-
zertrennliches accessit bei gewissen *potestates,* zu denen namentlich
consulat und proconsulat gehörten. — Und solche unterscheidung,
obwohl man glauben sollte, dass der besitz des absoluten imperium,
wie es in der republik der *populus,* jetzt faktisch der kaiser besass,
sie gänzlich verwischen würde, macht sich im ausdruck fort und
fort geltend, — neben *nomen Caesareum, nomen Augustum, potestas
tribunicia* und *censoria* wird nicht von *potestas* (ἐξουσία) *proconsularis* sondern von *imperium* (ἀρχή) *proconsulare* gesprochen —, und
insofern tritt die ursprüngliche geltung und bedeutung der einzelnen theile der titulatur noch immer hervor. Dass von einem *imperium consulare* der kaiser nie die rede ist, erklärt sich leicht aus
dem umstande, dass die *potestas consularis* für sie und das reich

---

4) Ueber den begriff vergl. Mommsen, Röm. Gesch. I[4] p. 291 anm.
— Rechtsfrage zwischen Cäsar und dem Senat p. 3.

überhaupt von gar keiner bedeutung mehr war und sie für gewisse
fälle das consulat selbst übernahmen. Die *potestas proconsularis*
dagegen bildete einen der wesentlichsten bestandtheile der kaisergewalt und es war natürlich das *imperium* nach wie vor in engster verbindung damit zu denken, wenn es auch gewiss ein irrthum
ist, das *praenomen imperatoris* direkt von dem proconsularischen
imperium ableiten zu wollen. Die begrüssung des imperator von
seiten des heeres oder des senates erhob zum kaiser, der tag des
regierungsantritts heisst *dies (natalis) imperii*; dann erst erfolgte,
anfänglich in gemessenen zwischenräumen, die bestätigung resp. ertheilung der übrigen privilegien: des oberpontificats, wie es immer
gewesen war, auf lebenszeit, des *imperium proconsulare* oder, wie
es genauer hätte heissen müssen, der *potestas proconsularis*, aber
nicht mehr befristet, sondern ἐς ἀεὶ καθάπαξ (Dio 53, 32) mit
der ausdrücklichen bestimmung, dass für den kaiserproconsul das
damit verbundene *imperium* nicht mit seinem verlassen der provinz
erlösche und also auch keiner erneuerung beim auszug aus Rom
bedürfe. Ferner wurde ihm die *tribunicia potestas* ertheilt und
zwar auch auf lebenszeit: διὰ βίου (Dio 53, 32); ἐς ἀεὶ διηνεκεῖ
ἄρα ἀρχῇ (Appian. b. c. 5, 132); *quoad viverem* (R. G. divi Aug.
Lat. 2, 22; Gr. 5, 17); *perpetua* (Suet. Aug. 27); in *perpetuum*
(Oros. 6, 18).

Welche bewandniss es nun auch immer mit der dreimaligen
übertragung der tribunengewalt an Augustus in den j. 724. 731.
735 (Dio 51, 19. 53, 32. 54, 12) gehabt haben möge (vergl.
Zumpt, stud. Rom. p. 248—262; Mommsen R. G. divi Aug. p. 28),
im besitze dieses privilegiums befand sich Augustus seit dem j. 731
und er, wie seine nachfolger, erhielten es sofort als lebenslängli-
ches, also doch, wie es scheint, einer erneuten übertragung ebenso
wenig als das oberpontificat, die sittenaufsicht, das proconsulat be-
dürftiges. — Wie kann denn nun aber von einer erneuerung der
tribunicia potestas überhaupt die rede sein? Haben die zahlen hinter diesem titel wirklich, wo sie stehen, die bedeutung von iterationsziffern? Und wenn sie das waren, warum finden sie sich nie
beim proconsulat oder oberpontificat? Man hat gemeint, die kaiser
hätten die jahre ihrer regierung nach den durch ziffern bezeichneten abschnitten der *tribunicia potestas* gezählt: wie konnten sie das,
wenn diese abschnitte nicht jahre oder bestimmte bruchtheile des

jahres waren? Warum zählten sie denn nicht lieber ohne umschweife nach jahren, wie andere menschenkinder, und warum bezifferten sie gerade abschnitte der *tribunicia potestas*, warum nicht solche des proconsulats oder oberpontificats? Es dürfte schwer und auch nicht nöthig sein, derartige kreuz und quer sich aufdrängende fragen in ein system zu bringen; einige betrachtungen werden hinreichen, die scheinbaren widersprüche zu heben. — Ich schliesse folgendermassen: Wenn die regierungsdauer — was ich vorläufig zugeben will — nach abschnitten der *tribunicia potestas* berechnet wurde, so waren solche bei derselben bereits vorhanden und wurden bereits gezählt oder konnten gezählt werden; dies geschah aber eben nicht erst um jenes zweckes willen und es ist gewiss eine irrige vorstellung, wenn man glaubt, die kaiser hätten eine solche zählung von tribunenjahren aus diesem oder einem andern grunde eingeführt; sie muss in der natur des instituts begründet gewesen sein und sich aus derselben von selbst ergeben haben. Es ist daher auch ein wenigstens ungenauer ausdruck, wenn man sagt, „der k a i s e r habe seine *tribunicia potestas* an dem und dem tage e r n e u e r t"; denn wenn sie einer erneuerung fähig und bedürftig war, so konnte sie nur von derjenigen behörde erneuert werden, welche sie ertheilt hatte, und das war der senat[5]). Zieht man nun in betracht, dass eine iterationsziffer bei dem gleichfalls stets unmittelbar bei dem regierungsantritt ertheilten amt des *pontifex maximus* und *proconsul* nie vorkommt, so scheint mir der schluss gestattet, dass beide von der *tribunicia potestas* sich darin unterschieden, dass diese erneuert wurde, jene nicht — und also bei dieser die abschnitte gezählt und zur berechnung der regierungsdauer benutzt werden konnten. Die n ö t h i g u n g zu einer solchen „erneuerung" (denn das ist der einmal gebräuchliche, obwohl nicht ganz passende ausdruck) war, meiner ansicht nach, nicht sowohl in der bedeutung und dem wesen der dem kaiser übertragenen tribunengewalt, als in deren ursprung begründet. Die sache selbst war eine reine formalität, anknüpfend an die jährlich wiederkehrende volkstribunenwahl, n i c h t eine neue e r n e n n u n g sondern eine p r o -

---

5) Tillem. hist. des Emp. III, p. 542: *Il me semble que les Empereurs recevaient t o u j o u r s d u s é n a t la puissance du Tribunat et ne la prenaient point d'eux mêmes ni des soldats.* — Vergl. Mommsen Hermes II. p. 56.

rogation[6]), eine von den vielen erinnerungen an republikanische
formen, wie sie überall da möglichst fest gehalten wurden, wo es
sich um die schatten alter gerechtsame der volksversammlung und
des senats handelte. Eine solche prorogation fand auch bei den
senatorischen proconsuln der kaiserzeit bisweilen statt und hatte
gleichfalls die zählung der proconsulatsjahre zur folge, z. b.: *Epirus
Marcellus procos Asiae* III (I. N. 3601 = Or.-Henzen 5425): *Eg-
natius Lollianus* ἀνϑύπ. τὸ B und III *procos.* (C. I. Gr. 3517,
Borghesi Opp. 3, 417) und andere. So möchte ich auch in Dio's
worten 53, 17: ὡς καὶ κατ' ἔτος αὐτὴν (*trib. potest.*) μετὰ τῶν
ἀεὶ δημαρχούντων λαμβανόντων das ὡς . . λαμβανόντων mit
Xylander durch *quia . . . accipiebant* oder durch *quippe qui . . .
acciperent*, nicht, wie es seit Leunclavius und Schwarz gebräuchlich
ist, durch *perinde ac si* übersetzen. Ob und wann eine wirkliche
erneuerung d. h. eine erneute übertragung der gewalt eintreten
konnte und musste, wird sogleich besprochen werden. Wir haben
es mit einem privilegium zu thun, welches dem kaiser ertheilt
wurde, weil er die bedeutsamen rechte eines amtes geniessen sollte,
welches selbst er als patricier nicht übernehmen konnte. Das amt
selbst war, wie alle republikanischen magistraturen, ein jährig be-
fristetes — lebenslänglich nur die *sacerdotia*, relativ durch die
erfüllung des auftrages befristet die vollmachten für ausserordentliche geschäfte (III*viri coloniae deducendae*, *agris assignandis*, *reipublicae constituendae*), ja genau genommen auch der *dictator rei ge-
rundae*, *comitiorum habendorum*, *clavi figendi causa* — und wir erkennen dies princip der jährigen befristung recht deutlich darin
wieder, dass, als Cäsar auf zehn jahre zum dictator ernannt wird,
die einzelnen jahre wie besondere dictaturen weiter gezählt werden.
Nur in dem umstande, dass die *tribunicia potestas* unmittelbar an
die stelle des unmöglichen volkstribunates treten sollte und danach
brauch und herkommen der tribunenwahl auf sie angewendet wurde,
vermag ich die äussere nöthigung zu einer scheinbar jährigen befristung und der deshalb jährlich erneuten prorogation zu finden,
und da eine solche die zählung der tribunenjahre mit sich brachte,

---

6) Einen vergleich bietet Dio 58, 24, wo die vota bei antritt des
dritten jahrzehends von Tiberius regierung von den consuln gethan
werden, ὡς καὶ ἡγεμονίαν αὖϑις αὐτῷ κατὰ τὸν Αὔγουστον διδόντες, nach
der übersetzung bei Eckhel 8, 476: *tanquam ei, ut Augusto usitatum,
tunc imperium prorogarent*.

welche auf andere weise eine nur einigermassen befriedigende erklärung nicht findet, so dürfte die annahme der jährlich erneuten
prorogation durch das faktum der zählung als genügend gesichert
betrachtet werden dürfen. Dass keine notiz über eine solche pro-
cedur sich erhalten hat, kann kaum befremden, weil es keines vor-
schlages, keiner abstimmung im senat bedurfte, sondern etwa der
betreffende antrag des consuls einfach durch acclamation angenommen wurde und höchstens — um aller form zu genügen — die
renuntiation in den comitien sich daran schloss.

Sonach bildet die iterationsziffer hinter *tribunicia potestas* nichts
als einen theil der titulatur, genau wie bei *cos.* und *imp.* und kann
zur zeitrechnung nur insoweit verwendet werden, als sie für den
zwischen der vorhergehenden und folgenden ziffer verfliessenden
zeitraum gilt. Wenn dieser zeitraum regelmässig ein jahr betrug,
so konnte man die jahre nach diesen iterationsziffern zählen; es
bedarf aber keines nachweises, dass jenes nicht immer der fall
war; also scheint es mir gänzlich unstatthaft, die zählung der tribunenjahre zu einer einrichtung behufs berechnung der regierungsdauer stempeln zu wollen. Namentlich bei Augustus, welcher der
erfinder dieser zeitrechnung gewesen sein soll, ist es geradezu unmöglich eine zählung der tribunenjahre zu diesem zwecke anzunehmen,
da er doch sicherlich seine regierung nicht erst von dem j. 731
datierte. Es ist nicht ausgeschlossen, dass durch die erwähnung
eines tribunenjahres eine genügende chronologische bestimmung gegeben werden kann; aber wenn man unter zählung der regierungsjahre mittelst der *tribunicia potestas* die gleichung der iterationsziffer mit den seit dem *dies imperii* verflossenen kalenderjahren
versteht, so weiss ich in der that nicht, woraus man die praktische anwendung einer derartigen zählung oder rechnung folgern
will. Dass es für möglich gegolten haben muss, scheint aus Tacitus (Ann. 3, 57: vergl. Noris. Cen. Pis. diss. II, c. 15 p. 260)
hervorzugehen, wo es heisst: *M. Silanus . . . dixit pro sententia,
ut publicis privatisve monimentis ad memoriam temporum
non consulum nomina praescriberentur, sed eorum qui tribuniciam potestatem gererent.* Aber welche beweise, welche
beispiele, welche andeutung hat man denn dafür, dass es jemals
geschehen? Einzig und allein die beiden angaben des Augustus,
welcher in seinem Index rerum gestarum (Lat. 3, 12 ff., Gr. 8, 5

ff.) sagt: *Trib. pot. XII quadringenos nummos . . . viritim dedi.*
— *Trib. pot. XVIII cos XII trecentis et viginti milibus plebis
urbanae sexagenos denarios viritim dedi.* — *Consul XIII sexagenos denarios plebei . . . dedi.* Wenn man aber dagegen hält,
dass gleich in dem folgenden abschnitt (Lat. 3, 22 — 32) der sechs-
malige aufwand für prämien an veteranen und entschädigungen an
italische und provinzialgemeinden nur in der gewöhnlichen weise
durch angabe der consulate zeitlich fixirt wird, ohne dass dabei der
tribunicia potestas erwähnung geschieht, so liegt es wohl auf der
hand, dass in jenen drei fällen die *tribunicia potestas* und das eigene consulat die gewalt und würde bezeichnen, aus welcher Augustus veranlassung nahm, sich der *plebs urbana* als wohlthäter
zu erweisen, wogegen die sorge für die veteranen selbstverständlich ihm als *imperator* oblag. Recht deutlich wird dies verhältniss durch die inschrift (I. Neap. 6764 = Orelli 1668) auf einem
altar, welchen Augustus den „Laren der gemeinde" als dank für
das neujahrsgeschenk des *populus* im j. 750 errichten liess. Hier
steht von seiner titulatur ausser *pontif. max.* nur *trib. pot.* XVIIII,
am schlusse aber sind zur datierung der quittung die jahresconsuln
Sabinus und Rufus genannt; vergl. die ähnliche inschrift mit voll-
ständigerer titulatur, aber gleichfalls beigefügten consuln vom j.
745 (I. Neap. 6775).

Ich glaube nachgewiesen zu haben, dass die *tribunicia potestas*
formell prorogiert (erneuert) wurde und sich schon daraus die zählung der abschnitte ergab. Dies waren selbstverständlich jährige,
wodurch sich der von mir gewählte ausdruck „tribunenjahre" rechtfertigen lässt, beginnend mit dem tage der ertheilung (*comitia tribuniciae potestatis*: arvaltafel vom j. 69 v. 60. 82 im Bullett. 1869;
comitia tribunicia: arvalt. v. j. 81 v. 33 in Scavi p. 37), und also
ganz verschieden von den „regierungsjahren", welche officiell von
dem *dies imperii* ab berechnet wurden, für den daher unter umständen eine legale fixierung nothwendig wurde, wie bei Vitellius
(arv.taf. 69 v. 85), bei Vespasian (Tac. Hist. 2, 79. Suet. Vesp. 6).
Jeder dieser tage wurde von manchen kaisern besonders gefeiert,
wie wir von Nero wissen (arvaltaf. 58 v. 19. 20: Herm. II, p. 37
ff.). Aber schon im ersten jahrhundert kam es vor — sicher schon
bei Vespasian [7]) — und wurde später wohl der allgemeine ge-

7) Vergl. Borghesi Opp. 6, 6—9 gegen Eckhels schwankende be-

brauch, die erste prorogation der *tribunicia potestas* an dem ersten
jahrestage des *imperium* vorzunehmen oder auch gleich bei ertheilung der tribunengewalt dieselbe mit rückwirkender kraft von dem
dies imperii gelten zu lassen; so fielen bei Vespasian z. b. nun die
regierungs- und tribunenjahre wirklich vollständig zusammen.

Nun ist es aber eine unläugbare thatsache, dass der termin
der prorogation nicht immer der ursprüngliche geblieben ist — und
es fragt sich, wodurch eine verschiebung desselben bewirkt werden
konnte; denn hier ein belieben des senates vorauszusetzen, ist
schlechterdings unmöglich, da es sich um ausübung eines formalen
rechtes bei vergebung einer befristeten und also weder zu früh
noch zu spät zu erneuernden gewalt handelte; ebensowenig aber
scheint es mir denkbar, dass der grund in der souveränen willkür
des kaisers gesucht werden dürfe, weil die frühesten nachweisbaren
veränderungen nicht in einer zeit der herrschaft despotischer laune
erfolgten, sondern gerade unter solchen kaisern, welche durch ihre
achtung vor den rechtsformen und ihre schonung senatorischer eitelkeit sich den namen der tugendkaiser erwarben. — Auch für
diese auffällige erscheinung muss der grund in der sache selbst gesucht werden und kann meiner meinung nach kein anderer sein,
als dass irgend welche umstände eine w i r k l i c h e n e u e ü b e r-
t r a g u n g der *tribunicia potestas*, obgleich sie auf lebenszeit ertheilt war, nach römischer rechtsanschauung nöthig machten, so
sonderbar dies auf den ersten anblick erscheinen mag.

Die römische kaisergewalt z e i g t e sich, wie oben bemerkt
worden ist, als ein conglomerat verschiedener in der person des
kaisers vereinigten gewalten. Als die wesentlichsten sind immer
das *imperium* und die *tribunicia potestas* betrachtet und daher jede
für sich oft als der inbegriff des ganzen bezeichnet worden; ich
stelle noch daneben die *potestas (imper.) proconsularis* und den
pontificatus maximus. Diese vier theile repräsentieren ebensoviele
competenzen der kaiserlichen allmacht: gewalt über das heer, über
den bürger, über die provinzen, über den cultus. Alle sind auf lebenszeit ertheilt; aber die verschiedenartigkeit des competenzenbe-
reiches einerseits und des ursprungs andrerseits lassen sie in manchen stücken als ungleich in wesen und bedeutung erscheinen. Aus

stimmungen D. N. 6, 342 und 8, 409 (beide citate sind bei Borghesi
verdruckt); Mommsen im Hermes II, p. 56.

dem ursprung der *tribunicia potestas* ergab sich die ebenbespro-
chene form der prorogation derselben; das oberpontificat trug von
allen noch am meisten den charakter eines mit bestimmten functio-
nen behafteten amtes, daher führte — wenigstens bis auf Balbinus
und Maximus — bei einer doppelherrschaft nur einer der kaiser
den titel *pontifex maximus*; die proconsulargewalt tritt als besonders bedeutsam in den provinzen hervor und erhält durch die darauf beruhende sorge für die verwaltung derselben eine scheinbar
räumliche abgrenzung. Es ist von Mommsen mehrfach (Rechtsfr.
p. 4. Röm. Gesch. I⁴ p. 250. 291 anm.) nachdrücklich hervorgehoben, dass das römische imperium durchaus „qualitativ untheilbar"
zu denken ist und „auch die einführung des collegialitätsprincips
hierin nichts geändert hat". Wenn diese totalität der imperienge-
walt für jeden der beiden consuln in republikanischer zeit rechtlich
galt und nur die thatsächlichen verhältnisse eine faktische compe-
tenztheilung herbeiführten, z. b. die ausübung des militärischen imperiums in gewissen *provinciae*, so scheint mir die e i n h e i t u n d
u n t h e i l b a r k e i t der kaiserlichen gewalt — nicht bloss des militärischen imperiums — etwas nach römischen rechtsbegriffen durchaus
selbstverständliches zu sein, und sie blieb es, auch wenn sie zwei
oder mehr personen übertragen wurde. Und was für das kaiserliche imperium [8]) im allgemeinen wie im besonderen (*imp. militare*)
gilt, muss auch von der tribunengewalt gelten, die ja nur eine besondere gestaltung war, in welcher die kaisergewalt in die erscheinung trat.

Wenn Mommsen (Röm. Gesch. I⁴ s. 250) vom consulat sagt:
„nicht den beiden beamten zusammen ward die höchste macht übertragen, sondern es hatte und übte sie jeder consul für sich so voll
und ganz wie der könig sie gehabt und geübt hatte", so dürfte
dieser satz — ich glaube den doch nicht ganz unzweideutigen ausdruck richtig verstanden zu haben — volle anwendung auf die

8) Das imperium wurde überhaupt nur noch an die kaiser ertheilt. Das *imperium militare*. welches die proconsuln von Africa (und
Asia?) noch wenigstens bis auf Caligula besessen haben müssen, gehört einer übergangszeit an und Mommsen hat nach Waddington auf
die eigenthümlichen persönlichen beziehungen dieser statthalter zum
kaiserlichen hause aufmerksam gemacht (Hermes III, 271 f.) — vergl.
jedoch Galba, der noch im j. 46 als *procos. Afric.* triumphzeichen erwirbt (Suet. Galb. 6).

kaisergewalt finden. Wenn statt eines herrschers zwei an die spitze des reiches traten, so ward die gewalt nicht unter sie getheilt
oder sie durften sie nur in gemeinschaft üben, sondern der inhaber
bestand nicht mehr in einer, sondern in zwei personen. Es wurde
nicht die gewalt, sondern die zahl der träger der gewalt verdoppelt. Mit der vermuthung A. W. Zumpts (stud. Rom. p. 264 f.),
dass es eine von der eigentlichen *tribunicia potestas* (*maior*) rechtlich unterschiedene (*tribunicia potestas minor*) gegeben habe, welche den mitregenten ertheilt worden sei, vermag ich in keiner
weise mich zu befreunden; obwohl zugestanden werden muss, dass
die zeitumstände und die persönlichen eigenschaften der inhaber eine
verschiedenheit in der thatsächlichen ausübung und äusserlichen erscheinung herbeigeführt haben. Folgerichtig scheint mir nun aber
die annahme, dass, wie mit dem ableben eines herrschers das imperium desselben erlosch und seinem nachfolger aufs neue übertragen
wurde, so auch das — obgleich lebenslänglich ertheilte — imperium als erloschen angesehen werden musste, wenn neben den bisherigen träger der einen untheilbaren gewalt ein zweiter gestellt
werden sollte. — So, glaube ich, machte die e r h e b u n g e i n e s
m i t r e g e n t e n e i n e w i r k l i c h e r n e u t e e r t h e i l u n g der *tribunicia potestas* nothwendig und diese würde eine ver-
schiebung des anfangstermins der tribunenjahre genügend zu erklären im stande sein. Ob es bei der ertheilung des titels *imperator*
und *proconsul* sich ebenso verhalten habe, lasse ich dahingestellt,
da jedenfalls die übertragung der *tribunicia potestas* für die äusserliche anerkennung der vollen kaisergewalt und mitregentschaft
galt, welche der imperatortitel allein noch nicht enthielt (vergl. die
bekannte stelle in Plin. Panegyr. c. 8), während die *potestas proconsularis* wohl nie v o r der *tribunicia potestas* den mitregenten
ertheilt ist und es also für die vorliegende frage gleichgültig ist,
mit welcher form dies allerdings zur erfüllung der gewalt nothwendige aber nicht fragliche accessit verliehen wurde.

　　Das ist es, was ich zur begründung und empfehlung m e i n e r
hypothese anzuführen vermag; dass die *tribunicia potestas*, welche
den römischen kaisern bald nach dem regierungsantritt ertheilt
wurde, erstens j ä h r l i c h a n d e m s e l b e n tage oder dem *dies
imperii* prorogiert und d a h e r i h r e j a h r e (tribunenjahre)
g e z ä h l t w u r d e n, und dass zweitens e i n e e r n e u e r u n g die-

ser übertragung durch ernennung eines mitregenten nothwendig wurde und dieses eine verschiebung des anfangstermines zur folge haben konnte.

Aus den vorgebrachten argumenten ergiebt sich wohl schon zur genüge, dass also nach meiner auffassung von der kaiserlichen tribunengewalt weder die incongruenz der tribunenjahre zweier gleichzeitiger herrscher noch auch eine zeitenweis parallellaufende officielle doppelzählung (*à discrétion*) als zulässig, ja als denkbar angenommen werden dürfe. Die möglichkeit der letzteren glaubt Tillemont, wenn auch zögernd, bei Caracalla zugeben zu müssen (not. XIX sur l'Emp. Sevère, III, p. 458 b. 459 a); Mommsen scheint sie für etwas unverfängliches zu halten, er bringt eine solche z. b. unter Nero (Herm. II, p. 56) und Decius (anmerk. zu Borghesi Opp. 4, 291) als auskunftsmittel zur lösung der chronologischen räthsel in vorschlag; ich werde versuchen in anderer weise zu helfen. — In der incongruenz der tribunenjahre, welche von Tillemont und von Clinton (z. b. zum j. 295 und öfter) durchaus nicht als etwas wesentliches beachtet wird, liegt für Mommsen (Hermes III, p. 129) „unleugbar ein anstoss"; . . . „sie besteht aber für Nero" (vergl. Herm. I, p. 58) und „ist für Nerva und Trajan eine unabweisliche thatsache; keine combination vermag deren tribunicische gewalten auf denselben antrittstag zu bringen". Auch für die hier und in andern fällen vorkommenden schwierigkeiten glaube ich bei anwendung meiner theorie eine übereinstimmende anderweitige lösung vorlegen zu können — und wende mich denn zu dem schlussabschnitte meiner abhandlung, welcher zu untersuchen haben wird, in wieweit die überlieferten thatsachen meine vermuthung bestätigen und stützen oder durch dieselbe erklärung finden.

III. Die tribunenjahre der römischen kaiser von Augustus bis auf Gratian.

> »Corrigit sequentem lapsus prioris:
> et deprehensione antecedentis exempli pascitur emendatio«.
> Symmachus.

§. 1. Augustus.

Die verschiedenen daten, welche für Augustus *dies imperii* gel-

ten, hat Marquardt (Handb. II, 3, p. 299 anm. 1328) zusammengestellt. Die tribunengewalt in dem umfange, wie sie seinen nach-
folgern blieb, wurde ihm in der zweiten hälfte des juni 731, nachdem er bei dem Latinerfest das consulat niedergelegt hatte, ertheilt.
Der tag selbst ist nicht unmittelbar überliefert, jedoch unzweifelhaft dafür der 27. juni zu halten, wofür Noris (Cenot. Pis. diss.
II c. 15 p. 263 f.) den beweis, so weit als es überhaupt ohne direktes zeugniss möglich ist, geführt hat. Diesen tag (V *Kal. Iulias*: Vellej. 2, 103) wählte Augustus im j. 4 zur adoption des
Tiberius und sicherlich wird in diesem falle die erhebung zur mitregentschaft und damit die ertheilung der *tribunicia potestas* an
den neuen Cäsar an demselben tage erfolgt sein, welcher sonach
für den tag der *comitia tribunicia* und ihrer jährlichen erneuerung
des Augustus und Tiberius genommen werden darf. Die münzen
und inschriften stimmen überein. Augustus starb am 19. august
(XIII *Kal. Sept.*) des j. 14 *trib. pot.* XXXVII.

§. 2. Tiberius.

Seine *trib. pot.* VI beginnt (s. oben) gleichzeitig mit Augustus *trib. pot.* XXVII am 27. juni (V *Kal. Iul.*) 4; er war also
seit diesem tage des j. 14 *trib. pot.* XVI, als er am 19. august
14 (seinem *dies imperii*) die alleinherrschaft antrat, und seit dem
27. juni 36 *tr. p.* XXXVIII, als er am 16. märz (XVII *Kal. Apr.*)
37 starb. — Die abweichende angabe Dio's (58, 28), wonach ausdrücklich der 26. märz als todestag genannt und danach sowohl
Tiberius als Caligula's regierungsdauer berechnet wird, ist als irrthümlich jetzt erwiesen durch die arvaltafel vom j. 39 v. 79—81.
Leider wird dadurch die verlässlichkeit der genauen daten von Dio's
quelle auch in betreff der folgenden regierungen erschüttert und
kann ohne einstimmende nebenzeugnisse nicht für vollständig gesichert gelten, überdies da die angaben über todestage und regierungsdauer nicht überall unabhängig von einander geschöpft, sondern zum theil nur durch berechnung eines aus dem andern gefunden zu sein scheinen.

§. 3. C. Cäsar (Caligula).

Er feierte den 18. märz (XV *Kal. Apr.*) als den jahrestag seiner
begrüssung als imperator im senat. Die arvaltafel vom j. 39 er-

wähnt ferner die jahresfeier seines einzuges in Rom am 28. märz
(V *Kal. Apr.*), nicht aber seiner *comitia tribuniciae potestatis*. Es
mag also als wahrscheinlich angenommen werden, dass die erneuerung der tribunengewalt jährlich am 18. märz, der offiziell
als *dies imperii* gegolten zu haben scheint, oder kurz darauf erfolgte. Er starb demnach am 24. januar 41 mittags (Suet. Calig.
VIIII *Kal. Feb. hora fere septima*), etwa zwei monate vor ablauf
seiner trib. pot. IV.

§. 4. Claudius.

Der *dies imperii* ist der todestag des Cajus (Suet. Claud. 11:
diem necis [Caji], *quamvis e x o r d i u m principatus sui, vetuit inter
festos referri*), an welchem er von einigen soldaten als imperator
begrüsst und in das prätorianerlager aufgenommen worden war, obgleich erst am folgenden tage (c. 10: *inter excubias p r o n o c t a-
v i t. — P o s t e r o die* u. s. w.) die prätorianer ihm den eid lei-
steten und der senat nach zweitägigem (24. und 25. januar)
schwanken sich für die huldigung entschieden hatte. Die *comitia tribuniciae potestatis* sind gewiss bald nachher gehalten und
die tribunenjahre erneuerten sich also ende januar oder anfang
februar. Damit steht in übereinstimmung die titulatur in dem
Nonsthaler edikt (Hermes IV, 102), welches der consuln und des
„*cos des.* IIII" wegen sicher in das j. 46 gehört: *idibus Martiis
— tr. p. VI imp. XI. cos des. IIII;* und das militärdiplom vom
11. december 52 mit *tr. pot. XI imp. XXVII cos. V* (Cardinali
tav. I = Or. 2652). Claudius starb am 13. october (*medio diei
III Id. Octobr.* Tac. Ann. 12, 69) 54 *trib. pot. XIV.*

§. 5. Nero.

Hier begegnet die erste, nicht unbedeutende schwierigkeit.
Nero trat die regierung noch an Claudius todestage an: Tacitus
sagt (Ann. 12, 69): *medio diei, III ante Idus Octobris . . . Nero
egreditur ad cohortem, quae . . . . . excubiis adest. — Illatusque
castris . . . . imperator consalutatur. Sententiam militum secuta
patrum consulta.* Der 13. october wurde alljährlich als *dies imperii* gefeiert, so im j. 58 (arvaltafel Hermes II, p. 39 v. 9. 10).
Ebenso gewiss ist, dass Nero den 4. december (*prid. non. Dec.*)
als den tag seiner *comitia tribunicia* alljährlich feierte, so im j. 57

(arvaltaf. Bullet. 1869 p. 83 v. 14) und im j. 58 (arvaltaf. Hermes a. a. o. v. 19. 20). Dass dies das datum der ersten ertheilung ist, wird allgemein zugegeben, nur das jahr ist durch Mommsens bemerkungen im Hermes a. a. o. p. 56 ff. streitig geworden. Er sagt dort: „Rossi und ihm beistimmend Henzen sind der ansicht, dass Nero, der am 18. october 54 die regierung antrat, erst an dem darauf folgenden 4. december die tribunicische gewalt durch senatsbeschluss erhalten habe. Allein diese annahme ist schlechthin unmöglich. Es hat nie einen kaiser gegeben, der die tribunicische gewalt nicht mit seinem regierungsantritt übernommen hätte, wenn er sie nicht bereits vorher besass, oder genauer gesprochen, der antritt der regierung besteht eben wesentlich in übernahme der tribunicischen gewalt und ist darum auch jeder Cäsar, der diese besitzt, als mitregent zu betrachten". Und s. 58: „die nachweisung eines vom senat anerkannten kaisers, dem die *tribunicia potestas* auch nur auf noch so kurze zeit gefehlt hätte, wird nicht gelingen". [Aber Otho? Domitian?] Mommsen hat dann versucht eine nicht effectiv gewordene, später aber als solche fingierte ertheilung der *tribunicia potestas* an Nero schon am 4. december 53 glaublich zu machen und mit hülfe einer dadurch ermöglichten zwei- oder dreifachen zählung von verschiedenen anfangsterminen ab (4. dec. 53; 13. oct., 4. dec. 54) die sich im j. 59 und 60 erhebenden schwierigkeiten zu erklären und zu lösen. Zum theil sind gegen diese hypothese schon einwendungen von Henzen (Bullet. 1869 p. 98—100) erhoben worden. Mir, wie ich schon bemerkt habe, scheint eine doppelte zählungsweise — und eine solche, nicht bloss ein verändertes rechnungssystem läge, wie die münzen beweisen, hier vor — in irgend welchen öffentlichen urkunden (münzen, protokollen und anderen denkmälern) sich unter keinen umständen zur annahme zu empfehlen, sei es, dass sie parallellaufend gedacht werden soll oder mit plötzlichem überspringen eines zeitabschnittes. — Dass jeder Cäsar, der die *tribunicia potestas* besitzt, mitregent ist, gebe ich zu; aber es ist durchaus noch nicht erwiesen, dass er es immer erst durch die ertheilung der *tribunicia potestas* und von dem augenblick des betreffenden senatsdecretes an geworden sei (s. u. bei Trajan). Die senatorische bestätigung des principats erfolgte wohl zunächst durch die anerkennung als *imperator* und die *lex de imperio* (*lex regia*) und das wird beim Cäsar-mitregen-

ten ebenso wie beim kaiser gewesen sein; der folgten dann als
nothwendige ergänzungen die übrigen privilegien in allerdings meist
kurzen zwischenräumen, aber doch immer, der regel nach, nicht auf
einmal; und dazu gehört an erster stelle die *tribunicia potestas*.
Auch die münzen des Nero und der Agrippina, welche die titulatur *tr. pot. cos* aufweisen, scheinen mir zu zeigen, dass das erste
tribunenjahr bis in das j. 55 (*cos*) hineingereicht haben muss, weil
Nero die iterationsziffer der *tribunicia potestas* auf seinen münzen
sofort anwendete, wie die aufschrift der bronzen und goldstücke
tr. pot. II p. p. mit *ex S C* im eichenkranz (Eckhel 6, 263) zeigt.
— So bleibt also für den tag der ersten übertragung nur der 4.
december im j. 54. Und eben aus dem umstande, dass weiterhin
nicht nur der *dies imperii* am 13. oct. sondern auch die *comitia
tribunicia* am 4. dec. alljährlich festlich begangen wurden, glaube
ich ferner schliessen zu dürfen, dass eine rückdatierung des anfangstermines auf den *dies imperii* dabei nicht stattgefunden habe,
also auch in den folgejahren die tribunengewalt nicht am 13. oct.,
sondern stets wieder am 4. dec. neu bestätigt wurde. Denn es
wäre doch wunderlich gewesen, am 4. dec. das gedächtniss eines
ereignisses zu feiern, dessen jahrestag faktisch auf den 13. october
verlegt war.

Die verzögerung um fast zwei monate ist meines erachtens so
unerhört nicht. In einem früheren aufsatze (Philol. XXX, p. 288
ff.) habe ich die vermuthung aufgestellt und zu begründen versucht,
dass die eigentlichen comitien in der regel in unmittelbarem anschluss an die betreffende senatsverhandlung abgehalten wurden;
ich bin also nicht Henzens ansicht (Bullett. 1869 p. 99), dass in
unserem falle die verzögerung durch eine verschleppung des comi-
tientermines zu erklären sei, sondern folgere aus den beispielen
des Domitian (*d. imp.* 18. sept., *comit. trib.* 30 sept.), des Vitellius (*d. imp.* 19. april, *com. trib.* 30. april) und namentlich des
Otho (*d. imp.* 15. jan., *com. trib.* 28. febr.), wie die arvalakten
sie uns bieten, dass mit der ertheilung dieser kaiserlichen privilegien durchaus nicht so überaus eilig vorgegangen zu werden pflegte,
und, wenn bei Otho sechs wochen bis zur ertheilung der *tribunicia
potestas* verstrichen, bei Nero auch wohl sieben und eine halbe ver-
fliessen konnten. Und Tacitus darstellung (Ann. 12, 69; 13, 4)
scheint mir eine solche verzögerung zu bestätigen. Die *patrum*

consulta, welche die willenserklärung der prätorianer bestätigen, sind zunächst sicherlich (Nipperdey) auf die *lex de imperio* zu beziehen, vielleicht allerdings auch auf die genehmigung der anträge wegen ertheilung der *tribunicia potestas* und des *pontificatus maximus* und die erweiterung des *imperium proconsulare*, welches er seit dem j. 51 *„extra urbem"* besass (Tac. Ann. 12, 41). Jedenfalls aber musste doch Nero die annahme dieser ehren seinerseits erklären und er scheint (mit Agrippina) in der ersten zeit seine ganze aufmerksamkeit auf die befestigung der herrschaft in den provinzen gerichtet gehabt zu haben und im senat überhaupt nicht vor der feierlichen bestattung und consecration des Claudius erschienen zu sein; die Ann. 13, 4 erwähnte rede dürfte eben seine erste im senat gehaltene sein und in dieser sitzung wird ihm die *tribunicia potestas* angetragen worden sein. Es trifft dabei gut zusammen, dass der kalender des Philocalus den 3. dec. (*III non.*) als einen *senatus legitimus* verzeichnet. Tags darauf (am 4.) mag dann das formelle senatsdecret und die feierliche bestätigung in den comitien erfolgt sein.

Mit einem solchen beginn der tribunenjahre am 4. december 54 stimmt nun die überlieferung bis zum j. 59:

im j. 55: *tr. pot. cos.*   Eckhel 6, 262.

im j. 57: *tr. pot.* III *cos.* II   ib. 6, 263.

         tr. pot. III. *imp.* III *cos.* II *des.* III. C. I. L. II, 183.

im j. 58: *tr. p.* IIII *imp.* [III oder IIII statt *iter*] *cos.* III.

         Orelli 728, vergl. Hermes II, p. 52. 63.

       tr. p. IIII *imp.* V *cos.* III C. I. Gr. 3743 = C. I.

                      L. III, 346.

im j. 59: am 3. januar: *tr. p.* V. *imp.* VI *cos* III *des* IV

             arvaltaf. im Hermes II, p. 41. v. 40 f.

Dies fünfte tribunenjahr hatte am 4. december 58 begonnen, das sechste nahm danach am 4. dec. 59 seinen anfang und am 1. jan. 60 trat Nero sein viertes consulat an. Nun wird eine münze Nero's mit dem revers *pontif. max, tr. p.* VI *cos* IIII *p. p.*, einem eichenkranz und darin *ex S C* von Eckhel (6, 264) aus dem wiener cabinet in gold und silber, und wohl dieselbe von Pinder (die antiken münzen des Berl. cab. 1851 p. 155 nr. 756) in gold, von Cohen (I n. 29. 30) aus dem *Cab. de France* in gold und silber angeführt, die wegen *cos* IIII nicht vor dem 1. jan. 60 geschlagen

sein kann. Dagegen bringt in „völlig zuverlässiger lesung" —
nach gütiger, besonderer mittheilung des professor dr Henzen —
das arvalenprotokoll bei Marini tav. XV (vergl. Scavi p. 18) am
1. und 3. januar zweimal nach einander die titulatur *tr. pot.* VII
imp. VII *cos* IIII, und dieselbe scheint vollkommen gesichert zu
werden durch ein militärdiplom (Or. Henzen 5407 = Arneth I,
p. 27), welches gleichfalls zweimal die nämlichen angaben enthält
und dazu das datum VI *non. Iul.* (2. juli) *Cn. Pedanio Salinatore
L. Vellejo Paterculo cos.* — Es lag sehr nahe, dieses diplom wegen der gleichen titulatur in das durch die arvaltafel fixierte j. 60
zu verlegen, und da der neronische komet nach Tacitus (Ann. 14,
22) im j. 60, nach Seneca (Qu. nat. 7, 21. 28) *Paterculo et Vo-
pisco cos.* erschien und überdies die *consules suffecti* des jahres
nicht bekannt waren, so ordneten sich die fasten des j. 60 leicht
in der weise, dass am 1. juli Salinator und Paterculus eintraten
und an stelle des Salinator für die letzten drei oder zwei monate
Vopiscus die fasces erhielt, womit sehr gut stimmte, dass in dem
consulpaare bei Seneca Paterculus nun als der ältere consul die
erste stelle einnahm. — Wären nun jene, doch gut beglaubigten
münzen nicht vorhanden, so würde jeder einwand gegen diese anordnung, als ungenügend begründet und unterstützt, schweigen
müssen. Da sie aber mit dem gleichen anspruch auf glaubwürdigkeit dem arvalenprotokoll an die seite treten, so erscheint es geboten mehrfache bedenken genauer zu prüfen, welche die richtige
jahresfixierung des diploms zweifelhaft machen [9]). — Erstens beruht dieselbe, so viel ich weiss, einzig und allein auf der übereinstimmung der titulaturen mit denen des arvalenprotokolls, welches
allerdings dem j. 60 angehört; das jahr der consuln Pedanius Salinator und Vellejus Paterculus ist sonst nirgendsher zu bestimmen;
auch die identität des Vellejus Paterculus in diesem paare und des
Paterculus in dem collegium bei Seneca ist nur vermuthung. Und
da für das zweite semester des j. 61 die consuln gleichfalls durchaus unsicher sind, so bleibt die möglichkeit, dass dem zweiten semester 60 der neronische komet und das consulpaar Paterculus und

9) Sehr zu beklagen ist der verlust der titulatur in dem diplom
von Geiselbrechting (Hefner, röm. Bayern nr. 162 p. 140 = Or. Henzen 6858) vom 15. juni (XVII *Kal. Iul.*) 64. Je nachdem hier *trib.
pot.* X oder XI stände, würde die frage so gut wie entschieden sein.

Vopiscus zuzuweisen sind, dagegen Pedanius Salinator und Vellejus
Paterculus und damit das diplom vom 2. juni in das j. 61 gehören, womit dann übereinstimmen würde, dass Nero in demselben
trib. pot. VII (nämlich seit dem 4. dec. 60) heisst. — Zweitens
ergeben sich aus der verlegung des diploms in das j. 60 eine grosse zahl der bedeutendsten schwierigkeiten: es würde daraus wenigstens eine verschiebung des anfangs der tribunenjahre vom ende
in die erste hälfte des kalenderjahres, ja, da die richtigkeit der
trib. pot. VII im arvalenprotokoll dadurch eine nahezu vollständige
sicherung erhielte, bis in das ende des vorjahres mit nothwendigkeit folgen — und da am 3. jan. 59 nach *tr. p.* V *imp.* VI *cos*
III *des* IIII in gültigkeit und in voller übereinstimmung mit der
sonstigen überlieferung ist, so müsste, wie Mommsen richtig bemerkt,
jene veränderung in der titulatur im laufe des j. 59 eingetreten
sein. Dies war nach Mommsen „eine änderung des rechnungssy-
stems", — doch wohl in der weise, dass auf des kaisers wunsch
plötzlich das laufende fünfte tribunenjahr als sechstes berechnet
und gezählt wurde. Dabei bleibt es mir denn nur ganz unerklärlich, wie gerade die kaiserliche (NB. nicht die senats-)münze das
alte rechnungssystem fortgebrauchen durfte. Man würde also an
eine v e r s c h i e b u n g — und zwar eine d o p p e l t e — zu denken
genöthigt sein; das kalenderjahr 59 müsste das ende des fünften,
das ganze sechste und den anfang des siebenten tribunenjahres um-
fassen.

　　Leider lässt uns die sonstige überlieferung hier sehr im stich;
inschriften mit der *trib. pot.* VI sind, so viel mir bekannt, gar
nicht erhalten; die beiden aus Cohen (I n. 28) und Eckhel bekannten münztypen mit *tr. p.* VI bieten der eine kein *cos*, der andere
(s. ob.) mit *cos* IIII weiset ins j. 60, die imperatorenbegrüssung
ist auf keinem bezeichnet. Mit dem fünften tribunenjahre verbindet das arvalenprotokoll am 3. jan. 59 *imp.* VI, danach ist es
kaum zweifelhaft, dass die siebente salutation bei gelegenheit der
eroberung von Artaxata am 30. april 59 (Egli in Büdingers Untersuchungen zur röm. K. G. I, p. 284) erfolgte, also vermuthlich
noch im fünften tribunenjahre. — Was soll, was kann denn nun
aber zu einer solchen verlegung des anfangstermines veranlassung
geworden sein? Ich vermag hier keinen irgend gefälligen anhalt
zu vermuthen; denn die beiden einzigen ereignisse, welche in je-

nem jahre die bevölkerung (resp. den senat) der hauptstadt in grössere aufregung versetzten, waren der tod der Agrippina zwischen dem 19. und 23. märz, der allerdings überschwängliche freuden- und dankdecrete für die rettung (!) des kaisers veranlasste (Tac. Ann. 14, 12. Henzen Bullett. 1869 p. 89), und die siegesnachrichten aus Armenien, welche etwa ende mai nach Rom gelangt sein können (Tac. Ann. 13, 41); und aus keinem scheint mir eine veranlassung gerade zur erneuerung der tribunengewalt vor dem gewöhnlichen termin, worin doch kein schatten einer ehrenbezeugung lag, hergeleitet werden zu können. — Wir wären aber auch damit immer erst zum sechsten tribunenjahr gelangt und müssten nun die abermalige erneuerung zum gewöhnlichen termin am 4. december annehmen, damit am 1. jan. 60 die *trib. pot.* VII in der ordnung wäre.

In erwägung nun, dass es sich in diesem falle darum handelt sich entweder für die auf den münzen oder für die im arvalenprotokoll überlieferte titulatur zu entscheiden, in erwägung ferner dass die datierung des diploms sich für jetzt n u r auf das arvalenprotokoll vom 1. jan. 60 stützt, die zuverlässigkeit aber der angaben des letzteren in betreff der titulatur theils durch die unvereinbarkeit mit gutbeglaubigten münzaufschriften erschüttert wird, theils — ihre richtigkeit vorausgesetzt — sonst nicht vorhandene chronologische wirren entstehen, für welche eine lösung kaum möglich scheint, so glaube ich, dass hier ein versehen bei abfassung des protokolls vorliegt und in demselben irrthümlich *tr. pot.* VII statt *tr. pot.* VI geschrieben worden ist.

Dann ist alles in ordnung: Nero's tribunenjahre beginnen seine ganze regierung hindurch mit dem 4. december; *trib. pot.* VI im j. 59, *trib. pot.* VII im j. 60, und das diplom vom 2. juni gehört in das j. 61; er starb am 9. juni 68 *trib. pot.* XIV. Von einem angetretenen funfzehnten tribunenjahre, wie es im anderen falle nöthig wäre, hat sich keine nachricht erhalten.

Von den kaisern **G a l b a**, **O t h o**, **V i t e l l i u s** hat keiner das ende seines ersten tribunenjahres erreicht.

§. 6. Die Flavier.

Ueber die rechnung der regierungs- und tribunenjahre **V e s p a s i a n s** schwankte noch Eckhel 6, 342. 8, 409 (beide stellen sind

in der anmerkung zu Borghesi opp. 6, 6 falsch citiert). Borghesi
hat darüber in einem briefe d. d. Savignano, 1. juli 1813, der
erst jetzt im 6. bande seiner werke (p. 1—46) herausgegeben ist,
ausführlich und erschöpfend gehandelt. Als *dies imperii* liess Vespasian den 1. juli 69 anerkennen. Natürlich wurden ihm erst
nach Vitellius tode und der eroberung Roms (20. dec.), dann aber
in einer und derselben sitzung vom senat sämmtliche kaiserliche
gerechtsame (*cuncta principibus solita*: Tac. Hist. 4, 3) übertragen
und gewiss sofort mit rückwirkender kraft auf jenen termin bestätigt, da es ja darauf ankommen musste, seinen in jenem halbjahre vorgenommenen regierungshandlungen zugleich die sanction
zu ertheilen.

Titus wurde mitregent am 1. juli 71, so dass die iterationsziffer der *tribunicia potestas* beider um zwei einheiten differirt.
Als Vespasian am 23. juni 79 (IX *Kal. Iulii*: Suet. Vesp. 24)
starb, war er *trib. pot.* X, Titus damals *trib. pot.* VIII: eine
münze mit der umschrift *imp. Titus Caesar Vespasianus Aug. tr.
pot.* VIII *cos* VII, also aus der woche am 23. juni bis 1. juli 79
führt Borghesi aus seiner sammlung, Cohen mehrere dergleichen
aus dem Cab. de Fr. n. 114—118, an. Er erneuerte die tribunengewalt noch dreimal am 1. juli 79, 80 und 81 und starb am
13. sept. (*Idib. Sept.* Suet. Tit. 11) *tr. pot.* XI, welche freilich
weder auf münzen noch inschriften sich erhalten hat.

Domitian trat die regierung am 13. september (XV [*III Kal.
Oct.*]: arvaltafel Scavi p. 37 v. 27) an; seine *comitia tribunicia*
fanden am 30. sept. (*pr. K. Oct.* ibid. v. 33) statt. Die gewöhnliche annahme ist, dass ihm die tribunengewalt am *dies imperii* erneuert wurde und sein todestag, 18. sept. (XIIII *Kal. Octobr.*: Suet.
Dom. 17) 96, demnach der sechste tag seines sechzehnten tribunenjahres war. Es ist indess auch möglich, dass der 30. september, wie bei Nero der 4. december, für die erneuerung der tribunengewalt fortbestand, so dass Domitian noch während seines funfzehnten tribunenjahres ermordet wurde; denn es fehlt, so viel ich
weiss, an jedem zeugnisse darüber: die arvalakten der j. 87 (Scavi
p. 43 v. 62), 90 (ibid. p. 53 v. 63) und 91 (Marini tav. XXIV b)
zeigen, dass keiner dieser beiden tage damals noch durch opfer von
der brüderschaft feierlich begangen wurde, und weder eine münze
noch eine inschrift mit *trib. pot.* XVI hat sich erhalten.

§. 7. Nerva und Trajan.

Nerva trat die regierung am 18. sept. 96 an; dieser tag kann auch füglich als anfang seiner tribunenjahre gelten, mögen auch die *comitia tribunicia* im ersten jahre etwas später gehalten worden sein. Jedenfalls hatte Nerva die *tribunicia potestas* schon am 10. october (VI *Idus Octobr.*: diplom Cardinali X, Borghesi opp. 3, 380). Die titulatur ist demnach:

96 seit 18. sept.	*tr. pot. cos* II		Eckhel 6, 403
am 10. oct.	*tr. pot. cos* II		Diplom Card. X
	tr. pot. cos II *des* III		Eckhel 6, 403
97 seit 1. jan.	*tr. pot. cos* III		E. 6, 406. I. Neap.
			6234. 6254.
	tr. pot. cos III *des* IIII		C. I. L. II, 956.
seit 18. sept.	*tr. pot.* II *cos* III		E. 6, 408 [C. I. L.
			II, 4724]
	tr. pot. II *cos* III *des* IV		E. 6, 408; Or. Henz.
			5438.
98 seit 1. jan.	*tr. pot.* II *cos* IV		E. 6, 409.

Da Nerva schon ende januar 98, wohl am 27. (Dierauer Gesch. Trajans in Büdinger Unt. z. röm. K. G. I. p. 27 anm. 3) stirbt, so läugnet Eckhel die möglichkeit, dass er ein drittes tribunenjahr angetreten habe, da das zweite bis september 98 zu laufen hatte. Gleicher ansicht ist Cardinali (Dipl. p. 129). Und doch findet sich die *trib. pot.* III Nerva's durch mehrere inschriften bezeugt, die ohne weiteres sämmtlich für falsch zu erklären schon Tillemont (note V sur Nerva, vol. II, p. 489 b) für bedenklich hielt. Mir sind drei inschriften der art bekannt: A. Cardinali iscriz. Velit. p. 59 == Murat. 448, 4 (aus Vulpi). Cardinali sagt darüber: *Non so quanto realmente appartenga questa lapida a Velletri;* er gibt sie nur auf Muratori's angabe hin und hält sie für schlecht abgeschrieben. Ich rücksichtige nicht weiter auf sie. — B. [10]) Orelli 780. Der stein ist jetzt so verscheuert, dass die zahlen nicht mehr gut leserlich sind. Chaupy, Maison d'Horace III p. 391 hat die inschrift ganz verkehrt; dagegen findet sie sich in' den vaticanischen scheden Marini's aus den scheden des genauen Giovenazzi wie bei Orelli. — C. Orelli 19 (vergl. vol. III p. 1)

---

10) Die angaben über B und C verdanke ich einer gütigen mittheilung des professor Henzen in Rom.

Hier ist *trib. pot.* III festgestellt durch Podager in seinen handschriftlichen emendationen zu Mazocchi 13, 3; durch Smetius 11,
16 (woraus sie Gruter 185, 4 entnommen); durch Du Perac in
seiner abbildung in I vestigi dell' antichità di Roma 1575.

   Durch diese beiden steine scheint denn doch das dritte tribunenjahr Nerva's so weit hinreichend beglaubigt, dass nur das stets
bereite, sehr billige, aber darum auch sehr missliche „versehen des
steinmetzen" ihre beweiskraft bei seite zu schaffen vermöchte. Mir
ist das zeugniss äusserst willkommen und eine erwünschte stütze für
meine theorie, nach welcher dies dritte tribunenjahr nicht nur nicht
störend, sondern vielmehr eine nothwendigkeit ist. Denn danach
machte die erhebung Trajans zum mitregenten eine erneute erthei-
tung der *tribunicia potestas* erforderlich und von dem tage ab, an
welchem der neue Cäsar die tribunengewalt erhielt, musste für den
Augustus Nerva ein neues tribunenjahr beginnen, so dass das vorige
sich verkürzte, wenn nicht zur feierlichkeit der hergebrachte antrittstag gewählt wurde, wie es bei Tiberius und Titus geschehen
war. Dass nun Trajans adoption und was damit weiter zusammen-
hing in der mitte september 97 noch nicht erfolgte, vielmehr aller
wahrscheinlichkeit nach erst ende october oder anfang november, ist
nicht zu bezweifeln. Vergl. Tillemont note III sur Nerva, vol. II
p. 487; Eckhel 6, 456; auch Peter, Gesch. Roms III, 2, p. 143, der
die meuterei der prätorianer selbst erst in den october setzt [11]). Die
ertheilung der *tribunicia potestas* an Trajan und damit der anfang
der *trib. pot.* III des Nerva muss also in die zeit zwischen ende
october 97 und ende januar 98 fallen. Eine genauere bestimmung
wird sich aber nur durch betrachtung der tribunenjahre Trajans
ermitteln lassen, welche ihrerseits gerade für den anfang noch nicht
gelöste schwierigkeiten darbieten.

   Durch Mommsens untersuchung über die eponymen consuln der
j. 103 und 104 (Hermes 3, p. 126 ff.) darf als erwiesen erachtet
werden, dass Trajans fünftes consulat und das britannische diplom
vom 19. januar, auf welchem Trajan *trib. pot.* VII *cos* V heisst,
in das j. 103 (nicht 104) zu setzen sind und demnach Trajans tribunenjahr wenigstens schon im j. 103 v o r d e m 1 9. j a n u a r —

   11) Dierauer a. a. o. I p. 28 liest aus der falsch citierten stelle
Eckhels (7 statt 6) irrthümlich heraus, dass Eckhel den 19. october
als den termin für ertheilung der *tribunicia potestas* bestimmt.

nicht mit dem *dies imperii*, 27. januar — beginnen muss. Da aber Trajan damals schon das siebente tribunenjahr zählt, so gelangen wir rückwärts auf das zweite vor dem 19. jan. 98. — Die weitere folgerung, den anfang seit dem j. 98 auf den 1. januar zu bestimmen, kann ich nicht zugeben. Es wird dabei vorausgesetzt, dass dem Trajan etwa anfang november die *tribunicia potestas* zugleich mit seiner erhebung zum Cäsar ertheilt worden sei. Schon oben (p. 21) ist erwähnt, dass Mommsen selbst „in der incongruenz der tribunicischen jahre zweier gleichzeitig die tribunicische gewalt führenden herrscher einen unleugbaren anstoss" fand, jedoch „diese incongruenz für eine unabweisliche thatsache" erklärt. Es sind aber noch andere bedenken gegen diese annahme vorhanden; namentlich will ich mir auch die frage beantworten können, was irgend zu einer solchen überaus befremdlichen erneuerung des erst vor zwei monaten an Trajan verliehenen gewalttitels veranlassen konnte.

Beachtenswerth ist, dass in den beiden ersten tribunenjahren Trajans auf den erhaltenen denkmälern die iterationsziffer bei der *tribunicia potestas* nirgends, im dritten nicht überall hinzugefügt ist. Die münzen, welche sie freilich auch später nur selten aufweisen, zeigen zuerst *tr. p.* VI aus dem j. 102. Leider fehlt die titulatur auf dem neuaufgefundenen diplom vom 20. febr. (**X Kal.** *Mart.*) 98 (Bullet. 1871 p. 145); ein unedirtes diplom (erwähnt Hermes III, p. 137, Borghesi Opp. 5, 525) vom 14. aug. (**XIX. K.** *Sept.*) 99 hat *tr. p.* III; desgl. ein stein aus Larinum (I. Neap. 5205); ein stadtrömischer stein (Orelli 782) vom 29. dec. (IIII **K.** *Ian.*) 100 die *trib. pot.* IV. — Münzen oder inschriften mit der titulatur *tr. pot. cos*, welche nothwendig die letzten monate des j. 97 bezeichnen würde, finden sich gar nicht; an der unächtheit der adoptionsmünzen dürfte mit Eckhel (6, 412) nicht zu zweifeln sein. Ausser dieser titulatur fehlt auch die aufschrift *Nerva Trajanus Caesar Germanicus imp. tr. pot. cos* II aus den ersten wochen des januar; es sind erst münzen mit *imp. Caesar N. T. Aug. Germ. pont. max. tr. pot. cos* II, also nach dem 27. jan. 98 geschlagen, erhalten. Dies ist zwar durchaus kein hinreichender beweis, dass jene nicht geprägt worden sind oder nicht haben geprägt werden können; wir werden diese beobachtungen aber bei den folgenden erörterungen stets im auge behalten müssen.

Die einzigen genaueren nachrichten über die erhebung Trajans
zum mitregenten schöpfen wir aus der notiz des Aur. Victor (Epit.
12, 9): *hic* [Nerva] *Trajanum in liberi locum inque partem imperii cooptavit: cum quo tribus vixit mensibus;* ferner aus Dio (68,
4), wonach Nerva in folge der schmach, die ihm durch die präto-
rianerpräfekten widerfahren war, auf dem capitol die adoption des
Trajan verkündigte, „μετὰ ταῦτα (Plin.: *simul*)" im senat ihn zum
Cäsar ernannte und den eigenhändigen brief mit dem τίσειαν Δα-
ναοὶ ἐμὰ δάκρυα σοῖσι βέλεσσιν an Trajan nach Germania erliess.
Dann fährt Dio fort: οὕτω Τραϊανὸς Καῖσαρ καί μετα τοῦτο
αὐτοκράτωρ ἐγένετο.   So unterscheidet also Dio drei momente:
die adoption auf dem capitol, die ernennung zum Cäsar im senat
und die noch später erfolgte erhebung zum imperator; die *tribunicia potestas* erwähnt er gar nicht. — Die dritte kunde gibt uns
die bekannte stelle in Plinius Panegyricus (c. 8): *simul filius, simul Caesar,* m o x *imperator et consors tribuniciae potestatis, et
omnia pariter et statim factus es, quae proxime* (im j. 71) *parens
verus* (Vespasian) *tantum in alterum filium* (Titus) *contulit.* Auch
in dieser erzählung des herganges tritt, wie bei Dio, das nachein-
ander der momente deutlich genug hervor und zwar weist das dem
„μετὰ τοῦτο" entsprechende „*mox*" die ertheilung des *imperium*
und der *tribunicia potestas* jedenfalls in eine etwas spätere zeit [12]).
— Andrerseits liegt aber auch keine nöthigung in dem ausdrucke,
die ertheilung der imperatorwürde und der tribunengewalt als zeitlich zusammenfallend zu denken; es war ja regel diese privilegien
nicht auf einmal zu vergeben (Lampr. Alex. Sev. 8), von welcher
man bei Vespasian (s. ob. p. 20) freilich schon eine ausnahme gemacht
hatte. Es ist ferner natürlich anzunehmen, dass die reihenfolge
der genannten acte die chronologische ist, also die *tribunicia po-*

12) Eine unklarheit kann ich (wie Dierauer a. a. o. s. 26 anm. 2)
in *mox* nicht finden.   Es deutet nicht auf die erst nach einiger zeit
erfolgte bestätigung der acte durch den senat (Plin. c. 10. *ad hoc au-
diebas senatus populique consensum*), sondern auf einen zeitunterschied
zwischen den ersten und letzten anträgen des kaisers. Die folgenden
worte: *omnia pariter et statim factus es* scheinen mir dieser auffassung
auch keine schwierigkeit zu bereiten; sie sind ja enge mit dem nachstehenden relativsatze zu verbinden: „und alles, was jüngst Vespasian
nur dem einen seiner beiden söhne übertragen liess, wurdest du i n
gleicher weise (d. h. durch die initiative des kaisers) und s o f o r t
(d. h. ohne dass der senat einen augenblick mit der bewilligung ge-
zögert hätte)».

testas zuletzt ertheilt wurde. Imperator war Trajan sicher schon vor ablauf des jahres, da es bei Plinius (Paneg. 57) heisst: *nam secundum* [*consulatum* 1. jan. 98] *imperator quidem sub imperatore tamen in i s t i*. Ueber den zeitpunkt aber, wann ihm die *tribunicia potestas* zuerkannt wurde, ist aus all diesen nachrichten, münzen und inschriften unmittelbar nichts genaueres festzustellen; nur soviel glaube ich dargelegt zu haben, dass die möglichkeit, die ertheilung der tribunengewalt habe sich bis in den anfang des j. 98 hinausgeschoben, nicht ausgeschlossen bleibt, da durch nichts zu erweisen ist, dass Trajan sie schon im j. 97 besessen hat.

Diese möglichkeit aber gewinnt an wahrscheinlichkeit — und wird nach meiner auffassung des verhältnisses zur gewissheit —, wenn wir durch eine reihe von sicheren münzen Nerva's mit der aufschrift *tr. p. II cos IIII*, also aus dem anfange des j. 98, und die oben besprochenen inschriften mit Nerva's *tr. pot. III cos IIII* (Orelli 19. 780) belehrt werden, dass Nerva's tribunengewalt in der ersten hälfte des monats januar erneuert worden sein muss, wofür ich eben (vergl. oben p. 32) den grund nur in Trajans erhebung zur vollen mitregentschaft finden kann. — Warum die feierliche ertheilung erst etwa zwei monate nach der adoption und mehrere wochen nach der ernennung zum imperator stattgefunden, lässt sich ebensowenig hier wie bei Nero vermuthen; einem ähnlichem hergange werden wir aber auch bei Commodus begegnen.

Wenn es mir sonach gewiss scheint, dass Trajans tribunengewalt überhaupt erst in der ersten hälfte des januar (nach jenem diplom sicher vor dem 19.) beginnt, so bleibt noch zu erklären, wie dieses faktisch erste jahr als zweites gezählt werden konnte. Wie bei Vespasian wohl aus dem oben p. 30 angegebenen grunde eine rückdatierung bis auf den officiellen *dies imperii* beliebt worden war, so wird in diesem falle, wo lediglich die politischen verhältnisse zur adoption und erhebung Trajans geführt hatten und es hauptsächlich darauf ankam, allen seit den prätorianerunruhen nothwendig gewordenen massregeln die volle autorität der kaiserlichen macht zu verschaffen, (vergl. Plin. Paneg. 6: *confugit in sinum tuum concussa respublica, ruensque imperium super imperatorem imperatoris tibi voce delatum est* — und am ende: *communicato imperio . . . . ille securior factus est*), gewiss gleichfalls eine rückdatierung der gewalten auf den tag der erhebung zum Cäsar so-

fort bei ertheilung der *tribunicia potestas* beschlossen worden sein
(bei Commodus lag die sache später etwas anders, s. unt. p. 47) — und
daher ergab sich ein **fingiertes tribunat** vom tage der Cäsarwürde (im november 97) bis zum tage der erneuerung der *tribunicia potestas* für Nerva, dem wirklichen beginne der tribunenjahre
für Trajan (in der ersten hälfte des januar 98), so dass also späterhin, als die iterationsziffer auf münzen und andern urkunden
beigefügt wurde (sie erscheint, wie oben bemerkt, zuerst auf dem
diplom vom 14. aug. 99), die zeit von mitte januar 98—99 als
zweites, 99—100 als drittes, 100—101 als viertes u. s. w. tribunenjahr gelten musste.   Dann würde sich auch von selbst verstehen, dass münzen und denkmäler mit der titulatur *tr. p. cos* (aus
dem j. 97) nicht existieren konnten. Ich gleiche demnach:

96, 18. sept. *imp. Caes. Nerva Aug.*	
tr. pot. cos II.	
97, 18. sept. *tr. p.* II *cos* III.	
nov.	— *Trajanus Caes. imp.*
tr. p. II *cos* III *des* IV	— [*tr. pot.*] *cos des* II.
98, 1. jan. *tr. p.* II *cos* IV	— [*tr. pot.*] *cos* II.
(7.) jan. *tr. p.* III *cos* IV	— *tr. pot.* (II) *cos* II.
27. jan. *Nerva* †	*imp. Caes. Trajanus Aug.*
	tr. pot. (II) *cos* II.
99. (7.) jan.	*tr. pot.* (III) *cos* II.

u. s. w. Mit dieser darlegung befinden sich sämmtliche zeugnisse
in übereinstimmung; die unzuverlässigkeit der münze mit *tr. pot.*
VII *imp.* IIII. *cos.* IIII *des* V (Eckhel 6, 415) hat Mommsen (Hermes 3, p. 128 anm. 1) hinreichend beleuchtet. — Trajan starb,
nachdem er am [7.] januar sein einundzwanzigstes tribunenjahr begonnen, etwa am 7. oder 8. august 117.

§. 8.   Hadrian und L. Aelius.

Hadrian feierte als seinen *dies imperii* den **11. (III. *Id.*) august**, an welchem die nachricht von Trajans ableben zu ihm nach
Antiochia gelangte (Spartian Hadr. 4). Von diesem tage datieren
auch seine tribunenjahre, welche übrigens auf münzen niemals mit
der iterationsziffer versehen sind; dazu stimmen die datierten inschriften:

     120, 27. sept. *tr. p.* IV *cos* III (Hermes 4, 178; Ephesos).

124, 16. sept. *tr. p.* VIII *cos* III (Gr. Henzen 5455: diplom).
127, 11. oct. *tr. p.* XI *cos* III (Dipl. Card. XIV. Borgh. 5,
66 ff.).
129, 18. feb. *tr. p.* XII *cos* III (Dipl. Card. XV).

Das jahr dieser letzten urkunde ist ganz sicher durch das ordentliche consulat *P. Iuventio Celso* II *Q. Iulio Balbo* bestimmt. Nun
muss aber eine zurückverlegung des anfangstermines der tribunenjahre unbedingt einmal stattgefunden haben, wie das gesicherte
vorkommen der *tr. pot.* XXII am 15. mai 138 (Grut. 256, 6)
und am 16. juni auf einem diplom (Cardin. XVII. Borgh. 3, 108)
und eine gleich zu erwähnende ägyptische inschrift beweisen. Diese
veränderung würde nach meiner auffassung mit der erhebung des
L. Aelius Verus zum Cäsar in verbindung gebracht werden müssen;
aber das walachische diplom (Arneth VII, p. 54. Ackner-Müller,
röm. inschr. in Dacien n. 832) bietet schon am 22. märz (XI *Kal.
April*) *P. Iuventio Celso* II *Q. Iulio Balbo cos*, also im j. 129 die
trib. pot. XIII, und diese angabe wird ferner gestützt durch ein
bukarester diplom (Annali 1857 p. 6, vergl. Borgh. 5, 3 ff.) mit
tr. pot. XVIII vom 2. april *T. Vibio Varo T. Haterio Nepote cos,*
wenn der erstere für identisch mit dem *cos. ord.* 134 (*Serviano* III
et Vibio Varo: I. Neap. 1459) zu halten ist. Danach scheint es
also unabweislich, jene veränderung in das j. 129 und zwar zwischen den 18. febr. (XII *Kal. Mart.*: Card. dipl. XV) und den
22. märz (XI *Kal. April*: Arneth VII) zu setzen. Dieser zeitraum
wird bis auf acht tage verkleinert durch eine griechische inschrift
aus Cheikh-Abad (Antinoe in Aegypten), mitgetheilt in der Revue
archéol. 1870 (XI, 5) p. 314, welche für Hadrian die *tr. pot.*
XXI mit dem datum ἔτους κα̅ Φαμενὼϑ α̅ gibt. Hadrians 21.
ägyptisches jahr beginnt mit dem 29. august 136, der erste phamenoth entspricht also dem 25. februar 137.

Was im j. 129 veranlassung gegeben haben könne, dem kaiser die tribunengewalt zum dreizehnten mal, statt am 11. juli,
schon im februar zu übertragen, ist mir ein vollständiges räthsel,
so dass ich keine vermuthung auszusprechen wage, ob oder wie
etwa ein zusammenhang mit der adoption des L. Aelius Verus sich
denken lasse, welche Peter (Gesch. Roms III, 2, p. 186) aus guten gründen „wahrscheinlich in oder vor das j. 130" setzt. Unter
beiden dürfte 129 jedenfalls den vorzug verdienen, da die adoption

doch in Rom vorgenommen sein wird und Hadrian wohl schon den
winter 129—130 in Athen zubrachte, von wo er sich dann sicher
130 nach Aegypten begab.

Mit einiger zuversichtlichkeit dagegen glaube ich den 25.
februar selbst (V *Kal. Mart.*) als den erneuerungstag seit dieser veränderung bestimmen zu dürfen. Dies ist nämlich das datum der adoption des Antoninus Pius im jahr 138, welcher sofort die *tribunicia potestas* und das *imperium proconsulare* erhielt
(Capitol. Pius 4). Es ist kaum zu bezweifeln, dass Hadrian, wie
dies ja bei Augustus und Vespasian der fall gewesen war, den erneuerungstermin seiner eigenen *tribunicia potestas* zu der feierlichkeit gewählt hat, zumal da dieselbe ja leicht um wenige tage früher bewerkstelligt werden konnte, wenn Hadrians *trib. pot.* XXII
an einem früheren tage zwischen dem 18. und 25. februar begann.

Es kann sich aber auch durch die vorhergehende ertheilung
der *tribunicia potestas* an L. Aelius Verus Cäsar, welcher
merkwürdiger weise nie *imperator* gewesen ist, der anfangstag der
tribunenjahre nicht verschoben haben, sonst würde durch das verschiedene anfangsdatum der jahre des Aelius und Antonin eine weitere erhöhung der iterationsziffer für Hadrian (über XXII hinaus)
haben erfolgen müssen. Allem vermuthen nach erhielt L. Aelius
also die *tribunicia potestas* erst am 25. febr. des j. 137, denn Or.
814 = 827 = Grut. 252, 2 bezeichnet ihn als *tr. pot. cos* II
neben Hadrian *tr. pot.* XXI, und es ist nicht wahrscheinlich, dass
auf dem steine die iterationsziffer bei Hadrian gegeben, bei Aelius
weggelassen worden. Damit ist jedoch nicht verwehrt die Cäsarwürde schon früher, im j. 136, an Aelius ertheilt zu denken (vergl.
Spartian. Hel. 3: *quia erat deputatus imperio, iterum consul designatus est*, für 137). Bestätigt sich einmal die zuverlässigkeit der
alexandrinischen münze mit Aelius drittem jahr (*Lγ*: Sallet daten
der alex. kaisermünzen p. 33) so wäre mit sicherheit L. Aelius erhebung zum Cäsar und zur *tribunicia potestas* auf (25. febr.) 136
zu fixieren. Beachtenswerth ist aber allerdings, dass sich gar
kein denkmal aus dem j. 136 mit *tr. pot. cos* erhalten hat. Mir
scheint demnach die ertheilung der tribunengewalt, wie oben gesagt, erst am 25. febr. 137 erfolgt zu sein. Dieselbe ist nie erneuert worden, da L. Aelius schon am 1. januar 138 starb.

§. 9. Antoninus Pius.

Pius hatte am 25. febr. (V Kal. Mart. Capit. Pius 4) 138 bei seiner adoption die *tribunicia potestas* erhalten (vergl. Cardinali dipl. p. 204 f., Sievers Studien zur Gesch. der röm. Kaiser p. 183. 184 anm. 6) und starb im j. 161 in der ersten hälfte, wohl am 7. des märz (Tillemont hist. des Emp. II, 323; Clinton F. R. ad ann. 161; Sievers a. a. o. p. 222 anm. 28) und zwar *trib. pot.* XXIIII. Die grosse menge auf uns gekommener münzen mit dieser titulatur ist für Eckhel (7, 27; 8, 414) der grund schon für Pius die tribunenjahre seit dem j. 154 mit dem anfang des kalenderjahres beginnen zu lassen, weil die zeit vom 25. februar bis 7. märz für die mannichfaltigkeit der typen und die häufigkeit des vorkommens überaus kurz erscheine. Pinder (die antiken münzen des Berliner Museums 1851 p. 176 n. 841) findet durch eine goldmünze des Pius mit *tr. p.* XVI + *liberalitas* VII *cos* IIII (Eckhel hat sie nicht; vergl. aber Cohen n. 178. 185), weil sie Antonins siebente *liberalitas* (vergl. die zusammenstellung nach Eckhel und die bemerkungen dazu von Sievers a. a. o. p. 196 anm. 10) in sein sechszehntes tribunenjahr setzt, während die meisten münzen das siebzehnte angeben, die vermuthung bestätigt, dass in eben diesem jahre [13]) die sitte begonnen habe, das tribunat der kaiser vom 1. januar statt vom regierungsantritt ab zu rechnen. Meiner ansicht nach wäre dann diese münze gerade ein zeugniss dafür, dass die *trib. pot.* XVI noch in das j. 154 hineingereicht habe, wenn nur dieses jahr selbst als die zeit der spende genügend gesichert wäre. Aber wie so oft reverstypen und aufschriften (*profectio, adventus, triumphus, decennales* u. a.), welche genau genommen nur einem bestimmten tribunenjahr angehören können, sich auf münzen von zwei, ja drei aufeinander folgenden jahren wiederholen und sich die betreffenden vorgänge aus den dabei bemerkten tribunenjahren allein zeitlich genau nicht fixieren lassen, so begegnen wir auch dieser *liberalitas* VII schon auf einer silbermünze mit *tr. p.* XV (Cab. de France: Cohen n. 183), dann mit *tr. p.* XVI auf einem goldstück und einer grossbronze (Cohen n. 185 und additions tom. VII, p. 150 n. 78, cab. de Fr.; vergl. tom. II,

---

13) Der druckfehler bei Eckhel: 908 statt 907 (8, 447), welchen noch Cardinali (dipl. p. 205) übernommen hat, ist von Clinton fasti Rom. ad a. 154 verbessert.

n. 178); endlich am häufigsten mit *tr. p.* XVII (Cohen n. 179.
184. 186. 187. 664. 665). Danach scheint es denn doch bedenklich, wenn nicht andere, mir unbekannte zeugnisse vorhanden sind,
den anfang des j. 154 für die zeit dieser spende anzunehmen —
und es wird also für das ende des sechszehnten tribunenjahres aus
jenen münzen kein ergebniss zu gewinnen sein.

Einen anlass zur veränderung des tribunenneujahrs konnte
aber die ertheilung der *tribunicia potestas* an den Cäsar M. Aurel
gegeben haben. Der termin derselben wird annähernd bestimmt
durch die notiz des Capitolinus (M. Aurel 6): *post haec* [d. i. *secundum consulatum* im j. 145) *Faustinam duxit uxorem et suscepta
filia tribunicia potestate donatus est atque imperio extra urbem
proconsulari*, da Waddington (*sur la vie du rhéteur Ael. Aristide*
in Mém. de l'Acad. des inscr. et belles-lettres XXVI, 1867, p. 212)
durch vergleichung einer bis dahin unedierten ephesischen inschrift,
einer münze von Ephesos (Mionnet Jonie n. 321) und des bekannten dankschreibens M. Aurels an die Ephesier vom 28. märz 147
(C. I. Gr. 3176 A) nachgewiesen hat, dass die hochzeit des M. Aurel und der Faustina **vor dem mai** 146 gefeiert sein müsse. —
Am 4. juni war nach ausweis einer stadtrömischen inschrift (Orelli
2456) M. Aurel noch nicht mit der tribunengewalt bekleidet; dagegen kann die ertheilung spätestens im januar 147 erfolgt sein, weil
sein adoptivbruder L. Verus zu ende januar 169 *trib. pot.* IX starb.

Dass die übernahme der regierung durch die beiden *Augusti*
im märz 161 eine veränderung in dem anfangstermin der tribunenjahre nicht mit sich gebracht haben kann, wird unten nachgewiesen
werden. Dieser ist von M. Aurels bis zu Commodus erhebung zum
mitregenten derselbe geblieben. — Der zeitraum, in welchen er
fällt und also Pius zehntes tribunenjahr begann, wird enger abge-
grenzt und zugleich der beweis geliefert, dass der tag nicht der
1. januar gewesen sein könne, durch die vergleichung der revers-
aufschriften auf den münzen des *Aurelius Caesar Aug. Pii f.* aus
dem j. 160, nämlich: *tr. pot.* XIIII *cos* II (Cohen n. 262—265.
702—708) *„addito in nonnullis: desig.* III“ (Eckhel 7, 48. Cohen
n. 266); — *tr. pot.* XV *cos* II *des* III (Cohen n. 267, vergl. VII,
p. 164; additions tom. VII, p. 171 n. 37. 38). Da M. Aurel mit
dem 1. januar 161 *cos* III wird, so gehören die münzen mit *cos*
II *des.* III und den iterationsziffern XIIII und XV bei der *tribuni-*

cia potestas in die zweite hälfte des vorjahres. **Er muss also die** tribunengewalt schon im j. 146 erhalten haben, und da sie ihm nach der geburt seines ersten kindes ertheilt und die hochzeit im anfange des jahres vor mai gefeiert wurde, so vereinigt sich alles die annahme wahrscheinlich zu machen, dass die hochzeit im (februar oder) märz 146, die ertheilung der *tribunicia potestas* an **M.** Aurel im (november oder) **december** 146 (nicht erst im januar 147) stattgefunden habe. Mir ist es unzweifelhaft, dass sie in der letzten decemberwoche, nach dem 23., geschah, wie ich bei Commodus nachweisen werde. — Zu gleicher zeit begann das zehnte tribunenjahr des Pius — und es ist bemerkenswerth, dass von da ab seine münzen die iterationsziffern bei der *trib. pot.* von X ab bis XXIIII vollständig zeigen. Auch mit der *trib. pot.* X, welche Eckhel noch nicht belegen konnte, führt Cohen (n. 225) eine silbermünze aus dem britischen museum an. Sollte auch, was ich nicht beurtheilen kann, die verlässlichkeit dieses stückes oder seiner lesung zweifelhaft sein, so würde man doch unbedenklich anzunehmen haben, dass münzen mit *tr. pot.* X geprägt wurden und ihr nichtvorkommen dem zufall zuzuschreiben sei.

Setzen wir so den anfang der tribunenjahre des Pius seit dem j. 146 in den december, so fällt Eckhels bedenken wegen der häufigkeit der erhaltenen münzen aus dem letzten, 24. tribunenjahre weg.

§. 10. M. Aurel und L. Verus.

Gegen die richtigkeit der erklärung Eckhels in betreff der sonderbaren aufschrift *trib. pot.* VII. *trib. pot.* VIII auf münzen des Cäsar M. Aurel (7, 47; 8, 447) hat schon Cardinali (Dipl. p. 206) bedenken geäussert; auch nach meiner auffassung kann jene erklärung nicht für befriedigend gelten; doch verzichte ich auf den versuch einer deutung. Bei Cohen habe ich übrigens vergebens nach dieser münze gesucht. —

Als Pius am 7. märz (s. oben p. 39) 161 starb, führte M. Aurel die titel *Caesar cos* III, sein adoptivbruder hiess noch *L. Aelius Aurelius Commodus Aug. Pii fil. cos* II (Sacerdotalfasten Grut. 300, 1). M. Aurel hatte sein 15. tribunenjahr begonnen, jedenfalls vor Pius tode, wie dies die münzen mit *Aurelius Caesar Aug. Pii f. + tr. pot.* XV *cos* III bezeugen. Schon am 23. märz (X

Kal. April.) ist aber die puteolanische inschrift I. Neap. 2505 =
Orelli 3767 datiert *imp. Caes. M. Aurel. Antonino Aug.* **III** *et imp.*
Caes. L. Aurel. Vero Aug. **II** *cos,* und die münzen zeigen *Imp.*
Caes. M. Aurel. Antoninus Aug. p. m. ┼ *concordia August. tr. p.*
XV *cos* **III** und *Imp. L. Aurel. Verus Aug.* ┼ *concordiae Augu-*
stor. tr. p. cos II, wodurch der unumstössliche beweis geliefert ist,
dass die tribunengewalt für M. Aurel bei Pius tode **nicht** er-
neuert wurde [14]. — Gleichzeitig mit sich hatte er seinem adoptiv-

14) Es läge darin durchaus nichts auffallendes, wenn er der alleinige nachfolger gewesen und Verus etwa nur zum Cäsar erhoben
wäre. Da aber doch eine ertheilung der gewalt an Verus, der sie
bis dahin nicht besessen hatte, durch seine erwählung zum Augustus
natürlich scheint, so muss es allerdings befremden, eine solche feierliche erneuerung, womit die erhöhung der iterationsziffer für M. Aurel verbunden gewesen wäre, nicht stattfinden zu sehen. Es war aber
etwas durchaus eigenthümliches, für Rom ganz neues — und ist ganz
ebenso, mit ganz gleichen umständen auch nicht wieder eingetreten,
dass zwei brüder, beide als *Augusti*, beide mit **allen** gewalten, mit
allen, auch den höchsten ehren — nur nicht mit dem oberpontifex-
amte — ausgerüstet, an die spitze des reiches traten. Alle berichte
stimmen darin überein, dass Pius auf dem sterbebette den M. Aurel
allein zu seinem nachfolger ernannt und der senat nur durch drin-
gende vorstellungen den abgeneigten Cäsar zur annahme des principats zu bestimmen vermocht, dass dieser dann aber sofort seinen
adoptivbruder als mitkaiser sich an die seite gesetzt habe. Es scheint
dies nach allem eine durchaus einseitige handlung gewesen zu sein,
welcher freilich eine huldigung des senats in irgend einer form hat
folgen müssen. Die stellung aber des L. Verus neben M. Aurel war
eine wesentlich andere als die der früheren theilhaber an der kaisergewalt, des Tiberius, Titus, Trajan. Ob Tiberius und Titus wirklichen
antheil an der regierung gehabt, steht sehr zu bezweifeln; ich erachte
ihre stellung im staate für vergleichbar derjenigen der modernen
kronprinzen; Trajan aber ist wirklich mit- ja wohl eigentlicher re-
gent gewesen; Verus dagegen war mitkaiser. Und wenn ich in einem
früheren abschnitte die ansicht von der einheit und untheilbarkeit
der kaisergewalt und ihrer äusseren gestaltung, namentlich der
tribunicia potestas zu betonen versucht habe, so hindert das nicht, dass
sie je nach den persönlichkeiten ihrer doppelträger und den zeitver-
hältnissen verschiedenartig zum ausdruck gekommen ist, ohne dass es
darum eine *tribunicia potestas maior* und *minor* gegeben hätte, wie A.
W. Zumpt (stud. Rom. p. 264 ff.) anzunehmen geneigt ist. Wenn
Augustus, Vespasian, Nerva mit ihren söhnen rechtlich den besitz der
gewalt und zum grossen theil auch der ehre einten, so lag faktisch
das übergewicht doch immer bei dem vater. (Ein solcher unterschied
fand seinen ausdruck z. b. in den überschriften der urkunden bei ertheilung der soldatenabschiede und privilegien; ob auch der gesetze?)
Jetzt wurde jeder unterschied nach dem wunsche des kaisers verwischt
und in M. Aurel und L. Verus finden wir zuerst rechtlich und thatsächlich den »doppelkaiser«. — Ich möchte demnach auch nicht die
unbestreitbare nichterneuerung der tribunicischen gewalt für M. Aurel im märz 161 dadurch zu erklären versuchen, dass man dieselbe

bruder L. Verus huldigen lassen, der dadurch mit ausnahme des oberpontificates aller kaiserlichen rechte und ehren, sogar des *nomen Augustum*, theilhaftig wurde. Die münzen und auch das freilich nicht ohne fehler in der titulatur abgeschriebene diplom vom 5. mai 167 (Cardinali XXIII) lassen darüber keinen zweifel, dass die iterationsziffern der *tribunicia potestas* bei beiden kaisern um funfzehn einheiten differieren. Der tod des Verus in seinem neunten tribunenjahre und *adulta hieme*, d. i., wie Eckhel (8, 416) überzeugend dargethan hat, im januar 169, nöthigt die jährliche erneuerung spätestens in diesen monat zu setzen. Es ist indessen schon bei Pius (p. 41) gezeigt, dass sie mit wahrscheinlichkeit dem ende des vorjahres und zwar der letzten decemberwoche zugeschrieben werden dürfe.

Ueber die letzten jahre des M. Aurel wird besser im zusammenhange mit der verwickelten chronologie des Commodus zu handeln sein.

§. 11. Commodus.

Nullius imperatoris tribunicia potestas, sagt mit recht Eckhel (8, 417), *adeo implexam rationem, tamque in se recurrentes nodos offert, quam Commodiana.* Die schwierigkeiten sind ähnliche, nur noch grössere, als sie bei Trajan uns entgegengetreten sind; sie werden in ähnlicher weise gelöst werden können. — Die jetzt gewöhnliche annahme verlegt den (zurückdatierten) anfang der tribunengewalt auf den 27. novbr. 176 und zählt dann am 1. jan. 177 *tr. pot.* II, also am 1. jan. 192 *tr. pot.* XVII, wobei freilich die gut bezeugte *tr. pot.* XVIII entweder leer ausgeht oder — gegen die Eckhelsche theorie im laufe des jahres eine erneuerung zugegeben werden muss, da Commodus am 31. december 192 ermordet

für überflüssig erachtet habe, weil ja eine äusserliche änderung in der repräsentation des kaiserthums nicht vorgegangen sei, sondern einfach M. Aurel in Pius, L. Verus in M. Aurels stelle trat; denn da wäre immer eine feierliche ertheilung der gewalten an Verus erforderlich gewesen. Nein, mir scheint damals an die stelle des verstorbenen Augustus der schon mit der kaisergewalt rechtlich seit vierzehn jahren betraute Cäsar M. Aurel getreten zu sein, nur dass er erklärte: Nicht ich bin, sondern ich und mein bruder, wir sind der kaiser! Und so trat in diesem falle die einfache huldigung an die stelle der sonst üblichen wahlformalitäten. — Den gewöhnlichen verlauf in allmählicher übertragung der ehren und gewalten nahm später wieder die erhebung des Commodus zum Mitaugustus.

wurde [15]). — Knüpfen wir an einige fest überlieferte daten an,
gegen deren richtigkeit begründete zweifel nicht erhoben sind.
Commodus wurde zum imperator ausgerufen am 27. november (V
Kal. exsuperatorias) 176, triumphierte mit seinem vater am 23.
december (X *Kal. Ianuar.*) 176 (Lamprid. Comm. 12). Er war
überdies zum consul für 177 designiert. Nach dem triumph begab
sich M. Aurel nach Lavinium; *Commodum deinde sibi collegam in
tribunicia potestate iunxit, congiarium populo dedit et spectacula
mirifica; dein multa civilia correxit*; dann folgt die ohne prunk
gefeierte, jedoch abermals mit einer spende an das volk verbundene
hochzeit mit Crispina (Capitol. M. Aurel 27). Die münzen M. Aurels aus dem j. 176 zeigen die titulatur *tr. pot.* XXX *imp.* VIII
cos III. — Die in betracht kommenden münzen des Commodus (Eckhel 7, 105 ff.) haben aus dem j. 176: 1) *Commodo Caes. Aug. fil.
Germ. Sarm. + de Germanis*; aus dem j. 177: 2) *Commodo Caes.
Aug. fil. Germ. Sarm. cos + felicitati Caes. S. C.* oder + *principi juventutis S. C.* 3) *Imp. Caes. L. Aurel. Commodus Germ.
Sarm. + tr. p. cos* oder + *Crispina Aug.*; 4) *Imp. Caes. Aurel.
Commodus Germ. Sarm. + tr. p.* II *cos S. C.*, wozu andere noch
pp. fügen. Ausserdem beginnen auch die münzen mit *Aug.* und
imp. II, letztere denen M. Aurels mit *tr. p.* XXXI *imp.* IX entsprechend; ferner die stücke mit dem doppelportrait des Commodus
und der Crispina und der umschrift: *Imp. Commodus Aug. Germ.
Sarm. Crispina Aug. + vota publica* oder *concordia* (Eckhel 7,
107: Cohen III, p. 199.

Lampridius notiz, Commodus sei am 27. nov. 176 *cum patre
imperator appellatus*, kann sich auf keine militärische imperatorenbegrüssung wegen eines sieges beziehen, weil M. Aurel in diesem
jahre keine neue salutation empfing. *Imp.* VIII ist er schon im j.
175 (*tr. pot.* XXIX) und bleibt es bis 177 (*tr. pot.* XXXI).
Man kann nur denken, dass dem Cäsar Commodus, dessen längst
beabsichtigte und vorbereitete erhebung zum mitregenten M. Aurel
eben damals ins werk zu setzen begann, vom senat das *imperium*

15) Cohen (III, p. 52 note) macht mit der sache, welcher »*Eckhel
a consacré une longue dissertation*«, nicht viele umstände. Er erklärt
sie »auf das allerleichteste« durch die annahme, dass schon die Römer, wie es heutzutage überall brauch sei. die gegen das ende eines
jahres geschlagenen münzen mit dem datum des folgenden versehen
hätten.

und der titel *imperator* ertheilt wurde, damit er die ehre des tri-
umphes theilen könne und fortan das anrecht erhalte auch fernere
siegestitel mit seinem vater zugleich zu führen. So tritt denn auch
bis zum tode M. Aurels noch eine zweimalige imperatorenbegrüssung
für beide Auguste im j. 177 (IX und II) und im j. 179 (X und III) ein.
Beide jahre stehen durch die chronologie M. Aurels ganz fest,
da *imp.* IX mit dem 31. 32. 33. tribunenjahr, *imp.* X mit dem
33. und 34. durch die münzen bezeugt ist. Die entsprechende
gleichung aber bei Commodus des titels *imp.* II mit seinem 2. 3.
4. tribunenjahr und *imp.* III mit dem 4. und 5. beweist, dass seine
trib. pot. II in das j. 177, *trib. pot.* IIII in das j. 179 fällt, was
andrerseits auch die consulate zeigen. — Bei der thronbesteigung
am 17. märz 180 (Dio 71, 33) hat aber, wie es ja natürlich war,
eine erneuerung der *tribunicia potestas* nicht stattgefunden, denn
der titel *imp.* IIII kann erst nach M. Aurels tode angenommen sein,
da sonst ein *M. Aurelius imp.* XI dem entsprechen würde, auch
ein bedeutender militärischer erfolg in so früher jahreszeit nicht
wahrscheinlich ist, und die münzen zeigen sowohl *trib. pot.* V *imp.*
III als *trib. pot.* V *imp.* IIII; auch hieraus fixiert sich das fünfte
tribunenjahr auf 180. — Danach fällt aber nothwendig *trib. pot.*
I bis in das j. 176 zurück oder das j. 177 correspondiert mit *trib.
pot.* I und II.

Bei seinem tode, am 31. dec. 192, zählt Commodus das 18.
tribunenjahr (seine grabschrift Or. 887); dieses muss aber im laufe
des kalenderjahres begonnen haben, denn am 1. jan. 192 wird der
kaiser *cos* VII und schreibt dazu *trib. pot.* XVII (verschiedene
münzen bei Eckhel 7, 131). — Eckhel findet den beweis für die
erneuerung mit dem 1. januar darin, dass (8, 419) sich eine vertheilung einer und derselben tribunatszahl auf zwei consulate nirgends belegen lasse, namentlich aber die aufschrift *tr. p.* XIV *cos*
V *des.* VI zeige, dass Commodus nicht vor januar 190, wo er *cos*
VI wurde, sein 15. tribunenjahr angetreten haben könne. Für ihn
bleibt daher die unterbringung sowohl der *tr. pot.* I als der *trib.
pot.* XVIII eine ungelöste aufgabe. — Für die *trib. pot.* XVIII
gewinnt man leicht raum, wenn der zeitpunkt der iteration nur
möglichst weit gegen das ende des jahres gedacht wird; dann
bleibt die correspondenz von *trib. pot.* XIV mit *cos des* VI im j.
189 zulässig und das nichtvorkommen von *trib. pot.* XV *cos* V

des VI für ende 189 oder *trib. pot.* VIII *cos* III *des* IV für ende
182 ist nicht auffallender, als dass auch jene aufschrift *trib. pot.*
XIV *cos* V *des.* VI die einzige ihrer art ist. Dagegen existiert
ein direktes zeugniss dafür, dass der anfang der tribunenjahre an
das ende des kalenderjahres fiel in der münze, die Cohen (VII. supplément p. 97 n. 16) aus der sammlung des marquis de Moustier
anführt. Sie zeigt: *tr. p.* IIII $+$ *imp.* II *cos p. p.*, gehört also,
da Commodus im j. 179 *cos* II ist, noch in das j. 178. Eckhel
hat nur münzen mit *tr. p.* III *cos* und *tr. p.* IIII *cos* II.

Schwieriger aber ist es über die zeit der ersten ertheilung
der tribunengewalt zu einem befriedigenden resultat zu gelangen;
theils würde, da Commodus fünftes jahr mit M. Aurels 34. jahr
zusammenfällt, Commodus erstes jahr seines vaters dreissigstem entsprechen, theils gelangt man durch zurückschieben des anfangstermins in das jedesmalige vorjahr schon mit der *trib. pot.* II in das
j. 176. Beides kann in wirklichkeit nicht stattgefunden haben, da
die ertheilung der tribunengewalt überhaupt erst nach dem triumph
am 23. december 176 stattgefunden hat und M. Aurels 30. jahr,
wie wir gesehen haben, noch vor ende des jahres 176 ablief.

Wenngleich im allgemeinen aus dem fehlen eines namens oder
titels auf münzen eines gewissen zeitraumes nicht mit sicherheit zu
schliessen ist, dass er nicht g e f ü h r t worden sei [16]), so dürfte
doch anzunehmen sein, dass die rangbezeichnungen (*nomina*) *Augustus* oder *Caesar* nie, die angabe der *tribunicia potestas* nur aus
besonderen gründen — aber nicht gerade selten — auf den münzen fortgelassen wurde. — Für Commodus münzen nimmt Eckhel
(7, 137) an, *Aug.* fehle im anfange des j. 177 noch, weil *hic quidem honos ei dicto die anni praecedentis* (27. nov.) *fuerit decretus,
at aliquanto serius per publicas caerimonias stabili-
tus et in usum receptus,* für die nichterwähnung der *tribunicia*

---

16) Dass in solchem falle andere umstände gewiss eben so glaubwürdig zeugen wie die münzen, hat Cardinali (Dipl. p. 238) gegen
Eckhels ansicht (7, 70) über den gebrauch des titels *pater patriae* von
seiten des M. Aurel und L. Verus nachdrücklichst betont: ,,*chi tutto
niega va all' eccesso, ed ogni eccesso e vizioso*''; und es ist doch kaum
denkbar, dass z. b. Commodus bis zum j. 184 würde und titel des
pontifex maximus nicht gehabt hätte (Eckhel 7, 137), während die
münzen des Cäsar Caracalla mit *Severi Aug. Pii fil.* geradezu beweisen, dass sein vater den beinamen *Aug. pius* lange geführt hat, ehe
er ihn auf seine eigenen münzen prägen liess.

potestas anfang 177 gibt er keinen grund an. Mir scheinen die münzen (7, 105) mit *Commodo Caesari Aug. f. Germ. Sarm. cos* ✛ *principi juventutis S. C.* oder ✛ *felicitati Caes. S. C.* entsprechend dem *felicitati Aug.* auf den münzen M. Aurels ein hinreichender beweis, dass Commodus am 1. jan. noch nicht Augustus war; dass er auch die tribunengewalt noch nicht gehabt, schliesse ich daraus nicht; denn die münzen scheinen eben auf sein consulat geschlagen zu sein und es finden sich dergleichen bloss des consulats erwähnende münzen bei vielen kaisern zu allen zeiten. Er wird die *tribunicia potestas* an dem tage erhalten haben, an welchem M. Aurel sein 31. jahr antrat. Da wir nun andrerseits wissen, dass er sie erst nach dem triumph erhielt, so dürfte der schluss gestattet sein, dass eben M. Aurels tribunenjahre einige tage nach dem 23. december begannen. Da wir aber oben gesehen haben, dass *M. Aurelius trib. pot.* XXXI parallel *Commodus trib. pot.* II im j. 177 laufen müsse, so ist in diesem falle, wie früherhin bei Vespasian und Trajan, eine ertheilung der *tribunicia potestas* mit rückwirkender kraft anzunehmen, welche — insofern anders als bei Vespasian, aber ganz ähnlich wie bei Trajan — selbstverständlich die fiktion eines bereits abgelaufenen tribunenjahres in sich schloss; denn die zeit, für welche rückwärts die *tribunicia potestas* fingiert wurde, entsprach dem letzten theile der *trib. pot.* XXX des M. Aurel.

Das hilft aber noch nicht über die schlimmere ungereimtheit, dass *M. Aurelius trib. pot.* XXXI correspondieren muss mit *imp. Caes. Commodus tr. p. cos* und mit *imp. Caes. Commodus tr. p.* II *cos.* — Da als unerschütterlicher grundsatz oben angenommen worden ist, dass eine incongruenz der tribunenjahre zweier kaiser nicht gedacht werden kann, so muss sich erklären lassen, wie im laufe von M. Aurels 31. jahre Commodus erstes und zweites jahr beginnen konnte, ohne dass mit letzterem auch des vaters tribunenjahreszahl sich um eins mehrte. — Wir sind daher genöthigt noch einen schritt weiter zu gehen und gelangen zu der vermuthung, dass diese rückdatierung nicht sofort, ende december 176, sondern erst bei einer späteren gelegenheit beschlossen sein könne. Und als solche bietet sich ungesucht die vermählung des Commodus mit Crispina. Zwar soll diese ohne besonderen prunk gefeiert worden sein, aber jedenfalls hängt mit derselben die ertheilung des augu-

stustitels an Commodus zusammen, der ihm unmöglich später als
seiner gemahlin verliehen sein kann. Bemerkenswerth ist, dass sich
neben *Aug.* nie *tr. p. cos*, sondern nur *tr. p. II cos* findet.

Danach dürfte es sich empfehlen anzunehmen, dass unmittelbar
vor den vermählungsfeierlichkeiten die rückdatierung der tribunengewalt auf den 27. november des vorjahres beschlossen und bei der
vermählung selbst die titel *Augustus* und *pater patriae* hinzugefügt
worden seien. Es steht, glaube ich, nichts entgegen die hochzeit
noch in das frühjahr (etwa märz) 177 zu setzen, so dass sich die
daten in folgender weise ordnen würden: 175 ende dec. *M. Aurelius trib. pot.* XXX; 176 ende dec. *M. Aur. trib. pot.* XXXI,
Commodus trib. pot.; im märz 177 wird dem letzteren die tribunengewalt auf november 176 zurückdatiert und daher die zeit vom
nov. 176 bis zum beginne von seines vaters 31. jahre, december
176, als erstes, von da ab aber das zweite jahr gerechnet. Natürlich gab es nun aber weder münzen noch denkmäler, auf denen
Commodus *tribunicia potestas* aus der zeit vom november bis ende
december 176 verzeichnet sein konnte; eben so wenig konnte *trib.
pot. II cos* aus der zeit von januar bis märz vorkommen; dagegen
finden wir aufschriften mit *trib. pot. cos*, welche aus januar bis
märz herstammen müssen, während von da ab *trib. pot. II cos* geschrieben wurde. — In solcher weise ist eine erklärung jener be-
fremdenden, aber unläugbar vorhandenen thatsächlichen erscheinungen bis zu diesem punkte möglich und kann auch — wie ich hoffe
— nicht als gänzlich unwahrscheinlich verworfen werden.

Weiter ist es nun aber zwar nicht unumgänglich nothwendig,
aber doch wahrscheinlicher die fernere erneuerung im j. 177 an
dem für Commodus fingierten antrittstage des j. 176, also am 27.
november geschehen zu denken, nicht erst am ende des december.
Commodus 18. jahr würde in beiden fällen erreicht werden. Ich
datiere also ferner:

176 ende decbr.	M. Aurel 31.	Commodus (1).	2.
177 27. nov.	M. Aurel 32.	Commodus	3.
179 27. nov.	M. Aurel 34.	Commodus	5.
180 17. märz	M. Aurel †		
27. nov.		Commodus	6 u. s. w. bis
192 27. nov.		Commodus	18.

Es mag scheinen, als wäre es rationeller gewesen, wenn man durch-

aus Commodus *tribunicia potestas* als im nov. 176 begonnen fingie-
ren wollte, die fiktion auch für M. Aurels 31. jahr eintreten zu
lassen und dann beiden kaisern die gewalt im novbr. 177 (Aurel 32.
Comm. 2) zu erneuern, während man nun im nov. 177 M. Aurel
32. Comm. 3 schrieb und auf diese weise ein und dasselbe kalenderjahr für den einen kaiser einfach, für den andern doppelt zählte.
Aber wo die fiktion eben die thatsächlichen verhältnisse ignorieren
will, kommt es wahrlich auf ein geringes mehr oder minder von
zwang nicht an und ich glaube nicht, dass es gelingen möchte, in
einfacherer weise, als ich vorgeschlagen, für diese rationellen ungereimtheiten den thatsächlichen reim zu finden.

§. 12. Severus, Caracalla, Geta.

Severus regierung datiert vom 2. juni 193 (Clinton Fast.
Rom.); an diesem tage ward ihm in den ersten jahren die tribunengewalt erneuert; da er jedoch bei seinem tode am 4. febr. 211
(Dio 76, 17) im 19. tribunenjahre stand, so muss die erhebung
Geta's zum Augustus im j. 209 oder schon die Caracalla's im j.
198 den anfang in den januar zurückgeschoben haben. Dass aber
nicht der 1. januar, weder sofort für Sever noch später für ihn
und seine söhne, der erneuerungstag war, geht meines erachtens
hervor aus folgenden titulaturen:

194. Sever *tr. p. cos* II (münze, die Eckhel 7, 176 anders
        erklärt).

202. Sever *tr. p.* VIIII *cos* III (Rénier Alg. 3734; münzen
        fehlen bei Eckhel 8, 422).

202. Carac. *tr. p.* IIII *cos* (Rénier Alg. 3735; münzen Cohen
        III, p. 377 n. 117. 118. 124, von
        Eckhel 7, 204; 8, 425 nicht aner-
        kannt).

213. Carac. *tr. p.* XV *cos* IIII (Rénier Alg. 1428. 1429;
        münze, von Eckhel im verzeichnisse
        selbst (7, 209) nicht aufgeführt, aber
        8, 425 als im wiener cabinet vor-
        handen erwähnt, jedoch verworfen;
        bei Cohen habe ich sie nicht finden
        können.

Die iterationszahlen bei der *tribunicia potestas* des Severus

und Caracalla differieren um fünf einheiten, z. b. *Sev. tr. p.* VIIII.
Carac. tr. p. IIII (I. Neap. 6269. 6270 = Or. Henzen 6619);
Sev. X. *Carac.* V (Rén. Alg. 2159 = Or. Henzen 5493); *Sev.*
XI. *Carac.* VI (Orelli 912) u. s. w.   Wenn daher Caracalla am
1. april 200 schon im dritten tribunenjahre ist (Kellerm. Vig. 106),
so hatte damals Severus schon das achte angetreten und Caracalla
erhielt die tribunengewalt zuverlässig im j. 198 und zwar meiner
ansicht nach ganz unbestreitbar vo r d em 1. april, zu welcher
zeit denn auch Severus sechstes jahr begann. — Eine möglichkeit
sich die faktische ertheilung der tribunengewalt an Caracalla durch
den senat erst im anfange des j. 199 (nach der eroberung von
Ktesiphon) zu denken, mit der etwa eine rückdatierung des anfangstermines oder ein fingiertes erstes jahr beschlossen worden
wäre, ist in diesem falle nicht vorhanden, da die inschrift Orelli 2934
vom 15 oct. 198 und die münzen des Severus mit *imp.* X *tr. p.*
VI † *annonae* (oder *fortunae* oder *victoriae*) *Augg.* unwiderleglich
beweisen, dass der augustustitel an Caracalla schon vor dem auszuge nach Parthien im j. 198 verliehen und in Rom bestätigt sein
musste, andrerseits aber die ertheilung der *tribunicia potestas*, wenn
nicht früher, so spätestens zugleich erfolgt sein wird.

   Wir haben aber noch einen blick auf die i m p e r a t o r begrü-
ssungen des Severus zu werfen, deren chronologische vertheilung
mit dem beginne seiner tribunenjahre gleichfalls in wechselbeziehung steht.   Noch in seinem zweiten tribunenjahre 194/195
wurde Severus zum 2. 3. 4. mal als imperator begrüsst und es
knüpfen sich diese salutationen gewiss an die siege über Pescen-
nius Niger bei Kyzikos (?), Nikäa und Issos (Tillemont III, 31.
32).   Während des dritten tribunenjahres steigt die iterationsziffer
bis auf VII. Diese letzte begrüssung bringe ich (mit Tillemont
III, 40) in verbindung mit der nachricht von dem falle von Byzanz,
welche Severus in Mesopotamien erhielt.   Dass Byzanz sich im j. 196
ergab und die schlacht gegen Albinus in den februar 197 fiel, dürfte
gleichfalls mit Tillemont, Eckhel, Clinton als hinreichend erwiesen zu
erachten sein.   Für Eckhel aber, der die tribunenjahre mit dem 1.
januar beginnen lässt, ergibt sich alsdann die nothwendigkeit mit
Byzanz die achte, mit dem siege über Albin die neunte imperatorenbegrüssung zu verknüpfen, weil der titel *imp.* VII für ihn schon
in das j. 195 fällt.   Nehmen wir dagegen das dritte tribunenjahr

von juni 195 bis ende mai 196, so kann der fall von Byzanz
sehr wohl noch während der *trib. pot.* III die siebente begrüssung
herbeigeführt haben, wenn derselbe in den ersten monaten des j.
196 erfolgte, wie Tillemont (note XIII *sur Sevère* III, 455) für
wahrscheinlich hält, weil Sever in demselben jahre noch nach Gallien marschierte. — Die entfernung von Constantinopel bis Edessa,
wohin wir Severus hauptquartier versetzen dürfen, beträgt nach dem
Itin. Antonini rund 930 *m. p.*, für einen kurier eine reise von kaum
acht tagen; in Rom konnte die nachricht (der weg von Constantinopel
über Aquileja rund 1630 *m. p.*, über Brundusium ohne die überfahrt
1176 *m. p.*) in vierzehn tagen bekannt sein. Es bedurfte aber für
die prägung von münzen mit *imp.* VII jedenfalls einer officiellen
meldung von seiten des kaisers an den senat; die nachricht hatte also
die strecke von Constantinopel bis Edessa doppelt zurückzulegen und es
mussten im günstigsten falle mindestens dreissig tage vergehen, ehe
in Rom münzen mit *imp.* VII geprägt werden konnten. Man wird
aber noch mehr rechnen müssen; danach würde die einnahme von
Byzanz etwa zwei monate vor ablauf des dritten tribunenjahres,
also spätestens a n f a n g a p r i l 196 anzusetzen sein. — Zu dem
marsche aus Mesopotamien bis nach Pannonien brauchte Severus
etwa zwei und einen halben monat (vergl. meine erörterungen Philol. XXX, p. 379 f.); dort wurde im herbste Caracalla zum Cäsar
erhoben. Am 19. febr. (XI *Kal. Martias* Spart. Sev. 11) 197
trug der sieg bei Lugdunum über Clodius Albinus dem kaiser die
achte imperatorsalutation ein (Tillem. III, 45) im vierten tribunenjahr; für Eckhel musste es die neunte im fünften jahr sein. —
Die reversaufschrift *profectio Aug.* findet sich auf münzen mit *trib.
pot.* IIII *imp.* VIII und auf solchen mit *trib. pot.* V *imp.* VIIII.
Jene bezog Eckhel auf des kaisers aufbruch gegen Albinus im j.
196, diese auf seine abreise nach dem Orient im j. 197; ich denke
bei der ersten an die abreise von Rom nach dem Orient im j. 197,
bei der letzten an den aufbruch des kaisers von Syrien aus im
frühjahr 198.

Im sechsten tribunenjahre ist Severus *imp.* X, wird aber *imp.*
XI, offenbar (Tillem. III, 53; Eckhel 7, 177; Borghesi Opp. 6,
235) wegen der eroberung von Ktesiphon. Diese fällt, da ihr,
nachdem Severus *exeunte aestate* in Parthien eingerückt ist, noch
die besetzung von Seleukeia und Babylon vorhergeht (Dio 75, 9),

nach Spartian (Sev. 16) *hiemali prope tempore* d. i. in den november, frühestens ende october.   Die nachricht davon gebrauchte bis Rom (Ktesiphon bis Edessa 20 tage, Edessa bis Rom 20 tage) mindestens sechs bis sieben wochen; es konnten kaum im j. 198 noch münzen mit *imp.* XI geschlagen, noch weniger wohl in Afrika denksteine mit *imp.* XI gesetzt werden (Rénier Alg. 56. 3557), wenn man das letztere auch für Syrien (Orelli 905) und Unteritalien (I. Neap. 1409) zugeben will.   Es werden also diese münzen und steine, welche sämmtlich noch *trib. pot.* VI aufweisen, und damit auch das ende des sechsten tribunenjahres in das j. 199 gehören. — Mit der depesche, welche den einzug in die Partherresidenz, die annahme des titels *imp.* XI, so wie des ihm schon früher vom senat angebotenen siegesnamens *Parthicus* nach Rom meldete, muss Severus aber auch zugleich die consulliste für das j. 199 eingesendet haben, sowohl der *ordinarii* als der *suffecti*; denn Q. Anicius Faustus, *leg. propr. Augg.* in Numidien (Rénier 56. 57), nennt sich *cos. designatus* und Severus *imp.* XI *tr. p.* VI, also kann seine designation nicht am gewöhnlichen termin (9. jan. 199) stattgefunden haben, da damals Severus, wie sogleich gezeigt werden wird, schon *trib. pot.* VII schrieb [17]). — Die annahme, dass Caracalla's erhebung zum Augustus jedenfalls schon vor dem aufbruch nach Parthien stattgefunden habe und Spartian (Sev. 16) mit seinem bericht, die eroberung von Ktesiphon habe dazu veranlassung gegeben, im irrthum sei, ist keinem bedenken unterworfen (Tillemont note XIX *sur Sevère*, III, 450. Borghesi opp. 3, 268); ebenso wahrscheinlich ist, dass die ernennung Geta's zum Cäsar wohl nicht an demselben tage, doch ungefähr zu derselben zeit erfolgte

---

17) Henzen (zu Or.-Henzen 7420 a $\mu\mu$ = Rénier Alg. 63) setzt Faustus consulat zwar auch in das j. 199, die inschriften aber, in welchen er sich *cos design.* nennt, in das j. 198.   Es dürfte indess wohl nach Mommsens auseinandersetzungen in seinem Pliniusaufsatze (Hermes 3, 93 ff., vergl. auch meine beiträge über die *cos. suff.* im Philol. XXXI, p. 288) kaum mehr zweifelhaft sein, dass die amtsführung der *cos. suffecti* in dasselbe kalenderjahr fiel, an dessen anfang sie ernannt worden waren; folglich kann es, bei regelmässigem hergange, in den letzten monaten des jahres keine anderen *cos. designati* mehr geben als die *ordinarii* des folgenden jahres — und Anicius Faustus consulat und designation müssen in das j. 199 fallen, wenn nicht letztere diesmal durch das zusammentreffen besonderer umstände, wie oben gesagt, wahrscheinlich um einige wochen vor dem gewöhnlichen termin in Rom bekannt und nach der provinz Numidia, wo Faustus seit 197 commandierte, übermittelt wurde.

und beidem die ertheilung der *tribunicia potestas* an Caracalla vorausging. Ich sehe somit kein hinderniss die notizen, dass die heilige Perpetua „*natali Getae Caesaris*" den märtyrertod gelitten habe und dass ihr todestag auf den 7. märz falle (s. die stellen bei Tillem. a. a. o.), für vereinbar zu halten, indem man unter dem *natalis* nicht den wirklichen geburtstag (27. mai, VI *Kal. Iulias* Spart. Get. 3), sondern den tag der Cäsarwürde versteht; auch fällt Tillemonts bedenken, dass man den tag eher als *natalis Antonini* bezeichnet erwarten müsste, fort, da nirgends ausdrücklich erwähnt wird, dass beide ernennungen an demselben tage vorgenommen seien.

Nachdem ich zu erweisen versucht habe, dass alle nachrichten darauf deuten, dass seit dem j. 198 die tribunenjahre des Severus (und Caracalla) im anfange des kalenderjahres — aber nicht am 1. januar — beginnen, so dürfte auch die genauere ermittelung des termins nicht schwer sein. Es wäre, wie schon oben erwähnt, eine doppelte verschiebung, im j. 198 und bei Geta's erhebung zum Augustus im j. 209, an und für sich denkbar. Nun muss aber Geta's tribunengewalt ihren anfang vor dem 4. febr., Severus todestag, genommen haben und zwar, da er in seinem vierten tribunenjahre stirbt, im j. 209; sie kann nicht schon vom herbst 208 datieren, weil Caracalla dann im januar 213 nicht *trib. pot.* XV *cos* IIII hätte schreiben können, sondern *trib. pot.* XVI zählen musste[18]). — Ferner zeigt ein diplom (Cardinali XXIV), dessen verlorenes tagesdatum Borghesi schon im j. 1823 in einem briefe an Amati (Opp. 6, 233 ff.) durch herbeiziehung der inschrift Orelli 941 unzweifelhaft richtig auf den 7. januar ergänzt hat, dass damals, im j. 208 Severus *trib. pot.* XVI, Caracalla *trib. pot.* XI war. Daraus ergiebt sich, dass also auch schon im j. 208 der anfang der tribunenjahre in die ersten tage des januar fiel, also eine verschiebung (um wenige tage) durch Geta's erhebung nicht eingetreten zu sein scheint. Da sich aber durchaus kein grund zu einer

---

18) Dies hält Eckhel (8, 425) zwar für nothwendig; aber er führt hier an, dass es eine münze, deren ächtheit nicht zu bezweifeln sei, mit *tr. p.* XV *cos* IIII gebe. Der grund, dass auch die aufschrift *tr. p.* XVI *cos* III vorhanden sei, die ja ganz unmöglich richtig gestempelt sein konnte, ist nicht stichhaltig; denn einerseits bestätigen inschriften die lesung der ersten (*tr. p.* XV *cos* IIII) und andrerseits: warum soll man zwei irrthümliche prägungen annehmen müssen, während nur bei einer die nothwendigkeit zu beweisen ist?

veränderung des anfangstermines zwischen 198 und 208 denken
lässt, so folgere ich daraus, dass die ertheilung der *tribunicia po-*
testas an Caracalla im j. 198 und die jährliche erneuerung für
Severus und seine söhne seitdem in der ersten januarwoche
stattgefunden habe und zwar, weil wegen der oben besprochenen
münzen und inschriften mit *imp.* XI *tr. p.* VI eine möglichst lange
frist in den januar hinein gewährt werden muss, am 6. oder eben
dem 7. januar selbst. — Weiter unten wird sich herausstellen,
dass zwischen der datierung der tribunenjahre Caracalla's, Elagabals
und Alexanders eine wechselbeziehung vorhanden gewesen zu sein
scheint, und die dort zu gewinnenden resultate dürften meiner vermuthung hier vielleicht noch weitere stütze zu gewähren im stande sein.

Wenn wirklich keine ächte münzen aus Geta's viertem tribunenjahr, 7. jan. bis ende febr. 212, erhalten sind (Eckhel 7, 233), so
kann das nicht befremden, theils wegen der kürze des zeitraumes, theils
weil nach Dio's ausdrücklichem zeugniss (77, 12 fin.) Caracalla des
bruders münzen einschmelzen liess [19]). Für Caracalla möge noch
erwähnt werden, dass der offenbare widerspruch zwischen der titulatur in dem arvalprotokoll vom j. 213 (Scavi p. 75): *trib. pot.*
XVI im october und einer inschrift aus Marsala (Bullet. 1868 p.
168) *trib. pot.* XVII im september 213 ein versehen des steinmetzen bei letzterer vorauszusetzen nöthigt; ferner, dass in einer anzahl von inschriften aus dem 17. 18. 19. 20. tribunenjahre *imp.*
IIII erscheint (die mir bekannten sind: Hefner röm. Bayern n. 142.
152. C. I. L. II, 4689. 4690. 4755. 4872. Rénier Alg. 1834.
4407. 3823), während die münzen durchweg und viele andere inschriften in diesen jahren nur *imp.* III geben z. b. Or.-Henzen
3404. 5505. 5506 = Rénier Alg. 2537 I. Neap. 6236. C. I. L.
II index. [Rénier Alg. 3490 = Or.-Henzen 5339]. Caracalla
wurde in seinem 20. tribunenjahre am 8. april 217 (Dio 78, 5)
ermordet.

§. 13. Macrinus.

Macrinus herrschaft datiert vom 11. april 217 (Dio 78, 11:

19) Cohen führt (supplément. VII, p. 230 n. 10) eine münze, ohne
eine bemerkung des zweifels an mit der marke *F. m. br.*, von der er
III, p. 482 not. ad n. 183 sagt: »*Il existe encore une médaille hybride
au Cabinet de France dont voici la description: P. Septimius Geta Pius
Aug. Brit.* + *tr. p.* IIII *cos* . . . . *S. C* (Elephant nach rechts)«.

vergl. 76, 17); er verlor sie durch die niederlage am 8. juni 218
(Dio 78, 39), hat also das zweite tribunenjahr jedenfalls begonnen. Aus der ungefähr gleichen stückzahl der aus jedem tribunenjahr erhaltenen münzen — bei Cohen zähle ich 36 mit *tr. p.*; 31
mit *tr. p.* II — will Eckhel (8, 428) ein argument für die gleiche länge der prägungsfrist, also für die dauer der tribunenjahre
von 8½ + 5½ monaten (statt 12 + 2 m.) hernehmen. Es erscheint das aber doch sehr bedenklich, wenn man in betracht zieht,
wie z. b. aus vielen g a n z e n jahren des Tiber und Nero und in
der so vollständigen reihe Domitians aus dem letztem viertel des
j. 84 k e i n e i n z i g e s stück von Eckhel nachgewiesen werden
kann. Ich halte die münzen mit *tr. p. cos* für geprägt im j. 218
vom 1. januar bis 10. april, die weiteren mit *tr. p.* II *cos* oder
cos II vom 11. april bis 8. juni. Ueber die iterationsziffern beim
consulat weiss ich den erörterungen Eckhels nichts hinzuzufügen
oder entgegenzustellen.

§. 14. Elagabal. Alexander Severus.

Dafür dass E l a g a b a l u s tribunenjahre nicht mit dem 1. januar beginnen, dürften als direkte zeugnisse zunächst die münzen
mit *tr. p. cos* II, also aus dem j. 219 (Cohen n. 138 aus Mionnet, n. 168, VII, p. 234 addit. n. 14 nach Gréau) angeführt werden dürfen, da die auslassung der iterationsziffer bei der *tr. pot.*
sonst auf Elagabals münzen nicht üblich ist; ferner die ardeatini-
sche inschrift bei Gruter 163, 8 (*ex sched. Cittadini*), in welcher
er *trib. potost.* IIII *imp.* V *cos* IV neben Alexander *princeps juventutis* genannt wird, wenn ihre lesung gegen Tillemonts bedenken
(note VI sur Heliogabale III, 474 b) sich rechtfertigen lässt. Sie
gehört wegen *cos* IV in den anfang des j. 222.

Alexander Severus übernahm das consulat zum dritten mal am
1. januar 229; es gibt einige münzen mit *tr. p.* VII *cos* III. Eckhel (7, 272; 8, 437) erhebt bei ihnen zwar nicht den verdacht
der unächtheit; jedoch der widerstreit in der titulatur mit seiner
theorie, nach welcher neben *cos* III nur *tr. pot.* VIII vorkommen
sollte, treibt ihn zu der bedenklichen annahme (8, 448 f.), dass
die münzbeamten hier willkürlich die nicht officielle rechnung nach
imperienjahren auf die tribunenjahre angewendet hätten, wie er
ähnliches bei Caracalla und Gordian vermuthet. Mir sind diese

münzen — ihre ächtheit vorausgesetzt — ein beweis, dass Alexanders tribunenjahre n a c h dem 1. januar beginnen, und wenn das diplom vom 7. jan. 230 (Or.-Henzen 5520) ihn schon *trib. pot.* VIIII tituliert, so muss der wechsel in der ersten januarwoche stattgefunden haben; ich vermuthe, wie oben bei Severus, Caracalla, Geta, am 6. oder e b e n d i e s e m 7. j a n u a r. In der zeit aber seit seinem regierungsantritt bis zum j. 230 wüsste ich keine veranlassung zu einer veränderung des erneuerungstermins — denn die heirath mit Orbiana im j. 226 kann doch eine solche nicht geboten haben —; demnach beginnt das zweite tribunenjahr am 6/7. jan. 223 und die gewalt müsste schon am 6/7. januar 222 ertheilt sein. — Dazu stimmt, dass Alexander am 1. januar 222 nach der münze bei Eckhel 7, 269 a, Cohen n. 402, noch als Cäsar und *pontifex* sein erstes consulat 'antrat; es vereinigt sich aber nicht damit, dass ja Elagabal damals, so viel man weiss, noch am leben war, ja erst in diesen tagen sein fünftes tribunenjahr, welches durch münzen (*tr. p.* V *cos* IIII) [20] bezeugt ist, begonnen haben kann.

Der jetzt gewöhnliche ansatz, dass der todestag E l a g a b a l s der 11. märz sei, sich gründend auf Dios (79, 3. 11) berechnung der regierungszeit zu 3 j. 9 m. 4 t., wird von Tillemont (note VI sur Heliog. III, 472) als der wahrscheinlichste hingestellt, von Borghesi (opp. 5, 484) angenommen. Dem bedenken, welches dagegen aus dem datum der senatsverhandlung (Lamprid. Alex. 6), in welcher der kaiser Alexander gebeten wird den namen Antoninus anzunehmen, dem 6. märz, sich erhebt, glaubt Tillemont durch verschiedene vorschläge begegnen zu können: entweder es sei *„pridie nonas"* in *„pridie idus"* (vier tage nach Elagabals tode) zu ändern oder ein späteres jahr für die verhandlung anzunehmen. Daneben aber erinnert er mit recht (p. 474), dass sich diese sitzung nicht, wie Pagi wollte, auf die erste ehrenertheilung an Alexander beziehen könne, da er ja selbst (c. 8) sage, dass er den augustustitel, den oberpontificat, die tribunicische und proconsularische gewalt *„omnia novo exemplo uno die"* vom senat bereits er-

---

20) Ueber die häufigkeit dieser münzen sind E c k h e l s angaben schwankend (7, 253: *minime rari*; 8, 430: *copiosi*; 8, 433 dagegen: *tam pauci*). P i n d e r gibt die im Berliner cabinet (1851) vorhandene stückzahl auf 4 in silber, 1 in bronze an, gegen 111 (resp. 3) stücke aus dem j. 218 und ungefähr 30 (resp. 5—11) stücke in den übrigen jahren. C o h e n hat sieben: n. 105—107. 208 - 211.

halten habe. Wolle man an der ächtheit des datums festhalten,
so müsse man Elagabals ermordung jedenfalls vor den 6. märz setzen [21]). Clinton (Fast. Rom. I, p. 236 ad a. 222) thut dies, indem er sich ferner auf die gesetzessubscriptionen: *pp. VIII Id.
Mart.* und *pp. III Non. Feb. Alexandro Aug. cos* (Cod. Just. 8,
45, 6. 9, 1, 3) stützend, ein verderbniss der zahlen bei Dio (79, 3)
vermuthet und statt 3 j. 9 m. 4 t. die änderung in 3 j. 7 m. 24 t.
vorschlägt, so dass Elagabals todestag auf den 1. februar fiele.

Dass Dio's zahlenangaben, auch abgesehen von der möglichkeit
einer verunstaltung der handschriftlichen überlieferung, nicht ganz
unbedingtes vertrauen verdienen, ist bereits oben in dem abschnitt
über Tiberius bemerkt und auch ich trage kein bedenken, eben
wegen dieser zweifelhaften zuverlässigkeit, die beweisfähigkeit seiner angaben an dieser stelle abzulehnen. Aber die berufung auf
die oben citierten subscriptionen der gesetze im justinianischen codex ist von gar keinem werthe; man halte nur daneben: **XI K.**
Mart. (4, 44, 1), **XIII K.** *April* (4, 50, 2), *Kal. Oct.* (4, 24, 2),
VI Id. *Dec.* (4, 24, 3. 5, 12, 3), sämmtlich mit der jahresbezeichnung *Antonino Aug. IV et Alexandro coss.* und andrerseits im j.
235: *idem A.* (= *Alexander*) *dat. Idib. Aug. Severo et Quintiano
coss.*, also nach Alexanders tode (vergl. Mommsen über die zeitfolge der verordnungen Diocletians, Abh. der Berl. Ak. 1860, p.
349 ff.).

Diese zusammenstellung wird wenigstens dargethan haben, dass
die frage nach Elagabals todestag einer unbedingt sicheren
antwort noch immer wartet und dass ein neuer vorschlag zu einer
lösung der schwierigkeiten sich hervorwagen darf. Mir scheint,
da Alexanders tribunenjahre von spätestens 7. januar 222 zählen
und er die *tribunicia potestas* sicher erst nach Elagabals tode erhielt, dessen todestag nicht der 11. märz, sondern der 5. oder
6. januar 222 zu sein und er an dem tage, da er sein fünftes
tribunenjahr antreten sollte, oder einen bis zwei tage vorher er-

---

21) Auf meine bitte war herr dr. C. Czwalina, welcher eine umfassende untersuchung über die ächtheit der urkunden und briefe in
den Script. h. A. zur veröffentlichung vorbereitet, so gütig mir das
ergebniss seiner forschung in betreff dieses actenstückes ausführlich
motiviert mitzutheilen und auch ich habe die überzeugung gewonnen,
dass ein authentisches schriftstück darin nicht vorliege und damit also
auch die beweiskraft des datums hinfällig werde.

mordet worden zu sein. — Die münzen, welche die *trib. pot.* V
zeigen, sind kein hinderniss; sie sind in der münze fertig geprägt
gewesen und zunächst bis zur herstellung von neuen stempeln mit
Alexanders bildniss und titeln ausgegeben worden. Ist es doch
höchst wahrscheinlich, dass noch später — nach Cohen während
der zwei ersten jahre in Rom — viele reversstempel des Elagabal
für Alexanders münzen benutzt worden sind (Eckhel 7, 270; 8,
437). Aus anderen gründen hat diese vermuthung, dass Elagabal
faktisch sein fünftes tribunenjahr gar nicht erreicht habe und das
vorkommen jener münzen in der angegebenen weise zu erklären
sein dürfte, auch früherhin Ph. della Torre ausgesprochen (Eckhel 8, 436). — Steininschriften welche der *trib. pot.* V Elagabals erwähnten, gibt es, so viel ich weiss, nicht, obgleich Eckhel dergleichen (8, 430) erwähnt, ohne. sie jedoch zu citieren.
Die einzige, welche Clinton (Fast. Rom. II, p. 40) nach Muratori (250, 2) anführt, ist jetzt im C. I. L. II, 3738 unzweifelhaft
richtig auf kaiser Probus und das j. 280 ergänzt, und bei Orelli
949 (= Grut: 1078, 7) aus Schöpflins Alsat. 1, p. 558 ist der
lückenhafte text allerdings mit Henzen (vol. III ind. p. 75) auf
Elagabal zu ergänzen, aber in dem verbesserungsbedürftigen . . . .
| III cos | IIII *p. p. procos* meines erachtens nicht *trib. pot.* V *cos*
IIII, sondern *trib. pot.* IIII *cos* IIII *p. p. procos* zu suchen.

Nun entsteht aber ferner die frage, wie für Elagabal der 6.
oder 7. januar der erneuerungstermin der tribunengewalt sein
konnte, da er doch seinen regierungsanfang frühestens von dem
tage seiner proclamation am 16. mai (Dio 78, 31) oder seines sieges über Macrin am 8. juni (Dio 78, 39) oder von seinem einzuge
in Antiochia am folgenden tage (Dio 79, 1), an welchem er auch
seinen übermüthigen brief an den senat schrieb, datieren konnte.
Hier glaube ich den oben bei Severus und Caracalla berührten zusammenhang zwischen dem anfangstermin ihrer tribnnenjahre erkennen und nachweisen zu können; denn das gleiche tagesdatum,
wie es sich aus den bisherigen betrachtungen unabhängig von einander ergeben hat, dürfte kaum für ein zufälliges zusammentreffen
zu halten sein. —. Bekanntlich usurpierte Elagabal zum erstenmal
die *tribunicia potestas.* Caracalla hatte anfang januar 217 sein
zwanzigstes jahr angetreten, welches bis in den januar 218 hineingereicht hätte, wenn er am leben geblieben wäre. Elagabal

wurde am 16. mai 218 von den truppen proclamiert und feierte
den 8. juni als *dies imperii*; Macrinus andenken wurde vom senat
geächtet und, wenn Elagabal seinen eigenen namen als den des *cos.*
ordinarius in die fasten einzeichnen lassen konnte, darf es nicht
wunder nehmen, wenn der senat sich auch bereit finden liess, nicht
nur die usurpierte tribunengewalt zu bestätigen, sondern dieselbe
auch — die zwei tribunenjahre des Macrinus gänzlich ignorierend
— gleichsam als die unmittelbare fortsetzung der regierung des
Caracalla an dem januartermin des j. 219 als *trib. pot.* II zu erneuern [22]. — Für die ereignisse seit dem 1. jan. 222, an welchem Elagabal nicht mit seinem vetter zur consularprocession erscheinen wollte, die wiederholten angriffe auf dessen leben, die
schliesslich ihm selbst den untergang bereiteten, ist die zeit bis zum
5. oder 6. januar ganz ausreichend; eine ausdehnung dieser un-
heimlichen zustände über zwei und einen halben monat wäre bei
der offenkundigen feindseligkeit des kaisers und der erbitterten
stimmung der prätorianer und des senats eher befremdend als wahrscheinlich.

So ergibt sich aus diesen betrachtungen und combinationen
für mich das resultat, dass Elagabalus sich die im juni 218 usurpierte tribunengewalt am 6. januar 219 erneuern liess und unmittelbar vor beginn seines fünften jahres am 5. oder 6. januar 222
ermordet wurde; dass dann sofort Alexander Severus mit allen gewalten vom senat bekleidet gleichfalls jährlich vom 6. oder
7. januar seine tribunenjahre zählte. Die dauer von Alexanders
regierung wird, wo nicht blos volle jahre (13 oder 14) gezählt
werden, meistens auf 13 jahre 9 tage angegeben (vergl. die zusammenstellung bei Clinton); das datum des todestages ist nirgends
direkt überliefert; durch addition zum 11. märz (Elagabal †) rechnete man den 19. märz 235 heraus (Tillemont note XI sur Alex. III,
482); nach meiner combination müsste nun Alexanders tod auf den
15. oder 16. januar 235 fallen. Und auch dieses ergebniss
passt meines erachtens besser zu dem gange der folgenden ereig-

---

22) Mit recht weist Eckhel (8, 421) die annahme eines ähnlichen
verfahrens bei Septimius Severus in bezug auf die regierungen des
Pertinax und Julian als ganz unstatthaft zurück, da Sever den Pertinax *inter divos* erheben liess.

nisse als der bisher angenommene 19. märz, wie wir sogleich sehen werden.

§. 15. Maximinus.

Maximin wird in Rom am 25. märz 235 anerkannt (Borghesi
Opp. 3, 450; 5, 486. Or.-Henzen 6053. 6054). Gewiss ist sofort auch bei ihm, wie bei Vitellius (arvaltafel im Bullet. 1869, p. 95
v. 85) der *dies imperii* auf den tag seiner proclamation in Mainz, an
welchem Alexander ermordet wurde, bestimmt worden. Ob Vitellius im j. 70 sein zweites tribunenjahr am 19. oder 30. april begonnen haben würde, ist allerdings nicht zu sagen; für die erneuerung am jahrestage der ersten ertheilung einige zeit nach dem
jahrestage des gesetzlich fixierten anfangs der regierung spricht
das beispiel des Nero vorher. Ebensowenig gewiss ist der erneuerungstermin bei Domitian, ob der 13. oder 30. september (s. oben
p. 30). Aber Vespasian hatte ende december die *tribunicia potestas* mit rückwirkender geltung vom 1. juli erhalten und erneuerte
sie stets an diesem tage; Trajan hielt den tag der ersten ertheilung, anfang januar, fest; Commodus liess sie, wie Vespasian, am
dies imperii erneuern. Für Maximin glaube ich dasselbe annehmen
zu müssen, weil für erklärung der schwierigkeiten in seiner chronologie auch der kleinste zeitgewinn in dieser beziehung von wichtigkeit ist.

Das datum von Alexanders ermordung in Mainz beruht nur
auf addition: die regierung Elagabals zu 3 j. 9 m. 4 tagen seit
dem 8. juni 218, dem siege über Macrin, führte auf den 11. märz
222, die regierung Alexanders zu 13 j. 9 tagen von da auf den
19. märz 235. — Aber wenn auch die nachricht von Maximins
erhebung so schnell (in sechs bis sieben tagen) von Mainz nach
Rom gelangt sein kann, so ist es doch kaum anzunehmen, dass
der senat sich so überaus beeilt haben sollte, den verhassten und
gefürchteten Maximin anzuerkennen, zumal da es bisher — erst
bei dem allgemein beliebten Alexander war man davon abgewichen
— brauch gewesen war, die ehrentitel und würden nicht sofort
und mit einem male zu ertheilen. Wie bei Nero, noch dazu in Rom
selbst, fast zwei monate, in der regel vierzehn tage bis zur ertheilung der *tribunicia potestas* vergingen, kann hier sehr wohl
ein längerer zeitraum verflossen sein, besonders da Maximin nicht

daran dachte nach Rom zu kommen. Oben ist die vermuthung ausgesprochen, dass Elagabals tod schon auf den 5. oder 6. januar
222 anzusetzen sein dürfte; dann würde Alexanders regierung am
15. oder 16. januar 235 endigen und Maximin, wie Nero, zwei
monate zehn tage später in Rom als kaiser anerkannt sein, nachdem die nachricht gegen ende januar dort eingetroffen war.

Setzen wir also die erhebung des Maximin in Mainz auf den
16. jan. 235, seine anerkennung in Rom auf den 25. märz mit
rückdatierung des *dies imperii* auf den tag der proclamation durch
das heer, so beginnt *trib. pot.* II am 16. jan. 236, *trib. pot.* III
an demselben tage 237, *trib. pot.* IV am 16. jan. 238. Von einem fünften tribunenjahr (Orelli 965 = C. I. L. II, 4756) kann
allerdings keine rede sein.

Mit dieser hypothese vereinigt sich sehr wohl die chronologische vertheilung der ereignisse im j. 238 von der erhebung der
älteren Gordiane bis zur thronbesteigung Gordians III, wie
sie Borghesi (Opp. 5, 486—490) versucht hat, eine anordnung,
welche unter allen darüber aufgestellten vermuthungen wohl die
grösste wahrscheinlichkeit für sich hat. Nur einige, für das ganze
nicht wesentliche modificationen scheinen mir daran empfehlens-
werth. — Borghesi setzt die erneuerung der tribunengewalt mit
Eckhel am 1. januar voraus und führt die afrikanische inschrift
Orelli 5312 mit zum beweise dafür an, dass die erhebung der
Gordiane, weil n a c h antritt der *trib. pot.* IV erfolgt, erst im j.
238 stattgefunden haben könne. Die richtigkeit der thatsache halte
ich auch sonst für genügend verbürgt; jene inschrift aber kann
nicht als argument dafür benutzt werden, weil sie offenbar identisch mit Orelli 5045 ist und die abweichende lesung der titulatur
in letzterer (*trib. pot.* III *imp.* V statt *trib. pot.* IV *imp.* VI) durch
die übereinstimmung mit der copie bei Guérin Voyage I, p. 27 besser beglaubigt erscheint. — Nach Borghesi nun „erhob sich Gordian in Thysdrus gegen mitte februar, hielt sich einige tage (Herodian 7, 6) in jener stadt auf, rückte „in feierlichem zuge" [23])

23) Capitol. Maximin. 14, 4: *inde p e r Carthaginem venit cum pompa
regali et protectoribus et fascibus laureatis.* Indem Peter das sonderbare *»per«* in *»propere«* ändert, scheint er die folgenden worte bloss
auf den einzug in Carthago, nicht auf Gordians marsch von Thysdrus
dorthin zu beziehen. Jordan - Eyssenhardt: *Carthaginem pervenit.*

nach Carthago vor (7 marschstationen, ungefähr 150 *m. p.* nach
dem Itin. Ant. p. 58 ed. Wess.), wozu er also etwa sieben bis acht
tage gebrauchte, und schrieb von dort nach Rom; die reise der ge-
sandschaft mochte auch etwa acht tage erfordern. Frühestens am
1. märz kam sein brief in Rom an, denn Capitolin (Maximin. 16)
erzählt, derselbe sei von dem consul Iunius Silanus, der eben nur
cos suffectus gewesen sein kann, vorgelesen worden. Das datum VI *Kal. Iuliarum* muss auf verwechslung beruhen oder ist
abschreiberfehler. Die von Zonaras (12, 17) angegebene dauer
der Gordianischen herrschaft von 22 (nach anderen von 20) tagen
mag sich auf die zeit von der anerkennung durch den senat bis
zum eintreffen der nachricht von ihrem tode beziehen, und um den
23. märz ernannte man Maximus und Balbinus zu kaisern.
Diese wurden spätestens am 20. juni ermordet, da sich im Cod.
Just. 2, 10, 2 ein von Gordian III am 22. juni erlassenes gesetz
findet. Damit stimmt denn auch die von Zonaras und andern angegebene dauer der regierung der beiden kaiser von „nicht ganz
drei monaten" (genau 2 m. 27 tage)". — Das aus jenem gesetzesdatum hergeleitete argument für das ende von Maximus und
Balbinus regierung scheint mir freilich von sehr geringem gewicht
(vergl. Tillemont note XII sur Maximine III, 492), da man weiss,
wie wenig zuverlässig in dieser beziehung die inscriptionen im codex Justinians sind, namentlich in jahren, welche mehr als einen
regierungswechsel in sich schliessen. Gibt es doch auch ein gesetz
(7, 43, 2) *pp.* IV *Kal. Apriles*, welches gleichfalls die inscription
imp. Gordianus Aug. trägt. — Wenn aber jenes gesetz (*pp.* X
Kal. Iul.) wirklich von Gordian herrührt, woran ich zu zweifeln
nicht grund finde, so dürfte seine anerkennung durch den senat
mit wahrscheinlichkeit schon auf den 8. juni zu setzen sein, da
sich in dem fragment der arvaltafel XLVI Marini's, welches von
der darbringung der *vota annua* bis zum nächsten januartermin
handelt, das datum VI *idu* . . . . dann nicht wohl anders als zu
VI *Idu*[s *Iunias*] ergänzen lässt. Diese feierlichkeit im arvalen-
colleg fand aber sicher an dem tage der öffentlichen ceremonie —
wie immer sonst am 3. januar — statt und es ist wohl keinem
zweifel unterworfen, dass die anerkennung Gordians und die ertheilung aller ehren, falls nicht an einem und demselben tage, doch
in sehr schneller folge geschehen ist, und da die anerkennung —

wenn auch nicht die ertheilung der *tribunicia potestas* (vergl. die reihenfolge der ceremonien bei Otho auf der arvaltafel d. j. 69 v. 38 ff., besonders v. 49—60) — den *votis* vorausgeht, so ist jene spätestens am 8. juni erfolgt. Dann würden sich jene „nicht vollen drei monate" des Balbinus und Maximus auf zwei und einen halben reducieren; jedoch bei der überaus grossen unsicherheit und unzuverlässigkeit aller dieser zeitangaben scheint mir diese differenz gegenüber der andeutung der arvaltafel, falls das gesetzesdatum X *Kal. Iulias* genau ist und der erlass dem Gordian gehört, nicht ins gewicht zu fallen.

Was andrerseits über Maximin, namentlich über seine märsche während dieser zeit berichtet wird, stimmt zu der vorgeschlagenen anordnung der ereignisse aufs beste. — Die nachricht von der erhebung der Gordiane (d. h. ihrer anerkennung in Rom am 1. märz) empfing Maximin in Sirmium (Capit. Maximin. 13. 17). Der kurier gebrauchte für die reise (Rom-Aquileja 511 *m. p.*, Aquileja-Sirmium 401 *m. p.*, im ganzen 912 *m. p.*) etwa $7\frac{1}{2}$ tage, kam also am 8. märz an. Am fünften tage darauf (Herod. 7, 8) bricht Maximin mit heeresmacht auf. Herodian sagt zwar, dass der zug — weil unvorbereitet — ziemlich langsam gegangen sei, indess wird damit wohl gemeint sein, dass der kaiser keine eilmärsche machen konnte, wie er in seiner erbitterung wohl gewünscht. Die entfernung von Sirmium nach Aemona beträgt 325 *m. p.* und zählte 15 *mansiones* d. h. marschstationen, er langte also, da er am 13. märz von Sirmium aufgebrochen war, in den letzten tagen des monats in Aemona, damals der grenzstadt Italiens, an. Kurz vorher hatte ihn die nachricht von der erhebung des Balbinus und Maximus (Capitol. Maximin. 21. Herod. 7, 12. 8, 21) erreicht; jene war, nach der oben gegebenen darstellung, um den 23. märz erfolgt; die depesche mit der nachricht bedurfte von Rom nach Aemona (587 *m. p.*) fünf tage, musste dem Maximin also etwa zwei oder drei tagemärsche hinter (östlich) Aemona am 29. märz zugegangen sein. Nach dem unbehinderten übergang über die Alpen beginnt dann Maximin, „als der schnee schmilzt", die belagerung von Aquileja, wovor er, da es 76 *m. p.* = 3 *mansiones* von Aemona liegt, nicht viel vor ende der ersten aprilwoche angekommen sein kann. — Die folgenden vorgänge entziehen sich einer genaueren zeitermittelung; wir wissen nur, dass die nachricht von Maximins tode

vor Aquileja in Rom am vierten tage, während im theater spiele
unter Balbinus und des Cäsar Gordian vorsitz gefeiert wurden (Capit. Max. 25), eintraf, dass Pupienus Maximus später nach Rom
zurückkehrte und zur zeit der feier des *agon Capitolinus* beide kaiser ihren tod fanden.

§. 16. Gordian III.

Gordians späteste münzen zeigen sein siebentes alexandrinisches jahr, *L*ζ vom 29. aug. 243 (Sallet, Daten der alex. K. M.
p. 59) und seine *trib. pot.* VII (Eckhel 7, 313. 8, 438). — Der
allerspäteste termin für Gordians tod wäre mitte juni 244, weil
nach ausweis der inschrift Maffei M. V. 312, 3 (= Henzen *la le-
gione* II *Partica in Annali* XXXIX, p. 85) Philippus am 23. juli
(X *Kal. Aug.*) 244 im Rom schon anerkannt war, die nachricht
aber von seiner erhebung bis vom Euphrat her mindestens einen
monat gebrauchte, um nach Rom zu gelangen; denn Gordians grabmal lag zwischen Zaitha und Dura (Amm. 23, 5, 7) 20 *m. p.* hinter Circesium (Eutr. 9, 2) und die entfernungen betragen nach dem
Itin. Antonini von Rom über Aquileja und Constantinopel bis Edessa
2558 *m. p.*, über Brundusium 2105 *m. p.*; dazu kommen von
Edessa bis Circesium ungefähr 250 bis 280 *m. p.*; die ganze strecke also von etwa 2400 bis 2900 *m. p.* konnte ein kurier kaum
in weniger als einem monat zurücklegen. — Aber aller wahrscheinlichkeit nach fand Gordian seinen tod noch vor ostern 244 im februar oder märz, wie Tillemont (note 1 sur Gordien III, 493 b
nachgewiesen hat. Clinton glaubt die zeit noch näher zwischen
dem 24. februar und 14. märz bestimmen zu können, weil er die
subscriptionen des codex Justinianeus für verlässliche beweismittel
gelten lässt und für cod. Just. 6, 20, 6 die änderung VII *Kal.
Maji* in VII *Kal. Martii* annimmt.

Was das siebente tribunenjahr betrifft, so macht dasselbe eine
verlegung des ursprünglichen erneuerungstermins erforderlich. Die
zeit dieser änderung lässt sich annähernd feststellen, nicht aber die
veranlassung. Eckhel (7, 311. 8, 438. 448) um seiner theorie
vom 1. januar freie bahn zu schaffen, muss hier wiederum zu dem
auskunftsmittel greifen, in den münzstempeln *tr. p.* III *cos* II (Cohen n. 105. 288—291; VII supplém. p. 245 ad n. 96. 97; p. 246
ad n. 101. 102) eine willkürliche abweichung der münzbeamten

von der officiellen zählung zu erkennen, da mit dem zweiten consulat im januar 241 für ihn das vierte tribunenjahr beginnen soll.
Ich glaube also annehmen zu dürfen, dass Gordians drittes tribunenjahr am 1. jan. 241 noch lief und zwar seit dem 8. juni des
j. 240. Am 7. jan. 243 aber zeigt ein diplom (Cardinali XXV)
schon *trib. pot.* VI; der erneuerungstermin muss also zwischen dem
1. januar 241 und 7. januar 243 vom juni in die erste januarwoche zurückverlegt worden sein. — Die vermählung mit Tran-
quillina, welche möglicherweise in den ersten tagen des januar
241, jedenfalls im laufe des vierten alexandrinischen jahres (sept.
240—241) gefeiert worden ist, oder den auszug zum Perserfeld-
zuge im j. 242 vermag ich als eine veranlassung dazu nicht anzusehen, aber auch keine andere vermuthung zur erklärung der
thatsache aufzustellen.

§. 17. Philippus.

Gordians tod kann nach Henzen (a. a. o.) nicht vor mitte mai
in Rom bekannt geworden, also auch die anerkennung des Philippus nicht früher erfolgt sein; jedoch wird dieselbe, wofür auch
die daten der ihm zugeschriebenen gesetze vom 14. und 31. märz
(Cod. Just. 3, 42, 6. 2, 4, 10) zeugen würden, die rückdatierung der gewalten auf den tag seiner proclamation im februar oder
märz ausgesprochen haben und seine tribunengewalt, von dem todestage Gordians ab berechnet, jährlich im februar oder märz erneuert worden sein. Dieser annahme entsprechend sind aus den ersten monaten des j. 245 die münzen mit *tr. p. cos* (Cohen n. 117.
118), auf welchen Eckhel die iterationsziffer II bei *tr. p.* für ausgelassen hält, was auf Philippus münzen sonst nicht vorkommt;
ferner die spanischen inschriften C. I. L. II, 4608. 3073 = Orelli
980; und der niedermösische stein, mitgetheilt von Renier Rév. arch.
1865 decbr. unter no. 13 und genauer 1868 april p. 262. Ich
finde ferner meine behauptung, dass die erneuerung der *tribunicia
potestas* am 1. januar auch in der folge nicht stattfand, durch die
münzen mit *tr. p. IIII cos* (Cohen n. 54. 55. 57) gestützt, welche
meines erachtens noch in das j. 246 gehören müssen, da Philipp
am 1. jan. 247 sein zweites consulat antrat. Eckhel nimmt hier
die auslassung der iterationsziffer hinter *cos*, wie oben hinter *tr.
p.*, an und hat dabei allerdings eine unläugbare stütze in den mün-

zen mit *tr. p.* VI *cos* (Cohen n. 64—66); zwingend jedoch ist der
vergleich nicht. — Eine veränderung des märztermines für die tribunenjahre ist aber später eingetreten. Eben jene münzen mit *tr.
p.* IIII *cos* zeigen, dass das vierte tribunenjahr nicht erst im märz
247, sondern schon im j. 246 begonnen haben muss. Da nun die
beiden diplome (Cardinali XXVI. XXVII) vom 28. dec. (V *Kal.
Ian.*) 247 und 7. jan. (VII *Id. Ian.*) 248 die titulaturen des älteren Philipp *trib. pot.* IIII *cos* III *des* und *trib. pot.* V *cos* III angeben, so muss sein fünftes tribunenjahr zwischen jenen beiden tagen seinen anfang genommen haben. Und da andrerseits *trib. pot.*
IIII vor dem 1. jan. 247 beginnt und am 28. decbr. 247 noch
dauert, so fand die verlegung des anfangstermines von märz auf 28
—31. december v o r 2 4 7 statt, natürlich bei der e r h e b u n g d e s
s o h n e s z u m A u g u s t u s, die dann mit sicherheit, wie mir scheint,
auf einen der d r e i l e t z t e n t a g e d e s j. 2 4 6 zu setzen ist. —
Der vater Philippus starb im sechsten tribunenjahre, welches ende
december 248 begonnen hatte, nach dem 1. september 249 (Alex.
münzen $L\zeta$) und vermuthlich vor dem 16. october (XVII *Kal. Nov.*
Cod. Just. 10, 16, 3: gesetz des Decius). Der s o h n P h i l i p p u s
vollendete nicht einmal sein drittes tribunenjahr; das diplom vom
7. januar 248 gibt ihm obigen annahmen entsprechend die titel
trib. pot. II *cos* II; so auch die inschrift aus Cuicul (Renier Alg.
2540); dass ihm sonderbarer weise auf einer ganzen anzahl von
münzen und inschriften die titulatur seines vaters beigelegt wird,
ist schon von Eckhel (7, 334. 8, 442) besprochen.

§. 18. D e c i u s u n d s e i n e s ö h n e.

Ueber die chronologie des kaisers Decius hat Borghesi in seiner abhandlung über die diplome desselben (Or.-Henzen 5534. 5535)
ausführlich Opp. 4, 280—286 gehandelt, ohne jedoch auf die frage
über die zählung der tribunenjahre genauer einzugehen. Hinsichtlich dieser hält Mommsen, gestützt auf die neuerdings berichtigte
lesung (Or.-Henzen 5538 z. 6) [*trib. pot.*] III (nicht II) *coss* II *de*
[*sign*. III] auf dem stein aus Falerii, der unstreitig aus dem j. 250
ist, in seiner beleuchtung derselben (Bullet. 1865, p. 27 sqq.) und
in der anmerkung zu Borghesi Opp. 4, 290 dafür, es sei nur anzunehmen, dass Decius erhebung durch die empörten truppen in
das j. 248 zu setzen sei, und bisweilen möge seine regierung

von da ab gezählt worden sein, während m e i s t e n s erst vom tode
der Philippe im herbst 249 gezählt wurde. Wir hätten danach:

248. proclamation des Decius in Mösien [*tr. pot.*

249. 1. jan. [*tr. pot.* II.

       herbst. Tod der Phil. *tr. pot.*

250. 1. jan. *cos* II. *tr. p.* II [*tr. p.* III.

251. 1. jan. *cos.* III *tr. p.* III [*tr. p.* IV.

Schon oben bei Nero habe ich ausgesprochen, dass mir eine solche
doppelzählung durchaus unwahrscheinlich, ja unstatthaft erscheint.
Meiner ansicht nach erhielt Decius die tribunengewalt nach Philippus tode, also etwa a n f a n g o c t o b e r 249 (das diplom tituliert
ihn am 28. decbr. 249 *tr. pot. cos.*); er trat, wie üblich, am 1.
jan. 250 das consulat, sein zweites, an (*tr. pot. cos* II: Orelli 992.
4940: cf. vol. III, p. 491; C. I. L. II, 4809. [4812]. 4813. 4823.
4833. 4835) und sein zweites tribunenjahr zum regelmässigen termin anfang october 250; die designation zum consulat für 251
war schon erfolgt oder erfolgte kurz darauf (*trib. pot.* II *cos* II:
C. I. L. II, 1372. 4949; Orelli 991. Ackner-Müller Inschr. von
Dacien 510). Die münze des Etruscus mit *no. C † p. m. tr. p.*
II *cons* II (Eckhel 7, 349), wenn sie ächt ist, gibt auf dem revers
die titel des vaters. — Noch in demselben jahre aber wurde die
tribunengewalt auf seine beiden söhne als Cäsaren mit übertragen
und es begann damit für Decius das dritte tribunenjahr etwa mitte
november 250. Die titel sind nun für Decius: *trib. pot.* III *cos* II
des III (Or.-Henzen 5535. 5538 vergl. 5227 und Orelli 993), für
Etruscus: *nob. Caes. princ. juv. trib. pot. cos des.* (Or.-H. 5538),
für Hostilian: *nob. Caes.* [*princ. juv.* (?) *trib. pot.*] Or.-H. 5538
vergl. 5539. 5540).

Nach Borghesi (Bullet. 1852 p. 134) hätte Hostilian die *tribunicia potestas* einige monate später erhalten (anm. zu Or.-H.
5538). Das könnte dann nur bei gelegenheit der erhebung seines
älteren bruders zum Augustus (nicht vor juni 251: Or.-Henzen 5537)
geschehen sein nnd es würde dann zugleich Decius viertes, Etruscus zweites tribunenjahr schon in der mitte des j. 251 angefangen
haben; das ist aber nicht möglich wegen Or.-H. 5539, wonach Hostilians zweites tribunenjahr noch bei lebzeiten des vaters begonnen
haben muss, wie das *filio* am ende der unvollständigen inschrift
lehrt. Beides lässt sich nicht vereinigen: entweder Hostilian erhielt

5 *

die gewalt im november 250 mit seinem bruder zugleich und sie
wurde im november 251 noch bei lebzeiten seines vaters erneuert,
dann kann Decius viertes jahr aber auch erst im november 251
kurz vor seinem tode beginnen; oder Hostilian erhielt erst im juni
251 an der tribunengewalt theil, dann begann Decius viertes jahr
schon damals, aber für Hostilian kann eine erneuerung während
des vaters lebzeiten im november nicht gedacht werden. Eine dritte
combination ist — wenn mich nicht alles trügt — unmöglich; es
bleibt also, wie gesagt wegen Or.-H. 5539, nur übrig, die gleichzeitige bekleidung beider cäsaren mit der *tribunicia potestas* mitte
november 250 und die erneuerung am gleichen tage 251, als Decius und Etruscus im felde standen, anzunehmen [24]). Ob in den inschriften Orelli 993 = Grut. 273, 6 und Or.-H. 5227 *cos* II in
cos III zu ändern sei, lasse ich dahingestellt; auch ich glaube es;
es wäre aber die etwaige nichtbezeichnung des *cos des* III nicht
befremdend. — Leider ist in der stadtrömischen inschrift des Etruscus (Orelli 995), wenn die lesung ganz gesichert ist, nur das consulat, nicht auch die *tribunicia potestas* erwähnt; sie gehört sicher
in das j. 251. — Die einzige münze des Decius, welche seiner
tribunicia potestas erwähnung thut: *trib. pot.* III *cos*, hält Eckhel
(7, 343) wohl mit recht nicht für zuverlässig.

Seit dem 1. jan. 251 waren dann bis juni die titel für Decius
Aug. trib. pot. III *cos* III , für Etruscus *nob. Caes. trib. pot. cos*,
für Hostilian *nob. Caes. trib. pot.* Frühestens im juni, wie aus der
rheinischen inschrift Or.-H. 5537 hervorgeht, wurde dann Etruscus
zum *Augustus* erhoben, vergl. münzen mit *imp. Caes. . . . Aug.* †
princ. juv. oder *securitas Augg.* (Eckhel 7, 349). — Der tod der
beiden Decier in der schlacht bei Abrittium erfolgte nach dem 27.
october 251 (VI *Kal. Nov.*: Treb. Pollion. Valer. 5).

Wie oben dargelegt worden ist, bezeugt die vollständig gesicherte lesung von Or.-H. 5539 = Murat. 252, 7 (vergl. *de Rossi*
Bullet. 1852 p. 17), dass Hostilian sein zweites tribunenjahr noch
bei lebzeiten des vaters angetreten haben müsse, und dieser umstand wird zu einem beweise dafür, dass Decius und Etruscus bis
·in den november hinein, über den erneuerungstermin ihrer tribunengewalt hinweg noch gelebt haben, und zu einer gewichtigen stütze

24) In Or.-H. 5538 wird dann in der lücke der zweiten zeile noch
trib. pot. zwischen *Caes.* und *filio* zu ergänzen sein.

für die verlässlichkeit der beiden einzigen inschriften, in welchen
die *trib. pot.* IV des Decius gefunden wird, C. I. L. II, 4957. 4958.
Ohne j e n e inschrift würde ich mehrfache bedenken nicht zurückhalten, die mir überhaupt fraglich erscheinen lassen, ob Decius
den anfang seines vierten tribunenjahres erlebt habe. Aber in dem
einen wie in dem anderen falle erregt die genauigkeit der abschrift
von 4958 begründete zweifel und bedürften die von Hübner für
4957 vorgeschlagenen ergänzungen einiger modificationen. — Erlebte nun aber Decius wirklich, wie ich zugestehen will, den beginn seines vierten tribunenjahres, so wurden damit Etruscus und
Hostilian *trib. pot.* II um die mitte des november 251. Um dieselbe zeit, höchstens wenige tage nachher, fanden dann Decius und
sein ältester sohn im kampfe den tod und zu ende des monats lief
das schreiben des Trebonianus Gallus an den senat mit der nachricht von dem unglücklichen ausgange der beiden Augusti, seiner
eigenen erhebung zum imperator durch die truppen und dem wunsche die herrschaft mit dem Cäsar Hostilian als mitkaiser zu theilen, in Rom ein. Die bestätigung des senats und ertheilung der
tribunicia potestas an Gallus mit rückdatierung auf den tag seiner
proclamation wird sofort erfolgt sein; es ist kaum anzunehmen,
dass für Hostilian bei der begrüssung als Augustus eine abermalige
bestätigung der ihm vor wenig tagen erneuten tribunengewalt stattgefunden habe. Von wichtigkeit ist es überhaupt nicht, da er noch
vor ende des jahres starb (vergl. Eckhel 7, 353).

§. 19. Gallus und Volusianus.

An des schon im december 251 verstorbenen Hostilianus stelle
erhob Gallus seinen sohn, den bisherigen Cäsar Volusianus zum Augustus und ernannte ihn zu seinem collegen im consulat für das
nächste jahr. Der Augustustitel scheint demselben nach Or.-Henzen
5541 = Rénier Alg. 4414 sofort nach Hostilians tode noch im
december zuerkannt zu sein, ehe er consul war; so vermuthet auch
Eckhel (7, 367), der wohl mit recht die münzen, welche ihn *Caesar* und *cos* nennen, als Goltzianische für unächt hält. — Die ertheilung der tribunengewalt erfolgte sicher erst n a c h dem 1. jan.
252, denn Gallus führt noch die titel *trib. pot. cos* II bei Or.-Hen-
zen 5541 = Rénier Alg. 4414, Mommsen I. Helv. 328 und auf
münzen, wo freilich Eckhel (7, 355) die iterationsziffer weggelas-

sen glaubt. Mit Volusians erstem tribunenjahr begann natürlich
des Gallus *trib. pot.* II. Die münzen (Eckhel 7, 367. Cohen IV,
p. 286 n. 4), welche auf der vorderseite die namen beider Augusti,
auf der rückseite *pontif. max. tr. p.* II *cos* II *et cos* haben, dürfen nicht als beweis für die ertheilung der *tribunicia potestas* n a c h
dem antritt des consulats angeführt werden, denn Volusian muss
sie zugleich mit der erneuerung derselben für seinen vater erhalten
haben, zu welcher eben sonst keine veranlassung vorgelegen hätte.
Aber ebensowenig ist Eckhels vermuthung aufzunehmen, dass *trib.*
pot. II für beide kaiser gelte. Ich halte *pontif. max. trib. pot.* II
für titel des vaters, wie sie sich auf den münzen der söhne schon
bei Philipp und Decius vorfanden; führt doch Eckhel (7, 356) eine
münze beider kaiser mit dem revers *tr. p.* II *cos* II (ohne *et cos*)
auf, mit der bemerkung: *„epigraphe aversae ad unum patrem per-*
tinet".

Sonach beginnt Gallus *trib. pot.* II im januar oder februar
252, (die tunesische inschrift bei Maffei M. V. 459, 2 ist — wenn
ächt — eine ganz unzuverlässige, nachlässige abschrift), die *trib.*
pot. III im jan. oder febr. 253, natürlich zugleich mit Volusianus
trib. pot. II. — Münzen des letzteren haben sich leider aus diesem
jahre nicht erhalten (Eckhel 7, 367), sie würden die entscheidung
über Orelli 1000 erleichtern. Hier sind beide kaiser namentlich
aufgeführt und einem j e d e n die titel *p. m. tr. p.* IIII *cos* II *p. p.*
procos beigelegt. Dass die gleichlautenden münzen des Volusian
die titulatur des vaters tragen — nicht seine, welche *tr. p.* III *cos*
II lauten müsste — befremdet nicht; beides aber, sowohl jene inschrift wie diese münzen des Gallus und Volusian mit dem v i e r-
t e n teibunenjahre vermag ich in keiner weise unterzubringen, weil
ich mich trotz Eckhels eingehender beweisführung (7, 361—366)
nicht überzeugen kann, dass das leben beider kaiser bis in das j.
254 hineinreiche.

Zu den argumenten, welche Eckhel (p. 362) als für das j.
253 als todesjahr sprechend vorgebracht hat, tritt für mich noch
als entscheidend die inschrift Rénier Alg. 4095: *pro salute Vale-*
riani et Gallieni Augg., errichtet nach dem 22. october *Volusiano*
II *T et Maximo cos*, welche unwiderleglich beweist, dass Volusian
und also auch Gallus damals schon todt waren[25]); und wenn die

25) Dazu stimmt auch die regierungsdauer: »kaum zwei jahre«

dort erwähnten centurionen schon am 22. october in ihrer garni-
son Gemellä nicht weit von Sitifi an der grenze zwischen Numidien und Mauretanien angekommen waren, so muss der tod des
Gallus und Volusian geraume zeit vorher angesetzt werden; denn
Valerian wurde in Rhätien erst auf die kunde von Gallus tod gegen Aemilian zum kaiser ausgerufen und wird damals die *leg.* III
Augusta hergestellt und jene centurionen nach Afrika abgesendet
haben. Wir müssen also vom 22. october, dem datum der ankunft,
nicht dem der aufstellung des denkmals, die später stattgefunden
haben wird, rückwärts die zeit veranschlagen, erstens welche die
übermittelung der nachricht von den vorgängen bei Interamna nach
Rhätien und die erhebung des Valerian gebrauchte, zweitens welche
zur reise der centurionen von Rhätien nach Gemellä erforderlich
war [26]) und dieser zeitraum wird u n t e r s e c h s w o c h e n n i c h t

(Eutrop, Orosius, Vict. Caes.) seit novbr. 251; »19 monate« (Dexippus),
von Clinton bis zur erhebung Aemilians gerechnet, aber wohl die ganze
zeit bis zum tode umfassend.
    26) Von Interamna nach Bononia beträgt die entfernung 229 *m.
p.* (Itin. Ant. ed. Wess. p. 125 f.), von Bononia entweder über Me-
diolanum nach Brigantium 277 *m. p.* (p. 127. 277) oder über Verona
nach Valdidena 281 *m. p.* (p. 275. 282). Da Valerian truppen hauptsächlich aus den gallischen provinzen herbeizuziehen hatte, so war
der sammelplatz seiner streitkräfte wohl Brigantium (s. die stellen
bei Tillem. III, 290. 292) und dort oder auf dem marsche von dort
nach den Alpen zu muss die proclamation Valerians zum kaiser erfolgt sein, frühestens etwa fünf tage (500 *m. p.* von Interamna nach
Brigantium) nach Gallus tode. — Die reise der nach Africa aus Rhätien entsendeten officiere wird, da sie wohl mannschaften mitgeführt
haben, sicherlich aber nicht mit der kaiserlichen post befördert worden sind, höchstens als ein möglichst beschleunigter marsch anzusehen
sein. Sie hatten von Brigantium bis Mailand 138 *m. p.* = 6 *mansiones* (p. 277), von da bis Placentia 40 *m. p.* = 2 *mans.* (p. 127), von
Placentia nach einem ligurischen oder etrurischen hafen, etwa Luna,
ungefähr 60 bis 80 *m. p.* = 3 bis 4 *mans.*; die überfahrt von dort
bis Caralis in Sardinien beträgt reichlich das doppelte der im Itine-
rar (p. 494 f.) auf 1290 stadien angegebenen entfernung von Caralis
nach Tabraca an der afrikanischen küste, also rund die ganze seefahrt
4000 stadien; die weitere landreise von Tabraca nach Hippo regius
71 *m. p.* = 3 *mans* (p. 21), von da nach Cirta 94 *m. p.* = 3 *mans.*
(p. 42), worunter aber eine von 54 *m. p.*, also mindestens für zwei zu
rechnen; weiter nach Cuicul 75 *m. p.* (p. 28) und endlich nach Gemellä, welches etwa in gleicher entfernung wie Sitifi, also 25 *m. p.*
= 1 *mans.* (p. 28) von Cuicul hart an der mauretanischen grenze gelegen haben muss. Der ganze marsch zu lande betrug danach 503
bis 523 *m. p.* in 23 bis 24 *mansiones* oder tagemärschen, die überfahrt
(im durchschnitt 1000 stadien den tag) vier tage, beides erforderte
also m i n d e s t e n s eine zeit von vier wochen. Dazu kommen die

berechnet werden dürfen, so dass Gallus tod spätestens in die
zweite septemberwoche zu setzen sein würde. — Andrerseits
lehren die alexandrinischen münzen mit dem dritten jahre des Gallus, dass er nicht vor ende august gestorben sein kann, wenigstens
die nachricht von seinem tode zu ende jenes monats noch nicht officiell in Aegypten bekannt war. — Die notiz bei Victor (Caes.
32, 3): *ejus filium Gallienum senatus Caesarem creat. statimque
Tiberis adulta aestate* (= juli) *diluvii facie inundavit,* ist zu ver-
wirrt, als dass man sie für die zeitbestimmung der erhebung des
Valerian benutzen dürfte.   Wenn Gallus tod schon im juli erfolgt
wäre, ist die emission von münzen mit $L\gamma$ in Alexandria nicht
gut denkbar.   Auch für die einzige, anscheinend sicher ächte alexandrinische bronzemünze mit Gallienus 16. jahr (Sallet Daten p.
74 auf Cohens autorität) würde in anderer weise erklärung gesucht werden müssen, als durch zurückschieben des *dies imperii* für
Valerian und Gallien bis in den juli 253; denn die Alexandriner
schlugen nach den münzen mit Gallus $L\gamma$ noch Aemilianus $L\beta$ (beide
jahre sind vom 29. august 253 zu datieren), so dass es, wenn Valerians erhebung in den juli fiele, münzen von ihm mit $L\alpha$ gar
nicht geben könnte, da ja mit 29. aug. 253 sein zweites jahr $L\beta$
begonnen hätte, wie das bei Aemilian der fall war.

     Dass Aemilian darauf vom senat anerkannt worden und die
tribunicia potestas auf seinen münzen nicht etwa bloss — wie zuerst bei Elagabal — als usurpiert zu betrachten ist, zeigen die
münzen mit *S. C.* — Die dauer seiner regierung wird auf drei
(Eutr. 9, 6. Oros. 7, 21. Vict. Caes. 31) oder vier monate (Vict.
Epit. 31), von dem chronographen vom j. 354 (ed. Momms. p. 648)
auf achtundachtzig tage angegeben, endigte also danach jedenfalls
noch vor ablauf des j. 253. — Darauf deutet auch was wir
ferner über die erhebung Valerians wissen. Diese kann, wie schon
bemerkt, erst nach Gallus tode — meiner combination gemäss also
mitte september — stattgefunden haben; dass er mit Gallienus im
j. 254 das consulat bekleidet, macht es an und für sich wahrscheinlich, dass seine anerkennung in Rom noch vor ablauf 253
erfolgte; die möglichkeit eines fingierten titularconsulats (wie bei
Elagabal) für die jahresbezeichnung in den fasten ist zwar nicht

oben berechneten fünf tage und einige tage für entschlüsse, vorbereitungen, rast und unvorhergesehene reisehindernisse.

abzuläugnen, die wahrscheinlichkeit derselben wird aber abgeschwächt dadurch, dass sich gar keine spur eines durch ihre namen
verdrängten ordentlichen consulpaares auffinden lässt, andrerseits
durch die unabweisliche nothwendigkeit die datierung der *tribunicia
potestas* vom j. 253 zu beginnen, mag der anfangstermin nun ein
wirklicher oder durch rückdatierung fingierter gewesen sein.   Denn
da für beide kaiser, Valerian und Gallien, durchaus dieselbe iterationsziffer gilt, so ist die zählung einer *trib. pot.* II im j. 254
ganz undenkbar, wenn die erhebung durch die truppen nach be-
kanntwerden von Gallus ermordung — und also auch Gallus tod
selbst — erst in diesem nämlichen jahre stattgefunden hätte, da
in solchem falle die einfache rückdatierung auf den fingierten *dies
imperii* ausgereicht hätte und eine weitere erneuerung erst bei der
wiederkehr dieses tages im j. 255, nicht nochmals im j. 254 (s.
unten zu *trib. pot.* III *cos* II) eingetreten sein würde.   So war
es bei Vespasian gewiss und bei Aemilian wahrscheinlich geschehen, da die alexandrinischen münzen des letzteren sein zweites
jahr geben, was erstens die rückdatierung seines *dies imperii* vor
den 29. august 253, also auf den tag seiner proclamation durch
die truppen voraussetzt und zweitens erklärt, warum es keine
alexandrinische münzen mit seinem ersten jahr *Lα* gibt, weil damals
eben noch Gallusmünzen mit *Lβ* geschlagen wurden (vergl. Sallet
Daten p. 70 ff.).

So halte ich es nach allem für geboten, Gallus tod und
Valerians erhebung durch die truppen in das j. 253 und,
wie oben gezeigt, mitte september zu setzen.

§. 20. Valerian und Gallien.

Aber auch Aemilians tod und Valerians anerkennung durch
den senat, so wie die ertheilung der tribunengewalt bin ich geneigt noch vor anfang des j. 254 anzunehmen; so wie, dass bei
rückdatierung der *tribunicia potestas* auf den fingierten *dies imperii* (die proclamation in Rhätien) in ähnlicher weise wie bei Commodus die verleihung sofort zu einer erneuerung gestempelt worden ist.   Nur unter voraussetzung der erneuerung der *tribunicia potestas* im december 253 erklären sich die titulaturen:

Valerian 254: *tr. p.* III *cos* II (Or.-Henzen 5131), denn 255
ist er schon *cos* III).

256: *tr. p.* V *cos* III (Orelli 533; Cohen n. 103)

Gallien 254: *tr. p.* III *cos*   (Orelli 1004)

261: *tr. p.* X *cos* IIII *des* [V]. (Or.-Henzen 5329.

Cohen n. 450. 451)

263: *tr. p.* XII *cos* V (Münzen bei Banduri [27]) und

Cohen n. 452)

265: *tr. p.* [X]IIII *cos* [VI] *des* VII (Or.-Henzen

5545 = I. Neap. 3991).

Dagegen würden aber auf die erneuerung im j. 254 deuten:

Valerian 257: *tr. p.* IIII *cos* IIII (Eckhel 7, 377; Banduri)

Gallien 257: *tr. p.* IIII *cos* III (Eckhel 7, 391: Wien. Cab.

Cohen n. 426—428. Grut. 275, 3 = C. I. L. II, 2200)

261: *tr. p.* VIII *cos* IV (Eckhel 7, 391 Cohen IV,

p. 404 not.: nur Mezzabarba).

Es tritt in diesen zeugnissen [28]) ein unausgleichbarer widerspruch
zu tage; den nachweis, auf welcher seite die wahrheit liegt, namentlich welche reihe von münzaufschriften den vorzug der zuverlässigkeit und glaubwürdigkeit verdienen, vermag ich nicht zu
führen, will mich also gern bescheiden, wenn weitere aufklärung
durch berufene numismatiker die verschiebung des erneuerungster-
mines der *tribunicia potestas* vom december auf den anfang des
folgejahres nöthig macht. — Auch in diesem falle aber würde man
nicht umhin können, die ertheilung der *tribunicia potestas* an Valerian und Gallien mit rückwirkender kraft und gleichzeitiger an-
rechnung der seit dem nachträglich fixierten *dies imperii* verflossenen zeit als des ersten tribunenjahres anzunehmen.

Ob die erneuerung in den folgejahren an dem jahrestage der
faktischen ertheilung im december oder dem des *dies imperii* im
september erfolgte, kann dahingestellt bleiben; zu der zweiten annahme neige ich, weil schon einmal zu Commodus zeit dieselbe ungereimtheit beliebt worden war und weil sich vielleicht dann die

---

27) Eckhel (7, 393) bemerkt: »*nummus hic cuivis sententiae chro-
nologicae repugnat. Quare aut in tribunatus aut consulatus nota erra-
tum*«.

28) Gar nicht unterzubringen ist die titulatur *trib. pot.* III *cos*
IV bei Murat. 254, 4 = I. Neap. 5167. — Indifferent ist die münze
mit *tr. p.* II *cos*, weil die iterationsziffer sowohl bei der *tr. pot.* als
beim *cos* öfters auf den münzen dieser kaiser fehlt, z. b. Valerian
tr. p. cos, tr. p. cos II, *tr. p. cos* III neben *tr. p.* II *cos*; *tr. p.* III *cos*
und Gallien *tr. p.* VI *cos, tr. p.* VII *cos*.

münzen Valerians mit *tr. p.* IIII *cos* IIII und Galliens mit *tr. p.*
IIII *cos* III durch eine nachlässigkeit des stempelschneiders erklären
liessen, welchem der *dies imperii* im september 253, so wie der
erneuerungstermin der *tribunicia potestas* alljährlich im september
sehr wohl bekannt und gegenwärtig war, dabei aber — in ver-
zeihlicher unachtsamkeit — wohl die vier seitherigen consulpaare
im gedächtniss vorschwebten, leider aber nicht die officielle ungereimtheit der doppelzählung des ersten jahres.

§. 21. Claudius und Quintillus.

Gallienus ermordung und **Claudius** erhebung vor Mailand
wird in Rom bekannt am 24. märz 268. Das datum ist vollständig gesichert (Treb. Poll. Claud. 4: vergl. Tillem. III, 360). Er
regiert nach den meisten angaben zwei jahre (des Eusebios [Chron.]
1 j. 9 m. und des chronographen vom j. 354 1 j. 4 m. 14 t.
reichen jedenfalls nicht aus) es muss aber wohl etwas länger gewesen sein (Treb. Poll. Claud. 10: *tertia aestate* = anfang des
sommers 270). Die alexandrinischen münzen zeigen $L\alpha . \beta . \gamma$;
das dritte jahr beginnt am 29. august 269; er stirbt also vor 29.
august 270. — Seine *trib. pot.* III ist erwähnt Or. 1024 =
4985. An eine verschiebung des termins ist nicht zu denken, also
sein tod — in Sirmium, nach beendigung des Gothenfeldzuges —
zwischen den 24. (resp. 20.) märz und 29. august 270 zu setzen.

Sein bruder **Quintillus** wurde in Aquileja proclamiert und
vom senat anerkannt (Eutrop. 9, 12); auch Aegypten erkannte
ihn an, wie Alexandriner mit $L\alpha$ beweisen. Er regiert nur ganz
kurzezeit, siebzehn tage (Eutrop., Treb. P. Claud. 12. Hieron. Chron.),
zwanzig tage (Vop. Aurel. 37), *paucis diebus* (Vict. Epit. 34);
$\delta\lambda i\gamma o\upsilon\varsigma\ \mu\tilde{\eta}\nu\alpha\varsigma$ (Zosim. 1, 47), 77 tage (Chronogr. v. 354). Ungefähr gleichzeitig wird in Sirmium **Aurelian** proclamiert; auf
die kunde davon gibt sich Quintillus den tod.

Da nun aber Aurelians alexandrinische münzen die jahre $L\alpha$
bis $L\zeta$ nachweisen (Sallet Daten p. 81) und das consulat des kaisers Tacitus im j. 276 den beginn des siebenten und letzten alexandrinischen jahres des Aurelian sicher in das vorjahr weist, so
muss Aurelians erstes jahr am 28. august 270 geendet haben. —
Es drängt sich also in die zeit vom 20. märz bis 28. august 270

zusammen: 1) die *trib. pot.* III des Claudius, 2) die siebzehntägige
regierung des Quintillus (mai?), 3) das *La* des Aurelian (seit juni?).

§. 22. Aurelian.

In betreff der tribunenjahre Aurelians kann ausser ihrem beginn, vor dem 29. august 270, als gesichert nur gelten, dass die
trib. pot. VII ihm noch vor dem tode ertheilt wurde (Or-Henzen.
5551). Im übrigen ist aber auch nur einigermassen haltbares kaum
zu gewinnen, da die überlieferung theils wenig reichlich, theils
sehr trübe und unsicher ist.   Seine consulatsjahre sind 271. 274.
275 und doch findet sich *tr. pot.* III *cos* III (C. I. L. II, 4506),
tr. pot. IV *cos* III (Orelli 1030), *tr. pot.* V *cos* II (Orelli 5343),
tr. pot. V *cos des* III (Gruter 276, 4 mit den consuln des j. 275),
tr. pot. V *cos* III (Gruter 276, 5), *tr. pot.* VI *cos* II (münzen),
tr. pot. VI *cos* III (Rénier Alg. 2899), *tr. pot.* VII *cos* II (münzen
bei Cohen n. 24 und Pinder Berl. Cab. no. 977 p. 209, der dazu
bemerkt: „irrig für *tr. p.* VI *cos* III"), *tr. pot.* VII *cos* III (Or.-
Henzen 5551); ausserdem das dritte consulat verbunden mit *tr. pot.*
III, IIII und ähnliches. — Nichts aber deutet auf eine iteration *Kal.
Ianuariis* und die annahme einer solchen würde nicht einen
schritt weiter führen.

Sein tod fällt sicher nach 29. august 275, wie die Alexandriner mit *Lζ* beweisen (vergl. Sallet Daten p. 81 ff.). Unhaltbar ist also die argumentation Brunners in Büdingers Unters. z.
röm. K. G. II, p. 75. 78 f. 86. Danach wird das datum III *non.
Febr.* für den brief des heeres mit der todesnachricht (Tillemont
schlägt die änderung in III *non. Mart.* vor, Clinton liest mit Pagi
III *non. Apriles*) festgehalten und als der 3. febr. 275 (*cos Aurelius Gordianus*) angenommen; darauf baut sich weiter das sechs-
monatliche interregnum bis ende juli, die weitere verzögerung der
entscheidung durch einen zweimonatlichen aufenthalt des Tacitus in
Campanien, seine anerkennung (wahl) im senat am 25. september
275 (*cos. Velius Cornificius Gordianus*) und endlich der tod des
Tacitus zu ende januar 276 (druckfehler p. 86: 277) und die
vorlesung von Probus brief am 3. februar 276 (*cos. Aelius Scorpianus*).

Für Aurelian würden die schwierigkeiten schwinden, wenn
man an den daten III *non. Febr.* (Vop. Aurel. 41. Prob. 11), die

sich als *senatus legitimi* empfehlen, festhaltend den tod des kaisers
bis in den januar 2 7 6 hinausschieben könnte. Nun steht aber
Probus erhebung vor dem 29. august 276 unerschütterlich fest
— wie das unten bei Carus nachgewiesen werden wird — und
man geräth in ein unlösbares gewirre von schwierigkeiten aller
art für die regierung des Tacitus und das etwas mysteriöse interregnum (vergl. Sallet Daten p. 82), auch wenn man den angaben über die dauer von je sechs monaten kein besonderes gewicht
beilegen will. Es wird also unter allen umständen dabei bleiben
müssen, dass Aurelian noch in der letzten hälfte (anfang september?) 275 gestorben sei, während Probus erhebung vor ende august (ende januar?) 276 fällt.

§. 23. Tacitus und Florianus.

Die münzen des Tacitus (Cohen 6. 7) nennen ihn *tr. p. consul* und *tr. pot. cos. des* II; sie beweisen seine erhebung im laufe
des j. 275, da er im januar 276 das consulat zum zweitenmal
übernahm. Zwei spanische meilensäulen Gruter 277, 1. 2 = C.
I. L. II, 4635. 4636 nennen ihn *trib. pot. II cos.* Nur auf Re-
sendes autorität beruhend ist ihre lesung, wenn nicht ihre ächtheit,
durchaus unsicher und ich begreife nicht, wie Hübner sie durch n.
4638, wo *tribuniciae potestatis patri patriae proconsuli* steht, für
geschützt erachten kann. Selbst nach Eckhels system müsste doch
wenigstens *tr. pot. II cos II* dastehen, denn vor dem 1. jan. 276
hätte doch das zweite tribunenjahr nicht beginnen können. — Eine
andere säule (C. I. L. II, 4830 = Orelli 1034) nennt ihn richtig
trib. potest [co]s. pat. pat. procon.; auch sie ist im j. 175 aufgestellt.

Wenn ich mir herausnehmen darf, für einen moment auf den
flügeln der phantasie den boden der forschung zu verlassen und
mit souveräner willkür über die überlieferung zu verfügen, so
kann ich mir die reihe der ereignisse seit Aurelians tode in folgender weise denken. Aurelian stirbt in Thrakien in den ersten tagen des september 275. Münzen mit *L*ζ werden also in
Alexandria noch geschlagen, ehe sein tod dort bekannt sein kann.
Ein kurzes *pourparler* zwischen heer (prätorianer?) und senat mag
stattgefunden haben, die ernennung des Tacitus aber im senat
erfolgt schon in einer sitzung am 25. september 275; die regie-

rung — von anfang september, dem todestage des Aurelian, gerechnet — dauerte etwa vier und einen halben monat (der chrono-
graph von 354 hat VIII [corr. IIII] *menses* XII *dies*); der tod er-
eilte ihn um die mitte des januar 276 in Tarsos. Da er in diesem falle sein ordentliches consulat nur *in absentia* bekleidet haben
kann, so wird er vor seinem abgange nach Rom im vorjahre die
dauer dieses ehrenconsulats nur kurz bemessen und den *suffectus*
für seine stelle, wie es häufig geschehen war, VII *Idus* oder *Idibus Ianuar.* hahen antreten lassen. Dies wäre denn der consul
Aelius Scorpianus (= Aurelius Gordianus?), welcher des Probus
brief III *non. Febr.* — gerade dieses datum möchte ich nicht gern
fallen lassen, weil es durch den Polemius Silvius als *senatus legitimus* bezeugt ist, — im senat vorträgt, worauf dann die anerkennung des Probus ohne weiterung erfolgte. — Florianus macht
keine schwierigkeiten; er kann ganz ausser rechnung gelassen
werden. Betreffs seiner schliesse ich mich Brunners ausführungen
ganz an; auf eine anerkennung desselben seitens des senates könnte
höchstens die stelle des Zosimus (1, 64) gedeutet werden, in welcher ich aber aus anderem grunde die worte κατὰ τὴν Ῥώμην für
verderbt halte, und eine einzige münze bei Cohen (n. 77) mit *Imp.
C. M. An. Florianus p. Aug.* † *virtus Aug. S. C.* Es ist aber
wohl zu bemerken, dass alle anderen bronzen (n. 78—87) kein
S. C. zeigen; auch finden sich nirgends die titel *p. m.* oder *tr. pot.*

Von dem vielerwähnten und vielbeglaubigten Interregnum
bleibt dabei freilich nichts übrig. Ein merkwürdiger zufall ist es
aber doch, dass es genau ebenso lange gedauert haben soll als die
regierung des Tacitus bzw. des Tacitus und Florian zusammen.
Sollte nicht die herrschaft dieses oder dieser senatskaiser inmitten
der seit lange üblich gewordenen soldatenkaiser eben zu dem
mythus von dem interregnum veranlassung gegeben haben?

§. 24. Probus.

Die wenigen aus Probus regierungszeit bekannten daten finden sich sämmtlich in ordnung, wenn seine anerkennung in Rom
in den anfang februar 276, wie oben vermuthet, oder auch nur
vor den 29. august 276, wie es die alexandrinischen münzen mit
L*η* unabweislich fordern, gesetzt wird. Seine fünf consulate fallen in die j. 277. 278. 279. 281. 282. Dazu stimmen die mün-

zen, auf denen übrigens nur sein sechstes tribunenjahr beziffert erscheint: *tr. p. cos* (Cohen n. 40) 277; *tr. p. cos* II (Eckhel 7,
500; Cohen n. 375—380) 278; *tr. p. cos* III (Eckhel 7, 501;
Cohen n. 27. 381—384) 279 oder 280; *tr. p.* VI *cos* V (Cohen
n. 385. 386 aus dem dänischen museum) anfang 282. Ferner die
inschriften: *tr. pot.* V *cos* III (C. I. L. II, 3738 == Murat. 250,
1 == Hübner Berl. M. B. 1860 p. 431) aus der zweiten hälfte
des j. 280; *tr. pot.* VI *cos* IIII (Or. 1040) aus dem zweiten halb-
jahr 281. — Diese inschrift und die zuletzt genannten münzen
lehren, dass die *trib. potestas* VI, weil mit *cos* IIII und *cos* V verbunden, aus dem j. 281 in das folgende jahr hinüberreichte, folglich am 1. januar die erneuerung nicht stattfand. — Dass Probus
noch im j. 282 starb, beweist Carus und Carinus consulat im j.
283; dsss er den september 282 noch erlebte, zeigen die alexandrinischen münzen mit *Lη*. Er muss auch, obwohl zeugnisse dafür
fehlen, sein siebentes tribunenjahr noch angetreten haben.

§. 25. Carus und seine söhne.

Dia alexandrinischen münzen des **Carus** zeigen die jahresbe-
zeichnung *Lα*, des **Carinus** *Lα*, *Lβ*, *Lγ*. Diocletian wird am
17. september in Chalkedon proclamiert, hält am 27. september sei-
nen einzug in Nikomedia und übernimmt das consulat am 1. januar
285. Dieses datum weiset unbestreitbar den anfang von Carinus
zweitem alexandrinischen jahr auf den 29. aug. 283 und da Au-
gustusmünzen von ihm mit *Lα* vorhanden sind, so muss er vor dem
29. aug. 283 *Augustus* geworden sein. Da aber andrerseits des
Carus *dies imperii* wegen Probus *Lη* jedenfalls erst nach dem 29.
aug. 282 eintritt, so fällt Carus *Lα* und Carinus erstes Augustus-
jahr innerhalb desselben alexandrinischen jahres, welches mit dem
28. aug. 283 endete.

Ob nun aber Carus den 29. aug. 283 überlebte und noch in
sein zweites jahr eintrat, ist mit sicherheit nicht auszumachen.
Münzen mit *Lβ* sind bis jetzt nicht aufgefunden. Carinus Augu-
stusmünzen mit *Lα* beweisen, dass seine erhebung zum Augustus
vor dem 29. aug. 283 stattgefunden haben muss: Eckhel nun
meint (7, 517), dies sei erst n a c h des vaters tode für beide brüder anzunehmen; er hält es dabei für möglich, dass Carus sein
zweites alexandrinisches jahr noch erlebt habe. — Dass beides sich

nicht vereinigen lässt und die erhebung der söhne mit sicherheit
noch zu lebzeiten des vaters anzusetzen ist, geht auch aus der betrachtung der tribunenjahre des Carus hervor.   Die münzen des
Carinus und Numerian mit *tr. p. cos* entscheiden nichts.   Dass Carus tribunengewalt nicht mit dem 1. januar erneuert worden, lehren die spanischen inschriften C. I. L. II, 4102. 4103 (von Clinton in interpolierter gestalt aus Gruter 178, 1 angeführt), welche
beide sicher wegen der consulatsbezeichnung in den anfang des j.
283 gehören und den Carus noch *trib. pot.*, den Carinus *nob. Caes.*
nennen.   Daneben aber kommt auf einem stein aus Kalama (Rénier
Alg. 2726) die *trib. pot.* II des Carus vor.   Diese konnte Carus
erst bei der wiederkehr seines *dies imperii* also nach dem 29. aug.
283 erhalten haben, wenn seine söhne nicht noch bei seinen lebzeiten zu *Augusti* erhoben wären und ihnen die *tribunicia potestas*
ertheilt wurde, wobei die erneuerung für Carus erfolgen musste;
und da ersteres (der Augustustitel) vor jenem termin wegen Carinus Augustusmünze mit *La* feststeht, so muss man sich auch aus
diesem grunde gegen Eckhel entscheiden, wenngleich sonderbarer
weise in jener inschrift der *tribunicia potestas* nicht auch bei Carinus erwähnung geschieht.   Réniers abdruck der inschrift zeigt in
z. 3 eine scheinbar absichtlich leergelassene stelle zwischen *Carino
nob. Caes. Aug. pr. ju | cos.* und *filio imp.* u. s. w., als hätte event.
ein *tribunicia potestate* nachgetragen werden sollen; es ist aber
nicht abzusehen, wie dann bei Carus die *trib. pot.* II geschrieben
werden konnte, wenn man nicht annehmen will, dass die inschrift
kurz nach ablauf des faktischen ersten regierungsjahres des Carus
gesetzt, Carus damals noch am leben, aber es in Kalama noch nicht
bekannt war, ob inzwischen wirklich Carinus und Numerianus die
tribunicia potestas erhalten hätten.   Eher indessen glaube ich an
eine nachlässigkeit des concipienten bei abfassung der titulatur des
Carinus, welche der augenscheinlich sehr ungebildete steinmetz nicht
verbessern konnte oder wollte, — und halte für hinreichend nachgewiesen, dass noch bei lebzeiten des Carus seine söhne zu Augusti erhoben und ihnen die tribunengewalt vor dem 29. aug. 283
ertheilt wurde, wobei Carus denn *trib. pot.* II werden musste. —
Für eine nähere bestimmung der zeit ist das gesetz (Cod. Just. 7,
64, 5) mit dem namen der drei Augusti in der überschrift und dem
datum *id. Ianuar.* 283 kein vollgültiges zeugniss.

§. 26. Diocletian und Maximian.

Die chronologie Diocletians und Maximians ist in überzeugender weise von Mommsen (zum *Ed. Diocl. de pretiis* p. 50) geregelt Danach kann kein zweifel darüber sein **erstens**: dass Maximians tribunengewalt nicht mit seiner erhebung zum Augustus (1. april 286), sondern mit der cäsarwürde im zusammenhange steht und die ertheilung demnach schon im j. 285 erfolgte, so dass die iterationsziffer bei ihm stets um eins niedriger ist als bei Diocletian; **zweitens**: dass die ernennung der cäsaren Constantius (Chlorus) und Galerius Maximianus am 1. märz 293 (nicht 292) stattfand.

Nicht ebenso zweifellos sicher lässt sich aber das datum von Maximians ernennung zum Cäsar, also sein *dies imperii* bestimmen. Es kommen hier drei daten in betracht, an deren glaubwürdiger überlieferung zu zweifeln kein grund ist: 1) Maximianus Augustus 1. april 286; 2) Constantius und Galerius cäsaren 1. märz 293; 3) abdankung Diocletians und Maximians 1. mai 305. Ueber das erste können wir hinweggehen, da Maximian die tribunengewalt schon im vorjahre als cäsar erhalten hatte. Zwischen den beiden andern tagen ist endgültig nicht zu entscheiden, weil sich ein vollständiger beweis für die gleichzeitigkeit der betreffenden erhebung zum cäsar und der übertragung der tribunengewalt nicht führen lässt. Aus der bisherigen darstellung wird jedoch genügend ersichtlich geworden sein, dass ursprünglich die ertheilung aller dieser ehren und würden unabhängig von einander erfolgte, allmählich aber, jemehr einiges zur leeren formalität herabsank, anderes höhere bedeutung gewann, die gleichzeitige übertragung der titel und gewalten theils wirklich geschah, theils durch das mittel der rückdatierung fingiert wurde und sich so die gewohnheitsregel bildete, ja gewissermassen es als princip galt, die erneuerung der gewalt, wo sie formell nöthig war, nicht an dem faktischen, sondern an dem jahrestage des ihr entsprechenden ehrennamens oder ehrentitels eintreten zu lassen. — Demgemäss wäre es ganz unbedenklich das datum der cäsarwürde sowohl bei Constantius und Galerius als auch bei Maximian als datum ihrer *tribunicia potestas*, mag diese faktisch auch etwas später ertheilt worden sein, anzunehmen, also den erneuerungstermin bei jenen auf den 1. märz zu setzen.

Nun ist aber von Hunziker (Diocletian und s. Nachf. in Bü-

dinger Untersuch. z. röm. K. G. II, p. 203) „im hinblick auf den
sonst unerklärten termin der abdankung" die allerdings sehr reser-
vierte vermuthung ausgesprochen, dass Maximians ernennung zum
cäsar auf den 1. mai 285 zu setzen sei. Die möglichkeit, dass
dem so sei, kann ich nicht in abrede stellen; nur bemerke ich, dass
das argument der „zwanzig jahre" von geringem gewicht für das
tagesdatum ist, weil der bedeutsame tag, wenn er berücksichtigt,
bezugsweise gefeiert wird, allemal der faktische oder gesetzlich
fixierte *dies imperii* war und sein musste, und dieser wenigstens
für Diocletian sicher weder auf den 1. märz noch den 1. mai fiel,
weil ferner für Diocletian, der doch die hauptperson bei der abdankung war, die zwanzig jahre überhaupt schon überschritten waren;
weil drittens Galerius, ehe er sich anschickte mit so grosser im-
pertinenz die abdankung der alten kaiser zu erzwingen, doch wohl
den nach Hunzikers vermuthung am 1. mai bevorstehenden termin
freiwilliger niederlegung abgewartet haben würde. Aus Lactantius
bericht, dass Diocletian, nachdem man ihn schon für todt gehalten,
unerwartet gerade am 1. märz in Nicomedia sich wieder öffentlich
sehen liess (doch wohl bei einer feierlichen gelegenheit: *„processit"*
Lact.), dass bald nach diesem 1. märz Galerius erschien, um in person die angelegenheit bei Diocletian zur entscheidung zu treiben,
nachdem er mit Maximian in Mailand verhandelt, — aus all diesem, dünkt mich, ist eher zu entnehmen, dass der 1. märz für Maximian der *dies imperii* gewesen als der 1. mai. Die schlacht am
Margus kann sehr wohl schon in den februar 285 fallen. — Entweder also: Maximian wurde am 1. märz 285 cäsar und die ernennung des Constantius und Galerius wurde eben mit rücksicht
auf diesen *dies imperii* auf dasselbe datum verlegt, dann war dies
der erneuerungstag von 285 (Diocletian *trib. pot.* II) bis 305 (Diocletians *trib. pot.* XXII), oder: Maximian wurde es am 1. mai
285, dann schob die cäsarenernennung am 1. märz 293 den erneuerungstermin seitdem um zwei monate zurück. Die dritte combination hat nach allem, was bisher beobachtet, kaum wahrscheinlichkeit; nämlich, dass Constantius und Galerius zwar am 1. märz
293 zu cäsaren erhoben, die *tribunicia potestas* aber ihnen erst am
1. mai vom senat decretiert und von da ab, gleichzeitig mit Diocletian und Maximian jährlich an demselben tage erneuert wurde.
Sie hätten dann am 1. mai 305 ihr 13. tribunenjahr angetreten.

Ueber das eusebianische datum des edicts vom j. 311 wird weiter unten zn sprechen sein.

So bleibt also die frage, ob Maximians *dies imperii* der 1. märz oder 1. mai gewesen sei, noch immer offen; jedenfalls aber ist es nach dem bisherigen wahrscheinlich geworden, dass am 1. märz 305 Diocletian das zweiundzwanzigste, Maximian das einundzwanzigste, Constantius und Galerius das dreizehnte tribunenjahr angetreten hatten, als am 1. mai gleichzeitig in Nicomedia und Mailand die abdankung der alten kaiser, die erhebung der bisherigen Cäsaren zu Augusti, so wie die ernennung der neuen Cäsaren Severus und Maximinus (Daza) erfolgte.

§. 27.   Die zeit Constantins und seiner söhne.

Die verwickelungen der nächsten acht jahre (305 bis 313) nun enthalten der probleme für die chronologie noch so manche. Für den gegenstand der vorliegenden untersuchung, besonders bei der immer spärlicher, ja nur noch in ganz vereinzelten notizen auftretenden überlieferung bestimmter daten, bei dem aufhören jeder continuität unter denselben schien es mir fast der mühe nicht zu lohnen, einen blick in dies gewirre zu werfen; und wenn ich es that, so geschah es ohne die leiseste hoffnung auf ein irgend genügendes ergebniss, vielmehr nur mit dem wunsche den nachweis führen zu können, dass die willkürlichste handhabung der lediglich durch das schwert und die intrigue gewonnenen und gestützten imperatorenmacht dermassen alle schranken hergebrachter ordnung in jenen jahren niederwarf, dass es ein vergebliches bemühen sei, den spuren von dem fortbestehen einer so wesenlosen formalität, wie die erneuerung der *tribunicia potestas* es seit lange war, weiter zu folgen.

Dass höchstens ein solcher negativer gewinn aus der betrachtung dieser zeiten erzielt werden könne, schien mir unabweislich aus der erwägung hervorzugehen, dass wenigstens seit der vertreibung des Severus aus Rom (anfang 307) die einzige zur ertheilung und erneuerung der *tribunicia potestas* competente behörde, der römische senat, unter dem druck der herrschaft des Maxentius kaum in irgend einer verbindung mit den machthabern in den ausseritalischen provinzen gestanden haben kann und es kaum befremden würde, wenn diese auf eine für ihre faktische gewalt

6 °

höchst entbehrliche formalität nicht das geringste gewicht gelegt
hätten.   Namentlich eine officielle anerkennung des Licinius in
Rom ist vor Maxentius sturz gar nicht denkbar; und wenn er im
j. 311 eine *trib. pot.* IV unter seinen titeln führte, so scheint das
— wie zuerst bei Macrin und Elagabal — lediglich eine usurpation und die zählung der erneuerung eine reine fiktion, wobei einfach die ziffer jährlich um eine einheit erhöht wurde, wie bei den
übrigen Augusti, welche die *tribunicia potestas* aus früherer zeit
datierten. Bei Maximinus (Daza) ist es, so viel ich weiss, nicht
einmal nachzuweisen, dass er sie je in seiner titulatur aufgeführt,
geschweige denn ihre erneuerung gezählt hat. — Weiter schloss
ich dann: nachdem Galerius 311 gestorben, Rom 312 in Constantinus besitz gekommen, Licinius als erbe des Galerius mit Constantin gemeinschaftliche sache gemacht und endlich 313 Maximin seinen
tod gefunden hatte, war eben nur Constantin von den früheren,
je in Rom anerkannten machthabern noch übrig und bei der rückführung aller verhältnisse im reich zu geordneteren zuständen, bei
welcher zunächst die zweizahl der Augusti und die erneute cäsarenernennung — diesmal aus naheliegendem grunde drei statt zwei
— hergestellt wurde, wird auch die feierliche anerkennung des
Licinius als Augustus durch den senat mit allen sonst üblichen
formalitäten, darunter auch die ertheilung der tribunengewalt in
scene gesetzt worden sein.

In einer solchen ansicht der verhältnisse befangen und von
der relativen aussichtslosigkeit meiner bemühungen so gut wie überzeugt, wurde ich fast stutzig gemacht durch die entdeckung, dass
die wenigen aus der späteren zeit Constantins erhaltenen notizen,
welche anderweitig veranlassung zu bedenken gegeben haben (vgl.
Or.-Henzen Vol. III, p. 114 ad n. 5576), eben nur — aber dann
auch ohne schwierigkeit — gerechtfertigt sind und sich als richtig
erweisen, wenn man annimmt, dass die althergebrachte erneuerung
der *tribunicia potestas* auch während der zeit jener politischen
wirren, sei es faktisch durch eine senatorenversammlung (gegen-
senat?) ausserhalb Roms, sei es durch eine später legalisierte fiktion beobachtet worden ist.

Es mag zufall sein, herbeigeführt gerade durch die überaus
geringe zahl der belege, dass diese — soweit sie glaubwürdig
sind — alle sich meinem systeme fügen; aber die übereinstimmung

der thatsachen mit der ihnen — ohne rücksicht auf sie — gegen-
übergestellten theorie ist mir zu auffallend, als dass ich nicht darin
eine stütze für letztere gefunden zu haben mir einbilden sollte.

Ich stelle alle für die vorliegende frage in betracht kommende
daten aus der zeit vom 1. mai 305 bis zum j. 328 hier übersichtlich zusammen.

305. 1. mai Constantius und Galerius Augusti; Severus und
Maximinus cäsaren.

306. 25. juli Constantius tod; Severus Augustus, Constantinus
Cäsar.

27. oct. Maxentius in Rom Augustus.

307. 11. nov. Licinius Augustus.

308. — Constantin und Maximin Augusti. Es herrschen
jetzt vier (resp. sechs) Augusti.

[310]. — Licinius *trib. pot.* III *cos* (Or.-H. 5568).

311. vor 30. apr. Galerius *tr. p.* XX, Licinius *tr. p.* IV,
Constantin. *tr. p.* . . (Euseb. h. eccl. 8, 17).

312. 27. oct. Maxentius tod.

313. 30. apr. Schlacht bei Perinth.

1. mai Maximinus flucht nach Nicomedia.

13. juni Edikt von Nicomedia.

[314]. 8. oct. Schlacht bei Cibalus.

315. — Constantin *tr. p. cos* IV (münzen); *trib. pot.* X
cos IIII (Rénier Alg. 3285. 3286 = Or.-
Henzen 5578).

317. 1. märz Crispus, Constantinus, Licinius jun. cäsaren.

318. — Licinius *trib. pot.* X *cos* V (Orelli 1072).

„ — Constantin *tr. pot.* XIIII *imp.* XIII *cos* IIII (Ren.
3555 = Or.-Henzen 5576).

323. 8. nov. Constantius cäsar.

[326. s. unten] Constantin *tr. pot.* XXIII *cos* VII (Or. 1080).
Bezeichnet findet sich die *tribunicia potestas* aus den j. 305 bis
337 auf münzen nur bei Constantin, ohne iterationsziffer verbunden
mit *cos* II (312), *cos* IIII (315—318), *cos* VI (320—325), Eckhel
8, 74. 75. Diese geben uns also gar keinen aufschluss. — In
der literarischen überlieferung ist nur e i n e angabe vorhanden, die
bei Eusebius (hist. eccl. 8, 17) erhaltene titulatur der kaiser vor
dem toleranzedikt des Galerius, welches am 30. april 311 in Ni-

comedia angeschlagen wurde und —, wenn nicht gerade die wohl
am wenigsten einem irrthum ausgesetzte ziffer bei Galerius consulat (VIII) für falsch gehalten werden soll, — ohne frage auch erst
in diesem jahre erlassen worden ist. Die titulatur ist:

für Galerius: *trib. pot.* XX *imp.* XIX *cos* VIII   [A],

für Constantinus: *trib. pot.* (zahl verloren) *imp.* V *cos*

für Licinius: *trib. pot.* IIII *imp.* III *cos*   [B] [29]).

— Mehr und jedenfalls zuverlässigere anhaltspunkte als diese
durchaus nicht fehlerfreie eingangsformel bieten die inschriften:

1, für Licinius:

(Or.-Henz. 5568) *trib. pot.* III *cos* (309—11)   [C] [30]);

(Orelli 1072, Eckhel 8, 68) *trib. pot.* X *cos* V (318) [D];

2, für Constantinus:

(Rén. 3285) *trib. pot.* X *imp.* VI *cos* IIII   [E];

(Rén. 3286 = Or.-H. 5578) *trib. pot.* X *cos* IIII *imp.* VIIII

(Rén. 3555 = Or.-H. 5576) *trib. p.* XIIII *imp.* XIII *cos* IIII [F];

diese drei aus den j. 315 bis 318;

(Or. 1080) *trib. pot.* XXIII *imp.* XXII *cos* VII (326—328) [G].

Mit Eckhels system einigen sich von diesen sieben angaben
[A bis G] nur die für Licinius [C] *trib. pot.* III *cos* im j. 309 und
die beiden daten [E und G] für Constantinus: *trib. pot.* X im j.
315, wo er *cos* IV wurde, und *trib. pot.* XXIII mit *cos* VII im
j. 328. Dagegen könnte [F] *trib. pot.* XIIII nicht neben *cos* IIII,
also spätestens im j. 318 erscheinen; sie würde ja erst mit 319
beginnen, also *cos* V neben sich erfordern. Eben so unvereinbar ist
damit [D] Licinius *trib. pot.* X *cos* V, worin das consulat das j.
318 bezeichnet, während *trib. pot.* X mit dem 1. jan. 316 anfangen müsste, und schliesslich auch die eusebianische titulatur aus

29) Hunzikers versuch die zeitbestimmung aus den ziffern der im-
peratorentitel herauszurechnen (in Büdinger a. a. o. II, p. 238. III, p.
12) muss als methodisch ganz unstatthaft bezeichnet werden; niemals
ist mit *imp.* V das fünfte regierungsjahr bezeichnet worden. Wenn
das facit seiner rechnung stimmt, so ist das ein reiner zufall.

30) Für Licinius erstes consulat ist unbedenklich das j. 309 zu
nehmen. Seine erhebung zum Augustus erfolgte sicher am 11. november 307 (vergl. Tillemont note XIX sur Constantin, IV, 625; Clinton Fasti Rom. I, p. 354 ad ann. 307); der grund, warum er nicht
schon im j. 308 nach dem brauche das consulat bekleidete, liegt wohl
darin, dass mitte november schon Galerius VII und Maximinus für
308 bestimmt waren und dem letzteren dasselbe kaum länger vorenthalten werden konnte, da er vielleicht schon für 307 übergangen war.
Dann aber verstand sich das consulat im j. 309 für Licinius von selbst.

dem j. 311 [A. B] Galerius *trib. pot.* XX (statt XIX) und Licinius *trib. pot.* IIII (statt V). — Die consequenz meiner theorie
hebt die schwierigkeiten bei A und D auch nicht auf, wohl aber
fügen sich B und F, so dass von jener siebenzahl für Eckhels system nur drei, für meines fünf an und für sich unverdächtige angaben sprechen, während die beiden übrig bleibenden, weder hier
noch dort sich fügenden, überhaupt für ganz verlässliche zeugnisse
nicht angesehen werden können.   Selbstverständlich gilt dies für
den eusebianischen text [A], in welchem ich die zahl XX für verderbt aus XXI halte; und in [D] Orelli 1072 = Maffei Mus.
Ver. 460, 4 aus Shaw Voy. I, p. 215 (Bazilbab) = Davis Wan-
derungen etc. p. 264 der übers. (Tubursuk) muss in den zahlen
ein irrthum stecken; denn wie man auch rechnen möge, im j. 318
war Licinius jedenfalls über sein zehntes tribunenjahr hinaus; und
es wird weniger bedenklich sein, den fehler in der iterationsziffer
der *tribunicia potestas* (X statt XI oder XII) als beim consulat
(V statt IIII) zu suchen.

Betrachten wir nun, welche folgerungen sich aus den fünf
daten B. C. E. F. G ergeben.   Die vollständig sichere lesung in
den beiden inschriften aus Sitifi (Rénier 3285 und 3286 = Or.
Henzen 5578) setzt es ausser zweifel, dass Constantins *trib. pot.*
X wenigstens mit ihrem ende in das j. 315 (cos IIII) hinreiche;
ebenso Rénier 3555 = Or.-Henzen 5576, dass seine *trib. pot.*
XIIII vor dem schlusse des j. 318 begann, da sie noch neben *cos*
IIII erscheint (im j. 319 ist Constantin *cos* V).   Die vier kalenderjahre 315 bis 318 sind also mit fünf tribunenjahren besetzt,
für mich ein genügender beweis, dass der beginn nicht auf den 1.
januar fallen kann und wenigstens e i n e verschiebung des anfangstermins stattgefunden haben muss. — Ich glaube von einer ausführlichen auseinandersetzung, welche oben mehrfach gesagtes der
sache nach — nur mit anderen tagesdaten — wiederholen müsste
hier abstehen zu dürfen und ziehe daher sofort den schluss, dass
— wenn die erwähnung der *trib. pot.* X im j. 315 es nothwendig erscheinen liess die ertheilung der tribunengewalt für Constantin in verbindung mit seiner erhebung zum Cäsar im j. 306 zu
bringen und sie vom 25. juli (dem todestage seines vaters) zu datieren — der verlauf eines theiles der *trib. pot.* XIIII im j. 318
eine wenigstens z w e i malige verschiebung des tribunenjahrs nach

rückwärts bedingt.   Nach der von mir entwickelten theorie aber
muss eine solche dreimal stattgefunden haben und auch dazu passen nicht nur diese beiden angaben [E. F], sondern auch die andern
oben genannten [B. C. G].

Als nämlich am 1. mai 305 Constantius und Galerius
Augusti geworden und Severus und Maximinus zu Cäsaren erhoben waren, decretierte der senat für die letzteren die *tribunicia
potestas* und erneuerte sie jenen zum vierzehntenmal.   Am 25.
juli starb Constantius.   Die anerkennung seines sohnes Constantin als cäsar und die ernennung des cäsar Severus zum Augustus veranlasste ein neues senatsdecret in betreff der *tribunicia
potestas.* Diese ward dann im j. 307 — gewiss am *dies imperii*
Constantins (25. juli) erneuert.   Jedoch schon nach wenigen monaten hatte der tod des Severus und die erhebung des Licinius
am 11. november eine abermalige erneuerung zur folge.   Am
ende des jahres 307 lautete nun die titulatur für Galerius *Aug. tr.
pot.* XVIII *cos* VI, für Licinius *Aug. trib. pot.*, für Maximin *Caes.
trib. pot.* V, für Constantin *Caes. trib. pot.* III *cos.*

Der 11. november blieb dann der erneuerungstag bis zum j.
317.   Licinius bekleidete im j. 309 zum erstenmal das consulat
(s. ob. anm. 30) und erneuerte am 11. november dieses jahres die
tribunengewalt zum dritten male; die inschrift Or.-Henzen 5568
[C] fällt demnach in die zeit vom 11. nov. 309 bis 10. nov. 310
In dem edikte des Galerius (Euseb. h. eccl. 8, 17) aus den ersten
monaten des j. 311 ist in der titulatur [A. B] Galerius *tr. pot.* XX
cos VIII, Constantin *trib. pot.* . . . *cos*, Licinius *trib. pot.* IIII *cos*
alles in ordnung, wenn wir XX in XXI ändern und die folgende
zahl durch VI ergänzen. — Im j. 315 ist Constantin zum vierten
male consul, seit dem 11. nov. 314 lief sein zehntes tribunenjahr;
die titulatur [E] *trib. pot.* X *cos* IIII in den mauretanischen inschriften (Rénier 3285. 3286) weiset dieselben demnach in die zeit
zwischen 1. januar und 10. nov. 315.

Im j. 317 erfolgte am 1. märz eine neue cäsarenernennung;
es waren Constantins söhne Crispus und Constantin und sein
neffe, der erst zwanzig monate alte jüngere Licinius. — Es
könnte zweifelhaft erscheinen, ob diese und die folgenden constan-
tinianischen Cäsaren, da ihre stellung im reiche wenigstens bis
335 wesentlich von der der diocletianischen verschieden ist und

ihre tribunengewalt meines wissens nirgends erwähnt wird, dieselbe
überhaupt vor 335 besessen haben. Indessen war es schon nach
der in den zahlenangaben freilich zum theil irrthümlichen angabe
des Chron. pasch. p. 286 C beim j. 337 (κατέλιπε Καίσαρας ....
Κωνσταντῖνον Καίσαρα ... ἄγοντα τῆς βασιλείας ἔτος εἰκο-
στὸν, καὶ Κωνστάντιον τὸν μετ᾽ αὐτὸν Καίσαρα ἔτος ἄγοντα τῆς
βασιλείας ια´ u. s. w.) zu vermuthen und wird zur gewissheit
durch die neuerdings gefundene inschrift von Mitrovitz (Sirmium),
mitgetheilt von Mommsen im Bullet. 1868 p. 141, auf welcher
Constantius mit den titeln *trib. pot.* XXXII *imp.* XXX *cos* VII
erscheint. — So verschob sich also der erneuerungstermin der *tri-*
bunicia potestas im j. 317 vom 11. november auf den 1. märz
(*Constantinus Magn. trib. pot.* XIII); dann bei Constantius erhebung im j. 323 wieder auf den 8. nov. (*Const. M. tr. p.* XX),
im j. 333, als Constans cäsar wurde, vom 8. november auf den
25. december (*Const. M. tr. p.* XXXI) und endlich im j. 335
mit Dalmatius ernennung auf den 18. september (*Const. M.*
tr. p. XXXIII). Constantin der Grosse starb am 22. mai 337
trib. pot. XXXIIII.

Constantius titel wurden an den gleichen tagen: 25. dec.
333 *trib. pot.* XII, 18. sept. 335 *trib. pot.* XIV; mit Gallus ernennung zum cäsar am 15. märz 351 datierte *trib. pot.* XXX
und wechselte zum letztenmal am 6. nov. 355 durch Julians erhebung (*trib. pot.* XXXV). Er starb am 3. nov. 361 *trib. pot.*
XL. — Die beiden aus dieser ganzen zeit erhaltenen angaben fügen sich ohne schwierigkeit. Die titulatur des Constantius bei
Orelli 1080 (*trib. pot.* XXIII *cos* VII) weiset danach die inschrift
zwischen den 8. nov. 326 und 7. nov. 327. Die titulatur des
Constantius in der mitrovitzer inschrift (Bullet. 1868 p. 141) *trib.*
pot. XXXII *cos* VII gehört wegen *cos* VII in das j. 354, wegen
tr. p. XXXII in die ersten monate, weil am 15. märz schon das
33. tribunenjahr begann.

§. 28. Valentinian.

Aus späterer zeit finde ich die *tribunicia potestas* noch in der
inschrift des *pons Cestius* (Orelli 1117) erwähnt. Auch die hier
gegebene titulatur: *trib. pot.* VII *cons.* II für Valentinian und
Valens, *trib. pot.* III *cons. primum* für Gratian würde nach

Eckhels system eine doppelte schwierigkeit bieten. Da Valentinian
am 26. febr. 364 kaiser wurde (vergl. Mommsen, röm. Chron. p.
280), so wäre bei der erneuerung am 1. januar sein siebentes tribunenjahr das j. 370; in diesem aber bekleideten die kaiser das
consulat zum drittenmal; ausserdem würde Gratians drittes jahr mit
dem 1. jan. 369 beginnen; es müsste also sowohl für Valentinian
als für Valens VII in VI corrigiert werden. — Dagegen ist alles
in ordnung, wenn Valentinian und sein bruder ihre tribunengewalt
am 26. februar erneuten, also vom 26. februar 367 *trib. pot.* IV
schrieben, dann aber seit erhebung Gratians zum Augustus am
25. august desselben jahres *trib. pot.* V zählen, wonach dann die
titulatur in jener inschrift für die zeit vom 25. august bis 31. dec.
369 passt.

Es folgt noch die inschrift aus Cordova (Hübner, Berl. M. B.
1861 p. 64 = C. I. L. II, 4733): *Fl. Valentinianus Caesar Aug.
Germ. p. m. tr. p. II cos II p. p.*, wofür Ruano *tr. p.* XII *cos*
IIII (ohne *p. p.*) gibt. Welche von beiden lesarten die verlässli-
chere sei, darüber steht mir kein urtheil zu. Nur bemerke ich,
dass, wenn Hübner die inschrift auf Valentinian II und das j. 376
bezog [31], dazu die von ihm vorgezogene titulatur in keiner weise
stimmt. Valentinian II war fünf tage nach seines vaters tode,
am 22. nov. 375 zum kaiser ausgerufen, sein zweites consulat bezeichnet das j. 378, in welches sein zweites tribunenjahr in keiner
weise hinabreichen kann, welches nach Eckhel mit dem 31. dec.
376, nach meiner ansicht mit dem 21. nov. 377 endigte. — Nun
ist in der lesung Ruano's das fehlen von *p(ater) p(atriae)* allerdings
sehr befremdend und man könnte wohl annehmen, dass die beiden
letzten striche in *cos* IIII eben *p p* gelesen werden müssten. Diese
titulatur *trib. pot.* XII *cos* II *p. p.* würde nun meiner theorie entsprechend sein. Denn durch die erhebung des Theodosius wurde
der anfang von Valentinians II fünftem tribunenjahr im j. 379
vom 22. november auf den 19. januar zurückgeschoben, und abermals durch ernennung des Arcadius zum Augustus im j. 383 der
beginn der *trib. pot.* IX vom 19. auf den 16. januar; dann lief
vom 16. jan. 386 *trib. pot.* XII, noch immer mit *cos* II verbunden,
da Valentinian erst am 1. jan. 387 zum drittenmal das consulat
übernahm. — Aber am bedenklichsten scheint mir der umstand, dass

31) In C. I. L. steht dagegen die jahreszahl »364 sq.« am rande.

Valentinian II schwerlich je in Spanien für strassenbau gesorgt haben kann, einmal weil Spanien zu Gratians reichstheil gehörte und im j. 376 bekanntlich wohl Gratian in des damals kaum sechsjährigen Valentinian sprengel gebot, aber nicht der umgekehrte fall eintreten konnte, im j. 386 aber in Spanien Maximus die herrschaft an sich gerissen hatte.

Will man dagegen über das fehlende *p(ater) p(atriae)* hinwegsehen, also *trib. pot.* XII *cos* IIII lesen, so passt diese titulatur für **Valentinian I.**, dessen *trib. pot.* V, wie eben gezeigt, am 25. aug. 367 begann; bis zu seinem tode fand keine verschiebung statt, er schrieb also seit dem 25. aug. 374 *trib. pot.* XII und verband damit den titel *cos* IIII, der ihm seit 373 zukam. Die inschrift würde also in die zeit vom 25. august 374 bis 24. august 375 gehören.

Eine erwähnung der tribunengewalt aus späterer zeit in der titulatur der römischen kaiser ist mir nicht bekannt. Auf den münzen scheint sie schon damals längst verschwunden und dürfte seit der definitiven theilung des reichs in der östlichen hälfte bald ganz ausser gebrauch gekommen sein; ob und wie lange sie sich im occident erhalten hat, darüber fehlt meines wissens jede spur.

Danzig. *H. F. Stobbe.*

Vermischte bemerkungen.

Nep. Alc. 10, 5 wurde neulich für die lesart *flammae vim transiit* im Philol. Anzeiger vorgeschlagen: *flammae vim transiluit.* Gerade so wird Plaut. Truc. 2, 1, 37 statt des jetzt noch gelesenen *per hortum transiit* (cod. A *transit*) *ad nos* von Bergk Beitr. pp. p. 133 *per hortum transiluit* (cod. B C D *transilivit*) vorgeschlagen.

Sollte Caes. b. G. 7, 50, 2 *insigne pacatum* nicht in *insigne pacatorum* zu ändern sein, oder *pacatūm* für *pacatorum* stehen?

Lactant. de mort. pers. 43, 5 haben die handschriften *senem illum xtabilem.* Ich lese *exitiabilem*; Bünemann hat *inexpiabilem.*

Lachmann sagt im Rhein. Mus. N. F. 3. p. 611 „der sing. *diacon* steht wohl nur in den wörterbüchern". Nein! er steht S. Gregor. Ep. 3, 34.

Gotha. *K. E. Georges.*

II.

Die Sacra Argeorum bei Varro de lingua latina.

H. Jordan hat im zweiten bande der topographie der stadt Rom im alterthum, beilage II, p. 237—90 eine ausführliche abhandlung über die nur aus Varro bekannten *sacra* oder *sacraria Argeorum* mitgetheilt. Da im eingange gesagt ist: als grundlage dient der untersuchung meine im frühjahr 1863 gemachte vergleichung der florentiner handschrift des Varro, welche mein freund A. Willmanns mir gestattete zu der seinigen zu prüfen, so erwartete ich den text der ganzen stelle; es lag dieses jedoch nicht in der absicht des verfassers und so will ich die gelegenheit benutzen, einzelne stellen des Varro und die hypothesen Jordans zu betrachten.

Die eingangsstelle p. 47: *ubi nunc est Roma septem montium* || *nominatum ab tot montibus, quos postea urbs muris comprehendit*, beschäftigt begreiflicher weise den topographen wenig, um so mehr den kritiker; jener meint das anfangswort sei durch die umstellung der blätter verloren gegangen; dass es nicht *Septimontium* ist, worauf man zunächst rathen musste, sieht auch er ein. Wiederholte betrachtung des satzes macht es mir wahrscheinlich, dass nichts ausgefallen oder verdorben, und das verbum *nominatum* in *nomina tum* aufzulösen sei. Die Varronische sprache hat manches eigene, von dem die andern autoren sich ferne halten. Der autor will *loca*, und somit *nomina locorum* vorbringen, die vor der existenz Roms galten und von den bergen hergenommen sind. Der gedanke wäre demnach dieser: wo das jetzige siebenbergige Rom (*urbs septem montium*) steht, da waren vor zeiten die

benennungen von den sieben bergen, welche die servianische zeit
mit mauern umgeben hat. Das folgende gibt die nöthige erklärung;
er beginnt mit dem Capitolinus; dort ist das Capitolium, wovon der
berg seinen namen hat; aber dieser hiess vordem *Tarpeius*, noch
früher *Saturnius*, daher die umgegend *Saturnia terra*; hier lag
auch (am Capitolinus) ein *oppidum Saturnia*. Von Aventinus wird
nur die etymologie angegeben und dass sich dort der gemeintem-
pel der Diana, der Latiner befinde; einst war er mit wasser umgeben, daher der ort der überfuhr *Velabrum* seinen namen habe.

Jetzt sollten die andern fünf berge folgen; statt dessen lesen
wir: *reliqua urbis loca olim discreta, cum Argeorum sacraria in
septem et viginti partes urbis sint disposita . . . e quis prima est
scripta regio Suburana, secunda Esquilina, tertia Collina, quarta
Palatina*, d. h. die übrigen fünf berge, das übrige Rom und seine
loca — nur auf die *loca* kommt es hier dem Varro an, diese will
er anführen — bilden die vier regionen, in welchen die *sacraria
Argeorum* sind. Die ganze durchführung beweist, dass dieses der
zusammenhang ist. Jordan schreibt . . *sacraria XXIIII in IIII
partis urbis* . . die änderung ist im ganzen richtig und ich habe
sie mir längst in meinem nach dem Florentinus ausgearbeiteten
Varro angemerkt, nur dass ich *essent* vermuthete — die handschrift hat *urbi sunt*, nicht *urbi sint*, wie Jordan anführt —
und die correctur Mommsens XXIIII aus XXVII nicht anerkannte.
Es werden einzelne *sacraria* nach den vier regionen angeführt und
zwar von der I: 1. 4. 6, von der II: 1. 3. 4. 5. 6, von der III:
3. 4. 5. 6, von der IV: 5. 6. Abgesehen von der concinnität
sollte man allerdings denken, dass jeder, der ein mal eins zählen
gelernt hat, nur 24, nicht 27 *sacraria* herausbringen werde, aber
nirgends ist auch nur angedeutet, dass das *sexticeps* das letzte sei
und in der einen oder andern *regio* ein *septiceps* nicht folgen
könne[1]). Eine zweite stelle Varro's, die man hieher beziehen kann,
VII, 44 *Argei ab Argis*; *Argei fiunt e scirpeis simulacra hominum
XXIIII*, und den beweis für die correctur XXIV liefern soll, zeugt
gerade für das gegentheil; denn hier hat die handschrift, was Jordan nicht weiss, auch sonst nicht bekannt ist, keineswegs XXIIII,
sondern XXUIJ d. h. XXVII, wie auch oft gefehlt worden, z. b.

---

1) *Septiceps* erscheint statt *sexticeps* p. 57. 60 nur in den ausgaben; stände es in der handschrift, so würde ich es unbedingt annehmen

VII, p. 284 *Teucer Livii post annos XII a suis qui sit, ignore-*
tur, wo F hat *XU* d. h. **XV.** Wir haben keinen grund von dieser
doppelten tradition abzugehen, da wir das nähere nicht kennen.
Dionysius nennt **XXX,** und die sache ist damit nicht abgethan,
dass man es kurz als einen verstoss des Griechen erklärt, der die
XXX curien im kopfe gehabt habe. Varro sagt am anfange dieses werkes, die vorausgehenden drei bücher *de lingua latina* habe
er dem Septimius gewidmet, die jetzigen dedicire er dem Cicero. Was
war natürlicher, als dass man, wie man meinte, den ganz sichern
schluss daraus machte, also ist dieses das vierte buch, und demnach
die eintheilung des ganzen werkes numerirte? und doch ist dieses das
V. buch, das man ohne weiteres in das IV. umwandelte. Wie hier
ohne dass man es ahnete, etwas vorausgeht, so kann dort in den
sacraria noch etwas folgen; wir dürfen unser wissen nicht über-
schätzen, willkühr nicht für weisheit halten.

Was sind diese *sacra Argeorum* und wie kam Varro dazu,
hier diese urkunde anzuführen? Ueber inhalt und bedeutung wissen wir nichts, als dass an jeden idus des mai von staatswegen
binsenmänner — strohmänner würden wir sagen — *Argei* genannt
(**XXVII** nach Varro, **XXX** nach Dionysius) vom *pons sublicius* in
den Tiber geworfen wurden; Hercules habe es eingeführt, als ersatz für menschenopfer, als er mit Argivern sich dort niedergelassen habe, daher *Argei;* mancher leser wird lächelnd an das papst-
austreiben früherer zeiten denken. Jordan hat die angaben der alten p. 281—90 mit fleiss gesammelt und glaubt, dass im märz
diese binsenmänner, jeder in ein *sacrarium* gelegt, im mai aus diesen in procession geholt und zur besänftigung und sühnung von
gottheiten in den fluss geworfen seien. Man sieht, die alten selbst
wussten es nicht. Da die vier regionen sich an die *montes* knüpfen,
so reiht Varro an den Capitolinus und Aventinus die übrigen an; aber
die urkunde der Argeer erwähnt er, weil sie ihm gelegenheit gibt,
alte plätze und namen theils vor Roms erbauung theils aus den ältesten zeiten der stadt in erinnerung zu bringen, und so lesen wir
von einem *mons Oppius, Cespeus, collis Salutaris, Martialis, Latia-*
ris u. s. w. alles zum beweise, dass *ubi nunc est Roma septem*
montium, nomina tum ab tot montibus waren.

Die reihe der vier regionen ist nach Varro entschieden: *Su-*
burana, Exquilina, Collina, Palatina, und da diese zugleich als stä-

dtische tribus erscheinen, ihre ordnung als solche nicht immer
gleich ist, so entsteht die frage, ob Varro hier vielleicht nur diese
befolgt, welche die *sacra Argeorum* vorschrieben, seine angabe demnach keine weitere beachtung verdient, und so urtheilt Jordan.
Man ist nemlich der meinung, dass wir es mit einer procession zu
thun haben, die vom Caelius ausgehe und den weg herum zum Pa-
latinus mache, ein gedanke, der sich einem leicht aufdrängt, den
O. Müller zuerst ausgesprochen hat und dessen man sich jetzt nur
schwer erwehren kann, obschon weder die worte der urkunde noch
Varro selbst dazu eine andeutung gibt: vergl. Göttling R. St. p. 235.
Es sei das also die geistliche ordnung, während die politische und
officielle Varro selbst 5, 56 überliefere: *quattuor quoque partis urbis tribus dictae ab locis Suburana, Palatina, Exquilina, Collina,*
und so gebe der auszug des Festus s. v. *urbanae tribus.* Ich halte
jene unterscheidung nur für eine fingirte; bei den alten war das
religiöse und politische eng verbunden; war die geistliche ordnung
der regionen *Suburana, Exquilina, Collina, Palatina,* so war die
politische sicher nicht gleichzeitig *Suburana, Palatina, Exquilina,
Collina,* das konnte erst spät im laufe der zeit aus bestimmten
gründen eintreten. Ich halte die namen bei Varro an letzterer
stelle für verschoben und glaube, dass *Palatina,* wie schon der corrector B und die vulgata gegeben, ans ende zu setzen sei. Die
umstellung liegt nahe, wie gerade hier die epitome des Varro nicht
esquilina collina gibt, sondern *collina esquilina.* Was Jordan p.
247 aber sagt, mit Varro übereinstimmend sei die inschrift C. I.
R. N. 6808, ist falsch; dort ist die folge *Palatina, Suburana, Esquilina, Collina;* in der epitome des Liv. XX finden wir *Esquilina, Palatina, Suburana, Collina.*

Ich habe erinnert, dass *Subura* schwerlich der ursprüngliche
name der ersten region, da die übrigen sämmtlich ihre benennung
von den bergen haben und das erste *sacrarium* auf dem *mons
Caelius,* nicht in der tiefe, der *Subura,* lag, dass man auch aus der
Varronischen stelle auf tuscische macht schliessen müsse und der ursprüngliche name vielleicht absichtlich verwischt worden sei; auch
befremde Varro's ausdruck: *eidem regioni attributa Subura,* da sie
davon den namen habe. Jordan sagt p. 247, dass das alles der begründung entbehre. Dem jüngern geschlechte darf man heut zu
tage nicht mehr zumuthen, die erste ausgabe von Niebuhrs römi-

scher geschichte gelesen zu haben, aber was von Claudius, Plinius, Tacitus und sonst von der tuscischen macht in Rom gesagt wird, muss doch auch jetzt als wahr und nicht als fabel betrachtet werden, so sehr die Römer jede erinnerung zu tilgen suchten. Was die belehrung bedeuten soll, dass ich das wort *attributa* unnütz urgire, das in den technischen formeln einfach zuweisen, überweisen heisse, verstehe ich nicht. Wie Varro sagt *secundae regionis Esquilinae Esquiliae . . . Tertiae regionis (Collinae) colles . . . quartae regionis Palatium . .* so erwartet man auch hier einfach: die erste region *Suburana* hat ihren namen von *Subura, Subura* ist das und das . . statt dessen sagt er: *in Suburanae regionis parte princeps est Caelius mons . .* spricht dann von *Caeliolus, Carinae, Ceroliensis* und schliesst den ganzen artikel zuletzt mit *e i d e m r e g i o n i a t t r i b u t a S u b u r a . . .* ist und bleibt das nicht in hohem grade befremdend? und was ist mit der übersetzung gewonnen „derselben suburanischen region hat man die Subura desshalb zugetheilt, weil sie unter der erdmauer der Carinen liegt‟?

Besondere aufmerksamkeit hat Jordan den worten der urkunde zugewendet und durch erklärung und änderung des textes sie zu erläutern gesucht. Wäre nun diese vollständig erhalten, so müssten wir sie gleichmässig, wie sie wohl gewesen ist, herstellen, jetzt aber ist die frage, ob Varro an den einzelnen stellen, die er gerade hervorhebt, auch genau die worte des textes wiedergegeben oder selbst schon manches versehen hat — immerhin bedarf es bei einem so alten und einzeln dastehenden documente grosser vorsicht.

Von der I. region wird nur das vierte Sacrarium wörtlich bezeichnet und lautet nach der handschrift: *Cerolienses quae triceps circa Minervium qua in Caelio monte itur, in tabernola est,* hier versteht sich *quarticeps* aus Varro von selbst, ebenso *Ceroliensis,* denn dieses wird zur erklärung wiederholt: *ceruliensis a carinarum iunctu dictus.* Falsch wäre *Ceroliense,* erst kommt die localität, dann die zahl des *sacrarium,* das zu *quarticeps* u. s. w. zu ergänzen ist. Was ist nun zu dem adiectivum zu verstehen? Jordan p. 245 weiss nicht, ob *mons* oder *collis,* zieht aber letzteres vor; seien wir mit dem zufrieden was Varro selbst sagt: *Carinae et inter eas quem l o c u m ceroniensem appellatum apparet.* Ich habe an *circa Minervium* gezweifelt, weil ich mir nicht recht vorstellen konnte, wie es zu verstehen sei, und dachte an *citra,*

obschon sonst nur *cis* zu lesen ist; dieses *cis* selbst wünscht nun
auch Jordan p. 287; wahrscheinlich liegt der fehler weniger an
circa, als an uns beiden, die wir seine bedeutung nicht verstehen.
In *qua in Caelio monte itur* halten die einen den ablativus für einen
archaismus, andere wie Bothe zu Plaut. Amphitr. prol. 87, Lindemann p. 104 schreiben *Caeliom montem*, Becker de Romae muris
p. 24 hält auch dieses nicht für nothwendig, der abfall des schluss
m sei alte form, wie bekanntlich in der Scipioneninschrift *Samnio
cepit* u. a. Jordan p. 250. 259—60 bildet selbst ein wort *Caelimons*, oder *Caeliomons*, also *qua in Caeliomontem itur*, was so wenig lateinisch als wie *septimons* ist und ohne zu bedenken, dass
wenn *Caeliomons* oder *Caelimons* gangbar gewesen wäre, man nicht
später *Caelimontium* gesagt hätte.

   In dem artikel der *Suburana regio* bei Varro sind noch folgende stellen zu beachten: p. 52 . . *traductos in eum locum qui
vocatur Caeliolus cum Caelio coniunctum Carinae et inter eas* . .
Hier ist *Caeliolus* wie gar manches änderung des ersten herausgebers, Laetus, die sich dann in alle andern ausgaben fortgepflanzt
hat, die handschrift und ihre apographa ausser M haben *Caeliolum*;
die neutrale form des namens ist mir sonst nicht bekannt, Jordan
scheint sie stillschweigend anzuerkennen, er schreibt nämlich p. 245:
die unverdächtigen Caelianer wurden nach dem *Caeliolum* geführt.
Ist diese form nicht nachweisbar und unrichtig, so lässt sich der
accusativus nur durch die änderung *quem vocant Caeliolum* halten.
Im folgenden hat wohl der corrector B das richtige gesehen, wenn
er verbindet und ändert: *Cum Caelio coniunctae Carinae*. Jordans
angabe p. 245 die handschrift gäbe *Caelio nunc iunctum*, ist falsch,
auch Bunsens ausgabe I, 691 in derselben sei *cum Caelion*[c] *coniunctum* woraus er sein *nunc* genommen hat, geht von dem wahren ab, dort steht *cu celion c̄iunctu* und so haben auch alle apographa, *Caelio* hat begreiflicher weise Laetus gegeben. Schwer zu
verstehen sind im folgenden die worte: *Ceroliensis a Carinarum
iunctu dictus, Carinae postea Cerionia, quod hinc oritur caput sa-
crae viae*, weniger wegen der ableitung, denn in dieser beziehung
muss man sich bei Varro auf alles gefasst machen, als weil *Cerionia* gar nicht bekannt ist und daraus folgen würde, der stets bekannte name *Carinae* sei später in jenes übergegangen; Becker

Topogr. p. 225 dachte an die ableitung von *cerimonia*, und ihm
folgend vermuthet Jordan p. 246 *Carinae forte a cerimonia*, nicht
ohne beizufügen: der sprachlichen bedenken, die gegen *forte* erhoben werden können, bin ich mir bewusst. Es ist nemlich einfach
nicht lateinisch, doch will ich dem nachhelfen und es in die Varronische sprache verwandeln: *Carinae potest a cerimonia . .*, so sagt
Varro p. 31 von *terminus*, es könnte sogar aus dem griechischen
stammen: *pote vel illinc*, p. 371 *potest vel a Graeco dictum*, p. 373
potest vel ab eo quod . ., damit wäre wenigstens das sprachliche
gerettet. Undeutlich sind die worte *Subura quod sub muro terreo
Carinarum*, man kann sie vernünftiger weise nicht streichen, wie
Jordan p. 247 meint und ich selbst früher angedeutet habe, aber
noch weniger mit *quod* erklären; als etymologie anderer kann es
wohl stehen, wenn z. b. geschrieben wäre: *Subura, s u n t q u i quod*.
Sicher ist im nächsten *in ea*, statt *in eo*, mit B zu schreiben; denn
auf dem *murus terreus* lag das sechste sacellum gewiss nicht.

Am reichlichsten hat Varro die zweite region, die Exquilina
bedacht; aus dieser ist nach der handschrift folgendes angeführt:

    Oppius mons princeps quilis ouis lacum facultatem sinistra
      quae secundum merum est.

    Oppius mons terticepsois lacum exquilinum dexterior via in
      tabernola est.

    Oppius mons quatricepsos lacum exquilinum viam dexteriorem
      In figlinis est.

    Sceptius mons quinticepsois lacum poetelium exquilinis est.

    Cespius mons sexticeps apud edem Iunonis lucinae ubi editu-
      mus habere solet.

Wie verderbt der text hier vorliegt, leuchtet ein, es wurde dieses
dadurch erst recht anschaulich, dass ich in der ausgabe 1826 die
einzelnen *sacraria* wie hier unter einander setzte und in grosser
schrift (uncialen) die worte der urkunde drucken liess, während
früher alles fortlaufend in einander ging; ohne diesen wäre man
vielleicht nicht so früh zu dem richtigen gekommen. Dadurch erkannte O. Müller zuerst, dass in den formen *terticepsois*, *quarticepsos* u. s. w. wie die vergleichung mit andern stellen zeigte, eine präposition verborgen liege — vordem war dieses zu sehen nicht möglich, da jene ungethüme auch vor den praepositionen sich hervor-
thaten, *quinticepsos*, *sexticepsos apud*, *quarticepsos adversum*, *sexti-*

cepsos in — dass diese in OIS oder OS liegende praeposition keine andere als CIS sein könne, und daraus für jenes singuläre *quili-souis* sein gegentheil *Esquilis ouls* sich von selbst ergebe. Diese schöne grammatische entdeckung veranlasste Müller nicht nur zu der besondern abhandlung über die *sacra Argeorum* in Böttigers zt ch. f. archäologie und kunst, sondern auch, wie er selbst gesteht p. XXXIII zur vollständigen herausgabe dieser Varronischen bücher. Jordan bemerkt p. 243 mit zustimmung, dass Corssen sich gegen *uls* erklärt habe und auch hier *cis* wolle; das hat längst vorher schon Hartung ausgesprochen, ja bald nach dem erscheinen von Müllers aufsatze, als Reisig auf seiner verhängnissvollen reise nach Italien im herbste 1828 mich besuchte und von diesem merkwürdigen documente, das damals erst gewürdigt wurde, die rede war, sprach er sich der kürze wegen gegen *ouls* aus und forderte *cis*. Alles dieses ist für mich, da wir das local, was die sache einfach entscheiden würde, nicht kennen, keineswegs überzeugend, um von den überlieferten wirklich dastehenden buchstaben *ouls* abzugehen.

Die urkunde wird, sollte man denken, überall gleichförmig gewesen sein; es hat daher gewiss nicht II, 1 *Esquiliis*, die ortsbezeichnung, nach der zahl *princeps*, II, 5 aber (denn *Esquilinis* ist daselbst gewiss nichts als *Esquiliis*) nach dem *lucus Poetelius* gestanden; das wort wird in beiden dieselbe stellung eingenommen haben. Eben so wenig ist an eine abwechslung zu denken: II, 1 *sinistra quae . . est*, II, 3 *dexterior via*, II, 4 *viam dexteriorem*. Scioppius hat sicher das richtige getroffen, der oben II, 1 zuerst *sinistra via secundum* geschrieben hat; der relativsatz steht sonst nirgends; auch das hülfsverbum und seine stellung kann auffallen. Es fehlt ganz nach alter weise II, 6. III, 3. 5. IV, 5. 6, erscheint am ende I, 4. II, 1. 3. 4. 5. IV, 6, endlich in der mitte III, 4 *adversum est pilonarois edem*, was nichts anders ist als *adversum Apollinar*. Mag übrigens *via* nominativ oder ablativ sein, das beiwort war nicht einmal vor, das andere mal nach seinem substantivum zu setzen: auch der comparativ *dexterior* ist zu merken.

Der ungleichen stellung von *Esquiliis*[1]) II, 1 und 5 hilft Jordan einfach p. 244 dadurch ab, dass er sie als aus glossatorenhand entstanden annimmt, die an der zweiten stelle das echte verdrängt

---

1) P. 249 ist durch versehen (*Esquilis*) aus der II. region in die I. gesetzt.

habe. Zur bestimmung dieser berge für die procession sei *Esqui-liis* eben so unnöthig, als zur bestimmung der vier hügel des **Qui-rinal** *in colle*; das allbekannte *Fagutal* bedurfte dieser bezeichnung nicht. Aber auch II, 3 und 4, wo zweimal *cis lucum Esquilinum* steht, hält er p. 255. 260. 261 *Esquilinum* für unwahrscheinlich und nimmt an, dass diese bestimmung falsch wiederholt und aus andern von Varro angeführten luci zu ergänzen sei. Das ist eine schneidende kritik, die an vier stellen nach einander dasselbe wort zu streichen wagt, und wenn sie einige wahrscheinlichkeit haben sollte, ganz anders begründet werden müsste als hier geschieht. Man lernt aus unserer stelle, dass es einst keinen *mons Esquilinus* gab, wie später, sondern einen *Oppius mons*, *Cespius mons*; aber es gab auf diesen eine localität von bestimmtem umfange, diese hiess *Esquiliae* und hatte ihren *lucus esquilinus*; auffallen könnte es, wenn gesagt wäre: *Esquilinus mons princeps Esquiliis* . . aber so heisst es hier nicht, und so darf man sich nicht wundern, wenn wir zugleich einen *lucus Esquilinus* und *lucus Poetelius* als ver-schieden und gesondert finden. Später verschwanden diese berge und an ihre stelle trat, von den *Esquiliae* ausgehend, die allge-meine bezeichnung *mons Esquilinus*. Ob diese vernichtende kritik Jordans viel beifall arndten wird, ist sehr zu bezweifeln.

Von dem was Varro selbst über die II. region sagt, ist her-vorzuheben p. 54: *alii has* (esquilias nemlich) *scripserunt ab excu-biis regis dictas*. „Welches königs, fragt Jordan s. 261, *regis* doch wohl glossem?" Doch nicht, ich halte *regis* für adjectiv statt *regiis* und verstehe die gesammte königsperiode. Die nächsten worte *huic origini magis concinunt loca vicini* sind etwas eigen ausge-drückt und ich habe, weil alle handschriften das geben, diese un-gewöhnliche form beibehalten, sonst ist herkömmlich *loci vicini*; ganz unnütz ist Jordans correctur p. 261 *loca viciniae*, aber ich zweifle nicht dass Laetus mit *luci vicini* das richtige getroffen hat, nur *luci* werden angeführt, und das wort ist auch sonst gewöhn-lich in *lacus* verschrieben. Die herstellung der nächsten: *quorum angusti fines, non mirum; iam diu enim late avaritia une est*, muss ich andern überlassen, die ich hiemit dazu auffordere, mir ist es nicht gelungen, das richtige wort, das in *une* liegt zu finden. Die epitome lässt das wort aus (*avaritię a est*), Turnebus *latae* . . *viae* ist nur ein nothbehelf, *viva* wenig zusagend.

In der dritten region ist kein *mons*, es sind nur *colles*, die bedeutendsten *Viminalis* und *Quirinalis*, die andern sind später verschwunden und in diesen zweien aufgegangen. Angeführt sind in der handschrift folgende *sacraria:*

Collis Quirinalis terticepsois aedem Quirini.

Collis Salutaris quarticeps adversum est pilonarois aedem Salutis.

Collis Mucialis quinticeps apud aedem Defidi in delubro, ubi aeditumus habere solet.

Collis latiores sexticeps in vico Insteiano summo apud auraculum aedificium solum est.

Müllers änderung *adversum Apollinar cis* darf wohl als sichere verbesserung betrachtet werden, als wahrscheinlich *Collis Latiaris* (*latioris* verbessert F²), was bereits in der editio princeps von Laetus erscheint. Nicht so gewiss, wenn auch geistreich ist Turnebus änderung von *auraculum* in *auguraculum*, ein wort das man nur aus Festus auszuge kennt, und Jordans hypothesen p. 264, auf dem *collis Latiaris* sei das sabinische *capitolium vetus* gewesen, also unser *auguraculum* auf demselben gar nicht auffallend, wie es auf dem neuen capitol und der Roma quadrata gewesen, dort sei der Iupiter Latiaris verehrt worden und so zeige sich ein vollständiger parallelismus zwischen dem cultus beider capitole, dessen consequenzen für die stadtgeschichte anderswo zu erörtern seien, sind nichts als phantasiereiche gedanken, denen ein besonnener forscher weder folgen kann noch darf. Ja selbst ob das wort in F *auraculum* zu lesen sei, könnte bedenken erregen; ein apographum (die wolfenbüttler handschrift) und Laetus haben *turaculum*, und in der longobardischen schrift dieses codex sind die buchstaben *a* und *t* oft so ähnlich, dass man sie nicht mit sicherheit unterscheiden kann; hier einige beispiele als beleg: p. 346, 1 hat Victorius aus F *rittabille̜*, Keil *riatabille̜*, mein sohn Andreas, dem ich mehr als hundert stellen der ausgezeichnet fleissigen collation unsers trefflichen Keil bezeichnete, um nach der handschrift zu entscheiden, bemerkt bei diesem worte, es könnte beides sein; die apographa aber haben hier alle *tt*, keines *at*; ebenso p. 381 haben die einen apographa von F *trittiles*, andere *triatiles* gelesen, ebendaselbst steht statt *fringuttis* in guten und sonst genauen abschriften aus F *fringuatis;* daher auch die auffallende verwechslung von *tum* (*tū*) und *autem (au)*. Die andern codices geben übrigens alle *auraculum*, und so wird der schreiber von F auch nur dieses gewollt haben. Turnebus versuch *auguraculum* ist nicht unwahrscheinlich, aber auch nicht sicher; ich habe diese bemerkung gemacht, auf dass man nicht ungewisse voreilige schlüsse fasse, die durch nichts begründet sind. *Aedificium solum* ist im gegensatze des vorausgehenden *apud aedem Dei Fidi in delubro ubi aeditumus habere solet*, was wieder vollständiger ist als II, 6 *apud aedem Iunonis Lucinae, ubi aeditumus habere solet*, wo *in delubro* fehlt; ob, weil es in der urkunde nicht stand, oder weil dem Varro hier wie anderswo keineswegs daran gelegen war, den text vollständig zu geben, lässt sich schwer ermitteln.

In den worten Varro's über diese dritte region p. 57: *tertiae regionis colles quinque . . e quis nobiles duo colles . Viminalis a Iove Vimino, quod ibi arae, sunt qui . .* ist die abtheilung ungeeignet und zu schreiben *. . e quis nobiles duo, Collis Viminalis . .* Jordan corrigirt p. 261: *quoius ibi ara, sunt*, hart ist die ergänzung des genetiv und ich hatte *quod ibi ara eius* vermuthet, letzteres auch Brink. Das folgende *Collis Quirinalis Quirini forum, sunt qui a Quiritibus qui cum Tatio Curibus venerunt Romam*, ist fehlerhaft, aber die einsetzug der präposition *ob* vor *Quirinalis*, ganz gegen die Varronische art, es wird auch hier ein *quod ibi* gestanden haben. *Romam* ist deutliche correctur von Laetus für das unverständliche *ab Roma*, darin liegt wohl etwas anderes aus dem vorhergehenden, an unserer stelle ist *Romam* leicht entbehrlich. P. 59, 3 erwähnt Jordan p. 263 einer verbesserung *aree* in F statt *arae*. Die handschrift hat *aree* von derselben hand, aber keines meiner apographa gibt *areae*, alle schreiben *arae*.

Von dem letzten bezirke werden nur folgende zwei locale aufgezählt, p. 60:

Cermalense quinticeps apud aedem Romuli.

Velienses sexticeps in Velia apud aedem Deum Penatium.

Jordan hält p. 247. 281 das neutrum *cermalense* und *Veliense* nur durch Varro's gegen das ende flüchtiges excerpt entstanden, (?) da ihm *sacrarium* vorschwebte; entweder müsse man *cermalensis* und *veliensis mons*, oder *Germalus . . Velia* was ihm wahrscheinlich sei schreiben; überdiess sei *in Velia* [2]) unerträglich und zu streichen.

2) Von Jordan p. 244 falsch gestellt.

Allerdings steht hier einfach *scriptum est*, während vorher immer
scriptum sic est, was auf genaue citation hinweist. War *Germalus*, *Velia* wirklich ein *mons*, und wenn oben *Ceroliensis* stehen
konnte, warum hier nicht eben so *Cermalensis* . . *Veliensis* was
bereits die vulgata giebt? auch heisst es nicht *Velia in Velia*, und
Varro gebraucht wiederholt den pluralis *Veliae*, nicht den singularis,
so dass ich nicht sehe, wie hier ein fremder dazu kommen konnte,
ganz umsonst einen solchen zusatz zu machen; es muss seine bedeutung haben, wenn wir auch diese nachzuweisen nicht im stande sind.

Dieses sind die von Varro aus der urkunde selbst angeführten
stellen; zum verständniss des religiösen geben sie nicht die mindeste aufklärung. *Sacrarium* ist nach den alten ein local, das repo-
sitorium der *sacra, locus in quo sacra reponuntur*, also nur zur auf-
bewahrung nach verrichtetem gottesdienstlichen gebrauche [3]. Das
wäre doch zu viel für jede region und wurden diese geräthe nicht
in jedem dem gotte geweihten tempel aufbewahrt? Also wohl auch
ein local, in welchem gottesdienstliche verrichtungen, *sacra* stattfinden? Das möchte man selbst aus Varro's worten entnehmen, der
zwar p. 52: sagt *quartum sacrarium scriptum sic est*, aber p. 56
in sacris Argeorum, scriptum sic est und p. 58 *apparet ex Argeorum sacrificiis, in quibus scriptum sic est*, wo doch niemand leicht
sacrariis substituiren wird. Was diese nun sind, wussten die alten
selbst nicht mehr, nach Varro war der glaube verbreitet, es sei alter griechischer cultus aus Argos, p. 51: *Argeos dictos putant a
principibus, qui cum Hercule Argivo* [4] *venerunt Romam et in Saturnia subsederunt*, nach Livius 1, 21 hatte sie Numa wie so viel
anderes eingesetzt, also sabinisch-römischer cultus, mit der merkwürdigen erklärung, wonach die localität, wo die priester ihre opfer
verrichten, *Argei* heissen: *multa alia sacrificia locaque sacris faciun-
dis, quae Argeos pontifices vocant, dedicavit*. Festus im auszuge
nimmt es als neutrales, *Argea*, und fasst sie als begräbnissstätte
der oben genannten Argiver auf, deren symbole in den *scirpea si-*

[3] Von Jordan p. 244 falsch gestellt.
[4] Jordan, der diese stelle anführt, lässt *Argivo* aus, wer ist dieser *Argivus Hercules*? doch wohl *Argivi* oder *Argis*? *Romam* ist
wenn es nicht, wie die folgenden worte wahrscheinlich machen, falscher zusatz ist, abusive zu verstehen, dahin wo später Rom erbaut
wurde, *putant* bei Varro ohne *quidam* deutet auf allgemein verbreiteten glauben und ist diese fabel gewiss nicht erst von Sulla's freigelassenen, Epicadus, wie Jordan p. 284 sagt, ausgesponnen werden.

mulacra hominum liegen sollen. Dass die zahl dieser binsenmänner
mit der gleichen zahl der *sacraria* in verbindung steht und dem
ganzen ein höherer gedanke zu grunde liegt, ist nicht zu bezweifeln, aber wer wird den λόγος ἐν μύθῳ auffinden? Jordan denkt,
um das *itur ad Argeos* am 16. und 17. märz bei Ovid. Fast. 3,
791 zu erklären, an eine förmliche procession zu diesen *sacraria*,
diese binsenpuppen hineinzulegen, um sie am idus des mai ebenso
feierlich abholen und in den Tiber werfen zu lassen; *argei* oder
argaei bedeute „die hellen" und seien gottheiten wie die *lemures*,
semones, *lares* p. 206, alles das gibt keinen genügenden aufschluss
über diesen auffallenden cultus und so muss man leider gar oft es
für eine tugend halten, nicht wissen zu wollen, was man nicht wissen kann.

　　Einem topographen des alten Rom ist der gedanke, dass wir
es hier mit der vorschrift, welchen weg die feierliche procession
nehmen muss, zu thun haben, äusserst erwünscht; es ist ihm ein
sicheres hülfsmittel zu weiteren folgerungen, ihm ist für alle beigegebenen gebäulichkeiten, als *Minervium*, *aedes Iunonis Lucinae*,
Quirini, *Dei Fidi*, das neuentdeckte *Apollinar* u. s. w. ein fester an-
haltspunct gegeben; es muss z. b. die letzte capelle der *Collina* und
die daselbst bezeichnete localität nothwendig als südliches ende des
Quirinalis, und das erste sacrarium der vierten region in der nähe
nördlich oder nordöstlich von Palatium liegen. So einleuchtend und
anziehend das ist, so habe ich doch manches bedenken. Nirgends
ist bei den alten von einer procession der art, so viel ich mich erinnere, die rede. Die sacraria sind nicht fortlaufend von 1 bis
27, oder wie viele es eben sein mögen, jeder bezirk hat seine bestimmte zahl, seine erste und letzte Argeer-capelle. Dieses beweist,
dass die regioneintheilung das höhere und allgemeine, diese demnach eine politische, nicht speciell priesterliche, wie man meint, ist.
Den anfang des ganzen macht entschieden das erste sacrarium der
Suburana, dieses ist auf dem *mons Caelius*, also auf der höhe, davon geht der zug aus abwärts, so dass die letzte capelle in der im
thale liegenden Subura steht. Waren nun diese capellen zu solchen processionen hergerichtet, gleichsam wie die stationen des Cal-
variberges, fortlaufend und ineinandergreifend, so musste das erste sacrarium der nächsten region, der *Esquilina*, unten stehen, die
folgenden die höhe hinauf, dann abwärts zur *Collina* schreiten.

Nun lesen wir aber, dass das erste sacrarium der zweiten region auf der Esquilina ist; diese bilden gewiss die höhen und sind nicht tief unten gelegen. Jordan erwähnt dieses bedenken gar nicht, für ihn existirt es auch nicht, er streicht einfach das wort *Esquiliis* mit welchem rechte, ist oben bemerkt.

Ist das denkmal an sich auch von sehr hohem alter, so ist die frage, ob die form, in welcher es bei Varro erscheint, weit hinaufreicht; Jordan schliesst aus den angaben der localitäten, die aus der nähe angeführt sind, auf das ende des VI. jahrhunderts, p. 266—71.

So interessant diese urkunde auch ist, in welcher uns Varro nur zufällig ein wenig hineinschauen lässt, mit dem fleisse und der grossen mühe, welche in neuerer zeit — die frühere hat sie gar nicht gewürdigt — seit O. Müller so viele gelehrte zu deren erklärung verwendet haben, steht gewinn und belehrung nur in geringem verhältnisse[5]).

München.   *L. Spengel.*

5) P. 272 erwähnt Jordan Varr. VI, 21 *Opeconsiva quoius in regia sacrarium, quod ideo artum (actum F), ut eo praeter virgines Vestales et sacerdotem publicum introeat rem o. is (?) cum eat, suffibulum haut habeat.* Die änderung *artum* ist ansprechend, sie liegt eben so nahe dem gedanken wie dem buchstaben, mir ist sie nicht beigefallen; unbegreiflich ist mir das nächste, er hält *is* für falsch und kann *suffibulum* nur von schleier der Vestalinnen verstehen, schreibt daher p. 274 *cum eat, suffibulum ne sumito* und p. 281 nun gar *(virgo) cum it [ad sacrarium], suffibulum ne sumito.* Das gewöhnliche *haut* (F *aut*) ist sicher falsch, aber mit solcher kritik ist nicht zu rechten. V, 145 p. 147 wird p. 257 *ad Portunium* statt *ad Iunium* vermuthet, eine neue correctur zu Urlich's *adiunctum.*

Lucret. IV, 1112

hat Lachmann mit recht die lesarten der alten handschriften befolgt, während die interpolirten zum theil *velle id* haben: Lucrez sagt:

1110. . . . . quoniam nil inde abradere possunt

       nec penetrare et abire in corpus corpore toto:

       nam facere inter dum velle et certare videntur:

auch Lambin's erklärung scheint zur widerlegung nicht zu genügen: wichtiger ist den chiasmus zu beachten, da *facere* auf *abire in corpus* sich bezieht, *certare* auf *penetrare.* Dagegen ist vs. 1118 *cum sibi quid cupiant ipsi contingere quaerunt*, Lachmann von den alten handschriften richtig abgewichen: vgl. auch vs. 1078.

                            Ernst von Leutsch.

III.

Die Ora maritima des Avienus.

Die[1] *Ora maritima* Aviens enthielt nach einer summarischen beschreibung der oceanischen westküste Europa's einen periplus des Mittelmeeres *a freto Tartessio . . . procul sitam in usque glebam* (55), d. h. bis zum Pontus Euxinus (incl.), wie aus v. 68, wo der dichter den Pontus *laboris sui terminum* nennt, bis jetzt allgemein und, wie mir scheint, mit vollem rechte gefolgert wurde. Nach Müllenhoff dagegen waren in der *Ora maritima* zwei unter sich nicht zusammenhängende küstenstrecken beschrieben, die spanische und gallische bis nach Massilia, deren periplus uns bis auf wenige am ende fehlende verse erhalten ist, und dann in einem zweiten buche die des Pontus. Auf diese weise erhält Müllenhoff in dem erhaltenen fragmente ein in sich abgeschlossenes ganze; diesem zu grunde liegt nun ein eben so begränzter, im sechsten jahrhundert geschriebener, phönizischer, überall wahrheitsgetreuer periplus, der wahrscheinlich schon im fünften jahrhundert von einem Griechen im ionischen dialekt (denn es findet sich *Massieni* statt *Massiani*) übersetzt wurde; diese übersetzung wurde dann im dritten jahrhundert (vor gründung der von Avien nicht erwähnten *Carthago nova*) von einem anderen Griechen vielfach interpolirt; diesen interpolirten periplus endlich hat Avienus in seiner lateinischen bearbeitung sehr oft arg missverstanden und hier und da mit eigenen zusätzen

[1] Die folgenden bemerkungen dienen als nachtrag zu der anzeige von C. Müllenhoffs deutscher alterthumskunde im Phil. Anz. 1871, nr. 9, p. 456 flgg.

vermehrt. Den zwingenden grund aber aus einem dreifach destil-
lirten Avienus einen alten Phönizier abzuziehen, findet Müllenhoff
darin, dass Avienus die schon von Herodot erwähnten Kelten des
südwestlichen Spanien nicht kenne. Man müsse also einen vor der
einwanderung jener Kelten geschriebenen periplus voraussetzen, der
jedoch, da Massilia bereits als wohlgeordnete stadt geschildert
werde, nicht vor mitte des sechsten jahrhunderts verfasst sein könne;
woraus dann wieder folge, dass die einwanderung der südspanischen
Kelten, die man nach dem verfall der tyrischen und vor dem beginn der karthagischen colonialherrschaft in Spanien (700—500)
ohne nähere bestimmung anzusetzen pflegt, erst in der letzten hälfte
des sechsten jahrhunderts stattgefunden habe. Wenn nichtsdestoweniger Avienus die Karthager in Gades und die massaliotischen colonien Hemeroscopium und Mänaka kennt, so sind dergleichen angaben nothwendiger weise zusätze eines interpolators. Die so nahe
liegende vermuthung aber, dass die von Avienus in Südwestspanien
erwähnten *Cempsi* und *Saefes* eben keltische völker sein könnten,
wird von Müllenhoff als unzulässig zurückgewiesen, weil die Cempsi
einst auch die insel Kartare inne gehabt haben sollen; denn diese
sei die Tartessusinsel zwischen den mündungen des Bätis, und
dort, in nächster nähe von Gades, könne es keine Kelten gegeben haben. — Dagegen ist zuerst geltend zu machen, dass
die insel Kartare keineswegs im Bätisdelta nahe bei Gades lag,
sondern wenigstens 13 meilen von dieser stadt entfernt war, wie
sich aus folgendem ergeben wird. Nach Avienus wohnen die Kyneten von der südwestspitze Spaniens (C. Vincent, dem *sacrum
promontorium* Strabos u. a.) bis zur *cautes Saturno sacra* (C. S.-
Maria, dem *sacrum promontorium* Artemidors neben der *sacra statio*
des Geog. Rav. p. 306, 11, dem *Cuneus promontorium* der übrigen
geographen). Durch dieses gebiet lässt Avien fälschlich den Anas
fliessen. Neben dem vorgebirge Saturns erwähnt er zwei inseln,
von denen eine Agonis, Ἀγωνίς, hiess. Es sind wohl die beiden
grösseren von den vier hier neben einander liegenden. Der name
Agonis ist derselbe wie der des vorgebirges Cuneus, phönizisch Gûn
und mit prosthetischem a Agûn (wie z. b. Agadir neben Gadir im
gebrauche war). Nach den Kyneten folgt der *ager Tartessius*, an
dessen küste nach einander genannt werden: *jugum Zephyro sacratum, denique arcis summitas Zephyris vocata (227), fanum infernae*

deae, Erebea palus, Iberus fluvius (der, im widerspruch mit dem
vorhergehenden, Iberer von Tartessiern scheiden soll), *Cartare in-*
sula, Cassius mons, fani prominens (Luciferae fanum, S.-Lucar),
Geryonis arx, Gades. In dieser reihenfolge ist das *jugum Zephyro*
sacratum nebst der *Zephyris arx* ein kleiner küstenstrich zwischen
C. S.-Maria und dem Guadiana; allein aus 238 und 561 erhellt,
dass in der quelle Aviens unter diesen namen die ganze dem südwesten zugekehrte und mit dem Cap Trafalgar endende küste bezeichnet war, und nur in diesem sinne könnte zunächst nach der
arx Zephyris ein see erwähnt werden, der südöstlich von Cap Trafalgar liegende see ·de Yanda. Der darauf bei Avien folgende Iberus kann nur der grosse fluss Guadiana sein, der Lusitanien von
Turdetanien scheidende *Anas* der alten geographen. In wirklichkeit hat es einen *Iberus* hier niemals gegeben, wohl aber hat
Avien den Iberus Nordspaniens, den man sich im fünften und
vierten jahrhundert im süden des landes neben den dortigen
Kelten dachte, mit dem grössten flusse dieser küste identificirt, und den namen Anas auf einen andern beliebigen fluss übertragen. Die darauf erwähnte insel Cartare ist die Ἡράκλεια des
Stephanus von Byzanz, die dem Hercules heilige insel welche nach
Strabo der stadt Onoba *(Huelva)* gegenüberliegt. Die zusammengehörigkeit beider namen finde ich dadurch angedeutet, dass Car-
thara mutter des Hercules und älterer name von Carthago gewesen
sein soll (Ampelius Lib. mem.). Die insel mochte vollständiger
Heraclea Cartharia genannt werden, wie es an der gallischen küste ein *Heraclea Caccabaria* gab, so genannt von Caccabe, einem
andern alten namen Carthagos. Uebrigens wird die lage der insel
auch von Avienus selbst, wie mir scheint, genau bezeichnet. Die
hierher gehörige stelle (255) lautet in der ed. princeps: *Cartare*
post insula est, Eamque pridem i n f l u x e satis est fides, Tenuere
C e m p s i. Wernsdorf liest hier: *influxa et est satis fides,* was sich
schon wegen des unbekannten adjectifs *influxa* wenig empfiehlt.
Meineke's conjectur: *si Phileo satis est fides* hat mit den überlieferten buchstaben nichts gemein. Hätte man bedacht, dass die insel
im aestuarium von Onoba an der mündung des heutigen Tinto, des
alten Luxia liegt, so würde man verbessert haben: *eamque pridem*
in Luxia (satis est fides) tenuere Cempsi, oder, falls das *e* des codex im worte *influxe* beizubehalten, *eamque pridem (in Luxiae sita*

est vadis) *tenuere Cempsi.* Der darauf erwähnte *Cassius* (*Casius*)
mons entspricht mithin den *Areneis montibus* bei Plinius, den heutigen *Arenas gordas.* Es ist daran um so weniger zu zweifeln, da
denselben namen *Casius* auch die sandhügel der syrischen küste hatten
Und wenn Avienus berichtet, dass von diesem Κάσσιον ὄρος das
wort κασσίτερος herzuleiten sei, so mag zu dieser etymologischen
spielerei auch die weissschimmernde, zinnähnliche farbe jener sanddünen verleitet haben. Möglich indessen, dass der ersten sylbe beider wörter wirklich dieselbe wurzel zu grunde liegt (vgl. *Kasaph*,
weiss sein, wovon *Keseph*, silber, wie ἀργύριον von ἀργός) und
dass das noch unerklärte wort κασσίτερος in seiner phönizischen
form dem lateinischen *plumbum album* entspricht.

Die unzweifelhaft richtige lage der insel Cartare und des Casius ergiebt sich also von selbst, sobald man die karte dieses kü-
stenstrichs im sinne Aviens reconstruirt ohne die aus verschmelzung
verschiedener quellen entstandenen verkehrtheiten berichtigen zu
wollen. Ganz anders verfährt Müllenhoff, dessen erklärung in keinem einzigen punkte mit der eben gegebenen übereinstimmt. Er
bezieht die *cautes Saturno sacra* auf C. Vincent, und sucht die insel Agonis in einer dortigen felsklippe, die sich nur auf grossen
specialkarten verzeichnet findet; den von Avienus fehlerhaft ange-
setzten Anas stellt er mit dem wahren Anas zusammen, wodurch
denn alle folgenden positionen weit nach osten verschoben werden,
so dass der Iberus, dessen existenz in dieser gegend nicht bezweifelt wird, dem heutigen Tinto und die *Erebea palus* dem aestuarium dieses flusses entsprechen. Und da sich an der nun folgenden
küste keine insel findet, sieht Müllenhoff sich gezwungen Cartare
(255) mit der erst v. 282 erwähnten Tartessusinsel zusammenzu-
werfen. Den berg Casius aber sucht er auf dieser insel selbst unterzubringen, indem er das *in d e* in den worten *Cassius inde mons*
tumet anders verstanden wissen will als in dem gleich darauf folgenden *inde est fani prominens.* — Doch gesetzt, Cartare läge
äm Bätis; warum sollten ihre einstigen besitzer, die Cempsi, keine
Kelten gewesen sein können? Reichen doch im binnenlande die
keltischen ortsnamen bis an den Bätis, und das an der mündung
desselben gelegene Ebora mag ebenso keltischen ursprungs sein als
Ebora an der keltischen nordwestküste Spaniens und als Ebora in
der südwestlichen Keltengegend. Wenn also Justin erzählt, die

Carthager wären den von den benachbarten völkern bedrohten Ga-
ditanern zu hülfe gekommen, so hindert nichts unter jenen völkern
auch Kelten zu verstehen, wie ja auch Movers annimmt, dass die
verbreitung der Kelten das ende der tyrischen colonialherrschaft in
Spanien herbeigeführt habe.   Dass nun aber die Cempsi und Saefes,
welche vom Lissaboner vorgebirge an südwärts in der von andern
geographen den *Celticis* zugeschriebenen gegend wohnten, eben keltische völkerschaften waren, muss man schon daraus schliessen, dass
ihr land *Ophiussa* einst *Oestrymnis* gehiessen, also denselben namen
gehabt haben soll, den Avienus auch dem nordwestlichen theil Galliens giebt, und ferner daraus, dass die in Gallien als nachbaren
der Kelten genannten Ligyer auch als nachbarn der Cempsi und
Saefes erwähnt werden. Nichts liegt näher als aus Aviens angaben auf eine tradition zu schliessen, nach welcher die Cempsi zu
den vom dichter geschilderten kriegerischen seefahrern der gallischen Oestrymnis gehörten, und von dort, etwa aus der gegend von
Kimbre, in ihren lederschiffen nach Südspanien kamen, wo auf den
von ihnen besetzten landstrich der name des mutterlandes übertragen wurde.   Und in der that mögen die Kelten Lusitaniens und
Galaeciens nicht wie die davon getrennten Kelten Mittelspaniens
über die Pyrenäen, sondern auf dem seewege eingewandert sein,
wie schon Kiepert (zur Ethnogr. von Iberien) vermuthet hat. Die
Saefes Aviens sind offenbar die keltischen Saetes, deren stadt *Sae-
tobriga*, Σαιτοβρίγα war; denn dass diese form für Καιτοβρίγα
bei Ptolemaeus herzustellen sei, ergiebt sich aus dem heutigen namen der stadt *Setubal.* Damit stimmt vortrefflich wenn Avienus
nach erwähnung des *Cepresicum jugum* oder des westlich von Setubal liegenden Caps de Espichel, fortfährt (199): *Paetanion autem
est insula ad se fumum latet Patulusque portus; inde Cempsis
adjacent Populi Cynetum;* [*tum*] *Cyneticum jugum.* Hier ist nicht
ad Zephyrum latens mit Wernsdorf zu schreiben, sondern *ad Sefum*
(i. e. *Saefum*) *latus.* Die überflüssigen buchstaben *um* standen wohl
einst am rande des codex und bezogen sich auf das im dritten verse
ausgefallene *tum.* Die insel *Paetanion* (Παιτάνιον νησίον?) muss
einer der jetzigen schmalen landzungen im grossen aestuarium von
Setubal entsprechen. Sie mit Müllenhoff in der mündung des Tagus
zu suchen, verbietet die geographische reihenfolge. Ebenso unzulässig
ist ein von Müllenhoff fingirtes *Sefumum prom.* als name des Lis-

saboner vorgebirges, welches als *Ophiussae prom.* zu bezeichnen
war aus vs. 171, wo zu lesen: *Prominens surgit dehinc Ophiussae
in auras (oras* vulg.). *Absque [dicto] Aryio* etc. Der für das folgende vorgebirge (C. Espichel) überlieferte name *Cepresicum jugum*
ist aus metrischen gründen als verdorben anzusehen. Nicht unwahrscheinlich ist die auch von Müllenhoff gebilligte conjectur
Wernsdorfs, *Cempsicum jugum*, wofür zunächst *Cepsicum* geschrieben sein könnte, das neben *Cempsicum* bestehen mochte wie sich
Κάψα, Σκάψα neben *Κάμψα, Σκάμψα* findet. Jetzt liegt diesem
cap zunächst *Cecimbra*, welchem bei Ptolemaeus der lage nach der
keltische ort *Cepiana (Cepsiana?)* entsprechen würde. Indessen ist
doch zu bedenken, dass nach vs. 20 die *Cempsi* die südlichen
nachbaren der Saefes gewesen zu sein scheinen, wozu die lage des
C. Espichel als *Cempsicum promontorium* nicht passen würde. Bei
Strabo und Ptolemäus heisst jenes vorgebirge *Βαρβάριον;* Aviens
auctor hätte es *βορβόρεον* nennen können; denn das meer, sagt er,
ist hier merkwürdiger weise stets *luto immundum* und *sordibus fae-
culentum.* Sollte also statt *Cepresicum* etwa *Copricum (Κοπρικόν)*
zu schreiben sein (vgl. die sicilische *ἠιων Κοπρία* bei Strab. p. 269)?
Doch davon mag man halten was man wolle; so viel ist sicher,
dass Aviens auctor von den Kelten Südspaniens mehr wusste als
Herodot. Damit fällt der grund, der einen alten phönizischen periplus gegen alle literarhistorische wahrscheinlichkeit als erste
quelle der *Ora maritima* voraussetzen liess. Irgend einen andern
wahrheitsgetreuen alten periplus, der von Avienus entstellt wäre,
zu supponiren sind wir nicht berechtigt; vielmehr müssen wir von
vorn herein darauf gefasst sein, über das den alten am wenigsten
bekannte land bei dem alterthümelnden Avienus grössere ungenauigkeiten zu finden als bei irgend einem andern. Aus genauerer prüfung aber ergeben sich folgende zwei hauptpunkte. 1. Die der beschreibung Iberiens zu grunde liegende karte ist eine sehr mangelhafte; aber ihre fehler sind dieselben, die wir theils bei Plinius und
Mela, theils bei Ptolemaeus finden; sie lassen sich aus den geographischen systemen der späteren zeit leicht erklaren und dürfen daher dem Avienus oder dessen quelle nicht zur last gelegt werden.
2. In dieser verhältnissmässig jungen karte sind gewisse irrthümliche und vage vorstellungen, die wir über Iberien bei auctoren
des fünften und vierten jahrhunderts finden, localisirt, obgleich die-

ses in den karten einer besser unterrichteteten zeit nicht geschehen
konnte, ohne dadurch andere verhältnisse zu beeinträchtigen.   In bezug auf den ersten punkt bemerke ich folgendes.   Der grosse *sinus Oestrymnicus*, welcher bei richtiger kenntniss der küstenlage
von der nordwestspitze Galliens bis zur nordwestspitze Spaniens
ausgedehnt werden musste, erstreckt sich bei Avienus (95. 147.
174) von der gallischen bis zur spanischen Oestrymnis oder bis
zum *Ophiussae promontorium* bei Lissabon.   Um diesen irrthum zu
erklären nimmt Müllenhoff an, dass vs. 174 sqq. schon im griechischen periplus an die unrechte stelle versetzt wären und ursprünglich
nach v. 160, wo das *Aryium prom.* erwähnt wird, gestanden hätten.
Allein damit ist[nichts gewonnen; denn das *Aryium prom.* kann weder
nach der von Avien gegebenen distanz, noch nach der lage des
entsprechenden Ἀρούιον ἄκρον der ptolemäischen karte an der nordwestspitze Spaniens gelegen haben.   Es war einfach zu sagen dass
nach Avien die nord- oder nordwestküste Spaniens schon bei dem
Lissaboner vorgebirge ebenso beginne wie bei Plinius 4, 113, wo:
Illo (*Magno s. Olisiponensi prom.*) *finitur Hispaniae frons.   Septen-
trio hinc oceanusque Gallicus, occasus illinc et oceanus Atlanticus.*
In demselben sinne sagt er 4, 115, dass das *promontorium sacrum*
(C. Vinceut) die mitte der spanischen westküste einnehme.   In ähnlicher weise berichtet Mela 3, 1, 6 dass vom *promontorium Magnum* an die küste so stark nordostwärts zurückweiche, dass das
ende derselben beim *promontorium Celticum* östlicher zu stehen
komme als das ostende der oceanischen küste von Baetica.   Es
wurde folglich wenigstens 40 meilen zu weit nach osten gerückt.
Diese küstenzeichnung, in welcher die stark hervortretende nordwestecke Spaniens eskamotirt wurde, stammt aus den karten der
οἰκουμένη σφενδονοειδής oder οὐροειδής, die wir aus Posidonius
und Dionys kennen und in welchen der westliche theil Europas
sich schwanzartig in einen immer schmäler werdenden streifen ver-
lief.   Es ist also geradezu unmöglich in einer heutigen karte Spaniens die angaben Aviens zu veranschaulichen.   Wenn Müllenhoff
in seiner karte die *Cempsi* und *Saefes* durch ganz Spanien hindurch bis an den heutigen Biskaischen busen reichen lässt, und
wenn W. Christ die *Saefes* sogar in das südliche Gallien neben die
Cevennen setzt, so entfernt sich das von Aviens meinung eben so
weit als von der wahrheit.   An einer anderen stelle wird gesagt,

man brauche um von dem *Ophiussae prom.* zu lande an das *Tar-tessiorum litus* zu kommen, vier gute tage, und fünf tage von dem-selben vorgebirge bis nach Malaga. Hier soll nun, nach Müllen-hoff, im alten periplus wieder etwas ganz anders gesagt sein; die fünf tage wären dort von Tartessis aus gezählt. Ich folgere da-gegen aus Avien dass in der hier zu grunde liegenden karte Süd-spanien ähnlich construirt war wie in der karte des Ptolemäus, in welcher Lissabon einen halben grad östlicher liegt als die mündung des Guadiana, also 1000 stadien oder 25 meilen zu weit nach osten gerückt wird. Bei einer solchen position würde nach unse-ren karten die gerade linie von Tajo nach der Bätismündung statt 1800 nur 1100, und nach Malaga statt 2600 nur 1400 stadien betragen, und bei Avien würden auf die tagereise circa 280 sta-dien oder sieben meilen zu rechnen sein. Wie jener fehler der Ptolemäischen karte entstanden, erklärt sich sehr einfach. Die ganze küstenausdehnung Spaniens beträgt bei Ptolemäus ungefähr 17100 stadien, und das ist vollkommen richtig für eine karte in der die kleineren biegungen der küste nicht in betracht kommen. Dagegen rechnet Ptolemäus, wie auch Strabo, gegen 3000 stadien zu viel für die distanz zwischen der Sicilischen meerenge und den herkulischen säulen, und bringt in folge dieses fehlers die mittel-ländischen küsten in eine falsche lage. Die ostküste Spaniens kommt bei ziemlich richtiger länge so zu liegen, dass die säulen im verhältniss zur lage des pyrenäischen vorgebirges 900—1000 stadien zu weit nach westen gesetzt werden. Wollte man nun auch für die länge der übrigen küste das gegebene richtige maass beibehalten, so musste der westlichen verschiebung der ostküste eine östliche verschiebung der westküste entsprechen; dieses ge-schieht indem Ptolemäus die küste von C. Vincent an nicht gerade nordwärts streichen, sondern plötzlich 1000 stadien nach osten zurückweichen lässt. — Die länge des weges vom biskaischen meer-busen zum mittelmeer berechnet Avien auf sieben tagereisen; eben so würde Ptolemäus gerechnet haben, in dessen karte die breite des pyrenäischen Isthmus nur etwa 45 meilen beträgt, während die wahre breite sich auf 58 meilen beläuft. Diese distanzangaben fliessen sicher aus derselben quelle, welcher die angaben über die küstenfahrt entlehnt sind, in denen, wie leicht ersichtlich, überall tag- und nachtfahrten von je 1000 stadien zu verstehen sind, ob-

gleich der dichter diese nur an einer stelle ausdrücklich erwähnt.
Jene quelle aber muss verschieden gewesen sein von der hauptquelle, wie man aus dem mangel an zusammenhang schliessen darf.
So wird die länge der fahrt von den Pyrenäen bis zu den säulen
bei Calpe angegeben, für die strecke aber von Calpe bis nach Gades findet sich kein maass; höchst wahrscheinlich also gehörte der
verfasser des periplus zu denen die die säulen nicht bei Calpe sondern bei Gades ansetzten. Von Gades soll eine tag- (und nacht-)
fahrt sein bis zum Iberus; wie weit es aber vom Iberus zum Anas
sei, wird nicht gesagt; offenbar kannte der periplus jenen fictiven
Iberus nicht und rechnete bis zum Anas, an dessen stelle Avienus
eben seinen Iberus gesetzt hat. Endlich soll eine tagefahrt sein
von Anas bis zur *cautes Saturni sacra* (C. Maria), eine angabe die
nur dann sinn hat, wenn der periplus bis zu dem von den meisten
geographen sogenannten *Sacrum promontorium* (C. Vincent) rechnete. — Ich komme jetzt zum zweiten hauptpunkt. In der südlichen hälfte Spaniens hat Avienus einen Iberus, einen Sicanus und
nördlich davon im binnenlande das volk der Bebryker angesetzt.
Dass dieses im sinne der älteren geographen geschehen, wissen wir
in bezug auf die Bekryker aus Ephorus bei Scymnus 201, und in
bezug auf den Iberus aus Scylax §. 1, wo an der richtigkeit dessen, was der codex giebt (τῆς Εὐρώπης εἰσὶ πρῶτοι Ἴβηρες καὶ
ποταμὸς Ἴβηρ· καὶ νῆσοι ἐνταῦθα ἔπεισι δύο . . Γάδειρα), nicht
gezweifelt werden darf. Vom Sicanus lässt sich dasselbe nicht
nachweisen, darf aber vorausgesetzt werden. Dagegen ist jüngern
autoren zufolge der Sicanus identisch mit dem aus den Pyrenäen
fliessenden Sicoris (*Segre*), und nach denselben wohnten die Bebryker an der nordseite der Pyrenäen. Haben wir darin mit Müllenhoff nur unkenntniss späterer zeiten zu sehen? Ich glaube nicht;
denn für die pyrenäischen sitze der Bebryker spricht die sage von
Pyrene, der von Hercules geschändeten tochter des königs Bebryx;
und dass der Sicanus der heutige Segre ist, verräth Avienus selbst,
indem er in der gegend seines Sicanus eine stadt Ilerda nennt, die
wir nur am Segre kennen. Endlich kann Scylax unter seinem
Iberus nichts anders verstanden haben als den grossen hauptfluss
Iberiens. Wir müssen also vielmehr annehmen dass die älteren
geographen sich die Bebryker und mit ihnen die Pyrenäen und
folglich auch den Sicanus und Iberus im heutigen süden Spaniens

dachten, oder richtiger, dass bei ihrer völligen unkenntniss des
mittleren Spanien, Nord- und Südspanien, ohne mittelglied aneinan-
der und theilweise ineinander geschoben wurden. Bestätigt und
zugleich erklärt wird diese annahme durch Herod. 2, 33, welcher
keine anderen Kelten kennt als die ausserhalb der säulen wohnenden nachbaren der Kyneten und der desswegen auch die keltische
stadt Pyrene sich in dieser gegend dachte, in welcher er den
Istros entspringen lässt. Aristoteles Meteor. 1, 13, 19 nennt hier
bereits das ge b i r g e Pyrene, auf welchem einerseits der Tartessus, anderseits der ganz Europa durchfliessende Istros ihre quellen
haben. Dieselbe vorstellung liegt bei Dionys (336) zu grunde, wo
er sagt nördlich von den säulen liege Tartessus und wohnen die Cempsi
ὑπαὶ πόδα Πυρηναῖον, welche darnach in derselben gegend wohnen
die ihnen bei Avien angewiesen ist. Das in dieser weise comprimirte
Iberien erkennen wir auch wenn Herodor, Herodots zeitgenosse, in
seiner aufzählung iberischer völker nach den Mastienen (in der
gegend von Carthago nova) nur noch die *Celceani* nennt, und dann
hinzufügt: ἔπειτα δὲ ἤδη ὁ Ῥοδανός (St. B. v. Ἰβηρίαι). Der Istros
Herodots entspringt also in oder bei der spanischen Oestrymnis
Aviens; Ephorus dagegen, der ihn im nordwesten Galliens oberhalb
der Veneter entspringen lässt, verlegt seine quellen in die gallische Oestrymnis. Eben dieser name, der im griechischen munde
Istrimnis lautete und von einigen vielleicht auch so geschrieben
wurde, scheint für jene localisirung der Istrosquellen massgebend
und mithin schon zu Herodots zeiten bekannt gewesen zu sein.
In dem entsprechenden namen der *Ostimnii* des Pytheas ist wohl ein
keltisches *r* nach griechischer weise elidirt (wie in Λίγνες, *Ligures*
etc.), wie umgekehrt von Kelten ein *r* in lateinische wörter zuweilen eingeschoben wird (z. b. in *fronde, trombe, tresor, estrella,
truonar*). Gehen wir nun weiter. Als nachbaren der Kelten
kannte man schon früh die Ligyer. Daher denn wo bei Avienus
von Kelten die rede ist, auch die Ligyer erwähnt werden; einmal
im sinne der herodotschen geographie als nördliche nachbaren der
keltischen *Cempsi* und *Saefes* (196), und dann, indem dieses verhältniss auf die gallische Oestrymnis übertragen wird, als einstige
bewohner des nördlichen Gallien, von wo sie durch die Kelten vertrieben in ihre späteren wohnsitze eingewandert sein sollen. Was
von den v. 196 mit den Ligyern zusammengefassten *Dragani* (per-

nix Ligus Draganumque proles) zu halten sei, lasse ich dahin gestellt sein.   Ich vermuthe, dass ihr mythischer repräsentant der li-
gysche Neptunssohn und bruder des Alebion ist, der bei Apollodor
Dercynus heisst. — Nordwärts von den Tartessiern wohnen nach
Avien die *Etmanei*, und westlich von diesen an das gebiet der
Cempsi gränzend die *Ileates*.   Letztere würden in der karte Aviens
oberhalb seines Iberus zu stehen kommen.   Sie sind also identisch
mit den von ältern autoren sogenannten *Igletes*, welche, wie Strabo
aus Asclepiades berichtet, τὴν ἐντὸς Ἴβηρος ποταμοῦ bewohnten.
Dieselben werden bei Stephanus aus Theopomp unter dem namen
Γλῆτες und, der ältern geographie gemäss, als ἔθνος παροικοῦν
τοῖς Ταρτησσίοις (περιοικοῦν τοὺς Ταρτησσίους vulgo) erwähnt.
Herodor, der keine Cempsi kennt, lässt sie nördlich von den Cyneten wohnen.   Spätere schriftsteller nennen diese nördlichen an-
wohner des wirklichen Iberus Ἰλεργῆτες, woraus durch die schon
oben erwähnte elidirung des ρ Ἰλεγῆτες, ῾γλῆτες, Γλῆτες entstanden.   Die mittelform findet sich in den *Ileates* unsres textes angedeutet.   Es genügt *Ilegates* zu schreiben; *a* statt *e* haben wir auch
in dem namen *Masua* (*Masua* cod.), dem *Mesua* Mela's, dem heutigen *Mèze*; ebenso entspricht *Hylartes* (*Hylactes* cod.) einem heutigen *Ilerta*.   Dagegen haben wir nur einmal (450. 452) die ionische form *Massiena* statt *Massiana*. — Die südöstlichen nachbaren dieser Ilergeten sind die Ἐδητανοί, deren namen in dem ver-
stümmelten verse (300): *regio recedit, gens et maneum accolit*
enthalten ist.   Man lese *gens Etadanum* (statt *Edetanum*) *accolit*.
Consequenter weise hätte nun Avienus im quellgebiete seines *Iberus* und *Sicanus* und nördlich von den Igleten und Edetanen auch
die Pyrenäen ansetzen müssen.   Diese lässt er jedoch an ihrem
richtigen platze, setzt dorthin auch die herodoteische stadt Pyrene
und erwähnt nördlich davon ein *Cyneticum litus*, welches nichts anderes ist als die hierher versetzte küste der südlich von der hero-
doteischen Pyrene wohnenden Cyneten.   Dieses ganze verfahren verräth auf das unzweideutigste einen unkritischen und blödsinnigen
compilator, der längst aufgegebene vorstellungen mit dem wissen
besser unterrichteter zeiten zu einem confusen ganzen verfilzt hat.
Aus der nichterwähnung von *Carthago Nova* hat man geschlossen
dass der von Avien bearbeitete griechische periplus vor gründung
dieser stadt (242) verfasst sei.   Allein wer den bedeutenden fluss

Sucro nicht nannte um an dessen stelle den Sicanus zu setzen, der konnte auch der alten stadt Massiena zu liebe Neu-Carthago unerwähnt lassen. Mir scheint die compilation einer späteren, allerdings nicht näher zu bestimmenden zeit anzugehören.

Die hauptmomente also die ich eben für die beurtheilung der *Ora maritima* geltend zu machen gesucht habe, sind mit den voraussetzungen, auf welche sich bei Müllenhoff die erklärung des denkmals stützt, geradezu unvereinbar. Wo diese störenden elemente nicht ins spiel kommen, kann ich der gründlichen weise in der Müllenhoff seinen stoff behandelt im allgemeinen nur beifall zollen. Ich beschränke mich im folgenden darauf einige punkte zu berühren über die sich eine abweichende ansicht in wenig worte fassen lässt. Der v. 469 erwähnte Sicanus verwickelt den dichter in widersprüche, die Müllenhoff einer ungeschickten interpolation zur last legt; es ist dabei übersehn, dass hier der Sicanus nur einer ungeschickten conjectur Burmanns verdankt wird. Gleich darauf heisst es (481): *Neque longe ab hujus fluminis (Sicani) divortio Praestringit amnis Tyrius oppidum Tyrin.* Nach Müllenhoff ist *Tyrius* der *Turia* der Römer (*Guadalaviar*), *Tyris* das spätere *Valentia*, und die worte *ab ... divortio* eine willkührlich gewählte redensart, die unerklärt bleibt, da der Turia mit dem Sicanus (Yucar) in keiner verbindung steht. Ich erkläre so: *divortium* bedeutet, wie ἐκτροπή bei Ptolemaeus, die stelle, wo sich vom hauptfluss ein nebenfluss abzweigt; dieser ist hier der in den Yucar fallende Magro, an welchem der ort *Tuiris* dem *Tyris* Aviens entspricht. An der folgenden bis zur Chersonesus reichenden küstenstrecke werden erwähnt (491—503): *Naccararum palus, Hystra, Hylactes, Sarna et nobiles Tyrichae*, welcher letzteren *peregrina Ibero subvehuntur flumine.* Nach Müllenhoff ist der Chersonesus die landzunge an der Ebromündung, der see der daselbst befindliche hafen Alfaques, die darauf genannten städte lagen am Ebro, *Tyrichae* ist das spätere Dertosa; vor erwähnung der städte soll eine kurze beschreibung des jetzt nur beiläufig genannten Iberus ausgefallen sein. Allein da diese küstenstrecke nicht erst bei *Valentia*, sondern, nach der zu v. 481 gegebenen erklärung, bereits beim Yucar beginnt, so wird der zuerst genannte see kein anderer gewesen sein als die den alten wohlbekannte *Albufera de Valencia.* Die auch von Strabo erwähnte Chersonesus ist die vier meilen südlich

vom Ebro liegende *Peñiscola*; *Hystras* lage bezeichnen die südlich
von *Peniscola* auf einem noch jetzt *Hystra* genannten berge befindlichen ruinen, welche zuerst vom grafen Luminares beschrieben
sind (V. Cortez y Lopez España antigua 1, 334). Westlich davon
liegt *Torre y cavo Ilerta*, bei Avien *Hylactes* (l. *Hylartes*); östlich
von *Hystra* liegt *Seyarra*, bei Ptolemaeus *Sigarra*, wahrscheinlich
das *Sarna* (*Sarra?*) Aviens; dem drei meilen westlich von *Peniscola*
liegenden *Tyrig* entspricht dem namen nach *Tyrichae*. Wenn diese
stadt fremde waaren durch vermittlung der Ebroschifffahrt erhielt,
so folgt daraus nicht nothwendig, dass sie unmittelbar am flusse
lag.   Den Ebro hat Avien bereits anderwärts untergebracht; es
kann daher nicht auffallen, dass er ihn hier, wo er ihn gänzlich
übergehen musste, nur verschämter weise erwähnt. — In der nun
folgenden küstenstrecke herrscht nach Müllenhoff die grösste confu-
sion.   Der *Acer mons* ist ihm *Col de Balaguer*, der *Sellus mons*
Cap Salou, *Salauris oppidum* ist identisch mit *Tarraco*, *Callipolis*
identisch mit *Barcino*; die dann bei Avien folgenden städte *Tarraco*
und *Barcino* hat der interpolator eingeschoben, oder *Salauris* und
Callipolis hätten erst nach *Barcino* genannt werden müssen. Allein
wenn der *Acer mons* der steilküste des heutigen *Col de Balaguer*
entspricht, so ist der berg *Sellus* die folgende durch ein sandiges
ufer getrennte steilküste auf welcher jetzt *Mitamar* liegt. *Salauris oppidum* kömmt dann zu liegen auf der nur wenig südlich von
Tarraco ins meer hineinragenden landspitze des *Cap Salou* und
Puerto de Salou, wie sich ja auch aus den übereinstimmenden namen ergiebt.   Die dann noch vor *Tarraco* erwähnte *Callipolis* muss
auf derselben landspitze gelegen haben, und nur auf diese passen
die worte (517) *latere ex utroque stagnum premebat.* Vielleicht
war *Salauris* nur name des hafens von *Callipolis*. Möglich auch
dass der punische und der griechische name derselben stadt als zwei
verschiedene städte gegeben werden, wie in den meisten handschriften
des Itin. p. 92 neben *Caleacte* als davon verschiedene stadt *Solusapre*
(i. e. καλὴ ἀκτή) aufgeführt wird. — Die stadt *Cypsela* (527),
welche Müllenhoff nördlich von Cap Bagur sucht, ist vielmehr das
südlich von diesem cap liegende *S. Feliou de Guixols.* — V. 547
hätte statt *Anystus* (jetzt Muga) die lesart *Amystus* aufgenommen
werden sollen.   Diese selbst ist bei der häufigen verwechslung von
ς und Γ wohl auf ein ursprüngliches Ἄμυγος zurückzuführen. In

den namen *Tononia rupes* und *Toni stagnum* (544) ist *o* gewiss
aus *e* verdorben, da jene localitäten in der gegend von *Figuera* liegen und die feige *tenah* heisst.

V. 582 wird von dem *étang de Sigean* gesagt: *insulasque
quattuor (at priscus usus dixit has omnes piplas) ambit profundo.*
Müllenhoff liest hier mit Wernsdorf *triplas* nach Hudsons conjectur,
die Walckenaer mit recht als unpassend verwirft. Avien schrieb,
wie ich glaube, *omnes spilas.* Bekanntlich nannten die Griechen
kleine felseilande, wie die von denen hier die rede ist, σπίλας,
σπιλάδας, χοιράδας. Eine andere corruption eines griechischen
wortes vermuthe ich in v. 191: *Ajunt . . . per profundum mar-
moris Cyaneam in undis esse certum imaginem est.* Ich lese
hier *cetum* (κητῶν) *imaginem.* Nach v. 593 findet sich eine lücke
von drei versen. Als lesbarer rest aus der mitte des ersten werden die buchstaben *cinorus agmen* gegeben. Zunächst musste hier
Agathe am flusse *Arauris* erwähnt werden. Dem sinne nach hätte
der erste vers etwa lauten können: *Dehinc canorus Agatham Arauris praefluit.* Nach Müllenhoff wäre *Cinorus* bei Avien der name
des von andern *Arauris* genannten flusses, was schon deswegen
nicht wahrscheinlich, weil der Arauris der fluss sein muss, der später *Oranis* (leg. *Arauris*) genannt wird. — In der erklärung der
v. 604—614, nach welcher der *Setius mons Cap d'Agde*, *Fecyi
jugum Cette*, der *Oranis Lez* (*Ledus* bei *Mela*), der *Clasius Vi-
dourle* wären, kann ich dem verfasser nicht beistimmen. Der
nach dem *vertex* bei der stadt Agathe (Cap d'Agde) folgende *Setius* ist der allgemeinen und richtigen ansicht nach der berg von
Cette; westlich davon, auf der westseite des dortigen *étang* liegt
das *Fecyi jugum*, die jetzigen hügel *lou pié Feguié*; am fusse dieses jugum liegt die *Taurus palus* (*étang de Tau*) *Orani* (l. *Arauri*)
propinqua flumini, welcher fluss die Iberer von den Ligyern trennt;
damit stimmt v. 622, wo als anfangspunkt des gebietes der Ligyer
die *Fecyena arx* bezeichnet wird. In dieser gegend (*hic*), d. h. an
der westseite der *Taurus palus*, längs dem *Fecyi jugum* liegt eine
exigua civitas Polygium (Πολίχνιον?) von unbekannter lage; dann
folgt *Masuavicus* (*Mesua* bei *Mela*), das heutige Mèze, und *oppidum
Naustalo* (*Maugalo*? nach *Astruc*), jetzt Maguelonne. Der darauf
nach einer lücke erwähnte fluss *Clasius* wird wohl richtig
mit den *Colason* bei Montpellier zusammengestellt. — Es folgt

bei Avien eine längere und vielbesprochene stelle über den lauf der
Rhone. Nach Joh. v. Müller, Zeuss, Walckenaer u. a. lässt Avien
der wahrheit gemäss den fluss auf den hohen Alpen entspringen, den
Genfer see bilden und dann dem meere zuströmen. Eine solche auffassung liefert aber, wie Müllenhoff sagt (p. 196), „den schlimmsten
beweis, wohin eine benutzung der *Ora maritima* führt, wenn man
nicht von einer zusammenhängenden betrachtnng des denkmals ausgeht". Freilich wäre es im höchsten grade auffallend in einem
phönizischen periplus des sechsten jahrhunderts bereits specielle
kunde über die Alpenvölker des heutigen Wallis zu finden. Was
daher über den ursprung des flusses an dem hohen alpenberge der
Solis columna berichtet wird, ist nach Müllenhoff zuthat des interpolator, alles übrige aber muss auf den untern lauf der Rhone bezogen werden, die damals höchstens bis nach Lyon hinauf bekannt
gewesen wäre. Der see *Accius*, den der fluss reissenden laufs
durchströmt, ist die sumpfgegend der Rhonemündungen und der *Temenicus ager*, den der fluss vor seinem eintritt in den see durch-
läuft, ist die v. 615 erwähnte *Cemenica regio*. In demselben sinne
ist Aviens bericht schon früher von französischen gelehrten und
neulich noch von Saulcy (Rev. arch. 1867) aufgefasst. Entscheidend für diese ansicht war ihnen die erwähnung des *Cemenicus
ager*; denn dass so gelesen werden müsse statt *Temenicus* schien
unzweifelhaft. Dagegen ist zu bemerken, dass das handschriftliche
temenicus noch leichter in *lemenicus* geändert wird, dass der *Le-
manus lacus* der Römer bei Strabo und Ptolemäus ἡ Ληµένη oder
Ληµέννη λίµνη heisst, und dass man bei vorurtheilsfreier auffassung
der gegebenen beschreibung nur diesen see verstehen kann. Unserem texte zufolge würde der see in der griechischen quelle Aviens
Ἄκκιος genannt sein. Die betreffende stelle lautet: *inserit semet
dehinc | vastam in paludem, quam vetus mos Graeciae | vocitavit
Accion, [at]que praecipites aquas | stagni per aequor egerit.* Ich habe
guten grund zu vermuthen, dass statt *Accion [at]que* zu lesen sei
Acidos, [nam]que oder aber: . . . *paludem; quem (Rhodanum* sc.)
. . . *vocitavit Acida* (oder auch *Acin* mit langem *a*), [*nam*]*que* etc.;
doch ist ersteres vorzuziehen. Wie der Tigris den Thospitissee
durchströmen soll ἄµικτον φυλάττων τὸ ῥεῦµα διὰ τὴν ὀξύτητα
(Strabo), so auch, nach der alten meinung, der Rhodanus den Le-
manus. Und wie der Tigris (pfeil) daher seinen namen hatte, so

wurde, nach Aviens griechischer quelle, auch der Rhodanus in ähnlicher weise ἀκίς (pfeilspitze, pfeil) und der see daher auch ἀκίδος
λίμνη genannt.   Denselben namen mit derselben deutung haben wir
in dem von Aetna herunterstürzenden Ἄκις, so genannt παρὰ το
ἀκίδι ἐοικέναι τὰ ῥεύματα (Sch. Theocr. 1, 69).   Dass er aber auch
dem Rhodauus gegeben sei, beweist in verbindung mit Avien eine
bisher unbeachtete stelle der cosmographie des sogenannten Aethi-
cus (p. 715 Gron.).   Nachdem daselbst gesagt, dass der Araris
(hier die Saone und der untere lauf der Rhone) mit dem Rheine
oder Bicornius einen einzigen von meer zu meere gehenden fluss
bilde, mit dem sich der Rhodanus vereinige, wird dasselbe noch einmal
vorgetragen in folgender weise: *Ita ergo hic fluvius tribus nominibus nuncupatur, quum sit unus et dimidius, quod Araris, ut supra diximus, ducit a mari Patavoniense usque ad mare Tyrrhenum
contra insulas Baleares. Ejus autem medietas [est qua inruen-
tem] habet Aculeum pertortuosum Lugduno, ubi et nascitur.*   Das
supplement stützt sich auf die corrupte fassung der stelle bei Julius Honorius: *Ejus autem medias quae inruit habet Aquilium pertortuosum Lugdunum, ubi et nascitur.*   Also da, wo nach dem vorhergehenden der Rhodanus zu nennen war, wird ein *Aculeus* erwähnt; eine inconsequenz die in jenen wüsten centonen nicht auffallen darf; dieser *Aculeus* aber ist nichts anderes als eine übersetzung des griechischen ἀκίς.   Man beachte ferner, dass die aus der
mythischen geographie der Argonautica bekannte verbindung des
Rhodanus mit dem Ocean, welche der cosmograph ganz nach Avien-
scher art in der spätern geographie wieder zur geltung bringt, sich
auch bei Avienus in den worten (676): *dehinc Atlanticos in gur-
gites, nostrum in mare et occidentem contuens evolvitur* angedeutet
findet, was Müllenhoff allerdings nicht zugeben will.   Wenn endlich die *Solis columna* als der berg geschildert wird, hinter dem
die sonne nachts ihren weg fortsetzt, so hat diese vorstellung ihre
berechtigung, wenn der berg im höchsten norden gedacht wird und
in der gegend, aus welcher bei Apollonius (Arg. 4, 630) der Rhodanus kömmt, γαίης ἐκ μυχάτης, ἵν᾽ εἰσὶ πύλαι καὶ ἐδέθλια νυκ-
τός, aber diesen mythos bei vollkommner localkenntniss auf den S.
Gotthard zu übertragen, konnte doch nur einem ungeschickten compilator einfallen.   Auch hier also tritt uns derselbe mann entgegen,
den wir in der beschreibung Iberiens kennen gelernt haben.

Göttingen.   *Carl Müller.*

IV.

Loesungen.

(S. Philol. XXXI, p. 229.)*).

II. Die inschrift von Sigeion.

Diese inschrift, früher der gegenstand langwieriger verhandlungen, schien fast in vergessenheit gerathen, nachdem Boeckh
die ansprüche dieses denkmals auf ein höheres alterthum bestritten
hatte; erst kürzlich hat Kirchhoff in seinen Studien zur Gesch. d. gr.
Alphabets p. 133—139 sich dieser urkunde wieder angenommen.
Ich stimme Kirchhoff bei, wenn er geltend macht, dass von seiten
der palaeographie kein grund vorliege, die ächtheit der urkunde in
zweifel zu ziehen; allein im übrigen hat der gelehrte akademiker
durch seine ausführliche besprechung der inschriften keine einzige
schwierigkeit entfernt.

Auf der marmornen stele finden sich zwei aufschriften, eine
kürzere in ionischem dialekt:

$Φανοδίκου$ $εἰμὶ$ $τοὐρμοκράτεος$ $τοῦ$ $Προκονησίου·$ $κρητῆρα$ $δὲ$
$καὶ$ $ὑποκρητήριον$ $καὶ$ $ἠθμὸν$ $ἐς$ $πρυτανή|ιον$ $ἔδωκεν$ $Συκεεῦσιν$ [1]).

Darauf folgt eine zweite in attischer mundart, die zunächst nur
die erste wiederholt, dann aber auch neues hinzufügt:

$Φανοδίκου$ $εἰμὶ$ $τοῦ$ $Ἑρμοκράτους$ $τοῦ$ $Προκονησίου·$ $κἀγὼ$
$κρατῆρα$ $κἀπίστατον$ $καὶ$ $ἠθμὸν$ $ἐς$ $πρυτανεῖον$ $ἔδτικα$ $μνῆμα$ $Σι-$
$γειεῦσιν·$ $ἐὰν$ $δέ$ $τι$ $πάσχω,$ $μελεδαίνειν$ $με,$ $ὦ$ $Σιγειῆς·$ $καὶ$ $μ᾽$
$ἐπόεισεν$ $Αἴσωπος$ $καὶ$ $ἀδελφοί.$

---

*) Die dort stehende abhandlung ist der redaction schon im ja-
nuar 1870 eingesandt und im mai desselben jahrs gedruckt, das ganze
heft aber erst im october versandt worden. — E. v. L.

1) In $Προκονησίου$ kann man das $ν$ verdoppeln, es kann sich hier
recht gut ein rest der älteren schreibweise erhalten haben, aber $Συ-$
$κεεῦσιν,$ offenbar eine volksmässige form, wie auch Boeckh urtheilt,
darf man nicht in $Σιγειεῦσιν$ verändern.

Es giebt eine anzahl zweisprachiger inschriften, aber mir ist kein beispiel bekannt, wo einer griechischen inschrift in landschaftlicher mundart gleichsam eine übersetzung in einem anderen dialecte beigefügt wäre, und am allerwenigsten wird man das ionische ins attische, was ja mit der ias ursprünglich identisch war, übertragen haben [2]). Dieser umstand allein wäre geeignet, entschiednes misstrauen gegen das alterthum zu erwecken, wenn es nicht gelingt, die wiederholung zu rechtfertigen. Kirchhoff meint, die zweite inschrift sei hinzugefügt, weil man später die stele auf einer basis aufgestellt habe und dadurch die erste inschrift so in die höhe gerückt ward, dass sie schwer zu lesen war. Die erste inschrift, wenn man sich die stele ohne basis denkt, beginnt sechs fuss über dem boden, tritt also dem beschauer ganz bequem entgegen; aber auch wenn man eine basis hinzufügte, und also diese inschrift etwa 7 —8 fuss über dem boden sich befand, war sie bei der grösse der buchstaben vollkommen lesbar, es wäre also eine ganz unnütze mühe gewesen, die inschrift zu wiederholen. Da ist Hermanns ansicht (über Boeckhs behandlung der gr. inschr. p. 38), die untere inschrift sei die ältere, sie sei später verbaut worden, und so habe man die obere hinzugefügt, doch auf den ersten anblick weit wahrscheinlicher; sie ist jedoch eben so wenig zulässig, da, wie auch Kirchhoff annimmt, vielmehr die obere inschrift als die ältere zu betrachten ist.

Kirchhoff geht wie seine vorgänger von der voraussetzung aus, auf der stele habe sich das brustbild des Phanodikos befunden: mir scheint aber damit die erwähnung der mischkrugs nebst zubehör, die in beiden inschriften wiederkehrt, unvereinbar. Wenn das monument den Phanodikos selbst darstellte, gleich viel ob er selbst oder andere dieses denkmal gestiftet, konnte wohl passend eine handlung des Phanodikos erwähnt werden, um sein verdienst in das rechte licht zu setzen, allein durch das geschenk eines mischkruges erwirbt man sich keinen anspruch auf eine derartige auszeichnung [3]).

2) Nicht minder befremdlich ist eine sogenannte umbrische inschrift mit lateinischer übersetzung von Tuder: schwerlich gehören diese inschriften zwei italischen mundarten, sondern vielmehr zwei verschiedenen sprachen an; ob gerade der celtischen, wie man vermuthet hat, steht dahin.

3) Am wenigsten in der zeit, welcher diese inschriften angehören, wo mit ausnahme der sieger in den grossen agonen die ehre der bildsäule nur in ausserordentlichen fällen vorkommt, die form der mar-

Eine solche aufschrift unter ein portraitbild setzen hiesse den spott und hohn herausfordern. Die inschrift ist nur dann gerechtfertigt, wenn sich eben jenes geschenk des Phanodikos an die prytanen von Sigeion auf der stele selbst befand: mit hülfe eines zapfens wird der untersatz (ὑποχρητήριον) in dem noch vorhandenen loche oben auf der stele befestigt gewesen sein, auf dem untersatze stand der mischkrug, auf diesem lag wieder der trichter [4]. Dieses weihgeschenk von kunstfertiger hand wahrscheinlich aus erz gearbeitet, braucht nicht gerade grosse dimensionen gehabt zu haben, da die stele nur 10 zoll dicke hat; wenn sie übrigens von der wand etwas abstand, war sie auch im stande ein grösseres kunstwerk zu tragen. Diese geräthe sind nicht etwa zum gebrauch der prytanen bestimmt; denn dann würde man sie nicht acht fuss hoch über dem boden angebracht haben, sondern sie dienen als ἄγαλμα des prytaneion. Phanodikos, vielleicht proxenos der bürger von Sigeion in seiner heimath, stiftete dieses geschenk ins prytaneion, und fügte auch gleich die marmorne stele hinzu, die in Prokonnesos gearbeitet war, und wie sich gebührt, in ionischer mundart verfasst ist.

Für die wiederholung der inschrift giebt es meiner ansicht nach nur eine zulässige erklärung. Das geschenk des Phanodikos war entweder abhanden gekommen oder beschädigt [5], da entschloss sich der stifter dasselbe zu erneuern, und dies ist auch in der unteren inschrift angedeutet, wenn man nur richtig interpungirt [6]:

$$\Phi\alpha\nu o\delta\acute{\iota}\varkappa o\nu \ \epsilon\grave{\iota}\mu\grave{\iota} \ \tau o\tilde{\nu} \ \acute{E}\varrho\mu o\varkappa\varrho\acute{\alpha}\tau o\nu\varsigma \ \tau o\tilde{\nu} \ \Pi\varrho o\varkappa o\nu\eta\sigma\acute{\iota}o\nu \ \varkappa\grave{\alpha}\gamma\acute{\omega}.$$

morbüste aber, die man in diesem falle annimmt, gänzlich unbekannt war.

4) Auch Hermann p. 192 denkt an die möglichkeit, dass der krater auf der stele seinen platz hatte, giebt aber diese vermuthung wieder auf und kehrt zu der herrschenden annahme einer büste zurück, p. 213.

5) An eine beschädigung des denkmals dachte auch schon Chishull, meinte aber irrthümlich, die herstellung sei von den Sigeern ausgegangen auf grund der in der unteren inschrift ausgesprochenen bitte, und die Sigeer hätten dann die obere inschrift zugefügt (s. Hermann a. o. p. 38.)

6) Die inschrift selbst giebt hierüber keinen aufschluss, da in der regel hinter jedem wort zwei oder drei punkte sich finden; dass hier drei punkte stehen, vorher immer nur zwei, will ich nicht geltend machen, denn auch im folgenden wechseln diese beiden zeichen beliebig mit einander ab.

**d. h. auch ich bin, wie das frühere, ein geschenk des
Phanodikos.** Der singular hier wie anderwärts bezeichnet die
ganze gabe, der krater ist die hauptsache, dazu gehören nothwendig der untersatz und der trichter. Das folgende:

κρατῆρα κἀπίσιατον καὶ ἠϑμὸν ἐς πρυτανεῖον ἔδωκα μνῆμα
Σιγειεῦσι.

entspricht den worten der ersten inschrift:

κρητῆρα δὲ καὶ ὑποκρητήριον καὶ ἠϑμὸν ἐς πρυτανήιον ἔδωκεν
Συκεεῦσιν.

Aber statt ἔδωκα erwartet man die dritte person, wie oben: denn
das weihgeschenk spricht hier nicht von sich, sondern von dem
stifter: entweder liegt hier ein versehen des Phanodikos selbst
vor, der von sich ebenfalls in der ersten person redet, was ja so
nahe lag, oder was mir glaublicher scheint, der steinmetz hat sich
geirrt, was um so leichter geschehen konnte, da er vielleicht gerade so wie die neueren κἀγὼ mit dem zweiten satze verband [7]).
Nicht ohne einen gewissen humor fügt Phanodikos hinzu, dass,
wenn wieder ein unfall das weihgeschenk treffen sollte, die Sigeer
selbst für die wiederherstellung sorge tragen möchten. Diese worte
sind übrigens metrisch abgefasst:

Ἐὰν δέ τι πάσχω,

Μελεδαίνειν μ᾽, ὦ Σιγειῆς,

d. h. eine catalectische anapästische tripodie mit paroemiakos, und
eben aus diesem grunde ist kein αὖ oder αὖτις hinzugefügt, was
sonst hier ganz angemessen sein würde. Zum schluss werden die
verfertiger des kunstwerkes genannt, die vielleicht auch schon bei
dem ersten thätig gewesen waren. Wenn es sich um eine mar-
morbüste handelte, wie die neueren annehmen, wäre das zusammen-
wirken von mindestens drei künstlern höchst auffallend; sobald aber
von der anfertigung von drei verschiedenen gegenständen die
rede ist, verschwindet jedes bedenken: ohnedies ist **Haesopos und
die brüder** gleichsam nur die geschäftsfirma.

Diese zweite inschrift ist bei der wiederherstellung des weih-
geschenkes in Sigeion hinzugefügt, und da dieser ort damals im be-

---

7) Auch Hermann p. 216 nimmt anstoss daran, dass das denkmal
erst in eignem namen, dann im namen seines stifters redet, und zuletzt wieder auf sich selbst zurückkommt. Aber Hermanns versuch
die schwierigkeit durch erklärung zu beseitigen ist ganz unzulänglich.

sitz der Athener war [8]), in attischem dialekt abgefasst; sie dürfte wohl eine der ältesten urkunden dieses dialektes sein, die uns erhalten sind, und beweist, wie derselbe damals bereits vollständig von der ias sich gesondert hatte. Wie aber die mundarten ganz besonders im wortgebrauch von einander abweichen, so ist auch hier das ionische ὑποκρητήριον mit dem attischen ἐπίστατον vertauscht.

III. Dodona.

Aeltere grammatiker wie neuere gelehrte unterscheiden ein thessalisches Dodona in der Ilias von dem bekannten epirotischen Dodona in der Odyssee, während andere die identität beider festhalten: so auch F. G. Unger im Philol. XX, 577 ff., wo jedoch eigentlich nichts vorgebracht wird, was diese streitfrage wesentlich berührt; genauer hat derselbe gelehrte schon früher in dem II. Suppl. des Philol. p. 705 ff. dies problem erörtert. Ich muss jedoch gestehen, dass dadurch dieser dunkele punkt nicht aufgehellt ist. Historische zeugnisse für die existenz eines thessalischen Dodona lassen sich allerdings nicht anführen; dass Mnaseas dieser ansicht war, hat am allerwenigsten bedeutung, denn ich muss gestehen, dass ich nur ungern mit diesem alterthumsforscher zusammentreffe. Ich selbst, wenn ich ein doppeltes Dodona unterschied, ging dabei, wie wohl alle älteren und neueren grammatiker, welche der gleichen ansicht sind, von der betrachtung der beiden stellen der Ilias aus, wo jenes heiligthum erwähnt wird, II, 750 und XVI, 233. Wenn Dodona beidemal δυσχείμερος genannt wird, so schien dies mit der lage des epirotischen Dodona nicht gut vereinbar, daher auch schon im alterthume rhapsoden unter billigung Zenodots, an der zweiten stelle πολυπίδακος corrigirten. Dann aber schien die erste stelle deutlich zu bezeugen, dass der verfasser des schiffscatalogs Dodona in das nördliche Thessalien, in das gebiet der Perrhäber verlegte.

Unger sucht zunächst die Aenianen, die im catalog mit den Perrhäbern verbunden werden, in Epirus nachzuweisen, und indem er den namen Παραιαῖοι, den diese völkerschaft dort führt, mit

---

8) Die erste inschrift ward wohl verfasst zu einer zeit, wo die Mitylenäer noch im besitz von Sigeion waren; bei der eroberung des ortes durch die Athener mag das weihgeschenk abhanden gekommen sein; die zweite inschrift gehört also der zeit des Pisistratus an.

dem flussnamen Ἄραχθος identificirt, glaubt er erwiesen zu haben, dass diese Aenianen unmittelbare nachbaren des epirotischen Dodona waren. Der schwierigkeit, welche das epitheton δυσχείμερος macht, sucht er dadurch abzuhelfen, dass er Dodona von dem see Janina, wo man es gewöhnlich sucht, ins gebirge verlegt. Ich will diese hypothesen ganz auf sich beruhen lassen, denn wenn wir Ungers deutung folgen, dann müsste man in den versen des catalogs:

Γουνεὺς δ' ἐκ Κύφου ἦγε δύω καὶ εἴκοσι νῆας,
τῷ δ' Ἐνιῆνες ἕποντο μενεπτόλεμοί τε Περαιβοί,
οἵ περὶ Δωδώνην δυσχείμερον οἰκί' ἔθεντο,
οἵ τ' ἀμφ' ἱμερτὸν Τιταρήσιον ἔργ' ἐνέμοντο,

das erste relativum (750) auf die Aenianen in Epirus, das zweite (751) auf die Perrhäber in Thessalien beziehen: ob dies sprachlich zulässig sei, möchte ich sehr bezweifeln, bei Homer wüsste ich kein ähnliches beispiel nachzuweisen. Ferner fragen wir, wie es kommt, dass der thessalische fürst Gouneus aus Kyphos zwei geographisch völlig getrennte völkerschaften, die epirotischen Aenianen und die thessalischen Perrhäber ins feld führt. Darüber schweigt Unger vollständig, er giebt nur zu, dass das geographische princip der anordnung durch seine erklärung verletzt werde; was er zur entschuldigung hinzufügt, der dichter habe Dodona wegen seiner hohen bedeutung im homerischen epos nicht übergehen können, ist wenigstens für die Ilias durchaus nicht zutreffend. Wenn er dann sagt: „die Aenianen (d. h. Ungers Aenianen am Arachthus) waren wirklich die nachbarn der Perrhäber, nämlich der westlich am Pindos wohnenden", so ist dies wohl, wenn man jene hypothese zugiebt, richtig, aber Homer spricht ja wie Unger selbst die verse 750. 51 auffasst, nicht von Perrhäbern am Pindos, sondern am Olymp [9]); er bürdet also dem dichter eine arge verwirrung auf, die man doch gerade dem verfasser des catalogs, der über die völkerverhältnisse des alten Griechenlands im ganzen sehr wohl unterrichtet erscheint, ohne zwingende gründe nicht zutrauen darf.

Ich glaube das problem lässt sich auf ganz einfache weise lösen: die Perrhäber, welche Gouneus anführt, haben sich wie man-

---

9) Unklar ist mir, was Unger (Suppl. II, 712) mit den worten: »die anomalie liegt also hier im doppelten vorkommen der Perrhäber am Olymp und am Pindos, die doch nicht zweimal aufgezählt zu werden brauchten«, eigentlich bezweckte.

che andere völkerschaften gespalten, ein theil wohnt im nördlichen
Thessalien, am flusse Titaresius (Europus), ein anderer in Epirus
am westlichen abhange des Pindus, also in der unmittelbaren nähe
von Dodona. Auch die getrennten theile halten zusammen, wie wir
dies z. b. bei den Lokrern deutlich sehen, und so lässt der dichter auch die Perrhäber am Pindos sich ihren stammgenossen in
Thessalien anschliessen, sie ziehen wie jene unter der führung des
Gouneus, der zu Kyphos in Thessalien wohnt, ins feld. Ganz klar
und deutlich hat der dichter die verschiedenen wohnsitze der Perrhäber bezeichnet, und diese darstellung ist mit den thatsächlichen
verhältnissen vollkommen im einklang; denn Perrhäbia heisst ja auch
noch später die thessalische landschaft, welche der Europos durchströmt; und ebenso wohnten Perrhäber in Epirus westlich vom Pindos, Strabo IX, 434 ἡ δὲ Πίνδος ὄρος ἐστὶ μέγα, πρὸς ἄρκτον
μὲν τὴν Μακεδόνων, πρὸς ἑσπέραν δὲ Περραιβοὺς μετανάστας ἀν-
θρώπους (ἔχον), πρὸς δὲ μεσημβρίαν Δόλοπας [10]), und 442 erwähnte er beide zweige der Perrhäber: οἱ δὲ Περραιβοί, τινὲς μὲν
συσταλέντες περὶ τὰ ἑσπέρια τοῦ Ὀλύμπου μέρη κατέμενον αὐτόθι,
πρόςχωροι ὄντες Μακεδόσι, τὸ δὲ πολὺ μέρος εἰς τὰ περὶ τὴν Ἀθα-
μανίαν ὄρη καὶ τὴν Πίνδον ἐξέπεσε· νυνὶ δὲ μικρὸν ἢ οὐδὲν αὐτῶν
ἴχνος σώζεται, vergl. auch p. 440, wo er erzählt, wie der grössere
theil der Perrhäber von den Lapithen gedrängt in das gebirgsland
am Pindos auswanderte und nachbaren der Athamanen und Doloper
wurden [11]).

Mit den thessalischen Perrhäbern erscheinen bei Homer die
Aenianen eng verbunden, wie schon Strabo bemerkt IX, 442 Ὅμηρος
.. αὐτούς, συνέζευξεν ὡς πλησίον ἀλλήλων οἰκοῦντας: früher wohnten
die Aenianen in der ebene Dotion; von den Lapithen verdrängt wanderte der grössere theil nach dem Oeta aus, τινὲς δ᾽ αὐτῶν ἔμει-
ναν περὶ Κύφον [12]), Περραιβικὸν ὄρος ὁμώνυμον κατοικίαν ἔχον,
dies sind eben die von Homer erwähnten. Dass aber auch die

---

10) Ungenau ist es, wenn Strabo IX, 450 die Perrhäber und Athamanen als die nördlichen grenznachbarn der Aetolier bezeichnet.

11) Plinius H. N. IV, 2 in der beschreibung von Epirus: *Perraebi,
quorum mons Pindus,* dann rechnet er (6) zu den völkerschaften Aeto-
liens *Aenianes, Perraebi.*

12) Auch Stephanus von Byzanz nennt Κύφος eine πόλις Περραι-
βίας, und fügt zur erklärung hinzu: ἀπὸ Κύφου τοῦ παιδὸς Περραιβοῦ
τοῦ Π ... wo nicht Πύρρας mit Meineke zu schreiben ist, sondern
Παλληνέως, wie Eustathius lehrt.

Perrhäber durch die Lapithen einen theil ihres gebietes einbüssten
und auf die gebirgsgegenden am Olymp und Tempe beschränkt
wurden, berichtet Strabo 441, indem er dazu Kyphos und das
flussgebiet des Titaresios rechnet. Dass in älterer zeit die Perrhäber
auch in Dotion und am Ossa neben den Aenianen ansässig waren,
bemerkt er schon I, 61, wo er auch der μετανάσται Περραιβοὶ
(d. h. eben der am Pindos wohnenden) gedenkt. Aenianen im nördlichen Thessalien kennt auch der hymnus auf Apollo Pyth. 38:

> Πιερίην μὲν πρῶτον ἀπ᾽ Οὐλύμποιο κατῆλθες,
> Λέκτον τ᾽ ἠμαθόεντα παρέστιχες ἠδ᾽ Ἐνιῆνας
> καὶ διὰ Περραιβούς· τάχα δ᾽ εἰς Ἰαωλκὸν ἵκανες.

wo Λέκτος ein unbekannter oder auch verderbter ortsname ist; die
änderungen Λάκμον τ᾽ Ἠμαθίην τε sind als entschieden verfehlt
abzuweisen, dagegen den namen der Aenianen hat Matthiae richtig
hergestellt.

Die enge verbindung der Aenianen und Perrhäber ist genügend bezeugt; wenn alte kritiker bei Homer den namen der Aenianen verdrängen und dafür τῷ δ᾽ ἄρ᾽ Ἴωλοι ἕποντο schreiben wollten,
wie Stephanus von Byzanz berichtet, so ist das durchaus kein beweis,
dass die alten keine Aenianen im nördlichen Thessalien kannten,
wie Unger p. 205 behauptet, denn wir wissen gar nicht aus welchem grunde die überlieferte lesart geändert wurde [12]). Diese Ἴωλοι nennt Stephanus ein ἔθνος Περραιβικὸν, sonst ist es völlig unbekannt. Gerade im schiffskatalog hat wirkliche oder vermeintliche localkenntniss sich in mancherlei änderungen versucht; so wird
zu v. 744 τοὺς δ᾽ ἐκ Πηλίου ὦσε καὶ Αἰθίκεσσι πέλασσεν bemerkt,
dass Demokrines (der name, wenn richtig gelesen, kommt sonst
nicht vor) Αἰθιόπεσσι geschrieben habe; aber dies wäre ja ein
offenbarer schreibfehler, der der erwähnung nicht würdig war: ich

---

12) Man konnte an der verbindung zwei gesonderter völkerschaften unter einem führer oder auch an der ungewöhnlichen namensform
Ἐνιῆνες anstoss nehmen. Diese scheint nur dem Epos eigenthümlich
zu sein; denn wenn anderwärts die handschriften nicht selten diese
schreibart darbieten, so ist dies offenbar nur der gewöhnliche fehler
der abschreiber, die AI und E nicht zu unterscheiden vermochten.
Auffallend bleibt immer diese verkürzung. Die Αἰνιᾶνες wurden wohl
von den Boeotern Ἡνιᾶνες genannt, und indem diese namensform in
das epos gelangte, wurde daraus Ἐνιῆνες, um dem gesetze des verses
zu genügen, oder es ist eben diese boeotische form Ἡνιῆνες herzustellen, wo dann I als stummer laut zu betrachten sein würde.

glaube man muss *Aἰϑοπιεῦσι* schreiben, und beziehe dies auf den festen ort *Aἰϑοπία* im gebiet der Athamanen, s. Liv. 38, 1.

Ist meine auffassung der verse des catalogs richtig, dann ist auch für die Ilias das epirotische Dodona sicher bezeugt; das epitheton *δυσχείμερος*, welches hier und *Π* vorkommt, kann keine schwierigkeiten machen. Ueber die eigentliche lage des alten Dodona und seine climatischen verhältnisse wage ich keine sichere entscheidung auszusprechen: lag es am see Janina, dann scheint das epitheton allerdings nicht recht passend, allein *δυσχείμερος* ist ein relativer begriff, es kommt dabei immer auf den standpunkt des sprechenden an. Und wenn auch die epitheta der homerischen poesie meist mit wunderbarer treue den natürlichen verhältnissen entsprechen, so giebt es doch auch ausnahmen. Da Dodona in der unmittelbaren nachbarschaft der ausgewanderten Perrhäber lag, diese aber eine rauhe gebirgsgegend bewohnten, konnte man wohl versucht sein den ausdruck *δυσχείμερος* auch auf Dodona auszudehnen.

Aber ich muss noch ein paar worte über die folgenden verse hinzufügen:

οἵ τ' ἀμφ' ἱμερτὸν Τιταρήσιον ἔργ' ἐνέμοντο,
ὅς ῥ' ἐς Πηνειὸν προΐει καλλίρροον ὕδωρ,
οὐδ' ὅγε Πηνειῷ συμμίσγεται ἀργυροδίνῃ,
ἀλλά τε μιν καθύπερθεν ἐπιρρέει ἠΰτ' ἔλαιον·
ὅρκου γὰρ δεινοῦ Στυγὸς ὕδατός ἐστιν ἀπορρώξ.

O. Müller Dor. I, 25 meint, der Titaresios habe sich durch sein klares und deshalb dunkeles wasser von dem schlamm führenden und darum weisslichen Peneios gesondert. Aber *ἀργυροδίνης* scheint mir wenig passend, um trübes, schlammiges wasser zu bezeichnen: Lucian sagt ganz richtig Dial. D. Mar. III, 2: οἶδα οὐκ ἄμορφον, ὦ Ἀλφειὲ, τὴν Ἀρέϑουσαν, ἀλλὰ διαυγής τέ ἐστι καὶ διὰ καϑαροῦ ἀναβλύζει καὶ τὸ ὕδωρ ἐπιπρέπει ταῖς ψηφῖσιν ὅλον ὑπὲρ αὐτῶν φαινόμενον ἀργυροειδές. Ich glaube hier liegt ein alter fehler vor, der dichter wird gesagt haben:

Οὐδ' ὅγε Πηνειῷ συμμίσγεται ἀργυροδίνης.

Dem Titaresios kommt dies epitheton zu, um so mehr, da er als ein abfluss der Styx geschildert wird, diese aber entspringt aus dem Okeanos, von dem Hesiod sagt Theog. 790:

ἐννέα μὲν περὶ γῆν τε καὶ εὐρέα νῶτα ϑαλάσσης
δίνης ἀργυρέης εἰλιγμένος εἰς ἅλα πίπτει,

ἡ δὲ (d. h. die Styx) μι᾽ ἐκ πέτρης προρέει.

So heisst auch der Acheloos, der eigentlich der himmlische was-
serstrom ist, bei Hesiod Theog. 340 ἀργυροδίνης, wofür Dionys. Perieg. 497 δίνης ἀργυρέης Ἀχελώιος ἀμφὶς ἑλίσσει sagt.
Natürlich ist der fehler alt, Strabo IX, 441 erklärt das wasser
des Peneios für καθαρὸν, das des Titaresios sei λιπαρὸν ἔκ τινος
ὕλης; Plinius schreibt Hist. Nat. IV, 31: *Hac labitur Penius, viri-
dis* (eine handschrift *vitreus*) *calculo … accipit amnem Horcon, nec
recipit, sed olei modo supernatantem, ut dictum est Homero, brevi
spatio portatum abdicit poenalis aquas dirisque genitas argenteis suis
misceri recusans.* Merkwürdig, dass Plinius den fluss Ὄρκος nennt,
wozu ein missverstehen der griechischen quelle, in der berichtet
war, dass die umwohner bei diesem flusse zu schwören pflegten,
(s. Eustath. zu Hom. a. a. o.), den anlass geben mochte; doch führen
die lesarten anderer handschriften ganz deutlich auf *Europon*, so
dass es schwierig ist zu entscheiden, wie Plinius selbst schrieb.
Strabo uud Plinius (oder sein gewährsmann) berichten hier nur als
buchgelehrte geographen, was sie in ihrem Homer lasen. Nach den
beobachtungen neuerer reisenden hat der Peneios trübes, schmutzi-
ges, der Titaresios klares, reines wasser: und darauf gründet sich
eben O. Müllers sprachwidrige deutung; die alten geographen haben
das wort ganz richtig verstanden, gerathen aber eben dadurch in
einen widerspruch mit der wirklichkeit.

IV. Zur münzgeschichte Athens.

Es giebt irrige ansichten die sich mit wunderbarer zähigkeit
behaupten, einer nimmt sie immer wieder auf treu und glauben von
dem anderen an, ohne an der richtigkeit der überlieferung zu zweifeln. So ist das antepirrhema der parabase der aristophanischen
Frösche (v. 717—737) von alten wie neuen erklärern gründlich
missverstanden worden[13]). Und zwar haben offenbar die alten
scholien den anlass zu diesen irrungen gegeben, indem sie den
grundgedanken der stelle so auffassen, als ob der dichter die Athener tadele, weil sie von den diensten der braven bürger ebensowenig gebrauch machten, wie von den alten vollwichtigen münzen,
dagegen das neue schlechte gold eben so in ehren hielten, wie die

13) Kocks ausgabe ist mir nicht zur hand, ich weiss daher nicht,
wie er die stelle aufgefasst hat.

schlechten staatsbürger. Nun hat zwar die münze im allgemeinen
eine gewisse tendenz zur verschlechterung, aber man kann doch nicht
ohne weiteres jede neue münze im vergleich mit einer älteren als
geringhaltig bezeichnen, es kommt eben auf die besonderen verhältnisse an.   Auch sagt Aristophanes keineswegs das, was die
scholiasten in den worten finden; sie sind auf jene verkehrte auf-
fassung nur gerathen, weil sie das $\varkappa\alpha\iota\nu\grave{o}\nu$ $\chi\varrho\upsilon\sigma\acute{\iota}o\nu$ v. 720 mit $\tau o\tilde{\iota}\varsigma$
$\pi o\nu\eta\varrho o\tilde{\iota}\varsigma$ $\chi\alpha\lambda\varkappa\acute{\iota}o\iota\varsigma$ v. 725 identificiren, wo die scholien bemerken:
($\tau o\tilde{\iota}\varsigma$ $\chi\alpha\lambda\varkappa o\tilde{\iota}\varsigma$ $\varkappa\tau\acute{\iota}\sigma\mu\alpha\sigma\iota$), $\tau o\tilde{\iota}\varsigma$ $\grave{\alpha}\delta o\varkappa\acute{\iota}\mu o\iota\varsigma$ $\varkappa\alpha\grave{\iota}$ $\mu\varepsilon\mu\iota\gamma\mu\acute{\varepsilon}\nu o\iota\varsigma$
$\chi\alpha\lambda\varkappa\tilde{\omega}\cdot$ $\grave{\omega}\varsigma$ $\grave{\varepsilon}\pi\grave{\iota}$ $\nu o\mu\iota\sigma\mu\acute{\alpha}\tau\omega\nu$ [14]), und nachher ganz deutlich: $\nu\tilde{\upsilon}\nu$
$\delta\grave{\varepsilon}$ $\grave{\omega}\varsigma$ $\varkappa\alpha\varkappa\grave{o}\nu$ $\nu\acute{o}\mu\iota\sigma\mu\alpha$ $\tau\grave{o}$ $\chi\varrho\upsilon\sigma o\tilde{\upsilon}\nu$ $o\tilde{\upsilon}\tau\omega\varsigma$ $\varepsilon\tilde{\iota}\pi\varepsilon\nu$, und hieraus hat der scholiast zum Plutus 862 seine weisheit geschöpft
indem er meint, die $\varkappa\acute{\iota}\beta\delta\eta\lambda\alpha$ $\nu o\mu\acute{\iota}\sigma\mu\alpha\tau\alpha$ wären münzen, welche
wenig gold, aber desto mehr kupfer enthielten.

Aber auch die neueren sind in jener falschen auffassung befangen, wie Küster, Dindorf, Fritzsche, und so behauptet nun Boeckh
(Staatshaush. d. A. I, 33 und 770), dem dann Beulé und Hultsch
gefolgt sind, die Athener hätten Ol. 93, 2, um sich aus ihren fi-
nanziellen verlegenheiten zu helfen, die goldenen siegesgöttinnen
eingeschmolzen und daraus schlechte goldmünzen geprägt, indem
sie dieselben stark mit kupfer versetzten [15]): ja Hultsch weiss sogar, dass diese münzen bald beträchtlich unter ihren nominalwerth
gesunken und später wieder aus dem verkehr verschwunden sind.
Davon steht aber nichts im Aristophanes, sondern vielmehr das gegentheil, und da die worte des dichters mit jener auffassung nicht
stimmen, so hat man eine reihe zum theil sehr gewaltsamer ände-
rung vorgenommen. Meineke nahm besonders an $\varkappa\alpha\grave{\iota}$ $\tau\grave{o}$ $\varkappa\alpha\iota\nu\grave{o}\nu$
$\chi\varrho\upsilon\sigma\acute{\iota}o\nu$ anstoss, was auch Hamaker verdächtigt hat [16]), und schrieb

---

14) Die ersten worte dieses scholions, welche im Rav. fehlen,
sind verdorben, $\nu o\mu\acute{\iota}\sigma\mu\alpha\sigma\iota$ zu schreiben liegt nahe, ist jedoch unsicher; die letzten unverständlichen worte sind nichts anderes als der
anfang des scholion zu v. 726 $\grave{\omega}\varsigma$ $\grave{\varepsilon}\pi\grave{\iota}$ $\nu o\mu\acute{\iota}\sigma\mu\alpha\tau o\varsigma$ $\delta\grave{\varepsilon}$ $\tau\tilde{\omega}$ $\varkappa\acute{o}\mu\mu\alpha\tau\iota$, eine
bemerkung, die freilich auch so unvollständig ist, man muss wohl
$\pi\varrho o\varsigma\acute{\varepsilon}\vartheta\eta\varkappa\varepsilon\nu$ hinzufügen: der grammatiker will sagen, $\chi\alpha\lambda\varkappa\acute{\iota}\alpha$ sind hier
nicht bronzegefässe, sondern münzen, daher fügt der dichter $\tau\tilde{\omega}$ $\varkappa\acute{o}\mu$-
$\mu\alpha\tau\iota$ hinzu.
15) Ob dies wirklich in Griechenland geschah, weiss ich nicht;
sonst pflegte man silber beizumischen, daher der ausdruck $\grave{\upsilon}\pi\acute{\alpha}\varrho\gamma\upsilon\varrho o\nu$
$\nu\acute{o}\mu\iota\sigma\mu\alpha$ entsprechend dem $\grave{\upsilon}\pi\acute{o}\chi\alpha\lambda\varkappa o\nu$ $\nu\acute{o}\mu\iota\sigma\mu\alpha$, wie werthlose silbermünzen heissen, Pollux VII, 109.
16) Schon Küster wollte $\tau\grave{o}$ $\varkappa\alpha\iota\nu\grave{o}\nu$ $\chi\alpha\lambda\varkappa\acute{\iota}o\nu$ schreiben.

καὶ κρατίστου κόμματος, später nahm er dies selbst zurück, und suchte den vermeintlichen fehler im folgenden verse, wo er statt *καλούς τε κἀγαθοὺς* schreibt *κ α κ ο ὺ ς τε κἀγαθούς*, eine leichte, aber gleichwohl ganz unzulässige conjectur, auf welche sogar schon einige abschreiber gerathen sind: ferner schreibt Meineke v. 721 *τοῖσιν* statt *οὖσιν*, und versetzt v. 729 nach v. 726 [17]). Wäre jene auffassung der stelle richtig, dann würde man allerdings eine mehrfache verderbniss des textes annehmen müssen; aber gerade dieser umstand ist geeignet, gerechte bedenken gegen die richtigkeit der üblichen erklärung zu erwecken. Wenn wir ohne vorgefasste meinung herantreten, so werden wir finden, dass die worte des dichters vollkommen unversehrt sind, und nicht nur einen ganz guten sinn geben, sondern auch mit den historisch überlieferten thatsachen durchaus im einklange stehen. Aristophanes sagt: **E s geht uns mit unseren guten bürgern gerade so wie mit unseren vollwichtigen gold- und silbermünzen, wir machen von beiden keinen gebrauch: dagegen lassen wir uns die dienste der schlechten bürger gefallen, gerade so wie wir uns mit dem nichtsnutzigen kupfergelde behelfen.** Mit den *καλοὶ κἀγαθοί* wird sowohl das *ἀρχαῖον νόμισμα* als auch das *καινὸν χρυσίον* verglichen; ersteres ist das silbergeld, was man seit alters zu prägen pflegte, das eigentliche courant, während Aristophanes die goldmünzen mit recht *καινὸν χρυσίον* nennt. Man hatte zwar schon einmal früher in Athen den versuch gemacht gold zu prägen, wie die uoch vorhandenen münzen zeigen, aber sicherlich nur in sehr geringem maasse; diese goldstücke waren längst aus dem verkehr verschwunden. Erst Ol. 93, 2, also gerade ein jahr vor der aufführung der Frösche, hatte man offenbar um sich aus finanzverlegenheiten zu helfen, goldene bildnisse der siegesgöttin (*Νίκαι*) eingeschmolzen und daraus goldmünzen geprägt: wenn diese zugleich mit dem *ἀρχαῖον νόμισμα*

---

17) Ich selbst habe früher vers 724, welchen Pollux IX, 90 ganz auslässt, nach v. 722 zu stellen vorgeschlagen; allein ich halte jetzt auch hier die überlieferung fest; denn *πανταχοῦ*, was dort überflüssig sein würde, ist hier ganz angemessen. Eigentlich werden die münzen in der münze selbst geprüft, ob sie vollwichtig sind, bevor sie der staat ausgiebt; allein hier geht der ausdruck *κεκωδωνισμένοις* darauf, dass die attischen münzen wegen ihres genügenden metallgehaltes überall im inlande wie in der fremde im verkehr zugelassen und gern gesehen wurden.

den καλοὶ κἀγαϑοὶ gegenübergestellt werden, so versteht es sich
von selbst, dass sie vollwichtig waren [18]), und auf diese goldmünzen so wie auf das silbercourant gehen eben die folgenden verse,
wo der dichter rühmt, wie diese münzen überall zum vollen nenn-
werthe angenommen würden. Wenn Aristophanes behauptet, dass
die Athener sich dieser guten münzen nicht bedienten, so läuft natürlich etwas komische übertreibung mit unter; abər es ist begreiflich, wie in folge des langwierigen krieges Athen immer mehr
verarmte; der handel stockte, der credit war gesunken, das baare
geld rar, und so werden auch die neugeprägten goldmünzen dem
herrschenden geldmangel nicht abgeholfen haben, sie verschwanden
ebenso wie das silber immer seltener wurde. Dieser nothstand veranlasste offenbar die Athener Ol. 93, 3, und zwar gewiss gleich
im beginn des neuen jahres (denn die Frösche sind an den lenaeen
aufgeführt) zu einer neuen maasregel zu schreiten und eine wie es
scheint massenhafte ausprägung von scheidemünze in kupfer anzu-
ordnen: so war Athen im spätjahre, als Aristophanes seine Frösche
schrieb, mit der ungewohnten kupfermünze überschwemmt, und die
gold- und silbermünzen zogen sich natürlich noch mehr zurück:
der dichter konnte also recht gut sagen, wie wir uns im verkehr
mit den schlechten kupfermünzen behelfen, so verwenden wir nur
die schlechten bürger im staatsdienste. Es ist möglich, dass diese
kupfermünzen nicht vollwichtig waren, aber aus den worten des
dichters τοῖς πονηροῖς χαλκίοις darf man dies nicht schliessen:
so konnte Aristophanes die kupfermünze im gegensatze zn den
edelmetallen um so mehr nennen, da er ja eben diese neuen münzen mit den schlechten bürgern vergleicht [19]); auch mochte die öf-
fentliche meinung dieser neuen finanzmaasregel nicht gerade günstig
sein. Χαλκία sind also die neuen kupfermünzen, und dass auch äl-

---

18) Hellanikus und Philochorus, auf deren zeugniss sich der scholiast beruft, hatten nur dies factum berichtet, von einem betrügeri-
schen finanzmanöver wussten sie offenbar nichts.

19) Auch die worte τῷ κακίστῳ κόμματι enthalten jedenfalls eine
übertreibung. Durch schönheit haben sich die attischen münzen nie
ausgezeichnet, man vergleiche nur die anecdote von Zeno (Diog. L. VII, 18),
der die elegante fehlerfreie rede mit den münzen Alexanders und seiner diadochen verglich, τοὺς δὲ τοὐναντίον ἀφωμοίου τοῖς Ἀττικοῖς τε-
τραδράχμοις εἰκῆ μὲν κεκομμένοις καὶ σολοίκως, καϑέλκειν μέντοι πολλά-
κις τὰς κεκαλλεγραφημένας λέξεις. Und eben nur mit rücksicht auf den
gehalt nennt Aristophanes die attischen silbermünzen κάλλιστα.

tere erklärer die stelle so gefasst haben, geht aus dem scholiasten selbst hervor, der, nachdem er seine falsche erklärung vorgetragen hat, hinzufügt: δύναιτο δ' ἂν καὶ τὸ χαλκοῦν λέγειν (νόμισμα)· ἐπὶ γὰρ Καλλίου χαλκοῦν νόμισμα ἐκόπη, indem er uns zugleich das factum selbst bezeugt. Und auf kupfergeld, nicht auf schlechte goldmünzen bezieht auch Pollux diese verse; der ganze abschnitt über die münzen bei Pollux ist aber aus sehr guten quellen geschöpft.

Der elegiker Dionysius, auf dessen antrag die Athener kupfermünzen prägen liessen, erhielt eben deshalb den spottnamen χαλκοῦς. Beulé ist geneigt auf diesen Dionysius die kupferprägung Ol. 93, 3 zurückzuführen: dies ist jedoch, wie schon Boeckh erinnert hat, nicht gut möglich: denn dieser Dionysius erscheint unter den führern der colonie Thurii ol. 84, 1, dies setzt aber ein reifes lebensalter voraus, ebenso wenn der im dienste des Nikias stehende Hiero als sohn des Dionysius galt oder sich selbst dafür ausgab: es ist daher wenig wahrscheinlich, dass dieser Dionysius sich noch nahezu vierzig jahre später an den staatsgeschäften betheiligt haben sollte. Die gedichte des Dionysius, welche freundschaftliche beziehungen zu Phaeax und wie es scheint zu dem sophisten Theodorus von Byzanz bekunden, wären jedoch einer solchen annahme nicht hinderlich. So mag also Dionysius schon früher etwa am anfange des peloponnesischen krieges kupferprägung angerathen haben [20]). Es mag aber bei diesem versuche geblieben sein, denn thatsache ist, dass die ältere komödie bis auf Ol. 93, 3 kein kupfergeld kennt; man mochte sich eben, wie wohl schon früher, mit fremder scheidemünze behelfen, und darauf kann die erwähnung des κόλλυβος bei Aristophanes Frieden 1209 gehen [21]), die ohnedies den charakter formelhafter rede hat.

Eine indirecte beziehung auf Dionysius finde ich übrigens in den worten des Aristophanes v. 730 τοῖς δὲ χαλκοῖς καὶ ξένοις καὶ πυῤῥίαις καὶ πονηροῖς κἀκ πονηρῶν εἰς ἅπαντα χρώμεθα. Fritzsche meint χαλκοῖς sei hier in dem sinne von ὑποχάλκοις gebraucht: νόμισμα ὑπόχαλκον ist eine plattirte münze, deren kern

[20]) Die darauf bezügliche rede war noch in der Alexandrinischen bibliothek vorhanden, also eine der frühesten proben attischer redekunst.
[21]) Auch Eupolis gebraucht diesen ausdruck, doch ist bei ihm eigentlich von Kyzikos die rede.

aus bronze oder anderm werthlosen metall bestehend mit einer dün-
nen platte edeln metalles überzogen ist: aber Aristophanes redet
hier nicht von solchen gefälschten münzen, sondern von kupfergeld.
Meineke nimmt solchen anstoss an dem ausdrucke, dass er $\mu\alpha\lambda\alpha$-
$\varkappa o\tilde\iota\varsigma$ schreiben will: aber indem der dichter schlechte bürger mit
dem kupfergelde vergleicht, lag nichts näher, als dieselben im tone
der äussersten geringschätzung $\chi\alpha\lambda\varkappa o\tilde\iota$ zu nennen, um eben anzu-
deuten, dass sie gerade so viel werth wären, wie ein $\chi\alpha\lambda\varkappa o\tilde\nu\varsigma$.
Aber ich glaube der dichter denkt zunächst eben an jenen Diony-
sius $\chi\alpha\lambda\varkappa o\tilde\nu\varsigma$ und an seinen uns unbekannten nachfolger, der eben
jetzt die einführung des kupfergeldes durchgesetzt hatte und auf
den gleichen zunamen anspruch machen durfte: denn diese männer
gehörten in der that zu den rathgebern des attischen demos.

In den nächsten jahren wird man gewiss fortgefahren haben
kupfergeld zu prägen, und erst als nach dem kriege sich allmählich die finanzverhältnisse Athens wieder bessern, konnte man daran
denken, diese masse scheidemünze wieder einzuziehen und das silber als ausschliessliches courant zu erklären, wie dies Aristophanes selbst in den Ecclesiazusen v. 815 ff. bezeugt.

V. Die eruptionen des Aetna.

Thukydides erwähnt im 6. jahre des peloponnesischen krieges
(Ol. 88, 3) einen ausbruch des Aetna mit den worten III, 116:
$\dot\varepsilon\varrho\varrho\dot\upsilon\eta$ $\delta\dot\varepsilon$ $\pi\varepsilon\varrho\dot\iota$ $\alpha\dot\upsilon\tau\dot o$ $\tau\dot o$ $\dot\varepsilon\alpha\varrho$ $\tau o\tilde\upsilon\tau o$ $\dot o$ $\dot\varrho\dot\upsilon\alpha\xi$ $\tau o\tilde\upsilon$ $\pi\upsilon\varrho\dot o\varsigma$ $\dot\varepsilon\varkappa$ $\tau\tilde\eta\varsigma$ $A\dot\iota\tau\nu\eta\varsigma$
$\ddot\omega\sigma\pi\varepsilon\varrho$ $\varkappa\alpha\dot\iota$ $\tau\dot o$ $\pi\varrho\dot o\tau\varepsilon\varrho o\nu$ . . . . . $\lambda\dot\varepsilon\gamma\varepsilon\tau\alpha\iota$ $\delta\dot\varepsilon$ $\pi\varepsilon\nu\tau\eta\varkappa o\sigma\tau\tilde\omega$ $\dot\varepsilon\tau\varepsilon\iota$ $\dot\varrho\upsilon\tilde\eta\nu\alpha\iota$
$\tau o\tilde\upsilon\tau o$ $\mu\varepsilon\tau\dot\alpha$ $\tau\dot o$ $\pi\varrho\dot o\tau\varepsilon\varrho o\nu$ $\dot\varrho\varepsilon\tilde\upsilon\mu\alpha$, $\tau\dot o$ $\delta\dot\varepsilon$ $\xi\dot\upsilon\mu\pi\alpha\nu$ $\tau\varrho\dot\iota\varsigma$ $\gamma\varepsilon\gamma\varepsilon\nu\tilde\eta\sigma\vartheta\alpha\iota$ $\tau\dot o$
$\dot\varrho\varepsilon\tilde\upsilon\mu\alpha$, $\dot\alpha\varphi'$ $o\tilde\upsilon$ $\Sigma\iota\varkappa\varepsilon\lambda\dot\iota\alpha$ $\dot\upsilon\pi\dot o$ $\Ellip\lambda\lambda\dot\eta\nu\omega\nu$ $o\dot\iota\varkappa\varepsilon\tilde\iota\tau\alpha\iota.$ Ein früherer ausbruch fand also gerade vor 50 jahren, d. h. Ol. 76, 1, in ganz
ähnlicher weise das gebiet von Katana verheerend, statt, während
die dritte eruption, auf welche der historiker nur hindeutet, offenbar einer weiter zurückliegenden zeit angehört. Auf den zweiten
ausbruch des vulkans geht unzweifelhaft die bemerkung der Parischen chronik, wo aber derselbe in Ol. 75, 2 verlegt und mit der
schlacht bei Plataeae verbunden wird. Man hat auf verschiedene
weise dies abweichende datum mit Thukydides zu vereinigen versucht; Boeckh nimmt den ausdruck des historikers als runde zahl,
unter zustimmung von Ullrich und Classen: Krüger dagegen bemerkt mit recht, dass schon der umstand, dass Thukydides nicht

$\pi\varepsilon\nu\tau\dot{\eta}\varkappa o\nu\tau\alpha$ $\check{\varepsilon}\tau\eta$, sondern $\pi\varepsilon\nu\tau\eta\varkappa o\sigma\tau\tilde{\varphi}$ $\check{\varepsilon}\tau\varepsilon\iota$ sagt, für die genauigkeit der angabe spreche, und dass $\lambda\acute{\varepsilon}\gamma\varepsilon\tau\alpha\iota$ keineswegs auf unsicherheit der überlieferung hindeute: allein auch Krüger sucht die verschiedenen angaben in einklang zu bringen, indem er bei Thukydides $\nu\acute{\varepsilon}$ $\check{\varepsilon}\tau\varepsilon\iota$ statt ν' $\check{\varepsilon}\tau\varepsilon\iota$ zu verbessern vorschlägt; dadurch wird aber nicht einmal die differenz ausgeglichen, sondern nur verändert, da der unterschied zwischen beiden angaben nicht fünf, sondern nur drei jahre beträgt. Mir scheinen alle diese versuche zwecklos; die parische chronik enthält soviel abweichende zeitbestimmungen, dass ein weiterer beleg dafür gar nichts auffallendes hat: so werden z. b. mehrfach die ereignisse verschiedener jahre unter einem jahre zusammengefasst, was ja auch hier geschehen sein kann. Wenn man sich also für eine oder die andere angabe entscheiden muss, so trage ich kein bedenken, einem schriftsteller, der gerade auch in chronologischen dingen seine gewissenhaftigkeit genügend bewährt hat, zu folgen, während der verfasser der parischen chronik sich auch sonst als wenig verlässiger gewährsmann zeigt, und wenn hier das naturereigniss mit einer welthistorischen begebenheit in verbindung gebracht wird, so ist dies eher geeignet zweifel zu wecken, als die glaubwürdigkeit der angabe zu begründen [22]. Diese eruption fällt also in dasselbe jahr, wo Hiero auf dem gebiet von Katana, welches damals die lavaströme heimsuchten, die neue stadt Aetna gründete; s. Diodor. XI, 99 [23]. Pindar schildert aufs anschaulichste einen ausbruch des berges Aetna in der ersten pythischen ode, gedichtet Ol. 77, 3 (nicht wie Boeckh annimmt Ol. 76, 3, vergl. meine bemerkungen Poet. Lyr. p. 5), also geraume zeit nach

22) Der scholiast des Aeschylus Prom. 368, wenn er den ausbruch $\varkappa\alpha\tau\grave{\alpha}$ $\tau o\grave{\nu}\varsigma$ $^{c}I\acute{\varepsilon}\rho\omega\nu o\varsigma$ $\chi\rho\acute{o}\nu o\nu\varsigma$ ansetzt, unterstützt ebenfalls das zeugniss des Thukydides, da Hiero erst Ol. 75, 3 zur herrschaft gelangt; doch ist auf eine so allgemeine bestimmung kein grosses gewicht zu legen.

23) Krüger versetzt, indem er von dem beliebten mittel der verwechselung der archontennamen gebrauch macht, die gründung Aetna's in Ol. 77, 3, was schon deshalb unzulässig ist, da Hiero nach Diodor Ol. 77, 1 (nach Boeckh bereits Ol. 76, 4) gestorben war. Dagegen ist (wie ich schon Poet. Lyr. p. 11 ed. 3 bemerkt habe, wo nur durch versehen XIII, 62 statt XI, 49 gedruckt ist) bei Diodor XI, 49 statt $\check{\varepsilon}\tau\eta$ $\tau\varepsilon\nu\tau\dot{\eta}\varkappa o\nu\tau\alpha$ $\varkappa\alpha\grave{\iota}$ $\grave{o}\varkappa\tau\grave{\omega}$ vielmehr $\grave{\varepsilon}\xi\dot{\eta}\varkappa o\nu\tau\alpha$ $\varkappa\alpha\grave{\iota}$ $\grave{o}\varkappa\tau\grave{\omega}$ zu schreiben: denn nach Diodor XIII, 62 ward Himera, was damals Thero wieder bevölkerte, Ol. 92, 4 von den Karthagern zerstört. Allerdings sind zwischen Ol. 76, 1 und 92, 4 eigentlich nur 67 jahre verflossen, allein diese differenz lässt sich aus der rechnungsmethode der Griechen leicht erklären, während die überlieferte zahl 58 auch durch Krügers hypothese nicht gerechtfertigt wird.

der eruption: Pindar hielt sich zwar Ol. 76, 1 in Syrakus und Sicilien auf, dass er aber selbst augenzeuge jenes grossartigen
schauspiels war, glaube ich nicht; wenn der dichter sagt: τέρας μὲν
θαυμάσιον προσιδέσθαι, θαῦμα δὲ καὶ παρεόντων ἀκοῦσαι,
so deutet er wohl eben mit den letzten worten an, dass augenzeu-
gen ihm das natureigniss genau schilderten. Später hat Aeschylus
im Prometheus gleichfalls einen ausbruch der Aetna beschrieben,
wobei der tragiker offenbar das gedicht des Pindar vor augen
hatte [24]).

Einen anderen ausbruch des Aetna Ol. 81 erwähnt Aelian (σύμμικ-
τος ἱστορία) bei Stobaeus Flor. 79, 38, wo er die berühmte that der
katanäischen brüder, welche ihre ältern mitten durch die flammen
trugen, erzählt [25]); Krüger findet es auffallend, dass Thukydides
diese eruption gar nicht gekannt habe, mag aber ebensowenig die
angabe des Aelian für erdichtet halten, und bezieht, um alle schwierigkeiten auszugleichen, den bericht des Aelian auf den zweiten
ausbruch Ol. 75, 2, indem er auch hier eine irrthümliche verwechselung der archontennamen annimmt, die hier um so weniger wahrscheinlich ist, da der archont Ol. 75, 2 nicht Kallias, sondern Xan-
thippus war. Diese ganze combination ist hinfällig, wenn man die
handschriftliche überlieferung prüft, welche weder Krüger, noch die
herausgeber des Stobaeus und Aelian beachtet haben; denn statt
πρώτῃ καὶ ὀγδοηκοστῇ Ὀλυμπιάδι ist πρώτῃ καὶ εἰκοστῇ zu
schreiben, der cod. Par. A liest x̄, B und eine bodlejanische handschrift εἰκοστῇ. Es ist dies offenbar der erste ausbruch des Aetna,
auf den sich Thukydides bezieht, ohne die zeit genauer anzugeben [26]). So fallen also die drei ausbrüche des vulcans in Ol. 21,

24) Nach dem biographen hätte Aeschylus gerade zu der zeit, wo
Hiero Aetna gründete, sich in Sicilien aufgehalten; allein der ganze
bericht ist so verworren, dass darauf wenig zu geben ist.
25) Die namen Φιλόνομος καὶ Καλλίας können zwar statt Ἀμφί-
νομος καὶ Ἀναπίας verschrieben sein, indess ist es bei einer solchen
erzählung nicht auffallend, wenn die überlieferung der namen schwankt.
26) Gegründet ward Katana Ol. 12, 3; mit dem ersten ausbruche
des Aetna bringt auch Hygin c. 254 die rettung einer mutter durch
ihren sohn in verbindung, wo offenbar das bekannte factum gemeint
ist. Auch der schol. Aesch. Prom. 368 zielt auf diesen älteren ausbruch mit den worten: περὶ ὧν (ῥυάκων) ἠκούομεν πάλαι, und dann erwähnt er die eruption in Hiero's zeit; der jüngere scholiast, der dies ab-
schreibt, zieht irrig beide sätze zusammen. Die eruption von Ol. 21,
mochte auch dem Xenophanes bekannt sein, welcher berichtete, dass aus-

Ol. 76, 1 und Ol. 88, 3, eine vierte eruption Ol. 96, 1 (oder Ol. 95, 4) erwähnt Diodor XIV, 59. Dass die stelle des Orosius II, 18 nicht auf die vierte, sondern auf die dritte eruption sich bezieht, hat Ullrich richtig bemerkt; denn wenn Orosius als gleichzeitige ereignisse ein erdbeben in Sicilien und den ausbruch des Aetna, die verwandelung der lokrischen halbinsel Atalante in eine insel und die pest in Athen anführt, so werden wir damit ganz deutlich auf das sechste jahr des peloponnesischen krieges hingewiesen: dies wird zu voller gewissheit, wenn wir die quelle, aus der Orosius oder sein gewährsmann schöpfte, nachweisen. Syncellus I, 489 führt aus Africanus als ereignisse aus Ol. 88 an: Ἀθηναίους ἐπίεσεν ὁ λοιμός (ν. ὁ λίμος dann folgen litterarhistorische notizen). Πῦρ ἐκ τῆς Αἴτνης ἐν τοῖς κατὰ Σικελίαν τόποις ἐρράγη. Σεισμῶν γεγονότων ἡ πρὸς Λοκροῖς Ἀταλάντη σχισθεῖσα νῆσος ἐγένετο. Die pest und den vorgang mit Atalante erwähnt auch Eusebius, der, wie gewöhnlich, den Africanus ausschreibt, den ausbruch des Aetna übergeht er. Africanus hat wohl dies alles wieder aus Phlegon abgeschrieben, die nachricht über Atalante konnte er freilich auch aus Diodor, den Africanus anderwärts benutzt hat, schöpfen; wenigstens berichtet Diodor XII, 59 den vorgang (abweichend von Thukydides III, 89) gerade so wie Africanus; allein da Diodor zwar vorher der pest in Athen gedenkt, aber den ausbruch des Aetna nicht erwähnt, ist benutzung des Diodor nicht wahrscheinlich. Ob nun die stelle des Orosius auf Africanus (den wir eben nur im auszuge haben, und der vielleicht jene vorgänge ausführlicher geschildert hatte, etwa mit ähnlichen worten, wie Orosius) oder auf Phlegon zurückgeht, mag dahin gestellt bleiben. Die willkühr in der chronologischen folge zeigt sich auch hier: denn die erdbeben und überschwemmungen fallen früher, als der ausbruch des Aetna, wie sich aus Thukydides ergiebt: dass Orosius die pest zuletzt erwähnt, die er bei strenger beobachtung der chronologie voranstellen musste, wird man diesem schriftsteller leicht nachsehen.

brüche des Aetna nur in langen zwischenräumen erfolgten, Aristot. Mirab. 38. Merkwürdig ist, dass Empedokles des Aetna nirgends gedacht hatte, s. Timäus bei Diog. L. VIII, 71.

Bonn. *Theodor Bergk.*

V.

Simonides' klage der Danaë.

Jenes herrliche stück griechischer lyrik, Simonides klagelied der Danae, befindet sich bekanntlich kritisch noch immer in einem wenig erfreulichen zustande, und die vermuthungen derer die sich mit der herstellung beschäftigen gehen mitunter recht weit aus einander. Daran ist vor allem schuld, dass bisher noch keine strophische gliederung aufgefunden ist, wodurch der willkür der kritik doch festere grenzen gezogen wären. Da keine responsion vorhanden zu sein schien, gleichwohl aber für eine einzige strophe oder epode das stück zu lang ist, so ist die von Schneidewin und Bergk aufgestellte annahme die, dass wir eine antistrophe bis v. 12 und von da bis zum schluss eine epode hätten.

Dieser ansicht trat nun in einem aufsatze des Rheinischen museums (N. F. XXIII, p. 480 ff.) F. Nietzsche entgegen. Er stützt sich zunächst auf die einleitenden worte des Dionysios: $\pi\varrho\acuteo\varsigma\varepsilon\chi\varepsilon$ $\tau\tilde{\wp}$ $\mu\acute\varepsilon\lambda\varepsilon\iota$ $\varkappa\alpha\grave{\iota}$ $\grave{\alpha}\nu\alpha\gamma\acute\iota\nu\omega\sigma\varkappa\varepsilon$ $\varkappa\alpha\tau\grave{\alpha}$ $\delta\iota\alpha\sigma\iota o\lambda\acute\alpha\varsigma$ (den von ihm gemachten rhetorischen), $\varkappa\alpha\grave{\iota}$ $\varepsilon\tilde{\upsilon}$ $\check{\iota}\sigma\vartheta'$ $\check{o}\tau\iota$ $\lambda\acute\eta\sigma\varepsilon\tau\alpha\acute\iota$ $\sigma\varepsilon$ $\grave{o}$ $\grave{\varrho}\upsilon\vartheta\mu\grave{o}\varsigma$ $\tau\tilde{\eta}\varsigma$ $\grave{\wp}\delta\tilde{\eta}\varsigma$ $\varkappa\alpha\grave{\iota}$ $o\grave{\upsilon}\chi$ $\check{\varepsilon}\xi\varepsilon\iota\varsigma$ $\sigma\upsilon\mu\beta\alpha\lambda\varepsilon\tilde{\iota}\nu$ $o\check{\upsilon}\tau\varepsilon$ $\sigma\tau\varrho o\varphi\grave{\eta}\nu$ $o\check{\upsilon}\tau\varepsilon$ $\grave{\alpha}\nu\tau\acute\iota\sigma\tau\varrho o\varphi o\nu$ $o\check{\upsilon}\tau\varepsilon$ $\grave{\varepsilon}\pi\wp-$ $\delta\acuteo\nu$, $\grave{\alpha}\lambda\lambda\grave{\alpha}$ $\varphi\alpha\nu\acute\eta\sigma\varepsilon\tau\alpha\acute\iota$ $\sigma o\iota$ $\lambda\acuteo\gamma o\varsigma$ $\varepsilon\grave{\iota}\varsigma$ $\varepsilon\grave{\iota}\varrho\acuteo\mu\varepsilon\nu o\varsigma$. Nietzsche hebt hervor, dass Dionysios das nicht sagen konnte, wenn nicht wirklich nach seiner meinung strophe, antistrophe und epodos in dem mitgetheilten stück vorhanden waren, und dass er sich auch nicht darüber zu täuschen im stande war. Da nun aber, wenn 13—20 die epode bildeten, eine theilung der ersten hälfte in strophe und antistrophe durchaus nicht anging, so verfiel er auf den gedanken, dass wir von der strophe nur einen theil vor uns haben möchten. Wirklich entsprachen sich, mit nicht bedeutenden änderungen, v. 2 f. κινη-θεῖσα — παρειαῖς und 11 f. φθόγγον bis πρόςωπον, und nachdem Nietzsche nun noch den anfang bis πνέων mit 10 f. παριόντος bis ἀνέμου in eine responsion hineingezwängt, nahm er demgemäss an dass v. 1—3 den rest der strophe, das übrige bis 12 die antistrophe darstelle.

Nun kann aber entgegnet werden, dass damit den worten des Dionysios noch immer nicht ihr volles recht geschehen sei. Denn beschränkt sich die responsion auf diese verse, dann war es auch ohne anderweitige zerlegung in rhetorische kola, wie sie Dionysios vorgenommen, schwer genug, die strophische gliederung herauszufinden. Ich meine dagegen, dass eine vollständigere responsion, die sich mindestens über den grösseren theil des gedichtes erstrecke, durch Dionysios worte entschieden verlangt wird, und sollten wir darum die epode opfern müssen. Denn wenn eine solche nicht vorhanden, so sind bei Dionysios bloss die worte οὔτ᾽ ἐπῳδόν verkehrt, indem er entweder diese nicht setzen oder die epode noch hätte hinzufügen müssen; fehlt dagegen eine ordentliche responsion, so trifft der tadel den ganzen gedanken.

Ich glaube nun, dass das stück sich in der that in strophe und antistrophe zerlegen lässt, und zwar ohne rest. Dies hat auch Hartung schon angestrebt, aber mit so entschiedenem misserfolg, dass ausser dem zu grunde liegenden gedanken selbst, den ich ja theile, nichts brauchbares in seiner ganzen restitution zu entdecken ist. Von Hartung'schen gewaltsamkeiten werde ich mich natürlich fernhalten; denn wenn man so die einzelnen glieder auf Prokrustesbetten spannt, so kann man ja freilich in jedem poetischen oder prosaischen stück strophe und antistrophe herstellen; aber eben die nothwendigkeit solcher mittel ist ein schlagender beweis gegen die richtigkeit der behauptung. Andrerseits ist dies fragment notorisch stark verderbt, und es ist nur natürlich, dass wie der sinn, so auch das metrum durch die schlechte überlieferung gelitten hat.

Lassen wir den schwierigen anfang bis πνέων mit dem stück v. 10 f. bis ἀνέμου, welches nach der these entsprechen muss, einstweilen bei seite, und beginnen mit κινηθεῖσα und φθόγγον Wir haben hier zunächst die von Nietzsche in responsion gebrachten stücke (nach den lesarten Bergk's):

κινηθεῖσά τε λίμνα δείματι ἤριπεν οὔτ᾽ ἀδιάντοισι παρειαῖς,
und: φθόγγον, πορφυρέᾳ κείμενος ἐν χλανίδι, καλὸν πρόςωπον.
Nietzsche ändert so:

κινηθεῖσά τε λίμνα (scil. ἐμάνη, wie er v. 1 liest),

δείματι ἤριπεν (scil. Δανάη), οὐδ᾽ ἀδίαντοί οἱ παρειαί,

und in der antistrophe: φθόγγον, πορφυρέαισι

κείμενος ἐν χλανίσιν, προςέχων καλὸν πρόςωπον.

Da der cod. Guelf. χλανίσι hat, so kann man getrost auch πορφυρέαισι schreiben, womit die responsion des ersten gliedes hergestellt ist. Sodann ist v. 12 handschriftliche lesart: πρόςωπον καλὸν πρόςωπον, wo nun Bergk und die früheren ein πρόςωπον streichen, Nietzsche dagegen mit Ahrens und Volckmar in demselben ein verderbtes wort sucht, wahrscheinlich ein participium auf ων, von welchem πρόςωπον abhängig. In der strophe kann ich in dem ἔριπε oder ἔριπεν der handschriften nichts anders finden als ῥῖπτεν, was Volckmar vermuthet [1]), und schreibe demnach den vers: δείματι ῥῖπτεν οὔτ᾽ ἀδιάντοισιν παρειαῖς. Darnach denn die antistrophe: κείμενον ἐν χλανίσσιν ἔχων καλὸν πρόςωπον. Dass nämlich an stelle von πρόςωπον gerade ein mit προς beginnendes wort gestanden habe, braucht man durchaus nicht anzunehmen, und die vorgebrachten conjekturen (auch Nietzsche's προςέχων) haben wenig wahrscheinlichkeit. Zu χλανίσσιν vgl. Pind. Nem. 5, 54 χάρισσιν und Pyth. 4, 54 θέμισσιν.

Es folgt weiter v. 4 ff.: ἀμφί τε Περςέϊ βάλλε φίλαν χέρα,
εἶπέ τ᾽· ὦ τέκος οἷον ἔχω πόνον,

und 13 ff.: εἰ δέ τοι δεινὸν τό γε δεινὸν ἦν,
καί κεν ἐμῶν ῥημάτων λεπτὸν ὑπεῖχες οὖας.

Es ist kaum eine änderung, statt οὖας, welche form ja nur vorausgesetzter nominativ zu οὔατος ist, zu schreiben οὖς, womit sich die letzten glieder entsprechen: οἷον ἔχω πόνον — λεπτὸν ὑπεῖχες οὖς. Nun haben die handschriften v. 13 f. nicht ἦν, sondern ἦ oder ἦι, und sodann der Guelferb. καὶ μὲν, aber Reg. 1 und Ald. κέ κεν. Dies halte ich für dittographie und schreibe ἦ κ᾽ ἐμῶν, und nun in der strophe: εἶπέ θ᾽ ὧδ᾽, womit nun auch diese glieder stim-

___

1) Mit Nietzsche's conjekturen bin ich hier wenig einverstanden, worüber nachher; gegen Bergk ist noch geltend zu machen, dass der aorist hier kaum eine stelle hat. Auch der angeblich simonideische hiatus wird doch besser vermieden.

men: ἦ κ᾽ ἐμῶν ῥημάτων — εἶπέ ϑ᾽ ὧδ᾽ ὦ τέκος. Vgl. Pind.
Pyth. 4, 102 ὧδ᾽ ἀμείφϑη, 8, 43 ὧδ᾽ εἶπε. Das ἦν aber in der
antistrophe, welches nicht zu entbehren, lässt sich nun nach δέ τοι
einschieben: εἰ δέ τοι ἦν δεινὸν τό γε δεινόν — ἀμφί τε Περσεῖ
βάλλε φίλαν χέρ᾽.

V. 6 f.: σὺ δ᾽ ἀωτεῖς, γαλαϑηνῷ τ᾽ ἦτορι κνώσσεις ἐν ἀτερ-
πεῖ δούρατι,

und 15 f.: κέλομαι δ᾽ εὗδε βρέφος εὑδέτω δὲ πόντος, εὑδέτω
δ᾽ ἄμετρον κακόν,

oder wie die handschriften die letzteren verse bieten: κέλομαι
εὗδε, εὗδε βρέφος, εὑδέτω εὑδέτω δὲ πόντος, εὑδέτω ἄμετρον (Guelf.
ἀμότρον) κακόν.

Der schluss fügt sich, wenn man in der strophe τ᾽, in der
antistrophe (wie geschehen) δ᾽ einschiebt: ἔν τ᾽ ἀτερπέϊ δούρατι —
εὑδέτω δ᾽ ἄμετρον κακόν, oder vielleicht besser nach Bergk's conjektur ἄμοτον, wiewohl dies wort erst bei späteren adjektivisch
vorkommt. V. 6 schreibt Nietzsche γαλαϑηνῶν τ᾽ ἤϑεϊ, indem δ᾽
ἦτορι Athenaeus, dagegen Dionysios' handschriften δειϑει oder ϑει-
ϑει bieten, und die form ἦτορι ja unerhört ist; auch mit der verbindung von ἦτορ mit γαλαϑηνός und andrerseits an κνώσσειν nimmt
Nietzsche gegründeten anstoss. Das ἤϑεϊ, welches auch schon Bergk
einmal vermuthete, nehme ich an; aber die verbindung γαλαϑηνῷ
ἤϑεϊ scheint mir poetischer als wenn man den genitiv setzen wollte.
Für das metrum ist alles dies gleichgültig; es ist aber nun dasselbe
durch den strophischen vers, der ja doppelt bezeugt ist, genügend
festgestellt, und der antistrophische jenem anzupassen. Hierzu muss
das wiederholte εὗδε und εὑδέτω der handschriften, eben so aber das
von Bergk nach κέλομαι eingeschobene δὲ getilgt werden; dagegen
fehlt nach εὑδέτω δὲ eine kürze. Also etwa: κέλομ᾽ εὗδε βρέφος
εὑδέτω δ᾽ ἄρα πόντος — σὺ δ᾽ ἀωτεῖς γαλαϑηνῷ δ᾽ ἤϑεϊ κνώσσεις.

V. 7 f.: χαλκεογόμφῳ νυκτὶ ἀλαμπεῖ κυανέῳ τε δνόφῳ σταλείς,

und 17: μεταιβολία δέ τις φανείη Ζεῦ πάτερ ἐκ σέο.

Σταλείς, welches conjektur von Bergk ist für ταδεις oder τανδεις,
ziehe ich zum folgendem; die handschriften haben ausserdem δὲ νυκτιλαμπεῖ und in der antistrophe μεταβουλία (Guelf.), μαιβουλία

(Reg. 1) oder ματαιοβουλία (v.); μεταιβολία ist conjektur Bergk's.
Dass nun v. 7 etwas geändert werden muss, ist anerkannt; meine
änderungen bestehen in der streichung von δέ und τε sowie in der
verwandlung von νυκτιλαμπεῖ in σύν τ' ἀλαμπεῖ. Dieser gebrauch
von σύν ist ganz simonideisch, vgl. frg. 40: ἀνὰ δ' ἰχθύες ὀρθοὶ
κυανέου ἐξ ὕδατος ἄλλοντο καλᾷ σὺν ἀοιδᾷ. Also: χαλκεογόμφῳ,
σύν τ' ἀλαμπεῖ κυανέῳ δνόφῳ — μεταβολία δέ τις φανείη Ζεῦ
πάτερ ἐκ σέο. Was die auflösung des dactylus in der antistrophe
betrifft, so findet sich derartiges auch bei Pindar: Nem. 7, 70
Εὐξενίδα πάτραθε Σώγενες, ἀπομνύω — εἰ Μναμοσύνας ἕκατι
λιπαράμπυκος; Pyth. 11, 9 ὄφρα Θέμιν ἱερὰν, 57 καλλίονα θάνα-
τον — Κασσάνδραν πολιῷ; Isthm. 3, 63 ἔρνεϊ Τελεσιάδα — θεσ-
πεσίων ἐπέων. Wem aber das doch nicht annehmlich scheint, der
kann ja mit leichtester mühe χαλκογόμφῳ und μεταβολὰ δὲ herstellen.

V. 9 ff. (nach den handschriften): τὰν δ' εἰς αὐλέαν δ' ὕπερ-
                    θεν τεὰν κόμαν βαθεῖαν
παριόντος κύματος οὐκ ἀλέγεις, οὐδ' ἀνέμου,
woran sich das zu anfang behandelte φθόγγον, πορφυρέαισι anschliesst, und dazu 18 f. (nach Bergk):
ὅτι δὲ θαρσαλέον ἔπος εὔχομαι νόσφιν δίκας, σύγγνωθί μοι,
sowie v. 1 f.: ὅτε λάρνακι ἐν δανδαλέᾳ
            ἄνεμός τέ μιν πνέων.
Die handschriften haben v. 18 ὅτι δὴ und 19 κνοφιδίκας, und dies
ergiebt offenbar: ὅ τι δ' ἢ θαρσαλέον ἔπος εὔχομαι ἢ νόσφιν δίκας
σύγγνωθί μοι.   Nun ist in dem strophischen verse aus dem αὐλέαν der handschriften längst hergestellt αὐαλέαν, und diese änderung,
wiewohl sie Bergk missfällt, hat dennoch alles für sich, indem das
wort zu κύματος in einen schönen gegensatz tritt und gerade für
das haar als epitheton trefflich passt. Ist nun αὐαλέαν τεᾶν κο-
μᾶν oder αὐαλέαν τεὰν κόμαν zu lesen? Ich denke, der singular
ist bei dem worte das gewöhnlichere, und wir haben auch in den
handschriften ein wort wovon dieser akkusativ abhängen kann, nämlich εἰς. So stelle ich die worte bis παριόντος folgendermassen
her: θαμὰ δ' εἰς αὐαλέαν | καθύπερθε τεὰν κόμαν βαθείας ἐξ
ἁλός — ὅ, τι δ' ἢ θαρσαλέον | ἔπος εὔχομαι ἢ νόσφιν δίκας σύγ-
γνωθί μοι. Das adjektiv βαθεῖαν, wenn anders nicht verderbt,
scheint auch dem sinne nach die ergänzung eines zugehörigen sub-

stantivs zu verlangen; denn als epitheton für das haar eines kindes ist es äusserst unpassend.

Den anfang der strophe, der uns jetzt noch übrig bleibt, stellt Nietzsche folgendermassen her:

ὅτε λάρνακι δαιδαλέᾳ ἄνεμός τ' ἐμάνη πνείων —
παριόντος κύματος οὐκ ἀλεγίζεις οὔτ' ἀνέμου.

Die responsion ist hier recht mangelhaft, indem nicht weniger als dreimal in der thesis länge und auflösung wechseln; ausserdem ist die form πνείων meines bedünkens unzulässig. Sonst haben die handschriften weder τέ μιν noch τ' ἐμάνη, sondern τε μὴν (τ' ἐμῇ Ald.), woraus in der vulg. βρέμῃ gemacht ist. Ich halte in den anfangsworten an Bergk's lesart fest, nur dass ich den hiatus λάρνακι ἐν für unzulässig halte und durch änderung von ἐν in σὺν beseitigen möchte. In der antistrophe missfallt, dass κύματος von φθόγγον abhängen soll, während doch jeder es zunächst mit dem folgenden οὐκ ἀλέγεις verbinden wird; also möchte vor dem verbum ein dem φθόγγον entsprechendes substantiv, oder aber, da dies φθόγγον etwas matt und kahl erscheint, ein dazu gehöriges adjektiv zu ergänzen sein. Man betrachte nun die kola:

a ὅτε λάρνακι σὺν δαιδαλέᾳ
b ἄνεμός τέ μιν πνέων,

und dagegen: a' παριόντος κύματος
b' οὐκ ἀλέγεις οὐδ' ἀνέμου,

so ist augenfällig, dass sie sich umgekehrt entsprechen: ab', ba', nur dass vor b', d. h. nach κύματος, noch zwei kürzen fehlen. Also man stelle um: ἄνεμός τέ μιν πνέων ὅτε λάρνακι σὺν δαιδαλέᾳ, und ergänze in der antistrophe etwa βαρὺν. Dass nun, wenn Simonides so geschrieben, bei Dionysios die glieder vertauscht werden konnten, ist leicht zu zeigen. Er konnte das selbst thun, während er die sätze rhetorisch eintheilte, wozu sich hier die poëtische stellung wenig schickte; liess aber Dionysios dieselbe ungeändert, so lag bei den abschreibern immer noch die umstellung sehr nahe. Für die möglichkeit aber, dass Simonides so schrieb, vgl. folgende beispiele aus Pindar, Pyth. 2, 26: οὐχ ὑπέμεινεν ὄλβον, μαινομέναις φρασὶν Ἥρας ὅτ' ἐράσσατο. Olymp. 6, 26 στεφάνους ἐν Ὀλυμπίᾳ ἐπεὶ δέξαντο. 8, 33 καλέσαντο συνεργὸν τείχεος, ἦν ὅτι νιν πεπρωμένον. 1, 75 φίλια δῶρα Κυπρίας ἄγ' εἴ τι Ποσείδαον ἐς χάριν τέλλεται, πέδασον ἔγχος. Nun ist zu berücksichti-

gen, dass der ganze anfang bis παρειαῖς nicht etwa vordersatz
zum folgenden, sondern einem vorausgehenden hauptsatze angehängt
war, der etwa ein θρῆνον Δανάας enthielt.   Also ganz ähnlich
wie in der schon einmal angezogenen pindarischen stelle (Pyth. 8,
38 ff.): λόγον φέρεις τὸν ὄνπερ ποτ' Ὀϊκλέος παῖς ἐν ἑπτα-
πύλοις ἰδὼν υἱοὺς Θήβαις αἰνίξατο παρμένοντας αἰχμᾷ, ὁπότ' ἀπ'
Ἄργεος ἤλυθον δευτέραν ὁδὸν Ἐπίγονοι. ὦδ' εἶπε μαρναμέ-
νων κτλ.

Ich füge nun noch einmal das ganze nach meinen restitutionen
bei, mit hervorhebung des gegen die handschriften geänderten, von
dem übrigens vieles entweder schon von andern, oder, wenn erst
von mir, doch nicht aus metrischen gründen so hergestellt ist.

2   ἄνεμός τε μιν πνέων   στρ.
1   ὅτε λάρνακι σὺν δαιδαλέᾳ κινηθεῖσά τε λίμνα
   δείματι ῥῖπτεν, οὐτ' ἀδιάντοισιν παρειαῖς.
   Ἀμφί τε Περσεῖ βάλλε φίλαν χέρ', εἶπε θ' (ὦδ')· ὦ τέκος
5 οἷον ἔχω πόνον·
   σὺ δ' ἀωτεῖς, γαλαθηνῷ δ' ἤθεϊ κνώσσεις
   ἐν (ι') ἀτερπέϊ δούρατι
   χαλκεογόμφῳ [δὲ], σύν τ' ἀλαμπεῖ κυανέῳ [τε] δνόφῳ·
   θαμὰ δ' εἰς αἰαλέαν
10 καθύπερθε τεὰν κόμαν βαθείας (ἐξ ἁλός)
   παριόντος κύματος   ἀντιστρ.
   (βαρὺν) οὐκ ἀλέγεις οὐδ' ἀνέμου φθόγγον, πορφυρέαισι
   κείμενον ἐν χλανίσσιν (ἔχων) καλὸν πρόσωπον.
   εἰ δέ τοι (ἦν) δεινὸν τό γε δεινόν, ἦ κ' ἐμῶν ῥημάτων
15 λεπτὸν ὑπεῖχες οὖς.
   κέλομ' εὖδε [εὖδε] βρέφος, εὐδέτω [εὐδέτω] δ' (ἄρα) πόντος,
   εὐδέτω (δ') ἄμετρον κακόν·
   μεταβολία δέ τις φανείη, Ζεῦ πάτερ, ἐκ σέο·
   ὅ, τι δ' ἦ θαρσαλέον
20 ἔπος εὔχομαι ἢ νόσφιν δίκας, σύγγνωθί μοι.

Dass die herstellung der worte, ja auch des metrums im einzelnen noch manchmal recht unsicher ist, versteht sich von selbst:
εἰ δὲ λέγει τις ἄλλως, πλατεῖα κέλευθος. Nur das hoffe ich erreicht zu haben, dass überhaupt ein weg, immerhin recht breit, gebahnt ist, innerhalb dessen sich die kritischen versuche nun halten
können.

Magdeburg.   F. Blass.

VI.

Thukydides II, 51. 5.

Im Philol XXXI, p. 89 schlägt Ad. Torstrik vor, die stelle
in der pestschilderung Thuk. II, 51, 5 durch versetzung der worte
καὶ οἰκίαι πολλαὶ ἐκενώθησαν hinter ἐσιόντες παρὰ τοὺς φίλους
zu berichtigen und legt auf den nachweis, dass die stelle nicht so
vom Thukydides geschrieben sein könne, wie sie überliefert ist,
noch grösseren nachdruck als auf seine jedenfalls sehr beachtens-
werthe conjectur. Ich erlaube mir im folgenden darzulegen, wie
ich die berühmte stelle immer verstanden habe und bitte um belehrung, wenn ich aus derselben hochachtung vor dem grossen historiker, die Torstrik warm ausspricht, verkehrter weise in das andere extrem gerathen bin, indem ich versuche, die logik des Thukydides durch conservative interpretation zu retten.

Ich gestatte mir, an einige bemerkungen jener abhandlung an-
zuknüpfen, in denen ich von dem verfasser abweichen zu müssen
glaube. Zunächst scheint mir der begriff οἰκεῖοι nicht unbefangen
genug gefasst zu sein. Denn wenn man auch bei normalen verhältnissen Torstrik recht geben muss, es sei „albern“, den Thukydides erzählen zu lassen, „dass die eltern darauf ermüdeten, ihren
kindern, oder die kinder ihren eltern und geschwistern, wenn sie
starben, ein letztes schmerzliches lebewohl zuzurufen“, so folgt
daraus noch nicht, dass das unter gewöhnlichen umständen unglaub-
liche nicht eben hier, wo gerade durch die zerrüttung und auflösung der heiligsten interessen die schrecknisse der pest am deut-
lichsten veranschaulicht werden, vollkommen denkbar wird. Ange-

10*

sichts der übermacht des elends wurde eben jedes natürliche gefühl abgestumpft. Darum folgt aus unserer stelle keineswegs, dass οἰκεῖοι hier „nicht hausgenossen, sondern nahe verwandte sind, die nicht im hause wohnen", sondern es hat hier seine ganz gewöhnliche bedeutung und bezeichnet also zunächst hausgenossen, dann verwandte überhaupt; man hat auch an unsrer stelle gar keine veranlassung, die verwandten in solche zu scheiden, die im hause oder ausserhalb desselben sind, sondern οἰκεῖοι sind einfach verwandte schlechthin und finden ihren gegensatz — was Torstrik übersehen hat — in den φίλοι (παρὰ φίλου·), worauf ich weiter unten noch zurückkommen werde. Unsere stelle zeigt somit auch nicht klar, dass sich „die pflicht der ὀλόφυρσις auf die ausserhalb des hauses wohnenden nahen verwandten" bezieht, sondern verwehrt nur nicht anzunehmen, dass diese von jener pflicht nicht ausgeschlossen sind; zunächst lag dieselbe offenbar den im hause wohnenden, den nachsten verwandten ob. Hierdurch werden aber auch alle consequenzen hinfällig, die aus der beschränkung des begriffs οἰκεῖοι gezogen sind, so sehr dieselben an sich probabel sein mögen und durch die betonung des politischen momentes bei Thukydides auf einer richtigen allgemeinen basis beruhen. Dass die ὀλόφυρσις zugleich die besitzergreifung des nachsten verwandten zur folge hatte, ist anderweitig nirgends überliefert und wird dahingestellt bleiben müssen; wir kennen was hier ὀλόφυρσις heisst nur aus den θρῆνοι der tragiker und lyriker und müssten allerdings ἀπογενομένων erwarten, weil sich alle bekannte θρῆνοι nur auf bereits gestorbene beziehen. Man wird also einstweilen unsre stelle festhalten müssen als einzigen beweis dafür, dass ceremonielle klagen der verwandten auch schon während des sterbens der ihrigen angestimmt wurden.

Ich komme zu einem zweiten punkte, in dem mich die argumentation Torstrik's nicht überzeugen kann. Es betrifft dies seinen vorschlag, die worte καὶ οἰκίαι πολλαὶ ἐκενώθησαν als parenthetische zu betrachten oder hier völlig zu removiren. Dass die somit entstehende verbindung εἴτε γὰρ μὴ θέλοιεν δεδιότες ἀλλήλοις, προσιέναι, ἀπώλλυντο ἐρῆμοι ἀπορίᾳ τοῦ θεραπεύσοντος, einen logisch richtigen sinn giebt, wird niemand bestreiten; aber ebensowenig wird jemand laugnen können, dass, wenn die worte ἀπορίᾳ τοῦ θεραπεύσοντος in diesem zusammenhange überliefert wären, sie einen zusatz zu ἐϱῆμοι bildeten, der einem glossem verzweifelt äsnlich sähe. Denn die ἀποϱία τοῦ θεϱαπεύσοντος ist doch wohl nur die folge der furcht zu einander zu geben, und wir hätten somit den begriff der vereinsamung in dem ersten gliede mit εἴτε geradezu dreimal ausgedrückt, wenn auch jedesmal mit einer gewissen nüancirung: 1. wenn der eine sich aus furcht **nicht entschliessen konnte, zu dem andern zu gehen**; 2. **so kam dieser einsam um**; 3. **weil er keinen hatte, der ihn pflegen konnte** [1]) — eine breite, die mir in dem *semper densus et brevis et sibi instans Thucydides* undenkbar erscheint.

Ich gebe vielmehr davon aus, dass die von Torstrik vorgeschlagene verbindung ἀπώλλυντο ἐϱῆμοι ἀποϱία τοῦ θεϱαπεύσοντος — gleichviel, ob wir die worte καὶ οἰκίαι πολλαὶ ἐκενώθησαν als parenthese fassen oder vor ἐπεὶ setzen sollen — aus dem angegebenen grunde dem Thukydides nicht zuzutrauen ist. Dann sind wir gleichzeitig genöthigt, die worte καὶ οἰκίαι πολλαὶ ἐκενώθησαν an ihrer stelle zu lassen und die folgenden ἀποϱία τοῦ θεϱαπεύσοντος mit ihnen unmittelbar zu verbinden. Wie aber in diesen zusammenhang der richtige sinn hineinkommt, darauf macht Torstrik selbst aufmerksam, indem ihm der bemerkenswerthe tempuswechsel ἀπώλλυντο und ἐκενώθησαν nicht entgangen ist, den schon Classen mit recht hervorgehoben hat [2]). Denn während ἀπώλλυντο den zustand als einen dauernden schildert und das wiederholte eintreten derselben erscheinung, das schon in εἴτε μὴ θέλοιεν angedeutet ist, von neuem zum ausdruck bringt, enthält der folgende satz καὶ — θεϱαπεύσοντος einfach das resultat des ἀπώλλυντο (Classen) und heisst also: und in der that wurden viele häuser leer (starben aus; bereits Hesychius erklärt das ἐκενώθησαν durch ἠϱημώθησαν) aus mangel an einem, der hätte pflegen können.

<hr>

1) Ich habe absichtlich hier den singularis gesetzt, um den subjectswechsel hervortreten zu lassen, der sich in μὴ θέλοιεν und ἀπώλλυντο zeigt und der, sonst häufiger und ohne weiteres eintretend, s. Classen Einl. p. LXXX, hier durch ἀλλήλοις gerechtfertigt ist, wie Krüger richtig gefühlt zu haben scheint, und stimme in bezug auf θεϱαπεύσοντος natürlich Torstrik völlig bei. Das futurum ist hier sogar das einzig mögliche tempus, das hineincorrigirt werden müsste, wenn es nicht überliefert wäre.

2) Auf die imperfecte ist auch an dieser stelle besonders zu achten. Mit recht übersetzt Torstrik διεφθείϱοντο durch »sie nehmen den keim der krankheit in sich auf«: und auch bei ᾐσθίδουν werden wir denselben gebrauch beobachtet finden.

Nun behauptet Torstrik freilich, es sei unlogisch, also zu reden, weil der mangel eines pflegers nicht *causa proxima* der κένωσις sei, welche vielmehr durch den tod des letzten insassen herbeigeführt werde. Das scheint mir aber, trotz der verwahrung Torstrik's gegen ein zu strenges insgerichtgehen mit Thukydides, lediglich ein bedenken der spitzfindigkeit. Denn wenn die furcht vor der ausserordentlichen contagiosität der krankheit die gesunden verhinderte, zu den kranken zu gehen und diese also einsam starben, so liegt die berechtigung für den ausspruch, dass hierdurch viele häuser geradezu ausstarben, auf der hand. Offenbar nämlich hätte ein völliges aussterben nicht eintreten können, wenn sich immer wieder von neuem ein pfleger gefunden hätte. Ungewöhnlich, aber noch nicht durchaus unlogisch wäre es gewesen z. b. zu sagen: die leute starben **daran**, dass sie keinen pfleger hatten; dagegen finde ich nicht den geringsten anstoss an dem satze: sie starben, **weil** sie keinen pfleger hatten; denn es versteht sich in diesem falle die supposition von selbst, dass der tod durch rechte pflege hätte abgewendet werden können. Und die analoge supposition für das aussterben der häuser, das endlich eintreten musste durch den mangel an pflegern, versteht sich auch hier von selbst; sie liegt noch ausdrücklich angedeutet in dem futurum θεραπεύσοντος.

Es bedarf nunmehr ein anderer punkt der erörterung, den Torstrik gegen die integrität unsrer stelle geltend macht, dass es nämlich sinnlos sei, zu sagen: „denn aus ehrgefühl schonten sie sich nicht, wenn sie zu freunden in das krankenzimmer gegangen waren, da (wie denn, während) selbst den sterbenden die klage anzustimmen zuletzt selbst die verwandten nicht mehr aushalten konnten, von dem übermass des übels überwältigt." Allerdings erscheint das sinnlos, ebenso wie die beiden andern rettungsversuche p. 94 unmöglich sind, und im ersten augenblick hat die darlegung Torstriks etwas frappirendes. Aber was Poppo von den reden des Thukydides sagt, *meditatione tamen aliqua etiamsi eas saepe perlegeris quoties interjecto tempore eo revertaris semper opus est*, gilt auch von andern stellen: Thukydides erfordert gar oft ein volles sichhineinversenken, um aus dem scheinbar sich widersprechenden den klaren, und wie Torstrik mit recht hervorhebt, stets logischen gedanken zu entwickeln. Voranschicken will ich als parenthese

eine bemerkung, die übrigens das schlussresultat dieser zeilen nicht
bedingt. Ich halte nämlich das komma, durch welches Krüger und
Bodime αὑτῶν und ἐσιόντες trennen, für unnöthig und meine, dass
das participium nach bekannter analogie mit ἠφείδουν σφῶν αἰτῶν
eng zu verbinden ist und also die worte heissen: „aus ehrgefühl
besuchten sie voller selbstverleugnung ihre freunde". Nach Torstrik's übersetzung enthält der satz zweierlei: 1. besuchen sie ihre
freunde, 2. schonen sie sich aus ehrgefühl nicht, wenn sie bei diesen sind (— wenn sie sich „nicht in acht nehmen", wie Torstrik
übersezt, so hätte das mit dem ehrgefühl nichts zu thun, sondern
wäre unverzeihlich gewesen). Das missfällige dieses gedankens
liegt für mich darin, dass in ihm nicht der besuch die hauptsache
ist und dass das ehrgefühl sie nicht zu dem besuch antreibt; ich
meine grade durch den besuch selbst beweisen sie ihre selbstver-
läugnung; in wiefern sie sich bei diesem besuche noch weiter an-
greifen, tritt mehr in den hintergrund, ja man würde, wollte man
diese nebenbeziehung vervollständigen, zu der ergänzung gelangen,
dass andre besucher, denen es an mannhaftigkeit gebrach, gleich
an der thür wieder umgekehrt seien. Die contagiosität der
krankheit soll aber bewiesen werden, und deshalb kommt es darauf
an, diese nicht abhängig zu machen von mehr oder weniger dienst-
leistungen am krankenlager, sondern sie durch den blossen besuch
bewirken zu lassen. Veranlasst ist diese auffassung offenbar durch
die worte καὶ μάλιστα οἱ ἀρετῆς τι μεταποιούμενον, die allein betrachtet verführerisches genug haben um den gradunterschied in
der hülfeleistung der besuchenden als die hauptsache zu statuiren.
Im zusammenhange aber betrachtet und den grundgedanken festgehalten muss dieser unterschied zurücktreten. Denn die worte: „gingen
sie aber hin, so nahmen sie den keim der krankheit in sich auf,
und besonders die u. s. w." = „und so ging es besonders den auf
mannesmuth anspruch machenden", bedeuten nur: zum krankenbe-
such entschlossen sich aber vorzugsweise männer von wahrem mu-
the" und daran schliesst sich ganz richtig an: „denn diese trieb
das ehrgefühl zu ihren freunden". Und dieser eine gedanke eben
ist es, der als kern in den worten: αἰσχύνῃ γὰρ ἠφείδουν σφῶν
αὑτῶν ἐσιόντες παρὰ τοὺς φίλους, enthalten ist. Diesen gedanken
scheint auch Plutarch περὶ πολυφιλίας als den wesentlichen festzuhalten, wenn er I, 334 die worte des Thukydides referirt.

Indessen will ich nicht verkennen, dass sich der von mir pro-
ponirten und dem griechischen sprachgenius gewiss entsprechenden
verbindung ἠφείδουν σφῶν αὐτῶν ἐσιόντες einige bedenken ent-
gegenstellen, die allerdings sämmtlich nicht schwer wiegen, wenn
man für meine idee die thatsache in erwägung zieht, dass Thukydides es durchaus liebt, den vorangestellten grundgedanken, hier
τοῦτο = die gewalt der ansteckung (dass Stephanus irrte, wenn
er τοῦτο nach dem sonst häufigen gebrauch = τὸ ῥηθησόμενον
fasste, ist schon von Poppo erkannt, der es nimmt als τὸ ῥηθέν,
i. e. τὸ ἕτερον ἀφ᾽ ἑτέρου θεραπείας ἀναπίμπλασθαι) bis ins einzelne so zu verfolgen, dass er diesen gewissermassen das logische
subject des ganzen nachfolgenden satzes sein lässt, selbst wenn
grammatisch ein subjectswechsel eintritt; auch hierüber hat, wenn
ich nicht irre, ausser Classen W. Herbst in seinem vortrefflichen
programm von 1869 einige andeutungen. Zunächst nämlich dürfte
man den nachweis dieser construction aus Thukydides verlangen;
ich vermag ihn nicht zu erbringen. Sodann lässt sich mit einigem
schein einwenden, dass, wenn ich als hauptgedanken hinstelle „das
ehrgefühl trieb sie zu ihren freunden“, die thatsache, dass sie ihre
freunde besuchten, bereits in εἴτε προσίοιεν vorweggenommen ist,
endlich könnte man auf Livius und mit mehr grund auf Lucrez
verweisen, der unsre stelle mit besondrer genauigkeit übersetzt und
meine auffassung offenbar nicht getheilt hat. Aber aus dem letzten umstande darf man nicht zu viel schliessen. Denn 1. zeigt
auch v. 1245 entweder den genitiv ὀλοφύρσεις τῶν ἀπογιγνομένων
von der gewöhnlichen annahme abweichend als gen. subjectivus gefasst, oder eine poetisch berechtigte erweiterung der thukydidei-
schen αἰσχύνη, indem Lucrez zu dem *pudor* noch als ferneres motiv hinzutreten lässt das mitleid wegen des stöhnens der kranken;
2. bewegt sich der dichter doch frei genug, um die einzelnen momente nach seiner weise zu gruppiren; 3. würde, wenn wir Lucrez
absolute norm für unsre stelle sein liessen, Torstrik daraus capital
zu schlagen versucht sein können, denn die wurte καὶ οἰκίαι πολλαὶ ἐκενώθησαν fehlen beim Lucrez — allerdings nicht bloss da,
wo sie Torstrik entfernt, sondern auch da, wo er sie hingestellt
hat, und in der that haben sie ihrer natur nach keinen schicklichen platz bei Lucrez. Der bequemlichkeit halber setze ich die
Lucrezstelle gleich her:

εἴτε γὰρ μὴ θέλοιεν ἀλλήλοις προσιέναι

Nam quicumque suos fugitabant visere ad aegros

δεδιότες

vitai nimium cupidos mortisque timentis

ἐρῆμοι ἀπορίᾳ τοῦ θεραπεύσοντος

desertos, opis expertis, incuria mactans.

εἴτε προσίοιεν   διεφθείροντο

qui fuerant autem praesto, contagibus ibant

αἰσχύνη γὰρ ἠφείδουν σφῶν αὐτῶν

atque labore, pudor quem tum cogebat obire

1245. blandaque lassorum vox mixta voce querellae.

καὶ μάλιστα οἱ ἀρετῆς μεταποιούμενοι

optimus hoc leti genus ergo quisque subibat.

Einen ebensowenig stringenten beweis liefert die Liciusstelle **XXV,
26**: postea *curatio ipsa et contactus aegrorum vulgabat morbos,
ut aut neglecti desertique qui incidissent morerentur a u t a s s i d e n-
t e s c u r a n t e s q u e eadem vi morbi repletos secum traherent etc.*

Nun, gleichviel ob man mit mir geneigt sein wird, ἠφείδουν
σφῶν αὐτῶν ἐσιόντες zu verbinden oder es vorzieht so zu fassen
wie Torstrik will und wie es hergebracht ist, in beiden fallen
bringt der satz mit ἐπεὶ eine ganz logische begründung. D e n n
g e g e n ü b e r s t e h e n s i c h φίλοι und οἰκεῖοι. D a s e h r g e-
f ü h l t r i e b s i e z u i h r e n f r e u n d e n d e s h a l b, w e i l s i e
d i e s e n i c h t o h n e ὀλόφυρσις s t e r b e n l a s s e n w o l l t e n
u n d d o c h w u s s t e n, d a s s d i e d i e s e r p f l i c h t z u n ä c h s t-
s t e h e n d e n οἰκεῖοι i h r n i c h t g e n ü g e n k o n n t e n.

Ich übersetze also die stelle, mit möglichstem anschluss an
Torstrik: Und das meiste verderben brachte d i e s hervor (die
ausserordentliche contagiosität). Wenn sie nämlich aus furcht sich
nicht entschliessen konnten die kranken zu besuchen, so gingen
diese einsam zu grunde; und in der that starben viele häuser aus,
weil keiner vorhanden war der da hätte pflegen können; gingen
sie aber hin, so nahmen sie den keim der krankheit in sich auf
und besonders (wann dies) die noch einigen anspruch auf mannesmuth machten; denn aus ehrgefühl gingen sie ohne sich zu schonen zu ihren freunden (oder: aus ehrgefühl schonten sie sich nicht,
wenn sie ihre freunde deshalb besuchten), weil zuletzt selbst die
verwandten (derselben) auch die klage um die verscheidenden er-

müdet unterlassen mussten, durch das übermass des elends[3]) überwältigt.

3) Das manuscript war bereits abgesendet als mir der aufsatz von
J. Steup im Rhein. Mus. 1871, p. 473 ff. zu gesicht kam. Ich freue
mich der übereinstimmung in einigen wesentlichen punkten und be-
halte mir ein näheres eingehen auf die dort aufgestellte ansicht für
eine andere gelegenheit vor.

Güstrow.   *Th. Fritzsche.*

Zu Horat. Carm. I, 9 und Epist. II, 2, 170.

Ueber die dritte strophe dieser ode sagt Lehrs in seiner ausgabe p. XLIII: „nach dem fortschritte, welchen die dritte strophe
gab, war das hauptgewicht gelegt auf den winter als böse jahreszeit, die man einigermassen durch den wein vertreiben müsse, bis
die götter wieder die gute zeit geben. Nach dem dagegen, was
die vierte strophe aufnimmt und fortführt, ist der winter angenommen als eine willkommene gelegenheit zum geniessen, die man auf
das schnellste ergreifen müsse, wie, unbekümmert, was der mor-
gende tag noch gestatten werde, einen jeden tag, der den genuss
gestattet, ausnutzen. Und vor allem die jahre der jugend, so lange
die zeit des alters, der mancher genuss versagt ist, noch nicht
kam. Also ist die dritte strophe, wie gesagt, falsch“. Dabei hat
Lehrs nicht beachtet, was Horaz in der vierten strophe wirklich
sagt; von einer willkommenen gelegenheit, welche der winter böte,
ist hier durchaus nicht die rede, sondern es heisst: *quemcumque
fors dierum dabit*, d. h. jeden tag, mag er sein, wie er will,
neben den sich zum genuss besonders gut eignenden tagen auch
diejenigen, welche sich weniger gut eignen, womit hier offenbar
die tage des strengen winters gemeint sind. Horaz sagt also
das gerade gegentheil von dem, was Lehrs ihm unterschiebt und
so stimmt die strophe vollständig mit dem gedanken überein, welcher nach Lehrs selbst in der dritten enthalten ist. Damit fällt
selbstverständlich der grund zur athetese dieser letztern weg.

In der oben angegebenen stelle der briefe heisst es:

   Sed vocat usque suum, qua populus adsita certis
   limitibus vicina *refugit* iurgia.

Es kann kaum zweifelhaft sein, dass *refugit* nicht das ursprüngliche war, sowohl wegen des durchaus ungerechtfertigten perfekts,
als wegen des in *refugere* liegenden schiefen begriffes. Weit weniger sicher ist, was Horaz denn eigentlich geschrieben. Ich möchte
bedenken tragen, die zahl der bereits gemachten conjekturen noch
um eine zu vermehren, wenn nicht eine parallelstelle aus dem dichter selbst das richtige an die hand zu geben schiene, Epist. 2, 1,
38: *excludat iurgia finis*, also hier: *vicina excludit iurgia*

Münster,   *P. Langen.*

II. JAHRESBERICHTE.

41. Römische historiker der kaiserzeit.

Erster artikel.

Q. Curtius Rufus.

Eine kritische übersicht des gegenwärtigen standes der forschung über Curtius und sein geschichtswerk wird vom erscheinen derjenigen ausgabe des schriftstellers auszugehen haben, welche durch wesentliche bereicherung und methodische verwerthung des handschriftlichen materials allen folgenden studien die richtung vorgezeichnet hat. Den relativen abschluss findet dieser überblick in der betrachtung jener leistung, welche das ergebniss eigener und fremder arbeit zum praktischen gebrauche für die schule zusammengefasst hat.

Literatur.

1) Q. Curti Rufi historiarum Alexandri Magni Macedonis libri qui supersunt. *E. Hedicke* recensuit. Accedit tabula geographica [ab H. Kiepert descripta]. Berolini apud Weidmannos MDCCCLXVII. VI und 265 pp. 8. Recension: Jahrbb. f. philol. 1868, 773—780 von Justus Jeep.

Als vorläufer war erschienen: Quaestionum Curtianarum specimen scripsit ... *Edmundus Hedicke*. Berolini. [1862] 39 pp. 8.

2) Specimen criticum ad scriptores quosdam latinos pertinens scripsit *Adam Eussner*. Wirceburgi. MDCCCLXVIII. 42 pp. 8. (p. 1—25: Observationes criticae in Q. Curtium Rufum). Recensionen: Philol. anzeiger I, 23 f. mit E. W. unterzeichnet; *Revue critique d'histoire et de littérature* 1869, n. 42, p. 246—248, von Ch. M. [Charles Morel].

3) *Adam Eussner*, Ueber die textkritik des Q. Curtius Rufus [vortrag]: Verhandlungen der 26. versammlung deutscher philologen p. 158 ff.

4) De codicum Curtii fide atque auctoritate. Abhandlung des

oberlehrers Dr. *Edmund Hedicke.* 32 pp. 4 (Programm des herzoglichen carlsgymnasiums zu Bernburg ostern 1870). Recensionen:
Philol. anzeiger II, 460—462 von A. H.; Jahrbb. f. philol. 1870,
562—564 von Theodor Vogel.

5) *Arnoldi Hug*, Quaestionum Curtianarum pars prima. Turici. 1870. 20 pp. 4 [Universitätsprogramm]. Recensionen: Philol.
anzeiger II, 252—254 von Adam Eussner; Jahrbb. f. philol. 1870,
564—567 von Theodor Vogel.

6) *Arnold Hug*, Das einsiedlerfragment des Curtius Rufus:
Philologus XXXI, p. 334 f.

7) Kritische bemerkungen zu stellen in Plautus, Cäsar, Curtius von *J. Britzelmayr*. 4. p. 11 f. [Programm der k. b. studien-
anstalt zu Landshut 1867/68].

8) *A. Eussner*, Zu Curtius: Philologus XXVIII, 468.

9) Beiträge zur texteskritik des Q. Curtius Rufus von Dr.
Emil Grunauer. 16 p. 4. [Programm der kantonsschule zu Frauen-
feld. 1870]. Recensionen: Philol. anzeiger II, 463 f. von A. H.;
Literar. centralbl. 1870, nr. 32 von A. E.

10) *Anton Miller*, Zu Curtius Rufus: Blätter für das bayerische gymnasialschulwesen V, 277—285. 376 f.

11) *Theodor Vogel*, Kritisch-grammatisches zu Q. Curtius Rufus: Jahrbb. f. philol. 1870, 547—562.

12) *Th. Wiedemann*, Ueber das zeitalter des geschichtschreibers Curtius Rufus: Philologus XXX, 241—264 mit nachtrag
441—443 und excursen XXXI, 342—348. [Fortsetzung ist an-
gekündigt].

13) *W. S. Teuffel*, Zu Curtius: Studien und charakteristiken
zur griech. und röm. literaturgeschichte. Leipzig, B. G. Teubner.
1871, p. 387—390. [Abgedruckt aus den jahrbb. f. philol. 1858,
282—284].

14) *Eduard Krah*, Curtius als schullektüre. Eine skizze
(Programme des gymnasiums zu Insterburg 1870 und 1871). I.
theil 30 s. II. theil 24 s. 4. [Fortsetzung soll an anderem orte
folgen]. Recensionen: Philol. anzeiger III, 172—174 von A. H.,
p. 365—370 von (A.); Literar. centralbl. 1871, n. 11 von C. Wr.

15) Vollständiges wörterbuch zu dem geschichtswerke des
Quintus Curtius Rufus über die thaten Alexanders des grossen.
Bearbeitet von *Otto Eichert*. Hannover 1870. Hahn'sche hof-
buchhandlung. 247 s. 8. Recension: Literar. centralbl. 1871 n. 6.

16) De Clitarcho Diodori Curtii Iustini auctore scripsit *Carolus Raun*. Bonnae apud Adolphum Marcum. 1868. 58 pp. 8.
Recensionen: Philol. anzeiger II, 233—235 von E. S. Literar.
centralbl. 1869, n. 30.

17) Analecta philologica historica. I. De rerum Alexandri
Magni scriptorum imprimis Arriani et Plutarchi fontibus disseruit
Alfredus Schoene. Lipsiae in aedibus B. G. Teubneri. 59 pp. 8.

Recensionen: Philol. anzeiger II, 436 f. von E. S. Jahrbb. f. philol. 1870, 433—445 von Arnold Schafer.

18) Diodorus, Curtius, Arrianus quibus ex fontibus expeditiones ab Alexandro in Asia usque ad Dari mortem factas hauserint. Diss. inaug. historica quam . . . defendet auctor *Rudolfus Petersdorff* Rastenburgensis. Gedani 1870. 31 pp. 8. [de fontibus Curtii p. 11 — 27]. Recensionen: Literar. centralbl. 1870, n. 42 von A E. Philol. Anz. III, p. 398.

19) Q. Curti Rufi historiarum Alexandri Magni Macedonis libri qui supersunt. Für den schulgebrauch erklart von Dr. *Theodor Vogel.* Erstes bändchen. Buch III—V. Leipzig, B. G. Teubner. 1870. VIII und 197 p. 8. Recensionen: Philol. anzeiger III, 168—172 von A. H. Literar. centralbl. 1870 n. 50 von L. Kr. Blatter f. d. bayer. gymn.-sch.-w. VII, 328—331 von Brunner.

I. Zeitalter des schriftstellers und abfassungszeit seines werkes.

Die frage nach der lebenszeit des Curtius und nach der entstehungszeit seines geschichtswerkes, worüber keine kunde aus dem alterthume zu uns gedrungen ist, konnte vor kurzem noch von gelehrten wie Bernhardy als nicht lösbar bei seite geschoben werden, da die worte des geschichtschreibers X, 9, 1 ff., welche als die einzige unverkennbare anspielung auf zeitgenössische ereignisse den erörterungen zu grunde gelegt wurden, zwar insbesondere von Mützell in höchst ansprechender und nach der überzeugung des ref. auch wirklich treffender weise erklart worden waren, jedoch ohne dass sich eine zwingende evidenz dieser exegese erreichen liess. Da nemlich a. o. vom *princeps* gehandelt wird, *qui noctis, quam paene supremam habuimus, novum sidus inluxit. Huius, hercule, non solis ortus lucem caliganti reddidit mundo —,* so ist zwar natürlich eine allegorische ausdrucksweise hiebei im spiele; aber die grenze der ausdehnung des allegorischen wortgebrauchs bleibt begreiflicher weise immerhin je nach den anschauungen der einzelnen ausleger bestreitbar, so sehr es sich auch empfiehlt, die begriffe *noctis* und *solis ortus* im eigentlichen sinne zu fassen und nur *novum sidus* und *caliganti mundo* metaphorisch zu deuten. Bedenkt man nun überdies die dehnbarkeit einer so unbestimmt gehaltenen anspielung, wie sie in dieser stelle vorliegt, und die mannichfaltigkeit möglicher folgerungen aus sporadischem vergleiche einzelner Curtiusstellen mit partieen anderer autoren: so klingt es nicht mehr wunderbar, wenn sich ein dutzend kaisernamen anführen lässt, in denen man um die wette den von Curtius geheimnissvoll angedeuteten erkennen wollte. So liegen — abgesehen von J. Bodins wunderlichem einfall, der das schon im 12. jahrhundert citirte werk des Curtius als ein kunststück des 13. jahrhunderts ansehen wollte — die für die abfassung der *Hi-*

storiae Alexandri angenommenen zeitbestimmungen fast um vier jahrhunderte aus einander. Zwar wenn Gibbon an die zeit Gordianus des dritten, Johannes von Müller an Alexander Severus, Graf Bagnolo an Constantinus den Grossen oder gar Caspar Barth an Theodosius den Grossen dachten, so werden sie durch den autor selbst sofort widerlegt. Denn da Curtius an verschiedenen stellen (IV, 12, 11. V, 7, 9. 8, 1. VI, 2, 12. 14) von der macht der Parther in einer weise spricht, die das bestehen eines Partherreiches zur voraussetzung hat, so fallen sammtliche vermuthungen, welche den schriftsteller in eine spätere zeit als das jahr 226 unserer ära setzen, in welchem das Partherreich gestürzt wurde, als nichtig in sich zusammen. Aber der für chronologische fixirung übrige spielraum ist noch immer gross genug: so sprechen — um nur die bedeutenderen forscher zu nennen — für die zeit Augusts: Aldus Manutius, Pithoeus, Bongarsius, Hirt, Zumpt und Klotz; für Tiberius: Raderus, Perizonius und (freilich zu anderen zeiten anders) F. A. Wolf; für Claudius: Brissonius, Lipsius, Tellier, St. Croix, Mützell, Teuffel; für Vespasianus: Freinsheim, Rutgersius, G. J. Vossius, Buttmann, Pinzger, Kritz, Bähr, Baumstark, Hedicke; für Traianus: Pontanus; für Septimius Severus: Niebuhr und Letronne. Aber von allen diesen hypothesen fanden ausser der durch Niebuhrs glänzenden namen empfohlenen annahme doch nur der hinweis auf Vespasianus und die beziehung auf Claudius allgemeinere zustimmung. Neuerdings nun hat Wiedemann (nr. 12) die frage durch eine breite, aber solide beweisführung entschieden gefördert, indem er gegenüber dem schwankenden der früher beigebrachten argumente einen festen stützpunkt der untersuchung fand. Nach einer sorgfaltigen darlegung, dass die vergleichung des Curtius mit solchen stellen anderer schriftsteller, die im gebrauche von wortverbindungen, dem ausdruck allgemeiner sentenzen, der schilderung häufig wiederkehrender situationen auffallende ähnlichkeit zeigen, durchaus unfruchtbar, weil unsicher sei, wird der bericht des Curtius über die verwundung Alexanders vor Mazagae VIII, 10, 27 ff. und die erzählung desselben ereignisses bei Seneca Epp. mor. VI, 7, 12 (59) neben einander gestellt. Es ergibt sich sofort, dass die kürzere fassung des Seneca nicht das original der ausgeführteren darstellung bei Curtius sein könne. Nun lässt aber ferner die mehrfache übereinstimmung des wortlautes nicht an ein den beiden autoren gemeinsames griechisches original denken. Und da endlich der einzige schriftsteller, welcher in lateinischer sprache jenes factum erzählt haben könnte, Pompeius Trogus, von Curtius notorisch nicht benutzt worden ist, so erscheint überhaupt die erklärung jener übereinstimmung durch annahme einer sowohl von Curtius als von Seneca ausgebeuteten quelle unmöglich. Demnach bleibt also nur übrig, die erzahlung bei Curtius als das vorbild des Seneca zu erkennen, ein ergebniss, das sich zum überflusse auch

durch andere berührungspunkte zwischen beiden schriftstellern empfiehlt (VII, 3, 5: Epp. mor. VI, 7, 12 (59). VII, 1, 4: Epp.
mor. VI, 4, 9 (56). Jedenfalls ist also das werk des Curtius spätestens unter dem principat des Nero abgefasst, und jene durch
alle möglichen und unmöglichen deutungen vermittelte beziehung
der oben angeführten hauptstelle bei Curtius auf den regierungsantritt des Vespasianus ist durch Wiedemanns beweis mit einem
schlage beseitigt. Da nun eine ernstliche verbindung der angezogenen worte mit der geschichte des Gaius Caligula oder des Nero
kaum möglich ist, aber nach Wiedemanns hier nicht zu wiederho-
lender ausführung auch eine auf Augustus oder Tiberius hinwei-
sende interpretation der nöthigen anhaltspunkte entbehrt: so sind
wir durch den zusammenhalt dieser negativen beweismomente zur
anerkennung desselben ergebnisses gezwungen, das nach anderen
Mützell und Teuffel durch umsichtige und eindringende erklärung
der fraglichen worte bei Curtius gewonnen hatten und worin jener,
wie gleichfalls von Wiedemann aufs neue gezeigt ist, mit unrecht
von Kritz und anderen bekämpft worden war. Die deutung jener
noctis, quam paene supremam habuimus, als der namentlich von
Josephus Antiq. Iud. XIX, 1 sqq. geschilderten nacht vom 24. auf
25. januar 41, in welcher nach der ermordung des Caligula zu
vieler befremden Claudius emporkam und so einem gefürchteten
bürgerkriege vorbeugte — diese deutung ist nunmehr ausser zweifel gesetzt. Hug hat dieselbe (Philol. anzeiger III, 168) ausdrücklich anerkannt; auch Vogel hatte bereits im anschluss an Mützell
sich für diese annahme entschieden (19) einleitung p. 2. Ob Hedicke auch jetzt noch an der beziehung auf Vespasianus festhält,
für die er sich noch kürzlich (4) p. 24 erklärte, wagt ref. zu bezweifeln. Merkwürdiger weise hat Teuffel dem abdrucke seiner
entschiedenen und treffenden beweisführung für Claudius (nr. 13)
in einer note eine art von palinodie beigefügt, indem er die dati-
rung unter Vespasianus nicht mehr so bestimmt zurückweist. Für
die bestimmung der abfassungszeit der *Historiae Alexandri* ergibt
sich sonach die periode zwischen dem 25. januar 41 und dem
april 65, in welchem monat Seneca, der das werk des Curtius
gekannt haben muss, starb, also ein zeitraum von vierzehn
jahren. — Genauere festsetzung wird zunächst nicht thunlich sein;
wenigstens erscheint es im vergleich zu dem oben angegebenen beweise schwächlich, wenn auf unsichere voraussetzungen eine höchstens wahrscheinliche annahme über die priorität von Curt. X, 9,
6 vor Sen. ad Polyb. de consol. 12, 5 (31) gebaut und hieraus
der schluss gezogen wird, dass Curtius noch vor ende 42, beziehungsweise anfang 43 geschrieben haben möge. Wiedemann hat
wohl gethan, auf diese präcisere chronologische bestimmung, so
einschmeichelnd das resultat auch sein mag, ebenso wenig gewicht
zu legen, als er es versucht hat, über die persönlichkeit des schrift-

stellers unsicheren vermuthungen nachzugehen. Denn für die identität desselben mit dem von Tacitus Ann. XI, 21 gebrandmarkten
Curtius Rufus, dem proconsul von Afrika, lässt sich ausser der zusammentreffenden zeit schlechterdings nichts anführen, während
manches dagegen spricht. Dass nemlich Tacitus bei einer ausführlichen charakteristik eine immerhin bedeutende schriftstellerische
leistung ganz mit stillschweigen übergangen haben sollte, bezeichnet Vogel (nr. 19) p. 4, anm. 1 mit recht als undenkbar.
Aber die ganze eminent unpraktische auffassung der thatsachen
und personen bei Curtius gestattet überhaupt nicht an einen staats-
mann zumal mit den von Tacitus hervorgehobenen eigenschaften
zu denken. Gerade dieser gesichtspunkt führt eher dazu, mit Vogel und vielen früheren unsern autor lieber in dem bei Sueton. de
grammat. et rhetor. 93 (p. 128 Reiffersch.) erwähnten rhetor wie-
derzufinden, von welchem wir übrigens nichts als den namen wissen. Uebereinstimmend hiemit hat jüngst Hug Philol. anz. III,
168 f. bemerkt, „dass die ganz besondere verehrung, welche der
rhetor Curtius dem Claudius zollt, wohl auch zum theil dem
förderer gelehrter studien, der selbst in geschichtschreibung machte,
gegolten haben mag“.

II. Quellen des geschichtswerkes.

Zwei quellenschriftsteller nennt Curtius: Kleitarchos zweimal
und einmal Timagenes: IX, 5, 21 *Ptolomaeum, qui postea regnavit,
huic pugnae adfuisse auctor est Clitarchus et Timagenes*; 8, 15,
LXXX *milia Indorum in ea regione caesa Clitarchus est auctor.*
Man hat daraus namentlich für Kleitarchos sowohl geschlossen,
dass er die hauptquelle für Curtius gewesen sei, als auch dass er
von Curtius nicht ausgebeutet worden sei — letzteres mit rücksicht auf einen an erstgenannter stelle von Curtius beigefügten
zusatz: *Sed ipse [Ptolomaeus], scilicet gloriae suae non refragatus,
afuisse se, missum in expeditionem, memoriae tradidit. Tanta
conponentium vetusta rerum monumenta vel securitas vel, par huic
vitium, credulitas fuit.* Beide einander diametral entgegengesetzte
schlussfolgerungen sind, wie schon die möglichkeit solchen wider-
spruches zeigt, gleich unberechtigt. Daraus dass Curtius an Kleitarchos mangel an sorgfalt tadelt und ihm leichtgläubigkeit vor-
wirft, darf allerdings mit sicherheit geschlossen werden, dass er
einem so bezeichneten gewährsmann nicht ohne genaue prüfung im
einzelnen gefolgt sei, keineswegs aber dass er ihn überhaupt nicht
als quelle benutzt habe oder dass, wie Hug meint, Kleitarchos-Ti-
magenes nur ein seitenzufluss zu einer anderen hauptquelle sei.
So hat auch Livius gegen keinen autor so häufig polemisirt als
gegen Valerius Antias, und doch bildet dessen chronik theilweise
sogar die grundlage der livianischen geschichtserzählung. Aber

auch jener erste schluss, dass nach jenen beiden angeführten andeutungen Kleitarchos als unmittelbare quelle des Curtius gelten
müsse, ist an sich voreilig; doch findet derselbe von anderer seite
her eine scheinbar sehr feste stütze. Eine zusammenstellung aller
parallelen stellen aus Diodor und Curtius, welche entweder von
diesen schriftstellern selbst oder von anderen ausdrücklich auf Kleitarchos zurückgeführt werden, und eine vergleichung anderer ähnlichen partieen in jenen beiden ist von Raun (nr. 16) gegeben und
daran die folgerung geknüpft worden, dass beide dieselbe quelle
benutzt haben, die Raun, wie vorher namentlich C. Müller, in Kleitarchos gefunden zu haben meinte. Hiegegen ist aber von Schöne
(nr. 17) mit vollem rechte eingewendet worden, dass durch eine
solche hypothese nur die übereinstimmung vieler stellen, nicht aber
die abweichung einzelner partieen des Diodor und des Curtius,
in welchen dieser mit Arrian u. a. sich berührt, erklärt ist. Doch
begnügt sich Schöne, dessen schrift zunächst die prüfung der
quellen des Arrian und Plutarch zur aufgabe hat, mit dem nebenbei
geführten nachweise, dass Kleitarchos nicht direct und unmittelbar
von Curtius ausgebeutet sein könne. Damit lässt sich wohl vereinbaren, was A. Schäfer in der beurtheilung der abhandlung Schöne's
(Jahrbb. f. philol. 1870, 445) behauptet, dass auch Curtius im wesentlichen Kleitarchos nacherzahle, was vernünftiger weise gar
nicht geleugnet werden kann. Aber für Petersdorff, dessen abhandlung über diesen gegenstand (nr. 18) gerade die untersuchung
über die quellen des Curtius zur hauptaufgabe gemacht hat, bestehen Schöne's bedenken nicht. In acht zeilen wird frischweg der
beweis für directe benutzung des Kleitarchos durch Curtius zu liefern versucht, und nicht einmal der umstand, dass nun ausserdem
noch die annahme einer benutzung des Ptolemäus, sowie des Kal-
listhenes durch Curtius nothwendig wird und dass auch dieses noch
immer nicht zu allseitiger erklarung hinreicht, konnte Petersdorff
in seiner behauptung irre machen. Ref. hat über dieses verfahren
im Literar. centralbl. 1871, n. 42 sich bereits ausgesprochen und
wiederholt hier nur den a o. in kürze aus den worten des Curtius selbst geführten beweis, dass dieser unmöglich seine erzahlung
aus Kleitarchos unmittelbar geschöpft haben kann. Ausser der allgemeiner gehaltenen versicherung: VII, 8, 11 *fides nostra [sc.
sperni] non debet: quare, utcumque sunt tradita, incorrupta perfe-
remus* — gibt Curtius noch IX, 1, 34 eine andeutung über die
art des verhaltnisses zu seinen quellen mit den worten: *Equidem
plura transcribo quam credo: nam nec adfirmare sustineo, de quibus dubito, nec subducere, quae accepi.* Hätte also Curtius
direct aus Kleitarchos geschöpft, so würde er nach seiner methode
auch keine der von diesem gewährsmann mitgetheilten wunderge-
schichten seinen lesern vorenthalten haben. Da nun aber nur ein
kleiner theil dieser histörchen bei Curtius nacherzählt wird, so kann

auch seine unmittelbare quelle nur diese auswahl aus dem reichen
schatze des Kleitarchos dargeboten haben, also nicht Kleitarchos
selbst gewesen sein. So sicher jedoch dieser negative nachweis
dem ref. erscheint, so ungewiss ist die positive vermuthung, die
zuerst von E. S. im Philol. anz. II, 234 und dann wiederholt ausgesprochen worden ist. Dass nemlich Timagenes, der zeitgenosse
des Livius, von welchem Quintilianus X, 1, 75 rühmt, *quod inter-
missam historias scribendi industriam nova laude reparavit,* von
Curtius gekannt war und als hauptquelle benutzt werden konnte,
leidet nach der oben angeführten stelle IX, 5, 21 keinen zweifel.
Ob ihm aber Curtius wirklich als seinem eigentlichen führer gefolgt ist, lässt sich bei dem mangel an fragmenten des Timagenes
nicht eruiren. Doch thut der name nichts zur sache: soviel ist
erwiesen, dass Curtius nicht aus Kleitarchos selbst, wohl aber aus
einem historiker, der diesem treu, jedoch nicht ausschliesslich gefolgt war, geschöpft haben muss. So erklärt sich sowohl die vorwiegende, theilweise wörtliche übereinstimmung mit Justin und
Diodor, als auch die abweichung mancher mit Arrian und Plutarch
zusammentreffenden partieen bei Curtius.

III. Ueberlieferung und verbreitung des werkes im mittelalter.

Es ist zu verwundern, dass von dem geschichtswerke des
Curtius, dessen kein schriftsteller des alterthums mit einem worte
gedenkt, etwa 70—80 handschriften auf uns gekommen sind.
Und da diese durch das fehlen des ersten und zweiten buches und
durch lücken zwischen dem fünften und sechsten, sowie im zehnten
buche insgesammt auf einen einzigen archetypus zurückweisen, über
welchen die eigenthümlichkeiten unserer handschriften noch manche
aufschlüsse bieten: so ist die vermuthung erlaubt, dass dieser ur-
codex unserer manuscripte wohl das einzige aus dem alterthum
erhaltene exemplar der *Historiae Alexandri* gewesen sei. Wohl
ist diese reiche zahl von handschriften aus dem neunten bis fünf-
zehnten jahrhundert nach ihrem werthe für die feststellung des
textes sorgsam untersucht; aber noch niemand hat sich der mühe
unterzogen, aus den gegenseitigen beziehungen der einzelnen handschriften, aus dem alter und den fundorten, sowie aus sonstigen
eigenheiten derselben die allmahliche verbreitung des Curtius in den
genannten zeiträumen zu erforschen. Und doch hat gerade in jüngster zeit Franz Rühl in seiner schönen abhandlung über die verbreitung des Justinus im mittelalter (Leipzig, Teubner 1871) gezeigt, wie grosses interesse dieses gebiet der forschung gewährt.
In auffallendem missverhältniss zu jener nicht unbedeutenden zahl
von handschriften stehen die seltenen erwähnungen des Curtius bei
mittelalterlichen schriftstellern und die sporadischen anzeichen eines
eingehenderen studiums desselben bei den gelehrten und dichtern

dieser zeit. Dass Curtius nicht, wie Bernhardy lehrt, in eigent-
lichem sinne schulschriftsteller im mittelalter gewesen ist, dafür
haben Hedicke, Quaestt. Curt. p. 32 und Rühl a. o. p. 22 aus
dem Cl. briefe des Petrus Blesensis (von Blois) folgendes beredte
zeugniss mitgetheilt: *Praeter ceteros etiam libros, qui celebres sunt
in scholis, profuit mihi frequenter inspicere Trogum Pompeium,
Iosephum, Suetonium, Hegesippum, Q. Curtium, Corn. Tacitum,
Titum Livium, qui omnes in historiis quas referunt multa ad mo-
rum aedificationem et ad profectum scientiae liberalis interserunt.*
Dass jedoch Curtius hie und da auch in der schule verwendet worden ist, dafür sprechen mancherlei anzeichen. Es ist längst bemerkt und von verschiedenen seiten, namentlich auch von Zumpt,
Mützell und Jeep, hervorgehoben worden, wie in den späteren jahrhunderten des mittelalters Curtius aus Justinus emendirt und interpolirt worden ist. Dass auch der umgekehrte weg eingeschlagen
wurde und anderweitige erzählungen über Alexander durch einfü-
gungen einzelner stellen aus Curtius ausgeschmückt und erweitert
worden sind, dafür hat Jeep in den Jahrbb. f. philol. 1855,
125—132 einen interessanten beleg gegeben. In einer Wolfen-
bütteler handschrift n. 24 *(Textus de ortu magni Alexandri)* finden
sich mitten in einer nach Pseudokallisthenes III, 30. 31. 35 gegebenen lateinischen erzählung über Alexanders tod mehrere bruchstücke aus dem X. buche des Curtius. Beide verfahrungsweisen,
sowohl die erweiterung des Curtiustextes durch interpolationen als
auch die ergänzung anderer texte durch Curtius, erklären sich am
einfachsten aus der verwendung des schriftstellers zur lesung und
erklärung in schulen; vgl. Jeep in den Jahrbb. f. philol. 1852,
54. Ein noch bestimmteres zeugniss für die schulmässige lectüre
rhetorischer abschnitte aus Curtius im mittelalter bietet, wie besonders Hug schön gezeigt hat (Rhein. mus. XX, p. 117—125), der
von Wensch in der Zeitschr. f. d. alterth.-w. V, 1115 ff. und
VIII, 60 ff. besprochene *codex Vitebergensis*, welcher nach den
reden und proömien aus Sallusts Catilina und Jugurtha und ausser
der invective des Pseudo-Sallustius gegen Cicero und der replik des
Pseudo-Cicero noch reden aus Curtius enthält. Die völlige verschiedenheit der hier enthaltenen Sallust-excerpte von der im Vaticanus 3864 überlieferten, höchst wahrscheinlich noch im alterthum
angelegten sylloge der reden und briefe lässt es als ziemlich sicher
erscheinen, dass dieses corpus erst im mittelalter zu lehrzwecken
zusammengestellt worden ist. Auch die im *fragmentum Rhenaugiense* enthaltenen zwei reden (Curt. VII, 8, 12—30. VIII, 7,
3—10, 2) scheinen im carolingischen zeitalter ähnlichen zwecken
gedient zu haben. Ebenso enthält das *fragmentum Einsidlense* gerade rhetorische partieen, und es ist wenigstens möglich, wie schon
Hug a. o. angedeutet hat, dass dies nicht zufällig war. Aber im
allgemeinen ist eben der unerhörte beifall, den die wunderbaren

thaten Alexanders des Grossen und die schon seit Onesikritos noch
unglaublich übertriebenen darstellungen derselben anderthalb jahr-
tausende hindurch gefunden haben, für die geringere verbreitung
des Curtius entscheidend gewesen. Gegenüber den im zweiten oder
dritten jahrhundert unserer zeitrechnung von Aegypten aus verbreiteten und in progressiver weise ausgeschmückten berichten des
Pseudo-Kallisthenes und der aus denselben jedenfalls vor 340 übertragenen erzählung des Julius Valerius wie auch des hieraus ge-
flossenen *Itinerarium Alexandri* konnte die bei weitem nüchternere
darstellung des Curtius bei einer romantisch gestimmten lesewelt
keine erfolgreiche concurrenz bestehen. So folgten Auberin von
Besançon und nach ihm unser pfaffe Lamprecht in ihren Alexan-
derliedern demselben auf Pseudo-Kallisthenes fussenden *Liber de pre-
liis* des archipresbyter Leo, das auch — und zwar in der noch
jetzt erhaltenen Bamberger handschrift E III, 14 — dem *Chroni-
con universale* des Ekkehard von Aurach zu grunde liegt und in
dieser oder in verwandten recensionen noch vielfach von mittelalterlichen schriftstellern ausgebeutet worden ist. Auch Lambert
di Cors und Alexander von Bernay haben Leo zur quelle. Andere
dichtungen, wie der *King Alisaundre* oder dessen französische
quelle, folgen der epitome des Julius Valerius. Jacob von Maer-
lant, welchem der flandrische Alexander zugeschrieben wird, folgt
entweder direct dem Julius Valerius oder dem epitomator desselben oder einem speculum des Vincenz von Beauvais. Unter den
hervorragenden dichtern, welche die Alexandersage zum vorwurfe
genommen haben, hat sich — denn über Qualichino von Arezzo
und Rudolf von Montfort sind wir nicht hinlänglich unterrichtet —
nur der einzige Walther von Lille oder Chatillon *(Gualterus Ca-
stellionaeus)* in seiner der form nach auf das muster der Aeneis
zurückweisenden *Alexandreis* an Curtius angeschlossen, und zwar
so genau, dass man, wie Gervinus bemerkt, Mützell und Jeep praktisch erwiesen haben, stellenweise den text des Curtius aus den
versen Walthers erlautern kann. Allein eben wieder die ungemeine anerkennung, die dieses treffliche und in den schulen jener
zeit sogar den klassikern vorgezogene gedicht namentlich in Frankreich gefunden hat, musste der verbreitung des prosaischen originals hemmend in den weg treten, zumal da nach dem muster des
Gualterus ein Deutscher, Ulrich von Eschenbach, den bericht des
Curtius in seinem allerdings wenig verbreiteten Alexandergedicht
wiederholte, und da durch Brandur Jonssons übersetzung die dichtung Walthers auch im nordland heimisch wurde. Wie über die
stellung der Alexandersage in der poesie des mittelalters Gervinus
in der geschichte der deutschen dichtung I, 323—333 das nöthige
angegeben und ohne wesentlich neues Cholevius in seiner Gesch.
d. d. poesie nach ihren antiken elementen I, 64 ff. 91 ff. dasselbe
angedeutet oder ausgeführt hat, so ist auch für die prosaschrift-

steller des mittelalters, die historiker und polyhistoren, noch eine
untersuchung nothwendig, für welche Zacher in seinem Pseudocal-
listhenes (Halle 1867) die gründlichste vorarbeit geliefert hat.
Dadurch werden für die künftig doch einmal zu schreibende —
und weit besser, als es von Heeren geschehen konnte, zu schreibende — geschichte der classischen studien im mittelalter brauch-
bare bausteine geliefert werden. Aber auch der für die kritische
behandlung des Curtiustextes aus einer solchen leistung entsprin-
gende gewinn ist selbst dann bedeutend genug, wenn sich mit sicherheit ergeben sollte, dass aus den mittelalterlichen schriftstellern
zur verbesserung der directen überlieferung des Curtius keine
werthvollen lesarten zu gewinnen sind. Und wahrscheinlich wird
dieses ergebniss zum vorscheine kommen, da sich, wie es scheint,
vor dem 12. jahrhundert keine notiz aus Curtius und über ihn
finden lässt. Aber es wäre schon wichtig, wenn sich erkunden
liesse, ob der echte oder schon ein interpolirter text umlief, als
Johannes Sarisberiensis, Petrus Blesensis, Vincentius Bellovacensis
im Curtius lasen. Denn dass auch der erstgenannte den Curtius
selbst gelesen hat, ist trotz Schaarschmidt's einspruch (Rhein. mus.
XIV, 205. J. p. 89 anm.) kaum zweifelhaft.

IV. Recension des textes.

Es sind gerade 400 jahre her, seitdem die *editio princeps* des
Curtius zu Venedig erschienen ist. Weder diese ausgabe noch die
Juntina (1507) noch auch die Aldina (1520) beruhten auf guten
handschriften; erst Fr. Modius (1579) hat bei seiner recension des
textes eine handschrift der guten überlieferung beigezogen und
theilweise verwerthet. Für die herbeischaffung und benutzung eines umfangreicheren kritischen materials haben dann Freinsheim
(1648. 70) und Snakenburg (1724) das meiste gethan, bis C. Th.
Zumpt (1826. 49) diesen apparat nicht nur durch die angaben der
Florentiner handschriften erweiterte, sondern auch zum ersten male
nach dem gesichtspunkte der relativen integrität oder der bald
mehr bald weniger ausgedehnten interpolation sichtete und ordnete.
Aber der widerspruch blieb nicht aus; insbesondere hat Foss mit
allen mitteln philologischer technik und mit aufbietung nicht gewöhnlichen scharfsinns Zumpts theorie über die basis der textkritik
des Curtius umzustossen und statt der älteren überlieferung den
geglätteten und erweiterten text der jüngeren handschriften als die
echte tradition theoretisch durch mehrere abhandlungen, praktisch
durch seine recognition in der *Bibliotheca Teubneriana* (1851) zu
erweisen gesucht. Eine skizze der geschichte dieser kritischen
bestrebungen für die recension des textes habe ich (2 und 3) gegeben. Einzelne controverse punkte hatte schon früher Hedicke in
seinen *Quaestiones* eingehend besprochen und nach einer lösung der

cardinalfrage gestrebt.   Allein die a. o. p. 38 nach dem damaligen stande der forschung aufgestellte stammtafel der Curtiushandschriften hat Hedicke selbst durch seine glückliche wiederent-
deckung einer bis dahin nicht gehörig gewürdigten Pariser handschrift wesentlich umgestaltet, als er an die bearbeitung einer textausgabe (1) ging.   Die epochemachende bedeutung dieser ausgabe
beruht darin, dass die ansehnlich erweiterten hülfsmittel zum theile
neu verglichen, durchgängig aber unbefangen geschätzt und entsprechend verwerthet worden sind.   Durch die kritischen noten,
die in möglichst knapper, aber sehr geschickter auswahl unter
dem texte fortlaufen, hat der herausgeber ein deutliches bild des
archetypus zu reproduciren gewusst und so den leser in den stand
gesetzt, durch eigene vergleichung und combination die von Hedicke eingeschlagene methode der textrecension zu prüfen.   Die
grundzüge des verfahrens sind auch in der kurzen *praefatio* der
ausgabe angegeben.   Im gegensatze zu Foss, dessen würdigung des
Flor. G Hedicke schon früher mit lebhaftigkeit und mit erfolg bekämpft hatte, werden mit Zumpt die älteren handschriften zugleich
als die besseren zeugen der überlieferung betrachtet und der herstellung des textes zu grunde gelegt.   Es sind dies Bernensis n.
451 saec. X), Florentinus (A) plut. LXIV, cod. 35 saec. XI, Leidensis n. 137 s. X, Vossianus (I), s. X, Q 20 und Parisinus n.
5716 s. IX, und zwar vertritt die letztgenannte handschrift gegenüber den vier anderen eine eigene familie derselben klasse; mit
ihr stimmen die fragmente eines Darmstadiensis, Virceburgensis und
Vindobonensis und eine von Modius (1579) benutzte handschrift
überein.   *Unde intelligitur codicis archetypi quem vocant scripturam
cognosci e consensu utriusque ordinis: ubi dissentiunt ordines, considerandum est, quid sequendum videatur.*   Gegen diesen letzten
von Hedicke ausgesprochenen satz, der auch bei Jeep (Jahrbb. f.
philol. 1868, p. 773) bedenken hervorrief, habe ich zuerst (nr. 2)
einsprache erhoben.   Abgesehen nemlich davon ob nicht zu eruiren
wäre, welche der beiden familien der guten handschriftenklasse
den vorzug grösserer treue habe, schien mir jenes *considerandum
est* bei Hedicke namentlich in solchen fällen schrankenloser willkür raum zu geben, in welchen kein innerer grund für die eine
von zwei gegenüberstehenden lesarten zu entscheiden vermag.   Indem ich daher nach Hedicke folgendes stemma der handschriften
aufstellte:

Codex archetypus

(I. classis 1. ordo.)	(I. classis 2. ordo.)	(II. classis.)
Paris. 5716. Darmst.	Leid. Voss. I. Flor. A Bern. A	
Virceb. Vindob. Mod. cod.	Flor. B	

fügte ich folgende die ansicht Hedickes in dem bereits erwähnten
punkte modificirende erläuterung hinzu (a. o. p. 7): *Prior prioris*

*classis ordo ita comparatus est, ut is proxime ad archetypi spe-
ciem accedere putandus sit. Quamobrem Parisinus 5716, quippe
qui solum huius ordinis integrum exemplum extet, ubicunque a ceterorum primae classis codicum lectione ita recedit, ut aut solus
aut et ipse et illi sanum aliquid exhibeant, illis posthabitis se-
quendus est. Quid quod saepe Parisini vitia tolerabili ceterorum
librorum lectioni praeferenda sunt, cum ipsa veram emendandi rationem monstrent.*

Hedicke selbst hat — um Vogels worte (nr. 11 p. 563) zu
gebrauchen — „seine frühere ansicht hierin etwas modificierend
und der von A. Eussner sich annähernd" ein neues stemma der
handschriften (nr. 4, p. 32) entworfen, das nur etwas erweitert [1]),
im wesentlichen aber dem von mir aufgestellten schema genau entsprechend ist:

Codex archetypus

codex deperditus non interpolatus	codex deperditus non interpolatus	codex deperditus interpolatus	
		codex deperditus interpolatus	codex deperditus interpolatus
PHDRSMc	B F L V		
Fb		Fdfgi	Fceh B2 V2

Unbedingter noch als Hedicke hat Vogel dem verfasser dieses
berichts beigestimmt, indem er im kritischen anhang seiner ausgabe
(nr. 19) p. 183 sagt: „dass der erste rang unter den handschriften
des Curtius dem cod. Paris. A gebühre, dass man daher in fällen,
wo zwei lesarten sprachlich und sachlich gleich berechtigt erscheinen, der seinigen den vorzug zu geben habe, hat mit gründen, die
dem verf. überzeugend waren, Eussner dargethan". Auch vorher
war Ch. Morel (Revue critique 1869, p. 246) der hervorhebung
des Parisinus beigetreten. Vgl. auch (nr. 3) die andeutungen von
Köchly, Riese und Hanow (Züllichau) in der kritisch - exegetischen
section der XXVI. philologenversammlung (verhandlungen p. 159 f.).

Dagegen hat zunächst der verfasser eines mit E. W. unterzeich-
neten artikels des Philol. anzeigers I, 23 gegen die bevorzugung

---

1) Ich habe in meinem stemma nur die werthvolleren handschriften
einzeln aufgeführt: Parisinus 5716 (P), fragmenta codicum Darmstadiensis (D), Virceburgensis (H = Herbipolitanus), Vindobonensis (S),
endlich den codex Modii (Mc); von der zweiten familie der guten
klasse den Leidensis (L), Vossianus I (V), Florentinus A (F), Bernensis A (B) und dessen copie Florentinus B (Fb). Hedicke dagegen hat
in seiner übersicht nicht nur das fragmentum Rhenaugiense (R) beigefügt, das zu den besten handschriften gehört, sondern auch aus der
grossen zahl der interpolirten handschriften den Bernensis 2 (B2),
Vossiauus 2 (V2) und die Florentini (Fcdefghi) besonders classi-
ficirt, weil dieselben zwar nicht unmittelbar für die recension, wohl
aber für die geschichte des textes und der textkritik (durch Zumpt
und Foss) bedeutung haben.

des Parisinus für die „besonnene gleichstellung", welche Hedicke
in seiner ausgabe dieser handschrift zuwies, sich erklärt, später ausführlich dann Hug (nr. 5) dieselbe ansicht zu begründen gesucht.
Hug warnt davor, durch überschätzung des neugefundenen Parisinus
sich nicht zu einer geringschätzung der andern zur ersten klasse
gehörigen gruppe von handschriften verleiten zu lassen. Was er
hiebei an Hedicke's angaben über lesarten des Parisinus sowie des
Bernensis nach eigener und des Leidensis nach Holders collation
berichtigt, ist mit dank anzunehmen, wie ref in seinem berichte
über Hugs abhandlung (Philol. anz. II, 254 ff.) bereits öffentlich
anerkannt hat. Doch hat Hug namentlich durch auffallende ungenauigkeit in einzelnen anführungen die bestimmteste einsprache des
ref. hervorgerufen, der inzwischen an Vogel (Jahrbb. für philol.
1870, 565 ff.) den kundigsten vertreter seiner ansicht über den
vorzug des Parisinus gefunden hat. Vogel erklärt ausdrücklich
(a. o. p. 565), dass „das von Eussner aufgestellte kritische princip
auch durch Hugs gegenvorstellungen nicht erschüttert worden ist",
d. h. das princip, „dass in der textkritik des Curtius die erste und
gewichtigste, wenn auch nicht die in jedem einzelnen falle entscheidende stimme dem Parisinus und seiner sippe gebührt". Auch
gegenüber Hedickes meinung, der „im falle einer abweichung der
g a n z e n zweiten gruppe vom Parisinus und seiner sippe die entscheidung über die aufzunehmende lesart abhängig gemacht wissen
will von der erwägung, was dem sinne und sprachgebrauche des
schriftstellers, bez. der lateinischen prosaiker überhaupt am meisten
entspricht" — auch gegenüber dieser meinung hat Vogel (a. o. p.
563) erklärt, dass ihm „die fassung von Eussner als die richtigere
erscheint. Erkennt man (so fahrt Vogel fort) im Parisinus —
und das thut ja auch Hedicke — eine zwar höchst nachlassige,
aber abgesehen von ihren schreibfehlern treue copie eines bessern
originals, so muss man, sollte ich meinen, in einer kritischen ausgabe ihm folgen, sobald das von ihm gebotene nach sinn, sprachgebrauch u. s. w. überhaupt nur b e r e c h t i g t erscheint, selbst
wenn dadurch statt der üblichern wortstellung, construction, verbindung die w e n i g e r ü b l i c h e, dafern sie nur nach dem sonstigen usus des schriftstellers und der historiker berechtigt ist, in
den text kommen sollte". Nach diesem princip hat schon ref. (nr. 2)
p. 9 sqq. einzelne stellen des VIII. und IX. buches hergestellt; nach
demselben princip hat nun Vogel im I. theile seiner ausgabe (nr.
19) eine reihe von stellen des III., IV. und V. buches constituirt,
wodurch, wie dieser herausgeber selbst mit recht bemerkt, „der text
des Curtius nicht unerheblich gebessert wird". Am erfolgreichsten
aber hat in diesem punkte Hedicke gearbeitet, wie sich weiterhin
ergeben wird.

Mit den aus Hugs (nr. 5) und Hedickes (nr. 4) programmen
oben angeführten sätzen ist nemlich der reiche inhalt beider ar-

beiten, insbesondere der umfangreicheren letzteren mit nichten erschöpft. Bei Hug ist ausser den bereits erwähnten gelegentlichen berichtigungen der collationen Hedickes insbesondere die genaue und erschöpfende darlegung über das in Hedickes ausgabe unverdient vernachlässigte *fragmentum Rhenaugiense* werthvoll. Ferner theilt Hug eine anzahl von emendationen mit, von welchen mehrere mit recht von Vogel in den text gesetzt worden sind, nämlich die zu III, 12, 13 *permittit* nach Bernensis und Leidensis; 12, 20 *tam moderate* nach Par. Bern. Leid. Voss.; ferner nach conjectur IV, 1, 22 *huius habitus*; IV, 7, 15 *ducentium*; III, 6, 10 *ore tuo*; III, 8, 3 *proditioni*, worin Hug mit Köhler (Rhein. mus. XIX, 184) zusammengetroffen war. — Aus dem inhalte der abhandlung von Hedicke ist zunächst die mit sachkenntniss und genauigkeit gegebene beschreibung der fünf nicht interpolirten handschriften hervorzuheben, von welchen Hedicke den Par. Leid. Voss. schon für seine ausgabe selbst verglichen hatte und den Bernensis im sommer 1868 gleichfalls collationirt hat, während er noch bei seiner ausgabe auf einzelne mittheilungen von Hug beschränkt war. Auch für den Florentinus ist in Hedickes ausgabe nicht eine neugefertigte collation verwendet worden, sondern mussten einzelne von Studemund und Hinck erbetene angaben genügen; auch diese neuere abhandlung Hedicke's ist noch hierauf angewiesen. Wichtiger noch als die beschreibung dieser handschriften ist die zurückweisung der von Jeep gegen die reinheit des Voss. und von Köhler gegen die treue des Flor. A erhobenen bedenken, die durch die ungenauigkeit der bei Snakenburg und Zumpt verwendeten collationen hervorgerufen waren und durch die zuverlassige mittheilung der wirklichen lesarten dieser handschriften als ungegründet erwiesen sind. Auch über das *fragmentum Herbipolitanum* (VIII, 1, 3 – 6. 10 – 14) p. X, die *reliquiae Darmstadienses* (IV, 2) [s. ?], die *schedae Vindobonenses* (X, 8, 22 – fin.) s. X und die *excerpta Rhenaugiensia* (VII, 8, 12 – 20. VIII, 7, 3 – 10) s. IX hat Hedicke nach möglichkeit auskunft ertheilt. Die ungenügenden angaben über ein *fragmentum Einsidlense* (VII, 1, 36 — 2, 8) s. X, (XI?) sind inzwischen von Hug (nr. 6) in wünschenswerther weise durch beschreibung des blattes uud veröffentlichung einer collation ergänzt worden. Hiebei hat es Hug mit recht für unmöglich erklärt, nach dem wenigen, was vorliegt, die handschrift der einen oder der andern familie zuzuweisen. Aus demselben grunde aber vermag es ref. nicht einmal mit Hug als wahrscheinlich zu erkennen, „dass uns in dieser handschrift der alte repräsentant einer dritten familie verloren gegangen ist". Möglich wäre dies freilich, so gut, als das gegentheil auch möglich wäre; aber die lesart *tibi* statt *tuis* VII, 1, 36 und die übereinstimmung des fragmentum in zwei lesarten VII, 1, 34 *iniquissimus*, 38 *expediebat* mit den jüngeren handschriften reicht nicht hin, um Hugs hypothese probabel zu machen, da die verschreibungen in den älteren handschriften *iniquissimi* oder *iniquissime* und *expedibat* sehr leicht von einem verständigeren abschreiber des nemlichen originals berichtigt werden konnten. — Bei weitem die bedeutendste partie aber in Hedickes schrift sowohl dem umfange (p. 12—31) als dem werthe nach ist die untersuchung über Par. 5716. Wenn Hug in seinen studien nicht zur hervorhebung dieser handschrift über die zweite gruppe der älteren handschriften gelangen konnte, weil er die stellen, in welchen jene handschrift oder diese das richtige boten, einfach zählte: so ist Hedickes einsicht in den relativ höheren werth des Parisinus insbesondere durch sorgfältige abwägung der einzelnen fehler dieser handschrift und durch genaue scheidung einfacher schreibversehen von tiefer greifenden irrthümern erzielt worden. Gerade die reiche und wohlgeordnete fülle von beispielen, auf welche Hedicke seine entscheidung zu gunsten des Parisinus gegründet hat, liess es dem ref. genügend erscheinen, in vorliegender skizze nur die geschichte der controverse über diese handschrift mit auszügen aus den acten vorzutragen und auf die fortsetzung der früher (nr. 2) begonnenen beweisführung aus beispielen zu verzichten. Selbst Hug hat in seiner gehaltvollen beurtheilung von Hedickes schrift (Philol. anz. II, 460 ff.) nur weniges und gar nichts entscheidendes gegen die restitutionen Hedickes einwenden können; denn die einrede gegen die lesart *in manibus* IV, 4, 12 oder gegen *habitabant* IV, 7, 21 oder die fürsprache für *iusserat* VI, 7, 26 könnten, selbst wenn deren richtigkeit zugestanden wäre, doch nicht als entscheidend gelten. Und auch was Vogel nach Parisinus in den text eingeführt hat, wird von Hug (Philol. anz. III, 170 ff.) eher bestätigt als beseitigt. Aus dem III. buche wird 3, 23 *quae educabant*; 8, 6 *a se* ausdrücklich anerkannt; 6, 19 *militari vulgo*, was auch ref. (Philol. anz. II, 254) empfohlen hatte, zwar bestritten, aber auch die lesart der andern handschriftengruppe durch interpunction nach *plerumque* und die conjectur *graviora* geändert; allein bei Curtius findet sich *plerumque* weder so betont am ende des satzes stehend, noch auch in engerem sinne dem adverbialen *vulgo* gegenübergestellt. Gegen zwei andere lesarten bei Vogel wird allerdings widerspruch erhoben, aber nicht mit vollwichtigen gründen: III, 10, 7 bietet nemlich Parisinus *iam Granicum amnem, tot urbes,* während Bern. Flor. Leid. Voss. *iam* vor *tot* wiederholen. Vogel folgt dem Parisinus; Hug tadelt dies verfahren sowie die belegung durch eine parallelstelle und sucht beispiele für anaphorisches *iam*. Aber es handelt sich gar nicht darum, ob diese anaphora bei Curtius annehmbar sei, sondern nur um die zulässigkeit asyndetischer anreihung von *tot urbes*. Da diese nicht zu bestreiten ist, so entscheidet für diese lesart nicht etwa ein beispiel oder eine fülle von exempeln, sondern das princip, dem Parisinus zu folgen, so weit der inhalt der stelle und die

correcte latinität es gestatten. III, 13, 7 gibt Parisinus *quippe
procella subito nivem effuderat et humus rigebat,* während die anderen guten handschriften *quippe et procella* schreiben. Vogel folgt
dem Parisinus; hiezu bemerkt Hug: „jedenfalls ohne innern grund".
Allerdings, vielmehr aus dem äussern grunde, dass bei derartigen
ἀδιάφορα die für besser erkannte überlieferung als richtschnur dienen muss. Beide hier besprochenen stellen können also nicht gegen
die bevorzugung des Parisinus beigezogen werden, so wenig sie
jemand für diese bevorzugung als beleg verwenden dürfte. Nicht
solche lesarten entscheiden über den werth der handschriften, sondern der werth der handschriften entscheidet über solche lesarten,
für deren wahl oder verwerfung nicht eine *ratio,* sondern nur die
äussere beglaubigung bestimmend sein darf. — Ref. wiederholt
hier das bereits oben angedeutete, von Hedicke aus dem zusammen-
halte aller momente gewonnene ergebniss über die reconstruction
des archetypus ebenso wenig, als die früher (nr. 2) erhobenen und
von Vogel bestätigten bedenken gegen Hedicke's princip in fällen,
wo die beiden gruppen der I. handschriftenklasse sich widersprechen. Nur an die letzten erörterungen Hedicke's (a. o. p. 28 ff.)
knüpfe ich noch eine bemerkung. Hier schreibt Hedicke: *Resta-
bunt quidem haud pauci loci quibus res diiudicari non potest, cum
et lectio a codicibus BFLV tradita et lectio codicis Parisini recte
se habeat neque ulla causa adsit, cur alteram alteri praeferamus.
. . . itaque disceptabimus, utrum scribendum sit.* Ich würde vielmehr geschrieben haben: *neque vero disceptabimus;* und halb wider
seinen willen ist Hedicke p. 31 zu einer ähnlichen erklärung geführt worden. Indem nemlich Hedicke's fleiss auch für solche mi-
nutiöse, schwer zu entscheidende fragen wenigstens nach gesichtspunkten gesucht hat, die ein kleines gewicht in die eine oder
andere wagschale werfen, hat er sich zwar gegen Parisinus für
die längeren wortformen (z. b. *nihil,* nicht *nil; consueverant,* nicht
consuerant) ausgesprochen; allein sowohl *paulum* gegenüber *pau-
lulum, lamna* gegenüber *lamina,* die reduplicirten formen einiger
composita von *curro,* d. h. in allen drei punkten die im Parisinus
erhaltenen formen haben sich nach vergleichung sämmtlicher ein-
schlägigen stellen als vorzüglicher erwiesen. Auch die dem Parisinus eigene wortstellung ist von Hedicke als probehaltig befunden worden. Dies kann genügen. Ich schliesse unter weglassung
eines überflüssigen *fortasse* mit den eigenen worten Hedicke's (p.
31): *is verum adsequetur qui ubique codicis Parisini lectiones prae-
fert: nam, ut hic, quid sentiam, ingenue profitear, codex Parisinus
melioris generis deterius exemplum, archetypon autem codicum BFLV
deterioris generis melius exemplum repraesentare mihi videtur.*

V. Emendation.

Was auf dem gebiete der emendation einzelner stellen, soweit

diese nicht mit der recension des textes im ganzen zusammenfällt,
seit Hedicke's auch hiefür bahnbrechender arbeit geleistet worden
ist, lässt sich unschwer überblicken, wenn wir an Vogels bearbeitung der ersten bücher des Curtius anknüpfend eine reihe neuerdings behandelter stellen besprechen. Sowohl diese prüfung als
auch die anreihung einiger vermuthungen des ref. zu stellen, die
in jüngster zeit sonst nicht angefochten worden sind, wird einen
einblick in die mannichfachen, mehr oder weniger häufigen arten
von corruptelen gewähren, durch welche der text des Curtius überhaupt gelitten hat.

III, 2, 5 *peditum decem milia equitum pari armatu seque-*
bantur. So Hedicke nach den handschriften; Vogel streicht *equi-*
tum, da Curtius *par* nur mit dem dativ verbinde, die ellipse von
armatui aber bei dieser stellung nicht statthaft scheine. Aus ähnlichen gründen habe ich (Philol. anz. II, 254) mit gelinderer
operation *equitatum* vermuthet; und diese änderung hat auch Hug
(ebend. III, 172) gebilligt. — III, 2, 15 *cibus, quem occupati*
parant, satiat. So Hedicke nach den handschriften. Dafür vermuthete Jeep: *quem occupant, temperantes satiat;* Britzelmayr (7):
quem occasione data parant satiat; Miller (10): *quem occupant,*
parat satiatem. Vogel schreibt: *quem occuparunt, satiat* im sinne
von ὀυ ἄν τύχωσιν und vergleicht IV, 1, 27 *quemque, quod occu-*
passet, habiturum. Auch hier stimmt Hug (a. o.) bei; ich war
selbst auf diese vermuthung gekommen, wie ich auch IV, 4, 15
quibus occultati (statt *occultatis*) *Sidona devecti sunt* und IV, 5, 16
suis fisi viribus mit Vogel zusammengetroffen bin. — III, 3, 1
Thymodes erat, Mentoris filius, inpiger iuvenis: cui praeceptum est
a rege, ut omnes peregrinos milites, in quis plurimum habebat spei,
a Pharnabazo acciperet, opera eorum usurus in bello. Statt *usurus*
schreibt Vogel *usurum,* eine vermuthung, die (nr. 11) p. 547 begründet und auch von Hug (Philol. anz. III, 172) als trefflich
bezeichnet wird. Ich kann *usurus* nicht so anstössig finden wie
Vogel, erachte aber jedenfalls Vogels änderung für erfolglos. Denn
da es nicht heisst *cui praecepit rex,* sondern passivisch, *cui prae-*
ceptum est a rege, so liegt es nicht ferner, das von Vogel vorgeschlagene *usurum* auf den dativ *cui (Thymodes)* als auf den ablativ mit *a (rege)* zu beziehen. Was ist nun gewonnen? Auch
Vogel selbst scheint gefühlt zu haben, dass zu unzweifelhaftem verständniss des accusativus *usurum* ein reflexiv vorausgesetzt werden
müsste, wie die note zu der stelle zeigt. Hier heisst es nemlich:
vermuthlich ist hier etwas ausgefallen, etwa: *acciperet et ad ipsum*
perduceret. — III, 3, 3 *Castra Alexandri magno ignis fulgore*
conlucere ei visa sunt et paulo post Alexander adduci ad ipsum in
eo vestis habitu, quo ipse fuisset. Die schon früher ausgesprochene
vermuthung, dass zwischen den worten *quo ipse fuisset* etwas verloren gegangen sei, ist sehr wahrscheinlich gemacht durch das, was

Vogel (nr. 11) p. 547 erörtert; dabei wird richtig bemerkt, dass die ℣. 5 stehenden worte *cum appellatus est rex* nicht hieher zu ziehen seien. Das von Vogel im text eingeschaltete *privatus* ist übrigens weit weniger ansprechend, als das a. o. p. 548 vorgeschlagene *astandes regis* (oder *regius*), vgl. Plut. Al. 18 ἀστάνδης ὢν βασιλέως. Ich habe früher aus derselben stelle bei Plutarch rettung für Curtius zu holen versucht, indem ich vermuthete, dass das bei ἦν αὐτὸς ἐφόρει stehende πρότερον auch von Curtius in seiner quelle vorgefunden und durch *olim* übersetzt worden sei, was zwischen dem auslaut von *quo* und dem anlaut von *ipse* leicht verloren gehen konnte. Noch einfacher würde sich nach *quo* der ausfall von *quondam* erklären, das Hug (Philol. anz. III, 172) einsetzen wollte. — III, 3, 5 *Ad haec vates varia interpretatione curam distrinxerant: alii laetum id regi somnium esse dicebant, quod castra hostium arsissent, quod Alexandrum deposita regia veste in Persico et vulgari habitu perductum esse vidisset, quidam non: augurabantur quippe inlustria Macedonum castra visa fulgorem Alexandro portendere: quem regnum Asiae occupaturum esse, haud ambigere, quoniam in eodem habitu Dareus fuisset, cum appellatus est rex.* So Hedicke, im wesentlichen nach handschriftlicher autorität; nur *quem* ist conjectur von Froben für *quodve*; ebenso *occupaturum esse, haud ambigere* statt der überlieferten worte *occupare habuisset haud ambiguae rei.* An dieser schwer verderbten stelle halte ich noch immer *perductum esse* für unrichtig, wofür (nr. 8) *perductum ad se* vorgeschlagen worden ist. Sonst sind namentlich zwei punkte verdächtigt und auch neuerdings mehrfach emendirt worden: erstens kann der auffallende satzschluss *quidam non* kaum befriedigen. Miller (nr. 10) p. 284 schlägt vor: *quidam contraria augurabantur: quippe*; Vogel hat in den text gesetzt: *quidam contra: augurabantur quippe*, und Hug zieht diese besserung der von mir (Philol. anz. II, 254) vorgeschlagenen emendation *quidam non aeque augurabantur; quippe* — vor. Ich kann mich jedoch der vermuthung Vogels nicht anschliessen, da ich weder ein beispiel bei Curtius finde, in welchem *contra* so eigenthümlich den satz beendigt, noch auch *quippe* vom ersten platze verdrängt sehen möchte. Denn VI, 9, 36, wo *quippe* die zweite stelle einnimmt, steht das subject nachdrucksvoll an der spitze, während hier *augurabantur* ohne gegensatz, also auch ohne besonderen nachdruck steht. *Aeque* findet sich ähnlich, wie ich hier vermuthe, gebraucht: IV, 7, 26, wo freilich Vogel die lesart ändert; VIII, 10, 19 durch conjectur von Modius, die aber bei Mützell, Zumpt, Foss und Hedicke aufnahme gefunden hat; X, 3, 9, wo die lesart sicher steht. Die zweite schwierigkeit liegt in den nach *portendere* folgenden worten, die Vogel ausführlich (nr. 11) p. 549, aber nicht glücklich behandelt hat. Die auf den ersten blick nicht unscheinbare vermuthung, dass in der verderbten überlieferung *quodve* und *habuisset* die spu-

ren eines unmittelbar nach *portendere* stehenden und verloren ge-
gangenen causalsatzes enthalten seien, verschwindet bei betrachtung
des folgenden mit *quoniam* eingeleiteten satzchens, welches zeigt,
dass der schriftsteller bei der erzählung der schlimmen deutung sich
nicht, wie in jener von der glückverheissenden auslegung, der dort
anaphorisch gebrauchten conjunction *quod* bedient hat. Frobens
emendation *quem* statt des handschriftlichen *quodve* scheint mir
richtig; wahrscheinlich hatte ein librarius, durch das unmittelbar
vorher zweimal geschriebene *quod* verleitet, falschlich wieder *quod*
geschrieben, dasselbe aber sofort durch übergeschriebenes *ue͂* verbessert; diese schreibung ist dann schon im archetypus unserer
handschriften in *quodve* corrumpirt worden. Dagegen ist Frobens
kühne änderung *occupaturum esse, haud ambigere* gewiss nicht abschliessend. Vogel schreibt: *quod ve[stem Persicam]ac vulgarem
habuisset, haud ambigue regnum Asiae* (scil. *portendere*). Eine sichere heilung ist weder dies noch auch Millers (nr. 10) p. 284
vorschlag: *quodque regnum Asiae eo occupare habitu visus esset,
haud ambiguam eam rem videri*; das letzte wort ist nach Britzelmayrs (nr. 7) p. 11 vorgang so gegeben, welcher vermuthet hatte:
quin ille regnum Asiae occupaturus esset, haud ambiguum videri. Ich
suchte den zügen der überlieferung näher zu kommen; die handschriften bieten: *quodue regnum Asiae occupare habuisset haud ambiguae rei.*
Ich lese: *quem regnum Asiae occupare a d v e r s a e e s s e, set haud ambiguae s p e i.* Das prasens beim begriffe *spes* und die bedeutung dieses
wortes im schlimmen sinne bedürfen wohl an dieser stelle keiner weitern bemerkung. — III, 3, 16 *distinguebant internitentes gemmae
iugum, ex quo eminebant duo aurea simulacra cubitalia avorum,
alterum Nini, alterum Beli. Inter haec aquilam auream pinnas
extendenti similem sacraverant.* So Hedicke. Vogel hat statt
Jeeps conjectur *avorum* mit recht wieder das handschriftliche *quorum* in den text gesetzt. An *sacraverant* habe sowohl ich (Philol.
anz. II: 254) als auch Vogel (nr. 11) p. 549 anstoss genommen
und deshalb aus der vom Parisinus gebotenen corruptel *sacravenerant*
das richtige zu eruiren gesucht. Hiebei ist Vogel entschieden
glücklicher gewesen, wenn er schreibt: *aquilam auream pinnas extendenti similem, sacram avem r e g u m, erexerant.* Doch scheint
auch hiemit das ursprüngliche noch nicht getroffen zu sein. Vielleicht schliesst sich an die nominative *alterum Nini, alterum
Beli* am besten folgende lesart an: *Inter haec aquila aurea pinnas
extendenti similis; eam sacram avem venerantur.* Aehnliche beleh-
rende zusätze, wie der in diesen letzten worten gegebene, sind bekanntlich bei Curtius nicht selten. — Diese aus einem einzigen
capitel ausgehobenen stellen mögen trotz meines mannichfachen
widerspruchs zeigen, mit welcher sorgfalt Vogel bei der con-
stituirung des textes zu werke gegangen ist. Ich wähle noch

einige andere partieen zu weiterer bestätigung. III, 9, 10 hat
Hedicke an den worten *Agrianos opposuit ex Graecia nuper ad-
vectos* nichts geändert; Vogel hat nach *opposuit* eingeschaltet *et*,
da auch ein so wenig sorgfältiger schriftsteller wie Curtius die
Agrianer nicht als zuzüge *ex Graecia* habe bezeichnen können.
In der note vermuthet Vogel den ausfall des begriffs *equites* oder
eines völkernamens. Ich ziehe es statt so unsicherer abhülfe vor,
für *ex Graecia* zu schreiben *ex Thracia* (denn die form *Thraecia*
ist bei Curtius nicht beglaubigt). — III, 12, 16 *libertatis quoque
in admonendo eo non alius plus habebat, quod tamen ita usurpabat.*
So Hedicke; *plus* ist conjectur von Jeep statt *ius*, wird aber von
Vogel mit recht bekämpft, da das folgende *quod* ein substantivi-
sches neutrum voraussetzt und der ausdruck *ius libertatis* untadel-
haft ist, endlich da *ius* als object zu *usurpabat* und zu den folgenden verben *permissum* und *vindicatum* genau passt. Vogel
schiebt daher vor *ius* lieber *magis* ein; aber der einfügung eines
wortes bedarf es nicht. Ich würde hier lediglich durch verstärkte
interpunction zu helfen suchen: *libertatis . . . non alius ius habebat. Quod tamen ita usurpabat.* Der harte subjectswechsel
ist ganz dem sprachgebrauche des Curtius gemäss. Vgl. Vogel
Einl. zur ausgabe (nr. 19) §. 52. — III, 12, 24 *Itaque Sisigambis, „Rex“, inquit, „mereris, ut ea precemur tibi, quae Dareo
nostro quondam precatae sumus: et, ut video, dignus es, qui tantum
regem non felicitate solum, sed etiam aequitate superaveris“.* Diese
in solcher fassung überlieferten, von Köhler vertheidigten, von Hedicke beibehaltenen worte werden von Vogel, wie früher schon
von mancher seite her, als unrichtig erwiesen, da ein relativsatz
nach *dignus* vom unbefangenen leser nur als ergänzung dieses begriffs, nicht aber, wie hier der zusammenhang erfordert, als begründung desselben gefasst werden kann. Zur emendation schlägt
Vogel (nr. 11) *p.* 561 einen andern weg ein, indem er nicht, wie
z. b. durch Jeeps *invidia non* geschieht, in den worten *ut video*
einen ablativ sucht, sondern die ganze stelle *et ut video dignus es*
streicht. So geistvoll die erklärung dieses angeblichen glossems
ist, das ursprünglich gelautet haben soll: *ut in Ovidio: dignus es
— :* so wenig scheint mir damit das richtige getroffen zu sein.
Die Ovidische stelle, worauf angespielt sein soll, steht Trist. III,
4, 34 sqq. und lautet:

> nam pede in offenso spatium decurrere vitae
>   d i g n u s es et fato candidiore frui.
>   q u a e pro te ut v o v e a m, miti pietate m e r e r i s.

Die ähnlichkeit beider stellen leuchtet ein; aber ein zweites beispiel solcher glossirung in den alten Curtiushandschriften ist nicht
nachweisbar; überdies erscheint die annahme dieser corruptel allzu
complicirt und der nachweis, dass die worte *et dignus es* störend
seien, nicht gelungen. Darum ist gewiss Grunauer (nr. 9), der

die unhaltbarkeit der überlieferung noch umfassender als Vogel erwiesen hat, auf einer richtigeren spur, wenn er (a. o. p. 6) *et
laude dignus es* conjicirt hat, was Hug (Philol. anz. II, 463) allen
übrigen besserungsversuchen vorzieht. Aber ich finde *laude* zu
schwach, wenn einmal ein neuer begriff eingeführt werden sollte,
und fasse daher *dignus es* lieber als verstärkende wiederholung von
mereris, dessen erklarung durch den satz *ut ea precemur tibi* auch
zu *dignus* gehört. Es handelt sich also darum, für *ut video* eine
emendation zu finden, die es ermöglicht, den folgenden relativsatz
in causalem sinne zu fassen. Daher habe ich (Literar. centralbl.
1870 n. 32) *et tu ideo dignus es (scil. ut ea precemur)* vorgeschlagen und glaube damit trotz Hugs einsprache sowohl den bedenken gegen das nackt dastehende *dignus* als auch der rücksicht
auf den conjunctivischen relativsatz gerecht geworden zu sein;
freilich habe ich beispiele eines solchen satzes nach *ideo* statt des
indicativus mit *quia* noch nicht gefunden und halte darum meinen
versuch nicht für abschliessend. Ganz verzweifelt ist der ausweg,
den Vogel im texte gewahlt hat: [*et ut video deum ope dignus es*];
denn entweder sind die worte echt, dann bedarf es keiner klammern; oder sie erscheinen als glossem, dann sollte doch nicht weiter glossirt werden. — III, 13, 1 *Atqui cum praecessisset et
Darei satrapa conperisset, veritus, ne paucitas suorum sperneretur,
accersere maiorem manum statuit.* So Hedicke; hiegegen habe ich
(nr. 8) mich erklart, da nach dem zusammenhange Parmenio selbst
etwas in erfahrung gebracht haben muss, was ihn bestimmte seine
massregeln zu treffen, und da im Parisinus, welcher *satrapam* bietet, wirklich Parmenio als subject erscheint. Auch Vogel, der auf
Parmenio als subject noch eigens durch einschiebung eines mir
unnöthig scheinenden *ille* hinweisen möchte, halt an meiner auffassung fest, ohne diese meine vermuthung *praecessisset et Darei satrapam opperiri se conperisset* in den text zu setzen. Vielmehr
schreibt Vogel nach eigener conjectur *Atque ille, cum proces-
sisse eo et Darei satrapam conperisset*, gesteht aber, hiemit die
richtige heilung nicht gefunden zu haben. Ich halte meine eigene
ergänzung so wenig, wie irgend eine andere, die den umfang weniger buchstaben überschreitet, für sicher; doch mag hier bemerkt
werden, dass *opperiri* auch sonst bei Curtius vom erwarten des
feindes gesagt wird. Vgl. III, 7, 10. — IV, 1, 22 *Ablue corpus
inluvie aeternisque sordibus squalidum.* So Hedicke nach den handschriften; Vogel ändert das unerträglich hyperbolische *aeternisque*
in *tetrisque*. Ich vermuthe *veternoque* und streicht *sordibus*, das
wahrscheinlich glossem hiezu ist und anlass zur anderung der ca-
susendung, dann in zweiter linie zur corruptel der ersten silbe gegeben hat. Vielleicht hat aber Palmerius mit *veternoque et sordibus*
das richtigere getroffen. — Manche rücksicht verbietet, diese
reihe von besprochenen stellen weiter fortzusetzen; auch kann das

gebotene genügen, um Vogels unverdrossenes bestreben, für jede
schwierigkeit wenigstens vorläufige und nothdürftige abhülfe zu
schaffen, richtig zu charakterisiren. Auch das von anderen kritikern in den letzten jahren zur emendation des Curtius beigetragene
ist von Vogel sorgsam gesammelt und umsichtig geprüft worden. Doch
zeigt sich überall, wo die emendationsversuche anderer nicht evident,
eine unverkennbare vorliebe für das von ihm selbst gefundene, auch
wenn dieses nicht einmal dem eigenen urtheile des herausgebers
genügt und für den objectiven betrachter noch weniger befriedigend ist, als das von anderen forschern versuchte. So hat Vogel
von Jeeps conjecturen (Jahrbb. f. Philol. 1868, 775—780), die
als der bedeutendste beitrag zur emendation des Curtius aus der
jüngeren zeit gelten müssen, zwar einige evidente verbesserungen
angenommen: III, 13, 9 *quis sub oneribus erant omissis* statt des
handschriftlichen *qui*, das die einschiebung von *iis* nach *omissis* bei
Hedicke nach Acidalius veranlasst hat, übrigens von Hug (Philol.
Anz. III, 169) noch immer für besser gehalten wird als Jeeps anderung; IV, 8, 6 *cum rex orbem futuris muris polenta . . desti-
nasset* statt des uberlieferten *urbem futuri muris*, wofür Hedicke
nach Modias *urbis futurae muros* geschrieben hatte; IV, 5, 3 nach
einer von Jeep wieder empfohlenen vermuthung von Hug: *vereri se,
ne . . inani ac puerili mente se efferret* statt *mentis afferret*, was
Hedicke mit Zumpt in *mentis adfectu efferretur* geandert hatte. An
anderen stellen ist Vogel mit recht von Jeeps vorschlagen abgewichen, wo er die uberlieferung schutzen konnte wie IV, 16, 3. 9,
22. V, 6, 15. 8, 14, oder wo er besseres zu geben vermochte;
z. b. IV, 1, 31 vermuthet Vogel *velut in medio positis praedis
hostium*, womit er den lesarten der handschriften (*dis, edis*) naher
kommt, als Grunauers (9) *spoliis*, was Hug ansprechend fand, oder
als Jeeps *satis*; nur darf naturlich *praedis hostium* nicht in dem sinne
wie VI, 9, 23 *hostis praeda* gefasst werden, sondern entsprechend
wie VII, 8, 22 *praedam tot nationum*. Doch hat Vogel im texte leider
noch *bonis hostium*, wie Hedicke conjicirt hatte, beibehalten. Auch
wo weder Jeeps vorschlage noch anderes bis jetzt gefundene unzweifelhaft erscheint wie III, 11, 15, ist Vogels ablehnung gerechtfertigt. Keineswegs aber durften emendationen von der hand
gewiesen werden, wie V, 9, 8 *praefectus regionis eius Bessus regni
temporis gratia compos sit: is iusto regi tibi fiduciarium restituet
imperium*, wodurch in ausgezeichneter weise die corruptel der guten handschriften *Bessum regem temporis gratiam compositis* geheilt
wird, wahrend die lesart der jüngeren codices *gratia statuamus:
rebus compositis*, welchen Hedicke und Vogel folgen, eine offenbare
interpolation des textes giebt. Ebenso hat Jeep die worte V, 7,
11 *ut primum gravatam ebrietate mentem quies reddidit* durch die
einfache anderung in *gravato* gewiss richtig hergestellt. Die corruptel ist auch von Hug erkannt worden, welcher dem sinne ge-

mäss, aber den zügen der überlieferung weit weniger entsprechend *gravatae ebrietate menti quies rediit* vermuthete, wie Hedicke in den text gesetzt hat. Vogel aber sucht mit Vielhaber die tradition zu retten; allein das zum belege gewählte beispiel zeigt gerade die unhaltbarkeit der überlieferung. Denn IV, 13, 17 *gravatum animi anxietate corpus altior somnus oppressit* ist „ein von angst beschwerter körper" gemeint, der von tiefem schlafe befangen wird. An obiger stelle aber ist es unmöglich „einen vom rausche beschwerten sinn" zu verstehen, der der ruhe zurückgegeben würde; darum ist Jeeps conjectur nothwendig.

(Fortsetzung folgt.)

Würzburg.   *A. Eussner.*

Vermischte bemerkungen.

1. Sophocl, Oed. Tyr. vss. 328. 29 lauten nach der vulgata:

πάντες γὰρ οὐ φρονεῖτ᾽· ἐγὼ δ᾽ οὐ μή ποτε
τἄμ᾽ ὡς ἂν εἴπω, μὴ τά σ᾽ ἐκφήνω κακά.

Hier bieten die worte τἄμ᾽ ὡς ἂν εἴπω bedeutende schwierigkeit und von der menge conjecturen, die seit mehr als funfzig jahren bis auf die jüngsten zeiten vorgeschlagen worden sind, ist keine befriedigend. Vom richtigen verstandniss hat man sich durch τἄμ᾽ abführen lassen, für welches doch hier kein platz ist, da keine κακα des Teiresias denen des Oedipus gegenüber gestellt werden. Der zusammenhang verlangt offenbar: unter keinen umstanden werde ich offen mit der sprache herausrücken, weil ich besorge deine übel an den tag zu bringen. Diesem sinn ist Buchholz am nächsten gekommen, der schon 1857 vorschlug ἐτύμως ἀνείπω. Mit unbedeutender änderung des überlieferten und der entschiedenen weigerung des Teiresias angemessener ist aber zu schreiben: ἐγὼ δ᾽ οὐ μή ποτε τρανῶς ἀνείπω.

2. Lysias sagt or. XII, 35: wenn ihr die helfershelfer der dreissig in euere hand bekommt und sie dann der strafe entlasset, so dürfet ihr nicht erwarten, dass befreundete staaten sich darum bekümmern werden diese leute aus ihrem gebiet zu vertreiben: ἦπου (οἱ ξένοι) σφᾶς αὐτοὺς ἡγήσονται περιέργους ὑπὲρ ὑμῶν τιμωρουμένους. So die allgemein angenommene lesart, wo aber das letzte wort von dem handschriftlichen ΤΗΡΟΜΕΝΟΥΣ sehr abweicht. Jüngst (Philol. XXIX, p. 621) hat Frohberger, indem er auch Canters den buchstaben nahe kommendes τειρομένους als poetisch und darum bei Lysias nicht zulassig abweist, vorgeschlagen διατεινομένους, welches dem rednerischen sprachgebrauch im sinne von *eniti*, wie er zeigt, allerdings nicht fremd ist; aber es steht den überlieferten schriftzügen zu fern. Mit veränderung zweier leicht verwechselter buchstaben werden wir in κηδομένους das richtige haben: „zu euern gunsten sich sorge zu machen".

Aarau.   *R. Rauchenstein.*

III. MISCELLEN.

A. Zur erklärung und kritik der schriftsteller.

1. Die eparchen von Pind. Isthm. II.

Die ansicht, welche ich über diese stelle im Ind. lectt. univ. Gotting. aestiv. 1862 aufgestellt habe, befriedigt mich nicht mehr: ich glaube jetzt dem wahren näher gekommen zu sein und zwar durch strengeres festhalten an dem hauptgrundsatz in der erklärung Pindar's, so scharf wie möglich jedes wort des dichters auf die unmittelbare gegenwart zu beziehen und aus ihr zu erklären: vgl. Boeckh. Pind. II, 2, p. 614. In dem ersten satze der eparchen, vs. 1—6, beginnt der dichter mit traulicher, von der sonstigen art der epinikien abweichender anrede an Thrasybul:

οἱ μὲν πάλαι, ὦ Θρασύβουλε, φῶτες οἳ χρυσαμπύκων
ἐς δίφρον Μοισᾶν ἔβαινον κλυτᾷ φόρμιγγι συναντόμενοι,
ῥίμφα παιδείους ἐτόξευον μελιγάρυας ὕμνους,
ὅστις ἐὼν καλὸς εἶχεν Ἀφροδίτας
εὐθρόνου μνάστειραν ἁδίσταν ὀπώραν·
ἁ Μοῖσα γὰρ οὐ φιλοκερδής πω ποτ' ἦν οὐδ' ἐργάτις.

Also Pindar sagt: „die alten herren, mein Thrasybul, welche mit den Musen die leier schlugen, schossen ohne bedenken und vorsicht ihre παιδεῖοι ὕμνοι ab, so oft ein schöner knabe sie begeisterte: rücksicht auf geld und dergleichen lag ihnen fern". Also zuerst, was für dichter hat Pindar hier im sinne? Nun, erstens meister, wie κλυτᾷ zeigt und die verbindung mit den Musen; dann solche, die ohne chor dichteten, da dieser hier auch nicht einmal ange- deutet ist; drittens, παιδείους ὕμνους, ein technischer ausdruck für eine bestimmte gattung von liedern, erotische auf knaben, dichteten: man darf also an Anakreon, vielleicht an Ibykus, weil die scholien ihn nennen, an Stesichoros, Alkaios, ja vielleicht auch an Terpan- der denken, da dieser nach Pindar's angabe skolien gedichtet, eine

12*

gattung, die gar leicht in das erotische hinüberging: sie alle, sagt der dichter, dichteten nur aus innerem drange. Es bedarf aber zu vs. 6, ehe wir weiter gehen, einer bemerkung: so wie *ὰ Μοῖσα* richtig gesetzt wird, nämlich *ὰ* in demonstrativem sinne, muss im folgenden auch *ποτ'* mit Vat. B und schol. ad Arist. Pac. 696 gelesen werden, nicht *τότ'* wie die ausgaben haben. Aber wie hängt dies nun mit Thrasybul zusammen? Man könnte sagen gar nicht, es soll diese masse nur spannen: aber das befriedigt nicht. Vielmehr muss man vs. 30 flg. beachten:

$$\text{καὶ γὰρ οὐκ ἀγνῶτες ὑμῖν ἐντὶ δόμοι}$$
$$\text{οὔτε κώμων, ὦ Θρασύβουλ', ἐρατῶν}$$
$$\text{οὔτε μελικόμπων ἀοιδᾶν.}$$

Denn was bedeutet da *κώμων*? Dissen geht darüber hinweg und giebt es mit *comissationes* wieder: aber das ist gegen den bei Pindar vorherrschenden sprachgebrauch, nach dem es s. v. a. chorlieder: dann aber folgt aus vs. 34 *οὐ γὰρ πάγος οὐδὲ κτλ.*, dass mit vs. 30 flg. nur poesie vorbereitet sein kann. Was wird aber nun aus *ἀοιδαί*? Das hat freilich einen sehr weiten gebrauch; aber es steht auch von liedern, welche nur einer singt: Pind. Pyth. IV, 176: vergl. Nem. XI, 18 hier bezeichnet es solche wegen des gegensatzes zu *κώμων*, wegen *μελικόμπων*, was sich nun auf vs. 3 *παιδείους* . . *μελιγάρυας ὕμνους* zurückbezieht, wegen der anrede, *ὦ Θρασύβουλε*, die ja deutlich die eparchen in das gedächtniss zurückruft. Es sagt also Pindar hier, dass die Emmeniden von chordichtern sowohl — von Pindar, Simonides — als auch in skolien (vgl. Pind. Scol. fr. 3 B.), vielleicht in elegien u. drgl. besungen seien: sicilischen dichtern (vgl. Philol. I, p. 125) lagen diese stoffe ja nahe genug. Wenden wir dies nun auf den anfang des gedichts an, so musste Thrasybul bei ihm denken: „wie freund Pindar hier *οἱ πάλαι φῶτες* dichten lasst, das ist zu meiner zeit auch geschehen", nämlich als Thrasybul um Ol. 72 ein schöner jüngling war, ist er in dieser weise gefeiert, Pind. Pyth. VI, 19. 44: aber das war vor 30 — 40 jahren: denn Isthm. II ist sicher nach Ol. 77, 1, wohl um Ol. 80 geschrieben: jenes fiel also in die zeit des höchsten glanzes der familie, wo Theron tyrann ward, die Perserkriege noch nicht der *τυραννίς* den boden unter den füssen weggezogen hatten: so also führt dieser anfang den Thrasybul auf die betrachtung seines lebens, auf den vergleich der alten zeit mit der gegenwart, führt ihn zu gar ernsten gedanken, steht also zu ihm in der engsten beziehung. Und das wird nun durch den zweiten satz vs. 7 — 8 noch weiter geführt:

$$\text{οὐδ' ἐπέρναντο γλυκεῖαι μελιφθόγγου ποτὶ Τερψιχόρας}$$
$$\text{ἀργυρωθείσας πρόςωπα μαλθακόφωνοι ἀοιδαί,}$$

wo *οὐδέ* wie vs. 45 und *καὶ γὰρ* vs. 30 bescheiden anknüpft, wo immer auf Pindar's gedichte angespielt wird: hier also, wie Terpsichora's erwähnung verlangt, auf chorlieder wie Pind. Pyth. VI,

welche nun ebenfalls ῥίμφα abgeschossen sind, so dass Pindar hier
für das gegentheil von dem geiz, den die scholiasten hier gefunden,
deutliches zeugniss ablegt. So wird Thrasybul in die vergangenheit geführt und damit stillschweigend zu deren vergleichung mit
der gegenwart aufgefordert: es beginnt ja dieses lied ganz anders
als die frühern, wodurch vs. 9 nun trefflich motivirt erscheint:

νῦν δ᾽ ἐφίητι τὸ τωργείου φυλάξαι
ῥῆμ᾽ ἀλαθείας [ὁδῶν] ἄγχιστα βαῖνον,

χρήματα χρήματ᾽ ἀνήρ, ὃς φᾶ κτεάνων θάμα λειφθεὶς καὶ
φίλων·
ἔσσι γὰρ ὦν σοφός· οὐκ ἀγνῶτ᾽ ἀείδω κτλ.,

jetzt fordert Terpsichora, meine Muse, zur vorsicht auf nach-
drückliche weise auf: δωροδόκει χρησίμως sagte schon Periander, und
dazu gehört geld, πάντα φυλάττου lehrte ein andrer weiser und
das verhilft zu geld, s. Schulz im Philol. XXIV, p. 219, 4, p.
222, 84; s. auch Pind. Isthm. 1, 40 und verwandtes: die wahrheit dieser sätze fühlt der mensch besonders, wenn, wie
λειφθεὶς κτλ. hervorhebt, das glück ihm den rücken zugewendet
hat: das war bei Thrasybull doch auch der fall, wenn er auch bei
der umwandlung der dinge in Akragas daselbst hatte bleiben können. Und somit ist der übergang zu dem ἔσσι κτλ., der als ein
verzweifelter lyrischer salto mortale angesehen zu werden pflegt,
sehr einfach: „du selbst ein dichter oder doch wenigstens ein in der
poesie bewanderter, somit ein für sie empfänglicher und weiser mann
— s. Pind. Pyth. VI, 49, — verstehst mich jedenfalls", d. h. siehst,
wie ich in diesen versen die schwierigen verhaltnisse der gegenwart,
unter denen ich zu dichten habe, andeute und begreifst daher, dass
so wie früher jetzt hier in Akragas nicht über Xenokrates gedichtet
werden kann. Und so besinge ich jetzt u. s. w.: es folgt nun ein
lied, das in dem maasse, als es sich vom epinikos entfernt, dem
θρῆνος sich nähert, also ein durchaus eigenthümliches und sonach
den verhaltnissen rechnung tragendes.

Ernst von Leutsch.

2. Zu Aeschylus tragödien.

1. Choeph. 225:

αὐτὸν μὲν οὖν ὁρῶσα, δυσμαθεῖς ἐμέ.   225
κουρὰν δ᾽ ἰδοῦσα τήνδε κηδείου τριχὸς
ἀνεπτερώθης κἀδόκεις ὁρᾶν ἐμέ,
ἰχνοσκοποῦσά τ᾽ ἐν στίβοισι τοῖς ἐμοῖς
σαυτῆς ἀδελφοῦ συμμέτρου τῷ σῷ κάρα
σκέψαι τομῇ προσθεῖσα βόστρυχον τριχός,   230
ἰδοῦ δ᾽ ὕφασμα τοῦτο σῆς ἔργον χερὸς,
σπάθης τε πληγὰς ἠδὲ θήρειον γραφήν.

ἔνδον γενοῦ, χαρᾷ δὲ μὴ ἐκπλαγῇς φρένας·
τοὺς φιλτάτους γὰρ οἶδα νῶν ὄντας πικρούς.

Ueber diese stelle ist noch nicht das letzte wort gesprochen.
Rossbach de Choeph. locis nonn. comment. p. 11 hat die beiden
schlussverse abgetrennt und nach v. 243 gestellt. Diese umstellung
ist auf den ersten blick sehr ansprechend, bei näherer betrachtung
aber erregt sie manche bedenken. Rossbach begründet seine umstellung mit den worten: *Quid? Electra num iam ἔξω ἐγένετο,
ut ἔνδον γενέσθαι iuberetur, num qua re animo se percussam ostend-
dit? Artificium foret, si quis Orestem praevenire Electrae gaudium
diceret.* Allerdings hat Elektra keine übermässige freude noch
durch worte geäussert. Kann sie aber ihre freudige und grenzen-
lose überraschung nicht durch gestikulation offenbaren? Wollen
wir dem vortrag der alten schauspieler nicht soviel geberdensprache
zugestehen? Und ist es nicht natürlich, dass Orestes, welcher die
überraschung seiner schwester bemerkt, einem zu heftigen ausbruche
der freude vorbeuge, weil lauter jubel sehr gefahrlich werden
könnte? Noch mehr: sind die äusserungen der freude der art, dass
die besänftigung mit ἔνδον γενοῦ, χαρᾷ δὲ μὴ ἐκπλαγῇς φρένας
gerechtfertigt wäre? Nein, sondern Elektra mässigt ihren jubel in
solcher weise, dass man deutlich sieht, die zurückhaltung ist durch
jene zwei verse motiviert, die deshalb ihre stelle nicht ändern dürfen. Dazu kommt noch, dass die abtrennung der beiden verse die
rede des Orestes ihres geeigneten schlusses beraubt. Weil, welcher
die umstellung von Rossbach aufgenommen hat, setzt desshalb eine
lücke nach v. 232 an und lasst danach den v. 229 folgen: *tu
vero, inquit Orestes, quae e crinium et vestigiorum similitudine fratrem adesse coniciebas, me ipsum intuere et fratrem praesentem
agnosce formae tuae similem.* Aber das augenscheinlichste erkennungszeichen ist für Elektra das selbstgewebte kleid; die äussere
gestalt des Orestes hat sie schon längst betrachtet, ohne den bruder zu erkennen. Allerdings sind umstellungen in dieser partie
nicht abzuweisen: die annahme von Rossbach, dass v. 235–37
vor v. 244 einzusetzen seien, ist durchaus gerechtfertigt. Auch
W. Dindorf stimmt soweit der ansicht von Rossbach und Weil
bei. Der anlass der unordnung liegt in dem gleichen anfang ὦ
τερπνὸν ὄμμα — ὦ φίλτατον μέλημα. Doch darüber wollen wir
hier nicht weiter reden; es musste nur so viel bemerkt werden,
um über die an die spitze gestellten verse zu einem entschiedenen
urtheil zu gelangen. In diesen ist die oben gegebene versordnung
des Mediceus sinnlos. Ein hauptanstoss ist in der ausgabe von
Robortelli beseitigt: der v. 227 ist nach v. 229 gesetzt; ἀνεπτερώθης κἀδόκεις ὁρᾶν ἐμέ, kann nur den schluss des satzes bilden.
Schwierigkeit macht nun noch der v. 229, σαυτῆς ἀδελφοῦ συμμέτρου τῷ σῷ κάρᾳ, welcher nach v. 228 keinen sinn hat. Nur
Klausen lässt ihn ohne weiteres an seiner stelle und erklärt συμ-

μέτρου, cuius modus tui aequalis est, τῷ σῷ κάρᾳ *tibi, tuae in-*
doli et naturae. Auf solche weise lässt sich alles erklären; τῷ
σῷ κάρᾳ kann natürlich da nicht umschreibung für σοὶ sein, wo
von der körperlichen gestalt die rede ist. Heath hat zuerst den
vers umgestellt und zwar nach v. 226; hier blieb er stehen, bis
Schütz im richtigen gefühle, dass er dort keine stelle habe, ihn
vor v. 230 einsetzte mit der änderung σαυτῆς δ᾽ ἀδελφοῦ (vgl.
Hermanns anmerkung). Darauf hat Bothe und nach ihm Hermann
denselben nach v. 230 gestellt, und damit nichts unversucht bleibe,
hat Heimsoeth (Widerh. d. Dr. d. Aesch. p. 162) den vers getheilt
und an verschiedenen stellen untergebracht in folgender weise:

> αὐτὸν μὲν οὖν ὁρῶσα δυσμαθεῖς ἄρα
> σαυτῆς ἀδελφὸν, τὴν δὲ κηδείου τριχὸς
> κουρὰν ἰδοῦσα ξύμμετρον τῷ σῷ κάρᾳ
> ἰχνοσκοποῦσά τ᾽ κτέ.

Wird dieser στίχος πολυδόνητος — denn seine wanderung erinnert
unwillkürlich an die schicksale der Io — endlich zur ruhe kommen? Er ist von einem platz zum andern gewandert und nirgends
ist seines bleibens; denn dass er nicht nach κουρὰν δ᾽ ἰδοῦσα τήνδε
κηδείου τριχὸς, dass er nicht, wie Paley meint, in veränderter gestalt σαυτῆς ἀδελφοῦ συμμέτροις τῷ σῷ ποδί an seinem ursprünglichen platze nach ἰχνοσκοποῦσά τ᾽ ἐν στίβοισι τοῖς ἐμοῖς stehen
kann, dürfte jedem klar sein, der die bemerkung Hermanns „*fra-*
tris tam gravis descriptio male quadrat in eam narrationem, qua
Orestes Electram quodammodo reprehendit, quod ignoti hominis cin-
cinno et vestigiis plus quam sibi ipsi vivo et praesenti crediderit"
richtig zu verstehen weiss. Nicht ganz passend nur schiebt Hermann dem Orestes einen gelinden tadel der leichtgläubigkeit seiner
schwester unter, welche der locke und den fussstapfen eines unbekannten vertrauen geschenkt habe; Orestes sagt ἐν στίβοισι τοῖς
ἐμοῖς und setzt natürlich stillschweigend voraus, dass die locke
und die spuren von ihm gewesen. Es liegt kein anderer gegensatz in den worten als der zwischen der ganzen leibhaftigen person und den unbedeutenden anzeichen der person: „so, jetzt wo du
mich selbst siehst, willst du noch nicht erkennen; als du aber diese
locke da, die ich aufs grab gelegt — Elektra hält sie in der
hand; daher τήνδε — und meine fussspuren wahrnahmst, da flogst
du auf und glaubtest mich vor augen zu haben." Dieser gedanke
wird zerstört durch den zusatz sowohl von σαυτῆς ἀδελφοῦ als
auch von συμμέτρου τῷ σῷ κάρᾳ (oder συμμέτροις τῷ σῷ ποδί).
Ein theil der aufgezählten annahmen aber fällt durch die bemerkung von Klausen: *σύμμετρον nonnisi de mensura dicitur (capillo-*
rum similitudo in colore et habitu posita est) hinweg, auch die von
Bothe und Hermann; dieser anstoss würde bei der stellung des
verses nach σκέψαι τομῇ προσθεῖσα βόστρυχον τριχὸς nur dann
beseitigt, wenn man mit H. L. Ahrens ξύμμετρον τῷμῷ κάρᾳ

schriebe; denn wenn die locke zur probe an die stelle gelegt werden soll, wo sie abgeschnitten ist (τομῇ), so kommt es auf das mass und den schnitt des haares an. Allein was soll da der zusatz σαυτῆς ἀδελφοῦ („lege die locke von deinem bruder an den schnitt und erkenne deinen bruder")? Oder soll man etwa die schlussfolgerung heraushören: „du bist überzeugt, die locke sei von deinem bruder; gut, sie ist hier von dieser stelle meines kopfes, wie du siehst, abgeschnitten; also bin ich dein bruder"? Nein, zu einer solchen schlussfolgerung ist keine zeit und kein ort und in die worte σαυτῆς ἀδελφοῦ ist dann etwas hineingetragen, was nicht darin liegt. — Seine rechte stelle findet der vers da, wo sie die verse Ag. 1521 f., Sept. 885 (οὐκ ἔτ’ ἐπὶ φιλίᾳ, ἀλλ’ ἐπὶ φόνῳ διεκρίθητε), Ag. 520 (nach Keck), Cho. 815 (nach Hermann und Heimsoeth), Sept. 195, ebd. 518 (vgl. meine Studien zu Aeschylus p. 58) gefunden haben, nämlich am rande: σαυτῆς ἀδελφοῦ ist eine bemerkung zu dem auf die verwandtschaft gedeuteten κηδείου (v. 226), συμμέτρου τῷ σῷ κάρᾳ aber eine überflüssige und unnütze note zu τριχός; der zuerst übersehene vers ἰχνοσκοποῦσά τ’ ἐν στίβοισι τοῖς ἐμοῖς war am rande nachgetragen worden und kam desshalb nachher an unrichtiger stelle in den text: bei dieser gelegenheit ist die randbemerkung σαυτῆς ἀδελφοῦ συμμέτρου τῷ σῷ κάρᾳ mit in den text gerathen.

2. Ebd. 131. Eine vermuthung möge mir gestattet sein über die vielbesprochene stelle:

πάτερ, ἐποίκτειρόν τ’ ἐμὲ
φίλον τ’ Ὀρέστην πῶς ἀνάξομεν δόμοις.
πεπραμένοι γὰρ νῦν γέ πως ἀλώμεθα
πρὸς τῆς τεκούσης.

Die bemerkenswerthesten verbesserungen der corrupten worte πῶς ἀνάξομεν δόμοις sind von Blomfield, Hermann, Schneidewin vorgebracht worden. Blomfield hat πως ἄναξον ἐς δόμους corrigiert; Weil nennt das *emendationem certissimam*, indem er auf das fragment des Solon 35, 7 bei Bergk verweist πολλοὺς δ’ Ἀθήνας, πατρίδ’ εἰς θεόκτιτον, ἀνήγαγον πραθέντας. Allein einmal hat πως keinen passenden sinn; niemals aber gestattet kritische methode ἀνάξομεν δόμοις in ἄναξον ἐς δόμους zu ändern. Hermann hat zu dem letzten auskunftsmittel gegriffen und nach φίλον τ’ Ὀρέστην eine lücke angenommen. Sehr vielen beifall hat die vermuthung von Schneidewin φῶς τ’ ἄναψον ἐν δόμοις gefunden und sie verdient allen anderen vermuthungen vorgezogen zu werden. Es entsteht aber dann ein anderer übelstand: denn wenn der dichter den bildlichen ausdruck φῶς ἄναψον gebraucht, so muss nothwendiger weise in den folgenden worten πεπραμένοι γὰρ νῦν γέ πως ἀλώμεθα eine beziehung auf jenen ausdruck vorkommen; das wäre der fall, wenn ἀλώμεθα heissen könnte „wir tappen in der finsterniss herum". — Mich hat sowohl der besondere gebrauch von $\pi\epsilon\pi\rho\alpha\mu\epsilon\nu\sigma\iota$ ("über das meer verkauft") als auch der ausdruck $\dot{\alpha}\lambda\dot{\omega}\mu\epsilon\vartheta\alpha$ auf den gedanken gebracht, dass in den corrupten worten um das mittel gegen das $\dot{\alpha}\lambda\tilde{\alpha}\sigma\vartheta\alpha\iota$ gebeten werde mit $\pi\epsilon\tilde{\iota}\sigma\mu'$ $\ddot{\alpha}\nu\alpha\psi\sigma\nu$ $\dot{\epsilon}\nu$ $\delta\dot{\sigma}\mu\sigma\iota\varsigma$ "knüpfe für unser irrendes schifflein ein haltseil an im hause". Nichts lag ja den Griechen näher als der gebrauch eines solchen bildes, vgl. v. 661 $\varkappa\alpha\vartheta\iota\acute{\epsilon}\nu\alpha\iota$ $\ddot{\alpha}\gamma\varkappa\nu\rho\alpha\nu$ $\dot{\epsilon}\nu$ $\delta\dot{\sigma}\mu\sigma\iota\sigma\iota$, Eur. Med. 770 $\dot{\epsilon}\varkappa$ $\tau\sigma\tilde{\nu}\delta'$ $\dot{\alpha}\nu\alpha\psi\dot{\sigma}\mu\epsilon\sigma\vartheta\alpha$ $\pi\rho\nu\mu\nu\dot{\eta}\tau\eta\nu$ $\varkappa\dot{\alpha}\lambda\omega\nu$, Herc. Fur. 478 $\dot{\omega}\varsigma$ $\dot{\alpha}\nu\eta\mu\mu\acute{\epsilon}\nu\sigma\iota$ $\varkappa\dot{\alpha}\lambda\omega\varsigma$ $\pi\rho\nu\mu\nu\eta\sigma\acute{\iota}\sigma\iota\sigma\iota$ $\beta\acute{\iota}\sigma\nu$ $\ddot{\epsilon}\chi\sigma\iota\tau'$ $\epsilon\dot{\nu}\delta\alpha\acute{\iota}\mu\sigma\nu\alpha$, Heracl. 429. Anthol. XII, 159 $\dot{\epsilon}\nu$ $\sigma\sigma\dot{\iota}$ $\tau\dot{\alpha}\mu\dot{\alpha}$, $M\acute{\nu}\ddot{\iota}\sigma\varkappa\epsilon$, $\pi\rho\nu\mu\nu\dot{\eta}\sigma\iota'$ $\dot{\alpha}\nu\tilde{\eta}\tau\tau\alpha\iota$, Julian Caes. p. 54 $\pi\epsilon\tilde{\iota}\sigma\mu\alpha$ $\varkappa\alpha\dot{\iota}$ $\ddot{\sigma}\rho\mu\sigma\nu$ $\zeta\tilde{\omega}\nu\tau\iota$ $\sigma\epsilon\alpha\nu\tau\tilde{\omega}$ $\pi\alpha\rho\alpha\sigma\varkappa\epsilon\nu\dot{\alpha}\zeta\omega\nu$, Heliod. Aeth. VII, p. 351 $\pi\tilde{\alpha}\nu$ $\pi\epsilon\tilde{\iota}\sigma\mu\alpha$ $\delta\iota\acute{\epsilon}\rho\rho\eta\varkappa\tau\alpha\iota$, $\pi\tilde{\alpha}\sigma\alpha$ $\dot{\epsilon}\lambda\pi\acute{\iota}\delta\sigma\varsigma$ $\ddot{\alpha}\gamma\varkappa\nu\rho\alpha$ $\pi\alpha\nu\tau\sigma\acute{\iota}\omega\varsigma$ $\dot{\alpha}\nu\acute{\epsilon}\sigma\pi\alpha\sigma\tau\alpha\iota$ (die drei letzten stellen verdanke ich, so viel ich mich erinnere, dem Thesaurus von H. Stephanus). Wie leicht aus $\pi\epsilon\tilde{\iota}\sigma\mu'$ $\pi\tilde{\omega}\varsigma$ (sic, nicht $\pi\omega\varsigma$) werden konnte, ist klar. Für die änderung von $\ddot{\alpha}\nu\alpha\xi\sigma\nu$ in $\ddot{\alpha}\nu\alpha\psi\sigma\nu$ verweise ich auf die handschriftlichen varianten zu Eur. Med. 107 ($\dot{\alpha}\nu\dot{\alpha}\psi\epsilon\iota$, $\dot{\alpha}\nu\dot{\alpha}\xi\epsilon\iota$) und Or. 609 ($\dot{\alpha}\nu\dot{\alpha}\xi\epsilon\iota\varsigma$, $\dot{\alpha}\nu\dot{\alpha}\psi\epsilon\iota\varsigma$). Ich möchte aber dann nicht $\dot{\epsilon}\pi\sigma\iota\varkappa\tau\epsilon\acute{\iota}\rho\omega\nu$ $\dot{\epsilon}\mu\dot{\epsilon}$ oder $\dot{\epsilon}\pi\sigma\iota\varkappa\tau\epsilon\acute{\iota}\rho\omega\nu$ τ' $\dot{\epsilon}\mu\dot{\epsilon}$ (vgl. Hermanns anm.) schreiben, sondern halte das asyndeton für weit geeigneter: $\pi\dot{\alpha}\tau\epsilon\rho$, $\dot{\epsilon}\pi\sigma\acute{\iota}\varkappa\tau\epsilon\iota\rho\sigma\nu$ τ' $\dot{\epsilon}\mu\dot{\epsilon}$ $\varphi\acute{\iota}\lambda\sigma\nu$ τ' $\mathrm{'}O\rho\acute{\epsilon}\sigma\tau\eta\nu\cdot$ $\pi\epsilon\tilde{\iota}\sigma\mu'$ $\ddot{\alpha}\nu\alpha\psi\sigma\nu$ $\dot{\epsilon}\nu$ $\delta\dot{\sigma}\mu\sigma\iota\varsigma$.

3. Suppl. 162: $\ddot{\alpha}$ $Z\tilde{\eta}\nu$ $\mathrm{'}I\sigma\tilde{\nu}\varsigma$ $\dot{\iota}\dot{\omega}$
$\mu\tilde{\eta}\nu\iota\varsigma$ $\mu\dot{\alpha}\sigma\tau\epsilon\iota\rho'$ $\dot{\epsilon}\varkappa$ $\vartheta\epsilon\tilde{\omega}\nu$
$\varkappa\sigma\nu\nu\omega\delta\dot{\alpha}\tau\alpha\nu$ $\gamma\alpha\mu\epsilon\tau\sigma\nu\rho\alpha\nu\dot{\sigma}\nu\epsilon\iota\varkappa\sigma\nu$.

Die ansicht von Hermann, dass in dem mediceischen scholion $\dot{\omega}$ $Z\epsilon\tilde{\nu}$, $\dot{\eta}$ $\pi\alpha\rho\dot{\alpha}$ $\tau\tilde{\omega}\nu$ $\vartheta\epsilon\tilde{\omega}\nu$ $\mu\tilde{\eta}\nu\iota\varsigma$ $\varkappa\alpha\tau\dot{\alpha}$ $\mathrm{'}I\sigma\tilde{\nu}\varsigma$ $\dot{\omega}\delta\tilde{\eta}\varsigma$ $\dot{\epsilon}\sigma\tau\iota$ $\varkappa\alpha\dot{\iota}$ $\mu\alpha\sigma\tau\iota\gamma\omega\tau\iota\varkappa\dot{\eta}$, das sinnlose $\dot{\omega}\delta\tilde{\eta}\varsigma$ der rest von $\lambda\dot{\omega}\delta\eta\varsigma$ sei, wird jetzt allgemein angenommen: man möge sich zweimal bedenken; $\omega\delta\eta\varsigma$ kann auch der rest von $\mu\alpha\nu\iota\dot{\omega}\delta\eta\varsigma$ ("rasend machend") sein und das scheint der sache besser zu entsprechen. Niemals aber kann ich glauben, dass $\varkappa\sigma\nu\iota\tilde{\omega}$ δ' $\ddot{\alpha}\tau\alpha\nu$ $\gamma\alpha\mu\epsilon\tau\tilde{\nu}\varsigma$ $\sigma\dot{\nu}\rho\alpha\nu\dot{\sigma}\nu\iota\varkappa\sigma\nu$ die richtige herstellung sei. Man überlege doch, was $\ddot{\alpha}\tau\alpha\nu$ heisse; wie kann der Hera eine $\ddot{\alpha}\tau\alpha$ $\sigma\dot{\nu}\rho\alpha\nu\dot{\sigma}\nu\iota\varkappa\sigma\varsigma$ beigelegt werden? Auch das mediceische scholion $\tau\dot{\eta}\nu$ $\tau\tilde{\eta}\varsigma$ $\mathrm{'}H\rho\alpha\varsigma$ $\tau\tilde{\eta}\varsigma$ $\dot{\epsilon}\nu$ $\dot{\alpha}\nu\delta\rho\epsilon\acute{\iota}\alpha$ $\nu\iota\varkappa\dot{\omega}\sigma\eta\varsigma$ $\pi\dot{\alpha}\nu\tau\alpha\varsigma$ $\tau\sigma\dot{\nu}\varsigma$ $\dot{\epsilon}\nu$ $\sigma\dot{\nu}\rho\alpha\nu\tilde{\omega}$ $\vartheta\epsilon\sigma\dot{\nu}\varsigma$ führt auf eine andere lesart. Die besserung liegt nahe: es kann nur von dem eifersüchtigen wesen der Hera die rede gewesen sein und das richtige wort dafür ist $\ddot{\alpha}\gamma\eta$ ($\zeta\tilde{\eta}\lambda\sigma\varsigma$); da dieses $\vartheta\alpha\tilde{\nu}\mu\alpha$, $\chi\alpha\rho\dot{\alpha}$, $\dot{\alpha}\pi\iota\sigma\tau\acute{\iota}\alpha$, $\zeta\tilde{\eta}\lambda\sigma\varsigma$ (Et. M. p. 9, 1) erklärt wurde, so konnte leicht die erklärung $\tau\tilde{\eta}\varsigma$ $\dot{\epsilon}\nu$ $\dot{\alpha}\nu\delta\rho\epsilon\acute{\iota}\alpha$ $\nu\iota\varkappa\dot{\omega}\sigma\eta\varsigma$ zum vorschein kommen. Es ist also $\varkappa\sigma\nu\nu\tilde{\omega}$ δ' $\ddot{\alpha}\gamma\alpha\nu$ $\gamma\alpha\mu\epsilon\tau\tilde{\alpha}\varsigma$ $\sigma\dot{\nu}\rho\alpha\nu\dot{\sigma}\nu\iota\varkappa\sigma\nu$ zu schreiben.

München 1871. *N. Wecklein,*

3. Zu Platons Menon.

Menon. p. 87 B. C.　Der bisherige text lautet: πρῶτον μὲν, εἰ
ἔστιν ἀλλοῖον [sc. ἀρετὴ] ἢ οἷον ἐπιστήμη, ἄρα διδακτον ἢ οὔ; ἢ ὃ
νῦν δὴ ἐλέγομεν, ἀναμνηστόν; διαφερέτω δὲ μηδὲν ἡμῖν, ὁποτέρῳ
ἂν τῷ ὀνόματι χρώμεϑα. ἀλλ᾽ ἄρα διδακτόν; ἢ τοῦ τό γε παντὶ
δῆλον, ὅτι οὐδὲν ἄλλο διδάσκεται ἄνϑρωπος ἢ ἐπιστήμην.　Da
Socrates mit allem ernst auf die behauptung losgeht, dass nur die
wissenschaft lehrbar sei, so brauchte er sich auf die erörterung
der lehrbarkeit der tugend, falls sie etwas andersartiges, ein ἀλλοῖον, ἢ οἷον ἐπιστήμη wäre, gar nicht einzulassen.　Die bestimmtheit dieser behauptung gewinnt aber durchaus nicht durch die fro-
stige wiederholung der worte ἀλλ᾽ ἄρα διδακτόν, sondern unzweifelhaft durch folgende form der doppelfrage, die wir mit veränderung des ἀλλ᾽ in ἄλλο und durch zusatz von τι erhalten: ἄλλο τι
ἄρα διδακτόν, ἢ τοῦτό γε παντὶ δῆλον, ὅτι οὐδὲν ἄλλο διδάσκεται
ἄνϑρωπος ἢ ἐπιστήμην.　Dass die verbindung von ἄρα mit ἄλλο
τι nicht zu den seltenheiten gehört, beweist unter andern Phaed.
64 C ἄρα μὴ ἄλλο τι ὁ ϑάνατος ἢ τοῦτο.

Nach dem flüchtigen Ἔμοιγε δοκεῖ Menons lauten die folgenden worte: Σ. Εἰ δέ γ᾽ ἐστὶν ἐπιστήμη τις ἡ ἀρετή, δῆλον, ὅτι δι-
δακτὸν ἂν εἴη.　Μ. Πῶς γὰρ οὔ; Σ. Τούτου μὲν ἄρα ταχὺ ἀπηλ-
λάγμεϑα, ὅτι τοιοῦδε μὲν ὄντος διδακτόν, τοιοῦδε δ᾽ οὔ.　Es
liegt auf der hand, dass τοιοῦδε sich nur auf das vorangehende
ἐπιστήμη τις beziehen kann und dass eine beziehung des zweiten
τοιοῦδε auf das oben dagewesene ἀλλοῖον ἢ οἷον ἐπιστήμη zu weit
hergeholt wäre.　Nun aber ist der von Socrates verfolgte gedanke
kein anderer, als der, dass die tugend nur lehrbar sein kann unter
der bedingung, dass sie eine wissenschaft ist.　Demnach ist der
zweite theil der alternative, nämlich τοιοῦδε δ᾽ οὔ in formeller beziehung zu mangelhaft bedacht und dadurch zugleich eine undeut-
lichkeit entstanden.　Ich vermisse die worte μὴ ὄντος oder mindestens μή, womit sich die stelle in folgender weise herstellen liesse:
ὅτι τοιοῦδε μὲν ὄντος, διδακτόν, τοιοῦδε δὲ μὴ [ὄντος], οὔ.

ib. 92 D.　Φράσας αὐτῷ, παρὰ τίνας ἀφικόμενος ἐν τοσαύτῃ
πόλει τὴν ἀρετήν, ἣν νῦν δὴ ἐγὼ διῆλϑον, γένοιτ᾽ ἂν ἄξιος λόγου.
Zunächst ist es befremdend, dass ἄξιος λόγου hier von personen
gebraucht wird, während dies sonst nur an zwei stellen und zwar
in zwei für unecht erklarten dialogen geschieht, nämlich Ion 541
D. und 1 Alcib. 105 C., aber selbst dort ohne einen solchen zusatz,
wie in der vorliegenden stelle [τὴν ἀρετήν].　Dagegen tritt das
adjectivum ἀξιόλογος häufig zu abstrakten, z. b. Legg. II, 669 E.
ᾧ ἔοικε τῶν ἀξιολόγων μιμημάτων, Legg. VII, 803 D. παιδεία
ἀξιόλογος Tim. 69 B. οὐδὲν ἀξιόλογον.　Daher würde ich mit
veranderung von γένοιτ᾽ in ἔλοιτ᾽ vorschlagen zu schreiben: τὴν
ἀρετήν, ἣν νῦν δὴ ἐγὼ διῆλϑον, ἔλοιτ᾽ ἂν ἀξιόλογον.　Der ver-

gleich mit waaren oder kleidungsstücken zieht sich durch die ganze
partie hindurch, und ebenso die erwähnung des grossen honorars,
welches die Sophisten forderten. Eine anspielung darauf findet sich
unter andern p. 90 E. *παρὰ μὲν τοὺς ὑπισχνουμένους διδάξειν τὴν
τέχνην καὶ μισθὸν πραττομένους.*

Stendal. *A. Liebhold.*

4. Zur aristotelischen Poëtik.

C. 8. 1451, a, 16 dieser schrift lesen wir: *Μῦθος δ᾽ ἐστὶν
εἷς, οὐχ ὥσπερ τινὲς οἴονται, ἐὰν περὶ ἕνα ᾖ·   πολλὰ γὰρ καὶ
ἄπειρα τῷ γένει συμβαίνει, ἐξ ὧν ἐνίων οὐδέν ἐστιν ἕν· οὕτω
δὲ καὶ πράξεις ἑνὸς πολλαί εἰσιν, ἐξ ὧν μία οὐδεμία γίνεται πρᾶ-
ξις.* Indessen nahm schon Victorius an dem *τῷ γένει* anstoss und
setzte dafür: *τῷ γ᾽ ἑνί.* Hierin ist ihm ausser andern der neueste
herausgeber und bearbeiter der poëtik, Ueberweg, gefolgt; wogegen Ritter z. d. st. und Teichmüller (Arist. Forsch. I, 58) die
lesart der handschriften, welche auch Bekker beibehalten hat, in
schutz nehmen. Mir scheint dieselbe entschieden unrichtig zu sein,
und ich erlaube mir um so mehr die gründe dieser ansicht hier
darzulegen, da sich auch Ueberweg über dieselben nicht näher geäussert hat. Deren sind es nun zwei: *τῷ γένει* giebt keinen befriedigenden sinn, und *τῷ ἑνί* wird von dem zusammenhang gefordert. 1) Der dativ *τῷ γένει* müsste natürlich, wie dies auch allgemein geschieht, mit *ἄπειρα* verbunden werden: „denn es geschieht
vieles und der gattung nach unendliches" (Ritter: *infinita genere*);
was so viel bedeuten soll, als: „der art nach unendlich verschiede-
nes". Aber würde wohl Aristoteles diesen sinn so ausgedrückt
haben? Man kann wohl sagen: *τῷ γένει ἕν, τῷ γένει ἕτερον,* der
gattung nach eines, der gattung nach verschieden; ebenso andererseits: *πλήθει ἄπειρος, ἄπειρος τῷ ἀριθμῷ,* aber von *ἄπειρος τῷ
γένει* ist mir wenigstens weder ein beispiel, noch eine analogie
dafür bekannt. Selbst wenn man (mit Teichmüller) *πολλὰ καὶ
ἄπειρα* in einen begriff zusammen nimmt und erklärt: „der gattung
nach unendlich vieles", wird dieses bedenken nicht ganz beseitigt;
denn Aristoteles sagt zwar: *ἀριθμῷ πολλά,* aber nie: *γένει* oder
εἴδει πολλά. Und auch sachlich machen die *πολλὰ καὶ ἄπειρα τῷ
γένει* schwierigkeit; denn eine unbegrenzte vielheit bilden nach
Aristoteles (wie in meiner Phil. d. Gr. II, b, 150 gezeigt ist) nur
die einzelwesen, die gattungen und arten dagegen bilden eine nach
oben und unten begrenzte reihe. — 2) Wie aber so das *τῷ γένει* keinen passenden sinn giebt, so kann andererseits *τῷ ἑνί* für den sinn
nicht entbehrt werden. Zur einheit der handlung, hat Aristoteles
gesagt, genügt es nicht, dass sie eine und dieselbe person betrifft.
Und nun soll er fortfahren: „denn es geschieht der art nach unendlich vieles, wovon aber manches keine einheit bildet". Hier

fehlte gerade die hauptsache, auf die bei der beweisführung alles ankommt, dass das, was keine einheit bildet, doch derselben person widerfahrt. Denn aus dem vorhergehenden „περὶ ἕνα" zu ergänzen, scheint mir nicht bloss nicht (wie Teichmüller) „natürlich", sondern geradezu unzulässig. Einer von den hauptbegriffen eines satzes, auf dem sein ganzer sinn beruht, kann doch nicht ohne jede sprachliche rückweisung auf das vorhergegangene, aus dem er zu ergänzen wäre, einfach unausgedrückt gelassen werden. Wenn Aristoteles das περὶ ἕνα (oder ἑνί) nicht wiederholen wollte, so hätte er sagen müssen: τούτῳ γὰρ πολλὰ u. s. w.; wie er ja auch im folgenden nicht πράξεις schlechtweg, sondern πράξεις ἑνὸς sagt. Mir steht es daher ausser zweifel, dass in dem γένει ein ἑνί steckt. Dagegen muss ich Ritter recht geben, wenn er Victorius' γε vor ἑνί (τῷ γ' ἑνί) ungehörig findet. Welche bedeutung dieses haben sollte, lässt sich nicht absehen. Ich glaube mithin, dass Aristoteles geschrieben hat: πολλὰ γὰρ καὶ ἄπειρα τῷ ἑνὶ συμβαίνει u. s. w. Das συμβαίνει will Ritter so fassen, dass es, ähnlich wie z. 25, die πράξεις mitbegreifen soll; allein schon das οὕτω δὲ καὶ zeigt, dass der satz, welcher mit diesen worten eingeführt wird, nicht eine blosse, in diesem fall müssige und mit der aristotelischen kürze wenig stimmende, wiederholung des eben gesagten bringt, sondern etwas neues: das συμβαίνει geht (wie es auch Ueberweg richtig verstanden hat) auf die erlebnisse, die πράξεις auf die handlungen.

Heidelberg.   E. Zeller.

---

5. Zu Vitruv. III, 2, 8.

Der hypäthraltempel ist mehrfach gegenstand archäologischer untersuchungen gewesen, die in ihren resultaten jedoch weit auseinander gehen. Während Quatremère de Quincy und Bötticher eine ganze reihe von heiligthümern für hypäthraltempel halten, erklären Ross und Julius Braun den hypäthraltempel selbst für eine blosse fiktion. Zu dieser verwirrung kam man, weil ein ganz fremdartiger gegenstand, nämlich die frage nach der beleuchtung der tempel, mit dem berührten gegenstande identificirt wurde. Man machte keinen unterschied zwischen hypäthraltempeln und tempeln mit oberlicht, obwohl Vitruvs worte eine solche unterscheidung unbedingt fordern. Denn da es in Rom verschiedene tempel gab, welche ihr licht durch eine öffnung in der decke empfingen, und da trotzdem Vitruv mit klaren worten sagt, in Rom sei kein beispiel eines hypäthraltempels vorhanden — und Vitruv ist in dieser sache ein klassischer zeuge — so folgt daraus, dass das oberlicht einen tempel noch nicht zum hypäthraltempel macht. Worin das wesen eines solchen besteht, sagt derselbe schriftsteller nicht minder deutlich. Es ist ein zehnsäuliger dipteros mit eingängen an beiden schmalen seiten; im innern befinden sich zwei säulenstellungen über einander, die einen umgang um den mittleren hypathrischen raum bilden. Das alles ist so einfach und verständlich, dass ein zwiespalt der meinungen gar nicht hätte entstehen können, wenn nicht die folgenden worte Vitruvs durch ihre verderbniss dazu anlass gegeben hatten. Die stelle lautet: *Huius autem exemplar Romae non est, sed Athenis octastylos et in templo Olympio.* Wörtlich übersetzt würde die zweite halfte lauten: „in Athen jedoch ein oktastylos und zwar im olympischen tempel". Abgesehen von der unklarheit des sinnes giebt auch schon die stilisirung des satzes anstoss. Wenn man bedenkt, wie neben dem chiasmus auch noch die figur der anaphora den lateinischen satzbau beherrscht, so wird man im zweiten satze mit bestimmtheit eine wiederholung des wortes *est* erwarten, das hier nicht copula, sondern wirkliches zeitwort ist. Man wird es unbedenklich an stelle des ungerechtfertigten *et* setzen können. Der zweite anstoss ist sachlicher natur. Das wort *octastylos* kann unmöglich richtig sein, nachdem Vitruv zwei zeilen vorher ausdrücklich gesagt hat, dass der hypathraltempel ein *decastylos* sei. Den hier vorliegenden irrthum haben aber nicht die abschreiber des lateinischen textes verschuldet, da alle codices die gleiche lesart haben, sondern er wird in der griechischen quelle, aus welcher Vitruv seine angabe entnommen hat, zu suchen sein. „Wie streng aber Vitruv diesen quellen folgte", bemerkt Bötticher, „zeigt sein ganz unlateinischer ausdruck *hypaethros* (ὕπαιθρος), bei dem nur ναός, nicht aber *aedes* oder *templum* ergänzt werden kann". Der umstand, dass Vitruv den dekastylen Zeustempel zu Athen mit den worten *„in asty vero Olympium"* bezeichnet, lässt uns hier, wo die erwähnung eines solchen dekastylos erwartet wird, denselben tempel mit sicherheit vermuthen. Nun steht bekanntlich noch jetzt in der nahe dieses Zeustempels ein thor, dessen nach dem tempel gewendete seite die inschrift tragt: αἵδ᾽ εἴσ᾽ Ἀδριανοῦ κοὐχὶ Θησέως πόλις, während die inschrift der entgegengesetzten seite lautet: αἵδ᾽ εἴσ᾽ Ἀθῆναι, Θησέως ἡ πρὶν πόλις. Der tempel befand sich also ausserhalb der eigentlichen stadt in dem von Hadrian angelegten stadttheile. Der weitlaufige tempelbezirk, 668 meter im umfang, hiess Ὀλυμπιεῖον. Damit haben wir das nöthige material beisammen, um den ursprünglichen sinn der von Vitruv benutzten stelle wiederzugewinnen. Ohne zweifel hatte der römische baumeister die notiz vor sich, dass in Athen, aber ausserhalb der eigentlichen stadt (ἐκτὸς ἄστεως) ein beispiel für den hypathraltempel vorhanden sei in dem Olympieion. Aus den worten ἐκτὸς ἄστεως ist das sinnlose *octastylos* entstanden, und die worte ἐν Ὀλυμπιείῳ übersetzt Vitruv *in templo Olympio.*

Sachlich bestatigt wird diese vermuthung durch den grundriss des Zeustempels bei Stuart, wo sammtliche bedingungen erfüllt sind, die Vitruv für den hypäthraltempel aufstellt. Ueber das in-

teressanteste freilich, die bedeckung des tempels, werden wir durch
die ruinen nicht aufgeklärt; indessen giebt hierfür wiederum Vitruv
den nöthigen anhalt, indem er den hypäthraltempel mit einem pe-
ristylium vergleicht. Mag man nun annehmen, dass in der griechischen quelle sich bereits diese vergleichung vorfand oder dass
Vitruv sie selbständig hinzugefugt hat, mag man also an das peri-
styl des griechischen hauses oder an das atrium des römischen
denken, in beiden fallen bietet sich ein umsäulter hof zur vergleichung. Hieraus ergiebt sich schliesslich noch, weshalb Vitruv die
gewöhnlichen tempel, möchten sie auch durch oberlicht erleuchtet
sein, dennoch nicht zu den hypäthraltempeln zählt. Der unterschied
bestand offenbar darin, dass jene sechs- und achtsäuligen tempel
ein regelrechtes dach besassen, welches bei der kolossalen anlage
der zehnsäuligen hypäthraltempel nicht wohl ausführbar war, weshalb man sich hier nothgedrungen mit der form eines blossen tem-
pelhofes begnügen musste.

Parchim.　　　　　　　　　　　　　　　　　　　　L. Gerlach.

B. Auszüge aus schriften und berichten der ge-
lehrten gesellschaften so wie aus zeitschriften.

Revue archéologique 1870. nr. 8. august: *Aurès*: dimensionen
der ringmauern von Bibracte. Der verfasser sucht in diesem artikel (der fortsetzung des in nr. 4 desselben jahrgangs enthaltenen
aufsatzes) nebenbei nachzuweisen, dass die linearmaasse, deren sich
die Celten bedienten, von ihnen bereits aus Asien mitgebracht sind
und findet in diesem umstande allein die erklärung dafür, dass sie
völlig genau mit den alten chaldäischen maassen übereinstimmen. Er
glaubt seine annahme einer gallischen elle von 0,54 metr. lange, welche in zwanzig zolle eingetheilt war, auch durch die maasse dieser
mauer bestätigt zu finden. Es ist eine zeichnung der gallischen
mauer dem hefte beigegeben, deren bauart der in den jahresberich-
ten über die cäsarliteratur im Philologus mehrfach festgestellten
construction völlig entspricht. — *Fr. Lenormant*: denkschrift über
die äthiopische epoche in der geschichte Aegyptens und über die
thronbesteigung der sechsundzwanzigsten dynastie. Der verfasser
sucht die angaben Herodots und Diodors mit den auch unter einander abweichenden der beiden übersetzer Manetho's, des Julius Africanus und des Eusebius, in einigen einklang zu bringen; zu diesem zweck handelt es sich hauptsächlich darum zu entscheiden, ob
die zwölf jahre, welche Diodor der dodekarchie zuertheilt, mit de
Rougé und Mariette von der regierungszeit, welche Psammetich sich
amtlich beilegte, abgezogen, oder ob sie von der in den officiellen
documenten dem *Taharqa* (*Tarcos* oder *Taracos*) gegebenen regierungszeit weggenommen werden müssen; er verspricht, durch vergleichung der assyrischen documente das letztere in einer der fol-

genden fortsetzungen seiner abhandlung nachweisen zu können. —
E. Miller und *L. Renier*: griechische und lateinische inschriften aus
Alexandrien. Die griechischen inschriften bestehen aus acht grössstentheils noch nicht vorgekommenen amphorenzeichen und einem
namenregister, welches interessant wird durch die namen *Quintos*
(zu dem der verfasser auch der orthographie wegen, zwei andere
noch unveröffentlichte namensregister aus Thasos anführt) und *Arsames*, in welchem der verfasser denjenigen eines nachkommen des
von Aeschylus in den Persern erwähnten satrapen von Aegypten
zu erkennen glaubt. Auch zu den amphorennamen giebt der verfasser mehrere noch unveröffentlichte thasische namensverzeichnisse.
Die lateinische inschrift lautet:

M(arcus) Liburnius M(arci) f(ilius) Pol(lia tribu) Saturninus, An-
    cy(ra) sign(ifer) leg(ionis) XXII, centuria Valeri Prisci,
M(arcus) Valerius M(arci) f(ilius) Pol(lia tribu) Saturninus, An-
    cy(ra) sign(ifer) leg(ionis) XXII, centuria Servi(li).

Der verfasser schliesst mit gewissheit aus dieser inschrift, was aus
früheren nur vermuthet werden konnte, dass die einwohner von
Ancyra der tribus Pollia zugetheilt worden waren und weist
nach, dass diese zweiundzwanzigste legion von Augustus, nach
der niederlage des Varus, in Aegypten aus dem ursprünglich von Dejotarus aufgestellten hülfscorps gebildet und von den
Parthern bei der einnahme von Egeria 162 n. Chr. g. vernichtet
worden ist. — *P. Foucart*: decret der dionysischen künstler aus
Argos (schon zum theil von Conze und Michaëlis in den Annalen
des archäologischen instituts zu Rom 1861, p. 17 veröffentlicht).
Der verfasser giebt eine fast vollständige wiederherstellung des
stellenweise mangelhaften textes und eine erklärung des documents.
— *Clermont-Ganneau*: brief an de Saulcy über den stein von Bohan und die granze zwischen Benjamin und Juda. — *E. Desjardins*: erklärung einer stelle des itinerariums auf dem vierten apollinarischen gefässe von Vicarello. Der verfasser drückt erst, Garucci dissertaz. archeol. I, p. 163 gegenüber, seine überzeugung
aus, dass die *Aquae Apollinares* des *Itiner. Antonini* und der Peutingerschen tafel Vicarello, und nicht, wie jener meint, *Bagni di
Stigliano* sind, welche Desjardins für identisch hält mit den *Thermae Stygianae* des *Itin. Antonini*. Sodann weist er, in übereinstimmung mit der ansicht des Carlo Promis, storia dell' antico Torino, Turin 1869, nach, dass *Ocelum* in Drubiaglio auf dem rechten ufer der Doria Ripera, gegenüber Avigliana zu suchen ist; dass
dagegen der ort *Ad fines* des Vicarelloschen gefässes nur Avigliana
sein könne; dass ferner durch diesen punkt, der übrigens auch *Ad
fines Coltii* (Strabo) und *Ad fines quadragesimae* geheissen habe,
wie durch *Ocelum* (nach Cäsar), die gränze der *Gallia cisalpina*
gegangen sei, an welcher man ehemals die abgabe des vierzigsten
erhoben habe, so dass, nach Aurès' richtiger vermuthung, das zei-

chen **XXXX** auf dem gefässe von Vicarello nicht die entfernung,
welche überdies durch die folgende ziffer **XVII** (ohne querstrich)
angegeben werde, sondern eben jene abgabe bezeichne. — Anzeigen: *A. de B.*: *Catalogue du Musée de Nantes par Parenteau* (dieses Museum ist seitdem durch eine feuersbrunst zerstört); *G. P(errot)*: mechanische copieen von inschriften, von E. Hübner, eine
broschüre, welche sehr gelobt wird; *G. P(errot): Voyage archéologique en Grèce et en Asie-Mineure par Le Bas*, fortgesetzt von
Waddington, ein werk, welches sich durch seine reichhaltigkeit
empfiehlt.

    Anzeiger für schweizerische geschichte und alterthumskunde.
1869. Nr. 1. marz: *F. K.*: gegenstande aus dem pfahlbau von
Estavayer (*Staviacum*, canton Freiburg); besonders merkwürdig
ein becherartiges gefass mit einem ausgussrohr, ohne zweifel zum
stillen kleiner kinder bestimmt. — *Pupikofer:* Refugium bei Ra-
perswilen (canton Thurgau; mit zeichnung). — *Raffieux: Ex-
plications pour accompagner la carte de la Suisse sous la domi-
nation romaine (qui va être dressée et publiée par Keller et autres);*
übersicht aller römischen überreste im canton Freiburg. — *Cas-
pari: Mosaïque des lutteurs découverte à Avenches* 1868, eine
grosse wohlerhaltene mosaik, den kampf des Hercules mit Antaus
darstellend. — *F. K.*: saule (und römische überreste) in Dachs-
lern (canton Zürich). — *Bursian:* elfenbeinrund der antiquari-
schen sammlung zu Zürich; der rest einer schmuckbüchse, Venus,
den ungeflügelten Amor, Adonis und andere ihn begleitende jüng-
linge und frauen darstellend, etwa aus dem dritten jahrhundert
herrührend (mit abbildung). — *Gemsch:* die heidenhäuschen auf Ill-
gau (canton Schwyz); und *F. Keller:* die heidenhüttchen im Müh-
lenbachthal (canton Glarus); der letztere gelehrte ist der ansicht,
dass alle „heidenstafel" (deminutivum von stafel, lateinisch *stabu-
lum*) aus rhätoromanischer zeit herrühren und, wegen der höhe ihrer lage und bei dem völligen mangel an überresten häuslicher ge-
räthschaften, blosse sennhütten, keine eigentliche wohnungen gewesen sein können. — Nr. 2. juni. *Bursian:* römisch-barbarische
statuetten aus der Schweiz und Oberitalien, wahrscheinlich gallische nachbildungen römischer bildwerke, namentlich den Hercules
[mit abbildungen] darstellend. — *Grangier:* spuren römischer ansiedlungen im canton Freiburg, besonders am Neufchateller see. —
Nr. 3. october. *Wyss:* römische trümmer bei Bonigen (canton So-
lothurn). — *Quiquerez:* römisches lager im thale Caufon; die alte
strasse von Aventicum nach Raurica beherrschend. — nr. 4. december enthalt nichts philologisches.

I. ABHANDLUNGEN.

VII.

Ueber Ilias B, 1—483[1]).

Lachmann schreibt seinem zweiten liede der Ilias, welches er, jedoch mit bedeutenden streichungen, aus B, 1—483. 780—785 bildet, einen besonders alterthümlichen charakter zu, indem die absichten hier überall verschwiegen werden und der erfolg plötzlich hervortritt[2]), und man wird die richtigkeit dieser beobachtung in hohem masse zugeben müssen, auch wenn man über die grenzen derselben sich mit ihm zu rechten gedrungen sieht. Er hält nämlich für dieses sein zweites lied den sinn fest, welchen dieser abschnitt im zusammenhange der Ilias hat, dass die aufforderung des heeres zur flucht durch den Agamemnon nur eine verstellte ist Jener charakter des liedes soll nun aber durch die einfügung in die Ilias und durch interpolatoren, welche ihn nicht zu würdigen wussten, vielfach getrübt worden sein. So sei zunächst der rath-

---

1) Die nachfolgende abhandlung ist bereits vor etwa zwölf oder dreizehn jahren im wesentlichen eben so von mir geschrieben worden. Ich verband damals mit ihr den umfassenden plan einer in der nämlichen weise über die ganze Ilias sich ausdehnenden recension der auf den sachlichen zusammenhang gerichteten neueren forschungen über dieselbe, welche auch den nicht speciell mit der »homerischen frage« sich beschäftigenden philologen einen Ariadnefaden durch dies labyrinth gewähren sollte. Jetzt zweifle ich nachgerade daran, ob ich je zur ausführung dieses planes gelangen werde, und veröffentliche daher dieses stück, nachdem ich demselben besonders mit rücksicht auf die verdienstlichen neuesten untersuchungen von R. Franke durch zusätze, weglassungen und änderungen hie und da eine verbesserte gestalt gegeben habe.

2) Betrachtungen über Homers Ilias p. 9.

schluss des Zeus den Achilleus an Agamemnon zu rächen, 3 f.,
dem ursprünglichen liede fremd und der kriegsrath (βουλὴ γερόντων), 53—86, eingeschoben, um die überraschung zu mildern, dass
Agamemnon ganz wider des gottes geheiss die Achäer erst versuche, was aber einmal durchaus gegen des dichters plan sei, „denn
wenn die führer des obersten feldherrn absicht wussten, so brauchten Here und Athene sich nicht zu bemühen", und wodurch fürs
zweite auch nichts gewonnen werde, als eben nur eine neue überraschung dort, wohin sie nicht gehört, im kriegsrath selbst, da
Agamemnon ja jene seine absicht hier bloss anzeigt nnd nicht begründet [3]).

Wie gewichtig diese gründe für die beseitigung des kriegsraths sind [4]), erhellt schon daraus, dass zwei von den vertheidigern
einer ursprünglich-einheitlichen Ilias selbst, Gross und Gerlach [5])
auch von diesem standpunkte aus unbedingt ihnen beipflichten und
ein dritter, Bänmlein, in seiner recension Lachmanns [6]) wenigstens
nicht einmal den versuch gemacht hat sie zu widerlegen. Nur
Nägelsbach [7]) meint, wenn die fürsten in Agamemnons plan nicht
eingeweiht seien, so hätten sie ja nicht gewusst, was sie nach
dem misslingen desselben zu thun hätten, während doch jeder, der
die leidenschaftliche begeisterung erwogen habe, welche das volk
nach Agamemnons rede zur heimkehr ergreift, sich wohl von selbst
ergänze, dass die fürsten von solchem ungestüm wie gelähmt waren. Der dichter zeige uns ja aber auch überdies an dem beson-
nensten und thatkräftigsten derselben, an Odysseus, dass wirklich
bei ihm nur dies und zwar nur für den augenblick der fall sei, da

3) A. a. o. p. 11.
4) Dieselben sind freilich bekanntlich nicht die einzigen, die kläg-
lichkeit dieses machwerkes ist seitdem noch von verschiedenen seiten
ins hellste licht gesetzt worden, vgl. bes. Köchly, De Iliadis B, 1—483
disp., Zürich 1850, p. 5—10. W. C. Kayser Philologus XVIII, p. 701.
Schon Aristarchos strich 76—83, s. Friedländer Aristonicus p. 58 f.
Selbst Nägelsbach und Bäumlein finden hier manches anstössig. Schömann Jahns Jahrbb. LXIX. 1854, p. 23 urtheilt, dass mit demjenigen,
welchem Köchlys argumente nicht überzeugen, überhaupt keine ver-
ständigung über fragen dieser art möglich sei, Franke, Zur Frage
über die Zusammensetzung von Ilias B, 1—483, Gera 1854, p. 7, anm.
15 hebt noch als auffallend hervor, dass vs. 70 die rede mitten im
verse schliesst.
5) Gross, Vindiciarum Homericarum p. I. Marburg 1845, p. 32 ff.
Gerlach Philologus XXX, p. 9 ff. Philol. Anz. II. 1870, p. 226.
6) Zeitschr. f. d. Alterthumsw. 1848, p. 331—333.
7) Anmerkungen zur Ilias 3. A. p. 228. 443 (2. A. p. 144 f. 292).

Athene ihn eben nicht erst belehre, was er zu thun habe, sondern nur anfeuere. Hierauf hat nun aber schon Köchly [8]) treffend geantwortet: *hic igitur, ut alibi, iubemur ea ipsi cogitando addere, quae vel maxime et vellemus et deberemus audire exposita a poeta epico, a cuius simplice arte et accurata narrandi more nihil magis abhorret, quam ut quae summi sunt momenti prorsus silentio transmittantur audientium cogitatione supplenda: summi autem momenti fuisse tantam rem tamque fatalem principum animi perturbationem vix opus est demonstretur* [9]). Und wollten wir selbst darauf noch kein gewicht legen, was beweist uns denn, der dichter habe es wirklich nicht vielmehr so gemeint, dass Odysseus umgekehrt in der that erst von der göttin lernen muss, was er zu beginnen hat! Freilich 192 f. sagt er zu den fürsten und edlen, man könne ja noch gar nicht wissen, ob Agamemnon nicht das volk vielleicht bloss auf die probe habe stellen wollen. Allein diese worte verlieren auch nach streichung des kriegsraths ihren sinn nicht: Odysseus gebraucht dann diesen beweggrund eben nur, weil er ihn für zweckdienlich hält, gleichviel ob er selbst an ihn glaubt oder nicht, oder aber er könnte ja möglicherweise, wie Gross [10]) meint, als der schlauste im heere allein die wahre absicht Agamemnons durchschaut haben. Beides würde gut zu jenem „alterthümlichen charakter" der darstellung stimmen. Ja noch mehr, wenn er und die anderen fürsten um Agamemnons wahre absicht wussten, wie kann er da die letzteren so anreden, wie er hier thut! Oder aber man setze nach Bäumleins [11]) aufforderung vorläufig 194 als ächt voraus, und die sache wird dadurch um kein haar breit besser: wenn nach diesem verse nicht alle fürsten im kriegsrath waren und wir uns obendrein hinzudenken wollen, Odysseus habe hier nur die, welche es nicht waren, angeredet, werden wir da nicht wenigstens erwarten, dass nunmehr die, welche es waren, sich von ihrer betäubung erholen und dem Odysseus hülfreiche hand leisten werden! Davon steht aber wieder nichts zu lesen. Unter diesen umständen aber wird es ja wohl nunmehr erlaubt sein mit Lachmann die verse, in

---

8) A. a. o. p. 6 f.

9) Statt dies zu widerlegen, sagt Bäumlein Philologus VII. 1852, p. 230 noch einmal mit andern worten dasselbe, was schon Nägelsbach gesagt hat.

10) A. a. o. p. 36.

11) A. a. o. p. 230.

welchen weiterhin des kriegsraths gedacht wird, als zuthat desselben interpolators zu betrachten, vorausgesetzt, dass sie sich „glatt
ausscheiden" lassen. Dies gilt ohne weiteres von 143, bei 194
genügt es vielleicht 195 mit zu entfernen [12]), aber auch 196 f.
können wenigstens ohne jeden schaden mit entbehrt werden [13]),
endlich sind, wie Düntzer [14]) sah, 185—187 einschiebsel desselben
urhebers. Meinen endlich Bäumlein [15]) und Hoffmann [16]), der kriegsrath sei auch desshalb nothwendig, weil Agamemnon ohne seine
gutheissung nicht zum angriff schreiten durfte, so müsste eine so
fest abgegrenzte befugniss der fürsten doch erst bewiesen werden.
Ueberdies aber müsste, wie Düntzer [17]) richtig bemerkt, „doch Aga-
memnon den kühnen plan ($\pi\nu\varkappa\iota\nu\dot{\eta}\nu$ $\beta\upsilon\lambda\dot{\eta}\nu$) den heerführern nicht
bloss vollständig mittheilen, sondern auch zur berathung vorle-
gen, was hier nicht im mindesten geschieht".

　　Auch der einwurf Nägelsbachs [18]) gegen die beseitigung von
194 f. oder 194—197 ist nicht ganz zutreffend: es erhalte dann
193 etwas für die fürsten unverständliches, seltsam klingendes,
denn sie könnten wohl schwerlich begreifen, wie Odysseus auf einmal von einer versuchung des heeres durch den oberkönig sprechen
könne. Denn wozu brauchten sie das auch zu begreifen! Odysseus sagt es eben nur, um sie stutzig zu machen und zum nach-
denken über ihr beginnen zu bringen. Trotzdem ist dieser einwurf wirklich beachtenswerth. Zwar hat Köchly [19]) unrecht mit
der behauptung, dass der kriegsrath allein dem ganzen den charakter einer blossen versuchung gebe, aber richtig ist es, dass mit
ihm jede wirklich unzweideutige hinweisung auf diese auffassung schwindet, so bald man von den ersten 47 versen absieht.
Denn 193 spricht dann Odysseus doch bloss seine subjective muthmassung aus und noch dazu frageweise, und dies mittel entspricht
dem von ihm verfolgten zweck, auch wenn der wahre sachverhalt

---

　　12) So Gross a. a. o. p. 36.
　　13) So Lachmann a. a. o. p. 12. Vgl. Nägelsbach a. a. o. p. 448
f. (300).
　　14) Kieler Monatschr. 1850. II, p. 284. Jahns Jahrbb. LXIV. 1851,
p. 6.
　　15) Zeitschr. f. d. Alterth. 1848, p. 331.
　　16) Philologus III. 1848, p. 200.
　　17) Kieler Monatsschr. a. a. o.
　　18) A. a. o. 449 (301).
　　19) A. a. o. p. 10.

ein anderer war. Und die erste rede des Agamemnon, 110—141,
k a n n allerdings, wie R. Franke [20]) gegen Köchly [21]) gezeigt hat,
als ein sogenannter μῦθος κερδαλέος aufgefasst werden, d. h. als
eine solche, mit welcher der redner die gerade entgegengesetzte
absicht verfolgt, als welche er ausspricht [22]), denn wie wäre es
sonst auch möglich, dass derjenige wenigstens sie doch offenbar so
aufgefasst hat, welcher sie mit den ersten 47 versen in verbindung
setzte und der den kriegsrath einschob! Aber wenn Franke [23])
sagt, er glaube, sie könne auch abgesehen von jener verbindung
und von diesem einschiebsel gar nicht anders aufgefasst werden,
so hat er doch in seiner polemik gegen Köchly unwillkürlich selber das geständniss des gegentheils abgelegt: *„quid ergo? dolorem
animi, quo opprimeretur propter turpitudinem rei, nonne prae se
ferre potuit etiam is, qui tamen infamiam illam effugere se non
posse sibi persuasisset?"* [24]). Und in der that, wenn der schein gewahrt werden soll, dürfen erörterungen, welche in einer ernstlich
zum rückzug auffordernden rede schlechterdings unstatthaft sind,
auch in einer bloss zum scheine dies ziel verfolgenden nicht vorkommen. War Agamemnons rede nach der absicht des ursprünglichen dichters ernst gemeint, so ist es doch gewiss nicht unpsycho-
logisch, wenn der also verzweifelnde immer noch den geheimen
wunsch hegt, es möge ihm lieber widersprochen werden, und in
folge dessen gerade bei denjenigen erwägungen am längsten verweilt,
welche nicht für, sondern gegen seine absicht sprechen. Dass überall sonst, wo μῦθοι κερδαλέοι vorkommen, dies auch vom dichter
ausdrücklich bemerkt wird, so VI, 148. XIII, 254 f. XIV, 459.
XV, 304. XXIII, 181. XXIV, 240, dieser einwand Köchly's [25])

20) *Disputationis de Iliadis* B, 1—483 *pars altera*, Leipzig 1870,
p. 11 ff. Ich werde im folgenden die ältere abhandlung von Franke
(s. anm. 4) kurz mit I, diese spätere mit II bezeichnen.
21) A. a. o. p. 13 ff.
22) S. Nägelsbach a. a. o. p. 239 (151) ff.
23) A. a. o. I, p. 17 anm. 36. Franke beruft sich zum beweise
hiefür darauf, dass Grote, obwohl er doch 1—86 erst als spätere zuthat ansieht, dennoch das ganze gleichfalls als eine versuchung auffasst. Er hätte hinzufügen können, dass sogar Düntzer ursprünglich
ein gleiches that, s. unt. anm. 59. In wahrheit beweist dies nur, wie
schwer der mensch von der macht der gewohnheit sich losreisst und
dass er oft an einer hergebrachten meinung auch dann noch festhält,
wenn gerade er selber ihre stützen aus dem wege geräumt hat.
24) A. a. o. II, p. 14. Freilich setzt er hernach hinzu: *praesertim cum simulate fugam suadeat Agamemnon.*
25) A. a. o. p. 14.

mag sich mit Franke [26]) durch jenen „alterthümlichen charakter"
der hier vorliegenden darstellung beseitigen lassen, aber wenn derselbe Köchly [27]) bemerkt, dass es weit mehr dem naiven geiste der
homerischen poesie entspricht, aus dem eindruck, den die sache
macht, die beschaffenheit derselben errathen zu lassen als umgekehrt ein festhalten dieser beschaffenheit trotz des entgegengesetzten eindrucks zu verlangen, so hat Franke [28]) hiegegen zwar leicht
darthun können, dass damit noch keineswegs die unmöglichkeit
Agamemnons rede als $\mu\tilde{v}\vartheta o\varsigma$ $\varkappa\varepsilon\varrho\delta\alpha\lambda\acute{\varepsilon}o\varsigma$ zu fassen bewiesen ist,
aber dass dies auch kein gegen die wahrscheinlichkeit dieser auf-
fassung sprechender umstand sei, hat er schwerlich dargethan. Auch
ist es derselben wenig günstig, dass Agamemnon so die seiner
wahren absicht dienenden erwägungen an den anfang und die für
seine verstellte sprechenden an den schluss gesetzt hätte.

Indessen das alles ist nicht entscheidend. Denn Franke [29]) hebt
hervor, dass die zuhörer dieser epischen gesänge in anderer lage
waren als wir, weil sie die sage kannten und aus derselben wussten, ob Agamemnons vorschlag ernst zu nehmen oder nur eine versuchung sei, und vielleicht habe überdies der epische sänger vor
seinem vortrage stets diesen seinen zuhörern angekündigt, dass er
die versuchung des heeres singen wolle.

Wir unterdrücken also hier noch die frage, ob denn nicht
orakel- oder räthselpoesie und epische dichtung zwei verschiedene
dinge sind, um so mehr da allerdings nach den ersten 47 versen
wenigstens an eine ernstliche aufforderung des heeres zur flucht
durch den vielmehr siegesgewissen Agamemnon nicht gedacht werden könnte. Allein diese verse vertragen sich bekanntlich, wie
schon von G. Hermann [30]) geltend gemacht wurde, auch mit einer
bloss verstellten schwerlich. Um so unbegreiflicher ist es, dass
Lachmann diese schwierigkeit mit keinem worte erwähnt hat.
„Lachmann erklärt uns gar nicht, warum Agamemnon das volk
versucht", so bemerkt kurz und bündig Hoffmann [31]). Gerade an

---

26) A. a. o. II, p. 11.
27) A. a. o. p. 14 f.
28) A. a. o. I. p. 9 f.
29) A. a. o. II, p. 6 f.
30) *De interpolationibus Homeri*, Leipzig 1832, p. 7 (Opusc. V,
p. 57).
31) A. a. o. p. 200.

der hauptschwierigkeit, nämlich an der frage, wie Agamemnon,
dem doch Zeus durch den traum die feste zusicherung gegeben, er
werde jetzt Troia einnehmen, und der selbst in folge dessen der
hoffnung lebt, an diesem tage noch werde er die stadt erobern (37),
auf die gedanken kommen könne das heer zu versuchen, gehe Lachmann schweigend vorüber, so sagen mit vollem recht Köchly [32]) und
Düntzer [33]), denn das könne doch unmöglich auch noch durch jenen
„alterthümlichen charakter" des liedes erklärt werden. In der that,
wenn ein gedicht von der art, dass man, um es zu verstehen, sich
alles mögliche „hineingeheimnissen" muss, für besonders alterthümlich gelten soll, so möchte es schlimm für die ganze Lachmannsche
kritik stehen, welcher damit jeder boden entzogen wäre. Selbst
kritiker, welche sich weit von derselben entfernen, wie Grote [34])
und sein anhänger Friedländer [35]) bezeichnen die sache als eine unbegreifliche thorheit [36]), und wenn Franke [37]), der nicht anders urtheilt, das zweite lied Lachmanns durch die annahme zu rechtfertigen sucht, die sage habe zwar ursprünglich einen verständigen
zusammenhang zwischen beiden begebenheiten enthalten, dieser aber
später, wie ähnliches so oft vorkommt, sich in ihr verwischt, und
daher habe auch der dichter ihn nicht gegeben, so hat schon sein
recensent Gerlach [38]), wenn auch in etwas anderer wendung, so
viel mit recht bemerkt, dass, wenn die liedertheorie solche recht-
fertigungen zulassen und so arge verstösse als ursprünglich zugeben muss, dann auch kein zwingender grund mehr vorhanden ist
sie dem verfasser einer einheitlichen Ilias nicht eben so wohl zu
gute zu halten. In der that möchte es auch hier heissen: Fiesko
ist ertränkt, ich gehe zum Doria! Denn der behauptung von
Franke [39]), dass man an den dichter einer einheitlichen epopöe viel
höhere anforderungen machen müsse, stellt sich die entgegengesetzte
von Kammer [40]) gegenüber, dass die vertreter der liedertheorie an

32) A. a. o. p. 10 f.
33) Kieler Monatsschr. a. a. a. p. 282.
34) History of Greece I, p. 528. 534 ff. der deutschen übers. (II,
p. 175 b. Fischer).
35) Die homer. Kritik von Wolf bis Grote, Berl. 1853, p. 63 f.
36) Vgl. Schömanns treffende bemerkungen nach dieser richtung
gegen Nitzsch und Nägelsbach Jahns Jahrb. LXIX, p. 23 f.
37) A. a. o. II, p. 8 ff.
38) Philol. Anzeiger II, 1870, p. 226.
39) A. a. o. II, p. 11.
40) Zur homerischen Frage I, Königsberg 1870, p. 4. 6.

die einheit eines volksepos eben viel zu hohe und an das einzellied
viel zu niedrige ansprüche erhöben. Ist der dichter des letzteren
wirklich so an die sage gebunden, dass er, wo diese das nothwendige motiv verloren hat, es nun auch nicht seinerseits zu suchen
braucht, dass er wirklich nichts weiter zu thun hat als die sage
in verse zu bringen? Daran wird doch zum mindesten sehr zu
zweifeln erlaubt sein. Aber wäre es auch, so kann doch, falls die
thorheit Agamemnons wirklich eine unbegreifliche ist, auch die ursprüngliche sage sie nicht begreiflich gemacht haben, und der versuch von Franke selbst, diese ursprüngliche begreiflichkeit beispielsweise zu erläutern, zeigt dies am besten. Er meint[41]): „*fac, qui
primus haec finxerit, eum addidisse omnia ea, quae iure in hoc car-
mine desiderantur, eum induxisse imperatorem ne essent propter
Achillis ab exercitu discessum militum fracti animi metuentem et
ob eam caussam confugientem ad artificium, quod aliter explicari
omnino nequit*“. Allein man denke sich dies getrost hinzu, so
wird man doch zugeben müssen, dass es sich ja gerade um die
frage handelt, wie Agamemnon in der stimmung, in welche ihn der
traum versetzt hatte, eben diese furcht hegen konnte, und man ist
folglich durch diese annahme auch keinen schritt weiter gekommen.

    Andere kritiker sind nicht so genügsam gewesen wie Lach-
mann und Franke, den dichter ein lied abfassen zu lassen, dessen
innern zusammenhang in diesem stück er selber nicht wusste und
auch nicht wissen konnte, weil eben keiner vorhanden ist. Vielmehr hat zunächst Hoffmann[42]) durch eine reihe willkürlicher annahmen sich 1—483 als ein ursprünglich selbständiges lied so zurechtgelegt, dass auch der kriegsrath stehen bleibt, der schluss des
ganzen aber durch die einfügung in seine jetzige stelle verloren
oder verschoben ist. Hoffmann geht dabei von der richtigen erwägung aus, dass sich 3 f. nicht glatt ausschneiden und folglich nicht
mit Lachmann beseitigen lassen. Trotzdem meint er mit Haupt[43]),
dass diese beiden verse sich nicht auf den ersten gesang, sondern
nur auf den sagenkreis desselben zurückbeziehen. Und da sollen
wir uns nun eine längere zeit nach dem streit der könige verflossen denken, in welcher die Achäer ohne Achilleus nichts ausrichten

41) A. a. o. II, p. 9 f.
42) A. a. o. p. 201 ff. vgl. p. 199.
43) Bei Lachmann a. a. o. p. 102.

konnten, so dass das volk murrt und schwierig wird und Agamemnon nur noch hoffen kann durch den verstellten vorschlag zur flucht sein ehrgefühl neu zu beleben. Allein dies alles führt uns zu nichts, denn Lachmanns einwürfe gegen den kriegsrath bleiben dabei unwiderlegt und die schwierigkeit der anfangsverse nimmt damit nur die andere form an, dass man jetzt fragen muss: wenn die lage der dinge so war, wie konnte da Agamemnon noch mehr als der traum ihm versprochen hatte glauben, nämlich noch an demselben tage werde er Ilion erobern?

Mag man nun ferner 3 f. beziehen, wie man will, immer stellen diese verse dem liede Lachmanns so gut wie Hoffmanns das von Köchly[44]) mit recht geltend gemachte bedenken entgegen, dass Zeus, um den Achilleus zu rächen, doch nicht die flucht, sondern die niederlage des heeres will und trotzdem hernach seinerseits die erstere ruhig mit ansieht, und dieser einwurf ist doch sicher nicht durch die allerdings unzweifelhaft richtige bemerkung von Franke[45]) widerlegt, dass Here und Athene eben so gut ihre gründe zum einschreiten hatten wie Zeus. Eine widerlegung wäre dies nur, wenn der dichter uns sagte, dass Zeus nichts that, eben weil er dies berechnete.

Hören wir freilich Bäumlein[46]), so erhalten wir die überraschende aufklärung, dass gerade in der unbegreiflichen thorheit Agamemnons eine tiefe weisheit des dichters liegt. Agamemnon soll gerade in dieser weise von Zeus bethört, von der Ate der leidenschaft verblendet sein, ja dies mit unwillkürlicher selbstironie 111 selber bekennen. In der that ein wunderbarer scharfsinn, der diese gewöhnlichen menschenaugen gänzlich verborgne tiefere bedeutung dieses verses aufzuspüren weiss! Treffend erwiderte Köchly[47]), die bethörung des Agamemnon durch Zeus liege ja nach 37 vielmehr in der zuversicht noch desselben tages Troia zu nehmen. Bäumlein[48]) antwortet, dies schliesse nicht aus, dass die wahl der mittel zu diesem zweck abermals unter der einwirkung der Ἄτη stehen konnte. Freilich nicht, wenn darauf gar nichts

44) A. a. o. p. 15.
45) A. a. o. II, p. 16.
46) Zeitschr. f. d. Alterth. 1848, p. 331. Philologus VII, p. 226.
47) A. a. o. p. 11.
48) Philologus VII, p. 227.

mehr ankommen soll, ob ein bethörter so handelt, wie es nach der
art seiner bethörung ein psychologischer widersinn ist.	Nur hört
dann freilich auch jeder wissenschaftliche streit auf.	Obendrein
aber macht Bäumlein so den Zeus selber zum thoren [49]), denn so
hätte er ja einmal den Agamemnon zur schlacht zu treiben gesucht
und ihm doch hinterher ein mittel eingegeben, |welches das gerade
gegentheil bewirkt haben würde, wenn nicht Here und Athene,
also gerade die gegnerinnen des Zeus, dem interesse des letzteren
unwissentlich wieder in die hände gearbeitet hätten.	Indessen ge-
nug davon, für Bäumlein und seine nachfolger würde es ja nicht
wie für Franke schwierigkeiten machen sich auch noch hinzuzudenken, dass Zeus in seiner weisheit ja dies alles vorausgesehen. O
erleuchtetes neunzehntes jahrhundert, in welchem man sich wirklich
im ernste noch mit dergleichen argumenten herumschlagen und die
betrübende entdeckung machen muss, wie wenig einsicht selbst ein
mann wie Madvig [50]) in dasjenige hat, warum es sich bei der ganzen
„homerischen frage“ handelt, und wie wenig gerecht er daher einen
Wolf und Lachmann zu beurtheilen im stande ist!

Anders sucht sich Jacob [51]) zu helfen, indem er gleich Bäumlein von der ursprünglichen zusammengehörigkeit des zweiten buchs
der Ilias mit dem ersten ausgeht, die βουλὴ γερόντων beibehält und
gerade aus ihr die nöthigen erklärungsgründe für Agamemnons ver-
fahren herbeizuschaffen sucht.	Er beruft sich auf die abneigung
des heeres gegen die fortsetzung des kriegs, wie sie in dem erfolg
von Agamemnons erster rede sich ausspricht und folglich schon in
den zwölf tagen seit dem streite der fürsten immer stärker hervor-
getreten sein musste.	Er macht geltend, dass unter diesen umstän-
den jetzt kein Achäer zur schlacht gerathen haben würde, durch
welche doch Achilleus allein die verheissne genugthuung erlangen
konnte, und dass daher Zeus selber sich ins mittel legen musste.
Die erhaltene aufforderung zur schlacht musste nun, meint er weiter, bei dieser stimmung des heeres dem Agamemnon immerhin noch
bedenklich bleiben, da sie immer nur ein traum war und träume,
wie es Nestor eben desshalb auch ausspricht, täuschen können, und

49) S. darüber auch schon Düntzer Kieler Monatsschr. a. a. o. p. 283.
50) In seiner vorrede zu Nutzhorn, Die Entstehungsweise der homer. Gedichte, Leipzig 1869.
51) Ueber die Entstehung der Ilias und der Odyssee, Berlin 1856,
p. 177 ff.

daher musste Agamemnon zuvor die meinung der vertrautesten fürsten hören und sich ihrer mitwirkung für die schlacht versichern.
Allein v. 37 beweist, dass Agamemnon von solchen bedenken, wie
sie ihm hier geliehen werden, nichts weiss, und dass Bäumlein wenigstens die stimmung, aus welcher heraus er handelnd gedacht
werden muss, weit richtiger aufgefasst hat. Was soll man aber
von einer sachlage denken, deren einer vertheidiger somit gegen
den klaren wortlaut sie darzustellen sich gemüssigt sieht, während
der andere, um sie haltbar zu machen, unmöglichkeiten annehmen
muss! Und wenn ferner der ursprüngliche dichter die abneigung
des heeres gegen die fortsetzung des kriegs auf den unmuth desselben über die kränkung des Achilleus hätte begründen wollen,
würde er dies wohl 142 ff. hervorzuheben unterlassen haben! Indessen dem sei wie ihm wolle, jedenfalls hat auch Jacob die anstösse gegen den kriegsrath zu widerlegen nicht einmal versucht,
und wenn er daher zum schlusse selbst nicht umhin kann die ganze
partie von 336 ab für ursprünglich nicht mit dem vorigen zusam-
mengehörig zu bezeichnen, so ist vielmehr zuzusehen, ob sich seine
bedenken wider dieselbe nicht heben oder doch auf die anerkennung von schwächen, die mit der einheit des dichters nicht unverträglich sind, zurückführen lassen, wenn man im gegentheil die beseitigung des kriegsraths aller weiteren kritik zu grunde legt.

Von der allerstrengsten überzeugung eines ursprünglich einheitlichen zusammenhanges der ganzen Ilias ausgehend, dabei aber
den kriegsrath als späteres einschiebsel verwerfend, belehrt uns
Gerlach [52]), Agamemnon setze gar nicht muthlosigkeit beim heere,
sondern bösen willen und unbotmässigkeit bei den fürsten voraus,
weil das benehmen des Achilleus ihn misstrauisch gemacht habe,
daher wende er sich an das volk und suche dieses zu gewinnen,
damit die fürsten auch wider ihren willen in den kampf mit fortgerissen würden. Leider sagt uns das aber nur Gerlach, in der
Ilias steht kein wort davon, und es ist mehr als kühn, wenn Agamemnon erklärt, er wolle die Chryseis zurückgeben, weil er das
volk lieber errettet, als verderbt sehe (*A*, 116 f.), und dann in der
hitze des streits droht, er achte die fürsten nicht so hoch, um nicht
nöthigenfalls auch des Aias oder Odysseus geschenk wegzunehmen
(*A*, 137 f.), daraus den schluss zu ziehen, er habe, voll der zuver-

52) S. anm. 5.

sicht noch desselben tages Troia zu erobern, es, ohne birnver-
brannt zu sein, für das geeignetste mittel hiezu gehalten das volk
durch eine verstellte aufforderung zur flucht unter ausmalung der
sehnsucht, welche die zurückgebliebnen weiber und kinder nach der
heimkehr desselben empfinden, zum kampfe anzufeuern, er habe sich
einbilden können, dass dasselbe nach dem rückzuge des Achilleus
noch in diesem maasse kampfentbrannt sei. Es möchte auch
schlimm um die klarheit der epischen volkspoesie stehen, wenn
diese entdeckung erst Gerlach vorbehalten geblieben wäre. Gegen
dergleichen hypothesen genügt es auf Schömanns berühmte abhandlung *de reticentia Homeri* zu verweisen. Endlich wird auf diese
weise die interpolation des kriegsraths unerklärlich, denn wie hätte
so der interpolator darauf verfallen sollen, den angeblich so schönen zusammenhang dieses abschnitts in sich selbst und mit dem ersten buch durch dieselbe zu verderben! Sie beweist vielmehr, dass
die Griechen selbst von diesem zusammenhange keine ahnung hatten.

Was also beginnen? Hat vielleicht Köchly [53]) recht, dass in
diesem stücke der Ilias zwei ursprünglich selbständige lieder, die
aber viele gemeinsame züge hatten, und von denen das eine bis zu
einem gewissen grade nachahmung des anderen war, in einander
geschoben sind? Köchly wird dabei unter anderm auch von jener
thatsache geleitet, dass die erste rede Agamemnons theils gründe
enthält, die für den kampf, und theils solche, die für die flucht
sprechen, und setzt demgemäss das eine lied so zusammen, dass es
im zusammenhang mit der traumbotschaft, 1—47, mit welcher er
es beginnen lässt, die ernstliche aufforderung des Agamemnon zum
kampfe und nach Thersites widerrede und zurückweisung die wirkliche rüstung zu demselben, und das andere so, dass es, mit 48—
52 anhebend, die ebenso ernstliche aufforderung zur flucht (95—
—115. 134—141), die abwehr derselben durch Athene und Odysseus und schlieslich abermals die vorbereitungen zur schlacht enthielt. Der kriegsrath soll aus stücken der ersten rede Agamemnons
im ersteren lied neben andern centonen züsammengeflickt sein und
seiner hauptmasse nach daher wieder in dieselbe aufgelöst werden.

---

[53]) Verhandlungen der Darmstädter Philologenvers., Darmstadt
1846, p. 73—77 und in der mehrerwähnten abhandlung. Köchly sind
W. Ribbeck Jahns Jahrb. LXXXV. 1862, p. 7—11 und Kern, Die beiden erzählungen im 2. Buch der Ilias, Ulm 1868 beigetreten.

Köchly hebt zur begründung dieser kühnen combination mit glänzendem scharfsinn die vielen anstösse hervor, welche auch nach aus-
scheidung des kriegsraths zurückbleiben, wie sich dies grösstentheils
schon im obigen gezeigt hat.   Allein dass auch seine beiden lieder
nicht geringere, ja zum theil vielleicht noch grössere härten enthalten, haben Düntzer [54]) und Franke [55]) zur genüge gezeigt.

Da die abhandlung [von Franke schwer zugänglich und mir
selbst nur durch die güte des verfassers in die hände gekommen
ist, und da Düntzers gründe sich grossentheils auch bei Franke
wiederfinden, so stelle ich hier die wichtigsten punkte aus der
beweisführung des letzteren kurz zusammen.   In Köchly's e i n e m
liede ist gleich die anfügung von 382—386 nebst 332 unmittelbar
an 139, wie auch Düntzer [56]) hervorhebt, wenig wahrscheinlich, da
sie an der überlieferten stelle keinerlei bedenken erregen, besser also
hätte Köchly angenommen, der schluss von Agamemnons erster rede
aus diesem lied sei nicht erhalten.   Schon Düntzer und Ribbeck [57])
haben erkannt, dass 116—118 nicht in dies lied passen, sie sind freilich
überhaupt zu streichen (s. u.), aber in diesem liede ist dies unmöglich,
da 119 ff. sich nicht unmittelbar an 56—71 anschliessen, es müsste also
wenigstens wieder angenommen werden, dass statt 116 ein anderer
vers da gestanden habe.   Demnächst soll zu diesem liede erst wieder
211 ff. gehören, der übergang nach 332 aber durch 142 + 144.
145 f. vermittelt sein.   Aber während diese verse in ihrem jetzigen zusammenhang völlig klar sind, wäre so in wahrheit nichts
weiter mit ihnen gesagt, als dass nach Agamemnons aufforderung
zum kampfe eine bewegung unter der versammlung entstanden sei;
denn das blosse κινήθη kann doch nicht, wie Köchly will, eine
m u r r e n d e und vollends nicht eine gegen den vorschlag Agamemnons gerichtete murrende bewegung bezeichnen.   Erst die folgende
erzählung von Thersites würde den sinn dieser räthselhaften worte
erschlossen haben.   Aber abgesehen von den worten unterliegt auch
die sache selbst den gewichtigsten bedenken.   Wie auch Düntzer
bemerkt, man vermisst jede aufklärung darüber, was denn
bei dem volk diese der siegeszuversichtlichen rede Agamemnons schlechthin entgegengesetzte so ganz unerwartet und überra-

54) Jahns Jahrb. LXII, p. 12 f.
55) A. a. o. I, p. 7 ff.
56) A. a. o. p. 13.
57) A. a. o. p. 10.

schend hervortretende muthlosigkeit veranlasst habe. Wenn Köchly
mit recht an der heutigen anordnung wie an Lachmanns zweitem
lied tadelt, dass nichts von einer stimmung des heeres gesagt ist,
die Agamemnons entschluss es zu versuchen begreiflich machen
konnte, so wäre hier die unterlassungssünde noch viel grösser;
denn dort erklärt sich wenigstens die flucht dadurch, dass das volk
Agamemnons scheinbare absicht für seine wahre nimmt, hier bleibt
die ganze sache unerklärt. Dann folgt in diesem liede gleich die
erzählung von Thersites. Der anstoss, den seine rede bereiten
kann, ist in dieser form allerdings in ihm beseitigt, allein andererseits konnte doch zum mindesten weit eher derjenige Thersites so
reden, welcher von Agamemnons wahrer absicht nichts wusste, als
dass er nunmehr wohl sah, Agamemnon wolle jetzt den kampf fortsetzen, als derjenige, welcher nach Köchly's anordnung eben erst
aus Agamemnons eignem munde gehört hatte, dass h e u t e s c h o n
der kampf um Troia zur entscheidung kommen werde. Man müsste
also wenigstens hier abermals zu dem auskunftsmittel greifen, dass
vielmehr von Agamemnons rede der ächte schluss nicht erhalten
und dass in ihr ursprünglich von einer so schnellen eroberung
Troia's nichts gesagt worden sei; allein Köchly hat richtig gefühlt,
dass Agamemnon in der 37 geschilderten stimmung, wenn er offen
zum kampfe auffordern wollte, schwerlich die zuversicht auf eine
solche zu äussern unterlassen konnte. Auch die hinweisungen auf
streit und hader in Nestors rede 342 und in der zweiten Agamemnons 375 f. finden eine einfachere erklärung, wenn die von Köchly
beseitigte erzählung von dem feigen benehmen der übrigen Griechen ausser Thersites voraufgegangen war, es sind jene andern
schreier (198) mit gemeint, während sonst, wenn nicht in gewisser
weise das übrige volk hinter Thersites stand, ihm mit jenen andeutungen doch zu viel ehre geschähe. — Weniger anstoss giebt
das andere lied, aber es ist doch schwer denkbar, dass Odysseus in
seiner rede an das heer, das auf Agamemnons ernstliche aufforderung geflohen war, bloss gesagt haben sollte, dass sich ja noch in
diesem jahr zeigen müsse, ob Kalchas wahr prophezeit habe. Wenigstens geschieht ja so auch in diesem liede nicht, was doch
Köchly so sehr an der Ilias wie an den von Lachmann und Düntzer aus diesem abschnitt derselben construirten liedern tadelt, dass
dieser aufforderung des Agamemnon hernach gar nicht weiter ge-

dacht wird. Ferner könnte das lied schwerlich da geschlossen
haben, wo Köchly will, da doch mindestens, wenn der krieg
fortgesetzt werden sollte, noch Agamemnon sich äussern und seine
zustimmung hiezu geben musste. Man müsste also schon das lied
mit Ribbeck als ein bruchstück ansehen; allein auffallend wäre doch,
wenn der contaminator, der sonst so geschickt die theile beider gedichte verschmolzen haben soll, hier das ende des zweiten einfach
weggelassen hätte. — Ich füge hier noch die nebenbemerkung
hinzu: Köchly will in diesem zweiten liede die ausführliche beschreibung von Agamemnons scepter, 101 ff., die doch wahrlich
wohl keiner besondern begründung bedarf, damit begründen, dass
sich Odysseus hernach 185—187 desselben bedient, allein 185—
187 stehen, wie Bäumlein [58]) wohl mit recht annimmt, dergestalt
mit dem kriegsrath in verbindung, dass sie, wie oben bemerkt worden, mit ihm fallen müssen.

Kehren wir nach dieser abschweifung zur hauptsache zurück,
so bleibt nur noch eine einzige möglichkeit denkbar. Köchly's
auffassung von 1—47 führt selber darauf hin, dass man diese anfangsverse noch mit dem ersten buche verbindet und sie, falls letzteres ganz von einem dichter ist, diesem, falls aber 349—429.
493—611 fortsetzung eines späteren sind, dem letzteren mit zuschreibt, dann aber zwar nicht bis zum schlusse, wie Düntzer [59])
will, wohl aber mit Bernhardy [60]) bis 483 ein neues lied annimmt,
in welchem Agamemnons aufforderung zur flucht eine ernst gemeinte ist, und welches durch die ihm fremde zuthat des kriegsraths und der übrigen mit diesem zusammenhängenden einschiebsel erst
nachträglich den charakter einer versuchungsgeschichte erhielt, um
in seine jetzige stelle eingefügt werden zu können.

Gegen diese ansicht nun stellen sich zweierlei bedenken dar.
Einmal wird bestritten, dass die anfangsverse ursprünglich mit dem
ersten buch zusammengehört haben könnten, und fürs zweite sollen

58) Philologus VII, p. 230.
59) Homer und der epische Kyklos, Köln 1839. 8. p. 64, richtiger
Kieler Monatsschr. 1850. II, p. 282 ff. Jahns Jahrb. LXIV, p. 5 ff.
Erst durch jenen vorgang von Köchly ward nämlich Düntzer vollständig zu dem obigen ergebniss geführt. In seiner ersten darstellung
hält er selbst noch das obige lied für eine versuchungsgeschichte, obwohl er den kriegsrath bereits von ihr trennt, den er aber damals
noch nicht für eine interpolation, sondern seltsamer weise für ein
stück der mit 1 - 47 beginnenden darstellung hielt.
60) Griech. Litteraturgesch. 3. A. IIa. p. 160 f.

auf diese weise zwar die obigen anstösse gehoben, aber nur um so
stärkere an ihre stelle getreten sein.

Was den ersten punkt anlangt, so meinen G. Hermann[61]) und
Schömann[62]), dass man weit natürlicher erwartet, Zeus werde, um
sein der Thetis gegebenes versprechen zu erfüllen, vor allen dingen
die Troer von der entzweiung im feindlichen lager benachrichti-
gen und dadurch ermuthigen, als dass er „statt dessen dem Agamemnon durch ein trügliches traumgesicht hoffnungen einflösst, von
denen schwer zu begreifen ist, wie dieser sich gerade jetzt, da der
hauptheld sich des kampfes enthält, ihnen hingeben könne". Das
gewicht dieser bemerkung ist nicht zu verkennen, vielleicht hat
hier aber doch Bäumlein[63]) recht, wenn er umgekehrt sagt: „Agamemnon erscheint von dem gefühl seiner oberherrlichen macht bis
zum thörichten übermuthe fortgerissen, der ihn in ungebühr Achill
von sich stossen und, da Achill gedroht hatte (A, 240 f.), er
werde ihn noch vermissen, auch ohne Achill den sieg versuchen
hiess; .... innere regungen gestalten sich aber auch sonst bei
Homer zu gottgesendeten träumen". Fragt man, was Zeus natur-
gemäss zu thun hatte, um den Achilleus durch schwere niederlagen
der Achäer zu rächen, so ergiebt sich dreierlei: er musste die
Achäer zum kampfe anhetzen, die Troer in der bezeichneten
weise ermuthigen und entweder den Troia feindlichen oder auch
allen göttern die theilnahme am kampfe verbieten, um so ohne
jede einmischung derselben ungestört dessen geschicke allein zu leiten. Das erste geschieht durch die sendung des traumes, das dritte
findet sich am anfang von Θ in einer partie, welche gegen die
stümperhafte arbeit, von der ein grosser theil dieses buches erfüllt
ist, grell genug durch seinen originalen charakter absticht. Unter
diesen umständen wird die vermuthung nicht zu gewagt sein, dass
einst auch das zweite nicht gefehlt haben wird. Denn dass allerdings, wenn jetzt Iris B, 786—805 den Troern, statt ihnen die
nachricht von Achilleus absonderung mitzutheilen, ihnen bloss ver-
kündigt, wie unermesslich zahlreich das griechische heer sei, dies
eher geeignet ist ihren muth niederzuschlagen als zu beleben, und
dass es uns nichts helfen kann, wenn später im verlaufe des kam-

61) Opusc. V, p. 57.
62) A. a. o. p. 22.
63) Philologus VII, p. 326.

pfes *∆,* 592 Apollon von der burg her ihnen die sache zuruft,
nachdem wir sie dort nicht zu hören bekommen, wo wir sie zu
hören erwarten durften, wird man Schömann [64]) bereitwillig zugeben müssen. Aber das hindert ja nicht, dass diese benachrichti-
gung der Troer einst möglicherweise an ihrer richtigen stelle stand,
aber so ausgedrückt war, dass derjenige, welcher auch das jetzige
zweite bis siebte buch der Ilias in die gesänge von dem zürnenden
und durch Zeus an den Achäern gerächten Achilleus aufnehmen
wollte, sie diesem zwecke schlechterdings widersprechend fand.

Einen anderen einwand gegen die ursprüngliche zusammengehörigkeit vom anfange des zweiten mit dem ende des ersten ge-
sangs bietet der widerspruch dar, den Lachmann [65]) nach theilwei-
sem vorgange der alten erklärer zwischen beiden gefunden hat.
So zuversichtlich auch noch neuestens Nutzhorn [66]) den versuch wiederholt hat, denselben unter anderm durch angeblich richtige deutung des imperfects οὐκ ἔχε (B, 2) zu entfernen, so hätte er doch
aus Bonitz [67]) u. a. lernen können, wie verfehlt dieser versuch ist [68]).
Der zweite anstoss Lachmanns freilich, es sei nicht zweckmässig
für die ganze situation, daran zu erinnern, dass Here neben dem
Zeus schlafe, scheint durch die gegenbemerkungen von Jacob [69]) so
ziemlich entkräftet zu sein. Ueberhaupt aber hat man neuerdings [70])
auf diese bemerkungen Lachmanns ein gewicht gelegt, welches er
selber ihnen keineswegs zugesteht. Er selbst folgert aus ihnen

64) A. a. o. p. 17.
65) A. a. o. p. 2.
66) A. a. o. p. 143 f.
67) Ueber den Ursprung der homerischen Gedichte, 2. A. Wien
1864, p. 47 f.
68) Wie viel unbefangner geht auch hier wieder Gross a. a. o.
p. 16 ff., obwohl auch er an die ursprüngliche einheitlichkeit der Ilias
glaubt, zu werke, indem er bemerkt: *haec ratio nimis contorta et paene
ridicula est, id quod v.v.* 2 et 3 *manifesto sibi opposita testantur, cum
ibi utrumque tempus imperfectum, non solum* ἔχε, *sed etiam* μερμήριζε,
perpetuitatem quandam significet!
69) A. a. o. p. 177. Selbst wenn Here, meint er, darüber auf-
wachte oder gar nicht eingeschlafen war, konnte Zeus unbedenklich
dem traume seinen auftrag ertheilen, denn etwas ähnliches hatte Hera
doch vermuthen müssen, „darüber aber hatte sowohl Zeus ihr kurz
zuvor die nöthigen vorstellungen gemacht als auch Hephästos ihr für
alle fälle mit erfolg den frieden empfohlen hatte". Ausserdem vgl.
man hier auch die bemerkungen von Nutzhorn a. a. o. p. 144.
70) Steinthal, Zeitschr. f. Völkerpsychol. VII, p. 5 ff.: vgl. Bonitz
a. a. o. p. 47.

mit recht nur „ein neues anheben des gesanges", und so könnte ja, falls wirklich dieser widerspruch nicht durch die parallelstelle *o,* 4 —8 geschützt ist, leicht Gross[71]) durch seine tilgung von *A,* 611 das richtige zur entfernung jedes anstosses getroffen haben. Denn nichts steht der annahme im wege, dass dieser vers eben nur da als abschluss diente, wo ein aöde oder rhapsode den ersten gesang für sich allein vortrug. Und da nun einmal *B,* 3 f. unlöslich im zusammenhange festsitzen, erscheint es doch nahezu als baare will-kür solchen ausweg zu verschmähen und lieber zu behaupten, dass sich diese verse gar nicht ursprünglich auf den ersten gesang zu-rückbezogen hätten. Denn mit vollem recht zweifelt Bäumlein[72]) nicht daran, wenn uns der letztere „als fragment überliefert wäre, und man zufällig v. 3 f. der zweiten rhapsodie auffinden würde, so würde der scharfsinn, der nun das auflösen als seine aufgabe betrachtet, den beweis führen, dass diese verse mit jenem fragment zusammengehören. Soll nun das vor augen liegende darum dem scharfsinn verwerflich scheinen, weil es zu nahe vor augen liegt?" Und nicht minder schlagend hat Düntzer[73]) den versuch von Köchly[74]), 2—4 auszuscheiden, zurückgewiesen.

Es fragt sich also nur noch, ob das lied Düntzers wirklich die vorhandenen schwierigkeiten bloss beseitigt, um neue hervorzu-rufen, wie Köchly[75]) und Franke[76]) behaupten, ob wirklich die re-den des Thersites, Odysseus, Nestor und die zweite rede Agamem-nons, wie Franke meint, so nur noch wunderlicher werden. Franke beruft sich dafür in der hauptsache nur auf die kritik von Köchly, es hätte ihm aber nicht entgehen sollen, dass die meisten ausstel-lungen, welche dieser macht, ja völlig eben so das von Franke vertheidigte zweite lied Lachmanns treffen, und dass diese seine vertheidigung gegen Köchly fast durchweg eben so wohl auch dem liede Düntzers zu gute kommt.

In bezug auf die erste rede Agamemnons hat sich dies bereits gezeigt, und es ist auch im übrigen in bezug auf sie im obigen bereits das nöthige bemerkt worden. Die verse 116—118 sind

71) A. a. o. p. 16—18.
72) Zeitschr. f. d. Alterth. 1848, p. 332.
73) Jahns Jahrb. LXIV, p. 4.
74) A. a. o. p. 4.
75) *De Iliadis carminibus diss.* III. Zürich 1857, p. 22 f.
76) A. a. o. I, p. 17, anm. 36.

anstössig, denn es kann der, welcher ausspricht Ilion nicht zerstören zu können, weil Zeus es hindert, nicht füglich dabei Zeus den
städtezerstörer nennen. Nitzsch [77]), Bekker [78]) und Franke [79]) haben sie daher mit recht gestrichen. Damit fällt aber jede schwierigkeit, welche das γάϱ 119 bereitet, indem Nägelsbach [80]) mit
grund, wie dies der sinn verlangt, es sogar über jene verse weg
auf δυσκλέα 115 zurückbezog. Ob 124 ursprünglich ist oder später eingeschoben, mag hier als völlig unerheblich auf sich beruhen.
Dagegen ist zur beseitigung von 130—133, die Köchly [81]) und
Düntzer [82]) nach dem vorgange des Aristarchos [83]) befürworten,
kein zwingender grund, am wenigsten wenn die aufforderung zum
abzuge ernst gemeint ist. Denn dass zum trost für die schande
desselben, zumal nach hervorhebung der geringen zahl der Troer,
ein gewicht auf die bundesgenossen derselben wie sonst nie gelegt
wird, erklärt sich hinlänglich aus der situation. Ueber 111 aber
bemerkt sehr gut Düntzer [84]), worin die täuschung des Zeus bestehe
— jedenfalls könne man sich nur eine erlittene schwere niederlage
denken —, gebe der dichter als vor dem anfange seines gesanges
liegend nicht näher an, aud es zeige sich hierin deutlich, dass wir
hier ein ursprünglich selbständiges lied vor uns haben, denn in der
jetzigen anordnung der Ilias sei dieser vers rein unerklärlich.
Wem dies noch nicht genügt, der kann übrigens immer noch annehmen, dass der anfang diesess liedes durch die einfügung des
letzteren in seine jetzige stelle zerstört worden ist. Ganz so wie
jetzt dürfte er in der that wohl schwerlich gelautet haben.

Auf diese anrede des oberfeldherrn geräth nun das volk sofort in tobende bewegung und eilt weg, 142—155, und dass die

---

77) Beiträge zur Geschichte der epischen Poesie der Griechen p.
371, anm. 92.
78) Homerische Blätter, Bonn 1863, p. 275, anm. 20.
79) A. a. o. I, p. 8. II, p. 13.
80) A. a. o. p. 235.
81) De Il. B, 1—483 disp. p. 13.
82) Jahns Jahrb. LXIV, p. 7. Auch Nägelsbach a. a. o. p. 238.
83) S. Friedländer Aristonicus p. 61. 138. Gegen den grund, welcher ihn dabei leitete, bemerkt Franke a. a. o. II, p. 14, anm. 19 mit
recht: *ut multa diverso modo diversis Iliadis locis narrantur, ita etiam
huius loci ea poterit esse ratio, ut alia fuerit de numero Troianorum ac
sociorum huius carminis auctoris opinio, atque quae est reliquorum carminum.*
84) Jahns Jahrb. LXIV, p. 7.

fürsten nicht bloss, wie Nägelsbach will, betäubt, sondern in ihrer
grossen mehrzahl ganz von demselben zuge wie dieses fortgerissen
sind, lehrt uns der dichter deutlich selbst 188 ff. Odysseus (169
—171) und, wie sich später zeigt, auch Nestor sind allein anders
gesonnen, aber dass sie bei jenem sofort entstehenden tumult nicht
zu worte kommen konnten und nun ihrerseits allerdings zunächst
betäubt und rathlos dastehen, dies ist eine sache, die sich wirklich
so von selbst versteht, dass sie der dichter uns nicht besonders zu
sagen braucht, und er hat es mithin nicht verschuldet, wenn sich
Köchly [85]) lieber alles ganz anders denkt.   Nur hinsichtlich der
fürsten macht er [86]) das richtige gegen Nägelsbach [87]) geltend: ἄχος
171 bezeichnet in der that die trauer des Odysseus über die **allgemeine** ehrvergessenheit.   Mit 143 dürften aber auch 144—146
allerdings zu streichen sein, wie schon Hermann [88]) wollte, vielleicht
auch 160—162 und namentlich 164 nach dem vorgange von Aristarchos [89]).   Wie weit 193—206 zu beseitigen sind, bleibe hier
dahin gestellt, für die hauptfrage genügt, wie oben bemerkt, die
tilgung von 194 f. [90]).

     Gewichtiger ist das bedenken Köchlys [91]), weshalb Thersites,
der doch sonst immer seine schmähungen vornehmlich gegen Achilleus
und Odysseus zu richten pflegte (220 f.), sie nicht auch diesmal
gegen den letzteren, der doch die heimkehr hintertrieben hatte, sondern gegen den Agamemnon kehrt, von dem doch mindestens
er nicht anders wissen konnte, als dass derselbe sie ernsthaft in
anregung gebracht habe.   Und wolle man auch zugeben, Thersites
habe aus 203—205 abgenommen, dass Odysseus im auftrag des
oberkönigs gehandelt habe, so hätte er doch vielmehr dem letzteren die von ihm verübte täuschung vorwerfen und auch so zugleich
den Odysseus als das von ihm gewählte werkzeug schmähen müs-

---

85) A. a. o. p, 15 f.
86) A. a. p. 17.
87) A. a. o. p. 254 (161).
88) De iteratis apud Homerum. Leipzig 1840.   Vgl. Köchly a.
a. o. p. 16.
89) Vgl. darüber Köchly a. a. o. p. 17.   Düntzer a. a. o. p. 8.
Bäumlein Philologus VII, p. 233 vgl. 229 f.
90) Aristarchos strich, freilich aus andern gründen, 193—197. Im
übrigen vgl. Lachmann a. a. o. p. 12. Köchly a. a. o. p. 17 f. Düntzer a. a. o. p. 9 vgl. p. 6.   Kieler Monatsschr. a. a. o. p. 284 (der
alle diese verse tilgt), Bäumlein a. a. o. p. 233 f. Nägelsbach a. a. o.
p. 448 (300) ff.
91) A. a. o. p. 19.

sen. So wie er jetzt rede, begreife es sich nur, wenn vielmehr
eine ernste und unversteckte aufforderung des Agamemnon zum
kampfe voraufgegangen sei. Gewiss nun hätte Thersites so sprechen können, wie Köchly will, ja es möchte so das natürlichste
gewesen sein, aber es ist doch auch keineswegs undenkbar, dass
er für diesen fall sich begnügte auf das hinzuarbeiten, was ihm
wie eben noch allen, am meisten am herzen lag, die heimkehr [92]),
und das volk aufzufordern, es möge dieselbe nunmehr auf eigne
hand wider den willen des oberfeldherrn dennoch durchsetzen, 235
—238, nachdem er zuvor zu diesem ende demselben vorgeworfen
hat, dass er nur aus habsucht den krieg noch länger fortsetzen
wolle, 225—234, in welchen gedankengang freilich, um dies schon
hier zu bemerken, 239—242 hineinpassen wie die faust aufs auge.
Die einzige ernste schwierigkeit liegt also darin, wie Thersites so
ohne weiteres stillschweigend voraussetzen kann, dass es dem Agamemnon nicht ernst gewesen sei mit seiner aufforderung zur heimkehr. So viel indessen ist schwer zu begreifen, wenn 203—205
ächt sein sollen, wie da Köchly [93]) unter beistimmung von Franke [94])
gegen Nägelsbach [95]) einwenden kann, aus diesen worten des Odysseus hätten doch unmöglich alle Griechen einen solchen schluss ziehen können, da sie nur *ad clamosissimum quemque* (198) gesprochen waren, denn es handelt sich ja bei diesem schluss zunächst
gar nicht um alle, sondern nur um den Thersites, und der war
doch gewiss unter jenen *clamosissimis* einbegriffen (212). Aber
wenn auch diese verse nicht ächt sind, wir brauchen uns weder
auf sie noch mit Bäumlein [96]) auf die gleichfalls schwerlich ächten
verse 185—187 zu berufen noch auch hier wiederum mit Franke [97])
uns dabei zu beruhigen, dass das publicum jener alten epischen sänger solche genauere motivirung, auch wo wir sie nöthig finden,
gar nicht verlangte. Im gegentheil, der oberkönig hinderte einfach
das beginnen des Odysseus nicht, daraus musste geradezu alles volk

---

92) Franke a. a. o. II, p. 17: *ac mihi quidem aptissime etiam sic
videtur verba facere homo ignavissimus, quippe qui non mendacium
Agamemnonis, sed id ipsum, quod pugnare rursus iubeatur, aegre ferat.* Aehnlich Düntzer Jahns Jahrb. LXIV, p. 9 f.
93) A. a. o. p. 19.
94) A. a. o. II, p. 17.
95) A. a. o. p. 444 (294).
96) A. a. o. p. 234.
97) A. a. o. II, p. 17 f.

den schluss ziehen, dass er mit demselben einverstanden war und folglich entweder seine ansicht inzwischen geändert oder aber das heer nur versucht habe. Ob dieser schluss richtig war oder nicht, ändert an der sache nichts, wohl aber wird sich zeigen, dass der dichter, wenn letzteres der fall, allein einen wirklich zwingenden anlass hatte den Thersites genau so, wie er gethan hat, und nicht anders reden zu lassen.

Die zweite rede des Odysseus nämlich, 278 — 332, und in folge dessen auch entweder 265—277 oder 333—335 wollte Lachmann[98]) als eine spätere schwache nachdichtung der rede Nestors unter beistimmung von Franke[99]) und andern streichen, und allerdings ist es, wie selbst Bäumlein[100]) zugiebt, auffallend, dass Nestor entweder gar keine oder aber 337 f. in einer auf den ersten anschein unbegreiflichen weise auf sie rücksicht nimmt. Seltsam ist es auch, meint Lachmann, dass Odysseus nicht einmal, wie hernach Nestor, auf die zur flucht treibenden zurückkommt, und Köchly[101]) macht gegen Nägelsbach[102]) geltend, wenn die aufforderung des Agamemnon zum abzug nur eine verstellte war, dass dann vor allen dingen das volk durch Odysseus jetzt ausdrücklich hievon belehrt werden musste, je voreiliger es jener anregung folge geleistet hatte. In der that, auch wenn, wie gesagt, dasselbe sich wohl denken musste, dass der wahre sachverhalt so sei, wie ihn auch Thersites aufgefasst hatte, war doch sicher eine solche ausdrückliche belehrung keineswegs überflüssig. Nur vergisst Köchly, dass ja doch Odysseus, wenn der kriegsrath getilgt wird, nicht in der lage war dieselbe geben zu können. Vergeblich indessen erwidert Bäumlein[103]), der wahre sachverhalt müsse sich ja abgesehen von Odysseus durch Agamemnon nicht behindertes einschreiten durch seine anreden an die einzelnen, 193 ff., jedermann klar geworden

---

98) A. a. o. p. 12 f. Die von ihm sonach wenigstens beziehungsweise gleichfalls verworfene züchtigung des Thersites, 265—277, ist von G. Curtius Philologus VII, p 16 f., Köchly a. a. o. p. 20 u. a. erfolgreich vertheidigt worden. Die erste rede des Odysseus aber, 246 —264, welche sie einleitet, enthält wohl, wie Nägelsbach a. a. o. p. 270 (172) zuerst vermuthet hat, eine doppelte recension, 250—253 und 254—256.

99) A. a. o. I, p. 12 ff. II, p. 20.

100) A. a. o. p. 235. 227. Zeitschr. f. d. Alterth. 1848, p. 331.

101) A. a. o. p. 20.

102) A. a. o. p. 444 (294).

103) Philologus VII, p. 237.

sein. Denn was Odysseus 193 ff. spricht, ist ja nur an die fürsten und, wie schon gesagt, nur in der form einer vermuthung gerichtet [104]), und hier gilt überdem der obige einwurf von Köchly
wirklich: was zu einzelnen gesprochen ist, das haben ja nicht alle
gehört, und endlich, wie auch schon bemerkt, das handeln des Odysseus liess eben so gut die auffassung zu, dass Agamemnon seine
ansicht plötzlich geändert habe. Allein aus diesem allen ergiebt
sich eben nur von neuem, dass Agamemnon wirklich im ernste zur
flucht gerathen hatte. Von dieser voraussetzung aus wird in wahrheit alles hell und klar. So erst begreift es sich vollständig,
warum der dichter den Thersites nicht die vermuthung äussern lassen durfte, der könig habe das heer getäuscht, sondern es im un-
klaren lässt, ob der demagog sich dessen verfahren auf diese oder
auf jene andere weise zurechtgelegt hat; denn war dies wort einmal gefallen, dann blieb unter dieser voraussetzung dem Agamemnon nichts anderes übrig als entweder ausdrücklich zu lügen oder
die ihn beschimpfende wahrheit einzugestehen, und es liegt wohl
auf der hand, wie wenig befriedigend der eine wie der andere abschluss gewesen wäre, der letztere für Agamemnons ansehen beim
heere, der erstere für den hörer, dem der dichter selbst dann ausdrücklich hätte erzählen müssen, dass dies nur eine lüge gewesen
sei. So allein ist es ganz in der ordnung, wenn Odysseus 284 ff.
und Nestor 344 ff., mögen ihre wahren gedanken über Agamemnons absicht, über die auch sie, wie gesagt, wenn der kriegsrath
nicht stattgefunden hatte, nur vermuthungen haben konnten, gewesen sein, welche sie wollen, so reden, als hätte letzterer nicht zur
flucht, sondern zum kampfe aufgefordert, denn damit allein ward
dem Agamemnon jede weitere erklärung, die, wie Odysseus und Nestor wenigstens als eine möglichkeit voraussehen mussten, ihm verlegenheiten bereitet hätte, erspart. Sonst müsste man in der that
zu Köchlys auskunft, dass in dem betreffenden liede wirklich Agamemnon vielmehr offen zum kampfe ermahnt hatte, seine zuflucht
nehmen. Nur so aber ist vollends begreiflich, dass Agamemnon,
der einzige mann, der wirklich aufschluss geben konnte, über seine
wahre absicht schweigt, während dann, wenn er das heer nur versucht hatte, wie Köchly [105]) zuzugeben ist, dieses schweigen gerades-

---

104) Franke a. a. o. p. 17.
105) A. a. o. p. 22.

wegs zu einer neuen thorheit wird [106]). Kurz, es ist von der behauptung, dass durch die annahme von Düntzer und Bernhardy in die rede der fürsten nur noch grössere verwirrung hineinkomme, das gerade gegentheil wahr. Allerdings hat das lied sonach das in hohem masse an sich, was Lachmann als „alterthümlichen charakter" bezeichnet hat, aber es ist jetzt erst auch ein freilich nicht allein ausreichender grund dieser „alterthümlichkeit" gefunden und damit die grossentheils fälschlich so bezeichnete eigenschaft wenigstens bis zu einem gewissen grade in ihre festen grenzen eingeschlossen und dem missbrauche gewehrt, welcher mit der ganz beliebigen und schrankenlosen ausdehnung derselben getrieben werden konnte und in der that, wenn auch in der besten wissenschaftlichen absicht, getrieben worden ist.

Betrachten wir nun aber mit rücksicht auf das erstgenannte bedenken Lachmanns das verhältniss von Nestors rede zu der des Odysseus genauer. Ist es wirklich wahr, dass, nachdem Odysseus gesprochen hatte, Nestor nur, wie Franke [107]) behauptet, ganz dasselbe in derselben weise noch einmal sagt? Nägelsbach [108]) meint, aus Odysseus munde erführen wir die hoffnungen, aus Nestors die verpflichtungen und schwüre des heeres, jener ermahne daher gelinde, dieser schreite zu herbem tadel fort. Allein Köchly [109]) wirft mit grund ein, dass 285—288 dann vielmehr in Nestors, 350—353 in Odysseus rede hineingehören würden. Bäumlein [110]) behauptet daher lieber, die rede Nestors arbeite nunmehr directer auf die vorbereitungen zur schlacht hin. Diese annahme beruht aber lediglich auf 360—368, und Bäumlein hat den triftigen grund von Köchly [111])

106) Es ist wunderbar, dass Köchlys scharfsinn diesen grossen unterschied nicht erkannt hat. Mit dem vorstehenden sind denn nunmehr alle von ihm De Il. carm. diss. III, p. 22 f. gegen Düntzer vorgebrachten einwürfe erledigt. Denn wenn Köchly noch auf die vielen streichungen hinweist, die letzterer vornimmt, so lässt sich fürs erste mit einer geringeren zahl derselben ausreichen, fürs zweite ist Köchly selbst bei andern gelegenheiten im streichen eben nicht ängstlich, und endlich, was die hauptsache ist, es fehlt ja bei den erheblicheren unter diesen interpolationen nicht an der erklärung des grundes, der zu ihnen bewog, die 47 ersten verse aber hat Düntzer deshalb, weil er sie von diesem liede trennt, keineswegs als interpolation angesehen, wie Köchly höchst ungerechter weise behauptet.

107) A. a. o. I, p. 12.

108) A. a. o. p. 228 (144). 293 (187).

109) De Il. *B*, 1—483 disp. p. 21.

110) A. a. o. p. 236.

111) A. a. o. p. 22.

für die spätere entstehung dieser verse „*illud consilium . . . nihil
aliud continet, nisi quod ut Graecorum ita omnium gentium heroi-
cis temporibus ita proprium fuit, ut numquam alio modo pugnatum
sit*", mit keinem worte widerlegt, so wie denn auch im folgenden
nichts darauf führt, dass diesem vorschlag irgendwie folge gegeben wird.   Vielmehr hat wahrscheinlich Nägelsbach doch ganz recht:
es kommt ja nur auf den hauptinhalt beider reden an; wenn Odysseus dabei zu anfang der seinen einen gedanken anregt, den Nestor zu seinem hauptgesichtspunkte macht und mit grösserer ener-
gie weiter verfolgt, und wenn umgekehrt letzterer dabei zum
schlusse noch einmal wieder auf den hauptgedanken des ersteren
zurückkommt und noch ein anderes zeichen als grund der sieges-
hoffnung hinzufügt, so zeigt das nur, wie sehr der dichter von
vorn herein beide reden auf einander berechnet hat.   Je mehr es
ferner dem Agamemnon mit seinem fluchtvorschlage ernst war, und
je mehr Odysseus selbst im grunde seines herzens nicht daran zwei-
felte, desto weniger ist es zu verwundern, wenn letzterer mit sorgfältiger übergehung dieses punktes dem drängenden verlangen der
Griechen nach der heimkehr gerade so wie Nestor die schuld giebt,
dabei aber eben desshalb auch seinerseits noch jenen entschuldigenden ton anschlägt, der Köchly auffiel.   Konnte er sonach auf die
versprechungen des heeres nur erst leiser hindeuten, so war es dagegen, nachdem das heer ihm lauten beifall gezollt hatte, 330—
335, eben so möglich, als, um mit Bäumlein [112]) zu reden, für das
erschütterte ansehen des oberfeldherrn nothwendig, dass jetzt ein
anderer geronte, dass Nestor diesen punkt herber zu betonen sich
nicht mehr scheute, und daran konnte dann endlich Agamemnon
seine beistimmung und selbst unmittelbar die aufforderung zu knüpfen wagen, das volk solle sich denn nunmehr zur schlacht rüsten.
Hieraus leuchtet aber auch sehr einfach gegen Köchly [113]) ein,
warum Agamemnon dem Nestor und nicht dem Odysseus, der doch
so viel mehr gethan, seinen rühmenden beifall spendet.   Kurz, es
bedarf nicht der von Köchly und Düntzer [114]) vorgeschlagnen entfernung von 286—288, zumal sich nach Franke's [115]), richtiger be-

---

112) A. a. o. p. 236.
113) A. a. o. p. 22. Vgl. überdies Nägelsbach a. a. o. p. 446.
114) Jahns Jahrb. LXIV, p. 10 f.
115) A. a. o. I, p. 12.

merkung kein grund denken lässt, welcher einen interpolator hätte
bestimmen können sie einzufügen, noch auch der von 299—330,
welche Düntzer einfach beseitigt, während Köchly sie ihrer hauptmasse nach in sein anderes lied überträgt. Und nun erklärt sich
auch jener anfang von Nestors rede 337 f. ganz leidlich so, wie
es schon Bäumlein[116]) richtig vermuthet hat. Er ist keineswegs,
wie noch Nägelsbach[117]), Fäsi, Köchly[118]) und Düntzer[119]) meinen,
zugleich gegen Odysseus gerichtet[120]), sondern gerade den von
Odysseus 289 nur flüchtig hingeworfenen gedanken nimmt er in
herberer fassung wieder auf, und so eben stellt Nestor gemäss dem
erörterten zusammenhange den nebengedanken des Odysseus in den
vordergrund, und hierauf allein geht das bestätigende $\mathring{\eta}$ $\delta\mathring{\eta}$: „ja
wohl hat Odysseus recht, ihr u. s. w." Vgl. Ξ, 53. Ω, 518. Die
einzige schwierigkeit dieser auffassung liegt in dem plural $\dot{\alpha}\gamma o$-
$\varrho\dot{\alpha}\alpha\sigma\vartheta\varepsilon$, da doch von den leuten, gegen die allein sich Nestor sonach wendet, der einzige Thersites in der versammlung gesprochen
hat, und diese schwierigkeit hat Franke[121]) durch den hinweis auf
298 nicht verkleinert, denn es hilft nichts, dass auch andere v o r
derselben geschrieen haben, da 209 ausdrücklich gesagt wird, dass
i n ihr alle diese andern schreier ausser Thersites nunmehr sich
still verhielten. Dieser plural wird vielmehr als eine hyperbel anzusehen sein, so dass etwa der sinn ist: „du, Thersites, und deines
gleichen bei dieser und andern gelegenheiten".

    Hiemit ist denn bereits ein grosser theil der anstösse beseitigt,
welche Jacob[122]), wie schon bemerkt wurde, veranlasst haben, nicht,
wie Lachmann, gegen die zweite rede des Odysseus zu gunsten

116) A. a. o. p. 236.
117) A. a. o. p. 445 (295).
118) A. a. o. p. 23. Nägelsbach hat ihn jedoch missverstanden,
wenn er glaubt, dass Köchly das $\dot{\alpha}\gamma o\varrho\dot{\alpha}\alpha\sigma\vartheta\varepsilon$ auf Odysseus allein beziehe.
119) A. a. o. p. 11.
120) Ich habe diese worte völlig so stehen lassen, wie ich sie ursprünglich geschrieben hatte. Inzwischen hat Franke a. a. o. I, p. 13
f. den genaueren nachweis hiefür gegeben, und Ameis ist ihm beigetreten. Nestor tadelt ausdrücklich nicht das blosse reden an sich,
sondern d i e a r t u n d w e i s e des redens w i e k i n d e r. Ausserdem
enthalten seine worte aber auch nicht bloss den vorwurf des unver-
standes, sondern zugleich der feigheit (338). Das kann nicht mit gegen Odysseus, sondern lediglich gegen Thersites und seines gleichen
gerichtet sein, eben dieselben leute, auf die Odysseus 289 f. zielt.
121) A. a. o. I, p. 15.
122) A. a. o. p. 177 f.

von Nestors rede, sondern umgekehrt zu gunsten der ersteren wider die letztere und alles folgende, 336 ff., und zwar wohl entschieden mit weit stärkeren gründen einzuschreiten. Andere seiner bedenken haben höchstens dann gewicht, wenn man den ursprünglichen zusammenhang alles voraufgehenden mit dem ersten buche festhalten dürfte. Noch andere beweisen nichts weiter, als dass dies gedicht allerdings auch gewisse ästhetische mängel hat, aber noch keineswegs, dass diese ganze partie aus bruchstücken verschiedener art zusammengeflickt sei. Sehr auffallend ist es allerdings, dass Odysseus nicht hinterher 404 ff. ehrenvoll unter den eingeladenen fürsten ausgezeichnet, sondern erst nach dem kleinern Aias und Idomoneus genannt wird. Indessen der dichter bleibt sich hierin nur consequent: musste einmal nach dem obigen die anerkennung des Odysseus im verlaufe des gedichts in den schatten treten, so belässt er es nun auch dabei, da der held dadurch weder in den augen des heeres noch des zuhörers etwas verlieren kann, vielmehr sein verdienst gerade durch diesen contrast nur um so heller leuchtet.

Dass übrigens auch durch die hypothese Düntzers in der that nicht jede härte abgeglättet ist, darf ja wohl offen eingestanden werden, ohne dass sie darum zu verwerfen ist, sobald nur so am meisten alle anstösse schwinden. Behauptungen wie die Bäumleins, die reden des Nestor und Odysseus setzten eine nothwendige vertrautheit mit Agamemnons plane das heer zu versuchen voraus, und die des Thersites zeige gleichfalls, dass auch bei der anordnung Düntzers das ganze eine versuchungsgeschichte bleibe, so wie die verwunderung, warum denn sonst von einer änderung von Agamemnons ursprünglicher absicht gar nicht die rede sei [123]), haben sich im obigen bereits in ihrer völligen grundlosigkeit erwiesen. Und auch der einzige einwurf von bedeutung, den er erhebt, dass sonst die dazwischenkunft der beiden göttinnen vor allem Agamemnons umstimmung hätte bewirken müssen, ist von Düntzer [124]) hinlänglich widerlegt worden. „Zuerst kam es vielmehr darauf an, dass die zu den schiffen eilenden . . . zurückgehalten wurden, weil sonst zu fürchten stand, dass sie, einmal auf den schiffen, dem befehle Agamemnons nicht mehr folge leisten würden“, und dazu eben hatte bisher keiner der führer lust oder muth gehabt. Nach-

123) A. a. o. p. 230. Zeitschr. f. d. Alterth. 1851, p. 361 f.
124) A. a. o. p. 5 f. vgl. p. 11 f.

dem dann alle glücklich in die versammlung wieder zurückgetrieben
waren, wird Agamemnon durch die geschickten reden des Odysseus
und Nestor wieder umgestimmt und sein muth wieder gestärkt,
nachdem er zuvor schon dem entschlossenen beginnen des Odysseus
wenigstens keinen widerstand entgegengesetzt hat. Diese partie
der Ilias ist bekanntlich nicht die einzige, welche ein ähnliches
wenig vortheilhaftes bild von ihm entwirft.

Wie wenig nun aber dies lied mit dem anfange des buches
ursprünglich verbunden gewesen sein kann, erhellt zum überflusse
noch aus der feinen bemerkung von Köchly [125]), dass des traumes
nicht die mindeste erwähnung mehr geschieht, während es doch undenkbar ist, dass Agamemnon an Odysseus und Nestors hervorhebung der einstigen siegverheissenden götterzeichen bei der abfahrt
nicht die mittheilung seines traumes als eines ferneren zeichens,
dass nunmehr die erfüllung jener verheissungen unmittelbar be-
vorstehe, angeknüpft haben sollte und somit unterlassen hätte dem
volke eine aufmunterung zu geben, die ihm doch nach der eben
hervorgetretenen ungestümen sehnsucht desselben nach der heimath
und nachdem Achilleus sich des kampfes enthielt durchaus nothwendig erscheinen musste.

Aber enthält denn dieser ganze abschnitt nicht unleugbare zu-
rückweisungen auf das erste buch? Allerdings, aber sie tragen
den sichersten stempel späterer eindichtung an sich, sie sind unzweifelhaft ein werk desselben compositors, der den kriegsrath ab-
fasste und einschob, was aber, obwohl der letztere eben keine mei-
sterarbeit ist, doch noch keineswegs, wie Bäumlein [126]) sich einbil-
det, nothwendig ausschliesst, dass sich in diesen versen ächt poetische züge finden können. Warum sollte der nachdichter gerade
nothwendig ein in jedem betracht jämmerlicher stümper gewesen
sein! Alles, worauf es ankommt, ist vielmehr nur, ob die betreffenden verse den zusammenhang stören. Dass dies nun von 239
—242 gilt, ward nach dem vorgang von Näke [127]), Köchly [128]),

125) A. a. o. p. 24.
126) Philologus VII, p. 225 f.
127) Bonner Sommerkatalog 1838. Zweifelnd äussert sich Lachmann a. a. o. p. 9.
128) A. a. o. p. 4 f.

Düntzer [129]) und anderen bereits oben erinnert. Göbel [130]) und Ameis erklären es freilich sogar für eine wunderbare feinheit, dass Thersites 242 denselben vers spricht wie *A*, 232 Achilleus, aber treffend bemerkt Franke [131]), dass gerade dieser vers sich entschieden als ein gedankenlos hieher übertragener zeigt, da doch Thersites unmöglich von dem mehrere tage früher statt gehabten streit der könige sagen konnte: „sonst würdest du jetzt zum letzten male freveln", denn dies und nicht, wie es freilich schon Voss übersetzt, „gefrevelt haben" bedeutet λωβήσαιο. Um diese verse handelt es sich aber im grunde nur, denn wenn Bäumlein in Nestors rede 342. 346 ff. auf Achilleus und Patroklos deuten will, so stellt seine eigne richtige erklärung von den eingangsworten dieser rede ausser zweifel, was man aber auch sonst billigerweise nicht hätte bezweifeln sollen, dass vielmehr Thersites und seines gleichen verstanden sind. Ferner 377 f. sind, wie sich zeigen wird, haltbar auch ausserhalb einer verbindung mit dem ersten buch, obwohl Köchly [132]), Bernhardy [133]) und Franke [134]) sie streichen wollen und Düntzer [135]) noch 375 f. und 379 f. mit über bord wirft. Jedenfalls ist der von Düntzer getadelte zusammenhang untadelig: „hätte ich zehn männer wie Nestor, so würde es sicher nicht so viel zwiespalt setzen wie jetzt, zum theil durch meine eigne schuld, und dann wäre Troia bald erobert", und wenn Düntzer meint, der streit, von dem Agamemnon hier redet, könne nicht auf die schmähungen des Thersites gehen, so hat dies Franke [136]) durch den hinweis darauf widerlegt, dass ja doch Nestor wenigstens ganz unzweifelhaft mit dem streite, von dem auch er ganz in derselben weise 342 spricht, nichts anderes meinen kann. Sind 377 f. ursprünglich, so ist Agamemnon zu dieser äusserung sicher, wie gesagt, nicht durch Nestors worte 342. 346 f., sondern vielleicht durch die des Thersites veranlasst, in denen der zusammenhang eine anspielung auf

129) A. a. o. p. 10. Auch Haupt a. a. o. p. 102. Bernhardy und Bekker entscheiden sich in diesem sinne.
130) Zeitschr. f. Gymnasialw. 1854, p. 755. Man vergl. über diese arbeit das nicht zu harte urtheil von Bonitz a. a. o. p. 49 f.
131) A. a. o. I, p. 11 anm. 25.
132) A. a. o. p. 22 f.
133) A. a. o. p. 160 (2. A. p. 130).
134) A. a. o. I, p. 15 anm. 32.
135) A. a. o. p. 11.
136) A. a. o. I, p. 15 anm. 32.

den streit mit Achilleus zu finden wenigstens zulässt. Sind aber
377 f. oder gar 375—380 spätere zuthat, so ist 232 auch ohne
eine solche anspielung völlig verständlich, ja eine solche blosse
leise anspielung ist nicht im geiste eines Thersites, daher denn
doch wohl 377 f. wahrscheinlich erst nachdichtung sind. Lachmann [137]), Haupt [138]), Köchly [139]) haben demnach völlig recht,
dass die erwähnung der pest in Thersites munde nicht gefehlt haben könnte, wenn die ganze rhapsodie von hause aus an ihrer jetzigen stelle gestanden hätte, was denn von neuem beweist, dass
239—242 interpolirt sind. Freilich meint Nägelsbach [140]): „hatte
der dichter die wahl zwischen Agamemnons schuld gegen Chryses
und der gegen Achilleus, so war die erwähnung der letzteren unstreitig gewichtiger". Allein Köchly [141]) erwidert ganz richtig,
dass er ja gar nicht die wahl zu haben brauchte, und wenn Bäumlein [142]) dagegen wieder geltend macht, dass doch die Chryseis
schon zurückgegeben war, die Briseis aber noch nicht, so ist die
antwort sehr leicht: was brauchte daran wohl einem menschen wie
Thersites zu liegen, da doch die durch die einstige zurückhaltung
der Chryseis über das heer gebrachten leiden damit nicht ungesche-
hen gemacht wurden!

Aus diesem allen folgt nun keineswegs, dass dies lied nicht
den zorn des Achilleus und die absicht des Zeus ihn an den Achäern
zu rächen ($\beta ov\lambda\dot{\eta}$ $\varDelta\iota\dot{o}\varsigma$) zur voraussetzung, sondern nur dass es
beides nicht zum leitenden motiv und auch nicht einmal in irgend
welcher anknüpfung an die bestimmte form, welche die erste rhapsodie dieser situation giebt, zur voraussetzung hat [143]). Es spielt

137) A. a. o. p. 9.
138) A. a. o. p. 102.
139) A. a. o. p. 3 f.
140) A. a. o. p. 267 (170).
141) A. a. o. p. 4.
142) Philologus VII, p. 225 f.
143) Es ist auffallend, dass nicht bloss Nutzhorn a. a. o. p. 203
ff. von dem dies weniger wunder nehmen kann, sondern auch der
neuste, übrigens wohlberufene Homerkritiker, Ed. Kammer, in seiner
anm. 40 angeführten schrift sich diesen wesentlichen unterschied gar
nicht zum bewusstsein gebracht hat, sondern sich dem wahne hingiebt,
durch die blosse aufzählung derjenigen stellen im zweiten bis siebten
buch, in denen der zorn des Achilleus und seine abwesenheit vom
kampfe vorausgesetzt wird, den ursprünglichen zusammenhang der
hauptmasse dieser bücher mit dem ersten nachgewiesen zu haben.
Und dabei prüft er bei allen diesen stellen mit ausnahme einer ein-

im zehnten jahre des krieges, 134, und so wird allerdings unter

zigen nicht einmal, ob sie nicht den zusammenhang stören, während
er doch bei seinen eignen kritischen operationen es mit recht betont,
dass nachträgliche anspielungen auf gewisse frühere partien, die
eine solche störung hervorrufen, gerade zum sichersten beweise dafür
dienen, dass derartige partien nicht mit dem folgenden in einer ursprünglichen verbindung gestanden haben. Der grosse fehler Kammers
ist, dass er sich nur um die schlussfolgerungen von Grote kümmert
und meint mit ihrer beseitigung alles gethan zu haben. Und doch
kann die bekannte hypothese von Grote in keiner weise als besonders
epochemachend gelten. Denn das wesentlichste an ihr, die heraus-
sonderung des zweiten oder auch dritten bis siebten buches als einer
eignen rhapsodiengruppe aus der übrigen Ilias, geht schon auf Heyne
(t. VIII, p. 784) zurück und ist lange vor Grote von W. Müller (Homerische Vorschule 2. A. p. 116—118. 122) und sodann von Düntzer
weiter verfolgt worden. Kammer selbst schliesst sich nun, ohne freilich ein wort davon zu sagen, an die bemerkung von Lachmann a. a.
o. p. 20, auf *B,* 463 oder 780—785 könne man, ohne eine störung zu
bemerken, *Δ,* 422 unmittelbar folgen lassen, und den vorgang von
Köchly an, welcher gleich ihm bereits aus *Γ,* 1 — *Δ,* 222 ein eignes
lied gebildet hatte, nur dass Kammer dies lied von *Δ,* 220 in *H,* 345
ff. weiter gehen lässt. Das wesentlich neue aber ist der von ihm mit
sehr erheblichen, wenn auch keineswegs jedes bedenken beseitigenden
gründen versuchte nachweis für die allerdings auch schon längst von
W. Müller a. a. o. p. 114 aufgestellte vermuthung, dass dasselbe eben
so wohl wie der schiffskatalog (s. freilich unten anm. 148) sich auf
die anfänge des troischen krieges beziehe, und im zusammenhang damit scheidet er auch die abholung des Paris durch Hektor im sechsten
buch als eine durch die einfügung jenes liedes veranlasste nachdichtung aus. Durch diese und mehrere andere scharfsinnige ausschei-
dungen glaubt er nun die hauptmasse der Ilias als das ursprünglich
einheitliche werk eines einzigen dichters gerettet zu haben. Schon
unsere vorstehende abhandlung liefert einen beitrag zu dem beweise,
dass er vielmehr nur dazu geholfen hat zu zeigen, dass sich mit Gro-
tes oder Düntzers vermittlungsansicht, buch 2 oder 3 bis 7 als ein
besonderes einheitliches epos zu fassen, nicht ausreichen lässt, woraus
freilich noch lange nicht folgt, dass man desshalb auch schon ein unbedingter anhänger der »liedertheorie« zu sein braucht. Grote bemerkt bekanntlich treffend, dass das vorhaben des compositors das
zweite bis siebte buch einzuschieben am anfange und schlusse am
schwersten werden musste, wie sich dies am schlusse durch den mauerbau zeige, für den anfang aber ist dies nur richtig, wenn man als
diesen die βουλὴ γερόντων betrachtet, welchen mit *B,* 1—47 als ein
werk desselben urhebers anzusehen schon das sachliche missverhältniss zwischen beiden stücken Grote hätte abhalten sollen. Grote selbst
bemerkt (in seiner anm. 80) ganz richtig, dass *B,* 1—47 zum anfang
von Θ passen (s. o. p. 208). Hätte er diese richtige einsicht weiter
verfolgt, so hätte er über diese verse zu derselben ansicht wie Düntzer gelangen müssen. Auch Kammer ist unbefangen genug den
mauerbau als schlechte flickarbeit zu erkennen, aber er hilft sich mit
der vermuthung, dass das ächte hier verloren gegangen sei. Gegen
solcherlei vermuthungen hatte schon Lachmann (a. a. o. p. 18) principiell nichts einzuwenden — wir selbst haben oben p. 208 f. eine ähnliche gewagt — aber er verlangt mit vollem recht, dass man sie auch

der dem Agamemnon von Zeus gesendeten ἄτη (111) oder ἀπάτη
(114) in der that nichts anderes zu verstehen sein, als dass ersterer sich bethören liess den Chryses und Achilleus zu beleidigen und
dies bereits schwer hatte büssen müssen, und sonach ist es wenigstens nicht undenkbar, dass 377 f. ursprünglich zu diesem
liede gehört haben könnten [144].   Dann aber schliesst sich die
handlung nicht einmal der zeit nach unmittelbar an die im ersten buch dargestellte an, sondern fällt in eine spätere zeit, in
welcher sich jener rathschluss des Zeus bereits durch schwere
niederlagen der Achäer fühlbar gemacht hatte.   Ferner ist dann
klar, dass derselbe nicht erst eine erfindung der epischen dichtung
ist, sondern bereits der sage angehörte, wenn doch der dichter dieses liedes in so unbestimmter form dem publicum verständlich auf
dies moment verweisen durfte.   Nicht Achilleus, sondern Odysseus
ist hier der hauptheld, das lied ist in gewissem sinne eine aristie
des Odysseus, und damit erledigt sich auch das bedenken, welches
sonst sich erheben könnte, wie wunderbar es doch sei, einen Aias
und Diomedes von derselben sehnsucht nach der heimkehr sich ergriffen zu denken wie das übrige volk.   Die dichter solcher ari-
stien sind offenbar um dergleichen scrupel unbekümmert, sie feiern
ihren helden und fragen nicht lange darnach, ob sie dadurch mit
der auffassung anderer dichter in widerspruch treten, genug, dass
sie die helden der letzteren, indem sie dieselben nicht aus der
menge hervortreten lassen, während der eigentlichen handlung mit
stillschweigen übergehen, um keine vergleiche wach zu rufen, und
den hörer so an etwaige unwahrscheinlichkeiten eben nur nicht erinnern.   Die auffassung jenes obigen moments in diesem liede ist
eine wesentlich andere als in andern theilen der Ilias. Zeus hätte
hier die niederlagen der Achäer ruhig bis zur flucht nach hause
gedeihen lassen, wenn nicht ihre freundinnen Here und Athene dazwischen getreten wären.   Aus dem allen begreift sich, wesshalb
das lied unter den späteren begebenheiten, zu denen es der zeit

---

begründen müsse, denn sonst würde es allerdings keinen noch so grossen stein des anstosses geben, der sich nicht durch dieses wohlfeile
mittel leicht aus dem wege räumen liesse.

144) Wenigstens Köchly's grund für ihre streichung ,,*discordiarum
recte ita tantum meminisset, si eis factum esset, ut Agamemnon de ca-
pienda Troia desperaret*'' trifft nicht zu, denn in der that sind so die
,,*discordiae*'' wirklich der grund zu dieser ,,*desperatio*'' des Agamemnon.

nach gehört, keinen platz finden konnte, sondern von einem compositor, der die eigentliche situation desselben nicht mehr erkannte,
durch hinzufügung des kriegsraths seines ursprünglichen charakters
entkleidet und namentlich auf grund von 192 f. in eine versuchungsgeschichte umgewandelt und so an die spitze einer masse gestellt ward, die im übrigen vollends mit dem „rathschlusse des
Zeus" gar nichts mehr zu thun hat, ja zum theil vielleicht [144])
nicht einmal mehr mit dem streite der könige, und die bis zum
ende des siebten buches reicht, um von den tiefen schäden des achten zu schweigen.   Bedenkt man die grosse schwierigkeit des un-
ternehmens, so muss man diesem compositor zugestehen, dass er
bei aller schwäche seiner eignen zuthaten seine aufgabe nicht ohne
geschick gelöst hat.

Hinsichtlich der gehäuften gleichnisse 455—483 mögen übrigens G. Hermann u. a. wohl recht haben, wenn sie hier nicht alles für ursprünglich halten.   Abgesehen hievon bestand nach dem
obigen das lied mindestens aus 48—52. 87—115. 119—123. 125
—142. 147—159. 163. 165—184. 188—193. 198--202. 207
—238. 243—359. 367—376. 381. ff.

Nachträglich muss hier noch des ganz neuerdings von Schwartz[145])
gemachten versuches gedacht werden, ähnlich wie Düntzer, jedoch
sogar mit beibehaltung der anfangsverse aus dem gesammten zweiten buche der Ilias mit einschluss des schiffskatalogs, aber mit
ausschluss nicht bloss des kriegsraths, sondern, darin weit über
Düntzer hinausgehend, überhaupt aller derjenigen partien, welche
irgendwie an eine versuchung erinnern, kurz aus 1—52, 87—98,
211—264, 333—785 ein lied zu bilden.   Wenn nun aber so das
ursprüngliche gedicht keinerlei spuren enthalten hätte, die auf eine
versuchung hinführen konnten, so ist es, wie schon gesagt, schwer
denkbar, wie der compositor darauf verfallen sein sollte es dennoch
in höchst unpassender weise in eine solche umzuwandeln.   Auch
würde man dem verfasser von 99—210. 265—233 allem anscheine
nach unrecht thun, wenn man ihm zugleich ein so schwaches mach-
werk wie den kriegsrath zutrauen wollte.   Ferner ist die ganze
art von Thersites auftreten, bevor noch Agamemnon der versammlung erklärt hat, wesshalb er sie berufen, und wenn nichts anderes

144) Wenn nämlich Kammer recht hat.
145) Ueber die Böotia des Homer, Neu Ruppin 1871.

voraufgegangen wäre, als was Schwartz voraufgehen lässt, wenig
glaublich und der plural ἀγοράασθε (337), wie auch Schwartz
will, auf den einzigen Thersites bezogen nunmehr vollkommen unbegreiflich, wenn uns der dichter nicht im mindesten zu verstehen
gegeben hat, dass dieser einzelne bei seinem auftreten zunächst die
stimmung von einem grossen theile des heeres hinter sich hatte.
Endlich wird man trotz der versicherung des urhebers dieser hypothese bezweifeln dürfen, ob das von ihm construirte lied mit der
anknüpfung des schiffskatalogs an eine zur vorbereitung einer
schlacht nach Achilleus abfall im zehnten jahre des kriegs berufene
heeresversammlung wirklich eine innere einheit auch nur innerhalb
derjenigen grenzen bildet, innerhalb derer man eine solche von ein-
zelliedern zu fordern berechtigt ist, welche immerhin nur einen
theil einer grösseren idealen organischen einheit zu bilden bestimmt
waren [146]). Vor allen dingen hätte Schwartz die eindringenden erörterungen von Kammer, nach denen der schiffskatalog ursprünglich
vielmehr den anfang des krieges im auge hatte, widerlegen müssen.
Die ganze construction hängt aber auch in so fern an einem schwachen faden, als Schwartz von der allerdings nicht unwahrscheinli-
chen bemerkung von Köchly [147]) ausgeht, dass die verse 360—368
in Nestors rede auf den schiffskatalog hinzublicken scheinen. Denn
Köchly betrachtet ja eben damit dieselben nur als eine nachträgliche, zwecks der zusammenordnung mit dem schiffskatalog entstandene interpolation des compositors, und auch Schwartz hat den angeführten grund Köchlys gegen ihre ursprünglichkeit zu widerlegen nicht unternommen.

146) Während in dieser hinsicht Lachmanns übertreibende lob-
preisungen, welche er von der »herrlichkeit« seiner einzellieder macht,
sehr geschadet haben, giebt vortreffliche winke nach dieser richtung
hin Steinthal a. a. o. V, p. 1—57, so stark auch im übrigen seine lehren nach den triftigen gegenbemerkungen von Pfaff Bl. f. d. bair.
Gymnw. V. 1869. p. 12 ff. zu ermässigen sind. Die von Nutzhorn a.
a. o. p. 238 anm. 1 nachgeschriebne behauptung von Friedländer a.
a. o. p. 14, ein selbständiges gedicht könne der schiffskatalog unmöglich gewesen sein, weil er für sich allein kein interesse gewähre, ist
von Steinthal a. a. o. VII, p. 23 f. schlagend widerlegt worden. Er
entsprang einfach aus demselben Interesse, aus welchem die gesammte
genealogische epik der Griechen hervorging. Merkwürdig genug ist
es, dass auch Kammer a. a. o. p. 32 die behauptung Friedländers wiederholt und trotzdem hernach zu seinem derselben vollkommen widersprechenden ergebniss gelangt.
    147) A. a. o. p. 22.

Greifswald.   *Fr. Susemihl.*

VIII.

Die strafe des Tantalus nach Pindar.

(Ol. I, 56 ff.).

Ungeachtet der vielen in neuerer zeit zur erklärung des Pindar gelieferten beiträge finden sich in den pindarischen gedichten noch viele stellen, für deren verständniss noch nicht überwundene schwierigkeiten sich darbieten. Diese war die nach den grundlegenden arbeiten von Boeckh in den pindarischen studien vorwiegende conjectural- und diplomatische kritik nicht bedacht zu heben, und es lässt sich daher behaupten, dass in betreff ihrer die exegese des Pindar seit den zeiten der Byzantiner keinen schritt weiter gekommen sei. Interpretationen, die nur jenen genügend erscheinen konnten — und ich hoffe, dass sie selbst ihnen nicht genügten — haben gang noch in mitten des lichts der modernen wissenschaft und haben stand gehalten vor der kritik geistreicher gelehrten, die den Pindar zum hauptgegenstand ihrer studien machten. Die tüchtigeren erkennen im allgemeinen an, dass sie sehr zweifelhaft sind, allein die meisten acceptiren sie provisorisch und in ermangelung von etwas besserem. Irgend ein weniger flüchtiger schlägt bisweilen eine neue conjectur vor, aber so im vorübergehen und gleichsam hastig, dass, da kein neuer gedanke durch volle und erschöpfende kritik feste grundlage und autorität gewinnt, die alte interpretation, wenn auch noch so offenbar irrig und verdächtig, immer die oberhand behält. Ich will hier nicht die frage wieder aufregen, ob und bis zu welcher grenze die hermeneutik sich von der kritischen diorthose trennen lässt, und ob man nicht, wenn es geschieht, in jene verlegenheit geräth, welche eben mit bezug auf

15*

Pindar schon Boeckh treffend kennzeichnete [1]). Ich beschränke
mich auf die bemerkung, dass für die exegese des Pindar weit weniger geschehen ist, als für die kritik, und wenn dieser, wie viele
meinen, in der that der vorrang gebührt, so kann man jetzt sagen,
dass sie ihn genügend gehabt habe und dass es an der zeit sei der
exegese des textes mehr aufmerksamkeit zuzuwenden. Gewisse
alte, absurde und lächerliche interpretationen dürfen unter den gelehrten keine annahme mehr finden, und die heutige wissenschaft
hat um so mehr unrecht an ihnen festzuhalten, je grösser und bedeutender der dichter ist, um den es sich handelt. Es müssten
jetzt gewisse dunkle und schwierige stellen, in betreff derer man
seit jahrhunderten schwankt, mit jener minutiösen gründlichkeit der
kritik, wie sie die heutige wissenschaft bei andern fragen anwendet,
bei ihnen aber noch nicht angewandt hat, behandelt und untersucht
werden. So wird sich ergeben, ob die schwierigkeiten, die ihrem
vollen verständniss entgegenstehen, überwindlich sind, und in jedem
falle wird man bei annahme einer lösung als gewiss oder wahrscheinlich das bewusstsein gewinnen, sich nicht mit vagen und unzulänglich erwogenen einfällen sondern mit der autorität von ernst-
haften und sachgemässen untersuchungen und argumenten beruhigt
zu haben. Dies rein exegetische ziel habe ich mir beim wissenschaftlichen studium des grossen griechischen lyrikers vorgesetzt.
Die falschen interpretationen zu berichtigen, den sinn des dichters
ausfindig zu machen an allen jenen zweifelhaften stellen, bei denen
nicht metrik und sprache evident beweisen, dass der grund der
dunkelheit in einer corruptel liegt, gegen welche bei der diploma-
tischen und texteskritik abhülfe gesucht werden muss. Eine probe
dieser studien habe ich den lesern des Philologus (XXVIII, p. 385
ff.) bereits geliefert, eine zweite gebe ich hier, andere werden in
zwangloser serie nachfolgen. Die bereits gegebene probe kann
dazu dienen meine methode und die hermeneutischen regeln, nach
denen ich vorzugehen liebe, zu zeigen. Nach meinem dafürhalten
ist das von Friedrichs vor einigen jahren in dieser beziehung aufgestellte princip, dass „jedes pindarische gedicht sich selbst
erklärt [2]), in seiner allgemeinheit gefasst nicht richtig. Zwar in

1) . . . »woraus ein cirkel entsteht, welcher uns bei jeder nur
einigermassen schwierigen hermeneutischen und kritischen aufgabe
hemmt.« Die kritische behandlung der pindar. gedichte p. 264.
   2) Pindarische studien p. 2. Er erklärt das princip folgender-

einem engeren sinne hat es den werth eines axioms [3]), aber so enthält es nichts neues, obgleich man in der that nicht sagen kann,
dass es von allen gewissenhaft beobachtet wurde. Viele gelehrte
kann man nicht unpassend daran erinnern, dass das erste nothwendige element gewisse fragen der exegese zu lösen, in der tiefen
und vollständigen kenntniss des erklärten auctors bestehe, und dass
man in allen solchen fragen, bevor man auf äussere gründe recur-
rirt, alle inneren sorgfältig aufgesucht und erwogen haben muss.
Sagt man jedoch mit Friedrichs und Schmidt [4]), dass es keine fragen der exegese des Pindar giebt, zu deren lösung äussere gründe
wirksam beitragen könnten, dann verkennt man die engen beziehungen, welche den dichter mit der griechischen welt verbanden.
Der missbrauch einiger gelehrten (s. Schmidt a. a. o. p. IX) für gewisse fragen entlegene und ungehörige dinge herbeizusuchen, beweist nur deren geringes kritisches talent. Bietet sich mir ein
datum dar, welches zur beurtheilung dienen und sich passend dem
dazu hinleitenden logischen gewebe anfügen kann, dann frage ich
nicht von welcher seite es mir kommt. Die kritik beherrscht das
gesammte feld der wissenschaft und lenkt nicht nur den gebrauch,
sondern auch die wahl der zur wahrheit führenden mittel, indem
sie sie der verschiedenen natur der untersuchung in den einzelnen
fällen anpasst. Daher schliesse ich *a priori* keine kategorie von
gründen aus, sondern überlasse es der kritik selbst für jede einzelne frage die in betracht kommenden zu erkennen und auszuwählen.

Bei den stellen, die ich zu behandeln beabsichtige, werde ich
immer das ziel vor augen haben, einmal aus dem vagen und unbestimmten herauszukommen und zu etwas positivem zu gelangen.
Daher werde ich auf alle weise bemüht sein, sie so ausführlich und
eingehend zu behandeln um sie zu erschöpfen, wenigstens nach dem
mass meiner gegenwärtigen kenntnisse und des mir von der natur

massen: »im gedichte selbst sind immer die individuellen anlässe,
ist überhaupt alles enthalten, was zur erklärung des gedichtes
nothwendig ist. Wo daher etwas nicht im gedichte gesagtes zur erklärung herbeigeholt wird, da darf man sich überzeugt halten, dass
die stelle noch nicht verstanden ist.«

3) S. Bernhardy, Grundl. zur Encyclop. der Philologie p. 83.
4) De iusta ratione interpret. pindaricae (Progr. Marburg. 1864/65)
p. X. Gegen Friedrichs s. Mommsen, über kritik, exegese und versabtheilung bei Pindar p. 26 ff.

verliehenen kritischen vermögens. Ich mache gewiss nicht den anspruch, als ob meine kräfte ausreichten die ganze lücke, welche
die pindarischen studien nach dieser seite hin darbieten, auszufül-
len; andere mögen mehr und besseres thun. Ich meinerseits werde
froh sein, wenn urtheilsfähige richter die resultate dieser untersuchungen annehmen und dadurch einige schwierigkeiten, welche den
zugang zu den unsterblichen gesängen des thebanischen dichters
hemmen, für immer beseitigt glauben. Und hiernach wende ich
mich zur sache.

Die stelle, mit der ich mich hier beschäftigen will, gehört in
die erste olympische ode, eine von denjenigen, die von alten und
neueren gelehrten am meisten behandelt wurden. In den versen 56
ff. dieser berühmten ode kommt der dichter auf die gründe zu sprechen, wegen derer Pelops nach seiner aufnahme in den himmel
durch Poseidon jenen glücklichen aufenthaltsort zu verlassen ùnd
μετὰ τὸ ταχύποτμον ἀνέρων ἔϑνος zurückzukehren gezwungen
wurde. Er führt aus, wegen welcher schuld Tantalus die freund-
schaft der götter einbüsste und sich ihren unwillen zuzog, welche
strafe sie ihm auferlegten und welche folgen endlich der väterli-
chen schuld wegen der sohn erlitt:

κόρῳ δ' ἕλεν
ἄταν ὑπέροπλον, ἅν οἱ πατὴρ ὕπερ
κρέμασε καρτερὸν αὐτῷ λίϑον
τὸν αἰεὶ μενοινῶν κεφαλᾶς βαλεῖν εὐφροσύνας ἀλᾶται.
ἔχει δ' ἀπάλαμον βίον τοῦτον ἐμπεδόμοχϑον,
μετὰ τριῶν τέταρτον πόνον, ἀϑάνατον ὅτι κλέψαις
ἁλίκεσσι συμπόταις
νέκταρ ἀμβροσίαν τε
δῶκεν, οἷσιν ἄφϑιτον
ϑέσσαν.

Das schwierigste in dieser stelle ist jenes μετὰ τριῶν τέταρτον πόνον. Ausser dem über dem haupte des Tantalus gehängten
felsen sprechen eigentlich die alten sagen nur von zwei anderen
schmerzen dieses heros, dem hunger und dem durst; man hat daher sowohl im alterthum als in neuerer zeit die frage aufgeworfen, wie diese worte zu verstehen seien, aber ohne bisher eine befriedigende erklärung aufzustellen. In den scholien werden ihrer
wohl sieben angeführt, und zwei derselben haben auch bei neueren

interpreten annahme gefunden. Neue in den scholien nicht enthaltene ansichten wurden, soweit mir bekannt, nur drei vorgebracht.
Die von Heyne und Heimsoeth, beide an und für sich seltsam und
unbegründet, sind bereits von andern kritikern beseitigt und es
wäre somit unnütz darauf zurückzukommen, unbeachtet blieb dagegen eine schon bei Tafel erwähnte und später ausdrücklich von
Furtwängler[5]) angenommene erklärung. Danach müsste unter die
vom dichter gemeinten πόνοι auch die ausweisung des Pelops aus
dem himmel gezählt werden. Allein jenes τοὔνεκα προῆκαν υἱὸν
ἀθάνατοί οἱ πάλιν, welches beim ersten anblick dieser vermuthung
eine gewisse wahrscheinlichkeit giebt, genügt in wirklichkeit nicht
sie aufrecht zu erhalten. Pindar muss sagen, aus welchem grunde
Pelops unter die menschen zurückkehrte, und nach darlegung desselben kehrt er mit jenem τοὔνεκα zu ihm zurück. Die πόνοι des
Tantalus, von denen er redet, können keine andere sein als solche,
die er aus einer unmittelbar und fortwährend auf seine person
wirkenden ursache erleidet; sollte man dazu die schmerzen hinzu-
rechnen, die er als rückwirkung der in seiner familie verursachten
missgeschicke empfindet, dann würden seine πόνοι viele mehr sein
als vier und man müsste auch Niobe, Atreus, Aegisthos u. a. mit-
zählen. Denn in der that ist die schuld des Tantalus die πρώταρ-
χος ἄτη, die die missgeschicke dieser familie veranlasst und als
solche erscheint sie in der tragödie[6]). Uebrigens muss man bei
dieser ganzen frage immer vor augen behalten, dass der dichter,
wenn er ohne weiteres μετὰ τριῶν sagt und den sinn dieser worte
ergänzen lässt, offenbar allgemeine bekanntschaft mit der sage voraussetzt und der allgemeinen vorstellung folgt. Tantalus und seine
geschichte waren schon vor Archilochus sprichwörtlich, und man
darf also nicht voraussetzen, dass der dichter in so unbestimmten
ausdrücken auf eine von der gewöhnlichen abweichenden vorstel-

---

5) Die siegesgesänge des Pindar p. 112.
6) S. Nitsch, die sagenpoesie der Griechen p. 630 ff. Jenes οἱ
(τοὔνεκα προῆκαν οἱ κτλ.) hat hier dieselbe bedeutung wie da, wo Pindar von Oedipus sagt (Ol. II, 41) ἰδοῖσα δ᾽ ὀξεῖ᾽ Ἐρινὺς ἔπεφνέ οἱ σὺν
ἀλλαλοφονίᾳ γένος ἄρηιον. Es ist dort nicht die rede von einer dem
Oedipus für seine unfreiwillige schuld auferlegten strafe (in solchem
falle hätte die Erinys wider ihn wie wider Orestes, Alkmäon u. a.
persönlich gewüthet), sondern von den unvermeidlichen folgen seines
verhängnissvollen fehltritts. Ueber den sogenannten ethischen dativ
bei Pindar cf. Erdmann, de Pindari usu syntactico p. 28 ff.

lung anspiele. Andrerseits scheint es nicht glaublich, dass damals
in betreff des Tantalus eine vorstellung allgemein war, von der
später, obgleich Tantalus und seine strafe von der Odyssee und
Archilochus an ohne unterbrechung bis auf unsere tage bekannt
blieben, jede spur verloren gegangen wäre. Dies bedenken stellt
sich auch denen entgegen, welche, wie z. b. Thiersch, Dissen und
Hermann zu unsrer grossen überraschung der von den scholien erwähnten ansicht folgen, dass als der zweite πόνος das aufrecht-
stehen zu betrachten sei; — den vierten schmerz nämlich sollte
man erkennen in dem von der strafe des Tantalus in der Odyssee
gebrauchten ἑσταότα. Uebrigens hat diese schon an sich kindische
ansicht natürlich nirgends bei antiken schriftstellern eine stütze und
setzt ausserdem voraus, dass Pindar, wenn er von Tantalus redet,
die auf ihn bezüglichen worte der Odyssee vor augen gehabt habe;
dies aber ist falsch sowohl aus andern nachher zu erwähnenden
gründen als auch weil Pindar ausdrücklich die strafe des felsens,
von der in der Odyssee gar nicht die rede ist, erwähnt.

    Diejenige erklärung, welche die meiste zustimmung gefunden
hat, ist die von den scholien in folgender weise bezeichnete: μετὰ
τριῶν τέταρτον, ὅτι ἐν ᾅδου μετὰ τριῶν τέταρτος κολάζεται Σισύ-
φου Τιτυοῦ Ἰξίονος. Im allgemeinen giebt man zu, dass beim ersten anblicke μετὰ τριῶν sich auf πόνον, womit τέταρτον grammatisch verbunden ist, zu beziehen scheine, da aber die zahl der
im alterthume erwähnten πόνοι des Tantalus nicht auf vier angegeben wird, so kommen die meisten zu demselben resultat wie die
scholien, dass nämlich τέταρτον, wenn gleich grammatisch mit πόνον verbunden, dennoch dem sinne nach auf Tantalus selbst und
folglich μετὰ τριῶν auf personen bezogen werden könne. Allein
diese erklärung, deren absurdität mir handgreiflich zu sein scheint,
hat auf mich immer den eindruck eines kläglichen auswegs gemacht. Nicht so bei vielen der neueren ausleger, von denen einige,
wie Boeckh, Humboldt, Welcker, Tafel, Rauchenstein, Hartung u.
a. sie theils unbedenklich theils mit einigen bedenken als die am
wenigsten schlechte unter den vorhandenen angenommen haben.
Die neuesten herausgeber, wie Bergk und Mommsen, die nur die
kritik des textes beabsichtigten, haben hierüber kein wort zu sagen
gefunden. So zählt diese erklärung jetzt eine gewisse majorität
bewährter namen für sich; und die gelegentlich von einem oder

dem andern kritiker ausgedrückten zweifel [7]) haben nicht die kraft
besessen sie zu gunsten einer besseren, wie sie allerdings auch
niemand vorgeschlagen hat, zu beseitigen. Um einmal Pindar für
immer davon zu befreien, muss man sie demnach einer eingehenden
strengen prüfung unterwerfen und alles was sie an unmöglichem,
falschem und absurdem enthält, hervorheben.

Der bau des satzes ἔχει . . . . βίον τοῦτον . . . μετὰ τριῶν
τέταρτον πόνον lässt in keiner weise jene erklärung zu, nach welcher Boeckh übersetzt: *tolerat . . . hanc vitam . . . . cum tribus
(maleficis) quartum laborem.* Nach den regeln der grammatik
nicht nur, sondern auch der logik muss in solchen fällen die ordi-
nalzahl sich auf einen gegenstand derselben kategorie wie die vorhergehende zahl beziehen. Ist das vierte von natur von dem dritten verschieden, so kann es in keiner weise das vierte sein. *Μετὰ
τριῶν* muss sich daher nothwendig auf die durch das substantiv,
mit welchem τέταρτος verbunden ist, bezeichnete kategorie beziehen, und ist τέταρτος hier mit πόνος verbunden, dann lässt sich
bei μετὰ τριῶν nicht an personen denken. Und wollte man auch
ohne rücksicht auf die grammatik die bezeichnung von μετὰ τριῶν
auf personen zugeben, so würde dennoch der von Boeckh und den
übrigen interpreten gewollte sinn selbst dann nicht herauskommen,
wenn an die stelle der von Boeckh als unterverstanden angenommenen eigenschaft von übelthätern ein in diesem falle weit angemes-
seneres πονούμενοι gesetzt würde. *Cum tribus maleficis quartum laborem* oder besser μετὰ τριῶν πονουμένων τέταρτον πόνον
kann nur bedeuten, dass Tantalus diesen schmerz, den vierten, der
ihm auferlegt ist, gemeinsam mit drei andern duldern erleidet, nie,
dass die strafe des Tantalus zusammen mit denen dreier anderer
schuldiger als vierte zu betrachten sei. So lange also τέταρτον
stehen bleibt, wird der sinn durch jene erklärung nur noch complicirter, da sie mit logischer nothwendigkeit nie davon dispensirt,
drei andere schmerzen des Tantalus zu suchen [8]). Die einzige art
es ohne verletzung von grammatik und logik beizubehalten wäre
die, τέταρτον in τέταρτος zu ändern, wie es schon de Pauw ge-

7) Zuletzt Friedrichs, Pindar. stud. p. 75 ff.
8) Auch Tafel entscheidet sich für diese gewöhnliche erklärung
*»pro nihilo habita (in tali poeta) inaequalitate subjectorum in vocibus
τριῶν et πόνον«.* In jenem *»in tali poeta«* ist die quintessenz der Ta-
felschen kritik enthalten.

wollt hatte. Aber Rauchenstein glaubt die nicht-nothwendigkeit τέ–
ταρτος für τέταρτον mit solcher bedeutung zu substituiren, beweisen
zu können, indem er Soph. El. 695 citirt: Βοιωτὸς ἄλλος δέκατον
ἐκπληρῶν ὄχον, wo wie er bemerkt, Sophocles auch δέκατος hätte
sagen können. Dies beispiel aber beweist nichts, aus dem einfachen grunde, weil darin dasjenige fehlt, welches dem μετὰ τριῶν
in der stelle des Pindar entsprechen müsste. Gewiss konnte Sophocles δέκατος und δέκατον ohne unterschied sagen, doch nicht,
wenn er μετ' ἐννέα hinzugefügt hätte. Nach der oben angeführten regel wäre die kategorie, auf die sich μετ' ἐννέα beziehen
müsste, verschieden, je nachdem der dichter sagte δέκατος (ἀνὴρ)
μετ' ἐννέα (ἀνδρῶν) oder δέκατον (ὄχον) μετ' ἐννέα (ὀχέων);
und hätte er δέκατον μετ' ἐννέα gesagt, so könnte es niemandem
in den sinn gekommen sein μετ' ἐννέα ἀνδρῶν zu verstehen, weil
daraus nur der lächerliche sinn hervorgehen würde, dass jener
zehnte den zehnten wagen zusammen mit neun andern personen be-
stiegen hätte. Doch wäre es ein irrthum mit de Pauw zu glauben, es genüge τέταρτος für τέταρτον zu setzen, um in jeder beziehung die von uns bekämpfte interpretation zu rechtfertigen. Der
ganze ausdruck ist der art, dass, wenn τέταρτος gesetzt wird, man
wohl den gedanken hat, dass Tantalus gemeinsam mit drei andern
frevlern strafe erleidet, zugleich aber den sachlich irrigen gedanken, dass jene drei mit ihm dieselbe strafe erleiden. Dies ergiebt
sich deutlich, wenn man den satz ἔχει . . . . πόνον und jenes
τοῦτον, das ihn mit dem vorhergehenden verbindet, betrachtet.

Ist jede möglichkeit ausgeschlossen μετὰ τριῶν auf personen zu
beziehen, so bleibt nur übrig πόνων zu ergänzen, und alle stimmen
überein, dass dies der natürlichste sich darbietende gedanke sei.
Besteht man jedoch darauf, dass auch in diesem falle der dichter
nicht auf drei andere von Tantalus erlittene schmerzen, sondern auf
die dreier anderer gequälter habe anspielen wollen, dann verschwindet alle natürlichkeit und man legt in μετὰ τριῶν viel mehr hinein als was es enthält und enthalten kann. So eng und unmittelbar mit τέταρτον πόνον verbunden und folglich auch jenem ἔχει,
das diesen accusativ regiert und sich auf Tantalus bezieht, untergeordnet, kann μετὰ τριῶν (πόνων) auf keine weise leiden anderer als die des Tantalus bezeichnen.

Diese aus den worten des dichters und ihrem zusammenhang

hervorgehende unmöglichkeit ist nach meinem dafürhalten so evident, dass sie allein hinreicht die interpretation mit der wir uns
beschäftigen auszuschliessen. Um jedoch die frage zu erschöpfen
und zugleich den boden für das später zu sagende vorzubereiten,
wollen wir zuvor auch von der sachlichen seite untersuchen, ob
wirklich Pindar mit jenem μετὰ τριῶν an Sisyphus, Tityos und
Ixion gedacht haben könnte.

Es lässt sich nicht läugnen, dass im ganzen umfange der
griechischen litteratur inmitten einer gewissen mannigfaltigkeit
der im Hades vorkommenden gestalten von bestraften Tityos, Sisyphus, Tantalus und Ixion am meisten hervortreten und am häufigsten erwähnt werden. Aber ohne bestimmte unterscheidungen eine
so allgemein aus der gesammtheit der litteratur entnommene vorstellung auf einen dichter wie Pindar anzuwenden ist einer der
gröbsten fehler, die ein kritiker begehen kann. So giebt es viele
vorstellungen, die in der antiken literatur von der attischen epoche
an wie stereotyp erscheinen; und aus den attischen schriftstellern
und den repertorien der Alexandriner in die römische und byzantinische litteratur übergegangen und so durch die classische tradition
des mittelalters bis in die classischen schulen der neuzeit hinein erhalten, sind sie uns so vertraut geworden, dass sie, wie z. b. in
diesem falle, die gelehrtesten männer in die irre führen. Und doch
ist es nach meinem dafürhalten das geringste, was man von einem
heutigen kritiker verlangen kann, sich vor diesem grund von irrthum, den jetzt die wissenschaft zwar merklich reducirt aber doch,
wie sich auch hier zeigt, noch nicht ganz beseitigt hat, zu hüten.
Durch diese art hallucinationen allein lässt sich erklären, wie sehr
besonnene gelehrte, als sie jene erklärung annahmen, sich nicht
fragten, ob sie wirklich mit den für Pindar und die griechischen
lyriker eigenthümlichen vorstellungen übereinstimmt. Der blosse
zweifel schon würde ihnen sofort enthüllt haben, wie viel falsches
sie aus sachlichen gründen enthält. Um Pindar jene absicht zuzuschreiben muss man offenbar nachweisen, dass er jene vier an denselben ort der strafe, d. h. in den Hades setzt, da dies der einzige
ort ist, an welchem wir sie bei den Attikern und (mit ausnahme
eines einzigen) bei Homer, der darin an der spitze der attischen
version dieser sage steht, vereinigt finden. Sonst wäre kein grund
vorhanden sie von Typhoeus Otos, Ephialtes und vielen andern

von Pindar selbst in andern gedichten erwähnten bestraften zu
trennen. Und wirklich haben alle ausleger übereinstimmend angenommen, dass Pindar den Tantalus in den Hades setzt. Nun aber
muss man vor allem beachten, dass selbst damals, als die vorstellung der homerischen νεκυία von jenen im Hades bestraften bei den
Attikern überwog und sich fixirte, nie, so viel ich mich erinnere,
eine bestimmte anzahl von bestraften erwähnt wird. Es ist selbstverständlich immer eine unbegrenzte zahl, aus der jene vier am
häufigsten citirt werden, aber sie werden es nie als die einzigen
oder als eine bestimmte tetras, so dass, wenn gesagt wurde, Tantalus und die andern drei, nothwendig Sisyphus, Tityos und Ixion
verstanden werden mussten. Wir finden von künstlern v i e l e, nie
drei oder vier dulder im Hades dargestellt[9]), und im allgemeinen
erlauben diese sowohl als die schriftsteller sich dann eine grosse
freiheit. Die zahl erscheint um so weniger abgeschlossen und die
vorstellungen von den bewohnern des Hades um so mannigfaltiger
und um so entfernter von jener späteren stereotypie, je weiter man
zu den productiveren und plastischeren epochen des griechischen
volkes, als es noch nicht, in bezug auf intellectuelle productivität
auf den überlegeneren attischen stamm beschränkt war, hinaufsteigt.
Der verfasser der homerischen νεκυία wählte ohne zweifel die drei
darin genannten gestraften unter andern durch den volksglauben
bezeichneten, und so machten es auch die verfasser anderer νεκυίαι
der cyklischen epen, indem sie die gequälten und ihre anzahl nicht
nach willkürlicher erfindung, sondern aus dem schatze der überlieferung und des localen glaubens schöpfend, veränderten[10]). Auch
Polygnot, der zeitgenosse Pindars, bediente sich in seinem berühmten gemälde vom Hades derselben freiheit und beschränkte die zahl
der an diesem orte dargestellten bestraften nicht auf drei oder vier,
wobei er sehr frei die aus der Odyssee entnommenen gedanken erweiterte; und in einem andern gemälde stellte er die in jenem nicht
mit aufgenommene strafe des Salmoneus dar[11]). Man sucht also

---

9) Cfr. Demosth. c. Aristog. 52. Plaut. Capt. 998. Jahn, die
wandgemälde des columbariums in der villa Pamphili p. 18 ff. Ausser den schriften von Millin, Welcker, Gerhardt über die darstellungen der unterwelt auf den zwei vasen von Canosa und Ruvo vgl. eine
abhandlung von U. Köhler über eine ähnliche darstellung einer vase
von Altamura in Ann. dell' istit. di corrisp. archaeol. XXXVI, p. 283 ff.
    10) S. Welcker, Griech. Götterl. I, p. 817.
    11) S. Brunn, Gesch. der griech. Künstler II, p. 26.

in der ältesten allgemeinen tradition vergebens jene bestimmtheit der zahl, welche die von uns bekämpfte interpretation voraussetzt. Der einzige anhaltspunkt um sich hierin auf eine bestimmte, allgemein bekannte zahl zu beziehen wäre der damals allen wohl bekannte text der nationalen epopöen gewesen. Auf diesen aber bezieht sich Pindar offenbar nicht, da er eine darin unerwähnt gebliebene strafe des Tantalus nennt; auch hätte er, wenn er sich darauf beziehen wollte, sagen müssen „mit zwei andern" und nicht „mit drei andern". Es ist hierbei von bedeutung zu beachten, dass einer von den vieren, welche die interpreten annehmen, Ixion, weder bei Homer noch in dem gemälde des Polygnot vorkommt. Allerdings versichern die ausleger des Pindar und die verfasser verschiedener mythologischer werke mit grosser unbefangenheit, dass Pindar in dem bekannten Pyth. II den Ixion in den Hades setzt, und doch sagt der dichter weder in jener ode noch anderswo ein wort, aus dem dies hervorginge, ja wenn man hierin mit wahrscheinlichkeit vermuthen kann, drängt vielmehr alles zu der annahme, dass Pindar den Ixion nicht in den Hades setzte. Bekanntlich befand sich Ixion nach der ältesten form der sage nicht im Hades sondern wurde vielmehr ewig in der luft schwebend auf seinem sturmrade getragen. Ueber das vorwiegen dieser form der sage in den ältesten zeiten benehmen die gewährsmänner, auf die sich die scholien zu Pindar und Euripides bei ihren erwähnungen derselben stützen, allen zweifel[12]). Es ermächtigt also nichts zu der annahme, dass Pindar sich an eine form der Ixionsage gehalten habe, von der sich weder in seinen eigenen gedichten noch im allgemeinen in den gleichzeitigen oder älteren schriften eine spur vorfindet, und dass er darin nicht vielmehr mit seinem zeitgenossen Polygnot übereinstimmte. So verliert aus mehreren gründen die vorstellung von jener tetras, auf welche Pindar nach der meinung der meisten erklärer anspielte, allen boden. Uebrigens muss man sich in jedem falle erinnern, dass, wenn es vorstellungen giebt, in denen Pindar sich weniger als in andern an den volksglauben anschliesst, es diejenigen sind, die sich auf die sanction des guten

---

12) Schol. Pind. Pyth. II, 39. Schol. Eur. Phoen. 1185. Die in den scholien zu Pindar ausser Pherecydes citirte autorität ist Asclepiades in den τραγῳδούμενα. S. auch für eine alte darstellung Panofka, Zufluchtsgottheiten p. 285 ff.

und bösen und auf den zustand der seelen im zukünftigen leben beziehen. Seine vorstellungen von den im Hades bestraften kennen
wir aus der so viel citirten Olymp. II. Danach giebt es in der unterwelt einen richter ἐχϑρᾷ λόγον φράσαις ἀνάγκᾳ, der über die
todten richtet und über alle schlechten und gottlosen furchtbare
strafen verhängt. Τοὶ δ᾽ ἀπροσόρατον ὀχχέοντι πόνον sagt er
von diesen in so starken und allgemeinen ausdrücken, dass davor
nothwendig die beschränkte vorstellung von jener tetras verschwin-
den muss.

Bisher haben wir unter der voraussetzung gesprochen, dass
Pindar den Tantalus in den Hades setzt, was, wie oben gesagt,
für die von uns bekämpfte erklärung die nothwendigste bedingung
ist. Ist nun aber dem wirklich so? Die interpreten, und auch
Welcker, der doch am meisten gelegenheit dazu gehabt hätte, zweifeln nicht daran. Auch hier hat man, wie in dem falle des Ixion
in bausch und bogen geurtheilt [13]), indem man mehr auf dasjenige
achtete, was aus der gesammtheit der antiken litteratur hervorgeht,
als auf die für die epoche und die classe von dichtern zu der Pindar gehört, zu machenden unterschiede und vor allem auf das, was
der dichter sagt und nicht sagt. Ich möchte die worte angegeben
sehen, aus denen hervorginge, dass Pindar den Tantalus in den
Hades setzt. Dies ist nach einem falschen raisonnement, welches
das in frage stehende voraussetzt, gesagt und wieder gesagt worden. Vorausgesetzt, dass μετὰ τριῶν sich auf die bestrafung des
Tityos, Sisyphos und Ixion im Hades bezieht, muss offenbar Tantalus sich ebenfalls dort befinden; um aber zu beweisen, dass μετὰ
τριῶν sich auf jene drei bezieht, muss man voraussetzen, dass der
dichter den Tantalus in den Hades setzt. Nun aber liegt nicht nur
nichts vor, welches bewiese, dass Tantalus nach Pindar dort bestraft wurde, sondern vieles beweist augenscheinlich das gegentheil.
Zwar ergiebt die prüfung der verschiedenen versionen von der bestrafung des Tantalus, dass er von einigen in den Hades gesetzt
wurde, aber dies geschah nur indem sie ihn als todt betrachteten
und im zusammenhang mit der nothwendigen annahme von dem auf-

13) Dies zeigt sich sogar bei Boeckh, der zu unserer stelle bemerkt: »hac poena apud inferos affici (Tantalum) perhibent antiquissimi poetae. Isthm. VII, 9. Eur. Orest. 5 sq. 971 sq.« Aber Isthm.
VII, 9 sagt Pindar nichts von apud inferos und Eur. Or. 970 sagt ganz
ausdrücklich οὐρανοῦ μέσον χϑονός τε!

enthalt τῶν φϑιμένων an jener stelle; einige gelangen dahin zwei
dem Tantalus auferlegte strafen zu unterscheiden, die eine bei seinen lebzeiten, die andere nach seinem tode. Unzweifelhaft aber betrachtet Pindar den Tantalus nicht als todt. Nach ihm hat er
nectar und ambrosia genossen und ist folglich wie die götter unsterblich, ἄφϑιτος. Er sagt ausdrücklich νέκταρ ἀμβροσίαν τε οἷσιν ἄφϑιτον ϑέσσαν [14]). Folglich kann der für seine bestrafung
bestimmte ort der Hades nicht sein; denn an die von dem dichter
der homerischen νεκυία und von alten künstlern ersonnenen εἴδωλα
kann man hier unmöglich denken. Pindar, der die religiösen mythen und traditionen mit reflexion und mit kritik anwendet, kann
in so flagranten widerspruch nicht verfallen sein und vorstellungen,
die sich gegenseitig ausschliessen [15]), verbunden haben; er hat auch
nicht etwa die strafe des Tantalus lächerlich gemacht, wie es andrerseits denen passirt ist, welche, indem sie ihn in den Hades setzen
und folglich als todt betrachten, ihn einen zweiten tod befürchten
lassen — was schon von Xenophon bemerkt und von Lucian verspottet wurde. Dies wird auch durch eine andere bemerkung, die
wir im folgenden zu machen gelegenheit finden werden, bestätigt.
Einstweilen, glaube ich, kann das bisher gesagte genügen um durchaus eine erklärung auszuschliessen, der, wenn gleich berühmte gelehrte sie annahmen oder hingehen lassen, die eigenen worte des

---

14) Der sinn dieser stelle kann nicht controvers sein. Es ist nicht
sache der exegese sich mit jenem ϑέσσαν, auf das schon mehrere kritiker ihre aufmerksamkeit gerichtet haben, zu beschäftigen. In harm-
loser unterhaltung jedoch wollen wir hier an gewisse wahrhaft überraschende und erinnerungswürdige beobachtungen von Hartung erinnern. Hartung findet, dass der aus der gewöhnlichen lesart hervorgehende gedanke falsch sei. »Und wahrhaftig« sagt er »nectar und
ambrosia machen unmittelbar unsterblich, es bedarf dazu keiner göttlichen hand . . . . Tantalus war auch kein kind, dass ihm diese nahrung eingeflösst zu werden brauchte . . . . Das beste dabei wäre zu
suppliren, nämlich dass Tantalus, weil er an sich erprobt hatte, dass
der genuss diese gabe auch seinen kameraden
mittheilen wollte. . . . . Mithin muss es heissen οἷσιν ἀγϑίτους ϑῆκεν«.
15) Die schwierigkeit einen unsterblichen in den Hades zu setzen,
findet sich bei Pindar selbst angedeutet N. X, 80 ff., wo Jupiter, um
das verlangen seines unsterblichen sohnes Pollux zu befriedigen, ihm
eine besondere zufluchtsstätte anweist. Es ist dies eine art compen-
sation, durch welche weder dem reich des todes noch dem des lebens
etwas entzogen wird.
An den Tartarus als aussergewöhnlichen bestrafungsort, wohin
auch unser dichter den Typhoeus setzt, würde man für Tantalus nicht
denken können.

dichters, seine religiöse auffassung und die geschichte der mythologischen vorstellungen der Griechen widersprechen. Wir können
also ohne weiteres zur affirmativen seite dieser untersuchung übergehen.

Da die strafe des felsens allein ausdrücklich vom dichter genannt wird, hat man allgemein die worte τέταρτον πόνον auf diese
bezogen und die einfach durch μετὰ τριῶν angedeuteten drei schmerzen ausfindig zu machen gesucht. Da nun in der sage nur zwei
andere, hunger und durst, vorkommen, so entstand die verwirrung
unter den interpreten, indem einige zu der oben von uns widerleg-
ten erklärung ihre zuflucht nahmen, andere verschiedene kategorien
von πόνον ersannen. Diese, von Heimsoeth noch mit einem vorschlage von *eiusdem farinae* [16]) fortgesetzt, sind gewiss nicht die
am wenigsten lächerlichen unter den faseleien der scholien. Dass
nach dem sinne des dichters der τέταρτος πόνος jedenfalls nicht
der felsen ist, beweist unter anderm jenes βίον, das unter dieser
voraussetzung überflüssig wäre, ja ohne dasselbe würde nicht nur
derselbe sinn entstehen, sondern es würden auch die worte ἔχει δ᾽
ἀπάλαμον βίον ... μετὰ τριῶν τέταρτον πόνον verständlicher werden. Nach beseitigung dieses gedankens ist dagegen bei richtiger
auffassung der stelle βίον so wenig überflüssig, dass es vielmehr
die ganze fassung der vierten strafe beherrscht. Der τέταρτος πόνος ist nach dem sinne des dichters die unsterblichkeit, die Tantalus in dieser traurigen lage (τοῦτον), in welcher sie für ihn nicht
mehr eine gabe sondern vielmehr eine vierte strafe ist [17]), besitzt
(ἔχει). Offenbar ist ἀπάλαμος in diesem falle gleich ἀθάνατος,
und der dichter zog jenes vor um den tod als eine von einem so
schmerzhaften leben befreiende παλάμη zu bezeichnen. So haben
die götter selbst die dem Tantalus verliehene unsterblichkeit in
eine strafe verwandelt, weil, sagt der dichter, er von dem nectar
und der ambrosia, womit sie ihn unsterblich gemacht hatten, entwendete, um seinen genossen davon mitzutheilen. Es sind also die
drei allgemein bekannten strafen, die Pindar festhält, und, ohne
neues zu erfinden, fügt er, in der form eigener reflexion hinzu,

---

16) Cfr. Rauchenstein, Commentat. II, 10.
17) Der einzige, der, soviel mir bekannt, dies beachtet hat, ist
Rauchenstein; dadurch wird aber der irrthum, in den auch er verfällt,
μετὰ τριῶν auf Sisyphos, Tityos und Ixion zu beziehen, für ihn noch
schwerer.

dass unter solchen umständen das geschenk der unsterblichkeit einer strafe gleichkomme. Die gleichsam parenthetische stellung der worte μετὰ τριῶν τέταρτον πόνον giebt ihnen ganz den charakter einer persönlichen bemerkung, veranlasst durch die beiden epitheta ἀπάλαμον ἐμπεδόμοχθον, die die unendlichkeit jenes schmerzensreichen lebens bezeichnen. Daher ist βίον hier nicht, wie Dissen[18]) meint *de vita post mortem*, sondern in der ganzen fülle seiner eigentlichen bedeutung gebraucht. Jetzt ergiebt sich auch, warum die versuche alter und neuer ausleger in den griechischen sagen eine vierte strafe des Tantalus zu entdecken, misslungen sind; eine solche existirt nicht, da Pindar der gewöhnlichen sage nichts hinzufügte, sondern, indem er sie nahm, wie sie vorlag, darin jene vierte strafe fand.

Nachdem wir so den τέταρτος πόνος gefunden haben, könnten wir felsen, hunger und durst für die drei andern erklären und ohne weiteres die frage schliessen. Dies aber ist nicht so einfach wie es scheint, und um unsere erklärung fester zu begründen, müssen wir auf die verschiedenheiten der Tantalussage ein auge werfen und untersuchen, mit welcher version derselben die worte des dichters sich am besten vereinigen lassen[19]).

Bekannt ist die strafe des Tantalus in der νεκυία der Odyssee und dass der fels darin nicht vorkommt. Pindar dagegen hat sich, wie seine ausdrücklichen worte beweisen, der allgemein von lyrikern und tragikern befolgten version angeschlossen, nach welcher ein über dem haupte des heros schwebender fels seine hauptstrafe bildete. Das älteste schriftliche zeugniss der ursprünglichen form dieser version liefert uns die cyclische epopoe der Νόστοι. Der daraus von Athenaeus entnommene auszug ist für uns zu wichtig als dass wir umhin könnten ihn ganz zu referiren: Φιλήδονον δ' οἱ ποιηταὶ καὶ τὸν ἀρχαῖόν φασι γενέσθαι Τάνταλον. ὁ γοῦν τὴν τῶν Ἀτρειδῶν ποιήσας κάθοδον ἀφικόμενον αὐτὸν πρὸς τοὺς

---

18) Er citirt zur vergleichung Ol. II, 63, wo βίοτος vom leben nach dem tode gebraucht ist, vergisst aber dabei, dass der dichter an jener stelle von dem redet, was den ἐσλοί versprochen ist, für welche nach den dort befolgten eleusinischen vorstellungen der tod nur der anfang eines besseren lebens ist.

19) Die beste mir bekannte specialschrift über Tantalus ist die von Welcker: Alcmanis fragmentum de Tantalo (Rh. Mus. X, p. 262 ff. und Kl. schriften III, p. 37 ff.). Ausführlich redet über Tantalus auch Stark, Niobe und die Niobiden p. 426 ff.

θεοὺς καὶ συνδιατρίβοντα ἐξουσίας τυχεῖν παρὰ τοῦ Διὸς αἰτήσα-
σθαι ὅτου ἐπιθυμεῖ, τὸν δὲ πρὸς τὰς ἀπολαύσεις ἀπλήστως δια-
κείμενον ὑπὲρ αὐτῶν τε τούτων μνείαν ποιήσασθαι καὶ τοῦ ζῆν
τὸν αὐτὸν τρόπον τοῖς θεοῖς. ἐφ᾽ οἷς ἀγανακτήσαντα τὸν Δία
τὴν μὲν εὐχὴν ἀποτελέσαι διὰ τὴν ὑπόσχεσιν, ὅπως δὲ μηδὲν ἀπο-
λαύσῃ τῶν παρακειμένων, ἀλλὰ διατελῇ ταραττόμενος, ὑπὲρ τῆς κεφαλῆς ἐξήρτησεν αὐτῷ πέτρον, δι᾽ ὃν οὐ δύναται τῶν παρακειμένων
τυχεῖν οὐδενός. Nach dieser version findet also die bestrafung des
Tantalus nicht im Hades, sondern im himmel beim tische der götter
statt. Nectar und ambrosia stehen vor ihm, aber die furcht vor
dem felsen hält ihn ab davon zu kosten [20]). Er befindet sich also
in der lage, die später den Damocles sprichwörtlich machte, wie es
auch Tantalus selbst war, indem er zu dem sprichwörtlichen Ταντάλου λίθος, Ταντάλου τράπεζα, die sich auf diese form der sage
beziehen, veranlassung gab. Eigentlich ist in dieser form der fels
die hauptstrafe, die andern, hunger und durst, sind nur die folgen.
Daher erscheint in den sprichwörtlichen anspielungen auf diese sage,
(wie bei Pindar selbst Isthm. VII, 10), nur der fels, wie später
das schwert des Damocles. In den mit der frühesten entwickelung

20) Aus Pansanias wissen wir, dass auch diese cyclische epopoe
der νόστοι eine νεκυία enthielt. Kam Tantalus in dieser vor? Welcker
hat es anfangs angenommen, indem er im Ep. cycl. II, 281 meinte, dass
der verfasser jenes gedichts die strafe des Tantalus im Hades fort-
dauern liess wie er sie selbst schon als im himmel statt findend beschrieben hatte. Später jedoch hat Welcker nach eingehenderem studium der Tantalussage jene ansicht zurückgenommen, Kleine schriften
III, p. 62 ff. Kirchhoff scheint hiervon nicht unterrichtet, wenn er,
mit offenbarer anspielung auf das von Welcker im Ep. cycl. gesagte,
versichert, dass die erwähnung des Tantalus und seiner strafe, von
der wir wissen, dass sie in den νόστοι statt gefunden hat, auf die in
jenem gedicht enthaltene νεκυία richtig zurückgeführt worden ist (Die
composition der Odyssee p. 102 ff.). Nach der theorie Kirchhoffs hätte
der bearbeiter des alten νόστος des Odysseus die νόστοι gekannt und
der verfasser dieses gedichts hätte jenen alten νόστος des Odysseus gekannt. In der νεκυία der Odyssee erkennt Kirchhoff einen alten schon
in dem alten νόστος des Odysseus befindlichen und einen von dem bearbeiter eingefügten bestandtheil an. Auf diesen letzteren sollen sich
die den Tantalus betreffenden verse beziehen. In dem alten bestandtheile hätte der dichter der νόστοι für seine νεκυία frei den νόστος des
Odysseus, in dem andern der bearbeiter von diesem aus der νεκυία der
νόστοι nachgeahmt. So befände sich Tantalus in der νεκυία der Odyssee durch nachahmung der νεκυία der νόστοι. In wahrheit aber wird
es durch nichts bewiesen, dass in der νεκυία der νόστοι Tantalus vorkam; es wird dies vielmehr ganz unwahrscheinlich durch die form
der sage, wie sie in diesem gedicht dargestellt und in jener alten
epoche allgemein bekannt war.

der griechischen lyrik gleichzeitigen $\nu\acute{o}\sigma\tau o\iota$, kommt jene früheste
version der sage nicht, wie dies häufig in jener epopöe geschieht,
als eine locale form vor, sondern als die allgemeine und damals allgemein bekannte. In der that treffen wir das sprichwort $T\alpha\nu\tau\acute{\alpha}$-
λov $\lambda\acute{\iota}\vartheta o\varsigma$ schon im siebenten jahrhundert bei Archilochus, und so
finden sich, wie Welcker nachgewiesen hat, auch bei andern dich-
tern von verschiedener abstammung, wie Alcaeus, Theognis, Mim-
nermus, Alcman spuren davon vor. Die tragiker scheinen den
Tantalus nicht in den Hades zu setzen, wenigstens ergiebt sich dies
weder aus den erhaltenen tragödien noch aus den fragmenten der
$\tau\rho\alpha\gamma\omega\delta o\acute{v}\mu\varepsilon\nu\alpha$ des Asclepiades. Noch bei Euripides finden wir,
wenn auch durch gewisse philosopheme dieses anhängers des Ana-
xagoras alterirt, die alte sage: Tantalus ist mit dem felsen über
dem haupte zwischen himmel und erde aufgehängt. Während so
in dieser ältesten epoche die cyclische epopoe, die lyrik und die
tragoedie übereinstimmen in der sprichwörtlich bei allen griechischen stämmen bekannten form der sage, so bezeichnet allein die
$\nu\varepsilon\kappa\upsilon\acute{\iota}\alpha$ der Odyssee eine ausnahme, da sie nicht nur den Tantalus
im Hades zeigt, sondern auch den felsen ganz unerwähnt lässt.
Diese isolirung inmitten der übereinstimmung so vieler anderer
zeugnisse enthält ohne zweifel eins der besten argumente gegen
die ächtheit jenes theiles der Odyssee. Gewiss ist, wie andere
schon bemerkt haben, die vorstellung vom Hades als ort der bestrafung nicht jener ältesten zeit eigen, der die am wenigsten verdächtigen unter den homerischen gesängen angehören. Ausserdem
ist die gewaltsame und willkürliche thätigkeit der phantasie des
dichters in diesem theile der Odyssee evident. Er hat für Tantalus dasselbe wie für Herakles und Orion gethan; er hat selbständig eine art erfunden jenen heros und die von ihm im himmel erlittene strafe im Hades darzustellen. Da der tisch der götter selbstverständlich nicht in den Hades gesetzt werden konnte, so hat er
nur die allgemeine vorstellung von der strafe des Tantalus aufgenommen, die nämlich, von hunger und durst gequält zwischen
speisen und getränken, nach denen er schmachtet, ohne sie errei-
chen zu können, zu leben. Aber bei der auswahl eines $\varepsilon\acute{\iota}\delta\omega\lambda ov$
dieser strafe verfuhr er rücksichtslos und liess den felsen weg.
Mit einer gewissen freiheit und ein ähnliches ziel vor augen aber
weit weniger rücksichtslos verfuhr in dieser beziehung Polygnot.

Wie sehr auch in dieser epoche die vorstellung vom Hades als bestrafungsort allgemein verbreitet war, so darf man doch nicht annehmen, dass Polygnot, wenn er den Tantalus in den Hades setzt, nicht die hierauf bezügliche stelle der Odyssee vor augen gehabt habe; es musste dies um so mehr der fall sein, da er bekanntlich der Odyssee die ersten und grundlegenden gedanken zu seinem gemälde entnahm. Aus der allgemeinen sage hat er den felsen entnommen und bäume und wasser des homerischen interpolators beibehalten; diese aber hat er nicht fliehen lassen vor Tantalus, sondern er hat ihn dargestellt als durch furcht vor dem felsen verhindert sie zu berühren. Der geniale künstler muss den angstvollen conflict zwischen appetit und furcht meisterhaft in den zügen des gequälten dargestellt haben [21]).

Waren also die strafen des felsens, des hungers und des durstes ursprünglich vereint, so entstand dennoch, da einerseits das sprichwort und einige schriftsteller ohne weiteres den „felsen des Tantalus" nannten, andrerseits die Odyssee ohne nennung des felsens hunger und durst erwähnte, die vorstellung von zwei verschiedenen strafen, die einige, wie z. b. Philostrat, auf eine verschiedenheit der tradition, andere wie Diodorus Siculus und noch ältere autoritäten, auch Tzetzes [22]), vereinigen, indem sie sagen, dass

21) Diese zeilen waren bereits geschrieben, als ich zu meiner freude im Rh. Mus. XI, 451 ff. einen kurzen artikel von Schwenk bemerkte, in welchem sich über die auffassung Polygnots dieselbe ansicht ausgesprochen findet.
Es ist eine bekannte sache, dass Polygnot die cyclischen epopoen kannte und sich derselben für die composition seiner grossartigen gemälde in der lesche zu Delphi bediente (cfr. Welker, Kl. schr. V, p. 66). Pausanias selbst erwähnt in veranlassung gewisser partien des gemäldes vom Hades die νεκυίαι der Minyas und der Νόστοι. In betreff der strafe des Tantalus darf man nach den äusserungen des Pausanias nicht urtheilen, da derselbe offenbar irrt, wenn er behauptet, dass der künstler dabei theils der Odyssee theils dem Archilochus gefolgt sei. Vielleicht enthielten schon die νεκυίαι der Cykliker oder die εἰς ᾅδου κατάβασις des Prodikos oder irgend ein anderer antiker text jenen gedanken, den wir viel später bei Maximus Tyrius, Suidas und andern wieder finden.
22) Diod. IV. §. 74. Tzetzes Chiliad. V, 483 ff. Das vermeintliche grab des Tantalus, das Pausanias auf dem Sipylus gesehen zu haben meint, stimmt zu dieser vorstellung, die zuerst in der νεκυία der Odyssee erscheint. Aber am Sipylus existirten über Tantalus als localheros besondere sagen. Uebrigens erscheinen diese widersprüche zwischen dem localcultus der heroen und der gewöhnlichen sage bekanntlich nicht nur bei Tantalus sondern auch bei andern für un-

Tantalus im leben mit dem felsen, nach dem tode mit hunger und durst bestraft worden sei. Später wog unter dem einflusse der homerischen gesänge auf die Attiker, im allgemeinen die in der Odyssee enthaltene form vor, von der entwickelung der attischen prosa an successiv durch die griechische und römische litteratur bis auf unsere zeiten. Unser sprichwörtliches bild „d i e q u a l d e s T a n t a l u s‟ geht direct auf keine andere form als die der Odyssee zurück. Die strafe des felsens blieb den gelehrten bekannt, nicht aber, wie sie es einst gewesen war, populär. Im sprichwört- lichen gebrauch nahm das schwert des Damocles seine stelle ein und bewahrt sie auch noch immer. Die interpreten haben im all- gemeinen alle diese unterschiede nicht gemacht. Man darf sich da- her nicht wundern, wenn Heyne, Tafel u. a. es für unmöglich er- klärten den faden zu finden, um den sinn der stelle richtig festzu- stellen. Auffallend ist es jedoch, dass ein mann von der bedeutung Welckers gerade in derjenigen schrift, in der er das erste licht über die Tantalussage verbreitete, die stelle eben so falsch wie die andern aufgefasst und nicht bemerkt hat, dass Pindar derselben folgte, die sich, wie er beweist, bei Alcman und andern griechi- schen lyrikern findet. Wir haben bereits gesehen, dass Pindar den Tantalus nicht in den Hades setzt, und diese thatsache verbunden mit der erwähnung des felsens genügt schon die von dem dichter befolgte version der oben aus den νόστοι angeführten, die auch der abhandlung Welckers als grundlage dient, zu nähern. Man kann aber, so viel ich sehe, die annäherung noch weiter führen und be- weisen, dass die auffassung bei Pindar durchaus mit der der νόστοι identisch ist. Es bedarf dazu einer näheren untersuchung der worte εὐφροσύνας ἀλᾶται, mit denen der dichter die wirkung der strafe des felsens bezeichnet.

Das wort εὐφροσύνα pflegt übersetzt zu werden mit ausdrü- cken wie *laetitia*, f r o h s i n n und ähnlichen, die in ihrem allgemei- nen sinne durchaus mit der etymologischen bedeutung von jenem übereinstimmen. Es scheint in der that das wohlsein des schmerz- losen und genussfähigen gemüthes zu bezeichnen, und offenbar exi- stirt also für Tantalus in jener lage ein solcher gemüthszustand nicht. Daher haben im allgemeinen die interpreten über die eigent-

sterblich gehaltenen und in ihren grabmälern verehrten heroen, s. Welcker, Gr. Götterl. III, p. 242. Nitzsch, Beiträge p. 20.

liche bedeutung des wortes und über 'das, was sich daraus nach
dem dichter über die strafe des Tantalus entnehmen lässt, nicht
weiter nachgedacht. Aber wie bei so vielen ausdrücken entspricht
der sprachgebrauch desselben nicht ganz der etymologischen bedeutung und es sagt in wirklichkeit mehr, als was in seinen bestand-
theilen enthalten ist. Es bezeichnet einen so frohen und so glücklichen gemüthszustand, wie ihn das blosse fehlen von schmerzen
oder praeoccupationen nicht hervorzurufen genügt, sondern wozu
ein starker und wirksamer grund nöthig ist, der ihm raum giebt.
An und für sich benimmt der stein dem Tantalus nur die ἡσυχία,
kann aber, wenn man nicht annimmt, dass der grund zur εὐφρο-
σύνη schon vorliegt, ihn dieser nicht berauben. Der verfasser des
hymnus an Ceres hat diese beiden grade wohl zu unterscheiden gewusst (v. 436 ff.):

> ἀχέων δ' ἀπεπαύετο θυμός,
> γηθοσύνας δ' ἐδέχοντο παρ' ἀλλήλων ἐδίδον τε.

Pindar gebraucht das wort εὐφροσύνα an sechs stellen und
überall in verbindung mit der vorstellung von einer höchsten glückseligkeit. Sie ist etwas so vorzügliches, dass eine der Grazien sie
personifizirt. Wenn der mensch jenes von Pindar so hoch gepri-
sene gut, als sieger aus den agonen hervorzugehen, erreicht hat,
dann ist die belohnung für so grosse mühen die εὐφροσύνα, die
er bei den seinen sieg verherrlichenden gastmählern geniesst. An
drei stellen kommt bei Pindar εὐφροσύνα in dieser verbindung vor[23]).
An einer vierten stelle verbringt der in die heimath zurückgekehrte
und von seinen angehörigen wiedererkannte Iason fünf tage mit
festlichkeiten und gastmählern; die freude dieser gastmähler, die
heiterkeit dieser ausserordentlichen familienfeste wird durch εὐφροσύνα bezeichnet:

> ἐν δαιτὸς δὲ μοίρᾳ
> μειλιχίοισι λόγοις αὐτοὺς Ἰάσων δέγμενος
> ξεινί' ἁρμόζοντα τεύχων πᾶσαν εὐφροσύναν τάννεν
> ἀθρόαις πέντε δραπὼν νύκτεσσιν ἔν θ' ἀμέραις
> ἱερὸν εὐζωᾶς ἄωτον (P. IV, 127 ffl.).

---

23) P. XI, 45 τῶν εὐφροσύνα τε καὶ δόξ' ἐπιφλέγει, τὰ μὲν ἐν ἅρ-
μασι καλλίνικοι πάλαι κτλ.; N. IV, 1 ἄριστος εὐφροσύνα πόνων κεκριμέ-
νων ἰατρός; J. III, 9 ἔστι δὲ καὶ διδύμων ἀέθλων Μελίσσῳ μοῖρα πρὸς
ὑφροσύναν τρέψαι γλυκεῖαν ἦτορ.

Hierzu kommt noch eine stelle, die in besonderer weise der unsrigen als parallele dienen kann. Pyth. III, 98 ist von Cadmus die rede, der, wie Tantalus, ausgezeichnet von den göttern geehrt und durch ihre gunst zur höchsten glückseligkeit erhoben wurde. Diese erregt in ihm jene εὐφροσύνα, von der ein theil ihm durch die missgeschicke seiner töchter benommen wurde,

τὸν μὲν ὀξείαισι θύγατρες ἐρήμωσαν πάθαις
εὐφροσύνας μέρος αἱ τρεῖς.

Die von dem dichter vorausgeschickte schöne schilderung der glückseligkeit des Cadmus bezeichnet den grad und die natur dieser εὐφροσύνα.

Wer mit diesen stellen vor augen an die interpretation der hier in frage stehenden herantritt, wird ohne zweifel einsehen, dass nach dem sprachgebrauche des dichters in dem worte εὐφροσύνα so viel emphatisches liegt, dass man die strafe des Tantalus nicht in dem gewöhnlich angenommenen sinne verstehen kann ohne in jenem εὐφροσύνας ἀλᾶται die absicht einer hier ganz unstatthaften und unpassenden ironie zu erkennen. Hätten die interpreten dies berücksichtigt, dann wären sie gar nicht auf den gedanken gekommen, dass Pindar den Tantalus in den Hades setze. Unter der voraussetzung der von uns nachgewiesenen bedeutung von εὐφροσύνα wäre es in der that lächerlich zu sagen, dass Tantalus an jenem orte, der durch seine natur στυγερός und ἀτερπής ist, wegen des ihn bedrohenden felsens εὐφροσύνας ἀλᾶται, als ob ohne die furcht vor dem felsen εὐφροσύνα für ihn dort unten möglich wäre. In εὐφροσύνα ist die vorstellung von einem vollen und kräftigen leben so ausdrücklich enthalten, dass der blosse aufenthalt unter den den Hades bewohnenden ἀμενηνὰ κάρηνα genügt sie ganz auszuschliessen [24]).

Will man also die worte des dichters nach der bei ihm gebräuchlichen bedeutung verstehen, so darf man sich nicht begnügen εὐφροσύνας ἀλᾶται so zu erklären, als ob es sich um jenen einfachen unbestimmten frohsinn handle, der aus dem nichtvorhandensein von schmerzen oder praeoccupationen entsteht und der ἡσυχία bei-

---

24) Eine ausnahme machen nur die in die mysterien eingeweihten, die nach der eleusinischen lehre nach dem tode eine art so sinnlicher seligkeit genossen, dass der ausdruck εὐφροσύνα auf sie angewandt werden könnte, s. Preller, Demeter und Persephone p. 234 ff. Stephani, Der ausruhende Herakles p. 18 ff.

nahe gleichkommt, sondern man muss fragen, welches jene so
grosse glückseligkeit war [25]), in deren genuss Tantalus durch den
felsen gestört wurde. Die antwort kann nicht zweifelhaft sein.
Jeder sieht ein, dass nur die älteste version der sage, wie sie in
den νόστοι vorkam, dem worte εὐφροσύνα an dieser stelle jene
mehr emphatische bedeutung geben kann, die sie bei Pindar immer
hat. Die götter haben dem Tantalus nicht jene güter entzogen,
durch welche sie ihn mit εὐφροσύνα erfüllen; sie stehen zu seiner
verfügung, und wenn der fels nicht wäre, würde er sich wie zuvor der εὐφροσύνα erfreuen. Aber wie dem Cadmus die missgeschicke seiner töchter einen theil der ihm durch göttliche wohlthat
verliehenen εὐφροσύνα benommen haben, so wird sie dem Tantalus
durch jene ὑπέροπλος ἄτα, die bestrafung seines κόρος, eben jenen
fels, den er ewig von seinem haupte zu entfernen sich bemüht,
ganz entzogen: τὸν αἰεὶ μενοινῶν κεφαλᾶς βαλεῖν εὐφροσύνας ἀ-
λᾶται. So erklärt sich auch ἀλᾶται weit besser als es bisher der
fall war. Tantalus ist zwischen zwei dinge, den fels und die gaben der götter, gestellt; so oft er dieser letzteren ansichtig wird,
nöthigt ihn die furcht vor dem felsen, der ihm auf den kopf zu
fallen droht und der wunsch sich davon zu befreien, sich seitwärts
zu biegen und abzuirren (ἀλᾶται) von jenem genuss und von jener
εὐφροσύνα.

Von den vier schmerzen, die der dichter in der strafe des
Tantalus unterscheidet, finden wir nur zwei ausdrücklich genannt,
nämlich die furcht vor dem felsen und, nach unserer erklärung,
das was der dichter als die vierte rechnen zu können glaubt, die

---

25) Das vorhandensein einer ursache hoher glückseligkeit ist in
diesem falle so nothwendig, dass ohne dieselbe der fels des Tantalus
und das schwert des Damocles grund und bedeutung verlieren würden.
In der erzählung von dem schwert des Damocles und in vielen ähnlichen geschichten des mittelalters ist sie stets mit den lebhaftesten
farben geschildert. Von dem bruder des königs Ekkart, der sich auch
in der lage des Damocles befindet, sagt Hans Sachs (ed. Gödeke, Lpz.
1870, I, p. 90):

> Der künig vil der freuden spil
> zurichten liess, kurzweil ohn ziel
> mit cantorei, und mancherlei
> saitenspiel, süsser melodei
> als was zu freuden dienen was.
> des künigs bruder traurig sass
> in sorgen gross on unterlass
> all frölikeit war im unmer. —

unsterblichkeit; die beiden andern lässt er als allgemein bekannt hinzudenken, und jetzt ergiebt sich deutlich aus dem vorhin über die Tantalussage und die von dem dichter festgehaltene form derselben gesagten, dass jene nur der hunger und der durst sein können. Die worte, mit denen der dichter nach erwähnung der strafe auf die schuld zu sprechen kommt die er bestehen lässt in der wegnahme von nectar und ambrosia, um andern davon zu geben, kann man als eine deutliche bestätigung hiervon betrachten. In der that besteht die strafe des Tantalus nach dieser form der sage und auch nach der auffassung des dichters selbst darin, dass derselbe μέγας ὄλβος, der ihn zum fehltritt verleitete, der grund jenes κόρος, für ihn sich in eine strafe verwandelt. Wie der dichter findet, dass in dieser lage das geschenk der unsterblichkeit ein vierter schmerz ist, so sind ambrosia und nectar, die vor dem bestraften stehend einen nie befriedigten hunger und durst hervorrufen, nach derselben auffassung zwei andere schmerzen. Was wir schon mit bezug auf die worte εὐφροσύνας ἀλᾶται bemerkt haben, setzt nach meinem dafürhalten dies ganz ausser zweifel; und dies ergiebt sich noch deutlicher, wenn man beachtet, dass der dichter zwischen nectar und ambrosia wie zwischen trank und speise unterscheidet. Da er jedoch an einer andern stelle das verbum στάζω von diesen beiden substanzen auf einmal gebraucht, so wird es angemessen sein zum schluss noch ein etwa hieraus entstehendes bedenken zu entfernen.

Die ansicht von Bergk [26]), dass nectar und ambrosia ursprünglich ein einziger stoff seien und ein getränk bezeichnen, ist vollkommen richtig und wird noch bestärkt durch den vergleich mit andern indoeuropäischen mythologien. Das wesen dieses göttlichen getränks ist ursprünglich übernatürlich. Es ist nährend und belebend in hyperbolischer weise, so dass es dem sterblichen, der davon geniesst, unsterblichkeit verleiht. Von der unsterblichkeit der götter ist es nicht eigentlich die ursache, aber bei der anthromorphose derselben hat es für sie den werth dessen, was für den menschen trank und speise sind. Seine nährende und belebende kraft ist folglich von der beschaffenheit des göttlichen lebens selbst bestimmt in demselben grade, wie die göttliche vitalität die mensch-

26) Die geburt der Athene. In den Jahrbüchern f. Philol. vol. 81, p. 377 ff.

liche übertrifft. Daraus entsteht die vorstellung, dass es dem menschen, der davon kostet, so viel lebenskraft einflösst, um ihn an
vitalität den göttern gleich und folglich unsterblich zu machen.
Dass dies getränk bei den Griechen zwei verschiedene, ursprünglich gleichbedeutende, namen erhielt, gab zu einer verdoppelung der
primitiven vorstellung und zur unterscheidung von speise und trank
in der nahrung der götter veranlassung. Da jedoch die beiden vorstellungen von flüssigkeit und nahrung von anfang an gleich
sehr dem einen wie dem andern namen inhärirten, so erklären sich
die abweichungen unter den dichtern, die bisweilen von ambrosia
wie von einer speise, von nectar wie von einem getränk reden,
bisweilen das umgekehrte thun. Aber die vorstellung von speise
erscheint in der nachhomerischen epoche fester in dem namen ambrosia fixirt. Dies musste natürlich eine unterscheidung in dem
grade der consistenz der beiden substanzen herbeiführen und die
als speise betrachtete ambrosia musste für fester gehalten werden
als der als getränk betrachtete nectar. Doch geht dieser unter-
terschied nie bis zu dem festen und flüssigen und Aristarch hat
offenbar unrecht, wenn er behauptet, die ambrosia sei ξηρὰ τροφή.
Die homerischen gedichte selbst stellen sich einer solchen auffassung entschieden entgegen, und der ambrosia ist in wirklichkeit
niemals eine höhere consistenz als die des honigs (cfr. Bergk l.
cit. p. 383 ff.) oder anderer halbflüssiger substanzen beigelegt worden; auch giebt es, so weit ich mich erinnere, keinen antiken
schriftsteller, der von zerschnittener oder zerbrochener ambrosia
spräche. Aus diesem grunde hat die kunst niemals feste speisen
auf der göttertafel dargestellt, sondern stets vasen oder becher und
andere zur aufnahme von flüssigen oder halbflüssigen substanzen
bestimmte geschirre.

　　　Pindar sagt P. IX v. 63: νέκταρ ἐν χείλεσσι καὶ ἀμβροσίαν
στάξοισι, θήσονταί τέ νιν ἀθάνατον, indem er das verbum στάζω,
gerade wie es sich bei Homer (Il. T, 347) findet, für beide substanzen anwendet und also weder das eine noch das andere als
ganz fest betrachtet. Aber nach dem oben bemerkten konnte er
nichts destoweniger das eine als getränk, das andere als speise betrachten. Als solche erschienen ohne zweifel nectar und ambrosia
auf dem tische der götter, von dem sie Tantalus entwendete. Dass
wirklich von den beiden der nectar eigentlich das getränk ist, be-

weist Ol. VII, 7, wo dasselbe χυτόν genannt wird, indem damit der
wein, der in den schalen sprudelt, verglichen wird.

So finden wir, dass durch einen jener feinen kunstgriffe, an
denen der dichter so reich ist, ambrosia und nectar, speise und
trank, die er bei erwähnung der schuld des Tantalus nennt,
vermittelst einer natürlichen ideenassociation, die durch die in dieser form der sage zwischen schuld und strafe obwaltende beziehung noch bestärkt wird, den gedanken an hunger und durst,
die er bei erwähnung der strafe in μετὰ τριῶν nur angedeutet
hatte, hervorrufen.

Schliesslich also haben wir erkennen können, dass die strafe
des Tantalus von Pindar wie überhaupt von den griechischen lyrikern aufgefasst wurde und können also die autorität dieser pindarischen stelle den von Welcker zur illustration dieser ältesten form
der sage gesammelten hinzufügen. Es ist darin zwischen schuld
und strafe derselbe enge zusammenhang, der sich in andern griechischen sagen findet [27]) und sich der denkweise des grossen lyrikers besonders anschloss [28]). Tantalus hat die geschenke, mit denen die götter ihn unsterblich gemacht hatten, gemissbraucht, und
die götter haben ihn bestraft, indem sie diese von ihm gemiss-
brauchten gaben für ihn in qualen verwandelten. Das ist der sinn
des felsens, den sie, während sie ihm nectar und ambrosia vorse-
tzen liessen, ihm über den kopf gehängt haben. Zwischen der ewi-
gen angst vor jenem felsen, der auf ihn herabzufallen droht, und
dem immer gezeigten aber nie befriedigten hunger und durst ist das
geschenk der unsterblichkeit eine vierte qual, die sich jenen dreien
anschliesst, welche ihn ohne ruhe und ohne ende im himmel peinigen.

27) Welker, Gr. Götterlehre I, p. 817 ff. Preller, Gr. mythol. I
p. 641:
28) S. Bergk die geburt der Athene a. o. p. 386.

Pisa. *D. Comparetti.*

Liv. 34, 2, 2

ist vielleicht so herzustellen: *quia singulas non potiti sumus*
(die handschriften *non potuimus*), *universas horremus*, „weil wir
der einzelnen nicht herr werden (mit den einzeln nicht fertig werden) konnten etc.".

Gotha. *K. E. Georges.*

IX.

Bemerkungen zu Sophokles' Elektra.

V. 221—224.

'Ηλ. Δεινοῖς ἠναγκάσθην δεινοῖς·
ἔξοῖδ', οὐ λάθει μ' ὀργά.
ἀλλ' ἐν γὰρ δεινοῖς οὐ σχήσω
ταύτας ἄτας
ὄφρα με βίος ἔχῃ.

Der chor hat in den vorhergehenden versen (gegen den schluss
des die parodos vertretenden kommos) die heldin ermahnt, nicht
durch ihre zornigen klagen ihre eigene lage noch zu verschlim-
mern, denn dergleichen dinge seien den machthabern nicht ange-
nehm (οὐκ ἀρεστά, anstatt der handschriftlichen lesart ἐριστά, nach
Krügers emendation). Wenn nun darauf Elektra erwiederte: „Ich
bin durch furchtbares dazu gezwungen worden. Ich weiss es, der
zorn ist mir nicht verborgen" so sagte sie mindestens etwas sehr
überflüssiges, mag sie ihren zorn oder den der machthaber meinen.
Und wenn sie gar fortführe, sie wolle, so lange sie das leben
habe, diese ἄτη nicht zurückhalten, so wäre dies ein verwerflicher
charakterzug. Es müssen offenbar die beiden worte ὀργά und ἄτας
den platz und den numerus tauschen. Denn sagt Elektra: „Ich
kenne wohl das verderbliche meiner lage, aber in aller noth will
ich, so lange ich lebe, nicht von meiner zornigen stimmung ablassen."
Das entspricht dem zusammenhange und dem charakter der heldin.

V. 435 ff.

'Ηλ. ἀλλ' ἢ πνοαῖσιν ἢ βαθυσκαφεῖ κόνει

κρύψον νιν, ἔνθα μή ποτ᾽ εἰς εὐνὴν πατρὸς
τούτων πρόσεισι μηδέν· ἀλλ᾽ ὅταν θάνῃ
κειμήλι᾽ αὐτῇ ταῦτα σωζέσθω κάτω.
ἀρχὴν δ᾽ ἄν, εἰ μὴ τλημονεστάτη γυνὴ
440 πασῶν ἔβλαστε, τάσδε δυσμενεῖς χοὰς
οὐκ ἄν ποθ᾽, ὃν γ᾽ ἔκτεινε, τῷδ᾽ ἐπέστεφε.
σκέψαι γὰρ εἴ σοι προσφιλῶς αὐτῇ δοκεῖ
γέρα τάδ᾽ οὖν τάφοισι δέξασθαι νέκυς κ. τ. λ.

In dieser stelle ist die handschriftliche lesart einige male leicht
zu ändern. V. 435 hat Nauck ῥοαῖσιν für πνοαῖσιν geschrieben.
Ich füge den vorschlag hinzu v. 436 ῥῖψον anstatt κρύψον zu setzen. In κρύπτειν liegt immer der nebenbegriff einer gewissen sorgfalt, welcher durchaus nicht so passend für unsere
stelle ist, als das verächtliche hinwerfen, was für die bedeutung
von ῥίπτειν charakteristisch ist. Ferner ist v. 440 wohl δυσμε-
νεῖ anstatt δυσμενεῖς χοάς zu lesen. Das opfer ist hier nicht ein
beweis der feindschaft, sondern lediglich der furcht. Aber dass
Klytämnestra wagt, einem ihr feindseligen verstorbenen, den sie
getödtet, diejenigen opfer zu schicken, die nur die liebe spenden
darf, das ist ein beweis von frechheit. Endlich wird v. 442 αὐ-
τῆς, abhängig von δέξασθαι zu lesen sein, anstatt αὐτῇ, was auf
προσφιλῶς bezogen wird. Der beabsichtigte sinn wird dadurch
klarer und wirksamer ausgedrückt.

V. 680 ff.

Παιδ. Κἀπεμπόμην πρὸς ταῦτα καὶ τὸ πᾶν φράσω·
Κεῖνος γὰρ ἐλθὼν εἰς τὸ κοινὸν Ἑλλάδος
πρόσχημ᾽ ἀγῶνος Δελφικῶν ἄθλων χάριν
ὅτ᾽ ᾔσθετ᾽ ἀνδρὸς ὀρθίων κηρυγμάτων
δρόμον προκηρύξαντος, οὗ πρώτη κρίσις,
685 εἰσῆλθε λαμπρὸς πᾶσι τοῖς ἐκεῖ σέβας.
δρόμον δ᾽ ἰσώσας τῇ φύσει, τὰ τέρματα
νίκης ἔχων ἐξῆλθε πάντιμον γέρας.
χὤπως μὲν ἐν πολλοῖσι παῦρά σοι λέγω,
οὐκ οἶδα τοιοῦδ᾽ ἀνδρὸς ἔργα καὶ κράτη.
690 ἓν δ᾽ ἴσθ᾽. ὅσων γὰρ εἰσεκήρυξαν βραβῆς
δρόμων διαύλων πένταθλ᾽ ἃ νομίζεται
τούτων ἐνεγκὼν πάντα τἀπινίκια
ὠλβίζετ᾽, Ἀργεῖος μὲν ἀνακαλούμενος,

ὄνομα δ' Ὀρέστης, τοῦ τὸ κλεινὸν Ἑλλάδος
695 Ἀγαμέμνονος στράτευμ' ἀγείραντός ποτε.

Mannigfache fehler enstellen diese verse nach der handschriftlichen lesart, welche wiederum deutlich die spuren einer redigiren-
den überarbeitung zu tragen scheint. Doch sind die meisten derselben schon berichtigt. Dass man v. 688 anstatt ἐν πολλοῖσι παῦρα
umgekehrt ἐν παύροισι πολλά schreiben, und nach λέγω nicht interpungiren müsse um πολλά auf ἔργα καὶ κράτη zu beziehen, hat
Bergk gefunden. Den metrisch fehlerhaften und auch dem inhalt
nach unmöglichen v. 691 δρόμων διαύλων πένταθλ' ἃ νομίζεται
hat zuerst Lachmann als unecht bezeichnet, und Nauck hat die
grenzen des unechten von διαύλων bis τούτων v. 692 richtig festgestellt. Eine sehr ansprechende vermuthung eben desselben herausgebers ist ferner v. 695 γόνος für ποτέ (ποτέ ist dem schreiber wohl aus der erinnerung an v. 1 entschlüpft). Nun bleiben
noch die verse 686 und 687. Von ihnen sagt Nauck ganz richtig in der 6. auflage, sie seien an eine falsche stelle gerathen,
und der erstere sei noch nicht geheilt. In der 5. auflage steht
noch dabei, dass sie nach v. 695 einen schicklicheren platz finden
würden; und auch diese bemerkung ist ohne zweifel richtig. Denn
wie ist der hergang? Der herold ruft die wettkämpfenden auf;
diese betreten die schranken; sie laufen; die richter erklären, wer
gesiegt hat; der sieger wird ausgerufen mit angabe der heimat,
mit namen und vatersnamen; er verlässt die schranken mit dem sie-
gespreis. Wenn also die erzählung dem hergang der sache entsprechen soll, so kann auf εἰςῆλθεν v. 685 nicht gleich das ἐξῆλ-
θεν v. 687 folgen, sondern lauf, richterspruch und verkündigung
müssen vorhergehen. Aus der stellung der vv. 686 und 687 nach
v. 695 aber lässt sich wohl auch die emendation der anstössigen
worte τὰ τέρματα finden, die man jetzt mit νίκης zu verbinden
pflegt, und zu denen πάντιμον γέρας als apposition so lahm nach-
hinkt. Der sieger im wettlauf wird erkannt und ausgerufen als
der adeligste jüngling Griechenlands; durch seine tüchtigkeit hat
er einen wettlauf gemacht, welcher an vorzüglichkeit seinem adel
gleichkommt, und geht hervor mit dem ehrenpreis des sieges. Also
schreibe ich mit grösster concinnität des gedankens und der construction die vv. 686 und 687:

δρόμον δ' ἰσώσας τῇ φύσει τοῦ σπέρματος
νίκης ἔχων ἐξῆλθε πάντιμον γέρας. —

In derselben rede des pädagogen ist auch eine versumstellung
vorzunehmen, nämlich v. 726 ist nach v. 728 zu stellen. Die
handschriftliche lesart ist folgende:

V. 723 καὶ πρὶν μὲν ὀρθοὶ πάντες ἔστασαν δίφροι·
        ἔπειτα δ' Αἰνιᾶνος ἀνδρὸς ἄστομοι
725 πῶλοι βίᾳ φέρουσιν, ἐκ δ' ὑποστροφῆς
        τελοῦντες ἕκτον ἕβδομόν τ' ἤδη δρόμον
        μέτωπα συμπαίουσι Βαρκαίοις ὄχοις·
        κἀντεῦθεν ἄλλος ἄλλον ἐξ ἑνὸς κακοῦ
        ἔθραυε κἀνέπιπτε, πᾶν δ' ἐπίμπλατο
730 ναυαγίων Κρισαῖον ἱππικῶν πέδον.

Anstoss giebt in v. 726, ausser dem masculinum τελοῦντες,
welches auf das gewöhnlich als femininum gebrauchte πῶλοι v. 725
bezogen ist, die befremdliche angabe, dass ein und dasselbe gespann im moment des zusammenstosses im „sechsten u n d siebenten“
umlauf begriffen gewesen sei. Die erklärungsversuche neuerer herausgeber, dass damit die raschheit des vorganges bezeichnet werde
(Wolff: „kaum war es der sechste umlauf, nun ist's schon der siebente“), enthalten schon die entschuldigung eines mangelhaften ausdruckes. Dies würde der dichter wohl anders zu sagen gewusst
haben, er würde diesen gedanken nicht in einen zeitbestimmenden
participialsatz zu συμπαίουσι gebracht haben.   Und überdies, wie
denkt man sich bei dieser erklärung den hergang?   Man nimmt
an, der Aeniane sei im sechsten umlauf begriffen gewesen, als
seine pferde durchgingen; er habe einen bedeutenden vorsprung gewonnen, habe alle gespanne fast um eines umlaufs länge überholt,
und sei dann in seinem siebenten umlauf mit dem barkäischen gespann von hinten kommend zusammen gestossen.   Diese auffassung
involvirt eine ganze menge unwahrscheinlichkeiten.   Man muss dabei annehmen, 1) dass der Aeniane schon die spitze gehabt habe,
als seine pferde durchgingen, denn sonst würde er seinen vorder-
mann wohl gleich im sechsten umlauf überfahren haben, 2) dass
der barkäische wagen der letzte in der reihe gewesen sei.   Beides
wäre ja an sich möglich, hätte aber in einer schilderung, welche,
wie diese in v. 701 bis 708 und 726 mit genauigkeit und sachkenntniss prunkt, nicht unerwähnt bleiben sollen.   Weiter aber ist

es 3) sehr unwahrscheinlich, zu denken, dass ein gespann, selbst
wenn die pferde durchgehen, in der kurzen zeit eines einzigen um-
laufes vor den anderen, welche doch auch im schnellsten wettlauf
begriffen sind, einen so bedeutenden vorsprung gewinnen, ferner 4),
dass der zusammenstoss so heftig und vernichtend gewesen sei,
wenn sich die barkäischen pferde in derselben richtung vor den
aenianischen hin bewegen und also durch ihre bewegung die kraft
des zusammenstosses mindern, endlich 5), dass noch sechs andere
gespanne in diesen unfall verwickelt werden, wenn derselbe hinter
ihnen, also ungesehen, geschieht, und sie hiernach ein gutes stück
weges haben, ehe sie sich dem orte desselben wieder nähern. Zu
allen diesen unwahrscheinlichkeiten kommt als die hauptsache, dass
ἐξ ὑποστροφῆς nur „in folge der umkehr" heisst, nicht aber „wiederkehr nach geschehenem umlauf", und dass man bei μέτωπα
συμπαίουσι an einen wirklichen zusammenstoss zweier in ge-
genbewegung begriffener gespanne zu denken hat, nicht aber an
die einholung des einen gespannes durch das andere. Man muss
sich also vielmehr den hergang nach der schilderung des dichters
so denken, dass die aenianischen pferde dem zügel nicht mehr gehorchen, aus der richtung gerathen, und, statt sich von den anstren-
gungen des wagenlenkers bändigen zu lassen, nur eine wendung
machen, und mit dem unmittelbar folgenden barkäischen gespann
zusammenstossen. Bei dieser auffassung von v. 725 und 727, gegen welche nunmehr der einwand der unmöglichkeit, den Nauck
gegen das umwenden durchgehender pferde gerichtet hat, nicht mehr
erhoben werden dürfte, ist v. 726 mit seinem sechsten und siebenten umlauf ganz unmöglich, und muss den platz räumen. Fr. Passow wollte ihn nach v. 723 stellen, und stände er dort, so würde
man nichts weiter dagegen einzuwenden haben, als dass hier die genauigkeit der angabe ohne nutzen für die anschaulichkeit der katastrophe ist. Eben deshalb muss man ihn nach v. 728 stellen,
wo er alle oben bemerkten unwahrscheinlichkeiten beseitigt und die
anschaulichkeit bedeutend erhöht. Wenn wir die verse so lesen:

718 κἀντεῦθεν ἄλλος ἄλλον ἐξ ἑνὸς κακοῦ
    τελοῦντες ἕκτον ἕβδομόν τ' ἤδη δρόμον
    ἔθραυε κ. τ. λ.

so ersehen wir, dass der zusammenstoss zwischen zwei ungefähr
in der mitte der rennenden befindlichen gespannen erfolgt. Ein theil

der gespanne hat den siebenten umlauf schon begonnen, ein anderer ist noch im sechsten begriffen. Zunächst die unmittelbar hinter dem berkäischen gespann fahrenden, hernach auch die übrigen,
wie sie im siebenten umlauf herankommen, werden in die allgemeine calamität verwickelt.

V. 813—816.

᾿Ηλ. μόνη γάρ εἰμι, σοῦ τ᾽ ἀπεστερημένη·
   καὶ πατρός· ἤδη δεῖ με δουλεύειν πάλιν
815 ἐν τοῖσιν ἐχθίστοισι ἀνθρώπων ἐμοὶ
   φονεῦσι πατρός· ἆρά μοι καλῶς ἔχει;

Elektra klagt über ihre durch den tod des bruders zum schlim-
mern veränderte lage. Hierbei ist mir zunächst die construction
δουλεύειν ἐν zweifelhaft. Wolff führt zur vergleichung an v. 681
οὐ γὰρ ἐν φίλοις ὁ μῦθος, und v. 703 κἀκεῖνος ἐν τουτοῖσιν. Ich
glaube, dass es eben so wenig dieser stellen bedurft hätte, um den
gebrauch der präposition ἐν zur bezeichnung der zugehörigkeit zu
einer grösseren anzahl zu beweisen, als sie geeignet sind, die construction δουλεύειν ἔν τισι hier zu illustriren, da die gemeinten
eben nicht a u c h sclaven sind. Aber auch mit πάλιν weiss ich
nichts anzufangen. W i e d e r sklavin sein? Ist sie denn schon jemals frei geworden? Wenn N a u c k auf v. 264 verweist, wo
Elektra sagt, dass sie von den mördern ihres vaters beherrscht
werde, so beweist gerade diese stelle, dass an der unserigen πάλιν
neben ἤδη unmöglich ist. Denn der zustand der Elektra war immer derjenige einer sklavin, nur dass die hoffnung auf Orestes
heimkunft sie noch geistig frei und aufrecht erhielt. Das ist n u n-
m e h r (ἤδη) dahin, die geistige stütze ihrer opposition ist ihr definitiv, aber nicht w i e d e r u m, sondern zum erstenmal genommen.
Es muss also auch in πάλιν ein fehler stecken; vielleicht ist δ ο υ-
λ ε ί α ν π α θ ε ῖ ν zu lesen, womit sich auch ἐν τοῖσι κ. τ. λ. passend verbinden würde. — V. 816 wird den zahlreichen einschieb-
seln, welche diese tragödie erfahren hat, zuzuzählen sein. Es sieht
ganz darnach aus als ob jemand zu dem glossem φονεῦσι πατρός
und v. 790 ἆρά μοι καλῶς ἔχει; repetirt habe.

V. 846 ff.:

᾿Ηλ. Οἶδ᾽ οἶδ᾽. ἐφάνη γὰρ μελέτωρ
   ἀμφὶ τὸν ἐν πένθει· ἐμοὶ δ᾽ οὔτις ἔτ᾽ ἔσθ᾽, ὃς γὰρ ἔτ᾽ ἦν
   φροῦδος ἀναρπασθείς.

Für μελέτωρ ist Meineke's vermuthung νεμέτωρ sehr ansprechend.
Aber das wort πένϑει ist noch falsch. Ὁ ἐν πένϑει kann nur
den trauernden, nicht den betrauerten bezeichnen, wie diese phrase
denn auch in dem von Nauck angezogenen v. 290 deutlich auf
trauernde geht: ὦ δύσϑεον μίσημα, σοὶ μόνῃ πατὴρ | τέϑνηκεν,
ἄλλος δ' οὔτις ἐν πένϑει βροτῶν; der gegensatz findet zwischen
σοὶ μόνῃ und ἄλλος οὔτις statt, es heisst also: „Giebt es keine
trauernde ausser dir?" Zum überfluss möge noch an Il. X, 483
erinnert sein: ἐμὲ στυγερῷ ἐνὶ πένϑει λείπεις χήρην. — Hier wird
zu lesen sein ἀμφὶ τὸν ἐν κεύϑει, welches wort auf den von der
erde lebendig verschlungenen Amphiaraos besonders gut passt.

V. 871. 872:

Χρ. Ὑφ' ἡδονῆς τοι, φιλτάτη, διώκομαι
    τὸ κόσμιον μεϑεῖσα σὺν τάχει μολεῖν.

Der epexegetisch angefügte infinitiv μολεῖν macht ohne zweifel
die rede breit. Sollte nicht σὺν τάχει ποδοῖν zu lesen sein?
Die füsse bleiben bei solchen gelegenheiten von den tragikern selten unerwähnt. O. C. 890. Ant. 214. Aesch. Eum. 395. Spt.
371, 374. Eur. Or. 1344, u. a.

V. 928, 929:

Χρ. Καὶ ποῦ 'στιν οὗτος; ϑαῦμά τοί μ' ὑπέρχεται.
Ἠλ. κατ' οἶκον ἡδὺς οὐδὲ μητρὶ δυσχερής.

Hier ist in v. 929 μητρὶ so gestellt, dass er nur mit δυσχερής in beziehung gesetzt werden kann. Andererseits kann der
überbringer der nachricht vom tode des Orestes nicht allgemein,
sondern nur mit beziehung auf Clytämnestra ἡδύς genannt werden.
Obendrein ist ἡδὺς οὐδὲ δυσχερής eine leere tautologie. Es wird
also eine verderbniss vorliegen, und der vers zu lesen sein:

    κατ' οἶκον ἐγγύς, οὐδὲ μητρὶ δυσχερής,

so dass der erste halbvers, wie sich gebührt, der antwort auf die
gestellte frage gewidmet ist, und die selbständig hinzugefügte hinweisung auf die mutter erst nach der cäsur beginnt.

V. 428—430. Dass auch in diesem stücke viele einzelne
verse und ganze versgruppen interpolirt sind, nicht etwa aus versehen eines abschreibers, sondern mit absicht und in folge einer
jüngeren redaction, lässt sich nicht in abrede stellen. Morstadt
und Nauck haben eine anzahl kenntlich gemacht. Ein grosser theil
derselben sowohl in dieser wie in anderen tragödien beruht auf

effecthascherei, und speculirte auf den gröberen geschmack eines gesunkenen publikums. Einige scheinen wohl auch aus dem bestreben hervorgegangen zu sein, undankbare partieen, wie z. b. die von dem tritagonisten dargestellte Chrysothemis, einigermassen durch aufgesetzte lichter zu heben. Mir sind die drei oben nach ihrer zahl citirten verse als eine solche interpolation verdächtig. Sie lauten:

Χρ. πρός νυν θεῶν σε λίσσομαι τῶν ἐγγενῶν
  ἐμοὶ πιθέσθαι μηδ' ἀβουλίᾳ πεσεῖν·
430 εἰ γὰρ μ' ἀπώσῃ, σὺν κακῷ μέτει πάλιν.

Sie bilden den schluss der rede, in welcher Chrysothemis auf die an sie gerichtete frage der Elektra darlegt, was sie von dem traum der mutter weiss: nämlich die kurze angabe desselben, welche sie von dem lauscher erfahren hatte. Die unmittelbar vorhergehenden verse lauten:

  πλείω δὲ τούτων οὐ κάτοιδα, πλὴν ὅτι
  πέμπει μ' ἐκείνη τοῦδε τοῦ φόβου χάριν.

Weder in diesen versen, noch in den vorhergehenden derselben rede, noch auch in der unterredung der beiden schwestern seit v. 404, mit welchem das gespräch auf die sendung der Chrysothemis zurücklenkt, ist die geringste andeutung auf Elektra's schicksal zu entdecken, noch liegt eine veranlassung vor, darauf zurückzukommen. Vielmehr ist diese angelegenheit und die laue fürsorge der Chrysothemis für ihre schwester, nachdem die sittlichen anschauungen der beiden jungfrauen hart auf einander gestossen sind (v. 400, 401), ziemlich kühl und definitiv beseitigt (v. 403—405):

Χρ. πατὴρ δὲ τούτων, οἶδα, συγγνώμην ἔχει. 400
Ηλ. ταῦτ' ἐστὶ τἄπη πρὸς κακῶν ἐπαινέσαι.
Χρ. σὺ δ' οὐχὶ πείσῃ καὶ συναινέσεις ἐμοί;
Ηλ. οὐ δῆτα· μήπω νοῦ τοσόνδ' εἴην κένη.
Χρ. χωρήσομαί τἄρ', οἷπερ ἐστάλην ὁδοῦ κ. τ. λ.

Auch hält sich Elektra in ihrer auf die in zweifel gezogenen verse folgenden rede lediglich an die sendung der Chrysothemis, und geht mit keiner sylbe auf die bitte der schwester ein. Diese drei verse schweben also vollständig in der luft, ohne allen zusammenhang; wie will man sie denn motiviren? Nauck und Wolff sagen ziemlich übereinstimmend, die in v. 427 erwähnte furcht der Kly-

tämnestra, welche sie ihren anschlag auf Elektra's freiheit zu be-
schleunigen veranlasse, treibe Chrysothemis an, aus schwesterlicher
liebe ihre bitte zu wiederholen. Hierauf fragt man billig, wie so
hat Klytämnestra in folge ihres traumes veranlassung, Elektra eher
einzusperren? Dieser plan gegen die freiheit der tochter ist älter
als der ängstigende traum, seine ausführung hängt von anderen bedingungen, insbesondere von der rückkehr des Aegisthos ab, kurz,
es sind zwei so heterogene dinge, dass es nicht erlaubt ist, sie
ohne andeutung mit einander in beziehung zu setzen. Eine solche
andeutung liegt aber weder in den reden des chores noch der handelnden personen irgend vor. Dazu geben die verse selbst anstoss.
V. 428 πρός νυν θεῶν σε λίσσομαι τῶν ἐγγενῶν zeigt plötzlich
eine wärme des interesses, eine leidenschaftlichkeit der bitte, wie sie
zu dem egoistisch-kühlen benehmen der praktischen Chrysothemis
gar nicht stimmt. Hätte der dichter den charakter dieser jungfrau, welche dem rechte nur so weit raum giebt, als es nicht mit
eigenem schaden geschieht, die „den machthabern in allem gehorcht,
um frei zu bleiben" (v. 540), mit dieser wärme der empfindung aus-
statten wollen, so würde er auch wohl auf den anfang dieser scene
ein wenig davon verwendet haben. V. 429 enthält in den worten
μηδ' ἀβουλίᾳ πεσεῖν eine armselige, den interpolator verrathende
wiederholung von v. 398 καλόν γε μέντοι μὴ 'ξ ἀβουλίας πεσεῖν,
und zwar eine recht unpassende übertragung der in einer allgemeinen sentenz schicklichen phrase auf den einzelnen fall. V. 430
εἰ γάρ μ' ἀπώσει, σὺν κακῷ μέτει πάλιν, verstehe ich nicht.
„Zurückstossen" kann Elektra die Chrysothemis gar nicht, denn
diese macht ihr keinen vorschlag, eröffnet ihr keinen gemeinsam
auszuführenden plan, bietet ihr keine hülfe, sondern ermahnt nur
zur ruhe und zur nachahmung ihrer eigenen kunst zu laviren. Und
endlich: „So wirst du mich zu (oder unter) eigenem schaden wieder aufsuchen" — das sind ganz sinnleere worte. Soll Elektra
sie aufsuchen, wenn sie eingesperrt ist? Und zu welchem zweck?
Die scholien schreiben hinzu: καὶ ἀξιώσεις μετά σου γενέσθαι.
Aber dieser gedanke, zu dem allerdings der vers hinleitet, lag ja
gerade der Chrysothemis am allerfernsten; weder fordert sie je zu
einer gemeinsamen that auf, noch folgt sie einer aufforderung der
schwester. In summa, diese drei verse sind nicht ursprünglich,
sondern zusatz eines überarbeiters oder schauspielers, der dem cha-

rakter der Chrysothemis ein wenig von der liebenswürdigen wärme
der Ismene zu verleihen wünschte.

Aehnlich ist es in dem episodium, in welchem Chrysothemis
wieder auftritt, v. 841—1057. Hier sind in der zweiten hälfte
eine reihe verse bereits als zusätze nachgewiesen, und zwar mit
sicherheit v. 1007. 1008 von Nauck, v. 1051—1053 von Morstadt, und mit grosser wahrscheinlichkeit von v. 947 und 948
zwei halbverse, und v. 957, sowie v. 941. Ich denke die zahl
noch etwas zu vermehren, und beginne bei dem zuletzt angeführten
verse.

V. 938 ff.:

> *Ηλ. οὕτως ἔχει σοι ταῦτ'· ἐὰν δέ μοι πίθῃ*
> *τῆς νῦν παρούσης πημονῆς λύσεις βάρος.*
>
> 940 *Χρ. ἦ τοὺς θανόντας ἐξαναστήσω ποτέ;*
> *Ηλ. οὐκ ἔσθ' ὅ γ' εἶπον. οὐ γὰρ ὧδ' ἀφρων ἔφυν.*
>
> *Χρ. τί γὰρ κελεύεις, ὧν ἐγὼ φερέγγυος;*

Den schlechten vers 941 hat Nauck mit recht dem Sophokles abge-
sprochen. Jedoch nicht die worte *οὐκ ἔσθ' ὅ γ' εἶπον*, welche zwar
Sophokles nicht geschrieben haben kann, aber welche vielleicht
emendirt werden könnten, machen den vers unmöglich, sondern er
muss fallen, weil er die antwort auf eine unmögliche frage ist.
Die ironische frage der Chrysothemis „Soll ich etwa die todten
auferwecken?" ist selbst in dem jetzigen zusammenhange der situation nicht eben angemessen; wie Nauck aber die verse stellt:

> *Ηλ. οὕτως ἔχει σοι ταῦτ'· ἐὰν δέ μοι πίθῃ —*
>
> *Χρ. ἦ τοὺς θανόντας ἐξαναστήσω ποτέ;*
>
> *Ηλ. τῆς νῦν παρούσης πημονῆς λύσεις βάρος.*
>
> *Χρ. τί γὰρ κελεύεις, ὧν ἐγὼ φερέγγυος;*

erscheint sie ganz unmotivirt, denn auf eine aposiopese: „Wenn du
mir aber folgst —" kann doch bei natürlichem denken nur die
frage folgen: „Nun, was wird dann geschehen?" aber nicht eine
so ausschweifende vorstellung. Es folgte ursprünglich schlicht und
natürlich auf v. 939 gleich v. 942, und die beiden verse 940 und
941 rühren wohl von einem interpolator her, der nach geistreichen
pointen haschte, dabei aber so unglücklich war, seinen eigenen einfall durch den mund der Elektra in v. 941 für thöricht erklären
zu müssen.

Ich komme zu der folgenden rede der Elektra v. 947—989.

In derselben hat Nauck von den beiden versen 988 und 998 je einen halben, und 957 bereits athetirt. Ich glaube aber noch eine erweiterung, die nicht im sophokleischen stil und geschmack ist, darin zu sehen. Der gedankengang ist folgender: „Du weisst, wie wir an freunden verarmt sind. So lange ich auf Orestes hoffen konnte, habe ich gewartet; jetzt, da er dahin ist, sehe ich auf dich, ob du mit mir vereint den Aegisth zu tödten wagen willst. Denn worauf willst du noch harren, da dich sonst nur ein beraubtes und eheloses alter erwartet? Denn so thöricht ist Aegisth nicht, dass er dir und mir die ehe gewähre. Wenn du aber mir folgst, so wirst du erstens gegen den vater und den bruder deine pflicht erfüllen, und zweitens deiner geburt gemäss als eine freie leben und eine angemessene heirath schliessen können. Denn nach den braven sieht man gern." Damit sind die materiellen gründe erschöpft, und es könnte der schluss folgen v. 986 ἀλλ', ὦ φίλη, πείσϑητι κ. τ. λ. Statt dessen folgt von v. 973—985 eine lange diatribe über den ruhm, den die beiden schwestern bei den bürgern haben werden, „wie man auf sie weisen wird, als auf die retter des hauses, die man lieben, die man ehren, die man bei allen festen und in öffentlicher weise anerkennen müsse, so dass ihr ruhm im leben und im tode unvergänglich sein werde". Mir erscheint nach den viel wichtigeren sittlichen und utilitäts-argumenten, die schon erwähnt sind, diese λόγων εὔκλεια recht schwach und unwirksam, und die ausführung vollends, um es aufrichtig zu sagen, kindisch. In welcher situation soll man sich denn die beiden töchter Agamemnons denken, wenn sie „von bürgern und fremden mit solchen lobsprüchen begrüsst" werden? Pflegten sie sich etwa auf dem frequenten markt herum zu treiben, so dass die leute sagen konnten: „Seht, freunde, da die beiden heldinnen"?! Und das „ehren bei festen" und ἐν πανδήμῳ πόλει — das muss wohl bedeuten „auf staatskosten", etwa eine speisung im prytaneum —, würde man eher in einem enkomion auf einen τυραννοκτόνος als im munde einer sophocleischen Elektra erwarten. Auch sprachlich ist neben einer nicht abzuleugnenden verbosität v. 979 und 980 auffallend genug ὦ τοῖσιν ἐχϑροῖς εὖ βεβηκόσιν ποτὲ | ψυχῆς ἀφειδήσαντε προὐστήτην φόνου. — Es ist hier mehr das gefühl, welches sich von der ψυχρότης dieser stelle abgestossen fühlt, als dass im einzelnen ein genauer beweis zu führen wäre; aber da einmal feststeht,

dass rhetorisirende interpolationen im Sophokles vorkommen, so
scheint mir hier ein ziemlich ebenbürtiges exemplar vorzuliegen,
das ja wohl auch von dem späteren publikum beklatscht worden
sein mag.

Der verfasser dieser interpolation schrieb auch die antwort
darauf in dem munde der Chrysothemis, v. 1005—1008:

> λύει γὰρ ἡμᾶς οὐδὲν, οὐδ᾽ ἐπωφελεῖ
> βάξιν καλὴν λαβόντε δυσκλεῶς θανεῖν.
> οὐ γὰρ θανεῖν ἔχθιστον, ἀλλ᾽ ὅταν θανεῖν
> χρῄζων τις εἶτα μηδὲ τοῦτ᾽ ἔχῃ λαβεῖν.

Die beiden letzten dieser vier verse hat Nauck schon seit der 3.
auflage für unecht erklärt. Wolff hat ihnen nach v. 822 einen
platz angewiesen; und dies wäre sicher in der ganzen tragödie
der passendste platz für eine sentenz, welche etwa behauptete, dass
es etwas furchtbareres als den tod gebe; nur nicht für diese, welche absolut absurd ist. Wenn man, wie die alten thaten, den
selbstmord für erlaubt hält, wo in aller welt soll es denn ein nicht-
sterbenkönnen geben für den, der wirklich sterben will! *Mors ultima linea rerum est*, das zeigt auch das schicksal der Antigone.
Aber auch die beiden vorhergehenden verse sind nicht viel besser. Auf
die *contradictio in adiecto* in v. 1006 „mit schöner nachrede un-
rühmlich zu sterben" hat Nauck aufmerksam gemacht, und er conjicirt δυσπότμως für δυσκλεῶς. Allein ich zweifle keinen augenblick, dass der verfasser jener verse gegen diese änderung verwahrung einlegen würde; denn sie zerstört ihm sein schönes oxymoron,
welches die scholien so gewissenhaft erklären. Die hauptsache
aber ist, dass sie zur begründung des vorhergehenden gedankens
gar nicht taugen, und doch mit γάρ verbunden sind. Die gedanken der Chrysothemis gehen gar nicht bis zum versuch der ausführung, bis zum ruhm und der todesstrafe dafür, sie erschrickt
schon bei dem blossen gedanken, dass der plan bekannt werden
könnte. „Sieh dich vor", sagt sie v. 1003 und 1004, „dass wir
in unserer schlimmen lage nicht schlimmeres hinzu erhalten, wenn
jemand diese worte hört". Darauf kann nicht als begründung folgen: „denn es nützt uns nichts, mit schöner nachrede schimpflich
zu sterben", sondern die vorhergehenden verse sind selbst schon
eine folgerung aus v. 1001 und 1002; τίς οὖν τοιοῦτον ἄνδρα
βουλεύων ἑλεῖν | ἄλυπος ἄτης ἐξαπαλλαχθήσεται; sie bedürfen also

nicht noch erst selbst einer begründung. Diese letzteren verse mit
Morstadt für unecht zu halten, sehe ich keine veranlassung. Es
ist ganz in der ordnung, dass Chrysothemis erst von dem glücke
der beiden gegner, und dann von der erlegung des einen mannes spricht, denn nur ihn will ja Elektra tödten, und es ist ein
zeichen mehr von der interpolation der vv. 973—985, dass sie
vom morde beider gegner zu sprechen scheinen. Kurz man lese
die reden beider schwestern ohne die bezeichneten verse, und man
wird sie rund und fertig, und dabei natürlich und charaktermässig
finden.

　　Ob demselben überarbeiter auch die von Morstadt mit recht
als unverständlich bezeichneten verse 1052—1054 zur last fallen,
wage ich nicht zu behaupten, aber ich fürchte, er hat auch in der
stichomythie beider schwestern die hand im spiel. Die unterredung
geht folgerichtig und zusammenhängend bis v. 1031, wo Elektra
abbricht mit den worten: ἄπελθε· σοὶ γὰρ ὠφέλησις οὐκ ἔνι. Hierauf würde ganz vortrefflich folgen v. 1046: Χρ. καὶ τοῦτ' ἀλη-
θές, οὐδὲ βουλεύσῃ πάλιν; worauf nach zwei ganz passenden ent-
gegnungen v. 1050 Chrysothemis sagt: ἄπειμι τοίνυν. Sie nimmt
Elektra beim wort und überlässt sie ihrem schicksal allein. (Ganz
ähnlich scheiden sich die beiden schwestern v. 402—4). Liest
man die stichomythie ohne die zwischen v. 1031 und 1046 stehenden 14 verse, so ist nirgends ein sprung, nirgends eine beziehung auf fernliegendes, nirgends ein neuer anfang, und die auseinandersetzung der beiden charaktere ist vollständig und mit erschö-
pfender klarheit ausgedrückt. In den versen von 1032—1045 dagegen reisst der gedankenzusammenhang fast nach jedem gewech-
selten wort ab, die einander folgenden reden beziehen sich nicht
auf das nächst vorhergehende, es kommen mannigfache anstösse anderer art vor, und die erkenntniss der charaktere wird nicht nur nicht
gefördert, sondern eher gestört. Wir müssen diese verse einzeln
durchgehen. Zwar auf den oben citirten v. 1031 folgt in v. 1032
eine richtige antwort: „doch, ich kann wohl nützen, aber du kannst
nicht lernen". Die hierauf folgende gegenrede der Elektra nebst
der dazugehörigen antwort in v. 1033 und 1034: (El. „geh und
sage dies alles deiner mutter". Chr.: „Mit solchem hasse hasse ich
dich doch auch nicht") haben aber auf das vorhergehende gar keinen bezug, sondern gehen auf v. 1012 zurück. Sie sind, wie es

scheint eine schwache nachahmung der stelle aus dem prolog der
Antigone v. 85—87, wo Antigone das von der Ismene gegebene
anerbieten des schweigens unwillig, aber sofort, ablehnt. Dass dabei die worte der Elektra recht spitz und gereizt sind, kann man
nicht gerade tadeln, obgleich solche worte nach der resignirten ab-
wendung in v. 1131 kaum noch nöthig erscheinen, und dass Chrysothemis mit ihrer entgegnung streng genommen zugiebt, dass sie
Elektra dennoch überhaupt hasse, wollen wir nicht urgiren. Mit
dem folgenden verspaar bricht der gedankengang wieder ab, wenn
wir den auslegungen der neuesten herausgeber folgen. V. 1034
und 1035 *Ηλ. ἀλλ' οὖν ἐπίστω γ', οἷ μ' ἀτιμίας ἄγεις. | Χρ. ἀτι-
μίας μὲν οὔ, προμηϑίας δὲ σοῦ.* Nauck und Wolff erklären übereinstimmend (wie aus des letzteren anmerkung hervorgeht): „Wisse
wenigstens, bis zu welchem grade der ehrlosigkeit du mich verleiten willst, indem du beabsichtigst, mich von meinem plane abzubrin-
gen; denn dies kann niemand thun, der mich lieb hat". Die antwort der Chrysothemis suche, sagt Nauck, durch beibehaltung des
genitivs anstatt des erwarteten *οὐκ εἰς ἀτιμίαν, ἀλλ' εἰς προμη-
ϑίαν* den sarkasmus des gegensatzes zu verschärfen. Ich gestehe,
dass mir diese erklärung recht gekünstelt, und die verbindung mit
dem vorigen verspaare dadurch doch nicht hergestellt zu sein
scheint. In den letzteren handelte es sich um die von Elektra's
plan zu machende an zeige; in diesem soll ein grad von feindseligkeit, wenn auch ein minderer, darin liegen, dass Chrysothemis
versuche, Elektra zu entehren, indem sie dieselbe von ihrem unter-
nehmen ab bringe, nicht aber darin, dass sie es verrathe. Ist
das ein einfacher und natürlicher gedankengang? Doch ich glaube
den verfasser dieser verse anders verstehen und wenigstens einen
leidlichen zusammenhang mit dem unmittelbar vorhergehenden entdecken zu können. *Οἷ μ' ἀτιμίας ἄγεις* heisst nicht, „bis zu welchem grade der ehrlosigkeit du mich verleiten willst", sondern „in
welchem grade du mich verächtlich beurtheilst"; *ἄγειν* ist hier, wie
das lateinische *ducere*, und wie es auch oft im griechischen gebraucht wird, z. b. Ant. v. 35 „erachten, schätzen". Elektra findet
in dem v. 1012 freiwillig gegebenen versprechen des schweigens ein
zeichen der verachtung; sie will ihren plan entweder unterstützt,
oder bekämpft, nicht aber ignorirt sehen. Es ist dies ja auch eine
nachahmung der bekannten schon angeführten stelle aus der Anti-

gone. Wenn also Elektra sagt, dass Chrysothemis sie, wenn auch
nicht mit hass, doch mit verachtung behandle, so sind v. 1035 und
1036 mit den vorhergehenden allerdings natürlich verbunden. Auf
die gefühle der Chrysothemis gegen Elektra bezog auch der verfasser des scholions zu v. 1035 diese beiden verse, indem er ihn
mit folgenden worten umschrieb: οὐκ ἀτιμάζω σε, ἀλλὰ προνοοῦ-
μαί σου: und in der that drückt diese umschreibung wohl die meinung des dichters aus, dessen worte freilich sich kaum einer construction unterwerfen lassen, weil man zu προμηθίας das verbum
ἄγειν nicht in dem nöthigen sinne ergänzen kann. Es hat den vers
eben kein Sophokles gemacht. Nach v. 1036 reisst der gedanken-
faden wieder einmal vollständig ab. V. 1037 und 1038: Ηλ. τῷ
σῷ δικαίῳ δῆτ᾿ ἐπισπέσθαι με δεῖ; Χρ. ὅταν γὰρ εὖ φρονῇς, τόϑ᾿
ἡγήσῃ σὺ νῶν. Der verfasser hat, abgesehen von dem gedankens-
sprunge, vergessen, dass es sich für Chrysothemis niemals um eine
rechtsfrage, sondern um eine utilitätsrücksicht gehandelt hat, dass
sie v. 338 ausdrücklich erklärt hat, das recht stehe auf der seite
der Elektra, ja er ist naiv genug, sie drei verse weiter unten v.
1041 und 1042 ein ganz ähnliches bekenntnis ablegen zu lassen.
Er hat also entweder dem charakter der Chrysothemis eine ungehörige nüance hinzufügen wollen, nämlich ein rechtsbewusstsein,
welches sie nicht besitzt, und dabei sehr gedankenlos gehandelt, indem er dicht daneben widersprechendes schrieb, oder er hat τὸ δίκαιον in einem sehr oberflächlichen sinne gebraucht. Beides ist
nicht schön und nicht sophokleisch. Uebrigens ist der letztere fall
der hier eintretende, denn die antwort der Chrysothemis sieht von
dem δίκαιον ganz ab, und bezieht sich nur auf das ἐπισπέσθαι,
so dass v. 1037 fast ohne änderung des sinnes heissen könnte σοὶ
δῆτ᾿ ἐπισπέσθαι με δεῖ; und eben hierin, in dem plötzlichen übergang von der verachtung, welche Chrysothemis angeblich gegen
die schwester hegen soll, zu dem (ebenfalls nur angeblich vorhandenen) anspruch derselben auf die führerschaft liegt der ungerecht-
fertigte gedankensprung. — Wieder ein neuer anlauf! es folgen
in v. 1039 und 1040 zwei recht triviale, und dennoch recht miss-
verstandene verse: Ηλ. ἦ δεινὸν εὖ λέγουσαν ἐξαμαρτάνειν. Χρ.
εὔρηκας ὀρθῶς ᾧ σὺ πρόσκεισαι κακῷ. Dass dieser schmerzensruf
der Elektra mit dem vorhergehenden nicht in nothwendiger beziehung steht und an manchen andern stellen, z. b. nach v. 1014,

1031 u. a. ebenso gut stehen könnte, ist offenbar. Zunächst handelt es sich aber darum, zu verstehen, wer die εὖ λέγουσα ist, Elektra selbst oder Chrysothemis. In den scholien sind beide auffassungen ganz naiv neben einander vertreten: Δεινὸν ἐμὲ καλῶς λέγουσαν δοκεῖν ἐξαμαρτάνειν· ἐπεὶ δὲ ἡ Χρυσόθεμις καλῶς λέγει, δοκεῖ δὲ ἁμαρτάνειν διὰ τὸ μὴ πράσσειν τὰ δίκαια ὑπὲρ ἐκδικίας τοῦ πατρός, πρὸς τοῦτό φησιν ἡ Ἠλέκτρα· Δεινόν ἐστι σύμφορα δοκοῦσαν συμβουλεύειν ἄδικα πράσσειν καὶ ἁμαρτάτειν, ὅπερ ἡ Χρυσόθεμις εἰς Ἠλέκτραν τρέπει ἐν τῷ ἑξῆς στίχῳ. Die neuesten herausgeber, um uns auf diese zu beschränken, folgen der ersten alternative. Nauck schreibt: „fürwahr, ein jammer, das richtige zu reden, und doch fehl zu gehen, d. h. nichts auszurichten". Wolff nimmt auch das δοκεῖν ἁμαρτάνειν der scholien an. In beiden auffassungen scheint mir der gedanke recht leer, und insbesondere die antwort der Chrysothemis, eine einfache bekräftigung der sache, ohne alle pointe zu sein. Auch kann Elektra, nachdem sie v. 1017 bereits es ausgesprochen, dass sie nicht anders erwartet habe als von Chrysothemis abgewiesen zu werden, und v. 1031, dass diese nicht zu brauchen sei, es hier kaum noch mit überraschung als furchtbar empfinden, dass sie mit ihren guten reden ihr ziel verfehlt; noch weniger kann ein schein des unrechts (ein δοκεῖν ἁμαρτάνειν) sie besonders kränken, zumal dieser schein nicht vorhanden ist, sondern selbst von Chrysothemis ihr zugestanden wird, dass sie zwar recht rede aber thöricht handle. Diese auffassung ist sicher nicht sophokleisch; schon dass sich Elektra nur das εὖ λέγειν, nicht vielmehr ein δικαίως δρᾶν zuschreiben sollte, ist nicht za glauben. Ich zweifle auch nicht, dass der verfasser der stelle den sinn der zweiten scholien-interpretation hat unterlegen wollen, wonach Elektra sagt: „schrecklich ist es, mit so schönen reden dennoch, wie du, zu fehlen", und Chrysothemis antwortet: „das ist eben dein unglück; du sprichst richtig, aber du erreichst nicht dein ziel" cf. das scholion zu v. 1040. Dadurch erhalten, wie bemerkt, die verse wenigstens einige pointe; auch tritt dann die mir sehr wahrscheinliche nachahmung von Ant. 324 Φύ. ἦ δεινὸν, ᾧ δόκησις ἦ, ψευδῆ δοκεῖν (nach Hartung) deutlich hervor. Der zusammenhang mit dem vorhergehenden ist bei dieser auffassung ebenso wenig, und derjenige mit dem folgenden ebenso erträglich vorhanden, wie bei der anderen auffassung. Nothwendig sind diese bei-

den verse neben den beiden folgenden, welche schon gesagtes nur
repetieren, in keinem falle, und sophokleisch auch nicht, schon um
der dargelegten uralten doppeldeutung willen. — Ueber v. 1041
und 1042 ist schon geredet; es folgt darauf v. 1043 im munde
der Elektra: τούτοις ἐγὼ ζῆν τοῖς νόμοις οὐ βούλομαι — die
reinste prosa! Die Elektra des Sophokles spricht kräftiger, s.
v. 989. Nun folgen die verse 1044 und 1045: Χρ. ἀλλ᾽ εἰ ποιή-
σεις ταῦτ᾽ ἐπαινέσεις ἐμέ. Ἠλ. καὶ μὴν ποιήσω γ᾽ οὐδὲν ἐκπλα-
γεῖσά σε. Will man hier einen unmittelbaren zusammenhang mit
v. 1043 statuiren, so muss man als den inhalt des ταῦτα v. 1044
annehmen: εἰ βιώσῃ τούτοις τοῖς νόμοις. Dazu passt der sinn ganz
gut, und es ist so sehr das nächstliegende, dass man bei erster lesung es gewöhnlich so ansieht, bis man aus dem ποιήσω der Elektra v. 1045 erkennt, dass im gegentheil der mord des Aegisth gemeint ist, und dass man ein neues abbrechen vor v. 1044 anzunehmen hat. Dazu kommt, dass v. 1043 nur dasselbe sagt, was eleganter und zur sache nöthiger noch zweimal, vorher v. 1028, und
nachher v. 1056 und 1057 gesagt wird, dass endlich οὐδὲν ἐκ-
πλαγεῖσά σε v. 1045 doch verwunderlich anstatt τοὺς σοὺς λόγους
(oder dergleichen) gesagt, gerade als ob der Elektra von Chrysothemis etwas böses drohte. — Hiermit sind die mir als unecht
erscheinenden verse zu ende, es ist wieder in die bahn des echten
textes eingelenkt. Es sind anstösse genug, wie mich dünkt. Ein
mathematischer beweis lässt sich natürlich nicht führen, denn nicht
überall muss der interpolator von jener äussersten geschmacklosig-
keit gewesen sein, wie in der Antigone v. 905 ff., oder El. v.
1051—1053 und wenn man insbesondere an den Sophokles nicht
überall die höchsten forderungen stellen zu dürfen glaubt, so wird
man einige dieser verse erträglich finden, wie es ja eben lange genug geschehen ist. Aber man lese einmal die scene im zusammenhang der tragödie ohne die als interpolation eines redactors bezeichneten verse, 940, 941, 975—985, 1005—1008, 1032—1045,
1051—1053, und frage sich, ob wohl irgend eine lücke, irgend
ein gedankensprung zu bemerken ist, ob nicht vielmehr zusammenhang und charakteristik überall gewinnen. Wenn aber dies der
fall ist, dann sind die verse auch spätere zusätze. Höchstens
könnte man in der zuletzt behandelten stelle die athetese auf acht
verse beschränken, nämlich v. 1033—1038, und 1044—1045, denn

die verse 1939—1043 unmittelbar zwischen 1032 und 1046 gestellt würden wenigstens einen correcten gedankengang ergeben.
Es ist aber unwahrscheinlich, dass der interpolator zweimal nach
so kurzem zwischenraume sich eingemischt haben sollte, und die
verse bieten auch an sich des anstosses genug.

Zum schluss will ich kurz noch meine bedenken gegen einige
verse des prologes darlegen und dem urtheil des lesers anheimstel-
len, ob auch hier interpolation anzunehmen ist. Es sind die schlussverse der rede des Orest v. 75 nnd 76. — Nachdem Morstadt
die auch mir längst verdächtigen verse 61—66 und 72 als interpolirt überzeugend dargethan hat, ist es nicht nöthig die thätigkeit
eines redactors erst noch nachzuweisen. Nun bieten aber die beiden verse manches sonderbare:

$$\nu\grave{\omega} \ \delta' \ \ddot{\varepsilon}\xi\iota\mu\varepsilon\nu\cdot \ \varkappa\alpha\iota\varrho\grave{o}\varsigma \ \gamma\grave{\alpha}\varrho, \ \ddot{o}\varsigma\pi\varepsilon\varrho \ \grave{\alpha}\nu\delta\varrho\acute{\alpha}\sigma\iota\nu$$
$$\mu\acute{\varepsilon}\gamma\iota\sigma\tau\sigma\varsigma \ \ddot{\varepsilon}\varrho\gamma\sigma\upsilon \ \pi\alpha\nu\tau\acute{o}\varsigma \ \grave{\varepsilon}\sigma\tau' \ \grave{\varepsilon}\pi\iota\sigma\tau\acute{\alpha}\tau\eta\varsigma.$$

Sie folgen auf die an den pädagogen gerichteten worte: „du aber,
alter, geh und fasse deine aufgabe ins auge". Hier ist ausser dem
wiederholten $\delta\acute{\varepsilon}$ auch dies auffallend, dass Orest sagt: „wir beide
aber wollen abtreten", während doch alle drei personen abgehen,
und nicht etwa der pädagog bleibt. Die fortsetzung ist vollends
unangemessen: „denn es ist jetzt der rechte augenblick" u. s. w.
Wie so denn jetzt? Es ist gar nichts geschehen, keine günstige
gelegenheit hat sich dargeboten, die versäumt oder ergriffen werden
könnte. Und wenn Orestes so bestimmt ausspricht, dass gerade
jetzt der rechte augenblick zum abgehen sei, so ist es nicht zu
verstehen, dass er gleich drei zeilen weiter v. 80 den vorschlag
macht, zu bleiben und den klagen der Elektra zuzuhören. Ich
halte die beiden verse ebenfalls für einen zusatz; vermissen wird
man sie nicht.

Magdeburg. *B. Todt.*

Auct. b. Afric. 19, 4

haben die handschriften *uti frenato condidicerat*. Nipperdey
liest: *uti frenatos constituerat* (vgl. Quaest. Caes. p. 207). Ich
schlage vor: *equo uti frenato condocefecerat*.

Gotha. *K. E. Georges.*

X.

Beiträge zur kritik und exegese des plautinischen Miles gloriosus.

(S. Phil. XXX, 578—614).

Zum prologe. (Suppl. zur einl. §. 8). Von den vor Ritschl's epochemachender untersuchung (Parerga 180—238) über die prologe erschienenen monographien ist ein aufsatz von Baden in Klotz und Seebode's N. Jahrb. f. Philol. Supplbd I (1831) p. 441—447 ganz ungenügend, während G. A. B. Wolff's programm *de prol. Plautinis* (Guben 1812) einiges gute enthält. So wird hier p. 15 sqq. zum ersten male gegen Eichstädt u. a. bewiesen, dass auch die νέα κωμῳδία prologe gehabt habe; die unächtheit der beiden erhaltenen verse aus dem prolog zum Pseudolus wird durch vergleichung des ausdrucks *Plautina fabula* mit Cas. pr. 12 dargethan; neben letzterem wird mit Lipsius auch der zum Poenulus wenigstens theilweise (vergl. p. 9 mit desselben verf.'s *Prolegg. in Aulul.* p. 12) verworfen, desgleichen Men. pr. 3, 7 — 12; alles übrige dagegen soll ächt sein. Bekanntlich hat aber Ritschl für fast alle prologe grade das gegentheil erwiesen: von seinem verdammungsurtheile über abfassung und werth der zehn entschieden unächten nahm er nur den zum Trinummus aus, der sich durch bündigkeit und geschmack auszeichne (p. 236), während die frage von wegen der vier übrigen (Aul. Rud. Cist. Mil.) noch offen gelassen wurde (p. 237 f.); natürlich wandte sich deshalb das interesse der folgenden besonders diesen und jenem des Trinummus zu, der ja auch ein göttliches wesen als sprecher mit dreien der anderen gemein hat. Schon Teuffel glaubte deshalb im Rh. M. VIII, 26 auch für die zur Aulularia und zum Rudens ein wort einlegen zu müssen,

während er p. 30 f. den zur Cistellaria mit recht völlig verwirft.
Hiermit stimmen die urtheile von A. L. R. Liebig, im programm
des Gymn. zu Görlitz v. j. 1859: *de prologis Plautin. et Terent,*
50 pp., einer schwerfällig und ohne klare disposition geschriebenen
abhandlung, die aber mehrere treffende gedanken enthält, welche
zu dem meiner ansicht nach richtigen leiten. So ist hier zum ersten male, nachdem p. 45—50 die wahrscheinlichen prologfrag-
mente der νέα gesammelt sind, die gewiss sehr wahre bemerkung
ausgesprochen, dass die palliatendichter besonders in den e r z ä h l e n d e n
partien ihrer prologe die originale „vor augen gehabt haben müssen"
(p. 50 vgl. p. 18), und dass grade die entschieden unächten prologe keine solche partien enthalten, sondern mit all' ihrer geschwä-
tzigkeit und scurrilität offenbar nur der gallerie zur belustigung
dienen sollten. Gewiss waren es auch eben diese gesichtspuncte,
die den verf., obwohl er im vorhergehenden abschnitte p. 18—42
ihrer gar nicht erwähnt, leiteten, wenn er ausser dem prologe zu Trin.
Aul. Rud. auch die eszählenden partien derjenigen zum Mil. glor.
(95—155) und zum Amph. (90—152, hier ausserdem noch 1—16)
für ächt erklärt. Warum nun aber nicht gleich einen schritt weiter gehen und annehmen, wie es einl. p. 49 f. geschah, dass solche partien, die, vereinzelte ausnahmen abgerechnet (wie Mil. 132,
Aul. 11 sq., s. anm. 4), nichts des dichters unwürdiges und keine
römische anspielungen enthalten, von ihm zugleich mit dem stücke
selbst aus dem griechischen übertragen wurden? So that mit bezug auf die Aulularia schon W. Wagner *de Plaut. Aul.* p. 29 sq.,
der ebds. auch die prologe zum Trinummus und zum Rudens [13])
für unzweifelhaft ächt hält. Bei ersterem ist noch in betracht zu
ziehen, ob man mit Ritschl Par. 233 sq. den umstand, dass der
dichter in einem prologe namhaft gemacht wird, für ein hinlängli-
ches kennzeichen der unächtheit desselben halten will. Liebig, der
hierin mit Ritschl einig ist, erklärt deshalb p. 38 f. den trinum-

---

13) *»Cuius genuinae partes a subditiciis certissima ratione discriminari possunt«*, ibd. annot. 50, ohne nähere ausführung. Eine solche, und zwar eine vorzügliche, ist aber soeben gegeben von Karl Dziatzko: Ueber den Rudensprolog des
Plautus, im Rh. M. XXIV, 570—584. Da von der hand desselben,
ebenso scharfsinnigen wie besonnenen forschers auch monographien
über die Mercator- und Pönulusprologe zu erwarten sind, enthalte ich
mich hier einer näheren sonderung ihrer einzelnen wahrscheinlich
ächten theile von den überwiegend zahlreichen unächten.

musprolog, obwohl er im kern ächt sei, dennoch wegen v. 8 und
18—11 für eine spätere überarbeitung des ursprünglichen; Dziatzko
hingegen hat in seinen zwei verdienstlichen schriften, über welche
der Philol. Anz. II, 3 das nähere giebt, die unhaltbarkeit jenes be-
weisgrundes nachgewiesen (*diss.* p. 22 not., 25; *progr.* 2 b)
und gezeigt, dass der haupttheil des prol. Trin., 1—17, etwa mit
ausnahme der interpolirten verse 6 und 7, der art sei, dass wir
keinen grund haben an seiner abfassung durch Plautus selbst zu
zweifeln, obwohl sein name v. 8 vorkömmt; dass hingegen die di-
daskalischen notizen Trin. 18—21, wie auch Merc. 5 sq., Mil. 83
—87 und vielleicht noch Poen. 50—58, ebenfalls der ganze Asi-
nariaprolog, weder von Plautus selbst, noch von späteren aufführ-
rungen, sondern von gelehrten bearbeitern des textes herrühren. Im übrigen gelangt auch Dziatzko am schlusse seiner untersuchungen (*progr.* 15 a) zu wesentlich derselben, aber schärfer
begrenzten und erfolgreicher ausgefallenen, sonderung der prologe
in zwei abtheilungen, wie sie Liebig angebahnt hatte; auch er
hebt hervor, „dass wir da, wo das argument erzählt wird, am
ehesten ächt Plautinisches erwarten dürfen, weniger in solchen partien, welche dem inhalt fern liegendes besprechen".

Ueber den prolog zum Miles speciell haben nur Liebig p. 41
sq. und Dziatzko *progr.* 2 a sich geäussert: Beide verwerfen v.
79—87, weil von festen sitzplätzen die rede ist und das original
genannt wird. Liebig verwirft ausserdem noch 88—98, ohne nähere begründung, aber wenigstens in bezug auf 88—94 meines
erachtens mit vollem recht, wie ich einl. p. 48 f. und im commentare zu zeigen versuchte.

An den prolog reihe sich nun gleich die besprechung der zuerst von G. E. Lessing aufgestellten vermuthung: Plautus habe
sein stück nur *Gloriosus* genannt. Lessing's worte (Hamb.
Dram. I stück 21; Werke VII, 90 Lachm. und Maltz.) sind folgende: „Die alten haben ihren komoedien selten andere als nichts-
bedeutende titel gegeben. Ich kenne kaum drei oder viere, die den
hauptcharakter anzeigten, oder etwas von der intrigue verriethen.
Hierunter gehört des Plautus *Miles gloriosus*. Wie kömmt es,
dass man noch nicht angemerket, dass dieser titel dem Plautus nur
zur hälfte gehören kann? Plautus nannte sein stück blos *Gloriosus*, so wie er ein anderes blos *Truculentus* überschrieb. *Miles*

muss der zusatz eines grammatikers sein. Es ist wahr, der prahler, den Plautus schildert, ist ein soldat; aber seine prahlereien beziehen sich nicht blos auf seinen stand und seine kriegerischen thaten. Er ist in dem punkte der liebe ebenso grossprahlerisch; er rühmt sich nicht allein der tapferste, sondern auch der schönste und liebenswürdigste mann zu sein. Beides kann in dem worte *Gloriosus* liegen; aber sobald man *Miles* hinzufügt, wird das *gloriosus* nur auf das erstere eingeschränkt. Vielleicht hat den grammatiker, der diesen zusatz machte, eine stelle des Cicero [14]) verführt; aber hier hätte ihm Plautus selbst mehr gelten sollen als Cicero. Plautus selbst sagt: [folgen v. 86 und 87], und in der stelle des Cicero ist es noch gar nicht ausgemacht, dass eben das stück des Plautus gemeint sei. Der charakter eines grossprahlerischen soldaten kam in mehrern stücken vor. Cicero kann eben so wohl auf den Thraso des Terenz gezielt haben".

Auf Lessing verweisen Danz in der *praefatio* seiner specialausgabe p. VI sq., der ohne allen grund *Miles sive Gloriosus* „*vel potius*" *Gloriosus sive Miles* als titel aufstellt, und G. A. B. Wolff, der sich ganz an Lessing anschliesst, in seinen ziemlich verworrenen bemerkungen über *fabulae binomines*, *Prolegg. ad Aul.* (Naumburg 1836) p. 13 sqq. Gegen letzteren machte Osann schon in den Anal. crit. p. 162 die autorität des *argumentum acrostichon* geltend, desgleichen später in der Z. f. A. 1849 nr. 27, p. 209 anm. 8, wo er zu beweisen sucht, dass die *argumenta* jedenfalls aus der zeit vor Cicero stammen und vielleicht von dem grammatiker Aurelius Opilius (c. 100 a. C.) verfasst seien, der eine *pinax fabularum Plautinarum* schrieb mit einem vorworte, das seinen namen enthielt. Auch Ritschl erklärt sich für *Miles gloriosus*: er stellt Par. 132 bei besprechung des *Parasitus piger* von Plautus diesem „titel mit einem doppelprädicate" (der nothwendig war zur unterscheidung von dem gleichfalls plautinischen *Parasitus medicus*) eben den *Miles gloriosus* zur seite als das „einzige bei Plautus sonst noch vorkommende beispiel dieser art",

---

14) Cic. off. I. 38, 137: *Deforme etiam est de se ipsum praedicare, falsa praesertim, et cum irrisione audientium imitari militem gloriosum.* Schon lange vor Cicero aber findet sich Capt. prol. 56—57: *Hic néque periurus lénost nec meretrix mala Neque miles gloriósus.* Ter. Eun. prol. 31 und 38 ebenso.

und rechtfertigt es dadurch, dass der *Miles gloriosus* „e i n bestimmter begriff für einen häufigen charakter des damaligen lebens und
eine stehende rolle der komödie geworden war". In der *praef.*
Stich. p. XVIII not. erklärt Ritschl sogar v. 87 für interpolirt
und meint, er habe zwei verse etwa folgenden inhalts verdrängt:
Ei Militi esse glórioso fábulae Nomén poeta uóluit
uorsae bárbare. Hiermit war Fleckeisen *epist. crit.* p. XXIII
einverstanden, und so wäre, man möge nun dieser ansicht über v.
87 beistimmen oder nicht, die ganze frage über den namen als erledigt zu betrachten gewesen, wenn nicht der zuletzt genannte gelehrte neun jahre später im Rh. Mus. XIV, 628 f. anm. wiederum
Lessing's idee hervorgezogen hätte, mit der er es halten zu müssen glaubte, „um so mehr da ausser dem Truculentus noch andere
titel von palliaten und togaten uns erhalten sind, die aus einem
blossen adjectivum oder participium bestehen, wie der *Addictus*
des Plautus, der *Asotus* des Cäcilius, der *Caecus* des Plautus und
Titinius, der *Proiectus* des Nävius, der *Prodigus* und *Teme-*
rarius des Afranius u. a. Allerdings in sehr alte zeit muss die
umwandlung des *Gloriosus* in einen *Miles gloriosus* hinaufreichen,
da schon der verfasser der akrostichischen argumente, ferner Gellius
und sämmtliche grammatiker das stück nur unter dem letztern titel
kennen, auch derjenige, von dem die alphabetische reihenfolge der
uns erhaltenen komödien herstammt, der kein anderer ist als Varro.
Aber sollte in dem mehr als hundertjährigen zeitraum, der zwischen dem tode des dichters und der schriftstellerischen thätigkeit
Varro's verfloss, die erweiterung des titels *Gloriosus* zu einem *Mi-*
les gloriosus unmöglich gewesen sein?"

   Gegen die berechtigung des blossen *Gloriosus* als titel ist
selbstverständlich nichts einzuwenden; die annahme aber, dass Plautus selbst sein stück so benannt habe, wird sowohl durch die von
Fleckeisen nicht verschwiegenen bedenken als auch durch die jetzt
wohl von allen anerkannte unächtheit wenigstens der prologverse
79—87 [15]) ihrer hauptstütze beraubt. Uebrig bleibt nur die frage,

---

   15) Mommsen, Röm. Gesch. I [5], 899 anm., scheint jedoch an die
ächtheit zu glauben: »Noch 155 gab es sitzplätze im theater nicht;
wenn dennoch nicht blos die verf. der plautin. prologe, sondern schon
Plautus selbst mehrfach auf ein sitzendes publicum hindeuten, (mil.
82 sq.; aul: IV, 9, 6; truc. extr., epid. extr.), so müssen wohl die

ob das stück bei der aufführung, zu welcher besagte prologpartie
geschrieben ward, im engen anschluss an das original nur *Gloriosus* genannt worden sei [16]). Wir sind also wiederum auf das,
hier nur durch den stricten wortlaut bedingte, verständniss von v.
87 angewiesen, der, wenn er auch „entschieden die hindeutung auf
den namen des stückes beabsichtigt, mit nichten blos eine übersetzung des appellativen prädicats" (Ritschl Par. 203), doch auf keinen fall dazu n ö t h i g t ein blosses *Gloriosus* als titel anzunehmen, sondern völlig ebenso gut auf denselben hingedeutet haben
kann, wenn er *Miles gloriosus* lautete.

Ueberschrift im B: *PALESTRIO SERVVS* (rubr.).
D fol. 133 a z. 26: *Palestrio seruus* m. 2 (ausradirt) und
rubr.; fol. 133 b z. 1 marg. *PA.* m. 3.

81. Die correcturen im B sind von m. 2; im D sind nach
ausculta 6—7 buchstaben ausradirt: an stelle der ersten beiden
setzte m. 3 *re*, die beiden letzten scheinen *et* gewesen zu sein. —
Ueber die schreibweise *nollet* s. Ritschl, *praef. Stich.* XV sqq.,
und dagegen Fleckeisen, *epist. crit.* XI.

84. D: *comediae quandos aucturi sumus;* m. 3 ra-
dirte das *e* vor *q* aus (und fügte statt dessen dem *a* ein auge an),
ebenso die buchstaben *dos* und das erste *u;* das *n* vor *dos* änderte
sie in *m.* — Für die von Pylades vorgeschlagene verbesserung
quam nos ohne *modo* macht F. V. Fritzsche, dem Fleckeisen *ep.
crit.* XXIII beitritt, im ind. lectt. Rostoch. aest. 1850 p. V mit

meisten zuschauer sich stühle mitgebracht oder sich auf den boden
gesetzt haben«.

16) Dies ist die ansicht von A. Riese, Rh. M. XXII, 303 f., der
darauf geführt wurde durch vergleichung mit Cas. prol. 30 sq. Dieser
prolog wurde bekanntlich zur wiederaufführung der Casina etwa 150
v. C. geschrieben, und damals wurde der ächte alte name verdrängt
durch *Sortientes* (denn das original hiess Κληρούμενοι); später aber,
als die gelehrte welt plautin. forschungen betrieb, kam man wieder
auf den ächten titel zurück. So schrieb wohl auch Plautus selbst
Mil. glor.; nach einigen jahrzehnten neu aufgeführt erhielt das stück
dem original zu liebe den titel *gloriosus;* Varro aber und andere gelehrte kamen auf das ächte zurück. »Ein stricter beweis für die unächtheit des prologs«, heisst es weiter, »sei wohl kaum zu führen,
doch sei v. 91 offenbar durch spätere überarbeitung entstanden aus
778. Einer solchen verdanken wohl auch die besprochenen verse [84
sqq.] ihren ursprung, welche der betreffenden stelle des casinaprologs
[30 sq.] ebenso ähnlich, wie von denen der unzweifelhaft ächten prologe zur Asinaria [??] und zum Trinummus [18—21??] aufs wesentlichste verschieden sind«.

recht geltend, dass *modo* „sogleich" mit einem futurum verbunden
so wenig latein sei, wie ἄρτι ἥξω griechisch; es könne nur =
tantummodo sein, wie Andr. 594 und Capt. 458.

88. Das *inde* mit *omnes mulieres* 91 zu verbinden, wie Bothe und Ritschl wollen, so dass *omnes Ephesias* verstanden werden
soll, ist gewiss sehr hart.   Während Acidal Divinn. p. 276 sqq.
an diesem verse verzweifelte, gab Dousa Explan. III. 8 p. 247 den
richtigen gedanken an in seinem *indidem est*: „ebendaher, aus
Ephesus, ist (mein herr)", Lipsius und Lambinus waren aber schon
früher auf das einfachere *inde est* geführt worden, eine *uerissima
emendatio*, wie Fritzsche a. a. o. p. V bemerkt.   [Noch einfacher:
inde miles meus erust].   Dass *inde* für das erwartete *hinc* eintritt,
hat gewiss nur darin seinen grund, dass letzteres wort sogleich 89
in einer etwas anderen bedeutung nachfolgt.

92. D: *deri* . . . . . *st* mit rasur von 5—6 buchstaben, der
erste ausradirte war bestimmt ein *d*; m. 3 schrieb in der rasur
suie. Offenbar liegt hier ein erklärendes glossem vor, während
das wahre aus den corruptelen in BC leicht erkennbar ist. Das wort
steht noch Amph. 682 *deridiculi gratia*, Ps. 1058 *per deridiculum*,
Haut. 952 *Qui sibi me pro déridiculo ac délectamento putat, (ridiculo fuit* Eun. 1004, *in ridiculo esse* Cas. V 2, 3); dann bei Varro,
Tacitus (ann. III, 57: *deridiculo fuit senex*), Quintilian, Gellius, s.
Freund's lexicon.

93—94. D: *meritrices*, letztes *e* in *i* geändert von m. 1
selbst. — B: *ualgis*, m. 2 punktirte *a* und *s* und setzte über das
a ein *u*, wollte also *uulgi*. — C: *sauus*[17]). — Die richtige erklärung dieser schwierigen und vielbesprochenen stelle verdankt
man Scaliger und Acidalius. Letzterer sagt gegen Dousa d. ä.
(Praecidanea ad Petron. I, 12) in seinen divinn. p. 277: *Suauia
non basia, sed ipsa labia cum summo Scaligero recte accipit Dousa*
[und so alle folgenden ausser Lindemann], *recte idem "ductationem*

---

17) Haupt, ind. lectt. Beroll. aest. 1856 p. IX, hält nur die form
savium für richtig, nicht *suavium*, obwohl das wort gewiss von *suavis*
komme. Es findet sich bei Cicero, Properz, Horaz, aber nie bei Virgil, Ovid, Tibull; im silbernen zeitalter wohl nur in der dichterstelle
bei Gellius XIX, 11, 4 und bei den Archaisten selbst. Das wort *ba-
sium* (unbekannten ursprunges) findet sich zuerst bei Catull, dann bei
Phädrus, Petron, Juvenal, Martial, Fronto, Appulejus, und kehrt in
den romanischen sprachen wieder.

labiorum" *pro contumeliosa non basiatione, sed subsannatione* [desgl.,
nur Köpke und Georges im lexicon unrichtig: „an sich locken"];
*minus recte "ualga suavia" pro ipsa oris inter subsannandum ob-
tortione* [so auch Turneb. Advers. VII, 16, Boxhorn, Weise]. *Non
enim hoc ait Plautus, valgis suaviis militem a meretricibus assiduo
rideri, sed inde adeo, quod assiduo labiis eum ductent, valga suavia
ipsis esse. Dum perpetuo, quaqua incedit miles, per deridiculum
fastidientes meretrices oris eum non lasciva, sed contemnifica obtor-
tione insectantur, obtorta sibi ipsis ora fecerunt, ut maxima earum
pars ex sannarum illa frequentatione videatur iam valgis suaviis
esse, seu labia prave distorta gerat. Hoc voluit poeta, poetice fere
nimis!* — Das *maiorem partem* kann übrigens auch mit Gronov
von der zeit verstanden werden, wie Poen. I, 3, 4 *Maiorem partem in ore habitas meo.* Zu *labiis ductant* kann verglichen werden Gellius XVIII, 4, 6: *Tum ille rictu oris labearumque ductu
contempni a se ostendens et rem — et hominem ipsum sqq.* Die
form *labium* findet sich nur hier im Plautus (Ter. Eun. 336), *la-
bea* nur Stich. 721 (Novius 16), sonst stets *labrum* und *labellum*;
valgus nur in den verdächtigen versen, die Festus p. 375 a, 15—
18 M. erhalten hat, s. Ritschl's krit. note zu Mil. 722.

96. Ba: *habeo oculis,* nur das *i* ist nicht ganz sicher; hieraus wurde durch rasuren gemacht: *abeo cui.* — Da: *habeo cule,*
durch rasur der zwei letzten buchstaben *cui.*

100. Die früheren erklärungen des handschriftlichen *matre
Athenis Atticis* (Taubmann: *Athenis quasi matre natam,* ähnlich
Pareus; *nata matre Athenis Atticis oriunda* Gronov) sind unhaltbar; ebenso Fritzsche's (a. a. o. p. V) *ante,* = *ante militem,* mit
berufung auf den unechten vers 132. Ritschl's *altam,* gestützt auf
Rud. 741 *Immo Athenis nátus altusque éducatus Atticis* (vgl. noch
Ps. 416, Epid. III, 4, 66) entfernt sich zu weit von der handschriftlichen lesart. Man ist deshalb auf das *arte* des Scioppius
zurückgekommen, welches Kayser in den Münch. gel. Anz. 1851,
p. 751 und neuerdings in den Heidlbg. Jahrb. 1869, p. 334 unter
vergleichung von Ps. 66 *Compressiones artae amantum comparum*
empfiehlt. Bergk, Z. f. A. 1850, p. 330 f., hatte früher vermuthet *Is amat meretricem a matre Athenis Atticis,* wie *a lenone
amare* Ps. 203, Pön. V, 2, 132; zog aber dann auch ein adverb
im sinne von *arte* vor: vielleicht *Is amat meretricem misere A. A.*

— An das *ingenuam* arg. II, 1 denkend, glaubte ich, dass hier
vielleicht etwas ausgefallen sei, verdrängt durch das aus dem vorhergehenden verse wiederholte *Athenis*, und versuchte deshalb *patre
et matre Atticis*, obwohl nicht ohne einigen zweifel, namentlich
aus grammatischen gründen, da die auslassung von *natam* (vergl.
Holtze's Synt. prisc. Lat. I, 177) sehr hart ist und nicht durch
die verderbte stelle Epid. V, 1, 35 vertheidigt werden kann. Kayser erhebt Heidelb. Jahrb. l. l. wohl auch mit recht den einwand,
dass eine ebenbürtige Athenienserin nicht als Hetäre erscheinen
durfte; besser hätte ich daher wohl das *arte* aufgenommen, vergl.
arte familiariterque dilexi Plin. ep. II, 13, 5; *artissime diligere*
ibd. VI, 8, 1.

101. *Cultu* ist zweites supinum. — Zur anm. sind noch
hinzuzufügen Cist. I, 1, 97, wo wahrscheinlich zu lesen ist: *Coépi
amare ego illum et ille me cóntra. O mea Silénium*, mit streichung
des überflüssigen *Quid est?* Asin. 631, wo Fleckeisen (bei Ritschl,
N. Plaut. Exc. I, 41) jetzt selbst lieset: *Quia ego hánc amo et
haec me contra amat: huic quod dem nusquam quicquamst.*

104. Ueber *interibi* s. jetzt Ritschl's opusc. II, 266 sq.

105 sq. D: *a⁊illam*, das ⁊ änderte vielleicht schon m. 1 in
d, jedenfalls zog m. 2 es nach, und m. 4 trennte durch einen querstrich *ad* von *illam*. Die buchstaben *cul pap* sind von m. 3 in
einer starken rasur von 6—7 buchstaben.

108. In der anm. ist Capt. 468 (465 Brix.) zu streichen,
da das metrum hier nur *ita* erlaubt; die stellen aus Epid. und Pön.
sind I, 1, 78 und I, 1, 72. Auch Pers. 505, wo Ritschl *ita* für
itaque ändert, dürfte hierher gehören, dagegen nicht Ps. 1254, wo
die Anaphora auch vor *in festivo loco* nur *ita* erlaubt. Im übrigen
vgl. H:nd's Tursell. III, 507 sq. nr. 13 (485 nr. 11).

110 sqq. D: *sublinitos*, m. 3 s. l. über dem *t: l. ri.* — B:
laenaet&matri, das *et* m. 2; *t* ausradirt und & s. l. m. 3. — *filia Ba Da.* — *clamat Ba, clam ad Bb; clāmat* und dann s. l.
marg. [*rem suam*; beide *m* nachher ausradirt.

114. Auch B hat *Ubi*, nicht *Ut.*

117. Im D ist durchaus keine correctur; das *l. sequi volens*
am rande ist von m. 3. — Die von F. V. Fritzsche a. a. o. p. V
vorgeschlagene lesart („*in re subita, cuius ratio reddi vix ulla potest, dici solebat: sic di voluerunt*“, cfr. Hor. od. I, 12, 31 und

das Vergilianische *sic di voluistis!*) steht schon, wenn ich nicht irre, bei Weise; Umpfenbach theilte sie mir ebenfalls brieflich mit.

121. Ueber das *p'quam* d. h. *posquam* des B (vgl. 124 CD) s. jetzt Ritschl, opusc. II, 548 ff., vgl. N. Plautin. Exc. I, 40. —

122. Da: *q*, m. 4 *q̃* d. h. *quae*. —

124. *posquam* D, von m. 3 in *postquam* geändert. —

125. Ba *fortuna sua*.

134. B *venietis*, das *t* und die punkte s. l. m. 2. —

137. D *vivat*. —

139. B *conveniasre*, das *re* und der strich unter *as* deutlich von m. 2. — V. 135 f. will Müller, Plaut. Pros. 327, jetzt anders messen und schreiben.

140. B: *concubine*, m. 2 setzt ein häkchen unter das *e*. — Das *unum* ist = *unicum*, s. anm. 11; mit der daselbst besprochenen Terenzstelle, Andr. 118, kann noch verglichen werden Ovid. Metam. I, 691 sq. *Inter hamadryadas celeberrima Nonacrinas Naïas una fuit;* Caes. b. G. V, 45, 2 ist *unus Nervius* offenbar = ein einzelner Nervier. — Ueber den anakoluthischen nominativ s. jetzt noch A. Kiessling im Rh. M. XXIII, 422 sq., wo noch folgende fälle mit einem attrahirten pronomen genannt sind: Rud. 1240, Trin. 137, Pön. III, 5, 24.

142. „Das früher [Opusc. II, 409 not.] vermuthete *perfodivi* lässt sich schon darum nicht halten, weil diese conjugationsweise nur für den infinitiv (*fodiri exfodiri*) nachweisbar ist". Ritschl, N. Pl. Exc. I, 72 anm. 3, wo vorgeschlagen wird *In eó conclavid égo perfodi párietem*. Am einfachsten ist gewiss der vorschlag des recens. im Philol. Anz. I, p. 118 *In eó conclavi egó perfodi párietem*, und so wünschte ich jetzt aufgenommen.

143 sq. B *hic huic*, *i* in *huic* s. l. m. 2. — *It*, m. 2 *Et*. — *fecisti*, m. 2 *feci*. *is*. — D: *Et senem scientem*, m. 4 *Et se nesciente*. — *fecitis*, alles von m. 1, die auch wohl selbst das *t* ausradirte.

149. Zu *Faciemus* vgl. Most. 376 sq. L. *ita patrém faciam tuom, Non modo ne intro eat, verum etiam ut fugiat longe ab aedibus.* Ps. 1099 sq. *quid ego cesso Pseudolum facere ut det nomen ad molas coloniam?* — Das auffallende *ut ne* wird beseitigt durch den glücklichen gedanken O. Seyffert's (im Philol. XXIX,

396) *neviderit* zu schreiben, nach analogie von *neparcunt* Most. 124, *nescire*, *nevis*, *nevolt*.

150—152 (in 151 B *ut ferr*[&]; m. 3 unterstrich das *ut* und punktirte das eine *r*; D *ut fer&*; *ut* ausradirt). Gegen die ausstellungen, die Acidalius (cap. II init.), Gulielmius (der sogar v. 147—152 streichen wollte), Danz u. a. bezüglich dieser verse gemacht haben, hat W. A. Becker *de com. Rom. fab. maxime Plaut. quaestt.* (Lips. 1837) p. 91—93 den dichter gut vertheidigt und auf die ähnlichen stellen Men. pr. 43 sq. (*Ne mox erretis, iam nunc praedico prius*) und Amph. pr. 142 sqq. verwiesen. Uebrigens ist Acidal's *in vicem* unplautinisch[18]) und auch nicht nöthig, wenn man scandirt *hodiē vicem*; s. über diese messung jetzt Th. Bergk, Beitr. zur lat. Gramm. I, 85—88. Der ausdruck *imaginem alicuius ferre* findet sich wohl nur bei Plautus; „die rolle einer person übernehmen und vorstellen" heisst sonst *personam sustinere*, Cic. de or. II, 24, 102; Sueton. gramm. 24, 3.

153 sq. B: *Ita sublinitust.*^{os} *custodi mulieres.* Nach *sublinit* ist eine starke rasur von 5—6 spatien: hier machte m. 3 die dicken buchstaben *ust.* und *os* s. l.; was darunter gestanden, ist nicht mehr zu erkennen. Oberhalb der silbe *tust* ist die schrift eines früheren correctors ausradirt: nur *ve*, über dem ersten *t*, und *s* über dem zweiten können noch erkannt werden. — D: *Ita sublinitores custodimulieris.* Der vers war offenbar corrigirt von m. 2, aber die änderungen derselben wurden später ausradirt; über dem punktirten *or* sind 3—4 buchstaben, wovon der letzte ein *s* war, ausradirt; auch nach *es* ist etwas wie ein *t* getilgt, und nach *custo* war ein *s* angebracht vor punktirtem *d*. —

154. Ba *senē*. Da: *vitino senē*, m. 4 *vicino*, m. 3 *senes* oder *senis*: das dicke *s* tilgte das auge vom *e*.

155. Da: *dix̄*, m. 3 fügte ein *i* hinzu.

Actus I.

156. Ba: *defrigerit ista los*, Bb *defregeritis talos.* — 157. Da: *lorea*, wozu m. 2 *re* fügte. — 158. *eunt* D; *qđ* d. h. *quod*

18) Es steht nur Men. arg. 10, Amph. arg. acr. 6; *vicem* hat einen genetiv (Capt. 397, 526, Amph. 334) oder ein Pron. poss. (Most. 355, 1145), beides verbunden Truc. I, 2, 57: *Et nostram et illorum vicem.*

CD. — 161. *palestrionẽ* BC (constant, auch in der scenenüberschrift hat B rubr. *PERIPLECTOMEN^ SENEX. PALESTRIO
SERVVS*). — 163. Da: *mulcasitis*, m. 4 setzte s. l. ein *t* vor *a*,
radirte das *s* aus, setzte statt dessen ein *r* und zog das folgende *i*
nach: *mulctaritis*.

158. Das *iam* der handschrift nach *quidem* strich Ritschl,
wohl um den proceleusmaticus zu vermeiden (Prolegg. Trin. CCIC),
aber sowohl Fleckeisen (N. Jahrb. LX, 260, wo das jetzt als unhaltbar erkannte *qu'd'* vorgeschlagen wurde), wie F. V. Fritzsche
(ind. lectt. Rostoch. 1850, p. VI: *mi quidem*) und O. Ribbeck (N.
Jahrb. LXXXV, 371 anm. 2, wo richtig der abfall der endcon-
sonanten geltend gemacht wird, vgl. Rh. M. XIV, 389 ff.) sind
darin einig, dass *iam* schon des sinnes wegen unentbehrlich sei.

164 sq. Ba: *alarie*, Bb: *talariẹ*, C: *alariae*, D: *alariẹ* (zweites *a* corrigirt aus *o* von m. 1 selbst, über dem *e* nichts). — B:
sine talus, aber *e* und *t* deutlich von m. 2, die auch durch rasur
eines striches aus dem *u* ein *i* herstellte; zwischen *n* und *a* sind
fünf spatien, in deren mitte ein einzelner buchstabe gestanden zu
haben scheint, den eine kleine rasur vertilgte. Da ganz deutlich:
domiagitẽ conviũ; m. 2 änderte das *i* nach *g* in *e*, schrieb über
die beiden folgenden punktirten zeichen *re* (also *agere*), und fügte
dem folgenden worte nach rasur des ˜ an *iũ*. Am rande schrieb
m. 3: *l. agere*.

Die varianten im ersten verse führen alle auf das nur im A
unverfälscht erhaltene *alariae*, welches bei Ammianus XXVIII, 4,
21 wiederkehrt[19]). Was die erklärung betrifft, so hat schon J.

19) Ob das früher gelesene *talariae* überhaupt latein sei, bezweifelt S. Vissering in seinen quaestt. Plautt. partic. II, p. 90 anm. 2:
„*nam ubi Cicero bis ludum talarium memorat, miror, interpretes
haec de aleae ludo accepisse; Cicero enim utroque loco egisse videtur de
loco, ubi saltatores exercebantur, ut ludus gladiatorius dicitur ubi gladia-
tores. Alter est de off.* I, 42, 150: '*Minimeque artes eae probandae, quae
ministrae sunt voluptatum: cetarii, lanii, coqui, fartores, piscatores, ut ait
Terentius. Adde huc, si placet, unguentarios, saltatores, totumque ludum talarium'. Alter est in Epist. ad Att.* I, 16, 3 *de collegio quodam
iudicum: 'Non enim unquam turpior in ludo talario consessus fuit: ma-
culosi senatores, nudi equites, tribuni non tam aerati, quam, ut appellantur, aerarii.* An erster stelle verbietet schon das unmittelbar vorhergehende *saltatores* Visserings erklärung, *talarius* ist ja ausserdem
ganz sprachrichtig gebildet und *ludus talarius* »spielerklasse« oder an
zweiter stelle »spielhölle« giebt einen völlig befriedigenden sinn.
Quintilian XI, 3, 57 nennt das würfelspiel *ludus talaris*.

F. Gronov die phrase *legi fraudem facere* ganz richtig erklärt und
durch stellen aus Livius und Cicero verdeutlicht, vgl. noch besonders Digest. I, 3, 30: *fraus legi fit, ubi, quod fieri noluit, fieri
autem non vetuit, id fit;* „ein gesetz umgehen". Ebenfalls hat
Gronov das *sine talis* richtig verstanden und mit Phädrus V, 7, 8
sq. verglichen: *sinistram fregit tibiam, duas cum dextras maluisset
perdere.* Falsch aber erklärt Gronov (und vor ihm schon in ähnlicher weise Pareus) den ausdruck *lex talaria* selbst: „*ratio nor-
maque ludendi talis, quam migrare non licet, nisi, quae callidorum
ars, fallendo collusorem*". Es soll also die *lex* für den *ludus talorum,* die allgemein gültigen regeln des würfelspiels bezeichnen, wie
in ähnlicher weise die „*leges, quae in poculis ponebantur*" bei Cicero [Verr. V, 11, 28] u. a. die vom *magister bibendi* gegebenen
trinkregeln. Demnach bedeutet die ganze stelle 164 sq.: „*ne inter
ludendum talis se decipiant in convivio, demite iis talos*"; und so
erklären fast alle, zum theil mit inepten und ganz verkehrten zusätzen, wie Dousa, Explan. III, 8, p. 248, Scioppius, Verisim. II,
4, Lindemann. Dass Gronov dem richtigen gedanken Hotoman's (im
Index legum Romanarum: es sei hier eine anspielung auf irgend
ein altes gesetz, „*qua talorum lusus in conviviis interdicebatur*"),
den auch Scaliger aussprach und den Vissering a. a. o. p. 91 wieder hervorzieht, nicht beitrat, hatte wohl darin seinen grund, dass
ihm die redensart *fraudem legi facere,* die er zuerst richtig präci-
sirte, jene erklärung zu fordern schien. Und es lässt sich nicht
leugnen, dass der wortlaut: „damit sie nicht das würfelspielgesetz
umgehen können" unsere gedanken mehr auf die in demselben enthaltenen bestimmungen für den gang des spiels hinlenkt, während
lex alearia, verstanden von einem das würfelspiel verbietenden gesetze, eher ein verbum wie „verstossen, sich versündigen" voraussetzen könnte. Nothwendig jedoch ist diese deutung keineswegs.
Fassen wir die stelle in dem allgemeinsten und eben deshalb einfachsten sinne, so konnte das römische publikum das ganze wortspiel nur so verstehen: „damit sie ja nicht in irgend einer weise das
knöchelgesetz (*legi faciant aleariae* im wortspiel mit *sine talis*)
umgehen können, so sorget dafür, dass sie überhaupt keine knöchel
mehr übrig behalten: das ist das radicalste mittel zur abwehr".
Der ausdruck „umgehen" kömmt auch so zu seinem rechte, wie
denn überhaupt das gesetz nicht so sehr gradezu übertreten als auf

mannigfache weise umgangen werden mochte. — Dass es prätori-
sche edicte, senatsconsulte und gesetze gab, die jenes spiel und
überhaupt alles spielen um geld strenge untersagten und demjenigen, der es in seiner wohnung erlaubt hatte, mit harten strafen
drohten, ist sowohl an und für sich so wahrscheinlich, als auch
durch directe zeugnisse so sicher gestellt, dass die von Rost, opusc.
Plaut. I, 61, geäusserten zweifel unbegreiflich erscheinen. S. die
beweisstellen, namentlich die drei fragm. *de aleatoribus* aus den Di-
gesten XI, 5, 1—3, in Becker's Gallus III², 259 f., wozu aber
noch drei andere gefügt werden müssen: Pseud. Asconius zur Divin. in Caecil. 7, 24, welcher meldet, dass die hasardspieler zu
vierfachem schadenersatz verurtheilt wurden (vgl. Cic. Philipp. II,
23, 56, wo gerade von einem *de alea condemnatus* die rede ist);
Hor. od. III, 24, 58: *vetita legibus alea*; Ovid. Trist. II, 471 sq.
*Sunt aliis scriptae, quibus alea luditur, artes: Haec est ad nostros
non leve crimen avos.*

Betrachten wir die häufige erwähnung des würfelspiels in den
palliaten (*tali* und *alea* Most. 309, Bacch. 71, Capt. 73, Curc.
354—359, 609, Asin. 779 sq. 904 sq.; Turpil. 201; *tessera*
kennt Plautus nur als *tessera hospitalis*: Poen. V, 1, 25; 2, 87 sq.
92; Cist. II, 1, 27; dagegen Terent. Ad. 739 *tesseris luditur*)
und noch mehr die speciell römischen benennungen gewisser würfe
(*iactus Venerius* Asin. 905 sq., *volturius* Curc. 357), so wird es
klar, dass das spiel schon damals in Rom sehr verbreitet gewesen
sein muss, und aus ausrufen wie Naev. com. 118 *aleo, lustro, ga-
neo*; Rud. 359 f. *Ne te aleator nullus est sapientior profecto: Nimis
lepide iecisti bolum: periurum perdidisti* (vgl. Syrus 502 *Aleator
quanto in arte est melior, tanto est nequior*; Cic. in Catil. II, 10,
23), könnte man fast vermuthen, dass einzelne verehrer es schon
weit gebracht hatten und gleichsam spieler von profession geworden waren; jedenfalls wird es jetzt klarer, dass schon zur zeit des
Plautus eine *lex alearia* gegeben werden konnte. Was nun aber
diese bestimmte: ob sie das würfelspiel durchaus verbot oder es
noch zum scherz bei tische gestattete, nur nicht um geld (vgl. Digest. XI, 5, 4: *Quod in convivio vescendi causa ponitur, in eam
rem familiae ludere permittitur*; Marquardt, Privatalt. V, 2, 428
anm.), ob ihr verbot sich nicht auf die Saturnalien ausdehnte (wie
später der fall war, s. die drei stellen aus Martial bei Becker, Gal-

lus a. a. o.), — ist unbekannt. Ebenso die zeit und der urheber:
denn dass es die *lex Titia et Publicia et Cornelia* gewesen sei,
wie in mehreren neueren büchern steht (z. b. noch in der zwölften
auflage des wörterbuchs von Georges), kann unmöglich geschlossen
werden aus Digest. XI, 5, 3.

Nur das bleibt sicher, trotz des von Becker, de com. Rom.
max. Plaut. quaestt. p. 64, angeregten zweifels, dass die ganze
stelle eine römische anspielung enthält und also von Plautus selbst
herrührt: denn von verboten solcher spiele in Athen verlautet nichts,
und es würde auch gegen den demokratischen geist verstossen haben, den einzelnen so in seiner freiheit zu beschränken.

166. Ba: *malefactū nra*; das ˜ über dem *u* später ausradirt;
das *a* in *nra* änderte m. 3 in *ae*. — CD: *nra*. — D: *familiast*,
das *e* s. l. m. 3.

169. Dass der name *Palaestrio* hier nicht zu entbehren sei,
erkannte bereits der recensent der Ritschl'schen ausgabe im Leipz.
Repert. XXII, p. 184; aber sein mit hinblick auf Ps. 1329 ge-
machter vorschlag *Ecce hic quidem Palaestrio advorsum venit* entfernt sich zu weit von den spuren der überlieferung. Glücklicher
war F. V. Fritzsche, der im ind. lectt. Rostoch. 1850 p. VII vorschlug den namen zuletzt zu stellen, da er daselbst vor der folgenden personenüberschrift am leichtesten ausfallen konnte: *Estne advorsum hic qui advenit [Palaestrio]*? Dieses billigte Fleckeisen,
epist. crit. XXIII, nur mit der änderung *venit* für *advenit*, gewiss
mit recht: denn Plautus hat stets *advorsum venire* oder *ire*, nur
Persa 200 *advorsum incedere*, nie aber *advorsum advenire*. Nach
der mittheilung Studemund's im „Festgruss an die 26ste Versammlung deutscher Philologen, Würzburg 1868", p. 72—73, bestätigt
der A Fritzsche's einschiebsel am ende des verses.

171. Ba C: *veniret*, nicht *conveniret*. — D: *vider&* (*e* für &
m. 3) *et. venir&* (*e* für & m. 3); nach dem *et* stand von m. 1
nur ein buchstabe da, gewiss ein *q*, darüber ein kleines zeichen
(*a*?); dieses durchstrich m. 3 und schrieb in der rasur des *q* ein
i, wollte also *ī* = *in*. — *ᵐavellĕt*; das *m* ist von m. 3, das ˜
und ; von m. 2; *t* ausradirt; das *Peri* von m. 2 änderte m. 3 in
PA, ebenso im folgenden verse.

173. Das *qu*ę *res pal*ă *ĕ ˜* ist im B von m. 2 und zeigt spuren von rasur. Dann folgen: 3—4 spatien, *PE* (m. 1), 2—3 spatien, ausradirtes *D*, 2 spatien, endlich in sehr starker rasur *de ţegulis*, nach welchen wörtern noch ein ausradirtes ā und ĕ zu erkennen ist. — D: *Pa* (m. 2, *e* für *a* m. 3) *de te civlis*; m. 2 punktirte *c* und änderte das folgende *i* in *g*.

175 sq. Auch C hat *inpluvium*. — Die schreibung *ausculum* und *ausculari* ist bezeugt von Priscian *instit.* I, 52, Placidus p. 435 Mai, Paul. Fest. 28, 9; gebilligt von Ritschl, praef. Stich. XVI, Fleckeisen, Bergk, Z. f. A. 1850, p. 329 f. — Ba: *qui sis erit homost*, m. 2: *quis is homost ˜*, indem das *erit* durch einen strich i. l. für ungültig erklärt wird [20]). — *Peri* m. 2, geändert von derselben in *PA*. —

178. C *habiit*. — B *heius*, das *i* ausradirt; *&̇ quit* m. 1, *ecquid* m. 2, unter dem *&̇* scheint noch ein *o* gestanden zu haben. —

180. Ba: *nihil o.lestia*, Bb: *nihili bestiă*; das *o* und *l* ausradirt, der mittelste buchstabe wird durch das *b* bedeckt.

181. Ba: *hic in ae*, Bb: *hicine*. D: *Sa &̇*. — *pe* s. l. m. 3. *quo͞*, s. l. m. 3: *l. cŭ*. — *er*ā, m. 3 *erat*. — Ba: *qm*. Bc: *qm*.

182. *Sis* Da, *PA. Scis* m. 3. — Da der A 2—3 buchstaben mehr hat (*ISTIS*, nach Geppert, Ueber den cod. Ambrosian. p. 29), schrieb ich *si istist*, wie 255.

183 sq. B *völt* (ead. man.?), D *vult*. — C: *omis crutib*; Ba: *crucio contuᵬnalis*, Bb: *crucib*; *contunᵬialis*. —

185. Da *ni*, m. 2 s. l. *si*.

186—194 sind ausführlich besprochen von Ritschl im ind. Ịectt. Bonn. aest. 1849, welche abhandlung wiederholt wurde praef. mil. glor. p. XXIV—XXXII. Von bedeutenderen varianten sind nachzutragen: 186 *Eitrŭq*, D, *coler*ē Da, *color*ē Dc. — 187. *uncta unctane* Ba, *vinct*ā. *vinct*ă*ne* Bc. — *Ut*q̃ .. *u* (das q̃ und *u* nebst zwei dazwischenstehenden buchstaben ausradirt) *e*ũ *q hic sevidit veruis vincta vinctane esse viderit* Da; m. 2 schrieb ein ˜ über das zweite *u* in *veruis*, m. 4 trennte das *is* von *ver*ŭ und schrieb s. l. *istinc*, m. 2 änderte *vincta* in *fincta*, m. 3 schrieb über *vinctane*: *l. victums*. — 191. Der A hat *mores* (oder *moris*, denn der vorletzte

---

20) Beispiele solcher verschiedener, neben einander stehender lesarten giebt O. Seyffert, Philol. XXIX, 390.

buchstabe ist in einem loche) *maleficos*, wie Studemund mittheilt
im „Festgruss u. s. w." p. 76 und ich auch selbst gesehen[21]. —
Den nur im A erhaltenen vers 185 L. verwarf Ritschl a. a. o.
XXIV—XXVIII als erklärendes glossem zu 186, mit dem sehr
kühne änderungen vorgenommen wurden. Mit diesem verfahren
war indessen nur Kayser, Münch. gel. Anz. XXIII (1851) p. 751,
vgl. Hdbgr. Jahrb. 1850, p. 620, einverstanden, während alle anderen sich dagegen erklärten: Rec. im Leipz. Repert. XXII, p. 184,
F. V. Fritzsche ind. lectt. Rostoch. 1850 p. VII, R. Klotz im lex.
s. v. obtineo, M. Crain, Plautin. Cant. p. 16, A. Spengel (T. M.
Plautus, p. 113, vgl. hierzu Müller's Plautin. Pros. 249), Bernh.
Schmidt in den N. Jahrb. f. Philol. ICIII (1866) p. 629 f.; besonders verdient nachgelesen zu werden die widerlegung Fleckeisens epist. crit. XXIII—XXV; die leichte *constructio κατὰ σύνε-
σιν*, aus dem *muliebri* 185 L. zum *earum* 186 ein *mulierum* zu
entnehmen, vertheidigt S. Bugge in der skandin. Zeitschr. f. Philol. und Pädag. VII (1866), p. 5 durch die ähnlichen 752 sq. und
Stich. 744 sq. — Dass dagegen in der folgenden rede des Palaestrio mehrere unächte einschiebsel sind, die die richtige versfolge
in unordnung brachten, ist durchaus sicher, und sehr unglücklich ist
die vertheidigung der handschriftlichen überlieferung, die Fritzsche
a. a. o. p. VII—XI versucht hat: s. Fleckeisen, epist. crit. XXIII,
und besonders Kayser in den Heidelbgr. Jahrb. 1869 p. 332 f.;
ebds. p. 326 wird ausser den beiden von Ritschl p. XXVIII sq.
als unächt erkannten versen auch noch 192, als aus dem inhalte
von 188 und 194 gebildet, verdachtigt. Nur das hat Fritzsche
mit recht geltend gemacht, dass 187 und 189 jedenfalls zusammengehören, und dass im letzteren *ne is se* (schon Pareus in der edit.
III: *ne se*) geschrieben werden muss; hierin stimmen ihm theilweise
Fleckeisen, ganz Kayser und B. Schmidt bei. Dass Ritschl 190 sq.
mit vollem rechte transponirt hat, ist unbestreitbar; 188 aber und
192 brauchen nicht von ihrem platze gerückt zu werden, wie ja

---

21) Kayser, Hdlbgr. Jahrb. 1869, p. 333, vermuthet *ad omnimodis res maleficas*, »d. h. zur ausführung jeglichen schelmenstreichs sind
sie von haus aus treff'lich ausgerüstet. — Der übergang von *omnimodis
res* zu *omnis modi res*, und dann durch correctur dieser unmetrischen
variante in *omnis mores*, wie A hat, ist erklärlich; der begriff von
mores aber hier unpassend«. — Zu v. 186 noch der kleine nachtrag, dass
obtinere mit Infin. sich findet bei Justin. I, 3, 2: *cum admitti magna
ambitione aegre obtinuisset.*

auch Ritschl's eigene zweifel in den krit. anm. bekunden; lässt
man sie daselbst, führen die conjunctive *eat* im vorhergehenden und
vincat im nachfolgenden verse natürlich die änderung des *habet*
192 in *habeat* mit sich, und so liest auch B. Schmidt in dem oben
erwähnten aufsatze, auf welchen ich erst durch den rec. im Philol.
Anz. I, 119 aufmerksam geworden bin. — Das *ne* in 187 erklärt
Haase zu Reisig's Vorles. anm. 493, und ihm folgend Holtze, Synt.
II, p. 173 extr., durch eine art von ellipse, die sehr unklar ist
und jedenfalls die eigentliche frage, ob *ne* = consecutives *ut non*
sein könne, nicht berührt. Bei Terenz ist hiervon kein beispiel
zu finden, denn Eun. 218 kann *ne* sehr gut final sein, auch nicht
in Ribbeck's fragmentensammlungen; von den übrigen hierfür her-
angezogenen stellen bei Holtze II, 174 c, sind noch drei aus dem
Miles: 567 L., 575 L., 587 L., s. die anm; das erste und dritte
aus Cato de re rust. stimmt ganz mit einer bekannten regel (Madv.
Gramm. §. 456 anm. 3) überein, vgl. hierzu noch Asin. 718; das
zweite aus Cato und das aus Ennius enthalten ein offenbar finales
ne, ebenso Trin. 143, wo es auch das verbietende sein könnte;
übrig bleibt dann nur Merc. 145 sq. *Dic mihi, an boni quid us-*
quamst, quód quisquam uti póssiet Sine malo omni, aut né laborem
capias, quom illo uti voles? wo allerdings ein *ita* sehr hart fehlt,
aber auch die ganze stelle 145—148 kaum von Plautus herrührt,
wie Ritschl mit recht bemerkt.

196. Ba *volunt*, m. 3 änderte *n* in *is* und radirte *t* aus.
Da *volut*, Db *voluis*, m. 4 verdeutlichte noch diese correctur durch
ein *i* s. l. vor dem *s*.

200 sq. Das *PE* und das *secum* s. l. im D sind von m. 3,
letzteres durchstrichen von m. 4. — Th. Bergk's schöne, auf den
A gestützte, emendation giebt ein so ächt plautinisches asyndeton,
dass ich sie ohne bedenken in den text setzen zu können glaubte,
obwohl *curare* sonst nicht absolut steht, sondern mit einem objecte
oder einem localen (Men. 352, Bacch. 227, Pers. 85, Cas. I, 1,
17) oder anderen (*probe* Rud. 381) adverbium. Auch kann das
curas cogitas der palatinischen recension sehr wohl aus *curans co-*
gitans verschrieben sein: s. beispiele für diese schreibweise, die
sich einfach aus dem schwachen laute des *n* vor *s* erklärt, bei H.
A. Koch im Rh. M. IX, 305 f. Die erklärung der früheren lesart *curas cogitans* lautet bei Dousa, dem Acidal beitritt, so (Ex-

plan. III, 8, p. 249): „*Adstricta — fronte curas una pariter cum superciliis adducens et velut sursum compellens ac cogens; a cuius simplicis verbi fonte frequentativum istud „cogitans" deductum detortumque videri potest, veluti cogitans i. e. congregans unum in locum".* Vgl. Varr. l. L. VI, 43, Verg. Georg. I, 462, Phädr. III, prol. 39.

203. D *leva* und *levā*; das *u* in *nisus* B ist nicht „*e corr.*", sondern eine kleine rasur tilgte den unteren bindestrich zwischen den beiden *i i*, man wollte also *nisi is*. Ritschl's vermuthung *rusus* scheint nicht sehr passend, da es sich auf nichts im vorhergehenden beziehen kann; denn die linke hand ist noch gar nicht erwähnt. Bothe's *visus* „blicke" ist ein in der älteren poesie, zumal der komischen, unerhörtes wort von ernstem und feierlichem klange. Deshalb bleibt Guyet's allerdings kühne änderung *nisam* noch immer das räthlichste, obwohl das wort sonst nicht in passiver bedeutung vorkommt (*enisum* pass. bei Sall. Jug. 25, 2; *enixi* „geboren" Justin. ILIII, 2, 7).

204 sq. D hatte zuerst *rationis*, aber m. 1 selbst änderte die endung in *ē*. — *Dexterā* auch C. — Ueber das zählen an den fingern genüge es auf die zahlreichen in Gronov's *Lectt. Plautt.* gesammelten, zum theil in der edit. vulg. wiederholten stellen zu verweisen. — Das *micat* Scaliger's kann unmöglich richtig sein: es entfernt sich weit von der handschriftlichen lesart, fügt dem vorhergehenden nichts neues an (denn „er zuckt mit der rechten" ist dasselbe wie *dextera digitis rationem conputat*) und führt ein im ganzen komischen drama neues wort ein (*micare* „funkeln" Enn. ann. 463, Attius 581, inc. inc. trag. 242). Auch A. Spengel's als nothbehelf aufgenommene vermuthung ist sehr unsicher, vgl. Kayser in den Hdlbgr. Jahrb. 1869, p. 326, O. Seyffert schlägt im Philol. XXVII, 449 f. vor (doch, wie es scheint, nicht ohne eigene zweifel): *ferit femur Déxterum iam véhementer: sic, quód agat, aegre suppetit.*

212. Ba *Cuuum*, eine spätere hand trennte den letzten strich durch eine kleine rasur von den zwei vorhergehenden und brachte zwei punkte an: *Cuivini.* — Im prooem. Bonn. 18⁴¹/₄₂ p. VI (= opusc. II, 410 sq.) hält Ritschl das *occubant* aufrecht, unter vergleichung von *obhaerere alicui*, das „*infestae cuiusdam custodiae pertinaciam*" bezeichne. Aber *occubare* kommt, wie Ritschl selbst

gesteht, sonst nie vor in dieser bedeutung; es ist wohl überhaupt
ein feierliches, der epischen poesie angehöriges wort: „todt da liegen, im grabe liegen"; in prosa Liv. VIII, 10, 4. — Ueber das
vielbesprochene *os columnatum* werden wir kaum je ins klare kommen: am liebsten möchte man einen sinn hineinlegen wie etwa „sein
(früher so schonungsloser und freimüthiger) m u n d ist ihm jetzt,
wie ich gehört habe, versperrt, so dass er schon nothgedrungen
schweigen muss" (die tempora sind wohl zu beachten: *indaudivi*
— *esse* — *occubant*), allein *columnatus* kommt nur noch einmal
vor: *tholus columnatus* Varr. RR. III, 5, 12, und kann hier nur
bedeuten „durch pfeiler getragen", nicht „durch pfeiler (säulengit-
ter) versperrt". Es bleibt demnach am räthlichsten *os* = „gesicht,
kopf" zu fassen und die von Turnebus Adu. II, 28 vorgeschlagene
deutung zu befolgen („*quod vinculis de columna religatis capitique
annexis in carcere — servaretur*", vgl. Bacch. 823 *hunc — astrin-
gite ad columnam fortiter*), obwohl Turnebus selbst merkwürdiger
weise die inepte erklärung Dousa's vorzieht (Explan. II, 4): „*Os
columnatum iocans vocat os bracchio tanquam columna subnisum.
Naevius enim in commentando solebat manum mento suffulcire*".
Bothe's hiervon abgeleitete, etwas bessere, deutung von dem „*os
bracchio subnisum, in signum maeroris*" ist durch Lindemann
und die wörterbücher allgemein verbreitet worden. — Ueber die
bini custodes äussert sich am vernünftigsten Klussmann, Cn. Naevii
vit. et rell. p. 21: „*Homines autem Naevio custodes non fuisse e
verbo „accubant" consequitur; nec canes fuerunt, qui hac in re usui
non erant. Explicationi inseruit alter locus Plautinus* (Cas. II, 6,
37: *Deos quaeso — ut quidem hodie tu canem et furcam feras*),
ubi verborum lusu usum esse Plautum recte Beckerus [Gall. II², 123]
statuit. Catellum enim cum catella ludens alio etiam loco componit
(Curc. 691 sq. *cum catello ut accubes, ferreum ego dico*), *qui quidem simillimus ei est, quo Naevii mentio fit. Catena igitur pedes
deligatos Naevium habere, Plautus queritur, inverso ordine custodem
poetae catellum ita dicens, ut catellos custodes aedium dicere solent*".
Vgl. noch Nonius p. 25 a ed. Basil. „*Collare est vinculi genus, quo
collum astringitur. Lucilius lib. XXIX: cum manicis, catulo col-
arique ut fugitivum deportem*". id. p. 134 a: „*Catellae diminutivum est catenarum et dicuntur genere feminino. Caecilius Plocio:
catellae. Neutrum a catellis similiter diminutivum Plautus Curcu-*

lione [*u. s.*]". — Da die angaben über die zeit des ablebens des
Naevius aus einander gehen (fast um ein decennium: so setzen
Vissering, Quaestt. Plautt. I, 101, und Mommsen, Röm. Gesch. I[5],
p. 908, 914 f. anm., seinen tod erst um 194), so differiren auch die
ansichten über die durch rückschluss aus jenen zu bestimmende zeit
der aufführung des Miles gloriosus: während einige sie hoch hinauf in das letzte decennium des dritten jahrh. v. C. setzen (vgl.
einl. schluss) oder, wie Klussmann, grade an das jahr 206 denken,
rücken andere sie in die zeit des zweiten macedonischen krieges
herab (Petersen, Z. f. A. 1836, 617; Vissering a. a. o.); Ritschl
Par. 353 sq. und Teuffel, Rh. M. VIII, 36, sogar in das letzte
decennium vor dem tode des Plautus (vgl. zu v. 1064). Bergk,
Philol. XVII, 58 anm., vgl. Z. f. A. 1855, 297, huldigt im allgemeinen der ansicht, dass der Miles eines der ältesten stücke sei.

   214. O. Ribbeck, Rh. M. XII, 594 hält diesen vers für eine
dittographie von 208.

   215. Vgl. noch Theokrit V, 18 εἶα λέγ᾽, εἴ τι λέγεις. Verg.
Ecl. 3, 52 *quin age, si quid habes*; 9, 32 *Incipe, si quid habes.*

   221. S. jetzt Kiessling's herstellung im Rh. M. XXIV, 115
f.: *Anteveni aliqua, aliquo saltu circumduce exercitum*, welche auch
Müller, Plautin. Pros. 687 anm. 2 im wesentlichen billigt.

   223. Die änderung des Camerarius *Intercludito* ist zwar
sprachlich zulässig, da Plautus und Terenz das fut. imp. ganz wie
das praes. imp. gebrauchen und zuweilen beides verbinden (s. Holtze, Synt. II, 134—136), aber metrisch unmöglich. Schon im F
und in der editio princeps ist, in analogie mit sechs vorhergehenden
und fünf folgenden formen des praes. imp., *Interclude* hergestellt und
von Lindemann und Ritschl aufgenommen. Letzterer stellt noch
um: *commeatum inimicis*, wodurch der vers hergestellt sein würde,
wenn nicht, wie Ritschl selbst in der anmerkung sagt, das *commeatum* verdacht erregte: es kehrt gleich im folgenden verse wieder
und muss entweder hier (wie Kayser glaubte, Heidlbrgr. Jahrb.
1850, 615) oder dort falsch sein. Vielleicht war es zuerst oberhalb der linie dem handschriftlichen *Intercludite inimicis* erklärend
beigefügt und ward nachher in den text aufgenommen; in der handschriftlichen lesart selbst aber glaubte ich ein ursprüngliches *Interclude iter inimicis* zu erkennen, das dem *tibi moeni viam* ent-
spräche; der nach *inimicis* fehlende fuss müsste dann durch ein *scite,*

cate, docte oder ähnliches ergänzt werden. Dieselbe verbesserung theilte mir Umpfenbach brieflich mit und trägt S. Bugge vor, skandin. Z. f. Philol. VII, 5; den fehlenden fuss ersetzt er durch ein *contra* [22]). Doch ist die richtigkeit derselben in zweifel gezogen worden von dem rec. im Philol. Anz. I, 119, der *Intercludito inimicis meatum* vermuthet, und von H. A. Koch, N. Jahrb. f. Philol. 1870, p. 61, der *Interclude inimicis omnis aditus* vorschlägt.

226. B: *Repperit cominiscere*, das *t* später ausradirt; D *Repperit* ohne jede correctur. — Gegen das von Ritschl aus einem rhythmischen grunde dem *cedo* angehängte *dum* ist von verschiedenen seiten (Philol. IX, 671; XVIII, 240 sq.; Rh. M. XXII, 119) widerspruch erhoben worden; neuerdings hat L. Müller in den N. Jahrb. f. Philol. 1870 p. 68 es vertheidigt; derselbe will auch aus einem rhythmischen grunde *comminisce* herstellen.

227. A. Spengel, *de vers. cret.* (*dissert.*) these 7, vermuthet *facta ut facta né sient*.

231—232. Gegen die von Ritschl nach Bothe's vorgang unternommene änderung des handschriftlichen *egom* 231 in *ego te*, wie es ja die personenvertheilung nothwendig mit sich führt, hat Ladewig in seinen „Plautin. Studien" (Philol. XVII, 256 f.) einspruch erhoben. Er will das *ego me*, das schon ein corrector im B herstellte, behalten und die ganze replique *Et ego me i. d. id q. petis* mit der vorhergehenden äusserung des Palästrio verbinden *dico et recipio*; denn so drücke dieser seine siegesgewissheit voller und triumphirender aus, als bei der gewöhnlichen personenvertheilung; der folgende wunsch aber *At te I. b. amet* falle dem Periplecomenus zu, für den er sich auch ganz eigne. — Zur begründung dieser änderungen führt Ladewig an: 1) die versicherung des Periplecomenus, dass Palästrio sein ziel erreichen werde, sei matt und überflüssig, da er diesen gedanken schon unmittelbar vorher ausgesprochen habe; 2) der wunsch des Palästrio sei auffallend: wofür wünsche er dem Periplcomenus glück? „für das vertrauen, das dieser in ihn setzt? Aber der

---

22) Ich muss hier angelegentlich um entschuldigung bitten, weil der name dieses vortrefflichen kritikers, dessen arbeiten ich hier im Philol. XXVIII, 357 ff. 561 ff. mitgetheilt habe, an den stellen im Miles, wo ich ebenso oder ähnlich herstellte, nicht schon im kritischen anhange der ausgabe selbst genannt ist, was nur darin seinen grund hat, dass ich verhindert war die letzten bogen derselben selbst zu corrigiren. Hier ist alles nachgeholt.

sich seiner geistigen überlegenheit bewusste Palaestrio sieht eine solche anerkennung seiner verschlagenheit als etwas selbstverständliches an und würde sich selbst etwas vergeben, wenn er durch sie zu besonderer danksagung veranlasst würde". — Mir scheinen diese einwände durchaus nicht stichhaltig, und namentlich die letzte bemerkung über den Palaestrio nicht glücklich. Das selbstvertrauen dieses letzteren ist nicht grösser, als wie es jeder geniale schalk der bornirtheit gegenüber besitzt und besitzen muss: hier aber steht er einem anderen begabten manne gegenüber, von dem er sich völlig durchschaut und richtig gewürdigt weiss, und von dem er schon mit dank ein ermunterndes, glückverheissendes wort annehmen kann. Wie überhaupt die antiken darsteller und zuhörer die stelle aufgefasst haben dürften, ist im commentare zu 229—231 L. angedeutet.

Der dritte einwand Ladewig's lautet: „die entgegnung des Periplecomenus, die gleich der rede des Palaestrio mit *at* beginnt, giebt seiner bemerkung den anstrich der ironie, die er seinen worten zu geben doch durchaus nicht beabsichtigen konnte". Er will deshalb *sed* für *at* schreiben und glaubt noch irgend einen anderen fehler in der überlieferung verborgen, da Periplecomenus doch unmöglich den sklaven mit *amice* anreden könne. O. Seyffert, Philol. XXVII, 450, vermied diesen anstoss durch den vorschlag *Bene amet. At imperti me et aperi mi*, beseitigte aber nicht das *At*. Obwohl *impertire aliquem re aliqua* gut plautinisch ist: 1060, Stich. 299, Aul. prol. 19, Epid. I, 2, 24, Ps. 456, kam mir doch beim anschauen des *Autinpartemicipareme* im D der gedanke, das *pare* sei vielleicht nicht falsche wiederholung von *parte*, wie Camerarius annahm, als er *imperti* schrieb, sondern eher das ende von dem verbum *participare*, welches auch gut plautinisch ist: es steht absolut Pers. 757, Truc. IV, 2, 35; mit dem acc. der person und einem objectiven fragesatze Stich. 32 sq., mit der construction *aliquem re aliqua* Mil. 262 sq.; Cist. I, 3, 17 *Paternum servom sui participat consili* ist unächt. Kann also *participare* (oder *impertire*) me quod commentus jedenfalls gehalten werden, so bleibt es noch übrig, in dem *Autin* ein verbum zu suchen, welches „willst du wohl, möchtest du wohl" bedeutet; und ein solches ist, da *Vintu* nicht zu passen scheint, das ächt plautinische *Auden*, welches, wie längst erkannt, aber wohl noch nicht in die lexica eingetragen ist, nur beim Plau-

tus noch in seiner grundbedeutung nachweisbar ist. S. den comm,
und vgl. Klotz zur Andria I, 1, 58. Ebenso stellt Bugge den vers
her a. a. o. VI, p. 10, und vermuthet, dass „*auden* erst verderbt
wurde in *audin* (umgekehrt Most. 821 *Audin* in *Auden* Bb, *Auten*
Ba); dies ward unrichtig eingetheilt in *aud in*, was wiederum leicht
in *aut in* verderbt werden konnte; ganz ähnlich geben Men. 310
Ba C Da *Aut in* für *Audin*, Most. 821 C *aut infuerat* für *audin
fuerant*, Stich. 246 B *aut luisti* für *audivisti*".

236. Ba *aegom. sʈucscio*, das *a* ist ausradirt, auch ein buchstabe, wahrscheinlich ein *i* oder *t*, nach dem *m*; m. 3 schrieb *et*
über das *m* und *i* vor *sʈuc*. Müller, Plaut. Prosodie p. 62 stellt
sehr ansprechend her *Néque habet plus sapiéntiai quám lapis.
Idem ego istúc scio*; ganz ebenso O. Seyffert, Philol. XXIX, 396
f., der Stich. 474, Truc. IV, 3, 37: *idem ego istuc scio*, Curc.
541 *idem ego istúc credidi* vergleicht.

237 will Müller a. a. o. 560 so schreiben: *Núnc sic rationem incipisso, nam hánc institui astútiam.*

240. Ueber die form *lacte* und die construction von *similis*
s. jetzt Ritschl's opusc. II, 570—581.

242. Ueber die quantität des *sit* bemerkt rec. im Philol.
Anz. I, p. 118, dass sich ein *sĭt* in der arsis nicht sicher nachweisen lasse, während die zahl der stellen, wo in der basis *sīt*
gemessen werden müsse (noch Mil. 1186, 1397, Bacch. 140, Ps.
478, Pers. 594, Truc. II, 4, 79. 88) und könne (Mil. 82, 743,
Bacch. 96, Trin. 886, 960, Asin. 764), bedeutend sei; auch Capt.
III, 5, 40 (694 Brix) müsse deshalb *Quid hoc sit* gelesen werden,
wie schon der sprachgebrauch erfordere.

245. In der handschriftlichen lesart *Immo ut optume* ist das
ut ganz unerträglich: weder das *ita* des Camerarius noch das *atque*
des Guyetus geben dafür genügenden ersatz; es muss mit allen
neueren herausgebern einfach gestrichen werden, und, wie ein ähnliches *ut* 330, zu den vielen schreibfehlern gerechnet werden, die
in einem stark depravirten texte mitunterlaufen, ohne dass wir uns
ihre entstehung graphisch erklären können. Das *immo*, welches
weder mit dem *immo optume* Ter. Haut. 677 und *immo edepol optuma*
Aul. II, 2, 84, noch mit dem *optuma immo* Capt. 354 verglichen
werden kann (der zusammenhang zeigt an diesen stellen sofort die
richtige bedeutung), hat nur unrichtige erklärungen hervorgerufen.

Hand, der nicht einmal das *ut* entfernt hat, glaubt Turs. III, 230
nr. 7 hier und an den drei folgenden stellen eine dem deutschen
ausrufe „nein!" (wenn wir über etwas unglaubliches verwundert
oder entrüstet sind) entsprechende bedeutung statuiren zu müssen
und übersetzt: „nein, wie vortrefflich!" Desgleichen Bacch. 1100,
welcher vers aber ein offenbares glossem ist, s. Ritschl's krit. anm.,
und wo auch sonst Hand's übersetzung: „nein wahrhaftig, so im
grauen alter verspottet zu werden!" sich bei betrachtung der stelle
im zusammenhang als unrichtig erweiset. Wie Ter. Andr. 629
Idnest verum? *immo id hominumst genus pessumum* hierher kommt,
ist schwer einzusehen, die erklärung ist ganz einfach: „Ist es leider nicht wahr, dass es, wie ich eben sagte, menschen giebt, *qui-*
bus tanta vecordia innata sit, ut malis alterius gaudeant?" Und
dann fügt er berichtigend und steigernd hinzu: „doch ist vielmehr
die menschenklasse die abscheulichste, *quibus paullum pudor est e.*
q. s." Etwas schwieriger ist allerdings Andr. 708 f., wo der eilige
Davus den Charinus mit den worten: „und du? wo willst du nun
hin?" zum fortgehen drängt und nach der zögernden antwort: *ve-*
rum vis dicam? unwillig ausruft: *immo etiam narrationis incipit*
mi initium. Hand übersetzt: „nein, das muss ich sagen, nun fängt
er mir eine erzählung an". Richtiger dürfte es sein, auch hier die
berichtigende und entgegensetzende grundbedeutung des *immo* festzuhalten und zu übersetzen: „so! (statt fortzugehen) tischt er mir
im gegentheil noch gar den anfang einer langen geschichte auf".
— Die erklärungen Hand's sind in die lexica und für die beiden
Terenzstellen auch in Holtze's Syntax II, 307 litt. *n* übergegangen.
— Ganz falsch ist Lindemann's anm. zu der hier in frage kommenden stelle des miles (II, 2, 92 = 245): „*Est autem imo pro-*
pria ac nativa significatione nihil nisi ita". Das *immo* ist stets
eine b e r i c h t i g e n d e erwiederungspartikel und behält diese grundbedeutung überall, auch bei Livius und im silbernen zeitalter, wo
es zuweilen ganz wie *quin* oder *vel potius* steht und nicht immer
vorangestellt wird. Aber ist denn im vorliegenden verse überhaupt
eine stelle für diese partikel? Wird hier eine in einer vorhergehenden frage liegende ungewissheit aufgehoben? oder wird statt
des im vorhergehenden gesagten das richtigere gesetzt? oder wird
gar eine ganz entgegengesetzte ansicht eingeführt? Keines von
allem. Was Periplecomenus antworten kann und was wir vor dem

optume vermissen, ist **entweder** ein beifälliger ausruf wie etwa
„bravo!" (und demnach schlug O. Seyffert im Philol. XXVII, 450
vor: *eu, optume* mit erlaubtem hiatus; vgl. 1146, Pers. 156, 667:
eu, probe. Amph. 802 *euge, optume*) **oder** eine den beifall und
die anerkennung des *optume* einleitende versicherungspartikel, wie
etwa das, jedoch nicht ohne eigene zweifel, vorläufig aufgenommene *Enim*: „in der that, vortrefflich!" Vielleicht ist ein *ehem,
optume* wahrscheinlicher: vgl. Asin. 449 *quam mox mihi operam?*
LE. *Ehem, optume: quam dudum tu advenisti?* Rud. 805 *Ehem,
optume edepol eccum clavator advenit,* wie A. Spengel, T. M. Plautus p. 95, richtig mit den handschriften lesen und messen will;
Andr. 686 *quis est? ehem Pamphile, optume mihi te offers.* Aehnlich Ad. 81 *Ehem opportune, te ipsum quaerito;* ibd. 266 *Ehem opportune, te ipsum quaero.* — Man wird beim studium der palliaten überhaupt nicht selten gelegenheit haben sich zu verwundern,
wie oft ältere und neuere ausleger die einfachen grundbedeutungen
der in der umgangssprache so überaus wichtigen partikeln verkannt
haben. So ist z. b. *ergo* eine der für die erfassung des gedanken-
zusammenhanges wichtigsten und in ihrer grundbedeutung am leichtesten festzuhaltenden partikeln. Sie bezeichnet bekanntlich die im
vorhergehenden genannte *causa efficiens* „aus diesem grunde, darum,
deshalb", und wird, wenn diese stark hervorgehoben werden soll,
wie im deutschen an die spitze des satzes gerückt; wir pflegen
gewöhnlich auch noch ein „eben" oder „also" vor- oder nachzuse-
tzen; ähnliche stärkere hervorhebung erreichen die Lateiner durch
ein zuweilen nachgesetztes *edepol* oder *mecastor.* Beispiele des einfachen, voranstehenden *ergo* sind: Ps. 1084, Cist. I, 1, 74, Rud.
402, Amph. 174, Cas. III, 4, 11 und eine menge andere; die angeführten sind nur genannt, damit, wer lust hat, sehe, wie die drei
letzten bei Hand II, 449 ohne jeden grund von den ganz gleichar-
tigen zwei ersten ebds. 443 getrennt worden sind; Epid. III, 4, 41
gehört gar nicht hierher. Beispiele des durch *mecastor* oder *edepol* verstärkten *ergo* sind: Mil. gl. 63: *ergo mecastor pulcer est:*
„darum also (weil er ein bruder des Peliden ist) ist er so schön";
Pers. 24: *ergo edepol palles:* „darum also (weil du nicht immer
ganz wohl gewesen) bist du so blass;" ganz ebenso Merc. 376;
Men. 1023: *ergo edepol — med emittas manu:* „eben darum (weil
du ohne mich verloren gewesen wärest) schenke mir die freiheit".

Hand erklärt diese verbindungen (p. 450) wie jene drei oben angeführten beispiele mit dem einfachen *ergo* (p. 449) ganz falsch als
eine *affirmatio* („wirklich"), die durch *edepol* noch erhöht werde:
Merc. 376 übersetzt er z. b. „bei gott, du bist wirklich blass".
Die für dieselbe verbindung angeführten stellen Mil. glor. 380 und
Most. 174 beruhen auf falscher lesart; und die ganz analoge und
sichere stelle Capt. 1020 ist wiederum ohne jeden zwingenden
grund für sich gestellt (p. 449, nr. 15) und übersetzt: „Nun so
will ich denn auch wahrhaftig" [23]). — *Ergo* behält auch dann

23) Die ganze irrthümliche ansicht, *ergo* könne zuweilen *certo,
revera* oder gar *merito* bedeuten, welche von den herausgebern des
Plautus u. a. oft wiederholt worden ist (s. die Vulg. zur Cist. I, 1, 74,
Mil. gl. I, 1, 63; Weise und Lindemann zur letzten stelle und zu Mil.
gl. IV, 6, 18; Pareus Lex. Plaut. s. u.; Hand II, 443, zu Verg. Buc.
V, 58, und 449 sqq.; nach ihm Holtze, synt. prisc. script. II, 364, *d—h*),
stammt wohl aus einer stelle im Servius, zu Verg. Buc. V, 58 (vgl.
zu Georg. II, 393), welche aber bei Lion in klammern gesetzt ist,
wodurch bezeichnet wird, dass sie »in den meisten codices und ausgaben« fehlt. Hier heisst es: »*antiqui autem ergo pro merito dicebant,
sicut hic accipitur*,« und es werden zwei stellen des Plautus: Mil. gl.
63 und Pers. 24 herangezogen. Zuerst machte Chr. Colerus auf diese
stelle aufmerksam, und dieselbe hatte unzweifelhaft (obwohl er sie
nicht nennt) Janus Dousa vor augen, Expl. Pl. III, 7 (p. 245); auf ihn
beziehen sich wiederum die folgenden. Wie das *ergo* an beiden stellen des Vergil zu verstehen ist, sieht jeder bei betrachtung des zusammenhanges; und das *ergo hercle* bei Cicero pro Quinctio 15, 50,
welches Lindemann hierher zieht (sogar mit der bemerkung, *certo* sei
die »*nativa notio*« des *ergo*), steht auf einer linie mit *ergo edepol* des
Plautus. — Hand citirt noch (p. 449) eine stelle des Priscian, p. 1170,
welche in der ausgabe von Hertz, Vol. II, p. 287, 8—10, lautet: »*Similiter nam, enim, ergo non solum causales vel rationales, sed etiam
completivae et confirmativae inveniuntur et praepositivae et subiunctivae,
quomodo δή apud Graecos*«. Gewiss vereinigt *ergo* in seiner grundbedeutung das causale mit dem confirmativen (»darum eben, weil das
und das so ist«), aber hiervon und zur absoluten bestätigung (»in der
that, in wahrheit«) ist noch weit: weder eine beispielsammlung noch
der context Priscians berechtigen uns, so viel in seine worte hineinzulegen. — Ueberhaupt ist der ganze abschnitt II (p. 449—451) bei
Hand unhaltbar: an den noch übrigen dort angeführten stellen ist
theils die einfache bedeutung bei einer logischen schlussfolge »sonach,
also« geltend zu machen (Cic. Lael. 13, 47; Propert. III, 7 (5), 1),
theils dient *ergo* zur wiederaufnahme eines unterbrochenen gedanken
(Cic. Acad. II, 1, 3; Plaut. St. 113; Merc. 971 ist kritisch unsicher,
auf keinen fall aber für Hand's annahme beweisend; Ter. Andr. 850);
bei Gratius, Cyneg. 105, zeigt der zusammenhang ganz unverkennbar
die grundbedeutung von *ergo*: »eben darum«. — — Selbst Brix sagt
in seinen *emendationes Plautinae* (Brieg 1847) p. 12 zu Bacch. 558,
wo er *ergo* für *ego* herzustellen vorschlägt: „*Ergo enim plerumque
apud Plautum est* »in der that«, ohne näheres eingehen auf diese
ganze frage.

diese bedeutung, wenn ein anderes, stark betontes wort an die spitze des satzes gestellt wird (und der zusammenhang zeigt überall,
warum dieses wort betont wird): Bacch. 125 sq. *Nemo ergo tibi hoc
apparavit*: „darum hat auch niemand dir diesen anzug zurecht gemacht (weil er dir ja doch nicht gefällt")"; 568 *duas ergo hic intus eccas Bacchides*: „darum sind ja auch zwei B. dadrinnen (damit ich die eine lieben kann, du die andere")"; Cist. I, 1, 120:
Istoc ergo ist aus dem vorhergehenden zu erklären: „gerade aus dem
grunde (den du so eben selbst angedeutet hast, indem du an der
Silenium wahrnahmst, wie weit wahre liebe ein mädchen bringen
kann) verbiete ich dir —". Vgl. noch Cic. de sen. 13, 44 [24]).
Besonders oft steht ein imperativ (aufforderner oder verbietender
conjunctiv) voran, weil er seiner natur nach betont wird (beispiele
bei Hand p. 451—453, aber auch hier ist vieles zu künstlich gedeutet); doch kann auch hier die bezeichnung des grundes, aus
welchem der befehl gegeben wird, am stärksten sein und *ergo* also
an die spitze des satzes gerückt werden: Men. 430 *ergo — au-
ferto*, Mil. glor. 1420 *ergo des*, 476 *ergo — mussitabis.*

253 sqq. Bb hat das *quantŭ* der m. 1 nicht geändert. —
mentĭbit Ba, *mentĭbim* Bc; das ursprüngliche *t* ist verdeckt unter
dem ersten striche des *m*, aber doch sicher; das erste v s. l., neben welchem das neue steht, ist stark radirt, aber noch deutlich,
ebenso das von dem corrector nachgezogene *i*. — D: *habiit*, die
zwei letzten buchstaben ausradirt; *isti*c, das *c* s. l. m. 3; *muliere
eam iube.*

256. Diesen vers wollte Ritschl an verschiedenen stellen
(Opusc. II, 421, praef. Stich. XVII not.) verschieden herstellen,
theilweise anders wiederum Fleckeisen, ep. crit. XXV. Erst Studemund hat das offenbar einfachste und richtigste aus dem A eruirt
(„Festgruss etc." p. 72): *cito domum transire atque haec ei dice,
monstra, praecipe*; das *dice* fehlt im BCD. Ganz dieselben drei
imperative stehen asyndetisch neben einander Capt. 359: denn die
verbesserung des Camerarius *monstra* für das handschriftliche *de-*

---

24) Die stelle aus der Cistellaria hat Hand p. 444 nr. 3 richtig
gefasst, nicht aber die bei Cicero, p. 451; die beiden an den Bacchides stellt er jede für sich in eine besondere rubrik: p. 451 nr. 5 und
450 nr. 2, mit den unrichtigen übersetzungen: »Er ist ja nicht für
dich gemacht« und »Es sind ja zwei Bacchides drinnen«.

monstra muss jetzt als gesichert betrachtet werden; Fleckeisen
wollte epist. crit. XXI *doce demonstra.*

260. Ba: *hominẽ in vestigandos operã*, m. 3 setzte punkte
unter das zweite *s* und unter das *o* im letzten worte, über denselben buchstaben steht das *umo.* — Ob das *dabo* auch im A steht,
erinnere ich mich nicht mehr; nach dem *dissimulabiliter* (vgl. noch
pollucibiliter Most. 24, *cruciabiliter* Ps. 950) ist es in übereinstimmung mit dem vorhergehenden *ibo* selbstverständlich. Dem jetzt
aus A eruirten richtigen kommt die scharfsinnige vermuthung
Bugge's (a. a. o. VII, p. 6) sehr nahe: *dissimulabundus dabo*; zur
vergleichung werden herangezogen Aul. II, 4, 38 *deplorabundus,*
Stich. 288 *lascivibundus*, Epid. III, 3, 32 *ridibundus*, Stich. 444
verberabundus, und die bemerkungen des Gellius XI, 15.

262. Müller, Plaut. Pros. 427, verlangt *pote* für *potuit*,
ohne jedoch überzeugende gründe dafür anführen zu können.

263. Ba: *deamicaesius evidisset eam*; m. 3 hat im ersten
worte das erste *s* in *r* geändert, *u* ausradirt und das zweite *s* mit
dem folgenden worte verbunden, endlich über *et* ein *e* geschrieben.
— H. A. Koch hat in den N. Jahrb. f. Philol. 1870, p. 61, soeben wieder bedenken erhoben gegen die betonung *sese*, die ich
freilich nicht theilen kann; sehr wahrscheinlich dürfte dagegen die
von ihm empfohlene lesart *de amica eri l i se vidisse* (114, 122,
274) als ursprüngliche der palatinischen recension sein: das ausradirte *u* im B kann ja sehr leicht aus *II* für *LI* entstanden sein.

271. Zu der redensart *custodem esse alicui* vergleiche man
sodalem esse alicui Most. 1154, Bacch. 462, Capt. 512, 528 (hier
kann *Philocrati* jedoch auch genetiv sein, s. Fleckeisen's epist. crit.
XXIII ad Capt. 975); *patrem (matrem) esse alicui* Most. 962, Ad.
126, Hec. 258, Haut. 270, *patrem inventum esse alicui* Phorm.
872; *emptorem esse alicui* Bacch. 976; *servom e. a.* Bacch. 160;
spectatricem atque eram e. a. Merc. 842, *adiutricem e. a.* Haut.
991 sq.; *fautricem e. a.* Eun. 1052. Auch die durch das fehlen
von *esse* sehr harte verbindung *Philocomasio amator* 1431 wird
durch *auscultatio tibi* Rud. 502 sicher gestellt[25]); überhaupt findet

---

25) Beiläufig kann auch erinnert werden an verbindungen wie
dux alaribus cohortibus Liv. X, 41, 6, *princeps nobilitati* id. ibd. 8, 6
u. ähnl. (s. Weissenborn's anm.), *custos saluti* Tac. ann. III, 14, *longo
materia bello*, id. Hist. I, 89 u. s. w.

die ganze sprachliche erscheinung, dass verbalsubstantiva mit *esse*
wie die einfachen verba construirt werden (s. die anm. zu Most.
6, 34, 364; der prosa sind solche verbindungen durchaus
fremd) schliesslich noch eine erweiterung darin, dass die construc-
tionen der einfachen verba sich bisweilen auch unmittelbar an die
davon abgeleiteten verbalsubstantiva (ohne *sum*) anschliessen können. In der besten prosa finden sich hin und wieder ausdrücke
wie *reditio domum* (Caes. b. G. I, 5; Cic. de divin. I, ℥. 68),
obtemperatio legibus (Cic. legg. I, 15), *interitus ferro* (Cic. in Pis.
17), *harum ipsarum rerum reapse, non oratione, perfectio* (Cic.
rep. I, 2); die komiker aber gehen noch bedeutend weiter und sagen z. b. *gestores linguis, auditores auribus* Ps. 429, *labellis mor-
siunculae* ibd. 67. Ausdrücke wie *Rhodo mercator* As. 499, *hospes
Zacyntho* Merc. 940, *Hanno Carthagine* Pön. V, 2, 36 erinnern an
Cn. Magius Cremonā, Caes. b. c. I, 24, *Ser. Sulpicius Lemoniā* etc.

273.   Die scenenüberschrift im B ist nicht wie im A, sondern
ganz wie in CD. — Das handschriftliche *proximae viciniae* (so auch
B, nur mit ę für *ae*) vertheidigt R. Klotz, Z. f. A. 1835, p. 741,
N. Jahrb. f. Philol. LXIV, p. 200 f.; und in seiner ausgabe der
Andria, zu v. 70. Bücheler, Grundriss der lateinischen Declinat.
p. 62, hält es für einen alten locativus. Vgl. Wagner zur Aulul.
II, 8, 20.

274.   B: *quęrere*, vor diesem worte gewiss von m. 1: *malum*.
Danz erklärt „auf bösen wegen gehen, schlimmes vorhaben", mit
berufung auf den gewiss unächten prologvers Rud. 16 *Cotidie ille
scit, quis hic quaerat malum,* und auf den, wie Gronov sah, ganz
verschriebenen vers Cist. I, 2, 23 *Item ut aliae pariunt, quae
malum quaerunt sibi.* Bei Ter. Phorm. III, 3, 10 sq. ist *malum,*
wie schon der gegensatz zu *crux* zeigt, = *verbera,* wie auch
Truc. II, 2, 58.

276 sqq.   Da: *ste,* m. 3 radirte das *s* aus und zog das *t*
nach. — B hat in 277 sq. durchaus keine rasur, m. 3 fügt nur
das *t* s. l. über *Volupes* und das *st* nach *familiarŭ* hinzu. —
Ueber v. 278: *Quid iam? aut quid negotist?* genügt es jetzt
auf die bemerkungen Fleckeisens in den N. Jahrb. f. Philol. 1870
p. 77 f. zu verweisen.

279.   B: *Maximĭ* (Bb - *ŭ*) *inmalŭ cruciatŭ* (die drei letzten
buchstaben nachgezogen von Bb) *q* . . (2 ausradirte buchstaben,

auch *q* ist stark radirt) *insuliamus est* (letztes wort unterstrichen
von Bb). — Die randnote zu 280 im B kann unmöglich von m.
1 sein, obwohl sie sicher alt ist.

281 sq. Nach dem *nat* in Ba stand vielleicht erst ein *ŭ*,
jedenfalls ist der obere strich sicher; nach dem darüber geschriebenen *ust* der m. 3 sieht man noch den langen strich eines *h*,
zwischen diesem und dem *ic* stand noch ein buchstabe, *u*? —
Nach dem *Quot* im Ba (*quod* Bb) folgen die spatien, dann ausra-
diertes *n* (verschrieben für den anfang des folgenden wortes),
dann nach 1—2 spatien *idē facin'*.

283. Zu den in der anmerkung und zu 472 L gegebenen
beispielen ist noch Amph. 887 sq. zu fügen: *Non edepol faciam —
quin ego illum aut deseram aut* e. q. s.

286. B *occoepisti*, C *occepisti*. Warum die wendung παρὰ
προσδοκίαν durch einen gedankenstrich vor *quoniam* und durch
ein , nach *occepisti* verdeutlicht wurde, ist im commentar angegeben. Eine reiche sammlung zurückgewiesener verwünschungen und
dgl. geben Palmerius, Specileg. p. 708, und Göller in seiner ausgabe des Truculentus, p. 149—152.

288 sq. Da die verbindung *altero nescio quo adulescente* dem
sinne nach hier vollständig unrichtig ist, und da *alter* unmöglich
= *unus*, *ullus* sein kann, wie Linge, de hiatu p. 57 sq. not.
(wiederholt bei Holtze, Synt. I, 406 sq.), mit unrecht behauptet
gegen G. P. E. Wagner, zur Elegia ad Messalam p. 43 und 73
sqq., bleibt nur übrig anzunehmen, dass Plautus, der des verses
wegen nicht *cum alieno* sagen konnte wie 338, 367, 390, hier
cum altero substantivisch gesetzt hat, ganz wie 320, und dass also
das *nescio quo* ad. appositum dazu ist. Verwechslungen wie *alius*
für *alter* u. dgl., wozu den verf. des arg. Capt. v. 2 und 9 die
versnoth zwang, finden sich im Plautus selbst nicht. — Mit einem *profécto*, wie es Geppert, Ausspr. des Lat. im ant. drama
p. 94, und jetzt auch Müller, Plaut. Pros. p. 429, annehmen, kann
ich mich nicht befreunden; Fleckeisen, dem Kayser in den Münch.
gel. Anz. XXXIII, p. 750 beitritt, hat epist. crit. p. XXIV hier
wie 186 das handschriftliche *profecto* mit *hercle* vertauscht, wo-

durch alles übrige sicher wird: *Hércle vidi. Tútin? Egomet: duó-
bus his oculis meis*, und so hätte ich auch aufnehmen sollen. Oder

sollte der aus metrischen rücksichten öfter nothwendigen vertauschung der versicherungspartikeln, wie sie uns die handschriften
überliefern, vielleicht die ursache zu grunde liegen, dass sie ursprünglich als glosseme für irgend ein altes, später verschollenes,
wort von gleicher bedeutung in den text drangen?

291. Im B fehlt das personenzeichen; Ba: *veri similē* und
nunctibi, Bb radirte das ~ und das c aus.

293. Ganz genau hat Ba: *tuis tamsit edia mentē erea ut
ollas fabulā*; m. 3 radirte aus: das letzte *t* in *tamsit*, das darauf
folgende *e* und das *ē* in *mentē*; das *erea* wird durch einen strich
für ungültig erklärt; durch richtige abtheilung und hinzugefügte
buchstaben entsteht dann die lesart *tu istam si te di ament temere haud tollas fabulam*, und so las von den herausgebern zuerst
Pylades. Ob hier eine anspielung auf die bekannte sitte des *recens
natos tollere* vorliegt, wie Gronov glaubt (s. die anmerk. in der
vulg.), muss dahin gestellt bleiben. — Hand's auch nur zweifelnd
vorgetragene vermuthung (Tursell. III, 35), das *haud* habe eine
prohibitive bedeutung, ist sicherlich unbegründet: Verg. Aen. IX,
154: *haud faxo putent* ist nur durch ein versehen zur vergleli-
chung herangezogen, desgleichen Bacch. 864: *faxo hau dicat* [vgl.
Philol. II, 104], Andr. 205 ist *dices* als allein richtig erkannt,
und Cas. V, 4, 13 (verderbt) gehört auf keinen fall hierher.

294 sq. Ba: *nunc rurib; capiti qm*, Bb: *crurib*; und *q;*. —
suprimis B. —

298. Ba: *it verū st tui custos additos*, Bb nur *id* und *tu
ei*. — Da dem verse in der handschriftlichen fassung eine silbe
fehlt, hat man durch einschiebsel (*eo* vor *perieris* Acidalius, *bis*
ebds. O. Ribbeck im Rh. M. XII, 595, *hoc* ebds. O. Seyffert im
Philol. XXVII, 450 f.) oder durch umstellungen zu helfen gesucht. So Ritschl im ind. Bonn. 18^{41}/42 p. XI (*si id est verum*)
und in der ausgabe: *Iterum, si id est verum, custos ádditus tu ei
périeris*; jetzt noch opusc. II, 420 sq. not.: *Iterum, si id verúmst,
ei custos ádditus tu périeris*.

303. Müller, der den hiatus selbst beim personenwechsel nicht
anerkennen will, schlägt Plaut. Pros. p. 655 vor, ein *ita* nach
facere einzuschieben.

306. Haupt, Herm. III, 148, stellt vielleicht richtiger: *facio, interii: interii, si taceo, tamen*.

308. Ba: *siv̆*, das *v̆* ausradirt; m. 3 änderte *i* in *e* und zog das folgende ✓ vor *ospitio* nach. — Das von Ritschl nach dem vorgange Lambin's (dem auch Lindemann folgte) aufgenommene *eduxit*, welches denn auch ein *ex suo se hospitio* erheischt, s. praef. mil. glor. p. XXVI, wird zwar durch Ter. Hec. 364 und 522 empfohlen, entfernt sich aber zu weit von dem handschriftlichen *edit*. Dass dieses nicht anzutasten sei, gesteht Ritschl selbst N. Plaut. Exc. I, p. 51 anm. 2 unter vergleichung von Most. 698: *Clánculum ex aédibus me édidi foras* (so alle handschriften); von den verschiedenen daselbst und p. 68 f. angeführten verbesserungen scheint mir *íllaéc hac suó se hospitio* am ansprechendsten.

309. Auch C hat *hoc ine*, welches Klotz zur Andria 478 sogar vertheidigt. Bergk vermuthet *hóce si milés sciat*.

310. Ba: *edis*, m. 3 *ȩdis*; Ba: *atque͞ hic incrucē*, m. 3:
atque hic incruce͞. — Bergk schlägt im ind. Halens. $18^{58}/_{59}$ p. XII vor: *has sus aedís totas tollat*, mit tmesis für *sustollat*. A. Spengel's übrigens recht guter vorschlag: *tóllatque hic crucem* (de vers. cret. dissert. thes. 9 = T. M. Plautus p. 29) fällt weg, da B wirklich *in* vor *crucem* hat, was wohl durch einen druckfehler bei Ritschl nicht angegeben ist. Die richtige erklärung von *aedis totas* und die vergleichung von Truc. II, 8, 8 verdankt man Acidalius, divinn. p. 282 sq.

311. Ba: *quum*, m. 3: *quam*. — *Quidquid hercle est* Müller, Plaut. Pros. p. 307 anm. 2, um das *ĕst* zu vermeiden.

313. S. oben zu v. 56 (Philol. XXX, p. 612). — 314. BCD: *irat*. — 316. CD: *tuitā͞*. — Der C hat schon von 272 an regelmässige personenzeichen, auch in den zeilen selbst; nur auf fol. 61 (das mit 54 anhebt), 62, 63, 64 fehlen die personenzeichen gänzlich. In 301 fehlt *PA.*, vor 313 desgl., und im folgenden fehlen alle zeichen bis vor 330. Vgl. die nicht ganz genaue anmerkung Ritschl's zu 16. Im D macht auf fol. 137 b, das mit 319 endigt, von 313 bis 319 die m. 3 alle personenzeichen: nämlich vor 313 *PA*, dann erst 316 richtig *SCEL* und *PA*, auch in den drei folgenden versen überall richtig. Hiermit endigt m. 3.

318. Die randnote im B ist von m. 3; die correcturen im D, durch welche 317 richtig hergestellt wird *Quid negotist* und

negoti sit rogas, 318 *praetruncari*, sind von m. 4 — Dass die
partikel *Nonne*, die FZ hier anführen, dem altlateinischen völlig
fremd sei, bewies A. Spengel, Progr. des königl. Ludwigsgymn.
18⁶⁶/₆₇, München 1867, p. 3—6; ebds. p. 4 wird *Non* oder *Quin*
als richtig gebilligt. Bergk vermuthet *Noenu tibi istam*.

319. D: *iubeūs*, das *s* aus *t* corrigirt, alles m. 1; *qua in
proximo* m. 1, *quā proximo* m. 4. — Vgl. Müller, Plaut. Pros.
p. 174.

320—323. Ba: *alas*, ein corrector stellte aus dem *l* durch
rasur ein *i* her und setzte s. l. *eb*, was später noch nachgezogen
wurde; das *aiebas* im D ist von m. 4, die ebenfalls im folgenden
bis 330 alle bei Ritschl mit Db bezeichneten correcturen machte.
Die personenzeichen fehlen, durch blanke spatien angedeutet, bis
330, dann treten sie wieder regelmässig ein, auch in der zeile
selbst, und werden von m. 1 gemacht. — Ba: *lasciviosus* und
ue herbero hedepol; Da: *quialus citiosus* und *veherbero hedepol*, m.
4: *quia lusciosus* und *verbero edepol*. — Das *quidem* 323 ist
sicher verderbt: der sinn erfordert *nam eccam illam vidi domi*,
vgl. FZ; Rec. im Philol. Anz. I, 119 vermuthet *nam illam quidem vidi domi*.

325. Dousa hat vielleicht doch recht mit seinem *Tum*:
„dann, wenn dem so ist, dass ich wirklich mit dir spiele, so
sind" —.

327. Das adverbium *alia* (welches Donatus ad Ter. Hec.
I, 2, 5 unrichtig erklärt: „*Inter alias et alia hoc interest, quod
alias alio tempore significat, alia aliter aut per alia*") kömmt nur
mit zu ergänzendem *uia* und nach vorhergehendem *alius* vor, wie
alii alia fugerunt und ähnliches; Rud. prol. 10, Livius II, 53, 1;
XXX, 4, 2; XL, 43, 2; an den übrigen von Hand, Tursell. I,
219, angeführten stellen ist die lesart jetzt geändert.

328—330. (B *hic*, nicht *hinc*, 329). Dass Plautus 328
unmöglich habe schreiben können *Set fores crepuerunt nostrae* =
270), bemerkte mit recht bereits Ladewig im Philol. XVII, p. 257;
probabel erscheint auch der ebds. gemachte vorschlag, 329 nach
333 zu transponiren: „denn erst als Sceledrus selbst gesagt hat, die
Philocomalium könne auf keinem anderen wege als durch die hausthüre
(des nachbarn) wieder in ihr eignes haus gelangen, kann Palästrio
triumphirend ausrufen (334) *Meus illic homost*.". Dann muss al-

lerdings die zweite hälfte von 328 *At ego illi observasso foris*,
wie Ladewig will, später nach dem vorbilde von 399 *nostrum ob-
servare ostium* zur ausfüllung jener durch irgend ein abschreiber-
versehen hierher gerathener worte *Set fores crepuerunt nostrae* gebildet worden sein (oder auch zur begründung des ebenfalls an
falsche stelle gerathenen v. 329). — Doch ist hierbei übersehen,
dass alsdann zwischen 327 und 330 gar keine verbindung besteht;
am räthlichsten erscheint es daher, nach 327 den ausfall eines
dem Scel. gehörigen verses (des durch *Set fores — — — foris*
verdrängten) zu statuiren, auf welchen Palaestrio mit 330 antwortet, und 329 mit Ladewig nach 333 zu transponiren.

332. *Deterruerit* hat zwar als conj. potent. an und für sich
durchaus nichts anstössiges, das verderbniss der handschriften ist
aber graphisch offenbar auf ein *deterrebit* zurückzuführen, wie
Haupt, ind. lectt. Beroll. 1866, p. 9, gesehen hat. Zum zweiten
theile dieses verses vgl. noch Müller's Pl. Pr. p. 70 und 397 f. —
Im folgenden verse hat Ba: *obsitā*, m. 3 radirte das ‾ aus und
setzte über das *t* zwei buchstaben, deren erster jetzt unerkennbar,
deren zweiter *s* ist.

335. D: *U uniam*; Ba: *ut*, m. 3 s. l. *te*. Hieraus stellt
Müller, Pl. Pr. p. 597, gut her: *ut te stultividum tute fateare*
oder *ut stult. te tute fat.*, vgl. 661.

341, Müller, Pl. Pr. 314 anm., glaubt, dass in der überlieferung von CD: *Quid si nunc si* das erste *si* ebenso gut richtig
sein könne wie das letzte und schlägt deshalb verschiedene andere
schreibungen des verses vor. Aber *quid nunc* ist eine bei Plautus
sehr häufige verbindung, wodurch die aufmerksamkeit auf die folgende frage hingelenkt wird, s. z. b. Most. 172, 722, Ps. 1329;
Ter. Ad. 947. Und da auch hier gar kein besonderer nachdruck
auf das *nunc* zu legen ist, wird wohl mit wiederaufnahme der bei
Ritschl angeführten früheren interpunktion zu schreiben sein: *Quid
nunc? si* etc. — Im folgenden hat B: *si fatio ut sedeam* (m.
3 unterstrich *sed*) *hinc exire videas domi*; C: *si facio ut eā hinc
exire videas domi*; ebenso, nur *fatio*, D.

345. Ba: *ut op . . . t g̍ it quod vidit viderit*. Im spatium
nach dem *ut* und über den ersten buchstaben des ausradirten wortes, d. h. über *o*, schrieb der corrector *rū*; nach dem ziemlich

sichern *op* sind 3—4 buchstaben, keine langen) ausradirt, dann folgte sicher ein *t*. Aus dem folgenden machte der corrector, wie bei Ritschl angegeben, *ego id quod vidi*; das ende von *viderit* ist zweimal corrigirt, einmal s. l., was wieder ausradirt wurde, dann *t* im *m*.

348. Da *hic* unter dem ictus steht, wird $\widehat{ei}$ am wahrscheinlichsten sein. Warum Plautus statt dessen ohne metrische nothwendigkeit *eae* geschrieben haben sollte, ist nicht abzusehen; jedenfalls wird mit der aufnahme dieser zwar von Varro L. L. VIII, 28, 51 bezeugten, aber nicht mit beispielen belegten form zu warten sein, bis die nachträge Studemund's aus dem A und der kritische apparat zu Cato, de re rust. 42 und 146, vorliegt.

351. D: *quã illi ñra.* — Für Ritschl's einschiebsel *alii* lässt sich Amph. 400 anführen: *quisquam alius servos*; wahrscheinlicher ist indessen die ergänzung *aeque* von Müller, Pl. Pr. p. 751.

357. Das handschriftliche *ego ăbs té procul recédam* (oder *ego ábs te procŭl recédam*) vertheidigen Geppert, Ausspr. des Lat. im ant. Drama p. 88, Spengel, Plaut. p. 112, Müller, Pl. Pr. p. 133 und 281.

358. D: *assτas* (C?), *hac* für *hanc* CD.

359 sq. Vgl. Ritschl, Opusc. II, 383 sq. Schoemann zu Cic. de nat. deor. II, 47, 122 versteht *manus* von „dem arm mit der hand", doch ohne anführung von beweisen. — *quō habet vis —m* Ba, *quo habetis* Bc.

363. Ba: *iuu&*, Bb: *lub&*.

364. D: *prodit*; vor 365 hat auch D ein *PAL* von m. 1; dann vor *hem*: *PH*, vor *hic*: *PAL*, vor *tibi* ˜ wieder *PH*; endlich *proxume*. — *utique* findet sich nirgends in den palliaten und in den fragmenten der älteren dramatiker.

367. Bothe's *Ac* ist gebilligt von Ritschl, praef. Stich. p. XVII not., Fleckeisen, Spengel, Plaut. p. 78. Beispiele für ein solches *ac* oder *atque*, welches die frage eines anderen nicht blos bestätigt, sondern auch noch etwas wichtigeres hinzufügt, sind: 337, Amph. 755, Bacch. 538, 569, Cas. III, 6, 12, Epid. III, 2, 43 sq., Men. 149, Ps. 739, Trin. 780, Pers. 830; mit hinzutretendem *quidem*: Bacch. 825, Epid. I, 1, 29, Ps. 1010, mit ver-

schiedenen anderen versicherungspartikeln Curc. 571, Rud. 736 u. a. (Ballas, Grammat. Plaut. I, p. 34—35).

368. Ba: *care vis,* Bb: *carebis.*

374. Ueber die aufgenommene gestaltung dieses verses s. jetzt Ritschl's Opusc. II, 650 f.; Müller, der gegen die aufnahme solcher nominative wie *oculis* bedenken hegt, folgt Pl. Pr. p. 215 anm. der palatinischen recension, wozu doch *exfodiri* für *fodiri* aus dem A tritt: *Non póssunt mihi mináciis tuis hísce oculi exfodíri.*

375 sq. Im B ist nach *palestrio* nur ein *s* ausradirt; der C hat *Obsecro unde exit hac huc* ⁀ (auch D: *hac huc*); im B ist nach dem *vidente* (dessen letzter buchstabe nach vorhergehender rasur von m. 3 gemacht worden ist) eine starke rasur von 3—4 buchstaben, dann folgt ebenfalls an stark radirter stelle das *video*; von m. 1 sind nur sehr schwache reste zu erkennen: unter dem *i* ein nach oben zu langer buchstabe, (neben dem *o* ein älteres *o*?). — Die aufgenommene herstellung dieses schwierigen verses ist die von Fleckeisen schon in den Exercc. critt. p. 39 und später in der ausgabe, jetzt auch von Müller, Pl. Pr. p. 218, befolgte; die an ersterer stelle ausgesprochene vermuthung, *exit* sei ein contrahirtes perfectum, nahm Fleckeisen später in den N. Jahrb. f. Philol. bd. 61, p. 23 anm., ausdrücklich zurück. Ebds. wird gewiss mit recht Ritschl's zu kühner vorschlag praef. Stich. XVII not. bekämpft (*Unde éxit? Unde nísi domo? Domo? Mé vide. Etsi vídeo, Nimis mirumst facinus* e. q. s.), durch welchen das ächt plautinische *Nisi* verloren ginge. Die herstellung des imperativs nach *Me* verdankt man Bothe (*videto*) und Lindemann (*vide*); beide haben ebenfalls den sinn richtig erklärt und alle ähnlichen stellen gesammelt.

379. Dass nicht *fenestra*, wie Ritschl in der ausgabe hat, sondern *fenestra*, ausgesprochen *festra*, geschrieben werden muss, ist schon erkannt von Bentley zum Haut. III, 1, 72 (481), wo auch die drei Plautusstellen gesammelt sind, von Bothe, Reiz zum Rud. I, 1, 6, Fleckeisen (N. Jahrb. bd. 60, p. 261 anm., Epist. crit. X), Bücheler, Lat. Decl. p. 60, wo der vers Haut. 481 richtig so hergestellt wird: *Huic quántam festram ad néquitiem patefécéris.*

387. H. A. Koch empfiehlt in den N. Jahrb. bd. 101, p.

61 f. das *viso* des F oder Gronov's *visu*; letzteres substantiv fin
det sich freilich nicht bei den alten dramatikern.

389. Ba: *uisu sceleri̯*, m. 3 verband *uisu* und *s*, radirte *c*
und *leri̯* aus, zog das noch übrige *e* nach und setzte einen strich
darüber.

392 hat Ba: *eet*, m. 3: *ee*.

393. Ba: *expetuntq'*, m. 3 *expetunt que̜* . Ba: *visam me-*
mora st, m. 3 *visa, memoras.*

394. Ba: *aut*, m. 3 änderte den ersten strich des *u* in *b*,
vergass aber das *t* auszuradieren. Die randglosse ᵛ p̅sentia om̅a
ist von später hand; das *i* s. l. im D von m. 4. — Die erklärung des *praesens somnium* als accusativ des ausrufes und die dazu
gehörigen beispiele verdanke ich Brix, s. die anm. zu Men. 337.

395. Ueber das *censebo* ist genauer gesprochen im Philol.
XXVII, p. 545 f. Vgl. noch Cic. Off. I, 25, 88: *Nec vero au-*
diendi, qui graviter inimicis irascendum putabunt idque magna-
nimi et fórtis viri esse censebunt.

396. H. A. Koch vertheidigt in den N. Jahrb. bd. 101, p.
62 das handschriftliche *falso inpune insimulatam* ohne *esse* durch
Amph. 888: *neque me perpetiar probri falso insimulatam.*

499. Ba: *ul issy̆*, m. 3 (unmöglich „ead. m."): *ubⁱ issy̆* mit
einer kleinen rasur unter dem *i* s. l. — Bothe begründete sein
unhaltbares *ubiubist* dadurch, dass er den Palaestrio die worte *Nunc*
— *certost* 398 behalten liess, was ja aber völlig unpassend ist.

401. Ba: *vitu* und *e̅*, Bc: *ut tu* und *es.* — Auch A giebt
osculantem, nicht *ausculantem*, wie Studemund mittheilt im „Festgruss an die 26ste vrslg. d. philol" p. 70 anm. 1. — Ebds. p.
69—71 sind 402 und 403 folgender massen aus A hergestellt:

SCEL. *Nescio, quid credam egomét mihi iam: ita, quód vidisse*
crédo, Me id iám non vidisse árbitror. PAL. *Ne tu hércle sero*
opínor, Resipísces. — Das übrige dieses letzten verses (404), welches in A wie in BCD durch glosseme entstellt ist, ist noch nicht
hergestellt. Studemund bemerkt: „A giebt, wie Ritschl richtig
vermuthete: *si ad erum haec res prius devenerit peribis pulchre.*
Vielleicht hat der recensent des A also folgende, kaum plautinische, restitution gemeint: *Recipisces. si ad erum haec res prius*
devenerit, peribis, so dass *pulchre* nur zufällig aus dem bestande

der ihm vorliegenden getrübten textesüberlieferung übrig geblieben
war. Vielleicht muss in der mitte des verses ein wort gesucht
werden, zu welchem sowohl das *prius devenerit* (so A) als das *ob
oculos creuerit* oder *peruenit* (so BCD) glossem sein könnte".

405. Das *mihi* fehlt auch im B, wie in CD; am schlusse
hat Ba: *optiugessig*; m. 3 radirte *u* und das zweite *g* aus und änderte *e* und das letzte *i* in *i* und *e*.

408. *ñra poene* BD, *nos* s. l. add. Bc.

409. Ba: *absumptu st*, Bc: *absumptus es*.

410. *foris* Ba, *fores* Bc. — Da die handschriften auch zwischen *crepuerunt* (B) und *concrepuerunt* (CD) schwanken, ist vielleicht der vorschlag Ritschl's praef. Stich. p. XVII not., den Fleckeisen
billigt und den auch die allitteration empfiehlt, dem richtigen am nächsten gekommen: *Sed fóris vicini próxumi concrépuit: conticiscam.*

411. Ba: $\overline{INDE}$ *ignem*, Bc: *INDO igné*; das *s* in *latas* ist
unzweifelhaft von Bb. — *ephęsię danę* D, das *i* s. l. m. 2.

412. *amene* B.

413. *Qui* Ba, *Quę* Bb.

414. *sumas flictatã* Ba, *sum afflictata* Bc.

417. *ē ei* Bb, *ē ea~* Bc.

420. *SCE* steht deutlich da im B.

421. *Quid tibi istic in istisce aédibus* schreibt O. Seyffert
im Philol. XXIX, p. 397.

423. B: *ē* (punktirt von späterer hand) *respondit* und *vitii*,
die drei letzten buchstaben sind von m. 3, in einer rasur von
zwei bis drei kurzen buchstaben, nach denselben sieht man noch
deutlich ein *u* von m. 1.

425. *hoest* Da, *ho, es* Db. — Im B steht *quid ē negotii~*;
das ~ (gewöhnliches fragezeichen) von m. 2.

426. Das *Me* der handschriften genügt, s. oben zu v. 38—
41 (Philol. XXX, p. 607, s. nr. 2); *quid* vor dem später nach-
gezogenen *sim* (nicht *sit*) Ba, später wurde *d* ausradirt; *ho* Da,
hᵒc Db; *rogeqt* Ba, *t* geändert in *đ* m. 3

432. D: *imprudentis*, das *m* durch rasur in *n* verwandelt.

433. Ba: *queraes*.

434. Ba: *que (quę* Bb) *te intemperiae tenent periae* (letztes
wort ist später unterstrichen).

436 und 438 haben mich weder Ritschl's tadel (Opusc. II p. 707) noch H. A. Koch's neuer verbesserungsvorschlag (N. Jahrb. bd. 101, p. 62, zu 438: *Abicere istuc non decet te; meo ero facis iniuriam*) von dem glauben abbringen können, das A. Spengel's geniale (auch von S. Bugge gebilligte, s. Ritschl a. a. o.) idee das richtige getroffen hat.

439. Ba: *que heriat . . . . s* (dieses *s* ausradirt; vor demselben scheint ein *e* gestanden zu haben, wie an der zweiten stelle nach dem *t* ein *l*; in der rasur schrieb m. 3: *henis) ephesum . . . . . . m* (beide *m* ausradirt, ersteres ersetzt durch einen ⁓ über *u*; in der starken rasur zwischen beiden m. 3: *adueni) vesperis* (letztes *s* punktirt). Db hat *PH.* vor dem verse. — Für *Quae* schreibt Müller, Pl. Pr. p. 553 anm., *Quaene.*

441. Die handschriftliche wortfolge *Quid hic tibi in epheso est negotii* (so auch CD) änderte Ritschl in der ausgabe in: *Quid tibi in E. hic ést negoti,* praef. Stich. XVII not. in: *Quíd tibi in E. híc negotist;* Fleckeisen Ep. crit. XXVI wollte lieber *Quíd hic in E. tibi negotist* — doch mit dem zusatze: *„nisi in scriptura librorum ne literula quidem mutanda est".* Ich habe letztere beibehalten, ebenso Müller, Pl. Pr. p. 393 (doch *Ephesó negotist*).

443 sq. B hat *fabuler abeo,* aber nur die fünf ersten buchstaben von m. 1; über dem in starker rasur von m.3 hergestellten *er* steht ein ausradirtes *em,* unter demselben ein ausradirter strich: hier ist also öfter corrigirt worden. Ritschl räth praef. Stich. XVII not. *fabulem* an und Fleckeisen folgt ihm, während A. Spengel zum Truc. I, 2, 79 dagegen ist. — Die nächste zeile im Ba beginnt: *SCE. Abeo auiro*; m. 3 radirte das erste wort aus und fügte es der vorigen zeile an, suchte im zweiten worte das *a* in *A* zu ändern und änderte *u* in *b*, *o* in *e.* — D: *mitte; scel̆* (d. h. *scelus*; m. 2 radirte das ˘ aus und fügte ein *e* hinzu). Dann in der nächsten zeile *SCE* (von m. 4). *Manufestaria res ẽ.* — Für *stulta* 443 will H. A. Koch in den N. Jahrb. f. Philol. CI, p. 62 f. *mora,* welches Danz (praef. mil. glor., Vimariae 1804, p. XII) 370 gut hergestellt hatte.

447. Ba *quisico,* Bb *quiscio.*

448. Die handschriftliche stellung *eius similis* lässt sich halten, wenn man mit Bergk *simil* herstellt.

449. *Mittis* B, das *s* von m. 2, ohne anderweitige correctur.

450. Ba *rapiant*, Bb *rapiam*. — Ba *hostiŭ* (unterstrichen von m. 3) *hom* (*hoc* m. 3) *hist* (nur das *i* ist nicht ganz deutlich; m. 3 nach vorhergehender rasur: *mihi*).

451. Die von Ritschl praef. Stich. XVII not. vorgeschlagene fassung dieses verses befolgt auch Fleckeisen; über den proceleusmaticus im ersten fusse vgl. die krit. anm. zur Mostell. 1102.

452. Ribbeck im Rhein. Mus. XII, 595 f., *vos quis homines sitis*; Bergk, Beitr. z. lat. Gramm. I, 98, *ques* für *quis* (oder *qui hom ones*).

453. Ba: *agit* . . . . (starke rasur, in der von m. 3: *o te n˘*) *quā*.

454. Ba: *sino* (*i* nachgezogen, *no* ausradirt: m. 3) *miser*, dann folgt ein durch rasur entstandenes loch, in welchem etwa zwei buchstaben platz hatten, von dem letzten sind nach rechts hin einige undeutliche striche übrig; *omiser* ^{ro} m. 3.

456. Das handschriftliche *fecisti* suchte O. Ribbeck in den N. Jahrb. f. Phil. bd. 85, p. 372 anm. durch annahme einer zweisilbigen aussprache, etwa *fecsti*, zu halten, was Fleckeisen, ebds. bd. 101, p. 76 f. anm., hier und Epid. III, 2, 1 für nicht unwahrscheinlich hält.

457. Der vers beginnt im B richtig mit *Nostra*.

458. Ba an stark radirter stelle: *hę . . fer . .*, Bc schrieb in den lücken *af* und *m*; auch das folgende *maceram* scheint nachgezogen.

462. Auch hier und 463 sind im B die personenzeichen vertauscht: *PA.* — *SCE* — *PA* — *SCE* — *PA.* Von dem unter *immo* ausradirten ist nur noch der letzte buchstabe sicher zu erkennen: *o*, vor demselben stand ein hoher (*amabo?*). D: *plane east*.

465. B: *Que* (ausradirt) und *quiquā quā* (*c* s. l. m. 2); das *ut* in rasur eines eben so grossen wortes. Das *quiquam* fasst Bücheler, Lat. Declin. p. 63, nicht = *quicquam*, sondern = „in irgend einem punkte,“ wie Truc. V, 30 *gaudere aliqui me volo*.

466. Ba: *Ut ubiq'* und *edu. it* (doch ist *e* unsicher); *intuā* später unterstrichen; D: *ductў* (oder *ductae*, m. 4 suchte aus dem letzten buchstaben *e* herzustellen) *diuit uttuā.* — Bergk vermu-

thet sehr scharfsinnig und gewiss richtig *docte dididit suam*, H.
A. Koch in den N. Jahrb. bd. 101, p. 63, zu kühn *doctam medi-
tate instit*, L. Müller ebds. p. 66 dasselbe wie Bergk, doch für
dididit noch lieber *divisit.*

467. Ba: *Ut sublimiturus* (m. 3 zog alles nach, radirte aber
nur am *m*, um ein *n* herzustellen, und änderte das letzte *u* in *o*,
also *Ut sublinitur os* (ebenso stellte im C eine m. recentiss. her)
custodi (so auch im C die erwähnte hand) *ne* . . (alles ausradirt,
ut m. 3) *causto* (*s* ausradirt).

469. *Heius* B. — Das zweite *quid* hält L. Müller a. a. o.
p. 67 gewiss mit recht für falsch und schlägt statt dessen sehr
hübsch vor: *quid iam haud opust?* „weshalb ist es nicht mehr
nöthig?"

* 473. Die betonung *herclé* findet sich auch Truc. II, 6, 57,
Aul. I, 1, 1, Poen. II, 46; vgl. überhaupt Ritschl's Prolegg. Trin.
p. CCXXV. Fleckeisen Epist. crit. p. XXVI möchte schreiben:
Mágis pol metuo míhi: set e. q. s., wie 526, Bacch. 595.

479. Ba: *tue mihi turue*, Bc: *tuẹ mihi turbẹ*; Da: *t̆be*,
Db: *t̆bẹ*.

481. Ueberschrift im D: *Sceledrus* (in rasur) *seruus, Pere-
plectromnus senex* (*e* s. l. m. 4; die 8—9 letzten buchstaben
gleichfalls in rasur). Ba: *Satin* (unmittelbar hierauf starke rasur
von 7—8 buchstaben, deren erster, vor dem *abiit*, ein *t*, deren
letzter, unmittelbar nach demselben worte, *o* mit dem darüberge-
schriebenen *ƺ* gewesen zu sein scheint; unter dem *b* stand etwas
wie *s* oder *st*) *ille* . . . (drei ausradirte buchstaben; für die beiden letzten *ne* m. 2) *que herilé* (das ~ ausradirt) *negotium*. Diesen auch im A unvollständig und verderbt überlieferten vers wiederherzustellen ist noch nicht gelungen: denn das von mir nach stellen, wo zu dem häufigen *erilis filius* noch ein possessives pronomen (458, 549; Eun. 962; Cist. II, 3, 8; IV, 2, 83; Trin. 602,
Epid. I, 1, 18; 2, 61; Truc. II, 2, 42) oder ein genetiv (Phorm.
39) oder ein *amans* (Ps. 673, Bacch. 233, 351, 931) tritt, eingeschobene *suom* ist nur ein vorläufiger nothbehelf. Ritschl's *hic*
ist nach dem unmittelbar vorhergehenden *ille* anstössig; dass *neque*
für *nec* zu schreiben ist, bemerkt schon Fleckeisen Ep. crit. XXVI.

484. Auch B und D haben *domo* nach dem *ea*; Bb *modo*.

Die anmerkung zu diesem verse ist, wie schon oben zu arg. I, 3
(Philol. XXX, p. 584) bemerkt, ganz zu streichen und an der
handschriftlichen fassung im A nichts zu ändern: *Nam egomét cu-
bántem eám modo óffendi domi.* Das pränestinische *tam modo*
Trin. 609), welches Ritschl, praef. Stich. XVIII not., und Fleckeisen Ep. crit. XXVI herstellen möchten, würde hier ganz zwecklos
sein, während es Capt. 882 eher am orte wäre; Brix hat es auch
in der so eben erschienenen zweiten auflage in den text gesetzt.

485 vertheidigt auch Fleckeisen Ep. crit. XXVI die handschriftliche lesart.

486. *femina* Ba, *feminā* Bb.

493. Auch BCD stellen das personenzeichen *PE* (B) oder
PER (CD) erst vor *tun* B, *Tun* CD).

496. *quęso* B, *queso* D; *ausculta* D von m. 4 (*aut sculta*
m. 1), welche hand überhaupt unter der bei Ritschl mit Db bezeichneten zu denken ist. Auf den witzigen wechsel der bedeutung in *auscultare* braucht kaum hingewiesen zu werden.

497. Auch D hat *volo me.* S. über diesen vers jetzt Ritschl's
Opusc. II, 41.

499. D: *latrocinamini,* aber die vier letzten buchstaben in
rasur einer entsprechenden zahl; von m. 4. Doch scheint m. 1
das richtige gehabt zu haben; m. 2 aber radirte *mini* aus und
schrieb s. l. *ri,* wo es noch steht, durchstrichen von m. 4, die in
der rasur vielleicht nur das frühere nachzog.

501. B: *madida — ea — eq',* das *e* und die striche von
m. 2, die offenbar das richtige herstellen wollte und nur vergass
das letzte *a* im ersten worte zu tilgen.

502. Dass in der drei bis vier buchstaben umfassenden rasur nach
virg im B *eum* oder *eū* gestanden habe, wird durch den umfang der
rasur und der reste des letzten buchstabens, über dem allerdings
ein ‾ stand, wenig wahrscheinlich. Ueber den hier massgebenden
rhythmischen änderungsgrund sagt Ritschl selbst Par. p. 22: „*Molossi-
cum vocabulum post caesuram collocatum vereor ne plura habeat et
certiora exempla, quam in quod statuere Hermanniana severitate
liceat*“ und führt allein aus den prologen sieben beispiele an; vgl.
noch Prolegg. Trin. p. CCXIV und A. Spengel zum Truc. I, 1,

43. Das folgende wort im B ist deutlich *detebat*, welches m. 2

in *dete dat* änderte. — Der vorschlag Ritschl's praef. Stich. XVIII
not., dem Fleckeisen Ep. crit. XXVI beitritt: den vers 502 ganz
zu streichen und durch 511 zu ersetzen, ist zurückgewiesen worden von O. Ribbeck im Rh. Mus. XII, 596.

503. B hat *diutinumq'* ohne correctur, dann aber zwei ganz
ausradirte buchstaben, deren zweiter in *a* von m. 2 geändert worden ist. Die von Lucian Müller, de re metr. p. 348, vorgeschlagene fassung *Longúmque diutinúmque*, wiederholt in den N. Jahrb.
f. Phil. bd. 101, p. 68, ist ebds. 69 f. widerlegt von Fleckeisen.

508. Dass das handschriftliche *Quod* nicht mit *Quin* vertauscht werden dürfe, erkannte schon Fleckeisen Ep. crit. XXVI.

516. *istęc* D.

517. S. jetzt Ritschl's Opusc. II, 431.

518. B hat nach dem *viderim* nur *itast* von m. 2.

519. *itast ista* und *n̄re* D.

520. B: *Siquidẽ* . . . *non*, das *ẽ* ist nur nachgezogen, die
drei ausradirten buchstaben nicht mehr erkennbar.

521. Das von Ritschl in der anmerkung vorgeschlagene *iu-
beo*: *i* ohne *et* (*uiueoɣ* Da, *uibeoɣ* Db) nahm schon Fleckeisen in
den text auf und gab in den N. Jahrb. LXI, p. 18 gute sammlungen und beweise für die verschreibung *et = ei = i*, namentlich nach dem vorhergehenden imperativ. Vgl. 812 und die sammlungen bei Ballas, Gramm. Plaut. I, p. 15 sq.

523 hat auch D *negotiis*, wie
524 *quă do*, 529 *inmortalis*.

527 sq. stimmt auch Ladewig, Philol. XVII, 257, für die
annahme einer lücke, O. Ribbeck im Rh. Mus. XII, 596 dagegen,
aber auch der A scheint einen vers mehr gehabt zu haben: Ritschl,
praef. Mil. glor. p. XII.

532. Ba: *eamst ˜ SCE ɣ si aest*; m. 3 mit leichter rasur
des *m*: *eanest ˜*, und ohne correctur *eaest*; ebenso m. 4 im D,
die auch 533 das *Vidisti inistā* in *Vidistin istā* verbesserte.

534. *Conplexam* BCD.

535. *Vim* Ba, *abit* Ba Da.

536. Da: *ista hęc* (so auch Ba) *domū uostra* (*vostrā* m. 2,

vostra wieder m. 4) *intus* lic*ɣ*; m. 4 setzte noch s. l. vor *vostra* ein *s*.

539. *faci* . . *videt ɣ magis*, Ba, *facete vidi ɣ magis* Bc; *facite videt ɣ magis* Da, *facete videt ɣ magis* m. 4.

545. *qs* D.
$\overset{i}{}$

547. *SCEL* im D m. 4, die auch *te quidĕ me* herstellte, während schon m. 2 das *facior* in *fateor* änderte.

548 sq. corrigirte m. 4, doch *concobinā* schon m. 1.
$\overset{u}{}$

550 ist das letzte wort *milesm̃s* im vorletzten buchstaben un- deutlich von m. 4 nachgezogen und corrigirt (in *milesius?*). Ich halte diesen ganz überflüssigen und schon der schlechten wort- stellung wegen verdächtigen vers für einen späteren zusatz.

551—552. Im ersten verse ist das nach *potis* im B ste- hende zeichen ⁙ (d. h. *est*) gewiss von m. 1. Der D hat *Nā* *exū* ^{m} *oputeo similior nūquā potis*; m und *e* s. l. m. 2; für *ū o* setzt m. 4 *uno*; von derselben stammt ein *est* s. l. nach *similior*. Im zweiten verse hat Ba: *Atquam* (*t* und *m* später ausradirt) *ae- que* (m. 3: *aquę*) *summis* (m. 3 *sumi*) *quam hęc est* . . . . . (in dieser rasur von etwa fünf buchstaben, deren erster *a* und letzter *e* gewesen zu sein scheinen, schrieb m. 3 *atq'*). Dann folgt eine neue, etwas grössere rasur, in der nur der letzte strich (ein *i* oder letzter strich von *m*, *n*, *u*) übrig gelassen und von m. 3 noch nachgezogen wurde, um mit dem folgenden *st*, woran sie ohne ra- sur *a* fügte, ein *ista* zu bilden. Der D hat zuerst nur *Atquā aque* ohne jede correctur; dann *estat quaemhist. a. hospitā̆*; *m* ist ausradirt für die zwei anderen ebenfalls getilgten buchstaben setzte m. 4 *u* und *a*, und bezeichnete ausserdem den vers durch ein ✕ als ver- derbt. — Ritschl vertheidigt seine schreibung *Aqua aquai*, opusc. 581 f. durch Men. 1089: *Néque aqua aquae neque lácte lactis, mihi crede, usquam similiust, Quam hic tuist tuque húius autem.* Aber hier ist ja von z w e i wirklichen personen die rede, von de- nen die eine der anderen so ähnlich ist, wie eine art von was- ser einer anderen; in jenem verse hingegen ist die vergleichung zweier personen ganz illusorisch, da alle wissen (und Sceledrus, komisch genug, unbewusst dasselbe aussagt), dass Philocomasium nur m i t s i c h s e l b e r verglichen wird. Grade hierin liegt der vergleichungspunkt, den Ritschl a. a. o. bei *similior* vermisst: „aus éinem brunnen kann nicht wasser geschöpft werden, das sich selber in dem grade ähnlicher wäre, als u. s. w.". Das in A und Ba erhaltene richtige stellten schon Bergk, Z. f. A. W. 1850, p. 331 (dem A. Spengel, Plaut. p. 86, beistimmt), und Fleckeisen Ep. crit. XXVI her. Der an diesen vers sich knüpfende streit über eine bei Plautus mögliche diäresis *acüa* ist für die gestaltung desselben ohne belang; s. im übrigen Spengel a. a. o. und Ritschl's Opusc. II, 581—586, 599 f., 604—608; der an letzter stelle (p. 608) von Ritschl erhobene einwand, die wortstellung verbiete *similior* mit *aeque* zu verbinden, wird dadurch abgeschwächt, dass *aeque* auch anderswo von seinem comparativ (Merc. 335, Capt. 827) oder positiv (Most. 30 f., Haut. 685) getrennt ist.

553. Ba: *despexi*, zwei spatien und ein ausradirtes wort von 5—6 buchstaben; in jene leeren spatien und in den ersten platz der rasur m. 2: *sse*; im D s. l. m. 2. — In der überlieferung des A *MEO* findet Bugge (Tidskr. f. Philol. og Pädag. VII, p. 33) sehr ansprechend *MED*: *d* habe sich gehalten vor einem anderen *d*, wie in *reddo, redduco*; desgleichen im Pseud. 16, wo, da der A nicht *tu* gehabt zu haben scheine, sondern nur *NAM M. O ANTIDHAC*, gewiss zu lesen sei: *Licétne id scire quíd sit? nam med ántidhac.* Als fernere beispiele für die verwechslung des *D* und des *O* werden dann angeführt: Pseud. 869 *MEOEAPPELIAM* für *Medea Peliam* A, Mil. glor. 355 *QUDOSUPERF* . . für *quod superfit* A, Men. 492 *meo absenti* BCD (d. h. *med absenti*), Men. 169 *difacta* BCD (d. h. *olfacta*). Hierzu können noch gefügt werden Pön. V, 3, 29 *qudd* B (d. h. *quod*), Truc. II, 8, 4 *si coatur* BD, = *sicdatur* (Studemund, Hermes I, 307).

554. Ueber das jedenfalls unrichtige *Fatebor* vgl. meine bemerkung im Philol. XXVII, 546; über die länge der endsilbe Fleckeisen in den N. Jahrb. f. Phil. LXI p. 25—31, wo auch die handschriftliche fassung des verses im A für die nach dem sonstigen gebrauche des *fateor* bei Plautus richtige erklärt wird; spätere dichter dagegen sagen allerdings *fatebor* „ich will es nur gestehen": Verg. Buc. I, 32; Prop. III, 24, 12. — Das personenzeichen und die correcturen im D sind von m. 4; am schlusse m. 1 *viderit*, m. 2. *viderī*; auch im B ist das *m* von *viderim* wohl später: *viderit* m. 1.

555. Kayser supplirt in den Heidelb. Jahrb. 1850, p. 597 f. und 1869, p. 335: *me hanc vidisse cum hospite*, vgl. 242 f., 263, 288, da Plautus es liebe die wiederholung dramatisch wichtiger umstände immer in gleichen ausdrücken anzubringen.

558 halte ich fest an der aufgenommenen verbesserung O. Ribbeck's; die vorschläge Müller's Pl. Pr. p. 136 f. haben für mich nichts überzeugendes.

560. D *meitam*, m. 4 *metam*.

561. *Scel.* und *a* s. l. D m. 4.

523. Ba: *homine servo* . . . . (3—4 buchstaben ausradirt, der vorletzte *u*); Bc *hominẽ seruom suos*.

565. hu^nc B m. 1; *huc* Da, *hunc* Db; *Scel.* s. l. m. 4.

566. *quot* Ba, *quod* Bb.

567. D *meegomedidā*, *i* in *e* geändert erst von m. 2, dann von m. 4 (= Dc bei Ritschl).

570. Im D zu anfang *SCE* m. 2, durchstrichen von m. 4; vor *at*: *Per.* m. 2, ebenfalls getilgt von m. 4, die *Sce* herstellte, wie *Per* vor 571.

572. Beispiele für die verschreibung *Posthaec* für *Posthac* giebt Ritschl, opusc. II, 545. — *nesciueris* muss, da es ja nur verbot sein kann, durchaus getrennt geschrieben werden.

574. *pacere* Da, *sacere* m. 2, *facere* m. 4, die auch *est* für *ẽy* giebt, im übrigen den vers mit einem kreuz bezeichnet.

576. Ba: *qua* (*q* D) *benigne grá*, Bb *quā benignẹ grā*.

577. Ba *eēt*, Bb *eē.͡* (gewöhnliches fragezeichen); Ba *socios qua*, Bb *scio quā*; D *sodosq*, nur das *m* ist von m. 4.

578. *Uut mihi cum exemplo* D, *t* s. l. m. 4.

581. *existim* . . . . Ba, für die vier ausradirten buchstaben: *assa* m. 2, die auch das *m* nachzog; dann *ego* ͬ *odie* (ͬ s. l. m. 2) *captā* (*capiar* Bb).

582. *aut aliqđ* Ba, m. 3 unterstrich das *aut* und setzte für das punktirte *đ* s. l. *uot*; D *occultaṭabo aut aliquot*.

583. *leuiunt* Ba, *leniunt* Bc. — *consilesco* steht auch Enn. ann. 575 und noch Hieron. in Jesai 5, 14, 7, wie K. E. Georges mir gefälligst mitgetheilt hat.

585. Dass dieser vers unmöglich ächt sein kann, erkennt auch Ribbeck an im Rhein. Mus. XII, 596 f., und schon das unverständliche *quicquid de me est* (welches Kampmann de praepos. *de* usu Plaut. p. 9: „wie es auch um mich steht" fassen zu können glaubt, doch ohne jede analogie) scheint dafür zu sprechen; zweifelnder äussert sich Bugge, Tidsskr. f. Philol. og Pädag. VII, p. 6—7, der mit Ladewig im Philolg. XVII, 260 anm. nicht so sehr auf den widerspruch zwischen 585 und 582 gewicht legt (denn man müsse in den worten des rathlosen und ängstlichen Sceledrus keine logische stringenz suchen) als vielmehr auf den zwischen 585 und 593. Dass Ladewigs vorschlag zur hebung desselben (streichung der verse 586—595) unmöglich befolgt werden könne, hat Bugge mit vollem recht bemerkt, aber auch seine eigene änderung 593: *miles* für *Sceledrus* scheint mir zu kühn. Ich halte mich an das einl. p. 44 bemerkte, und für die nach 587 angenommene lücke an den commentar; alle erklärer gehen stillschweigend hinweg über diese letzte verzweifelte stelle: das von Bothe beigebrachte, völlig sinnlose, ist nur wiederholung aus Scioppius, Lectt. susp. V, 3. Der codex B hat 588 *Quod ei adi maturne,* aber das *ei,* in starker rasur von zwei buchstaben, von einer m. 3, die auch durch bindestrich herstellte *adimatur ne.* — Dass 586 das handschriftliche *Illic hinc* nicht in *Ille hinc* geändert werden durfte, haben der rec. im Philol. Anz. I, p. 118, Kiessling im Rhein. Mus. XXIV, p. 119 und Müller Pl. Pr. p. 428 f. bemerkt: s. die von beiden letzteren angeführten zahlreichen parallelstellen.

591 hat auch B *opera*; die verse 593 sq. sind durch ein späteres ⋈ richtig geordnet; 595 hat D *fortito fuā*; nach diesem verse hat B eine ausradierte zeile, die blos die drei folgenden personennamen enthielt. — Das verderbniss des letzten verses sucht Kayser, Heidelb. Jahrb. 1869, p. 335, in *multa (multi),* wofür er *alii* vorschlägt, und dann *sors ita euenat* d. h. „was er [Periplecomenns] erlosen kann, soll nicht in folge seiner abwesenheit einem anderen zufallen".

Berlin. *Aug. O. Fr. Lorenz.*

Cic. de Legg. 1, 20, 52

ist vielleicht zu lesen: *libenter enim, frater, concedo istam orationem tecum prolabier.*

Gotha. *K. G. Georges.*

II. JAHRESBERICHTE.

44. Die Aeschyleische literatur von 1859—1871.

(S. Philol. XXXI, p. 712).

b. Sprachgebrauch und grammatik.

37. Quaestiones grammaticae Aeschyleae. Part. I. De legibus, quibus in fabulis Aeschyleis enuntiata vincta sint, diss. *Martin Burgard.* Vratislaviae. 1861.

38. De enunciatorum finalium apud tragicos Graecos usu ac ratione. Diss. *Alb. Proske.* Vratisl. 1861. 46 s. 8.

39. De Aeschyli studio Homerico. Scr. *Max. Lechner.* Gymnas. progr. von Erlangen 1862. 28 s. 4.

40. Ueber die epischen reminiscenzen bei Aeschylus, *L. Schmidt* im Pädag. Arch. 1863 s. 430—436, 609—18, 730—40, 1863 s. 416—26.

41. De duorum attractionis generum usu apud tragicos. Diss. *Isidor. Krause,* Vratisl. 1863. 38 s. 8.

42. De relatione temporali, quae intercedit inter participia et verba finita apud Aeschylum. Diss. *Bern. Romahn,* Vratisl. 1863. 39 s. 8.

43. De praepositionum usu apud Aeschylum specimen primum. Scr. *Herm. Menge.* Gotting. 1863. 86 s. 8.

44. Zum sprachgebrauch der tragiker, von *Rumpel* in Philol. 1864 s. 144—47.

45. De enuntiatorum temporalium apud poetas tragicos Graecos usu ac ratione. Part. I. Diss. *Car. Preuss.* Gryphisw. 1864. 46 s. 8.

46. De perfecti et plusquamperfecti usu Aeschyleo. Diss. *Leop. Brock.* Vratisl. 1865. 58 s. 8.

47. De vocabulorum compositione Graeca praecipue Aeschylea. Diss. *Jos. Sanneg.* Halis Sax. 1865. 31 s. 8.

48. De modorum in enuntiatis conditionalibus apud tragicos Graecos usu. Diss. *Alb. Winter.* Vratisl. 1865. 52 s. 8.

49. De epithetis compositis in tragoedia Graeca usurpatis. Diss. *Joann. Schmidt.* Berol. 1865. 76 s. 8.

50. De tropis apud tragicos Graecos. Diss. *Gustav. Radtke.* Berol. 1865. 36 s. 8.

51. De accusativi ex phrasibus apti apud tragicos Graecos usu. Diss. *Franc. Trawinski.* Berol. 1865. 40 s. 8.

52. De anacoluthis apud tragicos Graecos. Pars prior. De generis, numeri casuumque anacoluthia. Diss. *Jo. Wrobel.* Vratisl. 1865. 56 s. 8.

53. De attractionis in Graeca lingua usu quaest. part. I. De attractionis usu Aeschyleo. Diss. *Riccard. Foerster.* Vratisl. 1866. 48 s. 8.

54. De dorismi in tragoediis Graecis usu. Scr. *Hermann. Schaefer.* Progr. von Cottbus 1866. 14 s. 4.

55. De tragicorum Graecorum dialecto. Pars prior: De dorismo. Diss. *Herm. Car. Althaus.* Berol. 1866. 48 s. 8.

56. Zur synizesis bei den tragikern, von *Rumpel* in Philol. 1867 (26) s. 241—52.

57. De arte Aeschyli rhetorica. Scr. *Max. Lechner.* G. progr. v. Hof. 1867. 11 s. 4.

58. Ueber die wiederholung desselben wortes bei Aeschylus. Von *L. Schmidt* in Zeitschr. f. Gymn. 22 (1868) s. 646—661.

59. De dorismi natura atque usu in tragoediarum Graecarum diverbiis et anapaestis. Diss. *Rich. Dressel.* Jen. 1868. 44 s. 8.

60. De ellipsis apud tragicos Graecos usu. Diss. *Car. Helbig.* Vratisl. 1868. 44 s. 8.

61. Quaestiones de Gaecae tragoediae dialecto. Diss. *Bern. Gerth.* Lips. 1868. 77 s. 8.

62. Curae epigraphicae ad grammaticam Graecam et poetas scenicos pertinentes. Scr. *N. Wecklein.* Lips. Teubner. 1869. 67 s. 8.

Die erkenntniss, dass jeder schriftsteller seine eigene grammatik und seinen eigenen sprachgebrauch habe, dass es ein leben und eine entwicklung der sprache gebe, die sich an den werken der schriftsteller verfolgen lasse, hat sich in der neueren zeit in ausgedehnter weise geltung verschafft und eine reihe verdienstlicher monographien hervorgerufen. Für Aeschylus oder für die tragiker im allgemeinen haben vorzugsweise breslauer und berliner doctordissertationen sich einen recht passenden stoff in der erforschung des sprachgebrauches gesucht. Solche arbeiten kommen sowohl der grammatik als auch dem verständniss des betreffenden schriftstellers zu gute. Auf diejenigen abhandlungen, welche beispiele aus den werken der tragiker ihren grammatischen untersuchungen

nur zu grunde legen, ohne einen historischen zweck zu verfolgen,
brauchen wir hier nicht näher einzugehen: sie fallen der wissenschaft der grammatik anheim.   So sucht die schrift von *Proske*
(n. 38) im gegensatz zu der äusserlichen Dawesianischen regel
nach dem vorgang von Franke Zeitschr. f. d. Alt. 1839 p. 1236 ff.
u. a. an den beispielen der tragiker nachzuweisen, dass bei finalsätzen nicht die tempora des übergeordneten satzes für den gebrauch des conjunctivs oder optativs massgebend seien, sondern
das innere verhältniss der gedanken, indem der conjunctiv bei einem objektiven, der optativ bei einem subjektiven zusammenhang
stehe (vgl. Hermann zu Eur. Iph. T. 1181). Bemerkenswerth für
uns ist, dass ὡς mit futur niemals bei den tragikern sich findet,
dass also z. b. die ansicht derjenigen zu verwerfen ist, welche
Cho. 131 ὡς ἀνάξομεν corrigieren; ferner die beobachtung, dass
die eigenthümlichkeit und der umfang des gebrauchs von finalsätzen
in den stücken der drei tragiker allmählig zunehmen. — Ebensowenig können wir hier auf die schriften von *Preuss* über die tem-
poralsätze und *Winter* über die hypothetischen sätze eingehen. Aus
der schrift von *Preuss* (n. 45) hebe ich nur die vermuthung, dass
Ag. 987 ψαμμίαισιν παρήβησεν mit auswerfung von ἀκάτα zu lesen (p. 19) und dass Cho. 623 die dritte strophe nach der antistrophe zu stellen zei (p. 31) sowie die bemerkung hervor, dass
πρὶν ἄν bei Aeschylus sechsmal im Prometheus, ausserdem nur einmal in fragm. 197 Herm. sich finde (p. 41). — In der schrift von
Winter (n. 48) berührt uns höchstens die bemerkung, dass ἐάν
bei Aeschylus acht-, bei Sophokles 22-, bei Euripides eilfmal, bei κἄν
Aeschylus 1-, Sophokles 19-, Euripides 83mal vorkomme, dass die
rhetorische wendung αἰσχρὸν, εἰ τὸ μὲν.., τὸ δὲ.. bei Aeschylus und
Sophocles nicht, öfters aber bei Euripides sich finde, sowie die vertheidigung des ungewöhnlichen ἄν Ag. 930 (εἰ πράσσοιμ' ἄν) „putat
quidem Agamemnon fieri posse ut etiam in futuro tempore res pro-
spere sibi succedant, sed loquitur dubitanter et sine ulla confidentia“. —
Dabei sei an den aufsatz von *G. Wolff* „das fehlende ἄν beim
unabhängigen optat. potentialis im drama“ im N. Rhein. Mus. bd.
18, p. 602 ff. erinnert (vgl. *Kviçala* Beiträge zur kritik und erklärung des Soph. Wien 1864, p. 50 f.). — Einem anderen
gebiete gehört auch die tüchtige schrift von *Sanneg* (n. 47)
an, welcher, vornehmlich auf Justi über die zusammensetzung
der nomina in den indogermanischen sprachen sich stützend (vgl.
Todt *de Aeschylo vocabulorum inventore Hal.* 1855), über die zusammensetzung der nomina handelt und dabei die wortbildungen
der äschyleischen sprache besonders berücksichtigt. Vgl. *W. Clemm
de compositis graecis quae a verbis incipiunt. Giessen* 1867. —
Einen ganz anderen zweck hat die schrift von *J. Schmidt* (n. 49)
und liegt unserer aufgabe näher. Diese schrift bietet zwar meist
nur bekanntes; gewinnt aber interesse durch die zusammenstellung

des zerstreuten. Der verfasser handelt zuerst über die rhetorische
wirkung der zusammengesetzten epitheta, welche sowohl im inhalte
nach den worten von Humboldt (Einleit. in die Kawisprache VI,
p. 327): „das in einem wort verbundene stellt sich auch der seele
mehr als eins dar, da die wörter in der sprache das sind, was die
individuen in der wirklichkeit. Es erregt lebendiger die einbildungskraft, als was dieser einzeln zugezählt wird. Daher ist das
einschliessen in ein wort mehr sache der einbildungskraft, die
trennung mehr die des verstandes", als auch in der klangvolleren
und schwungvolleren form (Arist. Rhet. III, 3 διὸ χρησιμωτάτη
ἡ διπλῆ λέξις τοῖς διθυραμβοποιοῖς· οὗτοι γὰρ ψοφώδεις) gesucht wird. Nach dieser einleitung wird im ersten abschnitte *de
audacia et brevitate dicendi in epithetis compositis perspicua* gesprochen. Das epithethon unterscheidet sich seiner attributiven
bedeutung gemäss nicht sehr von dem genitiv (γάμον Αἰγυπτιογενῆ
matrimonium cum filiis Aegypti, welchem ausdruck das von Bamberger und Hermann richtig hergestellte, von Heimsoeth mit unrecht verworfene αὐτογενεῖ φυξανορίᾳ Suppl. 9 entspricht: *fuga
hominum consanguineorum*); die rhetorische wirkung eines solchen
epitheton liegt aber einmal in der personifikation, dann darin, dass
das epitheton eine wesentliche und bleibende, der genetiv nur eine
zufallige verbindung ausdrückt. — Die ursache der *traiectio epithetorum* ist eine doppelte. Die eine liegt in der einheit des begriffs,
mag man eine umschreibung haben (ὁμοσπόροις ἐπιρροαῖσιν
αἱμάτων) oder nicht (νεικέων τέκτονα σύμφυτοι); die andere darin,
dass bei der freiheit der tragischen sprache die bedeutungsvollen
epitheta sich vordrängen (πρωτοκτόνοις προσιρπαῖς Ἰξίονος). — Als
epitheta appositiva zur bezeichnung von zeit oder ort finden sich
bei Aeschylus nur die mit αὐτός zusammengesetzten gebraucht, z. b.
αὐτότοκον πτάκα θυομένοισιν Ag. 137 [Schol. σὺν αὐτῷ τῷ τόκῳ.
Dieser gebrauch hat offenbar seinen grund in der bekannten redensart αὐτοῖς ἀνδράσι]. Hieher gehört auch der ausdruck λαῖδος
ὀλλυμένας μιξοθρόου, d. i. μιχθείσης θορύβῳ Sept. 331. Der
zweite abschnitt handelt *de altera parte epithetorum compositorum
haud inaniter abundante.* Der ansicht von Hermann zu Soph. Ai.
221 und Matthiae Gr. G. II, 446, 3: „sehr oft werden die zusammengesetzten adjektiva nur gebraucht, um die rede volltönender
zu machen, während nur ein theil der zusammensetzung berücksichtigt wird", wird die richtigere ansicht von Schmidt *de ubertate
orationis Sophocleae* p. 8 „*una voce composita plures una contineri
notiones, quas diligentius si indagaveris, omnes animo persentisces*"
gegenübergestellt. Der zweite theil dient der anschaulichkeit und
lebhaftigkeit des ausdrucks wie in γυναικοπληθὴς ὅμιλος oder in
λαβρόσυτος ἦλθον (vgl. besonders Ag. 487 ταχύπορος — ταχύ-
μορον, Herm. zu Pers. 554, δορίδμητος κατηναρίσθης Cho. 347),
oder in den adjektiven, welche präpositionen vertreten (γαπότους

τιμὰς προπέμψω für κατὰ γῆν, περίδρομον κύτος προσηδάφισται, ἔρρειν τοῦδ' ἀπόξενος πέδου), oder in der umschreibung der präposition ἄνευ: so παλλεύκων πέπλων ἄμοιρος; die bei Aeschylus vereinzelte redefigur πάσης ἀπήμον' οἰζύος Eum. 893 scheint besonders von Sophocles ausgebildet worden zu sein. Zuerst gebraucht, um mit dem genitiv eine nähere bestimmung wie πάσης, λευκῶν hinzuzufügen, diente sie zuletzt bloss zur nachdrücklicheren verneinung z. b. ἄφιλος φίλων. — Fülle des ausdrucks wird bezweckt, wenn der begriff, welcher in einem theile des zusammengesetzten wortes liegt, noch durch ein zweites wort ausgedrückt ist, z. b. κρεοκοπεῖν μέλη; seltener sind zusammengesetzte epitheta, welche in dem einen theile das von ihnen abhangige substantiv enthalten: ἐχθρόξενος ναύταισι Prom. 727, γαμόρῳ χθονός Eum. 890, auch ἔκτεινα τὴν τεκοῦσαν ἀντικτόνοις ποιναῖσι φιλτάτου πατρός ebd. 464, (vgl. Soph. Trach. 1018); sehr häufig dagegen diejenigen, deren einer theil denselben begriff enthalt, wie das substantiv, wozu sie attribute sind: κακόποτμοι τύχαι, γυναικοβούλους μήτιδας φρενῶν, ἐλευθερόστομος γλώσση, μακροβίοτος αἰών, γέννα θηλύσπορος, πλῆθος ισοουνάριθμον, τηλέπλανοι πλάναι: seltener bei Sophocles, welchem dieser redeprunk weniger zusagte. Hieher gehören auch die mit εὖ, δύς, α privativum zusammengesetzten und ähnlich gebrauchten composita: φροιμίοις δυσφροιμίοις. Die mit α privativum zusammengesetzten bringen durch die verneinung des begriffs einen neuen hervor z. b. Νυκτὸς παῖδες ἄπαιδες (filiae grandaevae), dann weil das seiner natur widersprechende etwas furchtbares zu sein pflegt, geben sie den begriff des gräulichen und schlimmen, wie die mit εὖ zusammengesetzten den des guten und segensreichen (βίοτος εὐαίων). Wenn die wörter πᾶς, πυκνὸς, πολὺς, κοινός, αὐτός, dann die zahlwörter, ferner die eine zeit angebenden wörter νέος, παλαιός, mit anderen aus dem sinne entnommenen begriffen zusammengesetzt sind, so herrscht zwar der eine begriff vor, die zusammensetzung aber dient gleichfalls der dichterischen anschaulichkeit und tragischen fülle; ebenso wenn der zweite theil des compositum eine metapher enthält (λευκόπτερος νιφάς). — Durch den gebrauch freilich ist manchmal der zweite theil des zusammengesetzten wortes so zurückgetreten, dass man die angegebene regel von Matthiae dafür gelten lassen kann; besonders war das der fall bei denjenigen composita, bei welchen das etymon des zweiten theiles einen zu allgemeinen und unbestimmten begriff enthalt, bei den mit ειδής, ωδής, γονος, γενής, φυής, ἠρης, ὠψ, νομος, πολος, πορος, στόλος, μορφος, μοιρος endigenden, welche von Schmidt in dem dritten abschnitte *de quiescente alterius partis notione* aufgezählt werden (Schmidt betrachtet auch Περσονόμου Pers. 919 für gleichbedeutend mit Περσικῆς). Doch *quiescit quidem altera pars, sed ita, ut quasi tacita notionem a re expressa non alienam in mentem revocet.* Wir wer-

den für die ältere sprache, auch noch für die sprache des Aeschylos
immer ein deutliches gefühl des zweiten theiles anzunehmen haben.
— Endlich wie die zusammengesetzten verba βουκολεῖν (ἵπποι
βουκολέοντο), βουθυτεῖν, οἰκοδομεῖν, (navem) aedificare durch den
gebrauch die bedeutung eines einzigen einfachen begriffs erhalten
haben, so ist es auch mit manchen epitheta geschehen (ἀλλόθρους,
ὁμόπτερος, ἀμφιδέξιος, ἀρείφατος, δίπτυχος, vielleicht auch με-
λάγχιμος). Auf den gebrauch der composita statt der einfachen
ausdrücke mag auch manchmal das versmass einen einfluss geübt
haben. — Eine sehr verdienstliche abhandlung hat Burgard
(n. 37) über die gesetze der satzverbindung bei Aeschylos geliefert. In drei abschnitten wird durch zusammenstellung und behandlung der beispiele die bedeutung und der gebrauch der partikel
μὲν (μὲν responsivum, μὲν ellipticum, μὲν affirmativum), dann die
bedeutung und der gebrauch von δὲ, welches entweder zur verbindung oder zur entgegenstellung der sätze diene, drittens die stellung von μὲν und δὲ dargelegt. Der gebrauch dieser partikeln
zeigt keine besonders bemerkenswerthen eigenthümlichkeiten bei
Aeschylos auf. Bedeutendere eigenthümlichkeiten würde wahrscheinlich die untersuchung des asyndeton bei Aeschylos ergeben
haben. Leider ist Burgard über diesem zweiten theile seiner
schrift hinweggestorben. Einzelne ansichten werden wir später
berücksichtigen; hier will ich nur auf eines von den kritikern wenig beachtetes gesetz über die stellung von γὰρ und δὲ an vierter
stelle des satzes hinweisen, das von Rossbach *de Choeph. loc. nonn.
comm. p.* 10 dahin bestimmt wird „*plerumque tria vocabula ea,
quibus δέ postpositum est, una comprehenduntur notione aut uno
brevi commate, ut substantivum et adiectivum praemissa praeposi-
tione vel articulo, parvulae interrogationes et interiectiones, breves
protases, contra locorum, in quibus nulla regnet lex et ratio, tanta
est paucitas, ut fere sint nulli habendi*“. Darnach stellt auch Burgard fest, dass δὲ und γὰρ an dritter oder vierter stelle stehen
könne, aber nicht müsse, wenn die vorhergehenden worte einen
einzigen begriff bilden, und erweist verschiedene annahmen der gelehrten als irrthümlich. — Hier mag sich die schrift von Wrobel über die nichtübereinstimmung von genus und numerus (n. 52)
anschliessen, welche einen werth in der zusammenstellung und ordnung der verschiedenen fälle hat. Zuerst werden die beispiele aufgezahlt, wo adjektiva und participia ungleiches geschlecht haben
mit ihren substantiven, welche personen, belebte gegenstände, gegenstände die belebt gedacht werden bezeichnen. Für den zweiten
fall stehen nur die zwei unsicheren beispiele Ag. 120 γένναν βλα-
βέντα und Cho. 591 ἀνεμοέντων αἰγίδων zu gebote. Der verfasser schliesst sich der ansicht von Hermann an und theilt bei dieser gelegenheit zu der ersteren stelle eine conjektur von Pawlick
(*Progr. sem. philol. ad fest. semisaec. univ. Vratisl. a.* 1861) mit

λαγίνας ἐρικυμάδος ἔρματα γένvας. Für den dritten fall gibt es
nur das einzige beispiel Ag. 561 f. δρόσοι — τιθέντες, welches
Wrobel für richtig hält. Derselbe weist die änderungen von Keck
βρεγμοὶ und M. Schmidt πρῶκες zurück, erstere, weil βρεγμοί
einen für die stelle ganz unpassenden sinn hat, die andere, weil
πρῶκες ebenso gut wie δρόσοι femininum ist. — Es folgen dann
die pronomina, welche mit substantiven; die adjectiva und pronomina, welche mit collektiven ohne übereinstimmung des geschlechts
verbunden sind; dann die adjectiva und participia, welche bei umschreibungen das geschlecht mit dem im genitiv stehenden haupt-
begriffe gemeinsam haben (Od. λ, 90, Pers. 804, Cho. 893, Ag.
308, Cho. 489; bei Sophocles kein beispiel; bei Eur. Tro. 847).
Hierauf werden die beispiele aufgezählt, für welche der *canon Da-
wesianus* gilt „*si mulier de se loquens pluralem adhibet numerum,
genus etiam adhibet masculinum; si masculinum adhibet genus, numerum etiam adhibet pluralem,* und wird dieser canon begründet *(quo
maior esset hyperbolae efficacitas, ita erat struenda oratio, ut non
solum mulieres eas, sed in universum homines videretur denotare).*
— Vereinzelt steht Eur. Tro. 538, wo bei dem participium δώ-
σων λαός oder ein ähnliches substantiv vorzuschweben scheint.
Die anakoluthie des numerus erstreckt sich auf substantive, welche
als apposition oder prädikat stehen (Ag. 838 wird εὖ ἐξεπίσταμαι
ὁμιλίας κάτοπτρον, (ἐξεπίσταμαι) εἴδωλον σκιᾶς ὄντας τοὺς πρευ-
μενεῖς ἐμοὶ εἶναι δοκοῦντας construiert), auf adjectiva und participia (Sept. 275 ff. werden gegen Weil in schutz genommen und
dabei wird eine conjektur von Haase Misc. philol. III, p. 8 f. zu
v. 273 angeführt οὔθαι᾽ Ἰσμηνοῦ λέγω, wie schon Lowinski Rh.
Mus. XI, p. 305 vermuthet hatte. Für v. 278 vermuthet Wrobel
στέψειν für στέψω), auf pronomina, endlich auf verba. Der satz
von Porson, *recte inferri pluralem, sive duo singularia nomina coniunguntur sive disiunguntur,* wird nicht anerkannt. Es gibt dafür
nur zwei beispiele bei den tragikern, Eur. Hec. 84 (disjunktion mit
ἤ), Alc. 371 (mit οὔτε). Daher muss man (wie Zumpt für das
lateinische) die regel feststellen, dass der singular gewöhnlich, der
plural aussergewöhnlich sei. — Ein verwandtes gebiet hat die
schrift von Helbig (n. 60) über den gebrauch der ellipse bei den
griechischen tragikern. Die unzureichende definition von A. H.
Fr. Geist „Die ellipse in besonderer beziehung auf ihren gebrauch
bei den griechischen schriftstellern" p. 20, wird in folgender weise
verbessert: *ellipsis ea est dicendi ratio, qua in aliquo enuntiato
vocabulum ad integritatem grammaticam necessarium non ponitur,
si alio enuntiati vocabulo vel membro satis indicatur.* Die ellipse
ist eine dreifache: das wort, aus welchem das fehlende ergänzt
wird, kann entweder gleiche oder eine nur durch flexion geän-
derte form oder es kann verschiedene form aber gleichen begriff
haben oder es steht bei verschiedener form und bei verschiedenem

begriff in einem inneren logischen zusammenhang mit dem fehlenden. Diese drei arten entsprechen etwa den drei *termini* der alten
grammatiker σχῆμα ἀπὸ κοινοῦ, rhetorische, grammatische ellipse.
Die behandlung der beiden ersten arten hat uns nichts bemerkens-
werthes ergeben; die dritte art zerfällt in drei unterarten: ellipse
der copula, ellipse von verben, ellipse von substantiven. Die ellipse
der copula (Kant: „das sein ist nichts als die logische copula, die
den inhalt des seins gar nicht bereichert") findet sich viel häufiger
bei Sophokles als bei Aeschylos, welcher epischen gebrauch und epi-
sches colorit nachahmt, am häufigsten bei Euripides. Regelmässig
fehlt die copula bei den prädikaten ἀνάγκη, χρεών, θέμις, μοῖρα.
Bei participien fehlt nur die copula, wenn sie die stelle eines ad-
jektivs vertreten, Ant. 576, O. C. 1431, Prom. 188 (wegen der
verbindung mit dem adjektiv τραχύς). Eum. 68 ist nicht mit Hermann εἰσὶν zu ergänzen, sondern ein anakoluth anzunehmen. (Unrichtig wird p. 27 von σπευδόμεναι Eum. 360 behauptet, dass es
adjektivische eigenschaft habe). Selten fehlt ἔστι, wenn im satze
nur das subject vorkommt (καιρὸς γάρ). Der conjunktiv und optativ von εἶναι kann in direkter rede nicht fehlen, in indirekter
rede fehlt er bisweilen, wenn die form der direkten rede dafür
ἐστὶ oder εἰσὶ forderte, weil dann die form des satzes, besonders
die conjunktionen, den modus hinlänglich erkennen lassen. Angeführt werden dafür Eur. Iph. T. 67, Hipp. 654. Oefters wird das
imperfekt ausgelassen, wenn aus dem bau des ganzen satzes die
vergangenheit deutlich sich zu erkennen gibt: Pers. 508, Sept.
838. Selten ist der imperativ zu ergänzen wie Eur. Tro. 944. —
Häufig findet sich bei den tragikern die ellipse der verba des
thuns (Suppl. 302). Darnach ist auch die redensart οὐδὲν ἄλλο ἤ
(Pers. 209) zu erklären; häufig ist auch die ellipse der verba
des sagens (Suppl. 434 [?], Cho. 654), des bittens, der verba
ἔχειν, ἰέναι. — Das substantiv, welches ergänzt wird, muss einen
allgemeinen begriff enthalten, wie von raum und zeit (γῆ, τόπος,
ὁδός, ἡμέρα). Das adjektiv, zu welchem ein substantiv ergänzt
wird, enthält einen diesem substantiv speziell zukommenden begriff
(Pers. 578 τᾶς ἀμιάντου, Ag. 842 σειραφόρος, Cho. 344 νεο-
κρᾶτα φίλον [?], Suppl. 192 λευκοστεφεῖς ἱκτηρίας). Endlich gehören hieher die ausdrücke ἐν Ἅιδου, εἰς Ἅιδου u. dgl. Unter
den thesen steht noch die beobachtung: *quotiens in Aeschylea Per-
sarum fabula principum barbarorum mentio fit, de ducum stirpe,
praeterquam quod ipse Xerxes Δαρειογενής nominatur, nihil additur,
id quod poeta de industria fecisse videtur* (ich meine *ex necessitate
quadam*). — Eine bemerkenswerthe eigenthümlichkeit der griechischen grammatik behandelen die schriften von Krause (n.
41) und Förster (n. 53). Krause handelt zuerst von der attraction des relativs, bemerkt, dass bei Aeschylos sich verhältnissmässig wenige beispiele finden und zwar keine solche, wo statt

des accusativs des pron. relativum der dativ steht. Die vergleichung der übrigen tragiker ergibt ihm folgendes: „die attraction
dient zur engen verbindung der sätze. Aeschylos, welcher nur
durch das gewicht der worte und der gedanken zu wirken suchte,
verschmähte jenes mittel der rhetorik, wie überhaupt bei ihm wenige relativsätze vorkommen. Dagegen erwies sich dieses mittel
enger satzverbindung ausserordentlich geeignet für die eleganz und
concinnität des sophokleischen stils; bei Sophokles finden sich abgesehen von seinen ältesten stücken Aias und Antigone sehr viele
beispiele der attraction. Euripides wieder gebrauchte die attraction
ebenso selten als Aeschylos, aber nicht aus demselben grunde wie
Aeschylos, sondern weil sich seine sprache wenig über die gebildete umgangssprache erhob und nicht von dem streben kunstvoller
satzgliederung geleitet wurde". Als unrichtig erkennt Krause die
ansicht derjenigen, welche mit Buttmann in der auslassung des
pron. demonstrativum die veranlassung dieser attraction finden. —
Zweitens stellt Krause den satz auf, dass die s. g. anticipation
des subjects bei den verbis des erkennens und aussagens mit unrecht als attraction betrachtet werde: *quum verbum sentiendi, de-
clarandi etc. habuerit iam nominis obiectum, additur atque subiun-
gitur interdum ad sententiam amplius describendam totum enun-
ciatum, quod et ipsum est obiectum illius verbi et aliquo modo
referatur necesse est ad praecedens nominis obiectum.* Ein sehr
sprechendes beispiel hiefür finde ich in Arist. Ran. 41 ὡς σφόδρα
μ᾽ ἔδεισε. — Νὴ Δία μὴ μαίνοιό γε. Denn dasselbe με ist
einmal als gewöhnliches object zu ἔδεισε, dann als s. g. antici-
piertes subject zu fassen. — In gründlicher und eingehender
weise ist der gebrauch der attraction des relativs bei Aeschylos
behandelt von Förster. Dieser bespricht zuerst die sicheren beispiele der attraction, um daraus eine norm festzustellen. Die attraction des relativs steht in attributiven relativsätzen Ag. 814
(ὧν ἐπραξάμην ist wesentliche bestimmung zu δικαίων, ὧν seht
also nicht bloss des metrums wegen) und Cho. 742 (φήμης ὑφ᾽ ἧς
ἤγγειλαν: mit recht sieht Förster hierin eine attraction. Uebrigens war diese bedingt durch die nachstellung der präposition), in
abhängigen relativsätzen und zwar in solchen, welche von einem
substantiv regiert sind, Prom. 448 (*benivolum consilium quod inest
in donis meis* nach der construction εὔνους εἰμί τι) und Ag. 331
(*ad ientaculum eorum quae urbs habet*), oder von einem pronomen
substantivum, Prom. 963, 984 (οὐδὲν ὧν, sonst nirgends bei Aeschylos, sehr häufig bei Sophokles und Euripides), oder verbum,
Eum. 574 und Sept. 550. Für die fälle, wo der relativsatz von
einem adjektiv oder adverb oder einer praeposition abhängig ist,
finden sich keine beispiele. Darauf behandelt Förster die stellen,
wo eine attraction des relativs mit unrecht angenommen werde:
Pers. 342, wobei bemerkt wird, dass die attraction nicht nur den

melischen partieen wie den epischen und lyrischen dichtern, sondern auch den ἀγγελικαὶ ῥήσεις fremd sei, Suppl. 599, wo die
erklärung von Haase, *praesens est factum ut dictum, quorum aliquid maturare fert eius voluntas*, mitgetheilt und anerkannt wird,
Cho. 215, Sept. 310. Für Pers. 342 und Sept. 310 kann ich
Förster nicht beistimmen. An der ersteren stelle (χιλιὰς μὲν ἦν
ὧν ἦγε πλῆθος) zieht Förster πλῆθος in den relativsatz (ὧν πλῆθος ἦγε), weil sonst ὧν ἦγε eine tautologie enthalte, da kein gegensatz von schiffen die Xerxes nicht führte vorhanden sei: zu
ὧν μὲν ἦγε (d. i. der gewöhnlichen kriegsschiffe) πλῆθος χιλιὰς
ἦν liegt der gegensatz in αἱ δ᾽ ὑπέρκοποι τάχει. An der zweiten
stelle (ὕδωρ δὲ Διρκαῖον, εὐτραφέστατον πωμάτων ὅσων ἵησιν
Ποσειδὰν) nimmt Förster die ellipse von ὕδωρ (ὅσων ὕδωρ ἵησιν)
an, besonders desshalb, weil sich kein anderes beispiel der attraction
bei ὅσος in den tragikern und wie es scheine auch sonst nicht
finde. Ich muss in der von Förster angeführten stelle Hip-
pocr. II, p. 561 ed. Erm. εἰ βούλεταί τις τοῖσι ἱστορίοισι ὁκόσοισι
μέλλω λέγειν, χρῆσθαι eine attraction, nicht eine ellipse von χρῆσθαι erkennen, halte Arist. Equ. 873 die änderung von Bentley
ὅσων für nothwendig, ebd. 876 ὅσων πέπονθας (Förster ὅσ᾽ εὖ)
für richtig. — Durch unrichtige conjektur ist eine attraction in
den text gekommen Sept. 360 (Hermann τῶν: es ist mit Heimsoeth
τί δ᾽ zu schreiben, da τίνα bei den tragikern gar nicht, τί nur
vor langen, nicht vor kurzen vocalen bei den tragikern vorkommt),
Eum. 96, wo ὡς mit O. Müller gegen Hermann in schutz genommen wird (*quod ego interfeci, hoc mihi vel in orco opprobrio vertitur; quod vero interfecta sum a filio, id nulli deorum curae est*;
ὡς wird von ὄνειδος οὐκ ἐκλείπεται d. i. ἀεὶ ὀνειδίζομαι abhängig gemacht und die erklärung von Weil zurückgewiesen), Prom.
630 (Hermann ὧν). Zu emendieren ist Ag. 974 τῶν περ ἂν μέλ-
λῃς τελεῖν mit Haase in τῶνπερ ἂν μέλῃ τελεῖν cl. Cho. 780, weil
die attraction bei den formen des relativs die mit τ anfangen nicht
vorkomme, auch nicht, wo ein relativsatz ein futurum oder ein
coniunctiv mit ἂν stehe, weil dann der relativsatz nicht eine bestimmte und wesentliche bestimmung enthalte. Den grund, warum
man bei Aeschylos so wenigen beispielen der attraction begegne,
findet vf. darin, dass die attraction zur zeit des Aeschylos noch
wenig in gebrauch war. In den Persern und Supplices finde sich
noch kein beispiel, das älteste sei Sept. 460; Agamemnon weise zwei
auf, die Choephoren eins, Eumeniden eins, der Prometheus drei: letzterer
habe wohl die umarbeitung eines jüngeren dichters erfahren. Bei
Sophocles stehen funfzig beispiele; im Aias und Antigone kommt ein
beispiel auf 640 verse, in den folgenden auf 140, im Philoctet
und Oed. Coloneus auf 120; für die attraction beim dativ findet
sich in Aias und Antigone kein beispiel, in Electra und Oedipus Rex
je ein, im Philoctet zwei, im Oed. Coloneus drei beispiele. — Bis

zu dem zeitalter Alexanders d. G. wird die attraction nur bei in-
nig verbundenen begriffen (attribut oder wesentlicher bestimmung)
gebraucht. Bei Aeschylos ist das substantiv, worauf sich das relativ bezieht, immer ein gegenständliches appellativum, nicht ein
persönliches oder ein an stelle eines substantivs stehendes pron. demonstrativum; das betreffende relativ steht immer dem substantiv nach.
Bei Sophocles stehen manchmal ein oder mehr wörter zwischen
dem relativ und dem regierenden verbum, bei Aeschylos nicht.
Bei Aeschylos findet sich einmal ἧς, sonst nur ὧν, bei Sophocles
auch ὧνπερ, οἷς, ὧπερ. Bei Aeschylos ist der im genetiv enthaltene accusativ nur object eines verbum transitivum, bei Sophocles
findet sich z. b. auch ὧν ἱκόμην. Das verbum des relativsatzes
steht bei Aeschylos nur im ind. praesentis oder eines praeteritums,
ist wie bei Sophocles und Euripides ein *verbum sciendi, habendi,
dicendi, orandi, dandi*; es ist bei Aeschylos nur entweder mit dem
subject oder dem object (substantiv oder pronomen), bloss Cho. 741
ausser dem subject mit einem adverbium (τορῶς) verbunden. —
In gründlichster und umfassendster weise mit herbeiziehung der
übrigen sprachen besonders der deutschen und lateinischen behandelt Förster diese grammatische erscheinung in seiner habilitations-
schrift *de attractione enunciatorum relativarum qualis quum in aliis
tum in graeca lingua potissimumque apud Graecos poetas fuerit
quaestio grammatica et historica.* Berol. 1868 (rez. im Centralbl.
1869, p. 359, Philol. Anz. I, nr. 1, p. 5). Förster weist hier
mit recht die attraction nicht dem höheren, sondern dem niedri-
geren stile zu, stimmt Steinthal (Zeitsch. f. völkerpsych. und
sprachw. I, p. 93—179) bei, wenn er gegen Bernhardy, der in
der attraction nur ein erzeugniss der rhetorik sieht, geltend macht,
dass die unmittelbar und unabsichtlich schöpferisch wirkenden kräfte
der sprache die attraction geschaffen haben, findet aber die behauptung Steinthals (p. 174) „die attraction ist erzeugniss der
voreiligkeit mit der das demonstrativ das relativ hob und formte,
also an sich zog, ohne abzuwarten, zu welcher form dasselbe durch
sein regierendes verb bestimmt würde", für weniger richtig als eine
andere behauptung desselben (p. 163): „die attraction ist herzuleiten von dem übergewicht des verbums im demonstrativsatz";
z. b. ταῦτα ὅμοιά ἐστι ist ein relativer begriff und verlangt einen
dativ als ergänzung wie τοῖς σοῖς λόγοις: tritt dafür ein relativsatz ein, so erscheint der dativ im relativsatz οἷς εἴρηκας. —
Die abhandlung von Romahn (n. 42) betrifft mehr die lehre von
den participien als den sprachgebrauch des Aeschylos. In cap. I
wird über das wesen und die bedeutung des participiums gesprochen: *participium tribuit nomini condicionem, enuntiata temporalia,
causalia, concessiva, hypothetica non nomen definiunt, sed verbi
actionem certis quibusdam legibus locum habere et ab iis aptam esse
exprimunt.* Cap. II handelt *de particulis notioni participii expli-*

candae inservientibus. Unter anderem wird zwischen εἶτα und ἔπειτα der unterschied gemacht, dass εἶτα die unmittelbare und rasche folge der handlung des verb. finitum, ἔπειτα nur die nachfolge überhaupt hervorhebe. In cap. III *de relatione temporali quae intercedit inter participium et verbum finitum* werden die einzelnen klassen der participia durchgegangen und wird daran nachgewiesen, dass bei Aeschylus die participia der einzelnen zeiten die bedeutung der betreffenden zeit immer beibehalten, dass das particip. aoristi die handlung als eine vor der handlung des verbum finitum eingetretene bezeichne, wobei die vollendung oder dauer der handlung nicht ausgeschlossen werde, aber nicht in betracht komme, während es bei dem part. perfecti nur auf die vollendung, bei dem part. praesentis nur auf die dauer ankomme. — In ähnlicher weise behandelt B r o c k (n. 46) den gebrauch des perfekts und plusquamperfekts bei Aeschylos. Ausgehend von der unterscheidung von zeitstufe und zeitart, welche G. Curtius (Erläuterungen z. m. gr. schulgr. p. 171 ff.) aufgestellt hat, behandelt Brock die verschiedenen klassen von perfecta die bei Aeschylos vorkommen, und weist nach, dass alle immer nur den gegenwärtigen zustand der vollendeten handlung bezeichnen und keine ähnlichkeit mit demjenigen lateinischen perfekt haben, welches zwar die handlung als in der gegenwart vollendet darstelle, aber auf den zustand, der nach der vollendung bestehe, keine rücksicht nehme. Der nach der vollendung der handlung fortdauernde zustand setze allerdings das eintreten der handlung in der vergangenheit voraus, so dass auch dieser begriff im perfectum liege; aber es liege darin nicht die wesentliche bedeutung des perfekts; z. b. heisse Eum. 57 τὸ φῦλον οὐκ ὄπωπα τῆσδ᾽ ὁμιλίας nicht *nunquam vidi tales*, sondern *non vidi* i. e. *non novi, ignotas habeo et novas.* Auch wenn perfekta mit präpositionen und adverbien, die eine bewegung ausdrücken, oder mit adverbien und partikeln, die eine vergangenheit anzeigen, oder endlich mit irgend einem eine handlung d. i. bewegung enthaltenden casus verbunden seien, beziehe sich diese bestimmung auf den bloss nebenbei im perfekt liegenden begriff vergangener handlung, während die wesentliche bedeutung des gegenwärtigen zustandes immer in geltung bleibe; so bedeute εἰς ἤπειρον σεσῶσθαι s. v. a. εἰς ἤπειρον σωθέντα ἐν ἠπείρῳ νῦν σῶν εἶναι. Eine analogie biete der gebrauch von κεῖμαι εἴς τι, παρεῖναι εἰς τὴν πόλιν u. ä. und die behandlung der von verben abgeleiteten nomina, welche den casus des verbums regieren. Zwischen γέγραμμαι und γεγραμμένος εἰμί ist derselbe unterschied wie zwischen μαίνομαι und μαινόμενός εἰμι: das tempus finitum gibt den gegenwärtigen zustand an, das participium bezeichnet den bleibenden zustand als einen eigenthümlichen und wesentlich angehörigen. *Si dicitur in Eumenidibus δῶμα ἐν ᾧ κεραυνός ἐστιν ἐσφραγισμένος, non ea tantum domus indicatur, in*

*qua nunc forte fulmen inest, sed ea in qua fulmen solet reponi,
cuius natura quasi est et munus, ut ibi fulmen reponatur.* —
M e n g e (n. 43) stellt die bei Aeschylos vorkommenden beispiele
der präpositionen ἀντί, πρό, ὑπέρ, ἀπό, ἐκ, ἀνά, εἰς, κατά, διά
zusammen nach dem muster und unter benutzung von Ellendt's
Lexicon Sophocleum, wie er selbst angibt; die ordnung und ableitung der bedeutungen sowie die einreihung der einzelnen beispiele
ist mit vielem verständniss und grossem fleisse behandelt; einem
lexicon Aeschyleum wird die arbeit gute dienste leisten; wir haben
hier nur die hervortretenden eigenen ansichten des verfassers zu
beachten. Sept. 164 vermuthet Menge Ὄγκα πρὸ πτόλεως. Prom.
239 erklärt er ἐν οἴκτῳ προθέμενος *sibi proponere* gegen Blomfield's erklärung *praeferre* (vgl. meine anmerkung z. d. st.). Sept.
88 soll ὑπὲρ *trans* (wie Hom. Σ, 228) bedeuten. Ag. 1630 wird
ἀπὸ φθογγῆς zu χαρᾷ gezogen *(gaudio e voce coorto)*. Sept. 703
wird ἀπήμων für ἀφ' ἡμῶν vorgeschlagen *(beatitas mortuorum
doloribus vacua praeclara et invidia digna mihi videtur)*. Menge
hat nämlich nicht eingesehen, dass in ἀφ' ἡμῶν ὀλομένων das
hauptgewicht des gedankens ruhe. Ag. 282 ἀπ' ἀγγάρου πυρὸς
auxilio ignis migrantis cum Schuetzio, Thierschio (Abhandl. d.
bayr. akad. V, 2, p. 30) *et Schneidewino tmesin statuere omnium
falsissimum est.* Suppl. 165 *plerique* χαλεποῦ ἐκ πνεύματος *referunt ad Iunonem a deae gravi ira excitata irrumpit procella, alii
aliter interpretationem instituerunt. Nonne multo simplicius est
vertere „irrumpit procella cum violento flatu;* im grausen sturme
bricht des leidens orkan herein" [χαλεποῦ ἐκ πνεύματος ist allerdings in erster linie bildlich zu verstehen, aber das bild ist an die
stelle des eigentlichen ausdrucks getreten: ἐκ χαλεποῦ κότου ὡς
ἐκ χαλεποῦ πνεύματος εἶσι χειμών]. Ἐκ mit genitiv ist niemals
vollkommen identisch mit dem dat. *instrumentalis* oder *modalis.
Quod manifeste apparet ex* Sept. 750 κρατηθεὶς ἐκ φίλων ἀβου-
λιᾶν, *ubi mala Laii consilia cogitantur perniciosa numina quae regis animum superant.* Sept. 356 *si legemus* τίς μ' ἐκ τῶνδ', *omnia
bene habent.* Eum. 76 *fortasse placet* ἀλήτην ἀνὰ πλανοστιβῆ.
Sept. 1082 κἀνὰ κίνδυνον βαλῶ rechtfertigt Menge mit frgm.
130 H. ἄν' οὓς ἔχων; dabei ist nicht berücksichtigt, dass ἄν' οὓς
ἔχων aus einer melischen partie stammt, was auch Wieseler hätte
bedenken sollen, wenn er Prom. 770 ἄν' ἐκ δεσμῶν λυθείς vorschlug. Ueber den gebrauch von εἰς und ἐς stellt Menge folgende
regeln auf: 1. Aeschylos, Sophocles und Euripides haben im allgemeinen die formen εἰς und ἐς auf gleiche weise gebraucht. 2.
Die abschreiber haben sehr oft εἰς in ἐς, selten oder niemals ἐς in
εἰς verwandelt. 3. Die tragiker haben vor vokalen im dialog oder
in partieen, welche in gewöhnlicher sprache geschrieben sind und
ruhige metra haben, immer εἰς gesetzt, ἐς nur des versmasses halber. In lyrischen partieen und bei schwungvolleren stellen haben

sie bald ἐς bald εἰς gebraucht, doch mit vorzug von ἐς. In se‐
naren ist also immer εἰς auch gegen die handschriften zu schrei‐
ben. 4. Vor consonanten wurde in senaren und bei einfacherem
versmasse εἰς, in melischen partieen und bei kunstvolleren metra
ἐς vorgezogen. — „Es ist nicht zu loben, wenn überall πέδῳ in
πέδοι geändert wird". Prom. 348 *legi velim* ὅσι' ἐς ἑσπέρους
τόπους. — *Tragici in trimetris iambicis a finale praepositionum*
κατὰ *et* παρὰ *in compositis non elidunt quum elisionem saepius
patiatur vox* ἀνά (κατθανεῖν wird ausgenommen). Eum. 689 *legi
velim* Θησέως κατὰ φθόρον *ut perderent Theseum.* Von διαὶ
behauptet Menge, dass dieses nur in lyrischen stellen gebraucht
worden sei, und hält diese form in dem frgm. 455 H. πᾶσα γὰρ
Τροία δέδορκεν Ἕκτορος τύχης διαί mit Cobet Mnem. X, p. 344
für falsch, während H. Sauppe Philol. XX, 172 f. aus diesem
fragment geschlossen hat, dass Aeschylos die form διαὶ auch ohne
metrische noth und nicht blos in lyrischen stellen gebraucht habe
(vgl. Dindorf zu dem Thesaur. II, p. 1106 B). Allerdings ist es
kaum glaublich, dass Aeschylos diese form ohne metrischen zwang
in einem trimeter gebraucht habe; aber das ist eben ein beweis,
dass jenes bruchstück nicht mit Cobet in einen trimeter (πᾶσα
γὰρ | Τροία) zu verwandeln, sondern als ein schwungvoller tetra‐
meter zu betrachten ist. Sauppe vermuthet, um das bei dieser ge‐
legenheit zu erwähnen, δέδυκεν, Cobet δέδοικεν Ἕκτορος ψυχῆς
δία (Bernhardy δέδουπεν). Zu Pers. 564 theilt Menge die ände‐
rung von Sauppe mit αἱ δ' Ἰαόνων χέρες und erkennt sie als
richtig an. — Rumpel (n. 44) sucht an der constanten stellung
von ἀεὶ und κάρα (und χρεών Philol. XXVI, p. 194) nachzuwei‐
sen, dass die tragiker wie die epiker und besonders Homer stereo‐
type stellungen und verbindungen für gewisse oft vorkommende
ausdrücke hatten. — Derselbe gibt in seinem aufsatz über die
synizesis (n. 56) eine übersicht über die im tragischen trimeter
vorkommenden fälle derjenigen synizesis, welche in éinem worte
stattfindet, und über die stellung der synizesis im verse. Bei Ae‐
schylos finden sich wenige solche synizesen: θεῶν und θεοῖσι,
Ἀμφιάρεω, τειχέων, πόλεως, πορφυρέᾳ; unsicher sind Ἄρεως,
ὕβρεως, ὄφεων, νεογμόν, ἕάλωκεν, ausser θεοῖσι und πόλεως kom‐
men alle diese beispiele nur einmal vor. — Ein sehr interes‐
santer gegenstand ist in den zwei schriften von Hoppe *de tragi‐
corum Graecorum translationibus.* Berol. 1859. 4 und Radtke
(n. 50) untersucht. Vgl. auch Schulze *de imaginibus et figurata
Aeschyli elocutione.* Halberstadt 1854, C. C. Hense Poetische per‐
sonification in griechischen dichtungen mit berücksichtigung latei‐
nischer dichter und Shakespeares. 1. theil. Halle 1868 (rez. im
Centralbl 1869, p. 772), B. Altum *similitudines Homeri cum Ae‐
schyli Sophoclis Euripidis comparatae.* Berol. 1855 und die ab‐
handlung von Tobler in der Zeitschr. f. völkerpsych. I, p. 349.

Wir berücksichtigen hier nur die abhandlung von Radtke, welcher
bekennt, dass ihm die schrift von Mützell *de translationum apud
Curtium usu* sehr gute dienste geleistet habe. Radtke weist zuerst
nach, dass die aus verschiedenen aussprüchen sich ergebende theorie
und eintheilung der alten grammatiker : *quocunque modo vocabulum
aliquod non cum ea vi quam propriam habet, dictum est, ibi tro-
pum esse statuebant. Genera autem troporum ita definiebant, ut
synecdoche esset dictio aut partis pro toto aut totius pro parte,
metonymia dictio causae pro effectu aut effectus pro causa, meta-
phora denique similis rei dictio pro simili,* gerechtfertigt und in
der natürlichen entwicklung der sprache begründet sei : *animi naturae quam maxime convenit, quod homines ex quo res diligentius
perspexerunt, quum aliquid novi quod significari vellent invenirent,
id iam non rationem pathognomicam illam* (vgl. Steinthal, Zeitschr. f. völkerps. I, p. 420, G. Curtius, Grundz. der griech. etym.
I, p. 76) *secuti novo nomine ita declaraverunt, ut impulsionem illa
re sibi ipsis oblatam voce exprimerent, sed nomen huius rei ex aliqua re iam cognita, ad quam illa quodam modo pertinere videbatur,
detrahere maluerunt. Itaque quomodo idearum associatio quae vocatur, qua res inter se in hominis animo conectuntur, triplex est,
quum aut loci affinitate aut causarum nexu aut rerum ipsarum similitudine propinquae sint, ita significationum a
propriis domiciliis migrantium eadem triplex est ratio.* Je mehr
der verstand sich in der sprache geltung verschafft, desto seltener
werden die tropen. Bezeichnend hiefür ist die zusetzung von *quasi*
in der lateinischen sprache. Die natürliche sprachbildende kraft
der ursprünglichen entwicklung wird eine künstliche bei den dichtern und was anfänglich zur aushülfe bei dem mangel der begriffe
diente, muss nachher den besonderen reiz der poesie hervorbringen.
Zuletzt werden die metaphern der griechischen tragiker eingehender behandelt. Es werden drei arten unterschieden: reine metaphern z. b. εἰσὶ μητρὶ παῖδες ἄγκυραι βίου, ναυκληρεῖν πόλιν;
verbindung des eigentlichen ausdrucks als adjektiv oder genetiv mit
dem metaphorischen, μητρῷα ἄρουρα, δόμος δορός; der eigentliche
begriff eines wortes kann auf einen gegenstand, dem er nicht eigen
ist, einfach übertragen werden, ἐρετμοί πτερύγων. — Zur metapher kann noch die synekdoche (Ζηνὸς ὄρνις Suppl. 211, wo der
hahn, nicht ein beliebiger vogel, verstanden werde, vgl. dagegen
Keck Agam. p. 420, welcher den Apollon als identisch mit Helios
Ζηνὸς ὄρνις d. i. weissager des Zeus sein lässt) oder die me-
tonymie hinzukommen, wie wenn σπέρμα für „vater" gesagt wird.
Der gebrauch und die entlehnung der metaphern zeigt uns, woran
jedes volk seine freude und sein leid hat. Zur zeit der epischen
dichter hatte man noch jugendliche freude an allen dingen; daher
die grosse fülle von metaphern und gleichnissen. Bei den tragikern hat sich der gebrauch auf gewisse klassen beschränkt; zu-

gleich begnügte man sich nicht mehr mit theilweiser oder ober-
flächlicher ähnlichkeit, sondern verlangte eine allseitige übereinstimmung. Sehr viele metaphern sind aus dem täglichen leben
entlehnt, wenige von unbekannten gegenständen. Das leben der
Athener aber war theils dem ackerbau theils dem seehandel und
der schifffahrt gewidmet. Es ist bekannt, wie häufig die vom
meere entlehnten bilder bei den tragikern sind. Radtke geht der
reihe nach die vom ackerbau hergenommenen bilder durch und bemerkt zuletzt, dass Aeschylos weit mehr als Sophokles das staats-
und kriegsleben für seine gleichnisse herbeiziehe, während Sophokles mit vorliebe bei der pflanzenwelt und natur verweile,
Euripides aber immer die glänzendste und gezierteste metapher
suche, wenn sie auch minder klar und anschaulich sei. — Eine
fleissige und verdienstliche arbeit ist die schrift von Trawinski
(n. 51), welche durch zusammenstellung der analogen fälle eine
sicherere grundlage für die erklärung geschaffen hat. Nur adjectiva, die von transitiven verben abgeleitet sind, können den accusativ regieren, nicht aber substantiva; diese müssen immer ein
hülfsverbum haben, mag es nun gesetzt sein oder ergänzt werden
(Herm. zu Soph. Trach. 551); mit diesem geht das substantiv in
den begriff eines einfachen verbum über, von welchem der accusativ
κατὰ τὸ σημαινόμενον regiert ist. Es werden zwei arten solcher
verbindungen unterschieden: 1) verbindung eines verbums mit einem
nomen verbale, wovon wieder drei arten nachgewiesen werden:
a) accusativ des inhalts, b) ausdrücke wie συνετός εἰμι = συν-
ίημι, c) ausdrücke wie λωβαν τίθεσθαί τινα = λωβᾶσθαι. Zu
solchen umschreibungen dienen besonders die verba ἔχειν, τίθεσθαι,
ποιεῖσθαι, ἄγεσθαι u. ä.: Ag. 235 ist φυλακὰν κατασχεῖν s. v. a.
τῷ φυλάσσειν κατασχεῖν (die erklärung von Weil wird zurückgewiesen). 2) Umschreibung mit nomina die nicht verbalia sind und
zwar entweder von der art wie Il. 8, 171 σῆμα τιθεὶς νίκην s.
v. a. σημαίνων νίκην, Ag. 814 Ἰλίου φθορὰς ψήφους ἔθεντο
s. v. a. ἐψηφίσαντο oder wie Sept. 289 ζωπυροῦσι τάρβος τὸν
λεών, welches ein signifikanterer ausdruck ist für ταρβοῦσι τὸν
λεών. Von dieser letzten art kommen keine beispiele bei Homer
vor; von der anderen nur wenige und diese wenigen sind einfacher und näher liegend als die beispiele der tragiker. — Lechner, welcher in mehreren musterhaften programmen den einfluss
des epos und der rhetorik auf die sprache der drei tragiker untersucht hat, weist in nr. 57 nach, dass die bemerkung des scholion zu Sept. 424 πάνυ ῥητορικὸς ὁ Αἰσχύλος eine gewisse wahrheit enthält, und zeigt, dass schon Aeschylos in verschiedener
beziehung, im inhalt der reden, wo es die rechtfertigung von handlungen oder absichten oder die überredung von personen gilt (vgl.
Eum. 970 στέργω δ' ὄμματα Πειθοῦς.), in der form, im ausdruck,
welcher das wesen und den charakter der betreffenden personen

z. b. des wächters, des boten, der Klytämnestra im Agamemnon
treu wiederspiege t, im schmuck und in der farbung der rede, wobei besonders auf den häufigen gebrauch der ironie und des σαρ-
κασμός hingewiesen wird, rhetorische kunst entfaltet habe, wenn
auch der einfluss der rhetorik auf Aeschylos nicht in dem grade
hervortrete wie bei Sophokles und besonders bei Euripides. Jedenfalls werden wir die rhetorik des Aeschylos als eine angeborne
und natürliche, nicht erlernte und künstliche zu betrachten haben.
— Einer übertriebenen subtilität der kritik erscheint häufig die
wiederholung des gleichen wortes in kurzem zwischenraum auch
da als anzeichen einer corruptel, wo die wiederholung ohne anstoss ist (s. oben). Im zusammenhang erörtert diese frage L.
Schmidt (n. 58). Er stellt zuerst diejenigen stellen zusammen,
in welchen die wiederholung derselben oder gleichklingender worte
in nächster nähe durch die kritik richtig beseitigt scheint, dann
diejenigen, an denen kein grund zur änderung vorliegt, zeigt durch
sammlung der betreffenden beispiele, dass Aeschylos gleichklingende
ausgange der trimeter nicht vermieden hat, führt falle an, wo die
wiederholung desselben wortes durch rhetorische gründe gerechtfertigt scheint, kommt aber schliesslich nur zu dem resultat, es
sei vorsicht geboten in der anwendung des princips, dass ohne unterschied kein dichter bedeutungslose gleichklänge in seine rede
hineingelassen habe, denn wir könnten jetzt nicht entscheiden, wie
viel das griechische ohr hierin habe ertragen können; seien doch
auch die früheren herausgeber darin nicht so ängstlich gewesen
wie manche unter den neueren. Das ist kein grund. Auch sind
die beispiele nicht gehörig gesondert; so wird die wiederholung
von ποινὰ in strophe und antistrophe (s. oben) hieher gerechnet;
die besondere bedeutung von κλύουσαν nach κλυούσα Cho. 406,
409 (vgl. meine studien p. 158) ist nicht beachtet; Ag. 16 ff.
wird die wiederholung des wortes ὕπνος unbeanstandet gelassen,
weil natürlich das dritte wort im munde des wachters der schlaf
sei und auch in beziehung auf den gleichklang die verschiedenen
individualitaten unterschieden werden müssten. — Noch ist uns
eine frage übrig, welche für die sprache der tragiker die höchste
wichtigkeit hat, zugleich aber auch die grössten schwierigkeiten
bietet, nämlich die untersuchung, aus welchen elementen und be-
standtheilen sich die eigenthümliche sprache der tragiker gebildet
habe. Es kann z. b. nur der hauptsache nach der satz richtig
sein, welchen Hermann (Eur. Bacch. praef. p. VII) aufgestellt hat,
dass die sprache des tragischen dialogs der ältere atticismus sei.
Mit der untersuchung dieser frage, welche noch in keinem punkte
einen abschluss erreicht hat, beschaftigen sich wenigstens zum theil
die abhandlungen von Lechner, L. Schmidt, Schaefer, Althaus, Dressel, Gerth und von mir. Anknüpfend an den vielgebrauchten und
verschieden ausgelegten ausspruch, welcher dem Aeschylos beigelegt

wird, seine stücke seien τεμάχη τῶν Ὁμήρου μεγάλων δείπνων
weist Lechner (n. 39) den einfluss der homerischen poesie in
der wahl des stoffes, in der darstellung des heroischen zeitalters
(vgl. Arist. Ran. 1016, 1021, 1034) und im ausdruck nach. Der
letzte punkt ist ausführlicher behandelt: ionische formen hat besonders Aeschylos gebraucht (δίψη, ὑπαί, ξεῖνος, εἰλίσσειν, κατα-
πινεῖει, κούρα u. a.); hieher wird auch die weglassung des augments in den ῥήσεις ἀγγελικαί gerechnet (Cho. 738 wird τιθεῖ
für θέιο nach der form τιθεῖσι Ag. 465 vermuthet); dann werden
die homerischen wörter, welche Aeschylos allein oder doch vor-
ehmlich gebraucht hat, und epische redewendungen aufgezählt;
etzt wird das epische gepräge in bildern und metaphern, in epi-
a, in gleichnissen, vollständigen gedanken, in dem von Bern-
hervorgehobenen triebe zur plastik und plastischen darstel-
in der breite der schilderung durch zusammenstellung von
erläutert. — Einen gleichen zweck verfolgt und ver-
rossentheils ergänzend zu der schrift von Lechner die
von L. Schmidt (n. 40), welcher zuerst von den
ann von dem epischen element in der diktion, drittens
deutung des epos für die erklärung und kritik, viertens
leichnissen und metaphern, endlich von der charakteristik
personen handelt. Manchmal wollte es mich bedünken,
man in der annahme epischer reminiscenzen zu weit gehe,
enn das epitheton des Ares Suppl. 636 τὸν ἀρότοις βρο-
ρίζοντα ἐν ἄλλοις nicht eine umschreibung des βροτολοιγὸς
geben, sondern eine deutliche anspielung auf das epitheton
es in der Il. E, 831 τυκτὸν κακὸν ἀλλοπρόσαλλον enthalten
— Der behandlung des dorismus der tragiker war durch
rgfaltige zusammenstellung der dorischen formen im Lexicon
cleum von Ellendt (praef. vol. II) vorgearbeitet. Bemerkens-
h ist die beobachtung von Ellendt (p. 14): *apud Aeschylum
quanto minus dorismum reperimus quam Euripidi placuit, qui
uo ieiuniora carmina habet, tanto illa studiosius eo quasi fuco
exornat.* Schaefer (n. 54) bespricht zuerst den grund des gebrauchs von dorismen, welchen er in der entwicklung der lyrik
und dem ursprung der chorlieder (vgl. Herm. Opusc. I, p. 133, Ahrens „über mischung der dialekte in der griechischen lyrik“ in Ver-
handl. der 14 vers. d. philol. zu Götting. 1853) sowie in dem vor-
zuge findet, welchen das lang gedehnte dorische α für das pathos der
lyrik (Bekk. Anecd. p. 662 δοκεῖ γὰρ τὸ Δώριον ἀνδρωδέστερόν
τε εἶναι τοῖς βίοις καὶ μεγαλοπρεπὲς τοῖς φθόγγοις τῶν ὀνομάτων
καὶ τῷ τῆς φωνῆς τόνῳ) und für den vortrag des gesanges (vgl.
Herm. zu Aristot. Poet. p. 133) hatte. An einzelnen beispielen
(ψᾶφος, θνάσκω, κᾶδος, κάδομαι, ἅδομαι, σκᾶπτρον, Ἅφαιστος,
κλᾶρος) wird gezeigt, dass der gebrauch des dorischen α bei den
tragikern nicht so ausgedehnt war wie bei den lyrikern und bei

Pindar. Dann werden die flexionsformen und wörter zusammengestellt, in welchen das dorische α handschriftlich bezeugt ist (α für
αο, αω, ου im gen. pluralis der ersten deklination und bei den
masculinen auf ας und ης im gen. singularis, dazu Ἰάνων, Ποσει-
δᾶν, Ποσειδᾶνος, Μενέλα, Μενέλᾳ, für η in den endungen der
ersten deklination, πᾷ, ᾷ, ματαν, bei der flexion der verba, welche
α in der wurzel haben, bei Euripides auch in einigen verba auf
έω, in der endung μην, bei dem augment nur im imperfect von ἄγω
und ἄρχομαι und im aor. II von ἄγω). Viele wörter z. b. Κυλ-
λάνα, γαλάνα, σελάνα haben einen doppelten dorismus, bei welche[n]
nicht der eine ohne den anderen angewendet wird. Es lässt si[ch]
nicht bestimmen, warum die tragiker in diesen wörtern den do[ris-]
mus angewendet haben, in jenen nicht; sie folgten darin [nicht]
einer bestimmten regel, sondern nur ihrem eigenen gefühl un[d ge-]
schmack. Sie haben z. b. nur ἤδεσθαι, ἡδονά, ἡδύς, [
dagegen ἀδυεπής, ἀδυπνόων gebraucht. Was die frá[ge]
wann die dorischen formen gebraucht worden seien, so[
der von Porson (praef. ad Hec.) aufgestellte grun[d
dass der dorismus herzustellen sei, wenn er auch nur e[
schriftliche beglaubigung habe; das richtige princip ha[t
praef. ad Hec. ed. I, p. LXXIII gegeben, welcher den[
nach dem grunde des gebrauches bestimmt. Für den geb[
der inhalt und das dem inhalt entsprechende versmass ma[
gewesen. Das höhere pathos der rede zieht den gebra[uch
dorischen formen nach sich. In den bewegten liedern ἀπὸ[
und den κομμοί war darum der eigentliche sitz des do[
Ausserdem hatte die erhabenheit der gedanken besonders b[
giösem inhalt den dorismus zur folge, während in den ge[s
in welchen das pathos geringer und die rede ruhiger ist, do[
formen mit gewöhnlichen gemischt sich finden (vgl. C. A. J.[
mann *formarum Doricarum quinam sit in lyricis tragoediarum* [
tibus apud Aeschylum usus quaeritur. Progr. von Celle 18[
p. 9). In dorischen strophen ist der dorismus regelmassig, nich[t
so häufig ist der gebrauch in glykoneischen, iambischen, trochäi-
schen besonders bei geringerer erregung (vgl. Herm. zu Eur. Bacch.
584. 904 und Soph. Phil. 140 O. C. 676). Die iambischen trimeter in dochmischen und anderen melischen partieen haben bald das
dorische α bald nicht, je nachdem sie gesungen oder gesprochen
wurden (Herm. zu Arist. Poet. p. 133 f.). Von den anapästen
haben die strengen systeme, welche für sich stehen und von melischen partieen getrennt sind, die gewöhnlichen formen. Ueber die
anapäste in der parodos des Agamemnon stimmt Schäfer dem satze
von Ahrens *de caussis quibusdam Aeschyli nondum satis emendati*
p. 9 bei: *quamquam in anapaestis non lyricis Aeschylus paucissi-*
mos dorismos admisit, tamen gen. nom. propr. decl. prim. Οἰδιπόδα Sept. 1055 *certus est et* Ag. 1569 Πλεισθενιδᾶν, *uti etiam*

Soph. Ant. 814. **Eur. Med.** 1118 ᾿Ατδαν, **Soph. Ant.** 378 Οἰδιπόδα
*inter Atticas formas reperitur. Contra aliae doricae formae in his
anapaestis dubiae videntur ut* v. 47 ἀρωγάν, v. 101 ἀγανά, *quamquam* χιλιοναύταν v. 45 *ut* **Soph. Ant.** 796 παγχοίταν *retinuerim.
Omnino enim in masculinis primae declinationis Dorismi in anapaestis
tolerandi videntur, pedestri etiam orationi in nom. propriis certe non
Atticis soliti.* Dagegen ist der gebrauch des dorismus bei anapästen, welche mit melischen partieen in verbindung stehen, ratio-
nell. *In* **Soph. Ant.** 110—116 *plures Dorismi sunt, quia apparet
sententiam prima cantici stropha inchoatam continuari.* Für den
gebrauch ist dabei wieder das pathos der rede entscheidend gewesen. Bei den freien anapasten ist der dorismus häufig. Was
den gebrauch von dorischen formen im dialoge betrifft, so stimmt
Schäfer dem satze von Hermann bei, dass die sprache der tragiker
der ältere atticismus sei. — Ziemlich dieselben ergebnisse erzielt
die schrift von Althaus (n. 55), welcher zuerst gleichfalls die
formen und wörter zusammenstellt, in denen der dorismus zur anwendung kam (Cho. 59 wird διαρρύδην gefordert, weil die tragiker sonst nirgends bei den adverbien auf δην das dorische α
haben und weil der vers ein iambischer trimeter sei), und für den
gebrauch der dorischen formen ebenso die von Hermann gemachten
beobachtungen zur geltung bringt. Althaus will bemerkt haben,
dass auch bei dem dochmischen und choriambischen versmasse, bei
welchem der dorismus wie bei den dorischen strophen vornehmlich
seine stelle habe, manchmal namentlich in den ausgangen der strophen und verse bei dem herabsinken des pathos und der stimme
die dorischen formen vermieden worden seien. Auch bei den iambischen trimetern und tetrametern, welche zwischen lyrischen partieen stehen, komme alles auf das pathos an; bei den strengen
anapasten seien dorische formen wenigstens nicht immer ausgeschlossen gewesen, während für freie anapäste dasselbe wie für
lyrische partieen gelte; nur lasse sich der satz festsetzen, dass in
anapästen dorische formen entweder durchaus vermieden oder durchaus gebraucht worden seien. Zuletzt handelt auch Althaus von
den scheinbar dorischen formen, welche in wirklichkeit dem älteren
atticismus angehören. In einem anhange behandelt Althaus die
weglassung des augments (vgl. *Sorof de augmento in tragico trim.
abiecto. Vratisl. diss.* 1851): Aeschylos habe das augm. tempo-
rale niemals weggelassen [Prom. 181?]; was die weglassung des
syllabischen augments betreffe, so beruhe die beobachtung von
Seidler, dass es in den episch gehaltenen botenreden geschehen sei,
nur auf zufall, wie schon Elmsley bemerkt habe; aber auch die
von Hermann praef. Eur. Bacch. p. XI aufgestellten regeln bedürfen einer modifikation: ein verbum, bei dem das augment einen
anapäst hervorbringe, verlange wenn es am anfang des satzes oder
des verses stehe, das augment (Soph. O. R. 1249 sei wohl ἐγοᾶτο

zu schreiben), wenn nur nicht in einer lebhaften erzählung durch
hinzutreten des augments der iambische rhythmus in störender
weise unterbrochen werde (vgl. Eur. Bacch. 1066). — Dressel (n. 59) behandelt zuerst die formen welche dem älteren atticismus angehören (Pers. 241 und 76 will Dressel ποιμάντωρ und
ποιμαντόριον trotz Hesychius und Eustathius für ποιμάνωρ und
ποιμανόριον schreiben, weil die alten grammatiker die form ποι-
μὰν für ποιμήν nicht gestatten) und macht dazu die bemerkung:
huiusmodi formas Dorici coloris Sophocles perpaucas admisit, plures
Aeschylus „austerae compositionis sectator“ et Euripides, qui illius
speciem gravitatis imitatus est. Die bei den tragikern vorkommenden anapaste stellt er nach klassen zusammen und lasst für die
strengen anapäste, welche bei dem auftreten des chors, am anfang
oder schluss eines epeisodions oder am schlusse des stückes von
dem chorführer oder den auftretenden personen vorgetragen werden, dieselben normen gelten wie für den in trimetern oder tro-
chaischen tetrametern geschriebenen dialog (vgl. G. Herm. praef. ad
Eur. Hec. p. LXXIII ed. 1). Eigentliche dorische formen darin müssen entweder eine beabsichtigte farbung des ausdrucks verrathen oder
auf rechnung der abschreiber gebracht werden; so könne Ag. 43
ζεῦγος Ἀτρειδᾶν *de nobilissimo et amplissimo regum pari* richtig
sein. Auch die anapästischen systeme, welche mit melischen partieen
verbunden sind, seien meistentheils im attischen dialekt geschrieben
der gebrauch des dorischen α diene darin besonderem pathos z. b.
in dem kommos Ag. 1455—1576, in welchem jedoch die partieen
der Klytämnestra keinen dorismus aufweisen ausser Πλεισθενιδᾶν
v. 1569, welches vielleicht ebensowenig als der gen. Οἰδινόδα
dem älteren atticismus fremd sei. Von den freien anapasten habe
der kommos Pers. 918 ff. durchaus dorische formen, so dass μὴν
v. 993 auffallend sei. Dieser kommos ist aber das einzige beispiel, welches bei Aeschylus in betracht kommt. Bemerkenswerth
ist noch die von Dressel verallgemeinerte beobachtung Hermanns
zu Eur. Bacch. 545: *ionica forma* Νύσης, *ut epicis usurpata, non*
est vulgaris visa, ut opinor; hic autem eam, ne quatuor continuae
syllabae α haberent, praetulisse Euripidem puto. — Gestützt auf
diese und andere vorarbeiten erörtert in gründlicher und eingehender weise Gerth (n. 61) die frage über den dialekt der griechischen tragödie. In einer einleitung über die hülfsmittel — als
solche werden aufgezahlt die lehren der alten grammatiker, die
vergleichung der lyriker und komiker, das versmass, die besondere
beschaffenheit und anlage der einzelnen stellen — wird mit recht
wieder hervorgehoben, dass von den angaben der alten grammatiker und atticisten, welche Thucydides, Isocrates, Demosthenes,
Aristophanes im auge hatten, für die tragiker nur ein sehr behut
samer gebrauch gemacht werden dürfe. Darauf wird in zwei ab
schnitten *de antiquioribus vocibus Atticis, de vocibus epicis et dori*

cis gehandelt. Was den ersten abschnitt betrifft, so war es über-
raschend und erfreulich für mich zu bemerken, dass Gerth und ich
(n. 62) in mehreren punkten unabhängig von einander, indem wir
wie es scheint zu gleicher zeit unsere abhandlungen schrieben, und
theilweise von verschiedenen gesichtspunkten ausgehend auf gleiche
resultate gekommen sind. Gerth weist zuerst nach, dass καίω,
κλαίω, αἰετός, ἐλαία, Ἀχαιΐς αἰεί, Ἀθηναία, προναία (Eum. 21)
der tragödie nicht abzusprechen und nicht in die gemeinattischen
formen zu verändern seien. Dasselbe habe ich p. 63 sqq. und
10 sqq. gezeigt, nur habe ich nicht geglaubt andrerseits die form
ἀεί (als spondeus) und ἐλάα, auch ἀετός dem gebrauche der tragiker absprechen zu müssen, habe vielmehr gezeigt, dass der Lau-
rentianus des Sophocles in der schreibung von ἀεί eine constante
regel erkennen lasse und desshalb als massgebend zu betrachten
sei; dieser hat aber αἰεί in trimetern und strengen anapasten, ἀεί
in melischen partieen und freien anapästen. Gerth handelt dann
von den älteren formen λαός, ναός, ἵλαος und νῆας, welches gleichfalls als attische form erkannt wird. Nur einmal kommt bei den
tragikern die form νεώς vor und zwar merkwürdiger weise bei
Aeschylus, Pers. 810; diese stelle gibt denjenigen, welche das
Porsonsche gesetz (vgl. meine studien p. 130) nicht anzuerkennen
geneigt sind, eine deutliche lehre; Aeschylus würde gewiss ἡδοῦντο
συλᾶν οὐδὲ ναοὺς πιμπράναι geschrieben haben, wenn er nicht
eine härte darin gefunden hätte. Ferner spricht Gerth die formen
κλῇς, κλῄω (hierüber ist bei den tragikern kein zweifel; eine andere frage ist es bei den komikern, vgl. meine abhandlung p. 65 f.),
die endungen ῆς (βασιλῆς), η: ᾔδη, ᾔδης nach Ant. 447 [vgl.
auch Trach. 988 und meine *ars Soph* emend. p. 24], ᾔδει oder
ᾔδειν, η: τύπῃη (jüngere und vulgäre form τυπει; (τύπι)η geben meistentheils die handschriften der tragiker; die behauptungen
der grammatiker τύπτει Ἀττικῶς beziehen sich auf die komiker
und redner) dem stile der tragiker zu. Ich habe p. 20 aus den
inschriften als zeit des allgemeinen übergangs der endung ῆς in
εἷς in der schriftsprache Ol. 100—113 festzustellen gesucht, was
dann auch für die anderen derartigen fragen eine zeitbestimmung
an die hand geben mag. Gerth schliesst mit Ellendt die endung
ῃσι von dem gebrauche der tragiker aus: *similiter iudicamus de*
terminatione ῃσιν *atque iudicavimus de genetivo* νηός: *poetas tra-*
gicos in una requievisse forma antiquiore ideoque graviore: αισι,
ναός; *vetustiorem ac paene oblitteratam* ῃσι, *νηός vitasse* und
spricht noch von der optativendung αιο, welche *secundum solam*
metri commoditatem pro volgari terminatione νιο *nullo singulari*
consilio ac vi eintrete. Vgl. meine schrift p. 5—10 und p. 33,
n. 9. Unter anderem habe ich auch die von Bergk (praef. Soph.)
mit rücksicht auf die inschriften aufgestellte regel, dass die attischen dichter beide formen ῃσι und αισι gebraucht haben, aber

22*

nicht willkürlich; sondern αισι nach vokalen wie nach ϱ, ῃσι nach
consonanten, als irrthümlich aus den inschriften nachgewiesen, welche
αισι sowohl nach vokalen als nach consonanten aufzeigen. Im
zweiten abschnitt handelt Gerth über die unterlassene contraction
(dass davon sehr vieles nicht dem epischen oder lyrischen, sondern
dem attischen sprachgebrauche angehört, habe ich p. 18 sqq. nachgewiesen). Mit recht lasst Gerth für die composita von πνόος
keine andere regel gelten als für die composita von νόος und
ῥόος und weist die änderung von πύρπνουν Prom. 917 (im dialog) zurück (vgl. meine studien p. 21). Weiter berücksichtigt
Gerth die formen μοῦνος, ξεῖνος, welche bei Aeschylos und Euripides selten, bei Sophocles haufig sind, u. ä. (apparet poeticae formae elegantiam a Sophocle non adhiberi nisi ubi aut numerorum
aut orationis commendetur commoditate, ita tamen adhiberi, ut ex
ipsa vocis collocatione vis quaedam efflorescat et gravitas forma
rariore digna), dann die einzelnen epischen wörter (πτόλις und
πολιήτης finden sich bei Aeschylos und Euripides, nicht bei Sophocles); Dindorf's verfahren in der herstellung von ἱρός und der
kurzen formen der präpositionen ἄν, κάτ, πάρ wird als ungerecht-
fertigt befunden; regelmassig ist die verkürzung geworden in ἀν-
τέλλειν und κατθανεῖν; ὑπαί in diverbiis quoque tragoediarum in-
venitur, διαί non legitur nisi in canticis, καταί et παραί paucis
relinquuntur compositis e vetustissima poesi tradita (s. dagegen
oben p. 331): in uno pronomine οἵ pauca servata sunt digammatis vestigia: Trach. 650, El. 196, Ag. 1147, ferner die flexionsformen
von nomina und verba, wobei die weglassung des augments mit
Seidler aus dem epischen colorit der erzahlungen erklärt wird
(speciosiores distinctiones et definitiones mittendas esse censemus);
endlich die dorischen wortformen. Gerth führt zum beweise, dass
auch in den anapasten dorische formen zugelassen seien, an, dass
auch andere dem trimeter fremde formen wie ἀπέδραν, κατέβαν,
ἔβαν, ἦλυθε in denselben sich finden und dass Οἰδιπόδα Sept. 886,
1055, Ant. 380 unzweifelhaft dorisch und dem dialog fremd sei.
Einmal habe sententiarum gravitas totiusque coloris sollemnitas die
dorischen formen veranlasst z. b. Ag. 1538 ff., dann sei bei gewissen feierlichen epithetha, die aus der lyrischen in die tragische
poesie übertragen worden seien, z. b. παντόπτας Aesch. fr. 202,
παγκοίτας Ant. 804, νικομάχας fr. Soph. 765, wozu man wohl
auch χιλιοναύτας Ag. 45 rechnen könne, die lyrische form beibehalten worden, endlich haben die patronymica auf δης den dorischen gen. pluralis Ἀτρειδᾶν Ag. 44, fr. Soph. 765, Πλεισθενιδᾶν
Ag. 1569, Ἐρεχθειδᾶν Ai. 202. Die dorischen formen, welche
ausser den solennen namen Ἀθηναία und ἑβδομαγέτας (Sept. 800)
im dialog vorkommen [1]), betrachtet Gerth als dem attischen dialekt

1) Bemerkenswerth ist die übereinstimmung der handschriften

fremd, leitet sie wie auch die s. g. epischen förmen aus der engen
verbindung und verwandtschaft der tragischen und lyrischen poesie
ab und kommt zu dem schlusse, *omnem tragoediae orationem bene
fuisse praeparatam et incohatam consuetudine poetarum lyricorum
(fieri vix potuit, quin quae e dithyrambis illis initium duxissent
fabularum cantica, externam quoque originis similitudinem ita te-
nerent, ut dialectum exhiberent cum carminibus lyricis Pindari, Si-
monidis, aliorum artissime cognatam, omissis scilicet eis formis,
quae cum ab Atticorum lingua nimis abhorrerent, intellegi non possent. Denique singula quaedam ut* φαεννός, δάιος *cett. quorum formae Atticae non exstarent, in diverbia translata sunt).* Vgl. die besprechung der schrift in Jahrb. f. philol. bd. 99, p. 290. — Aus
meiner schrift (n. 62), in welcher ich dasjenige zusammengestellt
habe, was mir in den attischen inschriften für die grammatik und
die tragiker und komiker von bedeutung schien, will ich noch die
beobachtungen anführen, welche hieher zu gehören scheinen. Gegen Cobet V. L. p. 70, welcher der attischen sprache nur das
genus commune im dual der pronomina, adjektiva und participia
zugesteht, habe ich aus den inschriften nachgewiesen, dass nur die
regel über die pronomina richtig ist; denn Corp. Inscr. I, 150 A
(Ol. 95, 3) v. 44 findet sich die form ἐχούσα; die vergleichung der handschriften aber ergibt, dass adjektiva nur dann die
commune form haben, wenn sie ohne substantivum stehen; bei solchen adjektiven haben dann auch die participia die commune form;
ausserdem nur dem metrum zu liebe (Oed. Col. 1676 ἰδόντε καὶ
παθούσα). Die regel von Elmsley zu Med. 798, dass δυοῖν immer
mit dem dual, δύο bisweilen mit dem plural verbunden werde, hat
für den älteren atticismus ihre geltung; nur braucht man bei den
dichtern keinen unterschied zwischen δύο und δυοῖν zu machen
und keine bedenklichen änderungen vorzunehmen, wenn man die
regel auf persönliche begriffe beschränkt (vgl. auch meine studien
p. 46). Die formen ταὐτὸν, τοσοῦτον, τοιοῦτον hat Aristophanes
überall gebraucht, die tragiker dem metrum zu liebe auch ταὐτό,
τοσοῦτο, τοιοῦτο. — Bei den tragikern ist das augment in εὑ-
ρίσκω, εἰκάζω u. a. herzustellen. — Die form οὕνεκα (οὗ ἕνεκα)
ist nur conjunktion; die form οὕνεκα als präposition beruht auf
verwechslung mit der conjunktion, widerspricht der analogie und
hat keine andere überlieferung als den irrthum der abschreiber, die
jedoch an zahlreichen stellen der besten handschriften die richtige

welche bei den tragikern immer die formen κυναγός, κυναγία, dagegen κυνηγέτης, κυνηγεσίων, κυνηγετοῦντα bieten, mit Phrynichus p. 428
über κυναγός: οἱ μὲν τραγικοὶ ποιηταὶ τρισυλλάβως λέγουσι καὶ δωρίζουσι
. . . οἱ δὲ Ἀθηναῖοι τετρασυλλάβως τε προφέρουσι καὶ τὸ η̅ φυλάττουσιν
οἷον κυνηγέτης; dorisch sind also die formen κυναγός, κυναγία, attisch
κυνηγέτης, κυνηγετεῖν. Auch aus diesem grunde ist Prom. 573 mit Hermann κυναγεῖ zu schreiben.

form εἵνεκα erhalten haben. — Wenn wir die hand der schriftsteller selbst herstellen wollen, müssen wir σώζω, χρῄζω, κλῄζω
u. a., auch ποεῖν, τοοῦτος u. ä. wenn die erste silbe kurz ist,
schreiben. — Bei den tragikern ist die form σμικρός, bei den
komikern die form μικρός gebräuchlicher. Die häufig in die handschriften übergegangene schreibweise γίνομαι, γινώσκω scheint im
zeitalter Alexanders d. Gr. regel geworden zu sein. — Bei den
tragikern ist σὺν, bei den komikern ξύν, bei den komikern εἰς,
bei den tragikern vor consonanten auch ἐς gebräuchlich. — Das
schwanken der handschriften in bezug auf das s. g. σ euphonicum
in σέσωσμαι, ἔζωσμαι u. a. ist auf rechnung der abschreiber zu
setzen, welche nach der sprechweise der späteren zeit das σ hinzu-
fügten. Vgl. die besprechungen in den Göttinger g. anz. 1869,
n. 45, Revue critique 1869, n. 44, Heidelberger jahrb. 1869, n. 69,
The Academy 1870, n. 2.

c. Aesthetische und ethische untersuchungen.

63. Ueber die tragischen stoffe des Aeschylus und des Euripides von dr. *Haebler*. G. progr. v. Dresden. 1859. 65 s. 8.

64. Aeschylus und Herodot über den φθόνος der gottheit,
von *Hoffmann* in Philol. XV, p. 224—66.

65. Die religiösen und sittlichen vorstellungen des Aeschylos
und Sophocles, von *Dronke*. Leipzig 1861. 116 s. 8. (Besonderer abdruck aus dem vierten supplementb. der jahrb. f. class.
philol.).

66. De fato Aeschyleo. Diss. *Arthur Jung*. Regimonti Pr.
1862. 53 s. 8.

67. De rerum divinarum apud Aeschylum conditione. Par-
ticula I. Diss. *Rud. Haym*. Halae 1863. 60 s. 8.

68. Pindari et Aeschyli sententiae ad deos deorumque cul-
tum et religionem pertinentes. Diss. *Henr. Skelnik*. Regimonti
Pr. 1864. 29 s. 8.

69. De tragoediarum Graecarum prologis. Diss. *Car. Guil.
Voss*. Berol. 1864. 48 s. 8.

70. De hominum peccatis quid Aeschylus nos doceat? ex
eius tragoediis demonstratur. Diss. *Rich. Kraft*. Halis 1865.
49 s. 8.

71. Quaestionum de tragicis res gestas sui temporis respi-
cientibus epicrisis. Diss. *Vict. Guetzlaff*. Halis Sax. 1865.
60 s. 8.

72. Quaestiones de trilogia tragica Graecorum. Diss. *Eug.
Rademacher*. Regim. Pr. 1866. 55 s. 8.

73. De tragoediae graecae trilogiis comment. *Frid. Heimsoeth*. Ind. schol. Bonn 1869. 8 s. 4.

74. Die sittliche weltanschauung des Pindaros und Aeschylos. Von dr. *E. Buchholz.* Leipzig 1869. 200 und VIII s. 8.
75. Das walten der gottheit im menschenleben nach Aeschylus und Sophokles, von dr. *W. Hoffmann.* Osterprogr. des Sophien-g. zu Berlin 1859. 4. 44 s.
76. De tragoediae Graecae natura eiusque cum epica Graecorum poesi necessitudine. Diss. *Ant. Fuchte.* Assindiae 1870. 39 s. 8.

Die schrift von **Haebler** (n. 63) hat keinen besonderen werth. Er bezeichnet die tragödie des Aeschylos als die religiös-patriotische und glaubt, dass dem Aeschylos als ein tragischer stoff jede reihe von begebenheiten erschien, an der er die macht, gerechtigkeit und güte des götterwaltens und die herrlichkeit des vaterlandes darstellen zu können glaubte, während sich in fünf werken des Sophocles eine neue gattung der tragödie darstelle, die man die heroische nennen kann, Euripides aber wenig nach gesammtwirkung weder einer handlung noch einer persönlichkeit gestrebt, sondern alle kraft an wirksame gestaltung des einzelnen verwendet habe. Die didaskalie, welche die Sieben vor Theben als endstück nennt, hält Habler für eine scholiastenbemerkung, über die ein ästhetiker sich leicht wegsetzen kann; die Sieben können nicht der letzte theil einer trilogie gewesen sein. Den gipfelpunkt der abhandlung aber bildet der versuch nachzuweisen, dass die drei tragödien, der rasende Herakles, die Herakliden und Ion, die „sowohl durch die religiösen ansichten als durch die politischen gesinnungen und durch die ästhetischen principien, welche sich in ihnen finden, im vollsten gegensatz zu allem stehen, was uns sonst für euripideisch gilt", nicht den Euripides zum verfasser haben, sondern den Aeschylos, dessen „religiös-politischer tragödie sie in ihrer tendenz der rechtfertigung der götter und der verherrlichung des vaterlandes angehören". Der beweis ist auf nicht weniger als 13 oder 14 gründen aufgebaut. Vgl. die besprechung im Centralbl. 1859, n. 28 von Enger, Zeitsch. f. gymnas. 1859, p. 802 f. — **Voss** (n. 69) spricht über die eintheilung der tragödie nach Aristoteles u. a., über die ansichten der alten über den prolog, über die parodos als grenze des prologs, über den erfinder des prologs, endlich über die innere bedeutung und das wesen des prologs. Der prolog hat die exposition zu geben, die angabe der begebenheiten und thatsachen, welche der handlung theils voraus theils zu grunde liegen (ich möchte hier fragen, ob wir z. b. die erste rede des Kreon in der Antigone also einen theil des ersten epeisodions nicht auch zur exposition oder zum ersten akte nach moderner eintheilung zu rechnen haben). Die exposition kann entweder in reiner erzählung oder in dramatischer einkleidung gegeben werden, wornach Eichstädt passend *propositio* und *expositio* unterschieden hat. Die erste art ist nicht eigentlich dramatisch. Spuren dieser fehlerhaften einleitung finden sich schon bei Aeschylos und Sophocles, viele bei Euripides. Die andere art besteht entweder aus einem erregteren monologe ohne oder mit nachfolgendem dialoge oder von anfang an aus einem dialoge. *Haec prologorum ratio non ut ista narrativa quae palam cum spectatoribus agit externum quiddam est, sed arcte cum toto argumento cohaeret.* An solche prologe hat mit besonderer rücksicht auf Sophokles Aristoteles gedacht, wenn er von einem μέρος ὅλον der tragödie spricht. Vgl. auch Firnhaber, Z. f. alt. 1839, p. 681 ff. Darnach bespricht Voss noch die prologe des Aeschylus und findet folgendes: die Perser und Schutzflehenden haben im anschluss an die alte form der tragödie keinen prolog; die parodos enthält die exposition in einer nicht sehr gut motivierten weise, da die greise und die Danaiden ohne rechten grund ihre lage und ihre schicksale schildern; nur bei den schutzflehenden kann man daran denken, dass sie zur unterstützung ihrer bitte alle ihre noth und ihre leiden vor Zeus ausschütten. Im Agamemnon und in den Choephoren besteht der prolog aus einem monologe, der in beiden stücken aufs beste angelegt ist. In den Sieben hat der prolog ähnlichkeit mit einem dialoge ohne eigentlich dialog zu sein. *Quam ob rem sententiam eam multum habere verisimilitudinis arbitror, fabulam illam illa quidem aetate conscriptam esse, qua Aeschylus prologos per diverbia componere conatus sit; sed intra ipsa pericula eum stetisse.* (Wie bedenklich solche schlüsse sind, zeigt der mit dem Προμηθεὺς δεσμώτης aufgeführte Προμηθεὺς λυόμενος, der ohne prolog ist). Im Prometheus hat der prolog ganz den charakter sophokleischer kunstvollkommenheit; er besteht aus dialog und monolog. Der prolog in den Eumeniden gleicht den vielen euripideischen prologen, in denen der dramatischen einleitung eine art von neuem prolog vorausgeht; aber nur äusserlich gleicht er diesen, da die rede der Pythia wohl motiviert, wie der schol. zu v. 47 gut bemerkt hat, und voll leben und bewegung ist. *Tali modo quum Eumenidum prologum quam maxime defenderim, longe tamen absum, ut omni vitio liberari eum posse credam. Universa enim prologi i. e. Pythiae orationis forma, nimia cura spectatorum habita, cum dramatis natura parum congruit.* — Rademacher (n. 72) lässt, wie Aristarch (schol. zu Aristoph. Ran. 1155) von der Orestie die bezeichnung trilogie mit ausschluss des satyrdramas gebraucht hat, nur den namen trilogie als ursprüngliche und richtige bezeichnung dreier innerlich zusammenhängenden tragödien gelten, da das satyrdrama an dem inneren zusammenhang keinen antheil gehabt habe. (Westphal n. 84, p. 2 bezieht die namen trilogie und tetralogie auf die gleichheit des stoffes; hatten nur die drei tragödien gleichen stoff, so war der kunstausdruck trilogie; war auch das satyrdrama aus demselben sagenkreise genommen, so hiess das ganze tetralogie). Gegen Droysen und Dindorf, welche schon

bei Phrynichus trilogische dramen finden, behauptet Rademacher,
dass Aeschylus der erfinder der trilogie sei, da er allgemein als
der vater der tragödie bezeichnet werde; den aufschwung nach
der schlacht bei Salamis, welche so recht im bewusstsein des griechischen volkes die der trilogie zu grunde liegende idee von den
verderblichen folgen der ὕβρις erweckt habe, könne man allein als
die zeit dieser erfindung betrachten und die erste trilogie des Aeschylos, der bis dahin einzelstücke wie die übrigen dichter aufgeführt habe, sei die der Perser. In dieser habe der dichter gezeigt,
*ὕβρις barbarorum iussa divina aspernantium quomodo tantum splen-
dorem, tantos apparatus, tantam vim hominum, tantum denique regem ac tyrannum tandem everteret. Quod quum una eademque
fabula exprimendum sibi esse ille non putaret, arte ipsa ductus tres
tragoedias instituit, quarum prima iussa deorum explicantur, altera
casus impiorum, ira deorum adductus, tertia pestis ista usque ad
finem perducta atque absoluta.* Die Orestie verglichen mit der Per-
sertrilogie beweise, dass Aeschylos das band der trilogie mit der
zeit immer enger geschlungen habe. Zuletzt wird noch bemerkt,
dass die bezeichnung von Fr. Schlegel (Vorl. über d. k. I, 6, p. 94),
welcher die drei stücke die drei akte der trilogie nennt, nicht
treffend sei. Das einzelstück einer trilogie stehe gewissermassen
in der mitte zwischen einer abgeschlossenen tragödie und einem
akte, da es mit jener die besondere schürzung eines knotens, mit
diesem den zusammenhang mit anderen theilen des ganzen gemeinsam habe. — Heimsoeth (n. 73) sucht die erscheinung der
trilogie unmittelbar aus der entwicklung der tragödie zu erklären
und betrachtet sie als mittelstufe zwischen der episch angelegten
alten tragödie, die nur einen schauspieler hatte, und der ausgebil-
deten tragödie des Sophocles. In jener hatte der chor die haupt-
rolle; er vermittelte den zusammenhang der partieen, welche vom
schauspieler vorgetragen wurden; da aber die anlage der von den
epischen dichtern überlieferten mythen eine solche war, dass sich
dieselben in drei stufen und zeitmomenten abwickelten, so ergaben
sich τρεῖς λόγοι des einen schauspielers. Durch hinzufügung eines
zweiten schauspielers erhielt das dramatische element eine erweiterung und dieser fortschritt des dramatischen machte sich auch in
der verringerung der chorpartieen geltend; da nun der chor den
zusammenhang der drei durch verschiedenheit der zeit und der personen gesonderten entwicklungsmomente des mythus nicht mehr
vermittelte, so entstanden lücken und dadurch drei abgetrennte
theile des grösseren ganzen. So bildete sich die form des drama's,
welche man trilogie nennt und welche man soweit als äschylisch
bezeichnen kann als Aeschylos der haupturheber dieses fortschritts
der tragödie gewesen ist; denn nicht Aeschylos allein hat trilo-
gieen verfasst. Aristoteles aber spricht nicht von der trilogie,
weil er nicht die mittelstufen der entwicklung, {sondern nur die

ausgebildete tragödie berücksichtigt. Vgl. die rezension von E. v.
Leutsch im Phil. Anzeiger 1869, p. 81. — Fuchte (n. 76)
legt in gefälliger darstellung die geläufigen ansichten über das
wesen der tragödie im anschluss an Aristoteles poetik und über
das verhältniss der tragödie zum epos dar. — Guetzlaff (n. 71)
behandelt die zahlreichen stellen, in denen man anspielungen oder
offene hindeutungen auf zeitereignisse oder gleichzeitige personen
gefunden hat, entkräftet sie zumeist, besonders durch zusammenstellung gleichartiger stellen, welche in denjenigen stellen, in denen
man etwas besonderes gefunden hat, einen allgemeinen gedanken
nachweist, und fasst das ergebniss in den worten von K. Lehrs
(Popul. aufs. p. 69) zusammen: „.. einer verkehrten richtung freilich namhafter erklärer, die überall bei den griechischen tragikern
nicht genug beziehungen auf augenblickliche stellung der parteien
und auf tagesfragen glauben entdecken zu können. Dass man ver-
meint, ihnen einen dienst damit zu erweisen, zeugt nur von mangel an erhebung und geschmack. Nur bei Euripides, der weder
eine grosse noch eine schöne seele war, hat es eine wahrheit und
ist doch sogar bei ihm übertrieben worden". Von Aeschylos heisst
es p. 51: *apparet Aeschylum res historicas cum fabula coniungere*
non tam consulto studuisse quam ne ultro se inferentes respiceret
non anxie evitasse. Vgl. die rezension von Lehrs im Centralbl.
1865, p. 979. — Von grossem interesse an und für sich wie
für das verständniss der werke ist eine zusammenstellung und ein
gesammtbild der ethischen anschauungen und sittlichen grundsätze
des dichters. Während aber bei einem solchen gemälde die allgemein menschlichen oder dichterischen ideen zurücktreten, stellen
sich gewisse nationale oder persönliche momente in den vordergrund. Schicksal und freier wille, göttliche vorsehung und gerechtigkeit, neid der götter, schuld und busse bilden diejenigen
fragen, mit welchen sich die neueren ethischen untersuchungen wie
die früheren (von Clausen, Nägelsbach, Platner u. a.) vorzüglich
beschäftigen. Auch diese ethischen untersuchungen gewinnen oft
ganz entgegengesetzte resultate. Durch eine unrichtige interpretation einzelner stellen setzt sich eine allgemeine ansicht fest und
verbreitet sich über den ganzen dichter. Es gibt hier noch vieles
zu sichten und zu sondern und der fortschritt in der kritik und
exegese des einzelnen wird auch die allgemeine ansicht über die
ethik und religiöse anschauung des dichters immer mehr klären
und bestimmen. — Einen fortschritt zu höherer sittlichkeit beobachtet man besonders an dem unterschiede zwischen dem herodotei-
schen und äschyleischen begriffe von dem φθόνος θεῶν. Dieser
unterschied ist nachdrücklich von Ed. Müller in der besprechung
von Nägelsbach's „die nachhomerische theologie" in Jahrb. f. cl.
philol. 1860 (81) p. 164 und Hoffmann (n. 64) hervorgehoben
worden. Hoffmann bezeichnet die anschauung des Aeschylos des

dichters als eine ideale, die des Herodot, des geschichtsschreibers, als eine reale, empirische nach der erfahrung, dass auch gute plötzlich ohne schuld fallen (Polykrates III, 40). Die bei Herod. I, 34, VII, 46 geschilderte thätigkeit der gottheit, womit sie den menschen hebt und wieder fallen lässt, macht durchaus den eindruck schadenfroher willkür, nicht gerechter weltordnung. Bei Aeschylos, welcher einen theil der glücksladung auszuwerfen räth, weil das übermass zur ὕβρις führe, liegt zwischen dem hohen glücke und der wirkung des götterneides die ὕβρις, ein mittelglied, welches dem Herodot fehlt. Der φϑόνος der äschylischen götter ist die gerechte νέμεσις und bedeutet nur die aufrechthaltung der δίκη gegenüber dem frevler. „So hoch und fest stand dem Aeschylos die religiöse idee von der gerechtigkeit und neidlosigkeit der götter, dass er nach ihr sogar die geschichte construiert" (in den Persern). — Dronke (n. 65) betrachtet es als einen mangel, dass der vorzug des hellenischen geistes, innerhalb seines nationalen glaubens einen fortschritt zu reinerer höherer anschauung, wie einen solchen Lessing bei dem judenthum nachgewiesen hat, aus sich selbst vermittelt zu haben, noch nirgends in gebührender weise gewürdigt worden sei. G. Bernhardy's Grundr. d. gr. lit. (bd. II) und Welcker's Griech. götterl. (bd. II) seien wohl die einzigen werke, welche rücksicht auf diese entwicklung nehmen, doch ihrem zwecke gemäss nur andeutungsweise. Sonst werde sie selbst in den neueren werken, deren innerste aufgabe es doch verlange, gar nicht beachtet, wenigstens nicht in K. Fr. Hermann's gr. culturgeschichte, auch nicht in Nägelsbach's nachhom. theologie. Dronke stellt die religiöse und sittliche anschauung des Aeschylos etwa in folgender weise dar: Zeus der göttervater ist allein gott im vollen sinne des wortes; er besitzt in sich und aus sich selbst die fülle aller macht und vollkommenheit; was die anderen götter sind und haben, sind und haben sie in und durch Zeus. Der zug zum monotheismus hin ist unverkennbar. Die verschiedenheit der homerischen und äschylischen auffassung der Moira zeigt sich an Θ 68 und Suppl. 790 ff. Dort gebraucht Zeus die wage, um den noch unbekannten willen der Moira zu erkunden; er steht also unter der macht des schicksals; hier ruht der wagebalken in des Zeus hand; er ist der walter des schicksals. Aber daraus darf man nicht mit Naegelsbach auf monotheismus schliessen; denn auch die anderen götter sind verhänger der geschicke. — Aeschylos und Pindar wurden die rettenden reformatoren des nationalen glaubens, indem sie ihn in lebendigem religiösem geistesdrange vertieften. Läuterung der vorstellung über die götter und die weltordnung war ihre absicht (vgl. Pind. Ol. I, 35 ff.). Gegen die behauptung Seebecks Rh. mus. 1845, p. 504 ff., dass Pindar bei der umbildung der sagen radikaler, Aeschylos ängstlicher verfahren sei, wird ausgeführt, dass beide in der überlieferten nationalen sage die nächste quelle der gotteserkenntniss erblickten und in gläubigem sinn im nationalen glauben verharrten, dass jedoch Aeschylos mit der sage um sie zum träger reinerer gottesanschauung wieder zu erheben viel freier verfuhr als Pindar. — Das ziel welches Aeschylos in der tragischen kunst verfolgte schloss in sich die höchste aufgabe des ringenden menschengeistes nachzuweisen, dass die göttliche weltordnung mit der intelligenz der sterblichen im vollsten einklang stehe. Das erste sittliche problem das er zu lösen sucht ist, den nothwendigen inneren zusammenhang zwischen den handlungen und geschicken der menschen nachzuweisen; das zweite liegt in dem widerstreite zwischen vorausbestimmendem schicksal und freiem willen und die lösung desselben findet der dichter in der sittlichen tendenz der weltordnung. Die botenscene in den Sieben vor Theben ist zum ideellen mittelpunkte der tragödie erhoben um zu zeigen, dass gemäss der gerechtigkeit der weltordnung der frevelmuth der feindlichen führer sich selbst den untergang bereiten musste und dass das durch den fluch des vaters verheissene schreckliche loos der beiden brüder durch deren eigene sinnesart in freiem entschlusse herbeigeführt werde. Eine verderbliche einwirkung der gottheit auf den menschlichen willen tritt nur ein, wenn sich der mensch aus freiem antriebe eine schuld zugezogen (das fragment der Niobe 163 H. kann nicht als beweis für eine ansicht gelten, wie sie Goethe im Harfner ausspricht). Der mensch hat freien willen in der wahl zwischen gutem und bösem; ohne eigene schuld gibt es keine strafe von der götter hand (die gegentheilige ansicht vertritt vornehmlich Naegelsbach d. nachhom. theol. p. 56). erst wenn sich der mensch aus eigenem antriebe in frevelmuth gegen die gottheit aufgelehnt hat, treibt ihn diese durch verblendung seines sinnes zu neuem untergang bereitendem frevel; als vermittler dieser verblendung erscheint eine dämonische gewalt, entweder einfach dämon (vgl. $\delta\alpha\iota\mu\sigma\nu\tilde{\alpha}\nu$) genannt oder mit bestimmterer andeutung ihres amtes alastor (rachegeist) oder ate (unglück) geheissen ($\check{\alpha}\tau\eta$ bezeichnet bald den unseligen, innerlich unfreien sinn, das irrsal, bald die aus solcher verblendung hervorgehende unselige that, bald die unselige that mit ihren folgen. Es gibt darüber eine eigene abhandlung von Fr. Jos. Scherer *de Graecorum* $\check{\alpha}\tau\eta\varsigma$ *notione et indole*. Monast. 1858. 640. 8). Diese ergebnisse bilden zugleich die grundlage für die untersuchung des dritten höchsten problems, welches von dem tragiker aufgeworfen worden ist, des geschlechtsfluches, welches von Naegelsbach *de religionibus Orestiam Aeschyli continentibus*. Erlang. 1843 gründlich erörtert worden ist. Als sittlich bethörende mächte erscheinen hier dieselben, welche bei dem einzelnen thätig sind, dämon, alastor, ate; dann neben dem alastor noch als rachegottheit die Erinys, die Ara (der personificierte fluch, nichts anderes als die Erinys in besonderer auffassung). Dem unter dem fluche seines geschlechtes ste-

henden sterblichen hilft eine dämonische macht zur vollbringung
des frevels, aber erst, wenn er in freiem entschlusse sich dem
frevel zugewandt. — Wie sehr die erklärung des einzelnen bei den
hohen schritten solcher untersuchungen hinaufgeschraubt und mitgezo-
gen wird, zeigt die erklärung von Dronke zu Ag. 1536 πρὸς ἄλλαις
Θηγάναισι „neben dem naturrechte ist das recht der bürgerlichen
gesellschaft die andere seite der weltordnung; dieses ist der andere wetzstein“ [ἄλλαις entspricht einfach dem πρὸς
ἄλλο πρᾶγμα und bedeutet nicht mehr als dieses ἄλλο, vgl. z. b.
Plat. Phaed. p. 94 D ὡς ἄλλη οὖσα ἄλλῳ πράγματι διαλεγομένη,
auch Ag. 1527 ἄξια δράσας ἄξια πάσχων]. — Nach Jung
(n. 66) ist alles beherrscht von den schicksalsmachten, qui ab Her-
manno (Opusc. IV, 256) dicitur Deus sine certo numine, is aliqua
ex parte respondet vi ac naturae fati; auch Zeus steht unter der
Ἀνάγκη, so dass von einem monotheismus des Zeus keine rede
sein kann, und nur in gewissem sinne haben die schicksalsgötter
den Olympiern die leitung der welt überlassen; der einzelne hangt
vom schicksal ab (intelligemus igitur fatum nonnunquam ita ver-
sari in vita humana, ut homines quasi quaedam instrumenta deorum
fatalium esse videantur longe aliter sese gesturi, si naturam suam
sequi possent); das gute und sittliche beruht auf dem verhangniss
und die schuld hat ihren ursprung im verhangniss, welches dem
menschen gewisse schranken setzt; wer sie übertritt wird schuldig
und muss büssen; selbst unschuldige büssen für die sünden ihrer
väter. Auch das gesammte menschengeschlecht ist der nothwendigkeit, welche die ganze welt beherrscht unterworfen. — Haym
(n. 67) stellt betrachtungen darüber an, wie die poesie sich die
religion dienstbar gemacht habe, indem sie die göttergestalten auf
die bühne brachte, die götter in die dramatische handlung verwi-
ckelte, die überlieferung (die zahl der Nereiden, Oceaniden, Eumeniden u. a.) änderte. Dabei werden die verschiedenen ansichten
über die erscheinung der Furien am ende der Choephoren, über den
stimmstein der Minerva, über den religiösen charakter des Prometheus u. a. abgewogen und die zwei ersten fragen im sinne
Hermanns, die dritte im sinne Dissens entschieden. — Skelnik
(n. 68) handelt de nonnullis numinibus quae in deorum inferiorum
numero ducenda esse videntur veluti Hesychia, Pax, Eunomia, Ve-
ritas, Pudor, Fama, Angelia, Suada, Heba, Dica, Hestia, Themis
und über Demeter, indem er die bezüglichen stellen des Pindar
und Aeschylus zusammenstellt (Sept. 415 soll Dike als schwester
des Ares bezeichnet sein). — Nach Kraft (n. 70) ist der begriff der sünde bei Aeschylus folgender: peccatum est nefaria hominum audacia, qua verbis cogitationibus facinoribus se efferunt,
qua deos deorumque leges despiciunt, qua se sine deorum auxilio
omnia posse persequi censent. Die namen dafür sind ὕβρις, ὑπέρ-
κοπα φρονήματα, ὑπέρκοπον θράσος, νόσος φρενῶν, δυσσέβεια,

ἀδικία (gegensatz ὑγίεια φρενῶν, εὐσέβεια, δικαιοσύνη). In sünde
fällt derjenige, der seine leidenschaften nicht beherrscht; auch ver-
führung und menschenfurcht sind ursachen der sünde. Die list der
götter ist bei Aeschylus nur eine gerechte gegen ungerechte; nicht
aus bosheit verleiten die götter den menschen zur sünde. Wie
bei einzelnen menschen, wenn sie einmal ein verbrechen begangen
haben, der frevelmuth wächst, so geht der frevelmuth im ganzen
geschlechte von dem einen auf den anderen über; hier scheint
gleichsam ein geist umzugehen (ἀλάστωρ mit Welcker Gr. gött.
III, p. 95 von ἀλάζω abzuleiten „der herumirrende irrgeist", δαί-
μων γενεᾶς); aber das einzelne glied des geschlechtes wird nicht
zur sünde gezwungen, sondern fällt aus eigener schuld in sünde.
Die götter hassen die sünde und bestrafen sie und zwar gleiches
mit gleichem. Die strafe ist aber nicht bloss vergeltung, sondern
bezweckt auch sühnung und abschreckung und besserung des sün-
ders und heilsame warnung für andere die ihn bestraft sehen.
„Noth lehrt beten" (Pers. 497) und die furcht vor strafe dient
dazu die menschen von unrecht zurückzuhalten. Von belohnung
der tugend nach dem tode ist bei Aeschylos keine rede (vgl. Pers.
840), wohl aber von der bestrafung der verbrecher; dass auch
söhne und enkel für die sünden der vater büssen, sprechen stellen
wie Eum. 932 ff., Suppl. 434 ff., Ag. 374 (vgl. 1338. 1582)
deutlich aus. Der strafende gott im allgemeinen ist Zeus; die
übrigen götter strafen je nach ihrem amte. Die Erinyen sind unversöhnlich und ihre flüche (Ἀραί) gehen in erfüllung; nicht so
unversöhnlich sind die neuen götter. Sühne und verzeihung ist im
allgemeinen möglich, nur nicht für gewisse verbrechen. Versöhnung der götter und reinigung von der schuld sind zwei verschiedene dinge wie bei Orestes. Hat einer die götter versöhnt und
die reinigung auf die rechte weise vorgenommen, so kehrt er wieder in seine ursprüngliche stellung zurück (restitutio in integrum).
— Das im Philolog. Anz. II, p. 227—233 besprochene buch von
Buchholz (n. 74) behandelt die ethik des Aeschylos auf p.
123—200 in drei capiteln: 1. der mensch nach seiner physischen
existenz (das menschliche leben in seinem wechsel und seiner ver-
gänglichkeit: die menschliche seele und ihre affekte); 2. der
mensch im sittlichen verbande (familie und haus. Vaterland, staat
und volk); 3. der mensch nach seiner sittlichen selbstbestimmung
(das sittlich gute. Sünde und schuld. Von der schuld des einzelnen frevlers. Vom geschlechtsfluche. Praktische tugend- und sit-
tenlehre). Buchholz sagt in der vorrede, dass er sich das programm von Fr. Lübker, die sophokleische ethik (Parchim 1855)
zum muster genommen habe und im dritten capitel auf der oben
besprochenen abhandlung von Dronke fusse. Die zusammenstellung
der verschiedenen gedanken und aussprüche, welche sittliche anschauungen und grundsätze berühren, zeigt fleiss und sorgfalt und

bietet eine ganz interessante lektüre; da aber nicht das eigenartige
hervorgehoben, für sich principiell begründet und mit rücksicht auf
die entwicklung und fortbildung der religiösen und sittlichen vorstellungen verfolgt wird, so hat sich für uns nichts bemerkens-
werthes ergeben, zumal gerade die schwierigen fragen nicht näher
erörtert und die untersuchungen Dronke's kaum in irgend einem
punkte berichtigt, erweitert oder vertieft werden. In §. 19 werden zwei ansichten des dichters als unserem modernen gefühle
höchst fremdartig hervorgehoben, die worte des Apollo Eum. 658 ff.,
dass der vater es sei, dem das kind eigentlich seinen ursprung verdanke, und die worte der Erinyen ebd. 605, sie hatten den mord
des Agamemnon nicht verfolgt, weil die gattin dem gatten nicht
blutsverwandt sei; ich glaube nicht, dass beide aussprüche, welche
der augenblicklichen situation dienen, einer solchen hervorhebung
werth seien oder dass der zweite, welcher einfach das amt der
Erinyen auf verbrechen gegen blutsverwandtschaft beschränkt, dazu
berechtige, eine lanze für die bekannte stelle Soph. Ant. 905 ff. zu
brechen. Auf p. 188 heisst es, dass Aeschylos als echter Hellene
der lehre vom neide der götter huldige: dabei ist der unterschied
der äschylischen ansicht und die wichtige stelle Ag. 750, wo Aeschylos sich ausdrücklich in gegensatz zur herkömmlichen meinung
setzt (δίχα δ' ἄλλων μονόφρων εἰμί) nicht berücksichtigt. Wie
kann man ferner aus den dramen des Aeschylos, welche sich in
den heroischen zeiten bewegen, und aus den aussprüchen, welche
nur diesen zeiten gelten, die folgerung ziehen, dass nach Aeschylos
die beste regierungsform eine gemässigte monarchie sei, in der
neben der person des herrschers auch der rath und das volk zur
geltung kommen (p. 165)? Wer darf aus Pers. 497 ff., Ag. 177
τὸν πάθει μάθος θέντα κυρίως ἔχειν, oder gar aus Eum. 276 f.
die christliche ansicht herauslesen, dass das leiden gleichsam eine
schule für den menschen, in welcher er zur tugend erzogen werden soll, und der pfad durch kummer und trübsal eine weise sa-
tzung der göttlichen providenz sei (p. 129)? Wenn es p. 181
heisst, dass für schwere frevel für mord und schändung der ehe
keine vollgültige sühnung möglich sei, so widerspricht dem einmal
das beispiel des Orestes: „Zeus zürnt nicht ewig; durch einen akt
göttlicher gnade wird Orestes erlöst" (p. 187); in ganz anderem
sinne sagt der dichter vielmehr, dass ein menschenleben unersetzlich
sei; was aber die schändung der ehe betrifft, so hat die stelle
Cho. 71 eine ganz andere bedeutung (vgl. meine studien p. 154).
Ueberhaupt erhalten in dieser abhandlung, wenn gleich im allgemeinen die übersetzung gut und geschmackvoll ist, einzelne stellen
eine ganz eigenthümliche auffassung, so wenn es von Prom. 473
heisst, Prometheus wisse einem schlechten arzte gleich die krankheit seines geistes nicht zu heilen (p. 132), oder für die worte
„oft auch rinnt die rede unaufhaltsam wie ein strom dahin" auf

Prom. 1001 κῦμ᾽ ὅπως παρηγορῶν verwiesen wird, oder wenn es vom wächter des Agamemnon (v. 36) heisst, er könne nicht worte finden um die gräuel des hauses zu bezeichnen (p. 142), oder von Ag. 394 διώκει παῖς ποτανὸν ὄρνιν, der frevler werde mit einem leichtsinnigen knaben verglichen, der bethört der stimme eines trügerischen lockvogels folgt (p. 175).

Ueber die abhandlung von Hoffmann (n. 75) verweise ich auf die besprechung im Philol. Anzeiger I, p. 166 f. — Ich knüpfe hieran noch die besprechung von zwei einzelnen abhandlungen anderweitigen inhalts:

      77. C. Goettling Commentatio de Aeschyli et Simonidis epigrammatis in pugnam Marathoniam. Universitatspr. v. Jena. 1859. 10. 4., und

      78. De Aeschyli vita. Diss. Rud. Dahms. Berol. 1860. 59 s. 8.

      Dahms kritisiert zuerst den βίος Αἰσχύλου: ohne genügenden grund habe Ritter diese biographie dem Didymus zugeschrieben; dieselbe habe verschiedene spatere zusätze erhalten, wie es Westermann (praef. Biogr. p. XI) von allen diesen biographien angebe; ein solcher zusatz seien die worte συνεχρόνησε δὲ Πινδάρῳ — τῆς ἐν Πλαταιαῖς πεζομαχίας und der von Naeke erkannte τινὲς δέ φασιν — ἐξαμβλωθῆναι, welche worte aber vielleicht nicht mit Naeke umzustellen seien, sondern einen dritten grund der reise nach Sicilien enthalten, indem sie den beschwerdepunkt der erdichteten anklage wegen der Eumeniden angeben. Die richtigkeit der erzählung von Plut. Cim. 8 über die entscheidung zwischen Aeschylos und Sophokles wird bestritten; richtig sei daran nur, dass einmal Sophokles über Aeschylos gesiegt habe. Die worte ἐπιζήσας τρίτον ἔτος ὢν γηραιὸς ἐτελεύτα κτέ. im βίος können nicht mit dem vorhergehenden zusammenhängen, wenn sie auch durch die grammatische construction damit verbunden seien. Die notiz über die wiederaufführung der Perser in Syrakus wird mit Ritter als eine blosse vermuthung von Eratosthenes verworfen, weil nach dem schol. zu Arist. Ran. 1055 die vermuthung sich auf eine διασκευή der Perser beziehe, eine solche aber nicht anzuerkennen sei, und weil die verschiedenen erklärungen des scholiasten beweisen, dass darüber keine didaskalie, die alle zweifel löste, vorgelegen habe. Zweitens wird die biographische notiz des Suidas behandelt, worin Dahms die richtigkeit der änderung von ἐν τῇ Θ ὀλυμπιάδι in ἐν τῇ Ο ὀλυμπιάδι bezweifelt; drittens die zerstreuten nachrichten; die autorität des Marmor Parium wird mit Boeckh als sehr unbedeutend und schwach betrachtet; die erzählung des Plutarch über den wettstreit des Aeschylos und Sophokles und die ausschmückung der anklage des Aeschylos, welche sich nicht auf die Eumeniden beziehen könne (vgl. Schneidewin Philol. 8, p. 368), hält Dahms für ein werk

der rhetorschulen. Nach der kritischen behandlung der quellen
wird die biographie selbst im zusammenhang gegeben. Dahms
nimmt mit Welcker, Droysen u. a. die erste reise nach Sicilien
bald nach Ol. 76, 1, in welchem jahr die stadt Aetna gegründet
worden ist, nicht Ol. 77, 4 an. Den von dem schol. zu Arist.
Ran. 893 erwähnten volksbeschluss über die wiederaufführung von
stücken des Aeschylos, der sich nicht auf die grossen Dionysien, an
welchen nur neue stücke gegeben wurden, beziehen könne, bei den
anderen festen aber gegenstandslos sei, da an diesen die wiederaufführung alter stücke ohnehin gestattet war, will Dahms in die
zeit des redners Lykurgos verlegen und glaubt, dass derselbe irrthümlich von den erklärern des Aristophanes als besondere ehrenbezeugung gegen Aeschylos betrachtet und in die ältere zeit übertragen worden sei, wie er zur erklärung der betreffenden verse
des Aristophanes nichts beitrage. Im vorübergehen bemerkt Dahms
gegen Bernhardy Gr. L. II, p. 401, dass das in dem βίος erwähnte ἐλεγεῖον, mit dem Simonides über Aeschylos gesiegt habe,
nicht von einem epigramm, sondern nur von einer elegie verstanden werden könne, weil bei epigrammen kein wettstreit von dichtern stattgefunden habe. Goettling findet dieses ἐλεγεῖον des
Simonides in dem epigramme, welches Suidas anführt unter Ποι-
κίλη· στοὰ ἐν Ἀθήναις, ἔνθα ἐγράφησαν οἱ ἐν Μαραθῶνι πολε-
μήσαντες· ἐς οὓς ἐσιν ἐπίγραμμα τόδε· Ἑλλήνων προμαχοῦντες
Ἀθηναῖοι Μαραθῶνι ἔκτειναν Μήδων ἐννέα μυριάδας. Der pentameter des ἐλεγεῖον von Aeschylos sei wohl bei Lycurg. c. Leocr.
p. 163 erhalten, wo jenes epigramm mit einem anderen pentameter
χρυσοφόρων Μήδων ἐστόρεσαν δύναμιν angeführt werde. Habe
Aeschylos, wie von ihm zu erwarten, im hexameter der Platäer
gedacht, die auch auf dem gemälde angebracht waren, so erkläre
sich, warum die Athener das stolzere epigramm des Simonides, wo
sie als Ἑλλήνων προμαχοῦντες gepriesen und die grosse anzahl
der feinde ausdrücklich erwähnt war, dem einfachern epigramme
des Aeschylos vorzogen.

(Fortsetzung folgt.)

München.   *N. Wecklein.*

Vermischte bemerkungen.

Varr. RR. 1, 63, 2 ist *ut in pistrino p i s e t u r* beizubehalten,
da es die handschriften haben und Non. p. 163, 16 es in dieser
stelle auch gelesen hat. Vgl. Fest. p. 158 (b), 30: *sale in pila
pisato.*

Curt. 10, 6 (19), 5 ist vielleicht zu lesen: *regni atque imperii v i c e s* (geschäfte). Zumpt liest *vires,* Hedicke *res.*

Gotha.   *K. E. Georges.*

III. MISCELLEN.

A. Mittheilungen aus handschriften.

6. Zu Lucilius.

Bei einer vergleichung des wolfenbüttler Nonius - codex aus dem XI. jahrhundert (Gud. 96), dessen benutzung ich der gütigen verwendung meines freundes, des h. regier.-assessor v. Bothmer und der freundlichen bereitwilligkeit des bibliothekars h. prof. v. Heinemann verdanke, stiessen mir einige kleinigkeiten auf, die in der Gerlach-Roth'schen ausgabe nachzutragen sind, und denen an dieser stelle ein kleiner raum verstattet sein möge. Bis wir die verheissene neue ausgabe des Nonius besitzen, wird es immer nothwendig erscheinen, bei der behandlung von fragmenten des Lucilius auf die handschriften des Nonius zurückzugehen. Man darf wohl auch mit bestimmtheit erwarten, dass die neue ausgabe die varianten des londoner Harleianus nr. 2719 vollständig berücksichtigen werde, ohne welche ein neuer Noniustext immer noch unvollkommen bleiben würde. Ich beschränke mich in den folgenden bemerkungen auf die Luciliusfragmente, ohne jedoch die abweichungen der orthographie vollständig anzuführen.

Gerl. p. 5 b am ende des artikels *tricae* ist ein leerer raum von vier zeilen. p. 14 s. *capronae* ist das fragment aus lib. VII (in den übrigen codd. XV) citirt. p. 14 s. *mones* stand a. pr. m. *largitia*, mit *a* über dem ersten *i*. p. 16 s. *Catax: Satyrarum libro II.* p. 17 s. *compernes : caliploca mora* δαλοφυρον *Amfitreonis aco etin* ρινευπατερειαν. p. 17 s. *vari : Amfitrionis.* p. 23 s. *angina : sinanca.* p. 24 s. *nugator : tubator.* p. 26 s. *clandestino :* richtig *quicquam.* ib. s. *idiotas : atque diotam.* p. 44 s. *grumae : viamquae.* p. 48 s. *parectatoe :* bei *quendam* ist „*amo*" übergeschrieben, so dass zu lesen sein würde: „*tum ephebum quendam amo quem parectaton vocant*". p. 53 s. *advocase* (sic): *amicos hodie* (so im text) u. s. w. p. 62 s. *tibicidas* : **XXX**. p. 71 s.

excantare : *q; ego.* p. 72 s. *elevit* : *a d cacinnum im-
prudens.* p. 74 s. *equitem* : *cum sit hominis equum
insidentis.* Erst später ist vor *equum* ein *s* eingeschoben.
p. 83 s. *hilum* : *lades.* p. 86 s. *invidiosum* : *ad viven-
dum.* p. 98 s. *neminis* : *itum ꝑ nullius,* also wohl *dictum*
gemeint. p. 105 *pernities* steht nicht am rande, sondern im
text. p. 108 *prosferrari,* ein *r* durchstrichen. p. 109 s.
priva : *thimni,* auch sonst ist das *y* mit *i* gegeben. p. 112 s.
ructus : *accidos.* s. *repedare* : *idemque scm̃ ego a Me-
e
tollo.* p. 115 s. *simat* : *delfinis.* Beim folgenden lemma

scurrile steht, wie oft, am rande die nota critica N̊. p. 116 s.
signatam : *redere.* p. 133 s. *consortium* : *scribiturum.*
s. *chartam* : *quicquid q; ritis.* p. 139 s. *fretum* : *a*
pr. manu *sarana,* das erste *a* ohne zweifel in *e* geändert.

v
p. 144 s. *mercatus* : *mercatore.* p. 146 s. *nasus* : *qua-
lia sunt,* danach ein buchstabe radirt: also ursprünglich *sunto.*
p. 149 s. *penus* : *pervo spatio,* also „*parvo*". p. 154 s.
statura : nach *accius* eine leere halbe zeile, dann mit grossem initialen : *Status masculini.* Demnach ist ein Acciusfragment ausgefallen. p. 160 s. *aptam* : nach „*ut si id, quod concu-
pisset, non aptus* raum für vier buchstaben: also *aptus siet*
zu lesen. p. 162 s. *autumare* : *quidante,* über *i* ein *d*
eingeschoben. Auch der Genevensis hat *quid danti.* p. 166 s.
agere: iacendo. p. 168 auf dem fol. 69 a des Codex, nach *au-
feras s. v. bellum* ist die ganze folgende columne leer gelassen.
Die zweite columne fängt mit *C* an. Auf diesen umstand hat
übrigens kürzlich Luc. Mueller. Rhein. mus. 24, p. 637 aufmerksam gemacht. p. 170 s. *colere*: ursprünglich *hoc consu-
mere,* später in *hic* geändert. p. 171 s. *carpere* : *Lucretius lib.* **XXVIIII.** p. 172 s. *capere decipere.* Das ver-
gilcitat fehlt. p. 176 s. *contendere* : *hyacinctho.*
p. 182 s. *commodum* : ursprünglich *octogena,* erst später in
act. geändert. p. 186 s. *cedere.* Nach *grato* lücke von einem worte. p. 188 s. *credere* : *hiemis,* darüber *ymnis.*

i
p. 192 s. *dicere* : *a parte.* p. 193 s. *dominus* : *domina*
atque. p. 194 s. *duci.* Nach *vivere ducunt* eine lücke. Wie
die folgenden worte *(Orco spondent septimum)* beweisen, stand hier
der vers *qui sex menses vitam ducunt, Orco spondent septimum,*
der sich Non. p. 360 a findet. p. 197 s. *distrahere* : *distra-*

a   *ret*
hent.   p. 197 s. *dicare* : *clarā illatā dicas*; schon Dousa schrieb: *illatamque.*   p. 198 s. *deductum deductat hunc.*
     p. 199 s. *exigere* : *orrorem.*   s. v. *docere* : *acceperisse.*   p. 203 s. *efferre* : *lucl lib. XXVI*, über VI eine
II.   p. 204 s. *efferre* : *ut grandi.*   p. 211 s. *fingere* :
pertitus.   p. 232 s. v. *longum* : ursprünglich *epiteoma*, darüber: *tegma.*   p. 239 s. *mutare* : *pubplices.*   p. 239 s.
maculosum : *maculas notasque.*   p. 244 s. *optare* : ursprünglich statt *Lucilius*, im text, *Virgilius*, am rande verbessert.
     p. 249 s. *pretium* : *verginis.*   p. 252 s. *parcere* : *possint*, aber *n* durch punkte eliminirt.   p. 253 s. *prostare* :
dentique nasci.   p. 259 s. *referre* : *refert*, doch ist *a*
über *r* geschrieben.   p. 261 s. *redundare* : richtig: *redundat.*
     p. 266 s. *stare* : *stet*, darüber *a.*   p. 268 s. *spur-*

cum : *p̃tor ñrt adhuc*, was wohl keine abkürzung für *noster*
ist, sondern *norit* zu bedeuten scheint.   p. 273 s. *spectare* :
intravorsus aetate expectent.   p. 275 s. *signare* : *linia.*
     p. 303 s. *ergastilum* stand ursprünglich *ergastulus*, später ist *i*
aus *u* gemacht.   p. 334 s. *holerorum* : *tintinabulum.*
     p. 335 s. *senectam* : nach *senecta* rasur zweier buchstaben, also
wohl *prospiciendum ergo in senectam nunc in adolescentia est.*
p 357 s. *mira* : *miracula.*   p. 369 s. *rica* : *ciceetoracia*,
doch ist *cice* durchstrichen von zweiter hand; am rande steht
auraticas.

     Ilfeld.   *R. Bouterwek.*

---

7. Sophokles Ant. 575

sagt Creon nach den handschriften :
     ᾅδης ὁ παύσων τούσδε τοὺς γάμους ἐμοὶ oder ἔφυ.
Dass ἔφυ nicht passe, sah Nauck. Aber auch ἐμοὶ ist trotz der
erklärungsversuche von M. Seyffert und G. Wolff nicht zu halten.
Unter den bisher vorgeschlagenen conjecturen ist die Wecklein's
Ars Soph. emend. p. 4, dass μένει zu schreiben sei, sowohl hinsichtlich der handschriftlichen überlieferung als auch in beziehung
auf den gedanken entschieden die wahrscheinlichste. Indessen erregt auch sie bedenken, indem sie wohl der lesart des cod. Laur.
a (ἐμοί), nicht aber auch der der übrigen handschriften (ἔφυ)
rechnung trägt. Dass ἔφυ nichts als eine spätere ergänzung sei,
wie Meineke Beitr. z. phil. kritik d. Ant. d. Soph. p. 15 fg.
meinte, hat auch nicht die mindeste wahrscheinlichkeit. Als von
Sophokles herrührend wird ein wort zu betrachten sein, aus welchem beide handschriftlichen lesarten auf gleich leichte weise her-

vorgehen konnten. Ein solches ist ἔ π ι = ἔπεστι, welches auch
dem sinne nach vortrefflich passt. Trifft diese erörterung, wie
ich hoffe, das richtige, so ist sie auch für das verhältniss des Laur.
a zu den übrigen handschriften von belang.

Göttingen. *Friedrich Wieseler.*

B. Zur erklärung und kritik der schriftsteller.

8. Zur interpretation von Thucyd. II, 35, 2.

Zu anfang der perikleischen leichenrede werden die gründe
entwickelt, in folge deren der redner sich dagegen erklärt, dass
bei der leichenfeier auch eine rede zum lobe der gefallenen gehalten werde. Der hauptgrund, den Perikles anführt, hat bei den
meisten herausgebern eine dem zusammenhange des ganzen wenig
entsprechende auslegung gefunden. Perikles hält es für ausreichend, dass männer, deren verdienste in thaten bestehen, auch
ihre ehrenbezeigung erhalten in thaten, καὶ μὴ ἐν ἑνὶ ἀνδρὶ
πολλῶν ἀρετὰς κινδυνεύεσθαι εὖ τε καὶ χεῖρον εἰπόντι πιστευθῆναι, — nicht aber (so J. Classen in seiner ausgabe) „dass die
verdienste vieler bei einem manne aufs spiel gesetzt (der gefährdung ausgesetzt) werden, — der gefährdung nämlich, sowohl dem
guten wie dem schlechten redner (wie er sie darstellt) geglaubt zu
werden“. Nach Classens auffassung will Perikles also sagen, je
nachdem einem guten oder einem schlechten redner die leichenrede
übertragen sei, würden auch die verdienste der gefallenen seitens
des redners eine bessere oder schlechtere darstellung finden, und
demnach den zuhörern diese verdienste als grössere oder als ge-
ringfügigere erscheinen, und darin liege das missliche oder gefährliche dieser reden überhaupt. — Im wesentlichen dieselbe erklärung giebt Krüger. Auch dieser fasst πιστευθῆναι als regiert von
κινδυνεύεσθαι [wenn er freilich dafür den scholiasten als gewährsmann anzieht, so ist das unrichtig; der scholiast giebt gerade das
gegentheil, s. u.] und erläutert: „die tugenden schweben an den
talenten eines mannes in gefahr geglaubt zu werden, können mithin auch als zweifelhaft erscheinen“; er übersetzt ferner εἰπόντι
mit „je nachdem er gesprochen“, sodass damit im ganzen derselbe
sinn wie bei der Classen'schen auslegung erreicht wird, wenigstens
insofern die schätzung der verdienste der gefallenen seitens der zuhörer auch hier von der besseren oder schlechteren darstellung des
redners abhängig erscheint. Aehnlich übersetzt Böhme: „und dass
nicht in einem manne vieler tugenden gewagt (aufs spiel gesetzt)
werden, sowohl wenn er gut als wenn er schlecht gesprochen ge-

glaubt zu werden, d. h. und dass nicht der glaube an die tugenden
vieler von der guten oder schlechten rede eines einzelnen abhängig
gemacht werde, durch eine schlechte also erschüttert werde". —
Auch die meisten älteren interpretatoren erklären in demselben
sinne, indem sie πολλῶν ἀρετάς als subjekt zu κινδυνεύεσθαι ziehen und den infinitiv πιστευθῆναι (εὖ τε καὶ χεῖρον εἰπόντι) epexegetisch fassen, auch wohl zur besseren erklärung ein ὥστε davor
sich eingeschoben denken. So wollte schon Stephanus verstanden
wissen: καὶ μὴ ὑφ' ἑνὸς ἀνδρὸς πολλῶν ἀρετὰς εἰς κίνδυνον καθ-
ίστασθαι, ὥστε ἢ εὖ ἢ χεῖρον εἰπόντι περὶ αὐτῶν (sc. τῶν ἀρε-
τῶν) πιστευθῆναι i. e. non autem ab uno viro multorum virtutes
in discrimen adduci, cum futurum sit, ut ipsi de illis virtutibus
credatur sive bonam sive malam de illis orationem habeat. —
Poppo übersetzt: „es müsse nicht die trefflichkeit vieler durch
einen einzelnen mann aufs spiel gesetzt werden, nämlich so, dass
ihm sowohl wenn er gut, als wenn er schlecht gesprochen hat,
geglaubt werde". — Göller endlich erklärt: κινδυνεύεσθαι ἐν
ἑνὶ ἀνδρὶ πολλῶν ἀρετάς, κινδυνεύεσθαι πιστευθῆναι εὖ τε εἰπόντι
καὶ χεῖρον εἰπόντι i. e. periclitari in uno viro existimationem vir-
tutis multorum, periclitari credi ei non minus, qui male quam qui
bene locutus sit.

Man sieht, die stelle ist im allgemeinen ziemlich einmüthig
aufgefasst worden. Und doch steht zweierlei dieser interpretation
entgegen. Einmal, um das mindere bedenken zuerst vorzutragen,
gilt die gefahr, von der Perikles hier redet, doch nur für den
fall, dass ein schlechter redner die rede hält; ein guter redner
wird ja gerade durch die kunst seiner darstellung auch kleine verdienste als grosse erscheinen lassen. Nichts desto weniger spricht
unsere stelle ganz allgemein sowohl von dem guten als von dem
schlechten redner (εὖ τε καὶ χεῖρον εἰπόντι). Am bequemsten half sich
Stephanus aus dieser schwierigkeit heraus, indem er einfach das
εὖ εἰπόντι für unpassend erklärte: Improprie dicit (Thucydides)
εὖ εἰπόντι, cum satis esset χεῖρον εἰπόντι, quia non ἀπὸ τοῦ εὖ
εἰπόντος, sed tantum ἀπὸ τοῦ χεῖρον εἰπόντος potest esse periculum.
Gewiss, das letztere ist richtig, aber mit dem improprie dictum
hat man alle veranlassung bei Thukydides nicht allzurasch bei der
hand zu sein: vielleicht steckt der fehler wo anders. — Indess
man mag dies bedenken fallen lassen; man mag, selbst bei einer
feier wie dieser, wo, wenn irgend sonst, das de mortuis nil nisi
bene seine anwendung findet, für eine gefahr auch das erklären,
dass kleine verdienste durch die kunst des redners in den köpfen
der zuhörer als grosse sich malen.

Durchschlagend hingegen ist der zweite einwand, der durch
die sofort folgenden worte der rede (§. 3) an die hand gegeben
wird. Also das missliche der leichenreden soll darin bestehen,
dass durch dieselben, wie Classen in der inhaltsangabe des cap. 35

sich ausdrückt, „der ruhm der gefallenen von dem erfolge der rede
eines einzelnen abhängig gemacht wird", darin, dass die zuhörer
über die verdienste der gefallenen gerade eine solche meinung fassen, wie es dem redner dieselben darzustellen gelungen ist. Nun
beginnt aber gleich der folgende §. 3 eine ausführung darüber,
wie schwierig es für jeden redner sei, seiner auffassung glauben unter den zuhörern zu verschaffen. Denn der sachkundige und
wohlwollende zuhörer finde insgemein die schilderung des redners
unter seiner eigenen erwartung und kenntniss, während der nicht
sachkundige (und nicht wohlwollende) vieles für übertrieben
erachte, weil sich in ihm der neid rege, sobald er von dingen
höre, die über seine eigenen kräfte gehen. Das ist offenbar das
direkte gegentheil von dem, was wir soeben im vorigen § gehört
haben. Dort lag die eigentliche gefahr in dem zu grossen glauben, der dem redner von den zuhörern geschenkt wurde, einem
glauben, der so weit ging, dass sogar der ruhm der gefallenen
drunter leiden konnte; es wurde dem redner, dem guten wie dem
schlechten, eben alles geglaubt; — und hier thut dem einen zuhörer selbst der gute redner noch zu wenig, dem anderen selbst
der schlechte noch zu viel, hier glaubt dem redner, so wenigstens
wie er die sachen darstellt, niemand. Der widerspruch liegt so
klar zu tage, dass er unerträglich wäre, selbst wenn beide ausführungen unabhängig von einander da ständen; denn man darf nicht
eine these durch gewisse sätze, und sofort darauf eine andere
these durch das direkte gegentheil dieser sätze beweisen wollen;
hier kommt aber noch hinzu, dass die zweite ausführung, wie auch
schon das γάρ zeigt, offenbar eine begründung und erläuterung der
ersteren enthalten soll. Da der §. 3 keinen anlass zu zweifeln
bietet, so kann der widerspruch nur durch eine andere auslegung
des § 2 gehoben werden.

Das richtige nun hat der scholiast gesehen, der zu unserer
stelle καὶ μὴ . . . . εἰπόντι πιστευθῆναι die anmerkung macht:
ἀντὶ τοῦ καὶ μὴ ἐν κινδύνῳ γίνεσθαι τὸ πιστευθῆναι. Danach ist
πιστευθῆναι als subjekt mit κινδυνεύεσθαι zu verbinden und πολλῶν ἀρετάς und εὖ τε καὶ χεῖρον εἰπόντι beides von πιστευθῆναι
abhängig zu denken: „bei dem guten sowohl wie bei dem schlechten redner kommt der ihm in bezug auf die tugenden vieler zu
schenkende glaube in gefahr". Nicht die tugenden vieler kommen in gefahr, durch eine bessere oder schlechtere rede für grösser oder kleiner gehalten zu werden, sondern, — wie auch immer
der jedesmalige redner gesprochen, und der eine spricht besser, der
andere schlechter — das geglaubtwerden der tugenden, die
beglaubigung der verdienste seitens des redners kommt in gefahr,
d. h. die darstellung des redners, des guten sowohl als des
schlechten, unterliegt der gefahr, nicht geglaubt zu werden. —
Diese erklärung macht die form zwar zu einer etwas harten, aber

sie ist die einzige, die dem zusammenhange des ganzen genüge
thut — und beim Thukydides soll man am allerwenigsten nur der
form zur liebe dem gedanken gewalt anthun, — die einzige auch,
die dem sofort folgenden γάρ zu seinem rechte verhilft. Es wird
nämlich sofort erläutert, wie das gefahrlaufen der beglaubigung
der verdienste seitens des redners zu verstehen ist (χαλεπὸν γὰρ
τὸ μετρίως εἰπεῖν, ἐν ᾧ μόλις καὶ ἡ δόκησις τῆς ἀληθείας βεβαιοῦται). Denn — so geht die entwickelung weiter — es ist
schwierig, so zu sprechen, dass nach keiner seite hin anstoss gegeben wird (τὸ μετρίως εἰπεῖν), schwierig darum, weil es sich
hier nicht um einen einfachen bericht thatsächlicher verhältnisse,
sondern um eine bestimmte auffassung des geschehenen handelt
(δόκησις τῆς ἀληθείας: dasjenige, was mir δοκεῖ ἀληθὲς εἶναι
das ist meine δόκησις τῆς ἀληθείας), welche auffassung in einem
falle wie dem vorliegenden, wo andere bessere oder schlechtere auffassungen derselben sache von den zuhörern schon mitgebracht
werden, stets nur mit mühe erhärtet wird (μόλις βεβαιοῦται).
Nicht also jene verdienste laufen gefahr, von den zuhörern even-
tuell nicht geglaubt zu werden; im gegentheil, ein gewisses maass
von verdiensten, das zeigen die folgenden worte (ὅτε γὰρ ξυνειδὼς
κτλ.), schreibt ein jeder der zuhörer den gefallenen zu; was bei
den zuhörern zweifel erregt und zur kritik anlass giebt, das ist
die art der auffassung dieser verdienste seitens des redners: τὸ
πιστεύειν τὰς ἀρετὰς τοιαύτας, οἷαι τῷ ῥήτορι (ἀληθεῖς) εἶναι
δοκοῦσιν, κινδυνεύεται; dem πιστευθῆναι κινδυνεύεσθαι entspricht genau das δόκησις μόλις βεβαιοῦται. Und weil also bei
redner und zuhörer auffassung gegen auffassung steht, so gerade
kommt es, dass dem wohlmeinenden zuhörer der redner nicht genug, dem nicht wohlmeinenden zuhörer derselbe redner noch zu
viel thut.

Nur durch eine erklärung wie diese — im einzelnen mag
anders erklärt werden können, aber der sinn der stelle kann nur
dieser sein — entfernen wir den oben hervorgehobenen widerspruch, nur so aber auch erhalten wir einen verständlichen
gedanken. Denn, um auch hierüber ein wort zu sagen, was
missfällt dem Perikles denn nun eigentlich an dem institut der leichenrede? Nach der gewöhnlichen interpretation das, dass dadurch
der ruhm der gefallenen von dem erfolge der rede eines einzelnen
abhängig gemacht wird. Also wirklich, nicht an ihren thaten
hängt der tapferen ruhm, sondern an der über diese thaten gehaltenen rede? Es kann also wohl einmal auch den herrlichsten ruh-
meswerken begegnen, dass sie, weil ein pfuscher von redner sie
traktirt hat, vom publikum für durchschnittssachen gehalten werden? Oder aber, die winzigsten pflichterfüllungen werden als hel-
denthaten ersten ranges angesehen werden, nur weil sie das zufällige glück gehabt, von einem meister der rede als solche dar-

gestellt zu sein? Nein, das ist ein gedanke, zu dem sich wohl
die jugendliche kühnheit etwa eines primaners in den ersten styli-
stischen versuchen versteigen mag, aber gewiss kein gedanke, wie
ihn ein Perikles ausgesprochen oder ein Thukydides ihm in den
mund gelegt haben kann. Was Perikles bei den leichenreden
fürchtet, das ist die in dem zuhörerkreise unwillkürlich durch die
rede hervorgerufene kritik über die rede, ist die missstimmung, die
durch ein kleines zuviel oder zuwenig in den worten des redners
im geiste der anwesenden erregt wird, ist der nur zu leicht bei
diesen zu erweckende gedanke, dass durch dies zuviel oder zuwenig die pietät gegen die gefallenen verletzt sei, alles misstöne, die
die harmonie des ganzen zu stören geeignet sind, und solche misstöne auch nur in gedanken fern zu halten, das hält Perikles dieser ganz der pietät geweihten feier für würdig.

Neu-Ruppin.   *H. Zeterling.*

---

9. Zu Xenophon's Hellenica.

3, 2, 14: Ὡς δ' ἤκουσεν ὁ Δερκυλίδας, ὅτι πάλιν πεπερα-
κότες εἰσὶ τὸν Μαίανδρον, εἰπὼν τῷ Φάρακι, ὡς ὀκνοίη, μὴ ὁ
Τισσαφέρνης καὶ ὁ Φαρνάβαζος ἐρήμην οὖσαν καταθέοντες φέρωσι
καὶ ἄγωσι τὴν χώραν, διέβαινε καὶ αὐτός. In den worten: εἰπὼν
— ὀκνοίη fehlt gerade dasjenige, worauf es ankommt, nemlich der
befehl des Derkyllidas, dass Pharax mit seiner flotte zurückkehren
solle. Denn die mittheilung allein, dass Ionien bedroht sei, wäre
zwecklos, und es wäre ausserdem zweifelhaft gelassen, ob Derkyllidas im verein mit Pharax gegen die feinde operirt hätte, während doch in ℥. 12 erzählt ist, dass Pharax den befehl erhalten
habe, Derkyllidas zu unterstützen. Da nun jener bereits mit der
flotte abgesegelt ist — ℥. 12: οἱ μὲν δὴ ταῦτ' ἐποίουν — so
musste er schleunigst zurückbeordert werden. Diesen zusatz scheint
Campe vermisst zu haben, da er die worte folgender massen wieder gibt: „so befahl er dem Pharax [auf's schnellste mit der flotte
zurückzusegeln], weil er fürchte, dass" u. s. w. Er fügt jedoch
keine erklärung zu dieser übersetzung hinzu. Ein überbleibsel der
richtigen lesart scheint sich noch in dem unerklärbaren ὅτι, welches in den HS. hinter ὡς steht, zu finden, wenn wir nemlich annehmen, dass hinter Φάρακι ein ἀναπλεῖν und hinter ὡς ein τάχιστα ausgefallen ist und wenn wir ὅτι beibehalten, also in folgender weise lesen: εἰπὼν τῷ Φάρακι ἀναπλεῖν ὡς τάχιστα, ὅτι
ὀκνοίη = „nachdem er dem Pharax befohlen hatte, so schnell als
möglich zurückzusegeln, weil er fürchte, dass". Durch diesen zusatz werden die folgenden worte: πορευόμενοι οὗτοι klar, indem
durch οὗτοι Derkyllidas und Pharax bezeichnet werden, während
bei der bisherigen lesart es unentschieden bleibt, ob Derkyllidas

und Pharax oder allgemein die Lacedaemonier unter οὗτοι zu verstehen sind. Wir müssen natürlich annehmen, dass Pharax seine
seesoldaten hat landen lassen, um sie mit dem heere des Derkyllidas zu vereinigen. Zu εἰπεῖν mit dem infinitiv in der bedeutung
„befehlen" s. ξ. 16: τοῖς λοχαγοῖς εἶπε παρατάττεσθαι und Krüger gr. gr. 55, 3, 13.

3, 4, 23: Ἔνθα δὴ ὁ Ἀγησίλαος γιγνώσκων, ὅτι τοῖς μὲν
πολεμίοις — τοῖς δὲ πελτασταῖς εἶπε δρόμῳ ὑφηγεῖσθαι. Παρήγγειλε δὲ καὶ τοῖς ἱππεῦσιν ἐμβάλλειν, ὡς αὑτοῦ τε καὶ παντὸς
τοῦ στρατεύματος ἑπομένου. Schneider bemerkt zu der schilderung
dieser schlacht, nachdem er zum vergleich Diodor, der 14, 80 denselben kampf am Pactolus beschreibt, citiert hat: Nimis igitur ieiune
et obscure narravit haec Xenophon, ohne diese ansicht zu begründen.
Breitenbach jedoch und die übrigen erklärer nehmen durchaus keinen
anstoss an der beschreibung. Wir müssen jedoch der ansicht Schnei-
ders beipflichten, aber nur in der weise, dass wir annehmen, nicht
Xenophon sei schuld an dieser unklarheit, sondern die überlieferung
durch die HS. Der zusammenhang ist nämlich folgender: „als die
persische reiterei die ufer des Pactolus erreicht hatte, fand sie die
griechischen leichten truppen zum plündern zerstreut, griff sie an
und tödtete viele derselben. Als dies Agesilaus bemerkt, schickt
er seine reiterei zur hülfe — ξ. 22 βοηθεῖν ἐκέλευσε τοὺς ἱππέας. Sobald aber die feinde die heranrückenden reiter sehen, ver-
sammeln sie sich und ordnen sich zum kampfe. Da nun Agesilaus
erkennt, dass die gegner nur ihre reiterei zur hand haben, während er selbst sein ganzes heer beisammen hat, gedenkt er, eine
förmliche schlacht zu wagen. Nachdem er geopfert hat, führt er
die phalanx gegen die reiter der feinde, von den hopliten befiehlt
er denen aus den zehn ersten dienstjahren mit ihnen — den glie-
dern der phalanx — vorzugehen; die peltasten aber sollen im
sturmschritt (vorgehen). Er befiehlt aber auch, heisst es nun weiter, den reitern sich auf die feinde zu werfen mit der versicherung,
dass er mit dem ganzen heere folgen werde". Nun war aber
schon oben ξ. 22 gesagt, dass er der reiterei den befehl zum angriff gegeben habe und dass diese auch wirklich den griechischen
leichten truppen zu hülfe eilte — οἱ δὲ Πέρσαι ὡς εἶδον τὴν βοή-
θειαν. Agesilaus hätte also mit den worten: παρήγγειλε κ. τ. λ.
entweder noch einmal denselben befehl der reiterei gegeben, was
jedoch ganz unpassend erscheint, oder er hätte dieselbe zurück-
beordern müssen, um ihr auf's neue den befehl zu geben; davon
sagt aber Xenophon nichts. Ferner hätte, wenn anzunehmen wäre,
dass ein zweiter befehl erlassen wäre, die reihenfolge eine umgekehrte sein müssen, da die reiter, wie natürlich, zuerst angriffen
— s. ξ. 24: τοὺς μὲν δὴ ἱππέας ἐδέξαντο οἱ Πέρσαι· ἐπεὶ δ'
ἅμα πάντα τὰ δεινὰ παρῆν, ἐνέκλιναν κ. τ. λ. In derselben weise
nun, wie die worte: παρήγγειλε δὲ καὶ τοῖς ἱππεῦσιν ἐμβάλλειν

unpassend sind, scheinen auch die folgenden: ὡς αὐτοῦ τε καὶ παντὸς τοῦ στρατεύματος ἑπομένου, vollständig überflüssig zu sein,
da schon im vorhergehenden erzählt war, dass alle theile des heeres am kampfe theil nehmen sollten. Auch war es gewiss nicht
nöthig, die tapferen reiter des Agesilaus dadurch noch zu ermuthigen, dass ihnen die versicherung gegeben wurde, das ganze
heer werde ihnen folgen. Es scheinen hiernach die worte: Παρήγγειλε — ἑπομένου durch fremde hand in den text hinein gerathen zu sein.

Wir müssen uns also den angriff folgender massen denken:
1) rücken die reiter allein gegen die feinde; als aber diese in
zahlreichen geschwadern sich aufstellen, gehen 2) die peltasten, 3)
τὰ δέκα ἀφ' ἥβης und die phalanx mit Agesilaus selbst vor. Diese
reihenfolge wird allerdings von Xenophon nicht in sofern angegeben, als er zuerst die phalanx nennt, nachdem die reiter abcom-
mandirt sind; doch geschah dies gewiss deshalb, weil die phalanx
den kern des ganzen fussvolkes bildete, den er glaubte zuerst nennen zu müssen, und so kam es, dass die peltasten zuletzt aufgeführt wurden.

Posen. *Aug. Laves.*

---

10. Zu Platon.

Menon 86 E. In den worten: καὶ συγχώρησον ἐξ ὑποθέσεως
αὐτὸ σκοπεῖσθαι, εἴτε διδακτόν ἐστιν εἴτε ὁπωσοῦν, glaube ich an
stelle der letzten form ὁποιονοῦν schreiben zu müssen, weil dadurch
die klarheit des gedankens und die symmetrie der form gefördert
wird. Eine ähnliche form findet sich Soph. 247 D. Λέγω δὴ, τὸ
καὶ ὁποιανοῦν κεκτημένον δύναμιν κ. τ. λ.

Symp. 221 D. In den worten: οἷος δὲ οὑτοσὶ γέγονε τὴν ἀτο-
πίαν ἄνθρωπος καὶ αὐτὸς καὶ οἱ λόγοι αὐτοῦ, οὐδ' ἐγγὺς ἂν εὕ-
ροι τις ζητῶν, οὔτε τῶν νῦν οὔτε τῶν παλαιῶν, εἰ μὴ ἄρα εἰ οἷς
ἐγὼ λέγω, ἀπεικάζοι τις αὐτόν, ἀνθρώπων μὲν μηδενί, τοῖς δὲ
Σειληνοῖς καὶ Σατύροις, αὐτὸν καὶ τοὺς λόγους, hat der codex a
εἰ hinter ἄρα weggelassen, und in der that würde die wiederholung nach εἰ μή störend sein. Nun findet es sich aber in den
übrigen handschriften. Also ist wahrscheinlich etwas anderes dahinter zu suchen und zwar, wie ich vermuthe, ἔστιν, welches dann
mit οἷς zusammen die allgemeine andeutung und vorbereitung der
nachfolgenden worte enthält. Die worte ἐγὼ λέγω würden am
leichtesten als glossem auszuscheiden sein oder, wenn einmal an dieser
stelle die beziehung auf den frühern gedanken wünschenswerth erscheint, mit veränderung in ἀγὼ λέγω erhalten werden können,
welches dem attischen dialekt nicht fremd und auch in den dialo-

gischen partien der tragiker nicht ungewöhnlich ist. Danach würde
die stelle lauten: εἰ μὴ ἄρα ἔστιν οἷς, ἀγὼ λέγω, ἀπεικάζοι τις
αὐτόν, ἀνθρώπων μὲν μηδενὶ, τοῖς δὲ Σειληνοῖς καὶ Σατύροις κτλ.

Plat. Gorg. 491 D. Die von vielen seiten angefochtene und
theils der interpolation, theils der korruption verdächtige stelle ist
auch von Cron in seinen beiträgen zur erklärung des platonischen
Gorgias p. 142 ff. ausführlich berücksichtigt worden. Nach der
von ihm daselbst gegebenen zusammenstellung der handschriftlichen
differenzen bietet die anerkannt beste handschrift, der Clarkianus,
von erster hand τὶ δὲ αὐτῶν, ὦ ἑταῖρε; ἢ τί ἀρχομένους; der
dem Clarkianus zunächst stehende Vat. Δ weicht von ersterem nur
insoweit ab, dass er τί ἢ statt ἢ τί schreibt; die mehrzahl der
handschriften bietet statt dieser zwei worte τί ἢ τί und fügt, wie
auch der Vindob. φ, der aber τί allein hat, vor ἀρχομένους noch
ἄρχοντας ἢ bei, welche beiden worte auch der Clarkianus von späterer hand am rande beigeschrieben hat. Mit recht hält Cron den
boden der handschriftlichen überlieferung für einen unsicheren.
Ausserdem bemerkt er folgendes: das von dem scholiasten kom-
mentirte und in vielen handschriften überlieferte τί ἢ τί, das ebenso
wie das ὁτιή des Olympiodor an das bei Aristophanes so beliebte
τιή etwa mit folgendem δή gemahnt, könnte wohl auf eine ältere
verderbniss hinweisen. Misslich ist auch der umstand, dass Olympiodor, auch wenn er worte mit φησί oder λέγει ὅτι einleitet, diese
doch mehr oder weniger verändert, wie ja auch hier niemand sein
ὁτιή τοῦτο, das er durch τί λέγεις erläutert, als unverfälscht gelten
lassen wird. „Richtig ist auch, was er p. 146 bemerkt, dass
durch τί δέ von Socrates dem Kallikles ein neuer, dessen anschauung fremder begriff, der der selbstbeherrschung entge-
gengehalten wird. Dieser begriff muss aber meiner ansicht nach
dem begriff der beherrschung anderer scharf gegenübertreten, wie
es in den nachfolgenden worten: ἢ τοῦτο μὲν οὐδὲν δεῖ, αὐτὸν
ἑαυτοῦ ἄρχειν, τῶν δὲ ἄλλων, geschieht. Also ergiebt sich das
bedürfniss einer zweitheilung oder einer doppelfrage schon für die
vorhergehenden worte des Socrates. Nun enthalten aber die überlieferten worte τί ἢ τί, die auch Olympiodor zum gegenstand seiner bemerkung macht, den fingerzeig dafür und man bekommt eine
bestimmte gliederung, wenn man mit veränderung des ὦ in τῶν
und des wortes ἑταῖρε in ἑτέρων liest: Τί δέ; αὐτῶν ἢ τῶν
ἑτέρων ἄρχοντας, eine änderung, die um so empfehlenswerther
ist, weil in der ganzen unterredung mit Kallikles sich Socrates der
anrede ὦ ἑταῖρε sonst niemals bedient und weil οἱ ἕτεροι nicht allein den begriff τῶν ἀρχομένων bequem wieder aufnimmt, sondern
auch die gegensätze des griechischen parteitreibens schärfer kennzeichnet, nachdem die für die oligarchen traditionell gewordene bezeichnung οἱ κρείττους oder βελτίους im munde des Kallikles und
Socrates schon vorangegangen war. Nicht haltbar ist die über-

setzung von Schleiermacher: „auch mehr als sie selbst freunde“, nach welcher αὐτῶν zu dem vorhergehenden πλέον ἔχειν als gen. comparativus construirt.

Stendal. *Liebhold.*

---

11. Zu Demosthenes.

ἀκονητί.

Bei Demosthenes und allen übrigen schriftstellern wird gegenwärtig ἀκονιτί geschrieben und gewöhnlich von dem substantiv κόνις abgeleitet. Aber derartige adverbia gehen nicht auf die substantiva sondern auf die verbalstämme oder die selbst wieder vom verbalstamm abgeleiteten adjektiva zurück und haben mit den adjektiva verbalia einerlei bildung. So müsste z. b. „ohne blut“ ἀναιματί heissen, wenn es von αἷμα gebildet wäre; es existirt aber nur ἀναιμακτί (von αἱμάσσω) und ἀναιμωτί (von αἱμόω). Diese regel wird ausserdem aus dem alterthum durch Apollonius περὶ συνδέσμων (Bekk. An. Gr. II, p. 500, 14) bezeugt, welcher sagt: . . . ὡς ἰάζω ἰαστί, αἰολίζω αἰολιστί, δωρίζω δωριστί. Die ableitung müsste also wenigstens auf das verbum κονίω (gleich dem späteren κονίζω) zurückgehen. Nun findet sich aber auffallend häufig in den handschriften die verschreibung ἀκονητί — als verschreibung pflegt es angesehen zu werden, auch bei Lobeck zu Phryn. p. 5 — oft gerade in den besten handschriften, s. Schweigh. z. Polyb. p. 202 u. a.; in anderen fällen ist das wort in einer weise verderbt, dass die schreibung mit η noch ersichtlich ist, z. b. Thuc. IV, 73 in der variante ἀνονητί. Für Demosthenes werden wir uns zunächst nach der entscheidenden autorität des cod Σ umzusehen haben und finden or. XV, 31 ἀκονητί deutlich erhalten, wo zugleich der cod. Augustanus I und seine handschriftenklasse in der sinnlosen verschreibung ἀκούητει das η bewahrt hat. Or. XVIII, 200 hat Σ ἀκονειτί und or. XIX, 77 mit rasur . . . ιτί, während in ersterer stelle sämmtliche anderen handschriften, in letzterer Aug. I und Bav. ἀκονητί bieten. Das durch die zwei besten recensionen des Demosthenes, Σ und Aug. I beglaubigte ἀκονητί war sicher die ursprüngliche form und ist vom verbum κονέω abzuleiten, wie das ganz analoge ἐγκονητί (Pind. Nem. III, 36) von ἐγκονέω. Damit stimmen die zeugnisse der alten grammatiker, in deren text man eigenmächtig ἀκονιτί corrigirt hat. Bei Apollonius Bekk. An. II, 500 ist deutlich überliefert: τοῦ μὲν προτέρου αἰολιστί, ἰαστί· τοῦ δὲ δευτέρου ἀκόνητος ἀκονητί. Bei Hesychius: ἀκονητί, ἀμαχητί, ἢ χωρὶς ἀκονήσεως (lege κονήσεως); und weiter ἀκονήτως, ἀκοπιάσ͵ως (lege ἀκονίστως) ἀπόνως. Demnach ist ἀκονητί in jeder hinsicht als gesichert zu betrachten und sollte künftig nicht mehr wie bisher den lexicis fremd sein.

München. *A. Spengel.*

12. Zu Naevius.

Von seinem versuche die verse der Tunicularia bei Festus
p. 230 M. herzustellen wird Ribbeck längst zurückgekommen sein;
dass dabei ein grammatischer fehler untergelaufen sei, bemerkt schon
Mähly in Fleckeisens jahrbüchern 1861, p. 140 mit dem zusatz „der zusammenhang ist völlig unklar". Die überlieferung
ist *Theodotum compellas qui aras compitalibus sedens in cella cir-
cumtectuas* (sic) *tegetibus Lares ludentis peni pinxit bubulo*. Dass
der maler Theodotus, der mit einem ochsenschwanz „tanzende Laren"
(so haben nach meiner erinnerung H. Jordan und A. Reifferscheid
erklärt in ihren abhandlungen über die Laren in den Annali dell'
Instituto, die ich eben nicht einsehn kann) an die wand kleckste,
eben kein meister war, ist klar. Dieses urtheil lässt der dichter
aussprechen, indem er ihn an dem höchsten misst:

              Theodotum
Cum Apella comparas, cum compitalibus
Sedens in cella circumtectus tegetibus
Lares ludentes pene pinxit bubulo?

Der überaus schwerfällige rythmus des zweiten verses soll vielleicht das ungeheuerliche des vergleiches hervorheben.

Frankfurt a. M.   *Fr. Umpfenbach.*

---

13. Zu Plautus.

Coepivi.

Die perfektform *coepivi* lässt sich zwar auf kein zeugniss
eines lateinischen grammatikers zurückführen, aber mehrere stellen
des Plautus, in denen kein verdacht einer anderweitigen corruptel
vorhanden und das versmass gesichert ist, verlangen eine viersil-
bige form, deren annahme bei der hinneigung der alten sprache zu
langen perfektformen kein bedenken gegen sich hat. Bekanntlich
haben die alten dichter auch das präsens *coepio* gebildet; Prisc.
p. 500, 12 H. citirt aus Ter. Adelph. III, 3, 42 *coeperet*, Non.
p. 89 aus Caecilius *coepiam*, aus Plaut. Men. 960 *coepio*, aus Truc.
II, 1, 21 *coepiat*, zu denen hinzuzufügen aus Pers. 121 der infinitiv
coepere. Die älteste beugung lautete wahrscheinlich *coepio*, *coepivi*,
coepĭtum, *coepere*. Schon bei Plautus ist *coepi* die gewöhnliche
und im senar gewiss alleinige perfektform; doch konnte das alter-
thümliche *coepivi* für lyrische versmaasse und tetrameter verwendung finden, wie auch *institivi* im bacchischen tetrameter Most. 86
gebraucht ist:

      Argúmentaque ín pectus múlta institívi.
Dasselbe metrum ist Cas. III, 5, 23:

      Tua áncilla hoc pácto exordíri coep[ív]it,
      Quod haúd Atticám condecét disciplínam.

Ebenso zwischen bacchischen tetrametern Cas. III, 5, 57:

> Nam cúr non ego íd perpetrém quod c o e p] í v] i ?

Auch Cist. IV, 2, 19 schliesst das bacchische versmass mit:

> Sed pérgam ut c o e p [í v] i : tamén quaeritábo.

Merc. 533 am schluss des iambischen tetrameters:

> Ecástor iam bíenniumst, quom mécum rem c o e p [í v] it.

Mehr oder minder analog sind ferner *ecfodiri* (Mil. 315) neben *ecfodĕre* (Cas. II, 8, 22 u. a.), *fŭi* oder *fūvi* (Mil. 1364 u. a.) neben *fŭi*; immer *posivi* (s. Brix zu Trin. 145), *posŭi* nicht nachweisbar, dagegen einmal *inposisse* (Most. 434); auch findet sich nur *petivi* (Rud. IV, 2, 12; Cist. I, 1, 57), denn Pseud. 897 ist *petii* conjectur (für *feci*) und schwerlich zu wagen. Die vergleichung einschlägiger stellen zeigt, dass Plautus die perfekta auf *ivi* auch derjenigen verba, bei denen prosa und spätere sprache dieselbe form beibehielt, fast ausschliesslich am schlusse des verses oder der ersten vershälfte verwendet, womit der gebrauch von *coepivi* in obigen stellen übereinstimmt.

München. *A. Spengel.*

---

14. Zu Plaut. Poenul. I, 2, 141.

Die verkennung einer durch den moment eingegebnen wortbildung hat auch den neuesten herausgeber des Poenulus veranlasst sehr zum schaden des dichters von dem vereinten zeugniss des palimpsestes, des V. C. und Decurtatus abzuweichen. Agorastokles von Adelphasium entschieden abgewiesen fragt betrübt *Quid agam nunc?* und erhält die schnippische antwort *Sei sapias, curam hanc facere conpendi potes.* Denn mit recht hat Bothe diese worte dem mädchen gegeben. Betrübt sagt der standhafte liebhaber *Quid? ego non* (so Acidalius statt *nunc*) *te curem?* und wendet sich jetzt erst zu seinem stets widerwilligen orakel Milphio: *quid ais, Milphio?* Der denn auch halb resignirt ausruft: *Ecce odium meum* und seinem herrn zu diensten fragt *Quid me uis?* Darauf dieser wieder die höchst überflüssige frage stellt *Cur mi haec irata est?* Unmuthig über das ewige befragen entgegnet Milphio: *Cur haec irata est tibi? Cur ego id curem? namque istaec magis mea est curatio.* Jüngere handschriften und die herausgeber fassen *curatio* mit beziehung auf die *cura* des Agorastokles als ableitung von *curo* und lassen ihm also die einfach grobe antwort zu theil werden „das ist deine sorge", die sie aber erst durch vertauschung des handschriftlichen *mea* mit *tua* gewinnen. Ganz richtig aber lassen die handschriften den des befragtwerden müden sclaven sagen: „Warum sie dir erzürnt ist? Warum soll ich dafür sorge tragen? denn das Warum sagen ist endlich einmal an mir".

Ob damit auch ein beleg gewonnen ist, dass die aussprache *cur*
dem Plautus schon geläufig war, lassen wir dahingestellt, einestheils weil absoluter gleichklang in solchen wortspielereien nicht
immer von ihm gesucht wird, anderntheils weil mir wenigstens ein
beispiel erinnerlich ist, wo das aus *oe* (weiter zurück *oi, ovi, avi*)
entstandene lange *u* in *cura* sich in *o* gewandelt hat: CORAUERO
auf einer praenestinischen inschrift bei Ritschl Rh. Mus. 1861
p. 612.

Frankfurt a. M.   *Fr. Umpfenbach.*

---

15. Zu Caesar's B. Gall. V, 7.

Als sich Dumnorix heimlich aus dem lager entfernt hatte,
schickte Caesar reiter nach ihm aus: *magnam partem equitatus ad*
eum insequendum mittit retrahique imperat; si vim faciat neque
pareat, interfici iubet .. *Ille enim revocatus resistere ac se manu*
defendere suorumque fidem implorare coepit saepe clamitans liberum
se liberaeque esse civitatis. *Illi ut erat imperatum circumsistunt*
hominem atque interficiunt; at equites Aedui ad Caesarem omnes
revertuntur. Um in diese satzverbindung logik zu bringen schrieben die alten ausgaben *autem* für *enim.* Die späteren kehrten zur
überlieferung zurück und citirten Bell. civ. II, 32 und I, 81. In
dem ersteren dieser citate dient *enim* dazu in einer direkten rede
den grund des gegners ironisch einzuführen, etwa unser „natürlich!", hat also mit obiger wendung nicht die geringste ähnlichkeit;
in dem zweiten ist *illi enim adverso vitio* jetzt längst in *illi ani-*
madverso vitio corrigirt. Deshalb mussten sich die neuesten herausgeber Doberenz, Kraner u. a. begnügen unsern fall einer
ausnahmsstellung zuzuweisen und dadurch zu erklären, dass ein gedanke wie: „und dies trat auch wirklich ein" oder „und mit dieser befürchtung hatte Caesar recht" unterdrückt sei, worauf sich
dann *enim* beziehe. Hiegegen ist einzuwenden, dass wir auf diese
weise den unlogischen zusammenhang nur durch eine grammatische
spitzfindigkeit überkleistern, die der verwegensten und unklarsten
diktion nicht zuzumuthen ist, am wenigsten dem schlicht und natürlich schreibenden Caesar. Wenn ein gedanke vermisst würde,
so hätte ihn Caesar sicher auch ausgesprochen. Wollten wir aber
selbst diesen *salto mortale* zugeben, so konnte der einmal unter-
drückte gedanke nicht weiter unten wieder vorgebracht werden,
denn die worte: *circumsistunt hominem atque interficiunt*, schildern
eben das wirkliche eintreten des ereignisses; getödtet wurde er
darum w e i l er sich widersetzte. Beide sätze beginnen mit dem
pronomen *ille* und wir haben ohne zweifel eine jener verderbnisse
vor uns, wo der abschreiber von dem einen satzanfang zu dem

gleichlautenden zweiten übersprang, die ausgelassenen worte dann am rande nachgetragen wurden und an unrechter stelle wieder in den text kamen. Also mit umstellung: *Illi ut erat imperatum circumsistunt hominem atque interficiunt. Ille enim revocatus resistere ac se manu defendere suorumque fidem implorare coepit saepe clamitans liberum se liberaeque esse civitatis. At equites Aedui ad Caesarem omnes revertuntur.*

München. *A. Spengel.*

---

16. Der marsch der Aeduer (zu Caes. BG. VII, 38—40).

Dass einige stellen des napoleonischen commentars zu Cäsar eine von der des verfassers abweichende auslegung zulassen, ist hinlänglich bekannt; namentlich über die örtlichkeit, wo gewisse ereignisse stattgefunden haben, gehen die ansichten noch weit aus einander. Eine solche anfechtbare stelle schien mir derjenige theil des commentars (bd. II, p. 262 ffl.), in welchem von dem marsche der Aeduer nach Gergovia die rede ist. Napoleon fasst seine ansicht kurz dahin zusammen: „Litaviccus, der die 10000 Aeduer dem römischen heere zuführen soll, geht ebenso wie früher Cäsar bei Varennes über den Allier und veröffentlicht bei Serbannes in der nähe von Vichy, also westlich von jenem flusse, dem heere seinen entschluss, sich mit Vercingetorix zu verbinden. Eporedorix, der bei Cäsar weilende und in dessen interesse thätige Aeduer, erfährt dies und eilt sogleich zum feldherrn, um es diesem mitzutheilen. Dieser bricht sofort mit vier legionen und der ganzen reiterei auf und erreicht die Aeduer bei Randan, auf dem wege, den Litaviccus einschlagen musste, um sich mit den Arvernern zu verbinden. Dieser ort liegt etwa eine meile südlich von Serbannes. Dort werden die Aeduer angehalten und müssen dem Cäsar bei der belagerung von Gergovia helfen". So ist in kurzem die situation. Folgende bedenken steigen bei der lectüre dieses abschnittes auf:

1) Mag man auch zugeben, dass Litaviccus sein heer in oder bei Decetia gesammelt hat und dann in südwestlicher richtung auf den Allier gezogen ist, so nöthigt doch gar nichts, ihn für das weitere ebendenselben weg einschlagen zu lassen, den vorher Cäsar beschritten hat. Im gegentheil ist weit wahrscheinlicher, dass er nicht über den fluss gesetzt ist, sondern denselben zwischen sich und die Römer gebracht hat; denn nachdem einmal der verrath mit den übrigen verabredet war, konnte er sich jedenfalls auf der rechten flussseite weit sicherer wähnen, für den fall dass Cäsar vom verrath bald kunde erhalten und heranziehen sollte.

2) In der darstellung bleibt unerklärt, warum Cäsar mit so

grosser macht aufbricht und die vor Gergovia aufgeschlagenen lager blosstellt. Sicherlich thut er es, um desto leichter und rascher der Aeduer herr zu werden, zugleich aber auch, weil er nicht genau weiss, wie Litaviccus marschiren wird. Wo derselbe bei der proclamation des abfalls sich befunden hat, das kann Cäsar erfahren haben; er konnte aber nicht annehmen, dass derselbe auf der nämlichen strasse weiter ziehen würde, sondern musste eher darauf schliessen, dass derselbe einen anderen weg einschlagen würde, um der etwaigen verfolgung Cäsars kein bestimmtes ziel zu geben. Cäsar rückt jedenfalls auf einer weit ausgedehnten linie vor, um den Litaviccus auf jeden fall zu treffen, und deshalb überhaupt hat er so viele truppen mitgenommen.

3) Die darstellung des marsches stimmt nicht überein mit der zeitangabe Cäsars. Letzterer bricht gleich nach mitternacht auf, erreicht die Aeduer mittags, bleibt bis zum abend, marschirt die nacht hindurch und rückt am morgen noch vor tagesanbruch wieder in sein lager ein. Nun trifft er aber die Aeduer 25 milien weit von der stadt Gergovia, während sie, etwa 30 davon entfernt, den entschluss des Litaviccus vernehmen. Wie geht das zu? Wir müssen doch annehmen, dass auf die eröffnung hin sofort ein Gallier, der es nicht mit der umsturzpartei hielt, den haufen verliess und zu Eporedorix eilte; er muss, um gegen mitternacht seine meldung anbringen zu können, nachmittags aufgebrochen sein. Der ganze nachmittag aber muss den Aeduern zeit genug gewährt haben, um ein gutes stück vorzurücken; es ist doch nicht zu glauben, dass sie in solcher aufregung und unter solchen verhältnissen lange auf demselben platze bleiben. Dazu haben sie dann noch den nächsten vormittag zeit, denn Cäsar ereilt sie erst um mittag. Während dieser ganzen zeit also sollen sie blos fünf milien = eine deutsche meile vorgerückt sein? Eines solchen leichtsinnes möchte ich den Litaviccus nicht für fähig halten; er wird wohl auch in eilmärschen vorgegangen sein und sicherlich nicht auf dem wege, auf welchem er dem wolfe geradezu in den rachen gelaufen wäre. Wie sollte er auch, dem Allier folgend, zur stadt gelangen, ohne mit Cäsar's truppen in berührung zu kommen? Und dies wollte er doch sicher vermeiden. Von norden und osten her konnte er der steilen anhöhen halber nicht herankommen; dort gab es keinen zugang, den er mit einem heere leicht hätte erklimmen können. Im westen und süden der stadt stand Vercingetorix, mit welchem er sich vereinigen wollte; im südosten war Cäsars lager. Es fragte sich also für ihn, wie er, ohne von Cäsar gehindert zu werden, dahin gelangen konnte. Wollte er einen umweg nach westen machen, so würde ihn dies zu weit von seinem ziele abgebracht haben; ich meine, dass er einen bogen nach osten beschrieben hat. Dann hatte er den fluss zwischen sich und Cäsar und

konnte hoffen, sich mit Vercingetorix irgendwie in verbindung zu
setzen und zu ihm zu stossen.

Ich fasse also meine ansicht dahin zusammen: Litaviccus ist
nicht über den Allier gegangen, sondern östlich von demselben geblieben. 30 milien von Gergovia entfernt, etwa bei Vichy, theilt
er den Aeduern seinen plan mit und marschirt, nachdem er sie
rasch dafür gewonnen hat, in östlicher richtung ab, um zunächst
dem Cäsar auszuweichen und dann durch eine biegung zur stadt
herumzukommen. Cäsar aber, der auf diesen plan schon gefasst
war, zieht in lang ausgedehnter linie gegen ihn, erreicht ihn auf
diese weise in der nähe von Thiers (in östlicher richtung von
Clermont) und hindert so den plan desselben. Mit dieser annahme
ist die schwierigkeit gehoben, dass die Aeduer blos fünf milien
vorgerückt sein sollen; sie können auf diese weise recht gut 20
milien zurückgelegt haben, und Cäsar muss auch nach dieser richtung hin deren 25 marschiren, bevor er sie trifft. Man könnte
einwenden, solche flussübergänge, wie hier über den Allier, würden von Cäsar angemerkt worden sein; dem entgegne ich, dass
der übergang der Aeduer über ebendenselben fluss, welchen Napoleon annimmt, ja auch nicht erwähnt ist, ebensowenig wie der
über die Loire, welchen strom die Aeduer doch auch passiren
mussten; auch ist der platz nicht erwähnt, an welchem sich die
10000 gesammelt haben. Ueberhaupt, wo die ereignisse rasch
auf einander folgen, wird auch die darstellung beeinflusst.

Unwillkürlich fragt man zugleich: wie erhält Vercingetorix
kunde von dem abzug Cäsar's? Denn das ist doch wohl nicht für
zufällig zu halten, dass er in dessen abwesenheit das römische lager mit aller kraft angriff. Entweder er wurde davon benachrichtigt durch spräher, welche den abzug bemerkten, oder durch
überläufer. Auch hierüber äussert Cäsar nichts.

Sprottau. *Carl Hartung.*

---

17. Zu Marius Victorinus.

Ausser den vielen schlimmeren, schwer zu heilenden fehlern,
woran die schriften des Marius Victorinus leiden, finden sich
bei dem grammatiker auch leichtere versehen, die zum theil auf
paläographischem wege leicht erledigt werden können. Wir wollen im folgenden aus dem ersten buche einiges dieser art anführen.

Im zweiten capitel wird von den buchstaben gehandelt und
die definition gegeben: *Littera est vox simplex, una figura nota-
bilis;* dieselbe wird sodann nach der etymologie des wortes *littera*
folgendermassen fortgesetzt: *Vox simplex quare? Ideo quia*

24*

eius vocis, quae ἔναρθρος *a Graecis dicta est, sub significationem
aliquam venit, vel ut minima pars, ideoque a nonnullis nota
vocis articulatae dicta est.*   Hier liegt in *vel ut* ein offenbarer fehler, der aber aus jenem uͭ, das die abschreiber so häufig
durch *ut* aufgelöst haben, leicht erklärt werden kann.   War uͭ fälschlich durch *ut* wiedergegeben, so kann man sich wohl denken, wie
eine verbessernde hand das richtige *vel* über die zeile schrieb,
welches alsdann mit dem falschen *ut* zusammen im texte seine
stelle fand.

Aus der irrigen auffassung einer abkürzung leiten wir kap. 4,
ƺ. 9 einen fehler, der sich in folgender stelle findet: *Item bonae frugis quoque nos bonae frugi, quamvis nullum nomen
singulare Latinum per omnia genera numerosque omnes et per casus i littera terminetur, tantum omissa parte eius solum frugi
scribimus.*   Die abkürzung für *tamen* tn̄ ward, wie das nicht
selten geschehen ist, mit dem kompendium für *tantum* tm̄ verwechselt [1]). — Aehnlichen ursprung scheint das wort *tantum* in
kap. 5, ƺ. 22 zu haben; wenigstens begreift man nicht, was ein
tantum communis in dem satze: *Propter quod talis syllaba finalis
tamen tantum communis esse multis generibus probatur,* bedeuten
solle: *tantum producta* oder *correpta* würde man verstehen, aber
tantum communis ist eine absolute unmöglichkeit.   Es scheint mit
dieser stelle dieselbe bewandtniss zu haben, wie mit der zuerst besprochenen: ein abschreiber löste *tn* durch *tantum* auf, ein anderer corrigierte über der linie *tamen,* das später in den text gesetzt wurde, ohne dass jenes fehlerhafte *tantum* entfernt worden
wäre. — Da die partikel *tamen* auch tam̄ geschrieben wurde,
so erklärt sich, wie ein abschreiber I, 4, 68 anstatt des anreihen-
den *etiam* ein *et tam (= et tamen)* setzen konnte, in einem zusammenhange, wo es sich um einen gegensatz überhaupt nicht
handeln kann.

In kapitel III, 28: *Finitivae literae masculinorum nominum
sunt septem a l n o r s x, ut Sylla, sal, pecten, Cato, Hector,
deus, felix: femininorum vero Latinorum sunt septem a n o r s
x m, ut Roma, aspergen, virgo, mulier, salus, nix et in Atticis
nominibus, ut Glycerium,* ist, wie sich jeder aus dem zusammenhange unmittelbar überzeugt vor der präposition *in* offenbar ein *m
(et m in Atticis* cett.*)* ausgefallen.

---

1) Dieselbe verwechslung treffen wir 2. b. I, 4, 27: Y *vero eodem
ordine scriptum habemus, quo illi, recisa tamen* (variante ist *tantum)
virgula iuxta.* — Einige kleinigkeiten sind übrigens auch in den
worten zu ändern, welche den im texte angeführten gleich folgen:
*Hactenus autem et hodie, non ut antiqui, haccetenus, hoccedie.
Et illuc potius quam illo.   Et pro lavabro potius labrum: simul
non semel.*   Hier bieten sich *hacetenus, hocedie* und *semol* als leichte
verbesserungen.

Etwas schwerer ist ein eclatanter fehler ℔. 100 [2]) im folgenden (vierten) kapitel zu heben: *Nam nostri eruditi uno ore h quidem et K supervacuas esse dixerunt, nec indicarunt H apud Graecos, priusquam reciperetur in ordinem vocalium, tunc cum e et pro
brevi et pro longa scriberetur, a c (sic!) i t a* (der Parisiensis hat
a c u t a) q u a e nunc a nobis scribitur, adspirandi obtinuisse . . . .
Hier ist die korruption, wie es scheint, dadurch entstanden, dass
in den worten: *aeque ut et nunc* die schriftzeichen von *ut* und *et*
als unverständlich übergangen und darauf über der zeile nachgetragen wurden, worauf sie nach den buchstaben *ae* an falscher
stelle im texte aufnahme fanden. Nun lauten die worte sinnlos:
woraus man um wenigstens lateinische worte zu haben, das machte,
was der Parisiensis bietet: *acuta quę (= quae) nunc.*

Ein andres palaeographisches zeichen für *et* ist bekanntlich
die tironianische note], welche mit einem [eine unverkennbare
ähnlichkeit zeigt. Diese abbreviatur scheint zu dem (I, 2, 6) in
folgenden worten sich findenden fehler [3]) veranlassung gegeben zu
haben: *Omne autem explanativarum vocum initium et individua
vox est littera, ex qua articulata vox existit i n q u e u l t i m a m
r e s o l v i t u r.* Hier ist wohl nach dem buchstaben *t* eben jenes
zeichen für *et* fortgefallen [4]) und darauf aus *quę (i. e. quam) que*
geworden, sodass *ultimam* als ein vom rande in den text gedrun-
genes glossem zu fassen und somit anstatt *inque [ultimam]: et in
quam* zu schreiben wäre. Unsere vermuthung wird bestätigt durch
Diomedes p. 431: *Dictio est vox articulata, cum aliqua significatione, ex qua instruitur oratio et i n q u a m r e s o l v i t u r.*

Von den zahlreichen **glossemen**, womit die bücher, die uns
unter dem Namen des **Marius Victorinus** überliefert sind,
strotzen, hebe ich für jetzt nur noch folgende hervor.

Nachdem der grammatiker I, 3, 14 über die buchstaben im
allgemeinen gesprochen hat und, da er *v* als ebenbürtiges zeichen
nicht anerkennt, deren zahl auf 23 normiert hat, fährt er fort:
*Ex his (sc. litteris) aliae sunt vocales, ut supra diximus, aliae
consonantes; a l i a e m u t a e.* Dann handelt er in sieben zeilen
nur von den vokalen, und indem er sich darauf zu den konsonanten wendet, sagt er: *Residuae autem litterae omnes consonantes
sunt XVII, b c d f g h k l m n p q r s t x z. Hae dividuntur
in partes duas: aliae enim sunt semivocales, aliae mutae* . . . .
Da der grammatiker also erst hier von den konsonanten spricht,

2) §. 99 ist anstatt: *O etiam scribi solitam pro syllaba* ov, *E autem
pro* η (auch ε) *et iota (P.* ιωτα) — *E autem* ει zu lesen.

3) Die conjectur ist bereits mitgetheilt unter den thesen, welche
ich meiner dissertation *de extrema Iliadis rhaps. I de versibus iteratis.*
Halis 1868 angefügt habe.

4) Aehnlich bei Cic. de Div. 2, 68, 141: *potest omnino hoc esse
falsum, potes t e t verum,* wo *et* in einigen handschriften fehlt.

nachdem er kurz vorher ein längeres über die vokale geredet hat, so muss man wohl annehmen, dass er zuerst überhaupt nur die einfache eintheilung der buchstaben in vokale und konsonanten gegeben hat. Auf keinen fall kann man *aliae mutae* in dieser gestalt im texte dulden; es müsste wenigstens auch von den *semivocales* die rede sein und etwa *ex his sunt aliae semivocales* .... ausgefallen sein. Möglich, dass eine solche eintheilung der konsonanten am rande angeführt war und nachher nur zum theil in den text überging; im texte selbst würde sich die stelle auch in dieser gestalt nicht empfehlen.

Ein anderes glossem treffen wir in demselben kap. §. 26: *Addita autem fuerat a veteribus non frustra velut F, quam musici digamma vocant. Sed pro hac i aut u litteram scribimus.* Hier vermisste jemand die erwähnung des *i*, von dem gleich darauf gesprochen wird. *Velut* ist entweder ganz zu streichen oder, wie an der zuerst behandelten stelle des zweiten kapitels, mit *vel* zu vertauschen.

Im vierten kap. §. 15 heisst es: *Quotiens numerum significamus, per t non per d scribendum erit, ut tot, quot: sic et quotiens praepositio si erit ad per t ...., si erit autem coniunctio per t ....* Hier ist das zweite *quotiens* offenbar fehlerhaft und kollidiert geradezu mit dem folgenden *si*, das selbst durch *si erit autem* hinlänglich geschützt wird. Auch *ut tot, quot* steht auf jeden fall zu unvermittelt nebeneinander. Der grammatiker, welcher bei *quot* zum unterschiede von dem *d* der konjunction *quod*, das *t* festhalten wollte, schrieb etwa:

Quotiens numerum significamus, per t non per d scribendum erit ut tot, sic et quot. Praepositio si erit ad, per d ...., si erit autem coniunctio per t, ut ...

Zu *quot* bemerkte ein abschreiber am rande: *sic et quotiens;* ein anderer hielt diese randbemerkung für eine verbesserung und veränderte danach den text; dann war es aber nöthig, dass nach *tot* ein *quot* eingeschaltet wurde.

Halle a. d. S. *Rudolf Peppmüller.*

C. Archäologie.

18. Bemerkungen zu Michaelis' Parthenon.

Das werk von Michaelis ist nach stoff und ausführung so bedeutend, dass eine kurze besprechung im philologischen anzeiger (bd. IV, 1, p. 50 flgg.) dem gegenstande nicht genüge thun kann. Was dort unerörtert bleiben musste, mag deshalb nachträglich im Philologus noch seine stelle finden. Ich gehe dabei von der ansicht

aus, dass es dem verfasser erwünschter sein muss, abweichende
ansichten zu hören, in denen möglichenfalls etwas richtiges enthalten
sein kann, als mit allgemeinen lobsprüchen bedacht zu werden,
deren seine gediegene arbeit am wenigsten bedarf.

Ein wichtiger punkt, der in der anzeige des buches übergangen war, ist die erklärung des ostgiebels. Wenn man die verschiedenen erklärungsversuche betrachtet, wie sie jetzt übersichtlich
zusammengestellt sind, so empfängt man den eindruck, als habe
hier ein besonderer unstern gewaltet; denn gleich zu anfang wird
die ziemlich offen daliegende wahrheit ignorirt, und die einzelnen
irrthümer werden immer nur beseitigt, um alsbald andern irrthümern platz zu machen. Zuerst war es die unbegreifliche verwechslung der vorder- und rückseite des gebäudes, welche längere zeit
verwirrung anstiftete. Als hier endlich klarheit geschaffen war,
musste ein unglückseliger etruskischer spiegel *Quatremère de
Quincy* zu der annahme verführen, dass im ostgiebel die geburt
der Athene selbst dargestellt sei. Ich will nicht die gründe wiederholen, welche von andern gegen diese jetzt glücklich beseitigte
ansicht angeführt sind, nur darauf will ich aufmerksam machen,
dass schon der wortlaut bei Pausanias den französischen gelehrten
eines bessern hätte belehren können; denn während Pausanias vom
westgiebel geradezu sagt, derselbe enthalte den streit des Poseidon
und der Athene, gebraucht er beim ostgiebel die abweichende wendung, die darstellung b e z i e h e s i c h auf die geburt der Athene
(ἐς τὴν Ἀθηνᾶς ἔχει γένεσιν). In welcher weise Pausanias sich
ausgedrückt haben würde, wenn wirklich der moment der geburt
dargestellt gewesen wäre, zeigt einige paragraphen vorher die beschreibung eines alterthümlichen werkes von verwandtem inhalt:
Ἀθηνᾶ τέ ἐστιν ἀνιοῦσα ἐκ τῆς κεφαλῆς τοῦ Διός. Dass dieses
nämlich ein alterthümliches werk gewesen sein muss, schliesse ich
hauptsächlich aus dem unkünstlerischen der darstellung, dann aber
auch aus den etwas später folgenden worten des Pausanias: Ὅστις
δὲ τὰ σὺν τέχνῃ πεποιημένα ἐπίπροσθε τίθεται τῶν ἐς ἀρχαιότητα
ἡκόντων, καὶ τάδε ἔστιν οἱ θεάσασθαι.

Ueber *Quatremère de Quincy* mag dies genug sein. Ehe wir
aber zur betrachtung der spätern erklärungsversuche übergehen,
müssen wir uns zuvörderst die aufgabe, welche dem Phidias vorlag, nach ihrer eigenthümlichen natur vergegenwärtigen. Aus
Lessings Laokoon weiss man, dass ein gutes poetisches bild nicht
immer ein gleich gutes plastisches giebt. Trotzdem sieht sich aber
der künstler öfters gezwungen, poetische bilder in seine sprache
zu übersetzen, sei es, dass der wille des auftraggebers ihn dazu
bestimmt, sei es — und dies ist beim Parthenon der fall — dass
sachliche gründe ihn zwingen. Athene, die bewaffnet aus dem
haupte des Zeus hervorgeht, ist eine sehr poetische aber durchaus
unplastische vorstellung. Hier gab es für den künstler nur zwei

möglichkeiten, den gegenstand für die plastik brauchbar zu machen; er musste entweder den moment v o r der geburt oder den moment n a c h derselben wählen. Wenn seit Cockerell die archäologen, so sehr sie auch in einzelheiten von einander abweichen, sich doch sämmtlich für den zweiten fall entschieden haben, ohne auch nur die möglichkeit des ersten in erwägung zu ziehen, so weiss ich dafür keine andere erklärung als den einfluss des philostratischen gemäldes, welches an die stelle des etruskischen spiegels getreten zu sein scheint.

Wie Welcker sagt, und wie jetzt allgemein angenommen wird, war im ostgiebel das erste auftreten der Athene und der eindruck der neuen erscheinung auf die olympischen götter dargestellt, also eben das, was Philostratus schildert. Natürliche voraussetzung hierbei ist, dass Athene in völliger grösse erscheint, dass also die stunde ihrer geburt zugleich die stunde ihrer reife war. Eine solche darstellung hat vor der, welche Quatremère de Quincy annimmt, jedenfalls den vorzug grösserer angemessenheit, steht ihr aber andrerseits an deutlichkeit sehr nach. Wir können weder der Athene ihr alter ansehen, noch dem Hephästos seine eben bewiesene hülfe; denn das beil, sobald er es nach geschehener that ruhig in der hand hält, ist eben nur sein gewöhnliches attribut und sagt nicht mehr, als der dabei geschriebene name des gottes sagen würde. An Zeus ferner konnte das, was mit ihm vorgegangen war, nicht zur anschauung gebracht werden, ohne dass die ganze darstellung in's burleske fiel. Die gruppe, wie Cockerell und seine nachfolger sie annehmen, ist also nur eine gewöhnliche götterversammlung, deren speciellen zweck wir nicht kennen, ausgenommen der künstler müsste es verstanden haben, die ganze bedeutung des vorganges in den gesichtern und bewegungen der betheiligten personen allgemein verständlich auszusprechen. In dem gemälde war dies, wenn wir dem Philostratus glauben dürfen, in der that der fall. Aber ehe man von der plastischen gruppe das gleiche voraussetzte, hätte man auf die noch vorhandenen sculpturen einen blick werfen sollen. Welchen eindruck macht denn eigentlich das grosse ereigniss auf die götter? Wie der augenschein lehrt, gar keinen. Sie kehren der mittelgruppe den rücken zu und verharren in absoluter ruhe. Es fällt dies um so mehr auf, wenn man den westgiebel vergleicht, wo die erregung der mittelfiguren sich nach beiden seiten hin bis in die ecken des giebels fortpflanzt. Man braucht nur den Ilissus (es sei mir hier der gebrauch der herkömmlichen namen gestattet) zu betrachten, wie er mit halbem leibe sich herumwendet und zugleich aufstehen will, um zu wissen, dass hier etwas geschehen ist, das seine aufmerksamkeit erregt hat. Aber eben so klar ist aus der haltung des Theseus und der Parzen im ostgiebel zu erkennen, dass hier noch nichts geschehen ist.

Wenn somit der augenschein zeigt, dass Phidias den moment nach der geburt nicht gewählt hat, so ergeben sich aus dem wesen der plastik selbst die gründe, welche ihn von solcher wahl zurückhalten mussten. Philostrat's beschreibung handelt — ein beachtenswerther aber nicht genügend beachteter umstand — von einem werke der malerei und nicht von einem sculpturwerke.

Nun weiss ich zwar nicht, ob die griechischen maler wirklich so grosse physiognomiker waren, dass sie durch den blossen ausdruck klar machen konnten, ob Athene das erste mal oder ein beliebiges mal unter den göttern erscheint: aber soviel steht wenigstens fest, dass die malerei überhaupt zu solcher leistung befähigt ist. Raffael kann es durch den blossen ausdruck dem beschauer deutlich machen, dass Elymas so eben erst erblindet ist, dass der lahme in Lystra so eben erst geheilt ist, ja er weiss durch dasselbe mittel sogar das wunder der messe zu Bolsena darzustellen. Aber es ist ein nichtbeachten der eigenthümlichen bedingungen, denen die plastik unterworfen ist, wenn man bei Phidias ein gleiches können voraussetzt. Die griechische kunst verfolgte ihre eigentliche aufgabe, die darstellung des körperlichen, mit viel zu grosser gewissenhaftigkeit, als dass sie sich mit der darstellung des tieferen seelenlebens, wozu ihr überhaupt die vorbedingungen und mittel fehlten, besonders hätte abmühen sollen. Selbst die griechische malerei erscheint, wenn wir etwa auf die altdeutsche kunst einen vergleichenden blick werfen, in dieser beziehung noch höchst unvollkommen, und Aristoteles urtheilt über die leistungen seiner zeit und seines volkes sehr wahr, wenn er in der politik sagt, dass zwar die musik seelenzustände sehr vollkommen schildere, dass aber in der bildenden kunst wenig davon zu finden sei (ἐν τοῖς ὁρατοῖς ἠρέμα). Uebrigens halte ich es nicht für nöthig, diesen punkt hier weiter auszuführen, da Michaelis selbst über die zwei köpfe vom Parthenon sagt: „von hervorragendem geistigen leben geben sie nicht zeugniss".

Noch ein umstand ist zu erwähnen, welcher die wahl des momentes nach der geburt verbieten musste. Für die dichterische phantasie bietet es keine schwierigkeit, sich Athene im augenblick ihrer geburt bereits vollkommen entwickelt zu denken, wie ja überhaupt der dichter seine götter von den gesetzen des raumes und der zeit dispensiren kann. Aber diese gesetze treten sogleich wieder in volle kraft, sobald die götter unter den händen des bildhauers zu leibhaftigen menschen werden. Eine Athene, die eben erst aus dem haupte des Zeus hervorgegangen ist und dennoch ihrem vater an grösse gleicht, bleibt immer eine augenscheinliche unmöglichkeit, ein widerspruch, über den kein sinnreiches deuteln hinweghelfen kann.

Die verschiedenen wissenschaftlichen und künstlerischen restaurationsversuche im einzelnen zu besprechen, halte ich nicht für nöthig, da sie von selbst fallen, sobald das bisher gesagte als richtig anerkannt wird. Von den für die darstellung überhaupt möglichen momenten bleibt nach beseitigung der beiden andern nur noch der letzte übrig, der moment v o r der geburt. Hier bedarf es weniger des geistigen ausdrucks, um den vorgang deutlich zu machen, hier kann die plastik in ihrer eigenen sprache reden, näm- lich durch stellungen und bewegungen. Wenn Hephästos sein beil gegen Jupiters haupt erhebt, so können wir keinen augenblick in zweifel sein, dass es sich um die bevorstehende geburt der Athene handelt; und dass Hephästos wirklich in solcher stellung abgebil- det war, beweist noch jetzt der torso H des ostgiebels. Da es leicht scheinen könnte, als sei meine auffassung des torso durch die auffassung der gesammten composition beeinflusst, so berufe ich mich in dieser angelegenheit auf einen unparteiischen zeugen, näm- lich Ross, der in seiner beschreibung dieses torso (siehe Michaelis p. 175) sagt: „obgleich kopf und arme abgebrochen sind, so sieht man aus der hebung der schultern, der beugung des halses nach vorne und der tiefen einsenkung des rückens zwischen den schul- terblättern, wodurch die brust mächtig vorgedrängt wird, dass die figur eine grosse last oder einen andern schweren gegenstand mit anstrengung über den kopf erhob. Ich bin versucht gewesen an Hephästos zu denken, der die axt erhebt“. Diese auffassung, welche ich für vollkommen richtig halte, kann natürlich von denen nicht getheilt werden, die den moment nach der geburt im ostgie- bel dargestellt sehen. Sie finden in der bewegung der figur nur den ausdruck des erstaunens; wie Michaelis sagt, eine lebendige illustration des homerischen: σέβας δ' ἔχε πάντας ὁρῶντας ἀθανά- τους. Die ansicht von Michaelis hat nichts anstössiges, so lange man nämlich nicht ins detail geht. Betrachtet man aber bei dem torso auch nur die form des deltoideus, der achselhöhle, des schlüsselbeins, des grossen brustmuskels etwas genauer, so kommt man zu dem resultat, dass Hephästos vor verwunderung die arme über dem kopfe zusammenschlägt, und die vorstellung erscheint komödienhaft.

Für unsere auffassung der gesammten composition des ost- giebels lässt sich eine stelle aus der beschreibung des Philostratus mit vortheil verwenden. Es heisst bei ihm: den göttern ist ange- sagt, dass sie alle, sogar die Nymphen, und dass sie selbst mit ihren flüssen gegenwärtig sein sollen“. Setzen wir, wie es der angenommene moment verlangt, statt der vergangenheit die gegen- wart, „wird angesagt“, so erklärt sich hieraus die bewegung der Iris und Nike sowie die ruhe der eckfiguren. Während erst die nächste umgebung des Zeus von dem bevorstehenden ereigniss un- terrichtet ist, müssen die übrigen götter, die ohne ahnung des bevorstehenden sich behaglicher ruhe überlassen haben, erst durch boten benachrichtigt und herbeigeholt werden. Wir haben hier

die verkörperung des homerischen ausdrucks: Ἀγχοῦ δ᾽ ἱσταμένη
προσέφη πόδας ὠκέα Ἶρις. Nur die direkt angeredeten nehmen
übrigens von der botschaft notiz, die weiter sitzenden, die man
sich auf entfernteren punkten des Olymp zu denken hat, warten
ruhig ab, bis ihnen persönlich die meldung gebracht wird, eben
weil sie die wichtigkeit derselben noch gar nicht ahnen.

Auf eine specielle erklärung der einzelnen figuren will ich
mich hier nicht einlassen. Ueber die ruhende heroengestalt ist das
nöthige bereits im philologischen anzeiger bemerkt, bei einigen andern stücken herrscht übereinstimmung der ansichten, und was
schliesslich die sitzenden und ruhenden frauengestalten betrifft, so
halte ich es für unmöglich, hierüber etwas sicheres zu sagen, da
sie weder köpfe noch attribute noch sonstige charakteristische
kennzeichen haben. Nur empfiehlt es sich auch hier alles auszuschliessen, was bei der geburt Athenes noch nicht existirte, also
z. b. namen wie Pandrosos und Aglauros.

Parchim. *Ludwig Gerlach.*

D. Auszüge aus schriften und berichten der gelehrten gesellschaften so wie aus zeitschriften.

Revue de l'instruction publique en Belgique. XVIe *année.*
Nouv. *série.* Tome XI. Gand. 1869. 1re *livraison* p. 1:
A. Wagener, inscription grecque inédite, giebt eine von dem verf.
im jahre 1853 in Hierapolis in Phrygien copierte inschrift.
Wir geben sie genau wieder auf p. 380 und bemerken, dass der
verf. wegen des namens vermuthet, dass die inschrift nach der
thronbesteigung des kaisers Hadrian abgefasst sei, und aus der erwähnung der beiden feste schliesst, dass der eigenthümer jude gewesen und dass in Hierapolis, was Josephus in seiner aufzählung
nicht erwähne, eine jüdische colonie sich befunden. Zu πορφυραβάφων wird Strabo XIII, c. 4, p. 630 verglichen und über die
bedeutung der purpurfärberei für die stadt gehandelt, ebenso zu
προεδρία τ. π. über die ausdehnung und einrichtung des genossen-
schaftswesen in Kleinasien. In den buchstaben *MZ* sieht Wagener
unter vergleichung von Josephus (Arch. Jud. X, 3) eine abkürzung für μηνὸς Ξανδικοῦ. Und καιροδαπιστῶν erklärt er *fabricants
des tapis.* — *M. G. Nicolaïdès, topographie et plan stratégique
de l'Iliade. Avec une carte topogr. et strat. Par.* 1867. 8:
referat von A. — *H. Courtoy, le parfait de subjonctif en latin,*
schliesst sich im allgemeinen an „Lübbert, der conjunctiv perfecti
und das futurum exactum im älteren latein" an, doch findet der
zweite (systematische) theil dieser arbeit, weil sie zu viele und
wenig einleuchtende hypothesen enthalte und nicht auf dem doch

ΠΟΠΛΙΟΥΑΙΛΙΟΥΤΑΥΙΚΩΝΟ . . . . . .
ΜΙΛΝΟΥΤΟΥΣΕΛΕΥΚΟΥΕΝΗΚ . . . . ΑΥΤΟΣΚΑΙΓΥΝΗΑΥΤΟΥ . . .
ΚΑΙΤΑΤΕΚΝΛΑΥΤΩΝΕΤΕΡΩΛΕΟΥ.ΕΝΙΕΞΕΣΤΑΙΚΗΔΕΥΘΗΝΔΙΚΑΤΕΛ
ΚΕΝΛΕ . ΙΤΗΣΕΜΝΟΤΑΤΗΠΡΟΕΔΡΙΑΤΩΝ ΠΟΡΦΥΡΑΒΑΦΩΣΤΕΦΛ . .
. ΛΙΑΚΟΣΙΑΠΡΟΣΤΟΛΙΛΟΣΩΑΙ . . ΤΩΝΤΟΚΩΕΚΑΣ . .
. . . . ΝΜΖΕΝΤΗΕΟΡΤΗΤΩΝΑΖΥΜΩΝΟΜΟΙΩΣΚΑΤΕΛΙΠΕΝΚΑΤΩΣΥΝΕ
. . . . ΚΑΙΡΟΛΛΗΣΩΝΣΤΕΦΛΝΟΤΙΚΟΥΧΡΕΚΑΤΟΝΠΕΝΤΗΚΟΝΤΑΛΙΙ
ΕΝΤΗΕΟΡΤΗΠΕΝΤΗΚΟ . . . . .

was der herausgeber folgendermassen ergänzt:

Ποπλίου Αἰλίου Γλύκων]ος . . . . . υἱοῦ Ποπλίου Αἰλίου Δα-
μιανοῦ τοῦ Σελεύκου· ἐν ᾗ κηδευθήσονται αὐτός καὶ γυνὴ αὐτοῦ [. . . . .
καὶ τὰ τεκνὰ αὐτῶν· ἑτέρῳ δὲ οὐδενὶ ἐξέσται κηδευθῆναι· κατέδ[ω-
κεν δὲ [καὶ] ᾗ σεμνοτάτῃ προεδρίᾳ τῶν πορφυραβάφων στερα[νω-
τικοῦ χ[[ρ]διακόσια πρὸς τὸ δίδοσθαι [ἀπὸ τῶν τόκων ἑκάσ[τῳ
. . . . . νι [ἐ]ν τῇ ἑορτῇ τῶν ἀζύμων ὁμοίως κατέλιπεν καὶ τῷ συνε-
δρίῳ τῶν καιροδαπιστ[ῶν στεφανωτικ . . . . .
. . . . . . χ ᾧ ἑκατὸν πεντήκοντα ἀπ]ὸ
ἐν τῇ ἑορτῇ πεντηκοσ]τῆς

im ersten theile geebneten boden der thatsachen fortbaue, widerspruch. — D. Keiffer, quelques observations à propos d'une
petition de la ligue de l'enseignement. — Anabase de Xenophon. Livres I et II. Texte grec de Cobet. Édition annotée et
mise en rapport avec la grammaire grecque par A. C. Hurdebise.
Mons. 1868. 12: sei in derselben weise wie die 1864 erschie-
nene ausgabe der Anabasis von Dübner gearbeitet, auch liege nicht
Cobet's, sondern der von diesem zuweilen abweichende text Dübner's
zu grunde, sowie auch dessen noten, theils wörtlich, theils verändert,
mit eigenen vermehrt, gegeben seien. — Choix de métamor-

phoses d'Ovide. Texte revue et annotée par A. Hubert. Mons.
1868. 12: gebe nicht genug stoff; text und noten, beides besonders nach Siebelis, erhalten den ungetheilten beifall des referenten
L. R., der nur der erklärung nicht so enge grenzen gesteckt wissen
möchte, als Hubert gethan. — *Une page de l'histoire sociale de
l'antiquité: un esclave dans la famille romaine:* giebt einen dem Moniteur universel entlehnten abriss eines von Boissier
in der Sorbonne gehaltenen vortrages.

2me *livraison: D. Keiffer, ce qui manque au Cato major de
Cicéron pour être un dialogue. I.* — *L. Roersch, note sur un pas-
sage des Nuées d'Aristophane* (v. 969): bezieht, ausgehend von den sieben griechischen tonarten, die worte ἐντειναμένους τὴν ἁρμονίαν —
diese lesart hält er im gegensatz zu dem ἐντειναμένης des Ravennas
durch die citate des Aristides und Suidas hinreichend geschützt, —
Kock gegenüber, der in der ausgabe von 1862 unter vergleichung
von Aeschin. II, 157 ἐντειναμένους „lautanstimmend" übersetzt und
es also von der stimme versteht, auf die leier: ἐντείνεσθαι sei wie
bei Photius s. v. Παναρμόνιον statt des gewöhnlichen ἁρμόττειν
gebraucht und bezeichne dann ἐντειναμένους τὴν ἁρμονίαν das hervorbringen der harmonie durch stimmen der leier. — Ch. D. will
Tacit. Agric. c. 1. 2 lesen: *At nunc narraturo mihi vitam de-
functi hominis venia opus fuerit: quam non petissem, incusaturus.
Tam saeva et infesta virtutibus tempora. Leviter quum . . .
laudati essent, capitale fuit.* — Th. Mommsen's conjectur zu
Caesar B. C. III, 8 (im Hermes, 1867): *a Sasonis ad Corici portum stationes* wird gebilligt. — *Opinion de M. Stuart Mill
sur les études classiques,* giebt den inhalt einer die aufrechterhaltung der classischen studien eifrig vertheidigenden recto-
ratsrede St. Mill's. — *Aristophanis Plutus.* Edid. N. J. B.
Kappeyne van de Capello. Amstel. 1867. 8: der referent L. R.
billigt das verfahren des verfassers, der im gegensatz zu Hulle-
man's ausgabe (1845) keine veränderungen aus pädagogischen rücksichten vorgenommen, sowie dessen mässigung in der kritik, hält
jedoch v. 24. 53 f. die lesart der codd. τίς gegen das ὅστις, v. 323
σαπρόν gegen σαθρόν Kappeyne's, v. 475, den vf. als 509 widersprechend gestrichen, ebenso v. 584 aufrecht, ebenso die überlieferung vv. 550. 934. — Biographie nationale. Bd. XII. T. I:
enthält nach dem referat von O. die lebensbeschreibungen der philologen Bekker zu Löwen, von Roulez, Bergeron und Bernard von
A. Le Roy.

3me *livraison:* C. G. Cobet antwortet auf die in der zweiten lieferung aufgeworfene frage, was Plutarch. Quaestt. Rom.
nr. 80 Dübn. mit den worten καὶ σίασιον zu machen sei,
mit einem *rien n'est plus facile:* für ΚΑΙΣΙΑΣΤΟΝ sei zu
schreiben κλισίας τόν nach dem in der zeit Plutarch's häufigen
gebrauch des wortes κλισία für „platz am tisch", und verbessert

dazu VII sap. conv. p. 149 B. Dübn.: ὅ γε τόπῳ κλισίας für ὅ
γε τοποκλισίας. (Ebenso hatte auch M. A. Wagener geantwortet,
der in den folgenden worten noch προπομπήν für προπέμπειν verlangt). — *A. Wagener, observations critiques sur le περὶ τοῦ Εἴ
ἐν Δελφοῖς de Plutarque*, stützt sich auf eine abschrift der von dem
Griechen Kontos angefertigten, in Paris befindlichen collation von
Plutarchhandschriften. Nach anerkennung von Dübner's verdiensten
corrigirt er am anfang mit Wyttenbach. Animadvv. ad h. l. nach cod. B
ὅρα δή für ἄρα δή, schiebt aber das relativ ἅ nach σοφίας ein;
cap. II am ende: οἶμαι γόνιμον λόγων εἶναι τὸ νῦν ζητούμενον,
da auch codd. BDE τὸ νῦν ζητούμενον für τὸν νῦν ζητούμενον
haben; cap. III am ende sei mit B und C ὡς nach καλοῦσιν einzuschieben; cap. IV τότε zu trennen in τό τε; cap. V mit B und
C einfach zu schreiben καί γε προηγορῶν statt καί τε προηγορῶν,
übrigens sei wahrscheinlich Meziriak's conjectur σχῆμα statt ὄχημα;
cap. VI sei die schwierigkeit nicht mit Reiske durch hinzufügung
von μόνον nach οὐ τοῦτο, sondern durch streichung von καί nach
ἀλλά, welches auch in E fehle (s. περὶ Σωκράτους δαιμονίου
p. 569 B), oder durch die conjectur ἀλλ᾽ ἄκρα oder ἄκρως für
ἀλλὰ καί zu heben; ebenda in den worten πῶς γὰρ οὐ τοιοῦτο τὸ
συνημμένον nach γὰρ mit D ἄν hinzuzufügen; am schlusse des
capitels διὰ μουσικήν γε für δὴ μουσική τε; am ende von c. VII die
negation οὐ zu streichen und zu interpungiren: Ταῦτα δὲ πρὸς
ἡμᾶς ἔλεγε παίζων ὁ Εὔστροφος· ἀλλ᾽ ἐπεὶ τηνικαῦτα προσεκείμην
τοῖς μαθήμασιν ἐμπαθῶς — τάχα δέ μέλλων εἰς πάντα τιμή-
σειν τὸ Μηδὲν ἄγαν, ἐν Ἀκαδημίᾳ γενόμενος, ... εἶπον οὖν. —
L. Roersch, remarque sur les Syracusaines de Théocrite, zeigt
die verschiedenheit der charaktere der Gorgo und Praxinoa und
wie trefflich dieser unterschied durchgeführt ist; deshalb aber, weil
die letztere überhaupt das wort führt, stets mundfertig und schwatzhaft
ist, müsse s i e besonders der tadel des fremden treffen und ihr auch
mit Ahrens die von v. 89—95 reichende abfertigung desselben in
den mund gelegt werden. — *Comment on vient grand
orateur. Opinion de Lord Brougham*: giebt den theil eines in
der Times (18. I. 60) abgedruckten, an Macaulay's vater gerichteten briefes von Brougham, worin dieser rathschläge ertheilt, wie
der junge Macaulay seine anlage zum redner ausbilden müsse. Brougham sagt darin: ich ermuntere ihren sohn, die muster der griechischen
beredtsamkeit tag und nacht auf das sorgfaltigste zu studiren, und
versichert, dass er seine grössten rednerischen erfolge erzielt habe,
wenn er sich vorher recht tief in das studium des Demosthenes
versenkt. — *Rapport au conseil général de la ligue de l'enseignement*: eine entgegnung auf die in der ersten lieferung enthaltenen, gegen die bestrebungen der ligue gerichteten bemerkungen von D. Keiffer: die ligue wollte eine theilweise ausgleichung
des unterrichts in der humanistischen und realistischen section der

belgischen athenäen und collegien und demgemäss ausdehnung des
mathematischen und naturwissenschaftlichen unterrichts, sowie des
in den neueren sprachen für die humanistische section, zugleich
eine verlängerung der unterrichtscourse, während Keiffer, der auch
diesem aufsatze seine bemerkungen unter dem texte beigefügt, die
bestehende einrichtung, besonders das überwiegen des altsprachlichen
unterrichts in der humanistischen section vertheidigt. — *Nouvelle
chrestomathie latine par L. Tontor. Mons.* 1868. 8 : lobende
anzeige von J. Dory, die von der redaction in einer note beschränkt wird. — Nachricht von der aufdeckung zweier *fresken
zu Pompeji*, darstellend den hausherrn mit seiner gemahlin. —
Association pour l'encouragement des études grecques en France : bericht von Arsène Deschamps.

4me livraison: H. C o u r t o y, *trois épitres d'Horace*, bekämpft die Ribbecksche anordnung der XVI. XVII. XVIII.
epistel (Rhein. Mus. 1868. 1); so findet widerspruch, dass
am schluss von Ep. XVI die stelle XVIII, 104 — 112 angeknüpft wird, denn das *mors ultima linea rerum est* bilde den
besten abschluss von der welt und der gegensatz zwischen
XVII, 104 *me quoties reficit* cett. und XVI, 73 *vir bonus et sapiens*
sei erst künstlich hineingelegt; ebenso widerspricht verf., dass der
übrige haupttheil der XVIII. epistel an das ende von XVII zu setzen, Horaz wolle in der XVII. epistel eben nur einen zug, nicht
die ganze kunst der schmeichelei vorführen, dieser zug sei enthalten in vs. 11 f., übrigens habe auch hier der schlussvers
Quaere — *reclamat* nur als solcher seine gehörige bedeutung; Ep.
XVIII, 1—20 und 21—36 endlich seien in demselben tone gehalten und deshalb nicht zu trennen. — X. P r i n z, *vers traduits
de l'allemand en latin*, übersetzt die worte Göthe's „wer nie sein
brod in thränen ass — himmelsmächte":

> Qui numquam panem lacrimis manantibus edit
>> nec duro volvit corpora nocte toro
> Aerumnis animos numquam qui pavit amaris
>> Vim nescit vestri numinis ille, dei.

— K e i f f e r, *ce qui manque au Cato major de Cicéron pour être
un dialogue (conclusion).* — J u l e s M e y e r, *des mots composés
grecs, particulièrement de ceux qui dérivent de verbes* : im anschluss
an Clemm handelt verf. zuerst von der formation dieser composita,
asigmatischer und sigmatischer, dann von ihrer bedeutung.

5me livraison: J. G., *l'e n s e i g n e m e n t m o y e n e n B e l g i q u e
est-il en décadence? Comment peut-on le fortifier?* verneint die
erste frage und verlangt, um die schulen auf die stufe der
deutschen zu erheben, verlängerung der unterrichtszeit. — *Fré-
déric Hennebert, la question des humanités en Belgique,* vertheidigt
ebenfalls in längerer arbeit das bestehende system und besonders
die aufrechterhaltung des griechischen gegenüber den reformvor-

schlägen E. de Laveleye's. — Correspondance von ∴, behandelt die bedeutung des studiums der alten sprachen für wissenschaftliche sprachkenntniss. — *Un programme de grec,* entwirft einen unterrichtsplan für das griechische gestützt auf die einschlagenden abschnitte von „Dübner, *état actuel de notre enseignement public des humanités. Paris. Dupont.* — *X. Prinz, Somnium*: lateinisches gegen die vorgeschlagene abschaffung des griechischen unterrichts gerichtetes gedicht. — *H. Courtoy, trois épitres d'Horace (1. 4me livr.)* ist gegen Ribbeck's behandlung einzelner stellen dieser episteln gerichtet; die auf XVI gehenden vorschläge werden geprüft; danach behauptet verf., Ribbeck's kritik entbehre jeder festen grundlage und beruhe nur auf der laune des persönlichen und augenblicklichen urtheils; zum beweis dessen vergleicht er die verschiedenen resultate der in ähnlichem sinne geübten kritik von K. Lehrs (Fleckeisen, Jahrbb. für philol. 1863, p. 544 ff.) und Ribbeck's eigene urtheile zu verschiedenen zeiten. Ein solcher kritiker setze sich an die stelle des schriftstellers; zudem: Ribbeck sei kühner als Lehrs, wohin würden ihre schüler kommen.

6me livraison: J. G. un nouveau plan d'études de l'enseignement moyen. — *Correspondance d'un ami des fortes études.* — *Conseil de perfectionnement de l'enseignement moyen*: auszüge aus reden von Stas, Faider, Grandgagnage, Roulez, Dumout, Vander, Cruyssen, Feys, alle auf die bedeutung der classischen studien und besonders des griechischen hinweisend. — *X. Prinz, in ducem Brabantiae, qui — 22 Jan. 1869 decessit*: gedicht. — Ueber wesen und aufgabe der sprachwissenschaft mit einem überblick über die hauptergebnisse derselben . . . vortrag von Bernhard Jülg. Innsbruck. 1868. 8: referat von L. R. — Mongolische märchen . . . Aus dem mongolischen übersetzt mit einleitung und anmerkungen von B. Jülg. Innsbr. 1868. 8: angezeigt von Félix Liebrecht. — *Grammaire grecque mise en harmonie avec la grammaire latine par V. de Block, de la compagnie de Jésus. 3me éd. Brux. 1868.* 8: der referent L. R. erkennt die entfernung der für den lehrer in den früheren auflagen beigefügten bemerkungen als verbesserung an.

Mittheilungen des histor. vereins für Steiermark. XVIII. (1870): p. 114—126, *R. Knabl*, der wahre zug der römischen strasse vom zollfelde aus durch das obersteirische bergland bis Wels. Theilweise mit hülfe der alten meilensteine wird *Matucaium* in Krumfelden, *Noreja* in Guttaring, *ad Pontem* in St. Georgen, *Tartusanae* in Kraubat, *Surontium* in Kammern, *Stiriate* in Gaishorn, *Gabrumagum* in Liezen, *Tutatio* in Klaus, *Ovilia* in Wels nachgewiesen. Hiernach werden die nationen des Itinerarium Antonini bestimmt und *Candalica* in Hüttenberg, *Monate* in Strettwag, *Sabatinca* in Trabach gefunden.

ABHANDLUNGEN.

XI.

Lexikographische bemerkungen medicinisch - philologischen inhalts.

Ὁ βουβών und inguen.

Ὁ βουβών ist 1) die leistengegend, 2) die leistendrüse und 3) die leistendrüsengeschwulst. Stephanus bemerkt in seinem Thesaurus, dass ὁ βουβών zunächst leistendrüsengeschwulst bedeute; da aber geschwülste anderer drüsen dieser ähnlich sind, so werden auch solche βουβῶνες genannt. Ernesti, in seinem lexikon, und Marcellus Vergilius (*Dioscoridis de materia medica libri quinque. Coloniae*. 1529, p. 541) führen an, dass dieser name von den Griechen allen geschwülsten beigelegt wurde. Auch kommt βουβωνοῦμαι in der bedeutung von anschwellen überhaupt vor; so z. b. sagt [1]) Hippocrates (περὶ ἀδένων, sect. III, p. 54): ἐν βουβῶσιν ἡ ἀδὴν βουβωνοῦται.

Galen (bd. 17, th. 1, p. 375) sagt: βουβῶνας καλεῖ νῦν Ἱπποκράτης τὰς ἐν τοῖς παρισθμίοις γενομένας φλεγμονὰς καὶ τοὺς ἀδένας. Hier fehlt aber der zusatz: ἐξαρθέντας; denn Galen sagt (bd. 10, p. 881): ὀνομάζουσιν δὲ τοὺς ἐξαρθέντας ἀδένας βουβῶνας.

Bei den Römern kommt das wort *bubo* in dieser bedeutung

---

1) Ich citire Hippocrates nach der ausgabe von Foesius, Frankfurt 1595; Galen nach der von Kühn; Celsus nach der von Krause, Leipzig 1766; Plinius nach der Zweibrücker 1783—84; Cicero nach der von Orelli.

gar nicht vor, und Celsus (VII, 8) braucht zur bezeichnung des leistenbruchs den griechischen namen: βουβωνοκήλη. Gegenwärtig werden in der medicin nur die geschwollenen leistendrüsen *bubones* genannt; indessen erhalten auch die pestbeulen überhaupt mitunter diesen namen. Aretaeus (*morbor. chronicor.* II, 3) nennt aber diese beulen: βουβῶνες λοιμώδεες.

ʹΟ βουβών kann zunächst mit *inguen* übersetzt werden; jedoch hatte *inguen* bei den Römern eine mehr umfassende bedeutung als ὁ βουβών bei den Griechen. Wohl mögen sogar die Römer in ihre schmutzigen reden, die Cicero *sermones inquinatissimi* nennt, auch das von *inquinare* hergeleitete wort *inguen* eingeflochten, mithin, gleich ihren dichtern (Horaz, Ovid, Juvenal, Martial u. s. w.), im obscönen sinn gebraucht haben; indessen wird sich wohl schwerlich in der prosa eine bewährte autorität dazu nachweisen lassen. In Freund's lexikon (Leipzig 1834—45) werden aber Plinius (XXVIII, 9) und Celsus (III, 5) als gewährsmänner für diese bedeutung angegeben.

Plinius führt im 28sten buche seiner naturgeschichte die absurdesten sachen an. Hier ist unter anderm von allerlei „sympathetischen“ mitteln, überhaupt von heilmitteln, die nur der crasseste aberglaube ausgebrütet haben konnte, die rede. Unter diesem nichtsnutzigen zeug finden wir im 9ten capitel: *Pollex in pede praeligatus proxumo digito, tumores inguinum sedat.* Ich sehe aber den grund nicht ein, wesshalb hier die nächste bedeutung, nämlich leistendrüsengeschwülste, vermieden und *tumores inguinum* dem obscönen *tument inguina* des Horaz gleichgestellt werden soll. Auch sagt noch Plinius (XXVIII, 12): *Inguinibus medentur aliqui, licium telae detractum, alligantes novenis septenisve nodis, ad singulos nominantes viduam aliquam, atque ita inguini adalligantes.* Diese stelle könnte vor allem an *inguen* bei Juvenal, Petronius u. s. w. erinnern, ist aber, gleich einigen andern stellen (XXVII, 19 und 113, XXVIII, 61) unfähig die von Freund angegebene bedeutung zu constatiren. Wir ersehen aus allen diesen fünf angeführten stellen nichts weiter, als dass „sympathetische“ mittel gegen *inguina* empfohlen werden, sind aber auf keinen fall zur annahme berechtigt, dass darunter durchaus nicht drüsengeschwülste zu verstehn seien. Drüsengeschwülste wurden auch in späterer zeit auf die wunderlichste art und weise behandelt, ja es fröhnten selbst einige könige von Frankreich dem aberglauben des volks, welches von der auflegung der königshand heilung der scrofelsucht erwartete.

Obgleich Plinius nicht selten „sympathetische" mittel gegen *inguina* empfiehlt, wobei die eigentliche bedeutung dieses worts nicht gleich ersichtlich sein mag, so kommen doch bei ihm stellen vor, wo dergleichen mittel gradezu gegen drüsengeschwülste anempfohlen werden; so z. b. sagt er (**XXI**, 83) von der pflanze *xyris: Strumas haec, vel panos, vel inguina discutit. Praecipitur, ut sinistra manu ad hos usus eruatur, colligentesque dicant, cuius hominis utique causa eximant.* Es heisst also: die *xyris* zertheilt geschwülste, seien es *pani* oder drüsengeschwülste. — Was die alten unter *panus* und *panicula* verstanden haben, ist uns unbekannt; wir wissen nur, dass es geschwülste waren. Apuleius spricht von einer geschwulst in der leistengegend, die er *panicula* nennt. *Ad paniculam quae in inguine nascitur (de virtut. herbar. histor. XIII).* Nach Freund soll *panicula* das deminutiv von *panus* sein; das müsste aber *paniculus* heissen. *Panicula* ist das deminutiv von *pana.* Ich finde *pana* in einer dem Plinius untergeschobenen schrift: *Plinii Secundi de re medica libri V. accuratius recogniti et innumeris mendarum millibus, fide vetustissimi codicis repurgati. (Edidit Albanus Torinus Vitudurensis Basiliae* 1528). „*Nasturtium cum pice panas discutit". „Galbanum aperit paniculas"* (**III**, 27. p. 74). *Foeniculi farina ex hydromelle cocta panas aperit.* „*Gutta amoniaci paniculas discutit"* (ibid. p. 75). Dieses capitel hat die überschrift: *Panis depellendis.* — Nach Celsus (**V**, 18, 19 und V, 28, 10) ist *panus* das φύγεθλον der Griechen; aber auch über diese geschwulst können wir nichts mit bestimmtheit angeben. Hippocrates (περὶ παθῶν s. V, p. 85) führt φύγεθλον zugleich mit einigen andern geschwülsten an, die ὑπὸ φλέγματος φύονται. Galen (bd. II, p. 77) reiht es den drüsengeschwülsten an, und sagt: φύγεθλον δὲ τὸ λεγόμενον φλεγματῶδες ἐρυσίπελας, ἢ ἐρυσιπελατιώδης φλεγμονή. Im Paulus Aegineta (**IV**, 22) lesen wir: φύγεθλόν ἐστι κατὰ βουβῶνα γενόμενον ἀπόστημα. Dahingegen bemerkt Celsus (l. c.): *idque tarde maturescit, neque magnopere in pus convertitur.* Dies alles in einklang zu bringen liegt ausserhalb der grenzen unseres wissens. — Einige ausgaben des Celsus haben *panis* statt *panus*, weil in mehreren mediceischen

handschriften *panis* steht. Diese lesart ist aber eine zu wenig begründete. *Panus* kommt im Celsus nur zweimal vor. Die sieben
codices Medicei haben alle an der einen stelle (V, 28, 10) *panis*,
an der andern (V, 18, 19) aber haben nur vier handschriften
panis und drei *panus*; und doch ist an beiden stellen vom φύγεθλον die rede. Celsus sagt (V, 28, 10) vom φύγεθλον: *Panum
ad similitudinem figurae nostri vocant.* Ich vermuthe, dass bei
dieser stelle einige an die figur des brots (ὁ πανός) und nicht an
den auf die spule gewickelten faden des einschlags (τὸ πᾶνος)
gedacht, mithin ganz nach willkühr *panum* in *panem* umgeändert,
und demzufolge an der andern, vorangehenden stelle (V, 18, 19)
nachträglich dasselbe gethan haben; andere aber vergassen letztere
stelle zu ändern, und so wurde in drei mediceischen handschriften
die richtige lesart: *panus* erhalten. Plinius sagt unzählige mal
nur *panus*, und Freund hat mit recht unterlassen das wort *panis*
für *panus* in sein lexikon aufzunehmen. Rhodius wählte in seiner
ausgabe des Celsus die lesart *panis*, und wies dabei auf Juvenal
(VI, 461—62) hin:

> Interea foeda aspectu ridendaque multo
> Pane tumet facies etc.

Hätte Rhodius etwas weiter gelesen, so würde er (v. 464)
gefunden haben: *veniet lota cute.* Eine geschwulst des gesichts
lässt sich nicht so leicht abwaschen, und Juvenal spricht hier, so
wie auch II, 107, von dem mit eselsmilch bereiteten brotteig, der
coquetten römischen frauen ein beliebtes kosmetisches mittel war. —
Nach Galen wird φύγεθλον von φύω hergeleitet; aber die lesart
panis mag wohl Passow bewogen haben an stelle des φύγεθλον,
das von φρύγω derivirte, neugebildete wort φρύγεθλον in vorschlag
zu bringen.

Auch der ausdruck *tumet inguen* entspricht nicht bei Plinius
dem obscönen der dichter. Er sagt (XXII, 55): *Si inguen tumeat,
albam ceram in pube fixisse remedio est.* Hier ist gradezu von
der leistendrüsengeschwulst die rede. Das feste andrücken des
wachses erinnert an die behandlungsweise dieser geschwulst durch
anhaltenden druck auf dieselbe, wie sie mitunter in unsern tagen
vorgenommen wird. — Ist es aber nachweisbar, dass *inguen* im
obscönen sinn auch in die volkssprache übergegangen, oder gar
aus derselben entlehnt worden war, so mag Plinius, der so viele

mittel und so manche vielleicht wort für wort, wie er sie mittheilt, aus dem munde des volks überkommen hatte, *inguen* auch in dem von Freund angegebenen sinne gebraucht haben. Da aber die eigentliche bedeutung eines worts nicht selten nur aus dem zusammenhange zu ersehen ist, bei Plinius man jedoch auf dieses wesentliche hülfsmittel, *farraginis caussa*, verzicht leisten muss, so ist im erwähnten fall seine autorität eine ungültige. Ursprünglich hatte wohl auch *inguen* nicht die besagte bedeutung, sondern trat gleich andern ausdrücken, (vergl. Cicer. ad Familiar. IX, 22, 2), erst späterhin in die reihe der *obscoena*, an denen die lateinische sprache nach und nach so überreich wurde.

In beziehung auf Plinius habe ich mich bedingungsweise ausgesprochen, was aber Celsus anbetrifft, so muss ich mich gradezu gegen Freund's annahme erklären.

Celsus hat nicht unter dem volk nach bewährten heilmitteln gesucht, sondern das erforderliche material aus den überlieferungen mehr oder weniger berühmter ärzte, und zwar mit besonderer vorliebe für Hippocrates, entlehnt; daher auch die so häufig bei ihm vorkommende wörtliche übersetzung hippocratischer aussprüche. Dies bezieht sich zunächst auf die von Freund citirte stelle Celsus III, 5. Hier ist *febris ex inguine* nichts anderes als: ὁ ἐπὶ βουβῶσι πυρετός des Hippocrates. Das ist ein fieber, welches bei geschwülsten verschiedener drüsen entsteht. Foesius nennt es: *febris ex glandularum tumoribus*, und an anderen stellen: *ex glandularum inflammationibus*. Hippocrates (ἀφορισμ. IV, 55) sagt: οἱ ἐπὶ βουβῶσι πυρετοὶ πάντες κακοὶ πλὴν τῶν ἐφημέρων, oder (ἐπιδημιῶν II, 3. s. VII, p. 106): πάντες κακὸν κτλ. Er hält also alle diese fieber für bösartig, mit ausnahme solcher, wo der fieberanfall nicht wiederkehrt, oder wie Celsus (III, 7) sich ausdrückt: *si semel tantum accessit, deinde desiit*.

Ferner sagt Celsus (II, 7): *Si mulieri ex inguine febricula orta est, neque causa apparet, ulcus in volva est.* Scheller (in seiner übrigens vortrefflichen übersetzung von Celsus, th. I, p. 93) meint, dass hier *inguen* die sexualorgane bezeichne. Das kann ich nicht zugeben. Was Celsus hier anführt erweist sich als ein ὕστερον πρότερον. Er hat nämlich das, was Hippocrates über uterinverschwärung sagt, verkehrt aufgefasst. Hippocrates führt (προῤῥητικὸν II. s. II, p. 88) fieber und leistendrüsengeschwülste (πυ-

ρετοὶ καὶ βουβῶνες) nicht als zeichen, sondern als folge von ute-
ringeschwüren an. Auf jeden fall ist hier *inguen* : ὁ βουβών und
nicht τὸ αἰδοῖον, und *febricula ex inguine*: ὁ ἐπὶ βουβῶσι πυρετός
(βληχρός).

Inguen ist in der besagten bedeutung im Celsus nicht nachweisbar. Da, wo *de obscoenarum partium vitiis* (VI, 18, 1—6)
die rede ist, kommt das wort *inguen* gar nicht vor; dafür hatte
Celsus aus ὁ καυλός das wort *caules* (nicht, wie Freund angiebt,
caulis) gebildet. *Caules* braucht Celsus an vielen stellen, nennt
aber den pflanzenstängel *caulis* und *cauliculus* (nicht, wie die Scriptores rei rusticae, *coliculus*). Ich führe ὁ καυλός aus dem grunde
an, weil Celsus (VI, 8, 1) sagt: *apud Graecos vocabula et tolera-
bilius se habent, et accepta iam usu sunt; . . . . . apud nos foe-
diora verba, ne consuetudine quidem aliqua verecundius loquentium
commendata sunt.* In diesem ausspruche finde ich einen beweggrund mehr die überzeugung zu hegen, dass sich Celsus und vielleicht auch Plinius gehütet haben *inguen* in dem sinne, den nur
die *indomita poëtarum licentia* ihm beigelegt, in die heilkunde einzuführen.

Aus ὁ βουβών hat man in der neuzeit ganz richtig *bubo,
onis* gebildet, aber ganz fehlerhaft aus τὸ ἔμβρυον : *embryo, onis.*
Ebenso, wie aus den adjectiven λεξικός, ή, όν und σκελετός, ή, όν
die substantiva τὸ λεξικὸν (βιβλίον) und τὸ σκελετὸν (σῶμα) entstanden sind, entstand auch aus ἔμβρυος, ον das hauptwort τὸ ἔμβρυον, nämlich (τὸ ἐν τῇ γαστρὶ βρῦον) βρέφος. Es müsste also
embryum heissen.

Χοιράδες und strumae.

Galen (bd. 17, th. 2, p. 636—37) beschreibt die χοιράδες
also: τούτων τῶν ἀδένων ἐστὶ πάθημα καὶ ἡ χοιράς οὐχ ὑπὸ
θερμῆς ὕλης, οὐδ' εἰς ἐκπύησιν ἐπειγομένης, μάλιστα δὲ ψυχροτέρας
τε καὶ φλεγματικωτέρας. Alsdann bezeichnet er (bd. 10, p. 982)
sie näher: γίνονται δ' αὗται σκιρρομένων ἀδένων. Ferner ist
(bd. 7, p. 729 und bd. 8, p. 31) vom übergang des βουβών in
scirrhus und daraus entstehender χοιράς die rede. Unter σκίρρος
ist hier eine harte, unschmerzhafte geschwulst zu verstehn; denn
Galen (bd. 10, p. 962) sagt: σκίρρον ὀνομάζομεν ὄγκον σκληρὸν
ἀνώδυνον. Ganz dasselbe sagt er auch bd. 11, p. 736. Ebenso

beschreibt auch Paulus Aegineta (IV, 32) den scirrhus. Endlich sagt Galen (bd. 19, p. 443): χοιράς ἐστι σὰρξ ξηρὰ καὶ δύς- λυτος.

Die χοιράδες sind also harte, zum theil schmerzlose ge- schwülste. Nach der angabe der alten haben sie ihren sitz be- sonders am halse, in der achselhöhle und der leistengegend. Hauptsächlich waren es drüsengeschwülste, jedoch auch geschwülste anderer art. Die βουβῶνες dagegen waren nur drüsengeschwülste und unterschieden sich von den χοιράδες durch ihren entzünd- lichen character. Hippocrates sagt (περὶ ἀδένων s. III, p. 54) vom βουβών: φλεγμαίνει καὶ διαπύσκεται. Galen (bd. 11, p. 77 und bd. 17, th. 1, p. 410) unterscheidet ihn von andern drüsen- leiden, indem er sagt: βουβὼν μὲν ἡ φλεγμονή, und nennt die rasch zunehmende und in vereiterung übergehende drüsengeschwulst: τὸ φῦμα (τὸ ταχέως αὐξόμενον καὶ πρὸς ἐκπύησιν ἐπειγόμενον). Indessen kommen τὰ φύματα in der bedeutung von geschwülsten überhaupt vor, wie z. b. im aphorismus III, 26 des Hippocrates, bei Galen (bd. 5, p. 695) u. s. w. Schon der von Plutarch (Sym- pos. quaest. IV, II) angeführte unterschied: χοιραδώδη καὶ ἀδε- νώδη φύματα weist auf verschiedene geschwülste hin. Uebrigens ist die diagnostik der geschwülste von den alten dermassen be- handelt worden, dass man beständig auf widersprüche stösst. Ob- gleich Celsus (V, 28, 9) sagt: *Phyma nominatur tuberculum fu- runculo simile*, so versteht er doch unter „τὰ φύματα“ die ver- schiedenartigsten geschwülste. Bei ihm sind *tuberculum* und *tumor* (beides von *tumeo*) identisch. So z. b. nennnt er (IV, 13) die παρουλίς geheissene geschwulst des zahnfleisches sowohl *tuberculum* als auch *tumor*. „*Tubercula, quae* φύματα *Graeci vocant* (VI, 18, 2)“ sind bei ihm: verschiedene balggeschwülste (VII, 6), das ger- stenkorn am auge, *crithe*, (VII, 7, 2), *condylomata* (VI, 18, 8) und noch andere geschwülste, die keineswegs mit dem blutschwär verglichen und *furunculo similia* genannt werden können.

Hippocrates führt, im buche περὶ ἀδένων, die χοιράδες als drüsenkrankheit an, und im buche περὶ παθῶν schreibt er ihre entstehung dem φλέγμα zu (ὑπὸ φλέγματος φύονται). Was ist aber bei Hippocrates unter τὸ φλέγμα zu verstehn? Diese frage verdient, der verschiedenen ansichten wegen, genauer beantwortet zu werden.

Bei Hippocrates hat τὸ φλέγμα eine überaus verschiedene bedeutung.   Aus φλεγμαίνω entstanden, bedeutet es bald das bren-
nende — entzündete, bald das verbrannte — erkaltete; daher ist
es bald eine entzündliche krankheit, bald ein kalter saft, wie z. b.
der schleim (φλέγμα ψυχρότατον, im buche περὶ φύσιος ἀνϑρώπου,
s. III, p. 6 und περὶ νούσων II, s. V, p. 15).

Es ist (ἐπιδημιῶν II, s. VII, p. 332) die rede von einem
kranken, der vom hitzigen seitenstich befallen wurde, und hier
sagt statt ἡ φλεγμονή Hippocrates τὸ φλέγμα κατεῖχεν. Ausser
dieser stelle könnten nur noch wenig andere stellen, wo φλέγμα
entzündung bedeutet, dagegen sehr viele, wo darunter nur der
schleim zu verstehen ist, angegeben werden. Ausserdem aber
nimmt Hippocrates ein ganz besonderes φλέγμα an. Nach ihm besteht die natur des körpers (φύσις σώματος) aus blut, schwarzer
und gelber galle und aus φλέγμα. Durch den zustand dieser säfte
werden gesundheit und krankheit bedingt. Im buche περὶ φύσιος
ἀνϑρώπου (sect. III, p. 4) heisst es: ἡ φύσις τοῦ σώματος διὰ
ταῦτα ἀλγέει καὶ ὑγιαίνει, und im buche περὶ παϑῶν (sect. V, p.
75): νουσήματα τοῖσιν ἀνϑρώποισιν γίνονται ἅπαντα ὑπὸ χολῆς
καὶ φλέγματος.

Für den eifrigen humoralpathologen waren blut und galle
nicht hinlänglich um alle krankheitsformen zu erklären; er nahm
also zu einem dritten krankheitsstoffe seine zuflucht und liess eine
menge von krankheiten durch das φλέγμα entstehn. Es musste
ihn jedoch die grosse verschiedenheit der krankheiten zur annahme
mehrerer modificationen des φλέγμα bewegen; so sagt er denn auch
(περὶ παϑῶν, s. V, p. 103): περὶ φλέγματος, τὰς αὐτὰς γνώ-
μας ἔχω, ἃς καὶ περὶ χολῆς, καὶ φημὶ τὰς ἰδέας αὐτοῦ πολ-
λὰς εἶναι.

Eine ganz besondere art, ἰδέα, des φλέγμα, die sich von allen übrigen arten wesentlich unterscheidet, ist das τῆς κεφαλῆς
φλέγμα des Hippocrates. Im vierten buche περὶ νούσων lesen wir,
dass das φλέγμα in den digestionsorganen bereitet wird und von
da aus theils in den gesammten körper, theils in den kopf gelangt.
Hippocrates unterscheidet daher ein παντὸς σώματος und ein κεφαλῆς φλέγμα. Letzteres ist das bevorzugte; denn es heisst (περὶ
νούσων IV, s. V, p. 57): τῷ μὲν δὴ αἵματι ἡ καρδίη πηγή ἐστι,
τῷ δὲ φλέγματι ἡ κεφαλή. Der kopf, da er hohl ist (κοιλίη

ἐοῦσα), ist dem körper gleichsam als ein schröpfkopf aufgesetzt
und saugt das in den digestionsorganen bereitete φλέγμα ein
(ὥσπερ σικύη τὸ φλέγμα ἕλκει). Dabei wird noch angeführt, dass
der kopf eine der geräumigsten höhlen ist (ἀπὸ τούτων δὲ εἰσὶ
κοιλόταται ἡ κεφαλὴ καὶ ὁ σπλήν). Der sitz des φλέγμα soll
mithin die schädelhöhle sein. (Die milz wird als sitz des
wassers angegeben). In der schädelhöhle musste also eine wesentliche veränderung mit dem φλέγμα vorgegangen sein; denn es
wurde zu einem stoffe, von dem gesundheit und krankheit abhängen sollten. Vom darmkanal aus wurde es auf eine wunderliche
art in den kopf eingesogen und passirte den weg hinauf ohne
irgendwo schaden zu verursachen, verliess es aber den kopf, so
erkrankten die theile, zu denen es hingelangte; nur in den darmkanal durfte es ohne allen nachtheil eindringen (ἄριστον συμβαίνῃ,
εἰ ἐς τὴν κοιλίην ἀφίκοιτο, s. V, p. 58); denn von hier aus wurde
es zugleich mit den excrementen eliminirt. — Das sind lauter
leere hypothesen, die nur beim mangel an anatomischen kenntnis-
sen entstanden sein konnten; und dieses κεφαλῆς φλέγμα, das eigentlich nie existirt hat, ist als eine hypothetische, vom kopfe
ausgehende krankheitsursache zu betrachten.

Nähere kennzeichen, nach welchen die verschiedenen arten des
φλέγμα von einander, und inwiefern sie überhaupt vom secret der
schleimhäute zu unterscheiden wären, werden von Hippocrates nicht
angegeben. Obgleich das φλέγμα im allgemeinen, seiner consistenz nach, als zäh, klebrig: γλίσχρον (περὶ νούσων IV. s. V, p.
58), γλισχρότατον (s. V, p. 15), also dem schleim ähnlich, bezeichnet wird, so werden doch nicht die schleimhäute einzelner
organe als die bereitungsstätte angegeben, sondern es soll in den
digestionsorganen aus den genossenen nahrungsmitteln angefertigt
werden. — Für das secret der schleimhäute hat Hippocrates
mehre namen, unter denen der gewöhnlichste μύξα oder μύξαι ist.
Unter μύξα versteht er aber (περὶ τόπων τῶν κατὰ ἄνθρωπον
s. IV, p. 82) auch die gelenkschmiere. Der dicke nasenschleim
heisst bei ihm (προῤῥητικὸν II, s. II, p. 89): βλέννα. Für den
magenschleim finden wir (περὶ νούσων II, s. V, p. 24) den ausdruck: λάπη. Den lungenauswurf nennt er τὸ πτύαλον. So stehen denn πτύαλον und φλέγμα als zwei verschiedene stoffe nebeneinander. Wir lesen im ersten buche περὶ νούσων (s. V, p. 8),

dass die eiterbildung in den lungen, also die lungenschwindsucht,
durch das *φλέγμα* verursacht wird, welches aber nicht in den lungen selbst secernirt werden, sondern vom kopfe aus hineinfliessen
soll (*τὸ κεφαλῆς φλέγμα καταῤῥυῇ ἐς τὸν πλεύμονα*). Diese stelle
ist auch insofern beachtenswerth, als nur durch sie einige stellen
im Celsus, von denen weiter unten die rede sein wird, erklärt
werden können.

Man übersetzt mitunter *φλέγμα* mit: verdorbene säfte. Dieser ausdruck ist ebenso wenig wie *τὸ φλέγμα* geeignet das wesen einer krankheit zu bezeichnen. Hippocrates nennt übrigens
solche säfte: *οἱ δριμεῖς χυμοί.* Auch kommt bei ihm *φλέγμα
δριμέσι χυμοῖσι μεμιγμένον* und *τὸ δριμὺ φλέγμα* (*pituita acris
des Celsus*) vor.

Celsus und Plinius übersetzen *τὸ φλέγμα* mit *pituita*; aber
auch *ἡ μύξα* wird von Celsus gewöhnlich und von Plinius beständig ebenso übersetzt, *mucus* kommt bei den Römern höchst selten,
bei Plinius gar nicht, bei Celsus nur dreimal vor. Celsus spricht
übrigens nicht gradezn von *mucus*, sondern nur von *aliquid simile
muco*. *Descendunt autem pituitae mucisque similia* (Cels. IV, 18) —
übersetzt Scheller (l. c. th. 1, p. 290): „es gehen hierbei substanzen ab, die einem dünnern oder dickern nasenschleim ähnlich
sind“. Also *muci* wäre der dickere nasenschleim. Diesen schleim
nennt aber Celsus nicht *mucus*, sondern *pituita*. *Per nares pituita
profluit* (IV, 4). Uebrigens heisst bei ihm der dicke schleim: *pituita crassa* oder *praegravis*. Celsus spricht (IV, 18) vom *τει-
νεσμός*. Davon ist auch im buche *περὶ παθῶν* (s. V, p. 83) die
rede, wo Hippocrates ausser der allgemeinen einwirkung des
φλέγμα auch der *μύξα* erwähnt. Celsus musste also neben *pituita*
noch ein anderes wort anführen und somit wählte er: *mucis similia*. An vier stellen kommt bei ihm *mucosus*, aber nirgends das
ciceronische *pituitosus* (de Fato IV, 7) vor. Es ist aber schwer
zu bestimmen was *simile muco* und *mucosus* bedeuten sollen, wenn
man nicht weiss, was *mucus* ist. Scheller (l. c. th. 1, p. 290)
sagt: „die *pituita* des Celsus ist das *φλέγμα* der Griechen, *mucus*
dagegen *μύξα*“. Das ist aber nicht richtig; denn soviel ist gewiss,
dass Celsus sowohl *μύξα* mit *pituita* übersetzt, als auch unter
mucus nicht den schleim versteht. *Mucus* mag meinetwegen der
μύκος der Griechen, mithin der schleim sein, aus Celsus ist aber

solches nicht zu ersehen; denn er versteht unter *mucus* eher die
wundjauche als den schleim. Celsus (V, 26, 20) führt alle die
flüssigkeiten an, welche bei wunden und geschwüren zum vorschein
kommen: *Ex his autem exit sanguis, sanies, pus.* Bisweilen soll
auch dem blute schleim *(pituita)* beigemischt sein. Alsdann spricht
er (V, 28, 3) vom ϑηρίωμα, einem brandigen geschwür, aus welchem mitunter blut hervortritt, beständig aber *multus et muco similis humor* ausgesondert wird. Das kann kein schleim sein, sondern passt gradezu auf wundjauche, *sanies.* Von dieser unterscheidet er (V, 26, 20) zwei *species:* ἰχώρ, als die dünnere, und
μελίχηρα, als die dickere *sanies.* Ferner sagt er (IV, 18), dass
beim tenesmus *mucis similia* ausgeschieden werden. Sollte er nicht
den ganz ungewöhnlichen plural *muci* — er braucht nichteinmal
den bei Plinius so häufig vorkommenden plural *pituitae* — ein-
gedenk der beiden *species saniei* ἰχώρ und μελίχηρα gebraucht
haben? Freilich könnte dieser plural als wörtliche übersetzung der
μύξαι betrachtet werden, indessen grade da, wo Hippocrates sagt:
μύξα διαχωρέει (s. V, p. 83), steht bei Celsus: *descendunt mucis
similia.* Ferner führt Celsus (VIII, 9, 1) an, dass bisweilen nach
einer schlecht behandelten rippenverletzung: *non pus, sed humor
quidam muccis* (nach andern *mucis* und *muco*) *similis intus coit.*
So ein abscess wurde mit einem rothglühenden instrumente *(can-
dens ferramentum)* geöffnet; aber die danach herausgetretene flüssigkeit konnte doch unmöglich wie schleim ausgesehn haben. Auch
hier erinnern die *muci* an die beiden *species saniei.* Endlich spricht
Celsus (V, 28, 15) von pustulösen hautkrankheiten. Nachdem er
vorläufig bemerkt: *ubi hae (pustulae) ruptae sunt, infra quasi exulcerata caro apparet*, geht er zur speciellen beschreibung zweier
arten von pusteln: φλυζάκιον und ἐπινυκτίς über. Beim φλυζάκιον: *exit pus, aut sanies, aut utrumque.* In der ἐπινυκτίς: *cum
adaperta est, reperitur intus exulceratio mucosa.* Hier ist unter
exulceratio mucosa nichts anderes als jenes *utrumque*, d. h. *pus et
sanies* zu verstehn. Bei *caro exulcerata* kann schon überhaupt
nicht von schleim, wohl aber von *sanies* die rede sein.

An zwei stellen versteht Celsus unter *pituita* eine eiterartige
flüssigkeit. Von den krätzpusteln sagt er (V, 28, 16): *exit ex
quibusdam sanies; fitque ex his exulceratio pruriens.* Vom dagegen
empfohlenen mittel heisst es: *idque omnem pituitam ubique susti-*

net. Alsdann führt er (VI, 18, 2) an: *Solet etiam interdum ad
nervos* (bis zu den saamensträngen) *ulcus descendere; profluitque pituita multa, sanies tenuis malique odoris.*

Plinius nennt (XXX, 47) den schleim der schnecken *saliva,*
ebenso (XXXII, 21) auch den der austern: *(ostrea) saliva sua lu-
brica.* Ostrea ist hier der nominativus pluralis, sonst ist *ostrea*
bei Plinius ein femininum (IX, 79). Mit den worten: *crassior saliva suffocat* meint auch Seneca (Quaestion. natural. VI, 2) den
schleim.

Bei Hippocrates ist τὸ φλέγμα mehr als ein ätiologisches, bei
Celsus *pituita* mehr als ein symptomatologisches moment zu betrachten. Als treuer anhänger des Hippocrates konnte jedoch Celsus nicht umhin ein herabfliessen des φλέγμα aus der s c h ä d e l -
h ö h l e anzunehmen. Dies geschieht unter anderm in der beschreibung der „unheilbaren" verschleimung der augen (VII, 7, 15).
Ferner ist (III, 22) von der lungenschwindsucht die rede; hier
sagt Celsus: *Oritur* (φϑίσις) *fere a capite: inde in pulmonem de-
stillat.* Diese stelle wird nur durch die oben angeführte hippocratische hypothese: ἢν τὸ κεφαλῆς φλέγμα καταῤῥυῇ ἐς τὸν πλεύμονα, verständlich. Ohne diese hypothese wäre auch folgende stelle
im Celsus gar nicht zu verstehn, und sie ist auch überall falsch
übersetzt worden. Celsus sagt (II, 8): *At in tabe eius, qui salvus
futurus est, sputum esse debet album, aequale totum, eiusdemque coloris,
s i n e p i t u i t a : eique etiam simile esse oportet, si quid in nares a
c a p i t e d e s t i l l a t.* Hier wird *pituita,* selbst von Scheller, mit
schleim übersetzt. Aber das *sputum* in *tabe* kann bei dem, *qui
salvus futurus est,* unmöglich *sine pituita,* wenn das der schleim
sein soll, vorkommen. Was kann denn der weisse, gleichartige
und einfarbige lungenauswurf anderes als schleim sein? Also ist
auch hier *pituita* offenbar das hippocratische κεφαλῆς φλέγμα, und
in diesem fall mit e i t e r zu übersetzen.

Das wort φλέγμα oder *phlegma* kommt weder im Celsus noch
im Plinius vor. Letzterer braucht dafür *pituita* und noch öfterer
den plural *pituitae.* Die nächste bedeutung davon ist saft. An
vielen stellen ist es der schleim. *Eruptiones pituitae* (XXVIII,
33 u. s. w.) und *impetus pituitae* (XXVIII, 50 u. s. w.) sind bei
ihm hautausschläge; *capitis pituitae* (XXV, 90) der schnupfen;
fluxiones pituitae (XXII, 78) bauchflüsse; *lienis et iocineris pituitae*

(XXVIII, 50) krankheiten, etwa anschwellungen, der milz und der leber. Auch nennt Plinius den saft der bäume, der ein wässriger, schleimiger, harziger u. s. w. sein kann, sowohl *succus* als auch *pituita* (XVII, 43). *Origo (fungorum) non nisi ex pituita arborum* (XXII, 47). Hierbei werden sowohl *arbores gummim ferentes*, als auch andere bäume angeführt. — Im Celsus finden wir nur das indeclinable wort *gummi*, τὸ κόμμι, im Plinius dahingegen nur selten *gummi* (XIII, 20), gewöhnlich aber *gummis*, ἡ κόμμις, den genitivus *gummis* und nicht, wie es dem griechischen nach heissen müsste, *gummidis*.

Die Römer nannten die χοιράδες : *strumae.* Grimm, Brandeis u. s. w. übersetzen χοιράδες mit scrofeln. Obgleich ἡ χοιράς und *scrofa* dasselbe bedeuten, so ist dennoch diese übersetzung nicht richtig. Das wort *scrofulae* kommt weder im Celsus noch im Plinius und meines wissens zuerst bei Vegetius vor. *Plerumque strumae, vel parotides, aut scrofulae iumentorum guttur infestant, et faucium tumorem producunt* (Art. veterinar. II, 23). Vegetius macht also einen unterschied zwischen *strumae* und *scrofulae.* Diese sind nach ihm gleichfalls halsgeschwülste der schweine; denn *iumenta* steht hier, sowie auch bei Columella (VI, 19), nur als gegensatz zu *boves.* Uebrigens sagt auch Plinius (XI, 68): *Guttur homini tantum et suibus intumescit*, (und zwar sonderbar genug) *aquarum quae potantur plerumque vitio.* Geschwülste am halse nennt Plinius (XXII, 19; XXVIII, 11 u. s. w.) *guttura.* Bei Celsus kommt dieser ausdruck nicht vor.

Unter *struma* versteht man gegenwärtig vorzugsweise den kropf, die hypertrophie der schilddrüse. Die alten haben diese drüse weder gekannt, noch uns irgendeine beschreibung, die auf die krankhafte vergrösserung derselben bezogen werden könnte, überliefert. Im deutschen hat das wort kropf, sowie auch *struma* in der heilkunde, mehrfache bedeutung; indessen, wenn von kropf oder *struma* ohne weitere bezeichnung erwähnung geschieht, so hat man darunter nur die vergrösserte schilddrüse zu verstehn. Sicherlich wurde ursprünglich die sackartige erweiterung der speiseröhre einiger vögel kropf genannt, und alsdann dieser name auf die halsgeschwülste der säugethiere übertragen; den kropf der vögel nannten aber die Griechen nicht χοιράς und die Römer nicht *struma*, sondern jene πρόλοβος und diese *ingluvies.*

Ernesti übersetzt *struma* mit χοιράς und, sich auf Aristoteles berufend, mit κραῦρος. Aristoteles (de genes. animal. VIII, 21) spricht von einer krankheit der schweine, die er ἡ κραῦρα nennt; das ist aber eine acute krankheit. Suidas (*Lexicon. Ed. Gaisford. Oxonii* 1834. th. I, p. 959) beschreibt κραῦρα gleichfalls als eine fieberhafte krankheit, wobei ohren und augen leiden. In einigen wörterbüchern wird ἡ κραῦρα als eine krankheit des rindviehs angegeben, ὁ κραῦρος aber gar nicht angeführt, und das grade ist die krankheit der rinder, von welcher Aristoteles (l. c. VIII, 3) spricht.

Wenn man heut zu tage die hypertrophie der schilddrüse mit *struma* bezeichnet, so kann ich nichts dagegen einwenden, nur darf man nicht dabei auf die alten sich berufen. Es werden aber Celsus und Cicero als autoritäten dafür citirt.

Celsus nennt die drüsengeschwülste mitunter schlechtweg *glandulae;* so wie auch gegenwärtig fast in allen sprachen das wort drüse im gemeinen leben für drüsengeschwulst genommen zu werden pflegt. Selbst παρίσθμια, *fauces, tonsillae,* hatte die bedeutung von halsdrüsengeschwulst. Hippocrates (ἀφορισμ. III, 26) sagt: Πρεσβυτέροισι δὲ γενομένοισι (παιδίοισι) παρίσθμια, σπονδύλου τοῦ κατὰ τὸ ἰνίον εἴσω ὤσιες, ἄσθματα, λιθιάσιες, ἕλμινθες στρογγύλαι, ἀσκαρίδες, ἀκροχόρδονες, σατυριασμοί, στραγγουρίαι, χοιράδες, καὶ τ᾽ ἄλλα φύματα (συμβαίνει). Bei Galen (bd. 5, p. 695) finden wir diesen aphorismus fast mit denselben worten wiedergegeben. Hier sagt aber statt σατυριασμοί Galen σατυριάσεες. Er macht überhaupt keinen unterschied zwischen diesen beiden wörtern. Er spricht (bd. 7, p. 727) über den knolligen aussatz, ἐλέφας, und bemerkt, dass dieses leiden in seinem anfange σατυριασμός genannt werde, weil die kranken dann den Satyrn ähnlich seien. Darauf sagt er, dass auch exostosen an den schläfen und auch an andern theilen σατυριασμοί heissen. Endlich führt er an, dass der libidinöse zustand von einigen σατυριασμοί, von andern πριαπισμός genannt wird. Galen unterscheidet aber (bd. 8, p. 439 und bd. 10, p. 968) die σατυριασμοί insofern vom πριαπισμός, als dieser ohne *libido* bestehe. Da die Satyrn sowohl mit knollen an den backen, als auch *libidine accensi* abgebildet werden, so braucht Galen (bd. 7, p. 22; bd. 19, p. 426) σατυρίασις für beides. Auch finden wir im Galen (bd. 17, th. 2, p. 38) den

hippocratischen ausdruck τὰ φῆρεα (ἐπιδημ. VI, 3. s. VII, p. 268)
zur bezeichnung der geschwülste am ohr. Das wort ist gebildet
aus οἱ φῆρες, äolisch und auch attisch, für θῆρες, satyri.

Celsus (II, 1) giebt uns den aphorismus III, 26, nur im auszuge: *At ubi aetas (infantium) paulum processit, glandulae, et
vertebrarum quae in spina sunt, aliquae inclinationes, strumae, ver-
rucarum quaedam genera dolentia,* ἀκροχόρδονας *Graeci appellant,
et plura alia tubercula oriuntur.* Hieraus ist zu ersehn, dass Celsus παρίσθμια mit *glandulae,* χοιράδες mit *strumae* und φύματα
mit *tubercula* übersetzt. Dass *glandulae* für *tumores glandularum*
im gebrauch war, ergiebt sich aus mehren stellen im Celsus; so
sagt er (VIII, 4): *Si vero sub prima curatione febris intenditur,
brevesque somni et iidem per somnia tumultuosi sunt, ulcus madet
neque alitur, et in cervice glandulae oriuntur* etc. Ich hebe diese
stelle auch aus dem grunde hervor, weil da *alere* vorkommt.
Neque ulcus alitur soll nämlich heissen: das geschwür heilt nicht
zu; aber *alere* hat bei keinem andern autor diese bedeutung, wohl
aber die entgegengesetzte bei C. Nepos (Attic. 21); denn hier
heisst *morbum alere*: die krankheit nicht heilen lassen. Ich würde
statt *neque* lieber *atque* gelesen haben, wenn nicht Celsus (VII, 7)
angeführt hätte: *neque corpus alatur: ideoque ne vulnus quidem
purgari, aut ali possit.* Diese ἀκυρολογία lässt sich wohl dadurch
erklären, dass ihm bei heilung der wunden das griechische σαρ-
κοῦσθαι vorgeschwebt. So sagt er (V, 14): *Carnem alit, et ulcus implet*, und führt dabei einige äusserlich anzuwendende mittel
an. Unter *caro* sind hier granulationen zu verstehn, welche die
wunde ausfüllen und die vernarbung bedingen.

Strumae sind bei Celsus hauptsächlich drüsengeschwülste, jedoch mitunter auch andere geschwülste. Es ist kein grund vorhanden für die annahme, dass Celsus *glandulae* besonders für acute
und *strumae* für chronische geschwülste gebraucht habe. So z. b.
sagt er (I, 9): *frigida aqua strumas excitat.* Dies könnte zunächst auf die acute geschwulst der tonsillen bezogen werden.

Was den sitz der *strumae* anbelangt sagt Celsus (V, 28, 7):
*Nascuntur maxime in cervice; sed etiam in alis et in inguinibus
et in lateribus. In mammis quoque feminarum (reperiuntur).* Galen (bd. 6, p. 863) giebt ebenso den sitz der χοιράδες an.

Die meisten wörterbücher geben *struma* nur in der bedeutung

von kropf an. Freund citirt dabei Cicero Ep. ad Atticum II, 9
und pro Sestio 65. Das sind folgende stellen:

1) *Proinde isti licet faciant, quos volent, consules, tribunos
plebis, denique etiam Vatinii strumam sacerdotii* διβάφῳ *vestiant.*

2) *Non est ea medicina, cum sanae parti corporis scalpellum
adhibetur atque integrae: carnificina est ista et crudelitas; ii medentur
reipublicae, qui exsecant pestem aliquam tamquam strumam civitatis.*

In der rede *pro Sestio* nimmt Cicero die *lex Iulia de pecuniis
repetundis* in schutz. Vatinius war gegen dieses gesetz. Cicero
(oratio in Vatinium c. 12*)* sagt: *quaero te, sisne ex pauperrimo
dives factus illo ipso anno, quo lex lata est de pecuniis repetundis
acerrima: ut omnes intelligere possent, a te non modo nostra acta,
quos tyrannos vocas, sed etiam amicissimi tui legem esse con-
temptam.* — Beide stellen beziehen sich also auf den lasterhaften,
verhassten Vatinius, dessen *crimina et odium* in Rom sprüchwört-
lich wurden. Durch die zusammenstellung von *pestis* und *struma*
wird man an eine gefährliche und zugleich abscheu erregende
krankheit erinnert, und trefflich ist der ausdruck: *vestiunt strumam* διβάφῳ. Das stattliche purpurgewand des pontificats soll
ein hässliches übel verdecken!

In den *scholiis Bobiensibus* (*Ed. Orellii et Baiteri II*, p. 310)
wird bemerkt: *Sed quod ait „strumam civitatis“ oblique intelligere
debemus: pertinet enim ad ipsum Vatinium; traditur fuisse strumosa facie et maculoso corpore.* — Seneca *(de constant. sapient.
XVII)* sagt: *Vatinium, hominem natum et ad risum et ad odium
memoriae proditum est . . . . . In pedes suos ipse plurima dicebat, ut in fauces concisas.* Plutarch (*Cicero X*) sagt von Vatinius:
ἀνὴρ . . . . . χοιράδων δὲ τὸν τράχηλον περίπλεως, und führt
gleich darauf Cicero's calembourg an: ἀλλ᾽ ἐγὼ οὐκ ἔχω τηλι-
κοῦτον τράχηλον. Auch lesen wir noch im Cicero (*in Vatin. II*):
*Repente enim te tamquam serpens e latibulis, oculis eminentibus,
inflato collo, tumidis cervicibus intulisti.*

Aus allem dem angeführten ergiebt es sich, dass Vatinius mit
geschwülsten am halse und nacken, die *strumae* genannt wurden,
behaftet war. Ausserdem erfahren wir noch, dass auch sein gesicht und andere körpertheile strumös waren. Cicero *(in Vatinium
XVI)* ruft aus: *si cognati respuunt, tribules exsecrantur, vicini
metuunt, affines erubescunt, strumae denique ab ore improbo demi-*

grarunt, et aliis iam se locis collocarunt. Was sind das aber für kröpfe: *quae ab ore demigrarint aliisque se locis collocarint?* Diese stelle ist von den lexikographen, die *struma* nur mit kropf, zumal mit beifügung: „verhärtete geschwulst am halse" — wie z. b. Lünemann in seinem lexikon, Leipzig 1831 — übersetzen, übersehn worden.

Höchstwahrscheinlich litt Vatinius am knolligen aussatz, den Plinius (XXVI, 5) unter dem namen *elephantiasis* also beschreibt: „*Diximus elephantiasin ante Pompeii Magni aetatem non accidisse in Italia, et ipsam a facie saepe incipientem, in nare prima veluti lenticula: mox inarescente per totum corpus, maculosa, variis coloribus, et inaequali cute, alibi crassa, alibi tenui, dura alibi, ceu scabie aspera: ad postremum vero nigrescente, et ad ossa carnes apprimente, intumescentibus digitis in pedibus manibusque.* Fast ebenso beschreibt auch Celsus (III, 25) diese krankheit. Das leiden hatte also im gesicht angefangen, sich alsdann über den ganzen körper verbreitet und zuletzt geschwülste der extremitäten hervorgebracht. Das stimmt so ziemlich damit überein, was nichtärzte über Vatinius ausgesagt haben: anfänglich *strumosa facies,* alsdann *maculosum corpus, strumae* an verschiedenen theilen und endlich das leiden der füsse. Eine einfache fussgeschwulst wäre nicht der rede werth gewesen; bei Vatinius war es eine ganz besondere, aus einer in Rom ungewöhnlichen dyscrasie entstandene, und es heisst: *in pedes suos ipse plurima dicebat.* — Zu Cicero's zeiten kam diese krankheit in Rom selten vor und erregte allgemein abscheu, was schon aus den worten: *respuunt, exsecrantur, metuunt, erubescunt* zu ersehen ist.

Cicero ist also keine autorität für *struma* in der bedeutung des schilddrüsenleidens; denn es waren nach ihm hals und nacken des Vatinius angeschwollen und seine *strumae* veränderten ihren sitz.

Der artikel *struma* könnte in den wörterbüchern folgendermassen abgeändert und auch noch weiter ausgefüllt werden:

Struma 1) die drüsengeschwulst und jede ihr ähnliche geschwulst: Celsus V, 28, 7; besonders im plural *strumae*: Celsus I, 9; II, 1 u. s. w.; Cicer. or. in Vatin. c. 16; Plin. NH. XXI, 83 und an vielen andern stellen; 2) der dicke hals, der durch geschwülste entstellte hals und nacken: Cicer. Ep. ad Attic. II, 9 — in überein-

stimmung mit: in Vatinium II —; 3) tropisch: der kropf, als
bürde, last u. s. w.: Cicer. or. pro Sestio, 65; *struma civitatis* nur
als anspielung auf Vatinius.

Struma civitatis könnte auch mit krebsschaden übersetzt werden; denn Vatinius, *qui ex pauperrimo factus est dives*, war gewissermassen ein krebsschaden am *aerarium*. (Seine krankheit, der
knollige aussatz, wird von Paulus Aegineta: καϱκῖνος ὑπάϱχων ἐν
ὅλῳ τῷ σώματι genannt).

Die lexikographen, die *struma* nur mit kropf übersetzen, berufen sich dabei auch auf folgende stelle im Celsus (V, 28, 7):
*Struma est tumor, in quo subter concreta quaedam ex pure et san-
guine quasi glandulae oriuntur.* Solch eine geschwulst entsteht
nach Celsus an verschiedenen körpertheilen, sogar an den brüsten
der frauen. Ohne zweifel versteht er darunter drüsengeschwülste
mit hinzutretender vereiterung, auf keinen fall aber den kropf.

Es sind der beweise genug angeführt, dass bei den alten verschiedene geschwülste den namen χοιϱάς und *struma* erhalten haben. Hieher gehörten vornehmlich drüsengeschwülste, alsdann aber
auch balggeschwülste, wohl auch fungöse leiden u. s. w. Hätten
aber die alten den eigentlichen kropf gesehn, so müsste auch er
von ihnen den χοιϱάδες oder *strumae* beigezählt worden sein. Bemerkenswerth ist es aber, dass weder Griechen noch Römer uns
irgendeine nähere beschreibung des kropfs, der sich doch so auffallend und wesentlich von allen andern geschwülsten unterscheidet, hinterlassen haben. Gesehn hatten sie ihn sicherlich. Wenn
Juvenal (XIII, 162—163) ausruft:

Quis tumidum guttur miratur in Alpibus? aut quis
In Meroë crasso maiorem infante mamillam?

so weist er auf endemische hypertrophieen in den Alpen und in
Aethiopien und namentlich auf den eigentlichen kropf, die *struma
endemia*, hin. Die Römer konnten schon in den rhätischen Alpen
solche kröpfe, wie sie noch heut zu tage dort vorkommen, zu gesicht bekommen haben. So wäre denn die älteste lateinische benennung des kropfs: *tumidum guttur*. Jedenfalls dürfte man eher
den plinianischen ausdruck: *guttura* auf die geschwulst der schilddrüse beziehn, als das wort *struma* bei Plinius und andern Römern
für diese geschwulst bezeichnend halten. Plinius (XXXVII, 11, 2)

theilt mit, dass die weiber jenseits des Po (*Transpadanorum feminae agrestes*) ein halsgeschmeide aus bernstein theils als schmuck, theils als heilmittel gegen halsgeschwülste tragen. Dabei führt er als ursache dieser geschwülste an: *vario genere aquarum iuxta infestante guttura ac vicinas carnes.* Nach *iuxta* folgt (in der Sillig'schen ausgabe): *Alpis.* Ist diese lesart die richtige, so unterliegt es keinem zweifel, dass auch Plinius der in den Alpen endemischen kröpfe erwähnt. Das wort *gutturosi*, kropfhalsige, gehört aber einer viel spätern, nachclassischen zeit an.

Man vermuthet, dass Aetius, Paulus Aegineta uud Celsus unter dem namen βϱογχοϰήλη den kropf verstanden haben. Paul von Aegina (VI, 38) unterscheidet βϱογχοϰήλη στεατώδης und ἀνευϱισματώδης. Hatte er den kropf gesehn, so musste er ihn, freilich ohne sein wesen zu kennen, unter die rubrik βϱογχοϰήλη στεατώδης gebracht haben; jedoch waren es ohne zweifel ganz andere geschwülste am halse, denen er diesen namen beigelegt. Dafür spricht schon das von ihm unternommene operative heilverfahren. Hätten aber die alten die schilddrüse wirklich exstirpirt, so würden sie auch sicherlich die gefahrvollen folgen dieser operation, vor der sich viele der ausgezeichnetsten chirurgen unserer zeit gescheut, nicht mit stillschweigen übergangen und sie nicht unbedingt, wie Paulus Aegineta, vorgeschlagen haben.

Celsus (VII, 13) beschreibt die βϱογχοϰήλη folgendermassen: *At in cervice, inter cutem et asperam arteriam, tumor increscit (βϱογχοϰήλην Graeci vocant) quo, modo caro hebes, modo humor aliquis, melli aquaeve similis, includitur; interdum etiam minutis ossibus pili immisti. Ex quibus quidquid est, quod tunica continetur, potest adurentibus medicamentis curari. Quibus summa cutis cum subiecta tunica exeditur. quo facto, sive humor est, profluit; sive quid densius, digitis educitur.* Das passt aber auch gar nicht auf den kropf. Hier ist ganz deutlich von balggeschwülsten die rede, auf welche schon die *subiecta tunica*, der balg, gradezu hinweist. Irrthümlich übersetzt Scheller (l. c. th. 2, p. 274) die βϱογχοϰήλη des Celsus mit kropf, und ganz ungegründet ist seine meinung, dass Celsus namentlich unter *caro hebes* den kropf verstanden habe.

Unter *caro* versteht Celsus nicht nur das, was wir fleisch nennen, sondern ausser den knochen alle festen theile des körpers.

Caro hebes kommt bei ihm dreimal vor. An zwei stellen ist es ein bestandtheil der balggeschwülste. Die eine stelle (VII, 13) ist die eben von mir angeführte. An der andern (VII, 6) spricht Celsus von den an verschiedenen theilen *(in qualibet corporis parte)* vorkommenden balggeschwülsten *(tubercula, quae tunica sua includuntur)*, und bei erwähnung des verschiedenen inhalts derselben *(quid intus habent)* wird auch *caro hebes* angegeben. Da Celsus die griechischen namen der balggeschwülste, namen, wie sie bisjetzt noch in der chirurgie bestehen, als: μελικηρίδες, ἀθερώματα, στεατώματα dabei anführt, die σαρκώματα aber weglässt, so unterliegt es keinem zweifel, dass er mit *caro hebes* auf diese hinweist. Endlich spricht er (VII, 3) von den guten und schlechten zeichen bei vereiterungen. Unter anderm wird hier als ein schlechtes zeichen angeführt: *si, antequam sinus carne impleatur, orae carnosae* (nach andern *callosae*) *fiunt, illa quoque ipsa carne hebete, nec firma.* Hier ist *caro hebes nec firma* das, was wir gegenwärtig *caro luxurians*, wildes fleisch, nennen. Freund übersetzt ganz richtig *caro hebes* mit „fleisch ohne empfindung", aber sein zusatz „abgestorben" ist überflüssig; da *caro hebes* sowohl in den balggeschwülsten, als auch an den wunden zu den neubildungen gehört.

Der kropf ist keine balggeschwulst. Ich begreife nicht wie Scheller, der gründlich gelehrte arzt, die balggeschwulst, welche Celsus βρογχοκήλη nennt, für die hypertrophie der schilddrüse nehmen konnte. Celsus sagt ja ausdrücklich: *si humor est, profluit;* das kann doch nicht die schilddrüse sein? und alsdann: *sive quid densius, digitis educitur.* Wie will man aber die schilddrüse mit den fingern herausziehn?

Den namen χοιράδες leitet Paul von Aegina auf dreifache art von οἱ χοῖροι her: ἀπὸ τῶν χοιράδων πετρῶν, ἢ ἀπὸ τῶν συῶν, ὅτι πολύτοκον ζῶον, ἢ ὅτι τοιουτώδεις οἱ χοῖροι τραχήλους ἔχουσι. Ebenso, nur mit ausschluss der inseln, erklärt auch Aetius Tetrab. IV, serm. III) den namen χοιράδες. Scheller (l. c. bd. 2, p. 136) übersetzt ἀπὸ τῶν χοιράδων πετρῶν mit: „von den choiradischen inseln". Solche inseln haben aber nicht existirt. Phantasiereiche Griechen verglichen kleinere, aus dem meere hervorragende klippen mit schwimmenden schweinen und nannten sie χοιράδες πέτραι. Beim aufsuchen der vermeintlichen (von Scheller und auch noch anderwärts angegebenen) chöradischen inseln, ist mir der name

einer griechischen pflanzstadt im Pontus aufgefallen, welche For-
biger (Handbuch der alten geographie bd. 2, p. 424), nach Sky-
lax, anführt, nämlich Χοιράδες. Ich habe nirgends finden können
woher dieser sonderbare name komme.

Moskau. (Fortsetzung folgt.) *N. Anke.*

Verg. Georg. IV, 316.

Aristäus, im begriff Tempe eiligst zu verlassen, *ad extremi
sacrum caput adstitit amnis*, ist an die mündung des Peneus getreten; denn dass nur an die mündung, nicht an die ausserhalb
Tempe's liegende quelle des flusses gedacht werden kann, zeigt
ausser *fugiens* und *Peneia* gleich v. 321 *gurgitis huius*, vrgl. unt.
387, 395, dann noch deutlicher vs. 333 *thalamo sub fluminis alti*:
denn da weist kein wort auf die quelle hin; *thalamus* bett, steht
wie ἱερὸν οἴκημα ποταμοῦ Pind. Ol. II, 9, s. Böckh und Tafel und
vrgl. ποταμὸς βαϑυδίνης: es bereitet die folgende beschreibung
der wohnung (vs. 363 sqq.) der Kyrene vor, die hier als eine
unter dem ganzen bett des flusses hin sich erstreckende angedeutet wird: ferner heischt die mündung unt. vs. 352 *summa
flavum caput extulit unda*, da eine quelle wellen nicht hat, auch
vs. 362 *misitque sub amnem*, vrgl. 355 *Penei . . ad undam*, vor
allem vs. 360 *alta flumina*, sc. *Penei*, wassermassen, wie *Scamandri
flumina* Hor. Ep. 13, 14, *Symaethia* Verg. Aen. IX, 585, Ἐνι-
πῆος καλὰ ῥέεϑρα Hom., auch μεγάλοι ποταμοὶ καὶ δεινὰ ῥέεϑρα
Hom. Od. λ, 157, Soph. Ant. 105: *Xanthi fluenta* Verg. Aen.
IV, 143: wenn also auch sonst *caput* von der mündung der flüsse
nicht vorkäme, müsste man unserer stelle den gebrauch entnehmen.
An dieser stelle also, welche auch für das verständniss von 387—
95 nöthig, klagt erst Aristäus und wendet sich dann in längerer
rede an die göttliche mutter: seine rede zerfällt in einen gleich
mitten in die sache versetzenden haupttheil, 4 × 4, und in einen
schluss, 4: letzterer wird noch nicht richtig gefasst: Aristäus fordert in seinem schmerze die mutter auf, die von ihm gepflanzten
obstbäume zu vernichten, *ipsa manu . . erue*, dann die stallungen
mit dem vieh und die erndten: die beiden ersten, bäume und vieh
also so, dass an eine wiederherstellung nicht zu denken: grade
dies, das wiederherstellen, liegt aber nicht in *interfice messes*; daher
ure sata et validam in vitis molire bipennem, wonach *sata* nun
saaten, *segetes*, s. Verg. Aen. II, 306, bezeichnet, das im feld stehende,
nicht reife getreide, so dass Aristäus keine aussaat erlangen kann,
also nicht *satas arbores*, wie Heyne, nicht „saaten und pflänzlinge
zugleich" wie J. H. Voss erklärt; ebenso *vites* die stöcke mit den
unreifen trauben: also neue schösslinge sind unmöglich: wie das
schon steigerung hervorbringt, so erhöht diese noch *ure*, = ver-
brenne mit qualen, und *validam bipennem* bei so schwachen gegenständen, so dass also Kyrene gegen jugendliches wüthen soll.

Ernst von Leutsch.

XII.

Beiträge zur kritik und exegese des Plautinischen Miles gloriosus.

(S. ob. p. 270.)

Actus II.

596. *Coibete* B, das ⌐ s. l. m. 2. — 597. *pspectare*
(= *perspectare*) B, *pspectari* D. — 599. *nrā* Ba, *nrīs* mit rasur
des *a* und des ersten ˜ Bb; *consili* Ba, *consiliis* ohne jede rasur
Bb. Im folgenden unächten verse hat auch im C eine *m. recentiss.* nach *spolia* s. l. hinzugefügt *nrā*. — Ueber die altlateinischen formen der negation s. die scharfsinnigen beobachtungen
Bergk's in der Z. f. A.-W. 1852, p. 346, zum Trin. 282, wo die
glänzende emendation *nec ullum* (= οὐδὲ ἕνα) bestätigt wird durch
Studemund's vergleichung des A, Rh. Mus. XXI, 593; und im
Philol. XVII, p. 42 ff., zum Merc. 860.

600 und 601 sind nach Weise's und Ritschl's vorgang auch
von Fleckeisen Ep. crit. XXVI und von O. Ribbeck im Rh. Mus.
XII, 597 verworfen worden, woraus die wiederherstellung des *Nam*
602 folgt. Auch 603 möchte Ribbeck a. a. o. streichen, da er
nur eine erweiterung des *si id inimicis usuist* in 602 zu sein
scheine, und 604 sich vollkommen glatt an 602 anschliesse. —
601. *catalagos* (nur das *s* m. 2, ohne rasur) *loquendi lectū* (das
ū in starker rasur zweier buchstaben, von denen nur nach rechts
hin übrig ist: ˜) *ē* (von m. 2, ohne rasur) B. *catalago* C m. ead.,
das wort ist unterstrichen von m. recentiss.; *catalogo* D, das
zweite *a* scheint aus *o* geändert worden zu sein von m. 1 selbst.

— 602. *si it* Ba, das *t* in *d* geändert von m. 1 selbst; *sisit*
Bb durch einsetzung des zweiten *s*, rasur am *d* und nachziehung
des *t*. Im C schrieb m. recentiss. über dem *fit* : *v. c. sit*. —
603. Die buchstaben s. l. im B (*n* nach *qui*, *t* nach *obsi*) sind
hier (und 608, wo *i* über *a*) nicht von m. 1; *usu est obsat* D,
t vor *a* s. l. m. 4 (= Dc bei Ritschl). — 604. An dem *resci-
verint* hat Müller, Pl. pr. 436 anm., wohl mit recht anstoss genommen und statt dessen vorgeschlagen: *Quippe si hercle résciuere.*
— 605. Die in der starken rasur des *ere* im B etwas verschwom-
menen buchstaben der m. 2 waren wohl *te*. — 607. *elevaauta-
dextra* D, erstes *e* durch *a* s. l. ersetzt von m. 4. — 609. *usq'*
at (ausradirt, das *a* scheint zuerst durchstrichen worden zu sein)
ultumã (das *ã* von m. 3 in rasur eines *&* [?], das *m* theilweise
nachgezogen) *platea st probe* (das *p* von m. 3 in rasur eines hohen buchstabens, *s* oder *st*) B. Auch D hat *ultumã*.

611. *obedientes* B, *oboedientis* D, letztes *i* in *e* geändert von
m. 2. — 613 ist, wie 614, noch lange nicht hergestellt. B
hat nach *PER* : *magis ñ potest ëë at* (*ad* m. ead.) *rë ut sibile*
(*s* ausradirt) *PA immo* und dann in neuer zeile *Quid tibi pleusicles ~ PL quodne* u. s. w. (*pseusicles* Da, *pleusicles* Db und
wohl auch C). Einen vorschlag von Reiz s. in Fleckeisen's Ep.
crit. p. XXVI. — 615. *scit* B, aber die drei letzten buchstaben
von m. 3 in entsprechender rasur. Auch dieser vers ist noch ganz
unsicher, vgl. O. Seyffert im Philol. XXIX, 397. — 616. *hanc*
Ba, *haec* Bc. — 617. *cruciant cęd* . . . (drei bis vier ausradirte
buchstaben, von denen nur zu anfang und zu ende schwache spuren übrig sind) Ba; m. 3 strich das *n* und änderte im letzten
worte *c* in *t*; Camerarius corrigirte mit rother dinte — *at cedo.* —
619. Mit dem *te decora* vergleicht Bergk, Beitr. z. latein. Gramm.
I, 43 noch Asin. 577 *Ut méque teque máxume atque ingénio nostro
décuit.*

620. *Etate* Ba, nur die grosse initiale ist von unge-
wöhnlicher, einem *A* sich nähernder form; was der corrector daraus machen wollte, ist undeutlich: er radirte das erste *t* aus und
trennte das folgende *a* von *te*. — 624 sq. will auch O. Ribbeck
im Rhein. mus. XII, 597 f. dem Palaestrio geben. — 626. *Hac
inea etatë* Ba sicher; über dem ersten worte noch ein sehr ver-
blasstes (ausgelöschtes?) *n* (m. 1?); im zweiten worte, das mit dem

ersten durch einen bindestrich vereinigt wird, ist *a* ausradirt, desgleichen der ‿ im dritten, also Bc: *Hacine etate.* — *Acherunticus*
steht auch Bacch. 198, Merc. 290; vgl. *Acheruntis pabulum* Cas.
II, 1, 12; das *tam* in diesem verse empfiehlt auch Fleckeisen, Ep.
crit. XXVI, vgl. Ritschl in den *Addenda.*

630. Die transposition Guyet's *pernix sum pedibus, manibus
mobilis* hätte in den text aufgenommen werden sollen, da sie doppelte alliteration giebt; vgl. Men. 867 *pedum pernicitas;* ibd. 756;
Amph. 1116, Ps. 1175. — 631. *albicapillus* Da, *albuscapillus*

    u   *ū*

Db, *uidetor* und *ingenio* D ead. m. — *ne utiquam* getrennt zu
schreiben (wie die handschriften öfter thun: Merc. 599 B, Poen.
I, 1, 71 B, Capt. 586 B) empfehlen auch Brix zu Capt. 583 und
Lucian Müller in den Neuen jahrb. f. philol. CI, p. 68 f. —
633. P D. — *PER* BC. — 634. *adulescentules* Ba, der letzte
buchstabe ausradirt; unter dem *e* stehen ein *i* und ein querstrich. —
636. Nach dem *merce* standen in Ba noch ein *d* und dann ein bis
zwei flache buchstaben, nach dem *no* ein *s* oder *si.* — 639. *negas* Ba. — 648. *Minimis* (nur *s* ausradirt, dafür *e* m. 3) zu
anfang des verses B; am ende *minime* . . . . *us* (sechs ganz
ausradirte buchstaben, der drittletzte war ein hoher, *d*?) B; *Mini-*

  r

misputat scraat orsū ititdē D. — 650. *Naeq'* D, *nequę puorto*
CD. — 653. *amorā* und *que* Ba, *amorē* und *q'* Bc, *quę* D. —
658. *at* Ba, *ad* Bb; *q* . . (zwei ausradirte buchstaben) *amicus
amicos* (letzter buchstabe ausradirt) *si* . *τ* (ein unerkennbarer buchstabe ausradirt) *magis* (unterstrichen von m. 2) B. Im D ist *hęc*
schon von m. 1 in *nęc* geändert, das *s* in *amicos* durchstrichen
von m. 4. — 659. D: *moris* und *uicy*, m. 2 ändefte *c* in *g* und
fügte am schlusse ein *s* hinzu. — 660. *contractū* Ba.

Um die gestaltung der ganzen partie 637—660, die in den
handschriften in schreckliche verwirrung gerathen ist, haben sich
nach Ritschl verdienste erworben O. Ribbeck im Rh. mus. XII,
598—603 und ganz besonders Bugge in der skandinav. Z. f.
philol. u. pädag. VII, p. 8—10, mit dem ich in der gruppirung
der verse 651—656 L. zusammengetroffen bin und auch leicht
zusammentreffen konnte, da wir beide von den Ribbeck'schen bemerkungen ausgingen, und dieser dem richtigen ganz nahe war.

Es ist ein unbestreitbares verdienst Ribbeck's zuerst an mehreren stellen (624 sq. 655 sq. 659, 660, 725 sqq.) auf eine bessere personenvertheilung aufmerksam gemacht zu haben, „damit die farben der glücklichen und consequenten charakterschilderung nicht durch einander gemischt werden", und dann mit eindringendem scharfblicke nicht wenige sehr matte und überflüssige verse als produkte eines sich grade in dieser scene über die maassen breit machenden nachahmers erkannt zu haben. In letzter beziehung ist er jedoch zuweilen etwas zu weit gegangen, und mit recht hat Bugge mehrere der angegriffenen verse in schutz genommen. Darin dürften wohl zuerst alle einig sein, dass die beiden theile der rede des Periplecomenus: 639—648 und 649—654, die in den handschriften durch 655 sqq. und 637 getrennt worden sind, wieder mit Ritschl zusammengefügt werden müssen, und dass unmittelbar nach schluss dieser rede der ausdruck der bewunderung 655 sq., ebenfalls mit Ritschl, folgen muss. Dass diese beiden trefflichen verse mit den handschriften unzweifelhaft dem Palaestrio beizulegen sind, ist ebenfalls mit Ribbeck und Bugge als sicher anzunehmen; warum ersterer aber zweifel an ihrer ächtheit erhebt, ist in der that nicht abzusehen. Die ausfüllung des verses 655 durch *omnis* verdanke ich Bugge (p. 9), was im kritischen anhange zu bemerken vergessen ist; ich selbst hatte geschrieben *uere si quas* m. u. h.; das *omnif* passt aber viel besser sowohl dem sinne nach als auch graphisch, da *om* nach *em* und *if* vor *fi* leichter ausfallen konnten. — Es folgt dann in den codd. 637, welcher vers auf keinen fall mit Ritschl an die spitze der rede des Periplecomenus gestellt werden, noch weniger mit Ribbeck (p. 603) ohne weiter gestrichen werden darf, wie Bugge (p. 9) mit vollem recht bemerkt. Ich hatte schon wegen der (von Bugge nicht bemerkten) deutlichen beziehung zwischen *Venerio* und *uenustatis* den vers an seinen handschriftlichen platz zurückgesetzt und erklärt: „habe nur geduld, thatsächlich werde ich dir noch viel mehr liebenswürdige eigenschaften an mir zeigen, als in worten"; und änderte nachher, als Bugge's abhandlung mir zugegangen war, nach seinem vorschlage *praedicabo* in *praedicaui*, was ebenfalls im krit. anhange hätte bemerkt werden sollen; die änderung wird graphisch vortrefflich motivirt: *praedicaui — bi — bo* unter einfluss des *dabo*. — Dann folgt 659, der, wie Ribbeck p. 603

erkannt hat, auf keinen fall von 637 losgerissen werden darf wegen der deutlichen beziehung zwischen *uenustatis* und *uenustatem*; dann der offenbar dem Palaestrio (so die handschriften, Ribbeck p. 600, Bugge p. 10) gehörende kecke ausruf 660, der wieder durch *cum istis moribus* in unverkennbare verbindung mit jenem *Tui quidem edepol omnes mores* 659 gesetzt wird; endlich 657 sq., die, wenn 660 dem Palaestrio gehört, ja nur von Pleusicles gesprochen worden sein können, wozu sich auch ihr ton am besten eignet. Ribbeck ist zu kühn, wenn er p. 600 sie als eine „zahmere und breitere" umschreibung von 660 betrachtet und die auch von Bugge p. 10 bemerkte correspondenz zwischen *alterum* und *tris* ganz ausser acht lässt. Das *omnimodis* 658 ist versucht worden, weil das handschriftliche *ad omnis res* nicht in den vers passt, wenn in der zweiten vershälfte das erste *magis* gehalten werden soll, was der nachdrücklichen hervorhebung wegen rathsamer zu sein scheint, als das am ende stehende zu halten. Am schlusse des verses stellte ich *amicus amico sit*, weil nach der beobachtung A. Kiessling's im Rh. mus. XXIII, 412 Plautus stets den nominativ vor einen anderen casus desselben wortes setzte; doch ist mir der spondeus im letzten fusse zu bedenklich, um jetzt nicht lieber *amico amicu' sit* zu wünschen. So stellt auch Bergk (und vorher *nec magis qui*) im Ind. lectt. Halenss. aest. 1866, p. VI. Vgl. Müller's Pl. pr. 69 f.

In der rede des Periplecomenus selbst erklärt Ribbeck p. 601 f. nicht ohne grosse wahrscheinlichkeit v. 643 f. für unächt 1) weil das *ero* neben den folgenden *praesentia* auffalle; 2) weil das über die gute lebensart bei tische gesagte erst 645 anfange, und die wiederholung *conuiua — conuiuio — conuiuas* überflüssig sei; 3) weil 644 den inhalt von 646 sq. und 651 anticipire; 4) weil ein *uel — uel* hier kaum berechtigt sei. — Auch 649 und 651 ist das zweimalige *in conuiuio* im versausgange anstössig: Kayser vermuthet in den Heidelb. jahrb. 1869, p. 335 statt des ersten etwa: *neque puerulum.*

                  e

662. *conparabo* B, *e* s. l. m. 2; *bona factis* D. — 663. *aduocato tris suracundo* ~ B, ausradirt sind im zweiten worte das *t*, im dritten das *s* und der erste strich des *u*. — 664. *quantū e amare* Ba, *quāntū* (die drei letzten buchstaben unterstrichen, mit

verweisung auf die randnote *ut tutŭ*) *ē amare* Bc. Bergk hält
in der Z. f. A.-W. 1850, p. 331 den vers für verdorben, da die
stille keine bleibende eigenschaft des meeres sei: schon *quam uer-
numst mare* würde angemessener sein, oder es sei vielleicht ein
ganzer vers ausgefallen, etwa (nach analogie von Poen. I, 2, 145)
Olim, quom ibi alcedo pullos paruos educit suos. Die ähnliche
vergleichung im Stichus 529 sq. *Postilla iam istest tranquillus
tibi?* — *Magis quam mare quo ambo estis uecti* habe wohl durch
den zusammenhang das rechte verständniss erhalten. — Später
hat Bergk noch folgende fassungen vorgeschlagen: *Lénin? Leniό-
rem dices, quám tum est, quom mutúmst, mare* (Hallisches progr.
zum 2. August 1862, p. VI) und *'Opusne leni? léniorem dices,
quam tum, quom mutumst, mare* (brieflich). Auch Ribbeck nimmt
p. 599 anstoss, während Ritschl wohl mit recht das *mutum* unan-
gefochten lässt, da es Most. 852 sogar heisse *tam placida est
quam aqua* (Opusc. II, 614). — Die drei verse 666—668 habe
ich ihres inhaltes wegen, der durchaus nicht mit dem charakter des
Periplecomenus stimmt, stets für unächt gehalten und sie nach der
scharfen kritik Ribbecks' p. 598 f. unbedenklich gestrichen. — 666
hat B *hilarissimū*, D *indidā*, woraus m. 2 durch änderung des *in*
in *m*, unten angefügtes *e* oder *a* und über *di* geschriebenes *mŏ*
irgend etwas anderes herstellen wollte; 667 *ob/aṭorē* Ba, doch
sind die buchstaben *at* sehr unsicher *(at, oc, ac?)*; das übergeschriebene *na* m. 3. Zu 668 vgl. in bezug auf das *atque* noch
die bemerkungen Fuhrmann's in den Neuen jahrb. f. philol. bd. 97,
p. 842 f. und in der abhandlung *de particulis comparativis* p. 14.
— 669. *Qui* und *optissi* Ba, *Quis* und *optassi* Bb. Dass in dem
attollas des B die alte schreibung *at ollas* verborgen liegt, hat
schon Bergk im *ind. lectt. Halenss.* 1858|59, p. XII und in den
N. jahrb. f. philol. bd. 83, p. 631, anm. 80 bemerkt.

670 und 671, überhaupt die ganze stelle 661—671, verdächtigt Ribbeck p. 599 f., doch abgesehen von 666—668 ohne
hinreichende gründe. — 672. *molest'* Ba, *molestŭ st* Bb. Vor
esse glaubt Bergk noch ein *me* einsetzen zu müssen. — 676.
Ganz ebenso wie Haupt hat auch Bergk diesen vers hergestellt im
Ind. lectt. Halenss. 1858|59, p. V, desgleichen Müller, Pl. pr. p.
264 anm. Bergk möchte auch *accipiem* (welche endung übrigens
schon im B punktirt ist) behalten, wie Most. 914 dasselbe, da er

(**Z. f. A. - W.** 1855, p. 297) hierin eine alte conjunctivform zu erkennen glaubt: vgl. jetzt die Beitr. zur lat. gramm. I, p. 97. In betreff der stelle Pseud. 946 ist Ritschl's angabe *accipiem* unrichtig; der B hat *accipeam*. — 677. *obsequere* und *onate* C; im B ist *bibe* von m. 3. — 678. *ego* — *metuo* Ba, die buchstaben *uo* wurden zuerst unterstrichen und dann mit dem striche ausradirt, wogegen *ego* und *met* durch einen bindestrich verbunden wurden.　Ribbeck findet hierin p. 603 f. *me tui* (= *tueri*) also *liberum autem ego me tui uolo*, wodurch der gedanke „ich will frei **bleiben**" den im folgenden dargelegten grundsätzen über die ehe besser entspreche.　Hierbei wird aber das schliessende *libere* oder *bibere* der handschriften ganz unberücksichtigt gelassen: dass darin nichts anderes steckt als *uiuere*, haben alle folgenden erkannt.　O. Seyffert im Philol. XXV, 439 f. schlägt vor *liber sum autem ego et uolo uiuere*, wogegen einzuwenden ist, dass *ego*, das hier grade stark hervorgehoben werden muss, tonlos verschwindet, und dass der begriff „als freier" bei *uiuere* sehr hart fehlt.　Mehr empfiehlt sich Haupt's herstellung im Hermes III, 148: *liberum autem me uolo uiuere*, wobei aber das *ego* der handschriften ignorirt wird, welches ich wieder hinzugefügt habe.　Am einfachsten ist es aber mit Bugge in der oben erwähnten zeitschrift p. 11 das *sum* der handschriften nach *liber* zu streichen, als ein dem vorhergehenden *sunt* zu liebe eingesetztes, also *liber autem egomet uolo uiuere*.　Diesem gegenüber nehme ich meinen eigenen auf den Haupt'schen basirenden versuch zurück, obwohl Kayser in den Heidelb. jahrb. 1869, p. 330 demselben beigetreten ist und auch Bugge selbst in einer anmerkung denselben als „etwas ferner liegend" beigebracht hat.　Für *uiuere* fast = *esse* vergleicht derselbe Trin. 390, Bacch. 614, Men. 202, 908, Rud. 290, 1281.

　　684 hätte ich einen der vorschläge Gruter's *(si ea deducta est cuipiam usquam gentium)* oder Danz'ens *(usquam cuiquam)* aufnehmen sollen; auch Bergk stimmt in seinen Beitr. z. lat. gramm. I, p. 98 im wesentlichen letzterem bei. — 685. Für *possiem* schreibt Müller Pl. pr. p. 597 *possim hic.*

　　686. *dicate* (e ausradirt) *memini uirt* . . . (*t* und drei folgende buchstaben ausradirt, an stelle der beiden letzten *na̅* m. 3)

B. *PE Quem nunc quã lr̄ dicatememi* D, *nunq̃̄* über das zweite

und dritte wort m. 4; das letzte wort richtig abgetheilt durch
querstriche sowohl von m. 1 wie von m. 4. Das *mi* vor *uir* ist
wohl mit Bücheler, Grundriss der lat. decl. p. 58, und Müller Pl.
pr. p. 372 zu halten; letzterer streicht *mihi* und stellt *tibi unde*.

690. Sowohl das *i* über *q*, als das *iuuerit* im B sind von
                                                                    l a
m. 3; *uenerit* D. — 692. *Prencatrici* (*n* ausradirt) *conlectrici* B
(nur das *a* m. 3), *aruspicae* D. Müller Pl. pr. p. 562 will zur ver-
meidung des hiats in der diäresis *Praecantatrici* mit CD. — 693.
                                                                    v
daementer C, wie 700 *herde*. — 697. *mittetq*, D, *spicit* Da,
aspicit Db. — 698. *huiusmodi* für *horum* Müller, Pl. pr. p. 201 f.
        ū
— *muliere* D, ead. m. — 699. *prohibenti mihi que* B. Für
Med ist auch Bücheler, Grundriss d. l. decl. p. 50, für *Me úxorĕ*
(vgl. zu 700 L.) W. Wagner im Rh. mus. XXII, 116. Ritschl
lässt in den Neuen plaut. exc. I, p. 43 beides zu.

700. Ritschl scheint seine in der ausgabe gegebene restitution dieses verses jetzt selbst mit einer anderen und besseren vertauschen zu wollen: denn Opusc. II, p. 260 citirt er *Di tibi propitii
sunt hercle: si istam semel amiseris*. Dass *semel*, wofür in der
ausgabe *simul* ohne *si*, nicht entbehrt werden könne, erkannte
schon Fleckeisen, der in Ritschl's praef. Bacch. p. XIII vorschlug
hercle: nam si istam amissis semel; die genaue befolgung der am-
brosianischen recension *si istam semel* ohne *nam* (auf welche schon
Bentley gekommen war) und die interpunction *sunt : hercle si*
räth Ribbeck p. 604 an und billigt Bugge p. 11; ersteres wollte
auch schon Bergk, Z. f. A.-W. 1850, p. 331. Müller Pl. pr.
p. 202 anm. schreibt ähnlich *sunt . nam si hercle istam semel
amiseris*. Dass aber der anfang des verses *Di tibi propitii sunt*
auch nicht richtig sein könne, bemerkte mit vollem recht Bugge
(p. 11 f.): der zusammenhang erfordere nicht den ausdruck „du
bist glücklich", sondern etwa „du bist ein kluger, bedächtiger
mann"; die spuren des A deuten auch auf etwas ganz anderes,
z. b. *Tu tibi prospicis caute : hercle si* etc. — 702 (vor dem
auch D *PA* hat) hätte ich, wie Kayser in den Heidelb. jahrb.
1869, p. 328 bemerkt, lieber an dem ihm von Ritschl gegebenen
platze lassen sollen: denn er passt in der that besser im munde
des jünglings als entschuldigende vorbereitung zu dem folgenden

einwande *At illa laus est*: „du bist zwar ein weiser rathgeber in
fremden und eigenen affairen: aber es ist doch" u. s. w. Ladewig im Philol. XVII, p. 257 stellt 702 unrichtig nach 683. —
704. *Liberos* D, aber über dem *o* ein ausradirtes *ŭ* (von m. 2?),
woraus sich das *Liberum* in FZ erklärt. — 707. Die herstellung
Bothe's ist befolgt von Lindemann, Kampmann „de in praepos. usu
Plaut." p. 15, not. 5, und von Haupt im Hermes II, 214, der
noch die treffliche emendation *didam* hinzufügt. Dagegen lesen im
engeren anschluss an die handschriften Geppert in seiner zweiten
ausgabe des Trin. p. 143 (wo *DEDAM* aus A angeführt wird),
Bücheler im Grundriss d. l. decl. p. 50 und W. Wagner im Rhein.

mus. XXII, 117: *Méa bona meá morté cognátis dédam* (*dicam* Bücheler und Wagner); ebenso Bergk, der aber auch selbst das *didam* erdachte und den vers mit dem vorhergehenden in verbindung
setzen will, so dass nach *uolo* und *lubet* komma gesetzt wird. —
708 (wo der B nach dem *Li* eine starke rasur von zwei oder
drei buchstaben aufzeigt: *de?* und das *Li* des Da in *Illi* verwandelt worden ist von Db; auch CD haben *hic* nach *agam*) ist von
Ribbeck p. 604 f. nicht sehr glücklich behandelt (*partiam Olim*:
apud me dum erunt, me curant: „so lange das vermögen noch in
meiner hand ist, pflegen sie mich"); besser von Bücheler, Grundriss p. 50 *(Ei apud me erunt, me curabunt)*; einleuchtend richtig
aber von Haupt im Hermes II, p. 214, der auch bemerkt, dass der
corruptel der palatinischen recension zu grunde liege: *Ei apud med
erunt, me curabunt.* Vgl. jetzt noch besonders Bergk's Beitr. z. l.
gramm. I, p. 41—42. — 709. *noctŭ* und *coeperiam* Ba, *noctu* und
coeperim Bb. *licentat sint rogitat* Da, *licetat sunt rogitant* Db. *som-
niŭ caeperiă* Da. *somnŭ caeperĭ* m. 4.

711. Das *dant* im B m. 3. — 712. *cenam* C, *cęnã̃ uocat*
D, *n* s. l. m. 2. — 715. *inhiare* mit dem accusativ steht auch,
wie K. E. Georges mir gefälligst mittheilt, bei Porcius ap. Sueton.
uit. Terent. p. 292, 17; Ammian XXX, 4, 15; Censorin. 1, 1.

721. *dequo* für *de equo* B; *Censere memori* C, des C in rasur
eines *A* m. 1. — 722 *defrigissŷ* Ba, *defregissŷ* Bb. — 724.
Ritschl's vorschlag in der anm. *usuist* billigt auch Bugge in der
skandin. Z. f. philol. VI, 11; Bergk vermuthet *consulit*. — 725

media eaq, aem$\widetilde{y}$ Da, *medideaeq; aem*$\widetilde{y}$ Db, noch verdeutlicht von
m. 4. — 726. Ein *ut* vor *uno* hält auch Bergk für nothwendig.
— 727—729 (wo B *inproba,* D *improba*). In einem Leipziger uni-
versitätsprogramm [1]) bespricht R. Klotz (p. 5 f.) noch einmal kurz
diese von ihm und A. Spengel auf gleiche weise restituirten verse,
in deren zweitem er übrigens auch schon die form *mers* erkannt
hatte, und empfiehlt nochmals den indicativ *pauperat* statt Spengel's
pauperet, der sich doch auch gut halten lässt, obwohl der recensent
im Philol. Anz. I, p. 119 ihn fast für einen druckfehler hält.
Vgl. jetzt noch Ritschl, Opusc. II, 656 f. anm.; ebendas. ist über
die form *mers* gehandelt; *commers* entdeckte Studemund im Hermes
I, 290 f.

732. *achimerant* Ba, *adhimerent* Bb. *scaeles histis* Da, *scae-
lestis is* Db. — 733. $\widetilde{eet}$ B. — 736. *culpae* Da, *culpaes* Db. —
737. *nuntiã* Da, *nunt iã* Db, *nunc iã* m. 4. — 738. Das von
m. 4 s. l. vor *lut* geschriebene ist nicht *ut*, sondern *ue*. — 740.
sumpt$\overline{u}$ B, das $\overline{}$ ausradirt. Die lücke nach diesem verse sta-
tuirte schon L. Kayser in den Heidelb. jahrb. 1850, p. 601. —
741. *diuorti* B. — 742. *contime*$\widetilde{u}$ Da, *continue*$\widetilde{u}$ Db. — Im B
ist das *n* in *Quin* für irgend einen ausradirten buchstaben gewiss
von m. 1 selbst, die auch das zweite *t* in *tritu*$\widetilde{u}$ in *d* änderte;
744 ist keine correctur im ganzen verse. — 743 hatte Bergk
nach brieflicher mittheilung schon vor jahren so hergestellt, wie
ihn jetzt Studemund scharfsinnig aus dem A eruirt hat; ganz
ebenso schrieb auch zu gleicher zeit Klotz in dem soeben erwähnten
programme p. 7—9, woraus die folgenden belegstellen entlehnt
sind: Photii Lex. p. 106, 23 ed. Porson. Tragischer dichter bei
Arsenius, Violet. p. 303: Ἰλιὰς κακῶν ἐπῄει, und dazu die anmerkung von Chr. Walz; Plutarch. coniug. praecept. c. 21; Liba-
nius I, p. 102 B. καὶ δὴ ὅστις βούλεται μέγα σημῆναι πάθος

---

1) *Emendationum Plautinarum libellus, quem ad renuntiationem
philos. doctorum et aa. ll. magistrorum — indicendam edidit Reinholdus
Klotz.* Lips. 1868. Ebds. p. 4 f. erinnert der verf. daran, dass er
Mil. 305 schon im jahre 1851 in den suppl. der neuen Jahrb. f. philol. bd. 42, p. 464 dieselbe emendation vorgetragen habe, die später
Haupt fand Herm. III, 148 *(facio, interii: interii, si taceo, tamen)*.
So sei auch 368 das eine *oculis* in den handschriften ausgefallen und
wohl auch ein *capiti* 326, welcher vers zu schreiben sei: *Vaé capiti
tuo. — Cápiti tuo istuc, Scéledre, promittó fore.*

Ἰλιάδα προσαγορεύει κακῶν. Porphyr. de abstin. p. 80; Moeris
Atticista p. 200; Phrynichus in Bekk. Anecd. I, p. 43, 31; Eu-
stathius p. 444, 22; p. 1175, 62; Erasmus, Adag. Chil. I, Cent.
III, nr. 26. Ovid ex Ponto II, 7, 33 sq.

> Quae tibi si memori coner perscribere uersu,
> Ilias est fati longa futura mei.

745. Seruienti D. In introduxi (introuxi C) liegt vielleicht
die alte schreibung instrouxi verborgen. — 746. inpararent Da,
inperarent Db. — 747. horē B. mihi mcit D. Vielleicht ist
hierin mit Bergk, Z. f. A.-W. 1855, p. 290 f., eine alte dittographie zu suchen: Si illis aegrest, mi incidit quod; im folgenden
schreibt Bergk morem hau remigio gero und erklärt remigio =
familiae. — 748. facihundum C. faci undū̄ ficū̄ D. — 749.
Die im commentare gegebene erklärung von quod occepi ist gebilligt von Bergk, Beitr. z. l. gr. I, p. 74.

751. uerem Da, ueterem m. 4. — 752. Nám prolétari
sermone Bergk; Bücheler, Grundriss d. lat. decl. p. 51, bemerkt,
proletari könne auch Genetiv sein. — 753. hii B. — 756. ob-
sonatusi C. caussa D, doch ist ein s ausradirt. Ribbeck streicht
p. 605 f. gewiss zu kühn diesen vers als dittographie von 762;
Kayser erkennt in den Heidelb. jahrb. 1869, p. 328 die transposition desselben nach 762 als richtig an, glaubt aber, dass 757
gut an seinem platze, nach 755, bleiben könne. — 757 at für
ad, 758 umquā̄ für numquā̄ B; idē und atpositū̄st Da, p für
das erste t m. 4. Das eidem ist oben zu Arg. I, 4 (Philol. XXX,
p. 585) hinzuzufügen. — 762. Sed procellunt, sed procumbunt dimidiati, dum appetunt Bergk. Das komma nach dimidiati erkennen
als richtig an Rost, Opusc. I, p. 218, Klotz in den N. jahrb. f. philol. bd. 64, p. 203 f., Brix, anmerkung zu Men. 103. Im B ist
dieser vers von späterer hand mit der wiederholung nach 777 verbunden und daselbst unterstrichen; D hat Set und procumbunt (i s. l.
m. 2) dimidi atidū̄. — 763. centesima Da, centesimā̄ Db. —
764. Vgl. Capt. 419 f. Pól istic me haut centénsumam Pártem
laudat quam ipse meritust út laudetur laúdibus. Die anmerkung
daselbst in der zweiten ausgabe von Brix (418) ist mir sehr unklar, noch mehr die auffassung Fuhrmann's in den N. jahrb. f. phi-

lol. bd. 97, p. 846 f., der *atque* im vorliegenden Milesverse in seiner grundbedeutung nehmen will. — 769. Pareus und Bothe behalten das *ab Philocomasio* des Camerarius und erklären es für abhängig von *copiam*, = *copiam Philocomasii*, vgl. ausdrücke wie *fulgor ab auro!* Lindemann vertheidigt *ad Philocomasium*, denn *copiam efficere ad aliquem* sei = *copiam adeundi aliquem facere.* Dass beides sprachlich unzulässig ist, bedarf kaum einer bemerkung: Ribbeck scheint aber p. 606 dennoch dem letzteren beizustimmen, wenn er ohne nähere erklärung sagt: „das folgende *ut eam abducat hinc habeatque* bestätige die lesart von FZ *ad philocomasium,* die auch in BCD: *ac* d. h. *at* noch erhalten sei".

770. *abduc ita* Da, *abducat a* m. 4. — 773. Im C stand unter dem *accipe a me* zuerst *perpurgatis*, berichtigt von m. 1 selbst. *rusum* Da, *rursum* m. 4. — Der schönen herstellung dieses verses von Fleckeisen treten sowohl Bergk, Ind. lectt. Halenss. 1862|63, p. VII, not. 6 (gegen die eigene frühere vermuthung im ind. lectt. Halenss. 1858|59, p. XIII), wie Ritschl, Opusc. II, p. 431 sq., bei. Der ausdruck *purgatae aures* steht auch Hor. epist. I, 1, 7; Pers. 5, 63; gegensatz ist *aures obesae* Calpurn. 4, 148, vgl. Horat. Epod. 12, 3 *iuuenis naris obesae.* — 775. *Erus B, moeccus* D. — 776. *Füisse aeque* hält auch Bugge in der skandin. Z. f. philol. VII, p. 12 f. für richtig: *aeque* sei in *atque* verschrieben worden wie Ps. 358, Merc. 335, und wie *aequi* in *atque* 784. — Für *istuc item* ist zu schreiben *istuc quidem*, wie Bergk, Ind. lectt. Halenss. 1858|59, p. XIII, anräth und Ritschl Opusc. II, p. 418 not. billigt. Ebenso Müller, Pl. pr. p. 241, anm. 1. — 779. Acidalius, Divinatt. p. 295, sucht den sinn dieses unklaren verses folgender massen zu verdeutlichen (und Ritschl stimmt ihm bei): *Cum ambigua locutione Palaestrio sectari omnes ultro mulieres in Epheso militem dixisset, hic bonus senex esse quidem ita subiicit, et verum se scire, sed esse multos vel hic nunc in isto theatro, qui mentiri eum cupiant, optentque falsum utrumvis, sive ab uxoribus eorum appeti herum, sive contra ab hoc illas praedicasset. Nolint omnino militem talem, qualis memoratur, uxoribus suis atque etiam vel amicis et filiabus metuentes.* Hiergegen wendet Bugge a. a. o. p. 13 f. mit grund ein, dass v. 778 durchaus nicht zweideutig sei, da der zusammenhang, das *ultro* und die verbindung mit 777 durch *itaque* nothwendiger weise nur éin verständniss ermögliche; sinnlos

aber sei es, 779 so aufzufassen, wie Acidal es gethan: als ob
überhaupt jemand den erzählungen eines notorischen lügners und
allbekannten narren (89 — 92, 1043 f., 1392) irgend welchen
glauben beimessen und ihn irgend einem weibe gefährlich erachten
wolle. Deshalb müsse geändert werden *multi suspicant men-
tirier (suspicare* auch Cas. II, 6, 42), im gegensatz zum folgenden
teneo pulcre.

780. Ueber *proin* vgl. die bemerkungen Fuhrmann's in den
N. jahrb. f. philol. bd. 97, p. 852 f. — 781 und 782 hat auch
Ritschl, Annot. ad Stich. 325, das handschriftliche *potis* wiederherge-
stellt. — 784. Zu *faciam* vgl. die bemerkung im Philol. XXVII,
p. 546 f. — 787. *Latam* (das $\overset{v}{v}$ s. l. m. 2) *visan* (*m* für *n*
m. 4; so auch *quan* für *quam* 782) *que nondū̃ sit lautā* (*lauta*
m. 4). — 788. *potis quā̃quē̃* Da, *potes quamq'* m. 4.

793. Mit vollem recht glaubt Ribbeck im Rh. mus. XII,
606, dass die worte *Erro quam insistas viam"* nicht von Periplecomenus, sondern von dem auf solchen bahnen gänzlich unerfah-
renen Pleusicles eingeworfen" worden sind. Die handschriften geben sie ebenfalls dem Pleusicles: *PLE* B, *PL* CD. Dann kann
auch 794 mit Ribbeck das handschriftliche *At scietis* (CD, *stetis*
B) aufrecht gehalten werden, während das folgende *set* zu tilgen
ist. — 799 wird im B, wie die drei folgenden verse, ganz dem
PA gegeben; *verberat vit* D. — Gegen Ritschl's herstellung dieses verses erhebt O. Seyffert im Philol. XXIX, p. 397 f. mehrfache bedenken: wenn auch eine redensart *alicui aures verberare*
„jemand ins ohr schreien", wie mir scheint, wohl denkbar ist, so
ist doch mit allem recht die zusammenstellung des *recta semita* mit
Cas. II, 8, 33 *Nunc pól ego demum rédii in rectam sémitam* verworfen (denn hier bedeutet ja *recta semita* „der richtige weg" im
gegensatz zu einem irrwege); für *egomet* haben die handschriften
nur *ego*, „und wozu bedarf es überdies der versicherung des Palaestrio, dass er grades weges zu dem Miles gehen werde?" Er
beeilt sich ja auch keineswegs damit, wie die beiden folgenden scenen zeigen. Geht man von dem *Ne me surdum* der handschriften
aus, so muss, wie Seyffert richtig bemerkt, ein verbum folgen,
welches der stelle den sinn giebt: „halte mich nicht für taub".
Denn behält man das allerdings der überlieferung am nächsten lie-

gende *verbera* oder *verberassis* (da vor dem *si audis* noch die buchstaben *vit* stehen), so ist erstens die einschiebung eines *ut* vor *surdum* unumgänglich, und zweitens bringt man es doch nur zu einem sehr geschraubten spasse, der, wie Bothe wollte, auf dem gleichklange der wörter *verba* und *verbera* beruhen soll, meines erachtens aber nur dann zulässig ist, wenn beide wörter auch wirklich dastehen, wie Truc. I, 2, 17 *Me illis quidem haec verberat verbis* (vgl. auch Amph. 333 sq.), ähnlich Cas. II, 6, 60 *postquam oppugnatum est os* nach vorhergehendem *pugnis caedor.* — In der zweiten vershälfte sucht Seyffert, wenn sie noch ganz dem Periplecomenus angehöre, den gedanken: „ich kann hören, und zwar gut" und versucht die herstellung *Né me surdum rére: habeo auris aúdioque ego récte eis*, unter vergleichung von 358 *habeo auris* und Epid. I, 1, 5 *satis recte oculis utere.* — H. A. Koch giebt in den N. jahrb. f. philolog. bd. 101, p. 63 die zweite vershälfte dem Palaestrio und vermuthet *si audis, ego rectissume Ei dabo* (*Dábo eum ero* Seyffert a. a. o. p. 398). Hier hat zwar das *si audis* (worin ich früher *si audes* = *sodes* suchte) eine gute beziehung auf das vorhergehende *audio*, aber *rectissume* giebt keinen sinn und kann unmöglich mit Pseud. 990 zusammengestellt werden, wo *recte* ja „richtig" bedeutet.

809. H. A. Koch a. a. o. glaubt in dem *Ut sedeat mecum* des B ein *Ut sed ad eum* zu erkennen, wie Ritschl in den N. pl. exc. I, p. 33 f. §. 10 aus dem *Adsedeas* des B 1275 mit Gulielmius *Ad sed eas* herstellt. Richtiger scheint Bergk's ansicht, dass der verschreibung ein *Ad se adeas* zu grunde liege, s. Beitr. zur latein. gramm. I, p. 42 und vgl. die ausstellungen des rec. im Philol. anz. II, p. 240. — 804. B hat *at* für *ad* und *ab* für *habe*; im C ist *Lepidiore̜s* gewiss von m. 1 selbst. Müller, Pl. pr. p. 177 citirt *quam ego habeo . habe animum bonum.* — 806. *obe̜diens* C, 808 *constitutast* D. — 807. *Quem* für *Quam* will auch Fleckeisen Ep. crit. p. XXVII behalten. — 815. Ueber die zwei asyndetischen imperative s. zu 521; Brix zu Men. 432, Kiessling in den N. jahrb. f. philol. 1868, p. 629. — Gegen den inhalt der verse 805—812 sind bereits von Ribbeck im Rh. mus. XII, p. 606 f. ähnliche bedenken geltend gemacht, wie in der einl. p. 43, denen Kayser in den Heidelb. jahrb. 1869, p. 326 f. beitritt. Ladewig

betrachtet im Philol. XVII, p. 259—261 ebenfalls alle in 586—595
(welche verse vielleicht ganz zu streichen seien), 612—614 (die
doch vielleicht zu entschuldigen sind, s. einl. p. 41) und 805—812
enthaltenen widersprüche als folge der contamination. „Im ersten
originale setzte die zwei rollen spielende Philocomasium ihre täuschung weiter fort und dupirte auch den Miles. Dafür spricht
einmal die von Plautus wiederholt berücksichtigte besprechung des
falles, wie man mit dem Pyrgopolinices verfahren wolle, wenn er
nach hause zurückkehre, 248—254, 806 sq., ferner die drohung,
den Pyrgopolinices von der verläumdung des Sceledrus zu benach-
richtigen, 395 sq. 404, und endlich, dass der ganze plan des Palästrio auf die dummheit des Miles basirt ist, 235 sq., die zuhörer
also gar nicht beurtheilen könnten, wie richtig Palaestrio seinen
plan angelegt habe, wenn sie nicht gelegenheit erhielten, sich hierüber durch den augenschein ein urtheil zu bilden. Dem zweiten
griechischen drama dagegen lag der von Palaestrio 765 und 803
entwickelte plan, der auf die eitelkeit und lüsternheit des Miles berechnet war, zu grunde. Nimmt man nun an, dass in dem ersten
originale der weitere plan im hause des Periplecomenus verabredet
wurde — weshalb das gespräch III, 1 füglich auf andere gegenstände übertragen werden konnte — und aus der weiteren handlung den zuhörern ersichtlich wurde, so gehören diesem drama vom
plautin. Miles die beiden ersten akte und vom dritten 610—764
und 805—812, alles übrige dem zweiten an. Durch die annahme
dieser contamination möchte es sich auch erklären, warum Arto-
trogus nur als πρόσωπον προτατικόν auftritt und vom dichter, der
ihn nicht weiter brauchen konnte, mit einem auftrage des Miles 948—
950 weggeschickt wird: denn im folgenden übernimmt Palästrio
die rolle des parasiten". — 815. centuariati D. — 816. heius
B, heusceledre Da, heussceledre Db. Nach negotium sind im B allerdings zwei kleine rasuren, doch scheinen sie nur flecke im per-
gament betroffen zu haben. Für vocabo empfiehlt sich mehr euo-
cabo. — 817. palestrio BC, dann LVCRIO C. — 818. opera
ē D.

820 und 821 hält Ribbeck a. a. o. p. 607 für unächt, weil sie
dem sonstigen lakonismus des Lucrio wenig entsprechen; Kayser
stimmt ihm bei in den Heidelb. jahrb. 1869, p. 327. — Auch
will Ribbeck p. 608 die verse 823 und 824 (wo D hat: sit

amardi minū) als **fragen** dem Palästrio geben und 825 für das letzte *eho* lieber *cedo*. — 827. *rogitos ˙s˙celus* C m. 1, 828 *LVCR* C, 829 (ohne *PAL*) *prompsisti* und *promsi*, dann spatium vor *negas*˙˙ C; *promsisti* D, *promsi* Da, *promisi* Db.

831. *feminas* und *exprōsi* D. — 832 ist zu lesen wie bei Ritschl, ohne hiat; zu Arg. I, 3. — 833. *P* Da, *LV* Db. — 836—845 hat auch C immer zwei verse auf éiner zeile; der B hat 836 — 846 incl. keine personenzeichen. — 837. *subp̄mo ɣ̄* *promo* B, *suppromo* Da, über dem *p* ein *b* m. 4. — **Ribbeck** hält p. 608 die verse 836, 837, 838 sq. in der handschriftlichen ordnung fest und giebt nur den ersten dem Palaestrio, die übrigen dem Lucrio, „der im gefühl seiner überlegenheit als unterküfer frechlich auf die factisch bestehende kellerordnung hinweiset‘‘. — 838 wird das doch immerhin bedenkliche *īdem* vermieden durch *Tu hercle itidem*, wie ich jetzt lieber schreiben möchte. **Bergk**, ind. lectt. Halenss. 1858|56, p. **XIII**, vermuthet *Tu hercle eadem faceres.*

841. *promisit* C. — 843. S. zur personenliste: *Lucrio*. — 846. *si*, nicht *qui*, auch B. — 848. Ueber die *syllaba anceps* vor starker interpunction s. Ritschl's Prolegg. Trin. p. 185 sq. und jetzt noch besonders Opusc. II, p. 446 f.; ein *eum* nach *promere* einzuschieben, wie Müller Pl. pr. p. 23 will, ist ganz unnöthig. — 839. *imperavit* B.

852. *cassavat* Da, *cassabat* m. 4. — 853. O. Seyffert im Philol. **XXIX**, p. 398: *Sed in célla erat paullum nímio loculi lúbrici*. „Ueber *nímio* beim positiv vgl. A. Spengel zum Truc. IV, 1, 6; dass es nicht zu *lubrici* gesetzt ist, hat seinen grund in dem streben des Plautus nach allitteration: ähnlich ist die wiewohl durch einen anderen grund veranlasste stellung des *tam* 851. Uebrigens bezieht sich aller wahrscheinlichkeit nach auf diesen vers das citat des Fronto p. 225 Naber: *voluptarium locum et, ut ait Plautus, locum lubricum*‘‘. — 855. *deiciens* B.

863. *aliquo* für *alio* Haupt im Herm. III, p. 148. — 865. Wie Spengel stellte auch Bergk, nach brieflicher mittheilung, diesen vers her; ganz ebenso Müller, Pl. pr. p. 125 anm. 1; Bücheler, Grundriss der lat. decl. p. 37, suchte im letzten worte einen genetiv pluralis. — 874. In der überschrift *ACROTELANIV̄* B.

Im C steht nach *acretele* nicht *ubi*, sondern *tibi*. — 875. Wie
hier, haben die handschriften *in ordine* für *ordine* Ps. 676; B allein Pers. 91. — 878. *ACR* fehlt auch im D. Dieser vers ist
noch nicht hergestellt: das von Ritschl eingesetzte *hercle* ist nicht
überliefert und schon deshalb bedenklich, weil frauen nicht beim
Hercules schwuren: s. Gellius XI, 6, welche stelle Spengel zum
Truc. V, 29 anführt und a. a. o. zur richtigen personenvertheilung benutzt.

880. *opificina* kehrt, wie K. E. Georges mir mittheilt, erst
bei Jul. Valer. res gestae Alex. III, 51 (28) wieder. — 881.
Im B ist das personenzeichen *A* in rasur; ebenso vor 887, 895
(ne), 897 *(cesso)*. Der D giebt *PA* für *PER*. — 882. *ego
mfustro* C, *egom fustro* D, der auch *fane* für *sane* hat. Da *clam
esse* mit einem dativ sonst nie vorkömmt, habe ich dem *mihi* Lambin's. das freilich wenig befriedigende *nihil* der handschriften vorgezogen, obwohl auch Hand, Turs. II, p. 93, nr. 5, *mihi clamst* passiren lässt und Kayser jetzt dasselbe anräth, Heidelb. jahrb. 1869,
p. 334. Bugge dagegen hält in der skandin. Z. f. phil. VII, p.
15 f. das *nihil* = *non* und das *quam magni* „als einen relativen
ausdruck, der mit ironischer färbung gebraucht sei für „wie wenig““, aufrecht. Er vergleicht p. 37 Men. 755 *Sed id quam
mihi facile sit, haud sum fálsus* (mit Brix), und p. 15 Andr. 287 f.
Nec clam te est, quam illi utraeque res nunc utiles — sient, ibd.
810 sqq. *nunc me hospitem Litis sequi, quam id mihi sit facile
atque utile, Aliorum exempla commonent.* — Auch hält Bugge
Acidal's *quin egomet ultro* für das den spuren der handschriften
am nächsten stehende und richtige, vgl. Aul. IV, 10, 22 *quin tibi
ultro supplicatum venio.* — 883. Ribbeck im Rh. mus. XII, p. 609:
tuam murram orationis: denn „nannten die damen *murratum vinum*
oder *murrina* auch *murriola*, wie Paul. Fest. p. 144 M. bezeugt, so
kann auch *murra* für *murrina orationis* nicht anstössig sein“.
Dagegen wendet Bugge a. a. o. p. 16 mit recht ein, von *murriola* könne nur auf *murria*, nicht auf *murra*, geschlossen werden;
er schreibt *Poscam út bibere aurés meae tuae mórae orationis.*
„*Poscam* ist ebenfalls 836 in BFZ zu *postquam* verdreht: diese
verdrehung lag um so näher, da man früher oft *posquam* für *postquam* gebrauchte; vielleicht hat auch *posca* eine nebenform *posqua*
gehabt, wie *tesca — tesqua.* Auch sonst gebraucht Plautus *posca*,

während dagegen *lora* und *lorea* sich nicht bei ihm finden. *Mora oratio* sagt er hier, wie anderswo *mores mori, sermones morologi*; im griechischen hat das wort jedenfalls in späterer zeit auch die bedeutung „unschmackhaft, flau von geschmack" (ῥίζαι γευσαμένῳ μωραί Diosc.); nehmen wir an, dass Plautus das wort auch in dieser bedeutung kannte, so passt es hier um so besser als epitheton zu *oratio*: indem die rede des Periplecomenus verglichen wird mit *posca*, ὀξύκρατον, dessen geschmack wohl „flau" genannt werden konnte". — Haupt im Hermes III, p. 148: *tuae muriam orationis*. — 884. *potisset* hält auch Bugge für richtig und erkennt im letzten worte des verses (*de as darei* C, *deasdarei* D) ein ursprüngliches *deasciarei*. — 887. *malitiosae* D. — 888. *Eae ibi — et sempiterna* Haupt, Herm. III, p. 148; *Eae ibi* Bugge a. a. o. VII, p. 31, desgleichen 889 f. mit Fleckeisen: *eaedem eveniet Obliviosa extemplo uti fiat, meminisse nequeat.* — *neq, eunt* C.

894—895. *PE. Mala milla mer est A ne* etc. D, der stets *A* als personenzeichen für die Acroteleution gebraucht. Da also alle handschriften den vers zwischen Periplecomenus und Acroteleution theilen und zur annahme einer lücke nach aufnahme von Studemund's trefflicher emendation *Mala mers es, mulier* gar kein anlass ist, muss, um den nach *ne pave* sich fast von selbst darbietenden gedanken „du wirst noch schlimmere (als mich) finden" das handschriftliche *peiorib*, etwas kühn in *peiores* geändert werden, während *convenibis* leicht aus dem *convenivit* des C sich ergiebt. Aehnlich stellt Bugge p. 18 f. her: *Per. Malás mulieres! A. Né pave: peióres invenibis*, unter vergleichung von 1218 *edepol nunc nos tempus est malas peiores fieri*; Pers. 153 sq. — 896. Im C stehen die buchstaben *cesso ego illis obui* in starker rasur: ein *p* unter dem ersten *s*, ein *t* unter dem letzten *i* sind die einzigen erkennbaren reste der ersten schrift. — 897. *oportuneq*, B, *opportunęq*, D. — 898. *ne iusisti* C. — 899. *ornatae incedunt* Haupt im Herm. III, p. 148. Da aber nur Acroteleution ausstaffirt ist, scheint der singularis, auf den auch das *incedit* der handschriften führt, durchaus nothwendig.

901. *pro notam minat notã . pe ε hic noster arciteciust*, D, letztes *i* in *t* geändert von m. 4, die den vers mit einem kreuz bezeichnete. — 902. *Salva sisis* z (d. h. *et*) B. — 905. Das *his* nach

nihil behalten auch Bothe, Lindemann und A. Spengel, Plaut. p.
74. — 910. In dem verderbniss der handschriften *ceretur* erkennt
Haupt, Herm. II, p. 215, *coeretur* als ursprüngliche schreibung. —

~
intpetē D, *interpetē* C.

911. *vatis* Da, *vates* Db. — 912. *quẹ* und *aome* Da, *adme*
                                          v
m. 4. — 914. *comminere* B. — 915. *architectes* D m. 1. —
                                       i
923. *qum* B, *magnidicunt* C, *noverat* D m. 1. — 927 sq. schreibt
Ritschl auch jetzt noch, N. pl. exc. I, p. 41 und 102, wie in der
ausgabe; *inme* B, *in me* CD, *inpunito* Da, *inponito* m. 4.

930. *PA* fehlt im D; *egom* C, *egō* D. — 931. *atquaem*
D. — 932. *At tua* B, *uxorē* D. *A tua(d) uxore mihi datum
esse* schreiben Bücheler, Grundriss d. lat. decl. p. 50, A. Spengel,
Plaut. p. 207, und jetzt auch Ritschl, N. pl. exc. I, p. 68, während
Müller, Pl. pr. p. 16 und 703 zwischen *uxore* und *mihi* ein *eum* ein-
                                                                      r
schieben will (vgl. Hermann bei Ritschl). — 935. *acibo* B, *onerat*
D. Der vers ist noch nicht geheilt: denn weder Ritschl's *runci-
nabo* noch Umpfenbach's brieflich mitgetheiltes *hic asciabo* passt zu
dem *oneratum*, was Lindemann ganz falsch erklärt. Auch ist *run-
cinabo* in figürlicher bedeutung unerweislich. Bothe und Lindemann lasen *huc acciebo* „ich werde hierher holen", was Neue, Lat.
formenlehre II, p. 330, mit recht unhaltbar nennt. — 936. O. Seyffert hält im Philol. XXIX, p. 399 das handschriftliche *ne* oder *nec*
wohl mit recht für eine blosse dittographie von *hoc*, das unmittelbar dahinter folgt, und liest *at ego hoc si efficiam plane*. — 940.
Die rasur im C betrifft den letzten buchstaben des wortes *dat*, der
erst ein *d* gewesen zu sein scheint; dann folgt ein blankes spatium vor *ne*. — Das *eapse* Acidal's erkennt Ritschl jetzt selbst
in den N. pl. exc. I, p. 52, anm. 1 für richtig an. — 941. Das
confido cum steht im C in starker rasur, doch ist alles von m. 1,
ebenso die vier ersten buchstaben des *titubetur* 946. Im D steht
         a
sumit von m. 1, nicht *sumet*. — Die emendation H. Keil's
(Priscian. II, p. 59) *compsissume* (von κομψῶς), gebilligt vom recensenten im Philol. anz. I, p. 119 und Bergk, Beitr. zur lat. gramm.

I, p. 85 ist in den text aufzunehmen. — 944. *Habemus* D , 945.
accurate D.

Actus III.

947. *PIRGOPOLINICIS* B. Der im D zwischen *si* und
it ausradirte buchstabe scheint ein *i* gewesen zu sein. — Ritschl's
supplement *atque ex* wird sichergestellt durch Men. 273 *Bene
ópsonavi atque éx mea senténtia*, 1019 *Nimis bene ora cónmetavi
atque éx mea senténtia*, Ps. 762 *Aue sinistra, auspício liquido atque éx*[*mea*] *senténtia*, wo *mea* von Bothe eingeschoben ist, Truc.
V , 72 *Lépide ecastor aúcupavi atque éx mea senténtia*. — 949.
ducere Da, *duceret* m. 4. — 951. *seleuticiq, tibi* C. — 952. A.
Spengel, Plaut. p. 99, glaubt das handschriftliche *nova et* halten
zu können durch annahme einer (durch die synizesis zweier durch
u getrennten vocale ermöglichten) einsilbigen aussprache des *nova*,
das demnach hier vor folgendem vocalischen anlaute ganz elidirt
werden sollte. Dieser annahme widerspricht indessen sowohl der
zu 659 L. bemerkte Plautinische sprachgebrauch als auch der umstand, dass die handschriften zuweilen ein falsches *et* (Capt. 647,
Merc. 192, Men. 222), *ac* oder *atque* (Men. 155, Capt. 658, Curc.
351, Aul. IV, 10, 54), *aut* oder *haud* (Men. 1019) darbieten. —
953. *posteriores* D m. 1. — 956. *agere* B, *mandatus* Da, *man-
datū* m. 4. — 957. Nicht *PY*, sondern *PA* ist ausradirt im D;
derselbe hat *atest* m. 1, *adest* m. 2; auch *accepi* wie BC. —
958. D hat richtige personenzeichen m. 1, so auch 961.

960. Dass für Acidal's *hunc*, das auch 253, Men. 526 u. a.
in den handschriften mit *nunc* verwechselt wird, die verse 797,
912, 1049 sprechen, bemerkt mit recht Bugge, skandin. Z. f. phil.
VI, p. 12. — 961. *ac* für *an* C, *hac* D. — 962. *Vaegome*
C. — 964. Zu der anmerkung sind noch zu fügen Titin. 93,
Turpil. 103: *fastidit mei*. — 965. *Nupt nistan* (*Nuptanst an*
m. 4) *vida PV* (*vidua PA* m. 2) und *PV* vor *quid* D. Bergk
verbessert *Nuptane ista an vidua? Et vidua et nupta*. — 968.
In der anmerkung hinzuzufügen: vgl. *dignus pro* Sall. Cat. 51, 8;
Hor. epist. I, 7, 24.

970. *Eadem orit teatq, abilo* (*te atq, ab illo* m. 4) *cipit*
D; 971 *ut*, nicht *uti*, D. Im ersten verse vermisst O. Seyffert,

Philol. **XXIX**, p. 399, zu dem *ab illo cupit abire* eine deutlichere
beziehung auf den Miles, etwa *átque ad te illim cúpit abire*; dann
könnte auch 971 *eam copiam* beibehalten werden. Letzteres, =
copiam eius rei, wird durch beispiele wie *haec copia* 769, *ea potestas* Capt. 934, *haec gratia* Cist. II, 3, 84, *ea aegritudo* Men. 35
empfohlen. — 973. *illā* B; 974 *qđ̄ iubet* Da, *qđ̄ lubet* Db, *q
lubet* m. 4; 975 *accersunt* D.

982. *quod*, nicht *quo*, C. Bergk supplirt *Dóno habere, au-
férre, abireque ábs te quo lubeat sibi.* — 983. *sed ne istam
a me* d. Müller Pl. pr. p. 747. — 984. *quetę̄ tanquā̃* D (wie
que 981, 986 sqq. *hec* 983, 986 sqq.), *tanquā̃* auch C. — 985.
foris und *danculum* auch D. — 987. Die aus der annot. crit.
aufgenommene schreibung dieses verses motivirt Ritschl jetzt sehr
einleuchtend Opusc. II, p. 684 sq. anm. 2. — 988. Bb liess *dedi*,
nicht *ded*, stehen. 989. *Bellulast* D.

997. Im gegensatze zu Ritschl's kühneren änderungen dieses
schwierigen verses versuchte im engeren anschluss an die überlieferung O. Seyffert, Philol. **XXV**, p. 440 f., *Dómo si ibit ac dum
húc transbitet quae h. c. c.*, da die person, von der die rede ist,
hinlänglich durch das *quae h. c. c.* bezeichnet sei, *transbitet* liege
dem *transivit atque* näher als das *transibit quae* des Camerarius.
L. Kayser, Heidelb. jahrb. 1869, p. 331: *Dómo si transibit clam
domina huc quae* etc.; Fleckeisen: *Dómina domo si clam húc
transibit quae* etc.; H. A. Koch in den N. jahrb. f. philol. bd. 101,
p. 64: *Dómo si clanculum húc transibit quae* etc., indem auch er
den begriff *domina* nicht für nöthig hält. — 998. *tumia* für
nimia D. — 999. *Hec* qq D. — 1000. *queritant* D.

1005. Im C stehen die worte *oculis tuis* . . *PYR G* . vi-
deo ut in starker rasur: zuerst war aus 1006 hingeschrieben worden: *auī̃ absentē̃ subigit me ut.* Im D steht *PAL* deutlich da,
aber auf zeile mit 1004. — *Vidisti* hat nach Fleckeisen, Ep.
crit. p. **XXVII**, schon reiz, von dem ersterer es aufgenommen: hiernach ist die angabe im kritischen anhange zu corrigiren. —

1006. Im B stehen die worte *PA A men hanc hercle quidy̆* auf
einer zeile für sich; ebenso im D *PAL Amem hercle hanc quidem.*
Die aufgenommene emendation *locusta* begründet A. Kiessling jetzt

genauer im Rh. mus. XXIV, p. 116; recensent im Philol. anz. I,
p. 118 f. schlägt vor *haec lauta illa lauta absente* und bemerkt mit
recht, dass für *adigit* das ächt plautinische *subigit* hätte behalten
werden sollen [2]).

Sehr ansprechend erschien mir stets die idee des Palmerius
(s. bei Ritschl), hier wieder ein an 986 sq. erinnerndes *celox* anbringen zu wollen; doch muss das wort nach den spuren der handschriften hier eine andere form gehabt haben, vielleicht mit einer
der bei Plautus so beliebten deminutivformen *celocula*, wie *vocula*
von *vox*; doch weiss ich nicht das folgende, namentlich das *illā*
aut ē̆ absent ē̆, mit *Nam haec celocula* in passende verbindung zu
setzen. — 1007. *hec* D, wie 1006, *tuam assis* C. — 1008.
colloq C, *c̄loqui* B. — 1009 sq. Müller, Pl. pr. p. 184: *quoius*
grátia Fóras sum egressa. Andere vorschläge s. bei A. Spengel,
Plaut. p. 226.

1012. *quid scit qd̄ pueris* (*p* in *q* geändert sowohl von m. 2
als auch von m. 4) D. — 1013. *c̄ciliorŭ* Da, *c̄siliorŭ* m. 4. —
1014. *immo & etiā s, n̄ celas* B. — 1016. *bacharŭ* C, *qdă̆*
B, *quedam* D. — Dass man sehr behutsam sein muss mit einem
aus diesem verse gezogenen schlusse auf die abfassungszeit des
stückes und z. b. nicht mit Vissering, Quaestt. Plautt. I, p. 48 sq.
und Teuffel, Rh. mus. VIII, p. 35, ohne weiter annehmen darf, sie
falle in die höchste blüthezeit der Bacchanalien, also wenige jahre
vor dem tode des Plautus (denn ebenso gut könnte man auf eine
zeit rathen, wo sich erst schwache gerüchte über geheimnissvolle
gesellschaften zu verbreiten anfingen), ist schon Einl. p. 65, anm.
25 extr. angedeutet. Aehnlich warnt Mommsen, Röm. gesch. I [5]
p. 908 anm. „Man kann darum auch bei Plautus kaum mit der annahme von anspielungen auf zeitereignisse vorsichtig genug sein.
Vielen verkehrten scharfsinn dieser art hat die neueste untersuchung beseitigt; aber sollte nicht auch die beziehung auf die Bac-

---

2) *subigere* steht Epid. II, 2, 51, Cist. I, 1, 102; Truc. IV, 3, 9;
Amph. 1142, Trin. 140, 848, Bacch. 928, Curc. 448, 540, Stich. 193,
Most. 917, 1174, Pers. 194, Ps. 8, 809, Poen. I, 2, 77: *Nam illa mu-*
lier lapidem silicem subigere, ut se amet, potest; dagegen *adigere* nur
Aul. I, 1, 11; Bacch. 1121, Rud. 681, Ps. 333, 1130.

chanalien, welche in Cas. V, 4, 11 vorkommen (Ritschl, Par. 192),
censurwidrig sein? Man könnte sicher die sache umkehren und
aus den erwähnungen des Bacchusfestes in der Casina und einigen
anderen stücken (Amph. 703; Aul. III, 1, 3; Bacch. 53, 371;
Mil. 1016; und besonders Men. 836) den schluss ziehen, dass dieselben zu einer zeit geschrieben sind, wo es noch nicht verfäng-
lich war von Bacchen zu reden"[3]). — 1019. *Si hic ñc quisad ē*
B, *ut adest t non* D.

    1023. *Pedetemptim* C, *Pede temptim* B vor etwa zehn blan-
ken spatien. In dem vor *scis* stehenden *hec* (so auch D) oder
haec der handschriften sucht Haupt, Ind. lectt. Beroll. aest. 1858,
p. 5, *hau,* also *hauscis.* — 1025. *qui* für *quid* D; *accepi* im B nicht
„e corr.", die buchstaben *cce* sind nur nachgezogen von m. 1
selbst; dagegen ist in derselben handschrift 1026 das *e* in *Velis*
wirklich aus einem anderen buchstaben (*t?*) corrigirt, doch von
m. 1 selbst. Nach Ribbeck, dessen versuch, wiewohl wenig befriedigend, in den text gesetzt werden musste, hat H. A. Koch in
den N. jahrb. f. philol. bd. 101, p. 64 f. vorgeschlagen: M. *quo
pácto hoc occipiam, áperi.* P. *Vetus ádfero ego ad te cónsilium,
hunc quasi dépereat.* M. *Teneo ístuc.* Hier ist gewiss richtig
beobachtet, unter vergleichung von dem gebrauch des *tenere* 876,
1163, 1173, dass die worte *Teneo istuc* nur der Milph. gegeben
werden dürfen, wie die handschriften auch thun; ferner, dass als-

---

    3) Ebenso schwach erscheint mir der aus den Philippischen gold-
münzen (1064) hergeleitete anhaltpunkt für die chronologie der Plautinischen stücke, den zuerst Vissering, Quaestt. Plautt. I, cap. 7, p.
97 sq. heranzog, und den Ritschl, Par. 353 sq., Teuffel im Rh. mus.
VIII, p. 33 f. (doch mit der nebenbemerkung: „indessen so sicher ist
dieses anzeichen nicht, dass nicht eine anderweitige bestätigung jenes
ergebnisses [dass ein stück, in dem jene münzen erwähnt seien, schon
deshalb in das letzte decennium des lebens des Plautus fallen müsse]
höchst erwünscht wäre"), Brix, Einl. z. Trin. p. 27 und zu 152, u. a.
aufgenommen haben. Dass die griechischen originale der palliaten
sie nicht gekannt haben (und demnach Plautus selbst alle betreffende
verse in den acht komödien, die hier in frage kommen, s. Ritschl
a. a. o., hinzugefügt habe), ist unbeweisbar: denn was hindert an die
vom vater Alexander des Grossen geschlagenen philippei zu denken?
(Hultsch, Metrol. p. 179 f.; Hor. epist. II, 1, 234). — Und dass sie
bei den Römern in grösserer menge erst nach dem triumphe des
Flamininus 194 a. C. in umlauf kamen, hindert doch nicht, dass die
Römer schon geraume zeit vorher ihren namen und werth kannten,
und dass Plautus also seinen zuhörern nichts unverständliches bot,
wenn er jene verse einfach aus den originalen mit herübernahm.

dann eine belehrung des Pal., endlich, dass dieser wiederum eine frage der Milph. vorangegangen sein muss. Ganz ähnlich, doch ohne eigene besserungsversuche, hatte schon Ladewig im Philol. XVII, p. 257 f. die stelle zurechtgelegt, und auch 1029 mit den handschriften dem Palaestrio gegeben, so wie das *cetera* derselben daselbst geschützt. Koch's änderungen entfernen sich 1026 zu weit von den handschriften. — 1029. *caira* D, *cura* corrigirt von m. 1 selbst.

1030. *Adē ilico* B auf neuer zeile, die mit *lamtari* endigt. *Iam tandem ades illim hoc (= huc)* O. Seyffert im Philol. XXIX, p. 399; vgl. zu 970. — 1031. *tela mentari* Da, *te la mentari* Db, *te lamentari* m. 4. — 1034. Im D steht *PYRG*, aber auf linie mit 1033; B scheint *sin* zu haben. — 1036. *PAL* ausradirt, *que te querit* D. — *Vocen' statt Voco ego zieht* auch Müller Pl. pr. p. 221, vor.

1040. Vgl. zu 838; Ritschl's umstellung *Multae idem istuc aliae* ist aufzunehmen. — 1041. In *ecastor* ist nicht blos die erste silbe lang (obwohl einige lexica sie fälschlich als kürze bezeichnen): vgl. *ēiuno, ēdepol, ēquirine*, Amph. 508, 663, Cist. I, 1, 119, Cas. III, 2, 2, sondern auch die letzte, wie aus diesem verse hervorgeht; mit Fleckeisen Ep. crit. p. XIX nimmt auch Ritschl in der krit. anmerkung zu 1062 die molossische messung des wortes an unter vergleichung der prolegg. Trin. p. CLXXIV sq. dargelegten ursprünglichen länge des nomin. sing. auf *or*. — *Hem* ist mit Fleckeisen wieder zu entfernen, und von dem überlieferten *si te habes* (was Müller, Pl. pr. p. 47 anm. für richtig hält) wird am besten das *te* gestrichen und *si habes* mit dem folgenden in verbindung gesetzt, wie Haupt im Hermes II, p. 215 gethan. — 1042. Mit der bemerkung Ritschl's: „*Fortasse tolerari potest: praeclarum virtute et forma et factis*" stimmt im wesentlichen der vorschlag W. Teuffel's in den N. jahrb. f. phil. bd. 97, 268: *praeclarum a virtutei, forma, factis*, wo dann *a* „seitens" bedeuten müsste (beispiele bei Kampmann, de a b praepos. usu Plaut. p. 4); *virtutei* fanden auch Bücheler, Grundriss der lat. decl. p. 50, und W. Wagner, Rh. mus. XXII, p. 114 ff. (XXIII, p. 380 *: virtutē* auch Attius 473 Ribb.). *Forma* stimmt aber so wenig mit dem vorhergehenden *pulcrum*, dass ich Ritschl's änderungen vorziehen zu müssen glaube. — 1043. Beispiele für ähnliche harte

synizesen wie *dignior* giebt Geppert, Ausspr. des lat. im ält. drama
p. 29. — 1046. Auch B stellt *MIL* vor *Quin* und *PA* vor
hẹc; D hat *hec illic*, nicht *hec illi*; 1047. *multe* D. — Zur anmerkung dieses letzten verses, = 1038 L., ist noch zu fügen:
parcere aliquid auch Lucret. II, 1163 Bern. — 1049. *huc* für
hunc B.

1051. *Que* BD, 1052 *conpellary̆ et* B, 1055 *ini virbi cape*
CD, 1058 *pollicitarere* oder *pollicitares* Müller, Pl. pr. p. 630. —
1061. *philippium* Da, *philippicum* m. 4. — 1062. Ritschl's *hoc*
hat schon Fleckeisen wieder entfernt. — 1063. *unquam* CD,
1069 *nunquam* C. — 1064. p̄ *certens aurus* Da, p̄ *ter thesaurū*
m. 4 marg. — 1065. Ein vielbesprochener vers. Dass in der
zweiten hälfte desselben das wort *mons* ein glossem ist, halte ich
mit Camerarius und Ritschl für das wahrscheinlichste und schreibe
jetzt am liebsten mit ersterem *Aétna nón aeque áltast*, wie auch
Kayser in den Heidelb. jahrb. 1869, p. 334 anräth. Die auffallende länge der letzten silbe in *Aetna* (die mich zuerst zu der
schreibung *Aetnast non aeque alta* bewog) erkläre ich mir, wie
auch Camerarius gethan haben mag, aus der dorischen form,
in welcher das wort aufgenommen wurde: Αἴτνα für Αἴτνη, nicht
dagegen aus „der bei Plautus überhaupt noch öfter erhaltenen
länge der nominativendung *a* der ersten declination". Gegen diese
zuerst von Lachmann ad Lucr. p. 406 aufgestellte, dann namentlich von Fleckeisen in den Krit. misc. p. 11—23 (wo p. 20 Lachmann's *Aetná mons nón aeque áltust* geschützt wird, desgleichen
von H. A. Koch in den N. jahrb. f. phil. bd. 101, p. 65) weiter ausgeführte annahme, der auch Bücheler, Grundriss der latein. decl.
p. 9, beitritt, haben sich Richard Müller, de Plauti Epidico (diss.
inaug. Berolini 1865) p. 42 sqq. und C. F. W. Müller, Pl. pr.
p. 3 ff. geäussert (vgl. auch Ritschl, Opusc. II, p. 445 f.): ersterer
vermuthet p. 47 *Aetnást mons nón aeque áltus*, letzterer p. 418:
Aétna mŏns nón aeque áltust. — Dass die erste vershälfte von
Lachmann zu gewaltsam umgeformt sei (PYR. *Tum argénti mons.*
PAL. *Nam mássas habet*) bemerkt mit recht Fleckeisen a. a. o.
p. 20; Koch a. a. o. will *Tum argénti habet inmensós montis* [4]).

---

[4] A. Tittler in den N. jahrb. f. phil. bd. 83, p. 144 und anm.
will schreiben: PA. *Praetér thensaurős ǁ tum argénti montis. nón mas-
sas habet Aétna mons aeque áltas.* Die *thensauri* sollen = *auri mille*

— 1068 f. Bugge, Skandin. z. f. philol. VI, p. 12, giebt die zwei halbverse *quid — excrucias* und *quae — meritast* der Milphidippa. — 1071. Auch C hat *PYRG*, nicht *PAL*; das q, im D s. l. m. 1. — 1072. *ixste* Da, *exste* Db, *ex te* m. 4. — 1077. *bellatoris* B, 1078 *PA* für *MIL* B. Aehnliche freie unterdrückung des demonstrativs Trin. 807 *(eo)*, Amph. 449 *(in eo)*, Most. 522 *(eis)*, Bacch. 1091 *(eis)*, Pers. 182 *(eis)*. — 1079. *satio* Da, *a* in *ae* geändert, *ul* über *io* geschrieben Db, *seculo* über das ganze m. 4. — 1082. *iuppit̃* D, 1083 *celo* D, 1084 *amabo* *ẽ* BD, 1086 *hic* Da, *huc* Db; *nunquid* C. — 1086. *Quid hĭc núnc* mit den handschriften Müller Pl. pr. p. 393; über 1088 vgl. ebds. p. 407. — 1089. *hinc* D. m. 1.

1091. Zu *gubĕrnabunt* vgl. *tabĕrnaculum* Trin. 726, *contubĕrnales* Pompon. 72; Haupt im Hermes II, p. 216. — 1092. *temore* und *agone* B; im C kein *te* vor *remoro*. — Bothe's lesart wird auch als die richtige anerkannt von Fleckeisen in den N. jahrb. f. philol. bd. 79, p. 526 anm., und in seiner ausgabe. — 1094. *ẽ* D. — 1099. *omnẽ* . . C; zwei ausradirte buchstaben; für *e* zuerst *i*.

1100. *sum*ẙ. Da, *sumat* m. 4. — 1103. *quibus cum* ‖ *Comita* C. — 1106. *Convenit* BCD. — Zu *fortis*, welches Nonius und Servius zur Aen. IV, 149 unrichtig = *pulcra* erkl. ren, vgl. noch Bacch. 216 *Sed Bácchis etiam fórtis tibi visást? Rogas?* Anders Trin. 1133: „brav, solid". — Müller sucht Pl. pr. p. 656 *Convenit* (und also auch *Convenitne eam* 1105) zu halten, wohl namentlich um den hiat beim personenwechsel zu vermeiden. —

1110. *devortit* B. *hospitio divortitur* C, bis zum vorletzten *t* in starker rasur; das frühere unlesbar. Die active form *deverto* haben die komiker nie, Cicero aber stets, mit ausnahme von pro Font. 5, 9 (9, 19). Ganz verschieden davon ist *diverto (divorto)* „sich scheiden, verschieden sein", Gell., Digest.; *mores longe divortunt* Epid. III, 3, 22. Davon *divortium* „scheidung", 1167, Truc. II,

modium Philippi sein, als die schatzkammern des goldes; im gegensatze dazu stehen die berge silbers. Diese erklärung und die entfernung der interpunction nach *thensauros* scheinen mir wenig überzeugendes zu haben, die herstellung *nón* . . . . . *áltas* dagegen recht hübsch, wenn sie nur nicht das zweite *non* so ganz entfernte.

4, 66; Stich. 204, Aul. II, 2, 56, wo B *devorti* hat, Novius 90.
Das deponens *devortor* wird meistens mit *e* geschrieben: 134, 240,
385 B, 741, Poen. III, 3, 60, Most. 966, Stich. 534, Ps. 658,
961, Men. 634, 264 C, Trin. 673, Phorm. 312; selten mit *i*:
385 CD, Ps. 961 F, Men. 264 BD; Trin. 673 EF;

> *devorsoria* Truc. III, 2, 29, Men. 436 CD;
> *divorsoria* Men. 436 B;
> *deverticulum* Eun. 635 (doch BF *div*, und ebenso Donat);
> *diverticulum* Capt. 523 B, Laberius 97. Vgl. noch Mützell

ad Curt. III, 34, 9.

1111. *ecqui* C. — 1115. Das *mihi* im C ist durchstrichen
von m. 1. — 1116. c̃gruis Da, *congruit* m. 4. — 1117. q D.
— *tute tuám rem agis* O. Seyffert im Philol. XXV, 460 f. —
1118. Verschiedene vorschläge zur herstellung giebt Müller, Pl.
pr. p. 244, wovon sich *Dicás necessum tibi esse uxorem dúcere* am
meisten empfiehlt, wie auch Ritschl in der anmerkung vorschlägt.
— 1129. *introndistare* C, die buchstaben *nd* s. l. corrigirt in *nol*
m. recentiss. *oboediens* D. — 1130. *qui det* B. — *démutare*
alio átque uti Lachmann ad Lucr. p. 250 (vgl. 1291 *Orátio*
alio mihi demutandást mea); *démutare alio?* ut quidem Fuhrmann
in den N. jahrb. f. philol. bd. 97, p. 846; *démutare, átque uti*
S. Bugge in der skandin. Z. f. philol. VII, p. 14, anm. 2: „der
hiatus sei hier erlaubt, wo zwischen dem obergeordneten und dem
untergeordneten satze ein einschnitt sei, vgl. A. Spengel, Plaut.
p. 221 f." — 1131. *huc* auch BD. — 1132. Aus dem *usus*
tacero im B machte eine m. rec. *usu st acero*. — 1134. *com-*
moditas steht in derselben bedeutung wie hier auch Cic. de invent.
II, 12, 40: *commoditas ad faciendum idonea*, worauf K. E. Georges mich aufmerksam gemacht hat. — 1137. *circumspici e* C
m. 1; *atsit arbier* Da, *assit arbiter* Db, ebenso nachher noch m. 4.
— 1138. *Naeminẽ* D; *cõventũ ẽ* z (= *et) ego nos* B. — 1139.
architecte deutlich B. Das A am rande im D ist, wie alle die
übrigen sechs personenzeichen auf fol. 152 b (1131—1156) und
153a (1157—1183) von m. 2.

1140. *indignus* Ba, *fig.* ã (vor dem ã ein ausradirter buchstabe, *o*?) Ba. — 1141. *faciunda* B. — 1142. *milite matʒ iam* Da, richtig abgetheilt von m. 4, wie von einer anderen m. rec. im B. — 1144. *ativit abilem* C, *at ivit abilem* Da. Das adjectiv *adiutabilis* steht auch Pers. 673; eine grosse sammlung ähnlicher giebt Brix zu den Capt. 54 (2te ausg.). — 1153. Sowohl Bergk wie Kayser, Heidelbrgr. jahrb. 1869, p. 335, ändern *ecferri* in *ecfieri*, und Kayser vergleicht noch gut Pers. 761 *haec — quae volui ecfieri*. Setzt man punctum nach *poterit*, wie Bergk will, muss sich *huius* wohl auf Acroteleutium beziehen; Kayser setzt punctum nach diesem worte und lässt es auf *haec res* zurückgehen. — 1154. Die handschriftliche lesart halten auch A. Spengel, Plaut. p. 82, und Müller, Pl. pr. p. 298 anm., für richtig.— *eʒ ateā* Da, *ē ʒ ad eam* m. 4. — 1155. *st* im D durchstrichen von m. 4. — 1156 sq. giebt Bergk noch dem Pleusicles. — 1156. *textumst*, *eo certo scio* Müller, Pl. pr. p. 603. — 1157. *'Oppidum quodvís moenitum pósse expugnari . dolis* Müller a. a. o. anm. 2. — 1158. *Id nunc nos* ebds. und p. 656. — *quit* C, *operamit nos a te ʒ si quit* (*quid* m. 4) D. — 1159. *Lepidis* und *impero* D, *impero prouintiā* B.

1162. *& scint* Da, *t* ausradirt; *quĕ admođu* C. — 1163. *meam orem* Da, *me amorem* m. 4; *differr& titenis* D. *differrei*. *Tenes* (ohne *eu*) erkannte Koch in den N. jahrb. f. phil. bd. 101, p. 64, anm. 2, als ursprüngliche lesart an; vgl. Ritschl, Opusc. II, p. 690, anm. 1. — 1166. *dicat* auch CD. — 1168. *veretur intro d ire* Ritschl, N. pl. exc. I, p. 81.

1170. *eius* für *illius* hält Ritschl Opusc. II, p. 685 aufrecht. —

1173. *Conlaudatos at inpceptust* (richtig corrigirt von m. 4) *MIL* (m. 2) *teneos at inest sitibi* (ebenfalls berichtigt von m. 4) D. —

1174. *improbare* D. — 1176. *ubuntro* (m. 4 richtig) *hec abierit t tai ilico* (*tu ilico* m. 4) D. — 1177. *nauclerioco* Da, *nauclerico* m. 4. — 1178. *ab*, nicht *ob*, B. — 1179. *alassicus* C; *namisis colost alassicus* Da, *nam is est color talassicus* m. 4, die noch an den rand schrieb *colos thalassics e tuis*. Vgl. Titin. 114 sq. *et quem colos cumatilis deceat*.

1180. *laevod*, Ritschl in den N. pl. exc. I, p. 75. *exfafillat*

obracchio Da, *exfafillato brachio* m. 4. — Ueber die schreibweise
conexum: Ritschl, Opusc. II, p. 448 f.; *umero:* Fleckeisen, „funfzig
artikel“, s. u.; *expapĭllato* (welches wort Müller, Pl. pr. p. 264, für
ganz verderbt hält): ders., Krit. misc. p. 37 ff. — 1182. S.
über diesen vers und die vor demselben angenommene lücke jetzt
Ritschl's Opusc. II, p. 447 f. *Precint'* B, *Precinctus* Da, ę für *e*
m. 4. — 1183. *Atquę* und *hec* D; 1184. *Quit* CD; 1185. *matri*
suę erbis B; 1186. *U tsiitup̄sia* C; *Ut si tura esiā ethenase ate-*
cum atportuum cito Da; *i* vor *tura* s. l. m. 2, *a* vor *ethenase* und
das letzte *e* mit dem folgenden verbunden m. 2; hieraus machte
m. 4 *Ut si ituraesiā athenas ea tecum;* endlich *ad portuum* m. 4.
— 1188. *eate* Da, *eat te* m. 4. — 1190. *morę* D; *PL,* wie von
jetzt an alle personenzeichen, m. 1; B hat sie von 1185 an, C
                                                              i
von 1195 an richtig. — 1191. *Acrot.* D, *illa* Da. — 1193.
Ueber *protinam* s. Ritschl's Opusc. II, p. 244 sq. — 1194. Ueber
dieses *quin* vgl. Dombart im Philol. XXVIII, p. 736. — 1195.
numquid B, *orare* D. — 1196. *hinc* vor *intro* fehlt im D. —
1199. *Hilarius* D.

    1200. *amiciciam* B; 1201 nach *fuiss&* nicht *te*, sondern z
(= *et*) B. — 1202. *nunquam* CD; 1203. *Ut cum* C. — 1204.
inpetravit Ba. Für den verschriebenen schluss des verses mehrere
verbesserungsvorschläge bei Ritschl, Opusc. II, p. 412 not. 2; Bergk
schreibt *volui : decrevi dare.* — 1210. *acerbiumst* Ca. — 1211.
virtute forma q u e O. Seyffert im Philol. XXIX, p. 399 f. unter vergleichung von 57 *Virtute et forma et factis invictissumum* und
1042 *praeclarum virtute et forma et factis* (s. doch die krit. bemerkung dazu), wonach auch hier *virtute e t forma* sehr leicht
wäre und der hiat vor *evenit* durch ein *id* (vgl. Guyet bei Ritschl)
gehoben werden könnte. Doch steht *virtute formae id evenit* auch
Most. 173; Ritschl schlägt jetzt Rh. mus. XXIV, p. 491 vor *vir-*
tute form a s evenit. — 1214. Auch B *imperatum.* Ueber *si im-*
petras im D schrieb m. 4 *suppetias.* — 1218. Auch D hat *PYR.*
vor *Video.* — 1221. Bergk streicht *otiose,* woraus sich ergeben
würde *Placide, ípsi* (*ipse* BCD) *dum lubitúmst mihi, meo árbitratu,*
ut vólui. — 1223. *mulieres* und *dignus ē̃* D; 1225. *pniciū* Da,
pnunciū Db.

    1231. *quanquā̃* C; *expetes sunt* Da, *expetissunt* m. 4. —

1235. *spetiem* B, *speciem* C. — **1236.** Vor *ut* hat Db *PA*. —
1239. *nol&* D s. l. am ende der zeile. — **1241.** *vivir&* B. —
1242. Gegen den hiatus nach *video*: Müller, Pl. pr. p. 676 anm. —
1244. *expect&* Da, doch ist *&* schon von m. 1 corrigirt, wahrscheinlich wollte sie *at* herstellen, wie nachher m. 4 noch darüber
schrieb. *Exspectet* für *expetessat* vertheidigen Lindemann, Kampmann Annott. ad Rud. p. 9, Fleckeisen in den N. jahrb. f. phil.
LXI, p. 38. — **1247.** *victã* B, *phaoni, leshic* Da, *lesbio* m. 4. *Tam
mulieres ut amarent* schreibt Bugge in der skandin. Z. f. philol.
VI, p. 12 f., vgl. 58, 1202, 1264; und zwar nach folgender pro-
gression des verderbnisses: *mulieres — muliere̊* (wie 1392 B) —
muliere (wie Men. 321 C) — *muvere* (wie *avas* für *alias* Ps.
153 B) — *muvete* CD (wie *opete* für *opere* Most. 421 BCDa). —
Gegen die von Ladewig, *Anal. scen.* p. 13, aus diesem verse gezogene muthmassung über eine komödie Phaon erklärt sich Ritschl,
Opusc. II, p. 731.

    1250. *foris* B, aber schon m. 1 änderte das *i* in *e; occluse*
s̆ D. — **1251.** *unquã* CD. — **1252.** *cleméntid ánimo ignoscet*
oder *clemènti animód ignóscet* Ritschl, N. pl. exc. I, p. 65; ich ziehe
vor *clemènti id ánimo ignoscet.* — **1253.** *Mutuũ* B, *mutuum* D;
1254 hat B nach *obstupi* zwei bis drei blanke spatien. — **1255.**
PA B, *PAL* CD vor *qui scis.* Dass dieses falsche personenzeichen
nur durch ein versehen in Ritschl's und Fleckeisen's text übergegangen ist, bemerkte schon O. Ribbeck im Rh. mus. XII, p. 609 f.

                                       r
— **1256.** *nafum* und *acriolat* D, aber das *c* ist schon von m. 1
punktirt und von m. 4 durchstrichen. — **1258.** $^{0}d\&$ D, schon
m. 1 änderte aber *d* in *l.* — **1259.** Für *horae* scheint m. 4
herae gewollt zu haben. — **1263.** *amas* D s. l. m. 1; m. 4
stellte es richtig nach *magis*; **1264.** *Onĩs* C, *Omĩs* D. — **1269.**
odorim C. — **1272.** Gegen die aufgenommene gestaltung dieses
verses: Müller, Pl. pr. p. 676 anm. Der B hat *mulieri* (zwei spatien)
video M (s. l.) *iubent adire̊ atq'* (sechs spatien) *Extimuit.* —
1273. Die in der krit. anmerkung verworfene „*durior mensura*"
erklärt Ritschl jetzt selbst, N. pl. exc. I, p. 43, für die richtige. —
1274. Auch B hat *MIL* vor *Ne.* — **1275.** S. die krit. bemerkung
zu 801. — **1276.** In der rasur vor *eamq'* im B stand wahrscheinlich ein *m*, unmöglich ein *ad*; **1277** *causa* B. — **1279.**

Itam ego B. In der anmerkung ist hinzuzufügen: „vgl. *cum in summa expectatione res esset* Cic. Att. VIII, 11, D, 3; und die redensart *in mora esse alicui* Trin. 277, Andr. 424, Ad. 354. — 1282. *non* für *nos* D, 1283 *PAL* vor *Nauclerus* auch D. Bergk vertheilt: *PYR. N. h. q. PAL. V. a. h. PYR. Ita credo.* O. Seyffert im Philol. XXV, p. 441: *PAL. N. h. q. PYR. V. arcessit hanc iam hic. PAL. Credo.* Das *itam* erklärt Seyffert aus

i
tam, also aus einer übergeschriebenen verbesserung, wie *fileri* Most. arg. 4 aus *fleri* und *fieri*, *alio* aus *alo* und *aio* Most. 977,

ei
venitat aus *ventat* und *veniat* Ps. 1061, *et ei* aus *et* Merc. 599,

i
irati et aus *irate t* Pers. 666.

　　　1285. *vere ar* Da, *vereor* m. 4. — 1286 ist der hiat zu entfernen (vgl. zu Arg. I, 3: Philol. XXX, p. 584): *cum hoc ornatu* Ritschl in der ausgabe und Fleckeisen (vgl. Curc. 2, Men. 709, Trin. 840; ohne *cum* Bacch. 110, Rud. 187, Cas. V, 2, 50; 4, 5; Mil. 898, 1282, Asin. 69, Atta 3), *causad* Ritschl in den N. pl. exc. I, p. 73; *hac* oder *hodie* vor *hoc* Müller, Pl. pr. p. 498, wo auch der vorschlag *Amóris causa me hóc ornatu incédere*, der mir sehr ansprechend scheint. — 1289. Vgl. Müller, Pl. pr. p. 231.

r
— 1294. *Minore avidet* B, *quam quę* D. — 1295 streicht Ribbeck, Rh. mus. XII, p. 610 (unter beistimmung Kayser's, Heidelbrgr. jahrb. 1869, p. 326) und schreibt 1296 *Nunc adeo accersam Ph.* — D hat nicht *si*, sondern *s*, (= *set*). — 1298. *querito* D, 1299 *mare* Da, *matre* Db. — 1304 streichen Bergk und Ribbeck, Rh. mus. XII, p. 610. *conposita* B. — 1307. *PA* vor *Habeo* und *laevom* B, *atlevum* C. — 1308 und 1309 (wo *quēmtanquā* C, *quę̄ tamquā* D) schreibt Ritschl jetzt in den N. pl. exc. I, p. 71 f. so: *Amóris causa hercle hóc ego oculo utór minus; Nam si ábstinuissem amóre* etc. Müller, Pl. pr. p. 799: *Amóris causa hercle hóc oculo utor mínus bene.* — 1310. Zu der anmerkung bemerkt recensent im Philol. anz. I, p. 118, dass *eccum* wie *eccillum* (und *eccistum* Curc. 615) sowohl von anwesenden wie von abwesenden gebraucht werden: über *eccillum* vgl. Stich. 261, Rud. 576, 1066.

　　　1311. Nach 1310 folgt im B *pyrcon*, dann die grossgeschriebenen personennamen vom rubricator, wie im D. Im C nach

1310 deutlich *pleusicles* und *pirgopolintces.* — Personenzeichen
PA fehlt im D; *quaeso hodię* B; *modifendo queso* Da, *modoflendo
queso* Db. — 1312. *pulcherrimā* B; *aegetatem* Da, *aegestatem*
m. 4; *im um* D m. 1, ein buchstabe i. l., auch von m. 1, ist sehr
undeutlich (*u* oder *n*?). — 1313. *PAL* für *PYR* D; 1314. *PAL*
fehlt im D; dann *PY* Db, wie 1315. *PH*, 1316. *PY* (für *PH*),
1317. *PH*, 1321. *PH*. Vers 1314 ist von Bugge, skandin. Z. f.
philol. VII, p. 19, ebenso hergestellt wie von mir; andere umstellungen mit beseitigung des hiatus in der hauptcäsur s. bei Müller,
Pl. pr. p. 193. H. A. Koch will in den N. jahrb. f. phil. bd. 101,
p. 65 f., hier und 1338 die zweite vershälfte so schreiben: *quae
ego isti dedi omnia.* — 1316. *Sibi* D. — 1319. *quanquā* CD;
zwischen *sit* und *eo* im C nur ein spatium, zwischen *eo* und *chant*
im D acht bis neun spatien. — Ribbeck im Rh. mus. XII, p. 610:
facio . enim pietas sic dominast. Klotz in den N. jahrb. f. phil.
bd. 79, p. 707 f.: *facio, quo pietas vocat.* Fleckeisen ebends. *facio,
at enim mi pietas sic suadet.* — 1321. *crutior* B. — 1322.
quemvis will auch Fleckeisen, Ep. crit. p. XXVII; es = *quamvis* zu
fassen, scheint hier nicht nöthig. — 1323. *oram* für das erste
eram D. — *propteread animo eram ferocior* Ritschl in den N. pl.
exc. I, p. 83. — 1324. *oꝑa* B, *tē* und *non queo* C. — *A, ne fle*
O. Seyffert im Philol. XXIX, p. 400.

1326—1343 bieten in der handschriftlichen, von Ritschl beibehaltenen folge mehrere schwierigkeiten für die erklärung dar.
Zwischen 1325 und 1326 ist gar keine verbindung und das *Nam*
im letzten verse steht völlig beziehungslos da. Vs. 1338 wird,
seinem inhalte nach, immer etwas abrupt dastehen, man möge ihn
nun nach 1337 behalten oder, wie ich gethan, transponiren: Pyrgopolinices bricht, ungeduldig und des vielen jammers überdrüssig,
das gespräch (mit Palästrio oder, nach meiner ordnung, mit Philocomasium) ab und eilt an seine hausthüre, wo er heftig hineinruft
Exite e. q. s. Aber die folgenden verse 1339—1343 können nicht
mit 1338 vor 1344 stehen bleiben. Palaestrio kann die abschieds-
worte an den Lar familiaris und an die mitsklaven (die doch mit
ausnahme der gepäckträger im hause bleiben müssen) nur an der
thüre sprechen, und wird er wohl dahingegangen sein, während
die liebenden sich in der bedenklichsten situation befinden, und die

unvorsichtigkeit des Pleusicles jeden augenblick eine entdeckung
herbeiführen kann? Wie kann ferner die kluge Philocomasium,
die alles mitangehört hat, so lange in ihrer verstellten ohnmacht
bleiben? Wann kömmt endlich Palaestrio, der doch nach dem befehle seines herrn 1314 sogleich ins haus gegangen sein muss
um die sklaven anzutreiben, nach der handschriftlichen versfolge
wieder auf die bühne? Etwa 1326 mit dem unverständlichen
Nam? Und kommen die sklaven erst 1338 nach? Er muss doch
offenbar mit ihnen zurückkehren und das so schnell wie möglich,
im eigenen interesse wie nach dem befehle des Miles. Aus allen
diesen gründen wurde die transposition von 1338—1343 nach
1325 vorgenommenen; sie gewinnt an wahrscheinlichkeit, wenn
man annimmt, dass das auge des abschreibers von dem *Scio ego*
quid doleat mihi 1325 auf das *Scio ego quid doleat mihi* 1343
(wo Ritschl es als fälschliche wiederholung tilgen will) herüber-
glitt, dass er dann fortfuhr 1326 sqq. abzuschreiben, und dass das
übersehene stück, als es später am rande nachgetragen wurde, in
folgenden abschriften an falscher stelle in den context eingefügt
wurde. Die umstellung ist gebilligt worden von Kayser, Heidelb.
jahrb. 1869, p. 328 f. — 1326. Ohne *tu* vor *hic*, also mit hiatus nach dem vocativ, A. Spengel, Plaut. p. 218; mit Ritschl dagegen Müller, Pl. pr. p. 679. — 1327. *aspicio* B, *aspitio* D. —
1328, der in den handschriften ganz unvollständig und unmetrisch
ist und vor 1327 steht, sucht Haupt im Hermes III, p. 148 so herzustellen: *Fórma enim huius, móres, virtus, ánimum attinuere hic*
tuom. Ich halte die handschriftlichen worte sowohl wegen des
unverständlichen *hic* als auch wegen des, soviel ich weiss, beispiel-
losen und sprachlich kaum zulässigen *attinere animum alicuius*
„eindruck auf jemands gemüth machen“ für ein schlechtes glossem. — 1329. Im B fehlen beide personenzeichen; *conpleti* D,
proficis colicet Da, *proficiscor licet* m. 4. — 1330. Einen hiat beseitigt Ritschl, N. pl. exc. I, p. 114 (vgl. Opusc. II, p. 650 anm.), durch
die form *oculis* für *oculi*; sämmtliche will Müller, Pl. pr. p. 657,
durch einen dritten einzusetzenden vocativ, etwa *o meum cor*, entfernen. — 1331. B schliesst die zeile mit *animomale*; m. 4 im
D *affligatur*. — 1332. D hat *introm* für *intro*, sonst richtig bei
Ritschl. *Curre intro atque ecferto aquam* O. Seyffert im Philol.
XXIX, p. 400. — 1335. *labrā abla vellis ferinaut açe malum* Da

(labra ab labellis m. 4), also ganz wie C. Ist vielleicht das *au*
an falsche stelle gerathene praeposition zu *fer*, also *aufer*, wie
Bacch. 480 *labra ab labris auferre*; oder kann das *naut* mit dem
folgenden *a* zu *nauta* verbunden werden, wie auch Sceledrus 1430
den Pleusicles nennt? Ganz unerklärlich ist mir das folgende *ce*,
zumal da B *fer admacellum* hat. Noch andere, zum theil aber auf
Ritschl's unrichtige angabe über D gebaute, vermuthungen s. bei
Kayser, Heidelb. jahrb. 1869, p. 336. — 1337. *PLE* fehlt im
B. Der schluss dieses verses (wo schon Weise dieselbe personenvertheilung hat wie Ritschl; auch 285, 405, 463, 600 sq., 919,
1278, 1351 stimmen die lesarten beider) hat noch keine genügende herstellung erfahren: *PL. atflo miserulam* Ribbeck im Rh.
mus. XII, p. 610 f. *PA. a fleo miser* Haupt im Hermes III, p. 148,
PA. ah fio miser Kayser a. a. o. 336, *PA. Heu, adfleo miser*
Müller, Pl. pr. p. 657. — Bergk will am anfange des verses *Si*
mori vis, mittam. — 1338. *PL* für *PY* D; 1339. *saluetote*
m. 4.

1341. S. jetzt Ritschl's Opusc. II, p. 474 anm., dem Müller,
Pl. pr. p. 583 anm., beistimmt. — 1342. *qui in fleat* C, *qui in-*
fleat Da, *quin fleat* m. 4. — 1343. *Quom ábs te abeam. Fer*
aéquod animo. Séd quid hoc? quae res? quid est? Ritschl in den
N. pl. exc. I, p. 43, 64, 86 anm., vgl. Rh. mus. XXIV, p. 488, anm.
4. *res* für *rest* auch recensent im Philol. anz. I, p. 119. — 1350.
Nequis tibi hoc vortat B, dann spatium von fünf buchstaben; 1352
caussa D; 1356. *Et si ita senténtia esset* mit demselben hiatus
wie 1222 *quia te adiit* Fleckeisen, Ep. crit. p. XXVII; 1359 glaubt
Bergk in der Z. f. A. W. 1852, p. 333 f., anm., *mores* streichen
und *sunt* vor *obliviscendi* einsetzen zu müssen, wodurch die drei-
silbige messung des letzten wortes vermieden werde. Fleckeisen
hält sie dagegen für unzweifelhaft: N. jahrb. f. philol. bd. 101,
p. 73.

1361. *seq'* Da, *seque* m. 4; 1362. *Queso ot (ut* Db) und *oc-*
ceperit D; 1370 hält Ritschl N. pl. exc. I, p. 45 das *med* fest; anders Müller, Pl. pr. p. 301. Ribbeck im Rh. mus. XII, p. 611 will
den vers streichen: „der gedanke wäre erst erträglich, wenn sich
hinzusetzen liesse *te putare*, und auch das wäre nicht *inhonestum*
für den Miles." — 1371. *posses vadeam* Da, m. 4 richtig; 1372
quidquid B; 1373 hat B kein personenzeichen, so wenig wie

1374, vor *ire*: PA, vor *ꝺiam* PY; *Bevale* D; 1374. *huc* für *hunc*
und *servũ* BD; *Nunc* für *Eum* Bergk; 1376. *fecit* D; *ibo hinc in
provinciam* Bergk; 1377. *foris* D; *set, sensi, hinc sonitum* Bugge
in der skandin. Z. f. philol. VI, p. 13; *et sensim hinc sonitum*
Ribbeck im Rh. mus. XII, p. 611. Acidal wollte *sed iam sensi hinc
sonitum f. f.* — 1379. Lachmann ad Lucr. p. 246 liest wie
Ritschl, nur dass er *conveniam* behält. *Ego iám conveniam míli-
tem, ubiubist gentium* Müller, Pl. pr. p. 33.

1380. *Investigabo* B, *Inbestigabo* CDa (*u* für *b* Db), *opere*
D. Den hiatus tilgt Ritschl's *eum*, was nach dem zu Arg. I, 3
bemerkten beizubehalten ist. — 1381. *querit* BD wie 1386,
1382. *quero* D, 1383. *cumulant* Da, *cumulante* Db; 1384. *dii* B,
ii hergestellt durch rasur aus *du*, dann zwei ausradirte unerkenn-
bare buchstaben; 1387. *quid* D, 1388. *inpedivit* B; vgl. über diesen vers Müller, Pl. pr. p. 335; 1389 ist nur durch einen schreibfehler im manuscripte das *in statu stat* geblieben für *stat in statu*;
Parate insidie B.

1390. *mecum* CD, *mecũ* B; 1391. *oῖis* CD, 1392. *quaéque
aspéxerít Muliér, quem odérunt quá u. q. m.* O. Seyffert im Philol.
XXIX, p. 400 sq. — Ueberschrift vor 1394 im D: *Lolarii Peri-
plectomen' Pyrgopo coc'* von m. 2. — 1394. *Diciti* Da, *Ducite*
m. 4. — Ueber *sublimem* s. jetzt Ritschl's Opusc. II, p. 462—469.
— 1395. *celum* D, *discundite* C, durch rasur wurde ein *i* aus dem
u gemacht wie 1388 *Ipsus* aus *Ipsius*. — 1398. *gestio* mit Camerarius auch Müller, Pl. pr. p. 562, der *hoc* als ablativ fasst. —
1399. *PER. Iam face ut quasi* etc. Bergk; *Vin faciam quasi* O.
Seyffert im Philol. XXVII, p. 452.

1401. *verbe et* Db, *equidem* Da; 1402. *alienũ* B; 1403. *am-
ment* C; 1404. *PER* vor *quid*, *PER* (mit *Y* über dem *E*) vor *non*
D; 1405 vor der zeile *PER* BD; vor *ad* Db: *PY*, durchstrichen
von m. 4, vor *quirere*: *PER* und vor *em*: *PY* ebenfalls Db. —
Bergk im ind. lectt. Halenss. 1858/59, p. XIII schreibt diesen
vers: *Díc.* — *Oratus sum á muliere: exquíre rem, sis.* — *'Em
tibi.* Bugge motivirt aber seine einfachere herstellung auch graphisch gut: *at eam* wurde getheilt in *a te eam* und weiter verderbt in *ad te am*, vgl. die handschriften Stich. 251, Mil. 790;
das *tt* in *uttire* entstand aus *n*, vgl. *mittat* für *minat* Mil. 901 B,

transmitteret für *transmineret* 30. — Zu der anmerkung ist noch
zu fügen: *Em ergo hoc tibi* As. 431, *Em tibi* Curc. 195; *em
serva* Ad. 172 ist wohl eher: „nimm dich in acht", Andr. 416:
„passe auf". — 1406. *Odii* Da, *Odee* Db (doch ist beides undeutlich), *Ohe* m. 4 marg.; *max* oder *maex* D. — 1409. *doni-
cum ne factumst* Bergk; *vidua* B.

1411. *tu hocedie hic* Bergk in der Z. f. A.-W. 1855, p. 291;
tu hodied hic Ritschl, N. pl. exc. I, p. 90; *tu aut hodie hic* Müller,
Pl. pr. p. 764. — 1414. *pidē* Da zuerst, dann wurde *e* in *a* geändert; m. 2 radirte den oberen theil des *d* aus, suchte den unteren in ein *o* zu ändern und aus dem *a* wieder ein *e* (oder *ae*?)
zu machen: wollte also, wie auch das *u* s. l. zeigt, *iovē*. —

1415. *vapulo s*, m *idęque* Da, m. 2 punktirte das *o* und machte
ein , darunter. — 1416. *noxia* deutlich B, nur ist das *i* fast
ausradirt. — 1419. *bene mihi* B.

1420. *desini nam* B, 1421. *venerŭ* B; *te hocedie hinc* Bergk,
ted hodie oder *te hodied* Ritschl, vgl. zu 1412; 1423. *quid*, nicht
qui, auch Db; 1424. *PYR* vor *ŭberone* . ͞ Db ganz, Da nichts,
dagegen vor *mitis* Da: *PYR*. — Bücheler, Grundriss d. lat. decl.
p. 26, und Fleckeisen, N. jahrb. f. philol. LXI, p. 52, wollen wie
Bothe *im* (nach *an*), da Paul. Fest. p. 103 anmerke: *im ponebant
pro eum*, *a nominativo is*. — 1426. *ego ted hic, carebis testi-
bus* L. Müller in den N. jahrb. f. philol. bd. 101, p. 67, *hic ego
te* Müller, Pl. pr. p. 563. — 1427. *aut* Da, *haud* Db. — 1430.
PYR. Quidnam? SCE. Illic etc. Bergk. — 1433. *ve* D, 1436.
męchus und *męchor*4 D. — Ladewig, Philol. XVII, p. 258 f., hält
die drei letzten verse (die schlussmoral) für einen späteren zusatz,
der den ächten schluss verdrängte.

Berlin. ————————— *Aug. O. Fr. Lorenz.*

Verg. Georg. IV, 333 folgg.

schreitet von vs. 332 aus die erzählung nicht vorwärts, sondern
rückwärts. Denn die spinnstube bei Kyrene beginnt vor den klagen
des Aristäus; die Nymphen waren ferner schon vor dieser klage
der liebesrhapsodie der Klymene ganz hingegeben, da während des
vortrags derselben Kyrene den ersten klagton hörte: erst beim
zweiten fuhren alle auf und so ist erst vs. 353—356 die erzählung
bei vs. 324 angelangt: der rest der rede des Aristäus wird über-
hört ob seines kommens, s. v. 375. *Ernst von Leutsch.*

XIII.

Zu den Terentiushandschriften.

I. Lindenbrogs Vetus codex.

Die eigenthümliche beschaffenheit des archetypus, aus welchem die beiden nach Faërnus' (1565) gelegentlichen anführungen zum erstenmal in meiner ausgabe (1870) [1]) vollständig benutzten hand-

---

1) „Ueberhaupt scheinen die angaben des kritischen apparats in dieser ausgabe wenig verlässig zu sein", sagt Th. Bergk Philol. XXXI, p. 245, anm. 22, und begründet diese vermuthung mit einem beispiel: z. b. Andria V, 6, 9 steht *salvos* im text, *salvus* wird aus AG angeführt, ebenso V, 6, 12 *tuos*, *tuus* A und so in der regel in ähnlichen fällen; man sollte also glauben sämmtliche übrigen handschriften schrieben *salvos* und *tuos*". Man sollte nicht glauben, dass, wer mit einem „überhaupt" über den werth einer ganzen ausgabe in ihrem wesentlichen bestandtheil abspricht, es verschmäht habe sich über die einrichtung derselben aus der vorrede zu unterrichten. Dort steht (praef. p. XVI): *Constanter autem recessimus a consuetudine codicis (A) in eo quod — numquam non monito lectore nisi in indicibus scaenarum — non tulimus U geminatam*, und weiter (p. XXXVII) über die orthographie der handschriften ausser A: *ut in varia lectione hoc tantum indicatum invenias quibus locis . . . UO pro UU . . . in singulis libris*
$$l$$
traditum sit. Meine varianten zu Andr. V, 6, 9 sind *Savus G SALVUS* A, zu v. 12 *TUUS* A. Nach anweisung der vorrede und in übereinstimmung mit der ganzen einrichtung des apparats ist damit über G natürlich nur berichtet dass das ausgelassene l übergeschrieben ist. — Jenen allgemeinen tadel meiner ausgabe knüpft Bergk an die beschwerde, dass man vergebens in ihr auskunft suche über die stelle, welche der unechte schluss der Andria in unsern handschriften einnimmt. Wozu anders aber soll die erste note dienen: *Subscriptio Calliopius recensui scaenam praecedit in γδε* (d. h. in meinen italienischen handschriften)? Ueber αβ konnte ich nichts mittheilen, da ich α nicht gesehn hatte (jetzt habe ich sehr genaue abschrift) und da β verschollen ist. — In derselben abhandlung p. 229

schriften, der Victorianus (D) und der Decurtatus (G) stammen,
musste den wunsch erregen die sämmtlichen handschriften gleichen ursprungs bis in einzelste auszunutzen. Denn so leicht es
ist die recension des Calliopius aus den sehr wenig alterierten abschriften im Vaticanus (C), Parisinus (P), theilweise auch im Am-
brosianus (F) in ihrer ursprünglichen reinheit wiederherzustellen,
so schwierig ist es ein klares und vollständiges bild jener stark
durchcorrigierten urhandschrift von DG zu gewinnen. Die in der
vorrede zu meiner ausgabe gegebene bestimmung dass sie gleichfalls der kalliopischen recension angehörte, aber aus einer dem
Bembinus (A) nahe verwandten und mit den donatischen scholien
durchschossenen handschrift durchgebessert war, beruht natürlich auf
einer von mir vorgenommenen zusammenstellung aller stellen, wo
1) DG mit Calliopius oder 2) mit A stimmen oder 3) für sich
allein stehn, und auf welche dieser drei seiten jedesmal das zeugniss Donatus, so weit er vorhanden ist, sich stellt [2]). Aber freilich unseres Donatus, als dessen besten text wir den der editio
princeps (Rom 1472), die aus einer noch nicht wiedergefundenen
handschrift stammt, zu benutzen gezwungen sind: ein text, über
dessen längst erkannte verderbtheit nun auch die in meiner ausgabe verwertheten pariser fragmente (aus dem XI. jahrhundert)
authentisches zeugniss geben [3]). Und dass auch diese — um nur
éine seite ihrer schadhaftigkeit hervorzuheben — lückenhaft sind,
zeigen selbst einige von den magern Donatuscitaten, die sich im
IX. jahrhundert in den Victorianus gerettet haben (s. praef. Terent. p. XX, n. 2).

note 2 sagt Bergk: „Ueber zeichen im Victorianus berichtet U. vorr.
zu Terenz p. XVII in nicht genügender weise“. Das soll doch nicht
heissen dass Bergk zu seinen zwecken keine ausbeute in meiner mittheilung fand — denn der ausdruck wäre nicht deutsch; wohl auch
nicht dass Bergk bessere kenntniss der zeichen im Victorianus hat —
sonst hätte er bei so günstiger gelegenheit sie uns nicht vorenthalten
dürfen; vielleicht aber dass Bergk eine deutung für die zeichen gefunden hat — ich würde mich freuen hierüber belehrt zu werden von
dem manne, von dem ich gleich vielen vieles gelernt zu haben dank-
bar bekenne.

2) Ein abdruck dieser zusammenstellung würde zuviel raum erfordert haben.

3) Um mäkeleien, wie der in Hübners Hermes V, p. 176 ausge-
sprochnen, ferner überhoben zu sein, erinnere ich hier nochmals ausdrücklich, dass die von mir in den *Testimonia* angezogenen Donatus-
stellen den text der editio princeps und daneben, so weit er vorhanden, des Parisinus geben.

Lässt sich also das aus der recension, welche der Bembinus
repräsentiert, dann das aus Calliopius und drittens das aus den erhaltenen donatischen scholien in DG gekommene gut leicht auf
seine quellen zurückführen, so bleibt für den rest der lesarten, wo
DG allein stehn, zunächst auch donatischer ursprung zu vermuthen.
Da nun augenscheinlich die schreiber von D und G sich in der
durchcorrigierten und stark glossierten urhandschrift oft nicht zurecht fanden, so ist jede weitere abschrift als hülfsmittel willkommen, um uns das nicht sehr reinliche bild jener zu vervollständigen und so möglicherweise eine neue spur von donatischem
gut an den tag zu fördern.

Dass nun ein solches hülfsmittel vielleicht der Vetus Codex
Lindenbrogs [4]) sei, wenn auch nicht eine unmittelbare abschrift
aus jenem archetypus von DG, glaubte ich vermuthen zu dürfen
aus übereinstimmungen wie Heaut. II, 3, 78 *mitte ista atque* (so
DG) 98 *istiusmodi* (DG) III, 1, 21 *apud me domi est* (DG, freilich
aput) 86 *incipere velle fallere* (D[1], bloss *velle facere* G) IV, 1, 7
timeo quid siet (D[1]G) V, 1, 1 *tam perspicacem* (D[1]G) 63 *malis*
(DEFG) V, 3, 13 *confitere tuum non esse filium* (DG). — II, 3,
46 *quae tum erat* (D) IV, 8, 29 *sed haec ista ut sunt* (D). —
IV, 3, 40 *senex* (G). Diesen gegenüber aber steht eine grössere
anzahl von stellen im Heaut., wo die lesarten des V.C., wenn anders auf Lindenbrogs angaben verlass ist, ihm entweder allein eigen sind (I, 1, 106. II, 3, 32. 47. 55. III, 1, 7. 29. III, 2, 29.
IV, 1, 39. IV, 3, 6. 43. IV, 4, 13. IV, 5, 23. IV, 8, 4. V, 1, 3.
18. V, 2, 32. V, 4, 20. V, 5, 16) oder mit den reinkalliopischen
handschriften gegen DG (G fehlt übrigens Heaut. in. — II, 3, 73
und V, 5, 5 bis ende) stimmen (II, 2, 9. III, 1, 26. 75. IV, 2, 6.
V, 1, 59). Und noch schlimmer gestalten sich die verwandtschafts-
ansprüche, die wir für den V.C. erheben möchten, nach den mittheilungen Lindenbrogs zu den übrigen komödien: so dass mit
weit grösserer wahrscheinlichkeit die handschrift der grossen classe
zugerechnet werden müsste, in welcher die reinkalliopische recension nochmals mit der mischrecension in der classe DG verschnitten
worden ist — ein verfahren, bei welchem dem eklekticismus der
schreiber — recensenten darf man sie nicht mehr nennen — ein wei-

4) Ich benutze Lindenbrogs ausgabe von 1623 *Francofurti in
Bibliopolio Heringiano.*

ter spielraum geboten war. Immerhin aber schien der V.C. der
recension DG nahe genug zu stehn und nähere kenntniss desselben
sehr erwünscht. Leider erlaubte es meinem freund A. Fritsch, der
im juli 1870 — grade vor ausbruch des krieges — die handschrift unter der fülle der pariser schätze heraussuchte, seine zeit
nicht eine collationsprobe zu nehmen. Er suchte auf die von Lindenbrog zum Heautontimorumenos gegebnen varianten hin, und es ergab
sich dass unter den 39 stellen, wo sich Lindenbrog auf den V.C. beruft, die lesarten 25mal die des codex 7905 (nach dem catalog
olim *J. A. Thuani, post Colbertinus, saec. XIII*) sind, welcher
die komödien nicht in der donatischen reihenfolge hat, sondern in
der gewöhnlichen Andr. Eun. Heaut. Ad. Hec. Pho. (I, 1, 106
II, 2, 9. II, 3, 32. 46. 55. 78. 98. III, 1, 7. 21. 26. 80. 86.
III, 2, 29. IV, 1, 7. IV, 3, 6. 40. 43. IV, 4, 13. IV, 8, 4. V, 1, 1.
3. 18. 59. 61. V, 3, 13): und zwar ist übereinstimmung vorhanden in fällen, wo der V.C. in ganz eigenthümlicher weise für sich
allein steht, wie II, 3, 32 *sine* (*siue* druckfehler bei Lindenbrog)
gegen *mane*, 55 *ita ut hic dicit* — *ita uti credo* V, 1, 3 *quod
harum rerum vis* — *quidvis harum rerum*. An mehrern andern
stellen scheint Lindenbrog seine collation ungenau benutzt zu haben (was man bezüglich seines Regius [bei mir *P*] mit bestimmtheit behaupten kann). So soll I, 1, 36 V.C. mit Regius haben
ad istos (lemma *istos*) — aber Paris. 7905 und *P* haben *at
istos*; II, 3, 20 *Monuisse frustra*] MS.R. & V.C. *Monuisse frustra
dolet* — umgekehrt fehlt *dolet* in P und Paris. 7905; III, 1, 17
Quod potero] V.C. *qua potero* — Paris. 7905 *quamp otero*; III, 1,
75 *Quodcunq' inciderit*] MS.R. et V.C. *Quod cuiq, cumque* — so
wirklich P, aber Paris. 7905 *Quod cuĩq; (sic)*; IV, 5, 23 *superest
fallaciae*] V.C. *Super fallaciae est* — Paris. 7905 *qđ super fal-
latia*; IV, 8, 29 *Sed ut uti*] V.C. *Sed haec ista ut sunt* — Paris.
7905 *Sed haec ita ut sunt*. Ganz augenscheinlich ist die verwechslung V, 5, 16. Zu v. 17 steht die note *illam virginem*]
V.C. *illam puellam*. — Paris. 7905 hat hier so wenig wie irgend
eine mir bekannte handschrift eine variante. Wohl aber hat er
v. 16 gleich allen ausser A und Eugraphius statt *illam: puellam*.
Auf versehn oder verwechslung könnten auch beruhn die angaben
III, 1, 29 *Si te tam*] V.C. *Qui te tam* — Paris. 7905 *si*; 90
Hic ambigunt] V.C. *hinc ambigunt* — Paris. 7905 *hͨ ambigunt*

IV, 1, 39 *Ne expers partis*] V.C. *ne expertis* — Paris. 7905 *ne expers partis*, endlich V, 4, 20 *Piguit facere*] V.C. *Puduit facere* — Paris. 7905 *facĕ piguit* [5]).

Frankfurt a. M. *Fr. Umpfenbach.*

II. Der Codex Parisinus 7903a.

Kaum hatte ich die ergebnisse meiner ersten untersuchung der pariser Terenzhandschriften an dr. Umpfenbach in Frankfurt gemeldet, als der drohende ausbruch des krieges zu unerwünscht rascher abreise mahnte. Ich stand von einer weiteren untersuchung des genannten cod. 7905 um so eher ab, als es sich mehr zu empfehlen schien, die übrige knappe zeit auf ausbeutung eines anderen erfreulichen fundes zu verwenden. Unter dem neuen zuwachse der bibliothek befindet sich nämlich eine Terenzhandschrift, von der sich rasch ergab, dass sie der nach Donatus durchcorrigierten familie — der des Victorianus und Decurtatus angehört. Es ist dies der codex nr. 7903a [im *Supplément du Catalogue* unter nr. 10304 aufgeführt], über den im handschriftencataloge die bemerkung nachgetragen ist: *Cod. membr.* [*nuper adquisitus*] *initio ac fine mutilus. Ibi sunt Publii Terentii Afri Comoediae sex: Andria, Adelphi, Eunuchus, Phormio, Heautontimorumenos et Hecyra. Andriae prologus et duo versus ex actu secundo desiderantur. Adnectitur in calce Carmen de conflictu Veris et Hiemis, auctore anonymo; huius vero carminis principium tantum servatum est. Is codex saec. X. videtur exaratus* [*mens. April. an.* 1806]. Nach einer bemerkung am rande von pag. 232 stammt die handschrift aus Beauvais [*Sc̄t̄ pet beluacensis* XXI *q̃ t̃ h̄*]. — Ausserdem ist auf einem vorn eingehefteten blatte papier die bibliothekarische notiz zugefügt: *Ce ms. est sans doute celui qui fut acquis de M. Lestoc* [oder *Le Hoc*] *en* 1806. — Vor dem ersten pergamentblatte ist ein schmaler streifen papier eingeklebt, darauf die bemerkung: 1) *Andria. Manquent le Prologue, le prèmier Acte et les deux premiers vers de la* 1re *Scene du* 2me *Acte.* — 2) *Terentii Comoediae Sex. Scilicet Andria Adelphi Eunuchus Phormio Heautontimorumenos Hecyra.* — Ebenso ist auf ähnlichem papier-

---

5) An drei stellen IV, 2, 6. V, 1, 63. V, 2, 35 hat Fritsch die confrontation versäumt.

streifen zwischen pag. 34 und 35 bemerkt: *les 12 premiers vers du Prologue manquent; ils sont ajoutés à la vérité par une main bien plus moderne,* — und wirklich beginnt pag. 35 eben die alte hand mit *pernoscite furtumne factum* u. s. w. Auch der schluss der Adelphi nach V, 9, 29 fehlt, was durch die bemerkung: *Adelphi, mutilé à la Scene IX. de l'Acte V,* v. 29 angedeutet ist. — Endlich ist auf gleiche weise zwischen pag. 132 und 133 nach *Inc. Phormio Fel.* die notiz eingefügt: *Phormio . les 25 premiers vers du Prologue manquent.* — Die handschrift besteht aus 137 pergamentblättern. Hinter dem schlusse der Hecyra auf pag. 273 beginnt ein gedicht *Conflictus Veris et Hiemis* [unvollständig). — Die reihenfolge der komödien ist die donatische: *Andria Adelphi Eunuchus Phormio Heautontimorumenos Hecyra.* — Die personen sind vor anfang der scenen mit griechischen majuskeln in rother farbe bezeichnet; hinter jeder majuskel steht der volle name der person in schwarzen majuskeln; unter oder neben jeder person ihr charakter. Die griechischen initialen dienen durch die scenen hindurch als personenbezeichnung; darüber sind meistens die drei ersten buchstaben des namens in schwarzen lateinischen majuskeln gesetzt, z. b. *B*, darüber CHA. — Uebereinstimmung in betreff der griechischen initialen mit dem Victorianus (D bei Umpfenbach) besteht nur in vier der von mir collationierten 28 scenen, nämlich in Andr. II, 1 [wenigstens innerhalb der scene, da in beiden hdss. *B* = Charinus, *Γ* = Pamphilus, *Φ* = Byrria; die scenenüberschrift in der Pariser handschrift (L) wurde von mir nicht notiert];
  Andr. II, 2 [wo D die überschrift hat:

    Δ DAVVS *B* CHARINVS *Γ* PAMPHILVS
        SERVVS   ADVLESCENTES   , und
    L: DAVVS CHARINVS PAMPHILVS
       Δ SERVVS ADVLESCENTES   ,

die griechische initiale der ersten person ist ausnahmsweise auf die zweite zeile vor deren charakter gesetzt, die für die zweite und dritte fehlen ganz; innerhalb der scene wird in übereinstimmung mit D Charinus durch *B*, Pamphilus durch *Γ* bezeichnet], Andr. II, 4

    [wo D: *Δ* SIMO   *Γ* PAMPHILVS *Δ* DAVVS
       L: *Δ* SIMO   *Δ* DAVVS   *Γ* PAMPHILVS
        SENEX   SERVVS   ADVLESCENS],

Andr. IV, 1

[wo D: Θ CHARINVS ·Z· PAMPHILVS Γ DAVVS
　　　　　　ADOLESCENTES ·II·　　　SERVVS
　　　L: O CHARINVS Z PAMPHILVS Γ DAVVS
　　　　　　ADOLESCENT ·II·　　　SERVVS]

Abweichungen finden statt:

Eunuch. I, 1, wo in L die scenenüberschrift fehlt, im dialoge aber
　　Phaedria mit Φ, Parmeno mit Π bezeichnet werden, während
　　D die ausnahmsweise überschrift hat:
　　　　　　P PHEDRIA　PΛ PARMENO
　　　　　　　ADVLESCENS　SERVVS

Andr. II, 5

　D: N BIRRIA Γ SIMO　Φ PAM　Λ DAVVS
　L: Φ BIRRIA Λ DAVVS Λ SIMO　Γ PAMPHILVS
　　　SERVI　　　II　　　SENEX　　ADVLESCENS

Andr. IV, 2

　D: E Misis　Θ Charinus ·Γ· Pamphilus ·Γ· Davus
　　　　Ancilla　ADOLOSCENTES DVO　SERVVS
　L: E MISIS　Θ CHARINVS Π PAMPHILVS Λ DAVVS
　　　ANCILLA　ADVLESCENTES ·II·　　　SERVVS

Andr. V, 4

　D: Ψ. CRITO. Λ SIMO ·H· CHREMES· Z PAMPHI|LVS
　　　SENES　　DVO　　　　　　Adol.
　L: Ψ CRITO Λ SIMO ·H· CHREMES Π PAMPHILVS
　　　SE　　NES　　TRES　　　ADVLESCENS

Andr. V, 5

　D: Θ CHARINVS　　　Z PAMPHI|LVS Γ DAVVS
　　　ADOLESCENTES　　II　　　　SERVVS
　L: Θ CHARINVS　　　Π PAMPHILVS
　　　ADVLESCENTES　　·II·

Andr. V, 6

D: Γ DAVVS Z PAMPHILVS | Θ CHARINVS SERVVS ADO-
L: Λ DAVVS Π PAMPHILVS　Θ CHARINVS　LESCENT̄ ·II·

Eun. I, 2

　D: Θ THAIS　　Λ PHEDRIA B PARMENO
　　　MERETRIX　　ADVL　　SERVVS
　L: Θ THAIS　　Φ PHEDRIA　Π PARMENO
　　　MERETRIX　ADVLESCENS SERVVS

Adelph. I, 1

           D: *A* MICIO SENEX

           L:)-(MICIO SENEX

Adelph. I, 2

         D: *B* DEMEA *A* MICIO

              SENES   II

         L:)-(MICIO *Δ* demea SENES SVO

Adelph. II, 1

       D: *B* SANNIO *A* AESCHINVS   *P* PARMENO

            LENO   ADOLESCENS   SERUUS

       L: SANNIO ∈ AESCHINVS || || || || ||

            LENO   ADULESCENS

Adelph. III, 4

  D: PAMPHILA

         KEGIO   GETA   DEMEA

     E SENEX   *A* SERVVS *B* SENEX *Φ* MVLIER

  L: *ω* HEGIO   *Γ* GETA   *Δ* DEMEA

       SENEX   SERVVS   SENEX

Adelph. III, 5

           D: *Γ* HEGIO SENEX

           L: *ω* HEGIO SENEX

Adelph. IV, 1

         D: *A* CTESIPHO   *B* SYRVS

             ADOLES C̅   SERVVS

         L: *X* CTESIPHO   *Z* SYRVS

             ADVLESCEN   SERVVS

Adelph. IV, 2

        D: *B* DEMEA *A* SYRVS *Z* CTESIPHO

            SENEX   SERVVS   ADVLES˜.

        L: *Δ* DEMEA *Z* SYRVS *X* CTESIPHO

            SENEX   SERVVS   ADVLESCENN˜

Adelph. IV, 3

         D: *A* MICIO *H* KEGIO

              SENES   II

         L:)-(MICIO *ω* HEGIO

              SENES   DVO

Adelph. IV, 4

        D: *Δ* KESCKINVS ADVLESCENS

        L: Ͻ AESCHINVS ADVLESCENS

Adelph. IV, 5

    D: *M* MICIO   *Γ* AESCHINVS

          SENEX   ADVLESCENS

    L:)-(MICIO SENEX Ͼ AESCHINVS ADVLESCEN˘

Adelph. IV, 6

        D: *B* DEMEA *Δ* MICIO

             DVO   SENES

        L: *Δ* DEMEA   SENEX

Adelph. IV, 7, wo D (mit dem Decurtatus und dem Riccardianus)
keine neue scene hat, dagegen

        L:)-(MICIO *Δ* DEMEA SENES DVO

Adelph. V, 1

        D: *Γ* SYRVS *B* DEMEA

            SERVVS   SENEX

        L: *Z* SYRVS   *Δ* DEMEA. SERVVS. SENEX

Adelph. V, 2

    D: *Z* PVER *B* SENEX *Γ* SERVVS

       DROMO   DEMEA   SYRVS

    L: *ψ* DROMO *Δ* DEMEA

     Z Syrus s͞r   SERWS   SENEX [*Z* Syrus s͞r *von späte-*

                                    rer hand zugefügt]

Adelph. V, 3

      D: *Δ* MICIO *B* DEMEA

         SENBS   II

      L:)-(MICIO *Δ* DEMEA SENES DVO

Adelph. V, 4

        D: *Δ* DEMEA SENEX

        L: *Δ* DEMEA SENEX

Adelph. V, 8

        D: *Δ* MICIO *B* DEMEA *Δ* AESCHINVS *S* SVRVS

           SENES   II   ADVLECT   SERVVS

      L:)-(MICIO *Δ* DEMEA Ͼ AESCHINVS *S* ‖ ‖ |

         SEN ‖ ‖   ‖ ‖ ‖ ‖ | ‖ ‖

Die ungewöhnlichen zeitverhältnisse mögen es entschuldigen, wenn ich diese vergleichung nicht durch sämmtliche komödien durchgeführt habe. Die letzten unruhigen tage meines Pariser aufenthaltes konnte ich nur dazu benutzen, diejenigen partien zu collationieren, für welche zu Victorianus (D) und Decurtatus (G) noch ein weitres zeugniss aus derselben recension bekannt war, nämlich Andr. 912 — extr. und Adelph. I, 1, 1 — ende des aktes, wo das Wiener fragment (V) hinzutritt, ferner Andr. 333—373 und 643—688, Adelph. 442—499, 543—749 und 803—862, wo sich die von Wilhelm Schmitz in Jahn's Jahrbüchern 1868, pag. 652 ff. bekannt gemachten kölnischen fragmente zugesellen. Es folgen hier die varianten, die sich an diesen stellen Umpfenbach's texte gegenüber im Victorianus (D), Decurtatus (G), den Wiener fragmenten (V), den Kölnischen (M) und der Pariser handschrift (L) finden.

I. *Varianten der in den Wiener fragmenten enthaltenen partien.* (Andr. 912 — extr., Adelph. 1 — ende des aktes).

Andr. V, 4, 9 iactas GVL (*cum* CP) lactas D¹ at iactas D²   sanusne es] *sic* DGL (*cum* ACEP) sanus est ne es V   10 ac *om* L   11 PA. *inter lineas* V   subsistat L   12 sit vir DGVL   13 attemperate D at$\bar{e}$perate V   evenit D, *corr.* D² venit GV evenit L (*corr. rec.*)   14 Chremes] *sic* D (*cum* AEP) chreme VL creme G   16 Si ‖ cophanta V   sic rito D si ‖ crito D si crito G¹V sic crito G²   17 pergit L (*cum Donat*) vol *bis* V   18 moveo] *sic* DGV¹L (move ‖ V²)   19 dixi DGVL (*cum* CEP) audieris DGVL (*cum* CEP) i$\bar{a}$ *ex* n$\bar{a}$ G   20 nave *ex* navi D   apud Andrum G   21 applicat G   22 chrisidis DV   23 SY. Itane] SY. *a corr. in ras.* G   is *om.* GV.   24 ibi ergo D   se cive $\bar{e}\bar{e}$ attic$\bar{u}$ GVL   sese civem ‖ esse attic$\overset{u}{a}$m D   25 Is mortuus est L.   Is ibi mortuus (est *om.*) V   CR. Nomen tam cito tibi phania CR hem   L *cum rell.*   26 certe GV   27 Ramnusium DGVL (*cum* CEP) iupiter V   CR. *om* V   chreme DGVL (*cum* CP)   28 alii V tum audivere L (*cum* ACEP) tum audiere DGV heo L   eho *inter lineas* schol. D   29 tum *om* L aiebat *libri*   cu‖ ‖i$\bar{a}$ D fili$\bar{a}$ *ex* filiü V   igitᵛ *in ras.* D²   30 meast] *sic* L p$\bar{a}$philae G paphile V   31 *In* DGV *hic versus scriptus est post* v. 32, *in* D *vero signis appictis error indicatus.*   illic DGV (*cum* CEP)   32 Is *in ras.* G² hinc bellum fugiens L (*cum* CEP)   hinc bellum tum fugiens DGV   33 reliquere V post illa nunc DGVL (*cum* CEP)   35 tanto hoc tam DGV   36 Sane istam DGV (*cum* E) multis modis DGVL (*cum* CEP) tua V gaudio (oder gaudeo?) L   38 odio, nodum L odio D¹, a$\bar{t}$ odium sec$\bar{d}$m donat$\bar{u}$ *schol.*   odio GV   quaeres (quaeris?) L   que-res V   39 parvae, ae *in ras.* L qd V chrito DV   40 egone DGV (*cum* CEP) ego neius L   41 quom egom& DV cum egom& G (*cum*

cum
E) quom ego& L (quom ego& *corr. rec.*) 42 Non patiar heus

chreme DGVL (*cum* CEP) Pasibulast] *sic* GV (cum ACP) passibula
est D (*cum* E) pasibula est L CH Ipsa est CR Ea est DGL (*In* D
nominum notae in ras.) Cri. ea ē ‖ CH ipsa ē V 43 ipsamelies L
milies G miles V Chremes] *sic* D chreme GVL 44 di bene ament
L (*cum* CEP) quod restat DGVL (*cum* CP) 45 dudum reduxit me
ipsa res L reduxit DG¹VL (*cum* CEP) duxit G² ingratia V
46 mutat *ex* mittat V obtumast L 47 PA. Nempe ·SI· Id scilicet
DGVL pamphili est DGVL 48 tan ‖ lento V adfilia V heo V
                                                           s
mecum L chrito D 49 tranferri G 50 potet V 51
        te
   non post
Qui   D Qui non potest GL (*cum* CEP) quia magis aliud habet
L quia aliud magis habet D¹GV (qui ‖ D²) 52 solve V 53 fe-
                                              hunc
licem hunc diem DVL (*cum* CEP) felicem diem G, hunc *add. schol.*

Andr. V, 5 Ⲑ CHARINVS Z PAMPHI|LVS DAVVS | ADOLES-
                                                    N
CENTES II SERVVS D CHARI'VS PAPHIE G C. CHARIVS. PA͞.
        te
PAMPHILVS ADOLES|CENS ·II. D. SERVVS. DAVVS V
        Ⲑ CHARINUS *II* PAMPHILVS
        ADVLESCENTES ·II·   L
v. 1 ecum L forsitan me L (*cum rell.*) me *om* V 3 deorum
vitam DGVL (*cum Donato*) ꝑterea G 5 paratast L parata ē DG
pa‖rata ē V nulla umquam egritudo D 6 mihi ego G exoptem
DGVL (*cum* CEP) cui nunc] *sic* DGVL 7 Davom] *sic* L davam D
davon V malim DGVL (*cum* CEP) Andr. V, 6. *Nova scaena*
est in DGVL (*contra* ACEP) Γ DAVVS Z PAMPHILVS | Ⲑ CHARI-
NVS SERVVS ADOLESCENT ·II· D DAVVS. PAPHIL. CHARINVS G
                                                        te
D. DAVVS. SERVVS. PA͞. PAMPHILVS. CA. CHARINVS ADOLESCENS
DVO V *Δ* DAVVS *II* PAMPHILVS Ⲑ CHARINVS L v. 1 ho-
                                                     i
most [*sic* L homo (est *om.*) V O pamphale L O pam(phile) *in ras.* V
2 optigerit] *sic bis* L 3 hominūenit G hominū evenit V
quod *ex* qᵈ D nactus VL (*cum Donato*) nat' G 5 Mea glycerium
DGVL (*cum* CEP *et Donato*) reperit V o factum DL (*cum* CEP)
6 sumus L narres D 7 ullast] *sɩc* L ulla est DGV uxorē eā V
          o   l
8 valuit D aha DV 9 dii diligant V savus G, *corr.* G²
vera   a
ventura sunt D 10 Adibo et conloquar DGV (*cum* E, conloquor
- - - - -
V) qui G homost) *sic* L o charine L *cum rell.* 11 audistin D¹L
(*cum* A) hem audistin D²GV (*cum* C²E) secundis rebus DGVL (*cum*
CEP *et Donato*) 13 nos illum expectare DGVL (*cum* CEP; *Donato*
om. nos *et* me) 14 me hac V ad Glycerium (?) L 15 Pro-
                                                        te
pere DGVL (*cum* CEP) arcesse L accersi V 16 ne expectis L ne
expectetis D PA͞. Ne expectetis V despondabitᵛ V 17 transietur
Der stat DGVL (*cum* E) Calliopius. plaudete (ω *om*) V. ω plaudite.

CALLIOPIVS RECENSVI | P. TERENTI AFRI ANDRIA | EXPLICUIT
ICIPIT ADELFE FELICIT˙ L.
Adelph. I, 1. *In G post didascaliam unus vel duo versus erasi
sunt in margine, ut incipiatur a* torax   v. 1 caena D   2 servolorum

D advorsum DVL (*cum* CEP)   si absisus piā L   absi̇ || V.   4
                                               c
ibisj|| cesses L sic esses V evenir&a V   5 dixit D dix¯ G, ꞓ dicit
schol. dixit V   8 aut dete amari DV po||are G   9 Et *om* L
10 Ego] eo L   que || cogito V cogito || & D   11 Et quibus L
cum rell. solliciter L   12 praefregeret V (*in ras.*)   pfregerit G
prefregerit L   13 vaha DGV in animum V (*cum* CP) aut *add.* D'
                                             ē
in marg.   14 parere D¹G (parare D²) cariat quam L ipse et sibi D
                                    x
ipse ēē sibi G ipse ē ˢibi V   15 emehic L sed ex fratrae. Hisadeo
G   17 ociū *ex* ocius G   19 Uxorēdn̄quā G   22 magiorē V
23 parvolo] *sic* L meo *in ras.* D   24 id est carum] idem
carum V id carum G   26 p̄ || mitto G omnia *om.* V (*cum* A)
28 patres, a *in ras.* V   29 caelet DL c̃suifeci G   30 insuerit]
sic G (*cum* CEP) insuet D insuevit LV patre V   32 pudore aut
libertate V   33 Retineri L saci||us V   35 sep||||e L clami-
tans L *cum rell.* qd̸ aᵍis G   37 cur tuis rebus D sumptus DGVL
(*cum* CEFP)   38 nimium indulges V ineptus es|| L   39 Ni-
                                      .ē.
mirū G ipse *inter lin.* V nimium || || || || || || || || durus (*in ras.* inep-
tus es L pra||ter L aequum et bonum GV   41. stabili||us D
45 tantis pcav& LG (p̸cav. *in ras.* G) cavet DV (*cum* CEFP)
46 rursus D russus G   49 Hoc pratrium L² (prutrium *vel* pro-
                                      fa
trium L¹) patruū G patrū V c̄suefcere G   50 Sponte sua G
51 qui *om.* G nequ| (mit dem rande abgeschnitten) L   52 nescire
se DGV   53 ipsius G ipsus L (*cum* CEFP) a||iebam L istest L²
                                      :as
(is est L¹) his est G   54   : solet D, *corr.* D²   55 advenisse V
56 gaudenus, nu *in ras.* G.
Adelph. I, 2 *B* DEMEA *A* MICIO SENES II D DEMEA. MITIO SENES
·II· G DEMEA MICIO SENES ·II· V)-(MICIO *A* DEMEA SENES
DVO L   v. 1 Hem DGL (*cum* Donat.) He em V oportune DGVL²
(opportune L¹)   2 Quid tristis es *in ras.* G rogasne me V
3 ego sum GV   4 quid is fecit DV (*cum* E) quid his fecit G
5 neq; m&uit G   6 illa *ex* illam L (*cum* C)   7 dissignavit DGV
(na *in ras.* G) (*cum* CF¹P) d||ssignavit L   8 irruit V   9 ipsum
domum L   9, 10 mulcavit || || || familiā V (usq. *erasum*)
11 indignissume] *sic* L   12 quod] *sic* L¹ *cum rell.* quot *corr. rec.*
mihi qd̸ V   13 denique *om* G denique ad extremum V   14 vi-
 e
di̇t V   15 ēē *in ras.* G   16 factum simile DGVL (*cum* CEFP)
            tibi dico   s
illi|| D   17 dico tu D, *corr.* D²   20 quorum || || || istuc D
quorsum nam istuc V malae haec G   22 potari V non est *om.*
                                      q;
GV   23 si ego neq; tu V ne tu D, *corr.* D²   24 siit] *sic* L
sivit DGV (*cum* CEFP) aegestas D   25 id *om.* V tunc DGL tu V
27 faceremus, m *in ras.* D   28 facere, nunc V licet] sic
G² (*cum* A¹CEF²) decet DG¹V (*cum* A²F¹) di||c& L (d *in ras.*)

diu
29 te expectatū V 32 iupiter V iubbit̄ G adigis] *sic* D¹GVL
(*cum* A) rediges D² (cum CFP¹) 32, 33 A (*h. e. nota personae*)
A. hausculta D 33 optundas] *sic* DGV (*cum* A) obtundas L
34 adobtandum G 35 his G 36 maxumam] *sic* DGVL (*cum*
A) feram L (*cum rell. praeter* A) 37 deme||o (*ex* demea) G de-
a
meo, V, *corr.* V²; *ut videtur.* 38 a me] de me G argentum ame
i
V 39 excludetur V · 41, 42 et est dis gratia et unde VL
(*cum* AF) est dis gratia et unde DG 43 arbitr||um D 45 ab
illis] ab eis V 47 tune consiliis DGVL (*cum* CFP) ah DGL (*cum*
ī ais
CEFP) ha V 48 agis D, corr. D² tociens L 49 MI] *nota*
pers. inter lin. L. 51 ego autem V 52 a] *sic* L (*cum* AP)
u
aha DV ha G 53 quid istuc GVL quid istic D si||tibi D.
ipse
54 po||tat pereat V 55 posthec V russū G 56 iā n̄ credis G
57 hem DGVL (*cum* EF²) 59 ipse tuus ipse V 60
s
poterius L gravius quicquam dicere DGVL 63 nolui, ui *in ras.*
si
D 64 meaegrae L nam ||itast L 65 Tā vix G verum est ·
· · ·
augeam D, corr. D² 67 Aescinus V 68 facit *in ras.* D
71 velle se uxorem L 72 deseruisse V 73 integro||| || |||quid-
quid est L quicquid DGV (cquid *in ras.* D).
Adelph. II, 1 *B* SANNIO *A* AETCHINVS *P* PARMENO D
N LENO ADOLESCENS SERVVS
SANIO HESCINVS PARMENO LE|NO ADVLESCENS SERVVS G
SANNIO AESCHINVS PARMENO|bsecro V SANNIO
LENO
E AESCHINVS || || || ||| || || L
ADVLESCENS mihi par
v. 1 ferre G miserō atq; V 3 quid V ego dum V hic te
tanget *om.* D·, *add. schol. in marg.*

II. *Varianten der in den kölnischen fragmenten enthaltenen*
partien (Andr. 333 — 373 und 643 — 688, Adelph. 342 — 499,
543—749 und 803—862).
Andr. II, 1, 35 ne *om.* D¹ 36 video video N haut G
n · · · · ·
37 scire ML *cum rell.* fugi L vero *om* L.
Andr. II, 2 DAVVS PAN. PHIL. CHARINVS G (*cum* CPE)
DAVVS CHARINVS PAMPHILVS *rell.* (*Wegen der griech. initialen*
in D & L *s. oben*). v. 1 Di] *sic* DG²ML 3 nū dū G
5 audi L 6 quaeram aut quo DML (*cum* E *et Donat.*) conloqui
i
L c̄loqui D¹ alloq M 7 abeo L *cum rell.* abeo hinc M au
8 carine M ampo G oportune DGM volo vos D 9 hoc di G,
corr. G² 10 certe *om* L (*cum* E) est vita DGML 11 & id
c
scio D²ML, et si D¹ sicio G optundis GML 12 paves D, *corr.*
D² ||caves G ne ducas illā (tu *om.*) G tu aut̄ adducas G rē|| |||tenes
D 13 atq; M 14 me *om.* G¹ miserum libera DGML hem
DGML (*cum* CEP) 15 libi uxorem L qui scies ML¹ (scio *corr.*

rec. l)   16 adprehendit L apphendit DM ait *om.* G   16, 17
dare ese hodie DML. *In* G *duae litterae super dare erasae sunt*
18 haec tibi D hoc tibi L tibi haec *inter lin.* G² (*cum* CEP) haec tibi
o
om. M   19 non *inter lin.* G² escendo L (cum C¹P¹) ascendā G
locū excelsū G   20 ibi forte DGML   21 vidisse se DGML
(*cum* CEP)   23 obsoni L obsonii M ips‖us L   24 choherent
D egon& ML egomet, t *in ras. a corr. rec.*, D cremē M cremem D
chremete G   25 illoc D illo‖ G pvenio M.   27 aedi‖b G
n v
29 vid& G, *corr.* G²   32 olera G   33 CH] PA ML opera tua D
34 non dat illā G capud L   35 necesse L *cum rell.*

      Andr. IV, 1, 20 PA. quid tandem CH] *personarum notas om.* L¹,
add. inter lin. L² seducere G   22 expectavi D   23 falsus es
DGL (*cum* EP) es *om.* M (*cum Donat.*) tibi satis esse L   24 amanti
G¹, amante G²   25 PA] *pers. not. om.* L¹, *add. inter lin.* L² aha
DM   26 conflavit] confecit L *cum rell.*   28 haut D cognoveris
DML   30 succenset GM   32 hae L *cum rell.* (haec *Donat.*)
35 ducturum te ēē M.   36 enecas GML² (cum E) enicas L¹
destitit cessavit‖ instare L destituit M me esse ducturum DGM (cum
AEP)   38 Suadere] Qua de re M   39 Quis *ex* quid M¹
Quis homo istuc; I davus Θ davus? I davus Interturbat Θ quamobrem
I nescio D *cum* G Quis homo istuc P davus C davus P davus inturbat M.   Quis homo estuc Z davus Θ davus? davus Z inturbat ‖
quamobrem Z nescio L¹ *Die den sprecher bezeichnende rothe grie-*
chische majuskel zwischen inturbat *und* quamobrem *ist bis auf eine*
übrigens unverkennbare spur mit dem rande weggeschnitten. Welche ma-
juskel zwischen dem zweiten und dem dritten davus ursprünglich gestan-
den, ist nicht zu sehen, da an dieser stelle eine spätere hand mit blau-
schwarzer tinte ein fettes Z *hineingeschrieben hat. Von derselben hand*
rührt das schwarze I *zwischen* davus *und* inturbat *her; die noch er-*
kenntlichen rothen horizontalen oben und unten lassen es aber sehr wahr-
scheinlich erscheinen, dass die erste hand Z *hatte. Die zweite hand liest*
also: Quis homo istuc Z davus Θ davus Z davus I inturbat ‖quamo-
brem Z nescio.   40 fuisse iratos satis scio DGM qui ei auscultaverim L qui auscultaverim ei G   41 quid ais o scelus L
42 dii M exitū M   44 hoc consilium L *cum rell.*   45 at] ac
M defatigatus D¹ML defetigatus *corr. inter lin.* D² (cum rell.)   46
aggrediemur GL adgrediam M via *om.* G   47 nisi si id putas] *sic* L
solus   48 hoc converti malum DGM   50 cficias G efficies D
52 manibus pedibusq; DGM pedibusq;‖‖ noctesq; ‖ ‖ & dies L
noctes (*om.* que) GM.   53 adire periculum DGML   54 eveniet
D eveni& ML   55 paruum D a‖t L   56 vel tute melius rep-
aliud
peri aliud me L tute repperi D, aliud *add.* D²   vel tute aliud repperi G (*cum* CEP) repperi M   57 restitue inquem‖‖‖me L restitue
in quē me G restitue inquē me   58 concrepuit DGML hem fmane

G hostium M   59 nihil ad te L nuncine DGL (*cum* P) nē me M
      Andr. IV, 2 *E* Misis. Θ Charinus ·I· Pamphilus ·Γ· Davus.
            Ancilla ADOLESCENTES DVO   SERVVS D.
MISIS ANCILLA PAMPHILVS | ADVLESCENS SERVVS G
CHARIN PAPHILVS DAVVS M *E* MISIS Θ CHARINVS Π PAM-
                        ANCILLA ADVLESCENTES ·II·

PHILVS Δ DAVVS
      SERVVS L

ubi

v. 1 erit *om.* M   2 ubi   D (*corr. rec.*) tu modo DGML (*cum*
CEP)   3 optime te mihi L quid est (*om.* id) DGML (*cum* CEP)
4 ames hera (h *add. rec.*) L   5 videre&e ait G te ait DM ait te
L (*cum* CEP).

Adelph. III, 3   89 haut scio mali, scio *in ras.* D aliquid mali
G cito aliquid ortum L puplice G   90 gene reliquias G   91
re   video

stare   G (*corr.* G²) video vah vivere L *cum rell.*   92 operiar D.

Adelph. III, 4 PAMPHILA

HEGIO	GETA	DEMEA
E SENEX	*A* SERVVS *B* SENEX	*Φ* MVLIER D
HEGIO	GETA DEMEA G (cum EF)	
ω Hegio	*Γ* Geta	*Δ* Demea
SENEX	SERVVS SENEX L.	(*Ueber* M *liegt*

keine angabe vor).   v. 1 dii M pro di *in ras.* D   5 Despaltria D
de plastria G nunc *in ras.* D   6 pateris nihil ipend& L is rihili

pend& M pater is nihili D² (*cum* CEFP) pater is nihil D¹G pendet D

d

7 prope adē&, prope ad *in cas.* G.   8 hausic M sic ferrent

pie

G   13 satis posse L   14 plur‖|‖‖|‖ L   15 Oh] o GML ho D
(*cum* CF)   17 disti G   19 Simulum atque DML (*cum* CEFP)
atque *om.* G   21 &iā ̄ndum DG nondum &iā audisti L   22
An quidē &tiam est L an quicquam DGM (*cum* CEFP) etiam *om.* D¹G
23 vere M quidem alequomodo ferendumst L quidem aliquo

o

modo ferendum est DG ferendū aliquo m ē M   24 suasit L
26 lacrumans L   29 conpressu L mensis hic decimus L *cum rell.*

ci

de m G   30 spaltriam D   31 deserat DGM (*cum* CEFP)   in
32 pro certon DGML (*cum* CEFP) istuc M   u   33 res ipsa] reipsa
(*corr. rec.*) L   34 ut captus L¹ ut ca‖tus L² servolorum DG

re

servulo; M   36 adduce M vince *e* vinci *corr. rec.* L quaerem (*corr.*
rec.) L rem‖|‖ D   38 coram coram ipsum L ipso DGM (*cum* EF)
38, 39 cedo   pud& (*spat. vac. rel.*) L huic *om.* G   40 Scio
intus miseram me differor L, *super* intus PAmphila *rubro add.* L² Scio
Φ Intus. miseram D Scio PA intus miserā G   42 illa int, queso

...

M certe egio M   43 Illa haec D Illa et fidem G (*cum* E) ōram

o

nunc DGL (r *in ras.* D)   44 Quid (*corr. rec.*) D   vos ius GML
(*cum* EFP) id ut voluntate impetret ML   46 animus voster L
voster animus D n̄r animus ē, animus ē *in ras.* G v̄r M   49 parvoli L (*cum* CF) parvuli DGM (*cum* EP¹) educati L *cum rell.*
50 paupertatem unam L   51 enitar DGM   52 illam D

Adelph. IV, 2   5 malum *om.* M   9 ait sese scire L
10 forte *om.* L   11 prorsus huc DG tace G   12 ego hodie
DG (*cum* CEFP) hodie ego M (*cum Donat. in lemm.*) ego *om.* L
13 iam *om.* M (*cum* CEFP)   15 durare quisquam si sic fit.

potest   i

durare potem D, corr. D² hic qdē quisquā si sic fit durare potest G

. . . .

m   17 volt] *sic* L quid agis DG   19 Rogas tesipho M ctesi-
phone L me *in ras.* G   20 hem vide DGML (*cum* C²EF *et Donato*)
21 hanc rē emptam D hinc mihi modo DG hinc mihi (modo om.)

ML (*cum* CEFP)   22 aiebas L *cum rell.*   23 puduisse D,
corr. D²   24 gestavi, gest *in ras.* G   25 Laudo te M (*cum
Donat.*) patrissas ah virū G   26 Laudasne? ille DGM   27 ser-
volum] *sic* L   28 ʳᵉferire G   30 illum quaeram DGML (*cum*
CEFP)   31 quid agis G (*cum* C)   32 tibi *om.* L iam quidem
DGM nomen ‖ scio nescio L   33 hominis illius G novi *om.* L

34 marcellum hanc D   35 p̄terita D   36 vorsus L versū M
38 qd̄nā M quodnam *e* quidnam *corr. rec.* D illic L *cum rell.* ibi G
magna est nostin DGML (*cum* C²EF) nobi L   40 me hominem
esse DGML (*cum* E *et Donat. in lemm.*)   41 ppicius G   44
Ito] ita L   dexteram DGL (*cum* E)   locum DGM (*cum* E)
45 advorsum] *sic* ML   46 iligneis DGML (*cum* CEFP)   faciundos]
sic L   47 ⊿ ubi potetis vos ⊿ bene sane ⊿ sed cesso L (*cum*
C¹FP¹). *In* D *post* dedit, *post* vos *et post* sane *personarum notae erasae
sunt. In* G (*sicuti in* C²EP²) *illa* Ubi potetis vos *continuantur Syro,
tum incipit Demea.*   recte sane DGM   49 otiose DL ociose
GM (otiose . Aeschinus: *Donat. in lemm.*)   50 amorest] *sic* L
amorē G   unum quidq. DGM   quicquid, quod quidem *om.* L
quodq; quod M   52 ciathos DGML (*cum* EP) sorbillans DGML
(*cum* CEFP).

    Adelph. IV, 3   1 repperio M (*cum* C)   3 nisi ˢⁱme D, *corr.*
D² nisi me GM   4 expostulent DGML   5 accusent D¹GM
                                —te   so
6 te *om.* D¹M (add. D²) alit G   7 que G   8 dixti mihi G
9 fratrem eius esse et illam L *cum rell.*   9, 10 MI] *notam
personae inter lin. add.* L   10 Sitae cū censes G   11 iam *om.*
L animum iam DG (*cum* CEFP) relevabis GML (*cum* CEFP) revelabis
D (et illi animum relevabis: *Donat. in lemm.*)   12 fultus D¹, functus
D²   13 dixti DML (*cum* ACEFP) dixisti G   14 Om̄ib; G om̄s
L *cum rell.* saecunde D secund‖‖‖ L   15 accipiunt ‖ magis L
16 claudier] neglegi DGML (*cum* CEFP *et Donat.*)   17 ipsis
DGML (*cum* CEFP)   18 me ego D.

    Adelph. IV, 4   1 animi‖ D animū M   3 quid me (de *om.*)
L *cum rell.* certum siet] *sic* L   certus siem G certus siet, t *in ras.*
D certū siet M¹, certuˢ siē M²   4 menbra ML   5 obstupuit
M pectore consistere nihil consilii ML   consilii quid DG   consilii
quid potest G (*cum* E) consilii quit potest (*corr. rec.*) M   6 modo
                          ......
me ex hac LM   7 de me suspicio L   9 mihim& psaltriam
                                              ea
LM   10 ea *om.* D¹, add. D² fortead G   vidi eam DGML (*cum*
CEFP)   11 rogo D¹G¹M   rogito D²G²L (*cum rell.*) Pamphilam
G partus si& G   12 eone DGML (*cum* A²CEFP)   obstretricē M
13 verba nobis satis DGML (*cum* CEFP)   15 suspicari &me
                              ēē
reprehendi L   17 fratris hanc, quod L   esse hanc id quod D
                                    o
schol.   18 ac mitto]   amitto D   age mitto M (*cum* CEFP) age
                                                                a
omittio G   19 id *om.* G   20 abductast L   21 mae‖ cūlpa

fateor (fieri *om.*) G   fieri fateor DML   22 Ut erat DG (*cum* CEFP)
23 nunc iam porro DGML   24 me ut purgem DGML
25 perii: horesco] perhorresco L pulsare D pulsitare G   occipio
                                                                fores
miser] *sic* G   occipio fores miser L (*cum* CEFP) occipio miser
D occipio fores (miser *om.*) M (*cum* A)   26 ego sum Aeschinus
DM actutum ex actuū *corr. rec.* G   v. 27 *steht in* L *als erster vers
der folgenden scene, d. h. nach der personenangabe.*

    Adelph, IV, 5   1 MI] *fehlt vor* Ita M uti] *sic* DGM ut L (*cum*
ACEFP *et Donat.*) dixti DG (*cum* E)   2 facito DGML (*cum* CEFP)
ego *om.* G[1], *add. schol.* haec acta DGM sunt DGML (*cum* CEFP)
3 hostium L (*cum* EF) pulsavit DGML (*cum* CEFP) MI] *inter lin.* L[1]
5 tace G   6 voluit credere DGML (*cum* CEFP *et Donat.*)
7 istas] instas GL (*cum* F[2]P[2])   8 Ita putavi (putavi *in ras.*) M
10 quid iste rei D[1], quid istuc ē *inter lin.* D[2]   MI. nihil] MI *inter
lin.* G   14 has] eas D[1]GML (*cum* A)   certe M (*cum* E *et Donat.*)
15 commigrarunt DGML (*cum* EFP *et Donat.*)   16 |||patre
19 MI. recte AE. perge G his G   haveat (h *in ras.*) L   aveat M
20 *Totum versum omissum a* D[1]   *scholiasta supplevit in ima pa-
gina.*   Milaeti D   21 Miletum usque] usq; *inter lineas add. rec.*
G malest] *sic* L   22 quid ipsę aiunt D[1]GM istas censes DGM
(*cum* CEFP)   23 cōmentata, *alterum* ta *in ras.* M   ē mat, at *in
ras.* G   25 non oportere] non *inter lin.* G   26 videntur DGML
(*cum* CEFP) postea L *cum rell.*   27 Non obsecro M   28 MI.
quid || || || illam ni L   31 credis M   32 quid cum illa DGML
(*cum* CEFP) prius DL (*uterque in ras.*) (*cum* CEFP)   haut D   amet]
sic D[1]GML   amat D[2]   34 praesenti] prenti D[1]   presenti *corr.* D[2]

                                                                    u
36 istud G   despond& G   38 Cur dixit L   39 huc] hic D
hoc L   40 expectatum D, *sed corr.* D[1] *in marg.* expectantē ·

                                                                    r
41 aequom] *sic* L id defendere] id dere G id defere L   42 Riri-
diculū M advorsum] *sic* DML advorsum me illum D[1] dicerē causā G
dicere D e 43 sed ista D[1] (quid *quid inter lin. add. rec.* D[2]) nobis]
nos M   abamus D   46 mihi *om.* M   47 o mi pater L (*cum*
CEFP)   48 Ut] at *in* ut corr. M.   ut in me hoc delictū amisisse
id G in me *om.* D[1]ML (add. D[2]) me vehementer M   49 inge-
nium || || novi (tū *in ras.*) L   50 liberale *corr. e* liberare D in-
diligens] indulgens M nimium *om.* G sies, s *in ras. a corr.*, D
52 ius non DGML (*cum* CEFP)   53 magnum *semel* L *cum rell.* ad
      .ē.
om. L   tam (.ē. *inter lin. add. rec.*) L   55 *verba* aut — tibi *om.*
D, *sed supplevit* D[1] *in ima pagina*   56 Quid fier& |||||||||||| |||| si te
L puduit dicere DGML (*cum* CEFP *et Donat.*)   mihi puduit dicere
                                                c
psum M   57 resiscerem G   58 perdidisti M prodidisti || || te
D i   59 tormenti D tibi hęc deos ōfecturos M   61 nolem L
nollem D, *corr.* D[2]   nollē GM[1] (nol[im] M[2]) rerum *om.* D[1]G[1]M (*cum*
F[1]) eodem *om.* M   62 uxorem hanc DGML (*cum* CEFP)   63
ludis nunc tu me DGML   64 hoc[ēē] G   65 arcessas DGML
(*cum* C[1]F[2]P)   66 Quid iamne uxorem DGML (*cum* CEFP) ducam
                    c   )-(
in ras. a corr. D   du||am L   )-(iam Ƌ iam quantum L   ( )-(
sign. personae inter lin. add. prima man.)   potes DGML (*cum* AF[?]
67 oderint *ex* oderunt D   nunc ego] ego *om.* M (*cum* A *contra
rell.*)   68 illam? AE.] *notam pers. inter lineas add.* L[1]   Milesius,

sius *in ras.* D   Miletus M   69 navem ascendit abiit periit DGML
e
(navī G)   70 certos scio D   71 optemperatur osmagis L
72 ego ibo intro DGML   si sapis] si *om.* L   73 hoc est pa-
trem] hoc *om.* L   75 amandus est DGM   hicine] hic me M
est in sinu M   76 iniecit L *cum rell.*   77 inprudens id faciam
DGML   mora DGML.

   Adelph. IV, 6 *B* DEMEA *A* MICIO | DVO SENES D DEMEA
MICIO SENES ·II· G *A* DEMEA SENEX L (*cum* ACFP). (*Ueber*
a
M *keine angabe*)   v. 3 opidum D   locum D   4 neque fabrica
illic ulla erat L   illic fabrica ulla erat DGM ⁵ 5 se *om.* L   sese
i
G aiebat L (*cum rell.*) domo M.
   Adelph. IV, 7   *Non incipiunt novam scaenam* DG (*cum* E).
(*Ueber* M *keine angabe*).   v. 4. *In* G ecce — v. 5 eho iā *Micio-*
nis sunt, sed spatia relicta post autem *et* capitalia   5 DE. ah nescis
DGML (*cum* CEFP) siet D¹GML   6 ah stulte DGML (*cum* EFP)
me *om.* D¹M (*add.* D²)   7 est *om.* G   8 Oho] heo L eo M
eho DG (*cum* CFP)   9 equidem G   10 DE. Puer] *notam pers.*
inter lineas add. L¹   est natus DGML   vortant] *sic* ML   11 in-
dota D¹G   13 transferretʳ G   14 faciam ||| ampl||i||us L
15 quid facias rogitas DGM (*cum* CEP) quid facias rogita L istud G
hec
18 omnia (ia *in ras. a corr. rec.*) L   magis G   19 quaeam
D   20 aequo animo DGML (*cum* CEP)   21 vitast] *sic* L   vi-
e
tast D   22 illudqᵈ G   maxume] *sic* L   23 forte |||| arte ||||
corrigas L   24 correc to nempe L   26 abiciunda ē ML   ali-
o
qua abiciunda, abiciun *in ras.* G abicienda, e *in ras.* D   pretio at
gratis L   p̄cio † gratis M at † gratis G vel gratis D (*cum* CEFP)
a
27 studio D¹, studeo D²   28 facies D (*corr.* D²)   facias G
(cum CEFP)   deum DGL dm̄ M   29 una erit in L erit una
ne
DGM (*cum* CEFP)   30 sanū D (sanū *in ras.*, ne *a* D²)   31 di]
sic L

   Adelph. V, 3   17 aecum L   MI. non nam vetus L   verbū
e
vetus M quidemst] *sic* L   19 domū (e *von zweiter hand*) M ista
hec M oratiost] *sic* L   20 molestumst] *sic* L   21 filiū *von*
erster hand, durch rasur jetzt filii M   22 quaeso facito hoc D¹GML
facito haec D² (cum CEFP)   23 duos olim (s *a secunda manu*) L
(cum CEFP) olim duos DGM   pre *ex* pre D²   prore L   tollerabas
ML   tolerabas G (*cum* A)   25 tum] tū *ex* tua M² me tum] me-
tibi
cum (*ut videtur*) D   26 obtine M optine L   28 istam obtine
D, *corr.* D²   obtine *ex* obtime G   optine L obtine M   29 eve-
e
nere] venere L evenire D, *corr.* D² ut antur L   30 decidet M
e
dec||dat L   31 omnia haec DGL (*cum* CEFP) omnia (haec *om.*) M
34 rem& consuetudinem M   38 huic licet D¹GML   facere hoc
GML   39 non quod (qᵈ) DGML (*cum* CEFP)   sed quo] *sic* D¹G

.e.
(*cum* A)　sed quod D²M (*cum* CEFP)　sed quod (.e. *a corr. rec.*) L
40 in illis esse DGM (*cum* CEFP) illis ēē invideo L　　　40, 41 ut

　　　　　　　　　　　　　　　　ita ut
confidam — v. 41 video *in marg.* D　　　41 Ita ut] qđ in illis (ita
ut *von zweiter hand*) M　eos] illos M　savere G　　42 scires] scire

　　　　　　　　　　　　　　　　　　i
est DGL (*cum* CEFP) scire M　　43 vis ||illo ||tude (*das* i *von zweiter*

　　　　　　　　　　　tu die
hand) L　illos studio D, *corr.* D²　　44 redducas DL　reducas GM
(*cum rell.*) re metuas G　　47 Solū ex Solus G　adfert senectus]
sic DGML (affert M) (*cum* A)　　50 istae *om.* G　nos *om.* L　Micio

　　　　　　　　　　v
om. M　　51 aequus GL　equos (v *von zweiter hand*) M　subvortant

　　　　　　　　　　　　　　　　　n
G (*cum* CEF²P)　subvertant DM (*cum* F¹)　subvertat L　　52 date
L　date *von zweiter hand über die zeile geschrieben* M　　54 faciun-
dum] *sic* L　ego *om.* DGML (*cum* CEFP *et Donat.*)　　55 prima luci
L (*cum* P) prima luce DGM (*cum* CEF)　　MI. Immo de nocte DGL
(*cum* C²EF²P²)　　56 hylarum DG hilarē M　te face L　te fac DGM
(*cum* CEFP)　　57 illum D illū M¹, illuc M²　abstahā G　　MI]
notam pers. inter lineas add. L¹　　　58 pssū G　prorsus ML (*cum*
E²F²)　illic DGML (*cum* CEFP)　　59 istoc Evidebo G　　60 atque
illi DL (*cum* CEFP²) atq; illa G　plena *e* plenam *corr.* L　　61 Co-
quendo ut sit M　　v. 64—67 *In personarum* distinctione ML *faciunt*

　　　　　　　　　　　　　　　　　　　tuum
cum DG　　64 equidem filium]　equidē meū (meū *von erster hand,*

　　　　　　　　　　　　　　　　．．
tuum *von zweiter*) M　　　65 Tum] tuum D　tuum L　cogas DGM²L

　　　　　　　　　　　e
(cogā M¹), s *in ras. a* D¹　cubat D, *corr.* D²　　66 istoc DGL (*cum*
CEEP)　68 et] ut L　cui rei opus est DGML (*cum* E)　ei rei
hilarem DGL (*cum* E)　hinc L.　　An v. 68 *schliesst sich* V, 4, 1
mit der entsprechenden personenbezeichnung (D.) *ohne weiteres noch in
derselben zeile an.* M

　　Adelph. V, 4　　2 se||per al||qul|| (corr. rec.) L　　3 ˙scisse] *sic*
DGML (*cum* A)　4 putares DG　ut *om.* D²　5 Vusq; D, *altera* u *erasa*　6 omitto DGML (cum A)　reperi D　cōperi M

Frankfurt a. M.　　　　　　　　　　　　　　*August Fritsch.*

III.　Bentley's Regius chartaceus.

Bentley benutzte mindestens zwei *Regii*, von denen keiner
identisch ist mit dem *Regius* Leng's.　Jene gehörten nach Bentleys
vorrede *(plurimos . . . accurate contuli et exegi qui vel in Biblio-
thecis Cantabrigiae vel Regia et Amicorum Londini habentur)* der
Londoner *Bibliotheca Regia* an und gehören ihr noch an, Lengs
Regius ist eine Cambridger handschrift *(His accessit*, sagt Leng
hinter seiner ausgabe [1701] p. 476, *praeterea Codex Terentii MS.
Bibliothecae Regiae, quae est in aedibus D. Jacobi: cuius variantes
Lectiones ut mihi describeret iuvenis quidam eruditus, veniam fa-*

cile impetravi a doctissimo eiusdem Bibliothecae praefecto R. Bentley S. T. P. y Coll. SS. Trinitatis apud nos Magistro dignissimo [1]).

Von seinen *Regii* bezeichnet Bentley nur einen näher. Es ist dies der noch heute im britischen museum vorhandene *Regius* 15. *A. XI in charta*, aus dem XV. jahrhundert, von Bentley genannt *chartaceus sed ex optimo exemplari transcriptus* (in Andr. I, 1, 59 und ähnlich in IV, 5, 3. in Eun. IV, 6, 7. Ad. V, 8, 29, einfach *chartaceus* in Andr. V, 1, 17. Eun. V, 2, 17. Heaut. I, 2, 2. Hec. III, 3, 7. V, 2, 2 und 24). Diese stellen und die, wo zwei *Regii* genannt werden (in Eun. II, 2, 32. Ad. prol. 5. Pho. I, 3, 24. III, 1, 20), durfte ich mit sicherheit zur classificierung der handschrift verwenden, zweifelhafter lag die sache, wo nur *Regius*, *unus ex Regiis* u. a. citiert ist [2]). Die möglichkeit dass Bentley

1) Um dem, welcher sich der mühe unterziehn will *Lengs Regius* zu identificieren, die arbeit zu erleichtern seien hier die varianten zu zwei komödien zusammengestellt. Andr. II, 2, 12 *praecaues* 16 *apprehendit* 25 *illoc* III, 2, 4 *ei dari* 6 *e Pamphilo* 20 *adsimularier* III, 3, 42 *maxumi* III, 5, 8 *nec quid de me* 9 *iam me* IV, 1, 4 *sua comparent* 7 *Post ubi tempus est* 16 *multa mala* 39 *P. interturbat* (om. omnia) IV, 3, 8 *militia* IV, 4, 45 *an haec tu omnia (addito* aha nondum omnia) V, 2, 1 *nunc iam* V, 4, 6 *qua de re* V, 5, 6 *potissimum mihi* und *nunc cui* V, 6, 7 *iam eam* (oder *eam iam?*) 11 *secundis rebus* Eun. prol. 10 *a thesauris* 14 *fraudetur* I, 2, 18 *exclusit* 26 *taceri* II, 2, 29 *me esse tanto honore* II, 3, 83 te om. 94 *haec pati* III, 1, 52 tu om. III, 2, 40 *postea continuo exeo* III, 4, 7 *Ibo ad eum* IV, 3, 9 *in hinc* IV, 4, 6 *adornarat* V, 1, 15 *ita ut iussisti* V, 3, 35 *Malo* (om. ex) V, 3, 10 *sit* V, 6, 9 *Non satis potest narrari* V, 8, 3 *contigerint* 57 *propinabo.*
2) Da es keine möglichkeit gibt den zweiten *Regius* Bentleys zu bestimmen, als nach diesen unbestimmten angaben, so seien sie hier
ne
zusammengestellt: Andr. I, 5, 18 *Tantam (sic)* 52 *quam illi utraeque res nunc inutiles* 56 *haec te* II, 1, 5 *quando* 20 *ad auxiliandum* II, 2, 15 *tibi uxorem non dat iam* II, 6, 7 *haec* 18 *quidnam est* III, 3, 10 *uti* III, 5, 4 *a me auferet* V, 4, 25 tibi om. Eun. I, 2, 24 *vacuum* II, 1, 16 *hercle est haec* II, 3, 11 *hodie me* IV, 4, 47 *eooi hei* V, 4, 20 *nos illuseris* 32 id om. V, 6, 21 *et eundem patri indicas* Heaut. I, 2, 36 *quid* II, 3, 30 *ex ipsa* 41 *ea tum res dedit* 76 *dico* 80 *hercle est. CLIT. quid est* 113 *minor res mea* III, 3, 10 *fides mi* 15 *pudet* IV, 1, 36 *eloquere* IV, 5, 5 fehlt 24 *dicit* 48 *est malitia* 50 *aucta* V, 1, 4 *dictae* 10 *ehem per tempus Menedeme advenis* 51 *quid vis faciam* 58 *illic* V, 4, 29 *nil fidei* V, 5, 7 id om. Adelph. I, 2, 25 *duces* 53 *tibi si* II, 1, 40 *nam liberali ego illam* 54 *hanc*

ausser dem *chartaceus* und dem sicher benutzten zweiten *Regius*
auch noch einen von den drei andern *Regii*, die auf mein ersuchen
hr. dr. Adolf Buff *in the King's Library* angesehn hat, zuzog ist von
vornherein nicht abzuweisen: darauf führt schon eine art der bezeichnung wie *unus ex Regiis recentior* (in Hec. V, 4, 12). An
den stellen, wo Bentley zwei *Regii* citiert, ist der ausser dem
chartaceus benutzte sicher der im catalog *(David Casley Catalogue
of the Manuscripts of the K. L. London* 1734) 15. A. XII bezeichnete (aus dem X. jahrhundert): Eun. II, 2, 32 *discipline (sic:* discipli
Bentley: *duo Regii, alter in contextu, alter pro varia lectione ...*
discipuli) Pho. 1, 3, 24 *ut neque m ius sit* (Bentley: *in duobus* i
Regiis).   Dagegen Pho. III, 1, 20 steht in 15. A. XII Ubinā?
(Bentley: *repone ex duobus Regiis . . . ubinamst?),* während der
Regius 15. *B. VIII* (aus dem XV. jahrhundert) mit dem *char-*
taceus das *est* zusetzt. An der vierten stelle scheint Bentley's angabe ungenau. Zu Faërnus' irriger note in Ad. prol. 5, dass A
und D nach *factum* zusetzten *id* (es steht in beiden vor *factum)*
fügt Bentley zu *sic in duobus regiis* und setzt im text wirklich
factum id; aber der *chartaceus* hat *id* gar nicht, die beiden andern
Regii, 15. *A. XII* (s. o.) und 15. *A. VIII* (aus dem XI. jahrhundert) haben es vor *factum,* nur 15. *B. VIII* nach *factum.*
(Der fünfte *Regius* 8. *D. XVII* enthält nur vier blätter aus der
Andria).

     Zu dem schluss dass der *Regius (chartaceus)* der familie DG
wenigstens sehr nahe stehe berechtigten übereinstimmungen wie
Andr. I, 5, 58 *haec te* (DG) II, 1, 20 *ad auxiliandum* (D) II, 6, 7

rationem   II, 3, 6 *nemini*   III, 2, 39 *proferendum hoc* (und esse
om.)   45 *ais*   IV, 1, 6 *Nimis misere*   IV, 2, 22 *aibas*
49 *otiosus*   V, 4, 23 *experiar*   V, 7, 9 *turbas hymenaeum*
V, 8, 23 *quid*   V, 9, 26 *pater mi*   Hec. I, 2, 43 *Senem se*
103 *convenibat*   II, 1, 33 *ego solvi curis vos ceteris*   III, 1, 6
omnibus nobis   III, 5, 18 *audivi modo* (om. omnia)   IV, 4, 1
iratus edepol sum   V, 1, 9 *quaestus mihi*   V, 2, 7 *exquire licet*
31 *nactam*   V, 4, 12 *egon te*   21 *omnium*   Phorm. I, 4 der
interpolierte vers steht vor v. 4   52 *subsidiis*   II, 1, 8 *Etiamne*
idne   II, 3, 9 versetzt nach vs. 25   13 *etiamne*   III, 1, 17
velle sese   III, 2, 12 *esse duro te*   45 *iste*   48 *sit potior*
IV, 2, 8 *amicum se esse*   IV, 4, 8 *qui te ad scopulum e tranquillo*
auferet   V, 3, 20   *caue*   35 *tutus hic est*   V, 9, 22 *cum isto*
39 *faxo eum tali*   59 *tu tibi nomen*   65 *NAV. fiat.*

*haec (*h̨e‖ *D)* V, 1, 17 *facta* (D)   Heaut. III, 3, 15 *pudet* (ADG)
IV, 1, 48 *est malitia* (AG) Ad. II, 1, 54 *hanc rationem* (DG)
II, 3, 6 *nemini* (AD) IV, 1, 6 *Nimis misere* (Donatus) 49 *otiosus*
(*otiose* DG) V, 9, 26 *pater mi* (DG) Pho. I, 4 steht der interpolierte vers vor v. 4, wie in AD   III, 2, 6 *esse duro te* (ADG)
V, 9, 65 *NAU. fiat* (A Donatus).   Musste aber schon die grössere
anzahl von stellen, wo der *Regius (chartaceus)* für sich allein gegen alle meine handschriften stand, dazu bestimmen den verwandt-
schaftsgrad desselben zu DG etwas weiter zu rücken, so hat eine
nähere betrachtung der handschrift durch hrn. dr. Buff diese vermuthung
leider nur zu sehr bestätigt.   Die reihenfolge der komödien ist
nicht die von familie DG adoptierte donatische, sondern die kallio-
pische: Andr. Eun. Heaut. Ad. Hec. Pho.   Die von meinem text
abweichenden lesarten in Eun. prol. und I, 1. 2 sind (mit ausschluss der unwesentlichen orthographica) folgende:

Im prolog sind die verse nicht verstellt wie in DG. *prol.* 5
existimat esse sic existimet sciat presumat   6 *quia laesit prius*
7 *eas discribendo*   10 *a thesauris*   12 *illius*   14 *fraudetur*
15 *sum iam*   17 *nunc que condonabunt*ᵗ   18 *pergit*   22 *quum .
accepta est*   25 *Tum Collacem esse nevii*   28 *poete qui non stu-
duerit facere furtum*   31 *gloriosus miles*   33 *Has* (st. *Sed eas*)
fabulas prius factas   34 *scisse se*   35 *eisdem uti uti alijs non
licet*   36 *currentes servos*   41 *sit dictum*   44 *animadvertite*

I, 1, 6 *perficies gnaviter*   10 Peristi om.   16 tu om.   18 si
des operam om.   19 *tu tecum*   22 *Omnia haec verba una me
hercle*   24 *restringet*   25 *Ultro ei* [?]   29 *quanti queas* [?]
30 *aut* (st. at)   32. 33 *Neque preter quas ipse amor habet molestias addas*   34 *ecca ipa (sic).*

Thais
I, 2, 2 *acciperit*   6 *Phe. quis est qui hic loquitur Ehem
Phedria tun hic eras*   7 *recta via*   9 *hae*   15 *anime mi Phedria*
[18 *exclusti?* Buff bemerkt nichts]   20 *asculta*   22 *astringo*
23 *audi*   24 *sin falsum aut vacuum aut vanum est*   26 *taceri*
28 *Tum ibi*   31 *Ceterum nos nescimus*   33 *sciebat potuerat*
35 *audivisse*   37 *educare ut*   39 *quocum amorem habebam*
41. 42 *Parmeno. Rogas neque uno eras contenta*   45 *ceperat*
49. *Phe. Nec hoc*   51 *aliquantum* om. 5h *esse* om. *vidit*   53 *il-
lico*   54 *producit ac vendit*   55 *amicus meus*   60 *metuit*

64 *quesivi modo ab illa mi phedria* 66 *dicta est* 67 *reddam atque restituam* *hic habeo* 69 *preparare* 72 *nihil mihi respondes* 73 factis om. 75 *Phe. Ego nesciebam* (om. Aut) 77 *est dicta* 78 *hec omnia nunc verba* 79. 80 *Qua gracia agis nisi illam plus amas et istam* (om. quam me) 81 *adducta est* tibi om· 82 *Ego ne* 83 *dat nonne meam* (84 *in te claudier?* Buff bemerkt nichts 85 *dixti mihi* 86 *relictis omnibus* (om. rebus) 91 *istuc phedria est* 94 *faciam quod tu iusserſ* 95 *istoc* 97 *quodvis possum* 98 *uno verbo ·· · victus* 99 *non tam ex animo* 102 *biduom* om. 104 *no · · · plus (sic)* 106 *Thais. Merito te amo. Phe. Bene facis* 112 *absensque sies* 115 *de me te delectes* 117 *forsan* 123 *fratrem spero* 124 *reperisse*

Nur wenige von diesen lesarten bekunden abhängigkeit von der familie DG : prol. 5 *existimat* hat Donatus und aus correctur D. 44 *animadvertite* DG I, 2, 69 *preparare* G² 99 ist das aus falscher erklärung in den text gedrungene *tam* auch in G übergeschrieben. Weitaus in den meisten steht die handschrift allein, und nicht zu ihrem vortheil. Ein landsmann Bentleys dürfte sich aber doch entschliessen die von dem grossen mann so hochgeschätzte handschrift durchzucollationieren, zumal wenn sich in grösserem umfang bestätigt, was ich jetzt leider nur für drei fälle weiss, dass Bentley nachträglich noch manche lesarten derselben der aufnahme würdig hielt. In seinem, wie mir dr. Buff schrieb, „reichlich mit eigenhändigen randbemerkungen gespickten" h a n d e x e m p l a r   s e i n e r   a u s g a b e (Cantabrigiae 1726), w e l c h e s   s i c h im   b r i t i s c h e n   m u s e u m   b e f i n d e t, hat er Eun. I, 1, 22 an den rand gesetzt *Omnia haec verba una Ch* [?] 32 hat er *quam* in *praeterquam* gelöscht und zwischen *amor* und *molestias* eingeschaltet *habet*, so dass die beiden verse lauten

Neque praéter quas ipse ámor habet moléstias

Addás et illas quás habet recté feras

I, 2, 41 ist *quia* unterstrichen und durch *rogas* ersetzt.

IV. Die übrigen handschriften Bentley's und Leng's [3]).

Vollständig in der luft schwebt die vermuthung von Jos.

3) Leider kann ich die in Deutschland so seltene ausgabe Hare's

Krauss in den *Quaestiones Terentianae* (Bonn 1850) p. 6 dass
Bentleys oben besprochener *Regius chartaceus* identisch sei mit
Lengs erstem *Norvicensis* ($N\alpha$). Diesen nebst einem zweiten ($N\beta$)
hatte Leng erst unter der ausarbeitung (*post finitum fere laborem*
p. 520) vom bischof von Norwich geliehen erhalten, daher beide
im kritischen apparate zum erstenmal Heaut. III, 3, 44 erwähnt
werden. Den $N\alpha$ bezeichnet Leng als *vetustius et a meliore etiam
exemplari descriptum*[4]). Diese handschrift nun stimmt an drei
höchst charakteristischen stellen mit Bentleys *Academicus 900
annorum*: Ad. III, 2, 26 *Animam* (so nur noch A), Pho. III, 3, 16
tum igitur (so nur A, *tu* unterstrichen D), und — ich denke gewiss auch — in der auslassung von Pho. II, 3, 7 *Neque eius —
negat*; allerdings bemerkt Leng zu v. 8 *Ipsum — sequimini*, dass
er in $N\alpha$ fehle, aber seine auch sonst nachweisbare ungenauigkeit
zeigt sich an dieser stelle gerade in seinem schweigen über den
Petrensis (s. u.); dass Leng Ad. IV, 1, 12 *in mentem est* (so nur
A, Petrensis und Bentleys *codex* 900 *annorum*) aus $N\beta$ beibringt,
könnte ein leichter irrthum sein, ebenso wie die angabe dass Pho.
I, 4, 15 „*omnes MSS. praeter Bembinum*" *via* geben, während Bentleys *codex* 900 *annorum* doch *viam* hat, auf verzeihlichem über-

nicht benutzen, die ich überhaupt nur einmal in München, wohin sie
aus O. Jahns bibliothek gekommen, kurz vor meiner abreise einsehn
konnte.

4) Ueber $N\beta$ äussert sich Leng nicht näher; gewöhnlich erscheint
er in begleitung von $N\alpha$; aus ihm allein ohne zutritt von $N\alpha$, citiert
Leng nur folgende varianten: Heaut. IV, 2, 2 *ita hercle*   IV, 7, 8
quas alimentis   V, 1, 25 *tuum*   Ad. prol. 8 *eripuit*   III, 4,
48 *parvoli*   [IV, 1, 12 *in mentem est?* s. u.]   V, 3, 60 *atque illi*
Hec. III, 5, 35 *quibus iris pulsus*   IV, 1, 8 *mihine mi vir*. (Zu
Pho. wird nichts aus ihm beigebracht). Da diese wenigen stellen zu
einer wiederbestimmung der handschrift nicht ausreichen, seien hier
zur bequemlichkeit des erhofften suchers die sämmtlichen stellen zusammengestellt, wo $N\beta$ mit $N\alpha$ stimmt: Ad. I, 2, 31 *redigis*   II, 2,
4 *quam haec quae hodie*   7 *qui hodie*   41 *reddatur*   III, 1, 8
erae (oder *herae*) *natae*   III, 2, 13 *quam illam totam familiam*
22 *impertire*   37 *porro consule*   44 *celato est opus*   III, 3, 34
coeperet   41 *adortus est*   64 *sententia*   IV, 2, 47 *SY. Ubi
potetis vos. DE. Bene sane.*   51 *unum quidquid*   V, 9, 18 *primam mammam*   Heaut. III, 3, 44 *Clinia orat*   IV, 1, 52 *in tol-
lenda*   IV, 3, 38 *tandem*   IV, 5, 16 *mihi in mentem*   22 *imo
sic satis*   V, 1, 59 *Quemquam   communi*   Hec. III, 3, 44 *eius
om.*   III, 5, 59 *aliis*   IV, 1, 15 *tantopere hoc omnes*   37 *haec
facit*   IV, 4, 43 *Remissan opus sit uobis an reductan domum*
48 *ipse.*

sehn beruhen mag. **Dass Bentleys** *Academicus* **erst kurze zeit, bevor er den Terentius herausgab, in die cambridger** *bibliotheca publica Academiae* **(wie sie Leng p.** 477 nennt) gekommen sei, ergibt sich aus den bezeichnungen *Codex* 900 *annorum nunc inter Academicos* (in Andr. IV, 4, 54), *unus notae optimae nunc Academicus* (in Eun. IV, 4, 47), *Codex egregius* 900 *annorum nunc in bibliotheca publica* (in Eun. IV, 7, 19) — dass es Lengs *Na* sei, folgt aus den nachgewiesenen übereinstimmungen mit grösster wahrscheinlichkeit und wird sicherlich zur gewissheit erhoben, wenn jemand die doch wohl in Cambridge noch befindliche handschrift ansieht auf die von Bentley allein aus dem Academicus und von Leng allein aus dem *Na* angeführten lesarten. Wir stellen hier nur die von Bentley ausdrücklich dem codex des IX. jahrhunderts, wie er meint, zugeschriebnen varianten zusammen. Denn seine mittheilungen aus dem *veterrimus* (davon unten) und aus dem „Academicus“ schlechtweg können sich auch auf andre handschriften beziehn [5]): Andr. IV, 4, 54 *uoluimus* 　　 V, 4, 25 *tam*

5) Die bezeichnung in Ad. III, 3, 85 *unus ex Academicis* zeigt dass Bentley wenigstens noch einen andern *Academicus* zuzog. Zu grösserer bequemlichkeit desjenigen, der sich etwa seiner bestimmung unterziehen möchte, seien hier die stellen ausgezogen, wo einfach ein Codex Academicus citiert ist: Andr. I, 1, 68 *Scias posse iam habere*　　I, 5, 58 *Siue haec te*　　III, 3, 17 *Pamphiloque*　　IV, 3, 13 *ad erum iure iurando*　　V, 3, 15 *Sed quid ego me autem? cur excrucio? cur me macero?*　　V, 4, 48 *Propere ad filiam eho mecum Crito*　　52 *At ita iussi*　　V, 5, 2 *sic esse hoc verum licet* V, 6, 1 *Ego sum Pamphilus.*　　Eun. I, 2, 14 *vili penderem*　　24 *falsum aut varium*　　II, 3, 11 *di deae omnes*　　IV, 1, 3 *Chremes om.*　　IV, 2, 7 *venio*　　IV, 4, 33 *is dedit mihi hanc* (om. vestem) IV, 6, 7 *qui quaeso istuc (a manu secunda)*　　IV, 7, 41 *redimus* corrigiert in *redeamus*　　V, 6, 20 *Et eundem patri indicas*　　Heaut. IV, 5, 50 *bene aucta parte*　　V, 1, 10 *Chremes om.*　　52 *esse patrem*　　V, 4, 7 *ut ex me atque ex hoc natus es*　　Ad. II, 2, 42 *Scio non te esse usum*　　III, 2, 24 *expeto*　　III, 3, 85 *is est hercle* Hec. III, 5, 27 *sese om.*　　IV, 2, 5 *ante quem (pro varia lectione).* V, 2, 32 *Refertque*　　Pho. I, 3, 24 *Ut neque mi ius sit*　　I, 4 *te* 2 *in me (sic)*　　13 *conrasissem*　　IV, 5, 9 *ipsi qui sit*　　V, 1, 26 *Antiphonine? Isti inquam ipsi*　　V, 6, 9 *numquam hodie* (statt *tu odio*)　　37 *ANT. Atque — fabulam.*　　Es bedarf nicht der erinnerung dass die innere wahrscheinlichkeit dafür ist dass viele dieser varianten aus dem *codex* 900 *annorum* entnommen sind. — Uebrigens bringt Leng weder aus *Na* noch aus seinem derselben bibliothek angehörigen *Academicus* zu einer der genannten stelle eine variante. Letzteren zieht er nur sechsmal namentlich zu: Andr. III, 3, 37 *corrigatur*　　Eun. I, 2, 18 *exclusisti hunc foras*　　III, 2, 40 *postea continuo exeo*　　IV, 4, 52 *censes*　　Heaut. V, 1, 15 *SO. Sic*

cito tibi, tibi auf rasur von zweiter hand Eun. IV, 4, 47
Eoiei IV, 7, 19 *armas* corrigiert in *armis* Heaut. I, 1, 71
incerti III, 1, 1 *Luciscit* 43 *satrapas* 48 *pyti-*
sando V, 1, 4 *dictae* V, 3, 6 *facias* Ad. I, 1, 16 *Dis-*
similis III, 2, 26 *Animam* (s. o.) III, 3, 68 *o Demea*
III, 4, 5 *hoc audivit* IV, 1, 12 *in mentem est* (s. o.)
Hec. IV, 4, 1 *Tibi quoque iratus edepol sum* Pho. I, 4, 15
viam (s. o.) 52 *deficias* II, 3, 8 *Neque — negat* fehlt
(s. o.) III, 2, 6 *ego vereor* (oder *ego metuo*) fehlt 41
Stercilinium III, 3, 16 *Tum igitur* (s. o.) IV, 3,
libuit
14 *prius eius* 38 *quantum voluit (sic)* V, 3, 9 *natum*
corrigiert in *natam.* — Andrerseits führt Leng aus *Na* allein an[6]):
Heaut IV, 2, 2 *hac re* IV, 6, 12 *Nae istuc* (om. me)
IV, 7, 8 *quas ornamentis* V, 1, 25 *tuus* 79 *deridiculo*
Ad. prol. 8 *eripit* II, 3, 6 *homini neminem* 11
quidnam fores crepuit III, 2, 26 *Animam* (s. o.) III,
3, 41 *Ille futilis somnium* 48 *qui egomet* III, 4, 4 *vos*
vis 48 *parvolis* IV, 5, 37 *qui est* 54 *Fecere alii*
item saepe boni V, 2, 4 *Est quidam noster parasitaster pau-*
lulus V, 3, 60 *atque illic* 68 *hilarem* von andrer hand
zugefügt V, 7, 17 *ille Babylo* V, 9, 28 *quod prolu-*
bium Pho. I, 2, 21 *hinc* 38 *exadversum* 47 *ex-*
adverso 85 *Persuasit* 93 *non addit* I, 4, 13 *conva-*
sissem II, 2, 19 *abripi vel abradi potest* II, 3, 8 *Ipsum*
—negat fehlt (s. o.) III, 3, 16 *Tum igitur* (s. o.) IV,
4, 8 *quod quidem recte curatum velis* IV, 5, 10 *Nos vero*
nostro officio nihil egressos 12 *Non sat tuum officium*
V, 1, 28 *illa altera* V, 2, 13 *causam* V, 3, 8 *tamen duo*
talenta V, 8, 33 *dos hic* (om. omnis) *maneat* 72 *At vero*
ut placari possit V, 9, 65 CHR. *fiat* Hec. II, 2, 10 *per-*
petuam hanc. II, 3, 1 *inique aeque* III, 5, 35 *impulsus*

est factum. SY. domina ergo herus damno auctus est, die personenabtheilung von neurer hand V, 1, 15 *astutia* (st. *stultitia*).
Dass Bentley die handschrift berührt habe ergibt sich allenfalls aus
der note in Eun. IV, 4, 52 *censes ... ex nostris unus,* denn auch Leng
citiert nur „*Ac.*" für die lesart.

6) Die stellen, wo *Na* mit *Nβ* stimmt, sind in anmerk. 4 mitgetheilt.

IV, 1, 8 mi *om.*   **IV, 2,** 4 *illa* aus *illam*   **V, 2, 26**
evelles.

An einigen der genannten stellen lassen Bentleys leider so
unbestimmt gehaltene citate zusammengehalten mit Lengs noten
schliessen, dass unter den *veterrimi* (oder ähnlich) eben auch der
N*α* begriffen ist: Heaut. V, 1, 79 *pro deridiculo* Ita MSS. CCC.
D. N*α* Leng — *lege ex veterrimis nostris pro deridiculo*
Bentley. Ad. prol. 8 *eripit* Ita Cod. Bemb. N*α* & Dun. Leng
— *Ita duo ex nostris vetustissimi eripit* Bentley. II, 3, 11
quidnam. quae lectio est in N*α* Leng — *quidnam tres habent*
Bentley III, 4, 48 *parvolis*. *quod est in MS. Dun. N*α* &
Bemb. Leng — *Tres ex nostris praecipui parvolis* Bentley
V, 9, 28 *prolubium. Ita MSS. CCC N*α* Leng — *Tres ex
nostris bonae notae prolubium* Bentley. Hec. IV, 2, 4 *illam
. . ita olim scriptum fuit in N*α* . quamquam m recentiore manu
erasum sit* Leng — *In duobus nostris illam erat & m postea
erasum* Bentley.

Mag Bentley auch das alter der handschrift etwas über-
schätzt haben, das ist sicher: sie ist für uns der älteste und wichtigste vertreter der mischclasse, in der sich das besondre der bis
jetzt klar geschiedenen drei familien vereinigt hat: sie weist in
den verhältnissmässig wenigen varianten die wir kennen mehr ihr
allein eigene übereinstimmungen mit A auf, als die bis jetzt vollständig bekannten repräsentanten jener classe, mein Riccardianus
(E) und Bruns' Halensis. Nicht bloss für die textesgeschichte des
Terentius wäre die vollständige kenntniss der handschrift ein gewinn, möglicherweise könnte die kritik selbst daraus vortheil
ziehn.

2. Der Codex Dunelmensis.

Diese handschrift erhielt Leng vor dem jahr 1701 zugeschickt
durch Frevile-Lambton (was der titel Armig. besagt, weiss ich
nicht) *ex agro Dunelmensi* (Dunholme ein dorf in der grafschaft
Lincoln?), wo die vorfahren dieses herrn väterlicherseits, die
Lambton, ihren sitz hatten, während er mütterlicherseits aus der
familie des Roger Frevile (was der titel *Miles* soll, weiss ich wieder nicht) in Little-Shelford (Shefford) bei Cambridge stammte.
In Frevile-Lambtons besitz war die handschrift aus der familie

seiner mutter übergegangen. Vielleicht genügen diese notizen, um
auf die spur der seit 150 jahren ganz verschollenen handschrift
zu leiten. Im übrigen ist sie leicht kenntlich: vermuthlich die einzige Terentius-handschrift mit miniaturen in England hat sie zu
anfang jeder scene die colorierten bilder der schauspieler — natürlich nicht denen ähnlich, wie sie die Dacier in greulicher
schlimmbesserung nach dem Pariser miniaturencodex ihrer ausgabe beifügen liess, sicherlich aber deren originalen —, vor jeder
komödie eine aus drei oder vier gestellen bestehende *aedicula*, in
welcher die masken der auftretenden personen aufgestellt sind;
die versabtheilung ist beibehalten wie in *P* (s. Leng in Andr. I,
5, 3. II, 1, 7. IV, 1, 39. V, 4, 25. Eun. II, 1, 3. IV, 6, 1
Heaut. III, 3 in. Ad. IV, 4 in. Pho. IV, 3, 28. Hec. V, 4, 38).
Zwei blätter fehlen, deren eines Andr. III, 1, das andre Andr. IV,
3 enthielt. Kaum nöthig ist zu bemerken dass die mitgetheilten
lesarten mit sehr wenig ausnahmen aufs allergenaueste mit den
übrigen miniaturenhandschriften, oft bis in minutien mit *P* übereinstimmen.

Sehr nahe lag die auch von Krauss l. c. p. 9 ff. und von
Brix *De Terentii libris mss. a Richardo Bentleio adhibitis* (Gymnas.-progr. von Brieg 1852) p. 4 aufgestellte vermuthung, dass
Bentleys allerälteste handschrift, die er ausdrücklich noch über seinen *codex 900 annorum* setzt, — eben der Dunelmensis sei.
Leider hat Leng nichts aus ihm bemerkt zu der entscheidenden
stelle Pho. III, 2, 41 (*Noster quoque 900 annorum Stercilinium: sed veterrimus Sterculinum* [mit *P¹*] B.), ebensowenig
zu IV, 3, 14 (*Codex noster veterrimus pro Eius habet prius*
[mit *P¹*]: *alter 900 annorum prius eius* B.) und zu der allenfalls auch hierherzuziehenden stelle Hec. IV, 2, 5 (*Unus Academicus pro varia lectione ante quem . . . Rem conficit noster veterrimus Teque ante quod* [so *P*] B.).

Aber umgekehrt stimmen die lesarten, welche Leng aus dem
Dunelmensis bringt, mit den von Bentley aus dem *veterrimus* (u.
ä.) schlechthin beigebrachten an folgenden stellen: Andr. I, 5, 3
pro deum fidem [so C^1P] II, 2, 16 *dare* (om. sese) [mit CP]
II, 3, 21 *speres* [C] II, 6, 11 *recta* om. [C^1P^1] IV, 1, 14
non verentur om. [CP] V, 4, 38 *odium* [$C^1P^1AD^2$] Eun.
prol. 28 *non quo* [$P?AD^1G^1$] IV, 4, 13 *namque* [C^1F^1PA]

V, 1, 21 *illo* [C¹PAE]   Heaut. IV, 4, 24 *harunc* [mit fast allen]   Ad. II, 2, 38 *defrudet* [CF¹P]   V, 3, 60 *atque ibi* [P¹A, wohl auch C¹F¹]   Pho. II, 1, 60 *omnium horunc* [CP]   V, 1, 28 *illam alteram* [CP¹A]   Hec. III, 5, 35 *pulsus* [CPD²E¹] [7]). Mit zwei oder mehrern *veterrimi* [u. ä.] Bentleys stimmt der Dunelmensis: Andr. II, 6, 20. III, 5, 9. IV, 5, 22. V, 3, 24. V, 4, 6. V, 6, 7. Eun. prol. 12. I, 2, 84. 106. II, 3, 31. III, 1, 12. IV, 4, 17. IV, 5, 9. Heaut. IV, 1, 43. IV, 8, 29. V, 1, 79. Ad. II, 3, 9. III, 2, 37. III, 3, 43. III, 4, 88. Und an zahlreichen andern stellen, wo ohne zutritt von Lengs zeugniss Bentley allein einen oder mehrere *veterrimi* (u. ä.) citiert, macht es die übereinstimmung mit den lesarten der reinkalliopischen familie gewiss dass er aus der miniaturenhandschrift citiert. Sollte sich dieselbe wiederfinden und ihre sämmtlichen lesarten uns zugänglich gemacht werden, so wäre es möglich die recension des Kalliopius in ihrer völligen unversehrtheit herzustellen.

3. Der Petrensis.

Identisch ist Lengs und Bentleys Petrensis d. h. „Codex MS. Coll. D. Petri Cantabr." (Leng p. 477) nach den übereinstimmenden angaben in Heaut. IV, 6, 12 (*itaque* P (i. e. Petrensem) *secuti sumus, ubi legitur prius ex te audivisse* Leng — *lege cum codice Petrensi Ne me istuc prius ex te audivisse gaudeo* Bentley) und in Hec. V, 2, 25 („*Hic versus totus deest in C.C.C.* [s. u.] P" [i. e. Petrensi] Leng — „*posterior . . . in C.C.C. & Petrensi omissus est*" Bentley). Zum überfluss seien noch die einerseits von Leng, andrerseits von Bentley zum Eunuchus mitgetheilten varianten hier zusammengestellt, um demjenigen, welcher an ort und stelle die identität weiter constatieren will, die arbeit bequemer zu machen: a, L e n g s varianten Eun. prol. 10 *a thesauris*   12 *illi*   14 *fraudetur*   I, 2, 18 *exclusit*   26 *taceri*   74 *eu* [duo quoque ex nostris *Eu'* Bentley]   75 *At* [tres nostri . . *At* Bentley]   84 *in te claudier*   II, 2, 29 *me esse tanto honore*

---

7) Die versabtheilung im Canticum Ad. IV, 4, welches Leng ganz aus dem Dunelmensis abdruckt, fällt genau zusammen mit der in FP: auffallend bleibt daher Bentleys note dass sein *veterrimus* vs. 6 und 7 anders ordne. Wie? sagt er nicht. Meint er hier den Shippenianus? (s. u.)

38 *hice* [nos ex tribus codicibus *hice* Bentley]   II, 3, 40 *deli-*
rare   84 *te* om.   94 *haec pati*   III, 1, 11 *Qui*   52 *tu*
om.   III, 2, 40 *postea continuo exeo*   III, 4, 7 *Ibo ad eum*
IV, 3, 9 *i hinc*   IV, 4, 6 *adornarat*   13 *nam quem*   17
Nunc eo tibi videtur   IV, 7, 26 *nisi si vi mavis*   46 *SA.*
vos me   V, 2, 35 *Ex malo*   V, 3, 10 *otiosus sit*   V, 4,
48 *omnem ordinem*   V, 5, 8 *Satine salvae res sunt*   V, 8,
3 *contigerunt*   11 *pellitur*   V, 9, 57 *vobis praebeo*

b, Bentleys varianten: Eun. II, 3, 81 *quibus illum* (om. tu)   III,
5, 43 *vero feci* (om. ita)   IV, 3, 11 *Rogasne*   IV, 4, 35
sobriam me esse   IV, 7, 11 *hosce instrue. ego ero* (om. hic)
V, 8, 55 *saxum verso.*

Die handschrift steht sehr nahe meinem E, geht aber, wie es
eben der charakter dieser mischclasse ist, zuweilen allein zusammen
mit je einer der drei bekannten familien: mit A in Eun. I, 2,
84 *in te claudier* (so auch Donatus)   Heaut. III, 3, 39 *Vah*
(vielleicht auch D¹G¹)   V, 3, 4 *mulier odiosa esse*   Ad. II,
2, 38 *defraudat*   IV, 1, 12 *in mentem*, dann in der auslassung
von Hec. V, 2, 25: (und mit zutritt von E Pho. II, 4, 5 tu om.):
mit DG Andr. II, 1, 20 *ad auxiliandum* (mit D¹)   II, 5, 14
cuiquam homini   III, 5, 9 *me iam*   V, 2, 1 *iam nunc*
Ad. V, 3, 60 *atque illa* (mit G), mit Donatus Ad. II, 2, 41 *red-*
dat (und mit zutritt von E Andr. II, 3, 24. III, 3, 6. V, 4, 38.
Eun. II, 3, 40. Ad. prol. 8): mit den reinkalliopischen handschriften Eun. II, 2, 38 *hice* (C²P²)   Heaut. II, 2, 11 *comantur*
(P ex corr.)   Ad. IV, 2, 47 *DE. Ubi potetis vos. SY. Bene*
sane (C¹FP¹) (und gleich E auch Andr. IV, 3, 5.   IV, 4, 45
Eun. prol. 14.   III, 2, 40.   Heaut. I, 1, 45.   II, 4, 11. 28.
III, 3, 45.   [IV, 3, 7] IV, 3, 38.   IV, 5, 16.   V, 1, 25.   Ad.
I, 2, 31.   II, 3, 6.   III, 3, 50. 64.   V, 9, 18.   Pho. III, 1, 12.
Hec. III, 5, 35.   IV, 1, 8. 15).

4. Der Codex Collegii Corporis Christi.

Gleichfalls identisch ist Lengs und Bentleys Codex Collegii
Corporis Christi Cantabrigensis, wie sich ergibt aus dem zusam-
mentreffen der zeugnisse in Andr. I, 5, 2 (",hoc ut in C.C.C."
Leng — ",hoc habet codex Collegii Corporis Christi" Bentley)
IV, 2, 15 (",in MS. C.C.C. pro Resipisco habes Respiro" Leng —

„*Ceterum Codex C.C. Respiro*" Bentley) Heaut. II, 3, 30 („MS.
C.C.C. *hoc ex ipsa in itinere*" Leng — „*et codex C.C. et ex Regiis unus ex ipsa habent*" Bentley) und Hec. V, 2, 25 (s. o. beim
Petrensis). Der codex, den Bentley „bonus" (in Eun. prol. 25),
„singularis notae" (in Eun. II, 2, 6), „bonae notae" (in Hec. IV,
4, 100) „notae optimae" (in Pho. I, 2, 44) nennt (und mit ähnlichen prädicaten Andr. II, 6, 20. III, 5, 9. IV, 5, 12. V, 3,
23. I, 2, 84. Eun. IV, 4, 17. Heaut. V, 1, 79. Ad. V, 9,
28 — an welchen stellen nur Lengs angabe zeigt, wer gemeint
ist), hat gleichfalls unter meinen handschriften seinen nächsten verwandten in E. Mit A allein stimmt er Andr. V, 4, 19 *audierim*
Heaut. II, 4, 21 *ingenium frui*   Ad. II, 2, 38 *defraudat*
und in der auslassung von Hec. V, 2, 25 : mit der familie DG
Andr. IV, 1, 58 *in quem me accepisti*   [Heaut. I, 1, 45 *virginem perdite*]   Ad. V, 3, 60 *atque illa*   Pho. II, 1, 8 in der
personenabtheilung (und unter zutritt von E   Andr. I, 5, 52.
III, 3, 6. 37. [III, 4, 25]. IV, 1, 3. 6. 39. V, 4, 38. Eun.
II, 3, 40. III, 3, 24. Ad. prol. 8. IV, 4, 6. Hec. IV, 1, 37):
mit der reinkalliopischen recension Andr. II, 6, 20 *est obsonatum*
48 *orabo . gnato uxorem*   50 *haud dubium est id mihi*
III, 5, 9 iam *om.*   IV, 1, 7 *tempus* (om. est)   V, 4, 6 *qua*
re.   Eun. [II, 2, 6 *en* — *em* C^{1}P]   IV, 4, 17 *Nunc eo vi-*
detur   V, 1, 15 *ita ut iussisti*   V, 6, 9 *Non satis potest*
narrari   Heaut. IV, 8, 29 *Sed ut uti istaec sunt*   Ad. I, 2,
31 *rediges*   IV, 2, 47 in der personenabtheilung (und unter zutritt von E   Andr. I, 1, 127. III, 2, 15. III, 3, 42. IV, 3, 5.
IV, 4, 45. IV, 5, 12. V, 2, 1   V, 3, 24. V, 5, 6.   Eun.
prol. 14. I, 2, 84. III, 2, 40. IV, 4, 6. IV, 6, 12. V, 8, 3.
     Heaut. II, 4, 11. III, 1, 75. [III, 3, 45. IV, 3, 7] IV,
3, 38. IV, 5, 16. V, 1, 25. 79. V, 2, 33.   Ad. II, 3, 6.
III, 3, 50. 73. V, 9, 28. Pho. III, 1, 12. Hec. III, 3, 44.
IV, 1, 15).

Die handschrift befindet sich nach einer ganz kurzen notiz
von Robinson Ellis aus dem jahr 1863 noch an ort und stelle und
gehört dem XI. jahrhundert an. Leng gibt an (p. 475) dass sie
interpretatiunculas (e Donato, ut videtur, excerptas) subinde appo-

sitas habet. Bei dem alter der handschrift würde eine bestätigung dieser angabe sehr erfreulich sein [8]).

5. Der Codex Shippenianus.

Kaum abzuweisen ist die vermuthung dass Bentley auch Lengs Codex Shippenianus benutzt hat (*Quartum humaniter mecum communicavit Rob. Shippen A. M. Coll. Aeni Nasi apud Oxonienses Socius dignissimus. Hunc autem librum vetustum et nitide scriptum vir clarissimus D. Hen. Wottonius Venetiis olim ab heredibus P. Bembi cardinalis doctissimi sibi comparasse dicitur* [9]) Leng p. 475). Zwar nennt ihn Bentley nie mit namen. Aber wenn Leng zu Pho. I, 4, 5 (dem aus der Andria interpolirten vers) ausdrücklich bemerkt, dass nur im Shippenianus der vers fehle und positiv hinzusetzt: *apud caeteros autem Codd. MSS. extat*, und wenn Bentley z. d. st.: sagt *abest ab uno veterrimo nostro*, so ist sicher dass dieser letztere nicht eine der vier **alten** handschriften sei, die, wie oben erwiesen, Leng und Bentley beide benutzten: aber auch zugegeben dass der *alter Regius* Bentleys der allerdings 15. A. XII *veterrimus* (s. p. 462) sei, verbietet doch hier an ihn zu denken die fassung von Bentleys note, in welcher folgt: *in uno Regio larem mutat.* So wird denn auch Eun. prol. 12 Bentleys note: *unus illum*, in einklang zu bringen sein mit Lengs note „MS. Sh. *illum qui petit*", und unter den *tres ex nostris veterrimi*, die nach Bentley Ad. III, 2, 37 *consule* lesen, stimmen mit den vier zeugen, die Leng für die lesart beibringt „D. Sh. *Na. β.*" sicher D = Bent-

---

8) Bei dieser gelegenheit sei in erinnerung gebracht dass Bentley eine handschrift des Donatuscommentars benutzte die er bald ausdrücklich eine Oxforder nennt (in Andr. I, 5, 46. Ad. V, 9, 31. Hec. V, 2, 9), bald einfach „Ms." (in Andr. I, 1, 79. I, 5, 58. Eun. prol. 9. II, 3, 18. IV, 6, 4. IV, 7, 15. V, 8, 26). Die mitgetheilten lesarten sind Andr. I, 1, 79 *ei metui* [ei *om Par.* und *Ed. pr.*] I. 5, 46 *Unum hoc scio esse meritam* [unum hoc scio hanc meritam *Par.*, nur unum hoc scio *Ed. pr.*]   58 *haec te* [mit *Par.* und *Ed. pr.*]   Eun. prol. 9 *Item id est similiter* [om. *Ed. pr.*]   II, 3, 18 *utilitatem in ea re* [mit *Ed. pr.*]   IV, 6, 4 *Verum (om. enim) si ad rem* [*Ed. pr.* beginnt das lemma & *si ad rem*]   IV, 7, 15 *Sane qui tibi nunc vir videtur* [so auch *Ed. pr.*, die aber auch die lesart *quod .. videatur* erklärt]   V, 8, 26 *Si quid tibi collibitum est, Ellipsis : pro Si quid collibitum est efficis* [so, nun *pro Siquidem Ed. pr.*] Ad. V, 9, 31 *atque indulgendo* [nur *indulgendo* im lemma *Ed. pr.*] Hec. V, 2, 9 *perfecero* [so in der paraphrase zu v. 8 *Ed. pr.*].

9) Henry Wotton gieng 1604 als gesandter nach Venedig.

leys *vetustissimus* und *Nα* = Bentleys *Academicus* 900 *annorum:*
aber den *Nβ* (für dessen benutzung durch Bentley überhaupt keine
sichere spur vorhanden ist, er müsste denn allenfalls mit *Nα* in
die *Bibliotheca publica* gekommen und der geringere Academicus
sein) berechtigt doch Lengs schweigen über sein alter und seine
vorzüge (gerade da wo er *Nα vetustius* nennt) nicht unter der bezeichnung *veterrimus* zu erscheinen: der dritte *veterrimus* wird
eben der Shippenianus sein. Einen ausweg eröffnet kaum die
vergleichung der noten in Heaut. IV, 7, 8: Bentley: *unus ex me-
lioribus Hortamentis'* — Leng: Sh. et La. *Quas hortamentis:*
La. ist ein Bodleianus, *vetus* nach Leng p. 477, und Bentley erwähnt éinmal wirklich *Bodleiani* ausdrücklich unter seinen hülfs-
mitteln (in Andr. IV, 5, 3, gerade an einer stelle, wo Leng nichts
bemerkt). Aber ein neckisches zusammentreffen will wieder, dass
Andr. IV, 3, 8 Bentley es nicht für der mühe werth hielt die lesart *militia* nur zu erwähnen, welche nach Leng nicht nur der
von Bentley sicher benutzte Petrensis, sondern auch — Sh. und
La. haben. Auch dass Heaut. IV, 6 die umstellung, welche Mu-
retus mit vs. 22. 23 vorgenommen, eine empfehlung erhält durch
die versetzung des vs. 23 vor 21, wie sie Sh. hat, ist von
Bentley auffallender weise verschwiegen. Uebereinstimmungen wie
Eun. II, 2, 38: *hice.* Ita MS. Sh. P. Leng — *nos ex tribus codicibus hice* Bentley (der dritte könnte der von Leng erst später
zugezogne *Nα* sein) und Hec. IV, 4, 43 *quinque primarii reductan* Bentley — *reductan* aus D. La. *Nα. β., redductan* aus
C.C.C. Sh. Leng und ähnliches haben natürlich keine beweiskraft.
Da Bentley die handschrift nie nennt, könnte er ihre kenntniss —
wie möglicherweise die des Dunelmensis — vielleicht nur den
excerpten Lengs verdanken, die dieser laut der vorrede in Bibliotheca Aulae D. Catharinae niedergelegt hatte. Die wiederauffin-
dung der wahrscheinlich im privatbesitz vergrabenen handschrift
wäre schon deshalb wünschenswerth, weil sie, ohne zur reinkalliopischen familie zu gehören [10]), die versabtheilung gewahrt hatte.

10) Ungefähr zweihundertmal beruft sich Leng auf den Shippenianus. Darunter hat er ungefähr 130 mal das zeugniss von CFP
vereint oder vereinzelt, oft in gesellschaft von E auf seiner seite,
nirgend geht er mit A allein, mit A und der „donatischen recension"
Andr. V, 6, 7 (*eam*)   Heaut. III, 3, 44 (*id om.*)   IV, 3, 37
(*parvi pendis*)   V, 2, 33 (*in mente est*)   Hec. III, 3, 44 (*consue-*

(Leng in Andr. I, 5, 3. Pho. IV, 3, 68. Hec. V, 4, 38). Zur bequemeren ermittelung setze ich Lengs varianten zum Eunuch. und einige charakteristische merkmale hierher: Eun. prol. 5 *existimet* ohne zusatz von *sciat praesumat* 6 *quia laesit prius* 10 *a thesauris* 12 *illum* 14 *fraudetur* 44 *animadvortite* I, 2, 26 *taceri* 69 *praeparare* 74 *heu* 75 *Aut ego* 84 *interclaudier* II, 2, 29 *me esse tanto honore* 38 *Hice* II, 3, 27 *anni? CH. sedecim* 40 *delirare* 84 *te om.* 95 *haec pati* und *ludantur* III, 1, 11 *Quod* 52 *tu om.* III, 2, 40 *postea continuo exeo* III, 3, 34 *heus heus ecquis hic est* III, 4, 7 *Ibo ad eam* IV, 3, 9 *i hinc* 25 *illum om* IV, 4, 6 *adornarat* 13 *nam quem* 17 *Nunc eo tibi videtur* IV, 6, 12 *Thais a me* 17 *secum atque* IV, 7, 26 *nisi si vi mavis* 46 *SA. vos me* V, 1, 15 *ita ut iussisti* V, 2, 35 *Ex malo* V, 3, 10 *sit* V, 4, 48 *omnem ordinem* V, 5, 8 *Satine salvae* V, 6, 9 *Non satis potest narrari* V, 8, 3 *contigerunt* 11 *pellatur* 57 *nobis praebebo.* Eigenthümliche lesarten sind sonst Andr. prol. 25 *quid* (st. ecquid) I, 5, 58 *maxumum* (st. maxumi) III, 4, 2 *Cur non uxor accersitur.* IV, 1, 16 *multa mala* IV, 1, 39 *P. Interturbat omnia, omnia* expungiert V, 5, 5 *aegritudo intercesserit huic gaudio* Heaut. IV, 6 die versordnung 20. *Ludis* etc. 23 *Qua causa* etc. 24 *Ne ego* etc. V, 1, 79 *ac pro delectamento*

       uestra
Ad. prol. 24 *acquanimitas (sic)* III, 2, 8 *neque ulla misericordia* 13 *totam illam familiam* IV, 5, 54 *Fecere item alii saepe boni* V, 3, 7 *suorum liberum* V, 5, 2 *salve om.*

Pho. I, 2, 93 *addat* I, 4, 6 *Quae si* etc. ist ausgelassen. II, 3 vers 8 *Ipsum* etc. vor vs. 7 *Neque* etc. Hec. IV, 1, 58 *noscere.*

6. Vereinzelt benutzte handschriften.

Leicht aufzufinden sind die fünf **Bodleiani Lengs**, die er

tudoque eius) III, 5, 35 *(impulsus)* 59 *(alii)*, mit der donatischen recension allein Andr. III, 5, 9 *(me iam)* Eun. prol. 6 *(quia laesit prius)* I, 2, 69 *(praeparare)* II, 3, 95 *(ludantur)* Heaut. IV, 8, 29 *(Sed haec ista ut sunt)* Pho. III, 2, 16 *(verbis)* Hec. IV, 1, 8 *(hunc)* [und mit der donatischen recension unter zutritt von E: Andr. I, 5, 52. II, 3, 20. III, 3, 6. IV, 1, 3. 6. 7. V, 2, 27. V, 4, 38. Eun. II, 3, 40. Heaut. IV, 2, 9. Ad. prol. 8. IV, 4, 6.

bezeichnet mit den nummern Catalogi impressi 1208. G 43.
E 11.   E 72.   G 22.   K 63. — alle vom erzbischof
Laud geschenkt, nach welchem Leng den ersten, den er allein als
vetus hervorhebt, *La.* bezeichnet.   Die ungefähr neunzig varianten,
welche aus diesem mitgetheilt werden, lassen in ihm gleichfalls einen verwandten von E erkennen, mit dem er übrigens fast nur in
lesarten der reinkalliopischen recension übereinkommt; gegen sie
steht er nur mit AD[1]G Heaut. III, 3, 44, mit G Andr. III, 3, 14,
mit G[2] Pho. III, 2, 16, mit DE Andr. III, 3, 6, mit EG[1] Ad.
prol. 8, mit ADEG Andr. V, 6, 7; die lesarten welche er für sich
allein gibt, sind belanglos   (Andr. III, 5, 15. IV, 1, 16. 39.
IV, 4, 45.   V, 3, 17.   Eun. II, 3, 83.   Heaut. IV, 5, 46.
Ad. III, 3, 48).

Noch sparsamer sind von Leng die übrigen *Bodleiani* zugezogen, offenbar nur an einzelnen stellen *in corpore* eingesehn, und,
soweit sich dieses aus den mitgetheilten lesarten schliessen lässt,
ist der rest nicht zum schaden der Terentiuskritik verschwiegen
geblieben. Nur E 72 lässt nach dem mit ADG Eun. V, 8, 57
gewahrten *propino* und nach erhaltung der aus allen ältern handschriften geschwundnen variante Pho. IV, 4, 6 *qui te ad scopulum
e tranquillo afferat (sic)* etwas mehr erwarten als seine drei genossen, die gleich ihm der classe E nahe stehen und höchstens in
leichten corruptelen etwas eigenthümliches haben.

Dass zu Andr. IV, 5, 3, wo nach Bentley *duo Bodleiani
viveret* (mit Kalliopius gegen die donatische recension) haben, Leng
nichts bemerkt ist schon erinnert.

Wie ganz anders zeigt sich doch Bentleys sinn für das eigenthümliche seiner handschriften in den knappen mittheilungen
aus seinen beiden *Meadini* (Mead einer der amici Londinenses?).
Aus beiden zusammen führt er an Hec. II, 1, 19 *vestrarum* (mit
AD[1]G) Pho. I, 4, 13 *conrasissem*   Eun. IV, 4, 47 unus *ehoy,*
alter *heoi* : aus éinem Eun. III, 5, 2 *mihi licet*   IV, 1, 3
Chremes *om.*   V, 4, 20 *inpune nos illuseris*   V, 8, 15 au-
sus sum   Heaut. V, 1, 51 *quod tu me*   59 *quod incom-
modi tibi* (so E[2])   V, 4, 7 *ut ex me atque ex hoc natus es*
(AD[1])   Ad. III, 4, 5 *De psaltria hic audivit*   IV, 2, 52
sorbilans (A)   IV, 3, 9 *esse . esse eius*   Hec. III, 5, 27
set quando esse indignam se deputat   V, 4, 5 *sic dixisse opi-*

nor te Pho. prol. 26 *Graeci Latine* III, 2, 14 *im-*
prudentem III, 3, 24 *Quantum est opus tibi argenti eloquere*
IV, 3, 33 *ut ille est* V, 1, 35 *sit* (ADG) V, 8, 22
Satis (A) — an all diesen stellen ohne zutritt einer meiner handschriften, wo nicht ihr zeugniss in klammer zugefügt ist.

Ein einzigesmal erscheint bei Leng ein *Codex Ashmo-*
leanus (wohl im Ashmole-museum zu Oxford), der gleich vielen
andern Eun. V, 8, 57 *et deridendum vobis praebebo* liest.

Frankfurt a. M. *Fr. Umpfenbach.*

Kritische bemerkungen.

Liv. 21, 3, 1 vielleicht zu lesen: *In Hannibalis locum haud*
dubia res fuit, quin praerogativa militaria, postquam
extemplo etc. So *praerogativa* (scil. *suffragia*) Liv. 3, 51, 8; 5,
18, 1. Vgl. Göttling's Röm. staatsverf. p. 257, a. 4.

Liv. 44, 33, 2 vielleicht zu lesen: *qui nullos apertos emer-*
gerent rivos (die handschriften *evergentt*, Weissenborn *evergerent*,
Hertz *egererent*).

Suet. Ner. 54 ist *proditurum se hydraulam*, er werde auftreten als u. s. w. (von *prodire*), während Baumgarten-Crusius in
der Clav. Suetoniana diese stelle unter *prodere* aufführt, mit der
erklärung *ostendere*. Aus dieser Clavis kam die stelle in den deutschen Forcellini unter *prodo* und von da in Freund's und in
Klotz's wörterbücher.

Cic. Epist. ad Att. 9, 18, 2 schlage ich vor: *in qua erat*
arena sceleris (Hofmann Ausgew. br. Cic. bd. 1. p. 197, aufl. 2
hat *area sceleris*; der cod. Med. hat man. 1 *ero sceleri*, man. 2
aero sceleri).

Cic. Reip. 2, 5, 10 ist vielleicht zu lesen: *mari asportaret*
(die handschrift *absorberet*).

Bei Cic. or. p. Rab. Post. 10, 26 haben die handschriften
verderbt *maecia pella*, worin vielleicht *Graeca palla* steckt.

Bei Solin. 32, 30 wird *aprugineis dentibus* (so cod. L u. P[1],
acpruginis cod. A) vielleicht geschützt durch Apic. 7. &. 267, wo:
aprogineo more.

Flor. Virg. orat. an poet. p. 107, 13 ed. Halm. ist statt
plane quam zu lesen: *sane quam*.

Gotha. *K. E. Georges.*

XIV.

Bemerkungen zum vierten buche des Lucretius.

Zweites stück.

(S. Philol. XXIX, p. 417).

Vs. 518 f. *Iam ruere ut quaedam videantur velle ruantque prodita iudiciis fallacibus omnia primis.* Munro versteht diese worte: *ut alia videantur velle ruere alia autem ruant* (d. h. wirklich schon fallen), *prodita et haec et illa* u. s. w. Er vergleicht 652 *esse minora igitur quaedam maioraque debent.* Wenn aber diesen vers niemand so verstehen kann, als sollten dieselben canäle — Creech erklärt richtig: *meatus,* während Munro falsch von atomen *(seeds)* spricht — zugleich grösser und kleiner sein, so würde hier, wenn 519 fehlte, ein unbefangener leser nur verstehen können: dass .... zu fallen drohen und auch wirklich fallen. Da aber 519 folgt, so ist Creech, der diese erklärung giebt, im unrecht: *prodita — primis* würde ja grammatisch in der luft schweben. Also kann zu *ruant* nur *omnia* subject sein: gewisse gebäudetheile hängen drohend über, und wenn sie stürzen, folgt das übrige: es stürzt das ganze haus zusammen. [Br.].

528 ff. Der zweite beweis für die körperlichkeit der laut-gebilde wird von der thatsache hergenommen, dass sie unter um-ständen den weg, auf welchem sie aus der brust nach aussen ge-langen, verletzen. *Praeterea radit vox fauces* (den kehlkopf resp. die stimmritze) *saepe facitque asperiora foras gradiens arteria* (s. unten) *clamor.* Wenn nun der dichter mit *quippe* fortfährt, so er-wartet man mit recht eine erklärung der angeführten thatsache. Von dieser erklärung enthalten aber die verse 530 f. *quippe per*

angustum turba maiore coorta ire foras ubi ¦coeperunt primordia vocum, scheinbar nur den vordersatz, und so suchte man in v. 532 *scilicet expletis quoque ianua raditur oris* den nachsatz. In diesem verse hat nun, da er so, wie er überliefert ist, allerdings keinen passenden sinn giebt, H. Purmann (Neue beiträge zur kritik des Lucretius, Naumburg 1849 p. 43) und, unabhängig von ihm, Lachmann, dem Bernays und Munro folgen, *expleti — oris* geschrieben und Munro erklärt: *scilicet os quoque expletur et ianua eius raditur*, während für Purmann *ianua oris* einfach eine umschreibung für *os* ist.

Gegen diese änderung und die auffassung, aus welcher sie hervorgeht, ist zunächst sachlich zu bemerken, dass Lucrez recht gut weiss, dass nicht nur die zunge, sondern auch die lippen — also recht eigentlich *ianua oris* — thätig sind bei der articulation der laute (547—550), also nicht füglich das wehethun des mundes, welches bei anhaltendem reden eintritt, daraus erklären kann, dass dieser von den stimmatomen geritzt würde. Ferner könnte man in dieser verbindung *per angustum* kaum anders als auf den mund beziehen und es als bezeichnung der ursache seiner verletzung auffassen, und doch ist der mund, mit der stimmritze verglichen, nicht weit, sondern eng. Endlich finde ich nirgends bei Lucrez *quippe* und *scilicet* in demselben satze. *Scilicet — nimirum* I, 667 f. ist anderer art.

Wenn aber v. 532 nicht vom munde die rede ist und dieser satz nicht den nachsatz bildet, so ist ein solcher überhaupt nicht zu finden und der satz *quippe . . . ubi coeperunt* gehört als begründender nebensatz zu *praeterea radit . . . clamor*. So nimmt Winckelmann, (Beiträge zur kritik des Lucretius, Salzwedel 1857 p. 25) mit recht an und setzt dem entsprechend hinter *clamor* ein komma. *Quippe ubi* gehört zusammen, trotzdem es nicht wie sonst zusammen steht, und ist echt lucrezisch. So begründet der dichter I, 617 f. eine aufgestellte behauptung mit den worten: *quippe ubi dimidiae partis pars semper habebit dimidiam partem* „natürlich, wo = natürlich, indem dann“, so lesen wir IV, 434 *quippe ubi . . . tuentur*, wo Proll (*de formis antiquis Lucretianis*, Breslau 1859, p. 60) ohne ursache *tuantur* schreiben will. *Quippe ubi* mit dem indicativ steht auch in dem von Lachmann und andern kritikern mit unrecht verworfenen verse *quippe ubi imaginibus fumi nebulaeque moventur* (l. *movetur*) III, 430, auf dessen *quippe ubi* kein fälscher so leicht gekommen wäre. *Quippe ubi* mit dem conjunctiv == *quippe cum* steht I, 990. V, 1158 f. (I, 242 ist der conjunctiv der der antirealität). Der indicativ bei *quippe ubi* hat sein analogon in *quippe qui* mit dem indicativ, das bei Sallust und Livius nicht selten ist, s. Madvig Gramm. ℥. 366, a. 2.

Für *coeperunt* 531 läge es nahe *contendunt* zu schreiben, vgl. 94 *qua contendant exire coortae* (*coortae* mit Lambin und Munro). Aber Lucrez gebraucht einige mal *coepisse* so, dass die ursprüngliche kraft des *coïpere* (*con* und *apere*) lebendig wird, wodurch, beiläufig bemerkt, auch die form *coëpit* 619 um so begreiflicher wird, denn dort z. b. genügt der begriff des blossen angefangenhabens nicht, sondern der zusammenhang fordert: wenn jemand sich daran gemacht hat == wenn jemand bemüht ist. Aehnlich steht das wort ferner 808 f. und VI, 432, an welchen beiden stellen denn auch Munro ganz richtig *coepisse* mit *to essay* übersetzt.

Es bleibt 532 zu emendiren. In diesem verse erläutert Lucrez erscheinungen, welche die stimme auf ihrem wege hervorbringt, durch den vergleich der stimmwege mit einer thür, einen vergleich, welchen er III, 359 ff. für das sehorgan abgelehnt hat. Ich weiss nicht, ob jemand leugnen wird, dass der gedanke: „so wird auch eine thür geritzt (geschrammt), wenn ihre mündung ganz ausgefüllt ist", hier völlig angemessen sei; aber man leugnet, dass dieser gedanke hier steht. Es ist sinnloserweise von ausgefüllten **rändern** die rede und Gronov sagt mit recht: *vacuum et spiramentum ipsum expletur, orae autem raduntur* (s. Lachmann z. d. st.). Winckelmann trifft also dem sinne nach das richtige, wenn er *expleto ... ore* vorschlägt. Aber diese änderung ist diplomatisch ganz unwahrscheinlich, und überdies wäre *ore* in diesem zusammenhange entschieden missverständlich. Das richtige ist *expletis ostis*. Da der ablativ des plurals von *ostium* im hexameter nicht anders als zweisilbig sein **kann**, so wäre es ein nichtiger einwand, wenn jemand geltend machte, dass sich bei Lucrez von solchen formen sonst nur *gratis* und *ingratis* finde (vgl. jedoch 637, wo vielleicht doch *alis* zu lesen ist). Was sich in gleicher weise Plautus, Ennius, Vergil, Lucan und andere erlaubt haben (s. Lachmann zu V, 85), das darf man, wenn nicht charakteristische wendungen oder umschreibungen zeigen, dass Lucrez es absichtlich vermieden hat, auch diesem nicht ohne weiteres absprechen.

Ostia kann hier von **einer** thüröffnung gesagt sein, wie es bei Vergil. Aen. I, 13 von der Tibermündung [1]) und I, 400 sowie V, 281 von dem eingange eines hafens gebraucht wird. Da Holtze (Syntaxis Lucretianae lineamenta, Leipzig 1868, p. 2 f.) nichts über den Lucrezischen gebrauch des pluralis zur bezeichnung **eines** bauwerkes oder gebäudetheils sagt, so sehe ich mich genöthigt hier den beweis für diese meine obige behauptung ausführlich zu führen.

Gleich im proömium I, 89 und 95, steht *arae* von **einem** altare. *Templa* kommt bei Lucretius nirgends von einem eigentlichen tempel vor und wo es in verbindung mit *caeli* u. s. w. oder mit *Acherusia* unermessliche räume bezeichnet, ist auch nicht an das bild des tempels zu denken. Eher dürfte dies bei *linguai (?)* *templa* IV, 624 der fall sein und *templa mentis* V, 103 lässt sich mit hoher wahrscheinlichkeit von einem „tempel des geistes" verstehen. *Cavernae* wird IV, 111. 391. VI, 252 von dem **einen** himmelsgewölbe gesagt. *Tecta*, das hier nicht in betracht kommt, wo es „bedeckte räume" = „haus" bezeichnet, steht von der decke **eines** saales und der **eines** porticus II, 28. IV, 430. So findet sich auch *limina* zweimal für den singularis, III, 1065 und IV, 1171. An der ersteren stelle könnte man geltend machen, der besitzer habe mehrere schwellen zu überschreiten, ehe er in sein schlafgemach gelangte, aber der ausdruck *tetigit cum limina villae* legt die vorstellung einer mehrheit von schwellen der phantasie allzufern. Und wo der ausgesperrte liebhaber *limina saepe floribus et sestis operit*, kann ich Munro's, übrigens mit einem *perhaps* eingeführte vermuthung nicht wahrscheinlich finden, der liebhaber streute blumen auf die untere schwelle und hängte kränze an die obere. Hätte Lucrez das sagen wollen, so hätte er doch wohl mit gewohnter bestimmtheit und unzweideutigkeit *limen utrumque* geschrieben. Wie er jetzt geschrieben hat, kann wohl nur gelehrte reflexion darauf kommen in *limina* zwei schwellen zu finden und *floribus* auf die eine, *sertis* auf die andere zu beziehen [2]).

1) Zu vergleichen ist *Ostia, Ostiorum* für *Ostia, Ostiae*, s. Weissenborn zu Liv. XXII, 37, 1.

2) Von den übrigen Lucrezischen beispielen des plurals für den

Der pluralis *ostia* lässt sich aber auch anders verstehen.
Ueberall, wo es sich nicht um ein bestimmtes einzelding handelt,
sondern das ausgesagte von jedem gegenstande, der zu einer bestimmten gattung gehört, in gleicher weise gilt, kann bekanntlich
im lateinischen wie im deutschen ebenso gut der alle einzeldinge
in ihrer vielheit umfassende pluralis als der singularis stehen, welcher jene vielheit zu einer sozusagen idealen einheit zusammenfasst.
In diesem fall entscheidet beim dichter natürlich vor allem wie auch
bei uns das bedürfniss des verses, welches ja auch die wahl jener oben
besprochenen plurale bestimmt sind. Wo der vers es fordert,
scheut Lucrez sich nicht den namen desselben gegenstandes in demselben sinn und zusammenhange an dicht zusammenstehenden stellen
einmal im singularis, einmal im pluralis zu setzen; so IV, 293 f.
in speculis .... planitiem speculi, 1102 ff. *spectando corpora coram ... errantes incerti corpore toto*. Ebenso macht
er es in der zusammenstellung verschiedener gegenstände III, 226 f.
sucos ... et odorem (es folgt *in*), V, 788 *pluma* (collectiv,
wie II, 801, welche stelle Holtze anführt) *atque pili setaeque*.
Wenn ferner ein einen genetiv des plurals regierendes substantiv
einen theil, eine seite u. s. w. bezeichnet, welche jedem der im
genetiv stehenden substantiva für sich zukommt, so steht dies häufig im singularis. Am häufigsten kommt so *corpus* vor, z. b.
summa de corpore rerum IV, 31. 45. 64, (s. Lachmann zu III,
227, wo ich Munro beistimmen muss, der Lachmanns änderung *in
toto corpore rei* für unnöthig erklärt). Dasselbe gilt von dem
falle, wo ein einen theil u. s. w. bezeichnendes nomen in irgend
einem andern grammatischen verhältnisse mit einer mehrheit verbunden ist, z. b. IV, 391 ff. *sidera ... cum permensa suo sunt
caelum corpore claro*, ferner II, 352 f. *saepe ante deum vitulus
delubra decora turicremas propter mactatus concidit aras*. Der
dichter konnte ebenso richtig *vituli* sagen — ob ebenso klar und
geschmackvoll, ist eine andere frage — oder er konnte *delubrum*

---

singular mögen hier die pluralischen bezeichnungen eines körpertheils
erwähnt werden. Ausser *corda* VI, 14, welches Holtze a. a. o. p. 3
anführt, findet sich *frontes* V, 1034, *ora* IV, 1109 und *oscula* (= *os*)
IV, 1194. Hierher gehört wohl auch der heteroklitische pluralis *arteria* an der oben behandelten stelle. Allerdings entsteht die luftröhre aus der vereinigung zweier äste, aber daran hat Lucrez oder
wer sonst die form gebildet hat, wohl kaum gedacht.

und *aram* schreiben. Jetzt hat er, was schon das metrische interesse rieth, den singularis *vitulus* in einem, so zu sagen, distribu-
tiven sinne mit den pluralen *delubra* und *arae* verbunden. Gerade
so kann an unserer stelle *ianua* distributiv sein; „wenn thüröff-
nungen ganz ausgefüllt werden, so wird immer die betreffende
thür geschrammt". Den pluralis von *ianua* konnte Lucrez nicht
gebrauchen, denn *ianvae* für *iānuae* zu sagen wäre trotz des von
Lucilius bei Cic. de Fin. I, 9 zweimal hinter einander gebrauchten
mālvisti eine sprachwidrige kühnheit gewesen. Dies beiläufig
auch gegen Göbel, der (Rhein mus. XV, p. 404) VI, 762 *ianvam*
schreiben will, was Polle (Philologus XXVI, p. 536) aus andern
gründen missbilligt.

Uebrigens hat Lucrez den vers 532 wohl nur vorläufig hin-
geworfen, indem er den vergleich später mehr auszuführen ge-
dachte, oder es ist auch ein vers hinter 532 verloren gegangen,
dessen inhalt dann folgender rohe versuch treffen dürfte:

[aedibus ex si portatur tibi magna supellex].

Wenn endlich jemand einwerfen sollte, für *ianua* müsse es vielmehr *postes* heissen, so weise ich auf IV, 276 hin, wo, wie sich
aus dem vergleiche von 275 ergiebt, sogar *fores* als synonym von
postes steht. [Br.].

543. Munro verbindet *sub murmure* und vergleicht mehrere
durchaus unähnliche stellen, wo *sub* „in begleitung" oder „unter
einwirkung" bezeichnet. Es ist aber *sub* mit *mugit* zu verbinden,
eine tmesis, wie *inter quaecunque pretantur* 832, vgl. die beispiele,
welche Munro Not. II zu I, 452 anführt. *Submugire*, welches
sonst nicht vorzukommen scheint, ist „dumpf aufbrüllen". [Br.].

544. Bergk (Emendationes Lucretianae, Halle 1865, p. VI)
nimmt an Lachmanns *regio cita* mit recht anstoss. Das blosse
cieri kann unmöglich soviel wie *sonitu cieri* 608 sein. Aber auch
die änderung von *retro* in *regio* ist nicht zu empfehlen, weil *retro
re* . . . dem Lucrez ziemlich geläufig ist, s. I, 585. II, 130. 283.
IV, 334. 913 f. V, 269 = VI, 635. VI, 573, und weil *reboat
retro* durchaus passt. Das spricht auch gegen Polle's sinnreiche
vermuthung: *et reboat rauco aeri Etruria barbara bombum*
(Philologus XXV, p. 279 f.). Schwerer wiegt aber der sachliche einwand, welchen ich gegen diese kühne änderung geltend
zu machen habe. Nach Fortlage, („Griechische musik" in Ersch

und Grubers Encykl. bd. 81, p. 245) war die etruscische trompete
eine hell- und hochtönende, was dem Lucrez weder unbekannt sein
noch von ihm ignorirt werden konnte. Tieftönende trompeten waren: die paphlagonische, deren ton „tief und zugleich voll" war,
und die medische, welche „tief und dabei hohl" dröhnte. Zu dem,
was Fortlage von der tyrrenischen salpinx sagt, scheint auf den
ersten blick eine stelle der Aeneide nicht zu stimmen. B. VIII,
524 blitzt es *et ruere omnia visa repente tyrrenusque tubae mugire per aethera clangor*. Dass aber das *mugire* nicht so eigentlich zu verstehen ist, zeigt, denke ich, schon das *clangor*. Vergil
gebraucht hier das *mugire* wohl deshalb, weil er seine leser an
eine classische stelle des Lucrez anspielend erinnern, vielleicht auch,
weil er andeuten wollte, dass es sich nicht um einen wirklichen
trompetenklang, sondern nur um einen diesem vergleichbaren don-
ner handelt. An einer andern stelle, V, 139, nennt er die trompete *clara* und giebt damit den gefährten des Aeneas die etruscische,
also die spätere römische trompete. An unserer stelle ist — wenn
Fortlage recht hat — wohl an die medische trompete zu denken,
welche zu des dichters zeit gewiss noch bei den freien barbaren-
völkern Asiens, vor allen bei den Parthern im gebrauche war.
Auf eine asiatische landschaft passt auch das *barbara* vortrefflich.
Aber die „landschaft" selbst fehlt noch. Sie kann nirgends anderswo als in *cita* stecken und wird wohl durch *loca* bezeichnet
worden sein, also: *et reboant raucum retro loca barbara bombum*. Dass so hier nicht wie im folgenden verse eine bestimmte
localität genannt wird, ist in der natur der sache begründet.
Schwäne gab es nur an wenigen bestimmten orten in grösserer
anzahl, während jene trompete überall dröhnen konnte, wenigstens
in jenen barbarenlanden. [Br.].

545 scheint mir die conjectur von Bernays *et gelidis cycni
nocte oris ex Heliconis* bei weitem die leichteste und angemessenste.
Dagegen begreife ich nicht, wie Munro Vossius' *torrentibus* aufnehmen konnte. Er sagt not. 2 *whoever has travelled over Helicon
and seen and heart its rushing torrents, will feel the fitness of
making them the haunts of swans*. Ich sollte meinen, dem besucher des Helikon müsste das verkehrte der idee, aus aufbrausend
dahinstürzenden waldströmen schwäne singen zu lassen, nicht nur
ad oculos sondern auch *ad aures* demonstrirt worden sein. [Br.].

551 f. hat Lambin mit recht vor 542 gestellt. Aber dass
551 f., 542—546 hier sich passend einfügten, will mir nicht
scheinen. Allerdings hätte sich der gedanke von 551 f. so wenden lassen, dass er auch als ein argument für die körperlichkeit
der lautgebilde erschienen wäre, aber er ist nicht so gewendet
worden. Die körperlichkeit der lautgebilde wird offenbar bei dieser fassung des gedankens als schon erwiesen angesehen und aus
ihr die rauheit und die glätte der stimme, resp. des laut- oder
schallgebildes erklärt. Der abschnitt, welcher 524 beginnt,
endet also unzweifelhaft mit 541. Hier schliesst sich dann
547 an, dessen *hasce igitur voces* auf das *vocem* von 540 zurückweist. Es scheinen also 551 f., 542—46 ein späterer zusatz des dichters zu sein. [Br.].

553 f. Ich vermag nicht abzusehen, weshalb gerade dort,
wo von der strecke, welche das lautgebilde zurückzulegen hat,
die rede ist, *una quaeque vox* „jedes einzelne lautgebilde für sich"
gesagt sein soll. Dagegen passt das *quaeque* vortrefflich zu *verba
ipsa*. *Quaeque verba ipsa* heisst „immer die betreffenden einzelnen
wörter selbst", wie *quaeque corpora* I, 578 f., wo Munro es mit
recht herstellt, „immer die betreffenden ursprungskörper der einzelnen gattungen" bedeutet [3]). *Illa* ist also im v. 553 wiederherzustellen und das komma vor *quaeque* zu setzen. *Illa vox* ist natürlich collectivisch zu verstehen, wie gleich darauf 560. [Br.].

598. Im Philologus **XXIII**, p. 465 habe ich die fehlende
verbindung auf die einfachste weise hergestellt, indem ich *ut* einschob: *colloquium ut clausis foribus quoque saepe videmus*, nämlich
auris lacessere, was aus dem vorhergehenden verse hinzuzudenken
sei. Hier habe ich zu zeigen, dass eine solche supplirung echt
Lucrezisch ist. Sehr leicht ist die ergänzung in folgenden beispielen: V, 36 *quo neque noster adit quisquam neque barbarus audet*
sc. *adire*, V, 527 *quid possit fiatque*, wo zu *possit* aus dem folgenden *fiat* ein *fieri* hinzuzudenken ist; ferner V, 836 *quod tulit
(terra) ut nequeat, possit quod non tulit ante*, wo man zu *nequeat*
und *possit* leicht *ferre* ergänzt. *Tulit* schreibt hier Bentley mit
recht für das *potuit* der handschriften, dagegen ist Lachmanns
pote, das Bernays und Munro beibehielten, verkehrt, da, wie Christ

---

3) Vgl. IV, 1032: *ex corpore quoque* die handschriften und Munro,
IV, 1065, ferner Munro, Uebersetzung zu IV, 663.

(Quaestiones Lucretianae, München 1855, p. 11) bemerkt, hier
nicht *est*, sondern *fuit* zu ergänzen sein würde. Kühner sind folgende ergänzungen: IV, 779 f. *quare, quod cuique libido venerit
(sc. cogitare), extemplo mens cogitet eius id ipsum*, IV, 782 f.
*occurrit imago? si mare, si terram cordist, si denique caelum (sc.
occurrere)?* wo sowohl Bernays als auch Munro den sprachgebrauch des dichters verkannt haben, von denen der eine *terra in
cordest*, der andere *terrast cordi* schreibt. Dagegen hat Munro
IV, 802 mit recht *nisi quae* (die handschriften *que*) *contendit
(sc. cernere) acute cernere non potis est* geschrieben, wo Bernays
mit Lachmann *nisi se contendit* ändert. Das gewagteste scheint
mir IV, 805 f.: *speratque futurum ut videat . . . . .; fit ergo (sc.
ut videat)*. Das analogste aber dürfte I, 262 sein: *haud . . .
pereunt quaecunque videntur (sc. perire)*. Vgl. auch Philologus
XXV, p. 82.

Nachdem ich so den vers mit meiner änderung s p r a c h l i c h
sicher gestellt habe, bleibt mir noch übrig, ihn gegen das s a c h -
l i c h motivirte verdammungsurtheil Purmanns (Quaestiones Lucretianae I. Lauban 1858, p. 14. III. Cottbus 1867, p. 15) und
Polle's (Philologus XXVI, p. 301) zu rechtfertigen. Beide finden
das beispiel wenig passend und dazu überflüssig [4]). Ueber das
letztere lässt sich kaum streiten. Lucrez giebt eben ein beispiel
oder auch mehrere, wo sie sich ihm aufdrängen, ohne ängstlich
zu erwägen, ob es überhaupt für den v e r s t a n d solcher bedarf.
Dafür ist er dichter. Passend aber finde ich das beispiel durchaus; es ist aus dem täglichen leben genommen und bezeichnet gerade den fall, in welchem es auch dem gedankenlosen sich aufdrängt, dass mauern und thüren, durch welche kein blick hin-
durchdringt, die stimme nicht zurückzuhalten vermögen. Uebrigens
glaube ich überhaupt nicht an den famosen *doctus lector*, der den
Lucrez interpolirt haben soll. Doch darüber bei einer anderen gelegenheit. [Br.].

595 — 614. In diesem abschnitt erklärt Lucrez, wie es
kommt, dass die stimme auch dinge durchdringt, durch welche

---

4) Vor ihnen erklärte schon Lambin den vers für unächt, jedoch
nicht für absichtliche interpolation, sondern für eine in den text gedrungene und in folge dessen zum hexameter umgestaltete randglosse. [S.].

die gesichtsbilder nicht hindurchkönnen: „Freilich", fügt er hinzu,
„verliert auch die stimme dabei an kraft und deutlichkeit". Damit
hat nun offenbar die verbreitung des lautgebildes nach allen seiten,
welche durch fortgesetzte theilung erfolgt, und die wirkung dieser verbreitung auch nicht das allermindeste zu thun. Die verse
603—608 gehören also nicht hierher. Dieselbe thatsache, dass
sich die stimme nach allen seiten hin verbreitet (und also auch
von allen in ihrem bereich anwesenden gehört wird) ist schon
563—567 an der richtigen stelle besprochen und dort wesentlich
so wie hier erklärt worden. Dass dort von einem heroldsrufe die
rede ist, dass dort ferner der umstand, dass ein lautgebilde jedes
ohr im versammelten volke berührt, voran- und die aus dieser
thatsache gefolgerte theilung des lautgebildes, also die erklärung
nachgestellt ist, dass endlich hinzugefügt wird, wie das von vielen
vernommene wort bei jeder theilung sein gepräge und seinen deutlichen klang bewahrt, während aus der zweiten stelle die theilung
und zwar die fortgesetzte, durch ein bild erläutert, vorangeschickt
und dann die thatsache der allseitigen verbreitung der lautgebilde
daraus erklärt wird *(ergo replentur loca vocibus)*, das alles macht
keinen wesentlichen unterschied. Auch so ist es unmöglich, dass
der dichter beide stellen hat neben einander bestehen lassen wollen.

Vergleichen wir nun beide fassungen desselben gedankens, so
erscheint die zweite in mehr als einer beziehung schlechter.
Der vergleich der fortgesetzten zertheilung des lautgebildes mit
dem zündenden auseinandersprühen eines funkens veranschaulicht
die sache durchaus nicht, ja das vom funken gesagte *suos se spargere in ignis* ist nicht einmal recht verständlich. Was sich Munro
denkt, wenn er den funken sich theilen lässt *into its consti-
tuent fires*, weiss ich nicht. Lucrez kann mit dem *suos* nur
sagen wollen, dass die durch einen sprühenden funken entzündeten
einzelnen feuer ihm als ihrem erzeuger angehören. Denn dass
der dichter den funken sich wieder in viele einzelne funken sollte
theilen lassen und diese als *ignes* bezeichnen, ist doch wohl kaum
glaublich. Ferner wird hier nicht gesagt, dass durch die theilung
des einen lautgebildes wieder lauter ganze lautgebilde entstehen,
dass das gepräge des wortes (567) vollkommen bewahrt wird.
Endlich wird 607 f. nicht ausgesprochen, dass die rings vertheilten
voces nun auch gehört werden. Lucrez hatte also genügende ur-

sache, die partie 603—608 durch die vollständige und durchaus
klare fassung, welche die verse 563—567 geben, zu ersetzen.
Wenn uns nun die oberflächliche und mechanisch verfahrende, aber
in ihrer art gewissenhafte Ciceronische recension, wie öfter, auch
hier die vom dichter verworfene fassung einer stelle aufbewahrt
hat, indem sie dieselbe dort, wo sie am wenigsten zu stören schien,
einflickte, so verdient sie unsern dank. Diese und ähnliche dop-
pelrecensionen zeigen uns deutlich, mit welcher scharfen selbst-
kritik der dichter arbeitete und wie berechtigt er war sich zu
rühmen, aus liebe zum freunde trüge er jedes mühsal und wache
sternklare nächte hindurch, I. 140 ff., vgl. IV, 969 f.

Es bleibt noch übrig die verse 607 f. herzustellen. Hier
ist zuerst *abdita retro* mit *loca* zu verbinden, aber nicht, wie
Lachmann und Munro thun, mit *omnia quae circum*. Denn eine
solche verbindung mit *circum* ist gemäss der bedeutung von *retro*
unmöglich; was dagegen *loca abdita retro* sind, wird durch die
vergleichung von 325 ff. klar, wo gesagt wird, durch eine anzahl
(in geeigneter weise aufgestellter) spiegel könne man schon *quaecunque retro parte interiore latebunt* — *quamvis torte penitusque
remota* — *per flexos aditus educta*. Hier steht der, welcher durch
den spiegelapparat sehen will, was sich in einem hause befindet,
mit dem rücken gegen dieses haus und sieht, was hinter ihm
nach rückwärts *(retro)* sich im inneren birgt. Ebenso sind
an unserer stelle *loca abdita retro* räume und örtlichkeiten, welche
eine strecke hinter dem rücken des redenden oder rufenden liegen,
und zwar hinter ecken, mauervorsprüngen, auch im innern von
zimmern und hallen, die aber ebenso wie oben, geöffnet zu denken
sind. Die zuerst hervorgehobene wirkung der fortgesetzten zertheilung der stimmgebilde ist nun, dass sie die direct nicht zu-
gänglichen örter hinter dem rücken der rufenden person erfüllen.
Im zweiten vers wird dann gesagt, dass sich der schall überhaupt
nach allen seiten hin verbreitet. Hier hat Munro mit glänzendem
scharfsinn *fervunt* aus *fuerunt* hergestellt. Ich ändere noch das
quae indem ich schreibe: *omniaque is (sc. vocibus) circum fervunt
sonituque cientur* „und ringsumher hallt alles von ihnen und wird
vom tone getroffen" oder besser „geweckt".

In dem abschnitte, aus welchem wir einen fremdartigen theil
ausgeschieden haben, stossen jetzt 599—602 unmittelbar mit 609

zusammen und sofort wird klar, dass 609—611 nicht neben der jetzt vorangehenden partie bestehen können. „Die gesichtsbilder weigern sich durch die gewundenen gänge der dinge hindurchzugehen, denn sie zerreissen, wenn sie nicht gerade gänge durchschweben können. Aber *(at)* die gesichtsbilder streben immer auf geraden wegen vorwärts u. s. w.". Hier liegt der unsinn zu tage. Vss. 609—611 bilden offenbar den überrest einer anderen fassung des gedankens von 595—602, einer fassung, in welcher der gedanke: *quia vox — transire potest*, in form eines hauptsatzes ausgedrückt war. Diese verse sind also hinter 602 einzuklammern. 612—614 schliesst sich ebenso gut an die vollständig erhaltene, wie an die verstümmelte partie an.

611 ist Lachmanns *intra* (für *supra*) dem *ultra*, welches Bernays und Munro schreiben, vorzuziehen, da das letztere dem *extra* nicht entspricht. Für *saepem* aber (die handschriften haben *saepe*) vermuthe ich *saepta*, wie der dichter I, 354 f. 489 f. IV, 699 f. VI, 228 f. 859 f. nach der in zwei fällen mit unrecht angefochtenen überlieferung geschrieben hat. Denn dass auch hier, wie an den angeführten stellen, von den mauern eines hauses die rede ist, zeigt schon das folgende *clausa* [*domorum*]. *Clausa*, wofür ich Philologus XXIII, p. 465 f. hier ebenso wie I, 354 *claustra* zu schreiben empfahl, ist, wie ich jetzt einsehe, an beiden stellen nicht anzutasten. [Br.].

(Schluss folgt.)

Posen und Greifswald.   *A. Brieger.   Fr. Susemihl.*

Zu Seneca.

Sen. Ep. 95, 70 (H.) übersetzt man: *ne pro libertate decidat, sed omnia experiatur*, dass er den muth nicht sinken lasse. Also zieht man die stelle zu *decĭdo.* Ich übersetze: dass er nicht ein abkommen treffe, nicht frieden schliesse, nicht chamade schlage, ziehe die stelle also zu *decīdo.* So *decīdo* mit *pro* auch Cic. Rosc. Am. 13, §. 37 und 38. Auch Nipperdey zu Corn. Nep. Eumen. 11, 5 zieht die stelle zu *decĭdo.* Wer hat recht?

Gotha. _____   *K. E. Georges.*

XV.

Kamarina.

Kamarina liegt nicht auf der route der alljährlich Sicilien durchstreifenden fremden reisenden, da weder landstrassen dorthin führen, noch ruinen anlocken, noch die landschaften der unwirthlichen südküste unter den gewöhnlichen schönheitsbegriff fallen. Die eingebornen betreten zwar den ort der ehemaligen interessanten Griechenstadt, aber nicht zu dem zwecke ernster wissenschaftlicher forschung; sie durchwühlen nur die stille einsamkeit der todtenfelder Kamarina's, um mit der pracht bemalter thonvasen theils ihre räume zu schmücken, theils leichten gewinn zu erzielen. In dieser ehrenbezeugung an die untergegangene grösse wetteifern die drei benachbarten städte Vittoria, S. Croce und Scicli. Es giebt daher keine monographien und berichte über die geschichte und reste Kamarina's, aus zerstreuten notizen muss man sich, wenn man auf dem öden stadtboden steht, ein bild zurechtmachen. Am liebevollsten verweilte noch der alte Fazell auf dieser klippe, aus patriotismus sowohl wie aus wissenschaftlichem sinn, und bejammerte auf seiner zweiten reise dahin, dass in der zwischenzeit die einwohner von Terranova die vorher noch geschauten baureste auch noch abgeführt hätten, um mit schön gebauenen griechischen quadern ihre Kirchen zu bauen. Ich werde nach einander die geschichte, die münzen und die topographie behandeln und meine besprechungen durch zwei kleine plänchen vom gebiet und vom stadtboden unterstützen, von denen das letztere aus den karten des italienischen generalstabes im massstab von 1:50000 entnommen ist.

1. Die geschichte.

Bei der frage, ob Phönizier die stadt erbaut haben, wird es hauptsächlich auf die deutung des namens ankommen. Vor allen dingen ist festzuhalten, dass der name Kamarina ursprünglich einem sumpf oder see eigen war, von dem aus man die stadt benannte, es werden also etwaige etymologische deutungen unter diesem gesichtspunkte anzustellen sein. — Es gab in Umbrien oben am Apennin gelegen eine bekannte stadt Camerinum, in Latium ein altes frühzerstörtes Cameria oder Camerium [1]), in der lateinischen sprache *camara* gewölbe und *camurus* unter der bedeutung: nach innen gebogen. Diese thatsachen verbunden mit der andern, dass der name der nachbarstadt Gela und des flusses Gelas von Sikelern herrührt, in deren italisch-opischer sprache *gelas* reif bedeutet, könnten jemanden auf den gedanken bringen, dass auch der name unserer stadt möglicherweise dem festland und der sprache der Italiker angehörten. Eine derartige annahme möchte gleichwohl für unwahrscheinlich gelten dürfen, zumal man die angeführten lateinischen wörter als aus dem griechischen entlehnt betrachtet. Denn in dieser sprache existirt dasselbe wort in derselben bedeutung: aber man muss wohl auch auf die heranziehung des griechischen verzichten, da der begriff des gewölbten sich nicht zu einem see oder sumpf schicken will. So wendet sich denn allerdings der gedanke zu den Phöniziern. Ein allgemeiner historischer grund wäre schon der, dass sich vom Cap Pachynos bis zur mündung des flusses Himeras eine andere phönizische ansiedlung nicht nachweisen lässt. Denn wenn dieses volk — nach Thukydides — die ganze küste der insel umsäumt hatte und besonders hafenplätze, vorgebirge und kleine vorliegende inseln auswählte, so müssen die ansiedlungen dicht gewesen sein. Auch ging hier an der südküste die grosse seestrasse nach Karthago und Tartessos, an welcher entlang kolonien erwünscht gewesen sein müssen. Sodann zeigen die grössten und wichtigsten münzen der stadt, die grossen silberthaler, ohne ausnahme das bild des Herakles; die daraus erhellende bedeutsame und von anfang an bestehende verehrung dieses gottes weist auf den Melkarth der Tyrier. Sprachlich liegt es nahe,

---

1) Liv. I, 38. Plin. NH. III, 68. Dion. Halic. AR. II, 50.

wegen des griechischen accentes Kamárīna an eine semitische
wurzel Kumâr zu denken. Es gab auch noch andere städte dieses
oder ähnlichen namens, so Kamara oder Lato [2]) und das später
Hierapytna genannte Kamiros [3]), beide auf der östlichen hälfte der
insel Kreta, und auf der insel Rhodos Kameiros unter dem berge
Atabyrion. Diese lagen alle in gegenden von unzweifelhaft phönizischer besiedelung. Auch die insel der Araber namens Kama-
renoi oder Kamari [4]) erweist sich von semitischer benennung. Movers [5]) führt noch ein anderes beispiel auf, die stadt Kamarina
in babylonischem lande. Dieser name wird sogar verdollmetscht
von Eupolemos bei Alexander Polyhistor [6]) als die „stadt der Chaldäer"; und es ist dies, wie Movers richtig hervorhebt, auf Kmarîm
zurückzuführen, welches im syrischen eine art ascetischer priester
bezeichnet. Damit ist aber noch nicht gesagt, dass das babylo-
nische und das sicilische Kamarina als stadt der priester gedeutet
werden muss; vielmehr ist der begriff des priesters erst aus der
grundbedeutung der wurzel abgeleitet und wurde von Eupolemos
wegen seiner verbreitung und gewöhnlichkeit zur erklärung des
stadtnamens verwendet, während uns nichts hindert, uns an die
wurzel selbst zu halten, da die priester zum sumpfe nicht passen.
Eupolemos fährt fort, dass die stadt auch Uria geheissen habe
und dass dort Abraham geboren sei, der später ins phönizische
land hinabzog. Bekanntlich weiss nun aber auch die bibel, dass
Tharan und Abraham zuerst in Ur im lande der Chaldäer gewohnt,
dann nach Haran gewandert seien und zuletzt Abraham ins land
Kanaan gesandt ward [7]). Wie nun Haran nach Carrhae, so wird
nach allgemeiner annahme Ur nach dem heutigen Orfa oder Urfa
versetzt, ein ort, wo Seleukos Nikator [8]) im spätern alterthum die
stadt Antiocheia Kalirrhoe oder Edessa gegründet hat, die später
vom kaiser Justin wieder aufgebaut Justinopolis hiess. Hieraus
ergiebt sich dass Kamarina, Uria, Ur, Edessa, Antiocheia Kallirrhoe

---

2) Xenion bei Steph. Byz. s. Καμάρα. Ptolem. III, 4.
3) Steph. Byz. s. Ἱεράπυτνα.
4) Hekataeus bei Steph. Byz. s. Καμαρηνοί. Plin. NH. VI, 151.
5) Phoen. II, 2, 330.
6) Müller fr. H. G. III, p. 211, nr. 3.
7) Gen. 11. 31.
8) Appian bell. Syr. 57. Cedren I, p. 292. ed. Bonn. Eusebius
unter Ol. 120. Synkellos p. 520. Malala p. 418.

Justinopolis und Orfa alle an einem orte gelegen haben und die
namen verschiedenen zeitperioden angehören. Aus dieser identificirung von Ur und Edessa erklärt sich auch die sage und tradition, dass Nimrod Edessa gegründet haben und Abraham in Orfa
geboren sein soll. In Edessa sprudelte eine so schöne und volle
quelle, oder gar ein see, wie Stephanus sagt, dass die stadt zur
unterscheidung von den andern Antiocheias den beinamen des
„schönen Borns" [9]) erhielt. Bei dieser quelle soll Abraham vor
Isaaks opferung gebetet haben. Auch einfluss Skirtos durchfloss sie,
heute Daisân genannt, aus 25 quellen entstehend, ein fluss von
reissendem laufe und häufigen ergiessungen und so gefährlich,
dass er öfter die stadt überschwemmte und man verschiedene an-
stalten machen musste um ihn abzuhalten [10]). Er hiess daher auch
Skirtos, „der hüpfende" und Daisân soll dasselbe bedeuten. Die
gewässer, quelle und fluss, waren also in Edessa von grosser bedeutung und beschäftigten die einbildung und die geschicklichkeit
der bewohner. Hatte nun Antiocheia von der quelle seinen beinamen, war auch Edessa nach Stephanus, in macedonischer sprache,
von der wucht der gewässer und nach Malala wegen der überschwemmungen so genannt, so möchte wohl auch der dritte name
Kamarina mit dem wasser in verbindung stehen. Auch im sicilischen Kamarina war der aus 20 quellen gebildete see Kamarina
und der denselben mit „brausender fluth" durchströmende fluss Hipparis von der grössten mythologischen, religiösen, geschichtlichen,
monumentalen und ökonomischen bedeutung. Da sind zwei etymo-
logien möglich. Erstlich heisst Chamâr (mit chet) aufgähren,
brausen, schäumen, anschwellen, nachher auch roth sein. Zweitens
ist Kamâr (mit kaph) von verschiedenen bedeutungen, welche auf den
grundbegriff „zusammenziehen" *act* oder *reflexiv* zurückgehen.
Daraus entwickelt sich a) trocknen, austrocknen; b) dunkel, traurig sein; c) von mitleid ergriffen werden; d) dunkel, schwarz sein.
Aus b entspringt der begriff jener traurig und in dunkeln ge-
wändern einhergehenden priester. Aus diesen bedeutungen lassen
sich für den namen Kamárina folgende mögliche erklärungen ableiten:

9) Steph. B. s. v. Ἀντιόχεια.
10) Cedren. I, 639. Malal. p. 418. Procop. de Aedific. II, 7, Histor. arcan. 18. Euagr. hist. eccl. IV, 8.

1) für Kamarina - Ur - Edessa die stadt des brausenden, rauschenden flusses oder die stadt des flusses mit dunkelfarbigem
wasser

2) für das sicilische Kamarina der sumpf des brausenden,
rauschenden flusses, oder der (bisweilen) austrocknende sumpf, oder
der dunkele, morastige sumpf.

Welche dieser drei deutungen hinsichtlich des sicilischen Kamarina wahrscheinlicher ist, entscheide ich nicht. Was die erste
anlangt, so spricht Nonnus direkt von dem brausenden strom des
Hipparis, andere alte schriftsteller dagegen von der lindigkeit des
flusses. Heut schleicht er träg einher. Hinsichtlich der zweiten
ist zu sagen, dass der see jetzt meist trocken liegt ausser in der
regenzeit. Da er drittens aber im alterthum übelriechend war und
krankheitsschwangere dünste ausströmte, mag er wohl morastigen
charakter gehabt haben.

Andere erklärungen sind Kamar = stein, welches ich nicht
zu begründen wüsste, und Kômer = mond (mit koppa), wobei
man an die mondgöttin Astarte denkt, welche jedoch sidonisch ist.

Aus diesen gründen ist es leicht möglich, dass schon die Phönizier sich in dieser gegend niedergelassen haben. Freilich ist
damit nicht gesagt, dass sie an der stelle des griechischen
Kamarina gewohnt. Denn dort ist das ufer hafenlos, während nicht viel weiter südlich am cap ein ganz leidlicher hafen
existirte. Natürlich entziehen sich solche verhältnisse unserer kritik und höchstens liesse sich, wenn man phönizische colonisirung
annehmen will, die wahrscheinlichkeit constatiren, dass sie am ufer
des sees und flusses stattgefunden habe, weil eben auch die Griechen diesen sonst durch nichts ausgezeichneten ort auswählten und
die meiner ansicht nach günstigere südliche hafenstelle verschmähten.
Selbstverständlich können spuren dieses volkes am orte nicht mehr
gesucht werden.

Es war 135 jahre nach der gründung von Syrakus, also
599 vor unserer zeitrechnung, dass die Syrakusaner sich auf-
machten, um an diesen ort eine kolonie zu führen [11]). Sie haben
von anfang an die ganze südöstliche halbinsel bis zum fluss Dirillo
als das ihnen durch die natur und geographische gestaltung zuge-

11) Thuk. 6, 5.

wiesene gebiet betrachtet, welches entweder wirklich ihr eigen-
thum werden oder unter ihre hegemonie fallen müsste. Sie sind
daher in der colonisirung planmässig vorgegangen. Mit der anlage von Akrae in Palazzolo, 70 jahre nach Syrakus, gewann
man die unmittelbar dem syrakusanischen landstrich benachbarte
nordöstliche seite besagter halbinsel; mit derjenigen von Kasmenae
unweit Rosolino, 90 jahre nach Syrakus, den südöstlichen theil
mit dem vorgebirge Pachynos. Dann übersprang man einen
schmalen streifen, vom Monte Lauro nach süden hingelagert bis
zum meere, den man den dort besonders in Hybla, Motyka und
Siculi in behaglicher wohlhabenheit wohnenden Sikelern überliess,
während man sie zugleich in pflicht und botmässigkeit nahm, so
dass sie also nicht, wie ihre nördlicheren stammesgenossen, in
gänzlicher autonomie blieben [12]). Endlich 135 jahre nach Syrakus
gründete man jenseits der Sikeler die letzte pflanzstadt Kamarina
auf der noch heute so heissenden stelle und rundete ihr gebiet bis
zum Dirillo ab, jenseits dessen inzwischen von den Rhodiern Gela
erbaut worden war. Man hatte, als diese in Syrakus vorsprachen,
mit ihnen verabredet, das land bis zu besagtem flusse freizulassen.
So ist also die lage der Kamarinaea in dem allgemeinen plan mit
befasst und zeigt uns, wie klar weitblickende staatsmänner in Syrakus die verhältnisse überschauten. Aber warum die stadt in
jener ungesunden, unwirthlichen gegend zu stehen kam, und nicht
lieber weiter südlich, dafür kann ich gründe nicht angeben —
wenn nicht eben den, dass dort schon eine anlage oder handels-
faktorei der Phönizier bestand. Als gründer der stadt verehrten
die späteren bewohner Menekolos und Daskon, welch letzterer name
identisch ist mit dem eines meerbusens im syrakusanischen hafen.
Dies ist interessanter als es auf den ersten blick erscheinen mag.
In Syrakus wohnten vor der ankunft der Korinther gleichfalls
Phönizier. Diese werden auch hier als die urheber vieler geographischer namen zu denken sein, so z. b. des sumpfes Tyraco od.
Syrako, vielleicht auch des flusses Anapos und des busens Daskon,
unweit des hafens stand wenigstens auch ein altes heiligthum
des Herakles - Melkarth. Es gehörte also möglicherweise Daskon
einer angesehenen, altangesessenen, vorgriechischen, phönizischen

12) Thuk. 3, 103.

familie an und man übertrug ihm die ausführung der kolonie, um
in ihm einen vermittler mit den Phöniziern in Kamarina zu haben.

Wie dem auch sei, so ist es sehr zu beklagen, dass wir über
das politische verhältniss der syrakusanischen pflanzstädte zur mutter nicht näher unterrichtet sind. Eine art von oberhoheit, besonders im auswärtigen, scheint sich die metropole in der that vorbehalten zu haben. Es heisst nachher, dass Kamarina von Syrakus
abgefallen sei [13]), und dieser ausdruck hat Mannert gradezu bestimmt, die tochter nicht als selbstständige republik, sondern als
abhängigen ort darzustellen. Es wäre lehrreich, die art des verhältnisses und die daraus hervorgehenden ursachen des abfalls näher
zu kennen. Die fehde entstand in der 57. olympiade, 46 jahre
nach der gründung, also im jahre 553 oder 552 [14]); beide theile
hatten auch bundesgenossen; die Syrakusaner ihre nachbarn in
Megara und ihre landsleute in Enna, die Kamarinaeer die Sikeler,
wahrscheinlich die von Hybla, und andere [15]). Unter diesen andern
sind vielleicht sogar Akrae und Kasmenae, die andern kolonien von
Syrakus, zu verstehen, so dass eine allgemeine erhebung der syrakusanischen unterthanenschaft unter der führung von Kamarina
stattgefunden hätte. Freilich scheinen die andern zu einer direkten
betheiligung nicht gelangt zu sein. Die aufständischen waren so
keck, den feind nicht in vertheidigungsstellung zu erwarten, sie
verliessen ihr land und trafen, nachdem sie den fluss Hyrminos
überschritten, auf die Syrakusaner. Sie müssen schrecklich geschlagen sein, denn ihre stadt wurde danach erobert und, weil sie
rädelsführerin gewesen war, zerstört. So vernichteten die siegreichen feinde ein aufblühendes stammesgleiches gemeinwesen, ihr
eigenes werk, wahrscheinlich, um das land selbst in besitz zu nehmen und von Syrakus aus zu bebauen und zu beherrschen. So
blieb es über 60 jahre. Freilich erkannten die Kamarinaeer, rü-
stige, vaterlandsliebende leute, diese auflösung ihres staates rechtlich nicht an und fuhren fort, sich mit diesem namen zu nennen.
In den listen der olympischen sieger stand bei Olymp. 63 Parme-
nides, welcher im stadium siegte, als Kamarinaeer angegeben, und
das war während dieser 60 jahre (Diod. 1, 68).

13) Thuk. 6, 5.
14) Skymuos von Chios 295. Schol. Pind. Ol. V, 16. 19.
15) Philistos fr. 8 bei Müller Fr. H. G.

Da erstand den manen der vernichteten stadt ein rächer im
herrscher von Gela, dem kühnen und furchtbaren Hippokrates [16]).
Nachdem dieser den ganzen nordosten Siciliens bis Zankle hinauf
in seinen besitz gebracht, wagte er zuletzt den angriff auf die
mächtigste stadt Syrakus. Mit schnelligkeit vordringend traf er
auf das eilig zusammengeraffte heer des feindes am flusse Heloros
nicht weit südlich von Syrakus, und erwarb durch einen glänzenden sieg seines generals Chromios [17]) und des reiterobersten Gelon
das gebiet von Kamarina als lösegeld für die zurückerstattung der
gefangenen. Er gründete Kamarina zum zweiten mal theils mit
Geloern, theils mit den abkömmlingen der alten in der fremde verdorbenen bürger. Dies geschah im jahre 492. Von nun an ist
der grundcharakter des kamarinäischen patrioten, die gesinnung, die
alles durchdringt: hass gegen Syrakus. Der neue herrscher Gelon, der nachfolger des Hippokrates, der von der vertriebenen
adelspartei in Syrakus um hülfe angerufen, diese zurückführte, somit die stadt selbst gewann und dorthin übersiedelte, hatte ihnen
erst in seinem bruder Hieron einen unterkönig gesetzt, dann aber
den berühmten faustkämpfer Glaukos von Karystos, fünf ellen weniger vier zoll hoch, aber sie wollten von Syrakus nichts wissen
und tödteten denselben [18]). Grund genug für Gelon, zugleich die
strafe zu diktiren und seine zwecke zu fördern; er scheute sich
nicht, Kamarina zum zweiten mal aufzuheben und die bewohner
sämmtlich nach Syrakus zu verpflanzen, eine massregel, die er auch
auf andere städte anwendete, um die hauptstadt gross und volk-
reich zu machen [19]). Von dieser zeit 484 an lag die stätte wiederum 23 jahre wüst. Da war eine neue zeit angebrochen. Die
tyrannen von Syrakus waren gestürzt, der letzte Deinomenide
Thrasybul vertrieben, und mit freude ging man daran, die werke
der tyrannen zu zerstören und was sie zerstört wiederherzustellen.
So wurden nach Katane die alte ionische bevölkerung, so nach
Kamarina die alte bürgerschaft, so viel noch übrig war, zusammen
mit Geloern und andern Sikelioten zurückgeführt, das land ganz

16) Thuk. 6, 5. Her. 7, 154. Philistos fr. 17.
17) Pind. Nem. IX, 40.
18) Bekker Anecd. Gr. I, 232. Schol. Aesch. adv. Ctesiph. 189.
19) Herod. 7, 156.

neu aufgetheilt und verlost [20]). Dies geschah im jahre 461 und
somit bricht die dritte periode von Kamarina an, freilich um nach
56 jahren wiederum durch eine zerstörung geschlossen zu werden.

In dieser dritten epoche wurde der stadt eine glänzende ehre
zu theil, nicht lange nach der neugründung. Sie besass in einem
ihrer bürger Psaumis, dem sohn des Akron, einen hochangesehenen,
durch reichthum und glück hervorragenden, durch weisen rath
und reinen sinn, durch patriotismus, durch gastfreundschaft und
ritterlichkeit ausgezeichneten mann, der auch auf seinen gütern die
zucht von rossen und maulthieren in grossartigem massstabe betrieb. Er rang in Ol. 82, also 452, bei den olympischen spielen
dreimal um den kranz, mit dem viergespann, mit dem einige
olympiaden hindurch gebräuchlichen maulthierwagen und mit dem
einzelnen rennpferde und gewann mit den maulthieren den sieg.
Zwei siegesgesänge, der eine pindarisch, der andere von einem
kamarinäischen lyriker (Pind. Ol. IV und V) [21]), der erste in
Olympia, der zweite in Kamarina aufgeführt, feiern den den dichtern offenbar höchst sympathischen sieg. Durch diese dichtungen
wurde der „neugegründete sitz“ am ufer des sees Kamarina, des
Oanis und Hipparis in der ganzen welt bekannt, für welchen der
erhabene sänger „männerruhmes herrlichkeit“ vom höchsten Zeus
erfleht.

Solche ereignisse nährten in Kamarina einen frischen auf-
strebenden sinn, ein frohes, selbstbewusstes dasein, das an den begebenheiten auf der insel den lebhaftesten antheil nahm. In den
zeiten des peloponnesischen krieges bildeten sich zwei parteien,
eine nationalsikeliotisch-dorische, an deren spitze Archias, vielleicht ein nachkomme des gründers von Syrakus [22]), stand und eine
particularistische, deren grundsatz im anschluss an die überlieferte
politik misstrauen und hass gegen Syrakus war. Diese letztere
war die stärkere. Die ganze griechische welt wurde damals durch
den feindlichen gegensatz des dorischen und ionischen stammes erschüttert, ein gegensatz, der auch in Sicilien sich der geister be-
mächtigte. Daher standen die sikeliotischen Dorer im bunde mit
Sparta, die Chalkidier mit Athen, ohne indessen fürs erste an den

20) Thuk. 6, 5. Diod. 11, 76. Schol. Pind. Ol. V, 16. 19.
21) E. v. Leutsch, Philol. I, p. 116 f. Schmidt Pindar p. 389.
22) Thuk. 4, 25, 7.

in Griechenland wüthenden kämpfen theilzunehmen. Aber auch in
Sicilien brach 427 der streit los, zuerst zwischen Syrakus und
Leontinoi, denen sich sofort die beiderseitigen dorischen und ionischen genossen anschlossen[23]). Da war nun in Kamarina die abneigung gegen Syrakus so gross, dass allen ideen, die die zeit-
geschichte bestimmten, zum trotz die particularisten den anschluss
an die chalkidischen Joner durchsetzten, auch den bund mit der
darauf erscheinenden attischen flotte, die bald als der gemeinsame
landesfeind erkannt wurde, nicht verschmähten, ja sogar vor dem
krieg mit der mutterstadt Gela nicht zurückschreckten, bloss weil
dieselbe mit Syrakus befreundet war. Obwohl nun 425 die Athener
das eingenommene Messene wieder verloren und mit der syrakusanischen macht auch die partei des Archias wuchs, behaupteten sie
gleichwohl mit hülfe attischer schiffe ihr übergewicht[24]). Jetzt
erfolgte allerdings ein momentaner umschlag, der blutsmörderische
krieg mit Gela war zu unnatürlich. Es wurde waffenstillstand
mit Gela gemacht[25]) und, als auf einem congresse daselbst die Sikelioten allgemeinen frieden abschlossen, um nur die Athener los
zu werden, sogar mit Syrakus eine art versöhnung angebahnt, obwohl dieses am meisten schwierigkeiten machte[26]). Sobald aber
ein paar jahre später, 422, der zwist wieder anging und die Athener wieder erschienen, missachteten die particularisten alle abma-
chungen und erneuerten das bündniss mit dem landesfeind[27]). In
den acht jahren bis zur ankunft der grossen athenischen expedition
415 scheint der bisherige energische leiter der kamarinäischen politik mit tode abgegangen zu sein, der, wenn auch eine unhaltbare
sache verfechtend, doch ohne abzuweichen seine ziele verfolgte.
Von da an wird ein schwanken sichtbar, welches genau nach den
kriegerischen erfolgen der einen oder andern partei sich richtete,
die beiden richtungen halten sich die wage. Als die Athener in
Rhegion angekommen, erhielten sie botschaft von Kamarina, welche
ein bündniss anbot und zugleich syrakusanische pläne verrieth; als
sie aber auf der rhede der stadt erschienen, war unterdessen die

23) Thuk. III, 86.
24) Thuk. IV, 25, 7.
25) Thuk. IV, 58.
26) Thuk. IV, 65 ist zu schreiben Καταναιοις statt Κα-
μαριναιοις.
27) Thuk. V, 4, 6.

32*

nationale partei ans ruder gekommen, welche sich auf gewisse vor
16 jahren mit Sparta abgemachte verträge berief, nach denen nicht
eine heeresmacht, sondern nur gesandte der Athener zugang zur
stadt haben dürfe, und verschloss die thore [28]). Als der zuerst so
mächtige schrecken auf der insel über die Athener sich gelegt,
weil sie den winter über nichts thaten, sondern nur unerhebliche
streifzüge machten, waren die andern wieder oben, welche nur
einigen freiwilligen, 20 reitern und 50 bogenschützen, gestatteten
nach Syrakus zu gehen [29]). Kurz darauf in demselben winter, als
sich beide theile um die gunst der Kamarinaeer bewarben, entschieden sie sich für abwartende neutralität, da sich noch nicht
absehen liess, wem der schliessliche sieg zufallen würde [30]). Erst
anderthalb jahre später, nachdem Gylippos angekommen und seine
entscheidenden erfolge erfochten hatte, brach die logik der thatsachen und die wucht nationaler begeisterung den widerstand und
nun strömten die heerhaufen nach Syrakus hinüber, 500 hopliten,
300 spiessschleuderer und 300 bogenschützen [31]), denen nachher
auf Gylippos persönliches drängen noch mehr nachfolgten [32]). Und
so rettete Gesammtsicilien seine unabhängigkeit.

Aber dieselbe kraft, welche den östlichen feind vernichtet hatte,
sollte nun auch gegen den westlichen barbaren zur anwendung
kommen. Hier war es keine schande, unter dem oberbefehl von
Syrakus zu fechten. Mit eifer betheiligten sich die Kamarinaeer
an dem zuge, der Akragas 406 von den Puniern entsetzen sollte [33]).
Nach der siegreichen schlacht am Himeras fehlte es nur am gleichzeitigen eingreifen der belagerten Akragantiner, um den feind
gänzlich zu verderben; da trat der strateg der Kamarinaeer, Menon,
ein feuriger mann, als ankläger gegen deren feldherrn auf und
erhitzte die masse zur sofortigen bestrafung [34]). Aber dieser ter-
rorismus führte zu nichts, Akragas ging verloren, ein jahr später
auch Gela und auch in die vielgeprüfte stadt zog das unglück zum
dritten mal ein. Nachdem Dionysios Gela aufgegeben, zwang er

28) Thuc. VI, 52 combinirt mit II, 7, 2.
29) Thuk. VI, 67 und 75.
30) Thuk. VI, 76 ff.
31) Thuk. VII, 33.
32) Thuk. VII, 46 und 50.
33) Diod. 13, 86.
34) Diod. 13, 87.

auch die Kamarinaeer, deren stadt er nicht vertheidigen zu können glaubte, mit ihm auszuwandern [35]). Im friedensschluss 401
mit den Karthagern wurde diesen nebst der ganzen südküste auch
Kamarina als mauerloser flecken überantwortet [36]). Ein rest der
einwohnerschaft blieb wohl noch, aber die meisten hatten in Leontinoi eine neue heimath erlangt [37]). Kamarina sank in dunkle
bedeutungslosigkeit zurück [38]). Es half wenig, dass derselbe Dionysios nach acht jahren die Karthager wieder verjagte, es mag
damals wohl ein theil der bewohner zurückgekehrt und es mögen die befestigungen wieder aufgerichtet worden sein, aber die
vorige blüthe war dahin und die betheiligung an den zügen des
Dionysios nach Motye [39]) und des Dion nach Syrakus [40]) hatte
wenig zu sagen.

Erst durch die vierte neugründung durch Timoleon im jahre
339 [41]) konnte sich wieder neue kraft entwickeln. Indessen sichtbare wirkungen einer solchen kamen nicht zum vorschein, sind
uns wenigstens nicht überliefert. Die zeit, wo die einzelnen städte
in vollkräftiger entwicklung gewachsen waren, war dahin, zu viel
unglück war geschehen, zu viel blüthen geknickt worden; es gab
nur noch zwei grossmächte, die Punier und das agathokleische
Syrakus, welche um den besitz der ganzen insel kämpften. Höchstens Akragas griff noch einmal ein; die kleinern städte führten
unter dem geräusch vorbeitobender kämpfe ein kümmerliches still-
leben, ein abgelebtes dasein. Wenn die Karthager siegten und in
der nähe waren, schickten die Kamarinaeer um ein bündniss zu
ihnen [42]), wenn die Akragantiner die städte zur freiheit aufriefen,
mussten sie sich von ihnen befreien lassen [43]), um nachher wieder
syrakusanisch zu werden. Als später die Mamertiner, rohe, tro-
tzige gesellen, ins land kamen, wurden sie rücksichtslos ausge-
plündert und verwüstet [44]). Dazwischen kam, aus der verpestenden

35) Diod. 13, 111.
36) Ders. 13, 114.
37) Ders. 13, 113.
38) Xen. Hellen. II, 3, 5. Diod. 14. 66.
39) Diod. 14, 47.
40) Diod. 16, 9. Plut. Dion. 27.
41) Diod. 16, 82.
42) Diod. 19, 110.
43) Diod. 20, 32.
44) Diod. 23, 2.

luft des nahen sumpfes geboren, die seuche nnd decimirte ihrerseits
die bewohnerschaft [45]). So ging es bis zum ersten kriege zwischen den
Römern und Karthagern. In den ersten jahren desselben fiel mit dem
grössten theil der insel auch Kamarina den Römern in die gewalt;
als aber nach der einnahme von Agrigent die Karthager ihren trefflichen feldherrn Hamilkar auf den kriegsschauplatz schickten, gelang es
diesem, eine menge städte den Römern wieder abwendig zu machen,
so auch Kamarina und zwar, wie erzählt wird, durch bestechung
und verrath [45a]). Da rückten denn die consuln des jahres 258 Ati-
lius und Sulpicius vor die stadt und begannen die belagerung, die
aber lange keinen fortgang hatte. Erst als gewaltige belagerungs-
maschinen, von Hieron aus Syrakus gesandt, ankamen, konnten die
mauern niedergeworfen und die stadt genommen werden. Die
strafe war furchtbar; was nicht gefallen war, wurde als sklaven
verkauft, und höchst wahrscheinlich die stadt von grund aus zerstört, um nicht wieder zu erstehen. So erlitt denn Kamarina auch
den letzten, definitiven todesstoss wiederum durch Syrakus. —
Kurz vor der belagerung ereignete sich eine geschichte, welche
die römischen schriftsteller mit der that des Leonidas vergleichen.
Auf dem marsch nach Kamarina war es, wie es scheint, dass das
römische heer in einer thalschlucht in dem „kamarinäischen wald-
gebirg" von dem feind umstellt wurde und dem verderben geweiht
schien. Da erbot sich ein tapferer kriegstribun, mit 300 oder
400 auserlesenen soldaten einen kühnen angriff auf einen von Karthagern besetzten, oder wegen seiner steilheit nicht besetzten
„berghöcker" zu machen, um die aufmerksamkeit auf sich zu ziehen und dadurch dem heer luft zu schaffen. Der plan gelang;
freilich wurde die schaar niedergehauen, aber die legionen waren
gerettet. Und das beste war, dass der wackere führer nicht le-
bensgefährlich verwundet wurde, sondern wieder genas. Der name
des braven wird verschieden angegeben, von Livius, Florus und
Zonaras als Calpurnius Flamma, von Cato als Q. Caecidius, von
Claudius Quadrigarius als Laberius. Aber schon Cato klagte, dass
Leonidas mit lobespreisungen und monumenten verherrlicht worden
sei, der römische kriegstribun aber geringen ruhmes geniesse. Der

---

45) Servius und Pomponius zu Verg. Aen. III, 700.
45a) Polyb. I, 24. Liv. epit. 17, Zonaras VIII, 12. Flor. I, 18.
Cato bei Gellius III, 7. Diod. 23, 14.

ruhm des tapfern soldaten soll ihm noch jetzt nicht fehlen, aber ebenso schmerzlich bewegt uns die that des durch ihn geretteten heeres, die vierte zerstörung Kamarina's.

Man baute Kamarina nicht wieder auf, diese ungesunde unglücksstätte schien schon von den göttern selbst aufgegeben zu sein. Es bestand aber in spätern zeiten ein ort in der nähe, weiter nach süden an der küste herum, an der stelle, die wir vorhin andeuteten, namens Kaukana, und es scheint fast, als ob dieser bald nach dem untergange Kamarina's angelegt wäre, mit der bestimmung, die reste der bewohner aufzunehmen, die funktionen der stadt fortzusetzen, gewissermassen ihre nachfolgerin zu werden. Diese lage war auch etwas günstiger, eine kleine ankerbucht gestattete mehr ein sicheres anlaufen der schiffe. Ich möchte die anlage des unbedeutenden fleckens in die zeit zwischen 255 und 249 setzen. 255 scheiterte die aus Afrika zurückkehrende römische flotte an den schroffen felsen und vorgebirgen der kamarinäischen küste bei einem furchtbaren südweststurme [46]). Vergebens hatten die steuerleute vor der fahrt an dieser der meeresbrandung ausgesetzten und schwer zu erreichenden küste gewarnt, aber die führer hatten es sich einmal in den kopf gesetzt, und so erfolgte die katastrophe, welche den Römern von 634 schiffen nur 80 liess, oder gar nach Diodors bericht (nach Philinus) alle 640 schiffe kostete. Bis zum cap Pachynon an der ganzen küste trieben die schiffstrümmer an. Hier ist in den berichten von einer stadt an der küste nirgends die rede. Anders im jahre 249. Die Römer belagerten Lilybaion und der römische consul Iunius Pullus sollte ihnen von Syrakus proviant und maschinen in 800 schiffen unter dem schutze von 120 kriegsschiffen zuführen [47]). Zuerst schickte er die hälfte mit einigen kriegsschiffen voraus, welche aber durch eine punische flotte unter Karthalon nach Phintias gejagt wurden, wo sie sich nur mit verlust vertheidigten. Dann kam der consul selbst mit der andern abtheilung angesegelt, ohne etwas von dem vorgefallenen zu wissen. Als er es in der nähe von Phintias erfuhr, sah er auch bereits die feindliche flotte auf sich loskommen, kehrte daher wieder um, um in Syrakus schutz

46) Polyb. I, 37. Diod. 23, 31.
47) Polyb. I, 54. Diod. 24, 1.

zu finden, besann sich aber und fuhr der küste zu, um zu ankern,
obgleich dieselbe felsig, gefährlich und umfluthet war. Der Karthager legte sich an einem vorgebirge zwischen die beiden römischen abtheilungen. Da nahten die vorboten eines sturmes aus
südwesten; schnell machte er sich auf, von kundigen seeleuten bedient, und gelangte noch eben um cap Pachynon herum in den
einst von Phoeniciern angelegten hafen Phoenikunt, die beiden römischen flotten aber wurden vom sturme dermassen zugerichtet,
dass alle transportschiffe umkamen und von den kriegsschiffen nur
zwei übrig blieben. Ich bin nun der ansicht, dass der consul nach
einem bewohnten ort geflohen ist mit wenigstens einer art von
ankerplatz, grade wie die erste abtheilung nach Phintias. Denn
nur da konnte eine solche flotte ihre unzweifelhaften bedürfnisse
befriedigen. Wer möchte überhaupt, besonders in gefahr, an die
nackte felsenküste, fliehen? Es scheint selbstverständlich, dass der
nothhafen mit einer stadt oder einem dorf verbunden war. Es lag
also ein ort in jener gegend, und da kann man nur auf Kaukana
am cap Scalambri schliessen. Das vorgebirge aber ist zwischen
Phintias und Kaukana anzunehmen, nämlich Bukra, heut Braccetto.
Der hafen von Kaukana war so schlecht nicht, wenigstens nicht
schlechter als der von Phintias, aber so wenig wie dieser derartigen aussergewöhnlich kolossalen stürmen gewachsen, wie der in
rede stehende einer war. So ausnehmend dumm handelte also der
consul gar nicht, wenigstens nicht unsinniger als die quästoren in
Phintias.

Ich nehme also an, dass Kamarina leer geblieben und dass
Kankana als nachfolgerin von Kamarina am cap Scalambri zwischen 255 und 249 entstanden ist. Das sind die spuren von Kamarina, welche in der zeit Strabons existirten[48]). Freilich auch
noch an einer andern stelle gedenkt dieser schriftsteller Kamarina's,
nämlich da wo er aus dem anonymen chorographen, dessen werk
er benutzte, die millienzahl der entfernungen zwischen den küsten-
punkten angiebt[49]). Aber wer war dieser chorograph und welche
gewähr bietet er? Er konnte ja ebenso gut die stelle meinen,
wo die stadt gestanden hatte. Seine zahlen wenigstens sind gründ-

48) Strab. 272.
49) Strab. 266. Ukert, Geogr. d. Gr. und R. I, 200.

lich falsch. Beispielsweise von der hafenstadt von Akragas bis Kamarina 20 millien, von da bis Pachynos 50. Auch Plinius' und Ptolemaeus' erwähnung unserer stadt beweisen nichts gegen unsere aufstellung; Ptolemaeus setzt sie sogar ins binnenland. Sonst kommt Kamarina nicht vor und woher Amari [50]) wissen will, dass die Römer die stadt wieder zu bevölkern suchten, sehe ich nicht. Wohl aber ist die existenz von Kaukana schon für die plinianische zeit beglaubigt durch den bericht über den see Cocanicus [51]), eine mit dem meer in verbindung stehende saline unfern der stadt. Später führt es Ptolemaeus bei der küstenperiegese auf. Es war ein hafen, von wo hauptsächlich der verkehr mit Malta ausging, wie auch Belisar und später könig Roger 1146 [52]) dort ihre flotte sich sammeln liessen, als sie nach Malta gehen wollten. Auch Plinius giebt als den punkt Siciliens, von wo er die entfernung nach Malta rechnet, Kamarina an. Er meinte damit vielleicht gradezu Kaukana. Diese stadt ging unter, als der arabische sturm über die insel hinüberbrauste, im jahre 853, nach der eroberung von Hybla-Ragusa und vor der belagerung von Butera. Der name ist freilich undeutlich im manuscript der chronik des Bajân und Amari [53]) macht daraus Camerina, weil er deutlich wenigstens die buchstaben *s h rina*, oder *sci m rina*, oder *s m rina* lesen zu können glaubt. Das sieht allerdings mehr nach Camerina aus, als nach Kaukana, könnte aber auch vielleicht Râs Carâni bedeuten. Sollte es aber dennoch Camerina heissen, so glaube ich viel eher, dass die einwohner von Kaukana bei der annäherung des saracenischen heeres nach den ruinen von Kamarina flohen, um sich dort hinter dem sumpfe zu vertheidigen, was doch etwas mehr aussicht auf erfolg bot als Kankana selbst, als dass ein nennenswerther rest von Kamarina sich bis in diese zeiten erhalten hätte. Mühe machte es den Arabern nicht, sich dieser orte zu bemächtigen. Auch das in der küstenperiegese des Scherif Edrisi in dieser gegend vorkommenden cap Carâni ist nicht Camerina, wie Amari glaubt, sondern entspricht sachlich Kaukana, sprachlich dem aus Râs Carâni depravirten Scaramis oder Scalambri. Die gegend von Kamarina

50) Storia dei Musulmanni I, p. 324.
51) Plin. 31, 73 und 80.
52) Procop. Rer. Vandal. I, 14 Murray p. 368.
53) Am. I, 324.

wird daselbst vielmehr das vorgebirge Râs El Hamâm genannt,
zum zeichen, dass eine stadt hier nicht bestand. Da nun auch
Kaukana untergegangen war, so lag in dieser gegend weit und
breit kein ort, obwohl dieselbe, besonders die ebenen theile sehr
fruchtbar sind. Zuerst erstand später, von den Saracenen erbaut,
Cómiso, welches aber lange zeit allein blieb. Im 15 jahrhundert
kam Biscari hinzu, dann 1490 S. Croce, endlich 1596 Vittoria,
von Alfonso Enriquez, graf von Modica, erbaut und zu ehren seiner
mutter Vittoria Colonna genannt. Auch jetzt wird Kamarina wenigstens einmal alljährlich bevölkert von den landleuten, welche
zum feste der Madonna am 15. august hier zusammenströmen, denn
auf einem punkte in der stadt ist eine kleine kirche der heiligen
erbaut.

2. Die münzen.

Meine abhandlung über die münzen kann nicht ganz vollständig sein, da ich einen überblick über alle hauptsammlungen und
kataloge nicht erlangen konnte. So fehlt mir z. b. die kenntniss
der Gothaner und der Imhoofschen sammlungen. Auch ist es ein
leidwesen, dass in so vielen katalogen die gewichte vollständig
oder zum theil fehlen, so bei Mionnet vielfach und bei andern.
So ist es unmöglich, die einzelnen stücken des kleinsilbers zu
scheiden. Das studium der verschiedenen währungen der kupferprägung liegt noch ganz im argen, das einzige darüber hat Brandis. Besonders dürftig ist der neapolitanische catalog Fiorelli's,
gewichte sind nie angegeben; die grösse, da doch die nationen
selbstständig sein müssen, diesmal durch millimeter, was man aber
auch erst errathen muss. Meine quellen sind Leake, Combe, Mionnet, Salinas in der Revue numismatique 1864, Salinas mit der
tafel 20 seines grossen münzwerkes, Imhoof in den Berliner blättern bd. 5, Fiorelli, die Berliner sammlung, die dort befindlichen
Pariser pasten, Brandis, auch Sallets Künstlerinschriften. Aus der
zusammenstellung dieser münzen ergeben sich allerdings die gesetze
unzweifelhaft und ich bin überzeugt, dass andere exemplare dieselben nur bestätigen können.

Goldmünzen giebt es nicht. Von den silberstücken sind zuerst
geprägt didrachmen und kleinsilber, dann aber auch bald tetradrachmen, welche sehr zahlreich vorhanden sind, später, nach 400

beginnt die kupfermünzung. Da nicht anzunehmen ist, dass schon
in der zweiten periode der stadt 492—484 gemünzt worden ist,
so hat in Kamarina die prägung von münzstücken erst mit 461
begonnen und alle vorhandenen exemplare liegen zwischen 461
und 258. Aber die zeit von 405 bis 339 war bedeutungslos und
es wird da nicht viel geprägt sein [54]).

Gemeinsam ist sämmtlichen stücken aller perioden, aber auch
nur den tetradrachmen, dass sie auf dem as. den kopf des Herakles mit löwenhaut, auf dem rs. die quadriga mit Nike haben.
Tetradrachmen (39 stück) sind von ungefähr 450 an geprägt worden, und zwar in grosser anzahl. Es lassen sich
dann aber sicher drei perioden unterscheiden, die durch die typen,
den stil, die ausfüllung des raumes und die schrift angezeigt werden. Die erste periode (20 stücke) hat auf dem as. den Herakles
bärtig und keine weitere darstellung im felde; auf rs. ausser der
quadriga und Nike entweder weiter nichts oder im untern abschnitte den schwan. Die schrift ist immer Kamarinaion, mit omikron, mit P oder Ρ, theils rechts-, theils rückläufig, fast immer
auf as. Ausnahme ist Be 2, wo nur Kamarina steht. Ohne
schwan sind Le 1, Mi S. 123, Sal. 7. 8. 9. 10, Ne. 7508. Die
schrift ist auf dem rs. nur bei Sal. 7; auf as. und rs. bei Sal.
8. 9. Mi. S. 123, auf rs. bei Mi. S. 123 aber nur Kamarina.
Mit schwan sind Le 14. Mi. 121. 122. Sal. 1. 2. 3. 4. 6. Be. 1.
2. Paris Ne 7507: nur einmal Sal. 5 statt des schwanes eine liegende ionische säule. Die schrift ist überall auf dem as. Das al-
terthümlichste aussehen hat sie auf einer pariser paste. Die zweite
periode (14 stücke) hat auf dem as. Herakles bartlos, die löwenhaut meist unter dem halse zugebunden und oft ein emblem im
felde, auf dem rs. ausser der quadriga und Nike unten im abschnitt meist je zwei oder je drei weinamphoren, oder auch einen
fisch, ein gerstenkorn. Die schrift ist entweder auf as. oder auf
rs., stets Kamarinaion mit omikron und P, rechts- oder rückläufig,
stets nur einmal auf dem stück; manchmal, wo der platz nicht
reichte, nur Kamarina. Einmal allerdings kommt noch ein bärtiger

---

54) Ich kürze so ab: Leake = Le., Combe = Co., Mionnet bd. I
= Mi., Mionnet supplementband I = Mi. S., Salinas in der Revue
= Sal. Rev., Salinas in seinem eigenen werk = Sal., Imhoof = Imh.,
Fiorelli im neapolitanischen katalog = Ne., Berliner sammlung = Be.

Herakles vor Sal. 15, aber unzweifelhaft jüngeren stiles, auch hinsichtlich der übrigen merkmale gehört dieses stück in die zweite periode. Es haben nun auf dem as. noch ein emblem im felde Sal. 11. 12. 13. 14. 15. 18 (14 und 18 mit einem leichten backenbart), Mi. S. 121, Ne. 7509, nämlich Sal. 11. 12. 13. 14. Mi. S. 121 und Ne. 7509 einen bogen, Sal. 15 einen lorbeerzweig mit beere, Sal. 18 ein olivenblatt mit beere. Kein emblem haben Mi. S. 124. 125. S. 126. S. 128. Le. 15. Sal. 16. Die rs. haben fast alle krüge, nämlich je 2: Sal. 13. 14. 15, Mi. S. 121. S. 124. S. 125. Le. 15. Sal. 16; Ne. 7509 je 3: Sal. 11. 12. Mi. S. 128; sonst: einen fisch Sal. 18, ein gerstenkorn Mi. S. 126. Die schrift ist Kamarinaion auf as. Sal. 18, Mi. S. 125. S. 126. Le. 15. Sal. 16; Kamarinaion auf rs. Sal. 11. 12. 13. Mi. S. 128, Kamarina auf rs. Sal. 14. 15. Mi. S. 121. S. 124, Ne. 7509. Auf zwei stücken dieser periode findet sich auf einem schmalen streifen unter der quadriga des rs. der künstlername Exakestidas Sal. 16. Le 15. Da die münzen mit künstlernamen nach Sallet der zeit des übergangsstiles, des sogenannten grossen stiles oder der unmittelbar folgenden epoche der höchsten vollendung der kunst angehören, so ergiebt sich als die zeit der zweiten periode das letzte jahrzehnt vor der eroberung durch die Karthager, also zwischen 420 und 405, und somit als die der ersten periode die zeit zwischen 450—420. Die dritte (5 stücke) periode kennzeichnet sich durch das omega in der schrift Kamarinaion, welche rechtsläufig auf dem as. geht. Die münzen haben auf dem as. Herakles bartlos und mit emblemen im felde, nämlich Sal. 17 und Le. 2 mit olivenblatt und beere, Ne. 7510 und 11 mit lorbeerblatt, auf dem rs. alle vier ausser quadriga und Nike im unteren abschnitt ein gerstenkorn. In direktem gegensatz zu allen diesen dingen steht Mi. S. 127 nach Hunter. Die schrift ist auf dem rs. rückläufig; auf dem as. fehlt das blatt, auf dem rs. die Nike, statt des gerstenkorns erscheinen drei amphoren.

Die bedeutung der typen ist klar. Der cultus des Herakles ist wichtig und alterthümlich, und wie gesagt, wahrscheinlich eine fortsetzung des Melkarthdienstes. Die quadriga schliesst sich wohl an den maulthiersieg des Psaumis an, ist aber im allgemeinen nur eine nachahmung grossgriechischer sitte. Das olivenblatt erweist die pflege des edlen fruchtbaumes, die amphoren den weinbau, das

gerstenkorn die getreidecultur der fruchtbaren gegend, der lorbeer
die häufigkeit des apollinischen baumes. Interessant ist, dass vor
405 mehr der weinbau, nachher mehr der weizenbau gepflegt worden zu sein scheint. Der schwan stellt den see Kamarina, der
fisch den fluss Hipparis vor.

Man könnte noch über die darstellungen des viergespannes
und besonders über die des wagenlenkers und der Nike untersuchungen anstellen; doch sind die meisten angaben nicht so genau,
dass sich gesetze erkennen liessen oder gewohnheiten, die mit den
einzelnen perioden coincidirten. Die bilder sind recht verschieden.
Die Nike bekränzt nicht immer, sondern fliegt nur oben mit dem
kranz, oder bietet ihn an. Manchmal hat sie gar keinen kranz,
sondern nur eine tänie Sal. 1. 2. 3. 4. Ne. 7507, einmal bekränzt
sie die pferde Sal. 13. Auf demselben stück ist der wagenlenker
eine bekleidete frau. Sonst ist der lenker eine „figur", oder bekleidet und mit phrygischer mütze Sal. 5, oder mit helm und ge-
wand Sal. 1. 2. 3. 4, Ne. 7508—11, Sal. 11. 12. 14. 15. 16.
17. 18. Mi. S. 124. 125. 126, oder mit helm und panzer Sal. 6.
7. 8. 9. 10, er führt entweder einen langen stab, oder keinen.
Fürs erste lässt sich das nur als ein anmuthiges spielen in varia-
tionen auffassen. Die pferde sind überall von schnaubendem feuer
und schnellem laufe. Die gewichte, so weit ich sie besitze,
schwanken zwischen 17,07 Mi. 122 und 15,46 Le. 1 (normal
17,45).

Mit didrachmen (15 stücke) hat man zuerst angefangen
zu prägen, aber hat sie auch neben den tetradrachmen geschlagen,
jedoch im ganzen viel seltener, bis man allmählich ganz damit aufhörte. Als älteste serie (3 stücke) muss wohl die gelten, welche auf
dem as. den helm auf rundem gewölbten schild, auf dem rs. einen
palmzweig mit frucht und drei blättern zwischen zwei stehenden
beinschienen hat, mit der schrift auf dem rs. Kamari . Le. 5.
Mi. S. 120. Auf einem exemplar des herzogs von Luynes steht
nämlich noch das alte R. Auf einem exemplar, das ich in Scicli
sah, steht der volle name Kamarinaion. Die zweite (9 stücke) in
ihren anfängen kaum jüngere, viel häufiger vertretene serie hat
das gemeinsam, dass auf allen stücken der jüngling Hipparis auf
dem as., von der seite oder von vorn, dagegen auf dem rs. eine
auf einem schwane sitzende frau, den rechten arm um den hals

des vogels gelegt, mit der linken hand den schleier oder das ge-
wand hochhaltend erscheint, meist mit der beischrift Kamarina,
aber auch Kamarinaion. Hier lassen sich zwei chronologische ab-
stufungen wahrnehmen. Die ältere hat auf dem as. den kopf des
jünglings im profil, mit langem gelockten haar, mit einem horn,
zwischen zwei fischen, mit rückläufiger alter schrift Ipparis.
Der rs. hat die frau auf dem schwan mit wogen, beischrift Kamarina, auf den berliner Kamarinaion, rückwärts oder vorwärts,
und zwei oder drei fische. Dahin gehören Le. 3, Be. 3 und Mi.
119, obwohl dieses letztere als von der grösse 8 angegeben ist.
Die jüngere hat nicht mehr die schrift Ipparis, sondern entweder
den kopf mit horn (und diadem) nach der seite mit beischrift Kamarinaion Mi. S. 130. Sal. Revue 6, auf welcher letzteren an
einem täfelchen unter dem halse der künstlername Exake[stidas]
erscheint, oder das gesicht des jünglings von vorn, nun mit zwei
hörnern, von zwei fischen rechts und links, theilweise von wogen
umgeben, ohne beischrift. Mi. 120, S. 135, Le. 4. Sal. Rev. 7
(denn auch Mi. 120 muss trotz der grösse 8 ein didrachmon sein
— obgleich ich über die existenz von fischen zweifelhaft bin; und
der Faunus Mi. S. 135 muss als jüngling corrigirt werden). Bei
Le. 4 steht noch am halse der künstlername Eum[enos] und so
muss auch wahrscheinlich auf derselben münze Sal. Rev. 7 gelesen
werden, nicht Eues. (Sallet 20). Der rs. hat überall die frau auf
dem schwan, 3 mal Mi. S. 130 Sal. Rev. 6 Mi. 120 ohne fische,
drei mal mit zwei fischen. Die beischrift Kamarina fehlt nur einmal Sal. Rev. 6. Mi. S. 122 ist entweder falsch, oder gehört
Katane an, Mi. S. 129 ist falsch, beide sind aus Torremuzza.

Noch zwei vereinzelte sind zu erwähnen Mi. S. 133 und S.
134., beide aus Torremuzza, welche aber gleichfalls, mit Imhoof 1
verglichen, verdacht erregen. Beide haben einen frauenkopf von
vorn, die eine mit diadem, gelockten haaren und halskette, die andere ohne diesen schmuck, aber dafür von zwei fischen umgeben.
Auf dem rs. erscheint eine fliegende Nike, mit einem band in der
rechten, und caduceus in der linken; beischrift Kam und Kamari.

Auf die erklärung der ersten serie verzichte ich. Dagegen
ist der flussgott Hipparis mit seinen kleinen hörnern, fischen und
wellen sehr schön und interessant. Was die frau auf dem schwan
bedeutet, ist durch die beischrift gesagt, nicht Leda noch Nemesis,

sondern die nymphe Kamarina, die liedergefeierte tochter des Okeanos, welche auf dem seevogel, dem schwan, auf ihrem see herumfährt und von den fischen begrüsst wird. Die fische springen vor freude aus dem wasser. Sind die beiden Torremuzzaschen stücke bei Mionnet echt, so bedeutet auch hier, wie sich aus der beischrift auf den drachmen ergiebt, der weibliche kopf die nymphe Kamarina, welcher die Nike die errungenen olympischen siege zu verkünden eilt.

Das gewicht der ältern didrachmen ist recht schwer Le. 3: 8,51 Le. 5: 8,36 (normal 8,62); die jüngeren sind leichter Le. 4: 7,91.

Drachmen hat es in Kamarina gegeben. Le. 16 hat mit dem gewicht 3,97 einen Apollokopf von vorn auf as., auf rs. Kam, Nike auffliegend mit kranz und palmzweig. Daher mögen auch Mi. S. 131 und 132 grösse 4 echt sein; beide mit frauenkopf auf as, der eine mit krobylos, halsband und zwei fischen, nach der beischrift Kamarina die nymphe vorstellend. Auch die rse. widersprechen nicht: 131 schwan auf wogen, unten fisch, 132 Nike schreitend mit schild, unten lorbeerzweig. Dagegen ist an der echtheit von Mi. S. 136 aus Torremuzza stark zu zweifeln; weniger wegen des frauenkopfes auf dem as, als wegen des fliegenden Pegasus auf dem rs.; der rs. soll die inschrift Kamarinaion mit omega haben. Auch bei Eckhel steht diese münze, die frau als Demeter.

Von kleinsilber (34 stück) giebt es auch recht alte exemplare. Es erscheint auf ihnen nur ein durchgehender typus, das ist auf dem as. Pallas Athene in ganzer figur stehend, im helm, die rechte hand auf dem aufrechtstehenden speer, zu ihren füssen den schild, mit der aegis bekleidet. Daneben steht die beischrift Kamarinaion, theils älter mit altem rho und ny (R N), theils jünger, stets mit omikron. Der rs. hat die schwebende Nike, unten den schwan, das ganze von einem lorbeerkranz umgeben. Zu denen mit älterer schrift gehören Le. 6 und 7 (3 exemplare) Be 4 und 5 (6 exemplare), nur einmal fehlt der schild. Die jüngere schrift erscheint auf Mi. 112—114, Ne. 7512—23, Co. 2. Die Leakeschen stücke und Mi. 113 sind litren, die andern Mi. und Co. 2 obolen. Kleinere stücke hatten für die ganze darstellung keinen raum; sie beschränken sich auf as. auf den kopf der Pallas und lassen auf dem rs. den lorbeerkranz fort, wie Ne 7525 oder auch noch die Nike, sodass nur der schwan übrig bleibt. Ne. 7526 und Be. 6.

Ausser dieser zahlreichen serie existiren noch vier gut beglaubigte münzen, nicht mit den vorigen stimmend, auch nicht unter sich gleichartig, übrigens mit kamarinäischen typen. Erstlich hat Ne. 7524 zwar die stehende Pallas Athene mit helm, lanze und schild, und von der beischrift ar, aber auf dem rs. ein pferd, das sonst nur auf den bronzestücken erscheint. Dann steht bei Le. 17 ein obol und in der Luynesschen sammlung eine litre, beide mit einem frauenkopf, die litra mit beischrift Kamarina, der obol ohne; auf dem rs. erscheint beide male der schwan auf wogen, unten ein fisch. Endlich ist noch die litre bei Imhoof 1, sehr ähnlich den beiden oben angezweifelten didrachmen: as. Kama frauenkopf mit diadem, sternennetz und halskette, rs. schwebende Nike mit doppelschleife und caduceus. Mi. 502—505 gehören nicht hieher.

Interessant ist die erscheinung der Pallas Athene. Es ist die aus Rhodos hergekommene lindische Athene, welche, in Gela nicht nachweisbar, in Akragas wieder auftaucht und in Kamarina nach Pseudo-Pindar die stadthütende, eine polias war, also wohl den hauptcultus auf der akropolis hatte. Die andern typen sind klar; der frauenkopf ist wieder der der nymphe, deren fische aus mangel an raum fehlen.

Die gewichte sind nur von wenigen bekannt. Ich habe litra (normal 0,87) genannt, was zwischen 0,80 und 0,70, obol (normal 0,73), was zwischen 0,70 und 0,60 liegt. Die Imhoofsche litra wiegt 0,82.

Die kupferprägung stammt nach Brandis p. 276 erst aus der zeit nach 400. Es lassen sich vier perioden hinter einander erkennen. Die erste (24 stücke) hat das symbol der Athene, das Gorgohaupt, mit bläkender zunge, oder ohne dieselbe, stets ohne schrift, auf dem rs. ist das werthzeichen durch kugeln ausgedrückt. Hierzu gehören hemilitren Le. 8, Imhoof 2, Mi. S. 144—148, 5 stücke in Be., Ne. 7528, trianten Mi. S. 143, Be 9, tetranten Ne. 7527, hexanten Be. und Paris, Ungkien in Paris. Interessant ist die preissteigerung des kupfers. Nach Brandis gehören alle berliner hemilitren in seine zweite periode, d. h. in die zeit der durch Dionysios vorgenommenen reduktion, und seine gewichtsangaben lassen sich durch die Imhoofschen ergänzen. Danach fällt das gewicht der hemilitren in einer periode folgendermassen: 29 (I), 23 (I. B.), 22,30 (B.), 21,45 (Le.), 20 (I.), 16,90 (B.), 15,50 (I.), 13 (B). 9,70 (I). Die letzte konnte schon auf der schwelle von Brandis' dritter periode stehen. Der berliner trias wiegt 10,20, der hexas 7,40.

Unsere zweite periode (25 stück) hat denselben as, wie die erste, aber auf dem rs. die eule mit der eidechse in den klauen, der legende Kama und den kugeln. Die meisten sind trianten Le. 11, 12, Mi. 131, Mi. S. 138, S. 140, Be. 10, Ne. 7529—36; 38—40, Co. 4. 5. (Mi. S. 140 hat noch ein gerstenkorn auf dem rs.), doch kommen auch vor tetranten Ne. 7537, hexanten Mi. 130, Be. 11; Ungkien Mi. 132, Be. 12, Brandis hat das gewicht des berliner trianten zu 3,45. Da dieses eine nochmalige reduktion beweist und somit die dritte periode von Brandis anzeigt, welche nach Pollux zu Aristoteles zeit bereits geltung hatte und daher für Kamarina auf Timoleon zurückzuführen ist, so gewinnen wir für den scheidepunkt der ersten und zweiten periode das jahr 339. Ueber eule und eidechse ist viel phantasirt worden; es ist weiter nichts, als dass der vogel der Athene voll von leben und froher kraft dargestellt wird. Mi. S. 142 aus Torrnmuzza ist falsch; Mi. S. 137 gehört Motye an.

Unsere dritte periode (8 stück) hat auf dem as. den behelmten Pallaskopf ohne schrift, aber den rs. ebenso, wie die vorige periode. Es sind dies meist trianten Le. 10, Mi. 127, 128, S. 139, Be. 13, Ne. 7542, wo auf as. die beischrift Ka, aber auch Ungkien Imh. 3, ganz ohne kugeln Co. 3, wo die schrift rückwärts läuft. Die gewichte des berliner trias 3,60 und der Imhoofschen ungkie 1,12 zeigen die reduktion des Timoleon.

Die vierte periode hat neben dem behelmten Pallaskopf noch die schrift Kamarinaion mit omega, auf dem rs. ein lediges, ungezäumtes pferd, ohne kugeln. Ein paar mal ist unter dem pferd im abschnitt noch ein gerstenkorn Le. 9, Ne. 7541, sonst fehlt dasselbe Mi. 123, 126, Be. 14, Paris.

Von den vier vereinzelten stammen Mi. 124. 125. 129 aus Paruta, Mi. S. 141 aus Torremuzza, und alle sind wohl unecht.

3. Die topographie.

Die topographische beschreibung der stadt und landschaft Kamarina beginnt am schicklichsten mit dem flusse **Hipparis** welcher den fuss des stadtberges von norden her bespülte. Dieses kleine flüsschen entspringt aus drei quellen. Die eine liegt im nordosten von Vittoria mitten in der ebene, ungefähr eine meile entfernt, in einer gegend Bosco Rotondo; die zweite eine meile nördlich von Comiso am fuss der grossen berglinie Chiaramonte-Comiso; die dritte entspringt auf dem markte von Comiso, welche stadt fast ganz oben auf dem gebirge liegt, ein helles reichliches wasser, welches sich alsbald mit dem zweiten arm vereinigt. Die beiden ersten fliessen zwischen Comiso und Vittoria zusammen und nun nimmt der Hipparis eine südwestliche richtung bis zu seinem ausfluss. Er fliesst malerisch in einer breiten schlucht zwischen sehr hohen abhängen, trennt sich oft in kleine adern, ist bekränzt und bewachsen von schilfrohr, so wie die ganze schlucht und die ränder von buschwerk bestanden sind. Rings umher blüht die üppigste vegetation, auch orangen- und citronenbäume sind in grosser anzahl vorhanden. Dieser schluchtcharakter beginnt etwas oberhalb Vittoria, wo der fluss auf einer strecke geringer ausdehnung hintereinander fünf mühlen treibt. Gleich unterhalb dieser stadt aber ist sein bett nur 70 meter über dem meere, während das übrige terrain noch eine höhe von 160 meter hat; und diese 70 meter fällt er nun in einer länge von etwa zwei meilen, oder besser gesagt 50 meter in der ersten meile, 20 in der zweiten. Diesem unscheinbaren fluss widerfuhr die ehre von einem Pindar gleichgeachteten dichter besungen zu werden [55]). Der dichter preist die heiligen wasserrinnen ($\mathring{o}\chi\varepsilon\tau o\acute{\iota}$) des Hipparis, mit welchen das heer der stadtbewohner benetzt und getränkt werde. Man könnte, wenn man wollte, hier ernstlich an wasserleitungen denken, die mit leichter mühe aus dem flussbett in die stadt zu führen waren, wie sich Syrakus, Akragas, Gela durch solche werke auszeichneten. Sie wären in den zehn jahren zwischen der dritten gründung und dem sieg des Psaumis recht wohl herzustellen gewesen. Vibius Sequester hat Pindars worte auch so verstanden. Ich halte gleichwohl an der allgemeineren erklärung fest, dass der fluss bei der stadt vorbeifloss. Der fluss fügte nach den worten des textes auch schnell einen hochgliedrigen wald fester. gebäude zusammen, indem er dadurch das volk

55) Pind. Ol. V, 12—14.

von der mittellosigkeit zum licht führte. Die alten deuteten diese
worte sehr künstlich [56]). Nach Didymos führte der fluss grosse
holzflösse, die man in den waldgebirgen seiner quelle schnitt und
fügte, auf seinen fluthen herab; nach Aristarch setzte er ziegel-
schlamm ab, und mit diesen materialien bauten die Kamariuäer ihre
häuser. Aber der fluss entspringt nicht in waldgebirgen, sein was-
serfluss ist zu gering, holz wurde zum häuserbau wenig verwendet, ebenso wenig gebrannter thon. Nach Holm soll der durch
den handel gewonnene reichthum gemeint sein und andere fügen
hinzu, der fluss sei für seeschiffe schiffbar gewesen. Aber von
handelsthätigkeit der Kamariuäer ist nirgends die rede; es konnte
eine solche nicht sich in zehn jahren entwickeln und überhaupt bei
den haufigen zerstörungen nicht gedeihen; barken oder gar schiffe
sind nie auf diesem wässerchen geschwommen; noch Fazell sah die
hafenbauten am ufer. Der sinn ist wieder allgemein: der fluss
baut ihnen häuser, schöne, hohe, feste häuser, weil er eine reiche
fruchtbare ebene durchfliesst und bewassert, deren ertrag er noch
vermehrt und so die ackerbauenden einwohner in kurzer zeit zum
glanze des reichthums geführt hat. Dabei ist auch wieder nicht
an kanäle zu denken, welche auf die felder geleitet wären, das
geht nicht wegen der tiefe der schlucht im vergleich zur höhe der
umliegenden landereien.

Später wurde es nun stil den fluss Hipparis zu preisen. Silius [57]) giebt wenigstens der wahrheit die ehre und bezeichnet seinen wasserreichthum als gering, aber Nonnus [58]) übertreibt wieder,
indem er ihm rauschende strömung beilegt, freilich ihn in derselben
stelle schwach nennt. Die krummen windungen in den versen bei Nonnus und dem scholiasten zu Pindar [59]) durfen uns nicht wie Boeckh [60])
zu der annahme veranlassen, dass der fluss sein bett verandert hat.
Seitdem er sich seine schlucht gegraben, ist er darinnen geblieben.
Es sind nur die linien der kleinen sickernden rinnen und bache in
dem sandbette genannt, von denen es auch sehr bezeichnend heisst,
dass sie kriechen. Sonst steht der fluss noch bei den geographen

---

56) Schol. zu Pindar. Ol. V, 20.
57) Sil. Ital. Pun. 14, 229.
58) Nonn. Dion. 13, 316. Καμάριναν, ὅπῃ κελάδοντι ῥεέθρῳ Ἵππαρις ἀσιήριχιος ἐρεύγεται ἀγκύλον ὕδωρ.
59) Scholl. ad Pind. l.c.: Φήσω καὶ Καμάριναν, ἵν᾽ Ἵππαρις ἀγκύλον ἕρπει.
60) Zu Pind. Ol. V, 9, Comm. p. 149.

Ptolemaeus und Vibius verzeichnet, aber leibhaftig tritt er uns in dem bilde des schönen gehörnten jünglings auf den didrachmen entgegen, von fischen umgeben. Auch Fazell schmeckten seine schleihen und ale.

Die ähnlichkeit des namens Hipparis mit dem homerischen Hypereia fiel den alten auf. Homer singt (ζ, 4), dass die Phäaken, bevor sie nach Scheria zogen, in Hypereia, der stadt mit weiten tanzplätzen, nahe den übermüthigen Kyklopen gewohnt hätten. Als man nun diese an den Aetna versetzte, so bot sich für das phäakische Hypereia wie von selbst die gegend des Hipparis, Kamarina, dar. So melden uns die commentatoren des Homer, Didymos und Eustathios, und Vibius Sequester, während Hesychius von Sicilien schweigt. Es wäre natürlich ein eitles beginnen, nach der wahren gegend von Hypereia zu forschen; aber auch der ursprung des namens Hipparis liegt ganz im dunkeln.

Unsere kleine karte beginnt da, wo die höhencurve von zehn meter das flussbett durchschneidet. Ich habe alles schraffirt, was unterhalb dieser linie liegt, um einen besseren überblick zu ermöglichen. Die schraffirung ist also umzogen von der curvenlinie zehn meter als grenze. Dieses ganze weite bett wurde und wird bei regen gefüllt, liegt aber im sommer mit ausnahme der rinnen trocken. Nach dem ausfluss zu, von der mitte unseres kärtchens an ändert sich aber die sache. Hier sprudeln im bett quellen und ergiessen sich von den höhen kleine adern, nach Fazell zwanzig, welche das thal in weitem umfang unter wasser setzen. — Da bei der dem meeresspiegel fast gleichen flache ein abfluss kaum stattfindet, wird das wasser stehend. Das ist der see oder sumpf Kamarina, der dichterberühmte, der nymphe gleiches namens, tochter des Okeanos, geweiht [61]), der der stadt den namen gegeben hat [62]). In diesen führt also der Hipparis sein wasser, und nur mit mühe kann eine art von ergiessung ins meer constatirt werden. Jetzt freilich ist auch das seebett nicht immer voll und die auf der karte angegebene rinne zeigt die stelle des ausflusses bei trockenem grunde. Kleines sumpfgebüsch verbirgt übrigens überall die grosse fläche. Es erhellt, dass diese existenz stehender faulender

---

61) Pind. Ol. V, 2.
62) Steph. B. s. v. Ἀκράγαντες πέντε. Aristarch beim Schol. zum Pind. Ol. V, 1.

gewässer [63]), die bald halb vertrockneten, bald neue nahrung erhielten, böse fieber erzeugen mussten. Bekannt ist die geschichte des orakels, dass die Kamarinäer in einer solchen nothzeit vergeblich vom delphischen orakel die erlaubniss erbaten, den sumpf austrocknen zu dürfen. Rührt Kamarinen nicht an, erwiederte die Pythia, es ist besser so. Ihr könntet dadurch euer unglück vergrössern. Spätere geschlechter wussten denn auch, dass die Kamarinaeer es doch thaten und dass grade von der seite der feind in die stadt eindrang. Daher sagte man später im sprüchwort: rühre Kamarinen nicht an, um jemanden zu warnen, dass er sich nicht selbst schade [64]). Was ists um diese geschichte? Die zeugnisse sind alle spät und zeigen, dass erst eine geraume zeit verfloss, bevor die erzählung rund und fertig wurde. Die echtheit des orakels oder wenigstens des ersten verses ist nicht anzuzweifeln. Aber das anfragen in Delphi ist nur ein stück in einer kette von thaten und massregeln. Die wehr gegen den sumpf ist so alt wie die stadt selbst; und gleich im anfang sind die kanäle gebohrt, um das wasser abzuleiten. Es war das eine kunst, welche die Sikelioten wohl verstanden. Fast an allen orten, wo Griechenstädte bestanden, herrscht jetzt malaria, in Syrakus, Kamarina, Gela, Phintias, Akragas, Selinunt, Panormos, Himera, Leontinoi u. a. Die alten klagten darüber nicht, sondern beseitigten die ursachen, und überall wo flüsse sind gelang ihnen das auch. Nur die sümpfe waren schwer zu bewältigen. In Syrakus waren die sümpfe, Syrako und Lysimeleia, gefährlich, aber man siedelte sich so an, dass ihre lüfte nur belagerungsheeren, wie Athenern und Karthagern, tödtlich wurden. In Selinunt hatte man grosse noth, aber die weisheit des Empedokles schaffte auch hier rath und leitete den sumpf durch grosse wasserwerke ab. Auch in Kamarina hat man lange zeit die schädlichen einflüsse des sumpfes bemeistert. Wie wäre es sonst möglich, dass in wahrhaft bewundernswerther vaterlandsliebe viermal derselbe boden besiedelt wurde? Wie hätte man sonst der seenymphe fort und fort ehre und anbetung erwiesen, wie doch aus den münzen erhellt? Aber es scheint, als ob man in unkenntniss

---

63) Claud. R. P. II, 59: pigra vado Camarina palus.
64) Verg. Aen. III, 700 mit Servius und Pomponius, Sil. It. 14, 198, Steph. Byz. s. Καμάρινα, Lucian. Pseudol. 32 mit Schol., Anthol. Gr. IV, p. 115 mit Schol., Suidas: s. Leutsch zu Zenob. Prov. V, 18, zu Apost. XI, 49.

der immer wieder ausbrechenden wasserquellen es doch nicht gründlich verstanden hat, abhülfe zu schaffen, dass ein Empedokles sich
nicht fand. So suchte man endlich in einer art verzweiflung bei
der delphischen priesterschaft rath. So genau kannte diese aber
das lokal nicht und verschanzte sich hinter religiösen bedenklich-
keiten. Es lag tief in der seele der Griechen, die natur grade so
anzuerkennen und als gottgeschaffnes heiliges werk zu verehren,
wie sie da war. Bekannt ist es, wie vermessen es erschien und
wie es nach mehreren vergeblichen anläufen immer wieder un-
terblieb, den Isthmus von Korinth zu durchstechen. Den Knidiern
sagte die Pythia bei Herodot: grabt euren Isthmus nicht ab: Zeus
hätte ihn zur insel gemacht, wenn er gewollt. So auch in Kamarina. Rührt den gottgeschaffenen heiligen see nicht an: es ist
besser so. Freilich mochten die delphischen priester den fragenden
wenigstens den naheliegenden trost mitgeben, dass sie so auch ge-
deckter gegen den feind wären, ein trost, dessen bedeutung ihnen
aus den vorhergehenden gesprächen klar geworden war. Denn
sümpfe decken besser als felsen, mauern, gräben und schanzen.
Aber damit ist natürlich nicht gesagt, dass Apollon eine nachmalige
eroberung der stadt von der sumpfseite aus vorhersah und mit
dunkeln worten davor warnte. Der zweite vers: „damit ihr nicht
das kleinere zum grösseren macht", aus welchem die klugen leute
späterer jahrhunderte diese voraussicht herausdeuteten, steht nur in
der Anthologie mit dabei, woraus erhellt, dass hier zwei redaktio-
nen vorliegen, d. h. dass der zweite vers später hinzugefügt ist.
Wollte man ihn für echt halten und dürfte man den Delphiern
ganz genaue lokalkenntniss zuschreiben, so könnte der vers bedeuten: nehmt euch in acht, dass ihr beim abdämmen und beim weg-
räumen der dazwischen liegenden erhöhungen nicht den eigentlichen sumpf mit dem zweiten in verbindung bringt. Ihr hättet dann
zwei sümpfe statt eines, und das übel wäre nur grösser. Aber das
ist wohl nicht anzunehmen. Sondern der vers wurde hinzugefügt,
als man das orakel mit der von den commentatoren berichteten eroberung zusammenbringen wollte. Was ist das für eine? Von der
ersten eroberung wissen wir nichts, das zweite und dritte mal, wo
die stadt aufgehoben wurde, hat keine stattgefunden, es kann also
nur von der eroberung durch die Römer 258 die rede sein. Aber
die Römer haben sicherlich nicht vom flussbett aus angegriffen,

sondern von osten her. Dort haben sie in regelrechter belagerung
mit syrakusanischen maschinen die mauern eingerannt. Es ist also
nichts mit der begründung des orakels durch die grammatiker und
die angebliche historische that ist falsch; somit fällt der zweite
vers. Es bleibt also nur die noth der Kamarinaeer um den sumpf,
ihr bemühen um die beseitigung der krankheiten und die nichtssa-
gende antwort von Delphi im ersten vers, als sie einmal dort an-
fragten, die allerdings, weil den religiösen gefühlen entsprechend,
berühmt wurde.

Es gab einen z w e i t e n s u m p f, von dem ersten getrennt.
Zwar ganz getrennt nicht, aber die nördlich der stadt liegende insel
macht den verbindungscanal so eng, dass man allerdings von zwei
sümpfen sprechen kann. Dieser zweite sumpf ist auf der karte
unter dem namen *Salito* angegeben, vielleicht weil er salzwasser
hat, wie auch Fazell sagt. Denn das meer erreicht ihn bei sturm.
Er hat also mit dem see Kamarina nichts zu thun.

Nördlich von demselben war ein h a u p t b e g r ä b n i s s p l a t z der
stadt Kamarina; hier sind grosse mengen von vasen ausgegraben. Das ist der von Fazell bezeichnete ort, der voller grabhügel
sei, nach art einer burg, mit grossen quadersteinen in die höhe gebaut. Der ganze ort wohl nicht, es wird ein grosses hochgebau-
tes grabmonument gewesen sein, das Fazell sah. Man erzählt an
ort und stelle, dass es thonsarkophage mit dreieckigem giebeldeckel
gewesen seien. Jetzt ist nichts mehr zu sehen. Die tiefe, schraf-
firte fläche zwischen diesem todtenfeld und der stadt, zwischen dem
meere und den beiden sümpfen ist jetzt eine öde sandebene und
die erhöhungen sind sandhügel. Hier waren die von Fazell auf
seiner ersten reise gesehenen mächtigen h a f e n b a u t e n und man
nennt noch heute diese gegend, die wohl trocken lag, den alten
hafen. Dass es wirklich hafenbauten waren, ist unsicher: handel
und schifffahrt können hier nicht geblüht haben. Was aber sonst,
lässt sich nicht angeben, denn 1554 auf Fazells zweiter reise war
alles verschwunden und nach Terranova gewandert. Unmittelbar
unter dem stadthügel fliesst der fluss Hipparis.

So sah es aus im norden der stadt. Im süden derselben rinnt
ein bächlein ins meer, der heut sogenannte R i f r i s c o l a r o. Er
ist nicht länger als unsere karte, das gefälle ist zuerst bedeutend,
aber schon nach der hälfte des laufes fliesst das flüsschen unterhalb

der zehn meter-curve. Auch diese grosse tiefe sandebene habe ich
der deutlichkeit halber schraffirt, sie trägt gleichfalls einen traurigen, wüsten dünencharakter.   Allgemein hat man diesen Rifriscolaro mit dem von Pseudo-Pindar[65]) besungenen fluss O a n i s identificirt. Aber dazu ist dieses wässerchen wirklich zu elend. Es
verdient den namen eines flusses nicht.   Es ist auch nicht nöthig,
dass die von Pseudo-Pindar genannten orte alle in unmittelbarster
nähe der stadt liegen.   Der dichter will nicht die umgegend der
stadt skizziren, sondern die schönheiten und merkwürdigkeiten von
Kamarina, selbst wenn diese eine meile entfernt sind.   Da ist nun
Holms conjectur Oanis-Diana wirklich schlagend.   Es gab in der
Kamarinaea eine quelle, bei Solinus[66]) und Priscian[67]) D i a n a genannt, aus welcher unkeusche hände nicht mit erfolg schöpfen
konnten.   Wasser und wein verbanden sich dann nicht und vielen
ist diese quelle zum prüfstein und zum zeugniss geworden. Das
ist ohne zweifel die prachtvolle, klare und reichliche quelle dicht
bei S. Croce, welche bei diesem ort sofort einen grossen quellensee
bildet und nachher einen kurzen aber muntern fluss abgiebt, nachdem sich ein längerer von nordosten her kommender arm mit ihm
vereinigt hat.   Statt des merkwürdigen, wer weiss welcher sprache
angehörigen namens Oanis glaubten die beiden schriftsteller in ihren quellen das bekannte Diana zu lesen, das auch der eigenschaft
der quelle so gut entsprach; wir müssen aber den ursprünglichen
namen Oanis restituiren.   Priscians angabe, dass er aus dem see
Kamarina entstehe, ist phantasie und würde auch zum Rifriscolaro nicht passen.   Pindars Oanisfluss ist also der mühlentreibende
fluss von S. Croce, oder Vallone la Fontana.

   Steigen wir nun zu dem hügel der s t a d t empor, so erhebt derselbe
sich doch ziemlich über der umgegend.   Da die stadt von norden und
süden von tiefen flussebenen umgeben und im westen vom hafenlosen
meere bespült war, so kann man eine mässige festigkeit constatiren.
Die stadt leistete den Römern lange energischen widerstand.   Im
osten war die schwächste angreifbarste linie.   Am meere und im nordwesten ist noch der kalktufffelsen sichtbar, hier erkennt man die
zurechtgeschnittene felsunterlage und einige reste der m a u e r fun-

   65) Pind. Ol. V, 11.
   66) Solin. V, 16, p. 56, 14 Momms.
   67) Priscian. Perieg. vss. 489 sqq.

damente in ununterbrochenem laufe. Hier steht ein mittelalterlicher
wachtthurm, mit alten stücken gebaut, nach Fazell *Lucrapera* genannt. Der fels stürzt steil zwanzig meter ins meer hinab. Doch
wird auch er den angriffen der elemente nicht lange mehr trotz
bieten, schon ist thurm und fels geborsten, ein stück nach dem andern bröckelt ab und nachgerade wird auch hier der sand sein
recht erlangen. Sonst ist überall der gang der mauer nur zu
muthmassen, da alles mit sand bedeckt ist. Ich setze sie im norden und süden zwischen die curven von zehn und zwanzig meter;
im osten ziehe ich eine linie zwischen den einbuchtungen der beiden flussthäler. So gewinnen wir eine von nordwesten nach südosten sich streckende gegend von ungefähr fünf kilometer umfang
für den inneren raum der stadt, den im norden eine bucht des sumpfes umschliesst. Das ist das, was Cluver die dreieckige form des
sees nennt. Die stadtfläche ist kein plateau, sondern von den rändern steigt das terrain nach der mitte zu, wo zwei kleine hügel
hervorragen, der eine von sechsundvierzig, der andere von fünfund-
funfzig meter höhe. Auf der westlicheren dieser beiden kuppen
steht der einzige sichtbare rest der zerstörten versandeten stadt,
ein antentempel. Die südliche mauer mit schwelle und ober-
ster stufe ist erhalten. Habgierige leute haben mit ausgrabungen
nach schätzen und vasen die andern seiten eingerissen und die
stelle mit trümmern angefüllt. Auf dem boden liegen noch reste
von marmorziegeln. An die mauer lehnt sich ein kirchlein der
Madonna von Kamarina. Man fing die mutter gottes an hier an-
zubeten, als im achten jahrhundert zwei statuen plötzlich verschwanden. Kaiser Leo der Isauriker hatte die bilderverehrung verboten.
Später tauchten die bilder in Chiaramonte wieder auf. Ich erachte,
dass am meere die akropolis gestanden, wegen der bessern luft,
der aussicht, der grösseren schönheiten. Es ist daher dieser antentempel das heiligthum der stadtgöttin Athene, der lindi-
schen göttin, die auf den münzen dargestellt ist, inmitten eines grösseren temenos, mit einem heiligen hain. Von dem tempel der
akropolis führt eine reihe schöner cisternen mit stuck nach dem
zweiten hügel, der noch höher ist. Hier setze ich den tempel
des Herakles-Melkarth an, des einzigen gottes, dessen bild
auf den wichtigsten münzen erscheint, für den die Phönizier passend den höchsten punkt ausgewählt haben können, so dass dieser

eher besetzt war, als die gegend hart über dem meere. Dieser hügel ist ganz von sand verhüllt. Ich halte mich durch das gedicht Ol. 5 nicht für verpflichtet, einen besonders hervorragenden Zeuscultus für Kamarina zu statuiren. Folgt man den erklärern darin, dass die drei glieder des gedichts an drei verschiedenen altären gesungen wurden, zu denen man in procession zog, so müssen auf der akropolis ausser dem Athenetempel noch cultusörter, altäre oder *aediculae* für Zeus und die nymphe gedacht werden. Aber auch ausserdem nehme ich für die tochter des Okeanos, die auf so vielen münzen auf dem schwan sich tummelt oder als kopfbild dargestellt ist, noch eine *aedicula* auf dem vorsprung gegen den see am hause Armaiddo an. Denn der ort der eigentlichen stadt war so recht um den sumpf herum. — Das lokal der stadt ist besäet mit vielen kleinen bearbeiteten steinen, mit einzelnen grossen quadern, mit terracotten jeder grösse und jeder sorte, meist brach liegend; nur einzelne triften korn finden sich, sonst weiden rinder und ziegen auf den trümmern von Kamarina, und viele zwergpalmen zeigen, wo sie durch den sand hindurch aus versteckten feuchten kalkquadern ihre nahrung saugen. Am südlichen abhang der stadt liegen viele c i s t e r n e n. Wo der weg nach südwesten den Rifriscolaro überschreitet, ist die öffnung einer grossen höhle, in der man nach aussage der eingeborenen bis zum meere gelangen soll. Jenseits des gewässers ist ein zweiter grosser t o d t e n o r t, der gleichfalls für vasenfunde äusserst ergiebig gewesen ist.

Zwei i n s c h r i f t e n sind in Kamarina gefunden worden, deren eine ich in Vittoria gesehen habe, ohne den fundort genauer erfahren zu können. So beginnt auch diese stadt zu sprechen. Die erste soll lauten: *ΑΜΕΜΠΤΕ | ΧΑΙΡΕ*, die zweite lautet: *ΕΥΠΟΣ | ΙΑΧΑΙΡΕ*. So viel ich weiss, sind sie unedirt; sie sind in besitz von Sig. Antonino Camilleri.

4. Die Kamarinaea.

Die g r e n z e des gebietes von Kamarina gegen norden und nordwesten gegen die Geloa war der Dirillofluss oder einer der ihn begleitenden höhenzüge. Dies erweist sich aus den schon zu anfang gegebenen thatsachen: dass mit diesem letzten der am Monte Lauro entspringenden flüsse die südöstliche halbinsel Siciliens, deren mittelgebirge dieser berg ist, überhaupt ihren abschluss findet, dass ferner die ebene im süden dieses flusses ein untheilbares geographisches ganzes bildet, welches von grenzlinien nicht durchschnitten werden kann, dass jenseits des flusses eine ganz andere art von landschaft beginnt, dass der fluss auch wenigstens ziemlich in der mitte zwischen den städten Kamarina und Gela fliesst. Neuere wollen im Dirillo den alten Achates wieder erkennen, aber ohne jeglichen grund. Der Achates floss viel weiter östlich. Im osten bildete der fluss Hyrminos oder Hirminius oder der westlich von ihm laufende gebirgszug die scheide gegen die Sikeler von Hybla, Motyka und Siculi. Dies ist schon klar aus der lage dieser städte, welche zum theil sicher, zum theil wahrscheinlich ist. Es wird bestätigt durch die angabe des Philistos [68]), dass 553 die Kamarinaeer den angriffskrieg gegen Syrakus dadurch begannen, dass sie diesen fluss überschritten d. h. aus ihrem lande heraustraten. Auch dieser fluss kommt vom Monte Lauro; so erhellt, dass dieser berg, speciell die stadt Monterosso im nordosten den grenzpunkt bildete. Hier stiess das Leontinische gebiet weiter nach nordosten an, und hier stand im alterthum die sikelische stadt Echetla. Denn wenn agathokleische soldaten von einem festen punkt im gebirge aus, namens Echetla, die ländereien von Kamarina und Leontinoi verwüsteten, so muss dieser hier am Monte Lauro gelegen haben, also wahrscheinlich in Licodia, wo sich viele spuren der alten zeit finden. — Der Dirillo ist in gerader linie lang etwa vierzig kilometer, der Hyrminos sechsundvierzig; die direkte entfernung vom Monte Lauro zum meer achtunddreissig; die küstenlinie siebenunddreissig, es beträgt daher der raum der Kamarinaea etwa siebenhundert quadratkilometer.

Die wichtigste strecke der Kamarinaea ist die grosse ebene, die heut ihren namen von Vittoria trägt und im alterthum Mesopotamium hiess, obwohl sie sich auch noch östlich und südlich vom fluss Hipparis ausdehnte. Es ist eine liebliche lachende fruchtbare ebene, deren charakter dem reisenden besonders sympathisch wird, wenn er von Gela kommend durch die traurige sandige hochebene des wegen seines gesträpps sogenannten Bosco von Terranova gewandert ist und den fluss überschritten hat. Wein- und kornfelder breiten sich hier aus und beide produkte sind von vorzüglicher

68) Phil. fr. 8 Muell.

güte. Dazwischen stehen fruchtbäume verschiedener art, das silbergrau der oliven wechselt mit dem saftigen dunkeln grün der johannisbrotbäume, auch viele korkeichen finden sich. Am meere freilich ziehen sich die sanddünen entlang, mit pistazien, wachholder und zwergpalmen bewachsen, aber nur als schmaler gürtel. Die ränder des flusses Hipparis sind schön mit gebüsch bestanden; orangen und citronen wachsen am fluss entlang. Allerdings finden sich einzelne unfruchtbare steinige strecken, so zwischen Vittoria und S. Croce und zwischen Kamarina und S. Croce, wo nur zwergpalmen und gebüsch fortkommen. Doch sind dies nur einzelne flecke, die auch immer genügende weide abgeben, dazwischen erblickt man immer wieder die kornfelder mit ihren ölbäumen. Die umgegend von S. Croce ist reich an hanf, getreide, öl und johannisbrot, südlich nach dem meere zu wächst guter wein. Das sind die p r o d u k t e der schönen ebene. Diese steigt dann schnell nach der bergkette Chiaramonte-Comiso empor, an deren abhängen besonders die oliven gut gedeihen. Von dem hochland zwischen Comiso und Hybla - Ragusa ist freilich nicht viel zu rühmen, das ist wildes, felsiges land, und ebenso ist die gegend zwischen S. Croce und dem fluss Hyrminos traurigen, steinigen, trockenen aussehens selbst, und zwergpalme und cactus erreichen nicht ihre sonstige grösse und kraft. Doch liegen auch hier bessere strecken, von korn und wein bestanden, dazwischen, auch die fruchtbäume zeigen sich; besonders in der nähe des flusses Hyrminos, wo kanäle die felder bewässern, wird die landschaft wieder blühend. Mächtige pappeln beschatten in grosser anzahl das land, sogar orangengärten sind angelegt; und am ufer entlang ziehen sich die schönsten oleandergebüsche und baumgruppen.

Vittoria verschifft seine erzeugnisse, besonders den wein, in seinem hafenort Scoglitti. Im alterthum war es an seiner statt Kamarina, welches die früchte der ebene erntete. Wein, korn und öl waren auch damals die produkte, wie die münzen zeigen; daneben stand die zucht der rosse und maulthiere in grösster blüthe. Wenn es ja handel mit produkten gab, so wurde er durch Akragas vermittelt.

Die periegese beginnt am besten an der k ü s t e. Der erste punkt, von westen angefangen, ist die station der römischen poststrasse Plaga Mesopotamium in dem heutigen Scoglitti. Von hier

gelangte man nach zwölf millien in nordwestlicher richtung nach
Plaga Calvisiana, jenseits des Dirillo am Biviere, und nach der
andern seite, nach südosten, erreichte die strasse nach vierundzwan-
zig millien den küstenort Plaga Heraeum bei Pozzallo, jenseits des
Motykaiosflusses. Von Scoglitti folgen an der küste der reihe nach
der ausfluss des Hipparis, die stadt Kamarina, der ausfluss
des Rifriscolaro, endlich im osten der von Philistos und Plinius angeführte Hirminius und der fluss Motykaios des Ptolemaeus. Die lage aller dieser punkte ist sicher, wenngleich ich
einen zweifel nicht unterdrücken kann, dass Ptolemaeus mit dem
Motykaios den Hirminius gemeint hat. Nach diesen sicheren müssen wir die fraglichen Kaukana und Bukra bestimmen. Kaukana kam nach Ptolemaeus, dessen richtung von osten nach westen ist, zuerst nach dem Motykaios, dann Bukra, dann die mündung
des Hipparis. Es war, wie oben gesagt, ein hafen, aus dem man
nach Malta zu segeln pflegte, und in der nähe war ein salzwerk,
der Cocanische see. Prokops [69]) angabe, dass die entfernung von
Syrakus zweihundert stadien betragen habe, ist natürlich grund-
falsch und kann uns nicht beirren. Auch emendationen helfen da
nichts. Mustern wir die küste nach Fazell, so folgt nach der
mündung des Motykaios eine schöne quelle hart am meer, namens
Ain Lucata, jetzt Donna Lucata, dann die mündung des Hirminius,
dann Mazzarelle, ein kleiner fischerort, heut der hafen von Ragusa
dann ein vorgebirge von rothen felsen, nach ihm das Bukra des
Ptolemaeus, dann ein kleiner fischerort Anigigeffi, dann ein grosses
ruinenfeld Longobardo, Commo, S. Nicolo, das er mit Inykos identificirt, dann cap Scalambri, wo er Kaukana ansetzt, mit kleinem
hafen und der mündung des flusses S. Croce, dann eine ausgewa-
schene höhle namens Columbaria, die zu seiner zeit zusammenbrach.
Von hier eine millie landeinwärts stand ein tempel aus quadern
mit säulen, namens Sterius Pictus. Endlich kommt an der küste
die mündung des Rifriscolaro. Fazell hat sich geirrt in der anse-
tzung von Bukra, welches erst nach Kaukana kommt, und in der
von Inykos, welches weit von da hinter Gela lag. Ferner herrscht
heut wie es scheint ein anderer sprachgebrauch. Es liegen da drei
kleine vorgebirge nicht weit von einander. Theilweise nennt man

69) Proc. bell. Vandal. I, 14.

sie zusammen *Cap Scalambri* (depravirt aus dem arabischen *Ras Caràni*) theilweise speciell das östliche, wo der leuchtthurm steht, *Cap Scalambri* oder *Punta Secca*, das mittlere *Punta di Pietro*, das nordwestliche *Punta di Braccetto*. Fazell nennt aber *Punta di Pietro Scalambri*, wie daraus ersichtlich ist, dass er bei Scalambri den fluss von S. Croce oder Vallone la Fontana (den Oanis) münden lässt, der bei Pietro mündet. Das erste cap, unser Scalambri, nennt er nicht, das ist der ort, den er Longobardo, Commo, S. Nicola nennt und den man bisher mit Bukra identificirt hat. Auch das dritte cap Braccetto, nennt er nicht. — Dies vorausgeschickt, müssen wir seine beschreibung als genau und richtig bezeichnen. Unter den angegebenen punkten können für Kaukana nur zwei orte in betracht kommen, nämlich Mazzarelle und Longobardo oder das heutige cap Scalambri, und da stehe ich nicht an, das letztere dafür zu halten. Denn hier sind die grossen ruinen, von hier fahrt man noch heut nach Malta, hier sind die reste des hafens, die bei herannahenden stürmen den schiffen sicherhei gewähren, hier ist auch der see. Hier haben wir uns also das auferstandene Kamarina zu denken, diese küste belebt durch die flotten des consul Iunius, des Belisar, des Roger, Kaukana ist also = cap Scalambri = Punta Secca = Longobardo = Commo = S. Nicolo = Molinazzo, daraus ergiebt sich, dass Bukra = Punta di Braccetto ist. Dieses Bukra wird zum ersten mal genannt bei Ptolemaeus, aber ohne zweifel ist es das vorgebirge, welches von Polybius und Livius in den seekämpfen des ersten punischen krieges als das genannt wird, wo sich der karthagische admiral Karthalon auf die lauer legte, um die beiden römischen flottenabtheilungen in Phintias und Kaukana zu beobachten. Denn erstlich giebt es an der ganzen östlichen halfte der südküste weiter kein cap, als unsere drei hier bei einander liegenden, und dann passt auch grade dieser punkt sehr gut. Waren Bukra und Kaukana weiter östlich, würde Karthalon Phintius nicht im auge gehabt haben, wären sie weiter westlich, hatte er Kaukana nicht beobachten können.

Fazell macht viel rühmens von den r u i n e n. Es sind, sagt er, ruinen einer alten und grossen stadt, theils ganzlich am boden liegend, theils mit dornen und palmen bedeckt, zwei millien lang, vom meer bis Molinazzo (jetzt Molino vecchio) oder S. Nicolo.

500 schritte westlich davon schliesst eine liebliche ebene an, von einer millie umfang, vom fluss von S. Croce bewässert, mit gärten und obstpflanzungen. Hier sind drei bäder; zwei halbzerstört, das dritte erhalten, ein königliches werk. Dort ist ein hügel, wo einst ein theater gestanden hat, mit schöner aussicht.

Jetzt ist von den ruinen nur ein bad vorhanden, aber die schönen gärten und felder existiren auch noch. Das bad liegt zwei millien von S. Croce und eine millie vom meere am Vallone la Fontana in der gegend S. Nicolo und Perrera. Es ist ein kleines rechteckiges kuppelhaus von einer länge von $11^1/_2$ meter und breite von $4^3/_4$ meter, von norden nach süden orientirt. Das haus besteht aus drei zimmern. Das grösste liegt im süden und nimmt die halbe länge des ganzen ein. Von osten führt eine bogenthür hinein, kaum von menschenhöhe, von süden eine kleine viereckige. Die wölbung der kuppel beginnt in einer höhe von zwei metern, sie ruht auf sich nach unten verjüngenden tragepfeilern (diensten), die in den ecken stehen. In der östlichen und südlichen wand ist über den thüren je ein luftloch. An dieses zimmer schliessen zwei kleine räume an, die nicht mit zum kern des hauses gehören, einer nach westen, noch $1^3/_4$ meter breit, niedriger als das kuppelzimmer, mit einem tonnengewölbe überdacht in der richtung von norden nach süden; und einer nach süden, in den die viereckige thür führt, mit tonnengewölbe von osten nach westen. An das erste zimmer stossen gegen norden die beiden andern, zusammen so gross wie das erste, beide mit tonnengewölbe von osten nach westen, durch eine mauer mit thür geschieden. Das zweite zimmer hat zwei fenster in der östlichen wand, das dritte eins nach osten und eine nische in der westlichen wand. Die bogen und die kuppel sind mit schönen quadern gebaut, ebenso die thüren, sonst sieht man auch kleineres gemäuer, aber mit festem kalk verbunden. Ich halte es für sehr möglich, dass dieses gebäude der römischen zeit entstammt. Die kanale würde man finden, wenn man ausgrabungen veranstaltete. Wenig südwestlich hiervon jenseits des flusses beginnt die sumpfebene Pantano, der see Cocanicus. Diese ist erst vor 50 jahren künstlich entwässert, durch einen aquadukt, den der baron Vitale gezogen hat und der zwischen Pietro und Braccette mündet. Auf diesen beiden caps stehen zwei mittelalterliche thürme. Auf Punta Secca be-

findet sich ein normännischer thurm mit einem balcon oben und
ausserdem der leuchtthurm auf einem felsblock von $1^3/_4$ meter
über dem wasserspiegel. Hart westlich davon war der alte hafen.
Höchst wahrscheinlich zog sich das meer, wie auch Murray glaubt,
hier in einer grossen bucht viel weiter ins land hinein, so dass
der felsblock des leuchtthurms eine klippe war. Die sandebene im
norden desselben liegt nicht höher als das meer. Die einfahrt in
diese bucht war geschützt durch eine niedrige felszunge im westen
und die klippe des leuchtthurms im südosten. Jetzt ist da nichts
zu sehen, als eine mauer am meer entlang und eine menge kleiner
bruchsteine; im sande wachsen zwergpalmen. — Geht man hier
nach norden, so trifft man eine millie von S. Croce entfernt, und
ebenso eine millie vom bad weit, in der gegend Perrera unfern
des Molino vecchio auf alte stein- und felsarbeiten. Da ist eine
grosse natürliche höhle, die aber künstlich erweitert ist mit glatt
gehauenen wänden. Vor allen dingen aber ist ein grosser tiefer
steinhof zu erwähnen, ein alter bruch, ähnlich wie in Syrakus
und Lilybaeum, der zu katakomben benutzt ist. Diese letztern sind
theils einzelne gräber, sarkophage in den fels gehauen mit bogen
überwölbt, theils ganze katakombenzimmer.

Das ist es, was ich über die kaum von Europäern besuchte
örtlichkeit von Kaukana melden kann. Ob der von Fazell genannte tempel *Sterius pictus* ein alter ist und noch existirt, davon
ist mir weder eine kunde geworden, noch auf der generalstabs-
karte eine spur zu entdecken.

Vom binnenlande ist nicht allzuviel zu berichten. S. Croce
ist im jahre 1490 erbaut; es ist ein kleiner ort. Die schönheit
von S. Croce ist der grosse quellensee Fons Oanis, den man
Fonte del paradiso nennt, dicht am flecken im nordwesten. Unfern
desselben nach süden, wenige minuten vor der stadt existirt ein
ähnliches gebäude, wie das bad von S. Nicolo, und stammt aus
derselben zeit. Das kleine haus ist von nordosten nach südwesten
orientirt und besteht ebenso aus drei zimmern. Das erste ist wieder doppelt so lang und doppelt so hoch als jedes der beiden andern, mit schöner kuppel gedeckt, die von tragepfeilern gestützt
wird. Von drei seiten führen drei bogenthüren hinein, jede hat
über sich schmale aber hohe rechteckige fenster. Zu beiden seiten
jedes tragepfeilers münden enge canäle, die von oben aus der kup-

pel kommen. Die thür, die zum zweiten zimmer führt, ist ver-
schüttet. Das zweite wie das dritte sind mit einem tonnengewölbe
überspannnt. Dieses bad soll mit dem andern durch einen unter-
irdischen gang verbunden sein. Es gehörte nicht mehr der stadt
Kaukana, von der es zu weit entfernt ist, sondern einem landgute
an. Aber da es der quelle so nahe liegt und natürlich das wasser
von dort empfing, so kommt uns der gedanke: wie? wenn an diesem ort die keuschheit erprobt worden wäre? Nordwestlich von
S. Croce, nach Kamarina hin, 2½ kilometer von S. Croce und
ebenso weit vom Rifriscolaro entfernt, ist ein grosser olivengarten
namens S. Martino. Hier war gleichfalls ein grosses, also ein
drittes todtenfeld in alter zeit. Man hat hier viele sarkophage
ausgegraben, theils aus einem stein, theils aus sechs steinplatten zusammengesetzt. Denn der schöne harte kalktuff ist in dieser gegend häufig, so in Perrera und in S. Croce selbst. Diese gräber
enthielten die schönsten vasen. Ich sah selbst eine im besitz des
barons Vitale befindliche, daselbst ausgegrabene kelebe, welche auf
der einen seite zwei von satyrn angegriffene nymphen, auf der andern eine gymnasiastische scene darstellt und ornamente zeigt, wie
sie zumeist in Akragas üblich waren. So interessant diese thatsache ist, so wenig ist klar, welcher stadt diese grabstätte zuzuweisen wäre. Von derjenigen der Kamarinäer am fluss Rifris-
calaro ist sie drei, von der stadt Kamarina vier kilometer entfernt.
Bei dieser gelegenheit sei es gestattet zu bemerken, dass der priester Clemente Scatarelle in S. Croce eine unbekannte kleine sammlung der schönsten vasen vom Rifriscolaro besitzt. Unter andern
war da eine grosse kelebe schönsten stiles.

In der umgegend von Vittoria sind nach den aussagen der
bewohner verschiedene gräberstätten: 1) 2 millien nach südwesten
in der gegend Colobria, wo viele vasenbruchstücke gefunden sind;
2) nicht weit davon am fluss bei Torre Vecchia; 3) in der gegend Niscema eine meile nach norden, wo man viele vasen und
münzen fand. Die gräber waren hier in den felsboden eingehauen;
4) Bosco Rotondo fast eine meile nach nordosten, wo eine inschrift
gefunden wurde: Εὐρώπη χρηστά ἐβίωσεν ἔτη ιε΄, jetzt im besitz des
priesters Placido Comez in Vittoria; 5) die wände des flusses Hipparis enthalten viele uralte fenstergräber (Ddiéri), wo man knochen, vasen, amphoren, lampen gefunden haben will.

Alles dieses sind zeugen vergangener jahrhunderte, die aber
nicht hinreichen, um vermuthungen daran zu knüpfen. — Von
Comiso und Biscari, welche ich nicht besucht habe, wird wohl
wenig interessantes zu vermelden sein, aber zwischen Comiso und
Chiaramonte zieht sich jene bergkette des *Saltus Camerinensium*
hin, wo der kriegstribun Calpurnius Flamma oder **Q.** Caecidius
durch seine heldenmüthige that das römische heer rettete. Der ort
der schlacht wird wohl schwerlich mit einiger sicherheit bestimmt
werden können.

Berlin.   *J. Schubring.*

Kritische bemerkungen.

Varr. **RR.** 1, 63, 2 ist die lesart *pisetur* oder *pinsetur*
beizubehalten (Schneider *pinsatur*), weil Non. Marc. in v. *Pisare* p.
163, 16 M. (= 173, 15 Quich.) ebenfalls in dieser stelle *pisetur* hat.
Vgl. Fest. p. 158 (b), 30: *sale in pila pisato.* Pelagon. Vet. 13,
p. 59: *marrubium pinsatum*; 26, p. 89: *lavas et pinsas*; und ibid.
p. 90: *pinsas et conteres.*

Varr. **RR.** 3, 16, 34 ist mit den handschriften (in denen
amnis) zu schreiben: *ne deficiant animis* (die ausgaben haben
animum).

Plumarius. Mommsen zum Edict. Diocl. p. 88 und Marquardt
in den Römisch. Privatalterthüm. bd. 2, p. 147 erklären *plumarius*
durch „goldsticker". Diese erklärung ist falsch. Es muss heissen
goldwirker, brokatwirker, brokatweber, denn Gloss.
Labb. erklären: *plumarius*, ὑφάντης (obschon auch *plumarius*, ποι-
κιλτής). Ferner stehn die *plumarii* bei Firmic. Math. 3, 13. no. 10
neben den *textores*, und Vulg. Exod. 35, 35 neben den *polymitarii*;
und Vitr. 6, 4 (7), 2 erwähnt *plumariorum textrina.* Endlich
nennt Hieron. Ep. 29. no. 6 *vestes plumaria arte contextae.* Wenn
daher Prudent. Hamart. 294 f. sagt: *avium quoque versicolorum
indumenta novis texentem plumea telis*, so muss *texere* (worauf
ja auch *telis* hinweist) ganz eigentlich vom **weben** verstanden
werden, während Marquardt a. a. o. p. 148, a. 1384 es ebenfalls
vom **sticken** nimmt und für einen „poetischen", von Prudentius
„etwas verkehrt" angewendeten ausdruck erklärt.

Gotha.   *K. E. Georges.*

XVI.

Der römische jahresnagel.

Clavus annalis, sagt der auszug aus Festus p. 56, *appella-batur qui figebatur in parietibus sacrarum aedium per annos sin-gulos, ut per eos numerus colligeretur annorum;* die ursache des brauches gibt Livius 7, 3 an: *eum clavum, quia rarae per ea tempora literae erant, notam numeri annorum ferunt.* Solche jah-resnägel hatte, wie Livius a. a. o. bemerkt, Cincius auch zu Vol-sinii im tempel der Nortia vorgefunden und eine ähnliche verwen-dung des nagels im privatleben erkennt man aus Cicer. Ep ad Att. 5, 15 *Laodiceam veni prid. K. Sext.; ex hoc die clavum anni movebis.* Für den römischen staat selbst bestand die sitte des feierlichen nageleinschlags seit einführung der republik und meldet hierüber das hauptzeugniss bei Livius 7, 3 unter andern fol-gendes.

Im vornehmsten heiligthum der stadt, dem capitolinischen Iu-pitertempel, wurde am 13. september der nagel an der wand der Minervacapelle *(quia numerus Minervae inventum sit)* eingeschla-gen. Dort war auch lange zeit eine tafel angebracht, mit der verordnung, dass der höchste beamte *(praetor maximus)* die hand-lung vornehmen solle. Dem entsprechend vollzog sie im ersten jahr der republik 245 der consul Horatius und so auch fernerhin einer der consuln, nach einführung der dictatur aber, falls ein dictator vorhanden war, dieser. Der umstand, dass einmal nach vollziehung des nagelschlags durch einen dictator eine pest erlosch, führte im j. 391, als wiederum der götter zorn sich in pest und

überschwemmung äusserte, dazu, dass bloss wegen der nageleinschlagung ein dictator ernannt wurde.

So entstand die *dictatura clavi figendi causa*, welche auch
weiterhin als ein mittel gegen pestilenz betrachtet und angewendet
wurde, vgl. Liv. 9, 28 zum j. 441: *Poetelium pestilentia orta
clavi figendi causa dictatorem dictum (adiciunt).* Analoger weise
wurde sie auch für psychische übel in anwendung gebracht, um
entfremdung der herzen und verfeindung sich nahe stehender zu
heben: als 423 eine pest wüthete, fand man die ursache derselben
in giftmischerei der frauen und ernannte einen nageldictator; denn
die annalen meldeten, wie Liv. 8, 18 sagt, *in secessionibus quondam plebis clavum ab dictatore fixum alienatasque mentes eo piaculo compotes sui fecisse* [1]). Dass die nageldictatur öfters in anwendung gekommen ist, ersieht man aus Livius 9, 34 (zum j.
444); verzeichnet wird eine solche von den capitolinischen fasten
beim jahr 491. Sonst bestand die gewöhnliche, durch den jedes-
maligen höchsten beamten vollzogene nageleinschlagung noch zur
zeit, als (um 730 d. st.) Livius das siebente buch seines werkes
schrieb; dies darf aus dem praesens der verba geschlossen werden,
welche er 7, 3 anwendet: *lex vetusta est, priscis literis verbisque
scripta, ut, qui praetor maximus sit, idibus Septembribus clavum
pangat*; desgleichen aus der bedeutung von *vetusta*: seit langer zeit
vorhanden. Im jahr 752 verlieh Augustus dem neuen tempel des
Mars Ultor unter andern vorrechten des capitolinischen heiligthums
auch das des nagelschlags, Dio Cassius 55, 10 ἧλόν τε αὐτῷ ὑπὸ
τῶν τιμητευσάντων προσπήγνυσθαι.

Alles was in diesen zeugnissen auf eine alljährliche wiederkehr des nageleinschlags hinweist, verwirft Theod. Mommsen (Röm.
chronologie p. 178 fg.) als das product von missverständniss und
missdeutungen der alterthumsforscher augusteischer zeit, insbesondre
des erst durch Hertz ermittelten und von dem gleichnamigen zeitgenossen Hannibals unterschiedenen Cincius. Nach Mommsen hat
der heilige nagel an sich mit dem jahr gar nichts zu schaffen und
steht zunächst in seiner natürlichen bedeutung der schicksalsfesti-
gung, in welcher er als attribut der Necessitas, Fortuna, Atropos

---

1) Die sprachlichen gebrechen dieser stelle schwinden, wenn man
fuisse (d. i. *jactas esse*) statt *fecisse* schreibt.

bekannt ist; indem aber Mommsen von den oben aus bestimmten jahren angeführten dictatorischen einschlagungen als gut bezeugt bloss die der jahre 391 und 491 gelten und ihnen nur die der grossen pest des jahres 291 gefolgte voraufgehen lässt, verwandelt sich ihm der *clavus annalis* in einen saecularnagel. Der schroffe gegensatz, in welchen diese annahme zur überlieferung tritt, und die tief einschneidenden folgerungen [2]), welche Mommsen aus ihr als aus einer evidenten thatsache zieht, mögen den im nachstehenden gemachten versuch, die ächtheit der vulgata zu retten, einigermassen rechtfertigen.

Die saeculare auffassung der nagelschlagung will uns von einer reihe schwierigkeiten befreien, in welche die von Livius 7, 3 gegebene geschichte derselben unter voraussetzung alljährlicher wiederkehr der handlung verwickelt. Wenn Livius a. a. o., nachdem er des ersten, im j. 245 geschehenen nagelschlags gedacht hat, mit den worten: *a consulibus postea ad dictatores, quia maius imperium erat, sollemne clavi figendi translatum est*, fortfährt, so findet Mommsen hierin angegeben, dass eine zeit lang jahr für jahr ein dictator *clavi figendi causa* ernannt worden sei. Dies wäre allerdings eine wenig glaubliche und sonst völlig unbezeugte angabe; es hält aber schwer, sie dem geschichtschreiber zuzutrauen. Durfte nicht Livius als weltbekannt voraussetzen, dass die dictatur ein ausserordentliches amt war, und daher den genauer bestimmenden zusatz: *si quando* oder *si qui dicti essent* für unnöthig ansehen? Das konnte er aber um so mehr, als, wie sich zeigen wird, in seiner darstellung die aufstellung besonderer nageldictatoren erst nachher, am schlusse derselben zur sprache kommt, woraus sich ergibt, dass vorher noch nicht von solchen die rede gewesen ist. Von dem leser, welcher wusste, dass die dictatoren nicht alljährlich gewählt wurden, und erst nach den angegebenen worten als zeitlich später die nageldictatur erwähnt fand, konnte der schriftsteller voraussetzen, dass er die worte *ad dictatores* nicht anders verstehen würde als: auf dictatoren, wenn solche am 13. september zufällig in function waren.

Mit den nächsten worten: *intermisso deinde more digna etiam*

2) Die 200 amtsjahre von 291—491 kommen dann vollen 200 kalenderjahren gleich, während anzeichen bedeutender verkürzungen vorhanden sind; die fragmente des alten Cincius werden mehr oder weniger für fabrikate des jüngeren erklärt u. a.

per se visa res, *propter quam dictator crearetur*, führt Livius den
leser in das jahr 391, dessen begebenheiten das ganze capitel behandelt, somit zum schluss seiner geschichte des jahresnagels. Mit
recht findet es Mommsen kaum glaublich, dass, wie doch die worte
intermisso more besagen, die in einer schriftlichen, erst in der republikanischen zeit abgefassten tempelordnung vorgeschriebene, reli-
giös bedeutsame und praktisch wichtige, auch längere zeit hindurch ausgeübte cerimonie im j. 391 schon seit langer zeit unterlassen worden war. Dieselben bedenken stehen aber auch der
neuen theorie entgegen. Auch die saeculare nagelschlagung wäre
in einer schriftlichen, 46 jahre nach dem ersten consulat abgefassten tempelordnung vorgeschrieben gewesen und gleichwohl,
trotz ihrer religiösen bedeutsamkeit und praktischen wichtigkeit,
nach dreimaligem vollzug abgekommen, weil man nach thatsächlicher abschaffung der dictatur um die mitte des sechsten jahrhunderts sich nicht mehr im stande gefunden habe, sie in solenner
weise zu vollziehen. Rechtlich abgeschafft, überhaupt also abgeschafft war indessen die dictatur nicht, stand also, nachdem noch
552 ein wahldictator fungirt hatte, im j. 591 der aufstellung eines
nageldictators nichts im wege, gesetz aber und pflicht erheischte
den einschlag. Gesetzt auch, dass man die möglichkeit des miss-
brauchs der dictatur gescheut hätte: was hinderte die function dem
consul zu überlassen? Die tempelordnung verlangte bloss den
höchsten beamten und wenn auch 391 und 491 ein dictator, so
hatte doch 292 ein consul den nagel eingeschlagen. Die scrupu-
löse wortauslegung der römischen juristen betreffs des *praetor
maximus*, welche nach Mommsen 391 einen dictator an die stelle
des consuls treten liess, fallen zu lassen wäre doch jedenfalls noch
weit gewissenhafter gewesen als, ohne alle scrupel den heiligen
brauch ganz einzustellen und so das kind mit dem bade auszu-
schütten.

    Die schwierigkeit von *intermisso more* wird also durch die
saeculartheorie nicht gehoben; ebensowenig eine zweite, welche
zunächst in der deutung der folgenden worte hervortritt, eigentlich
aber wieder nur durch den ausdruck *intermisso more* hervorgebracht wird. Da nämlich unter der sitte, welche vor und bis 391
zeitweilig eingestellt war, nichts andres als der chronologisch so
wichtige brauch des jährlichen nagelschlags verstanden werden kann,

so bleibt für: *digna etiam per se visa res*, *propter quam dictator crearetur*, keine andere erklärung übrig als die von Mommsen gegebene, dass die cerimonie nunmehr ihrer herkömmlichen fristen beraubt und als nicht alljährliche, sondern ganz willkürliche nageleinschlagung, vollzogen durch den höchsten im staat möglichen beamten, behandelt worden sei. Dies aber müssen auch wir für fast unmöglich erklären. Aber durch die saeculartheorie wird daran nichts geändert. Denken wir dagegen die worte *intermisso more* weg, so hat der rest einen ganz passenden sinn und zwar genau den vom gedankengang des schriftstellers verlangten. In dem jahr 391 nämlich, dessen ereignisse das in rede stehende capitel des Livius beschreiben will, wurde zum ersten mal ein dictator *clavi figendi causa* aufgestellt; was dem schriftsteller zu einer abschweifung über bedeutung und vorgeschichte des nagelschlags anlass gibt. Die worte *digna — crearetur*, mit welchen die vorgeschichte abschliesst, müssen sich mithin auf die im j. 391 selbst eingetretene phase des nagelschlags beziehen, also auf die einführung der nageldictatur, und diese ist denn auch sichtlich gemeint, wenn es heisst: „die sache erschien dann schon für sich allein wichtig genug, dass ihretwegen ein dictator bestellt wurde". Unter *res* ist offenbar der solenne nagelschlag verstanden und nur dass im text *intermisso deinde more* vorausgeht, steht dieser vom zusammenhang gebieterisch erheischten auffassung im wege. Daraus schliessen wir auf das vorhandensein einer textverderbniss in diesen drei worten, vor allem in *more*, dessen bedeutung keine andere sein könnte als die des danebenstehenden und in einem andern casus auftretenden *res*.

Zu solcher auffassung der schwierigkeit, an welcher die stelle leidet, veranlasst uns auch eine andere erwägung. Wenn der text sagt: „nachdem sodann die sitte eingestellt worden war", so erwarten wir in den nächstfolgenden worten zu lesen, was dann, als die sitte des nagelschlags ruhte, geschehen ist. Es folgt aber nichts dahin bezügliches, vielmehr wird mit den worten: „wurde die sache schon für sich allein der aufstellung eines dictators werth erachtet" fortgefahren, welche anstatt einstellung der sitte ein fortbestehen derselben, nur mit noch erhöhtem glanze, anzeigen. Man hat zwar die stelle so gefasst, als sei der brauch, nachdem er eingestellt gewesen, wieder aufgenommen und seinetwegen ein dictator ernannt worden, aber im text ist nur von einstellung, nicht auch von wiederaufnahme die rede.

Findet man so von verschiedenen seiten her als hinderniss einer richtigen auffassung nur ein oder zwei worte, so erhellt wohl, wie unnöthig es ist, wegen theilweiser schwierigkeit einer einzigen stelle so viele übereinstimmende zeugnisse über die alljährliche anwendung des nagelschlages in frage zu stellen. Setzen wir *intermisso dein tempore* an die stelle von *intermisso deinde more*, so ist allen schwierigkeiten abgeholfen. „Mit der zeit" oder „nach verlauf einer zwischenzeit", sagt dann Livius, „schritt man dann zur bestellung eines besonderen dictators für dies geschäft". Wie Livius *interiecto* oder *interposito spatio, die,* so sagt Cicero und Caesar *intermisso tempore, triduo,* und an unsrer stelle mag jener den ausdruck von Cincius übernommen haben.

Wir kommen nun zu dem andern argument der saecularen auffassung des heiligen nagels, zu der darlegung, dass von den bezeugten einschlagungen nur die der jahre 391 und 491 ausreichende gewähr haben und dass die pest und einschlagung, welche für die nageldictatur des j. 391 massgebend gewesen, gerade 100 jahre vor dieser anzusetzen ist. Letztere combination, die wir zunächst betrachten wollen, erreicht ihren zweck höchstens nur zur hälfte: denn wenn auch das auftreten einer schweren pest im j. 291 über allen zweifel erhaben ist, so muss doch Mommsen die hauptsache, die einschlagung selbst auf den 13. september des folgenden jahres verlegen, weil die seuche bis zum schluss des j. 291 wüthete, das neue jahr 292 aber im august eintrat. Von da bis zum 13. september 391 sind nur 99 jahre, ein deficit, welches sich kaum mit der feier der städtischen saecularfeste in den jahren 800, 900, 1000 (als gleichfalls ins schlussjahr eines saeculum fallend) entschuldigen lässt. Denn diese feste sollten weiter nichts sein als schlussacte und waren von dem jahr, das den namen des ganzen saeculum an der stirne trug, unzertrennlich.

Auch gegen die combination selbst ist mancher einwand zu erheben. Da zwischen der beschwörung einer epidemie und dem saecularen nagelschlag kein innerer zusammenhang besteht, so rechtfertigt sich die betonung, welche auf das zusammentreffen beider facta im sommer 291|2 gelegt wird, nur durch das gleiche zusammentreffen, welches nach Livius 7, 3 irgend einmal vor 391

stattgefunden hatte und für dieses jahr massgebend wurde. Man
darf also erwarten, behufs der auffindung jenes früheren hergangs
kriterien angewendet zu sehen, welche dem zeugniss dieser livianischen stelle entnommen sind. Allein Mommsen geht hiebei von gesichtspunkten aus, welche dem bericht des Livius fremd sind, und
verschmäht die in demselben gegebenen. Er entscheidet sich für
die pestilenz von 291 desswegen, weil diese die erste grosse epidemie gewesen sei, deren unsre jahrbücher gedenken, während Livius einfach *pestilentiam quondam clavo ab dictatore fixo sedatam*
sagt, ohne den zusatz *primam* oder *maximam*. Schwere krank-
heitsjahre waren schon vorher 264 (Dionys. Hal. AR. 7, 68) und 288
(Dionys. l. c. 9, 60) [3]) gewesen, besonders aber 282, in welchem nach
einer epidemie der kindbetterinnen (Dion. l. c. 9, 40) eine pest von
ebenso bösartigem charakter und noch weiterer räumlicher verbreitung als die von 291 ausbrach, so zwar dass bei längerem an-
halten ein völliges aussterben der stadt eingetreten sein würde.
Dass sie bloss von Dionysius (9, 42) berichtet wird, während Livius bei diesem jahre seine ganze aufmerksamkeit der verfassungs-
geschichte zuwendet, kann ihrer glaubwürdigkeit keinen eintrag
thun: wie viele allgemein anerkannte thatsachen kennen wir nur
aus jenem, dessen ausschmückungen auf einem anderen felde hervortreten als auf dem gebiete der physischen geschichte, für welche
die beste quelle, die pontificischen annalen nach Cato bei Gellius
2, 28, einen reichen stoff boten.

Hohes alter und verheerende heftigkeit sind aber, wie schon
bemerkt, nicht die merkmale, welche uns Livius zur aufsuchung des
von ihm nur angedeuteten heilkräftig gewordenen nagelschlags vor
391 an die hand geben, sondern in erster linie die vornahme desselben durch einen dictator: denn deswegen setzte man 391 lediglich für diese cerimonie eine dictatur ein. Gerade dieses wesentlichste kriterium verschmäht Mommsen, da er jene einschlagung
einem consul zuschreibt. In der that lässt sich auch für september 292, den zweiten monat dieses jahrs, nicht wohl eine dictatur
annehmen: nach Livius und Dionysius führten in dieser zeit beide

---

3) Livius 3, 2, welcher dies jahr mit drei zeilen abthut, erwähnt
die seuche nur insoweit, als sie für den Aequerkrieg in betracht kam;
Orosius 2, 12 spricht nicht von dieser, sondern von der des jahres 291.

consuln die heere mit bestem erfolg gegen die Volsker, Aequer
und Herniker. Dies konnten sie aber deswegen, weil die pest
am anfang des jahres schon dem erlöschen nahe war, Liv. 3, 8
*ante diem III idus Sextiles consulatum ineunt iam satis valida
civitate, ut non solum arcere bellum, sed ultro etiam inferre possent.* Der 31 tage nach diesem datum erfolgten nageleinschlagung
konnte man also nicht wohl die erlösung von der pest zuschreiben
und hieraus geht mit sicherheit hervor, dass auch vom nichtvorhandensein eines dictators abgesehen die damalige pest und nagelschlagung nicht für die von Livius 7, 3 angedeutete anzusehen ist.

    Diese letztere war älteren personen im j. 391 noch erinner-
lich, Liv. a. a. o. *repetitum ex seniorum memoria dicitur pestilentiam quondam clavo ab dictatore fixo sedatam*, was auf eine zwischenzeit von weniger als 100 jahren führt. Im andern fall
würde er wohl ähnlich wie 8, 18 *memoria ex annalibus repetita*
geschrieben haben. Unter den pestjahren dieser periode ist ein
einziges durch eine dictatur ausgezeichnet: das jahr 319, s. Livius
4, 21. Von da bis 391 sind 72 amtsjahre, die mehrfacher verkürzungen halber etwa 70 kalenderjahren gleichgesetzt werden
können: greise von mehr als 80 jahren gab es in einer bevölkerung von etwa 200,000 menschen genug, die sich auf ereignisse
von solcher zeitlicher entfernung noch besinnen konnten. Mit der
saecularen auffassung der einschlagungen von 391 und 491 ver-
trägt sich dies datum nicht, ebenso wenig aber andere, welche
theils gar nicht theils mit unrecht in zweifel gezogen worden sind.

    Nicht berührt hat Mommsen die nachricht bei Livius 8,
18: *memoria ex annalibus repetita in secessionibus quondam plebis
clavum ab dictatore fixum.* Wenn unter den drei eigentlichen se-
cessionen diejenige auszuwählen ist, welche im j. 423 nur aus den
annalen gekannt wurde, so ist jedenfalls die von 412 als zu jungen datums nicht zu verstehen, auch nicht die des decemvirnjahrs
305, weil damals kein dictator gewählt werden konnte. Daher hat
Niebuhr 1, 632 sich für das jahr der ersten auswanderung (260)
entschieden. Gegen dieses ist aber zu erinnern, dass die plebs
erst auf den heiligen berg wanderte, nachdem der dictator abge-
dankt hatte (Liv. 2, 32. Dionys. AR. 6, 44), auf diesen also nicht
angewendet werden kann, was Livius nach den eben citirten worten
sagt: *alienatasque discordia mentes hominum eo piaculo compotes sui*

fuisse. Bei *secessionibus* werden wir daher, wofür auch der plural spricht, an die weitere bedeutung des wortes, in welcher es mit *seditionibus* synonym ist, zu denken haben, und ist an eine von den dictaturen *seditionis sedandae causa*, dergleichen ausser 260 auch 315, 369 und 386 bestanden hatten, zu denken, vielleicht an die von 386, s. Liv. 6, 39. Wie dem aber auch sei, die saeculare nagelschlagung ist mit diesem zeugniss nicht vereinbar: sie lässt vor 423 nur die cerimonien von 292 und 391 gelten, während welcher keine plebeiische bewegung vorgekommen war.

Ueber den nagelschlag des j. 423 selbst bemerkt Mommsen, dass dem an sich schon verdächtigen bericht über die angeblich durch giftmischerei der frauen erzeugte pest und die dadurch veranlasste ernennung eines nageldictators der einzige gewährsmann selber beifüge: *nec omnes auctores sunt.* Dieser zusatz gilt aber nur dem auf die frauen geworfenen verdacht, Liv. 8, 18, 2 *illud pervelim, nec omnes auctores sunt, proditum falso esse, venenis absumptos, quorum mors infamem annum pestilentia fecerit;* die pest selbst zieht er nicht in zweifel, darüber setzt schon das vorausgegangene in klarheit, 8, 18, 1 *Foedus insequens annus seu intemperie seu humana fraude fuit.* Dass die frauen schuldig gewesen seien, ist schwer zu glauben; hierauf kommt es jedoch bei der frage nach der ächtheit des berichtes nicht an, sondern darauf, ob die männer eines solchen verdachtes fähig gewesen sind; diesen aber dürfen wir jenem zeitalter so gut zutrauen, wie späteren jahrhunderten den aberglauben, welcher die hexenprocesse, judenhetzen u. dgl. hervorgebracht hat.

Das schwanken der zeugnisse beim j. 441 betrifft die frage, ob der dictator Poetelius *clavi figendi* oder *rei gerendae causa* eingesetzt worden war, vgl. Liv. 9, 28 *qui captae decus Nolae ad consulem trahunt, adiciunt Atinam et Calatiam ab eodem captas, Poetelium autem pestilentia orta clavi figendi causa dictatorem dictum.* Die von Livius vorgezogene darstellung, dass Poetelius kriegsdictator gewesen, wird durch die capitolinischen fasten unterstützt und daher wahrscheinlicher. Die entstehung der andern version begreift sich aber, wenn man dem Poetelius keine kriegerische leistung, aber die einschlagung des nagels zugeschrieben gefunden hatte. Das wahrscheinliche ist also, dass er in seiner eigenschaft als kriegsdictator den nagelschlag besorgt hat.

Die nachricht endlich bei Livius 7, 3, dass der consul Horatius im ersten jahr der republik die cerimonie vollzogen hat, an-
zweifeln hiesse dem Cincius nicht bloss missverständniss sondern
geradezu fälschung zuschreiben, wozu irgend ein triftiger grund
nicht vorliegt. Wenigstens dass das datum 245 der doctrin vom
saecularen nagelschlag widerspricht, ist nach allem oben gesagten
kein beweis dafür.

Hof.   *G. F. Unger.*

Kritische bemerkungen.

Curt. 5, 11 (31), 8 ist vielleicht zu lesen: *quantum ex vultu
conligi (colligi) poterat* (vgl. Petron. 126, 3); oder *quantum ex
vultu coniici poterat* (vgl. Cic. Muren. 21, 44); die handschriften
geben *concipi* oder *conspici*.

Val. Max. 8, 5, 3 ist vielleicht statt *tantus apud iudices* zu
lesen: *tantus testis apud iudices*, indem durch die silbe *tus* in
tantus das wort *testis* ausfiel.

Ascon. in Cic. Milon. §. 14 (vol. V, p. 2, p. 44, 11. sq. ed.
Bait.): *Forsitan nunc hoc quoque velitis scire, qui fuerit, qui po-
stulaverit,* † *quod non ferat auditor.* Lies: *quod non
intererat (sc. scire) auditorum.*

Cic. Verr. 5, 66, 169: *ut . . . Italia autem alumnum suum
servitutis extremo summoque supplicio affixum videret.* So die
handschriften. Vielleicht zu lesen *afflictum.* Vgl. Suet. Ner.
16: *afflicti suppliciis Christiani.*

Cic. Ep. ad. Fam. 12, 25, 3: *fuit enim illud quoddam* † *grae-
cum tempus servitutis.* So cod. Med. Vielleicht zu lesen: *quoddam
ingratum.*

Cic. C. Rabir. Post. 2, 4: *Hoc ille natus.* So die handschriften. Wohl zu lesen: *Hic ex illo natus*, da *natus* bei Cicero
sonst wohl nur mit *ex* steht.

Cic. de Domo sua 20, 53 ist statt *labem atque eluviem* vielleicht herzustellen, *labem atque luem*, vrgl. Cic. de Har. Resp.
12, 24.

Gotha.   *K. E. Georges.*

II. JAHRESBERICHTE.

41. Römische historiker der kaiserzeit.

Erster artikel.

Q. Curtius Rufus.

(S. oben p. 155 flgg.).

1) Q. Curti Rufi historiarum Alexandri Magni Macedonis libri qui supersunt E. *Hedicke* recensuit. Accedit tabula geographica [ab H. Kiepert descripta]. Berolini apud Weidmannos MDCCCLXVII. VI und 265 pp. 8. Recension: Jahrbb. f. philol. 1868, 773—780 von Justus Jeep.

Als vorläufer war erschienen: Quaestionum Curtianarum specimen scripsit . . . *Edmundus Hedicke.* Berolini [1862] 39 pp. 8.

2) Specimen criticum ad scriptores quosdam latinos pertinens scripsit *Adam Eussner.* Wirceburgi MDCCCLXVIII. 42 pp. 8 (p. 1—25: Observationes criticae in Q. Curtium Rufum). Recensionen: Philol. anzeiger I, 23 f. mit E. W. unterzeichnet; *Revue critique d'histoire et de littérature* 1869, n. 42, p. 246—248 von Ch. M. [Charles Morel].

3) *Adam Eussner*, Ueber die textkritik des Q. Curtius Rufus [vortrag]: Verhandlungen der 26. versammlung deutscher philologen p. 158 ff.

4) De codicum Curtii fide atque auctoritate. Abhandlung des oberlehrers dr. *Edmund Hedicke.* 32 pp. 4. (Programm des herzoglichen carlsgymnasiums zu Bernburg ostern 1870). Recensionen: Philol. anzeiger II, 460—462 von A. H.; Jahrbb. f. philol. 1870, 562—564 von Theodor Vogel.

5) *Arnoldi Hug* Quaestionum Curtianarum pars prima. Turici 1870. 20 pp. 4. [Universitätsprogramm]. Recensionen: Philol.

anzeiger II, 252—254 von Adam Eussner; Jahrbb. f. philol. 1870, 564—567 von Theodor Vogel.

6) *Arnold Hug*, Das Einsiedlerfragment des Curtius Rufus: Philologus XXXI, 334 f.

7) Kritische bemerkungen zu stellen in Plautus, Cäsar, Curtius von *J. Britzelmayr*. 4. p. 11 ff. [Programm der k. b. studienanstalt zu Landshut 1867|68].

8) *A. Eussner*, Zu Curtius: Philologus XXVIII, 468.

9) Beiträge zur texteskritik des **Q.** Curtius Rufus von dr. *Emil Grunauer*. 16 pp. 4. [Programm der kantonsschule zu Frauenfeld 1870]. Recensionen: Philol. anzeiger II, 463 f. von A. H.; Literar. centralbl. 1870, nr. 32 von A. E.

10) *Anton Miller*, Zu Curtius Rufus: Blätter für das bayerische gymnasialschulwesen V, 277—285. 376 f.

11) *Theodor Vogel*, Kritisch-grammatisches zu **Q.** Curtius Rufus: Jahrbb. f. philol. 1870, 547—562.

12) *Th. Wiedemann*, Ueber das zeitalter des geschichtschreibers Curtius Rufus: Philologus XXX, 241 — 264 mit nachtrag 441—443 und excursen XXXI, 342—348. [Fortsetzung ist angekündigt].

13) *W. S. Teuffel*, Zu Curtius: Studien und charakteristiken zur griech. und röm. literaturgeschichte. Leipzig, B. G. Teubner 1871. p. 387—390. [Abgedruckt aus den jahrbb. f. philol. 1858, 282—284].

14) *Eduard Krah*, Curtius als schullektüre. Eine skizze (Programme des gymnasiums zu Insterburg 1870 und 1871). I. theil 30 s. II. theil 24 s. 4. [Fortsetzung soll an anderem orte folgen]. Recensionen: Philol. anzeiger III, 172—174 von A. H. 365—370 von (A.); Literar. centralbl. 1871, n. 11 von C. Wr.

15) Vollständiges wörterbuch zu dem geschichtswerke des Quintus Curtius Rufus über die thaten Alexanders des grossen. Bearbeitet von *Otto Eichert*. Hannover 1870. Hahn'sche hofbuchhandlung. 247 s. 8. Recension: Literar. centralbl. 1871 n. 6.

16) De Clitarcho Diodori Curtii Iustini auctore scripsit *Carolus Raun*. Bonnae apud Adolphum Marcum 1868. 58 pp. 8. Recensionen: Philol. anzeiger II, 232 — 235 von E. S. Literar. centralbl. 1869, n. 30.

17) Analecta philologica historica. I. De rerum Alexandri Magni scriptorum imprimis Arriani et Plutarchi fontibus disseruit *Alfredus Schoene*. Lipsiae in aedibus B. G. Teubneri. 59 pp. 8. Recensionen: Philol. anzeiger II, 436 f. von E. S. 438 f. Jahrbb. f. philol. 1870, 433—445 von Arnold Schäfer.

18) Diodorus, Curtius, Arrianus quibus ex fontibus expeditiones ab Alexandro in Asia usque ad Dari mortem factas hauserint. Diss. inaug. historica quam . . . defendet auctor *Rudolfus Petersdorff* Rastenburgensis. Gedani 1870. 31 pp. 8. [de fontibus Curtii p. 11 — 27]. Recension: Literar. centralbl. 1870, n. 42 von A. E.

19) Q. Curti Rufi historiarum Alexandri Magni Macedonis libri qui supersunt. Für den schulgebrauch erklärt von dr. *Theodor Vogel.* Erstes bändchen. Buch III—V. Leipzig, B. G. Teubner 1870. VIII und 197 pp. 8. Recensionen: Philol. anzeiger III, 168—172 von A. H. Literar. centralbl. 1870 n. 50 von L. Kr. Blätter f. d. bayer. gymn.-sch.-w. VII, 328—331 von Brunner.

V. Emendation (Schluss).

Grunauers (nr. 9) emendationen, von welchen ich im Literar. centralbl. 1870, n. 32 geurtheilt habe, dass sie auf sorgfältiger beobachtung des sprachgebrauchs beruhend doch selten das richtige treffen, scheinen Vogel zu spät bekannt geworden zu sein. IV, 1, 31 ist Vogel mit Grunauer in der ergänzung von *discurrunt* nach *ad populandos agros* zusammengetroffen; ebenso zwar nicht in der positiven vermuthung, aber doch in der polemik gegen die überlieferung III, 12, 24 (s. oben p. 175) und V, 5, 3. Eine andere auch von Hug gebilligte conjectur Grunauers IV, 4, 4 *se mersit* statt *emersit* hätte aufnahme in den text verdient; die priorität derselben gehört jedoch Britzelmayr (nr. 7).

Britzelmayrs (nr. 7) theilweise scharfsinnige, aber öfter (z. b. III, 2, 2 *circumducto*) verkehrte und fast durchweg masslos kühne änderungen sind mit umsicht und genauigkeit von Miller (nr. 10) geprüft und an manchen stellen durch wirkliche verbesserungen ersetzt worden z. b. III, 3, 24 wo Miller in der einschaltung von *quinque* nach *trecentae et sexaginta* mit Vogel zusammengetroffen ist. Die änderung V, 1, 23 *ipse cum exercitu* (statt *cum curru*) *urbem ac deinde regiam intravit* trifft vielleicht das rechte wort nicht; aber jedenfalls ist die verwerfung der handschriftlichen lesart als nothwendig erwiesen. Die eigentliche bedeutung von Millers abhandlung beruht auf den hier gegebenen beiträgen zur erklärung des schriftstellers; und dasselbe gilt von Vogels kritisch-grammatischen bemerkungen (nr. 11). Denn in kritischer beziehung findet sich bei Vogel hier neben geistvollen und wohlbegründeten vermuthungen auch manche allzu kühne oder zu spitzfindige änderung. Namentlich aber scheint Vogel in einem punkte das mass überschritten zu haben, wenn auch zugegeben werden muss, dass einer bearbeitung für die schule freierer spielraum zu gönnen ist

als einer kritischen textausgabe; ich meine hier die so häufige annahme von lücken und die hiemit zusammenhängende einführung
einer reihe von wörtern in den text. Uebrigens kann man nur
die unverhältnissmässige zahl angeblicher lücken bedenklich finden;
das vorhandensein dieser art von corruptelen in den Curtiushandschriften habe ich schon früher (nr. 2 und 8) anerkannt und auch
bei folgenden emendationsversuchen vorausgesetzt.

IV, 15, 6 nehmen sowohl Hedicke als Vogel eine lücke an
und ergänzen nach Vindelinus die lesart der handschriften: *propere
igitur* (sc. *Parmenio*) *Polydamanta mittit, qui et periculum ostenderet et, quid fieri iuberet, consuleret* durch einschaltung von *ad
regem* nach *mittit*. Eine lücke ist anzuerkennen; man bleibt aber
der überlieferung näher und mildert die *in ostenderet iuberet consuleret* liegende kakophonie, indem man nach *iuberet* einschiebt
rex. — V, 1, 6 *Occuparet sane gazam avidissima gens et ex
longa fame satiaret se auro, mox futura praedae sibi: usu didicisse pretiosam supellectilem pelicesque et spadonum agmina nihil
aliud fuisse, quam onera et inpedimenta: eadem trahentem Alexandrum, quibus rebus antea vicisset, inferiorem fore.* So oft sonst
Curtius den subjectsaccusativ beim infinitiv unterdrückt, hier erfordert der gegensatz zu *Alexandrum* die hervorhebung des sprechenden subjects (Dareus), weshalb nach *didicisse* einzuschalten ist *se*,
was auch in dem Flor. G stehen soll. — Dieselbe änderung hat
Vogel vorgenommen V, 4, 15 *si forte Ariobarzanes cognovisset per
callium anfractus intrare et ad occupandum iter suum partem co-
piarum temptasset opponere* —, indem er *se* vor *intrare* einschiebt,
während Hedicke nichts ändert. Ich schreibe ohne einschaltung
einfach *intrari* „dass man eintrete": vgl. III, 8, 13 *fauces, quibus Syria aditur*. — V, 4, 12 *evasurum se* (sc. *Alexandrum*) *esse
cum paucis, nisi forte crederet* (sc. *pastor*), *qua ipse pecoris causa
isset, Alexandrum pro gloria et perpetua laude ire non posse.* Die
emphase dieser worte macht es wahrscheinlich, dass nicht zu *laude*
allein, sondern auch zu *gloria* ein verstärkendes epitheton gehörte.
Man ergänze *aeterna*, das bei *-a et* leicht ausfallen konnte. —
V, 12, 1 (*Bessus*) *dilato in proximam noctem sceleris consilio
agere gratias incipit*. Vogel bemerkt zu *gratias* richtig: nämlich
regi. Ist es zu kühn, wenn man vermuthet, dass zwischen *agere*
und *gratias* ursprünglich *regi* gestanden sei? —

Ungleich seltener greift Vogel zur annahme von glossemen;
und diese sind auch wirklich weit weniger zahlreich als andere
corruptelen des Curtiustextes. Ich mache hier auf folgendes, bisher meines wissens übersehene glossem aufmerksam: IV, 14, 14
*Videtis ordines raros, cornua extenta, mediam aciem vanam, ex-
haustam: nam ultimi, quos locavit aversos, terga iam praebent.*
Die sachlich an sich ganz richtige bemerkung *quos locavit aversos*
bildet im zusammenhange einen unerträglichen widerspruch. In-

dem Darius bei seiner ansprache vor der schlacht auf die von
Alexander nach wohl überlegtem plane (13, 34) weit ausgedehnte
und darum weniger tiefe frontestellung hinweist, stellt er als ein
werk fehlerhafter anordnung des gegners hin, was aus reiflicher
taktischer erwägung hervorgegangen war. Und er steigert seine
darstellung zur bittern ironie bei der hindeutung auf jene, die schon
den rücken wenden, noch ehe das gefecht beginnt. Unmöglich
können daher diejenigen worte in den zusammenhang passen, die
gerade die aufstellung einer abgewendeten fronte als taktik Alexanders bezeichnen und so jene höhnende hindeutung des redners auf
die zu erwartende flucht der feinde zu nichte machen. Wohl aber
ist begreiflich, wie ein glossator die worte *ultimi terga iam praebent* durch die aus 13, 31 *(ultimos ordines avertit a fronte)* ge-
schöpfte, sachgemässe bemerkung *quos locavit aversos* erläutern
konnte.

Durch **transposition** lassen sich nur wenige verderbnisse
bei Curtius bessern: V, 4, 7 *Medus ad mare ad meridiem versus
— minor amnis eo, quem accepit — evehitur, gignendaeque herbae
non alius est aptior, quidquid adluit, floribus vestiens. Platani
quoque et populi contegunt ripas.* Ich begnüge mich, neben die
überlieferung ohne weiteres die nach meiner ansicht umgestellten
sätze zu setzen: *Medus ad mare . . evehitur, quidquid adluit, floribus vestiens; gignendaeque herbae non alius est aptior; platani
quoque et populi contegunt ripas.* — Complicirter und zweifelhafter ist eine andere umstellung, womit zwei verderbten stellen
zugleich nachgeholfen werden soll: V, 3, 13 *Diu Sisigambis supplicum precibus repugnavit, abnuens deprecationem pro illis non convenire fortunae, in qua esset.* So Hedicke nach den handschriften;
Vogel hat in dem pleonastischen *non* beim infinitiv nach *abnuens*
einen auffallenden gräcismus gesehen und daher *non* eingeklammert.
Das befremdende der negation leuchtet ein; wie leicht *non* vor *con*
(ausfallen oder) irrig geschrieben werden konnte, hat erst jüngst
wieder Madvig, *Adversaria critica* I, 37 gezeigt. Dennoch habe
ich einen andern heilungsversuch als Vogel angestellt. Im §. 9
desselben capitels stehen nemlich völlig zusammenhangslos die worte
simul admonens, die Hedicke und nach ihm Vogel dadurch erträglich zu machen strebten, dass sie einen ganzen satz ergänzten:
Tauronem mox auxilium esse laturum. Ich dagegen vermuthe,
dass die worte *simul admonens* zu §. 13 gehörten, aber ausgelassen und am rande nachgetragen waren, so dass ein abschreiber sie
an falscher stelle §. 9 wieder in den text bringen konnte. Leicht
nemlich mochte das abgebrochene der rede §. 9 auf den ersten
blick anstössig erscheinen, während es doch die situation trefflich
malt. Man vergleiche nur die unmittelbar folgenden worte: *Inter
haec eminus petebatur.* An der fraglichen stelle §. 13 wäre demnach zu schreiben: *Diu Sisigambis supplicum precibus repugnavit*

abnuens, simul admonens deprecationem pro illis non convenire for-
tunae, in qua esset: adicitque —.

Noch einige emendationsversuche einfacherer art seien
zur prüfung empfohlen: III, 2, 9 *Nam Bactrianos et Sogdianos et*
Indos ceterosque rubri maris accolas, ignota etiam ipsi gentium no-
mina, festinatio prohibebat acciri. Vergleicht man die auch von
Vogel angezogenen stellen IV, 12, 9 *aliae gentes, ne sociis quidem*
satis notae . . Indi ceterique rubri maris accolae, nomina verius
quam auxilia — und IV, 14, 3 *Nomina modo vana gentium igno-*
tarum, ferner VII, 3, 5 *nationem ne finitimis quidem satis notam*
(Sen. Epp. mor. VI, 59, 12): so wird man über *ignota ipsi* um
so bedenklicher werden, als auch der verstärkende zusatz *etiam*
bei dem abschwächenden *ipsi* befremdet. Denn es ist gar nicht so
schwer denkbar, dass dem könige selbst der name irgend einer von
den vielen seine hoheit anerkennenden völkerschaften unbekannt gewesen sei. Darf man dem archetypus unserer guten handschriften
eine solche kürzung zutrauen, so liegt die vermuthung nahe, dass
ipsi aus *psis* verschrieben sei, so dass zu lesen wäre: *ignota*
etiam Persis gentium nomina. — III, 4, 2 *Pylas incolae dicunt*
artissimas fauces, munimenta, quae manu ponimus, naturali situ
imitante. Sowohl der absolute ablativ als erläuterung des prädicats *dicunt* als auch das subject *situs* zu *imitari* muss befremden
und lässt sich kaum durch ein ähnliches beispiel belegen; daher
empfiehlt sich die einfache änderung von *imitante* in *imitantes*,
das durch naheliegendes egalisiren mit *situ* congruirend gemacht
wurde. Der ausdruck *fauces munimenta imitantes* ist correct und
lässt die doppelten gegensätze schärfer hervortreten. — III, 8,
17 *Itaque speculatores maritimas regiones praemissos explorare*
iubet, ipse adesset. Diese unverständlichen worte der überlieferung
hat Vindelinus durch einschiebung von *in* vor *maritimas* herzustellen gesucht; ihm folgen Hedicke und Vogel, nur dass letzterer
nach *explorare* noch *rex* einsetzt. Zugleich bemerkt Vogel in der
note zu *in maritimas regiones*: ziemlich sinnlos. Ich bin mit dieser bemerkung völlig einverstanden, finde es daher auch nicht correct, dass bei Vogel die worte ohne änderung und ohne kreuz im
texte belassen sind, obwohl derselbe bereits auf die richtige quelle
einer emendation hingewiesen hat mit den worten: nach Arrian
fuhren sie zu schiff. Bei Arrian heisst es nemlich II, 7, 2 Καὶ
Ἀλέξανδρος ὡς ἤκουσεν ἐν τῷ ὄπισθεν αὐτοῦ ὄντα τὸν Δαρεῖον,
ἐπεὶ οὐ πιστὸς αὐτῷ ὁ λόγος ἐφαίνετο, ἀναβιβάσας εἰς τρια-
κόντορον τῶν ἑταίρων τινὰς ἀποπέμπει ὀπίσω ἐπὶ Ἰσσὸν
κατασκεψομένους εἰ τὰ ὄντα ἐξαγγέλλεται. Hienach vermuthe
ich, dass Curtius statt *maritimas regiones* geschrieben habe: *navi*
rimatum regis res praemissos, und halte eine einschaltung
für unnöthig. — III, 10, 8 *Cum adierat Graecos, admonebat ab*
his gentibus inlata Graeciae bella Darei prius, deinde Xerxis inso-

lentia, aquam ipsos terramque poscentium, ut neque fontium haustum nec solitos cibos relinquerent deditis. Der geläufige ausdruck *solitos cibos* scheint einen seltenen, vielleicht gesuchten verdrängt zu haben, auf welchen der parallelismus der gegensätze deutlich als auf den echten und ursprünglichen hinweist. Wie nemlich von den zusammengestellten begriffen *aquam terramque* der erstere in dem zu *haustum* gehörigen genetiv *fontium* wiederkehrt, so muss auch der zweite jener begriffe in einem zu *cibos* gehörigen genetiv wiederholt worden sein, wenn nicht der kunstvoll rhetorische charakter der stelle gestört werden sollte. Curtius wird daher geschrieben haben: *neque fontium haustum nec soli cibos.* — IV, 1, 8 *Postulabat autem magis quam petebat* (sc. *Dareus*) . .: *de regno aequo, si vellet, Marte contenderet. Si saniora consilia tandem pati potuisset, contentus patrio cederet alieni imperii finibus.* Vogel bemerkt richtig, *pari* oder *aequo Marte* bedeute anderwärts fast immer: mit gleichem kriegsglück; verlangt jedoch unter vergleichung von Caes. B. G. VII, 19 für die vorliegende stelle die deutung: mit gleichen vortheilen. Für mich geben, auch wenn die einzige stelle bei Caesar die zahlreichen anderen an gewicht überträfe, jene stellen den ausschlag, in welchen Curtius selbst den ausdruck *aequo* oder *pari Marte* sonst gebraucht. Für diesen autor aber ist nur die eine bedeutung nachweisbar: mit gleichem kriegsglück, unentschieden. Vgl. IV, 15, 29. VI, 1, 7. Die nothwendigkeit einer änderung ist hiemit wohl erwiesen; vielleicht ist zu schreiben: *de regno acquirendo, si vellet, Marte contenderet.* Bekannt ist der gebrauch von *acquirere* mit objecten wie *provinciam*; auch wird durch dieses gerundiv der gegensatz zu *patrium imperium* hervorgehoben. Zu *Marte contenderet* vgl. IV, 5, 7 *Marte decerneret.* — V, 1, 18 *Ad hoc vir inlustris et manu promptus famaque etiam proximo proelio celebris —.* Vogel notirt, dass Curtius sonst nur die masculinform *celeber* habe; sollte darum nicht *famaeque . . celebris* als genetiv der eigenschaft geschrieben werden wie Flor. BG haben sollen? — III, 5, 13 *Proinde, si quid opis, si quid artis in medicis est, sciant, me non tam mortis quam belli remedium quaerere.* Es ist nicht unrichtig, aber es ist ungenügend, wenn Vogel bemerkt, der gegensatz *non tam mortis quam belli* sei nicht scharf ausgedrückt. Vielmehr ist derselbe falsch, und es verstösst schon der ausdruck *belli remedium* gegen den sinn, da er neben dem objectiven genetiv *mortis* nur bedeuten könnte: ein heilmittel gegen den krieg. Krieg aber will gerade Alexander, krieg ersehnt er mit solcher ungeduld, dass er bestimmt ausspricht: *lenta remedia et segnes medicos non expectant tempora mea: vel mori strenue quam tarde convalescere mihi melius est.* Und wiederholt betont es der schriftsteller 6, 3: *omnia quippe facilius quam moram perpeti poterat.* Dem sinne werden wir daher jedenfalls gerecht, wenn wir schreiben: *sciant, me non tam*

mortis quam morae remedium quaerere. Das wortspiel ist
dem erregten tone der ganzen stelle angemessen; die ähnlichkeit
von *morae* und *mortis* konnte den ausfall jenes wortes leicht herbeiführen, worauf dann die unverkennbare lücke durch das unpassende, vielleicht ursprünglich als erklärung zu *morae* beigeschrie-
bene *belli* ausgefüllt wurde. Es könnte jemand auch *belli* beibehalten und *morae belli* verbinden wollen; allein dagegen spricht
erstens der umstand, dass die schlagende kürze des durch die par-
onomasie noch gehobenen gegensatzes durch die hinzufügung von
belli erlahmen würde; und zweitens ist dies nicht das einzige beispiel, in welchem die ältesten handschriften bereits eine offenbare
lücke auf gut glück ausgefüllt oder statt des glossirten wortes
die glosse in den text gebracht haben. Man vergleiche V, 6, 12
*Ipse . . interiorem Persidis regionem sub ipsum Vergiliarum sidus
petiit.* Auch hier bemerkt Vogel zu *sub ipsum Vergiliarum sidus:*
fast sinnlos; und doch tastet er die worte so wenig an als Hedicke. Ich zweifle nicht, dass man kühn *sub ipsum Vergiliarum
occasum* schreiben müsse; denn dies ist jedenfalls, wie auch Vogel ausspricht, gemeint. In *sidus* aber haben wir nichts als eine
ergänzende glosse zu *Vergiliarum* zu erkennen, die in den text
gedrungen ist und das echte wort verdrängt hat. — Doch genug
dieser einzelheiten; ich verweise zum schlusse auf zwei für Vogel
wahrscheinlich noch nicht zugänglich gewesene conjecturen von
M. Haupt im Hermes V, 186, wodurch IV, 13, 28 *dux* in *mox*
und, was schon Heusinger gefunden hatte, VI, 5, 11 *invicta* in
multa auf überzeugende weise verbessert wird.

VI. Interpretation.

Mützells ausgezeichnete leistung für die erklärung des Curtius
ist heute noch nicht veraltet; sie wird auch dann ihren eigenthümlichen werth behalten, wenn sie durch eine neuere arbeit auf
diesem gebiete übertroffen sein wird. Denn einmal wird es
schwerlich in nächster zeit versucht werden, sie in ihrer eigenschaft als repertorium zu ersetzen, in welchem die ergebnisse der
früheren interpreten im wesentlichen niedergelegt sind; und zweitens ist die von Mützell selbst geübte exegese zwar nicht gerade
durch eindringende schärfe, die sofort den wunden fleck blosszu-
legen vermag, wohl aber durch besonnene umsicht und genaue
kenntniss des individuellen sprachgebrauchs ausgezeichnet. Gerade
in diesem letzten punkte ist übrigens in jüngster zeit durch spe-
cialarbeiten ein mächtiger fortschritt angebahnt worden; Mützell
selbst war der erste, der (1842) für die tropik des Curtius eine
durchaus befriedigende untersuchung geführt und dadurch für weitere abhandlungen anstoss und richtung gegeben hat. Zwar ist
Zumpt in seiner ausgabe (1849) zu sehr mit den kritischen fragen

beschäftigt gewesen und hat mehr nebenher durch seine gründliche
kenntniss des generellen sprachgebrauchs auch das grammatische
verständniss des Curtius gefördert. Entschieden weiter aber ist
hierin Vogel fortgeschritten. Die der einleitung seiner ausgabe
(nr. 19) angehängte übersicht des sprachgebrauches, die zunächst
für die benutzung in der schule bestimmt ist, muss trotz ihrer
skizzenhaften durchführung und trotz mancher minder glücklich an-
geordneten partieen sowie einzelner ungenauigkeiten (vgl. Busch
in der Zeitschr. f. d. gymn.-wesen XXV, p. 505) als ein werk
gründlicher und zuverlässiger forschung bezeichnet werden, dessen
andeutungen durch die dem texte beigegebenen einzelnoten entsprechende erweiterung und begründung gefunden haben. Es versteht
sich von selbst, dass hiebei die vergleichung des Curtius mit anderen autoren eine wichtige rolle spielt. Vogel hat seinem didak-
tischen zwecke gemäss mit möglichster consequenz auf alle abweichungen von der sprache der classischen prosaschriftsteller hingewiesen. Nur sporadisch ist daneben ein Celsus oder Plinius u. a.
beigezogen worden. Allein für den wissenschaftlichen zweck kann
jene wohlbemessene beschränkung nicht massgebend sein. Velleius
ist, da er unter den erhaltenen römischen historikern zeitlich Curtius am nächsten steht, bei der vergleichung nicht zu umgehen,
und wäre es auch nur, um die durchgreifenden differenzen beider
autoren nachzuweisen. Ueber die zum theil auf Livius zurückzu-
führenden berührungspunkte zwischen Curtius und Tacitus hat
Wiedemann in den (nr. 12) verzeichneten excursen, von denen
neuerdings (Philol. XXXI, 552—562) die angekündigte fortsetzung erschienen ist, aufschlüsse gegeben. Der mit Curtius zeitgenössische und doch von ihm grundverschiedene Seneca ist insbesondere geeignet, den nachweis zu ermöglichen, wie vieles in der
sprache des Curtius dem bewussten streben des autors, seinem
muster Livius nachzueifern, wie vieles der unbewussten hingabe
an die sprachliche eigenartigkeit seiner zeit angehört. Aus Seneca
hat auch jüngst Vogel (Philol. XXX, 686—688) den beleg für
den metaphorischen gebrauch des an zwei stellen (VII, 1, 7. 2, 9)
dem Curtius vindicirten *suppurare* entnommen. Freilich sind derartige untersuchungen über das verhältniss von zwei autoren häufig mit bedenklichen schwierigkeiten verknüpft. So erinnern zahlreiche stellen bei Curtius theils in der structur oder dem gedanken nach, theils in ihrem wortlaute auffallend an Sallustius; und
doch entschlüpft uns die mehrzahl dieser scheinbaren reminiscenzen
des Curtius wieder unter der hand. Denn eine stattliche reihe
genau entsprechender parallelstellen aus Livius zeigt, dass manche
jener ähnlichkeiten nicht aus sallustianischen studien, sondern aus
der nachahmung des Livius zu erklären sind, der seinerseits unzweifelhaft die schriften des Sallustius gekannt hat. Auch für den
kleinen rest von stellen, der sich aber gewiss bedeutend vermehren

lässt, wenn Curtius speciell zu diesem zwecke gelesen wird, kann
der belesenere vielleicht livianische analogieen finden. Ein skeptiker könnte ohnedies auch diese berührungspunkte durch vermittlung der verlorenen bücher des Livius erklären wollen. Allein III,
1, 7 *non eadem ipsum et incolas aestimatione munimenta metiri*
erinnert nicht nur die dem Curtius sonst nicht geläufige verbindung *eadem — et* an Sall. Cat. 58, 11 *non eadem nobis et illis
necessitudo impendet*, sondern besonders noch die anfügung des gedankens: *ad ultimum pro fide morituros*, wie bei Sallust steht:
pro patria, pro libertate, pro vita certamus. — III, 6, 2 ist auch
Vogel durch die verbindung der coordinirten infinitivi praesentis
und futuri an die ähnliche construction bei Sall. Iug. 62, 3 erinnert worden. — III, 9, 7 *in fronte constituit* entspricht sogar
dem wortlaute bei Sall. Cat. 59, 2. — IV, 7, 6 *terra caeloque
aquarum penuria* bei der schilderung des zuges durch die wüste
zum orakel des Hammon erscheint als nachbildung der von Sallustius bei der beschreibung von Afrika gebrauchten worte Iug. 17, 5
caelo terraque penuria aquarum. — IV, 14, 25 *in dextris vestris
iam libertatem, opem, spem futuri temporis geritis* ist zu vergleichen mit Sall. Cat. 58, 8 *libertatem atque patriam in dextris vo-
stris portare.* — Auch gedanken wie III, 11, 12 *qua cuique ad
fugam patebat via, erumpunt, arma iacientes, quae paulo ante ad
tutelam corporum sumpserant* und Cat. 58, 16 *in fuga salutem
sperare, cum arma, quibus corpus tegitur, ab hostibus avorteris;*
ferner IV, 5, 2 *homines, quantamcumque felicitatem habeant, invidiam tamen sentire maiorem* und Iug. 55, 3 *meminisse post glo-
riam invidiam sequi;* oder V, 8, 13 *idemque erit regni mei, qui
spiritus finis* und Iug. 5, 5 *sed imperi vitaeque eius finis idem fuit,*
zeigen eine mehr als zufällige ähnlichkeit. Man vergleiche auch
ausdrücke wie III, 2, 14 *mutare pugnam* mit Iug. 49, 6 *conmu-
tatis ordinibus;* IV, 4, 5 *oneravere se vino* mit Iug. 76, 6 *vino et
epulis onerati;* IV, 5, 20 *Pharnabazi copiam fore adfirmant* mit
Iug. 111, 1 *quoniam copiam Iugurthae haberet;* IV, 6, 22 *infesta
telis* mit Iug. 89, 5 *infesta serpentibus;* VI, 4, 8 *quarum (litterarum) sententia haec erat* mit Iug. 9, 1 *earum (litterarum) sententia haec erat* und 24, 1 *quarum (litterarum) sententia haec fuit.*
Bedenkt man, dass diese analogieen nicht planmässig gesammelt,
sondern gelegentlich bei der lectüre aufgezeichnet sind, so wird
man um so eher geneigt sein, an directe kenntnissnahme des Sallustius bei Curtius zu denken, als sich hiedurch auch eine andere
aporie wohl lösen dürfte. Schon Freinsheim hat auf die überraschende ähnlichkeit zwischen der von Curtius IV, 14 geschilderten
situation der Macedonier und Perser und der von Tacitus Agr.
29 sqq. gezeichneten lage der Römer und Britannier, sowie zwischen den dem Alexander und Dareus in den mund gelegten und
den dem Agricola und Calgacus zugeschriebenen reden aufmerksam

gemacht. Unmöglich aber können wir nach der oben (p. 159) begründeten ansicht über das zeitalter des Curtius uns zu der noch von Peerlkamp zu Agr. 33 bestimmt behaupteten möglichkeit einer ausbeutung des Tacitus durch Curtius bekennen. Wie aber wenn hier sowohl Tacitus als auch Curtius das vorbild des Sallustius vor augen gehabt hätten? Dann würde sich die überraschende ähnlichkeit der bezeichneten partieen höchst einfach erklären; und diese erklärung müsste um so probabler erscheinen, da Tacitus gerade im Agricola die zahlreichsten und unverkennbarsten spuren seiner sallustianischen studien hinterlassen hat.

Von anderen gesichtspunkten als Vogel in seiner übersicht ist Krah bei seinen forschungen über den sprachgebrauch des Curtius geleitet worden. Zunächst, wie es scheint, durch Kühnasts umfassende untersuchungen über Livius angeregt, hat Krah in erster linie Curtius als schullectüre ins auge gefasst und den nach Mützells arbeiten kaum mehr nöthigen beweis angetreten, dass die sprache des Curtius auf die zu entwickelnde fertigkeit des schülers in lateinischer diction nicht nachtheilig wirke. Aber der von Krah bis ins detail entfaltete fleiss würde auch ohne seine ausdrückliche bemerkung errathen lassen, dass zugleich ein weiteres ziel gesteckt ist: nemlich einen brauchbaren beitrag zu liefern für einen künftigen auf streng historischer grundlage und genauester specialforschung ruhenden Thesaurus und eine gleich durchgearbeitete grammatik der lateinischen sprache. Wie Krah in den bisher erschienenen theilen seiner abhandlung (nr. 14), welche an die §§ in Zumpts Grammatik sich anschliessend erst bis an die schwelle der syntax vorgerückt ist, seiner aufgabe gerecht geworden, das sagen die (p. 156) angeführten beurtheilungen, denen seitdem noch eine recension des zweiten theils aus H. S. Antons kundiger feder (Philol. Anz. III, 442—445) gefolgt ist. Dem von einem kritiker ausgesprochenen wunsche baldiger fortsetzung dieser beiträge stimmt gewiss jeder leser derselben zu; doch mag auch der andere wunsch gestattet sein, dass manches bisher minder gelungene künftighin gebessert werde. Was zunächst die äussere einrichtung betrifft, so ist der verfasser dem verlangen, allen aus Curtius angeführten beispielen auch die angabe der stellen beizufügen, zwar im zweiten theile von p. 18 an nachgekommen, aber in einer weise, welche den erstrebten vortheil sofort wieder zum theil illusorisch macht; es finden sich nemlich z. b. p. 18 nicht weniger als zehn, p. 20 fast ebenso viele ungenaue citate. Um nur wichtigeres zu erwähnen, so ist zwar zuzugeben, dass bei dem mangel eines vollständigen kritischen apparats manche statistische notiz über eine sprachliche erscheinung nicht abschliessend sein kann; aber manche bemerkung hätte schon jetzt präciser ausfallen müssen, wenn zunächst die handschriftliche grundlage, namentlich die lesart des Par., genau beachtet worden wäre.

Zum belege mögen wenigstens einige beispiele aus §§. 1 und
2 hier platz finden. Schon Hug hat (Philol. Anz. III, 173) die
unhaltbarkeit einer unterscheidung der form *Alexandria* für die
städte in Aegypten und am Tanais von *Alexandria* für die städte
dieses namens am Kaukasus und in Indien nachgewiesen. Für die
ägyptische gründung, welche dreimal bei Curtius erwähnt wird,
steht die postulirte form *Alexandria* an keiner stelle fest, denn
IV, 8, 5 hat Par. *Alexandream*, X, 10, 20 findet sich nach Hugs
zeugniss im Bern. dieselbe form, während IV, 8, 2 die überlieferung verderbt ist. — Wenn §. 2 gesagt wird, es sei „*progrediundum* von Hedicke gegen Mützell's ansicht wieder aufgenommen": so ist dies mindestens ungenau, da sich ausser der form
progrediundum V, 5, 1 auch *progrediendum* III, 7, 8 findet, und
da hiebei nicht etwa die ansicht Hedickes „gegen Mützells ansicht", sondern einfach die beste überlieferung massgebend war. —
Krah fährt fort, Curtius ziehe bei einzelnen wörtern die aspirirten
formen vor; dies kann bedeuten, Curtius gebrauche die aspirirten
formen häufiger als die nicht aspirirten, oder auch, er gebrauche
nur die ersteren, während er den gebrauch der letzteren anderen
überlasse; richtig ist aber weder das eine noch das andere. Von
sechs stellen geben nur zwei in allen guten handschriften die form
Hammon. Dagegen findet sich VI, 9, 18 in allen guten handschriften mit ausnahme von Par.; ferner IV, 8, 1 in Par. und
Leid. und Voss.; X, 5, 4 in den beiden letztgenannten handschriften die form *Ammon*, auf welche auch VI, 10, 28 die von
allen guten handschriften überlieferte corruptel *ammodum* hinweist.
Der einmal IV, 7, 20 vorkommende name *Hammonii* ist in Par.
Bern. Leid. Voss. ohne aspiration geschrieben. — Was über *ha-
rena* gesagt ist, gilt nicht für Curtius allein. — *Heneti* ist nur
durch interpolirte handschriften bezeugt. — Dagegen soll Curtius
nicht *Horitarum*, wie Zumpt schreibt, sondern *Oritarum* vorgezogen
haben. Möglich ist es, aber beweisen lässt sich's nicht; denn IX,
10, 6 haben die guten handschriften alle *noritas* und IX, 10, 19
moritarum mit ausnahme von Par., der *noritarum* hat. Die lesart
Oritas und *Oritarum* ist von Aldus und Mützell eingeführt worden. — Zu Krah's angabe über *prenderent, prensum* ist zu vergleichen, was Hedicke (nr. 4) p. 29, not. 23 anmerkt. — Weitere belege ergeben sich aus den folgenden bemerkungen, die sich
an den abschnitt über die conjunctionen (im II. theile) anschliessen.
§. 332 heisst es: *Ac* vor vokalen hat Hedicke einmal wieder aufgenommen. Das trifft aber den richtigen punkt nicht; denn da
VI (nicht VII, wie Krah schreibt), 1, 11 in allen guten handschriften *et urgente* überliefert ist, so folgt daraus, dass *ac* vor
vocalen dem autor fremd und von Hedicke an jener einen stelle
mit unrecht aufgenommen ist. — §. 333 ist der wortlaut von V, 6
(nicht 7), 17 *specus in montibus fodiunt* irrthümlich wiedergege-

ben: *in montes.* So ist §. 340 aus X, 4, 2 *in aquam* citirt statt
in amnem; §. 341 aus VIII, 6, 19 *collaudatis* statt *conlaudatique*;
§. 347 aus IX, 5, 22 *admoveretur* statt *moveretur*; 351 aus VI, 11,
28 *accusari* statt *accersi.* — 334 wird für *nec* — *quidem* statt
ne — *quidem* auf Mützell und Zumpt ohne weiteres verwiesen,
d. h. auf entgegengesetzte subjective meinungen. Das richtige ist
aber auch hier der hinweis auf die beste überlieferung, welche
massgebend bleibt, soweit nicht etwa innere gründe es unmöglich
machen. Demnach ist, wie auch Vogel, gewiss nach demselben
kriterium, entscheidet, VI, 10, 10 und X, 4, 3 mit allen guten
handschriften *nec* zu schreiben. Wo die besseren handschriften
schwanken, wie III, 11, 24; VI, 5, 20; VII, 1, 30; VIII, 6, 28,
ist Par., der an diesen stellen *ne* — *quidem* bietet, ein sicherer
führer. Nur VIII, 8, 16 *Macedonas invictos ceteris nec auro qui-*
dem vinci ist aus innerem grunde mit den geringeren handschriften
und der vulgata *ne* — *quidem* zu schreiben. Bei Krah aber zeigt
sich in manchen punkten eine gewisse connivenz gegen die vulgata
und eine scheu vor unerbittlicher bevorzugung der handschriftlichen
autorität gegenüber den meinungen der forscher oder den fortge-
erbten lesarten der ausgaben. Anders lassen sich äusserungen nicht
erklären, wie p. 19 die worte: „womit man zur noth die vulgata
schützen könnte, während jetzt . . . gelesen wird". Das ist ja
ohne entscheidendes gewicht, was zufällig jetzt gelesen wird, wie
jedenfalls Krah selbst anerkennt, der sonst auch z. b. p. 18 zu
IX, 4, 6 die jetzt bei Hedicke aufgenommene lesart *seque* statt *se*
quoque hätte anführen müssen. Entscheidend ist vielmehr, was in
den ältesten und reinsten uns erschlossenen quellen gelesen wird;
diese überlieferung, nicht aber die vulgata, werden wir nach möglichkeit zu schützen suchen. So ist es auch §§. 342 und 343
irreführend, wenn von der einzigen stelle gesprochen wird, „in der
ni forte sich fand, jetzt aber auch mit *nisi* vertauscht ist". Hienach könnte man glauben, dass lediglich oder vorwiegend innere
gründe die „vertauschung" veranlasst hätten, während doch V, 8,
12 *nisi forte* aus Par. aufgenommen worden ist. — Bisweilen
vermisst man bei Krah die sichere entschlossenheit, aus dem gegebenen das facit zu ziehen; wiederum wird manches zu bestimmt
behauptet, wo zurückhaltung geboten wäre. So werden p. 19 zu
§. 335 stellen beigebracht, in welchen sich *quoque* „entschieden auf
das folgende wort bezieht", während es doch VI, 6, 5. 11, 9 von
Vogel, IX, 9, 23 von Zumpt mit guten gründen nicht auf ein einzelnes wort, sondern auf den ganzen gedanken bezogen wird.
Zu weit geht Krah auch, wenn er eine singuläre oder doch seltene erscheinung, die einfach registrirt werden musste, zu erklären
versucht, obwohl hiezu das vom schriftsteller gebotene material gar
nicht ausreicht, sondern aus anderen quellen die erläuterung geschöpft wird; vgl. zu §. 347 über *utinam non.* — Dagegen ist

Krah nicht weit genug gegangen, wenn er z. b. §§. 345 und 346
mit der lakonischen bemerkung abschliesst: „*nimirum, nempe, scilicet, videlicet* wie bei anderen autoren"; hier durfte man wenigstens eine andeutung über die häufigkeit dieser conjunctionen und
bei *scilicet* wohl auch über die wortstellung erwarten. Ferner
war neben Jeeps conjectur *eludant fidem licet* statt *videlicet* V, 11,
10 auch Vogels vermuthung *eludant me licet* zu erwähnen. —
Die abhängigkeit von Mützell, auf welchen Krah ausserordentlich
oft verweist, ist manchmal so gross, dass einzelne passus bei Krah
z. b. §. 348 über *ceterum* kaum etwas anderes als ein abdruck
Mützell'scher noten nach der ordnung des Mützell'schen index genannt werden können. Aber auch bei den verweisungen auf Mützell erscheint einzelnes auffallend. Nachdem z. b. Krah p. 19
zu §. 335 eine kleine zahl von beispielen, die bei Mützell angeführt sind, mitgetheilt hat, verweist er auf diesen herausgeber, der
„die übrigen stellen f a s t vollständig gesammelt" habe. Man sieht
hieraus, dass Krah noch stellen kennt, die Mützell übergangen hat;
wäre es nicht rationeller gewesen, die einzelnen bei Mützell fehlenden stellen nachzutragen, als mehrere schon von Mützell abge-
druckte zu wiederholen? Noch eigenthümlicher ist es, wenn p. 22
zu §. 347 gesagt wird: „a n d e r e stellen gibt Mützell" — während doch auch die bei Krah angeführten stellen in Mützells ausgabe in gleicher reihenfolge sich finden. Doch genug; die abhandlung von Krah macht hie und da den eindruck, als sei sie
mehr aus sorgfältiger benutzung der commentare zu Curtius als
aus dem unmittelbaren studium des werkes selbst erwachsen; besonders scheint der zweite theil dem ersten an selbstständigkeit
etwas nachzustehen. Wenn dies und anderes hier ausdrücklich constatirt worden ist, — ohne schonung, deren die tüchtige arbeit
Krahs nicht bedarf, aber auch ohne tadel im allgemeinen, den sie
nicht verdient — so geschah es, um für die noch zu erwartenden
abschnitte der abhandlung die höchste akribie zu empfehlen, damit
sie für Curtius werden möge, was Kühnasts umfassende studie,
namentlich in ihrer umarbeitung, für Livius leistet. Möge dann
auch überall das specifisch Curtianische hervorgehoben und das
sonst ebenso vorkommende ausgeschieden werden; denn Kühnast
erblickt mit recht eine gefahr darin, „wenn der schüler — wir
sagen: der leser — nicht weiss, was in einem schriftsteller allgemein lateinisch, was individuell ist". Allerdings erscheint diese
scheidung oft sehr schwierig; doch verspricht Drägers historische
syntax der lateinischen sprache gerade in diesem punkte eine willkommene unterstützung.

Auf lexikalischem gebiete ist als specialarbeit für Curtius nur
das wörterbuch von Eichert (nr. 15) zu verzeichnen, das in ermangelung eines besseren hülfsmittels und in anbetracht wirklicher
vorzüge die freundliche aufnahme wohl verdient, die ihm von sei-

nem ungenannten beurtheiler (s. oben p. 156) zu theil geworden
ist. Allein das buch erregt doch mannichfache bedenken. Für die
schule wird, selbst wenn jemand trotz der gewichtigen neuerdings
von Bonitz besprochenen einwendungen dennoch ein speciallexikon
auf der stufe der secunda dulden möchte, viel mehr stoff zusam-
mengehäuft, als nothwendig oder auch nur bequem erscheint. Für
höhere zwecke aber ist es von vorne herein störend, dass der text
von Foss d. h. die überlieferung der jüngeren und interpolirten
handschriftenklasse zu grunde liegt, neben welchem die textgestal-
tung der kleineren Zumptschen ausgabe subsidiär berücksichtigt
wurde. Und das ist drei jahre nach dem erscheinen der textes-
recension von Hedicke geschehen! Als vollständig bezeichnet der
verfasser sein wörterbuch natürlich nur in dem sinne, dass es den
ganzen wortschatz des Curtius umfasst; eine erschöpfende angabe
aller fundorte bei den einzelnen wörtern war gewiss gar nicht
beabsichtigt. Aber auch die wirklich angeführten stellen sind für
eine wissenschaftliche übersicht nicht geeignet. Wir sehen hier
von den hie und da begegnenden unrichtigen citaten ab, ebenso
von der in einigen seltenen fällen ungenauen bedeutungsangabe,
von der gleichfalls vorkommenden störung der alphabetischen folge;
aber — was betont werden muss — die schwankende orthographie
der besten handschriften ist zu wenig beachtet, archaistische und
vulgärformen, verschiedene erscheinungen desselben wortes, z. b. *ac*
und *atque*, sind nicht streng geschieden, die mannichfaltig überlieferten declinationsbildungen sind nicht gebührend beachtet, die casus-
und tempusformen werden meist in den nominativ und infinitiv
umgesetzt, die wortstellung der beispiele ist nicht gewahrt, die
stellen selbst sind durch auslassungen in verschiedener weise ge-
kürzt, wortformen sind aufgeführt, die dem schriftsteller abgespro-
chen werden müssen — kurz statt diplomatisch zuverlässiger aufzählung ist alles für flüchtigen gebrauch hergerichtet und zuge-
schnitten. Es erscheint überflüssig hiefür einzelne beispiele, deren
eine fülle zu gebote steht, anzuführen, da diese mängel nicht sowohl auf versehen beruhen als vielmehr in der ganzen anlage des
nicht für den forscher bestimmten buches begründet sind. — Diese
bemerkungen waren niedergeschrieben, als von Krah (Philol. Anz.
III, 501—503) eine beurtheilung gegeben wurde, die mit denselben durchweg stimmt und durch die daselbst hervorgehobenen einzelheiten eine wünschenswerthe ergänzung bietet. Was die erklärer des Curtius in vereinzelten noten unter dem texte für die
lexikalische erläuterung des schriftstellers geleistet haben, ist hier
nicht anzugeben; nur mag angedeutet werden, dass Vogels ausgabe
(nr. 19) und seine grammatisch-kritischen beiträge (nr. 11) auch
reiches lexikalisches material enthalten.

Bezüglich der historischen und überhaupt realen erklärung des
Curtius kann nach den allgemeinen gesichtspunkten, auf die das

II. capitel dieses berichts hingewiesen hat, die bemerkung genügen, dass ausser Vogels anmerkungen und excursen in seiner ausgabe die sorgfältigen erörterungen von Miller (nr. 10), namentlich über die elitetruppen im persischen heer und hofstaat, beachtung verdienen. Bei der vielfachen übereinstimmung der erzählung des Curtius mit erhaltenen darstellungen anderer autoren erwachsen der sachlichen erläuterung verhältnissmässig wenige schwierigkeiten, die überdies zum grösseren theile durch missverständniss oder sorglosigkeit des autors herbeigeführt sind. Soweit aber auch die analytische erforschung gediehen ist, so rüstig grammatische und lexikalische arbeiten zu Curtius fortschreiten: die synthesis der auf diesem wege gewonnenen einzelergebnisse, die generelle und individuelle interpretation des schriftstellers, ist bis jetzt nicht ins reine gekommen.

Die gesammtwürdigung des schriftstellers — man darf dies ohne übertreibung sagen — liegt noch im argen. Vergleicht man neben den in der einleitung von Vogel (nr. 19) nur spärlich angegebenen punkten die charakteristiken des autors, die Bernhardy und Teuffel in ihren literarhistorischen werken geben, so befremden uns manche schwer vereinbaren gegensätze. Ist ja doch Bernhardy mit sich selbst in widerspruch gerathen, indem er im texte seines grundrisses (§. 108) das werk des Curtius als „frühesten versuch in römischer litteratur die romantische geschichte des grossen königs darzustellen" bezeichnet, sohin das werk als ein historisches anerkennt, aber dabei das im object liegende romantische element betont; während er in den noten (anm. 504) davon spricht, dass „dies thema zum roman verarbeitet" sei, d. h. doch wohl, dass die romantik nicht im thema oder object liege, sondern subjectiv und in der art der verarbeitung zu suchen sei. Ebenda sagt Bernhardy das eine mal, dass Curtius „willfährig einem Klitarch und Timagenes folge", ein anderes mal nennt er denselben einen „rhetor, der um die geschichtliche wahrheit weiss und doch von der fiktion nach belieben gebrauch macht". Im zweiten falle wird augenscheinlich dem Curtius selbst zum vorwurf gemacht, was nach der richtigeren ersten behauptung vielmehr seinen quellen zugeschrieben wird. In solche bedenken versetzt die lectüre der knappen darstellung von Teuffel nicht. Aber um so zahlreicher sind die widersprüche, die uns bei gegenüberstellung der von Bernhardy und von Teuffel gegebenen kritischen würdigung des Curtius entgegentreten. Wir wollen hier nicht urgiren, wie eine nach Teuffels worten „gezierte, poetisierende und rhetorisierende färbung" zu dem von Bernhardy hervorgehobenen „märchenhaften ton der erzählung" wenig stimmt. Aber nimmer lässt es sich reimen, wenn Teuffel von einer „ähnlichkeit (des stiles) mit dem des Seneca" spricht, während Bernhardy ausdrücklich in abrede stellt, dass Curtius „geistreich und pikant" gewesen sei;

wenn Teuffel von den „kurzen, antithetisch zugespitzten sätzen“, bei Curtius redet, während Bernhardy bei ihm „im satzbau die rundung und geschlossenheit der Ciceronianischen epoche“ zu erkennen meint; wenn Teuffel behauptet, dass „der sprachliche stoff in etymologischer, lexikalischer und syntaktischer hinsicht noch entschieden den charakter der classicität“ trage, während Bernhardy den „weniger natürlichen wortgebrauch“ tadelt. Unter solchen umständen dürfen wohl hier bruchstücke zu einer charakteristik des Curtius um so eher mitgetheilt werden, da Vogels treffende beurtheilung des schriftstellers über sporadische andeutungen kaum hinausgehen konnte, ohne die durch den zweck jener bearbeitung gezogene schranke zu überschreiten.

Das thema des geschichtswerkes von Curtius, die thaten Alexanders des Grossen, steht an welthistorischer bedeutung keinem vorwurfe eines ähnlichen werkes der griechischen und römischen literatur nach. Der seit jahrhunderten fortglimmende und immer wieder bald mächtiger bald schwächer auflodernde kampf zwischen barbarischem morgenland und hellenischem abendland wird durch Alexander zur hellen flamme angefacht, die den alten auf ehrwürdigen ruinen stolz und weit aufgerichteten bau der persischen monarchie stürzt, um auf den wohlerhaltenen grundfesten desselben eine neue staatenschöpfung aufzurichten. Von dieser in eminentem sinne epochemachenden bedeutung des Alexanderzuges hat auch Curtius eine ahnung, wie einzelne stellen seiner geschichte (III, 10, 8. V, 6, 1 u. s. w.) erkennen lassen. Aber auf die gesammte behandlung des stoffes hat dieser gesichtspunkt so gut wie gar keine einwirkung geübt; nirgends macht sich diese wirklich historische auffassung der mission des grossen königs in der darstellung fühlbar. Curtius sieht in diesem glänzenden kriegs- und siegeszuge nicht sowohl eine weltgeschichtliche that, als ein verwegenes, vom glück begünstigtes abenteuer. Und als leitender gedanke, der die ganze erzählung durchzieht, erscheint die ethische betrachtung, dass Alexander als schoosskind des geschickes die unglaublichsten erfolge erringt, aber indem er mit steigendem glücke seiner unternehmungen persönlich von der sonnenhöhe sittlicher mässigung in die dunklen tiefen ungebändigter leidenschaft hinabsinkt, sich selbst den untergang beschleunigt, den ihm keiner seiner gegner bereiten konnte. — Man wird einer solchen auffassung gewiss nicht das prädicat der wissenschaftlichkeit ertheilen können. Denn jene der echt wissenschaftlichen darstellung eigene treue, die sich ganz in das object der forschung versenkt, um dasselbe ohne entstellung und ohne verzierung in seiner einfachen wahrheit gewissermassen nachzuschaffen, — sie fehlt dem geschichtswerke des Curtius durchaus. Aber auch jene zwar einseitige, immerhin jedoch imponirende genialität, die, statt sich selbstlos dem object hinzugeben, dasselbe selbstsüchtig ausbeutet

und in dessen darstellung gerne züge des eigenen bildes hinein-
wirkt — auch sie wird man bei Curtius vergeblich suchen. Er
lebt nicht in seinem stoffe, er steht nicht über demselben: er ist
hinter seinem ziele zurückgeblieben. Eine moralisch ganz löbliche
richtung und stimmung, wie die des Curtius ohne zweifel war,
kann einer ungewöhnlichen aufgabe gegenüber fehlerhaft werden.
Für die darstellung weltgeschichtlicher wendepunkte fordert die
historische und poetische wahrheit einen anderen ton als für die
nacherzählung unterhaltender geschichten. Dieser überragenden
höhe seines vorwurfes zeigt sich Curtius nicht gewachsen; nicht
etwa so, dass er, um seinen gegenstand zu bewältigen, auf siegen
oder unterliegen ringen würde — er hat vielmehr gar kein au-
genmass für die gewaltige hoheit der von ihm darzustellenden erscheinung; für die Sallustianische forderung: *facta dictis exae-
quanda* geht ihm das verständniss ab.

Sucht man nun auf grund dieser erwägungen über das verhältniss des Curtius zu seiner aufgabe das wahrscheinliche motiv
zu erkennen, welches wohl den autor zur wahl dieses thema
führte, so wird man zunächst nicht zu so ferne liegenden gesichtspunkten sich wenden, wie etwa Niebuhr in seinen Kleinen schriften
I, 322. Für ein so specielles motiv, wie die hoffnung, der persönlichen neigung eines kaisers zu schmeicheln und bei hofe zu
gefallen, bieten die quellen auch nicht den schein eines anhalts-
punktes. Andrerseits lehrt selbst eine flüchtige lectüre, dass nicht
der forschungstrieb des historikers, sondern wesentlich das interesse
des literaten hier im spiele war. Auch Niebuhr selbst hat es ja
a. o. ausdrücklich gesagt, dass im ersten jahrhundert unsrer zeitrechnung — gewiss zur zeit des Claudius nicht minder als unter
Vespasianus — die geschichte Alexanders glücklich gewählt war
für einen rhetor, der sich unfähig fühlte gleichzeitige geschichte
zu schreiben. Ein dankbares thema mit den frischesten farben, wie
sie für den ton der bewunderung taugten, auszumalen, das war
nach Bernhardy's treffenden worten die absicht des schriftstellers.
Damit stimmt auch die auffassung von Vogel überein, nach welcher
das augenmerk des Curtius darauf gerichtet war, das allen (?) gebildeten zeitgenossen aus griechischen werken genügend bekannte
geschichtliche material in einer fesselnden, wirkungsvollen form
darzustellen. Konnte der stoff auch keine nationale theilnahme
wecken, so bot er doch, was schon in den anfängen der kaiserzeit
bedeutsam war, ein ungewöhnliches internationales interesse und
konnte einen autor, der auf seine und seines musters formgewandt-
heit vertraute, zur ersten behandlung in lateinischer sprache reizen.
Dabei ist gewiss auch die vermuthung erlaubt, dass das vorbild
des Livius, wie es für die sprache und die composition den weg
gezeigt hat, so auch für die wahl des stoffes bei Curtius von einfluss war, indem der warme antheil jenes grossen schriftstellers

an Alexanders wirken, wie er aus seinem werke (vgl. den excurs
bei Livius IX, 17—19) hervorleuchtet, für den jüngeren autor
ein ermunternder fingerzeig wurde. Aber für mehr als vermuthung
darf dieser von U. Köhler (*Qua ratione T. Livii annalibus usi
sint historici latini atque graeci* p. 6) ausgesprochene gedanke
nicht gelten.

Das werk des Curtius ist ein roman genannt worden; und
wie wenn damit das wahre wesen getroffen wäre, ist diese bezeichnung von buch zu buch gewandert. Die widerlegung dieser
unrichtigen ansicht gehört zu den besten partieen in der einleitung
(nr. 19) von Vogel. In schlagender weise wird hier gezeigt, wie
weder die quellenmässigen zahlenangaben noch die treuen local-
schilderungen noch auch die ängstliche anlehnung an den wortlaut
des griechischen originals mit der annahme einer freien schaffenden
thätigkeit, wie die schöpfung eines romans wäre, vereinbar sei.
Auch der enge anschluss an Livius und eine die erzählung mit
rhetorischen partieen in der bei historischen werken herkömmlichen
weise verbindende composition sowie eigene andeutungen des schriftstellers (s. oben p. 160) beweisen, dass Curtius geschichte schreiben wollte. Damit ist übrigens noch keineswegs gesagt, dass
Curtius wirklich des namens eines historikers würdig sei; er ist
kein forscher, kaum mehr als übersetzer seiner quellen, wie Vogel
mit recht betont; man darf ihn nach seiner methode gegenüber den
fachmännern als dilettanten, gegenüber den klassikern als romanti-
ker bezeichnen. Das von den geschichtschreibern des alterthums
überhaupt geltend gemachte und nur von der pedantischen klügelei
eines Trogus theilweise bestrittene recht, die innere geschichte der
ereignisse in der lebhafteren und dem griechischrömischen leben
näher liegenden form des briefes, der rede und gegenrede, sogar
des monologs darzustellen — dieses recht hat auch Curtius mit
vorliebe geübt. Und wenn es als ein grundfehler des ganzen werkes von Curtius bezeichnet werden muss, dass die einzelnen theile
mit ganz ungleicher sorgfalt und in unverhältnissmässiger ausdehnung bearbeitet sind: so haben doch gerade die rein rhetorischen
partieen an sich hiedurch eher gewonnen als verloren. Denn da
sie eben an den wendepunkten der ereignisse, in den dramatisch
spannendsten momenten der handlung eingefügt werden, ergibt sich
die besonders liebevolle ausarbeitung derselben ganz natürlich, zumal wenn der autor eine wesentlich rhetorische bildung empfangen
hat. Und dies ist bei Curtius entschieden der fall — nicht etwa,
dass man bei ihm diesen charakter seiner bildung in ähnlicher weise
hervorheben könnte, wie am ende bei allen römischen historikern,
selbst den grossartig einfachen Cäsar nicht ausgenommen: Curtius
ist sogar einseitiger rhetor.

Während ihm an natürlicher begabung und technischer ausbil-
dung gar vieles fehlt, was dem historiker wirklich noththut, bringt

er in der that alles mit, was sich auf der basis rhetorischer kunst-
fertigkeit zum nutzen und frommen der geschichtschreibung auf-
bauen kann. Mit recht rühmt Vogel, dass die reden bei Curtius
denen des Livius an formvollendung oft nahe kommen, ja gleich
stehen. Aber sie theilen mit diesen auch einen fehler, der sie in
noch höherem masse verunziert: es mangelt das charakteristische.
Curtius entbehrt der schöpferischen kraft lebenswahrer individuali-
sirung; ja es begegnet, dass seine redner gänzlich aus der rolle
fallen. Oft zeigt sich der autor selbst in den reden von bewunderung ergriffen oder von mitgefühl gerührt; aber nirgends ist
es ihm gelungen, sich so in die äussere und innere lage des sprechenden zu versenken, dass er ganz in dessen sinn und geist zu
reden vermöchte. So erscheinen in den reden statt möglichst spe-
cieller und rein sachgemässer motive vielmehr allgemeine sentenzen,
die den leser weit kühler anwehen, als der warme ausdruck des
erlebten und empfundenen. Wo das tiefe gefühl allein das rechte
wort treffen könnte und müsste, da fragt der autor nicht sein
herz, sondern zieht die rhetorischen gemeinplätze zu rathe, die
zwar ihm selbst über alle abgründe die wege bahnen, aber für
den denkenden leser eine schroffe kluft offen lassen, welche das
naturgemässe fortschreiten der gedankenentwicklung unterbricht
und stört. Uebrigens hat es den anschein, als ob Curtius gerade
an diesen sentenzen sein besonderes gefallen habe; wenigstens erreicht hier seine meisterschaft der stilisirung den gipfel. Fülle
und kürze, natürliche folgerichtigkeit und überraschende zuspitzung
sind hier in glücklicher einigung verbunden. Und hat auch Curtius keines jener geflügelten worte geschaffen, die mit solcher
leichtigkeit das bedeutende kennzeichnen, dass wir sie gleich einer
münze in der rede auszugeben pflegen; fehlen auch bei ihm jene
von Sallustius und Tacitus so wuchtig geschleuderten kraftsprüche:
so haben doch seine sentenzen, die immerhin einen nicht veräcbt-
lichen schatz von lebensweisheit darstellen, mit den maximen dieser
meister den reiz gemein, die lauterste quelle für die erkenntniss
der gesammten weltanschauung des schriftstellers zu erschliessen.
Sein demuthsvolles verhalten gegen die götter, seine fatalistische
gelassenheit bei erzählung scheinbar unverdienter oder vergeblich
gemiedener unglücksfälle; seine freimüthige verurtheilung höfischer
schmeichelei und verwöhnter herrscherlaune, seine warme verehrung unbeugsamer unterthanentreue; seine männliche scheu vor
verderblichem kriege, seine tiefe sehnsucht nach ehrlichem frieden;
seine frohe lust an muthigem kampf, seine helle freude über glücklichen sieg, sein wahres mitgefühl für den armen besiegten; seine
herzliche theilnahme an edlen regungen, seine strenge verwerfung
niedriger leidenschaft —— das alles ist in den sentenziösen partieen
der reden und briefe ausgesprochen.

Minder günstig als über diese theile des geschichtswerkes

muss das urtheil über die eigentliche erzählung bei Curtius lauten.
Weder in dem gewaltigen und würdevollen schreiten eines Sallustius noch in dem leichten aber sicheren gange des Livius bewegt
sich die erzählung unseres schriftstellers. Dem wanderer gleich,
dem mehr am wege als am ziele gelegen ist, verweilt Curtius gern
an wendepunkten, die zugleich einen blick vorwärts und rückwärts
eröffnen, und durcheilt dann hastig die minder lohnenden strecken,
um sich für erneute umschau an weiteren ruhepunkten zeit und
lust zu sparen. Bei so flüchtigem forteilen entfällt ihm dann gar
manches, was er bei bedächtigem schritte zurückgehalten hätte:
seltsame umschreibungen stehen statt des bezeichnenden ausdrucks,
der im moment vielleicht nicht sofort zu gebote stand; auffallende
stellung der worte lässt solche partieen des sprachlichen künstlers
beinahe fremdartig erscheinen; die beliebte fülle der diction führt
zu wirklicher tautologie; die sonst geschmackvolle phraseologie erscheint hie und da gesucht, überladen und verliert sich ins hyperbolische; zeugmatische wendungen und kakophonische wortverbindungen, von denen Curtius auch in den gefeiltesten stellen seines
werkes sich nicht frei gehalten hat, begegnen in diesen mehr skiz-
zirten, als ausgearbeiteten theilen ganz besonders häufig; der grosse
reichthum an bildern, der den autor überhaupt auszeichnet, enthält
auch manches unschöne und geschmacklose; und die seiner schreibart eigenthümliche neigung für gewisse wörter und phrasen führt
hier manchmal zu ermüdenden wiederholungen. Trotz dieser verschiedenen schattenseiten macht die erzählung des Curtius doch
einen wohlthuenden eindruck; besonders gelingt ihm die wirkungs-
volle gruppirung der thatsachen, die gefällige beleuchtung der einzelnen theile, wodurch sich mancher abschnitt des werkes zu einem
sauber ausgeführten, reich staffirten und glücklich gerundeten gemälde gestaltet. So viel über die formelle seite der geschichtserzählung; die weniger erfreulichen ergebnisse einer auf das
stoffliche gerichteten betrachtung sind im II. capitel bereits zusammengefasst.

Vogel hat im einklang mit Bernhardy und Teuffel Curtius
als copisten des Livius bezeichnet; Krah glaubt, dass seine sprachlichen nachweise für eine grössere unabhängigkeit des Curtius gegenüber dem muster des Livius sprechen müssten. Aber so richtig
es ist, dass durch Krah eine reihe von grammatischen und stilisti-
schen differenzen nachgewiesen werden konnte: so wenig kann
es bestritten werden, dass eine sammlung der analogieen und parallelen bei Livius und Curtius noch weit reichhaltigeren stoff böte.
Denn wenn allerdings auch die übrigen römischen historiker der kaiserzeit sich der vorwaltenden bedeutung des Livianischen werkes
in der literatur nicht zu entziehen vermochten, so ist doch das
verhältniss des Curtius zu Livius hiemit keineswegs erschöpft.
Er bildete sich vielmehr mit bewusstsein dem Livius nach, weniger

in der auffassung des an sich allzu verschiedenen stoffes, als vielmehr in der form der darstellung. Diese lässt auch bei Livius
den bestimmenden einfluss der schule nicht verkennen; aber bei ihm
ist die kunstmässige darstellung doch durch das medium einer wirklich bedeutenden persönlichkeit hindurchgegangen und hat dadurch
den reiz des natürlichen und das gepräge der originalität erhalten.
Dagegen hat Curtius nicht das gewicht seiner eigenen individua-
lität in die wagschale geworfen; offenbar hält er seine waare für
allzu leicht und glaubt nur durch die von Livius erborgten schätze
die wage halten zu können. Was daher bei Livius stilvoll, das
ist bei Curtius manierirt; was bei jenem künstlerisch bemessen,
das erscheint bei diesem dilettantisch übertrieben; und während uns
das original einheitlich und abgeschlossen gegenübertritt, sehen wir
in der copie manches ungleichartige und zerfahrene. So gefällt
uns das werk des Curtius im einzelnen und befriedigt uns stellenweise; ein in sich geschlossenes kunstwerk ist es nicht.

Würzburg.   *A. Eussner.*

Zur Notitia Dignitatum.

Am schluss der Notitia Dignitatum in partibus Orientis cap.
43 B, p. 115 und 116 ed. Böcking. finden sich zwei wappentafeln
abgebildet, welche nach Pancirolus (ibid. p. 527) gewissermassen
als wappen des gesammten orientalischen und occidentalischen reiches betrachtet werden können. Das des orientes besteht aus
einer quadratischen tafel mit einer zusammenstellung der auf den
insignien der einzelnen beamten sonst vorkommenden bücher und
zeigt an den vier ecken je in einem kreise vier weibliche brust-
bilder und oben auf der spitze eines dreieckigen aetoma ein
fünftes, welches von zwei geflügelten genien gehalten wird. Diese
letzte figur ist als *divina Providentia* bezeichnet, die vier andern
als *Virtus* (links oben), *Scientia militaris* (rechts oben), *Auctoritas*
(links unten) und *Felicitas* (rechts unten). In dem commentar zu
diesen wappen (p. 519—532) ist weder von Pierius Valerianus
noch von Pancirolus noch von Böcking erwähnt, dass diese vier
eigenschaften von Cicero de imper. Cn. Pompeji 10, 28 : *Ego enim
sic existimo, in summo imperatore quattuor has inesse res oportere: scientiam rei militaris, virtutem, auctoritatem, felicitatem* —
wenn auch in einer etwas andern ordnung zusammengestellt sind,
und dass in dieser stelle wahrscheinlich die quelle für jene späte
anwendung zu finden ist.

Ploen.   *Albert Müller.*

III. MISCELLEN.

A. Zur erklärung und kritik der schriftsteller.

19. Philologische thesen.
(S. Philol. XXX, p. 677).

26.

Homer Od. IX, 491 ist zu lesen:

$$\text{'}A\lambda\lambda\text{'}\; \ddot{o}\tau\varepsilon\; \delta\dot{\eta}\; \delta\grave{\iota}\varsigma\; \tau\acute{o}\sigma\sigma o\nu\; \ddot{a}\lambda\alpha\; \dot{\varrho}\acute{\eta}\sigma\sigma o\nu\tau\varepsilon\varsigma\; \dot{a}\pi\tilde{\eta}\mu\varepsilon\nu.$$

statt $\pi\varrho\acute{\eta}\sigma\sigma o\nu\tau\varepsilon\varsigma$, und wenn man einwenden sollte, dieser sprachgebrauch sei nicht homerisch, so verschwindet dieses bedenken, da
der betreffende abschnitt nicht zu der echten und alten fassung des
apologs gehört.

27.

Bei Hesiod. Theog. 252:

$$\text{K}\nu\mu o\delta\acute{o}\varkappa\eta\; \vartheta\text{'}\; \ddot{\eta}\; \varkappa\acute{\nu}\mu\alpha\tau\text{'}\; \ddot{\varepsilon}\nu\; \dot{\eta}\varepsilon\varrho o\varepsilon\iota\delta\acute{\varepsilon}\ddot{\iota}\; \pi\acute{o}\nu\tau\omega$$
$$\pi\nu o\iota\acute{\alpha}\varsigma\; \tau\varepsilon\; \zeta\alpha\vartheta\acute{\varepsilon}\omega\nu\; \dot{a}\nu\acute{\varepsilon}\mu\omega\nu\; \sigma\grave{\nu}\nu\; \text{K}\nu\mu\alpha\tau o\lambda\acute{\eta}\gamma\eta$$
$$\dot{\varrho}\varepsilon\tilde{\iota}\alpha\; \pi\varrho\eta\ddot{\upsilon}\nu\varepsilon\iota\; \varkappa\alpha\grave{\iota}\; \dot{\varepsilon}\ddot{\upsilon}\sigma\varphi\acute{\upsilon}\varrho\omega\; \text{'}A\mu\varphi\iota\tau\varrho\acute{\iota}\tau\eta.$$

ist $\zeta\alpha\acute{\varepsilon}\omega\nu$ statt $\zeta\alpha\vartheta\acute{\varepsilon}\omega\nu$ zu verbessern; aber diese fassung wird
erst einem nachdichter verdankt, in der alten Theogonie fanden
sich nur zwei verse: $\text{K}\nu\mu o\delta\acute{o}\varkappa\eta\; \vartheta\text{'}\; \ldots\; \pi\acute{o}\nu\tau\omega\; \pi\varrho\eta\ddot{\upsilon}\nu\varepsilon\iota\; \pi\nu o\iota\acute{\alpha}\varsigma$
$\tau\text{'}\; \dot{a}\nu\acute{\varepsilon}\mu\omega\nu\; \sigma\grave{\upsilon}\nu\; \text{K}\nu\mu\alpha\tau o\lambda\acute{\eta}\gamma\eta.$

28.

Wenn Alkaeus fr. 18 die wirkungen des seesturmes beschreibt,
muss es heissen:

$$\lambda\alpha\tilde{\iota}\varphi o\varsigma\; \delta\grave{\varepsilon}\; \pi\grave{a}\nu\; \zeta\acute{a}\delta\eta\lambda o\nu\; \ddot{\eta}\delta\eta$$
$$\varkappa\alpha\grave{\iota}\; \lambda\acute{a}\varkappa\iota\delta\varepsilon\varsigma\; \mu\acute{\varepsilon}\gamma\alpha\lambda\alpha\iota\; \varkappa\alpha\tau\text{'}\; \alpha\ddot{\upsilon}\tau o\cdot$$
$$\chi\acute{o}\lambda\alpha\iota\sigma\iota\; \delta\text{'}\; \ddot{a}\gamma\varkappa o\iota\nu\alpha\iota.$$

statt $\ddot{a}\gamma\varkappa\upsilon\varrho\alpha\iota.$

29.

Bei Aeschylus Suppl. v. 668 liegt in den zügen der hand-
schriften $\tau\text{'}\; \dot{a}\tau\iota\mu\acute{\iota}\alpha\varsigma\; \tau\iota\mu\acute{\alpha}\varsigma$ nichts anderes als:

36 *

φυλάσσοι τ ἀ π ι τ ί μι᾽ ἀ σ τ ο ῖ ς
τὸ δήμιον, τὸ πτόλιν κρατύνει.

den sinn der worte giebt der scholiast richtig wieder: ἀμετακί-
νητοι εἶεν αὐτοῖς αἱ τιμαί. Ἀστοὶ sind nach altem sprachgebrauch
die edeln geschlechter.

30.

In den Sieben vor Theben des Aeschylus v. 409 haben die
kritiker den hohen styl des dichters nicht getroffen, er ist zu
lesen:

Θεοῦ τε γὰρ θέλοντος ἐκπέρσειν πόλιν
καὶ μὴ θέλοντός φησιν, οὐδὲ τὴν Διός
σειρὴν πέδῳ σκήψασαν ὃν πό δ᾽ ἂν σχεθεῖν.

statt ἔριν . . . ἐμποδών. Wer an der ionischen (altattischen)
form anstoss nimmt, mag σειρὰν schreiben.

31.

Die versuche das sinnlose ἄλλους bei Sophokles Oed. Col.
553 zu verbessern sind insgesammt unzulänglich; das richtige
wird sein:

καὶ γὰρ — ἀν᾽ οὖς — ἐφόνευσα καὶ ὤλεσα.

ἀν᾽ οὖς ist kurzer ausdruck für das Aeschyleische (im Lykurgos)
ἄκουε δ᾽ ἀν᾽ οὖς ἔχων, vergl. auch Theognis 883.

32.

Euripides Heracliden v. 777 wird die letzte strophe so gelautet haben:

Ἐπεὶ σοὶ πολύθυστος αἰεὶ
τιμὰ κραίνεται, εὖτ᾽ ἐπέλθῃ
μηνῶν φθινὰς ἀμέρα,
νεῶν θ᾽ ἄμιλλαι χορῶν τε μολπαί·
ἀνεμόεντι δ᾽ (Ἄρεως) ἐπ᾽ ὄχθῳ
ὀλολύγματα παννυχίοισιν ὑπὸ
παρθένον ἰαχχεῖ ποδῶν κρότοισιν.

statt πολύθυστος könnte man auch πολύθεστος vermuthen; ganz
sicher aber ist νεῶν θ᾽ ἄμιλλαι statt ναῶν τ᾽ ἀοιδαὶ, woraus
die herausgeber sehr ungeschickt νέων gemacht haben, während
einige bekanntschaft mit dem attischen festkalender auf die rechte
spur hätte führen können. Die vorhergehende strophe ist unversehrt, nur muss man δορυσσόεντα statt δορύσσοντα schreiben.

33.

Wenn bei Aristophanes Thesmoph. 161 neben Ibykus und
Anakreon Achaeus genannt wird, so erkannte schon Aristophanes
von Byzanz, dass hier eine verderbniss des textes vorliege, allein
seine vermuthung, dass Alkaeos genannt war trifft ebenso wenig
das rechte, wie die correcturen der neueren kritiker. Aristophanes
schrieb:

Ἴβυκος ἐκεῖνος κ' ἀνακρέων ὁ Τήιος
χὠ Χῖος, οἳ περ ἁρμονίαν ἐχύμισαν,
ἐμιτροφόρουν τε κἀκόμων Ἰωνικῶς.

statt κἀχαιὸς und καὶ διεκίνων. Der Chier ist kein anderer als
Demokritos der musiker.

34.

Aristophanes Ritter v. 555 hat man sehr unglücklich behandelt, indem man einen metrischen fehler durch conjectur ohne es
zu wollen in den text bringt. Will man überhaupt ändern,
so liegt:

καὶ κυανέμβολοι θοαὶ μισθοβόροι τριήρεις

ganz nahe, μισθοβόροι (statt μισθοφόροι) τριήρεις ist witzig gesagt wie ἀδηφάγον ἅρμα und ähnliches.

35.

Thucydides schrieb VI, 104: ἄρας παρέπλει τὴν Ἰταλίαν,
καὶ ἁρπασθεὶς ὑπ' ἀνέμου κατὰ τὸν Τεριναῖον ἰσθμὸν, ὃς ἐκ-
πνεῖ ταύτῃ μέγας κατὰ Βορέαν ἑστηκώς, ἀποφέρεται ἐς τὸ πέ-
λαγος. Die abschreiber vertauschten *ICΘMON* mit *KOΛΠON*
nicht so sehr wegen der ähnlichkeit der schriftzüge, sondern weil
ihnen die bezeichnung landenge von Terina fremdartig klang,
ohne zu bedenken, dass sie durch diese änderung die fahrt des
Gylippus in das tyrrhenische meer verlegten. Die gewöhnliche erklärung der worte κατὰ Βορέαν ἑστηκώς halte ich für sprachwi-
drig; überhaupt sieht man nicht ein, warum Thukydides, wenn einfach vom nordwind die rede war, so viele unnütze worte macht.
Vielmehr wehte von der see her offenbar südwind, dieser verwandelte sich, indem er sich an der küste brach, in einen heftigen
nordwind, und trieb die schiffe des Gylippus ins ionische meer.
Diese erscheinung wird sich regelmässig an jener küste wiederholt
haben, und wird mit der configuration des landes im zusammenhange stehen. Die worte κατὰ Βορέαν ἑστηκώς sind als bedin-
gungssatz zu fassen, dieser landwind erhebt sich jedesmal sehr
heftig, wenn der seewind nach norden steht.

36.

Nonnus scheint noch die schrift des Pherekydes von Syros gekannt zu haben.

37.

Die Parische marmor-chronik lehnt sich zum theil an Ti-
maeus an, wie ja auch das zusammentreffen hinsichtlich des end-
punktes nicht zufällig sein kann.

38.

Wenn auf einem vasenbilde (Ann. des Arch. Inst. II, t. 37)
ein bärtiger Satyr *TYPBA* einer nymphe *OPAΓIEΣ* gegenüber
steht, so hat der zeichner mit grobem missverständniss die namen
vertauscht, die nymphe hiess *TYPBA*, der Satyr *OΓATIEΣ*. Der

zeichner benutzte offenbar als vorbild, wie diess gewiss häufig geschah, eine ältere vase oder eine zeichnung, wo die namen in alter
schrift beigefügt waren. *OFΑΤΙΕΣ* ist *Ὀυατίας* (wie nach Nicol.
Damask. fr. 53 ein bruder des königs Mennes von Kyme hiess),
hier hat sich das digamma noch erhalten, ebenso das ionische
E, während in *Τύρβα* schon der dorismus eindringt, wenn ich
recht sehe.

39.

Die Etrusker haben griechische tragödien gerade sowie die
Römer in übersetzungen auf die bühne gebracht.

40.

Die worte der *Lex Plaetoria* bei Censorinus 24 lauteten
ursprünglich: *Praetor urbanus, qui nunc est, quique
posthac fuat, duo lictores apud se habeto, isque supremam ac solem occasum usque ius inter cives
dicito.*

41.

Bei Plautus Trucul. IV, 4, 29 liegt in der handschriftlichen
lesart *interim futatim:*
Id quoque induterduatim nomen commemorabitur.
Induterduatim ist noch alterthümlicher als *interduatim* was Festus
aus den *antiqui* anführt.

42.

Plautus schrieb im Trinummus v. 820:
Salsipotenti et multipotenti Iovis fratri et Neriei Neptuni.
Neriei (wofür man ebenso gut auch *Nerie* oder *Neriae* schreiben
kann), liegt deutlich in dem handschriftlichen *Nerei*, und eben auf
diesen Plautinischen vers geht die glosse bei Vulcanius p. 143:
Neries, ἐξουσία θαλάσσης.

43.

Plautus Casina V, 4, 1 ist durch umstellung zweier verse
der rechte zusammenhang herzustellen:
Nunc ego inter sacrum saxumque sum, nec quo fugiam scio.
Hercle, opinor, (reapse experior) ego illuc nunc verbum vetus:
Hac lupi, hac canes. Lupina scaeva fusti rem gerit;
Hac ibo: caninam scaevam spero meliorem fore.
denn das alte sprüchwort lautete eben *hac lupus, hac canis urguet,*
s. Horaz Sat. II, 2, 64 und das. die schol.

44.

Horaz. Sat. II, 1, 86 lese man:
Solventur bis sex tabulae, tu missus abibis.
Wie aus BISVI durch ein lächerliches missverständniss RISV entstehen konnte, liegt auf der hand, schwerer begreift man, wie man
den offenbaren fehler nicht schon längst berichtigt hat.

45.

Bei Varro de l. l. VII, 31: *apud Valerium Soranum: vetus adagio est, o P. Scipio* muss man *opscurior* verbessern.

46.

Bei Varro de l. l. V, 175 möge folgender vorschlag der prüfung anderer empfohlen sein: *Ab eodem donum, nam Graece ut Aeolis* δόνειον, *et ut Alii* δόμα *et ut Attici* δόσιν (in den handschriften *ut ISSEDONION et ut alii*).

47.

Quintilian I, 4, 10 schrieb: *at quae ut vocales iunguntur, aut unam longam faciunt, ut veteres scripserunt, qui geminatione earum velut apice utebantur, aut duas (individuas), nisi quis putat etiam ex tribus vocalibus syllabam fieri, si non aliqua officio consonantium fungatur,* wo man gewöhnlich *aliquae . . . fungantur* liest.

48.

In der formel der *evocatio deorum* bei Macrob. Sat. III, 9, 8 muss man lesen: *mihique populoque Romano militibusque meis propitii sitis* statt *praepositi,* auch ist wohl gleich nachher die dreigliedrige form der rede herzustellen: *ut sciamus, (sentiamus) intelligamusque,* wie es nachher in der devotionsformel heisst: *ut ego sciam sentiam intelligamque.* Unter den städten, gegen welche die *devotio* angewandt wurde, nennt Macrobius an erster stelle Stonii, wo wohl Histonii verbessert werden muss; die stadt heisst sonst Histonium, doch hat die verschiedenheit der bildung nichts auffallendes.

49.

Frontinus de aquis II, 90 ist in folgender weise zu verbessern: *Duae Aniensis minus permanant* (statt *permanent) limpidae, nam sumuntur ex flumine, ac saepe etiam sereno turbantur, quoniam Anio, quamvis purissimo defluens lacu, mollibus tamen [cedentibus] ripis aufert aliquid, quo turbetur, priusquam deveniat in rivos: quod incommodum non solum hibernis ac vernis, sed etiam aestivis imbribus sentit, quo tempore ut gravior (aer, ita magis) aquarum sinceritas exigitur. Cedentibus* ist zur erklärung beigeschrieben, wie z. b. I, 16 *tam multis* zu *tot.*

50.

In dem *senatus consultum* bei Frontinus *de aquis* II, 100 ist *ornandis* statt *ordinandis,* und nachher *praefectis frumento dando* zu lesen.

Bonn. *Theodor Bergk.*

20. Ueber Homer. Il. *A*.

Da die kühnsten untersuchungen, welche die homerischen gedichte bis jetzt erfahren, darauf ausgingen, die anfangs- und end-
punkte einzelner dichtungen zn entdecken, die gegner sich zumeist
auf die widerlegung dieser versuche beschränkten, und beide hauptsächlich, was einer späteren interpolation ähnlich sah, zum gegenstand ihrer forschung machten, so ist es begreiflich, wenn innerhalb jener für ursprünglich anerkannten stücke manche unebenheiten
übersehen wurden, welche gleichfalls auf eine allmählige entstehung schliessen lassen. Dass aber solche spuren sich reichlich
finden, zeigt beispielsweise schon die betrachtung des ersten buches
der Ilias, dessen erste partie (das „erste lied") mit ausnahme etwa
von v. 177, welcher sich aus *E*, 891 eingeschlichen, für „untadelig" gilt (M. Haupt).

Wenn wir vom proömium ganz absehen, so ist das erste
problem dieses. Ursache des zwistes der fürsten ist ein weib d. i.
der raub eines weibes; diese ursache wird selbst wieder begründet
durch das gleiche, nämlich den verlust eines weibes; das motiv ist
also verdoppelt. Ist dies das werk der sage oder des dichters,
und, wenn dieses, eines einzigen oder mehrerer?

Wenn nach den beispielen, welche G. W. Nitzsch gegeben
(Beitr. z. gesch. d. ep. po. p. 13 ff.), die reine (d. i. die nicht
dichterisch ausgebildete) volkssage immer nur einen oder wenige
züge enthält, wenn überhaupt zu vermuthen ist, dass jede legende
mit einer schon etwas komplicirten entwicklung dichterische thätigkeit voraussetzt, so werden wir solch eine wiederholte motivirung nicht lediglich für ein gebilde der volkssage halten dürfen.
Aber man muss auch sehr bezweifeln, dass derselbe dichter, der
zuerst vom streit der fürsten gesungen, sich selbst sollte kopirt
und diese kopie als motiv der hauptgeschichte sollte vorgesetzt haben. Man wird zwar fragen, wie denn das ursprüngliche lied möge
angefangen, wie es, wenn es nichts von einer Chryseis enthielt, den
streit möge begründet haben. Als ob es ihn durchaus begründen
musste! Es konnte den streit einfach voraussetzen und beginnen: Agamemnon hatte im streit mit Achill diesem gedroht die Briseis zu rau-
ben u. s. w., oder: Agamemnon gelüstete es, dem Achill seine ge-
fangne und geliebte zu entreissen oder ähnlich. Doch, wie dem
sei, dass das ursprüngliche lied nichts von der Chryseis wusste,
ergibt sich aus dem weiteren verlauf der handlung. Nach v. 182
ist der Chryseis nicht mehr gedacht, und wenn man auch dieses
erklären zu können meint, so muss doch sehr auffallen, dass auch
in Nestor's rede (254—84), welcher dem Agamemnon möglichst
gerecht zu werden sucht, keine andeutung jenes vorgangs, keine
anerkennung der bereitwilligkeit des oberfeldherrn zu dem ihm zu-
gemutheten opfer, vorkommt. Noch mehr! Von dem schrecklichen

ungeheuren ereigniss, das jetzt die ganze entwicklung beginnt und
begründet, von der pest, ist im verlauf des streits keine rede
mehr. Soll man nun vielleicht annehmen, der dichter habe etwa
bei einer zweiten behandlung zur besseren motivirung jene vorgeschichte hinzugefügt? Aber dann musste er fühlen, dass die ganze
handlung einer änderung bedürfe, dass jene ereignisse auch in der
weiterentwicklung noch sich bemerklich machen müssen. Alles dagegen wird begreiflich, wenn man annimmt, dass die erste dichtung
(vom streit der fürsten) in den hauptzügen schon ziemlich befestigt
war, als das bedürfniss nach einer ausreichenden motivirung sich
fühlbar machte. Dieses bedürfniss erfüllte die (der dichtung nicht
bloss vorher — sondern auch neben ihr hergehende) volkssage
oder — dichtung in naiver weise durch wiederholung desselben
ereignisses mit geringer änderung des namens und durch die zu-
rückführung auf Apollo, wodurch das ganze eine letzte nicht weiter anzutastende begründung erhielt.

Ein zweites problem bietet die zweifache motivirung der
mässigung Achills, welche ausser durch die göttliche intervention
auch aus eigner erwägung erklärt wird (v. 299 ἐπεί μ' ἀφέ-
λεσθέ γε δόντες). Was aber mehr ist, das ganze stück: Athene
und Achill (v. 188 — 222) lässt sich herausnehmen, so dass
ohne dasselbe das übrige verständlich ist, ja verständlicher wird.
Eine müssige interpolation ist es darum freilich nicht, sondern entstanden aus dem bedürfniss, die mässigung Achill's noch völliger
zu motiviren, durch ein ereigniss, welches die zweifelloseste begründung enthielt. Dabei ist die erfindung im einzelnen sehr geschickt, indem mit v. 188—193 an den eignen charakter des helden angeknüpft und so das göttliche motiv mit dem menschlichen
in verbindung gebracht wird, indem ferner durch v. 211 der zusammenhang mit dem folgenden vermittelt und durch 223—24 der
übergang ziemlich unmerklich gemacht wird. Aber man betrachte
doch nur v. 211 und frage sich, ob diese worte die absicht, dieses stück in harmonie mit dem übrigen zu bringen, nicht deutlich
verrathen, ob der dichter, wenn er dieses stück nicht im hinblick
auf die bereits fertige fortsetzung dichtete, der göttin jene worte
würde in den mund gelegt haben. Ferner findet sich im folgenden
nicht die geringste beziehung auf dieses stück. Mit keinem wort
erwähnt Achill gegen Agamemnon der ihm gewordnen göttlichen er-
mahnung; anzunehmen aber, dass Achill dem könig gegenüber seine
duldung als eigne freie that erscheinen lassen wolle oder solle,
würde mit dem charakter des helden in direktem widerspruch stehen. Und wie ist es denn damit, dass auch des vorsatzes von v.
169 (νῦν δ' εἶμι Φθίηνδ') im folgenden keine erwähnung mehr
geschieht? Soll man hierin eine wirkung der göttlichen intervention sehen, welche in der verheissung reicher vergeltung und in
der mahnung zur geduld *implicite* die aufforderung zum bleiben

enthielt, welcher letzteren nun eben Achill im folgenden sich gehorsam zeige? Allein dann musste doch Achill dem Agamemnon und den andern gegenüber, die jene drohung gehört, diese änderung seines entschlusses andeuten und einen beweggrund für dieselbe angeben. Es muss also durch die erweiterung einiges ausgefallen sein, worin beziehungen auf v. 169 enthalten waren. Wenn nun aber nach alledem das stück v. 188—222 als eine spätere zudichtung sich zu erkennen gibt, so wird man sich auch hier nicht mit der annahme helfen können, dass möglicherweise derselbe dichter bei einer zweiten behandlung dasselbe eingewoben, da er erkennen musste, dass er dann auch v. 169 ändern oder das folgende darnach umgestalten müsse. Begreiflich ist aber alles, wenn man sich vorstellt, dass das erste lied schon so feststand, um sich nicht mehr ganz umbilden zu lassen, als die erweiterung dazukam.

Diese auffassung bestätigt sich durch die betrachtung der sog. zweiten fortsetzung, da dem sänger von v. 348—430 und 493 ff. die stelle 188—222 nicht kann bewusst gewesen sein. Es ist nämlich die trauer Achills v. 349 ff. unbegreiflich nach v. 213—14, ebenso die bitte an die mutter mit dieser stelle im widerspruch; wenigstens müsste in Achills erzählung v. 365 ff. jenes vorgangs irgend eine erwähnung geschehen, wovon nirgends eine spur. Ein andres bedenken erregt die haltung Here's, welche in nichts ein bewusstsein zeigt nicht bloss von dem 195. 208 gesagten, sondern auch nicht von vs. 55—56. Und doch war eine andeutung darüber nicht zu entbehren, wie diese wendung eingetreten, dass dieselbe göttin, welche die erste veranlassung zu dieser entwicklung gegeben, sich jetzt von demjenigen abwendet, welchen sie dort zu ihrem organ erkoren.

Um nun diese mittheilung nicht über das gebiet des rein thatsächlichen auszudehnen, will ich eine reihe andrer punkte unerörtert lassen, ebensowenig auch auf folgerungen und auf die besprechung von bedenken allgemeiner art hier eingehen. Denn wie können einzeluntersuchungen ruhig und sachlich vorgenommen werden, wenn sie sich bei jedem schritt gegen vorwürfe wie „atomistische zergliederung", „vernichtung des poetischen genusses" u. a. wehren müssen? Mag es sich mit der berechtigung solcher einwürfe verhalten, wie es wolle, soviel scheint aus unsrer betrachtung, ob uns dieses resultat nun gefalle oder nicht, mit sicherheit hervorzugehen: 1) dass das erste lied vom streit der fürsten nichts enthielt von Chryses und der pest, 2) ebensowenig von dem stück Athene und Achill, 3) dass auch die fortsetzung (348—430. 493 ff.) nicht im hinblick auf das erste lied, wie dasselbe jetzt lautet, gedichtet sein kann.

Schaffhausen a. Rh. *A. Bischoff.*

21. Zu Xenophon's Hellenica.

3, 5, 2: Ἀθηναῖοι δὲ καὶ οὐ μεταλαβόντες τούτου τοῦ χρυσίου ὅμως πρόθυμοι ἦσαν εἰς τὸν πόλεμον νομίζοντές τε αὐτῶν ἄρχεσθαι. Breitenbach und Büchsenschütz meinen, es verlange der sinn dieser verdorbenen stelle: die Athener waren zum kriege bereit, wollten aber damit nicht beginnen. Aber an unsrer stelle kann nur zunächst davon die rede sein, welche staaten Griechenland's geld vom Timocrates annehmen und bereit sind, sich in einen krieg mit Sparta einzulassen. Von einem anfange desselben kann erst dann geredet werden, nachdem diejenigen, welche das geld angenommen haben, die staaten mit erfolg bearbeitet hatten. Ausserdem würden wir die hinzufügung des grundes vermissen, warum gerade die Athener, denen einst die hegemonie gehört hatte, es nicht wagen durften oder wollten, gegen die Lacedämonier feindlich aufzutreten. Schliesslich ist es doch immerhin bedenklich, eine negation einzuschieben, wenn es auch nicht zu leugnen ist, dass zuweilen so zu ändern ist. Wir vermissen vielmehr die angabe des grundes, warum die Athener zum kriege bereit waren; der grund war aber die sehnsucht nicht nur wieder unabhängig zu werden, sondern auch die frühere hegemonie wieder zu erlangen — vgl. §. 10. Einen ähnlichen gedanken erwartet Morus und Schneider. Dieser wollte schreiben: νομίζοντες ἀνάξιον αὐτῶν τὸ ἄρχεσθαι; aber die Athener wollten nicht allein unabhängig sein, sondern wieder herrschen; ausserdem wäre die änderung nicht so leicht; daher fügt er selbst hinzu: sed brevior ratio emendandi: αὐτῶν τὸ ἄρχειν est. Noch leichter glauben wir zu ändern, wenn wir schreiben αὐτῶν τὸ ἄρχειν εἶναι, indem wir annehmen, dass die drei buchstaben: ειν nur einmal vom abschreiber gesetzt wurden, sodass dadurch ein wort: ἄρχεσθαι entstand; über εἶναι c. gen. cf. Krüger, gr. Gr. 47, 6, 8.

4, 1, 25: Διὰ γὰρ τὸ φοβεῖσθαι μὴ εἴ που κατασταίη, κυκλωθεὶς πολιορκοῖτο, ἄλλοτε ἄλλῃ τῆς χώρας ἐπῄει, ὥσπερ οἱ νομάδες, καὶ μάλα ἀφανίζων τὰς στρατοπεδεύσεις. Im vorhergehenden wird uns erzählt, dass die soldaten des Pharnabazus theils niedergemacht, theils geflohen seien und dass das lager desselben durch Herippidas genommen und viele kostbarkeiten erbeutet seien. Den zusammenhang des folgenden §. 25 mit dem vorhergehenden erklärt nun Breitenbach auf folgende weise: Non nisi Spithridatis calliditate et Herippidae prudentia ac strenuitate factum est, ut castris Pharnabazi potirentur; etenim metuens, ne, sicubi subsisteret, circumdatus obsideretur — castra occultabat. Büchsenschütz ähnlich: γὰρ zur begründung des aus der ganzen darstellung sich ergebenden gedankens: nur auf solche weise war es möglich „den Pharnabazus zu überraschen". Doch ist dagegen einzuwenden, dass Xenophon, wenn er noch besonders

die schlauheit und umsicht dieser beiden männer hätte hervorheben
wollen, dies gewiss gethan hätte, dass er aber nicht den hauptgedanken fortgelassen hätte. Auch möchte es wohl schwerlich
gestattet sein, γάρ zur begründung eines aus der ganzen darstellung sich ergebenden gedankens anzuwenden, da es doch nur
den zunächst vorhergehenden gedanken begründet. Nun ist aber
der inhalt des vorigen §.: das lager des Pharnabazos wurde genommen und geplündert. Hieraus lässt sich gewiss nicht der gedanke ergänzen: „nur durch die schlauheit des Spithridates und
umsicht des Herippidas war es möglich den Pharnabazos zu überraschen“. Dann lässt sich gar manches ergänzen!

Daher scheint der ganze satz in den zusammenhang nicht zu
passen und wir sind der ansicht, dass er von hier zu entfernen
ist und hinter §. 17, hinter: ἱππεῖς δὲ ὡς τετρακοσίους gehört.
An dieser stelle nemlich erklärt er, wie es möglich war, dass Pharnabazos so unvorhergesehen und so plötzlich die truppen des Age-
silaos überraschen konnte: ἐπέτυχεν αὐτοῖς ὁ Φαρνάβαζος (§. 17).

Posen.   Aug. Laves.

---

22. Zu Hor. Carm. III, 19, 21.

Parcentes ego dexteras
    odi: sparge rosas: audiat invidus
dementem strepitum Lycus
    et vicina seni non habilis Lyco!

Hierzu bemerkt Campe in seinem aufsatz „Horaz und Anacreon“
(Philol. 31, 4, p. 689): „die gewöhnliche erklärung des *spargere
rosas* = wirkliche rosen streuen ist falsch; denn woher
sollen im winter die blumen kommen und wie sollen sie jetzt tief
in der nacht noch gepflückt werden?“ Er versteht darunter
„ideelle rosen“ und nimmt die wendung im figürlichen sinne =
freut euch des lebens!

So scharfsinnig diese deutung auf den ersten blick auch erscheint, — mehrfache bedenken steigen gegen die annahme derselben auf. Erstens würde man *carpe rosas*, nicht *sparge rosas*
erwarten; jenes wort hat oft die bedeutung des im fluge haschens
und geniessens. Ferner sind die oben gemachten einwände hinfällig; denn erstens haben die alten Römer gerade so gut wie wir
verstanden, topfgewächse im winter zu ziehen und blumen sich zu
verschaffen; zweitens sollen ja die rosen nicht erst gepflückt werden, sondern sie sind schon vorhanden und sollen nur ausgestreut
werden. Doch bin ich durchaus nicht für aufnahme der lesart
carpe, da sich die althergebrachte genügend vertheidigen lässt.

Zweierlei erklärungen sind möglich, für deren keine ich mich mit bestimmtheit entscheiden kann. Entweder wirkliche rosen sollen gestreut werden. Es ist bekannt, dass die zecher blumenkränze aufs haupt setzten, dass sie den lieben vollen becher mit laub bekränzten und dass sie auf rosen lagen; s. Mart. Ep. 2, 59, 3:

> frange toros, pete vina, rosas cape, tingere nardo.
> ipse iubet mortis te meminisse deus.

Flor. 1, 24, 9 beschreibt das üppige leben des königs Antiochus bei Euböa: am Euripus stellte er goldene und seidene zelte auf, und während das vorüberrauschende wasser von flöten- und saitenspiel erklang, während rosen trotz des winters von überall herbeigeschafft wurden *(conlatis undique quamvis per hiemem rosis)*, vergnügte er sich mit hübschen mädchen und knaben. Sen. Epist. 122: *non vivunt contra naturam qui hieme concupiscunt rosam?* Sen. de ira 2, 25: *Mindyrides Sybarita saepius questus est, quod foliis rosae duplicatis incubuisset.* Hieraus und aus vielen stellen des Cicero sieht man, wie verbreitet zur damaligen zeit die verwendung der rose war.

Oder *rosa* ist hier = rosensalbe (s. Campe p. 693. 694); diese soll nicht etwa in den wein gegossen werden (denn dieses gemisch war ein medicament: s. Cels. 6, 18, 8: *invicem rosa et vinum instilletur;* ib. 8, 4, 38: *quod si membrana per inflammationem intumuerit, infundenda erit rosa tepida)*, sondern, im zimmer ausgesprengt, wohlgeruch verbreiten.

Sprottau.   *C. Hartung.*

B. Zur lateinischen grammatik.

23. *Ad* und *apud* bei städtenamen.

In der schrift: *De praepositionum usu apud Tacitum,* Gotting. 1869, p. 20 ff. habe ich gezeigt, dass die präpositionen *ad* und *apud* zur bezeichnung der nähe bei städtenamen gleiche berechtigung haben, ferner, dass die schriftsteller nach Cicero in dem gebrauche sei es von *ad* sei es von *apud* constant verfahren. Cicero wechselt noch mit beiden präpositionen, dagegen haben Cäsar und Livius mit wenigen ausnahmen „*ad*"; Nepos construirt beständig mit „*apud*", ebenso Sallust, ebenso Tacitus; Sueton schreibt meist *apud,* Vellejus Paterculus hat seine ganz besondere manier, indem er nämlich neben drei *ad* und vier *apud* die präposition *circa* in gleicher bedeutung braucht. Wenn Stürenburg, der, wie ich nachträglich gefunden, schon auf diese *diversa scribendi consuetudo* einiger schriftsteller in einer anmerkung zu *Cic. or. pro Arch. poeta* 1832 (lat., nicht deutsche ausg.), p. 128 aufmerksam machte, das gegen Cäsar's gewöhnlichen gebrauch gesetzte *apud* im B. C. III, 57, 1

„*Haec cum in Achaia atque apud Dyrrhachium gererentur*" damit zu
entschuldigen sucht, dass er sagt: *Apparet autem, cur Caesar de-*
cesserit de consuetudine sua, scilicet, ut vitaret pravum sonum
atque ad., so wird dieser grund dadurch äusserst bedenklich, dass
sich neben der stelle im briefe *ad Oppium* (Cic. ad Attic. IX, 7.
c. 1) noch ein *apud* findet, im B. G. VII, 75, 1 *Dum haec apud*
Alesiam geruntur. Zu den stellen für *apud* aus Cicero bei Stürenburg p. 127 können noch hinzugefügt werden: ad Fam. X, 33,
1 *apud Mutinam.* ad Attic. VIII, 12 D. 1 *apud Corfinium* aus
einem briefe des Pompeius. p. Cluent. 7, 21 *apud Asculum*, p. Mur.
39, 84 *apud Anienem.* De lege agr. 1, 2, 5 *apud Carthaginem*
novam. de div. 1, 54, 123 *apud Delium.* Tusc. 4, 22, 49 *apud*
Clastidium. d. fin. 2, 22, 73 *apud Anienem.* d. fin. 2, 30,
97 *apud Mantineam.* — Nebenbei sei bemerkt, dass auch
schon vor Stürenburg Gahbler in einer recension der lat. Gramm.
von Zumpt (Jahn's Jahrb. für philol. und pädag. 1829, heft 4,
p. 393) sagt: „Nepos construirt beständig mit *apud*, Cicero wechselt, Livius gewöhnlich mit *ad*". — Wenn Maué *De praepositio-*
nis „ad" usu Taciteo diss. Gotting. 1870, der sonst, soweit *ad*
und *apud* sich berühren, meine beobachtungen bestätigt, p. 30 sagt:
Miror, quod Greefius l. l. p. 21 adfirmat.: Tacitum s o l a m *prae-*
positionem „apud" ad significandam vicinitatem urbium nominibus
adiungere, praesertim cum ipse p. 17 *duos illos locos, ubi „ad" ad*
urbium nomina accedat, attulerit, so habe ich dagegen nur zu bemerken, dass ich keinen entschuldigungsgrund deshalb angab, weil
die form der namen dieser orte: H. III, 6, 12 *Forum Alieni* und
H. III, 50, 14 *Fanum Fortunae* denselben schon hinreichend klar
an die hand giebt; das resultat, dass Tacitus sonst stets *apud*
brauche, wird durch diese zwei stellen also nicht alterirt. — Was
nun die stellen betrifft, wo sich Livius zur bezeichnung der nähe
bei städtenamen und, wie ich hier noch hinzu bemerken will, auch
bei anderen lokalen bestimmungen neben dem sonst constanten und
äusserst häufigen *ad* sich der präposition *apud* bedient, so sind es
ausser dem beispiele, welches allein in den lexicis angeführt wird,
XXVIII, 29, 12 *apud Sucronem* (dagegen ad Sucr. 24, 5), folgende: V, 7, 1 *apud Veios* (dagegen *ad:* II, 53, 4. IV, 40, 4.
41, 10. 46, 4. V, 10, 2. 11, 5 und 9. 13, 9. 14, 6. 18, 9 und
11. 27, 7). VIII, 5, 10 *apud Regillum lacum* (dagegen ad l. R.
II, 19, 3. 20, 13. 21, 3. 22, 4. 31, 3. III, 20, 4 und 6. VI, 2,
3. 28, 7. VIII, 7, 6). IX, 8, 14 *apud Caudium* (dagegen *ad:*
9, 10. 12, 9. 15, 7 und 9.) 25, 2 *apud Lautulas* (dagegen *ad:*
VII, 39, 7. IX, 23, 4. 25, 5.) 32, 11 *apud Sutrium* (dagegen
ad: VII, 16, 7. IX, 33, 1.) XXVIII, 6, 11 *apud Oreum* (dagegen *ad:* 6, 8.) XXXV, 7, 8 *apud Toletum oppidum.* XXXVII,
46, 7 *apud oppidum Lyconem.* XLII, 2, 4 *apud Rementem* (Remens,
wohl nur an dieser stelle erwähnt, und die stadt Lyco fehlen in

dem index v. Weissenborn); ferner in den *periochis*: 9 *apud Cau-*
dinas Furcas (dagegen *ad Furculas Caud.*: IX, 3, 6. 11, 3. XXII,
14, 12. XXV, 6, 10.) 36 *apud Thermopylas* (dagegen *ad*: Epit.
52. XXXVI, 32, 2. XXXVII. 57, 10. 58, 7 und 8. XXXIX,
23, 8. XL, 34, 6.) 111 *apud Pharsaliam*. 124 *apud Philippos*. —
Drakenborch und Fabri schreiben XXIII. 5, 8 *apud Saticulam*,
Weissenborn dagegen *ad*, wie VII, 32, 2. — Zu den oben genannten schriftstellern füge ich noch Curtius Rufus: auch er
braucht, mit ausnahme der ersten stelle III, 2, 2 *castris ad Baby-*
lona positis stets die präposition *apud*: IV, 1, 4. 1, 34. 5, 19.
11, 11. V, 1, 2. 2, 5. VI, 1, 21. VIII, 1, 23. 2, 8. 2, 13, so
dass für das verderbte Oron in IV, 7, 4, welches Hedicke in seiner *ed.* tilgt, nicht mit Foss und Vogel *ad Cercasoron* (vgl. praef.
zu Foss ed. p. VIII), sondern wenigstens *apud Cer.* zu lesen wäre.
— Leider ist uns unter den bruchstücken der römischen historiker
kein beispiel unserer art erhalten, doch möge man folgende beispiele, in denen *apud* mit lokalen begriffen verbunden ist, — mit
ad findet sich keine stelle — vergleichen: aus den Orig. des Porc.
Cato p. 77, 6 (= 19, 6 und 35, 13 der ed. v. H. Jordan), aus
den Annalen des Piso Frugi p. 127, 10, aus den Annalen des Claud.
Quadrigarius p. 218, 9 und aus den Historien des Corn. Sisenna p.
292, 23 in der ed. der *vet. hist. Rom. relliq.* v. Peter. Lips. 1870.

Göttingen. *Greef.*

C. Auszüge aus schriften und berichten der ge-
lehrten gesellschaften so wie aus zeitschriften.

Kuhn's zeitschrift. XIV. band. 4. heft. *Ebel* setzt seine
beiträge zur lautgeschichte fort, bespricht die einschiebung von *o*
in die lautverbindungen *kt* und *pt* und damit verbundenen ausfall
des *t* in *lapsus, fluxus* u. s. w., ferner die verwandlung der *tenuis*
in die *aspirata* oder *spirans* vor *s*; er stellt als grundform von
ξξ skr. *shash ksvaks* auf. — *Schnitzer* handelt über die aspiration
des ϱ und weist nach, dass das griechische aspiration im anlaute
und auslaute einer wurzelsilbe nur dann nicht zulässt, wenn beide
muten sind. — *Aufrecht* stellt χυ χέω zu skr. *hu* opfer ausgiessen,
$\overline{po}$ *mum* = *poc-mum* zu *poc* = *coc coquo*, ἰάλλειν zu *sisar* entsen-
den, ἀνία = ἀνισα unlust zu *ish* streben, ϑοίνη zu *dhi* sättigen. —
Corssen zeigt *Rispal Etude sur la prononciation de la langue la-*
tine au siècle d'Auguste mit hartem tadel an; *Ebel* die 6. auflage
der schulgrammatik von Curtius und die erläuterungen dazu. — *Kuhn*
vertheidigt seine frühere erklärung von ἰάλλω = *irajâmi* = *ija-*
rajâmi gegen Aufrecht und setzt ἐλαύνει = ἐ-λάνϝει = *ranvati*
oder *ṛnvati*.

5. heft. *Sonne* bringt einen dritten artikel seiner sprachlichen und mythologischen untersuchungen. $Ταλθύβιος$ wird abgeleitet von einem intensivum $ταλθ$ von wurzel $θαλ$ = kräftig gedeihendes leben habend und als ursprüngliches attribut des phallischen Hermes aufgefasst; ebenso $Εὐρυβάτης$. Zu der mit skr. *dhar* identificierten wz. $θαλ$ gehören auch $θαλερός$ $θάλος$ $θαλία$ $θάλεια$ $θαλύσια$ $θάλλος$ $θάλαμος$ $θαλάμη$ $θάλασσα$ die erquickende see. Dazu $θαλπ$ causativ zu quellender lebensfrische bringen. $θαρσ$ in $θάρσος$ lebhafte bethätigung quellender lebensfrische, dreistigkeit. *fortis = fostis = fors - ti - s.* Dahin gehören auch $θῆλυ$ = skr. *dhâra* saugend, $θηλή$ die quellende mutterbrust = *dhârâ* fem. tropfen. *Dhar* ist secundäre sprossform von w. *dhâ*, nebenform *dhi* nähren, sättigen, wozu $θοίνη$ = *dhenâ* gestellt wird. — *Schroeder* handelt über den ursprung des lateinischen gerundiums, indem er nach besprechung der übrigen ansichten die beiläufige bemerkung Potts ausführt, wonach in der endung desselben die praeposition goth. *du* zu suchen sei, die im griech. in $-δε$ nach accusativen, im latein. in *endo, indu* erhalten sei. — *Ebel* erklärt *tam* und *quam* als accus. sing. des feminins, in *tame* ist *e* lautlicher zusatz.

6. heft. *Zeyss* gibt beiträge zur umbrischen grammatik und erklärt u. a. die präposition *post* aus ursprünglichem *posti,* die sich andern präpositionen mit *ti,* wie *ante : anti,* $προτί$ *porti* anreiht. — *Bickell* weist das von Schleicher bestrittene vorhandensein einer ursprünglichen labialen *media* im indogermanischen nach. — *Schweizer-Sidler* zeigt an Walter *Quaestiones etymologicae,* G. Curtius, Ueber die spuren einer lateinischen o-conjugation, Ueber *elogium,* Ueber die spaltung des *a*-lauts, Sprachliche ausbeute der neu entdeckten delphischen inschriften; Schmitz *de aspiratarum graecarum latinarumque pronuntiatione;* Ritschl *Priscae latinitatis epigraphicae supplementa.* F r o e h d e stellt *jubere* zu wz. *judh* „jemanden verbindlich machen etwas zu thun" und erklärt *joubeo* durch vocalsteigerung; vergleicht *dimicare* und $διαμάχεσθαι;$ stellt *pruina prurio* $πυρσός$ $πυρρός$ $πῦρ$ *pruna* zu wz. *prush* brennen. [G. Meyer].

Abhandlungen der philosoph.-philolog. classe der k. bayer. akad. der wiss. XII, 2 (1870) p. 58—156: *H. Brunn,* Probleme in der geschichte der vasenmalerei. Es werden darin behandelt das imperfectum in künstlerinschriften ($ἐποίει, ἔγραφε$), paläographische beobachtungen, die orthographischen und dialektischen unregelmässigkeiten in vaseninschriften, eingeritzte inschriften auf vasen, die künstlerische entwickelung der vasengemälde u. s. w.

ABHANDLUNGEN.

XVII.

Lexikographische bemerkungen medicinisch-philologischen Inhalts.

(S. ob. p. 385 flgg.)

Zunächst bemerken wir hier, dass die lateinischen durchschossen gedruckten stellen als zusätze zu Freund's lexikon betrachtet werden können.

Febris.

In der heilkunde werden von altersher die krankheiten in acute und chronische eingetheilt. Celsus nennt jene *morbi acuti* und diese *morbi longi* (III, 1 etc.). Bei Plinius (**XXVI**, 67 etc.) heissen diese *morbi longinqui*. Caelius Aurelianus (morb. acutor. praefatio. Ed. Amman, Amstelaedami 1755 p. 1) unterscheidet *passiones acutae vel celeres* und (morbor. chronicor. praef. p. 267) *passiones chroniae vel tardae*; ja er sagt sogar pleonastisch: *chroniae vel tardae passionis morbi.*

Acutus bedeutet bei Celsus: 1) **schnell verlaufend**, und 2) **heftig, gefahrdrohend.**

Obgleich jedwedes fieber zu den acuten krankheiten gehört, so unterscheidet doch Celsus *febres acutae et longae* (II, 2); und (II, 1) heisst es: *longissimae quartanae, quae per hiemem quoque exerceant.*

Es lässt sich an vielen stellen kein unterschied zwischen *febris acuta* und *febris vehemens* herausfinden. An folgenden stellen ist ohne zweifel von heftigen fiebern die rede. *Nulla acuta febris*

leviter terrere nos debet (II, 4). *Inter haec deinde febris acuta oritur, ingensque sitis: quibusdam etiam delirium accedit* (V, 26, 31).
Ferner sagt Celsus (IV, 4, 3): *Hoc genus neque acutum est, et
potest esse non longum: curationem tamen maturam, ne vehementer
et diu laedat, desiderat.* Scheller (übersetzung des Celsus th. 1,
p. 258) übersetzt diese stelle: „Die genannte krankheit ist weder
acut und braucht doch auch nicht chronisch zu sein." Offenbar
aber bedeutet hier *acutus* heftig und *longus* lange anhaltend: dafür spricht schon der nachsatz: *ne vehementer et diu laedat.* Auch
sagt Celsus (III, 1): *quartum genus morborum est, quod neque acutum dici potest, quia non interimit, neque utique longum, quia, si
occurritur, facile sanatur.* Hier bedeutet *acutum* gefährlich; so ist
auch *acutus auris dolor* (II, 7) ein heftiger, gefahrdrohender schmerz.

Wenn von einer *febris acuta* die rede ist, so bezieht sich
das auf die intensität, und in diesem sinne giebt es auch *febres
non acutae,* leichte fieber (Celsus II, 5). *Febris acuta* ist,
mit Celsus' worten (III, 5), *quae magis vi,* und *febris longa, quae
magis tempore affligit;* und es scheint mir, dass er (III, 6) unter
febris magna eine *febris et vi et tempore affligens* versteht. So
nennt er das heftige und anhaltende, die lungenentzündung begleitende fieber, weder *acuta* noch *vehemens,* sondern *magna.* Für
diese meine annahme spricht auch die stelle im Celsus (II, 7): *Auris quoque dolor acutus, cum febre continua vehementique, saepe
mentem turbat: et ex eo casu iuniores intra septimum diem mo-
riuntur; seniores tardius: quoniam non aeque magnas febres expe-
riuntur.* Es wird hier *febris magna* einer *continua vehemensque*
gleichgestellt. In der längern dauer mag also der unterschied zwischen *febres vehementes,* (*vehementiores* III, 16) und *magnae* (*maiores* III, 6) liegen.

Auch *lentus* kommt im Celsus in verschiedener bedeutung vor:
1. *Lentus,* lange anhaltend. Freund citirt für diese bedeutung nur Seneca und einige dichter; jedoch verdient auch Celsus
dabei angeführt zu werden. *Lenta in balneo mora* (I, 3, 1).
2. Langsam, selten. (*Venae*) *lentiores celerioresve sunt* (Celsus
III, 6), d. h. der puls ist seltener oder schneller. Unter *venae* ist
bei Celsus nicht selten der puls zu verstehen. *Vis corporis melius
ex venis, quam ex ipsa specie* (aussehn) *aestimatur* (II, 10). *Si
protinus venae conciderunt* (III, 5), d. h. wenn gleich im anfange

der krankheit der puls sinkt. Der kleine und schwache puls heisst
(III, 19): *venarum exigui imbecillique pulsus*, und der
ungleiche puls (III, 6): *venae non aequis intervallis moventur.* Bei Celsus ist *pulsus* der plural, bei Plinius der singular. *Arteriarum pulsus, in cacumine membrorum evidens* (XI, 88).
Venarum pulsu descripto (XXIX, 5) etc. Erst Caelius Aurelianus
nennt den puls *pulsus*, mit weglassung von *venarum* und *arteriarum*
(Morb. acutor. II, 14 und an vielen andern stellen).

3. Schwach, leicht. *Lentus* bezeichnet mitunter die geringere intensität eines leidens. *Ubi lenti dolores, lentaeve febres sunt*
(III, 2). Hier setzt Celsus *lentum* dem *grave* entgegen. Auch
gehört hieher (II, 17): *manentibus vero adhuc febribus, si hae
sunt lentae;* und (ibid.): *qui lentis febriculis diu detinentur.*

4. Hartnäckig. Celsus sagt (III, 9): *nonnunquam etiam
febres lentae sine ulla remissione corpus tenent.* Scheller (l. c.
th. 1, p. 186) hält diese fieber für schleichende. Das ist nicht
richtig; denn Celsus führt folgende symptome an: *diu frigus est,
et torpor, et iactatio corporis;* und das „*sine ulla remissione*“.
Solch heftige fieberbewegungen, und zwar ohne allen nachlass,
sind keinem schleichenden fieber eigen. Es werden hier hartnä-
ckige fieber angeführt, und man wird dabei an die nächste bedeutung von *lentus:* zäh, klebrig, festanhaftend, im tropischen sinn,
und besonders an Horaz's worte (Epod. I, 15, 5) erinnert:

> Arctius atque hedera procera adstringitur ilex,
> Lentis adhaerens brachiis etc.;

denn *lentis febribus tenentur corpora* — sagt Celsus.

Celsus fügt noch hinzu, dass bei diesen fiebern die gewöhnliche
behandlungsweise anerkannt guter, rationeller ärzte nicht anschlug,
und die kranken sich einer heroischen cur roher praktiker unterzogen. Diese cur nennt er: *temeraria medicina; quia plures
interemit.* Einige patienten genasen jedoch in kurzer zeit; und
dies bewog mich hier *lentus* in einer andern bedeutung als „1)
lange anhaltend“ zu nehmen. Alsdann gehört hieher (II, 15):
(*Gestatio utilis) et his, quibus lentae morborum reliquiae remanent,
neque aliter eliduntur.* Das verbum *elidere* deutet auf einen hart-
näckigen widerstand hin.

Febris acuta, πυρετὸς ὀξύς des Hippocrates, ist das heftige,
besonders entzündungen begleitende fieber; *febricula lenta* oder

longa, πυρετὸς μακρὸς βληχρός, sind leichte, oft wiederkehrende
fieberbewegungen, welche besonders chronische leiden, namentlich
zehrkrankheiten begleiten. Den Hipp. Aphor. V, 64 übersetzt Celsus
(III, 22): *Lac, quod in acutis febribus, ἐν ὀξέσι πυρετοῖσι, pro ve-
neno est; in phthisi, φθινώδεσι, tamen, sicut in omnibus longis
difficilibusque febriculis, ἐν πυρετοῖσι μακροῖσι βληχροῖσι, recte dari
potest. Febricula longa difficilisque,* d. h. *quae difficul-
ter sanatur,* ist das zehrfieber, von dem Celsus (III, 25) sagt:. *quae
facile tot malis obrutum hominem consumit.*

Die wechselfieber nennt Celsus (II, 17; III, 2 etc.): *febres,
quae certum circuitum habent,* und beschreibt sie als *quartanae,
tertianae, quotidianae,* ἡμιτριταῖοι etc. Plinius sagt dafür
febrium circuitus HN. XXXII, 38.

Für *febris intermittens* könnte Celsus insofern als autorität gelten, als er (III, 14) sagt: *tertiana, quae ex toto inter-
mittit.* Das ist nämlich ein fieber, wo zwischen den paroxysmen
vollkommene apyrexie eintritt. Plinius (XXVI, 71) nennt die in-
termittirenden oder kalten fieber: *febres frigidae. Febris defectiva,*
für *intermittens,* findet sich nur beim Afrikaner Caelius Aurelianus
(Morbor. acutor. II, 10, p. 97) vor. Celsus sagt (III, 5): *si post
alteram febrem motio manet.* Cicero (de natur. deor. III, 10, 24)
sagt dafür *febrium motus.* Unter *motio manet* versteht hier Celsus: *quaedam reliquiae remanent, donec altera accessio accedat* (III, 4). Diese fieberbewegungen halten an, bis bald mit
kälte der extremitäten, *frigus,* bald mit schüttelfrost, *horror,*
ein neuer fieberanfall beginnt. *Incipiunt aliae (quotidianae) a frigore, aliae ab horrore. Frigus voco, ubi extremae partes membrorum inalgescunt:* horrorem, *ubi totum corpus intremit* (III, 3).
Freund übersetzt *motio* mit fieberschauer. Dieser schauer ist aber
nur als ein theil der *motiones* anzusehn. *Horror,* der schüttelfrost,
ist der typische frost, der gewöhnliche anfang eines paroxysmus
(accessio). Den zu *motiones* gehörigen fieberschauer nennt Celsus
(VII, 27) *inordinati horrores;* so wie auch ein nicht typi-
sches fieber bei ihm (III, 3) *febris inordinata* heisst.

Stomachus.

Stomachus umfasst die speiseröhre und den magen als ein
ganzes. An einigen wenigen stellen versteht Celsus darunter nur

die speiseröhre, sonst aber nur den magen, den er übrigens auch
ventriculus nennt. Er sagt (IV, 1): *deinde duo itinera incipiunt:*
alterum, asperam arteriam nominant, alterum stomachum. Arteria
exterior ad pulmonem: stomachus (die speiseröhre) *interior ad ven-*
triculum fertur. Ferner sagt er (ibid.): *stomachus* (die speiseröhre)
intestinorum principium est. . . . Ventriculus receptaculum cibi
est . . . ima ventriculi pars in summum intestinum (den zwölffin-
gerdarm) *coarctatur. Hanc iuncturam* πυλωρὸν *Graeci vocant.* —
Ὀ πυλωρός, der pförtner, heisst auch (Celsus IV, 12): *ventriculi*
porta. — Scheller (l. c. th. 1, p. 241) führt sowohl *stomachus*,
als auch *summum intestinum* als den anfang der gedärme an. Um
diesen doppelten anfang zu vermeiden füge ich zu *summum intesti-*
num den namen dieses darms hinzu. Dieser heisst gegenwärtig
duodenum; Celsus nennt ihn aber *ieiunum. Ab ea (iunctura) ieiu-*
num incipit (IV, 1). Das ist der leerdarm, gegenwärtig der zweite
darm.

In beziehung auf die *arteria aspera*, die luftröhre, bemerkt
Celsus (IV, 1): *exigua in arteria sub ipsis faucibus lingua est,*
quae cum spiramus attollitur, cum cibum potionemque sumimus,
arteriam claudit. In andern ausgaben steht *ligula* für *lingua.*
Das ist die ἐπιγλωσσίς, der kehldeckel. Cicero (de natur. deor.
II, 64, 136) sagt dafür: *aspera arteria tegitur quasi quodam oper-*
culo. Für *arteria aspera* steht bei Caelius Aurelianus (Morb. chronic. II, 12, p. 398) *pulmonis calamus* und (13, p. 402)
pulmonis cannula.

Celsus spricht (IV, 5) *de stomachi morbis.* In diesem capitel
ist nur von krankheiten des magens die rede; da es aber mit den
worten: *faucibus subest stomachus*, beginnt, so bedeutet hier *stoma-*
chus speiseröhre und magen.

Cicero sagt (l. c. II, 54, 135): *linguam autem ad radices*
eius haerens excipit stomachus. Freund fügt nach *eius: (oris)* hinzu.
Das ist nicht richtig; denn *eius* bezieht sich nur auf *lingua.* Gleich
darauf (136) heisst es: *quum ostium habeat (aspera arteria) ad-*
iunctum linguae radicibus paullo supra, quam ad linguam stomachus
annectitur. Celsus sagt: *faucibus subest stomachus*, und versteht
darunter speiseröhre und magen; Cicero's worte: *linguam excipit*
stomachus, scheinen mir dasselbe zu bedeuten, *stomachus* ist (l. c.
49, 24) der magen. Alsdann sagt Cicero (l. c. 54, 136): *alvi*

natura subjecta stomacho, und bezeichnet gleich darauf *alvus* als *multiplex et tortuosa*. Das kann nur auf die gedärme, nicht aber auf den magen bezogen werden. Indessen ist es klar, dass Cicero unter *alvus* den ganzen darmkanal versteht. Er sagt (l. c. II, 50, 126): *vomitione canes, purgatione autem alvos ibes Aegyptiae curant.* Das erbrechen bezieht sich auf den magen und *purgatio* weist auf die fabel hin, nach welcher die *ibes* eine *alvi ductio* vornehmen. Ich bin mit Freund darin nicht einverstanden, dass Cicero mit *alvus* auch den magen allein bezeichnet. Der magen ist zwar ein theil des darmkanals, darf aber nicht darmkanal, *alvus*, genannt werden. Die stelle (l. c. II, 55, 137): *ex intestinis autem et alvo secretus a reliquo cibo succus etc.*, könnte freilich dazu bewegen *alvus* hier für den magen zu halten. Das ist aber eine verderbte stelle, die vielfach geändert und auch einigen handschriften zufolge ohne den zusatz *et alvo* aufgenommen wurde. *Ex intestinis et alvo* kann ich nicht anders übersetzen, als: aus den gedärmen und dem ganzen darmkanal. Stände hier nicht *a reliquo cibo secretus succus*, so würde ich *alvus* mit unterleib übersetzen.

Medium intestinum (Cicero l. c. II, 55, 137) hält Freund für das gekröse, τὸ μεσεντέριον der Griechen. Dieser meinung kann ich nicht beistimmen. Cicero hat sicherlich nicht an das gekröse gedacht, sondern hielt dafür, dass der *secretus a reliquo cibo succus* mitten aus dem darmkanal zur leber gelangt („*a medio intestino [per quasdam vias] permanat ad iecur*"). Sowie *summum intestinum* der oberste, so ist *medium intestinum* der mittlere darm. Meinetwegen mag man auch *intestino* hier für den ablativ von *intestinus*, der darmkanal (Plinius XI, 78) nehmen. —

Ich finde keine stelle im Plinius, die auf das gekröse bezogen werden könnte; Celsus spricht aber (IV, 1) darüber: *orbes vero eius (tenuis intestini) per membranulas singuli cum inferioribus connectuntur.* Diese *membranulae* sind das gekröse: τὸ μεσάραιον (δέρμα) der Griechen.

Celsus sagt (IV, 20): *ex volva quoque feminis vehemens malum nascitur: proximeque ab stomacho, vel afficitur haec, vel corpus afficit.* Hier ist von hysterischen anfällen die rede. Scheller (l. c. th. 1, p. 294) übersetzt diese stelle also: „bei dem weiblichen geschlechte ist auch die gebärmutter oft ursache heftiger leiden. Sie leidet zunächst dem magen am meisten u. s. w." Ich glaube aber, dass hier *stomachus* nicht mit „magen", sondern mit ärger, aufregende gemüthsbewegung, zu übersetzen ist. *Proxime ab stomacho* heisst übrigens: âm nächsten vom magen, auf keinen fall aber „zunächst dem magen am meisten". *Nascor ab aliquo* war besonders im tropischen sinn gebräuchlich. Hier bedeutet also *nascitur ab stomacho*: wird durch ärger hervorgerufen. Aufregende gemüthsbewegungen gehören auch heut zu tage zu den gewöhnlichen ursachen hysterischer anfälle. Die ungewöhnliche wortfolge: *vel afficitur haec, vel corpus afficit*, ist eine dem Celsus eigenthümliche; so z. b. sagt er (IV, 5): *Frequentissimumque est eius (stomachi) malum, quo resolvitur: neque ulla re magis afficitur, aut corpus afficit.*

Alvus kommt im Celsus häufig in verschiedener bedeutung vor: oft in der des *venter*, nie aber in der des *ventriculus*. Zu dem was Freund in dieser hinsicht anführt, füge ich noch hinzu: *liquanda alvus, interdum etiam ducenda* (Celsus IV, 4, 2). *Alvum ducere* und auch *subducere* (III, 4) heisst den stulgang durch klystiere befördern. Einmal sagt Celsus (VI, 6, 6) dafür: *alvus ab inferiore parte evocanda*. Das klystier heisst bei Celsus *alvi ductio*. Freund (th. 1, p. 805) schlägt dafür *lotio*, als ein „rein lateinisches" wort vor, und citirt dabei Celsus II, 12. Celsus sagt (II, 12, 1): *deiectionem autem antiqui variis medicamentis, crebraque alvi ductione in omnibus fere morbis moliebantur.* Nachdem er über abführende mittel, *cathartica*, gesprochen, fährt er (II, 12, 2) fort: *Plerumque vero alvus potius ducenda est.* Caesarius änderte ganz willkührlich *potius* in *potionibus* um, und van der Linden hielt für gut *potionibus* durch *lotionibus* zu verbessern. So entstand aus *potius: lotio*, ein wort, welches in den besten ausgaben des Celsus (Targa, Krause u. s. w.) gar nicht vorkommt und auch in keiner handschrift nachgewiesen werden kann. Cels. II, 12, 1 und II, 12, 2 stehen in einem unmittelbaren zusammenhange; dort handelt Celsus über abführende mittel innerlich genommen, hier über die leibesöffnung durch klystiere. Er macht §. 1 auf den missbrauch und die nachtheilige wirkung der *cathartica* aufmerksam: *sed medicamenta (purgantia) stomachum fere laedunt*, und in beziehung darauf beginnt er §. 2 mit den worten: *plerumque vero alvus potius ducenda est.* Damit spricht er ganz deutlich die meinung aus: *Alvus potius ducenda quam medicamentis movenda.*

Ferner giebt Freund an, dass *clyster* bei Celsus das klystier und
die klystierspritze bedeute.   Celsus versteht aber unter *clyster* weder das eine noch das andere.   Es ist bei ihm nur das instrument,
eine kleine spritze, namentlich die ohrenspritze: *clyster oricularius,*
ὠτεγχύτης.   Er bediente sich dieser spritze nicht nur in ohrenkrank-
heiten (VI, 7, 3), sondern auch bei verschwärungen der urinblase
(VII, 27), in der φίμωσις (VI, 18, 2), in fisteln: *per oricularium
clysterem fistulam cluere . . . . vino . . . . aceto etc.* (V, 28, 12).
Celsus erwähnt keines instruments, das zur *alvi ductio* gedient
hätte.   Plinius (XXXI, 33) sagt: *clysteribus quoque marinam
aquam infundunt.* — *Choleram calida (marina aqua) infusa clysteribus sedat.*   Auch Celsus braucht *infundere* in demselben, sinne,
jedoch ohne das dazu gebräuchliche instrument anzuführen.   Ganz
ungewöhnlich ist der ausdruck (II, 2, 2): *iniicienda alvus est aquà.*
Einige ausgaben haben dafür *deiicienda*, andere *cienda.*   Van der
Linden, Targa u. a. wählten, dem codex Mediceus I. zufolge, die
lesart: *immittenda in alvum est aqua.*   Meiner meinung nach müsste
es heissen: *iniicienda a l v o est aqua.*   *Iniicere aliquid alicui* kommt
bei Celsus häufig vor.   Auch flüssige medicamente *iniiciuntur* (VI,
6, 9; VI, 7, 7 ed. Linden.), in andern ausgaben steht *coniiciuntur;
collyria ex lacte* und *acetum.*

  V e n t r i c u l u s f u r u n c u l i (Celsus V, 28, 8) ist d e r e i t e r-
p f r o p f d e s b l u t s c h w ä r s.   Diesen technischen ausdruck der
Römer haben die Italiäner in ihrem *ventriculo del fignolo* beibehalten.

Uterus.

  Volva ist bei Celsus (IV, 1 etc.) das, was wir jetzt *uterus,*
und *v o l v a e c a n a l i s*, was wir *vagina* nennen.   Plinius (XI, 84)
sagt: *Feminis eadem omnia: praeterque vesicae iunctus est utricu-
lus, unde dictus uterus: quod alio nomine locos appellant, hoc reliquis animalibus volvam.*   Indessen nennt Plinius sowohl die gebärmutter der menschen, als auch die der thiere gewöhnlich *volva*, und
nur selten kommt bei ihm dafür *uterus* vor.   Für *feminarum uterus*
citire ich: VII, 3; XXX, 45; XXVI, 90; für *reliquorum anima-
lium uterus*: VIII, 7: *uterus leaenae.*   Auch „*loci*" ist in diesem
sinne bei ihm ein seltener ausdruck (XXVI, 90; XXVIII, 9).

  Im Celsus kommt *uterus* in verschiedener bedeutung vor: nämlich
  1. *U t e r u s*, d i e s c h w a n g e r e g e b ä r m u t t e r.   So sagt

Celsus (II, 10) für das bei ihm gewöhnliche *gravida: femina ute-*
rum gerens, d. i. die γυνὴ ἐν γαστρὶ ἔχουσα des Hippocrates. Ferner bemerkt er (VII, 17, 1): *interdum tamen ex ictu aliquo, vel*
retento diutius spiritu, vel sub gravi fasce, interior abdominis mem-
brana, superiore cute integra, rumpitur. Quod feminis quoque ex
utero evenire consuevit. Ohne zweifel ist hier von einer mechani-
schen einwirkung des schwangern uterus auf jene membran die
rede; und wir werden hiemit an die nicht selten während der
schwangerschaft entstehenden brüche, *herniae*, erinnert. Von einer
angebornen krankheit sagt Celsus (VII, 28): *evēnit in utero*
matris, und: *ex utero matris est. — Subiectus servitio uxo-*
ris uterus, sagt Tacitus (Annal. I, 56) von der gefangen genommenen, schwangern frau des Arminius. — *Loci* bezieht sich
bei Celsus nur insofern auf den uterus, als hysterische anfälle durch
locis laborare angedeutet werden und *vitium locorum* der hysterische anfall ist. *Mulier, quae locis laborat* etc. (II, 8),
ist eine übersetzung des Hipp. Aphorism. V, 35: γυνὴ ὑπὸ ὑστεριχῶν
ἐνοχλουμένη κτλ. Ferner sagt Celsus (V, 22, 6): *Si concidere vi-*
tio locorum mulier solet; und (V, 25, 3): *vitio locorum aliqua pro-*
labitur et obmutescit.

2. *Uterus*, die bauchhöhle. *At sub corde atque pulmone trans-*
versum ex valida membrana septum est, quod a praecordiis uterum
diducit. Damit spricht Celsus (IV, 1) ganz deutlich aus, dass das
zwerchfell die brusthöhle von der bauchhöhle trennt. Nach Freund
sollen die *praecordia* hier: „die eingeweide, der magen" sein. Durch
ein versehen ist die aus Celsus angeführte stelle statt unter II) B),
unter II) A) gekommen (Freund's Lexikon bd. 3, p. 917).

3. Celsus sagt (III, 21): *intus in uterum aqua contrahitur*
. . . . . ἀσχίτην *Graeci nominant.* Dieses griechische wort hat
ihn bewogen, *uterus* in der bedeutung von ἀσχός, *uter*, zu nehmen.
Aqua in uterum (für *in utrem*) *contracta* und *aqua in ute-*
rum contrahitur ist die bauchwassersucht. Ausserdem kommen
bei ihm (II, 8) in beziehung auf diese wassersucht folgende ausdrücke vor: *si aqua inter cutem quem implevit. . . Aqua inter cu-*
tem . . . . . raro ad sanitatem perducitur. Si aqua medium
corpus implevit. Cicero nennt die wassersucht nicht wie Celsus *aqua inter cutem*, sondern verbindet das adjectiv *intercus* mit

aqua, um diese krankheit zu bezeichnen. *Medicamentum ad aquam intercutem* (de officiis III, 24, 92).

Praecordia.

Celsus bezeichnet mit *praecordia* eigentlich nur den raum, namentlich **die brusthöhle** und **die oberbauchgegend.** *Ita demum mortui praecordia et viscus omne medico in conspectum dantur* (vorrede des Celsus). Hier ist *praecordia* die brusthöhle, wohl auch der obere theil der bauchhöhle, und *viscus omne* sind die in diesem raume enthaltenen organe. Sowie aber nicht selten unter dem namen einer stadt deren einwohner zu verstehn sind, so deuten auch mitunter *praecordia* auf die daselbst befindlichen organe hin. *Si calor ex imis praecordiis oritur* (Celsus III, 6). Hier ist von den organen der brusthöhle die rede, welche die erhöhte wärme entweichen lassen. *Praecordia inflammata, dolentia etc.* (Celsus II, 4). Damit wird sowohl die oberbauchgegend bezeichnet, als auch auf leber und milz hingewiesen.

Unter *praecordia* ist zu verstehn:

1. Die brusthöhle (Celsi praefatio; IV, 1 etc.).

2. Die herzgrube. (*Stomachus,* die speiseröhre) *circa praecordia cum ventriculo committitur* (Cels. IV, 1). (*Os pectoris,* das brustbein) *a praecordiis, iam ipsum quoque cartilagine mollitum, terminatur* (Cels. VIII, 1).

3. Das zwerchfell. *Exta homini ab inferiore viscerum parte separantur membrana, quae praecordia appellant: quia cordi praetenditur, quod Graeci appellaverunt φρένας* (Plinius XI, 77). In diesem capitel wird das zwerchfell als *hilaritatis sedes* angegeben und zuletzt bemerkt: *ob hoc in proeliis gladiatorumque spectaculis mortem risu traiecta praecordia attulerunt.*

4. Die oberbauchgegend unter den rippen, τὰ ὑποχόνδρια. *Si praecordia eius sine ullo sensu doloris aequaliter mollia in utraque parte sunt* (Celsus II, 3). *Praecordia . . . . . intenta; magisque, si haec dextra quam sinistra parte sunt* (Celsus II, 4).

5. Die gedärme. *Praecordia vocamus uno nomine exta in homine* (Plinius XXX, 14). Indessen nennt er auch die eingeweide der thiere (XI, 84) *praecordia.* Freund giebt an, dass *exta* die edlern, *viscera* allgemeiner auch die unedlen eingeweide bezeichne. Dieser unterschied mag wohl bei der opferschau beobach-

tet worden sein, ist aber aus Plinius nicht ersichtlich. *Exta* sind bei ihm (**XI, 77**) freilich die brustorgane, aber in demselben capitel auch die gedärme, denn hier heisst es: *exta serpentibus et lacertis longa.* Die von Freund angegebene lesart *oblonga* ist unzulässig. Die schlangen haben wirklich einen langen darmkanal. Gleich darauf führt Plinius noch an: *dracones emicuisse de extis (traditur).* In dieser erzählung, deren wahrheit selbst Plinius bezweifelt, könnten mit *exta* auch nur die gedärme gemeint sein; denn ich wüsste für die aufnahme solcher schlängelchen kein anderes organ zu nennen, wohl aber könnte ein grösseres opferthier sie verschluckt haben. Auch muss ich noch einer stelle im Plinius erwähnen. *Hippocrates tradit non prandentium exta celerius senescere* (**XXVIII, 14**). Solchen unsinn konnte Hippocrates nicht vorgebracht haben. Die angeführte stelle mag wohl darauf beruhen, was in einem erwiesen nicht hippocratischen buche (περὶ ἀρχαίης ἰητρικῆς edit. Foes. S. I, p. 13) ausgesprochen wird. Hier heisst es nämlich, dass wenn einer, der zu frühstücken (ἀριστήζεσθαι) gewohnt ist, alles was er hatte verzehrt und nichts mehr zu essen übrig hat, durch hunger alsdann abmagert und abzehrt (φθίνει καὶ συντήκεται ὑπὸ λιμοῦ). *Sapienti sat!*

Ferner sagt Plinius (**XXIII, 61**): *Oleum cicinum bibitur ad purgationes ventris cum pari caldae mensura. Privatim dicitur purgare praecordia.* *Oleum cicinum* ist unser ricinus- oder castoröl, dessen wirkung sich nicht über die *intestina* hinaus erstreckt; es kann also hier *praecordia* nicht die edlern eingeweide (*viscera principalia* des Plinius XI, 77, schlechtweg *viscera* des Celsus) bedeuten. Was für ein unterschied wäre aber zwischen *purgare ventrem* und *purgare praecordia* anzunehmen? Meiner meinung nach hatte Plinius mit *praecordia* entweder insonderheit *(privatim)* auf den dickdarm — auf diesen wirkt hauptsächlich das ricinusöl — hingewiesen, oder *purgare praecordia* war bei den Römern eine redensart, die man *publice* zu äussern anstand nahm. Auf jeden fall aber ist hier von den gedärmen die rede. Auch sagt noch Plinius (**XI, 84**): *volva ova generantium adnexa praecordiis.* Der anatomie nach ist hier *praecordia*: der mastdarm; denn die ὠοτόκα haben eine gemeinschaftliche öffnung für den abgang der excremente und der eier: das sogenannte *monotrema*.

Bei Celsus kommt *exta* gar nicht vor. Er nennt die edlen

eingeweide *viscera*, und die gedärme *intestina*. Celsus beginnt (IV, 7) mit den worten: *a compagine vero corporis ad viscera transeundum est*. Als *viscera* werden hier angegeben: die lunge, die leber, die milz und die nieren. In IV, 7—10 werden die krankheiten dieser organe beschrieben und das eilfte capitel fängt also an: *a visceribus ad intestina* (magen und gedärme) *veniendum est*. Das herz wurde aus dem grunde nicht zugleich mit den andern theilen angeführt, weil die alten keinen begriff von dessen krankkeiten hatten; ja sie hielten sogar dafür, dass das herz von keiner krankheit ergriffen werden könne. *Solum hoc (cor) viscerum vitiis non maceratur* (Plinius XI, 69). Schon in der vorrede erwähnt Celsus des herzens als *viscus*, und nennt (VII, 4, 2) herz und lunge, ihrer lage in der brusthöhle wegen, *viscera superiora*.

Pectus.

Pectus ist bei Celsus:

1. Das brustbein (VIII, 7; VIII, 8, 2), welches er (VIII, 1) auch *os pectoris* nennt.

2. Der vordere theil des brustkorbs, als gegensatz zu *scapulae*, dem rücken. Das schulterblatt heisst nicht *scapula* — dieser singular kommt überhaupt nicht vor — sondern *latum os scapularum* (Celsus VIII, 7 und 8, 2), oder *os scapularum* (III, 22), auch *scutulum opertum*. *Rursus, a cervice duo lata ossa utrinque ad scapulas tendunt: nostri scutula operta; ὠμοπλάτας Graeci vocant.* Hier ist *scapulae* der rücken, und nicht, wie Scheller (l. c. th. 2, p. 33) übersetzt: die schultern. Auch folgende stelle (Celsus IV, 4, 2): *dolor in pectore praecordiisque est, interdum etiam in scapulis*, hat Scheller falsch übersetzt. Hier ist *pectus* die äussere brust, *praecordia* die brusthöhle und *scapulae* der rücken. Auch Plinius (XI, 82) nennt den vordern theil des brustkorbs *pectus*. *Pectus homini tantum latum, reliquis (animalibus) carinatum.* Die seitentheile des brustkorbs heissen *latera*. Im ausdrucke *totum pectus* sind die *latera* mit einbegriffen. Der *thorax* (ὁ θώραξ, der panzer) umfasst das *pectus*, die *latera* und die *scapulae*. *(Sudor prorumpit) ex toto thorace, et cervicibus, atque etiam capite* (Celsus III, 19). *(Peripneumoniam) subsequitur . . . . . praecordiorum totiusque pectoris gravitas* (Celsus IV, 7). *Peripneumonia* übersetzt Freund mit lungenschwindsucht und citirt dabei den Caelius

Aurelianus. Das ist ein irrthum. Caelius Aurelianus (Morb. acut. II, 25—29, p. 136—145) und Celsus (IV, 7 etc.) verstehen unter *peripneumonia* nur die lungenentzündung.

3. Plinius bezeichnet den knöchernen theil des brustkorbs mit *pectus*. *Pectus, hoc est, ossa, praecordiis et vitalibus natura circumdedit* (XI, 82).

Iter urinae.

Iter urinae ist bei Celsus nicht, wie Freund angiebt, der harngang (οὐρήτηρ), sondern die harnröhre (οὐρήθρα). Von den harngängen sagt Celsus (IV, 1): (*venae,* kanäle) *a renibus ad vesicam feruntur; οὐρητῆρας Graeci vocant.* Die stelle im Celsus (IV, 1): *in masculis iter urinae spatiosius et compressius,* übersetzt Scheller (l. c. th. 1, p. 242): „bei dem männlichen geschlecht ist der weg, den der urin machen muss u. s. w." Diese umschreibung ist ganz überflüssig; denn *iter urinae* ist gradezu die harnröhre. *Oportet membranam incidere, magna cura habita, ne urinae iter violetur* (III, 28). Alsdann ist (V, 4) vom katheterisiren die rede; den katheter nennt Celsus *fistula aenea,* und *fistulam demittere in iter urinae* heisst bei ihm: den katheter in die harnröhre einführen. Caelius Aurelianus (Morbor. chronicor. V, 24, p. 582) nennt die harnröhre *ultima mictualis via, quam uraeam* (doch wohl *urethram?) Graeci vocaverunt.* Die harnröhre wird von Celsus II, 8 auch *fistula urinae* genannt. Von einigen wird diese *fistula urinae* falsch mit „urinfistel" übersetzt. Sonderbar ist es, dass diese übersetzer (Ritter, Stuttgart 1840. p. 82: ein ungenannter. Jena und Leipzig 1799. p. 57) sich dabei auf Aphorism. IV, 84 berufen. Das ist aber leicht dadurch zu erklären, dass diese herren den griechischen text ganz unbeachtet gelassen und sich nur an die lateinische übersetzung gehalten haben. Foesius sagt freilich *fistula urinae;* der aphorismus lautet aber ὁκόσοισι ἐν τῇ οὐρήθρῃ φύματα φύεται, τουτέοισι διαπυήσαντος καὶ ἐκραγέντος λύσις. Sicherlich hatte Celsus (II, 8) den sinn dieses aphorismus wie folgt aufgefasst: *quibus in fistula urinae minuti abscessus, quos φύματα Graeci vocant, esse coeperunt, iis, ubi pus ea parte profluxit, sanitas redditur.* Und Foesius, der οὐρήθρα mit *fistula urinae* übersetzt, ist hierin dem Celsus gefolgt.

Nervus.

Unter *nervus* verstanden die Römer den muskel, die sehne,
einen strang u. s. w.   Die alten konnten zufälligerweise auch einzelne
nervenstränge zu gesicht bekommen und sie gleichfalls *nervi* genannt
haben; jedoch hatten sie nicht die entfernteste idee von der structur, dem verlaufe, der function und den krankheiten der eigentlichen nerven.   Celsus spricht (II, 10) vom aderlass und bemerkt
dabei: *si nervum scalpellus attigit, sequitur nervorum distentio.*   In
dieser stelle will man einen beweis gefunden haben, dass die alten
die nerven gekannt und selbst über nervenkrankheiten gesprochen
hätten.   Es kann zugegeben werden, dass Celsus hier wirklich einer nervenverletzung und der darauf folgenden convulsionen erwähne; allein es steht fest, dass er den verletzten nervenstrang
nicht von andern strängen zu unterscheiden wusste und die convulsionen nicht als nervenkrankheit betrachtet haben konnte.   Auch
den **samenstrang** nennt er *nervus. Dependent (testiculi) vero
ab inguinibus per singulos nervos, quos κρεμαστῆρας Graeci nominant* (VII, 18). *Nervus, ex quo testiculus dependet (ibid.).*   Die
Griechen nannten einen strang, an dem etwas hängt: κρεμαστήρ.
Irrthümlich hielt Celsus den saamenstrang für einen solchen strang.
(Gegenwärtig wird der hebemuskel der testikel *cremaster* genannt).
Solet etiam interdum ad nervos ulcus descendere (Celsus VI, 18, 2).
Auch diese stelle ist falsch übersetzt worden (Ritter. l. c. p. 422).
Hier ist gleichfalls von sogenannten kanälen die rede.

Canalis kommt bei Celsus im ganzen selten vor; er braucht
dafür *iter, vena* und gewissermassen auch *nervus.*   Unter *Canalis*
versteht Celsus (VIII, 10, 5) nicht, wie Freund angiebt, die schiene,
sondern den σωλῆν der Griechen.   Die σωλῆνες waren aus verschiedenem material bereitete röhren, in welche die schon verbundenen beinbrüche, also mit bereits angelegten schienen, gebracht
wurden.   Die schienen heissen: *ferulae,* νάρθηκες. *Si plura fragmenta sunt, excipienda sunt ex ferula facto canaliculo* (Celsus
VIII, 8).   Hier ist *ferula* die pflanze, welche die Griechen νάρθηξ
nannten, aus der man schienen zu machen pflegte.

Distentio nervorum.

Freund übersetzt ganz richtig *distentio* mit: zerdehnung, aus-

dehnung; aber auf die von ihm citirten stellen aus Celsus sind
diese ausdrücke nicht anwendbar. Celsus versteht unter *distentio
nervorum* krämpfe. Er sagt (II, 1): *Frigus modo nervorum di-
stentionem, modo rigorem infert; illud* σπασμός, *hoc* τέτανος *graece
nominatur.* Der krampf beruht nicht auf extension, sondern auf
contraction. Was Celsus unter *distentio* versteht, ergiebt sich aus
seiner beschreibung des σπασμὸς κυνικός (IV, 2, 2): *os cum motu
quodam pervertitur, ideoque nihil aliud est, quam distentio oris.*
Der mund wird nicht ausgedehnt, sondern verzerrt. Mit *nervi di-
stenduntur* will Celsus gesagt haben: *nervi cum motu quodam per-
vertuntur.*

Resolutio.

Resolutio umfasst verschiedene grade der schwächung: von
der erschlaffung an bis zur lähmung und dem schlagflusse. *Resolvi*
bedeutet mitunter: gänzlich zerstört werden und auch sterben. Celsus spricht (V, 26, 31) von bösartigen geschwüren, wobei „*nervi ac membranae resolvuntur*" (zerstört werden). Alsdann
sagt er (II, 8): *ubi haec orta deiectio est, protinus moritur: utique,
si tempus autumni est: quo fere, qui caetera parte anni traxerunt,
resolvuntur* (sterben). *Maxillarum resolutio* (IV, 8) ist eine erschlaffung der den unterkiefer bewegenden muskeln — der oberkiefer
ist unbeweglich; *resolutio stomachi* (IV, 5) die magenschwäche;
ventris resolutio (III, 6) und *alvi resolutio* (II, 74): der
durchfall. *Oculorum resolutio, quam* παράλυσιν *Graeci nominant* (VI, 6, 36), ist, den worten nach, eine lähmung der augenmuskeln, aber der sache, nämlich den angeführten symptomen nach,
eine convulsive krankheit der augenmuskeln, die Celsus irrthümlich
für eine paralyse gehalten hat. In einigen ausgaben steht auch
oculus concussus anstatt *oculus convulsus. Resolutio linguae* (IV,
2, 3) ist die zungenlähmung. *Resolutio nervorum* bedeutet lähmung
und schlagfluss. Celsus sagt (III, 27): *at resolutio nervorum frequens ubique morbus est. Sed interdum tota corpora, interdum partes infestat. Veteres auctores illud* ἀποπληξίαν, *hoc* παράλυσιν
nominaverunt. Ein gelähmtes glied heisst (II, 8): *membrum re-
solutum,* oder (III, 27) *pars resoluta.* Die gänzlich gelähm-
ten nennt Celsus (III, 27): *per omnia membra vehementer resoluti,*
oder *(quorum) omnia membra vehementer resoluta.* Die vom schlag

gerührten heissen auch *attoniti*. *Attonitos quoque raro videmus, quorum et corpus et mens stupet. Fit interdum ictu fulminis, interdum morbo.* ἀποπληξίαν *hunc Graeci appellant.* Diese *attoniti* sind die βλητοί der Griechen. Hippocrates führt (περὶ διαίτης ὀξέων, s. IV, p. 55) βλητοί als einen alten namen für dergleichen fälle an.

Suffusio oculorum.

Suffusio oculorum, bei Freund: trübung der hornhaut, der staar. Die citate aus Celsus und Plinius können nicht auf „trübung der hornhaut" bezogen werden. Plinius braucht meist den plural *suffusiones*. Er empfiehlt dagegen (XXVIII, 2) die menschengalle, (XXXII, 14) das schildkrötenblut und (XXXIV, 27) das *collyrium hieracium*. Sowohl aus diesen drei, von Freund angeführten, als auch aus vielen andern stellen, ist es gar nicht möglich zu ersehn, was Plinius unter *suffusiones oculorum* verstanden haben will. Das *collyrium Hieracis* empfiehlt übrigens auch Celsus (VI, 6, 28), aber nicht gegen hornhauttrübung und staar, sondern gegen *„aspritudo oculorum"*, die rauhigkeit der augenlieder. Dahingegen ist es klar und deutlich, was Celsus unter *suffusio oculi* versteht. Bei ihm ist es (VI, 6, 35) der graue staar, die ὑπόχυσις der Griechen. Das wird auch durch das operative verfahren (VII, 7, 14) vollends bestätigt. Vielleicht hatte Plinius, indem er (XXXIV, 27) *glaucomata* und *suffusiones* zusammenstellt, zwei verschiedene arten von staar im sinne gehabt. *Glaucoma* ist aber nicht, wie Freund angiebt, „die verdunkelung der krystalllinse, der (graue) staar", sondern eine krankheit des glaskörpers, der sogenannte grüne staar.

Nausea.

Nausea ist bei Celsus (I, 3 und IV, 5) die seekrankheit. Plinius nennt sie (XXVII, 28) *nausea maris*. Celsus sagt: *is vero, qui navigaverit et nausea pressus est, si multam bilem evomuit etc.* Das heisst doch: wenn jemand nach einer seefahrt von der seekrankheit ergriffen ist und viel galle ausgebrochen hat u. s. w.? Scheller (l. c. th. 1, p. 60) übersetzt hier *nausea* mit „eckel". Da aber ein starkes galligtes erbrechen angeführt wird, so wäre es ganz überflüssig des ihm nothwendig vorangehenden eckels, also der neigung zum erbrechen, zu erwähnen. Ferner ist (IV, 5; ed. Krause p. 207) von kranken die rede, die an gallenanhäufung im magen leiden, und in beziehung auf die behandlung sagt Celsus: *necessaria gestatio, navigatio, et, si fieri potest, ex nausea vomitus,* Scheller (l. c. th. 1, p. 264) übersetzt dies: „dabei ist es nöthig, dass die kranken passive bewegungen machen, z. b. zu schiffe, und dass sie, nachdem sie eckel empfanden, wo möglich zum erbrechen kommen". Es ist aber ganz klar, dass Celsus hier das fahren zu schiffe in der absicht vorschlägt, um die seekrankheit und eben dadurch erbrechen, *ex nausea vomitum,* hervorzubringen. *Si fieri potest,* sagt er wohlweislich, weil nicht alle seekrank werden. An andern stellen bedeutet *nausea* eckel oder brechneigung. So z. b. sagt Celsus (IV, 5, edit. Krause p. 209) von dem aus magenschwäche, ohne weitere veranlassung, entstehenden erbrechen: *supprimendus autem vomitus est, qui per se venit, etsi nausea est.* Er sagt *etsi nausea est,* weil ihm sonst *nausea* eine indication zur anwendung der brechmittel ist (I, 3, 4).

Nausea ist also bei Celsus 1) die seekrankheit, und 2) die brechneigung, aber keineswegs das erbrechen selbst.

Unter *oris humectatio nauseabilis* versteht Caelius Aurelianus (Morb. chron. III, 2, p. 436) das sogenannte zusammenlaufen des speichels im munde, welches als folge von übelkeit stattfindet. Celsus (I, 3, 4) sagt dafür: *cui frequens saliva est.*

Cancer.

Nach Freund ist *cancer*: „ein zehrendes, eiterndes geschwür, der krebs". In der bedeutung von krebs kommt aber *cancer* bei Celsus nicht vor. Den krebs nennt er καρκίνωμα. Er beschreibt (V, 28, 2) die allmälige entwickelung des krebses: *fere id primum fit; quod* κακόηϑες *a Graecis nominatur. Deinde ex eo id* καρκίνωμα, *quod sine ulcere est. Deinde ulcus. Ex eo thymium.* Zuerst entsteht also κακόηϑες, unser scirrhus, alsdann καρκίνωμα *sine ulcere,* unser *cancer occultus.* Mit *deinde ulcus* wird der anfang unseres *cancer apertus,* oder was wir *carcinoma* nennen, bezeichnet, und *thymium* ist das völlig ausgebildete, offene krebsgeschwür. Dieses *thymium* ist aber von der warzenartigen hautkrankheit ϑύμιον, von der Celsus (V, 28, 14) und Plinius (XXX, 45) sprechen, zu unterscheiden. In einigen ausgaben des Celsus

steht auch nicht ϑύμιον, sondern ἀκροϑύμιον, und in andern ϑύ-
μον. — Auch Plinius erwähnt (XXIII, 63) eines *carcinoma sine
ulcere.*

Der *cancer* des Celsus tritt zu wunden und geschwüren hinzu.
Cancer invasit ulcera (IV, 15). Auch in den von Freund citirten
stellen ist vom hinzutreten des *cancer* zu bereits vorhandenen geschwüren die rede. *(Cancer) in his (obscoenis partibus) quoque vel
praecipue ulcera infestat* (VI, 18, 3). Celsus beschreibt (V, 26, 31)
den *cancer.* Aus der gesammten beschreibung ist zu entnehmen,
dass wunden und sonst gutartige geschwüre durch das hinzutreten
von ἐρυσίπελας, oder *ulcus nigrum et putre*, oder γάγγραινα, in
bösartige geschwüre, die alsdann den namen *cancer* erhalten, verwandelt werden. *Cancer* ist also, nach Celsus, bald ein e r y s i p e -
l a t ö s e s, bald ein p u t r i d e s, bald ein g a n g r ä n ö s e s g e s c h w ü r.
Auch braucht Celsus (VIII, 25 etc.) den plural *cancri*; das sind
seine drei species *generis cancri.* Im capitel *de cancro, qui incisa
vesica nascitur* (VII, 27), geschieht der nach dem steinschnitt entstehenden verschwärung in der blase erwähnung. Ritter (l. c. p. 515)
übersetzt auch hier sogar, ganz falsch, *cancer* mit krebs.

Ich kann nicht umhin noch auf zwei stellen im letztgenannten
capitel aufmerksam zu machen: 1) *Non ignoremus, orto cancro (vesicae) saepe affici stomachum, cui cum vesica quoddam consortium
est.* C o n s o r t i u m, ἡ συμπάϑεια, ist hier die m i t l e i d e n s c h a f t
des magens bei erkrankter blase.

2. *Ex quibus (medicamentis), si qua erunt arida, per scri-
ptorium calamum inspirabuntur (in vesicam incisam).* Alsdann sagt
Celsus noch (V, 28, 12): *Medicamento arida in calamum scripto-
rium coniicienda sunt . . . . . . inspirandumque, ut ea medicamenta
intus compellantur.* Freund sagt, dass *i n s p i r a r e*, in der bedeutung e t w a s h i n e i n b l a s e n, ein nachaugusteisches wort sei,
und citirt dafür nur Plinius. Jedenfalls verdiente aber auch Celsus,
der dem goldnen zeitalter so nahe steht, hierbei angeführt zu werden.

Man ersieht aus dem, was ich über καρκίνωμα und *cancer* gesagt habe, dass auch der artikel *carcinoma* in Freund's lexikon
geändert werden muss.

Rheumatismus.

Rheumatismus, das leiden am ῥεῦμα, bei Freund: der rheu-

matismus. Dabei ist aber nicht aus dem auge zu lassen, dass unser rheumatismus eine ganz andere krankheit ist, als der *rheumatismus* der Römer und das ῥεῦμα der Griechen. Hippocrates sagt
(*περὶ τέχνης*. S. I, p. 8): καὶ ῥεύματα, ἃ διαῤῥεῖν εἴωθεν ἑκά-
στοισι, δι᾽ ὧν ἔξοδοι δέδονται. Die alten verstanden unter ῥεύματα vornehmlich katarrhe der respirationsorgane und der gedärme;
Plinius (XXII, 47; XXV, 39) führt an: *fluxiones, quas Graeci
rheumatismos vocant.* Damit sind bauchflüsse gemeint, die sonst
rheumatismi ventris (XXIII, 23; 32; 38; XXVII, 88 etc.), *alvi*
(XXIII, 63), *intestinorum* (XXIII, 20) und *interaneorum* (XXIII,
17) heissen. *Rheumatismi gutturis* (XXIII, 27) und *thoracis*
(XXIII, 80) sind katarrhe der luftwege. Caelius Aurelianus übersetzt (Morbor. chronic. II, 7, p. 379) ὁ κατάῤῥοος mit *influxio*
und ὁ ῥευματισμός (ibid. p. 382) mit *defluxio,* aber an beiden
stellen sind es krankheiten der luftwege, von denen er spricht.
So ist auch (Morb. acutor. II, 27, p. 139) von einem: *levi humoris fluore, quem rheumatismum vocant,* in der lungenentzündung, die
rede. Dagegen sagt er (Morbor. acutor. III, 19, p. 254) von der
cholera: *dehinc rheumatismus sive humoris fluor, non solum ventris atque intestinorum est, sed etiam stomachi.* Hier ist also *rheumatismus* durchfall und erbrechen.

Ich halte dafür, dass Plinius (XXIII, 3) als *nervorum dolores frigore orti* und (XXVI, 66) überhaupt als *nervorum
morbi* unsern rheumatismus anführt. An einigen stellen ist unter
nervus nichts anderes als der **rheumatische muskelschmerz**
zu verstehn. *(Vettonica) nervis discurrentibus per scapulas (utilissima)* (XXVI, 66, 3). *Agarico quidem et nervus, qui platys ap-
pellatur* (d. i. der *musculus latissimus dorsi*), *et humerorum dolor
sanatur* (XXVI, 50). Auch Celsus bezeichnet (II, 8) deutlich genug mit den worten: *Humerorum dolores, qui ad scapulas vel manus tendunt,* rheumatische schmerzen, die sich von den schultern
aus bis zum rücken und gegen die hände hin zu verbreiten pflegen. Das dem Plinius so beliebte wort *rheumatismus* vermeidet
Celsus wohlweislich. — Ich glaube nicht zu irren, wenn ich auch
den ausdruck *rheumatismus occultus* (Plin. XXV, 49) für
unsern rheumatismus halte. Es soll nämlich die pflanze *iberis,* äusserlich angewandt, nächst warmen bädern und darauf folgenden
einreibungen von öl und wein, das hüftweh und alle gliederschmer-

zen heilen *(coxendicibus et articulis omnibus utilissima)*; und dabei
bemerkt Plinius: *hoc modo rheumatismos omnes sanat occultos.*
Plinius sagt (XXII, 68): *Adversus acutas pituitae fluxiones, quas
Graeci rheumatismos vocant.* Vermuthlich hatte er eine *acuta pituitae congestio sine fluxione* angenommen und sie daher *rheumatismus occultus* genannt.   Ferner sagt Plinius (XXII, 69): *(Faba)
ad coxendices, et ad nervorum veteres dolores, cum adipis suilli vetustate prodest.* Hier mag wohl von chronischen rheumatismen die
rede sein. *Adipis vetustas* bei Plinius, und *adeps quam vetustissima* bei Celsus (IV, 3), ist das ranzig gewordene schweinefett.
Tanto utilior, quanto sit vetustior (Plinius XXVIII, 37). Die
alten schrieben ihm besondere heilkraft zu und wandten es selbst
innerlich an. Sie bedienten sich sogar der wagenschmiere, *axungia. Antiqui (adipe verrino utebantur) maxime axibus vehiculorum
perungendis: unde nomen.* Aber gleich darauf wird auch das frische nierenfett *axungia* genannt: *et per se axungiam, renibus de-
tractam medici probabant* (Plinius XXVIII, 37). Plinius macht also
keinen unterschied zwischen *adeps* und *axungia*, Celsus aber vermeidet dieses wort. — *Ulcera vetustas occupat* (Celsus V, 26, 31).
Ulcera longa vetustate occupata (VIII, 2). Diese geschwüre unterscheiden sich von *ulcera vetusta* (VI, 6, 18) und *vetustoria* (VI, 7,
2) dadurch, dass sie durch vernachlässigung soweit gekommen sind,
dass schwerlich heilung zu erwarten ist. *Quod fere negligenter cu-
rato ulceri supervenit* (Celsus V, 26, 31). — *Si vetustas (ossa
fracta) occupavit* (VIII, 10, 7). Das ist eine *vetusta, negligenter
curata ossium fractura.* Celsus hat nicht ohne grund *occupare* gewählt. Celsus braucht nicht selten das verbum *inveterascere*, nicht
aber, wie Plinius, *inveterari. Inveteravit morbus* (III, 22), *malum*
(IV, 8 und 15), *res* (III, 15), *inveteraverunt dolores* (IV, 23) etc.
Freund sagt (th. 4, p. 963): „in der medicinischen sprache *vetustas
ulcerum,* der unscheinliche, verweste zustand derselben Celsus V, 26,
31". Das sind aber callöse geschwüre mit lividen, dicken rändern,
von denen Celsus hier spricht und ihnen namentlich eine vernachlässigung zu grunde legt.

     Plinius hat als wörtliche übersetzung von τὰ ῥεύματα: *ma-
nantia* zu einem substantiv gemacht, mithin statt *ulcerum rheumatismi: ulcerum manantia* (XXIII, 13) geschrieben. *Furfuribus
ulcerumque manantibus (medetur arundo)* (XXIV, 50). *Manantia*

nymphaeae heracliae radix sanat (**XXVI**, 87). Sonst ist *manantia* bei ihm das particip. *Ulcera manantia* (**XXIII**, 42; **XXXI**, 45 etc.). *Ulcerum eruptiones manantes* (**XXII**, 16). Das sind, mit andern worten, *ulcera humida* (**XXXI**, 47), oder *ulcera quae in humido sunt* (**XXXIII**, 4). Der auffallende ausdruck: *rheumatismî cicatricum* (**XXIII**, 13) kann nur durch das vorkommen von *ulcera cicatricum* (**XX**, 70), die auch „*manantia*" sein können, erklärt werden.

Articulus.

Die ausdrücke *articularis, articularius, articulorum dolores* oder *vitia* beziehen sich oft auf die gicht, $\dot{\alpha}\varrho\vartheta\varrho\tilde{\iota}\tau\iota\varsigma$. *Arthritis* kommt zwar bei Caelius Aurelianus (Morb. chron. II, 2, p. 557) und Vitruvius (I, 6), nicht aber bei Celsus und Plinius vor. Wir finden im Cicero das adjectiv *arthriticus*. *Non enim arbitror cocum etiam te arthriticum habere* (Ep. ad famil. IX, 23). So schrieb Cicero in einem der briefe an seinen freund Paetus, anderwärts hätte er wohl $\dot{\alpha}\varrho\vartheta\varrho\iota\tau\iota\varkappa\grave{o}\nu$ geschrieben. Freund übersetzt ganz richtig: *Terentia magnos articulorum dolores habet*, mit: hat gichtschmerzen. Hier ist nicht von der habituellen gicht überhaupt die rede, sondern von einem fieberhaften gichtanfall, den Plinius (**XXVI**, 64): *impetus podagrae rubentis, hoc est, calidae*, nennt. *Articulus* kommt bei Celsus in verschiedener bedeutung vor:

1. *Articulus*, das gelenk. *Si iuxta articulum fractura est* (**VIII**, 10, 1). *Membra longa, quae per articulum iunguntur* (**VIII**, 16). *Articuli*, die gelenke. *Si circa maiores articulos id evenit* (**VII**, 2).

2. Der knochen. Insonderheit werden die knochen der extremitäten *articuli* genannt. *Illud ignorari non oportet, plurima ossa in cartilaginem desinere, nullum articulum non sic finiri* (**VIII**, 1). *Articuli suis sedibus excidunt* (**VIII**, 11). *(Articuli) elabuntur in priorem et in posteriorem (partem)* (**VIII**, 11). *Articuli elapsi in priorem partem* sind verrenkungen nach vorne. *Sed ut excidere omnes articuli possunt, sic non omnes reponuntur* (**VIII**, 11). Statt *reponere* sagt Celsus (**VIII**, 15): *os in suam sedem compellere*. *(Articuli) qui nervorum vitio prolapsi sunt, compulsi quoque in suas sedes iterum excidunt* (**VIII**, 11). *Sed in his (digitis) extendendis non aeque vi opus est; cum et articuli breviores, et nervi minus validi sunt* (**VIII**, 19). Hier ist *articulus*

der ganze phalanx eines fingers. Scheller (l. c. th. 2, p. 379)
übersetzt *articuli breviores sunt;* die gelenke sind kürzer. Unter
brevior articulus konnte aber Celsus nichts anderes als *brevius os*
verstanden haben wollen. Er nennt die grössern geleuke: *articuli
maiores* (VII, 2) und *valentiores* (VIII, 11), nicht aber *longiores.
Membra longa* sind bei ihm die längern gliedmassen. *Reponendi
ratio una est (neque in cubito tantum, sed in omnibus quoque membris longis, quae per articulum longa testa iunguntur)* etc. (VIII,
16). Cubitus ist hier der ellnbogenknochen, sonst ist
cubitus auch das ellenbogengelenk. *In cubito autem tria
coire ossa, humeri et radii et cubiti ipsius* . . . . . . *intelligi potuit* (VIII, 16). Hätte Celsus (VIII, 19) kleinere gelenke anführen wollen, so würde er *minores,* oder (*breviores* ganz weglassend)
cum et articuli et nervi minus validi sunt, gesagt haben. Plinius
nennt den ellenbogenknochen *ulna* und den ellenbogen *cubitum.
Homini genua et cubita contraria* (XI, 102).

3. *Articuli,* die gelenkleiden. Das sind mitunter ganz unbe-
stimmte affectionen der gelenke, wie z. b. (V, 18, 32): *Malagma
ad articulos.* — *Igitur Euthyclei (malagma) est et ad articulos
et ad omnem dolorem, et ad vesicae, et ad recenti cicatrice contrac-
tos articulos, quas ἀγχύλας Graeci nominant, conveniens* (V, 18,
28). Hier sind erstens *articuli* gelenkkrankheiten überhaupt, alsdann wird mit *articuli cicatrice contracti* die verwachsung der ge-
lenkknochen mit einander, die wir *ancylosis* nennen, bezeichnet.
Bisweilen giebt uns Hippocrates aufschluss über die bedeutung von
articuli im Celsus. *(Aqua frigida infusa prodest) articulis dolori-
busque, qui sunt sine ulceribus* (I, 9). Hippocrates empfiehlt (Aphorism. V, 24) das kalte wasser gegen: ἐν ἄρθροισιν οἰδήματα καὶ
ἀλγήματα, ἄτερ ἕλκεος. *Articuli* sind also hier gelenkgeschwülste.
Geschwülste und schmerzen in den gelenken kommen sowohl als
symptome der gicht, als auch ohne gicht vor. *Articulorum vitia,
ut podagrae chiragraeque* (II, 8). *Articulorum vitia, ut dolores tu-
moresque, sine podagra* (II, 7). — *At Numenius podagram, caete-
rosque articulos induratos hoc (malagmate) molliebat* (V, 18, 35).
Hier ist von der gicht die rede; denn gleich darauf folgt: *si
quando autem in articulis callus increvit* etc. *Callus* ist der gichtknoten.

Callus.

Callus ist nach Celsus:

1. Eine verhärtung alter geschwüre und fisteln. *Interdum vetustas ulcus occupat, induciturque ei callus* (V, 26, 31). *Callus nominem fallit, quia durus est, et aut albus, aut pallidus* (V, 28, 12). *Ulcus callosum* (VI, 3). *Vetustate callosa fit fistula* (V, 28, 12).

2. Die knochennarbe. Eigentlich ist *callus* die aus dem knochenbruch hervorkommende, allmählig sich erhärtende materie, durch welche die heilung der knochen, die knochennarbe, nach und nach zu stande kommt. *Adhuc tenero callo* (VIII, 10, 7). *Cum iam increscere callum oportet (ibid.)*. *Superincrevit nimius callus (ibid.)*. *Donec ex toto maxillam callus firmavit* (VIII, 7). *(Callus) estque ea ossis velut cicatrix. et latius fracta ossa, si qua inter se non cohaerebant, eodem callo glutinantur* (VIII, 4). Der *callus* ist gleichsam der knochenkitt — *ossium maltha.*

3. Der gichtknoten. *Articuli vero, qui sic dolent, ut super eos ex callo quaedam tubercula innata sint, nunquam liberantur* (II, 8). *Articulorum vero vitia, ut podagrae chiragraeque, si iuvenes tentarunt, neque callum induxerunt, solvi possunt* (II, 8). — Vielleicht ist bei Plinius (XXIV, 13; XXVIII, 13) unter *articulorum nodus* der gichtknoten zu verstehn.

Zu dem, was Freund über *callum* oder *callus* sagt, füge ich noch folgendes hinzu: *Iam Catonis Censoris orationes aprugnum callum exprobrant* (Plinius VIII, 78). Bei Plinius (XXIX, 10) ist *callum genarum* das, was er gleich darauf, und auch XXII, 67, *genae durae* nennt. Das sind, wie Celsus (IV, 24) sich ausdrückt: *tumores, qui occaluerunt.* *Callum pedum* ist bei Plinius (XXII, 40 und 48) die hautschwiele an den füssen. Der pluralis *calla* scheint nicht gebräuchlich gewesen zu sein; Plinius (XXVIII, 62) sagt dafür *calli vitia.* *Clavos et rimas callique vitia (sanat).*

Moskau. *N. Anke.*

Corn. Nep. Cat. 1, 4

ist die lesart *quod non minoris existimanus* (was wir mit vollem bewusstsein der gründe eben so hoch anschlagen) wohl richtig: vgl. Sulpic. bei Cic. ad fam. 4, 5, 2, wo jetzt mit M ebenfalls *minoris existimare* gelesen wird.

Gotha. *K. E. Georges.*

XVIII.

Die geographie der tarraconensischen provinz bei Plinius (NH. III, 18—30. 76—79. IV, 110—112).

In der beschreibung der tarraconensischen provinz oder des diesseitigen Spaniens hält Plinius zwar im allgemeinen denselben gang und dieselben grundsätze inne, wie in derjenigen der provinz Bätica (über die ich im Philol. 30, 265 ff. gehandelt habe); indess machen sich im einzelnen doch manche verschiedenheiten bemerkbar, die ohne zweifel durch die abweichenden verhältnisse der provinz hervorgerufen sind. Bätica gehörte in den zeiten des Plinius und schon in denen des Augustus zu denjenigen theilen des römischen ländergebietes, deren bevölkerungsverhältnisse den italischen am nächsten kamen. Nicht ganz so fortgeschritten war die tarraconensische provinz, deren äusserste völker Augustus selbst erst unterwerfen musste, noch weniger vielleicht Lusitanien. Obgleich Bätica dem umfange nach bei weitem kleiner ist als diese beiden provinzen, so zerfällt es nichtsdestoweniger in vier juridische convente, die beiden andern in sieben und drei. Die städteanlage ist in Bätica fast vollständig durchgeführt, viel weniger hier; Plinius zählt dort insgesammt 175 städte, in der tarraconensis nur 179 (s. unten), in Lusitanien gar im ganzen nur 45.

Auf den folgenden seiten werde ich versuchen in derselben weise, wie ich es bei der provinz Bätica gethan, vorzüglich unter benutzung des reichen materials, welches Hübner im zweiten bande des Corp. Inscr. Latinarum gesammelt hat, den die tarraconensische provinz betreffenden text der NH. des Plinius einer revision zu

unterziehen. Ausser um die sicherstellung der zahlreichen ortsnamen wird es sich besonders darum handeln, die grundzüge zu erkennen, nach denen Plinius hier das geographische material geordn-
net hat. Eine richtige erkenntniss derselben wird uns, glaube ich,
nicht unwesentliche aufschlüsse über manche eigenthümliche und
bisher dunkle verhältnisse der provinz geben.

Der betreffende text des Plinius zerlegt sich in folgende abschnitte, die wir nach einander der betrachtung unterwerfen. Nach
einer kurzen einleitung über den früheren zustand der provinz folgt:

a.   das summarium derselben (3, 18. *Nunc universa* — **CXXXV**);

b.   die völker längs der bätisch-lusitanischen grenze (3, 19.
Primi — *Arevaci*);

c.   der periplus der mittelmeerküste von der bätischen grenze
an und zwar zunächst der des karthaginiensischen konventes (3, 19.
Oppida — 20. *Contestaniae finis*);

d.   der fernere periplus bis zum Hiberus (3, 20. *Regio* —
Ilergaonum);

e.   der lauf des Hiberus (3, 21. *Hiberus* — *Hiberiam*);

f.   ein stück des periplus vom Hiberus an (3, 31: *Regio* —
Indigetes);

g.   die völker längs der gallischen grenze (3, 22. *Post eos* —
Vascones);

h.   der schluss des periplus bis zu den Pyrenäen (3, 22. *in
ora* — *altero* **XL**);

i.   der tarraconensische konvent (3, 23. *Nunc* — *Baeculonenses*);

k.   der cäsaraugustanische (3, 24. *Caesaraugusta* — *Segienses*);

l.   der karthaginiensische (3, 25. *Carthaginem* — *Virgilienses*);

m.   der cluniensische (3, 26. *in Cluniensem* — 27 *et Cantabri*);

n.   der asturische (3, 28. *iunguntur* — *capitum*);

o.   der lucensische (3, 29. *Lucensis* — **CLXVI**);

p.   der bracarische (3, 28. *simili* — *nominentur*);

q.   die längen- und breitenverhältnisse der provinz (3, 29.
Longitudo — *adicit*).

Plinius befolgt bei seiner erdbeschreibung bekanntlich die ordnung, dass er von der provinz Bätica beginnend zuerst der reihe
nach die mittelmeerländer Europas beschreibt. Nachdem er die des
westlichens beckens durchgegangen, holt er die zu ihnen gehörigen
inseln nach, unter ihnen:

r. die zum tarraconensischen Spanien gehörigen **Balearen** und Ebusus (3, 75. *insulae* — 78 *Hannibalis*).

Dann geht Plinius zu der östlichen länderhälfte Europas über und am schluss derselben zu den nordländern des welttheils, die er von ost nach west hin beschreibt. Auf diesem wege kommt er gegen ende von b. 4 wieder zur tarraconensis, und hier schliessen sich folgende abschnitte den obigen an:

s. über die gestalt Spaniens (4, 110. *A Pyrenaei — faciunt*);

t. der periplus der reste des cäsara-ugustanischen und cluniensischen conventes (4, 110. *proxima* — 111 *Vereasueca*);

u. der des asturischen und lucensischen (4, 111 *regio Asturum — Aunios*);

v. der bracarische convent (4, 112. *a Cilenis — Limia*);

w. der lauf des Durius (4, 112. *Durius — arcens*).

Aus dieser übersicht ergiebt sich zunächst, dass Plinius auch hier die beiden gesichtspunkte mit einander verbindet, einerseits die linien der küste und den lauf der grossen flüsse zu verfolgen und die an denselben befindlichen wichtigen punkte namhaft zu machen, andererseits die juridischen convente mit ihren wichtigsten städten und völkern anzugeben.

Zu anfang der ganzen beschreibung steht folgendes summarium:

Absch. a. b. 3, 18: Nunc universa provincia dividitur in conventus septem, Carthaginiensem Tarraconensem Caesaraugustanum Cluniensem Asturum Lucensem Bracarum. accedunt insulae, quarum mentione seposita civitates provincia ipsa praeter contributas aliis CCXCIII continet oppida CLXXVIIII, in iis colonias XII, oppida civium Romanorum XIII, Latinorum veterum XVIII, foederatum unum, stipendiaria CXXXV.

Der text, den ich hier wie bei den ferneren abschnitten gebe, ist der in meiner ausgabe vorliegende; ich füge alle varianten der handschriften *ADEF²R* bei: (*C* ist gemeinsames zeichen für *DER*; *r* heisst *reliqui*; vgl. Philol. 30, 265 f.).

provintia divitur, *E.*   conventuus, *D.*   VII, *E²*. II, *DE¹*. terraconensem, *E.*   caesaraugustā. Num (Nunc, *R²*)*R.* duniensem, *DE.*   aviturum, *DER¹*.   lucrensem, *DE¹R¹*. luciensem, *R².*   bacarum, *D*, baccarum, *R¹*, braccarum, *F²R²*.   insulem, *DE¹*.   mensione, *DE.*   sepotesta, *D.*

civitate, *DE.* provintia, *E.* aliis] *om. DE*[1]. continet]
om. E. oppida CLXXVIIII, *E*[2], oppida CLXXIX, *R*, oppida CLXVIIII, *AF*[2] *om. r.* in] *om. A.* is, *AD*[2]. his, *E.*
colonia, *DE.* foederatorum, *AR.* CXXV, *R*[1]. LXXXV, *R*[2].

Sowohl der wortlaut des abschnittes als auch die zahlen sind
demnach im wesentlichen sicher überliefert; nur wird die dem Plinius eigenthümliche form *conventuus*[1]) und *in is* zu schreiben und
statt *foederatum* nach der besten handschrift *A* und nach *R* die
vulgate *foederatorum* wieder herzustellen sein. So liest man ₴. 8
Malaca cum fluvio foederatorum, 10 *Epora foederatorum*, daneben
freilich ₴. 24 *foederatos Tarracenses*, 76 *Ebusus* . . . *civitate foederata* (s. unten), 77 *foederatum Bocchorum.* Dass die gesammtzahl der *oppida* CLXXVIIII sein muss, ergiebt sich aus der sum-
mirung ihrer unterabtheilungen.

Was die anordnung der städteklassen betrifft, so sind diese in
ganz derselben reihenfolge aufgezählt, wie im summarium der provinz Bätica, nur dass die *civitates libertate donatae* fehlen, von denen also keine in der tarraconensischen provinz vorhanden war.
Schon in meinem früheren aufsatze (a. o. p. 273) bemerkte ich, dass
in dieser anordnung die officielle rangliste der städte wiedergegeben sei.

Bestritten ist aber die interpretation der anfangsworte dieser
aufzählung. Noch Marquardt (Röm. Alterth. 3, 1, 83) versteht
dieselben so: „Nach den unter Augustus gemachten aufnahmen gab
es in der ganzen tarraconensischen provinz, ungerechnet die inseln, 472 ortschaften, nämlich 179 selbständige kommunen und 293
unselbständige orte *(aliis contributae civitates)*, die zu dem territo-
rium der 179 gehörten." Diese erklärung beruht auf der von Brotier festgestellten vulgate: *quarum mentione seposita praeter civitates contributas aliis CCXCIII provincia ipsa continet oppida
CLXXIX.* Offenbar hat sich aber Brotier eine fälschung des textes erlaubt, wie auch Dalecamp in ähnlicher weise, der die erste
zahl hinter *ipsa* setzte, die zweite einfach strich, obgleich er am
rande hie richtige lesart des codex Chiffletianus (= *F*) beifügte,
die auch Pintian bereits aus dem codex Toletanus hergestellt hatte.

---

1) S. Symb. phil. Bonn. p. 713. In der Inschrift 2416 von c. 100
n. Ch. geb. erscheint CONVENTVVS als genetiv vgl. Mommsens und
Hübners bemerkungen dazu.

Was diese beiden handschriften bieten, wird durch alle von mir verglichenen besten bestätigt und steht so, wie es oben gedruckt ist,
auch bereits in der Franz'schen und Sillig'schen ausgabe. Die
worte fordern dann aber offenbar eine ganz andere erklärung und
lassen sich nur in folgender weise verstehen, dass die provinz 293
selbständige *civitates* enthielt ausser den unbestimmt wie vielen
contributae aliis, unter jenen aber 179 *oppida*, deren verschiedene
klassen dann weiter angegeben werden. Es fragt sich dabei nur,
was es mit dem unterschiede von *civitates* und *oppida* auf sich habe.
Eine solche unterscheidung machte Plinius nicht in der beschreibung
Bäticas, noch macht er sie anderswo in so ausdrücklicher weise.
Freilich giebt er auch nur noch bei den provinzen Lusitanien und
Africa so vollständige summarien. Indess findet sich der gleiche
gegensatz z. b. 3, 140 in der beschreibung Liburniens: *cetera per
oram oppida a Nesactio Alvona, Flanona . . ., civitas Pasini,
flumen Tedanium*, ähnlich 4, 21 in der tingitanischen provinz: *intus
colonia Augusta quae item Succhabar, item Tubusuptu, civitates Timici, Tigavae*, und in der beschreibung Dalmatiens 3, 143
heisst es: *M. Varro* LXXXVIIII *civitates eo (scl. Naronam)
ventitasse auctor est. nunc soli prope noscuntur Cerauni . . .
Daursi . . . Desitiates* u. s. w. (vgl. §. 144). Die bezeichnung
civitas kommt hier überall gemeinden zu, die völkernamen tragen,
nicht städten, und offenbar liegt eben darin das unterscheidende
merkmal derselben. Indess ist zwischen den begriffen von *civitas*
und *oppidum* kein contradictorischer gegensatz vorhanden; vielmehr ist ersterer der umfassendere und schliesst den letzteren in
sich ein; nur unter besonderen verhältnissen können beide in gegensatz zu einander treten. Unsere von der tarraconensischen provinz handelnde stelle wird danach so zu verstehen sein, dass 293
selbständige gemeinden dort vorhanden waren, unter denen 179
städtische, die übrigen 114 also ländliche.

Dass diese erklärung die richtige ist, ergiebt sich aber auch
mit sicherheit aus der detailbeschreibung der provinz. Indem Plinius nämlich die sieben convente derselben einzeln durchgeht,
macht er über sie folgende angaben:

3, 23. *Tarracone disceptant*	*populi* XLII.
24. *Caesaraugusta recipit*	*populos* LV.
25. *Carthaginem conveniunt*	*populi* LXV.

26. *In Cluniensem conventum*
    Varduli ducunt   *populos* **XIIII**
    Turmogidi   **IIII.**
    In eundem conventum
    Carietes et Vennenses   **V** *civitatibus*
    vadunt, eodem Pelendones Celtiberum **IIII** *populis.*
    Clari in Vaccaeorum   **XVII** *civitatibus...,*
27. *in Cantabricis*   **VIIII** [2]*) populis . . .,*
    in Autrigonum   **X** *civitatibus . . .*
    Arevacorum   **VI** *oppida.*

Die summe aller gemeinden des cluniensischen
conventes ist mithin   **LXVIIII.**

28. *Iunguntur iis Asturum*   **XXII** *populi.*
    Lucensis conventus populorum est *sedecim.*
    Bracarum   **XXIIII** *civitates.*

Die gesammtsumme aller gemeinden beträgt also 293 und
stimmt somit genau mit der im summarium gegebenen hauptsumme.
Zum richtigen verständniss des summarium wird es wesentlich sein
im texte desselben nach dem worte *continet* ein komma zu setzen.

In die 293 gemeinden der provinz sind aber die der inseln
nicht eingeschlossen, deren erwähnung für eine spätere stelle vorbehalten wird *(quarum mentione seposita)*, wie denn auch
in der beschreibung des karthaginiensischen conventes §. 25 zu
der angabe der *populi* LXV hinzugesetzt wird: *exceptis insularum incolis.* Die oben gegebene übersicht zeigt, dass von
ihnen in b. 3, 76—79 absch. r gehandelt wird.

Als bezeichnung der gemeinden tritt in den eben angeführten
stellen zu den im summarium gebrauchten ausdrücken *civitas* und
oppidum noch der neue *populus* hinzu. Während nur die gemeinden der Arevacer §. 27 als **VI** *oppida* angegeben werden (und
zwar fügt Plinius alle 6 namen hinzu, und diese sind deutlich als
städtenamen erkennbar), werden in den übrigen theilen der beschreibung *civitates* und *populi* ohne unterschied genannt, denn wo
die einzelnen namen derselben hinzugefügt werden, erkennt man in
ihnen so gut die städtischer, wie ländlicher gemeinden. Nur wird
festzuhalten sein, dass, wo *populi* und *civitates* im gegensatz zu

---

2) Dass diese zahl die richtige ist, wird in dem betreffenden abschnitt *m* gezeigt werden.

oppida genannt werden, jene ausdrücke ländliche gemeinden bezeichnen.

Demnach werden wir uns das gebiet der Tarraconensis nach Plinius als in 293 theile zerlegt denken müssen; die gemeinde eines jeden solchen gebietstheiles heisst eine *civitas* oder ein *populus*. Nicht jede *civitas* enthält ein *oppidum*, vielmehr sind 114 derselben noch nicht zur städtegründung fortgeschritten.

Gleich hier muss ich eine beobachtung einschieben, die für die folgende untersuchung von grosser wichtigkeit ist; die detailangaben des Ptolemäus beruhen, wie mir scheint, auf derselben grundlage, wie die des Plinius. Zählt man die städte zusammen, die er 2, 6 in dieser provinz nennt, so sind ihrer 248, zu denen, wie ich unten ausführen werde, noch 27 ländliche gemeinden kommen, so dass die gesammtsumme 275 bildet, eine zahl, die, wenn man beachtet, dass Ptolemäus die *gens* der Vettonen nicht, wie Plinius, zum theil der tarraconensischen provinz, sondern vollständig Lusitanien zurechnet (s. unten), derjenigen des Plinius so nahe kommt, dass man an ein zufälliges zusammentreffen schwerlich denken darf. Die differenz erklärt sich zum guten theile schon aus dem zeitunterschiede beider autoren. Zu beachten ist dabei, dass die städtischen gemeinden seit den zeiten des Plinius oder richtiger des Agrippa, dessen commentarien, abgesehen von einigen wenigen zusätzen, seinen ausgaben zu grunde liegen, sich von 179 auf 248 vermehrt haben, während die ländlichen dem entsprechend von 114 auf 27 herabgegangen sind, durch welche zahlen der fortschritt dieser provinz im übergange von ländlichen zu städtischen gemeinden statistisch ausgedrückt ist.

Ueber die *ländlichen gemeinden* wird es indess nöthig sein, hier eine eingehendere untersuchung einzufügen. Bei aufmerksamer betrachtung sind dieselben im texte des Plinius deutlich von den übrigen zu unterscheiden. Alle gemeinden, die in den ersten vier conventen erwähnt werden, geben sich bis auf die *Orgenomesci e Cantabris* 4, 111, unzweifelhaft als städtische zu erkennen, theils durch directe bezeichnung ihrer eigenschaft als colonien oder municipien oder *oppida stipendiaria*, theils wenigstens durch die adjectivischen endungen, die deutlich von städtenamen abgeleitet sind. Dagegen in den drei letzten conventen wird bei angabe der gemeinden nur ausnahmsweise hinzugesetzt, es seien *urbes* oder *oppida*;

neben diesen erscheinen andere, deren namen gewiss keine städte bezeichnen. Ich gebe hier die liste derselben:

im asturischen convente (b. 3, 28) die Gigurri, Pesici, Zoelae, im lucensischen (ebd.) die Celtici (welche b. 4, 111 in drei gemeinden getheilt werden; s. unten) und Lemavi, ausserdem (b. 4, 111) Bibarci, Egivarri cognomine Namarini, Jadovi, Arroni, Arrotrebae, Copori, Cileni,

im bracarischen (b. 3, 28) die Biballi, Coelerni, Callaeci, Equaesi, Limici, Querquerni, dazu (b. 4, 111) die Helleni, Grovi, Leuni, Seurbi. Plinius nennt sie *populi* oder *civitates* und unterscheidet von ihnen, wie gesagt, einzelne, mitten zwischen ihnen angeführte städte ausdrücklich als *oppida*. Er beschränkt sich also darauf von der gesammtsumme der 114 ländlichen gemeinden der provinz nur jene 24 namhaft zu machen; er sagt von diesen (b. 3, 28): *citra fastidium nominentur*, nennt die nicht angeführten *ignobiles ac barbarae appellationis*.

Dieselbe unterscheidung zwischen städtischen und ländlichen gemeinden kann man aber auch bei Ptolemäus beobachten. Dieser theilt, wie am schluss dieser abhandlung genauer ausgeführt werden soll, die provinz zunächst in grössere *gentes* ein. Bei denjenigen, welche den vier ersten conventen des Plinius entsprechen, werden dann nur reihen von städten genannt, jedesmal mit angaben ihrer parallelen, dagegen bei den *gentes* der drei letzten convente treten am schluss der städtereihen noch andere namen auf, in denen die ländlichen gemeinden zu erkennen sein werden. Im gebiete der bracarischen Calläcer (2, 6, 39—49) werden zuerst sechs städte mit ihren parallelen genannt, dann heisst es weiter[3]): *Τουροδῶν· Ὕδατα Λαιά* (dann parallelenangabe), *Νεμετατῶν Οὐολόβριγα* (par.), *Κοιλεριν ῶν Κοιλιόβριγα* (par.), *Βιβαλ ῶν Φόρος Βιβαλῶν* (par.), *Λιμικῶν Φόρος Λιμικῶν* (par.), *Γρουίων*[4]) *Τοῦνδαι* (par.), *Λουαγκῶν Μερούα* (par.), *Κουακερνῶν Ὕδατα Κουακερνῶν* (par.), *Λουβαινῶν Κάμβετον* (par.), *Ναρ-*

---

3) Durch die güte des vorstandes der hamburger stadtbibliothek kann ich die photolithographische nachbildung der Ptolemäushandschrift vom Athos benutzen, die etwa dem 13ten jahrhundert anzugehören scheint. In ihr sind die gesperrt gedruckten namen mit grösseren buchstaben geschrieben.

4) Der name fehlt ursprünglich in der handschrift vom Athos, scheint aber am rande nachgetragen.

βασῶν Φόρος Ναρβασῶν (par.).   Unter den im gen. pluralis ge-
setzten namen wird man leicht die von Plinius als ländliche gemeinden des bracarischen conventes genannten Coelerni, Biballi, Limici, Grovii, Querquerni wieder erkennen; ob einige der übrigen
fünf namen mit den anderen bei Plinius erscheinenden zu identificiren sind, bleibt fraglich (vgl. Hübner p. 331); einer erklärung
aber bedarf die eigenthümliche mischung von ortsnamen mit beigefügten parallelangaben und namen im genetiv pluralis.   Offenbar
sind letztere namen die von völkern, nach plinianischem sprachgebrauch von *populi*, nicht von *gentes* (s. unten), die hinzugefügten
nominativa dagegen sind ortsnamen.   Dass diese orte dem gebiete
der von ihnen genannten *populi* angehörten, ist ebenfalls klar, auffallend aber ist es, dass Ptolemäus nur diese namen von *populi*
hinzufügt und nicht auch die übrigen von Plinius genannten.   Mir
scheint folgende erklärung dieses thatbestandes einige wahrscheinlichkeit für sich zu haben.   Ptolemäus hat alle gemeinden der provinz angeführt, ihm lag eine officielle liste derselben vor, er fixirte
die lage der einzelnen durch anführung ihrer meridiane und parallelen.   Bei den städtischen gemeinden war es nicht fraglich, welchen punkt derselben er zu fixiren habe, natürlich die *oppida* selbst,
welche den haupt- und mittelpunkt ihrer gebiete bildeten und denselben ihren namen gaben.   Letzteres war aber bei den ländlichen
gemeinden nicht der fall, sondern diese führten noch einen namen,
der keine bestimmte örtlichkeit bezeichnete, sondern nur die bewohner eines bezirkes als *populus*; denn ein eigentliches *oppidum*
gab es in diesen gemeinden noch nicht.   Es war daher für die
geographische ortsbestimmung noch der name einer örtlichkeit hinzuzufügen, die diesem *populus* gehörte.   In der that unterscheiden
sich auch manche dieser ortsnamen wesentlich von den gewöhnlichen der *oppida*.   Ὕδατα Λαιά (wofür Hübner p. 331 mit wahrscheinlichkeit Ὕδατα Φλαονία vermuthet) und Ὕδατα Καουχερνῶν
bezeichnen heilquellen (vgl. die tributpflichtigen Aquicaldenses des
tarraconensischen conventes bei Plinius 3, 23), Φόρος Βιβαλῶν,
Φόρος Λιμιχῶν, Φόρος Ναρβασῶν = *forum Bibalorum* u. s. w.
den marktplatz der gemeinden, Τοῦνδαι (wofür andere handschriften Τοῦδαι lesen) wird wohl mit recht für Tyde gehalten, das
Plinius 4, 114 nicht als *oppidum*, sondern als *castellum* bezeichnet
und den Groviern zuschreibt.   Wurden die gemeinden dann von

ländlichen zu städtischen erhoben, so erhielten sie statt ihres völkernamens den ihrer hauptstadt, der, wie einige der obigen beispiele zeigen, nicht immer mit dem ursprünglichen der ländlichen gemeinden gleich oder ihm ähnlich war. Schon aus diesem grunde ist es oft nicht möglich die plinianischen ländlichen gemeinden mit etwaigen städtischen bei Ptolemäus zu identificiren. Dazu kommt aber auch die schwierigkeit, dass die eintheilung in *gentes* bei Ptolemäus nicht überall mit der in convente oder, wie im cluniensischen, ebenfalls in *gentes*, die Plinius angiebt, übereinstimmt. Auch können im laufe der zeit namen verändert, gemeinden getrennt oder mit einander vereinigt sein. Manches bleibt daher in den betreffenden detailfragen dunkel; vielleicht aber wird der obige versuch, die grundsätze, von denen bei lösung derselben auszugehen ist, festzustellen, einigen beifall finden. Da ich hier doch nicht auf das detail eingehen kann, enthalte ich mich der angabe der übrigen ländlichen gemeinden bei Ptolemäus. Auch vermag ich nichts darüber zu sagen, ob die ländlichen gemeinden sich in ihrer gliederung von den städtischen unterschieden haben, oder nicht; doch werde ich am schluss dieser abhandlung noch einige daten aus den inschriften zusammenstellen, die hieher zu gehören scheinen. In der rangordnung der gemeinden sind jedenfalls die ländlichen als die untersten anzusehen und ohne zweifel insgesammt den tributpflichtigen zuzuzählen.

Einer erklärung bedürfen noch die *civitates contributae aliis,* deren das summarium erwähnt. Die ansicht Marquardts darüber ist schon oben angeführt; dass sie falsch ist, ergiebt sich aus der vorgelegten interpretation der ihr zu grunde liegenden stelle. In §. 19 nennt Plinius die *colonia inmunis Ilici* und fügt hinzu: *in eam contribuuntur Icositani.* Ukert (2, 403) bemerkt über letzteren ort nichts, Hübner sucht ihn offenbar in Spanien selbst; denn er setzt p. 479 bei erwähnung der *Icositani* hinzu „*quorum collocatio, cum hic solum nominentur, incerta est*". Ich meine, man wird in ihnen die bewohner der mauretanischen stadt Icosium erkennen müssen, von der Plinius 5, 20 wieder handelt: *a Vespasiano imperatore eodem munere* (scl. *iure Latino*) *donatum Icosium.* Wir wissen, dass an der mauretanischen küste schon ehe das land römische provinz war, und als es noch von einheimischen königen regiert wurde, römische kolonien bestanden, die den baetischen conventen zugelegt waren. Bei Plinius 5, 2 wird erwähnt die *colonia Augusta Julia Constantia Zulil regum dicioni exempta et iura in Baeticam petere iussa.* Es ist daher vollkommen glaublich, dass das an der küste weiter ostwärts gelegene Icosium ebenfalls schon damals der römischen herrschaft direct unterworfen und dem karthagischen convente Spaniens zugetheilt war. Es ist diese stadt die einzige, von der Plinius ausdrücklich die eigenschaft angiebt, sie sei eine *contributa.* Ein gleiches wird man jedoch vielleicht auch für das kurz vorher im Periplus genannte *Barea* annehmen dürfen, das mit den worten *adscriptum Baeticae Barea* angeführt wird (s. unten). Diese worte lassen allerdings ein doppeltes verständniss zu, indem die stadt entweder als selbständige gemeinde zu Bätica gehören konnte, oder irgend einer benachbarten bätischen contribuirt war. Der wortlaut spricht mehr für die erstere auffassung. Ob man nun ausser Icosium, das also wirklich eine *civitas contributa* war, noch andere gleichartige anzunehmen hat, oder ob es in der provinz selbst einzelne gemeinden gab, die anderen contribuirt waren, bleibt völlig ungewiss.

Um ein richtiges verständniss der detailbeschreibung des Plinius zu gewinnen, wird es nöthig sein noch zwei in ihr sich findende, im summarium nicht gebrauchte ausdrücke zu besprechen, *gens* und *regio.* In der beschreibung des cäsaraugustanischen conventes werden §. 24 angeführt die *Ilerdenses Surdaonum gentis,* so dass wir also die Ilerdenser als einen bestandtheil der Surdaoner, oder wie das volk geheissen haben mag (s. unten), ansehen müssen. Viel häufiger kehrt der ausdruck *regio* wieder, z. b. im Periplus 3, 19 *regio Bastitania, mox Deitania (?), dein Contestania,* von letzterer heisst es §. 29: *Sucro fluvius et quondam oppidum, Contestaniae finis.* Weiter werden genannt und in ihrer ausdehnung längs der küste beschrieben: §. 20 *regio Edetania,* 21 *regio Ilergaonum, regio Cessetania, regio Ilergetum,* ebenso 24 die *regio Sedetania* und *Vessetania* genannt, 4, 111 die *regio Asturum;* endlich bedient sich Plinius des ausdruckes *regio* noch am schlusse des nördlichen Periplus 4, 112: *omnis dicta regio a Pyrenaeo metallis referta.* Hier wird also die ganze nordküste als eine einzige *regio* aufgefasst, in der vorhergehenden stelle das einen theil derselben bildende gebiet der Asturer ebenso genannt; an den übrigen jedoch werden mit dem namen meist nur gebietstheile der ein-

zelnen convente bezeichnet. Demnach bilden die regionen in der
beschreibung des Plinius nicht etwa eine unterabtheilung der convente, so dass ein jeder derselben in so und so viel regionen abgetheilt wäre; ein maximum oder minimum ihrer ausdehnung lässt
sich überhaupt nicht angeben. Doch muss mit dem so oft gebrauchten worte ein bestimmter geographischer begriff verbunden sein,
den festzustellen von interesse ist.

Die namen der regionen sind stets von völkern hergenommen;
das beweisen direct die bezeichnungen: *regio Ilergaonum, Ilergetum,
Asturum* [5]), allein auch von allen übrigen lässt sich aus der detailbeschreibung des Plinius oder anderweitig nachweisen (s. unten),
dass sie entweder noch damals oder doch ursprünglich die bezirke
gleichnamiger völker waren. In den Periplen werden als zu den
einzelnen regionen gehörig gewöhnlich eine reihe von städten genannt, z. b. unter Contestanien §. 19 Neukarthago, Lucentum, Dianium, Sucro. Jede dieser städte bildet nun nach dem oben entwickelten begriffe eine *civitas* oder einen *populus*; das gebiet der
Contestanen zerfällt also in eine mehrheit von *populi*. Demnach
wird den Contestanen selbst ein name von umfassenderem begriffe
zukommen müssen, und das kann kein anderer sein, als der einer
gens, und wir werden ganz allgemein sagen dürfen, dass eine *regio*
die landstrecke bezeichnet, welche eine *gens* besitzt.

Es wird von wichtigkeit sein ein möglichst vollständiges ver-
zeichniss der *gentes* unserer provinz aufzustellen; bei einer genaueren betrachtung der detailbeschreibung des Plinius wird man eine
ganze reihe von namen finden, durch die nicht *populi* und *civitates*,
sondern *gentes* bezeichnet werden. Gleich zu anfang b. 3, 19
(absch. *b*) werden längs der bätisch-lusitanischen grenze genannt
die Bastuler, Mentesaner, Oretaner, Karpetaner, dann die Vaccäer,
Vettonen und celtiberischen Arevacer. Alle diese namen kommen
offenbar *gentes* zu, auch nennt die insch. 4233 ausdrücklich einen
INTERCAT(iensis) EX GENTE VACCAEOR(um). Ebenso werden
längs der Pyrenäengrenze §. 22 (absch. *g*) angeführt die Ausetaner, Fitaner, Lacetaner, Cerretaner, Vasconen und in Periplus der
südküste §. 21 (absch. *f*) Läetaner und Indigeten. Einige dieser
völkernamen kehren in der detailbeschreibung des tarraconensischen,

---

5) Die angebliche bätische *regio Osintias* b. 3, 14 glaube ich daher (a. o. 304) mit recht aus dem texte entfernt zu haben.

cäsaraugustanischen und karthaginiensischen conventes §. 23—25
(absch. *i, k, l*) wieder; hier aber kommen dieselben offenbar nur
einzelnen *populi* zu, wie ausdrücklich in den einleitenden worten
der beschreibung eines jeden conventes gesagt wird, und wie sich
klar daraus ergiebt, dass sie in der alphabetischen folge der lateinischen oder tributpflichtigen gemeinden neben zahlreichen anderen
genannt werden. Die auch von Hübner gegebene, offenbar richtige
erklärung dieser auffallenden erscheinung ist, dass hier die stamm-
gemeinden der *gentes* zu verstehen sind, und zahlreiche inschriften
beweisen es, dass in der that städtische gemeinden mit jenen namen existirten. Ob in diesen, von den Römern zum theil seit dem
zweiten punischen kriege in besitz genommenen conventen die verbindungen der ursprünglichen *gentes* vollständig aufgelöst waren
in einzelne städtische gemeinden, von denen jedesmal e i n e den ursprünglichen namen beibehielt, oder ob noch sonst irgend welche
namensverbindung übrig geblieben war, lassen wir vorläufig unerörtert; desto wichtiger ist es aber zu untersuchen, wie sich die
entsprechenden verhältnisse in den vier übrigen conventen stellen.

    Vergleichen wir die detailbeschreibung derselben mit der der
ersten drei, so ist ein durchstehender unterschied bemerkbar. In
diesen wird, ganz wie in der beschreibung der bätischen convente
§. 10 ff., folgende ordnung innegehalten, dass nach der angabe der
gesammtzahl der *populi* die städteklassen dem range nach aufgezählt, die zu jeder klasse gehörigen aber alphabetisch geordnet werden. Dies princip ist strenge durchgeführt. Ganz anders aber ist
die beschreibung der letzten vier convente §. 26—28 (absch. *m,
n, o, p*) eingerichtet. Beim cluniensischen zunächst, der seinen namen von der hauptstadt Clunia hat, werden acht abtheilungen gemacht (s. oben p. 605), die der Varduler, Turmogider, Carieten
und Vennenser, Pelendonen, Vaccäer, Cantabrer, Autrigonen, Arevacer, und bei jeder einzelnen wird die anzahl der dazugehörigen
gemeinden, auch einige namen derselben hinzugefügt. So wenig
aber in der aufzählung dieser, wie in der jener namen wird die
alphabetische reihenfolge inne gehalten. Jene abtheilungsnamen
werden ohne zweifel wieder als die von *gentes* anzusehen sein, wie
denn auch die inschrift 4233 einen AMOCENSIs CLVNIESis EX
GENTE CANTABROrum, n. 4192 einen IVLIOBRIGENSis EX
GENTE CANTABRORVM nennen, n. 4240 einem CANTABRo

IVLIOBRIGensi gesetzt ist. In diesem convente scheint demnach der verband der *gentes* noch nicht so weit aufgelöst zu sein als in den vorhergenannten.

Wieder anders ist die beschreibung der drei folgenden convente. Von dem der Asturer heisst es ʒ. 28, seine 22 *populi* zerfallen in *Astures Augustani* und *Transmontani*; in einer bonner soldateninschrift (Orelli 154) finden wir einen ASTVR . TRANSMONTANVS genannt. In b. 4, 111 gebraucht Plinius den ausdruck *regio Asturum* ohne weiteren zusatz von dem offenbar (s. unten) den Transmontanen gehörigen küstenstrich am biscayschen meer, und 4, 112 lässt er die Vettonen durch den Durius *ab Asturia* trennen. — Beim lucensischen convent giebt Plinius keinen namen einer *gens* oder *regio* an. Nach analogie der Asturer werden wir annehmen dürfen, dass als gemeinsamer name seiner 16 *populi* der der *Lucenses* anzusehen ist, wofern wir nicht eher aus der beschreibung des nächsten conventes den der *Callaeci* auch hieher ausdehnen dürfen. — Der bracarische convent hat 24 *civitates*, von denen b. 3, 28 *praeter ipsos Bracaros* in alphabetischer folge noch 6 genannt werden (s. ob. p. 607), zu denen 4, 112 noch 4 ländliche gemeinden hinzutreten und 2 städte, unter diesen *Bracarum oppidum Augusta*. Aber der name der Bracarer kommt ebenda noch in erweitertem sinne als der einer *gens* vor; denn indem Plinius den lauf des Durius beschreibt, sagt er, er fliesse *per Arevacos Vaccaeosque, disterminatis ab Asturia Vettonibus, a Lusitania Gallaecis, ibi quoque Turdulos a Bracaris arcens.* Offenbar sind hier nur grössere *gentes*, nicht kleinere *civitates* genannt. Wir finden also längs der nordseite des Durius von dessen mündung an erst die *gens* der *Bracari*, dann die der *Gallaeci*, dann *Asturia*, und damit stimmt es auch vollständig, wenn Plinius 4, 112 bei erwähnung von *Bracarum oppidum Augusta* hinzufügt *quos super Gallaecia*. Wenn aber die *regio Asturum* dem gebiete des asturischen conventes entspricht, so theilen sich die *gentes* der *Bracari* und *Gallaeci* in das des bracarischen conventes. Bei beiden tritt wieder der fall ein, den wir in den drei ersten conventen mehrfach finden, dass neben der grösseren *gens* eine gleichnamige *civitas*, hier sogar eine ländliche, bestand. Noch einmal, b. 19, 10, erwähnt Plinius Galläciens, indem er im widerspruch mit seiner 3, 28 gemachten angabe die hier zum asturischen convent gerechneten Zoelen als *civitas Gallaeciae* bezeichnet. Wir dürfen daraus vielleicht schliessen, dass der name der region Gallaecia, der später die drei letzten convente der tarraconensis als gesonderte provinz bezeichnete, sich über die grenzen des bracarischen conventes bis zum asturischen und lucensischen hinein erstreckte. Ptolemäus unterscheidet Ἀστουρία (2, 6, 28), die Καλλαϊκοὶ Βραικάριοι (§. 1 und 39) und die Καλλαϊκοὶ Λουκήνσιοι (§. 2, 4 und 23).

Die bedeutung der *gentes* für die verwaltung der provinz werden wir am schlusse dieses aufsatzes noch einmal in weiterem zusammenhange behandeln; für unseren nächsten zweck genügt es nachgewiesen zu haben, welche der in der plinianischen beschreibung der tarraconensischen provinz vorkommenden namen dieser kategorie zuzuweisen sind.

Ueber die grenzen der einzelnen convente zu handeln ist in dieser provinz nicht so viel veranlassung als in der bätischen; hier füge ich nur ein paar allgemeine bemerkungen hinzu. In meiner abhandlung über Bätica glaube ich gegen Hübner nachgewiesen zu haben, dass die convente dieser provinz compacte gebiete umfassten, in der tarraconensischen ist dies durchaus unleugbar, und Hübner wie Kiepert auf der beigegebenen karte bringen diese thatsache zum ausdruck. Mit völliger sicherheit werden sich die grenzen der convente freilich nie festsetzen lassen, auch sind sie im laufe der zeit wohl wandelbar gewesen, wie denn die Vettonen bei Ptolemäus zu Lusitanien, bei Plinius zu Tarraconensis gerechnet werden; indess da für die bestimmung der grenzen Plinius die hauptsächlichste quelle ist, wird es vor allem darauf ankommen, seine angaben und andeutungen darüber möglichst ausgiebig zu benutzen, was indess am besten bei gelegenheit der behandlung der einzelnen convente geschehen wird.

Hienach liegt es uns zunächst ob, die angaben des summarium über die einzelnen städteklassen aus der folgenden detailbeschreibung zu erhärten. Plinius führt zuerst an, dass die provinz zwölf colonien gehabt habe. Ausdrücklich als solche werden in unserem texte die folgenden genannt und von Zumpt (Comm. epig. 311 ff. 366 ff.), Marquardt (Röm. Alt. 3, 1, 83) und Hübner (p. 535) angenommen:

    3, 19: *Karthago Nova colonia,*
        colonia inmunis Ilici,

20: *Valentia colonia*,

21: *colonia Tarracon*,

22: *colonia Barcino cognomine Faventia*,

24: *Caesaraugusta colonia immunis*,

     Celsenses ex colonia,

25: *ex colonia Accitana Gemellense* [6]) *et*

     Libisosana cognomine Foroaugustana,

     ex colonia Salariense,

4, 110: *Flaviobrica colonia.*

Hienach fehlt an der gesammtzahl von zwölfen eine. Als wahrscheinlich muss man aber annehmen, dass Plinius hier, wie in der provinz Bätica, alle colonien habe anführen wollen, so dass zur beseitigung jener differenz folgende wege eingeschlagen werden können: entweder ist die zahl XII im summarium als falsch überliefert anzusehen und in XI zu verwandeln, oder der name der zwölften kolonie ist durch irgend ein versehen der abschreiber entweder ausgefallen, oder unter den übrigen städtenamen verborgen. Dass die zahl im summarium verschrieben sei, ist nicht zu glauben, da die handschriften keine varianten haben und die gesammtsumme mit den überlieferten specialsummen stimmt. Es bleiben also die beiden andern möglichkeiten. Zumpt nimmt daher (a. o. 367 f.) Clunia als zwölfte colonie an, von welcher stadt Hübner (p. 383) zugiebt, dass sie auf grund einer münzlegende als von Galba mit der würde einer colonie beschenkt angesehen werden könne, sicher aber zu Hadrians zeit eine colonie gewesen sei. Hübner will vielmehr (p. 535) Dertosa, das auch Zumpt schon in betracht zieht, jenen eilf hinzuzufügen und weist aus münzlegenden als wahrscheinlich nach, dass diese stadt bereits von Augustus zur colonie erhoben sei, und zwar kurz nach der adoption des Tiberius (4 n. Ch.), also jedenfalls nach beendigung der landvermessung des Agrippa (19 v. Ch.).

Vergleichen wir aber mit diesen annahmen den text des Plinius, so lässt er sich mit keiner von beiden in einklang bringen. Die erwähnung Clunia's geschieht in folgender weise b. 3, 27: *Arevacis nomen dedit fluvius Areva. horum VI oppida, Secontia et Uxama . . . praeterea Segovia et Nova Augusta, Termes ipsaque Clunia, Celtiberiae finis.* Zumpt meint, dass hinter dem namen Clunia die bezeichnung *colonia* in den handschriften ausgefallen

6) Ueber diese lesung s. unten.

sei. Diese annahme wäre an sich wohl möglich, wenn nur damit
alle schwierigkeit gehoben wäre. Indess bleibt da immer noch die
folgende. Die gemeinden der Arevacer werden als *oppida* angegeben und alle sechs mit namen angeführt. Bezeichnet dies wort
nun auch, wie wir oben darlegten, im gegensatz zum allgemeineren
civitates oder *populi* alle städtischen gemeinden, so wird es doch,
so weit ich sehe, nirgend in der dertailbeschreibung von Plinius
so gebraucht, dass auch colonien darunter begriffen sind. Dazu
kommt, dass in den beschreibungen der convente dieser provinz, wie
in der bätischen, das gesetz der rangordnung festgehalten ist, so
dass eine colonie schwerlich am schluss einer reihe von *oppida stipendiaria* aufgeführt werden könnte, als welche wir unten diese
städte nachweisen werden. — Von Dertosa aber sagt Plinius ausdrücklich 3, 23: *Tarracone disceptant populi XLII, quorum celeberrimi civium Romanorum Dertosani.* Ihm ist also auch diese
stadt nicht als colonie bekannt. Schwerlich aber wird man mit
Hübner dem Plinius die verkehrtheit zutrauen dürfen, dass er eine
bestimmte zahl für die colonien angiebt und dabei eine stadt als
municipium nennt, die zu jenen gehörte. Was es dabei mit den
legenden der stadtmünzen auf sich habe, kann ich nicht beurtheilen.
Hat Hübner mit ihrer erklärung recht, so hätte freilich Plinius einen irrthum begangen, es bleibt aber nichts desto weniger die nöthigung, noch die zwölfte seiner colonien zu suchen.

Eine richtige interpretation des plinianischen textes giebt uns
aber darüber, glaube ich, genügenden aufschluss: die zwölfte colonie ist Belblis oder Bilbilis im cäsaraugustanischen convente. Auch
in der beschreibung dieses conventes 3, 24 sollen die städte offenbar in ihrer rangordnung auf einander folgen, und in der that ist
die der drei letzten klassen, der *Latini veteres*, *foederati* und *sti-
pendiarii*, welche ausdrücklich als solche bezeichnet werden, die
richtige. Nun heisst es aber in der ersten hälfte der beschreibung
folgendermassen: *Caesaraugusta colonia immunis . . . recipit populos LV, ex his civium Romanorum Belblitanos, Celsenses ex colonia, Calagurritanos qui Nasici cognominantur, Ilerdenses . . .,
Oscenses . . ., Turriasonenses*, dann folgen die *Latini veteres* u. s.
w. Nach der gewöhnlichen annahme betrachtet man nun Celsa allein neben Cäsaraugusta als colonie, alle übrigen genannten städte
als municipien. Allein so wird alle ordnung umgestossen, auf die

doch Plinius in diesen aufzählungen sehr genau achtet, indem man
die von den Celsensern genannten Belblitaner zu municipalbürgern
macht. Bei strenger durchführung der plinianischen grundsätze ist
es vielmehr nothwendig auch die letzteren als colonialbürger anzusehn. Dann werden sie sammt den Celsensern durch den zusatz *ex
colonia* als solche von den übrigen abgesondert, die als einfache
cives Romani, d. h. als municipalbürger bezeichnet werden. Freilich weiss ich für die eigenschaft von Bilbilis als colonie keinen
anderweitigen beweis beizubringen (an inschriften findet sich dort
nur eine einzige; s. Hübner p. 410); indess scheint mir der obige
zwingend genug zu sein, um darauf hin diese stadt als wirkliche
von Plinius gemeinte zwölfte kolonie in anspruch zu nehmen.

Die zweite städteklasse bilden die *oppida civium Romanorum XIII.* Als solche werden ausdrücklich genannt:

B. 3, 20: *Saguntum civium Romanorum oppidum fide nobile*

22: *oppida civium Romanorum Baetulo,*

Iluro — flumen Arnum —

Blandae — flumen Alba —

Emporiae . . . . flumen Ticer,

23: *civium Romanorum Dertosani,*

Bisgargitani

24: *civium Romanorum . . . Calagurritanos qui*

Nasici cognominantur,

Ilerdenses Surdaonum gentis, iuxta quos Sico-

ris fluvius,

Oscenses regionis Vessetaniae,

Turriasonenses.

Ueberall werden also die *oppida civium Romanorum* und eben
so die *oppida Latinorum veterum* ausdrücklich als solche bezeichnet. In der beschreibung von Bätica macht Plinius nur ein einziges mal §. 15 diesen unterschied, dagegen giebt er dort bei jeder
dieser städte zugleich ihren römischen beinamen an, durch welchen
beide städteklassen sich durchaus von den *oppida stipendiaria* unterscheiden (s. Philol. 30, 273). Solche beinamen finden sich in
der obigen städtereihe gar nicht ausser bei den Calagurritanern,
und auch dieser beiname scheint nicht römischen ursprungs und
ehrender art zu sein, wie bei den bätischen municipien, sondern
nur diese Calagurritaner von anderen mit dem beinamen *Fibularen-*

ses zu unterscheiden, die zu den *oppida stipendiaria* desselben conventes gehörten. Auch bei den unten zu behandelnden latinischen
städten finden sich solche beinamen nur ausnahmsweise. Gleichwohl
scheinen diese ausnahmen zu beweisen, dass auch die tarraconensischen municipien in wirklichkeit ähnliche beinamen hatten, wie die
bätischen; doch weiss ich für die obigen keine bestimmten nachzuweisen. Oder ist vielleicht anzunehmen, dass jene ehrenden beinamen, die in Bätica nach einem gewissen systeme ausgewählt zu
sein scheinen, nur bei den municipien dieser provinz ein nothwen-
diges zubehör gewesen seien, das seinen ursprung oder wenigstens
die gleichmässige einführung irgend einem historischen ereignisse
verdankte? Jedenfalls aber werden wir schliessen dürfen, dass
städte, welche in der tarraconensischen provinz ähnliche benennungen führen, nicht zu den barbarischen *oppida stipendiaria* gehörten,
sondern zu den municipien mit römischem oder lateinischem bürger-
rechte.

Unsere obige aufzählung enthält nun nur 11 namen von municipien römischer bürger, und das summarium giebt an, dass ihrer
13 gewesen. Auch in der detailbeschreibung Bäticas waren 5 der
dortigen nicht angegeben; dort sagte Plinius gleich zu anfang §. 7,
er führe nur die *digna memoratu aut Latino sermone dictu facilia*
an. Aehnlich heisst es im beginn der detailbeschreibung der tarraconensischen convente §. 23: *nunc per singulos conventus reddentur
insignia praeter supra dicta*, d. h. ausser den im periplus §. 19 ff.
bereits genannten städten, und gleichartige wendungen kehren in
§. 26—28 wieder. Wir können also nicht sicher sagen, dass Plinius alle 13 *oppida civium Romanorum* habe namhaft machen wollen. Untersuchen wir jedoch die stellen, an welchen solche angeführt werden, genauer.

Die in §. 20 und 22 gehören dem Periplus der mittelmeerküste an. Die eigenschaft Sagunts ist deutlich angegeben, auch
die von Bätulo und Iluro ist unbezweifelbar; über die von Blandä
und Emporiä könnte man zweifeln. Ich habe oben die betreffende
stelle aus §. 22 ganz mitgetheilt. Zwischen Iluro und Blandä ist
der name des flusses Arnum eingeschoben, nach Blandä der des
flusses Alba, am schluss einer bemerkung über Emporiä der des
flusses Ticer. Man könnte denken, dass durch die anführung zunächst des flusses Arnum die reihe der *oppida civium Romanorum*

abgeschlossen sei, und dass die folgenden städte einfache *stipendiaria* seien. Mir scheint es dagegen aus mehreren gründen nothwendig, die bezeichnung der *oppida civium Romanorum* sich auch auf die beiden folgenden städte erstrecken zu lassen, was auch Zumpts ansicht ist (comm. epigr. 1, 369). Offenbar will Plinius hier überall, wenn auch möglichst kurz, so doch immer möglichst deutlich die eigenschaft der einzelnen städte kennzeichnen. Wären Blandä und Emporiä tributpflichtige städte, so hätte Plinius vor beiden namen mindestens das wort *oppidum* einschieben müssen, wie bei Subur §. 21 (vgl. §. 20: *Dianium stipendiarium*). Da dies nicht geschehen, müssen beide städte mit Bätulo und Iluro *oppida civium Romanorum* sein. Für Emporiä wird aber die eigenschaft eines römischen municipium seit den zeiten Cäsars von Hübner p. 615 aus schriftstellern, besonders Liv. 34, 9, wie aus münzlegenden ausführlich nachgewiesen, Wenn für Blandä keine ähnlichen urkunden vorliegen (s. Hübner p. 613), so wird doch wegen der stellung dieses namens bei Plinius die gleiche eigenschaft dafür anzunehmen erforderlich. Um dies in unserem texte deutlich zu machen, wird es nöthig sein, die eingeschobenen namen der flüsse durch gedankenstriche oder parenthesen von den sie umgebenden abzusondern.

Zweifellos zu den römischen municipien gehören die in der detailbeschreibung des tarraconensischen conventes §. 23 angeführten Dertosaner (die Hübner freilich zu den 12 kolonien rechnen will; s. oben p. 615) und Bisgargitaner, wie die im cäsaraugustanischen §. 24 genannten folgenden vier. Auffallend aber ist es, dass im karthagischen convente diese städteklasse gar nicht vertreten ist. Die beschreibung der vier übrigen convente ist, wie wir sahen, nicht mehr nach dem princip der rangordnung der städte eingerichtet, alle directen angaben über die eigenschaft der einzelnen städte hören hier auf, nur dass b. 4, 110 *Flaviobrica* eine colonie genannt wird. Im übrigen unterscheidet Plinius hier nur städtische gemeinden, *oppida*, von ländlichen, *populi* oder *civitates*. Im ganzen nennt er überhaupt nicht viele derselben. Unter diesen namen erscheinen jedoch §. 26 die *Segisamaiulienses*, §. 27 *Nova Augusta* und 4, 112 *Bracarum oppidum Augusta*. Ich meine aus den oben dargelegten gründen, dass wir unter diesen städten die noch fehlenden zwei municipien römischer bürger zu suchen haben; doch bleibt es ungewiss, welche als solche, welche als latinische muni cipien anzusehen sind; denn auch die zahl dieser ist aus Plinius angaben nicht sicher nachzuweisen. Indess ist für Augusta Bracarum die letztere eigenschaft die wahrscheinlichere wegen der dortigen inschrift 2423, in der die CIVES. ROMANI. QVI. NEGOTIANTVR. BRACAR. AVGVST. genannt werden, woraus hervorgeht, dass im allgemeinen die stadtbewohner nicht *cives Romani* waren. Endlich wird auch die stadt Asturia hier in betracht zu ziehen sein, über die des Plinius angabe §. 28 nicht recht deutlich ist, die indess in der inschrift 2636 als RES. P. AST. AVG(ustana) bezeichnet wird.

Im summarium werden ferner genannt *oppida Latinorum veterum XVIII*. Als solche giebt die detailbeschreibung an:

3, 20: *Latinorum Lucentum*,

23: *Latinorum Ausetani,*

Cerretani qui Iuliani cognominantur et

qui Augustani,

Edetani,

Gerundenses,

Iessonienses (über den namen s. unten)

Teari qui Iulienses,

24: *Latinorum veterum Cascantenses,*

Ergavicenses,

Graccuritanos,

Leonicenses,

Ossigerdenses;

25: oppidani *Lati veteris Castulonenses qui Caesaris*

Venales appellantur,

Saetabitani qui Augustani,

Valerienses.

Die zahl der ausdrücklich so bezeichneten *oppida Latinorum veterum* beträgt also 16; es fehlen mithin 2, um die im summarium angegebene zahl zu füllen. Das sind genau so viele, um es noch wahrscheinlicher zu machen, dass wir in jenen oben genannten vier städten grade die beiden römischen und die beiden latinischen municipien zu sehen haben, welche Plinius nicht ausdrücklich als solche namhaft macht. Jene sechszehn gehören dem tarraconensischen, cäsaraugustanischen und karthagischen convente an, die dreizehn römischen municipien gar nur den beiden ersteren, es bleiben mithin den vier übrigen conventen nur die unbestimmten vier municipien,

von denen zwei dem cluniensischen, je eines dem bracarischen und
asturischen convente angehört, während die colonie Flaviobrica in
den cluniensischen fällt. Eben diese geringe anzahl von städten,
die nicht tributpflichtig waren, mag auch ein grund gewesen sein,
weshalb Plinius in der beschreibung der letzten vier convente ganz
davon absah, die gemeinden derselben in der sonst beständig inne-
gehaltenen rangordnung aufzuzählen.

Die nächste städteklasse im summarium wird gebildet durch
das *(oppidum) foederatorum unum;* als solches finden wir in
der detailbeschreibung:

B. 3, 24: *foederatos Tarracenses.*

Zuletzt führt das summarium die *oppida stipendiaria*
CXXXV an, indess nennt Plinius deren namen lange nicht alle.
Sowohl in der beschreibung der drei ersten convente werden reihen
derselben aufgeführt, als auch im Periplus der mittelmeerküste einzelne ausdrücklich als solche bezeichnet. Aber auch diejenigen
städte, welche hier, wie Urci §. 19, Vareia und Subur §. 21 als
einfache *oppida* angegeben werden, sind als tributpflichtige anzusehen. Ebenso muss die grosse mehrzahl der in den vier letzten
conventen genannten städte, bis auf die vier wahrscheinlichen municipien, von denen wir handelten, zu diesen gezählt werden. Die
zahl aller, die von Plinius genannt werden, beträgt dann dreiund-
sechszig.

Nach den hiemit festgestellten grundsätzen werden wir an die
behandlung der einzelnen abschnitte der detailbeschreibung gehen.

Absch. *b.* b. 3, 19. *Primi in ora Bastuli, post eos quo dicetur ordine intus recedentes Mentesani, Oretani et ad Tagum Car-
petani, iuxta eos Vaccaei, Vettones et Celtiberi Arevaci.*

prim, *DE*[1].   osa, *E*[1]. or, *D.*   qui, *DE*[1]*R.*
dicitur, *AC.*   orecansi, *D.*   carpentani, *A.* carpentarii, *E*[2].
carpeiani, *DE*[1].   vetiones, *DER*[1], vectones, *R*[2]. celtiveri, *A.*
asrebaci, *DE.* arebaci, *R.*

Plinius beginnt also seine beschreibung der provinz von dem
südlichsten punkte derselben an der küste, wohin er die Bastuler
setzt; dann nennt er eine reihe von *gentes,* die, wie wir schon
oben p. 611 bemerkten, längs der bätisch-lusitanischen grenze ihre
wohnsitze hatten. Durch die bezeichnung *post eos . . . intus rece-*

dentes wird die richtung ins innere des landes hinein deutlich angegeben.

Bastuli]. Offenbar bezeichnet der name hier eine *gens*, nicht
einen *populus.* Das beweist zuerst die namensform, dann dass dieser ganze satz überall nur *gentes* nennt; erst der nächste führt
ausdrücklich *oppida* an. In der beschreibung Bätica's heisst es nun
℥. 8: *ab Ana autem Atlantico oceano obversa (ora) Bastulorum
Turdulorumque est*, während in der beschreibung des karthaginiensischen conventes ℥. 25 unter den tributpflichtigen gemeinden *(populi)* angeführt werden die *Mentesani qui et Bastuli*, welche unterschieden werden von den *Mentesani qui et Oretani*. Die *gens*
der Bastuler findet sich nach obigen stellen an der mündung des
Anas längs der atlantischen küste, so wie in der südwestlichen
ecke der tarraconensis; hier wird uns eine einzelne gemeinde genannt, der vorzugsweise jener name zukommt. Beide punkte sind
aber durch eine weite strecke von einander getrennt; wir würden
uns wundern, wenn zwischen denselben keine weitere spur des volkes vorhanden wäre. Nun heisst es aber von der küste zwischen
Calpe und Neukarthago bei Strabo 3, 4, 1: οἰκεῖσθαι τὴν ῥόνα
ταύτην ὑπὸ Βασιτιανῶν οὓς καὶ Βαστούλους καλοῦσιν (vgl. den
ähnlichen wechsel der endungen ebd. ℥. 12: Βαρδοήταις οὓς καὶ
νῦν Βαρδούλους καλοῦσιν, und die Turduler, die auch Turdetaner
heissen; s. Ukert 2, 308). Daraus ergiebt sich, dass die im nächsten abschnitt genannte *regio Bastitania* eben der wohnsitz der Bastuler ist, wie denn auch die angabe über die lage derselben dazu
vollständig stimmt. Aber auch die anstossende gegend von Bätica
zwischen Bätis und mittelmeer wird ℥. 10 so genannt, so dass also
die verbindung mit den Bastulern am atlantischen ocean dadurch
hergestellt ist. Unter den tributpflichtigen städten des karthaginiensischen conventes findet sich ℥. 25 auch die der Bastitani aufgeführt.
Der name der stadt selbst hat *Basti* geheissen (s. unten). Sie ist
offenbar als der ursprüngliche mittelpunkt des ganzen volkes anzusehen. Schon oben machten wir darauf aufmerksam, dass in den südlichen theilen der tarraconensis öfter diese erscheinung vorkomme,
dass die ursprünglichen *gentes* in eine reihe einzelner gemeinden aufgelöst seien, deren eine den namen selbst beibehalten habe. Ueber
die grenze von Bastitanien s. im nächsten abschnitt.

Mentesani, Oretani]. Indem man so interpungirt, unterscheidet man zwei völkerschaften. In der schon angeführten stelle §. 25 werden folgende gemeinden neben einander genannt: *Mentesani qui et Oretani, Mentesani qui et Bastuli, Oretani qui et Germani cognominantur.* Danach könnte man denken, dass auch oben durch *Mentesani Oretani* nur *ein* volk bezeichnet sei, wie kurz nachher durch *Celtiberi Arevaci.* Doch ist dies falsch; denn aus demselben grunde müssten wir die Bastuler als unterabtheilung der Mentesaner ansehen. Vielmehr sind die Mentesaner ein von den Oretanern und Bastulern zu trennendes volk, bei dem nur auffallend ist, dass es zwei gleichnamige stadtgemeinden hatte, die sich durch beinamen unterschieden, welche von benachbarten völkern hergenommen waren. Vermuthlich waren ansiedler aus diesen mit in die städtischen gemeinden jener aufgenommen. Die eine dieser städte, unbestimmt welche, war schon §. 9 genannt: *Baetis in tarraconensis provinciae non, ut aliqui dixere, Mentesa oppido sed Tugiensi exoriens saltu;* dadurch wird der wohnsitz des volkes annähernd bestimmt (s. zu §. 25).

ad Tagum Carpetani]. Schon in §. 6 heisst es: *Tarraconensis . . . Solorio monte et Oretanis iugis Carpetanisque et Asturum a Baetica atque Lusitania distinguitur,* und später §. 25: *Carpetaniae Toletani Tago flumini inpositi.* Aus diesen und den obigen stellen ergiebt sich mit genügender bestimmtheit folgende reihe von geographischen ansätzen längs der westgränze der tarraconensis: *mons Solorius* = Sierra Nevada, Bastuler als bewohner von der küste an bis in dies gebirge hinein, Mentesaner als umwohner des Batis, *iuga Oretana* = Sierra Morena, die Oretaner als bewohner derselben und des landes bis über den Anas hinaus, die Carpetaner um den Tagus, die *iuga Carpetana* = Sierra Guadarama mit ihren westlichen ausläufern. Man erkennt aus dieser übersicht jedenfalls, dass die darstellung des Plinius durchaus klar und unverworren ist; es liegt nahe zu vermuthen, dass er eine karte vor sich hatte, von der er jene daten ablas.

iuxta eos Vaccaei, Vettones et Celtiberi Arevaci]. Die ortsbezeichnung *iuxta eos* muss offenbar einen anderen sinn haben als die obige *post eos.* Wenn Bastuler, Mentesaner, Oretaner, Carpetaner von süd nach norden hinter einander liegen, so kann mit *iuxta eos* „neben diesen" eine zwiefach verschiedene lage bezeichnet werden, entweder dass parallel mit jenen vier völkern an ihrer ostseite die neuen drei ebenfalls von süd nach norden neben einander liegen, oder es wird eine ganz neue richtung angegeben, so dass neben den zuletzt genannten Carpetanern die folgenden in der richtung von west nach ost oder umgekehrt sich anschliessen. Dass letztere erklärung die richtige ist, ergiebt sich aus der weiteren beschreibung. Die Vaccäer werden zunächst §. 26 als theil des cluniensischen conventes wieder genannt, deutlicher aber wird ihre lage b. 4, 112 angegeben: *Durius amnis . . . lapsus per Arevacos Vaccaeosque disterminatis ab Asturia Vettonibus, a Lusitania Gallaecis.* Demnach folgen sich von ost nach west in der richtung des Durius Arevacer und Vaccäer zu beiden seiten desselben, dann an seinem südufer die Vettonen und die provinz Lusitanien. Nach b. 4, 116 reichen die Vettonen auch noch weit in die letztere hinein: denn es werden ihr dort zugeschrieben: *gentes Celticae Turduli et circa Tagum Vettones,* so dass also bei diesen ganz dasselbe verhältniss ist, wie bei den Bastulern, die sich auch über zwei benachbarte provinzen erstrecken. Jedenfalls sind also die Vettonen das grenzvolk der tarraconensis gegen Lusitanien an dem punkte, wo der Durius die grenze desselben zu bilden beginnt, während Vaccäer und Arevacer schon dem inneren der provinz angehören. Richtiger hätte also, wie es scheint, Plinius an unserer stelle die Vettonen vor den Vaccäern nennen müssen; weshalb er das nicht gethan, ist mir unerklärlich. Die Vaccäer und Arevacer werden §. 26 f. dem cluniensischen convente zugeschrieben, dessen *gentes* Plinius alle namhaft macht; unter ihnen sind die Vettonen nicht, mithin werden sie, wie die vier zuerst genannten völker dem karthaginiensischen zuzuschreiben sein. — Die Arevacer werden in unserer stelle Celtiberer genannt, wie in den aus b. 4, 116 angeführten worten die Vettonen Celticer. Dieser wie jener beiname bezeichnet grössere völkercomplexe. Ebenso werden 3, 26 die Pelendonen zu den Celtiberern gezählt, §. 25 Segobriga *caput Celtiberiae* genannt und 27 Clunia *Celtiberiae finis;* eine genauere und vollständigere angabe über die Celtiberer und den umfang ihres gebietes wird aber nirgend gegeben.

Absch. c. b. 3, 19: Oppida orae proxima Aurci, adscriptumque Baeticae Barea, regio Bastitania, mox Deitania, dein Contestania, Carthago Nova colonia, cuius a promunturio quod Saturni vocatur Caesaream Mauretaniae urbem CLXXXXVII p. traiectus.

Reliqua in ora flumen Tader, colonia inmunis Ilici, unde Ilicitanus sinus in eam contribuuntur Icositani. 20. mox Latinorum Lucentum, Dianium stipendiarium, Sucro fluvius et quondam oppidum, Contestaniae finis.

ore, *AE.*   urci, *AC.*   adscriptum est quae, *C.* baria, *AF²*.   regio] *om. R²* (?).   bastitana, *R²*. mavitania, *C.*   deitanania, *A.* deitannia, *C.*   contestannia, *DE.*   promuntorio, *AE.*   mauritania, *A.* mauritaniae, *E.* CLXXXVII, *C.*   p.] per, *C.*   traictus, *A.*   religua, *A.* taades, *D.* taader, *E¹*.   goloniam, *DE¹.*   ea, *A.*   contributir, *D.* contributur, *E¹.* contribuitur, *E².*   icositania, *AE².*

§. 20. contesteniae, *E¹.* et contestaniae, *R.*

Dieser abschnitt beginnt den Periplus der mittelmeerküste, die genannten punkte sind also geographisch geordnet, hauptsächlich werden die küstenstädte genannt. Das besagen die ausdrücklichen worte *oppida orae proxima*, mit denen Plinius den abschnitt einleitet, obwohl dadurch eine kleine unregelmässigkeit in den gang der beschreibung gebracht wird. Wir sahen nämlich oben (p. 622), dass dieser theil der provinz die *regio Bastitania* ausmachte, welchen namen Plinius hier erst hinzufügt, nachdem er bereits zwei städte der küste genannt hat, die derselben region ohne zweifel angehören. In der folgenden beschreibung dagegen finden wir stets das gesetz festgehalten, dass erst der name der region gesetzt wird, dann alle ortschaften aufgezählt werden, die ihr angehören.

Aurci] Die handschriften geben alle *Urci*, welchen namen ich nicht hätte ändern sollen. *Aurci* zu schreiben veranlasste mich die scheinbare schwierigkeit, des Plinius angaben über die bätisch-tarraconensische grenze unter sich in einklang zu bringen. Zuerst liest man nämlich §. 6: *prima Hispania terrarum est, ulterior appellata eadem Baetica, mox a fine Urgitano* (so alle handschriften) *citerior*, dann heisst es §. 8: *Murgi* (so *AF²*; murci, *DR*; murcis, *E*) *Baeticae finis*, und ferner §. 17: *Baeticae longitudo nunc a Castulonis oppidi fine Gadis CCL et a Murgi* (so *ADE*; murci, *R* nach Sillig) *maritima ora XXV p. amplior*, welchen stellen sich die obige anschliesst. Danach muss es zwei städte gegeben haben die eine Murgi, die andre Urgi oder Urci, einander benachbart zu beiden seiten der grenze, Murgi nach §. 8 auf der bätischen, Urci

nach §. 19 auf der tarraconensischen.   Nur erlaubt sich Plinius
dann eine ungenauigkeit in der bezeichnung des *terminus a quo* in
§. 6 vgl. mit §. 17.   Dort wird der endpunkt der tarraconensischen
provinz durch die letzte stadt der provinz selbst bezeichnet, in §. 17
dagegen der endpunkt von Bätica erst durch die der tarraconensis
angehörige grenzstadt Castulo (vgl. §. 25 und bes. 29), dann an
der küste durch die wirklich bätische grenzstadt Murgi. Indess
werden wir uns bei dieser ungleichmässigkeit beruhigen und an
allen stellen die handschriftlich beglaubigten namen beibehalten
müssen. Aurgi, das ich §. 19 in den text setzen wollte, ist zwar
auch eine stadt der tarraconensis an der bätischen grenze, liegt
indess zu weit in's innere hinein, um hier in betracht kommen zu
können (s. Hübner p. 452 und Kieperts karte). Die entfernung
von Urci und Murgi giebt das Itin. prov. 404 f. an: *Urci mpm
XXIII, Turaniana mpm XVI, Murgi mpm XII*. Bei Mela 2, 94
wird Urgi offenbar schon zu Bätica gerechnet; es heisst da: *verum ab his (scl. Allone, Lucentia, Ilice) . . . ad principia Baeticae praeter Carthaginem . . . nihil referendum est, in illis oris ig-
nobilia sunt oppida et quorum mentio tantum ad ordinem pertinet,
Urgi in sinu quem Urgitanum vocant, extra Aderas, Velex, Mae-
noba* und andere bätische städte. Den ausdruck *in illis oris* wird
man doch offenbar nur auf das vorhergehende *principia Baeticae*
beziehen können. Bei Ptol. 2, 6, 14 dagegen heisst es in der beschreibung der tarraconensischen küste: Βασιτανῶν ταράλιος·
Οὔρκη (οὔρην in der handschrift vom Athos). Mit Hübner werden
wir die inschrift 3750 hieher ziehen dürfen, die eines VRCI[tanus]
erwähnt; wenn man indess vergleicht, was derselbe p. 476 und zur
inschrift 3525 über die lage des ortes sagt, so wird man es für
wahrscheinlich halten müssen, dass die bätisch-tarraconensische grenze
weiter westlich bei Almeria anzusetzen ist, als wo sie sich auf
Kiepert's karte findet. — Die stadt Urci gehört ohne zweifel zu
den tributpflichtigen.

    adscriptumque Baeticae Barea] Nach *AF²* wird *Baria* zu
schreiben sein. Auch bei Ptol. 2, 4, 8 f. wird die stadt genannt,
Βαρεία πόλις, und zwar als zu Bätica gehörig; ich gestehe indess,
dass ich mir aus diesen angaben keine vorstellung von der offenbar
eigenthümlichen lage derselben machen kann. Die inschriften schweigen.

regio Bastitania] Die lesart der jüngeren handschriften *mavitania* ist verderbt; aus einer solchen scheint Dicuil 1, 1, 2 geschöpft
zu haben, der dafür gar *aquitania* schreibt. Oben §. 10 ist die
schreibung aller handschriften *Bastetaniae.* Denselben wechsel zeigen die beiden inschriften 3423: BASTETANVS und 3424 BA-
sTITANVS, welche eine und dieselbe person betreffen.

   mox Deitania, dein Contestania] Der name *Deitania* kann
seiner endung, wie auch der art der anknüpfung durch *mox* nach
nur eine region bezeichnen sollen. Da muss es höchlichst auffallen,
in dieser küstenbeschreibung unmittelbar hinter einander drei namen
von regionen angeführt zu sehen, und zwar so, dass die nähere beschreibung der ersten, wie wir oben zeigten, ihrem namen vorausgeschickt ist, die der letzten ihm folgt, während bei der mittleren auch
nicht ein einziger punkt angeführt wird. Von den geographen erwähnt nur Ptolemäus Contestaniens und zwar (2, 6, 14) so, dass
auf die Βαστιτανῶν παράλιος sogleich folgt Κοντεστανῶν παράλιος
und ebenso später (46, 62), wo es nach aufzählung der Bastitaner
heisst: μεϑ' οὓς ἔπι ϑαλάσσῃ οἰκοῦντες Κοντεστανοί. Dagegen ist
von Deitanien nirgendwo eine spur zu finden. Freilich wäre es
möglich, dass Plinius allein diesen landschaftsnamen aufbewahrt hätte,
allein vergleichen wir die ausdehnung der übrigen regionen in diesen gegenden (s. oben p. 622 ff. und den text des Plinius), so ist
es kaum denkbar, dass hier ein winziges stück der küste als solche
hätte gelten können. Endlich ist die überlieferung des namens eine
schwankende, so dass unter erwägung all dieser umstande es am
wahrscheinlichsten ist, dass unser text eine corruptel enthalt. Um
dieselbe zu heben, könnte man denken, in *mox* stecke das wort
mons in *Deitania* ein bergname, oder ähnliches; indess wird es am
richtigsten sein, diesen namen ganz zu streichen; indem man ihn
als dittographie eines der beiden vorhergehenden ansieht, so dass
zu schreiben wäre *mox deinde Contestania* [7]). Wir bemerkten nämlich schon oben, dass Plinius durchaus im Periplus erst die namen
der regionen nennt, dann die wichtigsten punkte derselben, und
dass er nur bei dem zuerst genannten Bastitanien eine motivirte
ausnahme macht; ganz ungehörig wäre es aber, wenn er nun da,
wo er von Bastitanien zu Contestanien übergeht, noch irgend einen
geographischen punkt anführte; denn der hätte seinen platz entwe-

   7) Eine ähnliche häufung von adverbien s. 4, 58: *deinde postea.*

der vor dem namen der ersteren, oder nach dem der zweiten region haben müssen. Urlichs (Vind. Plin. 49) will lesen: *regio mox
Bastitania, dein Contestania.*

Ilici] Der name scheint in der inschrift 3181: D M S ‖
AEL. HERME ‖ ROTI. AVRIGE ‖ DEFVNCTO‖II..ICI ANN XXIII ‖
u. s. w. enthalten, die wohl hätte im geographischen index angeführt werden sollen.   Ueber die lage der colonie und ihre reste
handelt Hübner p. 479 ff.

Icositani] S. oben p. 609.

ξ. 20.   *Latinorum Lucentum*]   S. Hübner p. 479 ff.

Dianium stipendiarium] In n. 3583 erscheint ein DIANEN-
SIS, in n. 3586 die *decuriones* DIANENSIVM, in n. 3125 ein DIE-
NIENSIS (vgl. n. 4250) s. Hübner p. 484.   Bei Plinius wird der-
selbe ort nach ξ. 25 und 76 erwähnt.

Sucro fluvius et quondam oppidum] Die inschrift 3747 erwähnt einer PORTA SVCRONENSis in Valentia.

Absch. *d.* b. 3, 20: Regio Edetania amoeno praetendente
se stagno, ad Celtiberos recedens.   Valentia colonia III p. a mari
remota, flumen Turium, et tantundem a mari Saguntum civium Romanorum, oppidum fide nobile, flumen Uduba.   Regio Ilergaonum.

editania, *ADE.*   amona, R^1.   praetendente se] prae-
tendentes, *C.*   p.] A^2. om. r. maria, *A.*   torium, *E.*
tantundem, *A.*   tantundem, DE^2.   a] om. E^1.   maris, *D.*   acaltum, R^2 (?).   udiva, *A.* .V. duba, *DE.*
hilergaonum, AE^2 (*supra lit.* h *scriptum est* autem). .I. lergaonum,
DE^1. ilargaonum, R^1. ilercaonum, R^2.

Edetania] Besser beglaubigt ist hier die form *Editania*, obgleich ξ. 23 der name der entsprechenden stadtgemeinde nach den
handschriften *Edetani* zu schreiben ist, was auch die inschriften
constant bieten (s. unten).

regio Ilergaonum] Münzen von Dertosa (bei Eckhel 1, 51) geben die aufschrift ILERCAVONIA, bestätigen also nicht die von
AE^2 zu anfang gesetzte aspirate.   Das von E^2 übergeschriebene
autem ist nur zusatz des correctors, der in dem h fälschlich die
bekannte sigle für *autem* erkennen wollte.   Auch bei Ptol. 2, 6
folgt auf die küste der Contestaner ξ. 15: Ἠδητανῶν παράλιος
und ξ. 16: Ἰλερχαόνων παράλιος.

Absch. *e.* b. 3, 21: Hiberus amnis navigabili commercio di-

ves, ortus in Cantabris haut procul oppido Iuliobriga, per CCCCL
p. fluens, navium per CCLX a Vareia oppido capax, quem propter
universam Hispaniam Graeci appellavere Hiberiam.

navigabilis, *D.*   commertio, *DE.*   aut, *D.* haud, *r.*
iuliobriga] *R².* iuliobrica, *r.*   ber, *D.*   CCCC·I·, *D.*
CCCC, *E.*   varei, *DE.* varelao, *R.*   oppida, *DE.*
greci, *A.* gretia, *D.*   tiberiam, *DE¹.*

Hiberus] Dass der name zu aspiriren, beweist auch die sta-
tueninschrift n. 4075: FLVMEN HIBERVS. Der lauf des flusses
wird in ähnlicher weise beschrieben, wie der des Anas ₰. 6, des
Bätis ₰. 9, des Durius b. 4, 112. Ohne zweifel ist *navigabili* in
navigabilis zu ändern, wenn diese lesart auch nur in *D* bewahrt
ist; ein *commercium navigabile* kann gar nicht gesagt werden.

Iuliobriga] Ueber den namen wird in abschnitt *m* zu ₰. 27
zu handeln sein. Auf unsere stelle nimmt 4, 111 wieder bezug.

Vareia] Die inschriften schweigen. Bei Strabo 3, 4, 12
heisst es πόλις Οὐαρία κατὰ τὴν τοῦ Ἴβηρος διάβασιν κειμένη;
auch Ptol. 2, 6, 55 führt dieselbe stadt Οὐάρεια an.

Absch. *f.* b. 3, 21: Regio Cessetania, flumen Subi, colonia
Tarracon, Scipionum opus, sicut Carthago Poenorum. Regio Ilergetum, oppidum Subur, flumen Rubricatum, a quo Laeetani et Indigetes.

cessefania, *AF².* cessatania, *E.* cerretania, *R¹.* ceretania,
R².   tarraco, *DE¹.* tarragon, *R.*   karthago, *AE.*
legio, *DE.*   hilergetum, *AE².* ilergetum, *F².* lergetum, *r.*
lactani, *A.* lacetani, *F².* laetani, *DE.* letani, *R¹.* laletani, *R².*

Cessetania] Die inschrift 3927 scheint einem L·COELIO· ‖ F.
CESSiTAno gesetzt, wie Hübner ergänzt. Bei Ptol. 2, 6, 17
folgt auf die Ilercaonen Κοσητανῶν παράλιος mit Tarracon und
Subur. Offenbar entspricht der name jenem bei Plinius. Vgl. Hübner p. 538.

flumen Subi] Hübner vergleicht mit recht den in der inschrift
3297 vorkommenden namen SVBITANVS.

regio Ilergetum] Ptolemäus nennt an der küste unmittelbar
nach den Cosetanern die Läetaner, aber erst 2, 6, 68 im innern
des landes die Ἰλέργητες, womit auch Strabo 3, 4, 10 stimmt.

oppidum Subur]   Die Inschrift 4271 aus Tarracon erwähnt die SVBVRITANI; die lage des ortes ist unbekannt.

Laeetani]   Hübner weist im Hermes 1, 340 diese bereits von Jan und Urlichs (Vind. Plin. 50) gegebene schreibung als die richtige nach.   Danach restituirt er in der inschrift 4226 einen *praefectus* ORAE·MARITIMAE.LAEETANAE.

Absch. *g.* b. 3, 22: Post eos quo dicetur ordine intus recedentes radice Pyrenaei Ausetani, Fitani, Lacetani perque Pyrenaeum Cerretani, dein Vascones.

phirinenaei, *A.*   pyrenei, *E.*   austanae, *A.*   om. *R*². fitani] *A.*   aefitani, *F*².   itani, *DE.*   sitani, *R*². om. *R*¹.   pyreneum, *AE.*   ceretani, *C.*

Der abschnitt wird mit derselben wendung *post — recedentes* eingeleitet, die wir in ähnlichem falle oben §. 19 absch. *b* fanden. Hier wie dort wird damit offenbar die richtung von der küste in's innere des landes hinein bezeichnet.   Hinter den Läetanern und Indigeten liegen also die genannten völker in der angegebenen folge, und unter ihnen sind die grenzvölker der provinz gegen Gallien zu verstehn, wie in absch. *b* die gegen Bätica und Lusitanien. Sie zerfallen in die beiden reihen der *radice Pyrenaei* und der *per Pyrenaeum* wohnenden.   Auch der nächste abschnitt schliesst sich an diesen an, wie absch. *c* an *b.*   Die an der küste genannten städte gehören den am schluss des vorigen abschnittes genannten Läetanern und Indigeten; s. Ptol. 2, 6, 18—20.

Ausetani]   Der name der *gens* kehrt als der einer stadtgemeinde §. 23 wieder.   In der inschrift 1181 wird ein PRAEF. COHORT. PRIMAE. AVSEtanorum erwähnt, falls die ergänzung richtig ist.   Vgl. unten am schluss dieses aufsatzes.   Bei Ptol. 2, 6, 70 heisst die *gens* Αὐϑητανοί, die stadt jedoch Αὔσα, so dass ersterer name wohl verschrieben ist.

Fitani]   Ich habe diesen namen aus *A* in den text gesetzt; auch der corrector von *F*² muss in seinem archetypus diesen namen gefunden haben; das *ae* zu anfang von *aefitani* verdankt seinen ursprung dem schlusse des vorhergehenden namens, der wie in *A austanae* gelautet haben wird.   Indess wird der name *Fitani* weder durch inschriften noch durch anderweitige stellen gesichert.   Harduin meint, er sei aus einer dittographie eines der benachbarten namen entstanden, Hübner (im Hermes 1, 338) vermuthet darin ein verderbniss aus *Sedetani* oder *Vessetani* (s. ζ. 24). Alle in dieser gegend genannten *gentes* kehren bei Ptolemäus wieder ausser dieser einen, statt der 2, 6, 71 die Καστελλανοί genannt werden, die ebenfalls sonst nicht vorkommen, und zwar werden diese grade in der mitte zwischen denselben beiden völkern genannt, zwischen denen Plinius die *Fitani* ansetzt. Nachdem Ptolemäus nämlich die Κεριτανοί = *Cerretani* genannt hat, fügt er hinzu Ἐχόμενοι δ' αὐτῶν ἀπὸ δύσεως Αὐθητανοί (= *Ausetani*), dann καὶ μετ᾽ αὐτοὺς Καστελλανοί, darauf καὶ ἔτι τούτων δυσμικώτεροι Ἰακκητανοί (= Lacetani). Es ist also im höchsten grade wahrscheinlich, dass die Καστελλανοί den *Fitani* bei Plinius entsprechen; dieser name ist indess schwerlich so richtig überliefert, wenn ich gleich nicht wage ihn in *Castellani* zu ändern. Vielleicht ist aus dem *Sitani* von R^2 zu machen *Sicani*; vgl. Ukert 2, 246.

Lacetani] Hübner weist (Hermes 1, 337 ff.) nach, dass diese auch ζ. 24 und b. 25, 17 in den handschriften constant so geschriebene völkerschaft dieselbe sei mit der von Strabo und Ptolemäus Ἰακκητανοί genannten, deren mutterstadt Ἰάκκα letzterer freilich 2, 6, 67 den Vasconen zutheilt. Die form mit *L* komme auch bei Plut. Cato 11 vor. Indess will er die schreibung nicht ändern, da möglicher weise der einheimische name zu anfang einen zwischenlaut zwischen *I* und *L* gehabt habe. Jedenfalls ist es leichter in einer lateinischen handschrift eine verderbniss von *I* in *L* anzunehmen, da seit der uncialschrift schon oft ein über die zeile hervorragendes *i* sich findet, das kaum von *l* zu unterscheiden ist, als in einer griechischen eine verderbniss von ι in λ (vgl. die bemerkung zu *Olarso* §. 29). In den inschriften findet sich der name nicht (vgl. jedoch IACCOTAN in n. 3985).

Cerretani] Die jüngeren handschriften schreiben den namen hier wie ζ. 23, wo er als der einer einzelgemeinde wiederkehrt, mit einfachem *r*. Eine bätische inschrift n. 986 erwähnt eines CERETANVS, und münzen, die der provinz Bätica zugeschrieben werden (Eckhel 1, 60), haben die legende CERET. Dass gleiche namen an verschiedenen punkten Spaniens wiederkehren, haben wir schon öfter gesehen. Auch bei Ptol. 2, 6, 69 schreibt die handschrift vom Athos den namen unserer *gens* Κεριτανοί. Danach wird auch bei Plinius die schreibung *Ceretani* vorzuziehen sein.

Vascones] S. absch. *t*.

Absch. *h.* b. 3, 22. In ora autem colonia Barcino cognomine Faventia, oppida civium Romanorum Baetulo, Iluro, flumen
Arnum, Blandae, flumen Alba, Emporiae, geminum hoc veterum in-
colarum et Graecorum qui Phocaeensium fuere suboles, flumen Ticer. ab eo Pyrenaea Venus in latere promunturi altero XL.

barcine, *C.*   betulo, *AF*².   vetulo, *DE.*   irulo, *DER*¹.
ilumo, *R*².   anum, *R*¹.   blande, *A.* blambae, *D*¹.
blanbae, *r.*   albae, *DE.* albe, *R.*   phocentium, *A.*
phoceensium, *E.*   soboles, *DE.*   ticer] *A.* tucher, *R*².
tucer, *r.*   promontori, *AR.* promuntorii, *r.*   XI, *R.*

Ueber die eigenschaft der hier genannten städte s. oben p. 617 ff.

Barcino cognomine Faventia] Die inschriften 4536 ff. geben die
siglen COL·F·I·A·P·BARCIN, welche *colonia Faventia Iulia Augusta
Pia* gelöst werden.

Baetulo] Die inschrift 4606 nennt den ORDO·BAETVLO-
NENSIVM, ähnlich andere. Die lage der stadt ist bekannt.

Iluro] Die inschrift 4616 erwähnt einen II·VIR·ILVRONE.
Die lage ist bekannt. Derselbe stadtname kehrt in Bätica wieder;
s. Hübner p. 246.

Blandae] Hübner handelt p. 613 über den ort und vermuthet,
dass es eine griechische gründung gewesen. Er zieht daher nach
A die schreibung Blande vor. Inschriften fehlen.

Emporiae] S. Hübner p. 615.

Absch. *i.* b. 3, 23. Nunc per singulos conventus reddentur
insignia praeter supra dicta. Tarracone disceptant populi XLII,
quorum celeberrimi civium Romanorum Dertosani, Bisgargitani, Latinorum Ausetani, Cerretani qui Iuliani cognominantur et qui Augustani, Edetani, Gerundenses, Gessorienses, Teari qui Iulienses, stipendiariorum Aquicaldenses, Aesonenses, Baeculonenses.

redduntur, *A.*   terracone, *E.*   discertant, *DE.*
XLIII, *C.*   deriosani, *DR*¹. dentosani, *E*².   de ///
osani, *E*¹.   bgargitani, *E*¹.   ceretani, *DE*¹*R.*   iuli-
tani, *C.*   redetani, *A.* acdetani, *DE.* aedetani, *RF*².   ge-
rudenses, *ADE.*   iesomenses, *A.*   qui] que, *DE*¹.
stipendioriorum, *D.*   aesonenses] *AF*². onenses. C.

XLII] Dass diese von *A* überlieferte zahl die richtige sei,
beweist die oben p. 8 f. angestellte rechnung.

Dertosani] S. oben p. 615 f. Die inschriften der stadt s. bei Hübner p. 535.

Bisgargitani] Die überlieferung ist sicher und wird bestätigt durch Ptol. 2, 6, 64, der Βισϰαργίς als stadt der Ilercaonen anführt. Es ist dieser name jedoch der einzige unter allen, welche in den ersten drei conventen von Plinius genannt werden, der nicht in die alphabetische reihenfolge passt. Vielleicht ist er daher mit dem vorhergehenden umzustellen. Inschriften fehlen.

Ausetani] Die inschrift 4537 ist gesetzt EX·D·D·AVSETA-NORum. Die stadt heisst nach Ptol. 2, 6, 70 Αὖσα. Die lage ist bekannt; s. Hübner p. 614. Der name kam bereits ℈. 22, absch. *g*, als der einer *gens* vor.

Cerretani] Dass *Ceretani* nach den jüngeren handschriften zu schreiben sei, zeigten wir in absch. *g*. Inschriften fehlen.

Edetani] Die alphabetische folge fordert diese lesung. Auch dieser name kam, wie die beiden vorhergehenden, einer *gens* zu, deren *regio* ℈. 20, absch. *d*, *Edetania* genannt wurde. Die stadt heisst bei Ptol. 2, 6, 63 nach der handschrift vom Athos Ἡδῆτα ἡ ϰαὶ Ἀιρια. Die lage derselben nahe bei Valentia steht durch inschriften fest (s. Hübner p. 509) deren eine n. 3786 IN·HONO-REM·EDETANORum gesetzt ist; vgl. n. 3793.

Gerundenses] Dass trotz der überzahl der handschriften so zu schreiben (wie nach Silligs schweigen R schreiben soll), beweisen die inschriften 4229: GERVNDENSi, 4620: RESP· GERVND, 4626: GERVNDENSIS. Die stadt heisst jetzt Gerona.

Gessorienses] Dieser name findet keine bestätigung, und ohne zweifel ist aus der überlieferung mit Hübner p. 593 das in die alphabetische folge eben so gut passende *Jessonienses* zu machen. Die inschrift 4463 ist einem IESSONiensis gesetzt, ebenso 4610 einem IESSONIENSI; n. 4452 nennt den ORdo iESSONiensium. Die lage ist bekannt.

Teari qui Iulienses[Ptol. 2, 6, 64 nennt die stadt der Ilercaonen Τιαριουλία. Inschriften und andere zeugen fehlen.

Aquicaldenses] S. Hübner p. 598. Die lage ist bekannt, auch sind inschriften da gefunden, deren eine 4491 der *respublica* erwähnt, indess den namen nicht hinzugefügt.

Aesonenses] Die Vulgate *Onenses* passt nicht in die alphabetische folge. Der obige, besser beglaubigte name wird durch am

orte gefundene inschriften (s. Hübner p. 594) bestätigt, von denen
n. 4462 eine AESONENSIS erwähnt, n. 4465: CIVIVM· AESO-
NENSium, 4473: AESONENSI.

Baeculonenses] Inschriften fehlen. Ptol. 2, 6, 70 nennt als
stadt der Ausetaner *Βαικούλα'*, die wohl mit jener identisch ist.
Das *ξ*. 22 genannte *Baetulo* kann nicht, wie Urlichs (Vind. Plin.
50) meint, in frage kommen, da es ein municipium ist.

Absch. *k.* b. 3, 24: Caesaraugusta colonia immunis amne
Hibero adfusa ubi oppidum antea vocabatur Salduba, regionis Sede-
taniae, recipit populos LV, ex his civium Romanorum Belblitanos,
Celsenses ex colonia, Calagurritanos qui Nasici cognominantur, Ller-
denses Surdaonum gentis iuxta quos Sicoris fluvius, Oscenses regionis Vessetaniae, Turriasonenses; Latinorum veterum Cascantenses,
Ergavicenses, Graccurritanos, Leonicenses, Ossigerdenses; foederatos
Tarracenses; stipendiarios Arcobrigenses, Andelonenses, Aracelitanos, Bursaonenses, Calagurritanos qui Fibularenses cognominantur,
Conplutenses, Carenses, Cincienses, Cortonenses, Damanitanos, Is-
palleuses, Ilursenses, Iluberitanos, Lacetanos, Libienses, Pompelonenses, Segienses.

salduvia, *A.* salduvia, *DE.* salduva, *R¹.* solduva, *R².*
edetaniae, *A.* sedetaniae, *F²D.* redetaniae, *E.* sedietaniae, *R.*
recepit, *E²R.* populus, *DE.* belblitanos] *A.* bilbilitanos, *R².* bellitanos, *r.* celreses, *D.* celseses, *E¹.*
galagurritanos, *DE².* galagurgitanos, *E¹.* nacisi, *E¹.*
masici, *R².* leridensi, *D.* lerdensis, *E¹.* ilerdensis, *E².*
lerdenses, *R¹.* urdaonum, *ADE.* iusta (*corr.*: iuxta) *E².*
om. *E¹.* qua, *DE¹R¹.* icoris, *A.* ostensis, *C.*
vessitaniae, *A.* vessataniae, *E¹.* versetaniae, *R¹.* vesetaniae, *R².*
turias. sonorises, *DE.* turiasonensis, *R.* cascantes, *DE¹.*
cascanteses, *E².* castantes, *R.* graccuritanos, *C.* leonicenses — foederatos] om. *DE¹R.* tarragenses, *A²C.*
argobrigenses, *A.* arcobrienses, *DE.* arrobrigenses, *R².* andole-
genses, *DE.* andologenses, *R¹.* arocelitanos, *DE.* aracellita-
nos, *R².* burranenses calacorritanos, *E.* om. *DR¹.* *R²* collocat
pone v. Fibularenses. cognominatur, *A.* om. *R¹.* conplu-
tenses] om. *R².* carenses] om. *R.* cincentes, *DE¹R.* cin-
censes, *E¹.* cortoenses, *A.* cotonenses, *DR.* cotonennis, *E¹.* cor-

tonesis, E^2.   spallenses, A.   spalenses larnenses, E^2. F^2.
larnenses, r.   lursenses, D.   lursensis, E.   lurses, R.   ilum-
beritanos, DR.   ilimberitanos, E.   vibienses, ADE.   iu-
bienses, R.   pompolenses, A.   pompolonem res, D.   pompe-
lonem res, E^1.   pompolenses res, E^2.

Salduba] Die überlieferung spricht für die form *Saldubia*,
indess die gleichnamige bätische stadt ş. 8 und mehrere spanische
namen mit gleicher endung, wie Mänuba, Corduba, lassen die Vulgate als gerechtfertigt erscheinen.

regionis Sedetaniae] In A habe ich *edetaniae* gelesen, und so
wird, glaube ich, zu schreiben sein, während Sillig und Hübner p.
509 angeben, dass die andre form, welche allerdings in F^2D steht,
auch in ihm sich finde. Hübner will dieselbe a. o. (vgl. p. 500)
beibehalten und *Sedetania* und *Edetania* unterscheiden, wie mir
scheint, aus unzureichenden gründen. In den beiden stellen Strabo's, 3, 4, 1 und 14 findet er die Ἐδηταυοί, und so schreibt auch
Meineke, während an der letzteren die Vulgate Σιδηταυοί hatte;
beide male hat die erwähnung des volkes seine volle richtigkeit.
Noch an einer dritten stelle, 3, 4, 12, die Hübner nicht anführt,
ist es mit vollem recht neben den Bastitanern genannt. Endlich
heisst es bei Ptol. 2, 6, 63, nach osten von den Keltiberern und
Bastitanern (eine zusammenstellung, die Hübner, ich weiss nicht aus
welchem grunde für confus erklärt), wohnten die Ἠδηταυοί. Zwölf
städte derselben werden genannt, darunter zuerst Cäsaraugusta, zuletzt Edeta und Saguntum, also ganz wie bei Plinius an unserer
stelle vgl. mit ş. 20. Hübner scheint zu meinen, diese städte lä-
gen zu weit von einander entfernt, um dem einen volke der Ede-
taner angehören zu können. Auch dieser grund, der an sich schon
eine eigenthümliche *petitio principii* enthält, fällt bei genauer betrachtung des plinianischen textes völlig weg. Nach ş. 20 beginnt
Edetanien südwärts am flusse Sucro, es heisst dann: *regio Edetania
amoeno praetendente se stagno ad Celtiberos recedens*; die ausdehnung an der küste aber scheint im vergleich zum vorhergenannten
Contestanien nur gering zu sein; genau lässt sich der grenzfluss
Uduba leider nicht identificiren (s. Ukert 2, 293). Wenn Plinius
nun ausdrücklich darauf aufmerksam macht, die region dehne sich
ins innere bis zu den Celtiberern aus, so muss ihm selbst diese
ausdehnung aufgefallen sein, und es ist ganz in seiner art, wenn

er an unserer stelle durch den zusatz *regionis Edetaniae* zum namen von Cäsaraugusta den nördlichen endpunkt derselben kennzeichnet, als welcher diese stadt nach Ptolemäus a. o. anzusehen
scheint. Bemerkenswerth ist dann nur, dass diese region unter
zwei convente getheilt war; denn die Edetani §. 23 und sicher auch
Valentia und Sagunt, wie Hübner p. 500 nachweist, gehörten zum
tarraconensischen.

Belblitanos] Aus *R*^{2} führt Sillig *bilbilitanos* an, und vielleicht
ist diese schreibung vorzuziehen; jedenfalls ist mit jener namensform, die beim Anon. Rav. p. 309, 16 als *Belbili* wiederkehrt, dieselbe stadt bezeichnet. Dass diese zu den colonien gehörte, suchten wir oben p. 616 f. nachzuweisen. Die lage ist bekannt; s.
Hübner p. 410.

Celsenses] Ueber die lage s. Hübner p. 409. Auch hier sind
die inschriften spärlich; den stadtnamen nennt nach Mommsens vermuthung vielleicht die verworrene n. 3015.

Calagurritanos qui Nasici cognominantur] In der inschrift
2959 erscheint die form CALLAGORI (im geogr. index schreibt
Hübner daneben: *sc.* Calagorri), in n. 4245 ein CALAGORRITanus,
dagegen in n. 4326 eine CALAGVrritANa; ebenso erwähnt eine
inschrift aus Nimes bei Henzen n. 6490 die CALAGVRRITANI,
so dass also letztere form in unserm texte gesichert ist (vgl. die
varianten der zweiten erwähnung unten). Münzen geben der stadt
den beinamen *Nassica*. Ihre lage ist bekannt; s. Hübner p. 404.

Ilerdenses Surdaonum gentis] Die wenigen inschriften der
stadt s. bei Hübner p. 408, dazu n. 4269 mit dem namen ILER-
DENSES. Der name ihrer *gens* würde nach der überlieferung vielmehr *Urdaonum* geschriebee werden müssen, findet aber weder in
dieser, noch in der form der vulgate irgend welche anderweitige
bestätigung. Ich möchte ihn daher für verderbt halten. Ptol. 2,
6, 68 nennt Ilerda als äusserste stadt der Ilergeten, mit denen sich
die Ilercaonen in diesen gegenden nahe berühren. In der zuthei-
lung der einzelnen städte zu bestimmten *gentes* finden sich mannigfache abweichungen bei Plinius und Ptolemäus. Es lässt sich daher,
wie ich glaube, mit einiger wahrscheinlichkeit behaupten, dass in
jenem corrupten namen der der Ilercaones stecke; die ähnlichkeit
des vorhergehenden wortes mochte schuld sein an der verstümme-
lung des folgenden. Auch bei dieser *gens* hätten wir dann, wie

bei der vorher besprochenen, den fall, dass sie sich unter zwei
convente theilte.

Oscenses regionis Vessetaniae] Die wenigen inschriften s. bei
Hübner p. 407; keine derselben nennt den stadtnamen. Ebensowenig kommt der der region sonst vor, in deren schreibung auch die
codices schwanken. Mir scheint derselbe deshalb ebenfalls geändert
werden zu müssen. Ptol. 2, 6, 68 zählt die stadt Ὄσϰα den Ilergeten zu; bei Plinius mag der name der region in *Ausetania*, wahrscheinlicher in *Ceretania* zu ändern sein.

Turriasonenses] Die inschriften s. bei Hübner p. 405; der stadtname kommt auf ihnen nicht vor. Münzen (bei Eckhel 1, 59) haben die legende **TVRIASO**; ebenso schreiben die besseren handschriften des Itin. p. 442, 4 und 443, 3; bei Ptol. 2, 6, 58 hat
der codex vom Athos Τουριασσῶ, auf der beigegebenen karte Τον-
ριασῶ. Daher wird auch bei Plinius im näheren anschluss an die
jüngeren handschriften *Turiasonenses* zu setzen sein.

Cascantenses] Die tarraconensische inschrift 4321 nennt einen
CASCantensis; s. dazu Hübner. Ausser auf münzen kommt die
stadt vor im Itin. p. 392, als *Cascanto* zwischen Cäsaraugusta und
Kalagurris, und ohne zweifel ist das neben letzterer stadt genannte
Βάσϰοντον des Ptol. 2, 6, 67 (so im codex vom Athos, auch auf
der karte) damit identisch.

Ergavicenses] Die inschrift 4203 nennt einen **ERCAVIC**ensis
EX·CONVENtu **CAESAR**augustano. Die lage des ortes ist unsicher; s. Hübner p. 419 und 425.

Graccurritanos] Inschriften fehlen; die stadt wird oft genannt.

Leonicenses] Inschriften fehlen. Ptol. 2, 6, 63 nennt Λεονίϰα.

Ossigerdenses] Inschrift 4241 nennt eine *flaminica* **OSICER-
DESI**s, n. 4267 einen **II VIR·OSICERD**ensis; Ptol. 2, 6, 63 schreibt
Ὀσιϰέρδα. Die lage der stadt ist unbekannt; s. Hübner p. 570.

Tarracenses] Die inschriften schweigen. Ptol. 2, 6, 67 nennt
Τάρραγα.

Arcobrigenses] Das Itin. p. 437, 1 und 438, 18 nennt *Ar-
cobriga* zwischen Bilbilis und Segonta, ebenda Ptol. 2, 6, 58 Ἀρ-
ϰόβριγα als stadt der Celtiberer. Schwerlich beziehen sich auf
diese stadt die lusitanische inschrift 765, die einen **ARCOBRI-
GENSIS** nennt, und die bracaraugustanische 2419, die eines solchen mit dem zusatz **AMBIMOGIDVS** erwähnt; s. Hübner p. 97.

Andelonenses] Diese schreibung von AR^2 bestätigt die inschrift 2963: ANDELONENSIS. Hübner giebt dazu die lage der stadt als unbekannt an; auf Kieperts karte wird sie mit Andion südlich von Pamplona identificirt. Gewiss ist auf sie das von Ptol. 2, 6, 67 angeführte ᾍνδηλος zu beziehen.

Aracelitanos] Das Itin. p. 455, 3 nennt die stadt *Araceli*; inschriften fehlen. Man möchte den beinamen der von Ptol. 2, 6, 56 den Arevacern zugeschriebenen stadt Οὔξαμα ᾽Αργέλαι (so die handschrift vom Athos), der sich in der inschrift 2907: VX·AMA. ArGAELA und in n. 696: VXAMESIS·ARGELORVM wiederfindet, damit zusammen halten, so dass die Argeler vielleicht ursprünglich eine völkerschaft waren, deren stammsitz sich in Araceli erhalten hatte.

Bursaonenses] Die inschriften schweigen. Der name kommt bei Liv. 91 vor; vgl. Hirt. b. hisp. 22.

Calagurritanos qui Fibularenses[S. oben die Cal. Nasici. Inschriften fehlen. Vgl. Hübner p. 404.

Conplutenses] Meilensteine Trajans n. 4913 f. rechnen A. COMPLuto. Ueber die lage s. Hübner p. 410.

Carenses] Inschrift 4242 ist einer *flaminica* EX *conventu* CAESAR·AVG·KARENSI, n. 2962 einem KaRESIS gesetzt; ein meilenstein n. 4906 vom j. 134 bietet die form CARA. Ueber die lage s. Hübner p. 402.

Cincienses]. Der name ist unsicher überliefert, die inschriften bieten nichts um ihn festzustellen. Ptol. 2, 6, 72 nennt als stadt der Jaccetaner Κίννα; sie könnte mit der obigen identisch und dann *Cinnenses* (vgl. cod. E^2) zu lesen sein.

Cortonenses] Auch hier ist die überlieferung unsicher; ich weiss nichts zur erklärung beizubringen.

Damanitanos] Inschrift 2960: DAMANITANO, ebenso n. 3990 und 4249. Die lage ist unbekannt; s. Hübner zu n. 2960.

Ispallenses, Ilursenses, Iluberitanos] Alle drei städte sind sonst nicht nachweisbar. Das *I* zu anfang des letzten namen steht durch alle handschrift fest, das des zweiten nur durch *A*; die alphabetische folge fordert es hier, wie auch beim ersten, vor welchem erst Jan es hergestellt hat. Man kann hier nur noch mit Jan vermuthen, dass *Hispallenses* zu schreiben sei, so dass wir eine der bätischen kolonie gleichlautende stadt vor uns hätten; ebenso kann

der letzte name vielleicht *Illiberitanos* heissen gleich einer andern
bätischen kolonie. Schon öfter haben wir denselben namen in verschiedenen gegenden Spaniens wiederkehren sehen. In *E* und *F*
ist der name *spalenses* von zweiter hand übergeschrieben ohne den
namen *larnenses* der ersten hand zu tilgen. Dass letzteres hätte
geschehen müssen, und dass *larnenses* nicht etwa gute überlieferung
ist, beweist neben dem fehlerhaften anfangsbuchstaben auch die
tradition von cod. *A.*

Lacetanos] S. oben zu ♈. 22 absch. *g.*

Libienses] Die alphabetische folge fordert einen mit L beginnenden namen; aus der überlieferung liesse sich leichter *Lubienses*
herstellen. Die lusitanische inschrift 439 erwähnt jedoch eines LI-
BIENSIS und im Itin. p. 394, 2 ist ein *Libia* zwischen Tritium
und Virovesca angegeben. Dass damit das unsrige gemeint sei, ist
freilich der lage wegen nicht wohl möglich.

Pompelonenses] In der inschrift 2958 erscheint die CIVITAS.
POMPEloNENSIS, ähnlich in den beiden folgenden, in n. 4208:
POMPAEloNENSI.

Segienses] Die inschrift 2981 ist nur durch e i n e n gewährsmann folgendermassen überliefert: L·POSTH·FLACCO ‖ Q·VVISAE-
CIENSI ‖ L·SEMPRONIVS ‖ FESTVS ‖ F. Hübner liest die zweite
zeile „aut *Q*[*u*]*i*[*r*(*ina*)] *Saeciensi* aut *Qu*[*ir*(*ina*)] *Visaeciensi*“ ohne
ein weiteres wort hinzuzufügen. Es liegt nahe bei der ersten wort-
trennung eine erwähnung der *Segienses* unseres textes anzunehmen.
Die inschrift ist vielleicht am orte der stadt selbst gefunden. Andere erwähnungen fehlen.

Absch. *l.* b. 3, 25 : Carthaginem conveniunt populi LXV
exceptis insularum incolis. ex colonia Accitana Gemellenses et Libisosa cognomine Foroaugustana, quibus duabus ius Italiae datum,
ex colonia Salariense oppidani Lati veteris Castulonenses qui Caesaris Venales appellantur, Saetabitani qui Augustani, Valerienses.
stipendiariorum autem celeberrimi Alabanenses, Bastitani, Consaburrenses, Dianenses, Egelestani, Ilorcitani, Laminitani, Mentesani qui et
Oretani, Mentesani qui et Bastuli, Oretani qui et Germani cognominantur, caputque Celtiberiae Segobrigenses, Carpetaniae Toletani
Tago flumini inpositi, dein Viatienses et Virgilienses.

Karthaginem, *A.* incoles, *A.* gemmellenses, *DE.* li-
bisosona, *AC.* fore augustana, *A.* quibus] *om. R*[1]. sita-

liae, *D.* alariense, *E*[1]. saleniense, *R.* opidani, *D.* latii, *A.* castulonensis, *A.* caesari, *AC.* setabitani, *DE.* subpendiariorum, *DE.* labanenses, *AE*[2]. vastitani, *A.* danenses, *A.* egelestanii. lorgitanii, *A.* gelestanii lorcitani, *DE.* gelastanii lorcitarii, *R.* *In A vv.* lorgitanii — segobrienses *m.* 2-*in rasura scripta sunt.* laminitanii, *A*[2]. mentesanii, *A*[2]. mensani, *DE*[1]*R.* oretanii, *A*[2]. oritani, *C.* metesani, *D*[1]*E*[1]. menetesani, *D*[2]. germanii, *A*[2]. capud quae, *A*[2]. segobrienses, *A*[2]*R.* capetaniae, *DE*[1]*R.* capetani et, *E*[2]. et virgilienses] *om. DE*[1]*R.*

Vor dem worte *oppidani* ist offenbar mit Zumpt (Comm. epig. 1, 367) ein komma zu setzen, das bisher in allen ausgaben fehlt; gleich darauf ist nach *A* zu schreiben *Latii*, wie überall bei Plinius die gewöhnliche form dieses genetivs ist.

Carthaginem] Hier, wie oben §. 21 schreibt *A* den namen mit *K*, was aufzunehmen ist; vgl. §. 76.

ex colonia Accitana Gemellenses] Die Inschrift 3393 nennt die COL·IVLIa·GEM.ACCIS, ebenso n. 3394 und vielleicht n. 1692 eine ACCITANA. Ueber die lage der colonie s. Hübner p. 458. Die übereinstimmung mit den folgenden namen fordert es, mit Zumpt a. o. zu schreiben *Gemellense.*

et Libisosa cognomine Foroaugustana] Auch hier müssen wir Zumpt beistimmen, der *ex Libisosana* schreibt, worauf auch die handschriften hinweisen. Die inschrift 3234 nennt die COLONIA· LIBISOSANORVM, n. 4254 ist einem LIBISOSANO gesetzt. Den beinamen will Henzen auf einer gallischen inschrift n. 5204 wieder finden, auf der der geburtsort eines soldaten FORO·AVG· angegeben wird, und dem stimmt Hübner p. 434 bei.

ex colonia Salariense] Die inschrift 3329 nennt einen II·VIR. COLONIAE·SALARIAE. Die lage der colonie ist erst durch einen kürzlich gemachten fund gesichert; s. Hübner p. 710.

Castulonenses qui Caesaris Venales appellantur] Inschriften sind reichlich; s. Hübner p. 440 ff. Ein merkwürdiger, leider nur als bruchstück erhaltener stein, n. 3272, nennt, wie es scheint, unter den würden des bestatteten auch die eines präfecten einer cohorte castuLONEN(sium) ET· CHORTIS· SERVIAE· IVVENALIS, welches letztere korps Hübner als provinzial- oder municipal-miliz ansehen will, und wonach Mommsen (ebd. p. 440) die vermuthung

ausspricht, der von Plinius angegebene beiname der Castulonenser
könne *Caesari Iuenales* = *Caesarii Iuvenales* geheissen haben.
Urlichs zieht (Vind. Plin. 51) mit Harduin die stelle §. 134:
Trumpilini, venalis cum agris suis populus, zum vergleich herbei.

Saetabitani qui Augustani] Die inschrift 3655 (vgl. 3625)
ist gesetzt EX·D·D·SAETABI·AVGVSTANORVM (die nummer fehlt
im geographischen index), n. 3782 einer *flaminica* SAETAB
AVGustana. Ueber die lage s. Hübner p. 488.

Valerienses] Die inschrift 3123 u. f. nennen einen VALE-
RIENSIS, n. 3181 die R·P·VALeriensis. Die lage giebt Hübner
p. 427 an.

Alabanenses] Die inschrift 4200 ist gesetzt L·CAECILIO . . .
EQVITI·ALABENSI·EX *Conventu* CARTHAGiniensi. Hübner bemerkt dazu: „*inter huius conventus stipendiarios Plinius* (3, 3, 25)
Alabanenses (alabenenses cod. Leidensis, iabanenses reliqui) nominat.
Unde illi fortasse non diversi putandi ab Alabensibus huius tituli."
In der anführung der handschriftlichen lesarten hat er hier einen
fehler begangen; dieselben gehören zu dem, wie es scheint, gleichlautenden namen zu anfang des nächsten §. 26. Im übrigen wird
die identificirung beifall finden. Ptol. 2, 6, 58 nennt bei den Celtiberern die stadt Ἄλαβα in der nähe von Οὐαλερία; es wird wahrscheinlich die oben gemeinte sein. Ob indess danach der text des
Plinius zu ändern sei, wage ich nicht zu sagen. Auch die bätische insch. 954, die einen AL....IIENSIS nennt, ist vielleicht hieher zu beziehen.

Bastitani] Ueber den entsprechenden Regionennamen s. oben
p. 637. Die stadt *Basti* wird im Itin. p. 401, 8 genannt, und auf
sie beziehen sich die oben angeführten inschriften. Ihre lage bestimmt Hübner p. 458.

Consaburrenses] Die insch. 2166 hat die form CONSABVREN-
SIS, n. 4211: MVNIC. CONSABVRON. Auch die form *Consabrum*
kommt vor. S. Hübner p. 303 und 431.

Dianenses] S. absch. c zu §. 20.

Egelestani] Die kürzlich gefundene insch. 5091 erwähnt einen EGELESTANVS. Hübner behandelt dieselbe auch im Hermes
2, 456, vergisst aber beide mal unsere stelle heranzuziehen. In b.
31, 80, wo die stadt wieder erwähnt wird, ist die überlieferung
von R^1V: egelestae, von R^2: egelastae, von E: egelaeste.

Ilorcitani] Die handschriften ziehen das anfangs - *I* fälschlich zum vorhergehenden namen. Dass *Ilorci* die richtige form ist, beweist auch §. 9, wo der name der stadt schon vorkam.

Laminitani] Insch. 3228: MVNICIPI. LAMINITANI, vollständiger n. 3251 f. [5]): MVNICIPIVM FLAVIVM LAMINITANVm. Nach §. 6 entspringt der Anas im gebiete der stadt; ihr name kehrt auch b. 36, 165 wieder. Ueber die lage s. Hübner p. 433.

Mentesani qui et Oretani] Schon unter den in absch. *b* genannten völkern trafen wir diese und die beiden folgenden namen. Ueber die obige stadt, die auch Ptol. 2, 6, 59 nennt, s. Hübner p. 434 cod. *A* lässt die namen keineswegs aus, wie Hübner angiebt.

Mentesani qui et Bastuli] S. absch. *b* zu anfang. Hübner nennt p. 456 den ort *Mentesa Bastitanorum*, indem er sagt: „*Mentesa altera ab Oretana diversa in Bastitanorum territorio sita erat, quos non diversos puto a Bastulis*". Letztere ansicht haben wir schon oben durch Strabo 3, 4, 1 bekräftigt; unberechtigt jedoch scheint es mir, den von Plinius doch offenbar aus der officiellen liste des Agrippa ausgeschriebenen stadtnamen zu ändern, zumal da das adj. *Bastitanus*, wie wir sahen, einer ganz anderen gemeinde zukommt. Die inschriften enthalten den beinamen nicht; n. 3377: GENIO. MENTES, n. 3378 und 3380: AB. ORDINE. MENTESANO.

Oretani qui et Germani] S. absch. *b*, Hübner p. 431. Die insch. 3221 nennt einen ORETANVS.

Segobrigenses] Die insch. 4252 nennt eine flaminica SEGO-BRIGensis EX Conventu CARTHAGiniensi, ähnlich n. 4191, 4220, 4222. Indess scheint es mehrere städte dieses namens in der provinz gegeben zu haben; s. Hübner p. 528. Die stelle der obigen, des *caput Celtiberiae*, ist noch nicht nachgewiesen; s. Hübner p. 419. Sie wird auch b. 36, 160 erwähnt.

Toletani] S. Hübner p. 416 ff.

Viatienses] Die insch. 3251 (und 3252) nennt das MVNI-CIPIVM. FLAVIVM. VIVATIENSE, das Hübner p. 449 mit recht der obigen gemeinde gleichstellt. Bei Ptol. 2, 6, 59 heist sie *Βιατία*.

Virgilienses] Insch. 4207: VERGILIENSis. Die lage ist nach

5) Im geogr. index werden sie fälschlich als n. 3521 und 3522 angegeben.

Hübner unbekannt. Ptol. 2, 6, 61 nennt Οὐεργιλία unter den Bastitanern.

Absch. m. b. 3, 26: In Cluniensem conventum Varduli ducunt populos XIIII, ex quibus Alabanenses tantum nominare libeat, Turmogidi IIII, in quibus Segisamonenses et Segisamaiulienses. In eundem conventum Carietes et Vennenses V civitatibus vadunt, quarum sunt Velienses. eodem Pelendones Celtiberum IIII populis, quorum Numantini fuere clari, sicut in Vaccaeorum XVII civitatibus Intercatienses, Palantini, Lacobrigenses, Caucenses. §. 27. Nam in Cantabricis VII populis Iuliobriga sola memoretur, in Autrigonum X civitatibus Tritium et Virovesca. Arevacis nomen dedit fluvius Areva. horum VI. oppida, Secontia et Uxama, quae nomina crebro aliis in locis usurpantur, praeterea Segovia et Nova Augusta, Termes ipsaque Clunia Celtiberiae finis. ad oceanum reliqua vergunt Vardulique ex praedictis et Cantabri.

glunienses, *DE¹R.*   Uarduili, *D.* Vardiuli, *R.*   dicunt, *A¹.*   alabenenses, *A.* iabanenses, *C.*   turmodigi, *DR.* tusmogidi, *E¹.*   regisamonenses, *DE¹.*   segisamaa. iulienses, *A.* regisamaiulienses, *DE¹.*   vennese. u., *AR.* vennesi u (quinque, *E²)r.*   civitabus, *E¹.*   veleienses, *DE¹.*   pelondones, *A.*pellondones, *F².* pelleodeones, *DE.* pelledones, *R.*   numentini, *E.*   XVII, *A.*   intercatinienses, *C.*   palati. lagobrigenses. caucensis, *A.*   §. 27. cantabrigis, *DE.*   iuliobrica, *C.*   solo, *DE.*   tristium, *DE¹R.*   arevagis, *A.* areda, *E.*   ragontia, *DE.* sagontia, *RF².*   ibixama, *C.* bixama, *F².*   nomine, *DE¹.*   ebro, *DE¹R.*   ussurpantur, *A.* occeanum, *A.*

Ueber die *gentes* dieses conventes s. oben p. 612.

Varduli ducunt populos XIIII] Eine bei Rom gefundene grabschrift (Kellermann Vig. 252, Henzen 5209) führt unter den ämtern des verstorbenen folgendes an: AT CENSVS. ACCIPIenDOS. CIVITATIVM. XXIII..... || VASCONVM ET VARDVLORVM. (Vgl. Becker-Marquard, Alt. 3, 2, 171 ff.). Danach würde sich die zahl der *civitates* der Vasconen, die Plinius nicht angiebt, falls in diesen verhältnissen inzwischen keine veränderung eingetreten, auf 9 oder höchstens 10 belaufen haben.

Alabanenses] Schon oben im vorigen abschnitt fanden wir denselben namen; an unserer stelle steht er aber keineswegs fest. Da

Ptol. 2, 6, 66 als stadt der Varduler Ἄλβα anführt uund zwar
neben Τουλόνιον, und da auch im Itin. p. 455, 1 f. neben einander in dieser gegend Tullonia und Alba genannt werden, ebenso
im Rav. p. 318, 5, ist es sehr wahrscheinlich, dass wir an unserer stelle *Albenses* zu schreiben haben.

Turmogidi] So schrieb ich nach den besseren codices; bisher
las man *Turmodigi*. Für die richtigkeit der endung lässt sich die
insch. 2419 anführen, in der AMBIMOGIDVS offenbar als stammes-
name erscheint. Bei Ptol. 2, 6, 52 (vgl. 54) erscheinen als völkerschaft zwischen Cantabrern und Autrigonen die Μαύρβογοι,
Florus 2, 33 nennt zwischen den Vaccäern und Autrigonen die
Turmogos (vgl. Oros. 6, 21). Wahrscheinlich ist hier dasselbe
volk gemeint.

Segesamonenses] Insch. 2915 erwähnt eine STAtiO SEGI-
SAMONENSIVM; Hübner weist dazu die lage des ortes nach.

Sigisamaiulienses] Es gab auch eine stadt Segisama Brasaca,
erwähnt in der insch. 4157 und ein Segisama ohne beinamen bei
den Vaccäern; s. Hübner zu n. 900 und 2915. Von beiden scheint
sich die unsere zu unterscheiden, obgleich Ptol. 2, 6, 50 Σεγίσαμα
Ἰουλία als stadt der Vaccäer aufführt.

Carietes et Vennenses] In den spanischen inschriften erscheinen sie nicht, doch nennt eine insch. aus Brixia (Gruter 451, 5,
Orelli 3900) eine COHORS CARIETVM ET VENIAESVM. Danach wird es sich empfehlen, in näherem anschluss an die codices
zu schreiben *Venneses*. Den *Carietes* entsprechen die Καρισιοι bei
Ptol. 2, 6, 8 und 65.

Velienses] Inschriften fehlen. Ptol. 2, 6, 65 nennt als stadt
der Karister Οὐέλλια (so die handschriften vom Athos, die Vulgate Οὐέλια ἤ Οὐελεία), im Itin. p. 454, 8 erscheint Beleia, im
Rav. p. 318, 7 Belegia.

Numantini] S. Hübner p. 388. Ptol. 2, 6, 56 schreibt die
stadt den Arevacern zu.

Intercatienses] S. oben p. 611. Die insch. 2786 ist einer
INTERCATIENSIs gesetzt.

Palantini] S. Hübner p. 377. Der name erscheint mit derselben orthographie jetzt auch in der neu gefundenen *tessera hospitalis* vom j. 2 v. Chr. die Hübner im Hermes 1871, 5, p. 371
ff. mittheilt.

Lacobrigenses] Die inschriften schweigen; sonstige belege giebt Ukert 2, 434.

Caucenses] S. Hübner p. 378; die insch. 2729: CAVCENSI.

§. 27. *Cantabricis VII populis*] Die handschriften geben einstimmig die zahl VII; aber eben so einstimmig schreiben sie b. 4, 111: *civitatium novem regio Cantabrorum*, und da hier die zahl in buchstaben ausgeschrieben ist, hat eine verderbniss hier weniger wahrscheinlichkeit. Dass darnach die erstere stelle zu emendiren ist, beweist unzweifelhaft die oben p. 605 angestellte rechnung.

Juliobriga] Die schreibung mit *g* bestätigt b. 4, 111; (vgl. oben 3, 21). Auch haben sich vier terminalcippen (n. 2916) erhalten, auf denen gleichmässig AGRVM. IVLIOBRIG. steht, ebenso auf der zwar schlecht copirten insch. 2480.

Tritium] S. Hübner p. 394. Die insch. 2892 erwähnt nach Hübners schöner herstellung der RESp. TRi Ti ENSIVM, deutlicher nennt n. 4224 einen TRITIENSis.

Virovesca] Der name ist anderweitig bekannt, auch die lage; s. Hübner p. 395. Inschriften fehlen.

Arevacis] Eine inschrift bei Orelli 2153 nennt eine ala ARAVACORVM, ein militairdiplom vom j. 80 bei Henzen 5428, ein andres vom j. 85 ebd. 5430, jenes zweimal, dies einmal eine ala ARVACORVM. Doch steht die obige schreibung bei Plinius auch durch die handschriften in §. 19 und b. 4, 112 fest und wird durch andere schriftsteller (s. Ukert 2, 322) gesichert.

Secontia] S. Hübner p. 389. Die insch. 4195 giebt die form SEGONTINO, n. 3626: SEGONTINENsi. Falls die überlieferung richtig ist, werden wir hier wohl an zwei verschiedene städte zu denken haben; jedenfalls aber ist es gerathen im anschluss an die jüngeren handschriften bei Plinius *Segontia* zu schreiben.

Uxama] S. Hübner p. 387. insch. 696: VXAMESIS, n. 2731: VXAMENSI, n. 2907: VX. AMA u. a. Hübner unterscheidet Uxama Barca der Autrigonen von Uxama Argaela oder Argelorum (s. oben zu §. 24) der Arevacer. Der in n. 4306 aber genannte VXAMENSis AMBIRODACVS, den Hübner im ind. geogr. letzterer stadt zurechnet, scheint mir dann einer dritten gleichnamigen angehören zu müssen.

Segovia] S. Hübner p. 379. Die inschriften nennen diese
stadt nicht, wohl aber n. 1166 einen SEGOVIENSIS, der von
Hübner einer gleichnamigen bätischen stadt zugewiesen wird.

Nova Augusta] Inschriften fehlen. Ptol. 2, 6, 56 nennt die
stadt unter denen der Arevacer als Νοουδαυγούστα (so die hand-
scrift vom Athos, die Vulgate setzt hinzu ἡ Νοοῦα Αὐγούστα).

Termes] Die stadt wird oft erwähnt (s. Ukert 2, 453), nach
Hübners vermuthung vielleicht auch in der insch. 871: TER-
(mensis).

Mit den worten *ad oceanum reliqua (scil. oppida) vergunt
Vardulique ex praedictis et Cantabri* weist Plinius auf die fortsetzung der beschreibung Spaniens c. 4, 110 ff. hin. Die dort gemachten angaben bestätigen jene worte, nur die Varduler und Cantabrer werden im Periplus des cluniensischen conventes angeführt.

Absch. *n. b.* 3, 28: Iunguntur iis Asturum XXII populi
divisi in Augustanos et Transmontanos, Asturica urbe magnifica.
In his sunt Gigurri, Pesici, Lancienses, Zoelae. Numerus omnis
multitudinis ad $\overline{\text{CCXL}}$ liberorum capitum.

divis, A^1.	et transmontanos] AF^2 om. *r.*		austirica, *C.*
hiis, *A.* is, *C.*	suni, *DE.*[1]	cigurri, *C.*	pesi cillancien-
ses, *D.* pesi cillantienses, E^1.	pesici lantienses, E^2.		zoele, *ADE.*
ab, *A.*	ccLxL, D^1.		

S. über diesen convent oben p. 607 und 613.

Augustanos] Hübner bemerkt p. 362, dass dieser beiname
von der hauptstadt des conventes abgeleitet sei, die in der insch.
2636 RES. P. AST(urica). AVG(usta) genannt wird, wie auch bei
Ptol. 2, 6, 36.

Transmontanos] S. Hübner p. 373. Ein bekannter bonner
soldatendenkstein ist einem ASTVR. TRANSMONTANVS errichtet
(s. Orelli n. 154).

Asturica] S. Hübner p. 365.

Gigurri] Diese schreibung des codex *A* bestätigt insch. 2610:
GIGVRRO. CALVBRIGENsi. Vgl. Hübner p. 363.

Pesici] Sie werden im Periplus b. 4, 111 wieder genannt.
In der inschrift 2856 ist es ungewiss, ob PAESICA cognomen oder
adjectiv ist (vgl. n. 2706). Bei Ptol. 2, 6, 5 werden sie als
Παισικοί aufgeführt. Ueber die lage s. Hübner p. 374.

Lancienses] Die insch. 4223 ist einem LANCIENsis gesetzt

(vgl. n. 2889). Derselbe name kehrt in Lusitanien wieder; s.
b. 4, 118 und Hübner p. 95. Die endung des namens weist auf
eine städtische gemeinde hin; es fällt auf, dass sie mitten zwischen
ländlichen genannt wird und noch dazu die alphabetische ordnung
unterbricht.

Zoelae] Die insch. 2633 nennt mehrfach die GENS. ZOELA-
RVM. n. 2606 den ORDO. ZOELARVM. S. Hübner p. 363. Plinius spricht b. 19, 10 vom *linum Zoelicum* und setzt hinzu: *civitas ea Gallaeciae et oceano propinqua.* S. unten.

Zu den hinzugefügten censuszahlen, welche sich offenbar nicht
bloss auf die genannten vier völker, sondern auf den ganzen asturischen convent beziehen, vgl. Becker-Marquardt 3, 2, 169.

Absch. *o.* B. 3, 28: Lucensis conventus populorum est sedecim, praeter Celticos et Lemavos ignobilium ac barbarae appellationis sed liberorum capitum ferme $\overline{\text{CLXVI}}$.

lemavos] AF^2 levanius, *D.* levamus, *E.* levamos, *R.* igno-
mium, *D.* ignominium, *E.* ignominiam. R^1, CLXV, *C.*

S. über diesen absch. oben p. 607 und 613 und näheres über
den convent unten abschn. *u.*

Lemavos] So ist ohne zweifel zu schreiben; die Vulgata gab
Lebunos. Die insch. 2103 nennt die ALA. I. LEMAvORVM, wenn
Mommsens emendation richtig ist: s. unten. Hübner führt Ptol. 2,
6, 25 zur sicherung an, doch steht der name $\Lambda\varepsilon\mu\alpha\nu\tilde{\omega}\nu$ hier nicht
allein im codex vom Athos, sondern vielleicht überall in den hand-
schriften.

Abschn. *p.* B. 3, 28: Simili modo Bracarum XXIIII civita-
tes $\overline{\text{CCLXXXV}}$ capitum, ex quibus praeter ipsos Bracaros Biballi,
Coelerni, Callaeci, Equaesi, Limici, Querquerni citra fastidium nominentur.

braccarum, *DE.* XXIII, A^2. XXIIII et, *C.* CLXXV,
C. ipso, DE^1. braciari, DE^1. bracharos, *R.* vivalli,
$\grave{A}E^2$. vibelli, E^1. viballi, *r.* coelensi, DE^1R. Callaeci,
Equaesi, Limici] callaeci. atque. silici, AE^2. calaeti atque silici.
F^2. galleti aquis silici, *R.* om. *r.* querquerni] AF^2R. quer-
quenni, E^2. om. *r.* tra, *D.*

Ueber diesen convent s. ob. p. 607 und 613 und unten absch. *v.*

Bracarum] Die form ist gen. plur., wie zweimal b. 4, 112,
der acc. pl. *Bracaros.* Als nom. sg. haben wir also die form *Bra-*

carus, von der aber jener contrahirte gen. pl. der gewöhnliche ist, wie im summarium §. 18. Ein gleicher genetiv ist §. 26 *Celtiberum,* zu dem §. 19 der nom. pl. *Celtiberi,* §. 20 der acc. *Celtiberos* heisst. In den insch. kommt n. 4215 SACERDOTI ‖ CONVENT(us) ‖ BRACARI vor, so dass BRACARI adjectivisch gebraucht ist. Als name der stadt erscheint n. 4324 (nicht 4325, wie im ind. geog. steht) und oft ausgeschrieben BRACARA, noch öfter heisst sie *Bracara Augusta* oder *Bracaraugusta* und dem entsprechend der convent *Bracaraugustanus* (s. Hübners index).

Biballi] Der anfangsbuchstabe *B* wird durch die offenbar wieder alphabetische folge der namen gefordert. Er wird bestätigt durch die wichtige, bereits von Harduin zur besserung unserer stelle benutzte insch. 2477: BIBALI. Ueber diesen und den folgenden namen s. Hübner p. 331.

Coelerni] Auch diese nennt die obige insch.: COELERNI.

Callaeci] Diese form ist wegen der alphabetischen folge nothwendig. Auf der insch. 2422 (nicht 2420, wie im ind. geogr. steht) aus augusteischer zeit findet sich CALLAECIA. Noch Jan schrieb mit Sillig Gallaeci, eine jüngere form des namens, und die Vulgate setzte deshalb dem nächsten ein *H* vor.

Equaesi] Ebenso lautet die insch. 2477: EQVAESI, während in n. 2968 (CALAETVS. EQVESI. F.) Equesus als personenname auftritt. (Auch Caletus ist ein völkername in Gallien.)

Limici] Die insch. 2477 nennt ebenfalls die LIMICI, die auch sonst nicht selten erscheinen, z. b. n. 434. 827. 2049 u. a.; s. Hübner p. 350.

Querquerni] Die insch. 2477 nennt sie QVARQVERNI, Ptol. 2, 6, 47 schreibt: Κουακερνῶν, ὕδατα Κουακερνῶν.

Absch. *q.* B. 3, 29: Longitudo citeriori Hispaniae est ad finem Castulonis a Pyrenaeo DCVII p. et ora paulo amplius, latitudo a Tarracone ad litus Olarsonis CCCVII, e radicibus Pyrenaei, ubi cuneatur angustiis inter duo maria; paulatim deinde se pandens, qua contingit ulteriorem Hispaniam', tantundem et amplius latitudini adicit.

est] *om* E^1.   fine, *A.*   pyreneo, *AE.*   p.] *om. AC.*
ab, *ER.*   terracone, $A^1E.$ pyrenei, *DE.*   augustis, *DR.*
se] re, E^1.   tandundem, *AD.*   latitudinem, *ER.*

Olarsonis] S. über diesen namen unter absch. *t.* b. 4, 1, 10.

Die hier angegebenen zahlen werden in einem weiteren artikel im zusammenhang mit den grössenverhältnissen der übrigen
spanischen provinzen zu behandeln sein. Die mit diesem abschnitte
abgebrochene beschreibung der tarraconensis wird wieder aufgenommen in b. 4, 110, und zwar bezieht sich Plinius dort gleich
mit den ersten worten grade auf die obigen angaben. Inzwischen
jedoch holt er die in §. 18 und 25 ausdrücklich vorbehaltene beschreibung der zur tarraconcensis gehörigen inseln des mittelmeers
nach, die wir daher zunächst behandeln.

Absch. r. B. 3, 76: Insulae per haec maria primae omnium
Pityussae Graecis dictae a frutice pineo. nunc Ebusus vocatur utraque, civitate foederata, angusto freto interfluente. Patent $\overline{\text{XLVI}}$,
absunt ab Dianio DCC stadia, totidem Dianium per continentem
a Carthagine Nova, tantundem a Pityussis in altum Baliares duae
et Sucronem versus Colubraria.   §. 77. Baliares funda bellicosas
Graeci Gymnasias dixere. maior $\overline{\text{C}}$ p. est longitudine, circuitu vero
CCCCLXXV m. oppida habet civium Romanorum Palmam et Pol-
lentiam, Latina Cinium et Tucim, et foederatum Bocchorum fuit.
ab ea $\overline{\text{XXX}}$ distat minor, longitudine $\overline{\text{XL}}$, circuitu $\overline{\text{CL}}$. civitates
habet Labonem, Saniseram, Magonem.   §. 78, A maiore $\overline{\text{XII}}$ in
altum abest Capraria insidiosa naufragiis, et e regione Palmae urbis Menariae ac Tiquadra et parva Hannibalis.

Leider entbehren wir in diesem abschn. codex A.

pituisse, D^1. pituissae, E^2. pituisse, R. potuisse, D^2. potuissae,
E^1.   friticae, D^1E^1. fritucae, $D^2 E^2$. brutice, $F^2 E^2$ suprascr.
ebussus, DE^1]   XVI, D^2.   adsunt, D.   dianio] F^2.
diania, R.dianiam, r.   DCC — dianium] $E^2 F^2$. om. r.
kartagine, E. chartanie, D^1. chartagine, D^2.   tantundem
a pituisis — duae, $E^2 F^2$. tantum dariaris (daliaris, D.) duas,
DE^1. tantundem a pituissis balea duae, R^2. tantundem ///////
duas, R^1.

§. 77. baltares, D. blatiares, E.   cymnasias, D. gimna-
sias, E.   Romanorum] R., DE.   polentiam, C.   civium, DE.
hocchorum, R.   XL, DE. LX, R.   circuitum, D.

§. 78. maenariae, R.   tiquadr, E^1. tiqđr, R^1, triqua-
dra, R^2.

Hübner schliesst p. 492 mit recht aus §. 25, dass diese inseln dem karthaginiensischen convente angehörten. Er führt

ausserdem an, dass die entfernung der inseln von Dianium und die
dieser stadt von Karthago eben deshalb angegeben werde, weil die
inselbewohner in rechtssachen ihren weg hierher hatten. Er meint,
die distanzangaben hätten sich auf der karte des Agrippa gefunden. Dagegen scheint jedoch zu sprechen, dass die maasse in stadien statt in milien gegeben sind.

    Ebusus] Die insch. 3663 nennt das MVNICIPIVM. FLA-
VIVM. EBVSVM, n. 3664 die R. P. EBVSItana, n. 3660 den
ORDO. EBVSItanus. Also zu Vespasians zeit war die gemeinde
latinisches municipium. Plinius worte fasst Hübner p. 492 so,
dass sie die stadt als *civitas foederata* bezeichnen, und bemerkt
dazu, dass Ebusus mithin wie Malaca später *condicionem accepisse
foedere inferiorem* (ebenso äussert er sich p. 261). Dass die stellung der latinischen municipien dem range nach eine höhere war
als die der föderirten, haben wir aus der anordnung der summarien Bätica's und der tarraconensis gefolgert, und bereits Mommsen (stadtrechte von Salp. und Mal. p. 400 anm. 22) hatte das
ausgesprochen. Aber bei genauer betrachtung des obigen textes
scheint es fast zweifelhaft, ob Ebusus überall eine föderirte gemeinde war. Zunächst sagt Plinius nämlich, dass Ebusus der gemeinsame name beider pityussischen inseln war, *Ebusus vocatur
utraque* (vgl. andre angaben bei Ukert 2, 469) unmittelbar fügt
er hinzu *civitate foederata, angusto freto interfluente.* Man kann
diese worte sehr wohl so verstehen, dass sie besagen „beide inseln
waren *unter sich* eine föderirte gemeinde, da nur eine enge
meeresstrasse sie trennte“; ja, die stellung der satztheile zu einander ist so, dass diese erklärung die einfachere ist. Wollte Plinius nur angeben, warum *ein* name für beide inseln galt, so hätte
er an *utraque* sogleich anschliessen müssen *angusto freto interfluente,* und hätte durch nachträgliche hinzufügung der worte *civitate foederata* die eigenschaft der gemeinde dieser doppelinsel bezeichnet. Grade dass letztere worte in die mitte gestellt sind, nöthigt fast zu jener obigen erklärung. Indess auffallend ist dann
immer der gebrauch des technischen ausdruckes, mit dem sonst die
stellung der gemeinden zu Rom bezeichnet wird (s. oben p. 621).

    Dianium] S. oben absch. c zu §. 20.

    Auch hier wird *Karthago* zu schreiben sein; s. zu §. 25.

    §. 77. *Baliares*] Diese namensform bestätigt die inschrift

3695 vom j. 6 n. Ch.: EX INSVLA. BALIARVM. MAIORE, während in n. 4218 BALEARICO steht. In dem zusatz *funda belli-cosas* möchte ich einen jener etymologischen versuche erkennen, denen wir in diesen theilen der plinianischen erdbeschreibung auch sonst begegnen (s. §. 8 und 87), und die so oft nur auf einem ungefähren anklang der laute beruhen.

civium Romanorum Palmam] Uber die eigenschaft dieser und der folgenden stadt, die Mela 2, 7, 20 (124) colonien nennt, s. Hübner p. 494. Die insch. 4197 ist einem PALMENSI gesetzt, ebenso n. 4205 nnd 4218.

Pollentiam] S. Hübner p. 496. Die von den handschriften gegebene schreibung mit *einem l* wird beizubehalten sein; sie findet sich auch bei Strabo 3, 5, 1 und Mela a. o.

Cinium] So ist die hergebrachte, angeblich durch *Rd* ge-stützte schreibweise, neben der jedoch *DE* die form *civium* bieten. Jenen namen glaubten spanische gelehrte in einem orte Sineu der insel wieder zu finden, und auch Hübner p. 497 hält diese identi-ficirung für wahrscheinlich. Nun theilt er aber n. 4218 eine schon bei Gruter gedruckte insch. mit, die einem Cn. Gavius gesetzt ist: BALEARICO. PALMENSI. ET. GVIVNTANO. OMNIBVS. HONO-RIBVS. IN REBVS. PVBLICIS SVIS. FVNCTO, und bemerkt dazu: *„Guiuntum ut videtur oppidum aliunde non notum est“*. Mir scheint es sicher, dass wir hier die in unserm text erwähnte stadt vor uns haben, und dass die schreibung von *DE* danach in *Guium* oder *Guiun* zu ändern ist. Die verwechslung von G mit CI war in der uncialschrift leicht möglich; vgl. in cod. *A* die schreibung *asticiitanus* statt *astigitanus* b. 3, 7.

Tucim] Inschriften, wie schriftsteller erwähnen die stadt nicht, deren namen an die bätische colonie Tucci (§. 12) erinnert.

foederatum Bocchorum]. Auf der insch. 3695 vom j. 6 n. Ch. erscheint der SENATVS. POPVLVSQVE BOCCHORITANVS. Ueber die lage s. Hübner p. 496.

Labonem] So lesen die handschriften, indess ist der name nicht nachweisbar. Vielmehr nennt die insch. 4538 den orDO. MVNICIPI flaVI. IAMONTAN. iNSVLA. MINORe (vgl. n. 4540) und n. 3711 wie es scheint, einen IAMONTANVS. Bei Mela 2, 7, 20 (124) heisst es: *castella sunt in minoribus (Baliaribus) Samo et Mago.* Bei Ptol. 2, 7, 78 wie auf der karte giebt auch

die handschrift vom Athos Ἴαμνα. Indess dürfen wir schwerlich
auf der kleinen insel so zahlreiche städte annehmen, dass wir nicht
mit Hübner es vorzögen, nach den inschriften *Iamo* in den texten zu corrigiren.

Saniseram] Auch diese stadt nennt nur Plinius; der name
ist vielleicht corrupt, da er in die auch hier, wie es scheint, alphabetische folge nicht passt.

Magonem] Die insch. 3708 erwähnt des MVniCIPI. FLAVI.
MAGONTANI; vgl. die ff. u. Hübner p. 498.

Die kleineren §. 78 bei den Baliaren erwähnten inseln kommen in den inschriften nicht vor; der erste name *Menariae* wird
von dem seefisch *mena* (s. 9, 81. 31, 83 und oft) abzuleiten sein,
für den folgenden empfiehlt sich die schreibung von R^2: *Triqua-
dra*, so dass der name von der form der insel entnommen wäre.

Wir gehen jetzt zum letzten theil der provinzialbeschreibung
b. 4, 110—112 über, der die längs der nordküste gelegenen landschaften umfasst. Die einleitenden worte (absch. *s*) schliessen sich
mit directer zurückweisung auf b. 3, 29 an den ersten theil der
beschreibung an. Es folgt ein periplus, der offenbar ganz in derselben weise wie in absch. *cdfh* in strenger geographischer folge
die küstenpuncte aufzählt. Auch für diesen ganzen theil steht uns
leider cod. *A* nicht zu gebote, so dass die überlieferung des plinianischen textes wesentlich unsicherer ist als im ersten theile.

Absch. *t*. B. 4, 110: Proxima ora citerioris est eiusdemque
Tarraconensis situs. a Pyrenaeo per oceanum Vasconum saltus,
Olarso, Vardulorum oppida, Morogi, Monosca, Vesperies, Amanum
portus, ubi nunc Flaviobrica colonia. §. 111. Civitatium novem
regio Cantabrorum, flumen Sauga, portus Victoriae Iuliobricensium·
ab eo loco fontes Hiberi X̄L̄ p. portus Blendium. Orgenomesci e
Cantabris. portus eorum Vereasueca.

citeriores, *D*.   terraconensis, *DE*.   situs] situs consistit,
F^2.   aolarso, *DE*. aolurso, *R*.   vasdulorum, $E^1 R$. vas-
dullorum, *r*.   oppidum orogi, R^2. oppida morogy, *DE*.

§. 111. IX, *R (?)* cantabrorum] F^2. contubrorum, E^1. con-
tabrorum, E^2. cumtubrorum, *r*.   iuliobrigensium, *C*.   hiberium,
DR.   orgenomescy, *D*. orgenonescy, E^1. orgenomiscy, E^2
e]om. E^2.   vesei. asueca, E^2. veseiusvaga, F^2.

Hübner und Kiepert auf den beigegebenen karten ziehen die

hier beschriebene strecke vollständig zum cluniensischen convente, so dass die grenzlinie zwischen diesem und dem cäsaraugustanischen in einer, zwar nur kleinen entfernung vom meere auf das pyrenäengebirge stösst. Es steht nun aus b. 3, 26, f. (s. absch. m. am schluss) fest, dass die Varduler und Cantabrer dem cluniensischen convente angehören, aber vor ihnen wird noch der *Vasconum saltus* und die stadt *Olarso* genannt. Die Vasconen zählt Plinius nicht zu jenem convente, dessen *gentes* er alle nennt, sie kommen überall nur noch b. 3, 22 vor, wo sie in der reihe der grenzvölker gegen Gallien als die letzten *per Pyrenaeum* wohnenden erscheinen. Die von Ptol. 2, 6, 67 den Vasconen zugeschriebenen städte gehören so weit sie nachweisbar sind, dem cäsaraugustanischen convente an. Haben wir nun allerdings fälle gefunden (s. absch. *k*), dass theile derselben *gens* verschiedenen conventen angehörten, so ist es bei der eben angegebenen sachlage doch nothwendig, die Vasconen insgesammt nach Cäsaraugusta zu ziehen. Dann aber muss die grenze dieses conventes in einiger entfernung von den Pyrenäen an's meer stossen.

Olarso] Die stadt kam bereits b. 3, 29 vor, wo dieselbe schreibung überliefert ist (Martianus Capella 6, 633 schreibt daraus ab: *litus Sarsonis*). Dagegen nennt Ptol. 2, 6, 10 in seinem **Periplus**, der von west nach ost fortschreitet: Οὐασκόνων Ὀλασσῶ πόλις, Ὀλασσῶ ἄκρον Πυρήνης, Strabo 3, 4, 10: Ὀλασῶνα πόλιν (vgl. Manc. Heracl. p. 45. 47). Bereits Pintian hat danach bei Plinius ändern wollen und, wie ich glaube, mit vollem recht. Zu schreiben ist *Oiasso*, aus welcher form *Olarso* sich in den handschriften seit dem sechsten und siebenten jahrhundert leicht entwickeln konnte; das über die zeile hervorragende *i* wurde als *l* gelesen, die form von *r* und *s* aber ist seit der halbunciale mehrere jahrhunderte hindurch zum verwechseln ähnlich. (Gleich im nächsten wort *Vardulorum* geben unsere handschriften dazu ein neues beispiel.) Dagegen ist die umgekehrte verderbniss in den griechischen texten Strabos und Ptolemäus kaum denkbar.

Spuren der folgenden städte der Varduler sind bisher nicht gefunden; s. Hübner p. 397; in den inschriften werden sie überall nicht genannt, selbst nicht die colonie Flaviobrica. Dasselbe ist der fall mit den folgenden ortschaften der Cantabrer (s. ebd.), von denen nur Iuliobrica vorkommt, von dem wir schon zu b. 3, 27 gehandelt haben. Vgl. auch 3, 21, auf welche stelle die unsere bezug nimmt. Hübner hat dieselbe offenbar ganz übersehen, indem er zur insch. 2916 über die lage von Iuliobrica handelt und die ansicht ausspricht, in b. 3, 27 und b. 4, 111 seien zwei verschiedene städte dieses namens gemeint. Die vergleichung von b. 3, 21 lässt darüber gar keinen zweifel zu, dass überall nur e i n e und dieselbe stadt gemeint ist. Ihre lage wird durch den fundort der insch. 2916 bei Reynosa annähernd bestimmt, ihr gebiet dehnte sich nach unserer stelle bis zum meere aus.

Absch. u. B. 4, 111: Regio Asturum, Noega oppidum, in paeninsula Pesici, et deinde conventus Lucensis, a flumine Navialbione Cibarci, Egivarri cognomine Namarini, Iadovi, Arroni, Arrotrebae. promunturium Celticum, amnes Florius, Nelo. Celtici cognomen Neri et super Tamarci quorum in paeninsula tres arae Sestianae Augusto dicatae, Copori, oppidum Noeta, Celtici cognomine Praestamarci, Cileni. Ex insulis nominandae Corticata et Aunios.

asturum] F^2. austurum, E^2. astirum, r. noega] E^2. neget, r. paesici, R. lucensi, DE^1R. naviaalbione, DE^1R. navia albiones, E^2F^2. aecivarri, D. ecivarri, R. ectiiarri, E^1. egtiiarri, E^2. aeguiarri, F^2. naarini, E. namarinni, R. Namarini — Nelo. Celtici cognomine] om. D^1. adovi, R. aroni arotrebae, D^2. promontorium, D^2. promuntorium, E. floribus, DE^1R. tres] E^2F^2. tre, r. arae, sestianae] F^2. arae restianae, DE^1R. saremianae, E^2. nota, E^2. oeta r. celciti, D. vel celtici, R^2. om. R^1. praestamar, E. prestamar, R. cilaeni, D. corticosa, R.

Auch dieser theil des Periplus umfasst den bereich zweier convente, deren ausdehnung deutlich angegeben, der asturische reicht nur bis zu den Pesici, den rest der küste umfast der lucensische vom flusse Navialbio an (das komma vor *a flumine* ist hier zu streichen). Gewiss hat Hübner recht, wenn er p. 373 das längs der küste am abhang der berge gelegene gebiet des asturischen conventes den b. 3, 28 genannten Astures Transmontani zuweist.

Noega oppidum] Die inschriften schweigen. Von den *Pesici* ist bereits b. 3, 28 gehandelt.

a flumine Navialbione] Im Periplus des Ptol. 2, 6, 4 wird der bezirk der lucensischen Kallaiker abgeschlossen durch Ναουιλλοουίωνος ποταμοῦ ἐκβολαί· Offenbar ist derselbe fluss gemeint.

Die von Plinius gegebene namensform muss den vorzug haben, da
sich aus ihr die iu den handschriften des Ptolmaeus vorliegende
form dnrch leichte corruptel entwickeln konnte, nicht umgekehrt.

Ueber die nächsten namen ergiebt sich nichts aus den handschriften, wohl aber über die später folgenden.

Celtici cognomine Neri et super Tamarci] So lautet die hergebrachte lesart, nur dass man das letzte wort nach Mela 3, 1, 8
(11) *Tamarici* schrieb. Parthey giebt diese stelle folgendermassen: *partem quae prominet Praesamarchi* (s. nnten) *habent, perque eos Tamaris et Sars flumina non longe orta decurrunt, Tamaris secundum Ebora portum, Sars iuxta turrem Augusti titulo me-
morabilem. cetera super Tamarici Nerique incolunt in eo tractu
ultimi.* Plinius schreibt b. 31, 23: *In Cantabria fontes Tamarici
in auguriis habentur* u. s. w. Endlich bei Ptol. 2, 6, 2 werden im
gebiete der lucensischen Kallaiker nach einander genannt: Ταμάρα
ποταμοῦ ἐκβολαί, ᾿Αρταβρῶν λιμήν, Νέριον ἀκρωτήριον und ξ. 3
beginnt μετὰ τὸ Νέριον ἀκρωτήριον die nordseite Spaniens. Nach
diesen stellen steht der name Nerium für eins der vorgebirge an
der nordwestecke Spaniens und der name Tamara oder Tamaris
für einen fluss südlich von diesem fest. Nach beiden sind offenbar die von Mela und Plinius angeführten gemeinden genannt. Die
eine hiess *Celtici Neri*, die andre aber muss geheissen haben *Celtici
Supertamarci.* Den beweis liefern folgende inschriften. Die schlecht
copirte n. 2902 lautet: FVSCA CO‖EDI F CELTI‖CA SVPER-
TA‖Ɔ BLANIOBR‖ENTIF SECO‖ILIA COEDI F‖SOROR SVA‖-
POSVIT, in der offenbar eine Celtica Superta(maria) genannt wird,
und dieselbe form bestätigt n. 2904: SVPERIA MA‖RCVS AN
XL‖HSESTTL oder vielmehr besser n. 5081: . . EH . . ‖
XSVPERTA. MA‖RCVS AN XL‖ H. S. E. S. T. T. L; denn dass dies
dieselbe inschrift mit jener ist, liegt auf der hand. Hübner erklärt dieselben nicht, sondern führt nur im *ind. cognominum* aus
den beiden letzteren MARCVS an. Die inschrift 5081 findet sich
noch jetzt in Astorga, dahin wird also wohl auch n. 2902 zu setzen sein. In dem BLANIOBR‖ENTIF derselben wird man vielleicht eine corruptel von FLAVIOBRigENTIE(nsis) erkennen dürfen, so dass damit eine einwohnerin der von Ptol. 2, 6, 4 den lu-
censisehen Kallaikern zugewiesenen stadt Φλαούιον (handsch. vom
Athos: Φραούιον) Βριγάντιον gemeint wäre. S. Hübner p. 357.

Celtici cognomine Praestamarci] Letzterer name hat offenbar seine beziehung zu den oben genannten *Supertamarci*, und man wird geneigt sein zu vermuthen, dass *Praetamarci* zu schreiben sei. Indess lautet bei Mela a. o. der name *Praesamarchi*, so dass, obgleich sich hier in den handschriften keine spur des *t* findet, es besser sein wird die hergebrachte und beglaubigte form im texte des Plinius zu behalten. Unter den inschriften möchte man die nur durch einen unzuverlässigen abschreiber überlieferte n. 2688 heranziehn: VALERIVS ‖ MAXIMVS ‖ TI. AELI. MARCIF, in welcher der eigenthümliche angebliche vatername vielleicht in prAE-staMARCus zu ändern ist, und mit etwas mehr wahrscheinlichkeit die schlecht überlieferte galläcische n. 2597: DIIS CEC‖EAIGIS‖I-RIBA ‖ MARCV ‖ SAFTV ‖ RI, (eine zweite abschrift desselben einzigen copisten giebt z. 2—5: IᴬᴰᴼCIS‖TRTBA‖MRCV‖SAFTV) die wohl am anfang verstümmelt ist und nach DIIS die worte CEl‖tICuS ‖ pRestA ‖ MARCV‖S zu enthalten scheint. Freilich bleibt es in beiden fällen nur bei unsicheren vermutbungen.

Cileni] Die insch. 2649 nennt eine CILENA (im geogr. in-dex ist sie nicht aufgeführt); auch n. 2568: CAELENICV‖
FLAVIVS P‖
mag auf dieselbe völkerschaft zu beziehen sein. Wenn Hübner p. 354 sagt: *Plinio Cileni* (4, 112) *conventus Bracaraugustani sunt*, so irrt er; in unserer stelle werden sie ebenso wie von Ptol. 2, 6. 25 die Κίλινοί, so deutlich wie möglich dem lucensischen zuge-wiesen. Wenn daher auf der Kiepertschen karte die Aquae Ce-lenae bei Caldas de Reyes angesetzt werden, die grenze zwischen em lucensischen und bracarischen convent jedoch erst beim Minius, d. h. bei weitem südlicher, angegeben ist, so scheint mir auch dies ein irrthum zu sein, es sei denn, dass Kiepert hier den ab-weichenden angaben des Ptol. 2, 6, 39 (vgl. ₰. 1 und 2) folgt.

Absch. v. b. 4, 112: A Cilenis conventus Bracarum, Helleni, Grovi, castellum Tyde, Graecorum sobolis omnia. insulae Siccae, oppidum Abobrica. Minius amnis $\overline{\text{IIII}}$ ore spatiosus, Leuni, Seurbi, Bracarum oppidum Augusta, quos super Gallaecia. flumen Limia.

cilensis, *C.* braccarum, *DE.* grovi] E^2. crovi, F^2. gro, *r.* lydae, F^2. sobolis, *DE.* siccae] siccae insigne, E^2. in-signe, E^1. signae, *D.* signe, *R.* abobricam, DE^1. aborricam, *R.* ore] F^2. oris, *E.* ori, *r.* saeurbs, F^2.

Dieser abschnitt umfasst die küste des bracarischen conventes (über den vgl. absch. *p*) und wird als **ein** satz zu fassen sein.

Grovi, castellum Tyde] Auch Mela schreibt 3, 1, 8 (10) *Grovii*, Ptol. 2, 6, 45 führt Γροΐων (dieser name ist in der handschrift vom Athos ausgefallen) Τοῦνδαι (andre handschriften geben Τοῦδαι) an. Mit letzterem ist offenbar das castell *Tyde* genannt, das im Itin. p. 429, 7 *Tude* heisst. Das adjectiv CROVIA erscheint in der inschrift 2550, die n. 774 nennt einen BASSVS‖ MEDAMI F ‖ CROVVS. ꝺ ‖ VERIO; auch wird CROVVS (oder CROViVS) die angehörigkeit des verstorbenen angeben und das folgende wort VERIO vermuthlich noch genauer seinen heimaths-orts (ist die sigle ꝺ, die auch in der oben angeführten n. 2902 in ähnlicher weise vorkam, vielleicht als D == domo zu lesen?) Auch in der schlecht überlieferten inschrift 2565: CROVGIN ‖ TONDA ‖ DIGOE ‖ RVFONIA ‖ SEVER .., welche Hübner völlig als lateinische preisgiebt, stecken vielleicht die worte CROVius und TVDA.

Abobrica] Die in diesen gegenden gefundene inschrift 2477 nennt die AOBRIGENS(es), und wir stimmen Hübner gerne darin bei, diesen namen mit dem obigen für identisch zu halten. In noch andrer form erscheint er auf n. 4247: AVOBRIGENSIs. Zur er-steren inschrift macht Hübner die bemerkung: *„forma nominis ge-nuina fortasse Avobriga erat, ab Avo flumine huius regionis dicta, a qua Aobriga fere pronuntiando tantum differt"*, ausserdem schreibt er hier wie zu n. 765 die stadt den Kilenen zu und führt zum beweise dafür unsere stelle an. Beide ansichten scheinen mir mit dem vorliegenden texte unverträglich und falsch. Schon oben wies ich auf den irrthum Hübners hin, die Kilenen dem bracarischen convent zuzuschreiben; dass sie zum lucensischen gehörten, beweist §. 111. Der periplus jenes conventes beginnt von norden her und nennt zuerst die beiden ländlichen gemeinden *(civitates)* der Hellenier und Grovier (letzteren gehört das *castellum*, nicht *oppidum*, Tyde, neben ihnen liegen die *insulae Siccae*; vgl. Urlichs Vind. 87), an die sich noch weiter südlich eine städtische gemeinde, das *oppidum Abobrica*, anschliesst, auf welche dann erst der fluss Minius folgt. Vergleicht man mit diesen angaben die karte, so ergeben sich folgende schlüsse. Ein wenig südlich von Caldas de Reyes ist, wie wir sahen, die grenze des conventes anzusetzen, den Helleni

kommt also das gebiet um Pontevedra zu, den Grovi etwa das
um Vigo, jedoch so dass es sich bis an den mittleren lauf des
Miño erstreckt, wo Tuy liegt, dass mit Tyde identificirt wird,
das gebiet von Abobrica muss also in dem halbinselartigen dreieck
nördlich von der mündung des Miño angenommen werden, so dass
Abobrica selbst vermuthlich der hafen an der nordseite dieses flusses
gewesen ist. Dann aber kann die stadt nicht ihren namen vom
flusse Avus haben. Bei Ptol. 2, 6, 1 werden nordwärts vom
Durius der reihe nach angeführt: Ἀύου ποταμοῦ ἔκβολαι die des
Νήβις, des Αἵμιος und dann erst des Μίνιος; noch jetzt heisst
der nächste fluss nördlich vom Douro der Ave. Dem gegenüber
kommen die angaben des Mela 3, 1, 8 (10) nicht in betracht, da
sie offenbar ungenau sind. Er lässt die Grovier gleich nördlich vom Durius weithinauf wohnen und sagt: *fluuntque per eos
Avo, Celadus, Nebis, Minius et cui oblivionis cognomen est Millia*
(vgl. 4, 115). Jedenfalls ist der Avus oder Avo beträchtlich entfernt von dem punkte, wo nach unserer meinung die stadt Abobrica anzusetzen ist.

Absch. *w.* B. 4, 112: Durius amnis ex maximis Hispaniae,
ortus in Pelendonibus et iuxta Numantiam lapsus, dein per Arevacos Vaccaeosque disterminatis ab Asturia Vettonibus, a Lusitania
Gallaecis, ibi quoque Turdulos a Bracaris arcens.

ex] et, *C.* hispiae, *D.* pelondenibus, *DR.* pelendenivibus,
E[1]. pelendenibus, *E*[2]. numanti, *R*[1]. lapsus] *om. R*[1]. vaccaeus-
que, *D.* vaccaetisque, *E*[1]. disteminatir, *DE*[1] usturia, *E.* vecto-
nibus, *E.* gallecis, *DR.* gallicis, *E.*

Die bedeutung dieses abschnittes für die bestimmung der geographischen lage einiger grösseren *gentes* zu einander ist schon
oben am schluss von abschnitt *b* berührt worden, indess wird es
nöthig sein hier noch einmal auf die *gentes* und *regiones* der drei
nördlichen convente der tarraconensis nächer einzugehen.

Uebersehen wir noch einmal die ganze beschreibung der tarraconensischen provinz, so setzt sich dieselbe aus folgenden be-
standtheilen zusammen.

1) aus einem periplus der küste des weltmeers (absch. *cdfh*)
und des atlantischen Oceans (absch. *tuv*).

2) aus einer beschreibung des laufes des Hiberus (absch. *e*)
und des Durius (absch. *w*).

3) aus der angabe der grenzvölker an der bätisch - lusitani -
schen seite (absch. *b)* und an der gallischen (absch. *g*).

4) aus einer übersicht der hauptsächlichsten gemeinden der
sieben convente (absch. *i—p,* dazu die mittelmeerinseln in absch. *r*)

5) aus angaben über die längen - und breitenverhältnisse und
die gestalt der provinz (absch. *qs.*)

Alle diese theile sondern sich hinlänglich scharf und deutlich
von einander, nur sind die unter 2) und 3) angegebenen mehr pa-
renthetisch denen unter 1) ein- oder angefügt. Ausschliesslich
über *gentes* und die ihnen entsprechenden *regiones* handeln die unter 3) angeführten abschnitte, auch die unter 1) sind danach eingetheilt; dazu aber kommen noch zerstreute angaben in den abschnitten unter 2) und 4). Stellt man alle diese notizen zusammen, so wird man sich der überzeugung nicht verschliessen können, dass Plinius auch in diesem punkte vollständigkeit bezweckt hat.

In der that muss es mit der eintheilung Spaniens in *gentes*
eine besondere bewandtniss gehabt haben, die aufzuklären von wichtigkeit ist. Wir haben schon mehrfach gelegentlich auf die entsprechenden angaben des Ptolemäus hingewiesen, hier müssen wir
etwas näher auf seine beschreibung der tarraconensis eingehen-
Auch er giebt wie Plinius einen periplus der atlantischen küste
(₰. 1—10) und der des mittelmeers (₰. 14—20), hat eigene abschnitte
über die landgrenzen (₰. 12 u. 13), über die gebirge des inneren
(₰. 21) und über die inseln (₰. 75—78), die grosse masse seiner
angaben über städte und orte indess (₰. 22—74) ist nicht nach
den conventen geordnet wie bei Plinius, (deren geschieht gar keine
erwähnung,) sondern nach *gentes.* Ptolemäus zerlegt die ganze
provinz zunächst in einzelne völkergebiete, die er in geographischer
folge an einander reiht, und deren städte und gemeinden er ebenfalls in geographischer reihe zu geben scheint, in derselben weise
setzt sich der periplus zusammen, wie das ja auch bei Plinius der
fall ist. Völlig decken sich nun freilich die angaben des Ptolemäus und Plinius nicht, ein theil der abweichungen mag indess
durch veränderungen erklärt werden, die im laufe der zwischen
beiden liegenden zeit vor sich gegangen waren; im grossen und
ganzen jedoch ist die übereinstimmung unverkennbar, wie die unten folgende übersicht zeigen wird.

Diese thatsache indess, dass zwei geographen, deren arbeiten

42 *

doch wesentlich verschiedene zielpunkte verfolgen, auf die eintheilung der provinz in *gentes* ein besonderes augenmerk richten, lässt vermuthen, dass dieselbe eine gewisse wichtigkeit und ihre bedeutung auch in der administration des römischen staates hatte. Schon oben zu absch. *m* haben wir eine inschrift beigebracht, die eines amtes erwähnt: AT CENSVS. ACCIPIenDOS CIVITATIVM. XXIII . . . ‖ VASCONVM ET VARDVLORVM. Wir lernen aus ihr, das auch die officiellen censuslisten des römischen staates nach jenen *gentes* angelegt waren. Dasselbe besagen indirect die censusangaben, welche Plinius von den drei letzten conventen (absch. *nop*) macht. Vgl. Marquardt - Becker 3, 2, 171 ff.

Noch eine andere seite des römischen staatswesens darf aber hier wohl in betracht gezogen werden, die ausbeutung der provinzen zu militärischen zwecken. Bekanntlich wurden die *cohortes* und *alae auxiliares* vorzugsweise aus ihnen ausgehoben, und es liegt daher nahe zu vermuthen, dass sich auch in den über die spanischen corps erhaltenen nachrichten andeutungen finden, welche mit der eintheilung der provinz in *gentes* zusammenhängen. Die wichtigsten nachrichten über diesen gegenstand finden sich in den inschriften. Mir steht von diesen ausser dem Hübnerschen bande leider nur die Orelli - Henzensche sammlung zu gebote, deren index b. 3, 134 ff. eine übersicht der in ihr vorkommenden auxiliartruppen enthält. Wem umfangreicheres material vorliegt, wird die folgende zusammenstellung gewiss vervollständigen können; indess scheint es mir schon lehrreich dieselbe, wie sie ist, vorzulegen.

Im folgenden gebe ich also die liste der *gentes* und *regiones*, welche vorkommen

bei Plinius:	bei Ptolemäus:	unter den auxiliartruppen:
Bastuli = Bastitania, b. 3, 19.	Βασιτανοί, ♭. 14. 61. (63.)	
Mentesani, 3, 19.		
Oretani, 3, 19.	Ὠρητανοί, 59. (61.)	
Carpetani, 3, 19. 25.	Καρπητανοί, 57. (59.)	
Vettones, 3, 19. 4, 112.		ala Hisp. Vettonum Henzen.
Arevaci Celtiberi, 3, 19. 27. 4, 112.	Ἀρεουάκαι, 56. (57.)	ala Aravacorum, Hz.

bei Plinius:	bei Ptolemäus:	unter den auxiliar-, truppen.
[Deitania, 3, 19 [1]).		
Contestania, 3, 19. 20.	Κοντεσιανοί, 14. 62.	
Celtiberi, 3, 20. 25.	Κελτίβηρες, 58. (60. 63.)	coh. III Celtiberorum Hübner.
Edetania, 3, 20. 23. 24 (?)	Ἠδητανοί, 15. 63.	
Ilergaones, 3, 20. 24 (?)	Ἰλερκάονες, 16. 64.	
Cessetania, 3, 21.	Κοσητανοί, 17.	
Ilergetes, 3, 21.	Ἰλέργητες, 68.	
Laeetani, 3, 21.	Λαιητανοί, 18. 74.	
Indigetes, 3, 21.	Ἐνδιγετές, 20. 73.	
Ausetani, 3, 22, 24 (?)	Αὐθητανοί, 70.	coh. I Ause(tanorum).
[Fitani, 3, 22.]		Hb.
Lacetani, 3, 22.	Ἰακχητανοί 72.	
Cerretani, 3, 22. 24(?)	Κερροιτανοί, 69.	
Vascones, 3, 22. 4, 110.	Οὐάσκονες, 10. 67.	coh. II Vasconum. Hz. Hb.
[Sedetania, 3. 24.]		
[Surdaones, 3, 24.]		
[Vessitania, 3, 24.]		
Varduli, 3, 26. 4, 110.	Οὐάρδουλοι, 9. 66.	coh. II Vardulorum. Hz.
Turmogidi, 3, 26.	Μούρβογοι, 52.	
Carietes, 3, 26.	Καριστοί, 8, 65.	coh. Carietum et Ve-niaesum. Hz.
Vennenses, 3, 26.		
Pelendones Celtibe-rum, 3, 26. 4, 112.	Πελένδονες, 54.	
Vaccaei, 3, 26. 4, 112.	Οὐακκαῖοι, 50. (57.)	
Cantabri, 3, 27. 4, 110. = Cantabria, 31, 23.	Κανταβροί, 6. 51.	coh. II Cantabrorum. Hz.

---

1) Eingeklammert sind die namen, welche in der obigen abhandlung als falsche beseitigt sind.

bei Plinius:	bei Ptolemäus:	unter den auxiliar-truppen:
Autrigones, 3, 27.	Αὐτρίγονες, 7. 53. (65.)	
Astures, 3, 28. 4, 111. 112.	Ἀσιουρία, 28.	coh. V Asturum. Hz. ala III Ast. Hz.
Lucenses (?) 3, 28.	Καλλαικοὶ Λουκήν-σιοι, 2. 4. 23.	coh. V Callaicorum Lucensium. Hz. coh. V Luciens. et Gallaecor. Hz. coh. III Lucesis. Hb. 2584. vrgl. 4132.
Bracari, 3, 28. 4, 112.	Καλλαικοὶ Βρακά-ριοι, 1. 39.	coh. V Bracaraugu-stanorum. Hz.
Gallaecia, 4, 112.		coh. II Asturum et Gallaecorum. Hz. coh. I Gallaecorum. Hb.
	Ἀρταβροί, 22. Βήρωνες, 55. Λωβητανοί, 60. Καστελλανοί, 71.	

Eine vergleichung dieser reihen unter einander ergiebt zunächst, dass von den plinianischen *gentes* nur die *Mentesani, Vettones* und *Vennenses* nicht bei Ptolemäus als solche wiederkehren. Statt der ersteren kennt er nur die stadt Μέντισα, die er den Oretanern zuschreibt. Auch bei Plinius fanden wir 3, 25 unter den stipendiarischen stadtgemeinden des karthaginensischen conventes *Mentesani qui et Oretani*. Die *gens* der Mentesaner wird zu den zeiten des Ptolemäus also mit der der Oretaner verschmolzen sein, von welchem vorgange bereits das städteverzeichniss des Plinius eine andeutung giebt. Die Vettonen sind von Ptol. 2, 5, 9 vollständig der provinz Lusitanien zugeschrieben, in der auch Plinius 4, 116 sie wieder anführt. Es mag also hier die grenze der provinz im laufe der zeit verändert sein. Die Vennenser endlich werden von Plinius mit den Carieten verbunden, dass beide zusammen nur ein e *gens* zu bilden scheinen, und auf dasselbe verhältniss weist die schon oben angeführte inschrift hin, die eine aus beiden

gemeinsam ausgehobene auxiliarcohorte erwähnt. Daraus erklärt
es sich, dass Ptolemäus jenen namen ganz weglässt.

Andrerseits hat auch Plinius vier völkerschaften nicht aufgeführt, die sich bei Ptolemäus finden. Zunächst die 'Αρταβροί entsprechen ohne zweifel den von Plinius 4, 111 als ländliche *civitas*
genannten *Arrotrebae.* Bei Ptolemäus haben sie nur zwei städte,
sind also jedenfalls eine unbedeutende völkerschaft, die bei Plinius
unter den Lucensern einbegriffen ist. Die Λωβηταvoί werden gar
nur mit einer einzigen stadt gleiches namens Λώβητον, aufgeführt
und überdies mit einem καὶ an die vorhergehenden dreizehn städte
der 'Ωρητανοί angehängt, so dass wir sie bei Plinius als unter
letztere begriffen werden ansehen dürfen. Die Βήρωνες mit ihren
drei städten wird man wohl zu den benachbarten Αὐτρίγονες mit
sieben städten zählen dürfen, wodurch die von Plinius angegebene
zahl von zehn *civitates* der letzteren ausgefüllt wird. Endlich die
Καστελλανοί erscheinen mit vier städten zwischen den eben so vielen der Αὐθητανοί und zehn der ῾Ιακκητανοί. Ob sie bei Plinius
einer dieser beiden *gentes* untergeordnet, oder völlig ausgelassen
sind, ist nicht auszumachen, da keine ihrer vier städte von Plinius
oder von einem anderen schriftsteller genannt wird. Vgl. absch.
g. — Als gesammtresultat dieser vergleichenden übersicht werden
wir also hinstellen dürfen, dass Plinius in der that auch in bezug
auf die anführung der *gentes* in der tarraconensischen provinz eine
gewisse vollständigkeit erreicht hat.

Ziehen wir jetzt die liste der auxiliartruppen in betracht, so
tritt zunächst die erscheinung hervor, dass aus den *gentes* der südlichen, östlichen und mittleren theile der provinz kaum ein besonders benanntes hülfscorps ausgehoben wurde. Es wird anzunehmen
sein, dass aus diesen gegenden, in denen die alten *gentes* am frühesten in die römische nationalität aufgingen, die oft erwähnten
cohortes und *alae Hispanorum* (ohne nähere bezeichnung der *gens*)
ausgehoben wurden. Strabo berichtet in bezug auf die militärische besetzung der provinz 3, 4, 20, diese stehe ὑφ᾽ ὑπατικῷ ἡγε-
μόνι στρατιάν τε ἔχοντι ἀξιόλογον τριῶν που ταγμάτων καὶ πρε-
σβευτὰς τρεῖς, ὧν ὁ μὲν δύο ἔχων τάγματα παραφρουρεῖ τὴν πέ-
ραν τοῦ Δουρίου πᾶσαν ἐπὶ τὰς ἄρκτους, ἣν οἱ μὲν πρότερον Λυ-
σιτανοὺς ἔλεγον οἱ δὲ νῦν Καλλαϊκοὺς. συνάπτει δὲ τούτοις τὰ
προςάρκτια μέρη μετὰ τῶν 'Αστύρων καὶ τῶν Καντάβρων ... τὴν

δ' ἑξῆς παρόρειον μέχρι Πυρήνης ὁ δεύτερος τῶν ᵃπρεσβευτῶν μετὰ
τοῦ ἑιέρου τάγματος ἐπισκοπεῖ. ὁ δὲ τρίτος τὴν μεσόγαιαν, συ-
νέχει δὲ τὰ τῶν [τογάτων] ἤδη λεγομένων ὡς ἂν εἰρηνικῶν καὶ εἰς
τὸ ἥμερον καὶ τὸν Ἰταλικὸν τύπον μετακειμένων ἔν τῇ τηβεννικῇ
ἐσϑῆτι. οὗτοι δ' εἰσὶν οἱ Κελτίβηρες καὶ οἱ τοῦ Ἴβηρος πλησίον
ἑκατέρωϑεν οἰκοῦντες μέχρι τῶν πρὸς ϑαλάττῃ μερῶν. Der erste
district umfasst also den bracarischen und asturischen convent, dazu
aber noch die zum cluniensischen gehörigen Cantabrer. Aus diesem
gebiete, das am längsten den Römern widerstand geleistet hatte,
das auch nach seiner unterwerfung in der städtegründung hinter
den andern zurückblieb und meist aus ländlichen *civitates* bestand,
sind die zahlreichsten hülfscorps ausgehoben. Jede einzelne von
Plinius und Ptolemäus hier genannte *gens* finden wir herangezogen;
bald stellen sie ihre truppen für sich, bald in verbindung mit den
nachbarvölkern. Ganz offenbar ist es, dass sie für die militärischen aushebungen die alte eintheilung in diese *gentes* bis in späte
zeit zu grunde gelegt wurde.

Indess geben die betreffenden *indices* von Henzen und Hübner
noch ein paar andre corps an, die ebenfalls diesen bezirken zugerechnet werden. Ein in England gefundenes militärdiplom (bei
Hz. 5455), das eine reihe spanischer und anderer corps nennt,
führt auch eine coh. II DONGON auf; Henzen bemerkt dazu: „*Ex
hac inscriptione corrige Longonum nomen a Ptolemaeo* II, 6 *in
Hispania commemoratum*". Dieser name kommt bei Ptol. 2, 6,
33 vor und zwar in folgendem zusammenhange. In der beschreibung Asturiens werden zuerst neun städte genannt (zu anfang von
ᶎ. 29 liest die handschrift vom Athos nur e i n mal den namen Λαγ-
κίαιοι mit beigefügten parallelen, dass mithin eine stadt darunter
zu verstehen ist), dann wird hinzugefügt (in obiger handschrift mit
grösseren buchstaben, mit denen auch die folgenden namen ländlicher gemeinden bezeichnet sind) λεγίων ζ' Γερμανική ohne parallelenangabe, und dann folgen neun positionen folgender art, deren
vier erste ich nach jener handschrift hersetze:

Βρισαικινῶν (vulg. Βριγαικινῶν) Βριγαίκιον, dazu die parallelen.
Βεδουνησί[ων] Βεδούνικα (vulg. Βεδουνία [6]), „ „ „

---

[6] Danach wird, glaube ich, in der interessanten Tessera bei
Hübner 4963 zu trennen sein: BOREA. CANTI BEDONIESI. Boreas
war sclave des Cantius.

'Ογνιαχῶν 'Ιντεϱχατία,   dazu die parallelen
Λουγγόνων Παιλόντιον   „   „   „

Die vorgesetzten namen im genetiv entsprechen den ländlichen gemeinden bei Plinius (s. oben p. 607). Es ist sehr unwahrscheinlich, dass unter den 22 *populi*, in die nach Plinius der gegen
240000 *capita libera* enthaltende asturische convent zerfiel, eine
einzelne gemeinde mindestens zwei auxiliarcohorten hätte stellen
sollen, während bei denen der *gentes* dieser gegend höchstens die
nummer 5 vorkommt. Auch fehlen, so weit ich sehen kann, wenigstens in Spanien sichere beispiele, dass einzelne *civitates* für
sich hätten corps aufstellen müssen. Ich halte daher Henzens obige
vermuthung nicht für richtig; weiss freilich auch nicht zu sagen,
was unter dem namen DONGON zu verstehen ist.

In derselben inschrift wird eine ala I QV RV ‖ ... angeführt;
Henzen schlägt vor zu lesen CVgeRN[orum] oder QVerqueRN[o-
rum]. Erstere sind ein germanisches volk, letztere nennt Plinius
3, 28, und ebenso Ptol. 2, 6, 47 die entsprechenden *Κουαχεϱνοί*
als ländliche gemeinde unter den 24 *civitates* des 285000 häupter
fassenden bracarischen conventes. Dieselben gründe, wie oben
sprechen daher gegen den zweiten vorschlag Henzens.

Hübners inschrift 2103, die noch zwei andre, nicht anderweitig
bestätigte angaben über heerkörper enthält, nennt auch einen PRMP.
ALAE·I·LEMANORVM. Diese überlieferung dreier unabhängiger
abschreiber (Hübner sah die inschrift nicht selbst) hat Mommsen geändert in PRaef. ALAE·I LEMAvORVM, und Hübner hat diese änderung angenommen. An der richtigkeit möchte ich mir aus denselben gründen wie oben einen zweifel erlauben. Die Lemavi erscheinen bei Plinius 3, 28 und nach der Vulgate bei Ptol. 2, 6,
25 (doch fehlt dieser name, wie in andern handschriften, so in der
vom Athos) nur als eine ländliche gemeinde unter den sechszehn
populi des ungefähr 166000 freie häupter enthaltenden lucensischen
conventes.

Mustern wir noch die übrigen in unserer liste genannten hülfscorps, so werden die der Carieten und Veniäser, der Varduler und
Vasconen vom legaten des zweiten strabonischen districtes ausgehoben sein. Dazu aber kommt dann angeblich eine coh. I *Ause-
(tanorum)*. Diese angabe beruht auf der einzigen inschrift 1181
bei Hübner, die dieser indess nicht selbst gesehen hat. Der eine

berichterstatter schreibt hier: PRAEF ‖ COHORT· PRIMAE· AVSE ‖
. . . ., der andere ONORIS PRIMA CAVSA PIFVRIO u. s. w.
Hübner setzt jenes in den text und bemerkt dazu: „*Hispani co-
gitaverunt de cohorte prima Ausetanorum aliunde non nota.*" Freilich sind die Ausetaner nach Plinius und Ptolemäus eine eigentliche
gens, indess wohnen sie im östlichen winkel der provinz nahe an
der mittelmeerküste in einer gegend, deren *gentes* sonst keine selbständigen auxiliartruppen gestellt zu haben scheinen. Es ist daher
unwahrscheinlich, dass jene dem umfange nach kleine *gens* allein
zur stellung solcher truppenkörper herangezogen sei. Bei der unsicheren überlieferung darf man vielleicht in der inschrift lesen:
lVSi(tanorum).

Auffallend sind auch die *cohortes Celtiberorum*, von denen Hübner eine, wie es scheint, sichere inschrift 4141, dagegen mehrere
bedenkliche, n. 2552—2554, bringt. Nach der äusserung Strabos
müsste man erwarten, dass gerade diese *gens* nicht zum stellen besonderer corps herangezogen wäre. Endlich wird in einem militärdiplom bei Henzen 5442 eine *cohors* HISPANORVM VETTO-
NVM *C(ivium) R(omanorum)* genannt. Das document ist vom jahr
104 n. Chr.; es lehrt uns, dass damals also ein theil der Vettonen
noch zur spanischen provinz gerechnet wurde, wie auch Plinius angiebt, während Ptolemäus sie ausschliesslich Lusitanien zurechnet.

Nicht erwähnt habe ich bisher einen eigenthümlichen namen einer
ala, der in mehreren inschriften erscheint. In einem militärdiplom
vom jahr 157 (bei Hz. 6858 a) wird genannt eine *ala* I HisPANO-
RVM CAMPAGON(um), eine ALA· CAMPACONVM kommt ausserdem bei Orelli 3536 und 5375 vor. Henzen bemerkt zur ersten
inschrift: *Campagones vel Campacones* (Marini, I. A. p. 70)
*populum fuisse credo ignotum, nec placet sententia Arnethii, qui a
campagis nomen deducendum esse iudicat*". Nach unserer bisherigen untersuchung wird jedoch Henzens ansicht entschieden zurückgewiesen werden müssen; denn unter den völkern Spaniens erscheint keines, dessen name mit jenem zusammengestellt werden
könnte. Es wird daher Arneths ansicht an wahrscheinlichkeit gewinnen, der den namen von der eigenthümlichen Beschuhung der
truppen (s. Forcellini s. v.) ableitet.

Das resultat dieser untersuchung geht schliesslich dahin, dass
die eintheilung der tarraconensischen provinz in *gentes* auch für

das militärwesen eine officielle bedeutung hatte, und dass wenigstens in den nördlichen theilen der provinz die aushebung der auxiliartruppen durchaus nach dieser eintheilung erfolgte.

Noch einmal indess müssen wir hier auf die interpretation
des wortes *gens* zurückkommen. In der obigen abhandlung habe
ich es zur bezeichnung der grösseren völkerschaften gebraucht,
welche in sich einen complex von mehr oder minder zahlreichen
civitates oder *populi* fassten. Plinius wendet es in der beschreibung der tarraconensischen provinz nur einmal, 3, 24, an, bei der
gens Surdaonum oder, wie ich glaubte restituiren zu müssen *Ilercaonum.* Indess führte ich oben eine reihe von inschriften an, in
welcher das wort für dieselbe klasse von völkerschaften gebraucht
wurde. Gerade die inschriften zeigen es aber nicht selten auch in
einem ganz anderen sinne. Die wichtige n. 2633, welche einen
gastfreundschaftsvertrag vom jahr 27 n. Chr. enthält, der in einem
zusatz vom jahr 152 erweitert wird, nennt im ersteren die GEN-
TILITAS DESONCORVM EX GENTE ZOELARVM ET GENTI-
LITAS TRIDIAVORVM EX GENTE IDEM ZOELARVM, im zusatz nochmals dieselben gentilitäten, dazu einen mann EX GENTE
VISALIGORVM und einen EX GENTE CABRVAGENICORVM,
welche beide zusammen als ZOELAE bezeichnet werden. Hier also
wird die bezeichnung *gens* zuerst den Zoelen, dann sogar zwei unterabtheilungen derselben gegeben. Hübner bemerkt dazu: *„Nota
non Zoelas hic ut supra a. p. C. 27 gentem dici, sed Visaligos et
Cabruagenigos, quae gentilitates potius fuisse habendae sunt ex gente
Zoelarum, ita ut tempore procedente gentes illae antiquae videantur
populorum sive civitatium nomina sibi adscivisse, gentilitates gentium. Quod non puto neglegentiae tribuendum esse eorum, qui alteram formulam conceperunt; contra recte Plinium (19, 2, 10) de
civitate Zoelarum locutum esse existimo“.* Nach unseren oben gewonnenen resultaten ist folgendes festzuhalten: gemäss dem officiellen sprachgebrauch des Plinius sind die Zoelen eines der zweiund-
zwanzig *populi* oder *civitates* der *gens* der Asturer; es ist daher
ein unberechtigter ausdruck, wenn die Zoelen in der urkunde vom
jahr 27 sich eine *gens* nennen, und nun gar, wenn im jahr 152
ihre unterabtheilungen dasselbe thun. Indess vereinzelt steht auch
diese inschrift nicht. Unter den asturischen ist n. 2698 einer
frau EX GENTE ABILICORVM, n. 2710 einer andern EX GENte

APLAIDACORVm gesetzt (vgl. die lusitanische n. 804: DIIS· LA-
RIBVS || GAPETICO || RVM. GEN || TILITATIS).   Man wird wohl
nicht daran zweifeln können, dass auch hier nicht von *gentes* im
sinne des Plinius die rede sein kann.   Ihre namen sind aus anderweitigen quellen eben so wenig bekannt, wie die obigen der zoe-
lischen *gentilitates*.   Mir scheint es sogar sehr wohl möglich, dass
sie alle nicht einmal eine geographische bedeutung haben, sondern
zunächst mit den *gentes* der römischen gemeinde zu vergleichen sind
und geschlechter bezeichnen: s. Hübner Herm. VI, p. 375.   Darauf
leitet nicht nur der ausdruck *gentilitas*, welcher von ihnen gebraucht
wird, sondern auch die endungen der namen auf -*acus*, -*icus*, -*igus*,
-*cus*, -*avus*, welche in den geographischen namen Spaniens oder in
den ableitungen von denselben sonst gar nicht, oder doch höchst selten vorkommen.   Ich unterlasse es, aus dem geographischen index
Hübners noch andre namen zur vergleichung heran zu ziehen; es
finden sich deren noch eine reihe, bei denen der herausgeber die
frage stellt, ob sie als namen von *gentes* anzusehen seien; hinzugesetzt ist diese bestimmung indess bei keinem andern.

Glückstadt.   *D. Detlefsen.*

Plaut. Epid. III, 1, 57:

Euge euge Epidice frugi es pugnasti homo's
Qui me emunxisti mucidum minumi preti:

dazu bemerkt C. F. W. Müller Plautin. Prosodie p. 521: „*pugnavisti*
zu corrigiren scheint nur ein äusserst dürftiges mittelchen.   Ich
verstehe weder was *pugnasti* noch was *homo es* heissen soll.   Lieber würde ich mich mit *frugi es curasti probe* begnügen".   Auch
mir scheint *pugnasti* hier so wenig durch die von Lambinus beigebrachte Cicerostelle: *quas ego pugnas et quantas strages edidi*, gerechtfertigt, als Ter. Ad. V, 3, 57 *pugnaveris* durch den von Donatus verglichenen vers des Lucilius: *Vicimus ocius et magnam
pugnavimus pugnam*.   Paläographisch und sachlich nahe liegt das
von G. Hermann Trin. III, 3, 90 gefundene adverbium *nugacissume*
(in *B* steht *homo*, nicht *homo's*)

Euge eúge, Epidice, frúgi's *nugacissume*
Qui me émunxisti etc.

Frankfurt a. M.   *Fr. Umpfenbach.*

XIX.

Lösungen.

(S. Philol. XXXI, p. 122).

VI. Ein gesetz des Solon (Drakon).

Das solonische gesetz bei Demosthenes geg. Aristocrates 53, welches die einzelnen fälle aufzählt, wo ein mord straflos war, beginnt mit den worten: ἐάν τις ἀποκτείνῃ ἐν ἄθλοις ἄκων, ἢ ἐν ὁδῷ καθελών, ἢ ἐν πολέμῳ ἀγνοήσας. Demosthenes übergeht den zweiten fall wohl deshalb, weil derselbe damals keine sonderliche praktische bedeutung hatte, während in der alten zeit, wo wegen der herrschenden unsicherheit jeder waffen trug, solche mordthaten häufig vorkommen mochten [1]); die beiden anderen fälle erläutert er, freilich sehr oberflächlich [2]), und das ἐν πολέμῳ bezieht er mit offenbarem missverständniss auf den mord eines πολέμιος, während der gesetzgeber natürlich nur an einen φίλιος dachte; verständig und mehr ins einzelne eingehend sind Platons bemerkungen, Legg. IX, p. 865 A. Die worte ἐν ὁδῷ καθελών sind wohl bei den jüngeren redactionen der gesetze unverändert beibehalten, sie waren schon den späteren nicht recht verständlich; Harpocration erklärt

---

1) In Attica kam die alte sitte des σιδηροφορεῖν zuerst ab (Thuc. I, 6, 3), vielleicht zu derselben zeit, wo man die ionische tracht annahm. Allein auch in Drakons zeit war eine solche bestimmung nicht überflüssig; wie Solon die φονικά des Drakon im wesentlichen unverändert aufnahm, so hat Drakon das, was schon längst die volkssitte geheiligt hatte, gesetzlich geregelt.

2) Wenn es jedoch heisst: ἂν τις ἐν ἄθλοις ἀποκτείνῃ, so ist diess nicht flüchtigkeit des redners, sondern ein versehen der abschreiber, die das unentbehrliche ἄκων ausliessen.

p. 134 ἐν ὁδῷ durch ἐν λόχῳ καὶ ἐνέδρᾳ; allein dieser fall ist
ja schon in dem folgenden ἐν πολέμῳ mit inbegriffen; man müsste
es also auf die nachstellungen eines wegelagerers oder privatfein-
des beziehen. Jenes καθελών erklärt Harpocration 104 durch ἀνε-
λών oder ἀποκτείνας, und beruft sich für diesen sprachgebrauch auf
Stesichorus und Sophokles: allein diese erklärung ist hier unstatthaft, denn so wenig ἐὰν ἀποκτείνῃ ἀποκτείνας zulässig ist, eben
so wenig ἐὰν ἀποκτείνῃ καθελών, wenn man es wie Harpocration
erklärt; denn dies wäre kein pleonasmus, wie er wohl sonst gerade in der älteren sprache vorkommt, sondern geradezu widersin-
nig; der grammatiker hat eben den zusammenhang der worte ganz
ausser acht gelassen. Ἐν ὁδῷ καθελεῖν kann hier nichts anderes
bedeuten, als nied erwerfen, über wältigen, wie z. b. Plato
Protag. p. 343 C sagt: εἰ καθέλοι τοῦτο τὸ ῥῆμα ὥσπερ εὐδοκι-
μοῦντα ἀθλητήν; daher bei Homer von der μοῖρα θανάτου gebraucht, und dann allerdings bei dichtern so viel als tödten, wie
ja auch das synonyme καταβάλλειν ganz ähnlich gebraucht wird.
Dann aber würde ja der gesetzgeber jeden mord auf der strasse
sanctioniren [3]); in den beiden anderen fällen wird durch ἄκων und
ἀγνοήσας das blutvergiessen gerechtfertigt, dies erwartet man auch
hier; aber in καθελών kann eine solche beziehung nicht liegen.
Offenbar ist hier ein zusatz, wodurch ausgesprochen war, dass es
sich um nothwehr handele, ausgefallen, wie auch anderwärts bei
den attischen rednern die stellen aus den gesetzen öfter nur in einem auszuge oder doch nicht ganz genau in urkundlicher fassung
überliefert sind [4]).

Ich habe mir im jahr 1847 aus der Ἐφημερὶς ἀρχαιολογική, die
ich auf der Göttinger bibliothek einsah, ein psephisma aus Ol. 92, 4
copirt [5]), welches, wie ich sofort erkannte, meine schon im jahr
1834 ausgesprochene vermuthung (anhang zu Schillers Andocides
p. 145), dass damals eine revision der gesetze stattgefunden habe,
an der auch Nikomachus theil hatte, bestätigte: allein mit dem ver-

---

3) Ob man die erklärung des Harpocration gutheisst, oder mir
beistimmt, macht keinen unterschied.

4) Es ist übrigens nicht unmöglich, dass schon in der zweiten ge-
setzesrevision nach den 30 dieser unentbehrliche zusatz gleichviel aus
welchem grunde getilgt wurde.

5) Der antragsteller hiess wohl Ξενοφάνης, nicht Ἀθηνοφάνης, wie
Köhler vermuthet.

stümmelten bruchstück wusste ich nichts weiter anzufangen. Jetzt hat Köhler im Hermes II, p. 27 ff. eine vollständigere und berichtigte abschrift publicirt, und mit sehr glücklichem erfolge den grössten theil der urkunde wieder hergestellt, so wie die grosse wichtigkeit derselben dargethan. Nur die restitution des letzten theiles ist noch übrig; zeile 33, 34, 35 sind nur wenige buchstaben am linken und rechten rande lesbar,

Z. 33   *I*   *ΙΛΧΕ*
Z. 34   *O*   *ΛΕΚΟΝΚ*
Z. 35   *ΤΕ*   *ΕΤΟΣΛ*

Köhler hat richtig erkannt, dass hier eben von den fällen die rede sei, wo die tödtung für straflos erklärt, wird, und bemerkt: „z. 33 stand [ἄρχον]τα χει[ρ]ῶ[ν ἀδίκων], was auf nothwehr gegen miss-handlungen deutet, z. 34 ἀέκων κτείν . ., z. 35 [διαγινώσκειν δ]ὲ τοὺς ἐ[φέτας]“. Köhler scheint an die αἰκία gedacht zu haben, al-lein wenn einer getödtet ist, handelt es sich nicht mehr um eine klage wegen αἰκία, auch umfasst ja das vorliegende gesetz die φονικὰ des Drakon. Ich glaube eben hier die bruchstücke des von Demosthenes angeführten gesetzes zu finden, und ergänze demnach, da jede zeile der inschrift funfzig buchstaben enthält [6]):

Z. 33:   [ἐάν τις ἀδίκων ἄρχον]τα χει[ρ]-

Z. 34: ῶ[ν ἐν ὁδῷ καθελών, ἢ ἐν πολέμῳ ἀγνοήσας, ἢ ἐν ἀέθλοις]
              ἀέκων κ-

Z. 35: τεί[νῃ, τούτων ἕνεκα μὴ φεύγειν κτείναντα· διαγιγνώσ-
              κειν δ]ὲ τοὺς ἐ-

Z. 36: [φέτας].

Jetzt ist der begriff der nothwehr, den ich bei Demosthenes ver-misste, klar ausgesprochen, und wie ich meine, die richtige fassung des gesetzes wieder gewonnen [7]); wie in ἀέκων die alte attische

---

6) Das unmittelbar vorhergehende lässt sich nicht herstellen; denn was Demosth. Aristocr. 28 hat: εἰςφέρειν δὲ τοὺς ἄρχοντας, ὧν ἕκαστοι δικασταί εἰσι τῷ βουλομένῳ· τὴν δ᾽ ἡλιαίαν διαγιγνώσκειν über-schreitet den raum. Die zweite revision nach den 30, welche der ur-kunde bei Demosthenes zu grunde liegt, hat offenbar hier eine neue-rung eingeführt.

7) Ganz dasselbe bestimmt Plato Legg. IX, 874, C: καὶ ἐὰν λωπο-δύτην ἀμυνόμενος ἀποκτείνῃ, καθαρὸς ἔστω. Es ist diess eben nur ein uralter rechtssatz, den man auf Rhadamanthys zurückführte (Apollo-dor. II, 4, 9: ὃς ἂν ἀμύνηται τὸν χειρῶν ἀδίκων ἄρξαντα ἀθῷον εἶναι. Dar-auf gründet sich auch die rechtfertigung des Oedipus bei Soph. Oed. Col. 548: Νόμῳ δὲ καθαρὸς ἄϊδρις εἰς τόδ᾽ ἦλθον, was man ohne grund

form erhalten ist, so auch in ἀέθλοις, doch könnte man auch ἄθλοις schreiben und dann Ηαΐκων mit metathesis der aspiration
vermuthen. Statt ἀδίκων könnte man übrigens auch πρότερον ergänzen, wie bei Plato Legg. IX, 869 D: ἀμυνόμενος ἄρχοντα χειρῶν πρότερον.

Ist meine herstellung der inschrift gelungen, dann muss man annehmen, dass in der urkunde bei Demosthenes zwei paragraphen des
gesetzes in einen zusammengezogen sind; denn bei Demosthenes
schliessen sich unmittelbar die bestimmungen über den ehebrecher an:
dass diese aber auch in der inschrift unmittelbar darauf folgten,
zeigt z. 35 ΕΛΕΥΟ|ΕΟ. Ich ergänze demnach:

Z. 36: [φέτας· καὶ ἐὰν ἐπὶ δάμαρτι ἢ ἐπὶ παλλάκῃ, ἥν ἄν ἔχῃ
                     ἐπὶ] ἐλευθ-

Z. 37: ἐ[ρ]ο[ις παισί, ἢ ἐπὶ μητρὶ ἢ ἐπὶ ἀδελφῇ ἢ ἐπὶ θυγατρὶ
                     τιμωρ]ούμενο-

Z. 38: ς κι[είνῃ, τούτων ἔνεκα μὴ φεύγειν κτείναντα.

Bei Demosthenes ist nicht nur τιμωρώμενος ausgelassen, sondern auch die reihenfolge abgeändert, indem der παλλακή die letzte
stelle angewiesen wird. Dagegen glaubt Köhler hier den paragraph
zu finden, welchen Demosthenes Aristocr. 60 anführt: καὶ ἐὰν φέ-
ροντα ἢ ἄγοντα βίᾳ ἀδίκως εὐθὺς ἀμυνόμενος κτείνῃ, νηποινεὶ
τεθνάναι. Demosthenes sagt allerdings: λέγε τὸν μετὰ ταῦτα νό-
μον, indess braucht man diese worte nicht so streng zu fassen, das
gesetz kann recht gut zwischen diesem paragraphen und den bestimmungen über den mord des ehebrechers noch andere bestimmungen enthalten haben. Mit dem rest von z. 38 ἔχοντος weiss ich
nichts anzufangen, wie ich überhaupt auf eine restitution des folgenden verzichte; z. 39 endet ΜΟΣΤ ., z. 40 beginnt . . ΚΥΟ,
worin vielleicht [ἄτι]μος ι[εθν]άτω liegt. Ferner z. 40 ΕΚΑΤ.
z. 41 . ΤΟ führt wohl auf die formel ἔνεκα τούτων (mit umstellung statt τούτων ἔνεκα). Z. 41 steht (freilich unsicher) ΔΕΥΛ . .
darin könnte [ἀλλ]ὰ εὐα[γὲς ᾖ] liegen, wie bei Demosth. Philipp.
III, 44, was offenbar eine alte gesetzesformel ist; die neueren herausgeber haben freilich bei Demosthenes diese worte getilgt; diese

angefochten hat; νόμῳ καθαρὸς ist der herkömmliche ausdruck (Plato
καθαρὸς ἐν τῷ νόμῳ, oder kurz καθαρὸς), weil eben im falle der nothwehr das gesetz den thäter freisprach; das ἄισρις ist ein weiterer mil-
derungsgrund.

stelle bedarf einer genaueren besprechung, die einem anderen orte
vorbehalten bleibt, wie denn überhaupt der text der dritten Philip-
pischen rede namentlich durch den falschen gebrauch des codex Σ
auf das empfindlichste gelitten hat.

VII. Zur Prometheussage.

Nachdem Hesiod den opferbetrug des **Prometheus** erzählt hatte,
berichtet er (Theog. 561 ff.) über die strafe, welche Zeus über die
menschen verhängt, mit den worten:

ὣς φάτο χωόμενος Ζεὺς ἄφθιτα μήδεα εἰδώς.
ἐκ τούτου δὴ ἔπειτα, δόλου μεμνημένος αἰεὶ
οὐκ ἐδίδου μελέοισι πυρὸς μένος ἀκαμάτοιο
θνητοῖς ἀνθρώποις, οἳ ἐπὶ χθονὶ ναιετάουσιν.

Μελέοισι v. 563 ist eine conjectur von H. Stephanus, die auch
durch eine handschrift bei Göttling bestätigt wird, alle übrigen codices lesen μελίοισι oder μελίῃσι. Stephanus conjectur ist allge-
gemein von den herausgebern gebilligt worden, allein schon die wortstellung, welche durchaus dem epischen gebrauche zuwider ist, hätte
davor warnen müssen. Ausserdem ist das adjectivum μέλεος in der
bedeutung u n g l ü c k l i c h den alten epikern ganz fremd; schon
Aristarch lehrt: οἱ νεώτεροι μέλεον τὸν ἀτυχῆ, ὁ δὲ Ὅμηρος ἀντὶ
τοῦ ματαίως, Schol. Il. *K*, 480. νεώτεροι ist freilich ein unbestimmter ausdruck, meist sind die epiker nach Homer die kykliker
gemeint, aber dass hier die tragiker zu verstehen sind, zeigt schol.
Π, 336. Mützell, der griechisch verstand, hat dies auch beachtet, gleichwohl sucht er die lesart des Stephanus zu schützen; er
meint, dieser sprachgebrauch stamme aus der orakelpoesie, daher
habe Hesiod ihn sich angeeignet; aber die ausdrucksweise junger
orakel hat für die alte hesiodische poesie keine beweiskraft [8]); in

---

8) Dass ich Schoemanns hypothese, der die Theogonie als ein lit-
terarisches product der Pisistratidenzeit erklärt, nicht beistimmen
kann, habe ich schon an einem andern orte ausgesprochen; und so
viel ich weiss, hat bisher niemand dieser grundlosen vermuthung, die
mit einer reihe thatsachen streitet, beigepflichtet. Es ist diess lediglich die folge der übertrieben conservativen grundsätze, zu denen
Schoemann im Hesiod sich bekennt; statt ein paar verse oder eine
oder die andere grössere partie preiszugeben, wird er an dem alten
ehrwürdigen denkmal hellenischer poesie überhaupt irre. Die weitere
consequenz ist dann nothwendig, dass er dem Pausanias und den pe-
riegeten von Thespiae oder wer diess vorzieht den holzhauern und
hirten vom Helikon beipflichtet. Dies kommt mir gerade so vor, wie

dem orakel bei Herodot VII, 140 ist ausserdem jene erklärung
nicht einmal geboten. Das bedenken in betreff der wortstellung
sucht Mützell dadurch zu beseitigen, dass er meint, man dürfe μελέοισι nicht mit dem folgenden ϑνητοῖς ἀνϑρώποις verbinden, er
will es also wohl substantivisch, als selbständigen begriff fassen
allein diess heisst eine schwierigkeit durch eine andere beseitigen.
Hätte Hesiod diesen ausdruck hier gebraucht, dann würde er einfach statt der zwei verse gesagt haben:

Οὐκ ἐδίδου μελέοισι πυρὸς μένος ἀνϑρώποισιν.

Nur der neueste herausgeber Köchly, der einen rein handschriftlichen text geben will, nimmt μελίοισι auf und fügt das zeichen des kreuzes hinzu. Warum er μελίοισι aufnahm weiss ich
nicht, denn dies ist ein handgreiflicher schreibfehler, der noch dazu
geringe handschriftliche gewähr hat: nach den kritischen grundsätzen, die man sonst beobachtet, musste er μελίῃσι schreiben, was
ihm freilich ebenso unverständlich dünkte als μελίοισι. Ich schreibe
einfach um dem verständniss zu hülfe zu kommen mit grossen anfangsbuchstaben:

Οὐκ ἐδίδου Μελίῃσι πυρὸς μένος ἀκαμάτοιο[9]
ϑνητοῖς ἀνϑρώποις, οἳ ἐπὶ χϑονὶ ναιετάουσιν.

Auch der scholiast las μελίῃσι: μελίοισι δὲ ἤτοι τοῖς ἀνϑρώποις
ἢ ὅτι ἐκ Μελιῶν ἐγένοντο Νυμφῶν, ἢ ὅτι γεννώμενοι ἐρρίπτοντο
ὑπὸ τοῖς μελίαις, ὅ ἐστι δένδροις: denn das lemma μελίοισι ist,
wie die erklärung zeigt, ein schreibfehler; der scholiast scheint
eine dreifache deutung vorzutragen, aber dies beruht nur auf dem
fehlerhaften ἤτοι, wofür ἤγουν zu lesen ist. Nach dem scholia-

wenn im jahre 2990 es zweifelhaft wäre, ob dies oder jenes gedicht
von Göthe verfasst wäre, und man um den streit zu schlichten an
ort und stelle der Frankfurter schmiede und schlosser ansichten darüber erforschen wollte. Doch darüber mag jeder denken wie er will,
wenn Schoemann uns nur nicht zumuthete, dies eben sei die ansicht
des ganzen alterthums gewesen, während doch das gegentheil klar
zu tage liegt.

9) Da einige handschriften ἀϑανάτοιο für ἀκαμάτοιο lesen, könnte man
vermuthen, dies epitheton gehe vielmehr auf die Melischen nymphen.
Die nymphen sind eigentlich nicht unsterblich, indessen so gut wie
im homerischen hymnus auf Hermes Maia νύμφη ἀμβροσίη genannt
wird (v. 230) oder Aeschylus die götter δαρόβιοι nennt, konnte auch
Hesiod dieses epitheton gebrauchen; allein wenn der dichter Μελίῃσιν
ἀϑανάτῃσιν gesagt hätte, wäre der sinn der stelle niemals verdunkelt
worden. Ἀϑανάτοιο ist nur correctur der abschreiber, die ohne grund
an dem wiederholten ἀκαμάτοιο anstoss nahmen.

sten bezeichnet der dichter mit dem ausdrucke μελίαι die mens chen,
so dass der folgende vers nur zur näheren erklärung hinzugefügt
würde. Die Μελίαι Νύμφαι sind nach Hesiod Theog. 185 aus
dem blutstropfen des Uranus entstanden; ἐκ μελιᾶν ist nach den
Ἔργα v. 145 das dritte, eherne geschlecht geboren, wo der scholiast an den eschenbaum denkt (die verdorbenen worte lassen sich
leicht verbessern, und ich sehe dass schon Schoemann Op. II, 135
dieselben hergestellt hat), während Proclus darunter die nymphen
versteht. An Hesiod lehnt sich Apoll. Rhod. IV, 1641 an, wo er
eben wegen der abstammung von jenen nymphen [10]) die menschen
dieses geschlechtes μελιηγενέας nennt. Aber andere rationalistische
grammatiker, denen die entstehung des menschengeschlechtes aus
bäumen oder felsen nicht zusagte, bezogen diese sage auf die aus-
setzung der kinder (οἱ γεννώμενοι ist bei dem Schol. zu lesen),
freilich sehr ungeschickt, da doch nicht jedes neugeborene kind dieses
schicksal traf; eher begreift man, wie man Hom. Od. XIX, 163:
οὐ γὰρ ἀπὸ δρυός ἐσσι παλαιφάτου auf diese deutung verfiel: οἱ
γὰρ παλαιοὶ ὑπελάμβαιον τοὺς πρὸ αὐτῶν ἐκ δρυῶν καὶ πετρῶν
γεγενῆσθαι, διὰ τὸ τὰς τικτούσας εἰς τὰ στελέχη καὶ σπήλαια ἐκτι-
θέναι τὰ παιδία. Denn der ursprung der ausgesetzten kinder ist
unbekannt, an ihnen haftet der makel unehelicher geburt, man konnte
sie also recht wohl als wald- oder felsenkinder bezeichnen.

Dass die erklärung des scholiasten zu unserer stelle, μελίαι
sei nichts anders als ἄνθρωποι, unzulässig sei, brauche ich wohl
nicht erst zu sagen. Ein dichter, wohl ein lyriker, bei Hesychius
nannte den menschen μελίας καρπός, die frucht der esche;
dies ist verständlich, aber μελία in demselben sinne ist eine unzulässige brachylogie, die man kaum dem Lykophron zutrauen dürfte,
nicht dem Hesiod, der wenn gleich er nach der weise seiner
landsleute sinnliche frische und bildlichkeit des ausdrucks liebt, und
wenn es galt schwierige räthsel aufzugeben verstand, sich doch
von solcher dunkelheit fern hält; auch hätte ja der dichter, indem
er noch einen vers hinzufügte, gleich die auflösung des räthsels
gegeben und so die wirkung aufgehoben. Man sieht, schon die
alten grammatiker haben unsere stelle nicht mehr verstanden, weil

---

10) Apollonius Rhodius gebraucht anderwärts Μελίη geradezu als
gleichbedeutend mit Νύμφη (II, 4), ebenso Callim. in Jov. 47 und in
Del. 80, desgleichen Nonnus XIV, 212. XVI, 230.

ihnen wie auch den neueren erklärern die beziehung des zwiefa-
chen datives dunkel war: ἀνθρώποις ist nicht apposition zu μελ-
λίῃσι, sondern Hesiod will sagen: Zeus gab nicht (mehr wie früher)
das feuer den melischen nymphen (den eschen) für die menschen.
Ich wüsste nicht, was sprachlich gegen diese erklärung zu erinnern
wäre; der erste dativ ist mit ἐδίδου, der andere mit πυρὸς μένος
zu verbinden. Freilich weiss ich kein anderes ganz analoges beispiel anzuführen; denn verschieden ist, wenn Pindar sagt Ol. VIII,
83: ὅν σφι Ζεὺς γένει ὤπασεν, noch weniger passt Hesiod Ἔργ.
815 ἐπὶ ζυγὸν αὐχένι θεῖναι βουσί. Auch die beispiele, welche unsere grammatiker für den gebrauch des doppelten dativs anführen
(Bernhardy Synt. 103) sind anderer art. Wer übrigens die erklärung für die menschen nicht gelten lassen will, der könnte den
zweiten dativ local fassen, d. i. ἐν ἀνθρώποις auf der erde, wie
Hesiod gleich nachher sagt: ἐχόλωσε δέ μιν φίλον ἦτορ, ὡς ἴδεν
ἀνθρώποισι πυρὸς τηλέσκοπον αὐγήν, wo es der änderung ἴδ᾽
ἐν nicht bedarf, denn dieser sprachgebrauch ist ja selbst den Attikern nicht fremd. Allein ich halte diese erklärung für unzulässig,
denn man sagt zwar ἀνθρώποις oder βροτοῖς in localem sinne,
aber nicht θνητοῖς ἀνθρώποις, οἳ κτλ., warum in einem solchen
falle die präposition nicht entbehrlich ist, liegt auf der hand. Eben
sowenig ist dieser vers als zusatz von späterer hand zu betrachten,
er ist für den gedanken unentbehrlich, da bestimmt gesagt werden
musste, dass der zorn des Zeus die menschen schwer traf.

Das feuer ist ein geschenk der gottheit; die menschen empfingen aber dies wohlthätige element nicht unmittelbar aus der hand
der gottheit, sondern durch die vermittelung der Μελίαι, d. h. der
mütter des menschlichen geschlechtes; jetzt, wo Zeus die menschen
um des Prometheus willen zu strafen beschliesst, entzieht er ihnen
die gabe wieder, οὐκ ἐδίδου Μελίῃσι, in den Werken ἔκρυψε, ähnlich Virgil Georg. I, 131 *ignem removit.* Hesiod dachte sich wohl
die Μελίαι als persönliche wesen, gemäss der sinnlich-anthropomor-
phischen vorstellungsweise, die damals die hellenische mythenwelt
beherrschte. Aber die esche steht auch zur bereitung des feuers
in naher beziehung, das holz dieses baumes eignete sich gleich gut
für wagenräder und axen (Plin. H. N. XVI, 229: *ilex ... maxume*
fida iis, quae terantur, ut rotarum axibus, ad quos lentore fraxi-
nus, sicut duritia ilex et utroque legitur ulmus) wie für instru-

mente zum bohren (ib.: *ideoque proditum terebris vaginas ex olea-stro, buxo, ilice, fraxino utilissimas fieri*). Feuer aber wurde in der urzeit gewonnen indem man einen stab von sehr hartem holz in eine hölzerne scheibe oder die nabe eines hölzernen rades bohrte (s. Kuhn die herabholung des feuers) [11]); zu dieser runden scheibe (ἐσχάρα πυρὸς nennt sie Theophrast), war das eschenholz ganz vorzüglich geeignet, zumal da die esche ein *arbor felix*, d. h. ein fruchttra-gender baum ist, obwohl natürlich auch andere holzarten zu diesem zwecke verwendet wurden [12]). Dass aber den Hellenen der älteren zeit gerade die esche diesen dienst leistete, bezeugen mythische ge-nealogien; Phoroneus, der nach peloponnesischer sage das feuer er-funden hat, ist der sohn der Μελία, und Silen hat mit der Μελία den Kentauren Pholos erzeugt; dass diese verbindung des Silen mit Μελία nicht bedeutungslos ist, erhellt daraus, dass noch jetzt er-haltene χυτρόποδες gewöhnlich mit einem Silenskopfe verziert sind; diese χυτρόποδες wurden wohl roth gefärbt (roth ist die farbe des feuers und des blitzes); es brachte unheil, wenn dies verabsäumt war, s. Hesiod. Theog. 748, vergl. Poet. Lyr. p. 1036, wo ich diese von alten und neuen erklärern nicht verstandene stelle gedeu-tet habe; später mag man diesen aberglauben vergessen haben, we-nigstens ist so viel ich weiss an den noch vorhandenen exemplaren keine spur der bemalung zu entdecken.

Hesiod hat hier wie anderwärts keine klare vorstellung von der bedeutung des mythos, aber in der fernen urzeit, wo die sage sich bildete, war man sich der beziehung wohl bewusst, und die formel, die wohl im wesentlichen unverändert aus dem volksmunde in die poesie übergegangen war, οὐκ ἐδίδου μελίῃσι πυρὸς μένος, besagt wörtlich gefasst nichts anders, als dass das feuerzeug seinen

11) Leider ist die stelle des homerischen hymnus auf Hermes v. 108, wo das verfahren ausführlich beschrieben war, lückenhaft; und ebenso sind uns von dem räthsel in dem hesiodischen gedichte Κήυκος γάμος, wo gleichfalls die gewinnung des feuers geschildert war, nur bruchstücke erhalten, s. Poetae Lyr. p. 1308 und Philol. Thes. (Phi-lol. XXIX, p. 319). Hesiod nannte die scheibe μήτηρ, den bohrer πατήρ, das feuer, indem es das holz verzehrt, tödtet seine eignen ältern. Wohl aber findet sich eine ausführliche schilderung bei Nonnus XXXVII, 56 ff.; hier heisst es unter andern: τρίβων δ' ἔνθα καὶ ἔνθα καὶ ἄρσενι-θῆλυν ἀράσσων ἔγχρυφον αὐτολόχευτον ἀνείρυε λάινεον πῦρ. Nur wird hier nicht holz, sondern stein zur erzeugung des feuers verwendet.

12) Bei den hirten hatte sich diese art feuer zu erzeugen noch in der zeit des Seneca in Italien erhalten, Seneca Qu. Nat. II, 22.

gewöhnlichen dienst versagte, weil Zeus es so wollte. Kuhn bringt die $M\varepsilon\lambda i\alpha$ auch mit der vorstellung von dem weltbaume in Verbindung, da wäre vor allen die $\dot{\upsilon}\pi\acute{o}\pi\tau\varepsilon\varrho o\varsigma$ $\delta\varrho\tilde{\upsilon}\varsigma$ des Pherekydes zu benutzen, aber dies muss einer andern stelle vorbehalten bleiben; mir kam es hier nur darauf an eine verkannte lesart wieder in ihr recht einzusetzen und einen zug der Prometheussage zu erläutern.

VIII. Ein epigramm des Alkaios von Messene.

In der Anthol. Pal. IX, 518 findet sich ein epigramm des Alkaios aus Messenien auf könig Philipp den fünften von Macedonien, welches man allgemein auf die eroberung der ätolischen stadt Makyna (Makynia) bezieht. Usener (Rh. Mus. 25, 584) bemerkt, ihm scheine bisher niemand das epigramm richtig verstanden zu haben; darin stimme ich bei, muss aber im übrigen gegen Useners auffassung in allen punkten einsprache erheben, und will nun, um ferneren missverständnissen vorzubeugen, das sehr einfache problem lösen.

Usener hat richtig gefühlt, wie auffallend es ist, dass die eroberung einer so unbedeutenden stadt, wie Makyna mit so pomphaften worten gepriesen wird, und um nun diese schwierigkeit zu heben, behauptet er zunächst der name $M\acute{a}\varkappa v v \alpha$ sei identisch mit $M\eta\varkappa\acute{\omega}v\eta$. Aber von dem lautwechsel zwischen $\acute{\omega}v\eta$ und $\acute{v}v\eta$ ($\acute{v}v\bar{a}$) kann ich mich nicht überzeugen; was Usener hier und Rh. Mus. XXII, 327 ff. dafür beibringt, ist unzutreffend; am meisten schein hat $\chi\varepsilon\lambda\acute{\omega}v\eta$ und $\chi\acute{\varepsilon}\lambda vv\alpha$ (vergl. darüber meine bemerkungen Poet. Lyr. III, p. 924); aber schon die verschiedenheit der betonung und quantität beweist, dass dies verschiedene wortformen sind; $\chi\varepsilon\lambda\acute{\omega}v\eta$ ist auf $\chi\varepsilon\lambda\acute{\omega}v$ (Hesych.), $\chi\acute{\varepsilon}\lambda vv\alpha$ auf $\chi\acute{\varepsilon}\lambda v\varsigma$ zurückzuführen. Und ebensowenig darf man $M\acute{a}\varkappa vv\alpha$ und $M\eta\varkappa\acute{\omega}v\eta$ identificiren, die wahrscheinlich noch dazu ganz verschiedenen ursprungs sind.

$M\eta\varkappa\acute{\omega}v\eta$ ist bekanntlich ein älterer name der stadt Sikyon; unsere mythologen behaupten diese stadt sei für die griechische religionsgeschichte von besonderer wichtigkeit, und dies benutzt nun Usener zu weiteren combinationen. Ich muss jedoch offen bekennen, dass ich diese ansicht für völlig grundlos halte, was ich auch in meinen vorlesungen gelegentlich bemerkt habe. Callimachus lässt die götter nach dem Titanenkampfe in Mekone unter sich die ehrenämter vertheilen; Callimachus, seinem grundsatze $\dot{a}$-

μάρτυρον οὐδὲν ἀείδω getreu, hat diess nicht erfunden, sondern folgt dem Hesiod, der in der Theogonie v. 535, wo er den mythos von Prometheus erzählt, berichtet, der opferbetrug habe zu der zeit stattgefunden, ὅτ᾽ ἐκρίνοντο θεοὶ θνητοί τ᾽ ἄνθρωποι Μηκώνῃ. Wenn Hesiod den schauplatz dieser begebenheit nach Sikyon verlegt, so folgt er einer localsage, die er entweder an ort und stelle selbst erkundet oder aus dem munde eines Sikyoniers erfahren hatte; in seiner gewissenhaften, treuherzigen weise deutet der dichter damit auf die quelle der überlieferung hin. Für das kunstfertige Sikyon musste der feuergott Prometheus besondere bedeutung haben; so ist es nicht zu verwundern, wenn die Sikyonier den schauplatz jener mythischen begebenheit in ihre unmittelbare nähe verlegten, obwohl sonst von einem cultus des Prometheus in jener stadt keine spur vorhanden ist.

Ich habe an einem andern orte (über die geburt der Athene) darauf hingewiesen, wie ein mythischer name, der dem unsichtbaren reiche der götter angehört, nicht selten auf die erde versetzt und bald hier bald dort localisirt wurde; dies benutzt Usener, Μάκυνα der Aetoler (Lokrer) und Μηκώνη der Peloponnesier ist ihm die heilige stadt an den gränzen der götter- und menschenwelt, benannt nach dem mohne, *nam quasi somno sopiti ex hac vita in beatorum sedes transferimur*. Dies ist die reine Νεφελοκοκκυγία, und ich wundere mich nur, dass Usener nicht auch auf das opium und das reich der mitte sich beruft. Μηκώνη ist eben kein mythischer name, sondern gehört der wirklichkeit des irdischen lebens an; wie die stadt wegen ihres gurken- oder melonenbaues Σικυών (Σικυώνη, s. mein Progr. z. 30 mai 1865 p. 4) hiess, so wird sie mit rücksicht auf die mohncultur Μηκώνη benannt sein. Μάκυνα verdankt vielleicht seiner lage, weil sich die stadt lang hinzog, jenen namen; sonst wissen wir von der ortschaft nichts weiter, als dass sie weinbau und wie es scheint blumenzucht trieb. Zwischen Sikyon und Makyna ist sonst nicht die mindeste beziehung nachzuweisen. Die geistreiche pointe, welche Usener in den versen des Alkaios gefunden zu haben glaubt, Philipp habe sich durch die eroberung der ätolischen stadt Makyna den weg zum himmel gebahnt, (weil: *Macyna quasi media inter deos hominesque habita est*), ist also hinfällig.

Das epigramm des Alkaios lautet bei Jacobs:

Μακύνου τείχη, Ζεῦ Ὀλύμπιε, πάντα Φιλίππῳ
ἀμβατά· χαλκείας κλεῖε πύλας μακάρων.
χθὼν μὲν δὴ καὶ πόντος ὑπὸ σκήπτροισι Φιλίππου
δέδμηται, λοιπὰ δ᾽ ἃ πρὸς Ὄλυμπον ὁδός.

Hier muss, wenn man die herkömmliche erklärung gelten lässt,
gleich befremden, dass diese namensform der stadt (Μάκυνον oder
Μάκυνος wie man meint) sonst nirgends vorkommt, sie heisst anderwärts Μάκυνα oder Μακυνία (Μακύνεια). Usener selbst scheint
dies bedenklich zu finden, denn er schlägt Μακύνας zu lesen vor.
Dann ist πάντα ein ganz unleidliches flickwort [13]), endlich ist der
gebrauch des adjectiv ἀμβατός von einer stadt, die bereits erobert sein
soll, jedenfalls ungewöhnlich. Mangelhafte kenntniss hat nicht selten eigennamen, die wir gewohnt sind durch den grossen anfangsbuchstaben auszuzeichnen, irrthümlich als appellativa genommen,
hier hat einmal die gelehrsamkeit der gelehrten den entgegengesetzten irrthum erzeugt; man verwandele einfach das irreführende M
in μ, und setze nach Ὀλύμπιε ein kolon, so ist alles klar und
verständlich:

μακύνου τείχη, Ζεῦ Ὀλύμπιε· πάντα Φιλίππῳ
ἀμβατά· χαλκείας κλεῖε πύλας μακάρων.

d. h. erhöhe deine mauern, Olympischer Zeus, denn
Philippus erstürmt alle mauern, und schliesse das
eherne götterthor. Die mediale form ist hier ganz an ihrer
stelle, sie findet sich auch in dem epigramm Anth. VI, 171: Αὐτοῦ σοὶ πρὸς Ὄλυμπον ἐμακύναντο κολοσσὸν τόνδε Ῥόδου ναέται
Δωρίδος Ἀέλιε, was ich (Poet. Lyr. p. 907) eben dem Alkaios zu-
geeignet habe; denn es athmet ganz den eigenthümlichen geist dieses talentvollen dichters, der von dem grossen trosse der epigram-
matographen sich vortheilhaft unterscheidet. Dass ich aber das
vorliegende gedicht des Alkaios richtig erklärt habe, lässt sich,
falls etwa noch ein ungläubiger zweifel hegen sollte, durch die
nachahmung des Alpheios von Mytilene beweisen, der vor 1900
jahren die verse gerade so verstanden hat, wie ich; denn er schreibt
(Anth. P. IX, 526):

κλεῖε, θεύς, μεγάλοιο πύλας ἀκμῆτας Ὀλύμπου,

13) Bei Planudes steht ῥέξε Φιλίππου, was mir unverständlich ist.

φϱούϱει, Ζεῦ, ζαϑέαν αἰϑέϱος ἀκϱόπολιν.
ἤδη γὰϱ καὶ πόντος ὑπέζευκται δοϱὶ 'Ρώμης
καὶ χϑών· οὐϱανίη δ' οἶμος ἔτ' ἔσι' ἄβατος.

Durch diese nachahmung wird auch die folge der beiden di-
stichen des Alkaeos sicher gestellt; denn in der Anth. Palatina wird
dieses epigramm später wiederholt, aber so dass das zweite disti-
chon voransteht, was vielleicht mancher geneigt wäre vorzuziehen,
da χϑών μὲν δὴ καὶ πόντος für den anfang eines epigrammes passend erscheint; aber die wirkung des ganzen würde durch diese
umstellung abgeschwächt werden. Die vergleichung der verse des
Alpheios könnte auch wohl veranlassen χϑών μὲν γὰϱ statt δὴ zu
schreiben, wie auch Planudes offenbar aus conjectur καὶ γὰϱ χϑών
giebt; aber ich halte auch diese änderung für unnöthig. Als
herrn der welt schildert übrigens den könig Philipp auch ein epigramm (Anth. Plan. I. 6), was ich gleichfalls schon früher (Poetae
Lyr. a. a. o.) dem Alkaios zugewiesen habe:

Κοίϱανος Εὐϱώπας, ὃ καὶ εἰν ἁλὶ καὶ κατὰ χέϱσον
τόσσον ἄναξ ϑνατῶν, Ζεὺς ὅσον ἀϑανάτων.

Dem Alkaios möchte ich endlich auch das epigramm VII, 238,
welches Ἀδαίου überschrieben ist, zueignen:

Ἠμαϑίην ὃς πϱῶτος ἐς Ἄϱεα βῆσα Φίλιππος,
Αἰγαίην κεῖμαι βῶλον ἐφεσσάμενος,
ϱέξας οἷ' οὔπω βασιλεὺς τὸ πϱίν· εἰ δέ τις αὐχεῖ
μεῖζον ἐμεῦ, καὶ τοῦϑ' αἵματος ἡμετέϱου.

und zwar zielt der schluss der epigramms nicht auf Alexander, wie
die erklärer meinen, was mir wenigstens sehr matt scheint, sondern
auf Philipp den fünften, den der dichter schicklich mit seinem älteren namensverwandten zusammenstellen konnte. Philipp der fünfte
war ein nachkomme des Antigonus, der aus dem fürstenhause der Elymiotis abstammte; wahrscheinlich rühmte sich Antigonus und seine
familie alter geschlechtsverwandtschaft mit dem makedonischen kö-
nigshause; denn verheirathungen zwischen beiden familien, wie z. b.
Philipp der II., auf den dieses epigramm sich bezieht, mit Phila,
einer schwester des Derdas, der über die Elymiotis gebot, verheira-
thet war, können hier nicht in betracht kommen.

Bonn.   *Th. Bergk.*

XX.

Zu Sophokles' Antigone.

In dem dritten epeisodion, welches gerade die mitte der tragödie Antigone einnimmt, herrscht unleugbar in der ausführung von rede und gegenrede eine ganz bestimmte symmetrie, ein parallelismus, der sich bis zu einem gewissen grade selbst durch genaue übereinstimmung der verszahlen nachweisen lässt. G. Wolff bemerkt, dass das wechselgespräch Kreons und Haemons mit vierzeiligen reden beginnt und schliesst, dass die beiden langen reden fast ganz gleich sind, denen sich je zwei verse des chors anfügen, dass im weiteren verlauf dieser scene rede und erwiederung in gleicher verszahl folgt, dass endlich am schluss Kreon $4 + 4$ verse hat, also gerade so viel, wie im anfang von Kreon und Haemon zusammen gesprochen sind. Dass der in dieser weise durchgeführte parallelismus vom dichter intendiert sei, werden selbst diejenigen anerkennen müssen, welche sonst aufs entschiedenste gegen dergleichen „arithmetische symmetrie" sich sträuben und sie mit hand und fuss zu bekämpfen pflegen. Aber die letzteren haben meines erachtens recht, wenn sie keine weiteren concessionen zugestehen und sich dagegen wehren, dass jenes responsionsprincip „zu tode geritten" und εἰς ὄνυχα durchgeführt wird. Dies geschieht, glaube ich, wenn, wie in den meisten neueren ausgaben der fall ist, die rede Kreons v. 639—680 um einen vers verkürzt wird, damit ihr der verszahl nach die gegenrede Haemons genau entspreche. Was hätte auch wohl den dichter bewegen können, den beiden personen gerade 41 verse in den mund

zu legen? Doch wohl nicht die rücksicht, dass ein aufmerksamer
zuhörer (und für die aufführung waren doch nur die dramen bestimmt!) sorgfältig die einzelnen trimeter zählen und dann zu seiner freude finden würde, dass vater und sohn in rede und gegenrede aufs haar überein viel verse sprächen! Ein solcher würde es
dann doch auch übel vermerkt haben, dass v. 768 Kreon zwei
verse sagte, während der chor nur einen erwiederte; — und doch
ist es bisher, so viel ich weiss, keinem der kritiker, welche aus
jenem grunde einen vers aus Kreons obiger rede gestrichen haben
wollten, in den sinn gekommen, etwa v. 768, dessen entbehrlich-
keit oder unzulänglichkeit vielleicht ebenfalls nachweisbar wäre,
aus liebe zu absoluter symmetrie für unecht zu erklären. — In
ähnlicher weise, wie an unserer stelle, herrscht bei sonst genauer
responsion eine ungleichheit parallel laufender verse in grösseren
reden: Ai. 1142—1149 = 1150—1158; O. R. 380—403 =
408—428; O. R. 513—522 = 532—542; O. C. 728—760
= 761—799; Ant. 450—470 = 473—496; auch Phil. 254—
316 = 343—390.

Kreons rede, wie sie uns handschriftlich überliefert ist, hat
indessen, ganz abgesehen von dem versuch, sie um einen vers zu
verkürzen, auch noch angriffe anderer art in neuerer zeit erleiden
müssen; es mag daher von interesse sein, in folgendem auf sie
näher einzugehen und besonders den gedankenzusammenhang genauer zu prüfen. — Kreon beginnt im hinblick auf die mit kind-
licher pietät gesprochenen worte Haemons v. 635—638 mit einer
belobung seines sohnes. „Du hast die rechte gesinnung in deiner
brust und hast dich als einen gehorsamen guten sohn gezeigt!
Ein glück ist's für die eltern, wohlgerathene kinder sich aufge-
zogen zu haben; wehe aber denen, deren söhne missrathen, den
eltern eine schmach, den feinden ein gespött!" (v. 639—647).
Bemerkenswerth ist, wie gleich in diesen einleitungsgedanken
Kreons einseitige auffassung betreffs der pflichten des sohnes ge-
gen den vater sich geltend macht ($\gamma\nu\omega\mu\eta\varsigma\ \pi\alpha\tau\rho\omega\alpha\varsigma\ \pi\alpha\nu\tau'\ \delta\pi\iota$-
$\sigma\vartheta\epsilon\nu\ \dot{\epsilon}\sigma\tau\alpha\nu\alpha\iota$, v. 640), — ganz analog seiner auffassung von den
pflichten der unterthanen gegen ihren herrscher (v. 667). Und
doch berechtigen ihn die voraufgehenden worte Haemons (635—
638) keineswegs zu der annahme eines so unbedingten, blinden
gehorsams seines sohnes, vielmehr schiebt er ihnen geradezu den

von ihm gewünschten sinn unter (die participia ἔχων — ἡγου-
μένου, welche Haemon unzweifelhaft hypothetisch aufgefasst wissen
will, erklärt er sich ohne weiteres im causalen sinn). — Nach
diesen einleitenden worten folgt der haupttheil seiner rede, v.
648—676, durch welchen er einestheils den sohn davor warnt,
sich in der erkenntniss des rechten durch die liebe zu der dem
tode verfallenen jungfrau beirren zu lassen (648—654), und an-
derentheils von der gerechtigkeit und nothwendigkeit der über
Antigone verhängten strafe zu überzeugen sucht (v. 655 — 676).
Natürlich ist dieser versuch, die gegen Antigone ergriffene massregel als eine durch das staatswohl gebotene hinzustellen, der
wunde punkt in seiner auseinandersetzung; aber gerade deshalb ist
es psychologisch durchaus zutreffend, wenn Kreon eben in diesem
theil seiner rede besonders viele worte macht und seine beweisführung durch eine reihe an sich unzweifelhaft richtiger gemeinplätze zu stützen bestrebt ist.   Verfolgen wir nun zunächst an der
hand des überlieferten textes den gedankengang dieses abschnittes
der rede, so lässt sich, glaube ich, ziemlich evident erweisen, dass
weder eine von der kritik der neueren zeit verlangte umstellung
einer reihe von versen, noch auch die ausmerzung eines derselben,
welche G. Wolff vornehmen will, nothwendig ist.   Kreon argu-
mentiert nach meiner überzeugung in folgender weise (v. 655 ff.):
„weil Antigone auf ungehorsam gegen die gesetze des staates er-
tappt ist, so muss ich den tod über sie verhängen (v. 658).
Rücksicht auf die blutsverwandtschaft darf ich als gerechter, un-
parteiischer richter nicht nehmen (v. 660): das erheischt meine
stellung im staate (v. 662).   Wer sich gegen die bestehenden gesetze auflehnt und selbst den herrscher spielen will, einen solchen
muss ich zur rechenschaft ziehen (v. 665).   Dem von der bürgerschaft anerkannten oberhaupt muss jeder in allen stücken (καὶ
δίκαια καὶ τἀναντία) zu gehorchen beflissen sein (v. 667); ein so
gearteter bürger eignet sich zum herrschen wie zum gehorchen
und ist im frieden, wie im kriege unbezahlbar (v. 671).   Die
anarchie dagegen wirkt in friedens- und kriegszeiten gleich gefährlich!   Nur der unbedingte gehorsam schafft in jeder weise
nutzen und ist der bürger bester schutz (v. 676)“. — Von dem
speciellen fall leitet also Kreon aus gutem grunde rasch über auf
den allgemeinen satz, dass das wohl des staates mit unbedingtem

gehorsam der unterthanen aufs engste verknüpft, mit der ἀναρχία durchaus unvereinbar sei. In der oben entwickelten gedankenver-bindung hat man nun vor allem anstoss daran genommen, dass v. 666 ff. gesagt wird: „dem oberhaupt muss jeder gehorchen, und ein solcher unterthan wird selbst gut herrschen, wie gehorchen wollen" (v. 669). „Also", sagt G. Wolff, „wenn er gehorcht, wird er gehorchen, und dazu noch das müssige ϑέλειν! Auch könnte das gute herrschen erst ein schluss aus dem gehorchen sein, musste also nachfolgen!" Schneidewin suchte die schwierig-keit durch die erklärung zu lösen: „ein in allen dingen der oberen behörde gehorsamer mann wird gut selbst ein amt bekleiden und gern bereit sein, einem andern beamten sich unterzuordnen" (anm. zu v. 668 in der ausg. von 1856), — wie mir scheint, in wenig befriedigender weise. Denn die gegenüberstellung von ἄρχειν und ἄρχεσϑαι ohne weiteren zusatz lässt sich doch wohl schwerlich auf etwas anderes beziehen, als auf den gegensatz von herrschen und unterthan sein. Zudem würde durch jene erklärung dem worte ἄρχειν eine bedeutung beigelegt, die sich, so oft sie auch bei an-dern schriftstellern vorkommt, bei Sophokles meines wissens an keiner stelle findet. Andere (Seidler, Erfurdt, Gaisford, Hartung, Nauck) haben zur umstellung der verse ihre zuflucht genommen und den vv. 668—671 ihren platz vor v. 663—667 angewiesen. Dem-nach würden die gedanken in folgender weise an einander gereiht sein: „wer im eigenen hause sich als braven mann zeigt, wird auch im staate gerechtigkeit üben (v. 662). Von einem solchen mann bin ich überzeugt, dass er gut herrschen, wie gut gehorchen, und in kriegszeiten einen wackern kämpfer abgeben wird (v. 671). Wer sich aber gegen die gesetze auflehnt oder dem herrscher den gehorsam versagt, verdient tadel. Dem staatsoberhaupt muss man in allem gehorchen (v. 667). Ein grösseres unheil, als anarchie, ist nicht denkbar (672 ff.)". Ist nun in wirklichkeit durch diese versstellung die schwierigkeit der gedankenverbindung gehoben? Wer ist denn der χρηστὸς ἀνήρ, der durch sein gerechtes walten im eigenen hause κἀν πόλει δίκαιος ὤν erscheint? Doch kein anderer, als der herrscher selbst! Kreon äussert sich ja dahin, dass seine stellung im staate, d. h. seine würde als staatsoberhaupt, es erheische, Antigone, obschon sie seinem hause nahe verwandt, zur rechenschaft zu ziehen. Die worte: ὅστις ἔστ' ἀνὴρ χρηστός

enthalten also in ihrer allgemeinheit den hauptgedanken: „wer
ein gutes familienoberhaupt ist, wird sich auch als staatsoberhaupt
bewähren". Demnach würde ebenso wenig, ja noch viel weniger,
als bei der im Laur. überlieferten versstellung, sich der gedanke
passend anschliessen, den v. 668 ff. enthalten. Derselben ansicht
scheint G. Wolff zu sein, wenn er sagt (Krit. anm. zu v. 669):
„da v. 661 ff. wegen des γάρ nur auf Kreon gehen kann, würde
er von seinem willen reden, gut zu gehorchen, was für ihn nur
passte, als er noch vormund war mit der aussicht, die regierung
und heerführung an die söhne des Oedipus abzutreten". So belässt
nun Wolff die verse in der gewöhnlichen reihenfolge und erklärt
v. 669 für unecht, „um so mehr, als dann die verszahl von rede
und gegenrede in diesem epeisodion genau stimmt". Dass diesem
letzteren argument an sich keine bedeutung beigelegt werden darf,
darauf haben wir schon oben hingewiesen. Durch die tilgung des
verses wird nun zugleich eine änderung im folgenden verse nothwendig gemacht: die partikel τε ist unerträglich geworden und
δορός muss des metrums wegen in δόρους verwandelt werden!
Diese form sucht G. Wolff durch hinweis auf die bildung des dativs δόρει zu stützen, den G. Hermann überall für δορί substi-
tuiert hat. Ob indessen diese analogie den sonst nirgends nachweisbaren genitivs δόρους schützt, scheint mir höchst zweifelhaft (vgl.
Krüger, gr. Gr. II, §. 21, s. v.: „dramatisch sind der genitiv δορός und die dative δορί und, um eine länge zu erhalten, δόρει";
Herm. zu Soph. O. C. 620, 1314, 1386, Passow s. v.). Aber
selbst zugegeben, dass die form erträglich wäre, so können wir die
streichung des verses aus einem sachlichen grunde nicht billigen.
Es findet doch unzweifelhaft eine gegenüberstellung der segensreichen wirkungen des gehorsams und der schlimmen folgen der
zuchtlosigkeit in den vv. 668—671 und 672—675 statt. Erwägen wir nun, dass, wo von der ἀναρχία die rede ist, auf den einfluss derselben nach innen und aussen, im staatsleben und im
kriege, hingedeutet wird, so wäre es doch auffallend, wenn bei
der schilderung der guten resultate des gehorsams bloss auf den
krieg rücksicht genommen würde. Der v. 669 läuft also meiner
ansicht nach mit dem v. 673 parallel; in derselben weise entsprechen sich v. 670 δορός τ' ἄν ἐν χειμῶνι und v. 674 ἥδε συμμάχου δορός . . .

Sollte denn nun v. 669 so gar nicht in den zusammenhang der gedanken passen? Ich kann mich davon nicht überzeugen. Vor allem haben wir natürlich festzuhalten, dass die worte: *τοῦ-τον τὸν ἄνδρα*, unmöglich auf den herrscher (*ὃν πόλις στήσειε*), vielmehr auf den zu *τοῦδε χρὴ κλύειν* zu ergänzenden subjectsaccusativ (*τινά*) zu beziehen sind. Dass diese schon von den scholl. angegebene beziehung irgendwie compliciert oder gekünstelt sei, dürfen wir, wie ich glaube, mit recht entschieden in abrede stellen. Zur erklärung des *καλῶς μὲν ἄρχειν, εὖ δ' ἂν ἄρχεσθαι θέλειν* ziehe ich die bemerkung Krügers (gr. Gr. II, §. 59, 1, a. 1) an: „die poetische darstellung strebt ihrem charakter gemäss häufig weniger nach syndetischer fügung und periodischer abrundung, als nach gedrängter und pikanter, lebendiger und effectreicher zusammenstellung", und glaube demnach, dass Kreon sagen will: „ein mann, der den grundsatz anerkennt, dass man dem von der bürgerschaft erwählten staatsoberhaupt gehorsam schuldig sei, wird sich jedweden anordnungen des königs im staate gern unterwerfen (*εὖ ἂν ἄρχεσθαι θέλειν*; das *θέλειν*, keineswegs „müssig", wie G. Wolff meint, bezeichnet den guten willen des unterthanen, und gerade in diesem *θέλειν*, wie in dem hinzugesetzten *εὖ*, liegt der eigentliche fortschritt des gedankens), so wie er sich auch eintretenden falls zu einem trefflichen herrscher qualificieren wird" (nach dem satz des Solon bei Diog. Laert. I, 60 „*ἄρχε πρῶτον μαθὼν ἄρχεσθαι*"). Dass bei dieser zusammenstellung auf dem *καλῶς μὲν ἄρχειν* kein besonderer nachdruck liegt, dass der zusatz vielmehr nur zu nachdrücklicher hervorhebung des *εὖ ἄρχεσθαι θέλειν* gemacht zu sein scheint, lässt sich leicht herausfühlen; der dichter ordnet beide begriffe parataktisch und gewissermassen in weise eines hysteronproteron dem hauptverbum unter. Aehnliche copulative verbindungen in comparativem sinne finden sich Soph. Ai. 160, 647, Phil. 230, 476, Ant. 1112; mehr bei G. Wolff zur Ant. 22 und 332. Vgl. Krüger, gr. Gr. I, §. 69, 16, a. 3.

Der allgemeine satz, dass der unterthan dem staatsoberhaupt unbedingten gehorsam leisten müsse, wird, wie schon oben angedeutet, nach zwei richtungen hin erläutert: „im staatsleben wird sich der so geartete bürger stets leicht lenksam erweisen (und dadurch die *πολιτεία* aufrechterhalten), und im fall des kriegs wird er durch seine unbedingte subordination einen trefflichen

kämpfer abgeben (und dadurch, so viel an ihm liegt, den sieg an
die fahnen seines heeres knüpfen)". Dem gegenüber werden nun
v. 672 ff. die nachtheiligen folgen der ἀναρχία entwickelt, —
ebenfalls in doppelter hinsicht. „Nach innen zerstört sie ein fried-
liches zusammenleben der familien, untergräbt den wohlstand der
bürgerschaft und richtet dadurch den staat zu grunde; im kriege
gegen äussere feinde vernichtet sie den erfolg des heeres". Die
wendung: ἥδε συμμάχου ¹) δορὸς τ ρ ο π ὰ ς κ α τ α ρ ρ ή γ ν υ σ ι,
scheint mir bedenklich. Schneidewin erklärt: „ungehorsam lässt
f l u c h t   h e r e i n b r e c h e n   in die reihen verbündeter streiter",
fasst also τροπάς als accus. des inneren objects, und vergleicht
mit καταρρῆξαι τροπάς rumpere vulnus, ἕλκος οὐτάσαι u. dgl.
Ob durch diese parallele die ausdrucksweise „eine flucht zerbre-
chen, zerreissen", i. e. rumpendo (scil. ordines) fugam efficere
(Passow), hinlänglich gestützt wird, ist mir mindestens höchst
zweifelhaft. So ausgedehnt auch der gebrauch dieser accusative
im griechischen, wie im lateinischen, ist (vgl. die reichhaltige
sammlung derartiger wendungen bei Niemeyer, Beiträge zur erklärung und kritik des Thucyd. II, pg. 7 ff.), wird doch ein
κ α τ α ρ ρ ῆ ξ α ι τροπάς mit der oben angenommenen bedeutung
selbst in den kühnen wortverbindungen der chorgesänge schwerlich ein analogon finden. Einfacher und ungezwungener lässt sich
die wendung erklären, wenn man, wie G. Wolff will, καταρ-
ρήγνυμι factitiv fasst, = „zum ausbruch bringen"; nur würde ich
diese bedeutung nicht durch das citat Athen. IV, 130 C: ὁ γε-
λωτοποιός . . . πολλοὺς κατέρρηξεν ἡμῶν γέλωτας, und durch
hinweis auf einen ähnlichen gebrauch des simplex ῥήγνυμι zu stützen suchen, sondern lieber Arist. Equit. 644: ὁ πόλεμος κατερράγη, etwa auch Arist. 528 ἀρχὴ τοῦ πολέμου κατερράγη als
parallelstellen anziehen. — Sollte es indessen nicht wahrscheinlicher sein, dass statt τροπάς Soph. ῥοπάς geschrieben, so dass

---

1) Nach dem vorschlage Bothes für die lesart des La συμμάχηι
(sine συμμάχου perversa sententia esset videreturque ἀναρχία talis esse,
quae ad id, quo tendit militia, optime facillimeque perveniat Seyffert).
Das κἂν μάχῃ Helds scheint, abgesehen von der geringeren übereinstimmung mit dem handschriftlich überlieferten, auch des sinnes
wegen verwerflich; die erklärung „wo doch sonst die gefahr zur subordination nöthigt« (Schneidewin) ist unhaltbar, wenn anders wir oben
mit recht in den vv. 668—676 eine gegenüberstellung der folgen der
πειθαρχία und ἀναρχία in friedens- und kriegszeiten gefunden haben.

also der von Kreon ausgesprochene satz lautet: „die zuchtlosigkeit zertrümmert die entscheidungen, die erfolge der lanze"? Mit ῥοπαὶ δορός vgl. Demosth. 11, 8 ἡ Μακεδονικὴ δύναμις ῥοπὴν ἔχει τινὰ καὶ χρῆσιν, Isocr. or. 4, 139 μικραὶ δυνάμεις μεγάλας τὰς ῥοπὰς ἐποίησαν, vgl. or. 14, 33 den ausdruck τύχης ῥοπαί (cfr. Steph. Thes. s. v.) und verschiedene stellen des Polybios, der das wort mit vorliebe in dieser bedeutung angewandt zu haben scheint. Vgl. auch Eur. Hel. 1090 καὶ βλέπω δύο ῥοπάς, Soph. frgm. 508, 4 λεπταῖς ἐπὶ ῥοπαῖσιν (Mein. ῥι- πῖσιν) u. a.

Nachdem Kreon noch einmal nachdrücklich den werth der πειθαρχία hervorgehoben hat (v. 675 und 676), schliesst er mit der aufforderung an seinen sohn, er möge seinerseits dem gebot des herrschers sich unbedingt fügen, und appelliert an sein männ- liches ehrgefühl: „nimmermehr darf man dem weibe sich unter- werfen; denn besser ist es, nöthigen falles von einem mann ge- stürzt zu werden, als schwächling und sclav eines weibes zu heissen!" Mit einer leichten änderung der satzverbindung ist für das letzte gesagt: „und nicht möchten wir wohl den weibern un- terthan genannt werden!" (v. 680). A. Meineke (Beiträge zur philolog. kritik der Antig. des Soph. pg. 24 ff.) bezeichnet die- sen vers als unecht aus zwei gründen, einem sachlichen („weil er nichts anders besagt, als was unmittelbar vorher v. 678 ausge- sprochen ist") und einem formalen („weil er die symmetrie der verszahl in dieser ganzen scene aufhebt"). Der erste einwand ist von M. Seyffert (anm. zu v. 680) genügend widerlegt; hinsicht- lich des zweiten bedenkens verweise ich auf das im eingang ge- sagte (auch Seyffert urtheilt a. o.: *aequabilitatem examussim factam non magnopere desideramus, praesertim quum parum credibile sit, in tam longis orationibus tam minuta diligentia a summo poeta esse elaboratam*"). An eine tilgung des verses ist also wohl si- cher nicht zu denken. Nur möchte ich auch für ihn eine leichte änderung in vorschlag bringen. Die worte, wie sie bisher in allen texten belassen sind, können doch nur übersetzt werden: „wir (die männer) möchten wohl nicht unterthanen der weiber genannt werden" (= werden nicht schwächer genannt); das würde den sinn geben: „wir gelten doch insgemein (oder „dann"?) für stärker und den weibern überlegen". Mich dünkt übrigens, dass

Kreon sagen will und dem zusammenhang nach sagen muss: „es
schickt sich für den mann nicht, es ist unehrenhaft für ihn, wenn
es von ihm heisst, dass er" . . . Diesen meiner meinung nach
einzig passenden sinn gewinnen wir dadurch, dass wir das eine
müssige ἄν in εὖ verwandeln, also schreiben: κοὐκ εὖ γυναικῶν
ἥσσονες καλοίμεθ' ἄν. Nur so erhält die ganze pathetisch gehaltene rede Kreons einen gewichtigen und würdevollen abschluss.

Kiel. *C. Fr. Müller.*

Bemerkungen zu Plinius.

Plin. Nat. Hist. 7, §. 185 liest man: *comoediarum histrio
is* . . . . *edita cena calidam potionem in pultario poposcit, simulque
personam eius diei acceptam intuens coronam e capite suo in eam
transtulit, tali habitu rigens nullo sentiente.* Ich ändere *induens.*
Denn nur, wenn der schauspieler die maske über das gesicht gezogen hatte, konnte es unbemerkt bleiben, dass er erstarrt war.
Auch kann *habitus* nur von einer haltung der art, dass der schauspieler mit dem kranze auf dem maskirten haupte da steht, richtigen sinn haben.

Plin. Nat. Hist. 8, §. 195 ist vielleicht statt *inde sorori-
culata defluxit* zu lesen *undis resoluta defluxit.* Vgl. Curt.
4, 6 (26), 11.

Plin. Nat. Hist. 8, §. 57 schreibe *inediae tum poena.*

Plin. Nat. Hist. 8, §. 95 vielleicht zu lesen *hippopodamios editur* (cod. R. *hippopodami seditur*). — So steht die
form *hippopodamios* bei Varr. L. L. 5, 13, §. 78 M. und dieselbe
haben Mela 1, 9, 3, §. 52 codd. B und Cib. Plin. Nat. Hist. 28,
§. 121 codd. VR. Solin. 32, 30 cod. P.

Plin. Nat. Hist. 11, §. 5 schreibe *quoniam viscera interiora
nexus spirabilis* (genetiv) *non inessent* (Sillig *inesset*). Vgl. 9,
7 (6), 17: *quoniam et pulmonum vice alia possunt spirabilia inesse
viscera.*

Plin. Nat. Hist. 18, §. 62 ist wohl *scandulam* (codd. *scan-
dalam* und *scandalum*) zu lesen; vgl. Edict. Diocl. ed. Momms. cap.
1, no. 8. Isid. 17, 3, 11.

Gotha. *K. E. Georges.*

XXI.

Die griechischen wörter bei Lucilius.

Seit Horaz ist dem dichter Lucilius oft vorgeworfen worden, dass er seine verse mit vorliebe und ohne grund durch griechische worte verunziert habe. Um gerecht zu sein, wird man diesen vorwurf auf das richtige mass zurückführen müssen, wie dies auch L. Müller (*de re metr.* p. 39) angedeutet hat. Man wird diesem gelehrten recht geben, wenn er als gegenbeweis die worte anführt: (Non. 281): *huic transmisit suam scholam, quam dicunt.* Lucilius erscheint in diesen worten als purist, der den gebrauch eines doch allgemein bekannten griechischen wortes sich nur mit einem entschuldigenden zusatze gestattet. Auch bezieht sich der tadel des Horaz nur zum geringsten theil auf diesen punkt. Er stellt nur in abrede, dass in dem häufigen gebrauche griechischer wörter ein besonderer vorzug des Lucilius zu suchen sei (Serm. I, 10, 20). Und wer wollte die richtigkeit dieser behauptung bestreiten? Es fragt sich nur, ob mangel an geschmack den dichter unbewusst zu dem gebrauch griechischer worte veranlasste, oder ob er dabei einen bestimmten zweck verfolgte. Diese frage aufzuwerfen ist um so mehr grund vorhanden, als Lucilius mehrfach die gelegenheit ergreift, um sich über seine gräcisirenden mitbürger lustig zu machen. Dies geschieht offenbar Inc. 3, wo Albutius wegen seiner gräcomanie scharf getadelt wird; dies tritt V, 1 in dem spotte über die terminologie der rhetoren hervor; hierher gehören auch Inc. 4. 5. XXIX, 1 und I, 29 Corp. (wozu vgl. L. Müller, Rh. mus. 1869, p. 139). Trotz dieser abneigung gegen das grie-

chische ist es unleugbar, dass Lucilius auffallend viele griechische
worte gebraucht. Was veranlasste ihn also zu dieser inconsequenz? Ist es nicht denkbar, dass ein theil jener griechischen
worte von dem dichter nur zu dem zwecke angewendet wurde,
um der ironie und dem spotte zu dienen? Einen zweiten grund
für den absichtlichen gebrauch griechischer worte haben wir in
dem leserpublicum zu suchen, welches Lucilius vor augen hatte.
Er pflegte nach Cic. de Finn. I, 3, 7 zu sagen, er schreibe für
die Tarentiner und Siculer, also für leute, die in der that griechisch redeten, aber ohne zweifel auch fast alle lateinisch verstanden. Er wollte nach Cic. de Orat. II, 25 ein dichter weder der am
wenigsten, noch der am höchsten gebildeten sein. Ferner ist zu
berücksichtigen, wie viele griechische ausdrücke, besonders techni-
sche, die römische volkssprache in sich aufgenommen hatte. Noch
Lucretius liefert hierfür einen deutlichen beweis, unter andern in
der stelle IV, 1160 sqq.:

> Nigra melichrus est, inmunda et fetida acosmos,
> caesia Palladium, nervosa et lignea dorcas,
> parvula, pumilio, chariton mia, tota merum sal,
> magna atque inmanis cataplexis plenaque honoris.
> balba loqui non quit, traulizi, muta pudens est:
> at flagrans, odiosa, loquacula, Lampadium fit.
> ischnon eromenion tum fit, cum vivere non quit
> prae macie: rhadine vero est iam mortua tussi.
> . . . simula Silena ac saturast, labeosa philema.

Hier finden wir eine häufung griechischer worte, wie sie kaum
stärker bei Lucilius vorkommt. Wollte also der dichter zum
volke in der sprache des volkes reden, so musste er auch dessen
vorliebe für griechische ausdrücke berücksichtigen. Nur so lässt
es sich erklären, dass Lucilius, der das gracisiren so scharf tadelt, mit bewusstsein denselben fehler begeht.

Ich stelle im folgenden die ausdrücke alphabetisch zusammen,
indem ich diejenigen mit einem stern * bezeichne, welche bei Lucilius allein vorkommen.

acactum wird von Corpet p. 267 aus dem gloss. Labbnei
angeführt. Es heisst dort: acactum ἄκανθα, ὡς Λουκιανός. Sal-
masius emendirte richtig cactum, da acactum weder ein griechisches noch ein lateinisches wort ist. Cactus κάκτος erwähnt Pli-

nius. Dem Lucilius kann das wort natürlich nicht mit sicherheit
zugeschrieben werden.

acarne I, 13. Gellius X, 20. vgl. Rhein. museum XXI,
p. 348. Der fisch kommt bei Plin. H. Nat. XXXII, 145 und
Ennius Hedyp. 10 Vahl. vor: *calvaria pinguia acarnae*, was dem
cephaleaque acarnae des Lucilius entspricht. Dieser scheint wiederum den vers des Callias bei Athenaeus VII, 9, p. 286 vor augen
gehabt zu haben.

°acoetis XVII, 1. Das betreffende fragment ist von Haupt,
Philol. I, p. 162 und von Luc. Müller, Rh. mus. XXIV, p. 247 fl.
behandelt. Der spott über das epos, den dieses fragment enthält,
tritt auch sonst bei dem dichter hervor. Vgl. meine abhandlung
de C. Lucilio satir. Merseburg. 1871, p. 16.

°aegilipoe, αἰγίλιποι *(montes)* III, 6 bei Gell. XVI, 9, 6.
Richtig bemerkt hierzu Corpet: *souvenir d'Homère.* Auffallend ist
aber die form, da Homer nur αἰγίλιψ kennt. (Il. II, 633. III, 15).
Auch sonst scheint diese form im griechischen nicht vorzukommen.

°alochoeo I, 15. Non. p. 176 s. v. *contendere.* Das
ixiones alcholochoeo ist ohne zweifel nach Il. XIIII, 317 οὐδ' ὁπότ'
ἠρασάμην Ἰξιονίης ἀλόχοιο in *ixionies alochoeo* zu ändern, wie
schon Mercier that.

amphitapoe I, 21. Non. p. 370 liest allerdings *amfytapae,*
welche auch Varro hat, doch giebt das citat aus dem VI. buch die
endung *oe*, und es ist ohne zweifel zu lesen: *psila atque amphitapoe villis ingentibu' molles.* Vgl. über die bedeutung Rhein. mus.
XXI, p. 349.

°ἀνάσσειν XIV, 5. Non. p. 335. Wenn L. Müller *de re
metr.* p. 439 sagt: *librorum secutus vestigia posui a pro eo quod
minus concinne vulgo fertur, a c*, so ist von dem Guelferbyt. zu bemerken, dass er *acsiasapientibus* giebt. Lucilius citirt den bekannten vers Odyss. XI, 491: ἦ πᾶσιν νεκύεσσιν ἀποφθιμένοισιν
ἀνάσσειν, dessen worte ich daher nicht weiter aufführen werde.

angarius VI, 3: vgl. meine Quaest. Lucil. p. 7 *concursans
velut ancarius clareque quiritans.* Auch hier hat Lucilius eine un-
gewöhnliche griechische form, da sonst nur ἄγγαρος vorkommt.

androgynus XXX, 19. Non. p. 336 *inverbi* (also *im-
berbi) androgyni, barbati moechocinaedi.* Diese seite des antiken
lebens wird von Lucilius öfter berührt, aber nie ohne misbilligung.

So im b. II, besonders 8. 9. VII, 22. XVII, 3. Uebrigens findet sich *androgynus* bei Livius, Plinius, Lucrez.

apepsia XXVI, 12. Non. p. 276a. *at cui? quem febris una atque una apepsia, Vini, inquam, cyathus unus potuit tollere.* (MSS. *hiatnes*). Das wort kommt sonst im lateinischen nicht vor.

ἀρχαί XXIX, 1. Bei Prob. Verg. Ecl. VI. Der accent darf nicht, wie bei Gerlach, Corpet und L. Müller *de re metr.* p. 423 *ἄρχαι* sein. Emendirt ist das fragment von Müller a. a. o. Lucilius zeigt hier seine philosophische bildung. *ἀρχή* ist philosophisch das element, daher lateinisch *principium*, z. b. Cic. Acad. II, 1. Aehnlich ist der platonische ausdruck *στοιχεῖον*, den Lucilius hier gebraucht, zu fassen: urbestandtheil, grundstoff, z. b. Theaet. p. 201 E. Den unterschied zwischen beiden bespricht Aristot. Metaph. 11, p. 243, 29. 13, p. 290, 13 Br. Diog. Laert. 7, 134 *διαφέρειν δὲ φασὶν ἀρχὰς καὶ στοιχεῖα· τὰς μὲν γὰρ εἶναι ἀγενήτους καὶ ἀφθάρτους, τὰ δὲ στοιχεῖα κατὰ τὴν ἐκπύρωσιν φθείρεσθαι. ἀλλὰ καὶ ἀσωμάτους εἶναι τὰς ἀρχὰς καὶ ἀμόρφους, τὰ δὲ μεμορφῶσθαι.*

archetypus bei Atil. Fortunatianus p. 278, 19 Keil. *archetypos, unde haec sunt omnia nata.* Bei Gerlach fehlt das fragment, während es sich bei Corpet findet, der aber fälschlich *archetypa* schreibt. (Corp. Inc. 187). Das wort kommt auch bei Varro, Juvenal, Martial, Plinius vor.

arthriticus IX, 13. Non. p. 113 *quod deformi senex, arthriticus ac podagrosus Est, quod mancu' miserque* (HSS. *miser*) *exilis, ramice magno.* Die HSS. geben *ἀρθριτίτυς*. Auch Cicero gebraucht das wort, Ep. ad Fam. IX, 23.

arutaena I, 26. Charis. I, p. 118 K. *arutaenaeque, inquit, aquales.* Ich habe bereits im Rh. mus. XXI, p. 350 emendirt *arutaena et aquale.* Eine erklärung giebt Festus p. 18 Lind.: *arytenam sive artenam vas ab hauriendo sic appellabant.*

atechnon v. ad. *ochleron.*

atomûs, acc. plur. XXVIII, 48 nach Luc. Mueller. *de r. m.* p. 371, im lateinischen recipirt. Die endung *us* geben die HSS. Oft bei Cic. u. A.

atticon fr. inc. 118 *a. hoc est.* Donat. Phorm. I, 2, 3 vom gelde.

cacosyntheton IX, 3. Oft bei den rhetoren und grammatikern.

*calliplocamos s. z. acoetis.

*callisphyros desgl.

*camphippelephantocamelos Inc. 82. So scheint Lucilius
geschrieben zu haben, da Nonius p. 82 unter *hippocampi* schreibt:
Lucilius transverso ordine posuit: hippocampi elefantocamillos.
Da nun *hippocampus* in einen hexameter nicht passt, da ferner
transverso ordine nur bedeuten kann: in umgekehrter folge, so
scheint mir meine annahme nothwendig.

cataplasmus XXIX, 19. Ich erwähne dieses bei Celsus Vegetius Plinius vorkommende wort, weil es sonst in der
form *cataplasma* üblich war.

catapirates Inc. 11. Isidor. Origg. XIX, 4 hat der Guelf.
3: *hanc cataparaten puero dedit foret tunc tum plumbi paucillum
raudis lineaque mataxat.* Der Guelf. 1. 2 geben *catapioratem.*
Ueber geringere varianten gibt das nöthige Varges im Progr. über
das III. buch. Stettin 1836, p. 22. Den zweiten vers gibt auch
Festus p. 265 Muell., wo *paxillum rodus linique matexam*
steht. Es ist kein grund vorhanden, das wort in *cataprorates* zu
ändern. Für die emendation *unctum* giebt Varges l. l. triftige
gründe an: das ende des *catapirates* war mit fett bestrichen, wie
noch heute das senkblei unserer matrosen.

cephalaea I, 27. S. zu *acarne.* Die worte, um die es
sich hier handelt, giebt nur Gellius: *cephalaeaque acarnae.*

cercopithecus Inc. 81 mit dem griech. accusativ auf *on.*
Sonst bei Plin. u. a.

chaere Inc. 3.

*chios sc. οἶνος. Inc. 142. *chios te dynastes* nach Serv.
Verg. Geo. II, 99.

chiridoti II, 12, wie ich für das handschriftliche *hrodyty* in
Quaest. Lucr. p. 7 vorschlug.

*clinopodes I, 29 Corp., scheint bei Gerlach zu fehlen. S.
Luc. Muell. Rh. mus. 1869, p. 139. 140. Lucilius macht sich
über den gebrauch des griechischen wortes *clinopus* lustig.

cyma Inc. 79 haben Columella u. a. ebenfalls.

disyllabon s. zu *calliplocamos.*

dynastes in übertragener bedeutung vom weine Inc. 142
(Serv. Verg. Georg. II, 99): Χῖός τε δυνάστης. Bei Caesar,
Cicero, Nepos.

eidola XXVIII, 48: s. Luc. Muell. d. r. m. p. 371. Auch Cicero schreibt das wort griechisch. Lucrez gab es durch *simulacra* wieder. Vgl. Lucr. IIII, 30 sq.

*empleuros, auch im griechischen selten, Inc. 13, bei Festus s. v. *mamphula*. Gemeint ist eine kräftige sclavin zum backen: *solide sur ses hanches*, wie Corpet übersetzt.

enthymema IX, 12. Bei Cicero u. a.

ephebus XX, 8. Auch bei andern häufig.

*epiphonei XXIX, 44. Der vers ist ein iambischer trimeter: *tum illud epiphonei, quod etiam tum nobile est.*

*epiteugma XXIX, 72; über die emendation des fragments vgl. meine Quaest. Lucil. p. 25.

*eupatereiam s. zu *acoetis*.

*euphona, sc. *verba:* Inc. 158.

*euplocamos s. zu *acoetis*.

gangraena I, 18. Auch bei Celsus.

*ixionie I, 15: s. zu *alochos*.

lexeis Inc. 4. Auch bei Seneca rhetor.

metaxa Inc. 11, in der bedeutung „seil" nur noch bei Vitruv.

*moechocinaedi XXX, 19. Im griechischen nicht üblich.

monogrammus XXVII, 17. Einmal bei Cicero.

*muchos wie es scheint, gleich μυχός. XXX, 9: *omnia tum endo mucho videas fervente micare.*

*ochterodes V, 1.

*oxyodontes XXX, 1.

*poleticon XV, 11, nach L. Müller's conjectur; die handschriften geben *poeticon*.

*prostomis XV, 12. Es ist von dem maulkorbe eines pferdes die rede: *trulleum ut* (*trulleus* handschr.) *prostomis huic ingens de naribu' pendet.* (*postomide* handschr.).

propola V, 3. Die silbe *pro* ist hier im griechischen worte lang gebraucht, *sicuti cum primus ficos propola recentis Protulit, et pretio ingenti dat primitu' paucos.* Ueber *sicuti* vgl. Lachmann Lucr. p. 106. Dieselbe verlängerung des *pro* tritt in *prologus* ein; *propola* braucht auch Cicero Pis. 27.

*psolocopumae VIII, 2. Das wort, welches im griechischen sonst nicht vorkommt, verdankt einer conjectur des Junius seine entstehung. Das fragment emendirte Lachmann zu Lucrez p. 412.

rhetoricoteros Inc. 5, mit abwerfung des griechischen *s*.

schedium Inc. 94, auch bei Petron, Apulejus, Ausonius, Sidonius: gleich *carmen extemporale*.

schema XXIX, 23.

scopos XXIX, 24. Noch bei Suet. Dom. 19.

semnos I, 29 Corp.

sophos IV, 1.

stoecheia s. *ἀρχαί*.

symmeiraciodes V, 1.

thaumaeno VI, 5. Nonius unter *abstemius* giebt nach den handschriften *thaunomeno inquit valva sororem lanificam dici siccam atque abstemiam ubi audit*. Die verschiedensten verbesserungen sind vorgeschlagen. Die angegebene conjectur stammt von M. Haupt Philol. II, p. 489. Doch ist zu bemerken, dass *ϑαυμαίνω* dem poetischen stil angehört.

thesis IX, 12. Eine emendation des ganzen, interessanten fragments gibt L. Müller *de re metr.* p. 304.

thoracium II, 12: cf. Luc. Müll. l. c. 432.

zetematium XXVI, 44.

Ausgelassen sind in diesem kleinen verzeichnisse diejenigen wörter, welche im lateinischen als a l l g e m e i n recipirt erscheinen, wie *cercurus, cinaedus, gymnasium, helops, hepatia, herpes, idiota, lapathum, lychnus, mastigia, medimnus, oenophorum, physicus, schola, soloecismus, stadium, tapete*.

Kloster Ilfeld.   *R. Bouterweck.*

Vermischte bemerkungen.

Lampr. Heliog. 14, 6 wird die variante der codd. BP. *lithocreis* (Peter liest *leiostreis*) vielleicht geschützt durch Ambros. Hexaëm. 5, 2, no. 5, wo *lithostraios*, wofür man freilich auch *leiostracos* (*λειοστράκους*) lesen will.

Despicere mit acc. = herabsehen auf u. s. w., wird von Lachmann zu Lucr. p. 236 bezweifelt; aber s. Cic. Rep. 3, 9, 14. Plin. Ep. 5, 6, 23. Macrob. Sat. 1, 6, 15.

Varr. R. R. 2, 5, 7 vielleicht zu emendiren: *ne gibbera spina, sed leviter remissa*. (Schneider: *ne gibberi, sed spina leviter remissa*; das *sed* ist von Ursinus eingefügt).

Gotha.   *K. E. Georges.*

XXII.

Zur chronologie der briefe des jüngeren Plinius.

Man hat bisher der eigenen erklärung des verfassers gemäss
angenommen, dass die briefe des jüngeren Plinius ohne alle rücksicht auf die chronologie geordnet seien. So namentlich J. Masson, der in seiner biographie des Plinius (*C. Plinii Secundi Iu-
nioris vita*, Amstel. 1709) die abfassungszeit der einzelnen briefe,
so weit dies überhaupt möglich, ohne alle voraussetzung einer
chronologischen folge derselben festzustellen gesucht hat. Indess
hat schon Tillemont in seiner kaisergeschichte die ansicht ausgesprochen, dass die briefe b e i n a h e nach ihrer chronologischen
folge geordnet seien, und in neuester zeit hat nun Th. Mommsen
im Hermes (bd. 3, p. 31 fl.) den beweis zu führen gesucht, dass
in ihnen durchweg die chronologische ordnung beobachtet sei. Er
hat daher die herausgabe des ersten buchs in das j. 97, die des
zweiten in das j. 100, die des dritten in das j. 101 oder 102,
die des vierten in das j. 105, des fünften in das j. 106, des
sechsten in das j. 106 oder 107, des siebten in das j. 107, des
achten und neunten in das j. 109 (wobei es als zweifelhaft bezeichnet wird, ob diese beiden bücher nicht gleichzeitig herausgegeben seien) gesetzt und angenommen, dass die briefe des ersten
buches in der zeit zwischen dem tode des Domitian und dem j. 97,
die übrigen briefe immer zwischen der herausgabe des einen und
der des andern buches geschrieben seien. Darüber, ob die briefe
innerhalb der einzelnen bücher der zeitfolge nach geordnet seien,
finden wir nirgends eine bestimmte erklärung; indess scheint

Mommsen auch dies anzunehmen, wenigstens scheint dies daraus
hervorzugehen, dass er (p. 33) auch auf die richtige chronologische anordnung der briefe innerhalb der einzelnen bücher für seinen beweis einiges gewicht legt, wiewohl er andererseits (p. 53)
den umstand, dass ein brief des neunten buchs wahrscheinlich in
das j. 108 gehöre, dadurch zu erklären geneigt ist, dass die beiden bücher 8 und 9 gleichzeitig herausgegeben sein möchten [1].
Die briefe an und von Trajan (das lange zeit als zehntes der
briefe überhaupt gezählte buch) sind nach ihm in den jahren 111—
113 geschrieben und so wie sie in den ausgaben von Avantius
und von Keil aufeinander folgen, streng chronologisch geordnet,
und hier scheint uns, um dies sogleich zu bemerken, der beweis
vollkommen überzeugend geführt. Um so auffallender ist es freilich, dass er gerade hier mit zwei briefen (8 und 9) eine ausnahme macht, worauf wir an einer späteren stelle zurückkommen
müssen.

Die abhandlung enthält, wie dies von Th. Mommsen niemand
anders erwarten wird, ungemein viel neues und belehrendes, was
die gelehrte welt mit uns dankbarst acceptieren wird; insbesondere
ist die ungemeine kenntniss des gesammten inschriftenwesens mehrfach in bewundernswürdiger weise benutzt, um auf dieses und jenes ein neues licht zu werfen und hier und da festen fuss zu
fassen. Indess ist er in bezug auf die hauptsache nach unserer
ansicht viel zu weit gegangen, und es scheint uns nicht unnöthig,
dies nachzuweisen, da sonst unter der aegide von Mommsens
grosser auctorität die aufgestellten behauptungen leicht als ausgemacht angenommen und daraus namentlich auch (wie wenigstens
in einem falle auch von Mommsen selbst geschehen) unhaltbare
folgerungen gezogen werden möchten.

Es ist daher unsere absicht, den beweis zu führen, dass die
behauptete chronologische folge der briefe der hauptsammlung nicht

---

1) Auch p. 38, anm. 1 erklärt es Mommsen für an sich unbedenklich, eine gleichzeitige herausgabe der beiden ersten bücher anzunehmen, um es dadurch zu ermöglichen, dass ein brief des ersten
buchs im j. 98 geschrieben sein könne, während der erste brief des
zweiten buchs ins j. 97 zu setzen sei. Wir glauben deshalb richtiger
vorauszusetzen zu sollen, dass Mommsen die zusammen herausgegebenen
briefe nicht für chronologisch geordnet halte, und haben deshalb im
folgenden die beispiele unchronologischer folge innerhalb der einzelnen bücher lieber übergangen, die übrigens häufig genug sind.

aufrecht erhalten werden könne. Ehe wir aber in bezug hierauf
uns in das einzelne einlassen, müssen wir zuerst einige bemerkungen über die art der beweisführung Mommsens im allgemeinen
vorausschicken.

Bekanntlich erklärt Plinius in dem ersten briefe, welcher die
widmung der sammlung an Septicius enthält, ausdrücklich, dass
er die briefe ohne rücksicht auf die zeitfolge und so wie sie ihm
in die hand gefallen, zusammengestellt habe: *collegi non servato
temporis ordine (neque enim historiam componebam), sed ut quaeque in manus venerat.* Ob die sammlung, auf welche sich diese
worte zunächst beziehen, alle neun bücher oder nur einen theil
derselben oder vielleicht nur das erste buch umfasst habe, ist allerdings zweifelhaft und wird sich kaum sicher entscheiden lassen.
Plinius sagt aber weiter: wenn die sammlung den beifall des Septicius finde, so werde er noch andere jetzt bei seite gelassene
briefe und vielleicht auch einige neue hinzufügen: *ita enim fiet ut
eas quae adhuc neglectae iacent requiram et si quas addidero, non
supprimam.* Man sieht, dass diese erklärung mit der ansicht
Mommsens in völligem widerspruch steht. Mommsen meint zwar,
dass es Plinius bei dieser äusserung offenbar darauf ankomme, seiner augenscheinlich mit äusserster sorgfalt redigierten sammlung
den stempel der anmuthigen nachlässigkeit aufzudrücken, dass es
übrigens noch gar nicht feststehe, ob sich jenes schreiben nicht
bloss auf das erste buch beziehe (p. 31). Wir gestehen indess,
dass wir hiermit das zeugniss des Plinius noch keineswegs als beseitigt ansehen können. Plinius würde in jenen worten, wenn er
wirklich die briefe chronologisch geordnet hätte, nichts anderes
als eine völlige und offenbare unwahrheit ausgesprochen haben, die
wir ihm nicht zutrauen möchten — abgesehen davon, dass er nach
seinem ganzen charakter sich überall mehr auf seine genauigkeit
zu gute thut als auf das gegentheil — und wenn die sammlung
sich wirklich zuerst nur auf das erste buch erstreckt hätte und
die oben zuerst angeführten worte sich nur auf das erste buch
bezögen (in welchem übrigens Mommsen die chronologische ordnung nicht minder annimmt als in den übrigen büchern), so haben
doch die oben ebenfalls angeführten schlussworte des briefs offenbar den sinn, dass er in dem angenommenen falle die sammlung in
gleicher weise fortzusetzen gedenke, insbesondere aber enthalten

sie die bestimmte erklärung, dass er auch in der fortgesetzten
sammlung alte, ihm auch jetzt vorliegende briefe und zwar vorzugsweise diese (denn die aufnahme von neuen briefen wird nur
problematisch in aussicht gestellt) aufnehmen werde. Bei dieser
sachlage werden wir dem ausdrücklichen zeugniss des Plinius gegenüber uns nur schwer und gewissermassen nothgedrungen entschliessen wollen, eine chronologische folge anzunehmen.

Welcher art sind nun aber die beweise auf die Mommsen
seine behauptung stützt?

Den hauptbeweis findet er darin, dass diejenigen briefe,
welche irgend ein merkmal der abfassungszeit enthalten, mit der
angenommenen zeit der herausgabe der einzelnen bücher übereinstimmen und dass die übrigen ihr wenigstens nicht widersprechen,
theilweise wohl auch durch jene eine willkommene einreihung in
die zeitfolge gewinnen. Wir werden weiter unten nachzuweisen
versuchen, dass dies keineswegs durchweg der fall ist. Gegenwärtig wollen wir nur darauf aufmerksam machen, dass die zahl
der briefe, welche eine sichere zeitbestimmung zulassen, überaus
gering ist (im ersten buche z. b. einer oder vielleicht zwei, im neunten gar keiner), da die bei weitem grösste mehrzahl derselben vielmehr von der art ist, dass sie zu jeder zeit geschrieben werden
konnten (Mommsen selbst sagt p. 32, dass die briefe in ihrer gesammtheit nicht so sehr den eindruck einer briefsammlung als den
eines höheren briefstellers machten). Wird man also nicht bedenken
tragen müssen, daraus, dass ein kleiner bruchtheil zu einer nachweisbaren zeit geschrieben, den schluss zu ziehen, dass das zehn-
oder mehrfache der übrigen briefe einer entsprechenden zeit d. h.
der zeit des betreffenden buchs angehöre?

Beiläufig wollen wir bemerken, dass wir es bei dieser beschaffenheit der meisten briefe keineswegs mit Mommsen (p. 36)
als ausgemacht ansehen können, dass in der ganzen briefsammlung
nicht ein einziger vor Domitians tod geschriebener brief vorkomme.
Die meisten briefe betreffen seine und seiner freunde studien, über
welche Plinius sicherlich schon unter Domitian correspondirt hat:
warum sollte er also bei der auswahl seiner briefe für die publi-
kation nicht auch in die zeit des Domitian zurückgegriffen haben?

Neben diesem hauptbeweis werden noch einige andere beweise
oder belege beigebracht, die er aber selbst als „den kleinsten und

nicht den wichtigsten theil der überhaupt vorhandenen" bezeichnet
(p. 35). Diese beweise bestehen darin, dass von je zwei briefen,
von denen der eine sich auf den andern beziehe oder aus sonstigen gründen der eine später geschrieben sein müsse als der andere,
der spätere brief auch immer an einer späteren stelle stehe, dass
denselben gegenstand behandelnde oder doch gleichzeitige briefe in
der regel auch in dasselbe buch oder doch in zwei auf einander
folgende bücher zusammengestellt seien, dass die briefe an seine
letzte (dritte) gemahlin und an deren verwandte erst mit dem
vierten buche beginnen, und endlich, dass mehrere alte männer nur
in den ersten, jüngere nur in den letzten büchern erscheinen.
Es leuchtet ein, dass auch diese beweise, selbst wenn wir ihre
prämissen zugeben, wenigstens nicht zwingend sind. Denn auch
bei ihnen wird von einigen wenigen briefen, die chronologisch
geordnet sind, der schluss auf die viel zahlreicheren übrigen gezogen, und wenn Plinius einen brief, der sich auf einen andern
bezieht, nachstellt, ist es da nicht wenigstens wahrscheinlich, dass
er dies lediglich aus rücksicht auf die sache gethan habe, da in
solchen fällen das verständniss des einen durch den andern bedingt ist? Ganz besonders bedenklich aber scheint uns der aus
dem alter der correspondenten hergeleitete beweis. Mommsen sagt
selbst, dass die bezügliche bemerkung nur im allgemeinen statt-
finde und in der that finden sich die briefe an die jungen männer Attius Clemens, Romatius Firmus, Julius (oder Junius) Avitus,
Silius Proculus, Julius Servianus in den letzten büchern, während
der von Mommsen für sich angeführte Arrius Antoninus zwar allerdings nicht in den vier letzten, aber wiederum auch nicht in
den drei ersten büchern sich als adressat findet, so dass dieses
beispiel eben so gut als beweis für das gegentheil gelten könnte.
Aber auch davon abgesehen, wie kann ein solcher umstand in
einer briefsammlung ins gewicht fallen, in welcher eine wirkliche
folge von briefen an dieselbe person zu den seltenen ausnahmen
gehört und ein grosser theil der correspondenten nur mit je einem
briefe bedacht ist? wie kann namentlich daraus irgend etwas gefolgert werden, wenn ein paar alte männer nach dem fünften
buche nicht mehr vorkommen, da von der herausgabe dieses buches
bis zu der des letzten nach der annahme Mommsens nicht mehr
als zwei oder höchstens drei jahre verflossen sind?

Aus dem bisher bemerkten wird, wie wir hoffen, so viel hervorgehen, dass die von Mommsen beigebrachten gründe der bestimmten erklärung des Plinius selbst gegenüber zu dem beabsichtigten beweise nicht ausreichen. Während aber durch dieselben wenigstens eine gewisse wahrscheinlichkeit hergestellt scheinen könnte, so fehlt es auch nicht an positiven gegengründen, nämlich an ziemlich zahlreichen beispielen von briefen, die in einer der chronologischen entgegengesetzten folge geordnet sind.

So zunächst die briefe, welche seine von ihm selbst so genannten poetischen spiele betreffen. Diese sind: IV, 14. 19. 27. V, 3. 10. VII, 4. VIII, 21. IX, 34. Hiervon zeigen ihn die briefe des vierten und fünften buches schon als dichter und zwar als lyrischen dichter. Er schickt IV, 14 einem freunde seine hendecasyllaben, allerdings als etwas diesem voraussichtlich unerwartetes; er erwähnt IV, 19, 3, dass seine gemahlin seine verse zur cither singt; V, 3 sind seine gedichte schon stadtgespräch, und V, 10 fordert er den Sueton auf, seine schriften bekannt zu machen, um endlich zu erfüllen, was er, Plinius, in seinen hendecasyllaben den gemeinschaftlichen freunden versprochen habe. Dagegen sagt er VII, 4 ausdrücklich, dass er sich jetzt zuerst *(nunc primum)* in hendecasyllaben versucht habe, VIII, 21, 6 nennt er die sammlung seiner gedichte einen *liber musteus* d. h. ein neu entstandenes buch, und IX, 34 nennt er sich selbst einen neuen dichter *(novus poeta)*; wer wollte also diese letzteren briefe nicht früher ansetzen als die des vierten und fünften buches? Mommsen, der nur diese letztere stelle berücksichtigt, meint freilich (p. 53), dass der *novus poeta* (den er nicht ganz passend durch neuling in der poesie übersetzt), nur beweise, dass zwischen dem neunten und vierten buche kein allzugrosser zwischenraum liege; wir meinen indess, dass vier bis fünf jahre, denn so viele sollen zwischen dem vierten und fünften buche einerseits und dem achten und neunten andererseits liegen, vollkommen ausreichen, um die möglichkeit auszuschliessen, dass die einen um so viel später geschrieben sein können als die andern, oder vielmehr, dass die briefe, in denen er sich einen neuen dichter nennt, in denen er seine beschäftigung mit der dichtkunst sowohl als die sammlung seiner gedichte als etwas neues bezeichnet, früher geschrieben sein müssen, als diejenigen, worin er, wie na-

mentlich V, 3 und 10 geschieht, seine hendecasyllaben als bereits
bekannt und verbreitet erwähnte.

Auch die bereits oben berührten briefe des Arrius Antoninus
IV, 3. 18. V, 15, welche ebenfalls mit den dichterischen bestrebungen des Plinius zusammenhängen, sind nicht richtig chronologisch
geordnet, denn in dem zweiten dieser briefe schickt er bereits seine
lateinischen nachbildungen der griechischen gedichte des Arrius an
den verfasser, während er in dem dritten erst mit diesen nachbildungen beschäftigt ist und dieselben als sehr schwierig bezeichnet,
so dass also dieser brief später sein muss als jener.

Aber auch das vorlesen der gedichte giebt uns in zwei briefen (IX, 34 und VIII, 1) ein beispiel der unchronologischen stellung. In dem erstgenannten dieser briefe nämlich schreibt er dem
Sueton: er höre, dass er zwar seine reden gut vorlese, desto weniger aber seine verse; er denkt also daran, diese letzteren durch
einen seiner freigelassenen vorlesen zu lassen, Sueton aber möge
ihm rathen, wie er als autor sich dabei zu verhalten habe, davon
solle es abhangen, ob er sich dazu entschliesse oder ob er fortfahre,
sie, wenn auch schlecht, selbst zu lesen. In dem anderen briefe
dagegen meldet er einem freunde, dass sein freigelassener *Encolpius*
gefährlich krank sei, und klagt in dem gedanken an dessen möglichen tod: *quis deinde libellos meos sic leget, sic amabit?* Sonach
hatte also Encolpius, als er den brief schrieb, schon seine verse
gelesen (denn *libelli* sind seine verse ebenso wie III, 15, 1. VII,
4, 9. VIII, 20, 1, und seine reden können schon deswegen nicht
gemeint sein, weil er diese nach IX, 34 selbst zu lesen pflegte),
und es muss also IX, 34 früher als VIII, 1 geschrieben sein —
man müsste denn annehmen, was aber unglaublich ist, dass Encolpius die verse nur dem Plinius selbst vorgelesen habe.

Da nach dem chronologischen system Mommsen's die briefe des
zweiten buches nur bis zum anfang des jahrs 100 reichen sollen
(p. 38), so bildet ferner der neunte brief dieses buchs ein hinderniss, welcher nothwendig über diese grenze hinaus fallen muss.
Hier erwähnt nämlich Plinius, dass er von Trajan (denn dieser
muss unter dem *Caesar noster* verstanden werden, auch deswegen,
weil Plinius nachher die besorgniss ausspricht, dass der kaiser sich,
wenn Erucius das volkstribunat nicht erlange, als hinsichtlich desselben getäuscht ansehen könne) für S. Erucius Clarus erst den

senatorischen rang, dann die quästur und endlich die erlaubniss, sich um das tribunat zu bewerben, erlangt habe, und dieser bewirbt sich jetzt um das tribunat.   Nun gelangte Trajan zur herrschaft am 27. januar 98, die ernennung der quästoren aber geschah nach Mommsen selbst am 23. januar, der amtsantritt am 1. juni (s. C. I. L. I, p. 333 und 383); Erucius konnte also erst am 23. januar 99 zum quästor ernannt werden und das amt nicht früher als vom 1. juni 99 bis dahin 100 bekleiden. Unmöglich konnte er sich also noch im jahr 100 um das tribunat bewerben, und so muss auch der brief später geschrieben sein.

Beiläufig wollen wir hier erwähnen, dass die schlussfolge, durch welche Mommsen p. 38 zu beweisen sucht, dass der brief II, 13 im jahr 98 geschrieben sei, uns völlig unhaltbar zu sein scheint. Weil es nämlich in diesem briefe heisst: *(Voconio Romano) nuper ab optimo principe jus trium liberorum impetravi, quod quamquam parce et cum delectu daret, mihi tamen tanquam eligeret indulsit*, so sollen diese worte sich nur auf einen verstorbenen kaiser, also auf Nerva, beziehen können, da es sonst *det* heissen müsse. Allein das *daret* heisst nichts anderes als *dare se dicebat*, und das praeteritum steht hier vollkommen ebenso wie T. 10, 1 in einem briefe an Trajan: *quamvis secundum institutionem principum non temere dare proposuisses*, wo wir die deshalbige erklärung Trajans selbst noch im siebenten briefe lesen. Und für Trajan spricht einmal die bezeichnung desselben durch *optimus princeps*, die, wie Plinius selbst (Paneg. 88) sagt, für Trajan so gut wie der eigenname war: *Hoc tibi tam proprium quam paternum nec magis distincte definiteque designat qui Trajanum quam qui optimum appellat*; und zweitens der umstand, dass Trajan in der that seinen grundsatz, das *ius trium liberorum* sparsam zu ertheilen, selbst ausdrücklich ausspricht (T. 95).

Ein ferneres beispiel der unchronologischen folge bieten die briefe II, 11. 12 einerseits und III, 4. 9 andererseits; jene sind nämlich unzweifelhaft zu anfang des jahrs 100, die beiden andern nach unserer ansicht im laufe des jahrs 99 geschrieben. Um dies aber zu beweisen, müssen wir auf die processe des Marius Priscus und des Caecilius Classicus, auf welche sich diese briefe beziehen, etwas näher [2]) eingehen.

2) Die processe des Priscus und Classicus sind, nachdem die ge-

Mommsen nimmt an (p. 41 ff.), dass der process des Cäcilius Classicus, auf welchen sich die beiden briefe des dritten buches beziehen, nach dem des Marius Priscus und in das jahr 101 zu setzen sei, und zwar aus folgenden gründen: 1) weil Plinius III, 9, 3 in dem unmittelbar nachher erstatteten bericht über den process des Caecilius Classicus auf den des Marius Priscus bezug nehme; 2) weil beide processe von Plinius während seiner amtsführung als *praefectus aerarii Saturni* übernommen seien, Plinius aber von Trajan (T. 3) sich ausdrücklich für die übernahme der anklage des Marius Priscus mit dem bemerken die erlaubniss erbitte, dass er bisher während führung jenes amtes sich aller *advocationes* enthalten; wenn nun aber 3) der process des Cäcilius Classicus der spätere sei, so könne er, da er nach T. 8 vgl. mit III, 4, 2 im september geführt worden sei und Plinius im september des jahrs 100 das consulat bekleidet habe, nicht früher als in den september des jahrs 101 gesetzt werden. Allein Mommsen hat dabei übersehen, dass der process des Marius, wie aus II, 11 hervorgeht, zweimal verhandelt worden ist, einmal etwa im monat mai des jahrs 99 (wie auch Mommsen p. 54 annimmt), und das andere mal im januar 100; das erste mal wurde beschlossen, dass die klage der provincialen zunächst auf dem civilweg verfolgt (*iudices interim dandos, §. 5*), zum zweck der criminalklage aber erst mitschuldige und zeugen aus der provinz herbeigeholt werden sollten (*evocandos autem quibus diceretur innocentium poenas vendidisse,* ebend.), und diese criminalklage ist es sodann, welche im januar 100 unter vorsitz des kaisers verhandelt wird. Sonach ist die ü b e r n a h m e der anklage von seiten des Plinius (und Tacitus) jedenfalls vor der ersten verhandlung, also etwa im mai 99 erfolgt, was übrigens auch II, 11, 2 bestimmt gesagt wird, und hiermit fällt die beweisführung Mommsen's, wie sich von selbst ergiebt, sofort zu boden. Dafür aber, dass nunmehr der process des Classicus in den september des jahrs 99 zu setzen, sprechen folgende gründe: 1) beide angeklagte hatten in demselben jahre, Marius genwärtige abhandlung schon geschrieben war, auch von Stobbe im Philol. XXX, p. 360 flg., 369 flg. mit gewohnter gründlichkeit behandelt worden und im wesentlichen mit demselben resultate. Wenn derselbe annimmt, dass zwar die *nominis delatio* des Classicus vor der verhandlung des processes des Priscus, die *actio* aber nach derselben zu setzen sei, so scheint uns dem die oben besprochene stelle der briefe des Plinius VI, 29, 8—9 entgegen zu stehen.

Priscus Africa, Cäcilius Classicus Bätica verwaltet (III, 9, 2); es ist deshalb wenigstens nicht wahrscheinlich, dass der eine schon im mai 99, der andere erst im september 101, also mehr als zwei jahre später angeklagt sein sollte; 2) in folge seiner annahme wäre Mommsen genöthigt, die *praefectura aerarii Saturni* des Plinius auf vier jahre (statt auf drei) auszudehnen, was, wie er selbst p. 90, anm. 3 anerkennt, ohne beispiel ist; eben so wird er 3) genöthigt, die sonst ausnahmslos chronologische folge der briefe an und von Trajan durch die beiden briefe acht und neun zu unterbrechen, die er in das jahr 101 setzt, während zehn und eilf in das jahr 98 (oder richtiger 99) gesetzt werden müssen; und endlich 4) wird an der stelle VI, 29, wo Plinius die fünf von ihm geführten grossen processe offenbar in chronologischer folge aufzählt, der des Cäcilius Classicus mit rücksicht auf die zweite hauptverhandlung vor dem des Marius Priscus genannt: letzteres offenbar ein entscheidender grund, den Mommsen, wie wir sagen möchten, nothgedrungen damit zu entkräften sucht, dass er sagt (p. 42), es habe nahe gelegen, „die beiden bätischen processe zusammenzufassen".

Zu diesen beispielen fügen wir noch einige weitere hinzu, deren einfügung in die chronologische anordnung Mommsen's wenigstens sehr unwahrscheinlich ist.

So schreibt Plinius II, 14, 3, also in einem briefe, der zwischen die jahre 97—100 fallen müsste: *ante memoriam meam (ita maiores natu solent dicere)* —, bezeichnet sich also selbst als alt oder doch in einem vorgerückten lebensalter stehend, was doch wohl kaum mit einem lebensalter von 35—38 jahren vereinbar ist. Auch stimmen die in eben diesem briefe enthaltenen klagen über den verfall der beredsamkeit kaum zu einem jugendlicheren alter und zu späteren eine viel günstigere vorstellung von der beredsamkeit und literatur der zeit aussprechenden briefen.

Im vierten buche, dessen briefe zwischen 102 und 105 geschrieben sein sollen, meldet Plinius im elften briefe einem freunde als neuigkeit, dass Valerius Licinianus, der von Domitian verbannt worden war, von Nerva aber die erlaubniss erhalten hatte, seinen aufenthalt in Sicilien zu nehmen, dort als rhetor aufgetreten sei. Sollte Licinianus, der damit nach Plinius ansicht (§. 2) nur mitleid erwecken wollte, dies erst mindestens sechs jahre nach seiner halben begnadigung durch Nerva gethan haben?

45*

In demselben buche sagt Plinius dem C. Minucius Fundanus
das consulat für das nächste jahr voraus; der brief soll im jahr
104 geschrieben sein (p. 47), das consulat würde also dem Fundanus für das jahr 105 prophezeit sein. Allein Fundanus ist erst
im jahr 107 consul geworden, wie Mommsen selbst nachweist und
wie neuerdings auch durch ein neu aufgefundenes militärdiplom bestätigt worden ist. Sollte nun Plinius bei seiner rücksichtsvollen
und verbindlichen weise diesen brief veröffentlicht haben, wenn Fundanus, wie man hiernach annehmen müsste, bei der consulwahl von
105 durchgefallen wäre? Denn erst nach dieser wahl kann das
vierte buch veröffentlicht sein, da in demselben mehrere designirte
consuln des jahrs 105 erwähnt werden (s. p. 45).

Im fünften buche schreibt im achten briefe Plinius an Titinius Capito, er werde sich zur geschichtschreibung wenden; nur
wolle er vorher die von ihm gehaltenen wichtigen reden noch für
die herausgabe umarbeiten. Er bemerkt dabei ausdrücklich, dass
beredsamkeit und geschichtschreibung zwei verschiedene literatur-
gattungen seien, die sich nicht wohl gleichzeitig betreiben lassen.
Hiermit scheint es nicht wohl vereinbar zu sein, dass er gleichwohl
in späteren büchern noch als redner thätig erscheint, z. b. VI, 2,
7. 18. 23 und öfter.

Im vierzehnten briefe desselben buches spricht sich die freude
des Plinius über das neue glück der gegenwart, wo „endlich die
menschen durch die tugend nicht mehr wie früher, zu gefahren,
sondern zu ehrenstellen gelangen" (§. 6), und über den wieder gestatteten verkehr mit „langvermissten freunden" (§. 8, unter denen
man doch wohl an die von Domitian verbannten und von Nerva
zurückgerufenen zu denken hat) so lebhaft aus, dass man diesen
brief gewiss gern nicht mit Mommsen in das jahr 106, sondern
so weit zurück setzen wird, als es die erwähnung des von Plinius
mit Cornutus zusammen im jahr 100 bekleideten consulats (§. 5)
gestattet. Die hindeutung auf die cura Tiberis et riparum et cloa-
carum urbis des Plinius, die mit wahrscheinlichkeit im §. 2 gefunden wird, kann uns hieran nicht hindern, da die übertragung dieses amtes sehr füglich in das jahr 101 gesetzt werden kann.

Wenn V, 20 von einem senatsbeschluss in angelegenheit des
Rufus Varenus berichtet und VI, 5 nachträglich hinzugefügt wird,
dass in der folgenden senatssitzung (sequenti senatu) eine änderung

dieses beschlusses beantragt worden sei, so scheint dies wenigstens mit der ansicht unvereinbar zu sein, dass jedes buch die zwischen ihm und dem vorhergehenden buche geschriebenen briefe enthalte, da hiernach zwischen dem fünften und sechsten buche nur wenige tage verflossen sein könnten.

Eine besondere erwähnung verdienen noch die theils an Calestrius Tiro gerichteten theils von ihm handelnden briefe VI, 22. VII, 16. 23. 31. IX, 5. Aus diesen briefen geht hervor, dass Tiro zu der zeit, als sie geschrieben wurden, erst die provinz Bätica erlost hatte, dann auf dem wege dahin und endlich in der verwaltung derselben begriffen war. Nun war Bätica bekanntlich eine der prätorischen provinzen, welche von den gewesenen prätoren fünf jahre nach ihrer amtsführung übernommen zu werden pflegten. Tiro aber war im jahr 93 prätor gewesen (VII, 16); es ist also gewiss wahrscheinlicher, dass die statthalterschaft des Tiro und folglich auch die fraglichen briefe mit Masson (p. 160 fl.) in die jahre 99 und 100 zu setzen seien, als in die jahre 106—108, denen sie Mommsen in folge seines chronologischen systems zuzuweisen genöthigt ist; dass Tiro VII, 16, 3 proconsul genannt wird, steht dem nicht im wege, da in der kaiserzeit auch die statthalter der prätorischen provinzen diesen titel regelmässig führten, s. Marquardt, Handbuch der röm. alterth. 3, p. 296. Es wird aber diese datierung der briefe auch noch dadurch unterstützt, dass Plinius in dem eben genannten briefe (VII, 16), um zu beweisen, wie nahe er dem Tiro stehe, die dienste und ehren aufzählt, die er theils mit Tiro theils (wie das tribunat) nicht ganz gleichzeitig verwaltet, dabei aber des consulats nicht gedenkt.

In letzterer beziehung lässt sich hiermit auch der brief VII, 31 zusammenstellen, wo die verdienste und lebensschicksale des Claudius Pollio aufgezählt werden, aber nur bis zur regierungszeit des Nerva. Sollte Pollio später nichts erwähnenswerthes gethan und erlebt haben, oder, wenn dies der fall, sollte es Plinius nicht erwähnt haben?

Es mag auch noch als etwas wenigstens auffallendes erwähnt werden, dass Plinius in dem briefe III, 18, welcher sicher im jahr 101 geschrieben ist, nachdem er II, 19 noch gezweifelt hat, ob er seine reden vorlesen solle, über eine solche recitation ohne weiteres und als über etwas, nicht überhaupt, sondern nur wegen

des inhalts der rede bedenkliches berichtet, in dem briefe VII, 17
aber, welcher nach Mommsen im jahr 107 geschrieben sein müsste,
das recitieren von reden ausführlich und als etwas neues zu rechtfertigen sucht.

Endlich wollen wir zum beweis, wie gefährlich es ist, aus
annahmen folgerungen zu ziehen, die im günstigsten falle doch nur
die geltung von hypothesen haben können, noch folgendes beispiel
anführen. Mommsen zieht aus seinen prämissen p. 43 den schluss,
dass Sueton im jahr 77 geboren sei, ein schluss, der, wie uns
scheint, völlig unvereinbar ist mit der stelle Suet. Nero 57, wo
Sueton das auftreten des falschen Nero 20 jahre nach dem tode
des kaisers Nero, also im jahr 88 erwähnt und sich für diese zeit
adulescens nennt. Die worte lauten: *Denique cum post viginti
annos adulescente me exstitisset condicionis incertae qui se Neronem
esse jactaret* —. Sueton würde sich hiernach als knaben von elf
jahren *adulescens* genannt haben, was uns ganz unzulässig scheint.

Nach diesem allen wird man es für unmöglich halten müssen,
der ansicht Mommsen's beizutreten: ein resultat, welches freilich als
rein negativer art und auf dem gebiete der *ars nesciendi* liegend,
nicht gerade erfreulich ist, dem wir uns aber nicht entziehen können, wenn wir nicht unächte münze in die wissenschaft einführen
wollen.

Pforta.   *Carl Peter.*

Zu Valer. Fl. Arg. VI, 413.

In dem verse: *hinc biiuges, illinc artus tenduntur eriles*, kann
tenduntur unmöglich richtig sein. Wollte man es durch „werden
zu boden gestreckt" wiedergeben, so würde man in den lateinischen ausdruck etwas hineintragen, was in ihm nicht liegt. Schon
Sabellicus hat daher *tenduntur* als verderbt bezeichnet und dafür
caeduntur vermuthet; ich habe in meiner ausgabe an *sternuntur* gedacht. Das richtige ist aber ohne zweifel *tondentur*, welcher ausdruck hier ganz am platze ist, indem die sichelwagen mit den si-
cheln, welche das gras niedermähen, verglichen werden. Also
lautet der vers:

Hinc biiuges, illins artus tondentur exiles.

Graz.   *Karl Schenkl.*

XXIII.

Die präposition cum in verbindung mit dem relativum.

Wenn Cicero im Orator 45, 154 sagt, dass man aus reinen schicklichkeitsgründen, *ne obscenius concurrerent litterae*, sich der anastrophe von *cum* bei *nobis* bedient habe, und dann fortfährt: *Ex eo est „mecum et tecum", non „cum me" et „cum te", ut esset simile illis „vobiscum" ac „nobiscum",* so ist nicht nur ersteres, wie Rozek „Bemerkungen zu Cicero's erklärung über *nobiscum*" zeitschr. für östr. Gymn. 1869 p. 725 bewiesen hat [1]), trotz des

---

1) Mit recht führt Rozek die erklärung von *nobiscum* nur auf die mehr oder weniger entschiedene hinneigung der präpositionen zur anastrophe zurück, die beim personalpronomen und bei *quibus, quo* und *qua* in die enklisis überging: und ferner, dass dem auch euphonisch besseren und allmählich herrschend gewordenen sprachgebrauche von *mecum, tecum, secum* später auch *vobiscum* und *nobiscum* sich assimilirte und nicht umgekehrt. Wenn Rozek aber sagt: »Es muss als bekannt vorausgesetzt werden, dass bei der umstellung der präposition der einfluss des griechischen frühzeitig mitwirkte und zunächst und vorzugsweise den dichterischen gebrauch bestimmte, der alsdann auch bei den prosaikern vielfache nachahmung fand«, so ist dieser einfluss des griechischen und zumal der frühzeitige meiner meinung nach auch ein altes, allerdings allgemein verbreitetes vorurtheil, wie man überhaupt mit der erklärung »nachahmung aus dem griechischen«, die natürlich im grossen ganzen in manchen fällen hiermit keineswegs bestritten werden soll, gar oft sehr schnell bei der hand ist, wie z. b. in vielen fragen beim Livius. Ich vermag wenigstens nicht einzusehen, wie sich gerade die *antiquissimi* der Römer, bei denen doch schon die anastrophe vorkommt, von den Griechen hätten beeinflussen lassen sollen. Ferner, muss es nicht auffallen, dass, wenn auch die späteren Cato, Cicero, Caesar u. s. w. gar sehr, zumal in so geringfügigen sachen der anastrophe und zwar im anfang meist nur der einsilbigen präpositionen, von den Griechen (vgl. Kühner ausführl.

glaubens, welchen diese erklärung durch ein kakemphaton in alter und neuerer zeit gefunden, in die „kategorie der etymologischen curiositäten" dèr alten zu verweisen, sondern auch das zweite schon an sich entschieden als eine unrichtige deduktion oder vielmehr nach art der alten etymologen nur als eine gelehrte spielerei des Cicero, mag er auch selbst vielleicht von der richtigkeit derselben überzeugt gewesen sein, zu betrachten. Priscian (Inst. gramm. XII, 28, p. 949) berichtet ausserdem, dass die *antiquissimi* sowohl „*cum me*" als „*mecum*" gesagt haben: an der glaubwürdigkeit dieser nachricht ist wohl nicht zu zweifeln, wenn es bis jetzt auch noch nicht ge-

Gramm. 2. aufl. II. 1. p. 481) sich hätten beeinflussen lassen, auch nicht ein zeugniss über und für diesen einfluss bei den alten, die doch mehrfach Cicero, Quintil. VIII, 6, 65, Priscian u. s. w. über die anastrophe handeln, zu finden ist? Haben wir nicht vielmehr anzunehmen, dass die Römer ihren eigenen weg selbständig gingen und dass auch für die römische sprache die natürliche hinneigung der kleinen wörtchen zur anlehnung, wie auch *quoad* u. s. w. zeigt, der eigentliche grund, ebenso wie im griechischen, ist? Für die älteste zeit haben wir sicher, wie auch die angeführte stelle des Priscian beweist, beides, sowohl ante-, als postposition, wiewohl erstere als das natürlich ursprünglichere vorgewogen haben wird, noch ungesichtet, auch bei den später stereotypen formen, anzunehmen. Später bildete die liebe speciell mancher präposition zur nachstellung die postposition weiter, bis sie in der silbernen latinität, vorher gepflegt durch die augusteischen dichter — und für diese möchten wir neben dem versbedürfniss und der poetischen licenz resp. auch dem streben, etwas besonderes zu geben, erst einen einfluss der Griechen allenfalls anzunehmen haben —, namentlich durch Tacitus bis ans kühne heranging: vgl. Gerber de usu praep. apud Tacitum: progr. v. Glückstadt 1871. Dafür dass Cicero (wie auch Caesar B. G. VI, 36, 2 *quas inter et castra*. VII, 33, 2 *quos inter*. B. C. III, 6, 3 *saxa inter et alia loca*) bisweilen anastrophierte, giebt Rozek folgende stellen: de Inven. I, 28, 41 *qua de agitur*, so auch de Orat. I. 48, 209. de Inven. II, 11, 37 *qua de arguatur*. Tuscul. II, 6, 15 *hunc post*. Ich füge, um die grössere häufigkeit der anastrophe schon bei Cicero klar zu stellen, folgende, auf vollständigkeit jedoch keinen anspruch machenden beispiele als ergänzung der, so weit ich beurtheilen kann, ziemlich vollständigen sammlung von Neue Lat. Formenlehre II, p. 553—557 hinzu: vorher will ich jedoch bemerken, dass sich mehrfach gleich neben der anastrophirten form die gewöhnliche findet und zwar ohne jeglichen unterschied, den manche in grösserem nachdruck statuiren zu müssen glauben: de Invent. I, 44, 82 *quo de agitur* (noch zweimal anastrophe in demselben paragraphen) = II, 30, 94 *quo de agetur*. I, 43, 81 *qua de agitur*. II. 45, 131 *qua de agatur*. 50, 150 *qua de quaeritur*. 48, 141 *quibus de scriptum est*. 12, 40 *quibus sine confici non potest*. 39, 114 *quos contra dicas*. De Offic. I. 15, 49 *quod contra fit a plerisque*. De fin. V. 8, 22 *hos contra*. pro Caecina 19, 55: *quo de agitur*. Ep. ad Brutum I. 3, 2 *ea cum* nach Klotz, wofür jedoch Baiter *e qua*. ad Octav. 5. *quos adversus*.

lungen ist, ein *cum me* u. s. w. in inschriften oder sonst nachzuweisen: für uns also ist *mecum, tecum, secum, nobiscum, vobiscum* das feststehende. Was nun aber *quibuscum, quocum (quicum), quacum* und *cum quibus, cum quo, cum qua* betrifft, so ist es interessant, die verschiedensten ausdrucksweisen über deren gebrauch sowohl in den lexika, als auch in den grammatiken zu beobachten. Im allgemeinen sah man, ohne an eine unterscheidung der verschiedenen sprachepochen zu denken, das *quibuscum* als das dem lateinischen sprachgebrauch entsprechende an: wie alt dieser irrthum ist, zeigt recht deutlich z. b. Plin. Sec. Ep. 2, 14, 2, wo die *exempla ante Aldum expressa* das von allen handschriften bezeugte *cum quibus* einfach in *quibuscum* änderen. Nachfolgende zeilen sollen dazu dienen, einerseits diese bis jetzt unerörterte frage wenigstens für eine anzahl von prosaikern ins reine zu bringen, und andererseits die aufmerksamkeit derer, welche vollständige sammlungen für die von mir nicht berücksichtigten prosaiker und namentlich für die dichter besitzen, auf diesen speciellen punkt der lateinischen grammatik zu richten: es wird sich dann wohl für letzteres herausstellen, dass u. a. Madvig's bemerkung Lat. gramm. §. 172 II *cum quibus* u. s. w. „besonders bei dichtern" zu modificiren ist, dem gebrauch der prosaiker vielleicht ziemlich entsprechend, wie z. b. im Catull sich ausser drei *quicum*:

    2, 2 Passer, deliciae meae puellae,
        Quicum ludere, quem in sinu tenere (solet) sq.

    66, 75 von der *coma Berenices:*
        Non his tam laetor rebus, quam me afore semper,
            Afore me a dominae vertice discrucior,
        Quicum ego, dum virgo quondam fuit, omnibus expers,
            Unguenti Syrii milia multa bibi.

    69, 8 von dem *trux caper sub valle alarum:*
                        nam mala valdest
        bestia nec quicum bella puella cubet,

nur noch ein beispiel sich findet: 67, 36:

        Sed de Postumio et Corneli narrat amore,
            Cum quibus illa malum fecit adulterium.

Hingegen giebt Holtze „Syntaxis scriptorum Latinorum" I, p. 92—96 aus Ennius, Plautus, Terenz kein einziges beispiel für dem relativ präponirtes *cum*, wohl aber für *quibuscum* u. s. w. (Terent.

Hec. 4, 1. 40 *quacum* Eunuch 3, 5, 26), während für Lucrez von
ihm (Syntax. Lucret. p. 56) nur angeführt wird : I, 818 *cum qui-*
bus et quali positura contineantur, welche worte sich I, 908. II,
761. 1008 und 1014 wiederholen. Was nun die prosaiker betrifft, so beginne ich mit Cicero, denn bei den schriftstellern vor
ihm ist mir kein beispiel für *cum* mit dem relativum bekannt, wie
sicher im *Cato* (ed. Jordan.), als auch in den sämmtlichen *Reliquiae*
Histor. Roman. (ed. Peter.) sich keins findet. Ueberhaupt fällt es
uns auf, wie wenige beispiele im allgemeinen bei den alten schriftstellern für diese uns von jugend auf geläufige und im modernen
latein so häufige spracherscheinung sich einstellen.

Um zuvörderst mit *quibuscum* anzufangen, so finden sich in
den sechszehn büchern *Ep. ad Familiares* nur deren drei : V, 21, 1
pauci quibuscum essem aeque libenter und a. d. st.: *cum plerisque*
eorum, quibuscum vivo necessario. VI, 12, 2 *veteres mihi necessitu-*
dines cum his omnibus intercedunt, quibuscum ego agere de te non
destiti; ferner in den sechszehn büchern *Ep. ad Atticum* deren nur vier:
III, 15, 2 *Ad primam tibi hoc scribo, me ita dolere, ut non modo*
a mente non deserar, sed id ipsum doleam, me tam firma mente
ubi utar et quibuscum non habere. XI, 1, 2 — — *ut, si ii salvi*
erunt, quibuscum sum, una cum iis possim incolumis esse. XI, 14,
2 *quibuscum tu de hoc ipso colloquare velim.* XVI, 16. C. 12 *scio*
enim quantum semper apud eos, quibuscum sis, posse soleas, eo plus
sq. In den drei büchern *Ep. ad Quint. fratrem*, in den zwei *ad M. Bru-*
tum, in *Ep. ad Octavianum* findet sich kein beispiel für *quibuscum*. In
der *Epist. Quint. Cicer. de petit. cons. ad M. fratrem* ist überhaupt
das einzige : VII, 25. — Ferner de Invent. I, 54, 103 *Haec*
erunt, quae in parentes, liberos — crudeliter facta dicentur, et
deinceps si qua proferantur in maiores natu, in hospites, in vicinos,
in amicos, in eos, quibuscum vitam egeris, in eos sq. und II, 9, 29
ex victu multae trahuntur suspitiones, cum — et a quibus educatus
et eruditus sit, quaeritur et quibuscum vivat sq. De Offic. I, 17,
58 *propinqui, quibuscum communis etiam fortuna plerumque est.*
28, 98 *decorum, quod elucet in vita, movet adprobationem eorum,*
quibuscum vivitur sq.; 35, 126 *ut probemur iis, quibuscum apud*
quosque vivamus sq.; 38, 136 *maximeque curandum est, ut eos,*
quibuscum sermonem conferemus, et vereri et diligere videamur. 40,
143 *quae autem harum virtutum, — quae pertinent ad — eorum*

adprobationem, quibuscum vivimus, nunc dicenda sunt. 44, 156
eloquentia conplectitur eos, quibuscum communitate iuncti sumus.
II, 5, 18 *virtus omnis tribus in rebus fere vertitur, quarum una est
in — —, tertium iis, quibuscum congregemur, uti moderate et
scienter.* 11, 39 *omnis ratio atque institutio vitae adiumenta hominum desiderat, in primisque ut habeat quibuscum possit familiaris conferre sermones.* 13, 46 *in optimam partem cognoscuntur
adulescentes, qui se ad claros et sapientes viros — — contulerunt,
quibuscum si frequentes sunt, opinionem adferunt populo eorum fore
se similis, quos sq.* III, 30, 109 *C. Mancinus, qui ut Numanti-
nis, quibuscum sine senatus auctoritate foedus fecerat, dederetur sq.*
Laelius 9, 29 *quid mirum est, si animi hominum moveantur, cum
eorum, quibuscum usu coniuncti esse possunt, virtutem et bonitatem
perspicere videantur?* und 27, 101 *maxime quidem optandum est,
ut cum aequalibus possis, quibuscum tamquam e carceribus emissus
sis, cum isdem ad calcem, ut dicitur, pervenire.* Im *Cato maior*, in
De Fato und in den *Paradoxa ad M. Brutum* findet sich nicht nur
kein beispiel für *quibuscum*, sondern überhaupt keins mit dem relativum. — Was die reden anbetrifft, so findet sich *quibuscum*: de
imp. Cn. Pompei 4, 9 — überhaupt die einzige stelle für *cum* mit
relativ in dieser rede — *litteras misit ad eos duces, quibuscum tum bellum gerebamus, ut sq.*; pro Murena 15, 32 *omnibus regibus, quibuscum populus Romanus bellum gessit, hunc regem nimirum antepones;*
pro P. Sestio 10, 24 *ex his — sermonibus et quod videbam quibuscum hominibus in interiore parte aedium viveret et quod —, sta-
tuebam sic sq.* und 64, 133 *Sex. Clodius, homo eis dignissimus
quibuscum vivit, sq.* In den vierzehn *Orat. Philipp. in M. Antonium*
nur drei beispiele: II, 46, 118 *quibus ortus sis, non quibuscum vivas
considera:* V, 10, 26 *Nemo quaeret, quibuscum mandatis legatos
miserimus:* VI, 6, 15 *quamquam non alienum fuit, personas quasdam a vobis recognosci, ut quibuscum bellum gereretur possetis ta-
citi cogitare.* Kein beispiel für *quibuscum* ist enthalten in: *pro
Sex. Rosc. Amerino, pro rege Deiotaro, pro M. Tullio, pro A. Caecina, pro Rabirio perd., pro Sulla, in Vatinium,* während überhaupt
kein beispiel für *cum* mit dem relativ sich findet in den drei *orat.
de lege agraria,* in den vier *orat. in Catilinam, pro Roscio Com.,
pro M. Fonteio, pro Archia poeta, post reditum in senatu, post reditum ad Quirites* und *pro Ligario.* — Ich führe hier auch die

schriften, in denen sich *cum* mit dem relativum nicht findet, deshalb an, weil sich auf diese meine collectaneen erstrecken und ich nur für diese das vollständige material auch im folgenden gebe. — Den allerdings nur wenigen beispielen für *quibuscum* stehen fünf *cum quibus* gegenüber: pro Sulla 3, 7 *quid est quod mirere, si cum iisdem me in hac causa vides adesse, cum quibus in ceteris intelligis afuisse?* De offic. II, 23, 82 *adhibuit sibi in consilium quindecim principes, cum quibus causas cognovit.* Ep. ad Fam. X, 6, 2 *seiunge te, quaeso, aliquando ab iis, cum quibus te temporum vincla coniunxerunt.* XIII, 4, 1: *cum quibus si mihi nulla causa intercederet, sq.* XIV, 14, 2 *His de rebus velim cum Pomponio, cum Camillo, cum quibus vobis videbitur, consideretis.* Ferner findet sich für „*quacum*" nur ein beispiel in Ep. ad Attic. I, 16, 5 *Ad me autem eadem frequentia postridie convenit, quacum abiens consulatu sum domum reductus,* hingegen für „*cum qua*": Ep. ad Fam. VIII, 7, 2 *Neque enim displicet mihi imperatorem singulos percontari, cum qua sit aliqui deprehensus;* pro P. Sestio 38, 82 *mulioniam paenulam adripuit, cum qua primum Romam ad comitia venerat:* und wiederum in de offic. I, 38, 136 *sed tamen ira procul absit, cum qua nihil recte fieri, nihil considerate potest.* Für „*cum quo*" sind zwei beispiele in den briefen ad Fam. VIII, 6, 1 *cum quo si simultas.* X, 30, 1 *quo die Pansa in castris Hirtii erat futurus, cum quo ego eram,* ferner Acad. 2, 11 *cum quo Antiochum saepe disputantem audiebam* und zwei beispiele in den orat. *Philippicae:* IV, 5, 11 *Non est vobis, Quirites, cum eo hoste certamen, cum quo aliqua pacis condicio esse possit* (Klotz schreibt in der ersten ed. Teubn. *quocum,* doch in der zweiten wie Kayser *cum quo*) und XII, 5, 11 *Quae enim est condicio pacis, in qua ei, cum quo pacem facias, nihil concedi potest?*, während hinwiederum in den oratt. *Philippicae* nur einmal *quocum* vorkommt: II, 3, 7 *At ego, tanquam mihi cum M. Crasso contentio esset, quocum multae et magnae fuerunt,* ferner noch in pro Murena 16, 34 *Hunc tu hostem, Cato, contemnis, quocum per tot annos tot proeliis tot imperatores bella gesserunt?* pro Sestio 17, 39: *M. Crassus, quocum mihi omnes erant amicitiae necessitudines sq.* und pro rege Dejotaro 5, 13 *ad eum igitur rex Dejotarus venit — —, quocum erat non hospitio solum, verum — — coniunctus,* wie 14, 39 *laboro equidem regis Dejotari causa, quocum mihi amicitiam res publica conciliavit sq.,* weiterhin im *Laelius* dreimal:

1, 2: *quum is* ← — *a Q. Pompeio qui tum erat consul disside-
ret, quocum coniunctissime et am. vixerat:* 4, 15 *beate vixisse vi-
dear, quia cum Scipione vixerim, quocum mihi coniuncta cura de
publica re et privata fuit, quocum et domus fuit et militia communis sq.* und nur noch de Invent. II, 19, 61 *hoc est, si aut cum
eo agatur, quocum non oporteat, sq.*, endlich in sämmtlichen briefen
nur neun beispiele (s. unten).

Was die form *quìcum* anbetrifft, für welche man wohl nie
cum qui gesagt hat, sich vielmehr statt dessen der form *cum quo*,
vgl. z. b. oben or. Philipp. XII, 5, 11, bedient hat, so muss ich
bemerken, dass ich dieselbe nach Cicero in den von mir unten angeführten schriftstellern nicht mehr gefunden habe, so dass wir also
wohl sagen können, dass, seitdem man anfing, die präposition *cum*,
wie wir gleich unten sehen werden, stets dem relativum voranzu-
setzen, die form *quìcum* zu existiren aufhörte.

In betreff ferner der bedeutung von *quìcum* und *quocum* glaubten manche einen ganz bestimmten unterschied zwischen ihnen machen zu müssen: so sagt neuerdings Boot, welcher Gernhard zu
Cic. Lael. 1, 2 und 6, 22 und Beier zu derselben stelle folgt, in
seiner ausgabe der *epist. ad Atticum Amstelod.* 1865—66 zu I, 18, 1:
Nihil mihi nunc scito tam deesse quam hominem eum, q u o c u m
*(*Boot: q u i c u m*) omnia, quae me cura aliqua adficiunt, una communicem, qui me amet, qui sapiat,* q u i c u m *ego quum loquar, nihil fingam, nihil dissimulem sq.* „Q u i c u m*. Ita scribendum, non*
q u o c u m*, ut mox* q u i c u m — l o q u a r*. Quicum refertur ad
obiectum generale, minus definitum:* cf. Seyffert *ad Cic. Lael.* p. 133;
contra q u o c u m*, ubi de certa persona sermo est. Sic optimi libri illud habent* Fam. IV, 1, 1 *nemo est omnium, quicum potius
mihi quam tecum communicandum putem.* XII, 18, 2 *Nihil mihi
tam deesse scito, quam quicum haec — rideam. Laelius* 6, 22
*Quid enim dulcius, quam habere, quicum omnia audeas sic loqui, ut
tecum?* pro Rosc. Am. 21, 58, *Habebat pater in animo'. Planum
fac. Nihil est, non quicum deliberaverit, quem certiorem fecerit, sq.*
Off. III, 11, 49 *(*Themistocles*) postulavit, ut aliquem populus daret, quicum communicaret consilium.* III, 19, 77 *Quum enim fidem
alicuius bonitatemque laudant, „dignum esse" dicunt „quicum in te-
nebris mices".* Q u o c u m *vero, ut legitur infra ad* Att. IV, 10, 1
tecumque apud te ambulare (malo) quam cum eo, quocum video esse

ambulandum., ita restituendum puto in ad Att. X, 8, 3 *dubitemus
an ei nos etiam cum periculo venditemus, quicum* (so mit den codices trotzdem Boot im text!) *coniuncti ne cum praemio quidem voluimus esse?* XI, 3, 3 *etsi ego rebus omnibus, quod is quoque in
angustiis est, quicum* (so auch hier wiederum Boot!) *sumus, cui
magnam dedimus pecuniam mutuam, sq.*" — Dem entsprechend
(*„quocum" ubi de certa persona sermo est)* „restituirt", aber auch
in den text hinein Boot im selben briefe im selben paragraphen
noch einmal umgekehrt das handschriftliche *„quocum"* in *„quicum":*
I, 18, 1 *reperire ex magna turba neminem possumus, quocum aut
iocari libere aut suspirare familiariter possimus.* Die von Boot
citirte stelle, die ich ebenfalls mittheile, weil das buch gewiss man-
chem nicht gleich zugänglich ist, lautet bei Seyffert Lael. p. 133:
„Ueber *quicum* ist zu Zumpt §. 133 anm. hinzuzufügen, dass sich
dieser ablativ ausserhalb der frage immer nur auf einen allgemein
oder unbestimmt gedachten gegenstand bezieht: so in sprichwörtern
de Offic. III, 19, 77 (wo ich die worte im folgenden nicht gebe,
sind sie schon oben angeführt). *Laelius* 21, 77 *nihil enim turpius
quam cum eo bellum gerere, quicum familiariter vixeris.* (Vgl. zu
d. st. meine bemerkung unten). Sonst *de Offic.* III, 11, 49. *de
Offic.* I, 12, 37 *Quid ad hanc mansuetudinem addi potest, eum,
quicum bellum geras, tam molli nomine appellare?* *ad Famil.* IV,
1, 1. Doch scheint Cicero daran nicht so festgehalten zu haben,
dass er nicht auch in diesem falle *quocum* sagte, wie z. b. ohne
variante, so viel ich weiss, *ad Attic.* IV, 10, 1". Diese letzte bemerkung von Seyffert „doch scheint Cicero u. s. w." hat, wie auch
schon Boot sah, nicht ihre volle richtigkeit: es ist nämlich in
diesem beispiel *Ep. ad Attic.* IV, 10, 1 das *quocum* nicht einem ganz
unbestimmten *quicum* der vorher sowohl von Seyffert, als auch von
Boot angeführten beispiele gleichzustellen; denn, wiewohl in der
betreffenden stelle die person nicht geradezu vorher genannt ist, so
ist doch für jeden unverkennbar Pompejus gemeint. Dieser fall
ist also mehr denjenigen hinzuzuzählen, in welchen die person unmittelbar vorher namhaft gemacht ist. Ersteres haben wir noch
pro Murena 16, 34, wo mit *quocum* Mithridates bezeichnet wird:
während letzteres Philipp. II, 3, 7, pro reg. Deiot. 5, 13. 14, 39.
pro P. Sestio 17, 39. Laelius 1, 2. 4, 15 zweimal, Ep. ad Fam.
VII, 32, 1 *addubitavi num (epistola) a Volumnio senatore esset,*

quocum mihi est magnus usus, sq. XIII, 12, 1 *hac separatim Q.*
Fufidium, quocum mihi omnes necessitudines sunt, XV, 3, 1 *regis*
Parthorum filium, quocum esset nupta regis Armeniorum soror, sq.
Hierher rechne ich auch IX, 13, 3 *municipio Caleno, quocum mihi*
magna necessitudo est. Ferner ein beispiel Ep. ad Att. IX, 1, 2 *Etiam*
M'Lepidus, quocum diem conterere solebam, cras cogitabat, und eins
ad Brut. II, 7, 2 *in potestatem perditissimi hominis — M. Anto-*
nii veniendum fuerit, quocum vides hoc tempore ipso quod sit quan-
tumque certamen. In den ebengenannten beispielen bezieht sich *quo-*
cum auf ein bestimmtes object: andrerseits ist aber zu bemerken,
dass *quocum* auch von einer ganz unbestimmten person, also
gleich einem *quicum* gebraucht wird, so de Invent. II, 20, 61 *hoc*
est, si aut cum eo agatur, quocum non oportet, ferner nach der ausgabe Baiters im Lael. 21, 77 *Nihil enim turpius quam cum eo bel-*
lum gerere, quocum familiariter vixeris: während Klotz, Nauck
(Weidm.), Alanus (*Dubl.* 1853) u. a. an dieser stelle *quicum* schreiben: leider giebt keiner von diesen in der *adnot. critic.* aufschluss
über die lesart. Ferner sicher nach den handschriften in den beiden von Boot geänderten stellen Ep. ad Att. I, 18, 1. — *Quocum*
findet sich, um dies hier gleich vorweg zu nehmen, nur noch einmal in den von mir unten angeführten schriftstellern, bei Quintilian, der übrigens sonst stets *cum quo* sagt, und zwar ebenfalls
von einer unbestimmten person gebraucht: XI, 2, 38 *rediit ad*
eum, quocum luserat. — Was nun die form *quicum* anbetrifft,
so wird sie nicht nur „*in proverbiis*“, was leicht erklärlich, und
nicht nur „*ubi non definita persona est*“ angewendet, sondern *qui-*
cum wird auch von sachen und ferner auch, wo von einer bestimmten person die rede ist, gebraucht: also unrichtig ist neben Boot z. b. auch Nauck's bemerkung gerade zu der oben erwähnten stelle Lael. 21, 77 „*quicum* behält diejenige allgemeinheit und unbestimmtheit, die es als interrogativum hat, auch als
relativum bei, indem es sich immer (?) nur auf unbestimmtes
und allgemeines bezieht.“ Die belegstellen für *quicum* sind *A.* „*in*
proverbiis“: de Offic. III, 19, 77 (s. oben). *B. a:* von einer unbestimmten person, das eigentliche terrain für *quicum:* pro M. Tullio
lio 10, 26 *At istuc totum „dolo malo“ additur in hoc iudicio eius*
causa, qui agit, non illius, quicum agitur = 17, 41 (qui durch
Peyron ergänzt) = 19, 44. pro A. Caecina 1, 1 und 27, 76. pro

Rabir. perd. 8, 22. *pro Sulla* 30, 83. in Vatin. 17, 41. pro Rosc.
Am. 21, 58 (s. oben bei Boot) und 27, 74. — Lael. 6, 22 und
nach Klotz (vgl. oben) auch 21, 77. de Offic. I, 12, 37. III, 10,
42. 11, 49. 22, 86. 24, 92. de Invent. I, 8, 10. 11, 16. 31, 51.
31, 53. 55, 109. II, 19, 57. 20, 59. 20, 60. 58, 176. — Ep.
ad Famil. IV, 1, 1. V, 21, 1. XI, 21, 1. XII, 18, 2. XV, 16, 3.
Ep. ad Quintum fratr. I, 1, 15. ad Attic. I, 18, 1. VII, 20, 1. —
b: von sachen: de Invent. 44, 82 *in reprehendendo conveniet simile
id negare esse, quod conferetur, ei, quicum conferetur:* und an derselben stelle *ex quo docebimus aliud de eo, quod comparabitur, et
de eo, quicum comparabitur, existimare oportere.* Vgl. auch oben
Catull. — Bei einer bestimmten person (C) unterscheiden wir
wiederum, wie bei *quocum*, a) die stellen, wo der name selbst nicht
geradezu genannt ist: pro Rabir. 5, 14 *tibi acerbior eius patrui mors
est, quem numquam vidisti, quam illi eius fratris, quicum concor-
dissime vixerat, sq.* or. Philipp. XI, 10, 23 *Nemo erit praeter
unum me, quicum profecto — communicasses.* Ep. ad Att. X, 8, 3
*dubitemus an ei nos etiam cum periculo venditemus, quicum coni-
uncti ne cum praemio quidem voluimus esse?* XI, 3, 3 *etsi egeo
rebus omnibus, quod is quoque in angustiis est, quicum sumus, cui
magnam dedimus pecuniam mutuam, sq.* XII, 36, 1 *Nam habeo
ne me quidem ipsum, quicum tam audacter communicem quam te.*
b) wo der name unmittelbar vorher selbst angegeben ist: or. Philipp. II, 19, 48: *sed habebat (Antonius) ducem Gabinium, quicum
quidvis rectissime facere posset.* Ferner auch in Verrem II, 76,
187 *quaerere incepimus de Carpinatio quisnam is esset Verrucius,
quicum tantae pecuniae rationem haberet;* in Verrem IV, 66, 147
*illum noluisse sua laudatione iuvare L. Lucullum, sororis virum,
quicum optime ei convenisset.* — Also jede änderung der handschriftlichen lesarten sei es eines *quocum* in *quicum* oder umgekehrt ist
nicht gerechtfertigt.

Um nach dieser digression über die bedeutung von *quicum*
und *quocum* auf die *postpositio* und *praepositio* von *cum* mit dem
relativ zurückzukommen, so werden wir für Cicero sagen müssen,
dass bei ihm beides im gebrauch ist, so doch, dass die *postpositio*
bei ihm überwiegt.

Bei Caesar finden wir noch allein die *postpositio*, wiewohl
wir bei den äusserst wenigen beispielen nicht sagen können, dass

er nicht auch die voransetzung von *cum* zugelassen hätte: B. G. I, 1, 4 *proximique sunt Germanis, qui trans Rhenum incolunt, quibuscum continenter bellum gerunt.* 20, 6 *Dumnorigi custodes ponit, ut, quae agat, quibuscum loquatur, scire possit.* 40, 7 *hos esse eosdem, quibuscum saepenumero Helvetii congressi sq.* II, 23, 3 *profligatis Viromanduis, quibuscum erant congresssi.* B. C. III, 18, 3 *adhibito — Lucceio et Theophane, quibuscum communicare de maximis rebus Pompeius consueverat.* Ferner nur noch ein *quacum* B. G. VII, 47, 1 *Caesar legionis decimae, quacum erat, signa constituit.*

Bei Hirtius im B. G. VIII und im B. Alexandrinum findet sich kein beispiel, ebenso auch nicht im B. Hispaniense. Merkwürdig und, so viel ich weiss, sonst nicht vorkommend ist die contraction im B. Afric. 96 *ibique Scipio cum quibus paulo ante nominavi interiit,* d. i. *cum eis, quos paulo sq.*, wie auch Davis und Oudendorp schreiben: letzterer jedoch mit der anmerkung: *Eleganter Graeco more et ni fallor vere Leidensis primus „cum quibus“.*

Bei Sallust haben wir — im Catilina kein beispiel — einerseits Jug. 17, 1 *gentis, quibuscum nobis bellum fuit.* 104, 1 *quibuscum mandata Bocchi cognoscit.* Hist. III frg. 8 *quibuscum optavisset ire* und andrerseits auch Jug. 68, 2 *legionem, cum qua hiemabat.*

Corn. Nepos stellt jedoch immer *cum* vor das relativum. Die stellen in der ausgabe von Ebeling (Berl. 1871) zu Milt. 1, 2, wo jedoch noch hinzuzufügen ist Attic. 4, 2 *Noli adversum eos me velle ducere, cum quibus ne contra te arma ferrem, Italiam reliqui.*

Livius hat ebenfalls, wie bereits Kühnast mittheilt, Hauptp. der Liv. Syntax p. 19: „den steten gebrauch von *cum quibus* statt *quibuscum*, z. b. 1, 45, 2. 4, 24, 2 (nicht 9). 38, 9, 2.“ An letzterer stelle (38, 9, 2) findet sich fälschlich in der Drakenborch'-schen ausgabe *quibuscum*, wie auch 29, 30, 9 nicht *quibuscum Masinissa sq.*, sondern, wie Drakenborch schon selbst vermuthete und auch, wie wir nunmehr sagen können, dem Livianischen sprachgebrauch allein entsprechend: *quibus cum Masinissa nequaquam tantum peditum equitumve habente acie conflixit*, zu lesen ist. Ferner sagt aber Livius auch stets *cum quo* und *cum qua*. Der beispiele sind auch bei ihm nur wenige, in manchen (sieben) büchern gar keine, wie in den *Epitomis* zu den 145 büchern *cum quibus*:

35. 47. 55. 59 und *cum quo* nur 85 sich findet. Sonst sind ausser den drei obigen stellen von Kühnast die beispiele für *cum quibus*: I, 32, 3 *Latini, cum quibus ictum foedus erat.* 49, 7.
IV, 5, 6. 37, 5. V, 17, 8. VI, 18, 16. VII, 34, 5. VIII, 2, 13.
IX, 9, 17. 17, 7. X, 14, 10. XXI, 40, 2. 44, 5 zweimal. 54, 2.
XXIII, 7, 2. 33, 12. 46, 8 *remisso in Bruttios Hannone cum
quibus venerat copiis i. e. cum iis copiis, cum quibus venerat.* Dieselbe contraktion auch noch XXVII, 7, 4 *Laelium primo quoque
tempore cum quibus venerat navibus redire in Hispaniam iussit;*
XXIX, 8, 5 *ipse cum quibus venerat copiis Messanam traiecit:*
und XXV, 32, 10 *Ibi Cn. Scipio cum quibus ante dictum est copiis
substitit.* Vgl. oben B. Afric. 96: Liv. XXIV, 49, 6. XXV, 40,
6. XXVII, 13, 3. 29, 3. XXVIII, 25, 4 und 14. XXX, 16, 1.
XXXI, 21, 9. 29, 2. XXXII, 10, 5 zweimal. XXXV, 12, 1.
35, 17. 45, 9. XXXVI, 6, 6. XXXVII, 60, 4. XXXVIII, 46, 2.
XXXIX, 16, 5. XLII, 1, 3. XLIII, 3, 2. XLIV, 35, 21. XLV,
4, 7. 39, 16. — I, 47, 2 *nec sibi defuisse, cui nupta diceretur,
nec cum quo tacita serviret.* 58, 6. VI, 42, 5. VII, 33, 11. VIII,
36, 11. XXI, 31, 3. XXIII, 8, 3. XXV, 6, 16. XXVII, 47, 6.
XXVIII, 25, 12. 28, 9 zweimal. 34, 7. XXXV, 19, 6. XXXVII,
54, 5. XXXVIII, 48, 10 zweimal. 58, 10. XLII, 15, 8. XLV,
2, 11. — III, 35, 2 *prensarent homines, honorem summa ope a se
impugnatum ab ea plebe, cum qua contenderant, suppliciter peten-
tes.* VI, 41, 11. IX, 11, 3. X, 19, 19. XXV, 31, 11. XXIX,
4, 9. 30, 4. XXXVIII, 17, 17 und 19. 31, 5. XLIII, 1, 11. —

Bei Vellejus Paterculus finden sich nur zwei beispiele,
aber auch mit vorangesetztem *cum*: I, 12, 5 *Hunc finem habuit
Romani imperi Carthago aemula, cum qua bellare maiores nostri
coepere Claudio et Fulvio cons.* und II, 85, 4 *Caesar quaerebat, pro
quo et cum quo pugnarent.*

Curtius Rufus setzt ebenfalls *cum* vor das relativ: VI, 7
14. *Sciscitari inde pergit, cum quibus tantae rei societatem inisset:*
VII, 6, 8. 11, 6. VIII, 5, 9. X, 2, 16 2, 29 und VI, 10, 24 *cum
quo quod amicitia fuerit mihi, non recuso defendere.* Vgl. meine
bemerkung im Philol. Anzeiger 1872 heft 6 p. 297.

Was Tacitus anbetrifft, so hat er sowohl in den kleineren
schriften — Agricola kein beispiel — *cum qua Germ.* 10 *eius
gentis, cum qua bellum est,* als auch in den Historien II, 9 *datae*

duae triremes ad prosequendum, cum quibus Cythnum insulam tenuit: und in den Annalen VI, 5. XIII, 28 *cum quibus* = XII, 28 *cum quis*, wie Ann. IV, 43 *Macedonis Philippi, cum quo bellassent*; XVI, 34. Ich halte deshalb in hinsicht auf diese stete anteponirung von *cum*, ferner in hinsicht auf den constanten gebrauch der übrigen schriftsteller, dann auch drittens, weil gerade die form *quicum* bei keinem schriftsteller nach Cicero mehr vorkommt (s. oben), die von Michaelis (Lips. 1868) aufgenommene und von Sirker (Tacit. Formenl. Berl. 1871, p. 43) gebilligte conjectur von *Latinus Latinius* zu Dialog. 37 *acrior quicum pugnas* für höchst zweifelhaft. Sollte jedoch dieses durch conjectur (!) in den text gebrachte *quicum* richtig sein, so wäre dieses unicum nur durch die bekanntschaft des verfassers des Dialogus mit den ciceronianischen schriften zu erklären. Deshalb wird man wohl mit der leichten verbesserung von Dryander (vgl. Phil. Anzeig. a. d. o. a. st.) *cui* statt des handschriftlichen *qui*, falls man nicht zu stärkeren änderungen (vgl. Andresen's ausg. Leipz. 1872) greifen will, sich begnügen müssen. — Wenn sich bei Tacitus in Ann. I, 25 *quibuscum* findet, so verschlägt dieses für seinen gewöhnlichen gebrauch nichts, da diese stelle sich in einem briefe findet: es ist vielmehr dieses beispiel im vergleich zu den übrigen wiederum ein beweis, wie Tacitus gerade im briefstil etwas besonderes liefert, und andrerseits lässt sich aus demselben entnehmen, dass die auch wohl etwas mundgerechtere form *quibuscum* im verkehr des täglichen lebens im gebrauch geblieben ist, während die schriftsprache sich durchgehends der anteposition von *cum* bediente. Eine ausnahme hiervon macht in der silbernen latinität allein nur Quintilian, welchem wohl in folge seines ungemein fleissigen studiums des Cicero besonders neben dem obenerwähnten *quocum* noch, allerdings nur ausnahmsweise, zwei *quibuscum* eigen sind: Instit. Orator. IV, 1, 18 *pro iis, quibuscum simultates gerant* und 2, 86 *sunt plurimi, quibuscum egi, qui me refellere possint*. Dann noch nach der ed. Aldina, aber kritisch unsicher X, 1, 38 *de omnibus aetatis suae, quibuscum vivebat*. Sonst schreibt Quintilian *cum quibus*: I, 4, 12. II, 21, 8. III, 5, 3 und *cum quo*: III, 6, 13. 6, 14. 6, 16. V, 7, 32. VII, 1, 22. 4, 37.

Beim jüngeren Plinius haben wir — in den briefen mit Trajan und im Panegyricus kein beispiel — auch wiederum nur *cum*

quibus: II, 14, 2 *Ad hoc pauci cum quibus iuvet dicere.* V, 2, 1
*Accepi pulcherrimos turdos, cum quibus parem calculum ponere —
possum:* und *cum quo* VI, 25, 5 *Di faveant, ut sic inveniat ipsum
quemadmodum iam cum quo fuisset invenit!*

Plinius der Aeltere wird ebenfalls *cum* dem relativum nur
vorgesetzt haben. Beispiele sind auch bei ihm selten: vgl. ausser
dem bei Forcellini u. a. angeführten Nat. Hist. XVIIII, 3, 18 (48)
quidquid sit cum quo decoquatur z. b. noch XXVIII, 2, 3 (12)
aliarum gentium cum quibus tum res esset.

Bei Sueton findet sich in *De grammaticis* und *De rheto-
ribus*, wie in den übrigen von Reifferscheid (Teubn. 1860) herausgegebenen *reliquiae* kein beispiel: in den acht büchern *de vita
Caesarum* ein *cum quibus:* II, 35, ferner *cum quo:* III, 4. VIII im
Domit. 4 und *cum qua:* I, 6. 52. VIII im Tit. 4.

Das resultat obiger untersuchung über die voran- und nachse-
tzung der präposition *cum* in verbindung mit dem relativ ist also,
dass in der ciceronianischen zeit beide ohne unterschied, wiewohl
letztere überwiegend, im gebrauch sind, dass aber bei Nepos, Livius und den übrigen die voransetzung von *cum* das allein gebräuchliche ist.

Hoffentlich werden bald andere, denen genaue sammlungen für
andere schriftsteller zu gebote stehen, dazu beitragen, die hier an-
geregte untersuchung mit zu ende zu führen: es werden hierbei
dann auch nicht die inschriften zu übersehen sein, für welche ich
durch freundliche mittheilung aus der Orellischen sammlung bereits *cum
qua* in nr. 2963. 3024. 3039 und *cum quo* in nr. 3094 anführen kann.

Schliesslich sei noch nebenbei bemerkt, dass im Granius Licinianus sich kein beispiel findet, ferner, dass ich mir für Valerius Maximus, der auch wohl *cum* stets anteponirt haben
wird, bereits notirt habe: III, 2, 24 *octo fuisse, cum quibus —
dimicasset*, weiterhin, dass Aurelius Victor de vir. illustr. *cum
quo* schreibt 11, 1 *Horatius Cocles pro ponte sublicio stetit . . ., donec
pons a tergo interrumperetur, cum quo in Tiberim decidit et ar-
matus ad suos tranavit*, wie auch *cum quibus* 13, 3 *Cuius ille virtutem admiratus, cum quibus optasset in patriam redire permisit*,
und endlich, dass Gellius auch die voranstellung hat VI (VII)
3 *Philippi filio, cum quo bellum populo Romano fuit.*

Göttingen. *A. Greef.*

II. JAHRESBERICHTE.

44. Die Aeschyleische literatur von 1859—1871.

I. Allgemeiner theil.

(S. ob. p. 318.)

(Schluss.)

d. Metrik [1]).

79) De caesura media in Graecorum trimetro iambico. Diss. *Albert Schmidt.* Bonn 1865. 50 p. 8.

80) De pedibus solutis in dialogorum senariis Aeschyli, Sophoclis, Euripidis. Scripsit *Car. Frid. Müller.* Berol. 1866. 155 p. 8.

81) De aequali stropharum et antistropharum in tragoediae Graecae canticis conformatione. Diss. *Gust. Jacob.* Berol. 1866. 50 p. 8.

82) Quaestiones metricae. Part. I. II, von dr. *Johannes Rumpel.* Programme von Insterburg 1865. 1866. 22 p. 20 p. 4.

83) Die auflösungen im trimeter des Aeschylus und Sophocles. Von *Rumpel*, im Philol. XXV (1867) p. 54—66. Ueber rein jambische trimeter ebd. p. 471—477 Ueber die *liquida* ϱ im anlaute und inlaute bei den tragikern ebd. p. 477—483.

84) De anapaestorum apud Aeschylum et Sophoclem ratione antisystematica. Diss. *Rob. Nieberding.* Berol. 1867. 63 p. 8.

85) De numero anapaestico quaestiones metricae. Diss. *Ric. Klotz.* Lipsiae 1869. 52 p. 8.

86) Prolegomena zu Aeschylus tragödien. Von *R. Westphal.* Leipzig 1869. 224 und XIX p. 8.

Die abhandlung von **Albert Schmidt** (n. 79) ist gegen **F. R. Ed.** Preuss *de senarii Graeci caesuris. Diss. phil. Regiom.*

1) Der metrik überlassend was der metrik gehört besprechen wir

Pr. 1858 (vollständig erschienen 1859. 154 s. 8.) und eine ansicht von Gruppe *Ariadne.* Berl. 1834 (schluss) gerichtet. Preuss (vgl. die besprechung von Lehrs im Centralbl. 1859, p. 333) hat nach einer von K. Lehrs vorgetragenen theorie (p. 6) nachzuweisen versucht, dass neben den trochäischen cäsuren der penthemimeres und hepthemimeres die iambischen cäsuren nach der zweiten und dritten hebung (nicht als vereinzelte ausnahmen, sondern) als ganz legitime cäsuren in der tragödie wie komödie aufzustellen seien, dass dagegen die iambische cäsur nach der vierten hebung von Aeschylus und Sophocles niemals, von Aristophanes, der auch die beiden anderen iambischen cäsuren weit häufiger als die tragiker habe, ziemlich oft gebraucht worden sei. Dagegen erweist A. Schmidt, dass die trennung des verses in zwei hälften weder als die regelmässige cäsur noch mit Gruppe (vgl. Heimsoeth *de diversa diversorum mend. emendatione. Ind. schol. hib. Bonn 1866 p. VIII: tragici enuntiata bipartita bipartitis etiam non sine vi pronuntiant versibus*) als absichtlich gewählt und malerisch, sondern als ausnahmsweise zugelassen und als licenz zu betrachten sei. Die härte werde gemildert, wenn ein einsilbiges wort den schluss der ersten hälfte bilde (z. b. σκληρᾶς μέτοικος γῆς | ἐκεῖ κατέφθιτο) oder wenn ein einsilbiges wort nachfolge (z. b. Sept. 1046 ἀλλ᾽ ὃν πόλις στυγεῖ, σὺ τιμήσεις τάφῳ;) oder wenn zwischen den beiden hälften der apostroph die wörter verbinde, zumal wenn noch ein einsilbiges wort vorausgehe oder folge oder beides zugleich stattfinde, z. b. Suppl. 711 ὑμεῖς δὲ μὴ τρέσητ᾽ | ἀκούσασαι πατρός, Prom. 374 χρήεις· σεαυτὸν σῷ᾽, | ὅπως ἐπίστασαι, Pers. 493 χώραν ἀφικόμεσθ᾽, | ἐπ᾽ Ἀξίου πόρον, Sept. 549 πύργοις ἀπειλεῖ τοῖσδ᾽ | ἃ μὴ κραίνοι θεός. Trimeter, welche ohne solche entschuldigung in zwei hälften zerfallen, finden sich bei den iambographen und bei Euripides nicht, bei Aeschylus und Sophocles selten. Bei Aeschylus kommen sie in den älteren stücken häufiger vor als in den späteren (in den Persern 7mal, in Sept. Ag. Cho. Eum. je einmal und zwar Sept. 457, Ag. 943 (?), Cho. 150, Eum. 26, in den Suppl. 5, im Prom. 2mal, nämlich 640 und 770 (nach Dindorf). Auch bei Aristophanes lasse sich eine allmählige abnahme wahrnehmen. — In einem anhange wird bemerkt, dass der apostroph in der mitte des verses gewöhnlich bei unbedeutenderen wörtern wie pronomina, präpositionen, partikeln, copula, seltener wie Prom. 612 δοτῆρ᾽ ὁρᾷς bei ansehnlicheren

hier nur einige abhandlungen über mehr äussere fragen. Auch wird niemand, um das hier zu erwähnen, eine berücksichtigung der in den metrischen werken von H. Schmidt vorkommenden zahlreichen textänderungen erwarten. — Die allgemeinen abhandlungen über scenische fragen haben wir gleichfalls ausgeschlossen, da diese in dem betreffenden jahresbericht Philol. XXIII ihre stelle gefunden haben; zudem wird in dem nächstens erscheinenden werke meines freundes B. Arnold eine vollständige übersicht dieser literatur gegeben werden.

wörtern sich finde; dass der dritte fuss bei Aeschylus und Sophocles
viel seltener als bei Euripides und Aristophanes einen dactylus oder
tribrachys enthalte (Aeschylus 24, Sophokles 47, Euripides von 1 in
Alcestis, 2 in Medea, 3 im Hippolyt bis 67 im Orest von Ol. 92, 4),
dass dabei der dactylus häufiger sei als der tribrachys (Aeschylus
6, Sophocles 13 tribrachen, in denen mit der auflösung des dritten fusses das wort schliesst); endlich dass es bei Aeschylus nur
1 (Eum. 485), bei Sophokles nur 2, bei Euripides nur 4 beispiele
gebe, wo die auflösung des dritten fusses nur aus éinem worte
bestehe. — Die auflösungen im trimeter der tragödie, die verschiedenen arten und gesetze derselben, die unterschiede, welche
hierin zwischen den einzelnen tragikern und zwischen älteren und
jüngeren stücken desselben dichters bestehen, sind von mehreren
gelehrten in ausführlicher weise behandelt worden, von Enger im
N. rh. mus. XI, p. 444 ff., von Müller (n. 80), von Rumpel
(n. 83), von Hamacher, *de anapaesto in trimetris Aeschyli*. Trier.
24 p. 4. (mir unbekannt), von Szelinski die auflösungen im trimeter des Aeschylus und Sophocles Progr. von Hohenstein. Allen-
stein. 1868. 28 p. 4. (mir gleichfalls unbekannt), endlich von
Oberdick in der Zeitschr. f. öst. gymn. 1871, p. 662—67. Enger hat den zusammenhang der auflösungen mit der cäsur betont,
Rumpel einen genauen statistischen nachweis über die ausdehnung
und die zunahme der auflösungen in den einzelnen stücken der drei
tragiker gegeben, Hamacher (nach der angabe von Oberdick a. o.
p. 662) nicht nur die längst beseitigten anapäste der handschriften
oder vielmehr des textes von Canter vertheidigt, sondern auch
durch conjectur neue anapäste hineingebracht, Szelinski (nach der
angabe von Oberdick) Prom. 354 πᾶσιν ὅς γ᾽ ἔστη θεοῖς . . συ-
ρίζων φόνον [was soll γὲ, was soll ἔστη bedeuten?] und Pers. 782
ὧν νέος νεαρὰ φρονεῖ corrigiert, Oberdick die gewonnenen resultate
gut zusammengestellt; am eingehendsten und übersichtlichsten aber
hat K. Fr. Müller (rez. im Centralbl. 1867 p. 159) die sache
durch genaue zusammenstellung und ordnung aller vorkommenden
auflösungen behandelt. Auf den an die spitze gestellten satz, der
nach unserer ansicht unrichtig ist, *senarium ex tribus compositum
esse dipodiis qui considerat, quarum in primae arsi summus, in
alterius tenuior, in tertia levissimus ponitur ictus, ut versus schema
sit:* $\bar{v} \overset{\prime\prime\prime}{-} v — | \bar{v} \overset{\prime\prime}{-} v — | \bar{v} \overset{\prime}{-} v —$, *facile cur in prima praecipue ac
tertia sede longas solverint syllabas tragici, intelligit,* wollen wir
hier nicht näher eingehen, sondern die einzelnen beobachtungen,
welche Aeschylus besonders betreffen, aufzählen. Der tribrachys
im ersten fusse besteht bei Aeschylus immer aus einem einzigen,
gewöhnlich dreisilbigen, mehrmals auch mehrsilbigen worte (daher
ist die änderung von Dindorf Prom. 816 ἐπανδίπλαζε nicht nöthig). Im zweiten fusse besteht der tribrachys nur zweimal bei
Aeschylus aus einem einzigen worte Cho. 1 und Ag. 1590 (χθό-

νιε, ξένια, *quam utramque solutionem liquida vocabulorum pronun-*
tiatione plurimum habere excusationis nemo non videt), öfters aus
zwei wörtern so, dass die erste kürze durch die schlusssilbe des
vorausgehenden wortes gebildet ist.   (Bei der besprechung von
Sept. 268 ὀλολυγμὸν ἱερὸν weist Müller den von Dindorf nach der
lesart des Laur. Soph. O. Col. 16 überall bei auflösungen hergestellten ionismus ἱρός besonders mit der bemerkung von Fix *praef.*
ad Eur. fab. ed. Paris. p. LVII zurück: *mirum est, quod in tam*
frequenti usu huius vocabuli nusquam videas ἱερὸς *cum terminatione*
longa explere tertium aut quintum pedem apud tragicos, rem haud
vitaturos in quinto certe loco, si ἱεροῦ, ἱερῶν, *al., spondeum, non*
anapaestum effecissent); seltener ist die erste kürze des tribrachys
ein einsilbiges wort, dann aber immer eine partikel, welche mit
dem vorausgehenden worte in engster verbindung steht (δὲ, τε).
Vereinzelt stehen Pers. 814 πάσχουσι, τὰ δὲ, Frgm. 340, 9 N.
τὸν παῖδα τὸν ἐμὸν, wo jedoch die worte auf das engste zusammenhängen.   Im dritten fusse besteht der tribrachys nie aus einem einzigen dreisilbigen worte, manchmal (Eum. 485) aus den letzten
silben eines mehrsilbigen wortes (μαρτύρια); sehr oft ist die erste
kürze das ende des vorausgehenden wortes (in betreff einsilbiger
wörter gilt dieselbe regel wie beim zweiten fusse), die zwei anderen kürzen der anfang eines neuen drei- oder mehrsilbigen mehrmals auch der inhalt eines zweisilbigen wortes [das zweisilbige
wort ist aber entweder eine präposition Sept. 593, Cho. 89, Ag.
1605, oder hängt durch elision mit dem folgenden zusammen, Pers.
403, Suppl. 303, Eum. 602, zweimal ist es τίνα: τίνα δὲ Pers.
296, τίνα βοήν Cho. 885, einmal Cho. 130 πάτερ (ἐποίκτειρον)].
In den zwei vereinzelten beispielen Ag. 600 ἄριστα τὸν ἐμὸν, Cho.
569 πύλαισι τὸν ἑκέτην, schliesst sich der artikel auf das engste
dem folgenden worte an.   *Quarum solutionum numerum si respi-*
cimus, quod in tertia senarii sede, quippe in qua caesura πενθημι-
μερής *adhibeatur frequentissime, 45 soluti inveniuntur pedes, mirum*
non habemus.   Fere omnes enim solutiones ita esse conformatas in-
telleximus, ut caesura illa inde oriatur [das hängt mit dem ersten
satze zusammen].   *Nec vero pauciores enumerandae sunt in quarta*
sede, quae et ipsa caesuram adamet.   Für den vierten fuss gilt
dasselbe wie für den dritten.   Die zweite und dritte kürze bilden
ein zweisilbiges wort Prom. 273, Ag. 1365, Frg. 174, 3, Sept.
534, Frgm. 212, 1 [es ist wieder an den drei ersten stellen eine
präposition, an der vierten τίνα; an der fünften hat es nicht ἴσον
ἐν οὐρανῷ, sondern ἴσον οὐρανῷ geheissen, wie bei Dindorf be-
reits hergestellt ist].   Ein erster päon (ἀμφ|ότερα) findet sich hier
häufiger als im dritten [wegen der vorausgehenden πενθημιμερής].
Vereinzelt stehen Pers. 332 καὶ λιγέα (vgl. Enger a. o. p. 448)
und Sept. 547 Ἀρκὰς· ὁ δὲ, wo ὁ und δὲ aufs engste zusammenhängen.   Im fünften fusse finden wir an zwei stellen Prom. 52,

Eum. 40 die auflösung υ | υυ; an zwei Pers. 448, 492 ist die
erste kürze ein einsilbiges wort (ὅ und τὲ); an zwei Pers. 501,
Suppl. 259 bildet die zweite und dritte kürze ein zweisilbiges
wort; an drei Eum. 480, 797, Suppl. 388 kommt ein erster päon
vor (ἀμφότερα, μαρτύρια, ἐγγύτατα). — Der dactylus findet sich
sehr häufig im dritten fusse in verbindung mit der cäsur nach der
länge des daktylus, mag diese wie gewöhnlich die schlusssilbe des
vorausgehenden wortes oder ein einsilbiges mit dem vorausgehenden in engster verbindung stehendes wort sein. Die beiden kürzen bilden wieder in der regel den anfang eines drei- oder mehrsilbigen, öfters auch ein zweisilbiges wort, das mit dem folgenden
eng verbunden ist (präpositionen, τίνα, τίνι, elidierte worte; Frgm.
297, 5 λεπάργου· δύο γάρ, Eum. 183 ἄλγους μέλαν ἀπ'; Cho.
224 Ὀρέστην τάδε σ' ἐγώ ist eine unsichere emendation; Suppl.
516 δαρὸν χρόνον ἐρημώσει ist corrupt: Hermann δαρὸν σ' ἐξε-
ρημώσει, Enger δαρὸν σός σ' ἐρημώσει; das wahrscheinlichste ist
mir δαρὸν παῖδ' ἐρημώσει πατήρ). Vereinzelt stehen Eum. 446
τῆ μῆ τὸ σὸν; Pers. 181 μοι δύο, Suppl. 241 μὲν δὴ κατὰ, Cho.
489 μοι πατέρ'; dann Sept. 1029 ἀδελφον τὸν ἐμὸν, Ag. 1584
Θυέστην τὸν ἐμοὶ, Eum. 232 τὸν ἱκέτην, 586 ἀμείβου πρὸς ἔπος.
Im ersten fusse kommt der dactylus gewöhnlich nur bei eigennamen vor; vereinzelt steht ἀστέρας in dem verdächtigen vers Ag. 7;
aus zwei eng verbundenen wörtern besteht der dactylus Sept. 653,
Frg. 250, 2, Ag. 1312; Cho. 216, Frg. 383, 1. Im fünften
fusse kommt der daktylus niemals vor. — Anapäste von wörtern
ausser eigennamen kommen bei den tragikern nur im ersten fusse
vor *(quod in prima sede minus quam in ceteris ne numerus iam-*
bicus prorsus perturbaretur, tragici certe sermonis dignitati non
responderet, verendum erat poetis). Die anapäste bestehen bei Aeschylus immer aus einem worte. Ein anapäst von einem eigennamen kommt in einem andern fusse nur einmal vor: Sept. 569
im fünften fusse Ἀμφιάρεω βίαν. Um auch solche anapäste zu
vermeiden hat sich Aeschylus die verlängerung der zweiten silbe in
Ἱππομέδοντος Παρθενοπαῖος erlaubt. — Die abhandlung von
Jacob (n. 81), besprochen von Steinberg in Z. f. das gymn. 20,
p. 575—78, behandelt nach kurzer einleitung über die vornehmlich von Hermann (Opusc. VI, 2, p. 38 f.) betonte übereinstimmung
von strophe und antistrophe in der interpunktion die wiederkehr
der gleichen worte oder der gleichen verdoppelung oder wiederholung verschiedener worte an gleicher stelle der strophe und antistrophe, welche eigenthümlichkeit besonders von **Seidler** *de vers.*
dochm. p. 111 und Hermann *el. d. metr. p.* 736 beachtet und erörtert worden ist (über beides vgl. auch **Westphal** n. 8, p. 7).
Bei Aeschylus und Sophokles finden sich in jedem stücke beispiele
dieser art, bei Euripides in einigen ziemlich viele, in anderen wie
in der Hecuba und Taur. Iphig. fast keine. **Am häufigsten ist**

die wiederkehr der interjektionen, wie schon Hermann *Epit. d. m.*
ζ. 693 beobachtet hat. Jacob stellt zuerst die beispiele der wiederholung einzelner worte, dann ganzer gedanken zusammen. Beispiele für die wiederholung der letzten art finden sich viele bei
Aeschylus, wenige bei Euripides, keine bei Sophokles. Die wiederkehr vollständiger strophen, ganz kurzer im gesang von bühnenpersonen, längerer in chorliedern, kommt nur bei Aeschylus vor.
Die wiederkehr gleicher verdopplung verschiedener worte (z. b. *ἢ*
σοφὸς ἢ σοφός — μήποτε μήποτε) findet sich sehr häufig am anfang und in der mitte der strophen, niemals am ende. Nach der
zusammenstellung der verschiedenen fälle und zahlreichen beispiele
spricht Jacob über das wesen der wiederholungen. Ueber die namen *προΰμνιον, μεσύμνιον, ἐφύμνιον, μεσόφθεγμα, ἐπίφθεγμα*
vgl. H. L. Ahrens *Bion. epitaph. Adonidis ed. Lips.* 1854, p.
29 sqq. Der name für die refrainartige wiederholung des gleichen satzes am ende der strophe und antistrophe hiess nach dem
schol. zu Sept. 975, 986 und Eum. 341 *ἐφύμνιον;* an der letzten
stelle wird hinzugesetzt *λέγεται δὲ καὶ μεσόφθεγμα.* Diesen namen will Jacob damit erklären, dass das ephymnion die gedankenverbindung von strophe und antistrophe unterbreche, also *διὰ μέ-*
σου gesetzt sei, wie das scholion zu Suppl. 165 *τὰ δ' ἄλλα διὰ*
μέσου ἀναπεφώνηται sich auf das ephymnion *ἃ Ζῆν — χειμών*
beziehe. Steinberg hält jenes scholion für lückenhaft; es scheint
nichts als ein irrthum des scholiasten vorzuliegen, welcher bei
einer ähnlichen wiederholung wie Eum. 1035 *εὐφαμεῖτε δὲ χω-*
ρῖται — 1039 εὐφαμεῖτε δὲ πανδαμὶ die dort richtige bezeichnung *μεσόφθεγμα* gefunden hatte. Dann weist Jacob die ansicht
von Seidler und Hermann zurück, welche in jenen wiederholungen
nur eine stütze für das gedächtniss der schauspieler erblicken, leitet diese eigenthümlichkeit aus demselben sinn für parallelismus wie
die antistrophische composition überhaupt ab, stimmt in betreff der
ephymnien Ahrens (a. o. p. 32): *apparet autem omne genus ephy-*
mniorum ex acclamationibus istis ortum videri, quae post dicta
factave sacra ab universa praesentium multitudine addi solebant et
ἐπιφθέγματα, ἐπιφωνήματα, ἐπιρρήματα, ἐπευφημισμοὶ appellantur.
Ephymniis vero in pleniores sententias auctis versus epiphthegmatici
nati sunt, und O. Müller (Eum. p. 91) bei, dass die wiederholung
bei solchen stellen am platze war, welche den grundton des ganzen, den zweck der ganzen handlung, den gedanken, auf den man
immer zurückkommt, ausdrücken. Jacob hat nicht beachtet, dass
auch der schol. zu Sept. 986 *τὸ ἐφύμνιον. ταῦτα δὲ λέγει ὡς βα-*
ρέως φέρων, einen ähnlichen grund der wiederholung anmerkt,
denn es ist in dem schol. *ταῦτα δὲ λέγει* zu lesen. In betreff der
wiederholung einzelner worte fasst Jacob seine ansicht in folgenden worten zusammen: *tam voces eaedem quam iterationes similes*
in iisdem et stropharum et antistropharum locis collocatae, quam-

*quam in nonnullis earum peculiarem quandam venustatem inesse
concedendum est, plerumque tamen, utpote et quae strophae iun-
gendae sint et quae in ipsis strophis sibi respondeant indicantes,
dispositioni tantummodo et structurae carminum partiumque rationi
et relationi illustrandae inserviunt. Est igitur haec quoque res
adiumentum quoddam ad simplicitatem illam et perspicuitatem effi-
ciendam, qua universa veterum Graecorum ars mirifice excellit.*
Steinberg glaubt die annahme einer ästhetischen oder rhetorischen
wirkung weiter ausdehnen zu müssen.

Rumpel (82) stellt in dem ersten programm nach kurzer
einleitung über den gebrauch der epiker und iambographen, bei
welchen vor *muta cum liquida* der kurze vokal immer lang ist,
und den umgekehrten gebrauch der komiker, welche in der regel
den vokal nur vor β γ δ mit λ μ ν verlängern, in einer tabelle
unter den drei rubriken *vocales longae, ancipites, breves* der reihe
nach alle fälle des gebrauchs von *muta cum liquida*, die sich bei
den tragikern finden, zusammen. In dem zweiten programme werden die aus der zusammenstellung sich ergebenden folgerungen gezogen: die Dawesianische regel wird dahin präcisiert, dass die tragiker vor γμ, δμ, γν, δν (βμ und βν kommt nicht vor) den vokal
immer verlängert, vor βλ und γλ Aeschylus und Sophokles bisweilen den kurzen vokal zugelassen haben (βύβλον Suppl. 761, ἔβλα-
στον Phil. 1311, El. 440, δὲ γλῶσσαν Ag. 1629 vgl. Pers. 591),
während die zwei einzigen beispiele bei Euripides ἀμφιβλῆτα fr.
698 und γυναῖκα γλώσσῃ El. 1014 bedenken erregen. Ueberhaupt darf man nicht glauben, dass Aeschylus sich dem gebrauch
des epos am meisten angeschlossen habe; vielmehr hat Aeschylus
als kühner neuerer der neigung der attischen aussprache den vokal
zu verkürzen bedeutenden einfluss gestattet, Euripides dagegen mehr
den alten gebrauch festgehalten, Sophocles einen mittelweg eingeschlagen. Z. b. findet sich bei Aeschylus niemals ein langer vokal vor χν und die änderungen von Hermann zu Suppl. 886 und
Wieseler zu Eum. 803 (ἄχναις) sind schon desshalb bedenklich.
Vor θν kommt ein langer vokal nur Eur. fr. 582, 6 vor und die
änderung von Hermann zu Ag. 539 kann nicht richtig sein. Verse,
in welchen die gleiche silbe eines wortes einmal lang und einmal
kurz gebraucht wird, hat Sophocles fünf, Euripides sechs, Aeschylus keinen. Auch was bei Sophocles und Euripides etwas häufiger
vorkommt, dass in kurzem zwischenraume ein wort mit jener verschiedenen quantität oder dass dieselbe silbe in einem oder mehreren versen einmal lang einmal mittelzeitig angewendet wird, ist
bei Aeschylus ganz selten (Prom. 966 λᾱτρείας, 968 λᾰτρεύειν,
Pers. 403 πᾰτρίδα, 404 πᾱτρῴων; fr. 173, 2 ὕβρῐζ, ὑβρῐσμούς,
Prom. 518 πέπρωμένην, 519 πέπρωται, Suppl. 622 ἔκρᾰνε, 624
ἐπέκρᾱνεν). Vgl. die rec. in Centralbl. 1868 p. 197. — In der
abhandlung über das anlautende und inlautende ϱ gewinnt Rumpel

(n. 83) das ergebniss, dass der dem anlautenden ϱ vorausgehende kurze endvokal fast ebenso oft die geltung einer kürze als die einer länge hat, dass im inlaute die doppelung des ϱ die regel ist und der seltene fall eines einfachen ϱ sich hauptsächlich nur in den mit (σ)ϱυ zusammengesetzten wörtern findet.

Nieberding (n. 84) untersucht nach einer kurzen einleitung, in welcher der satz von Weil, dass eine anapästische dipodie einer tetrapodie entsprechen könne, besprochen aber unentschieden gelassen wird, zuerst die responsion der strengen, dann der freien anapäste und gelangt zu folgendem endergebniss: 1) die strengen anapäste, welche bei dem auftreten des chors oder einer bühnenperson recitiert werden, sind nicht antisystematisch; nur bei der parodos der Eumeniden könnte eine solche composition wegen einiger ähnlichkeit mit einem ὑπόρχημα vom dichter beabsichtigt sein. Ausserdem ist in den anapästen, welche den ankommenden Agamemnon begrüssen, Ag. 783, eine gewisse symmetrie bemerkbar. Ueberhaupt ist bei einem gegensätzlichen inhalt wie in dem eben erwähnten beispiele eine künstlichere form, aber kein strengeres gesetz eingehalten. 2) Die anapäste, welche ein stück schliessen, sind bei Sophokles niemals, bei Aeschylus an zwei stellen (Prom. und Sept.) antistrophisch. Nicht eine antistrophische, wohl aber eine symmetrische composition ist im schluss der Choephoren und des Oed. Coloneus zu sehen. Die systeme, welche einzelne theile des stückes abschliessen, sind nicht antistrophisch, aber symmetrisch angelegt: Pers. 532, Ag. 355, 1331, Cho. 855. 3) Die mit lyrischen partieen verbundenen anapäste, welche nach strophe und antistrophe folgen und gleichen personenwechsel haben, sind antistrophisch Ant. 100. 781, und alle beispiele bei Aeschylus, Ag. 1455, Cho. 306, Eum. 927, Prom. 136 [?]. Die anapäste, welche bei Sophokles weder in entsprechender weise folgen noch entsprechenden personenwechsel haben, sind nicht antistrophisch: Phil. 135, Ai. 205, Oed. Col. 117, an welcher stelle jedoch eine künstlerische gliederung herrscht. 4) Die freien anapäste, welche kleine χορικά bilden oder zu grösseren chorliedern gehören oder in ϑρῆνοι vorkommen, sind immer antistrophisch. Diejenigen, welche von bühnenpersonen (ἀπὸ σκηνῆς) vorgetragen werden, haben höchst wahrscheinlicher weise auch antisystematische form. Diejenigen, welche das auf- oder abtreten von personen ankündigen haben theils antisystematische form theils sind sie zweifelhafter art. — Zuletzt wird noch der satz aufgestellt, dass dorische formen nur manchmal in freien anapästen in lyrischen partieen oder bei besonderem pathos, niemals in strengen anapästen gebraucht worden seien. — In gründlicher weise handelt Klotz (n. 85) über die regeln der strengen anapäste, *de anapaestorum legitimorum usu ac natura, de membris tetrametri et hypermetri componendis, de contractionibus et dissolutionibus, de caesuris tragicis, de versu paroemiaco, de tetrapodiae*

et dipodiae vi rhythmica, de periodorum anapaesticarum responsione,
de tetrametro et hypermetro comico. Die formen der anapästischen
dipodie $\smile\smile\acute{} - - \acute{\upsilon}\,\upsilon$ und $- - \acute{} - \acute{\upsilon}\,\upsilon$ hält Klotz für unrhythmisch
und die entgegenstehenden beispiele für corrupt: (Ag. 803 *θράσος*
ἀκούσιον ist eine schlechte conjektur), Sept. 1018 *καὶ συνθάψομεν*
(Kl. *καὶ καταθάψομεν*), Androm. 1228 *λευκὴν αἰθέρα πορθμενόμενος*
(Kl. *λευκὸν ἐς αἰθέρα*), Trach. 1275 *λεῖπου μηδὲ σὺ* (Kl. *μηδὲ*
σὺ λείπου), Pers. 46 *πολλοῖς ἅρμασιν*, Ant. 129 *πολλῷ ῥεύματι*
(von Kl. gleichfalls umgestellt), Ag. 92 *ἄλλη δ' ἀλλόθεν οὐρανο-*
μήκης (Kl. *οὐρανομήκης δ' ἀλλόθεν ἄλλη*), O. Col. 1174 *δράσω*
καὶ τάδε (Kl. *δράσω τάδ' ἐγώ*), Ion. 103—108 corrupt, Aesch.
Suppl. 5 *Συρίᾳ φεύγομεν* (Kl. „*neque intellego quae sit ratio, qua*
Aegyptus terra dicatur Syriae finitima, neque apparet, cur caelestis
terra eadem Aegyptus a Danaidibus vocetur"), Ag. 358 *στέγανον*
δίκτυον (Kl. *νὺξ φιλία | κόσμων κτεάτειρ', ἥτ' ἐπὶ Τροίας | ἔβα-*
λες πύργοις, ὡς μήτε μέγαν | μήτ' οὖν νεαρόν τιν' ὑπερτελέσαι |
γάγγαμον ἄτης παναλώτου), Ag. 797 *τὰ δοκοῦντ' εὔφρονος ἐκ δια-*
νοίας (Kl. „*locus mendosus*"), Eum. 307 *ἄγε δὴ καὶ χορόν* (Kl.
„lückenhaft, wie der mangel der responsion zeigt" „etwa *ἀλλ' ἄγετ'*
ἤδη καὶ χορὸν ἡμεῖς ἅψωμεν"), Eur. El. 1353 *μόχθων σῴζομεν*
(Kl. *σῴζομεν ἄχθων*). Die unstatthaftigkeit dieser änderungen
beweist die unhaltbarkeit der aufgestellten regel, welche vielmehr
auf die seltenheit dieser beiden formen zu beschränken ist. — Die
gewöhnlichste hauptcäsur ist die, welche den dimeter in zwei di-
podieen theilt; die trochäische cäsur $\smile\smile - \smile\smile - \smile\,|\,\smile - \smile\smile -$ hat Ae-
schylus 20mal, Sophokles 8mal, Euripides niemals (in akatalekti-
schen dimetern) gebraucht. *Tres Aeschyli loci, ubi caesura prima-*
ria violata est, aut corrupti aut ab Aeschylo abiudicandi sunt:
frgm. 186, 4, wo Lobeck *πάντων τροφὸν* gebessert hat, Prom.
172, 293. Cho. 1072 *νῦν δ' αὖ τρίτος | ἦλθέ ποθεν | σωτήρ*
will Kl. umstellen *νῦν δ' ἦλθέ ποθεν | τρίτος αὖ σωτήρ*. — Es
sind sechs arten der nebencäsuren denkbar; zwei davon $\smile|\smile - \smile\smile -$
und $\overline{\smile\smile} - \overline{\smile\smile}\,|-$ sind gemieden worden. Prom. 139 *χθόν' ἀκοι-*
μήτῳ verba elisione coalescunt. Sept. 822 *ὦ μεγάλε Ζεῦ*, Cho.
722 *ὦ πότνια χθών* excusatio in eo posita esse videtur, quod verba
eo quodammodo coniunguntur, quod ultima prioris vocabuli proxima
duplici consona producitur. Vor enklitiken und partikeln wie *νῦν,*
ἄν, μὲν, δὴ, γάρ, γοῦν, αὖ, auch *χρή* und *παῖς* (z. b. *Τελαμώνιε*
παῖ) ist keine cäsur anzunehmen. — Fehlt bei dem parömiacus die
gewöhnliche hauptcäsur (nach der dipodie oder nach der ersten
kürze des dritten anapästes), so findet eine cäsur vor der dritten
hebung statt verbunden mit einer nebencäsur nach dem er-
sten fusse: $\overline{\smile\smile} - |\overline{\smile\smile} - \smile\smile\,|- -$. Nur Prom. 1070 *τῆσδ' ἥνιν'*
ἀπέπτυσα | μάλλον hat eine solche cäsur *ceteris caesuris commissura*
vocalium obscuratis. In drei stellen hat man bloss einen einschnitt
nach dem ersten fusse Eur. frg. 475, 3 und 550, 3 ed. N. und

Prom. 1043 πάντως | ἐμέγ' οὐ θανατώσει; denn eine zweite cäsur nach ἐμέγ' sei nicht anzunehmen; eine solche gebe es nur in dem corrupten V. Ag. 772 εὔφρων πόνος εὖ τελέσασιν und in dem von Hermann hergestellten Ag. 800 Ἑλένης ἕνεκ' οὐκ ἐπικεύσω, wo Kl. Ἑλένης ἕνεκεν κοὐκ ἐπικεύσω schreiben will, weil die gewöhnliche emendation Ἑλένης ἕνεκ', οὐ γάρ σ' ἐπικεύσω der hauptcäsur entbehre. Die cäsur $\overline{vv}$ — — | — vv — — hält Klotz für unstatthaft, ändert Pers. 55 τοξουλκῷ λήματι πιστούς in λήματι πιστοὺς τοξουλκῷ, Ag. 67 Δαναοῖσι Τρωσί θ' ὁμοίως in Δαναοῖς καὶ Τρωσὶν ὁμοίως, Ant. 939 ἄγομαι δὴ κοὐκέτι μέλλω in ἄγομαι δὴ 'γὼ κοὐκέτι μέλλω. Unstatthaft sei daher wohl auch die cäsur —vv—| — vv — —, auch änderungen wie die von Karsten und Keck Ag. 104 θυμοβόρον φροντίδ' ἄπληστον und die überlieferung Ai. 1416 κοὐδενί πω | λᾴονι θνητῶν (Kl. κούτῳ βελτίονι φωτῶν). [Mit diesen regeln scheint es sich ebenso wie mit der obigen zu verhalten]. Sophokles hat an 37 stellen, Aeschylus an 8, Euripides an 91 die gewöhnlichen hauptcäsuren, Sophokles und Euripides an 3, Aeschylus an 5 stellen die cäsur vor der dritten thesis mit der cäsur nach dem ersten fusse verbunden. Eigens zu bemerken sind Prom. 1074, 1053, 297, Ag. 1467, Pers. 917. — In betreff der dem parömiacus vorausgehenden dipodie stimmt Klotz der ansicht von Thierfelder *de christian. psalm. et hymn. usque ad Ambros. tempora* p. 23 und 31 bei, dass diese dipodie mit der ersten dipodie des parömiacus eine vollständige reihe, der zweite katalectische theil des parömiacus aber den schluss bilde, wonach eine pause von acht moren folge. Die übrige dipodie will Klotz nach Ag. 84, wo keine andere stellung möglich ist, vor der zweiten reihe d. h. am anfang der ganzen periode ansetzen. — Weil es bei Hephaest. p. 76 ed. Teubn. heisst ὅτι ἐστί τινα κατὰ περιορισμοὺς ἀνίσους ἀναπαιστικὰ γεγραμμένα, nimmt Klotz drei arten der anapästischen hypermetra an: κατὰ περιορισμοὺς ἴσους, wenn zwei oder mehrere systeme sich entsprechen, κατὰ π. ἀνίσους, wenn die einzelnen hypermetra sich nicht wiederholen z. b. in der parodos der Schutzflehenden, ἀπεριόριστα, welche nur aus einer periode bestehen (vgl. Westphal Metr. II² p. 263), denen keine weitere entspricht. Klotz meint, dass bei Aeschylus alle anapästischen parodoi mit ausnahme der erwähnten parodos der schutzflehenden responsion haben, wirft in der parodos der Perser v. 3 καὶ πολυχρύσων mit Hartung, v. 23 ταγοὶ Περσῶν aus, nimmt die änderungen von Hermann in v. 11 und 13 an, ausserdem nach v. 18 eine lücke von einem parömiakus, die durch die kürze von ἔβαν angezeigt sei, und gewinnt so zwölf correspondierende systeme. Bei der parodos des Ag. wird die kühnheit von Keck fast noch überboten: v. 42 wird nach ἠδ' Ἀγαμέμνων eine lücke von einer dipodie, v. 85 τί δ' ἐπαισθομένη als unächt, v. 78 zwischen χώρα, wie Klotz für χώρᾳ schreibt, und ὅ θ' ὑπεργήρως eine lücke von einem parömiakus angenommen und so die responsion von $7\frac{1}{2}$. 6. $4\frac{1}{2}$. $7\frac{1}{2}$. 4. $3\frac{1}{2}$. $3\frac{1}{2}$. 4. $3\frac{1}{2}$. $3\frac{1}{2}$. $4\frac{1}{2}$. 6 hergestellt. Die responsion von Sept. 1054—59 und 1060—65 will Klotz durch auswerfung von $\varkappa\tilde{\eta}\varrho\varepsilon\varsigma$ Ἐ$\varrho\iota\nu\acute{\nu}\varepsilon\varsigma$ (v. 1055), die von Ag. 1331 ff. durch annahme einer lücke nach ἱ$\varkappa\acute{\alpha}\nu\varepsilon\iota$ v. 1337 ($\varkappa\alpha\grave{\iota}$ ἄ$\varrho\iota\sigma\tau o\varsigma$) gewinnen. Ueber die an der letzten stelle aufgestellte responsion 4. 3. 3. 2 heisst es dann: *aptissimum est quod ultimum systema a primo duobus dimetris superatur, quo magis praeter exspectationem atque ex necopinato Agamemnonis vox aures perstringat.* Cho. 861 wird Ἀ$\gamma\alpha\mu\varepsilon\mu\nu o\nu\acute{\iota}\omega\nu$ ausgeworfen ($3\frac{1}{2}$. $3\frac{1}{2}$. 3. 3). Sept. 822 ff. werden drei lücken ῥ$\acute{\nu}\varepsilon\sigma\vartheta\varepsilon$, $\mu o\gamma\varepsilon\varrho o\acute{\nu}\varsigma$ und ἐ$\pi\omega\nu\nu\mu\acute{\iota}\alpha\nu$ angesetzt ($3+2=2+3$). Cho. 1069 wirft Klotz mit Hermann $\tau\varepsilon$ Θ$\nu\acute{\varepsilon}\sigma\tau o\nu$ aus und glaubt, dass die dann sich ergebende übereinstimmung mit v. 719 ff. ($2\frac{1}{2}+7=2\frac{1}{2}+7$) nicht zufällig sei. Resultat: *responsionem maxime Aeschylus excoluerat. Sophocles autem et Euripides eam minus curaverunt eamque omnino uterque non persecutus est, nisi in prioribus fabulis, maximeque in Alcestide, Medea, Andromacha, Troadibus, Hecuba, quae fabulae ante Ol. 97 vel non multum post scriptae sunt.* — Die geistreiche schrift von Westphal (n. 86) ist ausführlich von O. Hense im Philol. Anz. III. 6, p. 289—298 besprochen worden. Darauf verweisen wir und heben für unseren zweck nur einige hauptpunkte heraus. Der erste abschnitt behandelt die gliederung der äschyleischen tragödie im zusammenhang mit den dramen der späteren zeit. Durch das ausgedehnte $\mu\acute{\varepsilon}\gamma\varepsilon\vartheta o\varsigma$, welches Aeschylos den $\chi o\varrho\iota\varkappa\grave{\alpha}$ seiner tragödien einräumt, bezeichnet er selber die vorwaltende stellung, welche sie ihrem inhalte nach in der tragödie einnehmen sollen. Sie sollen sichtlich das eigentlich feste material sein, an welches sich alles übrige als eine gleichsam beweglichere und leichtere masse anlehnt. Mit dieser ihrer bedeutung harmoniert die constant festgehaltene zahl, in welcher sie Aeschylus in jedem seiner stücke anwendet. Wie nämlich Aeschylus vier dramen als eben so viele theile eines einheitlichen tetralogischen ganzen zur aufführung bringt, so hat er jedem einzelnen drama vier chorika zugewiesen [dieser hypothese fehlt die innere begründung; der äusseren gegenüber kann ich nicht zugeben, dass Ag. 40—257 ein ganzes und nicht vielmehr parodos und erstes stasimon bilde, vgl. meine Studien p. 104]. — Die $\vartheta\varrho\tilde{\eta}\nu o\iota$ der tragödie lehnten sich nicht an die durch die grossen lyriker ausgebildete art des $\vartheta\varrho\tilde{\eta}\nu o\varsigma$ an, sondern an die alte volksthümliche art desselben, für welche sich die theilung der klage unter einen chor und einzelsänger als alten brauch nachweisen lässt (Hom. Ω 718—776). Bei Aeschylus hat jede tragödie, deren inhalt es zulässt, einen $\vartheta\varrho\tilde{\eta}\nu o\varsigma$. An die stelle des $\vartheta\varrho\tilde{\eta}\nu o\varsigma$ tritt in den Eumeniden und Supplices ein processionslied als ἀ$\varphi o\delta\iota\varkappa\grave{o}\nu$ $\mu\acute{\varepsilon}\lambda o\varsigma$, welches die äussere form des volksthümlichen processionsliedes (vertheilung unter mehrere chöre, refrains) bewahrt, die übersprudelnde laune der ernte- und hochzeitslieder zu einer ernsten heiterkeit veredelt hat. Eum. 1032 gehört der refrain den Eumeniden, das übrige den *προπομποί*. Die vielbehandelte frage über die theilnahme der dienerinnen am gesange Suppl. 1018 ff. entscheidet Westphal dahin, dass er str. und antistr. *α'* unter die beiden halbchöre der Danaiden (*A. ἴτε μάν, B. ὑποδέξασθε A. ποταμούς, B. ἐπίδοι*), str. *β'* unter die halbchöre der *ὀπαδοί* (*Γ. Κύπριδος, Δ. τίεται, Γ. μετάκοινοι, Δ. δέδοται*), antistr. *β'* unter die vier halbchöre (*A. φυγάδεσσιν, B. τί ποτ', Γ. ὅ τι. Δ. μετὰ πολλῶν*), str. *γ'* ebenso (*A. ὁ μέγας, B. τὸ μὲν, Γ. σὺ δὲ, Δ. σὺ δὲ*), antistr. *γ'* entsprechend, aber mit der reihenfolge *A. Γ. B. Δ.* vertheilt, str. und ant. *δ'* dem gesammtchore der Danaiden gibt. V. 1035 wird *θεσμὸς ὅδ' εὔφρων* erklärt „dieser (den wir vertreten, *ἡμέτερος*) verständige brauch". — Die anapästischen hypermetra vor den strophen der äschyleischen chorlieder verhalten sich zu den folgenden chorstrophen wie die kommatien der parabasen zu den epirrhematischen syzygieen. Zwischen den dem ersten chorikon vorausgehenden und den vor den weiteren chorika stehenden anapästen ist kein unterschied [?]. Auf gleicher stufe stehen die dochmien, welche dem ersten chorikon der Sept. vorausgehen, V. 78—107, monodisch von zwei choreuten vorgetragen. Wie die einem chorikon vorausgehenden anapäste überall als eine zu den folgenden strophen gehörende einleitung und somit als ein integrierender theil des chorikon erscheinen, so bilden die auf ein chorikon unmittelbar folgenden anapäste ihrem inhalte nach den anfang der auf das chorikon folgenden epeisodien und müssen mithin von dem chorikon abgetrennt werden. — Der zweite abschnitt handelt über die nach Terpandrischer compositionsform gegliederten chorlieder (vgl. Westphal's Gesch. der alten und mittelalterlichen Musik. Breslau 1867. p. 78—80, Ausgabe des Catull. Breslau 1867 p. 73). Aeschylus verlegt den hauptgedanken, ohne rücksicht auf strophe und antistrophe, jedesmal in die mitte des chorliedes; die übrigen theile sind um diesen mittelpunkt so gruppiert, dass der dem centrum vorausgehende theil mit dem theil, welcher dem centrum nachfolgt, im inhalt parallel steht und dass wiederum der diesen umschliessenden partieen vorausgehende und der ihnen nachfolgende theil einander analog sind. Diese anordnung hat schon in der älteren lyrik als ein fester typus für die gruppierung der gedanken bestanden. Der auletische nomos des Sakadas war fünftheilig, bestehend aus drei haupt- und zwei übergangstheilen, der ältere terpandrische nomos siebentheilig und zwar sind die Poll. IV, 66 angegebenen theile: *μέρη δὲ τοῦ κιθαρῳδικοῦ νόμου, Τερπάνδρου κατανείμαντος, ἐπαρχά, μεταρχά, κατατροπά, μεταχατατροπά, ὀμφαλός, σφραγίς, ἐπίλογοι* so zu ordnen: *προοίμιον, ΑΡΧΗ* (lyrischer eingangstheil des nomos), *κατατροπά* (übergangstheil), *ΟΜΦΑΛΟΣ* (haupttheil und mittelpunkt, episch gehalten), *μεταχατατροπά* (übergang), *ΣΦΡΑΓΙΣ* (finale, entspre-

chend dem anfangstheile), *ἐξόδιον* (subjectiv gehalten wie das pro-
ömion). Die pindarischen epinikien zeigen deutlich, wie tiefe wur-
zeln die terpandrische compositionsform in der objectiven lyrik geschlagen hat. Für Aeschylus stellt sich mit ausnahme des Prometheus das feste gesetz heraus, dass in allen nicht threnodisch oder
kommatisch gehaltenen oder sich dem threnos annähernden chorliedern die an den nomos sich anschliessende compositionsform gewahrt ist. Das hauptthema steht überall in der mitte als *ὀμφαλός*.
Während im nomos hierher die epische erzählung verlegt zu werden pflegte, bildet bei Aeschylus ein ethischer oder dogmatischer
gedanke den inhalt des *ὀμφαλός*. Darnach wird das chorikon Ag.
104—257 in seine theile zerlegt: *προοίμιον* 104—107 (der chor
in seiner subjectivität), *ἀρχά* 108—159 (epische erzählung), *ὀμφαλός* 160—183 (Zeus), *σφραγίς* 184—254 (epische erzählung).
ἐπίλογος 255—257 (ende. Der chor in seiner subjectivität). Die
parodos der Choephoren wird also gegliedert: 22—46 *ἀρχά*, 47—53
κατατροπά, 54—70 *ὀμφαλός*, 71—74 *μετακατατροπά*, 75—83
σφραγίς. Auf diese weise wird der innerlich und wesentlich zu
v. 54—70 gehörige gedanke von v. 71—74 (vgl. meine Studien
p. 149) in einen bloss äusserlichen zusammenhang gesetzt. Bei
der behandlung von Pers. 65—139 wird bemerkt, dass die von
O. Müller empfohlene umstellung von v. 94 ff. nothwendig sei und
die ionische epode aus metrischen, logischen und grammatischen
gründen den schluss des ionischen theiles bilden müsse. Aber alle
diese zwingenden gründe fallen in sich selbst zusammen, sobald man
den zusammenhang der überlieferten ordnung versteht: *δόκιμος*
(v. 87) und *δολόμητιν κτἑ.* (v. 94) stehen im gegensatz,
wie wenn es hiesse *δοκεῖ μὲν οὔτις εἴργειν, ἀλλὰ τίς δολόμητιν
ἀπάταν θεοῦ ἀλύξει* („wohl ist von niemanden annehmbar,
dass er u. s. w., aber wer kann dem truge der gottheit entgehen?"). — Der dritte abschnitt betrachtet die amöbäisch geglieder-
ten chorika, welche einen von den beiden halbchören vorgetragenen wechselgesang bilden. Ueberhaupt kommen folgende arten der
μέλη ἀμοιβαῖα in der tragödie vor: 1) *ἀμοιβαῖα χορικά*, an denen
sich bloss die choreuten betheiligen und zwar entweder der chorführer im gesammtchor oder die halbchöre (Poll. IV, 107) oder
einzelne choreuten (bei Aeschylus kommt eine eintheilung unter die
einzelnen choreuten niemals vor. „Vorhanden ist sie Ag. 1344 ff.,
aber einmal ist diese partie kein *canticum* und sodann auch nicht
einmal äschyleisch, sondern, wie weiter unten nachzuweisen sein
wird [dieser nachweis ist vergessen worden], eine spätere interpolation); 2) *ἀμοιβαῖα ἀπὸ σκηνῆς*, duette auf der bühne ohne theilnahme des chors (kommen bei Aeschylus nicht vor); 3) *ἀμοιβαῖα*
zwischen dem koryphäos und einem (oder mehreren) agonisten; 4)
ἀμοιβαῖα zwischen dem ganzen chor und einem (oder mehreren)
agonisten". Es würde uns hier zu weit führen, wollten wir auf

die scharfsinnige behandlung der hieher gehörigen chorpartiee nein-
gehen.　Der vierte abschnitt handelt über epeisodien, prologos, exo-
dos, über melodramatischen vortrag.　In den drei letzten stücken
des Aeschylus kommen regelmässig je zwei epeisodische und exo-
dische *cantica* vor, in den früheren dagegen drei (Pers. Sept.) oder
vier (Suppl.).　Im einzelnen sind folgende arten der composition
zu unterscheiden: 1) das ununterbrochene chorikon, welches nur ein
einziges mal (Suppl. 406) antistrophisch gebildet, in den übrigen
fällen ohne antistrophische responsion ist, zweimal (Cho. 147, Eum.
255) aus von halbchören vorgetragenen διχορίαι besteht.　2) Das
von dialogischen versen des agonisten unterbrochene chorikon, welches immer antistrophisch ist (Eum. 837 sind die strophen unter
hemichorien getheilt: *A.* ἐμὲ παθεῖν *B.* τίς μ' ὑποδύεται *A.* ἰὼ
θεοὶ *B.* στενάζω).　3) Die in den handschriften dem χορός vindi-
cierte partie ist ein monodischer gesang eines einzelnen choreuten
(des koryphaios) Pers. 256, Suppl. 704, Sept. 185, 674, Suppl.
334, Ag. 1013, Suppl. 785. — Die musik der anapästischen hy-
permetra war keine vocal-, sondern blosse instrumentalmusik, zu
welcher der koryphaios die textesworte recitierte (παρακαταλογή),
melodramatischer vortrag ist auch für die anapäste und eupolideen
in den ἁπλᾶ der komischen parabase anzunehmen. Die trimeter
wurden bald melisch bald melodramatisch (nicht rein deklamatorisch
ohne gleichzeitige instrumentalmusik) vorgetragen (s. oben bd. XXXI,
p. 746).　Der fünfte abschnitt bespricht als anhang die Prometheus-
trilogie und weist nach, dass der Προμηθεὺς πυρφόρος als tragödie und zwar als das dritte, nicht als das erste stück der Prome-
theustrilogie zu betrachten sei. — Zum schlusse mache ich noch auf
die gründliche abhandlung von W. Christ „Werth der überlieferten
kolometrie in den griechischen Dramen" in Sitzungsber. der bayr.
Akad. der W. 1871, 5 Phil. hist. Kl. p. 603—650 aufmerksam.
　München.　　　　　　　　　　　　　　　　　*N. Wecklein.*

Mimnerm. fr. II, 1 Bk.

　wird φύλλα so viel ich sehe immer für blätter genommen;
so ausser den erklarern auch Fritzsch. ad Theocr. Id. T. II, p. 281:
aber es passt diese erklärung gar nicht in den vergleich, da blätter ein langes leben haben, zumal wo, wie in Ionien, immergrüne
gewächse sich finden, namentlich aber nicht zu αἶψα vs. 2, was,
seit Bergk's scharfsinn ὥρη — dativ — gefunden, ohne zweifel
wieder hergestellt werden muss.　Dass φύλλα in der bedeutung
blumen ohne anstand ist, weisen die lexica nach: nun kann man
mit Mimnermos erst *breve lilium*, φύλλον ἐπάμερον vergleichen, s.
Mitscherl. ad Hor. Carm. 1, 36, 16, und vs. 3 ἄνθεσιν ἥβης begreifen.
　　　　　　　　　　　　　　　　　　Ernst von Leutsch.

III. MISCELLEN.

A. Zur erklärung und kritik der schriftsteller.

24. Soph. Oed. Tyr. 200 = 213 ff.:

τὸν ὦ πυρφόρων   ϛϱ.
ἀστραπᾶν κράτη νέμων
ὦ Ζεῦ πάτερ ὑπὸ σῷ φϑίσον κεραυνῷ.
πελασϑῆναι φλέγοντ᾽   ἀντιστρ.
ἀγλαῶπι
πεύκᾳ ἐπὶ τὸν ἀπότιμον ἐν ϑεοῖς ϑεόν.

In der strophe ist anderwärts überliefert πυρφόρον ἀστραπᾶν κράτει, in der gegenstrophe ᾽πὶ für ἐπί. Die scholien geben nur: τὸν
μαραντικὸν Ἄρεα κεραύνωσον, ὦ Ζεῦ, wonach diejenigen recht zu
haben scheinen, welche in ὦ Ζεῦ ein interlinearglossem erblicken.
Die ganze stelle ist nur in ordnung zu bringen, wenn wir uns endlich von der ansicht losmachen, dass das metrum:

$$\upsilon \; \underline{} \, \acute{} \; - \; \acute{} \, \underline{} \, \upsilon \; -$$
$$\underline{} \, \acute{} \, \upsilon \; - \; \upsilon \; \acute{} \, \upsilon \; -$$
$$- \; \acute{} \, \upsilon \, \upsilon \, \upsilon \, \upsilon \; \acute{} \, \upsilon \; - \; \upsilon \; \acute{} \, - $$

gewesen sei. Es sind vielmehr zwei senare anzuerkennen:

$$\upsilon \; \underline{} \, \acute{} \; - \; \acute{} \, \underline{} \, \upsilon \; - \; \upsilon \; \acute{} \, \upsilon \; \underline{}$$
$$- \; \acute{} \, \upsilon \, \upsilon \, \upsilon \, \upsilon \; \acute{} \, \upsilon \; - \; \upsilon \; \acute{} \, - $$

In der gegenstrophe tritt das am klarsten hervor, wo φλέγοντ᾽ |
ἀγλαῶπι sich leicht zu φλέγοντα γλαοπι umgestaltet. Vielleicht
schloss der vers auf νώροπι, was ebensogut ein beiwort der fackel,
wie des blendenden erzes gewesen sein kann. Die strophe kommt
in ordnung, wenn wir lesen:

τὸν ὦ πῦρ ἀστραπηφόρον κράτει
νωμῶν πάτερ ὑπὸ σῷ φϑίσον κεραυνῷ.

Vergl. Eur. Bacch. 3 Σεμέλη λοχευϑεῖσ᾽ ἀστραπηφόρῳ πυρί. Die
entstehung der gegenwärtigen überlieferung ist daraus vollständig

47*

klar. Ueber *νωμῶν πάτερ* war angemerkt *νέμων ὦ Ζεῦ*. Dadurch trat *ὦ Ζεῦ* an die stelle von *νωμῶν* und *νέμων* rückte hinter *κράτει* in den voraufgehenden vers, dessen zerlegung in zwei
tetrapodien dadurch geboten schien. Ueber *πῦρ ἀστραπηφόρον* war
beigeschrieben *πυρφόρον ἀστραπὰν*, womit *κράτει* verträglich blieb,
                                   η
aber irgend wem beliebte *πυρφόρων ἀστραπᾶν κράτη*, vielleicht als
dichterischer. So entstanden die zwei verse:

$$\text{τὸν ὦ πυρφόρον} \mid \text{ἀστραπὰν κράτει νέμων}$$

oder:

$$\text{τὸν ὦ πυρφόρων} \mid \text{ἀστραπᾶν κράτη νέμων,}$$

welchen zu liebe nun auch die gegenstrophe geändert, d. h. äusserlich in zwei zeilen zerlegt wurde, ohne dass glücklicherweise ein
versuch zur überkleisterung der metrischen schäden gemacht worden wäre.

Jena.   *Moriz Schmidt.*

---

25. Zu Plutarch's Cato.

Plutarch. Cat. maj. c. 13. Antiochus hält den Thermopylen-
pass gegen die Römer, von welchen eine abtheilung unter Cato
die einst von Hydarnes ausgeführte umgehung versucht. Aber
im gebirg verirren sie sich und Cato unternimmt es nun, bloss von
einem guten bergsteiger begleitet, den pfad des Ephialtes aufzusu-
chen. In finstrer nacht, die aussicht durch höhen und wälder versperrt, unter mühen und gefahren zogen sie dahin, bis sie einen
steig fanden, welcher, wie sie richtig vermutheten, zum syrischen
lager hinabführte: sie machten sich merkzeichen, um die stelle wiederfinden zu können, dann kehrten sie zu der mannschaft zurück,
um sie dahin zu führen, und es gelang, die umgehung zu vollführen.

Von den merkzeichen heisst es: *ἔθεντο σημεῖα πρός τινας εὐ-*
σκόπους κεραίας ὑπὲρ τὸ Καλλίδρομον ἀνεχούσας, „sie machten sich
zeichen auf gewisse weithin sichtbare bergspitzen zu, welche das
Kallidromon überragten“ — welchen worten sich kein vernünftiger
sinn beilegen lässt. Zeichen in die luft zu machen, worauf die
worte zu deuten scheinen, fiel den pfadsuchern natürlich nicht ein;
hätten sie an sicht- und greifbaren gegenständen z. b. bäumen zeichen hinterlassen, so würde man diese genannt finden, *πρὸς κε-*
ραίας aber wäre dann ein zweck- und sinnloser zusatz; gegen die
deutung: „an gewisse bergspitzen“ endlich spricht *πρὸς* und die
unwahrscheinlichkeit der sache selbst. Was in wahrheit geschehen
ist, lässt sich an der hand des wortes *εὐσκόπους* unschwer errathen. Die gestalt jener weit sichtbaren bergspitzen prägten sich
Cato und sein begleiter ins gedächtniss als sie zu den truppen zu-
rückkehrten, machten also diese selbst zu ihren erkennungszeichen
für die wiederkehr mit dem heer. Die worte *τινας εὐσκόπους κε-*

ϱαίας müssen also aus der falschen verbindung mit πρὸς gelöst
und von ἔϑεντο abhängig gemacht werden. Die präposition πρὸς
ist zu beseitigen und, da nicht wohl angenommen werden kann,
dass sie durch interpolation in den text gekommen ist, als entstellung eines anderen wortes anzusehen. Dem entsprechend schlage
ich vor: ἔϑεντο σημεῖα *πο ρ ε ί α ς* τινὰς εὐσκόπους κεραίας, vgl. im
folgenden: πρὸς τὰ σημεῖα προαγαγόντες ἥψαντο μὲν ἐκείνης τῆς
ἀτραποῦ καὶ κατεστήσαντο τὴν πορείαν.

Plutarch Cato maj. cap. 15 sagt: (τοῦτον μὲν οὖν) τὸν Σκηπίωνα
ἀπ᾽ οἴκου τε μεγάλου καὶ φρονήματος ἀληθινοῦ ποιησάμενον
ὑπὸ πόδας τὰς διαβολὰς μὴ ἀποκτεῖναι δυνηθεὶς ἀφῆκε. Λεύκιον
δὲ τὸν ἀδελφὸν αὐτοῦ μετὰ τῶν κατηγόρων συστὰς καταδίκῃ πε-
ριέβαλε χρημάτων πολλῶν πρὸς τὸ δημόσιον. Soll οἴκου erklärt
werden, so muss man annehmen, Africanus habe die angriffe seiner
gegner durch den einfluss seiner familie zu boden geschlagen. Aber
abgesehen davon, dass das wort οἶκος dabei in der ihm nicht zukommenden bedeutung: „zugehörigkeit zu einer familie" aufgefasst
werden müsste, würde durch diese erklärung Plutarch in widerspruch mit sich selbst versetzt werden, wenn er zu gleicher zeit
die verurtheilung des Asiaticus erwähnt: bei dem als bruder des
Africanus doch die gleichen ursachen hätten gleiche wirkung haben
müssen. An sich schon wäre es ein abgeschmackter einfall gewesen, bei dem grössten und berühmtesten manne der stadt die erste
ursache seines loskommens von der anklage, wenn sie eine persönliche war, in der bedeutung seiner ahnen und verwandten, anstatt
in seiner eigenen zu suchen. In dem ausführlichen bericht des Livius (38, 50—55) ist daher auch von einem solchen motiv keine
rede. Am ersten gerichtstag begnügte sich der angeklagte damit,
ausführlich seine grossthaten aufzuzählen, bei der nächsten verhandlung erinnerte er, dass gerade der jahrstag seines sieges bei Zama
sei, forderte die versammlung auf, denselben durch dankgebet auf
dem Capitol zu begehen und verwandelte die gerichtssitzung über
ihn in einen triumphzug; die einzige antwort aber, welche er auf
die anschuldigung der unterschlagung gab, war, dass er in stolzem
unwillen das rechnungsbuch zerriss. Nach alle dem suchen wir
hinter οἴκου ein synonym von φρονήματος und schreiben: ἀπ᾽ ὄγ-
κου τε μεγάλου καὶ ἀληθινοῦ φρονήματος, „mit hohem selbstge-
fühl und gerechtem stolze". So gebraucht Plutarch ὄγκος von der
stolzen ruhmredigkeit des Cato cap. 14 und 16.

Plutarch Cato maj. cap. 21 erzählt: ἀπτόμενος δὲ συντονώτερον πο-
ρισμοῦ τὴν μὲν γεωργίαν μᾶλλον ἡγεῖτο διαγωγὴν ἢ πρόσοδον, εἰς
δ᾽ ἀσφαλῆ πράγματα καὶ βέβαια κατατιθέμενος τὰς ἀφορμὰς ἐ-
κτᾶτο λίμνας, ὕδατα θερμά, τόπους γναφεῦσιν ἀνειμένους, ἐ ρ γ α τ η-
σ ί α ν χώραν, ἔχουσαν αὐτοφυεῖς νομὰς καὶ ὕλας, ἀφ᾽ ὧν αὐτῷ
χρήματα προσῄει πολλὰ μηδ᾽ ὑπὸ τοῦ Διός, ὡς φησιν αὐτός, βλα-
βῆναι δυναμένων. Sintenis' erklärung des seltsamen, nur an dieser

stelle vorkommenden wortes ἐργατήσιος: einträglich, hat Hercher
in der neuen ausgabe mit recht beseitigt. Nach dem zusammenhang
des wortes mit ἔργον und ἐργάζεσθαι könnte die einträglichkeit
des bodens nur auf bearbeitung desselben beruhen; Cato wollte
aber, wie an unsrer stelle ausgeführt wird, seine capitalien an loh-
nendere unternehmungen wenden als an den feldbau. Uebrigens
hängt ἐργατήσιος mit ἔργον und ἐργάζεσθαι nur mittelbar zusammen; hat das wort wirklich existirt, so ist es mit Hercher nach
dem vorgang Lobecks als ableitung von ἐργάτης anzusehen. Daraus folgt wiederum, dass Herchers eigene deutung: „Land das sich
selbst bestellt, das um zu produciren keine menschenhand bedarf"
abzulehnen ist; „arbeiterland" wäre umgekehrt ein solches, das ar-
beitende hände bedarf oder besitzt. Einen erträglichen sinn wird
man dem worte nicht entlocken. Die lesart der Seitenstettner
handschrift ἔργα κισσια ist wohl weiter nichts als eine corruptel
von ἐργατησίαν. Wir versuchen: τόπους γναφεῦσιν ἀνειμένους εἰς
ἐργασίαν, χώραν ἔχουσαν αὐτοφυεῖς νομὰς, plätze, welche wal-
kern zur ausübung ihres handwerks überlassen waren, land u. s. w.
Nipperdey wollte ἐργαστήρια; solche hätte Cato aber nicht ange-
kauft (ἐκτᾶτο), sondern angelegt, und die sicherheit guten ertrags
wäre bei fabriken auch nicht garantirt gewesen.

    Plutarch. Cat. maj. cap. 27: τῷ δὲ Κάτωνι τοῦτ᾽ αὐτὸ δεινὸν
ἐφαίνετο, βακχεύοντι τῷ δήμῳ καὶ σφαλλομένῳ τὰ πολλὰ δι᾽
ἐξουσίαν πόλιν ἀεὶ μεγάλην, νυνὶ δὲ καὶ νήφουσαν καὶ ὑπὸ συμφορῶν κεκολασμένην ἐπικρέμασθαι. Dass das römische volk in folge
seiner macht täuschungen ausgesetzt gewesen sei, hat Plutarch wohl
schwerlich gesagt: zwischen politischer macht und intellectuellen fehl-
tritten besteht kein causalnexus. Im moralischen sinn aber von pec-
care, wie ἁμαρτάνειν und πλημμελεῖν, wird σφάλλεσθαι nicht gebraucht: als ein passivum bezeichnet es unfreiwilliges irren. Neben
βακχεύοντι erwarten wir als folge der übermacht einen ausdruck des
übermuths (θρασύτης τῶν πολλῶν geht vorher), die zügellosigkeit und
unlenksamkeit wie Compar. Ar. et Cat. 1 τὴν ἐν Ῥώμῃ πολιτείαν δι᾽
ὄγκον ἤδη καὶ δύναμιν ἐντρυφῶσαν τοῖς ἄρχειν ἀξιοῦσιν. So hat
Plutarch in unsrem capitel das römische volk πολλὰ ὕβρει πλημ-
μελοῦντα καὶ δι᾽ εὐτυχίαν καὶ φρόνημα τῇ βουλῇ δυσκάθεκτον
ὄντα genannt, welchem man wie einem übermüthigen rosse einen
zügel anlegen müsse: ἐβούλετο τοῦτον γοῦν τὸν φόβον ὥσπερ χα-
λινὸν ἐπικεῖσθαι σωφρονιστῆρα τῇ θρασύτητι τῶν πολλῶν. Eben
mit beziehung auf diesen gedanken (τοῦτ᾽ αὐτὸ) sind die darauf
folgenden worte gebraucht, in welchen σφαλλομένην gelesen wird.
Wir schreiben daher ἐξαλλομένην, exsultantem, sich aufbäumend.
Vom ross gebraucht das wort Plut. Pyrrh. 29. Xenoph. Cyrop. 7,
1, 27 und übertragen Callim. h. in Cerer. 79 ἦσθιε μυρία πάντα,
κακὰ δ᾽ ἐξάλλετο γαστὴρ αἰεὶ μᾶλλον ἔδοντι. Es entsprechen dann

an unserer stelle einander die gegensätze βακχεύοντι und νήφουσαν,
ἐξαλλομένῳ und κεκολασμένην, δι' ἐξουσίαν und ὑπὸ συμφορῶν.
Hof.   G. Fr. Unger.

---

26. Zu Vergil's Georg. I, 83.

Man liest die stelle jetzt überwiegend also interpungirt:
(82) Sic quoque mutatis requiescunt fetibus arva,
(83) Nec nulla interea est inaratae gratia terrae.

Burmann, Servius folgend, macht nach *arva* ein punctum und
lässt mit v. 83 einen neuen gedanken einführen, was jedoch aus
verschiedenen gründen unzulässig erscheint. Wir würden nämlich
durch seine auffassung den im v. 71 und 72 bereits gegebenen
ausspruch über das erspriessliche der ackerbrache in höchst müssi-
siger, überflüssiger weise wiederholen lassen, was dem genius des
dichters durchaus widerstrebt. Dagegen bildet *nec nulla* u. s. w.
einen sehr passenden anschluss zu dem gedanken von dem ausruhen
der gefilde bei stattfindender wechselung (*mutatis requiescunt fetibus*), indem dadurch gesagt wird, dass neben dem vortheil der
ackerruhe doch ein ertrag aus dem beackerten (und doch ausruhen-
den) boden erzielt wird. Obgleich ich nun dem grundgedanken nach
mit dieser meist angenommenen erklärung übereinstimme, so glaubte
ich doch in meiner l. j. erschienenen ausgabe der Georgica (Halle,
buchh. des waisenhauses, 1872) eine einfachere erklärungsweise für
den vers 83 vorschlagen zu sollen. Ich habe nämlich „*inaratae*"
als participium von „*inarare, beackern*" aufgefasst, eine bedeutung,
die ich eine specifisch landwirthschaftliche nennen möchte und in
welcher ausschliesslich das wort bei Cato, Varro, Plinius und andern derartigen autoren sich findet. Zwar findet sich „*inaratus*"
in der bedeutung „ungepflügt" bei Horaz und Statius; doch würde
durch das „*in*" *negativum* des wortes eine dritte negation in den
satz hineingebracht, was doch etwas zu arg erscheint. Es müsste
ja dann *nec nulla* nicht zusammengehören als litotes, sondern *nec*
diente dann nur dazu, den ganzen satz zu verneinen, und wir müssten also übersetzen: „und nicht findet dann inzwischen kein ertrag
(*nulla gratia*) des unbeackerten bodens statt". Diese cumulation
von negationen ist hart und im grunde unschön und nicht vergilisch!
Dagegen fassen wir *nec nulla* in der bedeutung „und auch einiger",
und bilden somit einen passenden pendant des „*inaratae terrae*" zu
dem „*requiescunt*" in dem vorhergehenden verse. Der sinn ist: die
felder ruhen bei der wechselcultur aus, und doch bringt der bea-
ckerte boden auch inzwischen einen erklecklichen (*nec nulla*) ertrag.

Giessen.   E. Glaser.

27. Menipp und Horaz.

Eine im vorigen jahr von mir herausgegebene schrift „Menipp
und Horaz", in der ich den nachweis zu führen versuche, dass
der lukianeischen satire eine quelle zu grunde liege, aus der auch
Horaz in seinen satiren geschöpft habe und dass diese gemeinsame
quelle Menipp der Gadarener sei, hat im Phil. Anz. IV, p. 196 eine
beurtheilung erfahren, die mich nöthigt, sogleich mit dem mir gerade zu gebote stehenden material meine behauptung ,zu stützen,
ein späteres zurückkommen auf den genauerer untersuchung noch
sehr bedürftigen gegenstand mir vorbehaltend. Voranschicken will
ich die eine bemerkung, dass die mehrzahl der a. a. o. gemachten
einwände so ziemlich mit den bedenken übereinstimmt, die ich selbst
lange zeit bevor ich mich zur veröffentlichung jener hypothese entschloss, gegen die stichhaltigkeit der beweisführung mit mir herum-
trug; es ist mir keineswegs verborgen geblieben, dass an die stelle
eines stricten beweises wiederholt blosse combinationen treten mussten, aber das liegt in der natur der sache und ich kann es nicht
für verboten halten, aus einer reihe von möglichkeiten eine als die
wahrscheinlichste hinzustellen, wenn sich durch diese eine ganze
reihe von erscheinungen leicht und einfach erklärt. Ich habe selbst
um so mehr an der haltbarkeit jener hypothese gezweifelt, je mehr
ich die gefahr vermeiden wollte, aus zufälligen analogien zu viel
zu schliessen; andrerseits fand ich immer wieder zu viel positive
momente, die auf einen zusammenhang hinweisen, als dass ich nicht
fingerzeige genug gehabt hätte, diesen zu reconstruiren. Hat daher
der rec. auch durch berichtigung mancher einzelheiten sich anspruch
auf meinen dank erworben, so ist meine eigentliche ansicht doch
nicht erschüttert; ich halte es nach wie vor für undenkbar, dass
dem Horaz die varronische satire und die griechische quelle derselben sollte unbekannt geblieben sein und meine wenigstens das gezeigt zu haben, dass befremdende übereinstimmungen zwischen der
horazischen und lukianeischen satire vorhanden sind, deren entstehung erklärt werden muss. Das hauptgewicht lege ich auf die
thatsächliche übereinstimmung, von der ich einige fälle a. a. o. p.
24 ff. zusammengestellt habe. Diese übereinstimmung und damit
der rückschluss auf gemeinsamkeit der quelle nimmt nun der rec. in
abrede, prüft jedoch unter den von mir beigebrachten stellen nur
eine einzige. Es ist folgende. Hor. Serm. I, 1, 20 *Quid causae
est merito quin illis Iupiter ambas Iratus buccas inflet nec se fore
posthac Tam facilem dicat votis ut praebeat aurem* und Lukian
Ikaromenipp. c. 25 τὰς μὲν δικαίας κ. τ. λ. Der rec. bemerkt
zwar richtig, dass bei Horaz v. 15—19 Jupiter die wünsche der
unzufriedenen bereits erhört habe, bei Lukian dagegen gar nicht
erhöre, allein dies ist durchaus nur nebensache, sowie auch, dass
Horaz nicht spricht von dem wegblasen der wünsche und dem oben

thronenden Jupiter. Denn eine dritte stelle, die den obigen so sehr
gliche, existirt meines wissens nirgends und der gedanke selbst ist
ein höchst überraschender, ein seltner und frappanter. Zu dieser
einen stelle kommen aber noch andre, deren übereinstimmung nicht
ohne weiteres auf blossen zufall zurückzuführen ist. Bereits p. 29
a. a. o. habe ich auf zwei stellen in Serm. II, 5 hingewiesen, die
ich hier nicht zu wiederholen brauche; nur einiges über die übereinstimmende signatur der ganzen satire II, 5 mit gewissen eigenthümlichkeiten des Lukian. In derselben giebt Horaz eine witzige
fortsetzung der homerischen stelle Od. XI, 137 und so ist diese
satire als parodirende weiterdichtung der Tiresiasscene oder geradezu als parodie auf dieselbe zu betrachten. Nun parodirt Lukian mit vorliebe die Odyssee, weit weniger die Ilias, und auch
bei Varro finden sich spuren davon, vgl. dessen menippeische satire
Bimarcus bei Nonius 383, 26 und 480, 23 (p. 106 bei Riese):
Ebrius es Marce: Odyssiam enim ruminari incipis. Sonstige schlagende analogien zu Serm. II, 5 finden sich bei Lukian mehrfach;
nur ein beispiel: im 17. göttergespräche setzt Lukian die erzählung des Homer Od. VIII, 323 selbst fort, indem er jene homerische stelle stark parodirt. Dagegen findet sich weder in den fragmenten des Lucilius, noch bei Persius, Iuvenal oder in der satire der
Sulpicia auch nur die geringste analogie mit der horazischen satire
II, 5. Folglich wird man diese ganze satire, die mit dem charakter der lucilianischen poesie gar nichts gemein hat, während die
meisten andern sermonen des Horaz ja in dessen art geschrieben
sind, doch berechtigt sein auf eine stufe zu stellen mit Varro und
Lukian, d. h. zu sagen, sie sei eine menippeische satire? So erklärt sich auch eine andre damit zusammenhängende erscheinung.
Der seher Teiresias ist bei Lukian, z. b. in den Todtengesprächen
und in der Nekyomantie, ein ziemlich ordinairer possenreisser. Ganz
dieselbe figur bildet er in der horazischen satire, wie schon Bentley zu v. 104 bemerkt: *Tiresias per totam hanc satiram scurrae
personam sustinet.* In derselben satire II, 5 heisst es v. 23 *captes
astutus ubique Testamenta senum: nec si vafer unus et alter Insi-
diatorem praeroso fugerit hamo Aut spem deponas aut artem illu-
sus omittas.* Diese beschreibung von betrogenen erbschleichern hat
eine ganz auffallende ähnlichkeit mit derselben darstellung bei Lukian im Timon c. 22 ἀληϑὲς ἄγοντας τὸ πένϑος, οἷος αὐτοὺς ὁ
ϑύννος ἐκ μυχοῦ τῆς σαγήνης διέφυγεν, οὐκ ὀλίγον τὸ δέλεαρ κα-
ταπιών, und Dial. Mort. VI, 4 von einem derselben erbschleicher: ὁ
δὲ τοιοῦτόν μοι δέλεαρ καταπιὼν ἐφειστήκει ϑαπτομένῳ πρώην ἐπι-
γελῶν. Dazu vergleiche man die von mir a. a. o. citirten stellen
aus dieser satire, in der auch der durchgehende dialog eine bemerkenswerthe analogie mit Lukian zeigt, mit Lukian und man wird
es begreiflich finden, wie schon Wieland (Uebers. des Luk. I, p. 75)
aus der gar zu auffallenden ähnlichkeit einer der obigen stellen

schliesst, dass Lukian den Horaz oder beide einen dritten vorgänger copirt haben. Denselben schluss zieht Wieland (II, p. 22) aus
folgender stelle: Hor. Serm. I, 3, 80 *Si quis eum servum patinam
qui tollere iussus Semesos piscis tepidumque ligurrierit ius In cruce
suffigat, Labeone insanior inter Sanos dicatur,* und Lukian Prometheus s. Caucasus c. 10 οὐκ ἔστιν ὅστις τῷ μαγείρῳ σταυροῦ ἂν
τιμήσαιτο, εἰ τὰ κρέα ἕψων καθεὶς τὸν δάκτυλον, τοῦ ζωμοῦ πε-
ριελιγμήσατο, ἢ ὀπτωμένων ἀποσπάσας τῶν κρεῶν κατεβρόχθισεν,
ἀλλὰ συγγνώμην ἀπονέμουσιν αὐτοῖς. Einige ähnlichkeit mit beiden stellen und unter einander haben auch der übrigens ausser allem zusammenhang stehende und von Guyet gestrichene vers Iuvenal. IX, 5 *nos colaphum incutimus lambenti crustula servo* und der
vers des Lucilius lib. 23 bei Priscian. p. 884 (p. 48 bei Gerlach)
iocundasque puer qui lamberat ore placentas. Andere stellen s. a.
a. o. p. 24. Ueberall ist es nicht etwa blosse übereinstimmung der
worte, der bilder, des gedankens, sondern es sind sogar auch dieselben handelnden personen und selbst die situation ist meist eine
gleiche. Ausserdem giebt es aber eine beträchtliche anzahl von
stellen bei Horaz und Lukian, wo die übereinstimmung nicht eine
wörtliche, sondern vielmehr eine sachliche ist. So wiederholt sich
bei Lukian eine reihe von lieblingsthemen, die in verschiedenster
form vorgebracht werden und schon dadurch einen schulmässigen
charakter verrathen, dessen ursprung auf Menipp zurückführbar ist.
Hierher gehört beispielsweise der überall wiederkehrende spott auf
die Pythagoräer; wie oft witzelt nicht Lukian über das verbot des
bohnenessens — gradeso Horaz Serm. II, 6, 63 *faba Pythagorae
cognata.* Eine sammlung solcher horazischen stellen werde ich später mittheilen. Auch hier contrastiren mit Horaz zwei spätere sa-
tiriker, die doch sonst ihrem „Flaccus" so gern folgen, Persius,
bei dem sich dinge dieser art fast gar nicht finden und auch Iuvenal. Denn wenn auch Ruperti, Hermann und Heinrich stellen
des Lukian mit ihm vergleichen, so beschränkt sich das meist auf
allgemeine sentenzen, die *mutatis mutandis* ebenso bei Liscow und
Rabener wiederkehren können und der satire überhaupt angehören.
Wenigstens habe ich noch keine beweise gefunden, dass Persius
und Iuvenal die menippeische satire benutzt hätten. Da also eine
abhängigkeit zwischen Horaz und Lukian entschieden anzunehmen
ist und da Lukian, der die lateinische sprache nicht verstand (Pro
lapsu in salut. 13), den Horaz nicht gelesen haben kann, so muss
nothwendig auf eine beiden gemeinsame quelle zurückgegangen werden und diese quelle kann nur die menippeische satire gewesen sein.
Wer das nicht zugeben will, muss consequenter weise behaupten,
dass Horaz die *saturae Menippeae* des Reatiners Varro gar nicht
gekannt oder doch nicht beachtet habe. Offenbar kann nur das
gegentheil wahr sein, wie schon Bergk und Ritschl ausgeführt haben (s. meine note abb. p. 23). Kannte also Horaz die menippei-

sche satire, so hatte er sehr reiche veranlassung aus ihr zu schöpfen. Denn die satire des Lucilius war nicht nur eine republikanische, sondern der persönliche spott war auch sehr herbe und glich also weit mehr der alten komödie des Eupolis und Kratinos als dem feinen und milderen spott des Aristophanes. Dagegen ist die menippeische satire eine dichtungsart, die dem monarchischen regime keinen anstoss bot, sie ist arm an persönlichem spott und desto reicher an schilderungen typischer figuren. Horaz, der die lucilianische satire politisch umbilden musste, fand also in der hauptsache die form einer andern satire schon in der menippeischen vor, nur dass er selbst nicht mischpoesie, sondern hexameter schrieb und dass er die römischen sitten seiner eignen zeit malte und die derbheit, ja wohl rohheit des kynismus mied, grade wie ja auch Lukians satire sehr fein ist. Das unsterbliche verdienst bleibt dem Horaz ungeschmälert, dass er der schöpfer einer römischen gattung der satire — der monarchischen gattung — war, ja dies verdienst erscheint erst in seinem wahren lichte, wenn wir sehen, wie sorgfältig Horaz die vorgänger der monarchischen richtung in vergleichung zog. Natürlich durfte er den Römern, die fast in keinem zweige der literatur originell waren, ihre unschuldige einbildung nicht verkümmern, dass die satire wenigstens den Griechen fremd gewesen wäre.

Ausserdem bemerkt rec. nur noch einiges über Timon den Phliasier. Dass Lukian den Timon und dessen sitten kennt, schloss ich vornehmlich auch aus dem nachweis von F. V. Fritzsche zu Lukian II, 2 p. XVIII sq., wo gezeigt wird, dass Lukian im Hermotimos von der skeptischen philosophie und damit auch und wohl vornehmlich vom Timon abhängig sei, und nicht allein aus der übereinstimmung des Lukian Hermot. c. 74 mit Sext. Empir. adv. geom. 3, 10. Hierüber sagt rec.: „zugegeben, was möglich, aber durchaus nicht nöthig ist, dass beide dabei einer und derselben quelle, der schrift irgend eines skeptikers folgten" — das ist allerdings nöthig und bei dem ganz gleichen gedankengang und der wörtlichen übereinstimmung einer längeren stelle als durchaus nöthig bereits anderweitig anerkannt, zuerst von L. Struve Lectt. Lucian. p. 240. Die obigen bemerkungen meines vaters a. a. o. p. XVIII beziehen sich ja auf den ganzen Hermotimus und müssen dem rec. nicht bekannt geworden sein. Im übrigen vermuthet derselbe mit recht, dass ich mich, um die person des Timon zu gewinnen, auf Sext. Emp. adv. geom. 2 beziehe: καὶ γὰρ ὁ Τίμων ἐν τοῖς πρὸς τοὺς φυσικοὺς τοῦτο ὑπέλαβε, δεῖν ἐν πρώτοις ζητεῖν, φημὶ δὲ τὸ εἰ ἐξ ὑποθέσεώς τι ληπτέον. Diese stelle geht der obigen 3, 10 fast unmittelbar vorher. Timon hatte also als skeptiker es geleugnet und widerlegt, dass philosophen wahre hypothesen und grundsätze aufstellen und aus ihnen weiter schliessen. Ganz dasselbe leugnet und widerlegt in bezug auf mathematiker

(geometer) Sext. Emp. 3, 10; ein schriftsteller, der den skeptiker
Timon ganz besonders hochstellt und ihn mindestens sechzehnmal
wörtlich als seinen führer citirt hat.   Es ist also offenbar in hohem
grade wahrscheinlich, dass Sext. Emp. adv. g. 3, 10aus Timon schöpfte.
Nur ist meine behauptung auf p. 6 „nach seinen eigenen äusserungen" zu stark und mit recht vom rec. gerügt.   Uebrigens habe ich
aus dieser stelle des Sextus Empiricus keineswegs auf den zusammenhang zwischen den Sillen Timons und der lukianeischen satire geschlossen, wie rec. zn glauben scheint, sondern vielmehr die abhängigkeit des Menippos von Timon nachzuweisen gesucht.   Von grösserem belang ist die vom rec. beigebrachte stelle aus Diog. Laert.
IX, 111, der zufolge die dialogische form der timonischen Sillen
nicht in betracht kommen kann. —

Güstrow.   *Th. Fritzsche.*

---

28.   Horat. Carm. IV. 2, 2.

Reddere hic licet, quae Emendd. Hor. p. 189 (Add. II, 24)
destinata sero animadverti neglecta esse atque omissa.

Non iam diffiteor eorum, qui inutile istud *ille* tuentur nullo
exemplo comprobatum, incepto acrius intendenti mihi succurrisse
aliud Horatii elegantiae aliquanto congruentius.   Videtur enim verbo:
ceratis ope Daedalea nititur pennis, legentium animus re-
cordatione versus Virgiliani: paribus **nitens** Cyllenius **a**l**is**, alio-
rumque, quos novit Hoschius Epicitharism. ad Sarbiev. Lyr. p. 325:
Nec male ceratis ad sidera nititur alis, cf. Burmann. Ovid.
Met. VII, 401 p. 497, adeo occupatus fuisse, ut ultro nomen *Iule*
inferrent nec ad eius dicendi generis, quo cum multi scriptores usi
sunt tum Ovidius Pont. III, 5, 34: *ingenio nitor non periisse
meo*" et 57, Met. XI. 702, Silius IX, 135. 145. Avienus Arat.
Phaen. 919, memoriam conversi sentirent perciperentque hoc Hora-
tio deberi:

      Ire ceratis ope Daedaleo
      Nititur pennis,
ut hic esset ordo: Quisquis Pindarum imitari studet, is ire tamquam Icarus ceratis pennis nititur, idque eo minus perciperent,
quod de *eundi* verbo in volatu posito parum constaret.   De qua
re satis est Ovidium attulisse, qui quum scripsit *coelo ire* A.
A. II, 37. Met. VIII, 186. *ire per auras* IV, 699. A. A. II, 59
(cf. Sarbiev. Lyr. I, 10, p. 18: *Non solus olim praepes Horatius
Ibit biformis per liquidum aethera Vates … me quoque — Cal-
liope dedit ire coelo*), Met. VIII, 204 ipsum *eundi* verbum posuit: *ne si demissior ibis, Unda gravet pennas*, Ovidio autem addidisse Valerium Flaccum VI, 527: *qualis roseis it Lucifer alis*,
cf. Ennod. Carm. I, 1 ap. Drak. Sil. XII, 98 p. 592: *Quo liquidum tranans ire columba solet.*   Ceterum eiusdem Ovidii locus

A. A. II, 68: *Inque novum timide corpora librat iter*, cf. Liv.
V, 39 omissus est in Emendd. Hor. p. 190 (Add. 125, 20).

Etiam de Carm. I, 4, 16 adiiciam, quod in Addendis p. 189
(42, 19) proferre me fugit. Quam enim nimio molimine consecta-
tus sum sententiam, eam maxime ipsius vocis *fabulae*, pluraliter
positae insolentia admonitus iam intellexi facilius et expeditius re-
stitui hac ratione:

> Fabula anne Manes
> Et domus exilis Plutonia?

Halis Saxonum. *Rob. Unger.*

---

29. Zu Dictys Cretensis.

I, 5 p. 5, 19 ed. *Ferd. Meister.*: *eum namque properatione
navigii inconsulte usum venti ad Cyprum appulere.* Besser wohl:
fisum (*fisi regno* p. 64, 25).

I, 22 p. 17, 13 *instar aestivi temporis reseratum est.* Früher setzte man hinter *est* noch *coelum* hinzu; Meister schiebt vor
reseratum ein *mare* ein: beides gegen die hss., und im ausdruck
doch wohl allzu poëtisch. Vielleicht ist zu schreiben: *reserenatum
est* „es klärte sich wieder auf", impersonal, wie auch Minucius Felix Octav. 32 *serenat* gebraucht.

II, 15 p. 27, 17 *a cunctis Graecis veluti publicum funus eius
(Palamedis) crematum igni, aureo vasculo sepultum est.* Hier soll
funus, nach Meister p. 124, *cadaver et sepultura* zugleich bedeuten, und in der that passt „crematum" nur zu der ersten bedeutung (die *funus* auch noch p. 70, 5; 84, 13 hat), *publicum* nur
zu der zweiten: denn was wäre *publicum cadaver?* Eine solche
unerträgliche vermischung zweier bedeutungen eines wortes ist aber
doch selbst beim Dictys ohne beispiel. Man schreibe also: *veluti
publicum funus eius [curatum, corpus] crematum igni* cet. Vgl.
p. 59, 6 sq.

II, 23 p. 33, 2 *neque ignorare quemquam quin — fore.* Das
sinnlose *quin* wird nicht, mit Dederich und Meister, einfach zu
streichen, sondern in *quire* zu verändern sein (*quisse* p. 82, 10.
quirent p. 96, 34).

II, 29 p. 36, 32 *Agamemnon — obviam cunctorum sententiis
ire pergit.* Wie kann er den meinungen der andern sich entgegen
zu stellen fortfahren, da er damit bis dahin noch gar nicht angefangen hat? Vielleicht ist das *ire* zu streichen; *obviam pergere*
sagt Dictys noch p. 38, 28. 56, 7.

II, 33 p. 39, 27. Schreibe: *tamquam insperato divinitus
levamine;* denn bisher war eine solche linderung des übels ja keineswegs zu erwarten, vielmehr ist des *levamen* ein „schon gar nicht
mehr erwartetes".

II, 41 p. 12 *Pandarus — poenas scelestissimae militiae luit.*

Der tückische schuss des Pandarus kann doch unmöglich „*militia*“ genannt werden. Schreibe *ma litiae*. Vgl. III, 25 p. 68, 2 *neque unquam committam, ut quod in hostibus comprehenditur* (schreibe *r e prehenditur*) *crimen malitiae ipse subeam*.

II, 49 p. 49, 31 *universa gesta atque acta refert*. So freilich p. 50, 13 *acta gestaque;* aber hier kommt es doch, neben den *gesta*, namentlich auf das von Agamemnon g e s a g t e an. Also wohl: *gesta atque dicta*. Vgl. p. 93, 16 *cuncta dicta gestaque exponunt*.

II, 51 p. 50, 30 *Phoenix et cum eo Patroclus* — *genas atque omnem vultum iuvenis, manus adosculari, contingere genua*. Die asyndetische anfügung des *manus*, nach dem vorangegangenen *atque*, und ohne dass zu *genas atque vultum* ein besonderes verbum gehörte, ist sehr anstössig. Statt der etwas dürftigen aushülfe einer alten ausgabe *(manusque adosculari)* hat man vielleicht zu schreiben: *manus adeo osculari;* womit das sonst nicht bekannte *compositum adosculari* beseitigt und eine erwünschte steigerung der demüthigen schmeicheleien hervorgebracht wird: sie küssen ihm s o gar die hände, was sonst nur der sklave dem herrn thut, vgl. Hemsterhus. zu Lucian. Nigr. 21, I, p. 258 Bip.

III, 3 p. 53, 9. Schreibe: *se eum, cum primum* — —, *interempturum*.

Ibid. p. 53, 32. Die Achäer lehnen die anerbietungen troischer bundesgenossen ab, *scilicet quia fluxa fides et animi earum spectati*. Das ganz sinnlose *earum* ist vielleicht nur ein druckfehler für: *parum*. [Wie bei Dederich steht. — *E. v. L.*]

III, 9 p. 57, 7. Den Trojanern *non alii casus acerbissimi, de interitu Priamidarum prae desiderio eius (Sarpedonis) cordi insederant*. Dieses *de interitu Priamidarum* ist vollkommner unsinn. Ein berliner codex (*P* bei Meister) ändert willkührlich: *ne interitus quidem*. Zu schreiben ist vielleicht: *non decem interitus Priamidarum (non — non,* mit rhetorischer steigerung, wie p. 63, 27). Z e h n Priamiden sind nämlich in der vorangegangenen schlacht gefallen: sie werden III, 7 p. 55, 31—56, 2 aufgezählt.

Ibid. p. 57, 9 *tantum in eo viro praesidium et interfecto spes ablata credebatur*. Unmöglich kann zu dem v o r *et interfecto* stehenden *praesidium* etwa *ablatum credebatur* ergänzt werden. Man wird wohl hinter *praesidium* ein *fuisse* einzuschieben haben.

III, 10 p. 58, 9 *inludere ei cupiens?* Vgl. p. 77, 27.

III, 26 p. 68, 21. Schreibe *more femineae miserationis*, mit P. Vgl. p. 27, 2 *more ingenii humani;* p. 66, 11 *morem humanae conditionis*.

V, 7 p. 92, 16 *at apud naves auspicio tali monitis (motis* Vratisl.*) omnium animis Calchas, uti bonum animum gererent, hortatur*. Solcher mahnung bedurfte es nicht, wenn wirklich *omnium animi auspicio moniti* waren. Schreibe *attonitis* (vgl. p. 17, 6).

V, 15 p. 99, 33 *ante iam Palamedem — nunc Aiacem —*

utrosque insidiis eorum circumventos. Dieses *eorum* auf die in diesem, ja auch im zunächst vorhergehenden satze gar nicht genannten Atriden zu beziehen, ist bedenklich. Zu *utrosque* würde sehr wohl passen: *eorundem*, nämlich der Atriden und des Ulixes.

VI, 2 p. 103, 1 *addidere.* Es ist ja nur von dem einen Neoptolemus die rede. Schreibe *addere*, mit der diesem autor so geläufigen infinitivconstruction. Im folgenden ist *mobili* (zu *naturâ*) vielleicht nicht unmöglich; klarer wäre jedenfalls *mobile.*

VI, 7 p. 107, 29. In der absurden euhemeristischen rationalisirung der sage von den *nuptiae Pelei et Thetidis* heisst es: *ex feminis plurimas Musas cognominaverant.* Aber es ist unumgänglich nothwendig, dass die also benannten damen diese ehre durch irgend einen vorzug verdienten, so gut wie die als Apoll und Liber fungirenden könige (*ut quisque regum choro modulisque carminum praevaluerat*). Statt des ganz leeren *plurimas* erwartet man also irgend einen superlativ, etwa: *pulcherrimas.*

VI, 8 p. 108, 14 *eiusque*, an dieser stelle ganz unverständlich, ist wohl nur ein druckfehler statt *eisque.*

Kiel. *Erwin Rohde.*

B. Auszüge aus schriften und berichten der gelehrten gesellschaften so wie aus zeitschriften.

Annalen des vereins für nassauische alterthumskunde. V, 2. (1871), p. 1—80. Zur geschichte des römischen Wiesbadens. II. Das Römer-Castell bei Wiesbaden von *K. Reuter.* Dasselbe ist in Deutschland das einzige, das in seinen fundamenten in allen seinen theilen gründlich und erschöpfend als ein ganzes ausgegraben und ohne alle spätere restaurationszuthaten geometrisch aufgenommen wurde. Daher ist seine genaue beschreibung um so verdienstlicher. Der verfasser giebt ausser derselben auch die bei der ausgrabung gemachten funde. Vier tafeln, worunter zwei pläne, erhöhen den werth der mittheilung.

Elfter bericht des antiquarisch-historischen vereins für Nahe und Hunsrücken (1869—1871). p. 7. Neuer antiquarischer fund auf der heidenmauer bei Kreuznach (mit einer tafel). — p. 8. Antiquarischer fund in Bingerbrück. — p. 10 ff. Referat über einen vortrag des pfarrers *Heep* über die völkerschaften in der unteren Nahegegend bis zur Frankenzeit. — p. 13 f. Referat über einen vortrag des pfarrers *Huyssen* über neuere antiquarische funde bei Cleve, namentlich in Düffelward. — p. 15—18. *Engelmann*, über das Mithras-denkmal bei Schwarzerden (mit einer abbildung).

Berichte über die verhandlungen der k. Sächs. gesellschaft der wiss. zu Leipzig. Philologisch-historische classe. 1870. XXII. p. 1—39. *Curtius*, bemerkungen über die tragweite der lautgesetze,

insbesondere im griechischen und lateinischen. Der verf. behandelt
darin 1) verschiedenheit der stamm- und wurzelsylben von den formalen elementen; 2) verschiedenheit der formalen elemente unter
einander; 3) besondere behandlung der partikeln; 4) die zahlwörter. — p. 181—192. — *Zarncke*, eine vierte umarbeitung der s. g.
Disticha Catonis. Sie ist in einer handschrift der universitätsbi-
bliothek zu Cambridge (MS. Ee. 6. 29) aufbewahrt und in leoni-
nischen hexametern abgefasst.

Desgl. 1871, XXIII, p. 1—33: *Drobisch,* über die classifi-
cation der formen des distichons. — p. 97—112. *Overbeck*, analekten zur kunstmythologie des Zeus. Es sind zwei kunstwerke,
welche der verf. behandelt, eine hydria aus Kyrene im brittischen
museum nr. C. 7, Europa vorstellend, und eine angebliche Leda auf
einem marmorfragmente im besitze des prof. Bergau in Nürnberg.
Zwei tafeln sind den analekten beigegeben.

Jahrbücher des vereins von alterthumsfreunden im Rheinlande.
Heft 50 und 51. (Bonn 1871), p. 53—95. Boppard, das römische Bontobrica, Baudobriga oder Bodobriga. Von Archivrath *El-
tester* in Koblenz. (Mit zwei tafeln). Dazu bemerkungen über
das innere mauerviereck von Boppard. Von oberst *v. Cohausen* in
Wiesbaden. — p. 146—160. Griechische inschriften aus Trier
und Xanten. Von prof. *H. Rumpf* in Frankfurt a. M. (mit 4
holzschnitten). — p. 161—181. Beiträge zur römisch-keltischen
mythologie. Von prof. *J. Becker* in Frankfurt a. M. 1) Mars
Jeusdrinus; 2) Mars Cnabetius; 3) Mercurius Cimbrianus; 4) Mercurius Arvernorix; 5) Dea Vercanos; 6) Dea Cana; 7) Dea Hera;
8) Dea Athubodua. — p. 182—191. Neue römische inschriften
aus Iversheim in der Eifel. Von prof. *J. Freudenberg.* — p. 192
—195. Römische inschriften aus dem Brohlthal, aus Kruft und
Bonn. Von demselben. — p. 196—198. Römische inschriften
aus der stadt Baden (Mercurius Merdis). Von *K. Christ* in Heidelberg. — S. 199—251. Horae Belgicae. Von Dr. *Kraus* in
Pfalzel. Auszüge aus Belgischen manuscripten, die auch römische
inschriften der Rheinlande enthalten. — Auch die miscellen enthalten
noch einzelne interessante mittheilungen über römische alterthümer.

Mittheilungen des historischen vereins für Steiermark. 19.
heft. (Gratz 1871), p. 77—128: Die römischen grabschriften des
norisch-pannonischen gebietes. Von prof. Dr. *F. Pichler.* Eine
mühsame zusammenstellung von geringem wissenschaftlichem werthe.
— p. 199—266. Ulrichs von Liechtenstein, des minnesängers,
grabmal auf der Frauenburg. Von *Leop. Beckh-Widmanstetter.* (Mit
einer lithogr. tafel). Zu dem leichensteine ist ein römischer grab-
stein benutzt worden, dessen inschrift von prof. *Pichler:*

M. EGRONIVS ‖ FORMIANVS. S. V. F. ‖ ET RESTITVTAE
VX]ORI] ‖ ET HELVIAE CRISPINAE‖ . . . . . . ANN. XX.
gelesen ist.